Kultur	Naturwissenschaften, Technik, Medien
Karolingische Renaissance: Pflege antiker Bildung am Hofe Karls des Großen (Alkuin); Klöster als Kultur- und Bildungsträger; **Bildung einer höfischen** (Ritter-)**Kultur;** Universitäten Heidelberg (1368), Köln (1388); Dante: Göttl. Komödie (1336); Petrarca (1304–1374); **Herausbildung einer bürgerlichen Kultur** (Anfänge in Oberitalien, Venedig)	145? ckt die Bibe... 149? ... Amerik... 149? ? Vasco da Gama entdeckt der Se... nach Indi...
Machiavelli: „Der Fürst" (1513); 1517 Paracelsus Stadtarzt in Basel; **Maler:** Hieronymus Bosch, Leonardo da Vinci, T. Riemenschneider, Albrecht Dürer, L. Cranach, Michelangelo	1514 **Kopernikus** behauptet, dass sich die Erde um die Sonne dreht; Flugschriften (des Bauernkrieges)
Th. Hobbes (1588–1679); Descartes (1596–1650): **„Cogito ergo sum";** Cervantes: Don Quijote (1605/15); P.P. Rubens (1577–1640) 1623 Shakespeares Werke erstmals in London erschienen; Rembrandts „Nachtwache" (1642); C. Thomasius hält 1687 erste Universitätsvorlesung in deutscher Sprache; Molière leitet ab 1689 das Théâtre de la Comédie Française J.S. Bach (1685–1750): Fuge; G.F. Händel (1685–1759)	1633 Inquisitionsprozess gegen **Galileo Galilei;** 1650 erste deutsche Tageszeitung (Leipzig); 1656 Erfindung der Pendeluhr; 1667 entwickelt **Newton** die Differenzial- und Integralrechnung (Streit mit dem deutschen Philosophen **Leibniz** um die Urheberschaft)
Allmähliche Durchsetzung der **allgemeinen Schulpflicht;** Komponisten: Joseph Haydn (1732–1809); Wolfgang Amadeus Mozart (1756–1791); Defoe: „Robinson Crusoe" (1719); Rousseau: „Émile"(1762); **„Freier Schriftsteller" als Beruf** (Lessing); 1787 malt J.H.W. Tischbein „Goethe in der Campagna"; Anton Raphael Mengs (1728–1779), angeregt durch Johann Joachim Winckelmann (1717–1768), bedeutendster Maler des Klassizismus; der Philosoph **Immanuel Kant** (1724–1804) als Vollender und Überwinder der Aufklärung; Voltaire als französischer Aufklärer am Hofe Friedrichs des Großen	1768 **James Watt** erfindet die **Dampfmaschine,** die wesentlich zur industriellen Revolution beiträgt; 1770 entdeckt James Cook erneut Australien; 1771 Galvani entdeckt die galvanische Elektrizität; 1775 erste Nähmaschine in England gebaut; 5.6.1783 Heißluftballon der **Brüder Montgolfier;** 1791/92 C. Chappe erfindet den optischen Flügeltelegrafen (bewegliche Flügel an einem Mast); 1796 Erfindung der Lithografie
1810 Gründung der Universität Berlin (Bildungskonzeption W. v. Humboldts; der Philosoph Fichte wird erster Rektor); Fichte, Schelling u. Hegel formulieren die **klass. idealistische deutsche Philosophie;** Schopenhauer schreibt dagegen 1818 „Die Welt als Wille und Vorstellung" → Nietzsche: „Wille zur Macht", → Freud: Das Unbewusste); Johann Gottfried Schadow (1764–1850): Luther-Denkmal, Plastik Friedrich der Große (1821); **Caspar David Friedrich** (1774–1840) als Maler der Romantik; Karl Friedrich Schinkel als klassischer Baumeister und Maler (1781–1841): Berlin, Schauspielhaus; **Musiker: Ludwig van Beethoven** (1770–1827) vertont Im Schlusschor seiner 9. Symphonie Schillers „Ode an die Freude" (1823); Schubert (1797–1828); Schumann (1810–1856); Chopin (1810–1849)	1807 erste Straßengasbeleuchtung in London; 1809 beschreibt T. Sömmening einen elektr. Telegrafen; 1811 Friedr. Krupp gründet ein Stahlwerk in Essen; 1812 F. Koenig erfindet die **Buchdruck-Schnellpresse,** mit der ab 1814 die Londoner „Times" gedruckt wird; 1817 K.F. Drais entwickelt das Laufrad (→ Fahrrad); 1819 der Raddampfer „Savannah" überquert als erstes Dampfschiff den Atlantik in 26 Tagen; 1821 M. Faraday erfindet das Grundprinzip des Elektromotors; ab 1824 Druck einer Berliner Zeitung auf einer Schnellpresse (von Koenig); 1827 Ohm'sches Gesetz entdeckt
1830 Delacroix malt „Die Freiheit auf der Barrikade"; 1831 **Darwin** beginnt seine Weltreise; 1835 Johann Strauß (Vater) wird Hofballmusikdirektor in Wien; 1836 Gogol schreibt „Der Revisor"; **Journalist als eigenständiger Beruf;** Charles Dickens: „Oliver Twist" (1838/39); Spitzweg (1808–1885): „Der arme Poet", auch Gedichte; Heine und Marx treffen sich 1843 in Paris; **„Kommunistisches Manifest"** von Marx/Engels (1848); J. Bogardus baut ab 1848 „Wolkenkratzer" in New York	1832 C.F. Gauß benutzt den Elektromagnetismus für Fernverständigung; 1835 optischer Telegraf von Koblenz nach Berlin; 1835 **Erfindung der Fotografie** (Daguerre) bis 1841 (Talbot); 7.12.1835 Eröffnung der Eisenbahnstrecke Nürnberg–Fürth; ab 1837 entwickelt Morse den elektromagnetischen Schreibtelegrafen (Morseapparat); 1843 Telegrafenlinie Washington–Baltimore (Morse-Technik)

Fortsetzung auf den letzten Seiten

Nordrhein-Westfalen

Texte, Themen und Strukturen

Deutschbuch für die Oberstufe

Herausgegeben von
Bernd Schurf und Andrea Wagener

Erarbeitet von
Lisa Böcker, Gerd Brenner,
Hans-Joachim Cornelißen, Dietrich Erlach,
Karlheinz Fingerhut, Margret Fingerhut,
Heinz Gierlich, Cordula Grunow,
Markus Langner, Angela Mielke,
Deborah Mohr, Norbert Pabelick,
Frank Schneider, Bernd Schurf,
Angelika Thönneßen und Andrea Wagener

Texte, Themen und Strukturen auf einen Blick

Das Buch teilt sich in vier große Bereiche:

Teil A vermittelt Ihnen alle Inhalte und Kompetenzen der **Einführungsphase**. Im Zentrum stehen:

1. Kurze Erzähltexte
2. Gedichte im thematischen Zusammenhang
3. Dramen
4. Sachtexte
5. Fernsehen und interaktive Medien
6. Kommunikation und Kommunikationsprobleme
7. Funktion, Entwicklung und Struktur von Sprache

Teil B vermittelt alle Inhalte und Kompetenzen der **Qualifikationsphase**. Thematisiert werden:

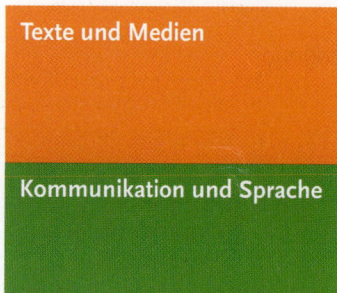

1. Epische Literatur
2. Lyrik aus unterschiedlichen Zeiten
3. Klassisches und modernes Drama
4. Analyse und Erörterung von Sachtexten
5. Literaturverfilmung
6. Reden
7. Sprachliche Varietäten
8. Spracherwerb und sprachgeschichtlicher Wandel
9. Sprache – Denken – Wirklichkeit

Jedes Kapitel in **Teil A** und **B** besteht aus drei Teilkapiteln, die inhaltlich aufeinander aufbauen. Im jeweils **dritten Teilkapitel** trainieren Sie für eine mögliche **Klausur**, wie sie auch im Abitur vorkommen könnte, oder erhalten Anregungen für ein Projekt.

Teil C bietet anhand zahlreicher Textbeispiele einen Überblick über alle **Epochen und Strömungen der deutschen Literaturgeschichte** vom Mittelalter bis hin zur Gegenwart. Am Ende der jeweiligen Kapitel wird das **Epochenwissen** in ausführlichen **Informationskästen** zusammengefasst.

Teil D informiert über wichtige **Arbeitstechniken** und bietet Ihnen einen Wiederholungskurs zu **Grammatik, Rechtschreibung und Zeichensetzung**.

Merk- und Methodenwissen finden Sie in gelben bzw. blauen Kästen zusammengefasst: `Information` und `Methode`.

Zusatzaufgaben `2` geben Anregungen zur Weiterarbeit. Sie signalisieren u.a.:
- Aufgaben zur vertiefenden Auseinandersetzung (Differenzierung)
- Rechercheaufträge
- Referate und Facharbeiten
- Transferaufgaben zur Verknüpfung mit anderen Werken

Inhalt

A Einführung: Grundlagen des Deutschunterrichts

| Texte und Medien | Kompetenzschwerpunkte |

A1 Realität und Fiktion – Kurze Erzähltexte lesen und verstehen

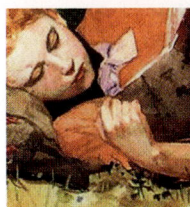

1.1 Literatur und Lebenswelt – Warum wir Bücher lesen 26
Lust am Lesen – Erfahrungen mit der erzählten Welt 27
Zwischen Wirklichkeit und Illusion – Fiktionalitätssignale 29

Information: Fiktionsvertrag und Fiktionalitätssignale 30

Heidenreich: Wer nicht liest, ist doof ▪ **von Matt:** Das Geheimnis der Bücher ▪ **Eco:** Im Wald der Fiktionen

Texte: Erzähltexte in Bezug auf ihre Strukturmerkmale analysieren und deuten • Fiktionalitätssignale identifizieren • das Verhältnis von Inhalt, Ausgestaltung und Wirkung in Texten beurteilen • zwischen textimmanenten Ergebnissen und dem Einbezug textexterner Informationen unterscheiden • textgestaltende Verfahren zur Analyse nutzen
Sprache: sprachliche Gestaltungsmittel in ihrer Bedeutung für Aussage und Wirkung erläutern

1.2 Ich-Suche und Entfremdung – Kurzprosa analysieren 31
Selbstentwürfe und Lebenskrisen – Kurzgeschichten 31
„Vor dem Gesetz" – Parabeln zum Motiv der Wahrheit 39
„Auf der Galerie" – Parabeln und Gemälde zum Thema Kunst 43
Gibt es die richtige Interpretation? – Literarische Kommunikation und Theorien des Verstehens 46

Information: Merkmale der Kurzgeschichte 33
Analyse von kurzen Erzähltexten 39
Theorien des Verstehens 48

Methode: Produktiv-gestaltendes Interpretieren 36

Wohmann: Die Klavierstunde ▪ **Dische:** Liebe Mom, lieber Dad ▪ **Bichsel:** San Salvador ▪ **Strauß:** Mikado ▪ **Kafka:** Vor dem Gesetz ▪ **Buber:** Die Legende des Baalschem ▪ **Kafka:** Der Kreisel ▪ **Brecht:** Weise am Weisen ist die Haltung ▪ **Kafka:** Auf der Galerie ▪ **Kleist:** Die Fabel ohne Moral ▪ **Bernhard:** Der Stimmenimitator ▪ **Walser:** Es gibt nur subjektive Interpretation

Aufgabenart I A
Texte: Aufgabenstellungen für die Textrezeption nutzen; Leseziele ableiten • in Analysen beschreibende, deutende und wertende Aussagen unterscheiden • die Analyse durch Textbelege absichern • Schreibprozesse reflektieren • Texte kriterienorientiert überarbeiten

Sprache: die sprachliche Darstellung und die normgerechte Sprache in Texten beurteilen und überarbeiten

1.3 Training – Kurze Erzähltexte analysieren und produktiv ausgestalten 50
Franz Kafka: Der Nachbar

A2 Das Ich als Rätsel – Gedichte im thematischen Zusammenhang

2.1 Identität – Form und Sprache in Gedichten analysieren 54
Gemischte Gefühle – Lyrische (Selbst-)Reflexionen 54
„... von bittern Salzen schwer ..." – Metaphern genauer analysieren 58
Die Versstruktur untersuchen 59

Texte: Lyrik in Bezug auf ihre Strukturmerkmale analysieren und deuten • historisch-gesellschaftliche Bezüge der Werke aufzeigen • das Verhältnis von Inhalt, Ausgestaltung und Wirkung in Texten beurteilen • textgestaltende Verfahren zur Analyse nutzen • gestaltend vortragen

Analyseaspekte vergleichend anwenden –
Lyrisches Ich, Bildfeld/Metaphorik und
Versstruktur ... 60
Wozu interpretieren? ... 61

Information: Der lyrische Sprecher/
das lyrische Ich ... 55
Bildfeld, Metapher und Vergleich ... 59

Küchenmeister: staub • **Gerstl:** Wer ist denn schon •
Beyer: Stiche • **Goethe:** Neue Liebe, neues Leben •
Lenz: An das Herz • **Hahn:** Angstlied • **Droste-Hülshoff:** Das Spiegelbild • **Brinkmann:** Selbstbildnis im
Supermarkt • **Baudelaire:** Der Mann und das Meer •
Liliencron: In einer großen Stadt • **Köhler:** In the
movies • **Brinkmann:** Einer jener klassischen • **Brasch:**
Lied • **Kiwus:** Lösung • **Brecht:** Über das Zerpflücken
von Gedichten • **Radisch:** Nie wieder Versfüßchen

2.2 Spiegelungen und Brechungen – Lyrikprojekte 62
Einen Poetry-Slam veranstalten ... 62
POEM – Lyrik medial gestalten ... 63

Becht: Koexistenz • **Bachmann:** Nach grauen Tagen

2.3 Training – Ein Gedicht analysieren 64
Gottfried Benn: Reisen

Information: Fehlerquellen beim Zitieren ... 64

Sprache: sprachliche Gestaltungsmittel in ihrer Bedeutung für Aussage und Wirkung erläutern • sprechgestaltende Mittel einsetzen

Medien: mediale Gestaltungen zu literarischen Texten entwickeln

Aufgabenart I A

Texte: Aufgabenstellungen für die Textrezeption nutzen; Leseziele ableiten • in Analysen beschreibende, deutende und wertende Aussagen unterscheiden • die Analyse durch Textbelege absichern • Schreibprozesse reflektieren • Texte kriterienorientiert überarbeiten

Sprache: die sprachliche Darstellung und die normgerechte Sprache in Texten beurteilen und überarbeiten

A3 Wissenschaftler in Konflikten – Ein Drama untersuchen

3.1 Friedrich Dürrenmatt: „Die Physiker" 68
Aspekte und Methoden der Dramenanalyse ... 68
Aspekte der werkimmanenten Dramenanalyse ... 72
Brisante Fragen in einer Komödie? –
Dürrenmatts Dramentheorie ... 73

Information: Die vier Analysekategorien der
werkimmanenten Ebene ... 72
Klassisches und episches Theater ... 73

Methode: Szenische Lesung – Szenisches Spiel ... 71

Dürrenmatt: Die Physiker; Aus den „21 Punkten
zu den Physikern"; Uns kommt nur noch die
Komödie bei

**3.2 Macht und Verantwortung der Wissenschaft –
Sachtexte mit Bezug auf das Drama
erschließen und erörtern 76**
Genforschung – Die Verantwortung der
Wissenschaft heute ... 80

Methode: Einen Sachtext und einen
literarischen Text aufeinander beziehen ... 79

Weizsäcker: Ich hatte die Vorstellung, auf
irgendeine Weise Einwirkungsmöglichkeiten zu
haben • **Jonas:** Eine neue Dimension menschlicher
Macht • **Sentker:** Frankensteins Traum wird wahr

3.3 Training – Eine Dramenszene analysieren 82
Friedrich Dürrenmatt: Die Physiker

Texte: Dramen in Bezug auf ihre Strukturmerkmale analysieren und deuten • historisch-gesellschaftliche Bezüge der Werke aufzeigen • Sachtexte in ihrer Abhängigkeit von Situation, Adressat, Textfunktion unterscheiden • Sachtexte mit Hilfe textimmanenter und textübergreifender Informationen analysieren

Kommunikation: Gespräche in literarischen Texten kommunikationstheoretisch analysieren

Aufgabenart I A

Texte: Aufgabenstellungen für die Textrezeption nutzen; Leseziele ableiten • in Analysen beschreibende, deutende und wertende Aussagen unterscheiden • die Analyse durch Textbelege absichern • Schreibprozesse reflektieren • Texte kriterienorientiert überarbeiten

Sprache: die sprachliche Darstellung und die normgerechte Sprache in Texten beurteilen und überarbeiten

A 4 Dem Denken auf der Spur – Sachtexte untersuchen

4.1 Geheimnis Gehirn – Argumentieren, Diskutieren und Protokollieren 87
Argumente in Texten erkennen und Gegenargumente entkräften 87
Eine Diskussion mit einem Text vorbereiten und durchführen 90

Information: Typischer Aufbau eines argumentativen Gedankens 88

Methode: In Diskussionen Argumente aufgreifen, stärken oder entkräften 89
Diskussionsformen 92
Ergebnisprotokoll und Verlaufsprotokoll 93

Paetsch: Wer ist der Chef im Kopf? ▪ **Neuromarketing:** Wie das Gehirn entscheidet, was wir kaufen ▪ **Blech/Demmer/Ludwig/Scheuermann:** Wow, was für ein Gefühl

4.2 Liebe und Denkfehler – Sachtexte erschließen 94
Zentrale Aussagen eines Sachtextes erfassen 94
Wirkungsabsicht und Sprache eines Sachtextes untersuchen 96

Information: Sachtexte und ihre Wirkungsabsicht 97

Methode: Sprachliche Besonderheiten untersuchen 97

Swaab: Das verliebte Gehirn ▪ **Dobelli:** Denkfehler: The Swimmer's Body Illusion

4.3 Training – Einen Sachtext analysieren 98
Daniel Rettig: Intelligenz: Kluge Menschen irren sich häufiger

Texte: Sachtexte in ihrer Abhängigkeit von Situation, Adressat, Textfunktion unterscheiden ▪ Sachtexte mit Hilfe textimmanenter und textübergreifender Informationen analysieren ▪ das Verhältnis von Inhalt, Ausgestaltung und Wirkung in Texten beurteilen ▪ textgestaltende Verfahren zur Analyse nutzen ▪ protokollieren (Arbeitsabläufe, Ergebnisse)

Sprache: informierende, argumentierende und appellierende Wirkung unterscheiden

Kommunikation: fachbezogene Gesprächsformen verfolgen ▪ Rhetorik: Strategien der Leser- und Hörerbeeinflussung analysieren

Aufgabenart II A
Texte: Aufgabenstellungen für die Textrezeption nutzen; Leseziele ableiten ▪ in Analysen beschreibende, deutende und wertende Aussagen unterscheiden ▪ die Analyse durch Textbelege absichern ▪ Schreibprozesse reflektieren ▪ Texte kriterienorientiert überarbeiten

Sprache: die sprachliche Darstellung und die normgerechte Sprache in Texten beurteilen und überarbeiten

A 5 Fernsehen und interaktive Medien – Reale und fiktionale Formate untersuchen

5.1 Journalismus? – Nachrichten in verschiedenen Medien 103
Meldungen im Fernsehen – Nachrichtenformate gegenüberstellen 103
YouTube, Facebook und Liveticker – Internet-Kommunikation 106
Der perfekte Talk – Politische Talkshows 109
Vorgetäuschte Wahrheiten? – Scripted Reality 110

Information: Nachrichtenvermittlung in audiovisuellen und interaktiven Medien 108

Weber: Tagesschau vs. RTL II: Hohe Mieten, nackte Lady Gaga ▪ **Hildebrandt:** 50 000 Zuschauer mehr. Wie RTL II News die Tagesschau abhängen ▪ **Fichter:** Da guckst du! ▪ **Pauer:** Zum Sandsack, zur Freiheit ▪ **Trotier:** Süchtig nach dem Augenblick ▪ Die ideale Talkshow: 60 Minuten, vier Gäste ▪ Wie wirkt Scripted Reality?

Medien: Sendeformate analysieren; Beeinflussungspotenziale kriterienorientiert beurteilen ▪ audiovisuelle und interaktive Vermittlungsweisen als konstitutiv für Gestaltung, Aussage, Wirkung herausarbeiten ▪ Internet-Kommunikation als potenziell öffentlich erläutern und beurteilen

Texte: Fiktionalitätssignale identifizieren ▪ textgestaltende Verfahren zur Analyse nutzen

Sprache: die sprachliche Darstellung und die normgerechte Sprache in Texten beurteilen und überarbeiten

5.2 **Im Bann von Geschichten – Fernsehserien analysieren** — 112	**Aufgabenart III A**
Fernsehserien und ihre Helden – Typische Serienformate — 112	**Texte:** Aufgabenstellungen für die Textrezeption nutzen; Leseziele ableiten • in Analysen beschreibende, deutende und wertende Aussagen unterscheiden • die Analyse durch Textbelege absichern • Schreibprozesse reflektieren • Texte kriterienorientiert überarbeiten
Schräge Typen und Antihelden – Figuren in Fernsehserien — 114	
Figuren in Gesprächen – Dialoge untersuchen — 115	
Expositionen, „Zöpfe" und Cliffhanger – Handlungsdramaturgien — 116	
„Die Simpsons" – Gesellschaftskritik und intertextuelle Bezüge — 118	**Sprache:** die sprachliche Darstellung und die normgerechte Sprache in Texten beurteilen und überarbeiten
Zuschauerbindung – Serienfans und Interaktion im Netz — 119	
Information: Fernsehserien — 120	
How I met your Mother • Die Simpsons • Breaking Bad • **Weber:** Der Reiz von Fernsehen	
5.3 **Training – Einen Sachtext erörtern** — 121	
Nina Pauer: Doku-Soaps: Der produzierte Prolet	

Kommunikation und Sprache — Kompetenzschwerpunkte

A 6 Gespräche in Alltag und Literatur – Kommunikationsprobleme untersuchen

6.1 **Gesprächssituationen im Alltag – Kommunikationsmodelle anwenden** — 125	**Kommunikation:** Kommunikationsmodelle auf Alltagssituationen anwenden • Kommunikationsstörungen und gelingende Kommunikation identifizieren und reflektieren • Gespräche in literarischen Texten kommunikationstheoretisch analysieren • sich explizit auf andere beziehen • Beiträge/Rollen in Kommunikationssituationen sach- und adressatenbezogen gestalten
Kommunikationsmodelle – Sprachfunktionen erklären — 127	
Karl Bühlers Organon-Modell – Die drei Grundfunktionen der Sprache — 131	
Reza: Kunst • Das Kommunikationsquadrat • **Watzlawick u.a.:** Menschliche Kommunikation • **Retter:** Im Wartezimmer	
6.2 **Kommunikation in literarischen Texten – Dialogsituationen untersuchen** — 132	**Sprache:** sprechgestaltende Mittel einsetzen
Beziehungs- und Kommunikationsstörungen in neuerer Literatur — 135	**Texte:** Erzähltexte in Bezug auf ihre Strukturmerkmale analysieren und deuten • zielgerichtet verschiedene Textmuster einsetzen • textgestaltende Verfahren zur Analyse nutzen • gestaltend vortragen
Mann: Buddenbrooks • **Kehlmann:** Ich und Kaminski	
6.3 **Projekt: Eingefrorene Gespräche – Schreiben zu Kunstwerken** — 137	

A 7 Die richtigen Worte finden – Funktion, Struktur und Entwicklung von Sprache

7.1 **Sprachliche Zeichen – Ebenen von Sprache unterscheiden** — 140	**Sprache:** Sprachebenen unterscheiden • Sprachvarietäten (Schwerpunkt: Fachsprache) identifizieren und analysieren • aktuelle Sprachentwicklungen und ihre soziokulturellen Bedingtheit untersuchen • Sachverhalte angemessen darstellen
Der Zeichencharakter der Sprache — 140	
Die Ebenen der Sprache — 141	
de Saussure: Die Natur des sprachlichen Zeichens – Die fünf Sprachebenen	

7.2 Innovation oder Verfall? – Sprachentwicklung und Sprachvarietäten untersuchen — 143
Bedingungen und Theorien der Sprachentwicklung — 143
Fachsprachen – Eine Sprachvarietät untersuchen — 152

Information: Sprachentwicklung — 146
Anglizismen — 148
Politisch korrekter Sprachgebrauch — 151
Sprachvarietäten — 155

Romberg: Wie reden wir denn da? • **Plahm:** Und ewig wirkt die unsichtbare Hand • **Reiter:** Amerika, Amerika. Einige Gedanken zu den Anglizismen • **Forster:** Political Correctness / Politische Korrektheit • **Henne:** Sprachen in der Sprache • **Kessel, Reimann:** Fachsprache • **Gibis:** So verstehen Sie Ihren Arzt

7.3 Training – Materialgestützt einen Text verfassen — 156
Faltblatt zu englischen Berufsbezeichnungen für einen Berufs-Informationstag

Information: Gedankliche Struktur und Gliederung informierender Texte — 159

Texte: Schreibprozesse reflektieren • Texte kriterienorientiert überarbeiten

Aufgabenart IV
Texte: Aufgabenstellungen für die Textrezeption nutzen; Leseziele ableiten • Kommunikationssituation, Adressat, Funktion bei der Textgestaltung berücksichtigen • Schreibprozesse reflektieren • Texte kriterienorientiert überarbeiten

Sprache: die sprachliche Darstellung und die normgerechte Sprache in Texten beurteilen und überarbeiten

B Qualifikation: Erweiterung und Vertiefung

| Texte und Medien | Kompetenzschwerpunkte |

B1 Epik

1.1 Drei Erzählbeispiele – Ort und Zeit, Figuren, Handlung und Erzählstrategien analysieren — 165

Information: Epik — 165
Ort und historische Zeit — 167
Figuren und ihre Konstellation — 169
Der Erzähler/die Erzählerin und seine/ihre Strategien — 172
Die drei idealtypischen Erzählstrategien — 172

Methode: Mit Erzählstrategien produktiv-gestaltend umgehen — 174

Fontane: Effi Briest • **Kafka:** Der Prozess • **Vanderbeke:** Das Muschelessen

1.2 Zwischen Fiktion und Wirklichkeit – Modelle literarischer Kommunikation — 175
Fiktionalitätstheorien — 176

Information: Literarisches Erzählen – Kommunikation zwischen Autor/in und Leser/in — 175
Fiktionalitätssignale — 177

Fiktionalität • **Goethe:** Die Leiden des jungen Werther • **Scherer:** Die Hundegrenze

Texte: strukturell unterschiedliche Erzähltexte aus unterschiedlichen historischen Kontexten analysieren (gattungstypische Formen, poetologische Konzepte) • Literaturgeschichte (Realismus bis 20. Jh.); Epochen-/Gattungsbegriff problematisieren • Mehrdeutigkeit und Zeitbedingtheit von Rezeption und Interpretation reflektieren (Literatur), den eigenen Textverstehensprozess als Konstrukt erklären • fiktionale/nicht-fiktionale Merkmale identifizieren • produktionsorientierte Schreibformen für das Textverständnis nutzen

Kommunikation: Kommunikationsstörungen/gelingende Kommunikation analysieren • sprachliches Handeln in Literatur im kommunikativen Kontext analysieren (Kommunikationstheorie) • Autor-Rezipienten-Kommunikation erläutern

Sprache: Sprache/Stil: Bedeutung und Wirkung erläutern und beurteilen

1.3.1 Klausurvorbereitung: Einen Erzählanfang analysieren — 179
Franz Kafka: Die Verwandlung

Information: Aspektorientierte Aufgabenstellungen — 181
Gliederung der Analyse eines literarischen Textes — 183
Richtiges Zitieren — 184

Methode: Gestalterische Besonderheiten mit dem Inhalt in Beziehung setzen — 182

1.3.2 Klausurvorbereitung: Materialgestützt einen Text verfassen — 185
Broschüre über die Aktualität des Werks Franz Kafkas

Information: Gedankliche Struktur und Gliederung informierender Texte — 190
Umgang mit Informationsquellen — 191

Methode: Die Aufgabenstellung verstehen — 188
Gezielt lesen — 189

Aufgabenart I A / IV

Texte: aus Aufgabenstellungen Leseziele ableiten und für die Textrezeption nutzen • Analyse: textimmanente Ergebnisse gewinnen und textübergreifende Untersuchungsverfahren anwenden • Schreibprozesse reflektieren • eigene und fremde Texte beurteilen und überarbeiten

Sprache: die sprachliche Darstellung in Texten kriteriengeleitet beurteilen und überarbeiten • die normgerechte Sprachverwendung prüfen und überarbeiten

B 2 Lyrik aus unterschiedlichen Zeiten analysieren und vergleichen

2.1 Erstes Licht und Wasser – Motivgleiche Gedichte analysieren — 193
Den Vers als Grundelement des Gedichts wahrnehmen — 195
Reim und Metrum, Strophen- und Gedichtform – Strukturen bestimmen — 197
Von Allegorie bis Zeugma – Rhetorische Figuren erkennen — 200

Information: Literarisches Motiv — 194
Verhältnis von Vers und Satz im Gedicht — 196
Reim, Metrum, Strophen- und Gedichtformen — 197
Rhetorische Figuren — 200

Methode: Bezüge zwischen Inhalt und Form herstellen — 203

Mörike: An einem Wintermorgen, vor Sonnenaufgang • **Dietmar von Aist/Wehrli:** Übersetzung von „Slafest du …" • **Brecht:** Entdeckung an einer jungen Frau • **Kiwus:** Im ersten Licht • **Mörike:** In der Frühe • **Busta:** In der Morgendämmerung • **Eichendorff:** Zwielicht • **Gernhardt:** Zu zwei Sätzen von Eichendorff • **Appollinaire:** Die erdolchte Taube und der Springbrunnen • **Heine:** Am blassen Meeresstrande • **Meyer:** Der römische Brunnen • **Rilke:** Römische Fontäne • **Goethe:** Gesang der Geister über den Wassern • **Kirsch:** Schöner See Wasseraug

Texte: Lyrik zu einem Themenbereich aus unterschiedlichen historischen Kontexten/im historischen Längsschnitt analysieren (Formen lyrischen Sprechens) • Literaturgeschichte (Mittelalter bis 20. Jh.); Epochen-/Gattungsbegriff problematisieren • Texte kriteriengeleitet beurteilen (Inhalt, Gestaltungsweise, Wirkung) • produktionsorientierte Schreibformen für das Textverständnis nutzen • gestaltender Vortrag: komplexe literarische Texte durch gestaltenden Vortrag interpretieren/durch ästhetische Gestaltung deuten

Sprache: Sprache/Stil: Bedeutung und Wirkung erläutern und beurteilen

2.2 Gedichte heute – Reflexionen zur Lyrik — 204
Sichtermann/Scholl: Überall und nirgends • **Oleschinski:** Die Plejaden on MTV • **Tom Schulz:** Anstelle einer Poetik

2.3 Klausurvorbereitung: Gedichte vergleichen ... 206
Joseph Eichendorff: Lied
August Stramm: Untreu

Information: Operatoren ... 207
Aspekte einer Gedichtanalyse ... 208
Deutungsthesen ausführen ... 209

Methode: Analyseaufsatz – Grundlegende Probleme lösen ... 211

Aufgabenart I B

Texte: aus Aufgabenstellungen Leseziele ableiten und für die Textrezeption nutzen • Analyse: textimmanente Ergebnisse gewinnen und textübergreifende Untersuchungsverfahren anwenden • Schreibprozesse reflektieren • eigene und fremde Texte beurteilen und überarbeiten

Sprache: die sprachliche Darstellung in Texten kriteriengeleitet beurteilen und überarbeiten • die normgerechte Sprachverwendung prüfen und überarbeiten

B3 Klassisches und modernes Drama vergleichen

3.1 Schillers „Kabale und Liebe", Brechts „Der gute Mensch von Sezuan", Goethes „Faust I" – Liebesszenen vergleichen ... 213
Schiller und Brecht: Figuren und Konflikte im gesellschaftlichen Umfeld ... 213
Strukturen des klassischen und des modernen Dramas ... 217
Das klassische Drama und die geschlossene Form ... 221
Das epische Theater und die offene Form ... 222
Eine Sonderform des Dramas – Goethe: „Faust I" ... 224
Die Gretchentragödie – Die erste Begegnung ... 229

Information: Das klassische Drama ... 221
Die geschlossene Form ... 222
Verfremdungseffekt ... 223

Methode: Analyse von Dramenszenen – Dialoganalyse ... 216
Möglichkeiten des szenischen Interpretierens ... 232

Schiller: Kabale und Liebe • **Brecht:** Der gute Mensch von Sezuan • **Aristoteles:** Kennzeichen der Tragödie • **Brecht:** Die dramatische und die epische Form des Theaters • **Goethe:** Faust I

3.2 Die Bühne – Intentionen und Inszenierungen vergleichen ... 233
Wirkungsabsichten – Was will das Theater? ... 233
Inszenierungen – Interpretationen im Kontext ihrer Zeit ... 235
Gründgens und Dorn – Faust-Inszenierungen im Vergleich ... 236

Information: Bühneninszenierungen – Interpretationen im Kontext ihrer Zeit ... 237

Lessing: Brief an Nicolai über das Trauerspiel • **Schiller:** Die Schaubühne als moralische Anstalt betrachtet • **Brecht:** Was ist mit dem epischen Theater gewonnen? • **Stein:** Interview

Texte: strukturell unterschiedliche Dramen aus unterschiedlichen historischen Kontexten analysieren (gattungstypische Formen, poetologische Konzepte) • Literaturgeschichte (Klassik bis 20. Jh.); Epochen-/Gattungsbegriff problematisieren • Mehrdeutigkeit und Zeitbedingtheit von Rezeption und Interpretation reflektieren (Literatur, Bühneninszenierung), den eigenen Textverstehensprozess als Konstrukt erklären • längere, komplexe Sachtexte analysieren • gestaltender Vortrag: komplexe literarische Texte durch gestaltenden Vortrag interpretieren/durch ästhetische Gestaltung deuten

Medien: Bühneninszenierung analysieren (mediale und ästhetische Gestaltung, Wirkung) • mediale Aufbereitungen beurteilen

Kommunikation: sprachliches Handeln in Literatur im kommunikativen Kontext analysieren (Kommunikationstheorie) • verbale, paraverbale, nonverbale Kommunikationsstrategien identifizieren und einsetzen

Sprache: Sprache/Stil: Bedeutung und Wirkung erläutern und beurteilen

3.3.1 Klausurvorbereitung: Eine Dramenszene analysieren — 238
Bertolt Brecht: Der gute Mensch von Sezuan: Zwischenspiel. Wangs Nachtlager

Information: Sprechhandlungen — 239

3.3.2 Klausurvorbereitung: Einen Sachtext zum Drama erörtern — 242
Karin Beier: Theater berauscht. Theater nervt. Theater wirkt

Information: Die literarische Erörterung — 243

Aufgabenart I A / III B

Texte: aus Aufgabenstellungen Leseziele ableiten und für die Textrezeption nutzen • Analyse: textimmanente Ergebnisse gewinnen und textübergreifende Untersuchungsverfahren anwenden • Schreibprozesse reflektieren • eigene und fremde Texte beurteilen und überarbeiten

Sprache: die sprachliche Darstellung in Texten kriteriengeleitet beurteilen und überarbeiten • die normgerechte Sprachverwendung prüfen und überarbeiten

B 4 Traditionelle und neue Medien – Sachtexte analysieren und erörtern

4.1 Literaturbetrieb – Darstellungsweisen und Intentionen von Sachtexten unterscheiden — 248
Von Preisen und Bestsellern – Kontinuierliche Sachtexte — 248
Von Marktanteilen und Umsätzen – Diskontinuierliche Sachtexte — 254

Information: Darstellungsweisen und Intentionen von Sachtexten — 252
Eine Auswahl journalistischer Textsorten — 253

Methode: Diagramme auswerten — 256

Hugendick: Der größte Gewinner ist der Wettbewerb • **Richter:** Was ist ein Bestseller? • **Brandt:** Ist das Literatur? Oder kann das weg? • **Marktanteile:** Sachbücher und belletristische Literatur • **Umsatzentwicklung:** Ratgeberliteratur • Ratgeber legen deutlich zu

Texte: längere, komplexe Sachtexte analysieren (argumentativ, deskriptiv, narrativ; gesellschaftlich-historischer Kontext) • Texte kriteriengeleitet beurteilen (Inhalt, Gestaltungsweise, Wirkung)

Medien: kontroverse Medientheorien vergleichen und erörtern (gesellschaftlicher Einfluss von Medien) • Qualität von Informationen aus verschiedenen Quellen beurteilen • mediale Aufbereitungen beurteilen

Kommunikation: fachlich anspruchsvolle Gesprächsformen konzentriert verfolgen • sprachliches Handeln im Alltag im kommunikativen Kontext analysieren (Kommunikationstheorie)

4.2 Medienkritik – Kontroverse Positionen der Medientheorie — 257
Was sind Medien? – Mediengeschichte und Technologiekritik — 257
Fassaden in Fernsehen und Facebook – Das Ende der Privatsphäre? — 260
Medienkonsum und Denken – Positionen erörtern — 264

Information: Medien und ihr gesellschaftlicher Einfluss — 267

Hörisch: Mediendefinitionen • **Passig:** Standardsituationen der Technologiekritik • **Eco:** Der Verlust der Privatsphäre • **Kittlitz:** Der Traum vom idealen Leben – Der soziale Graph • **Bolz:** Die Welt der Klick-Arbeiter • **Zeh:** Keine Freiheit unter Beobachtung • **Lehnartz:** Schlauer schießen • **Schirrmacher:** Payback

Aufgabenart III A

Texte: aus Aufgabenstellungen Leseziele ableiten und für die Textrezeption nutzen • Analyse: textimmanente Ergebnisse gewinnen und textübergreifende Untersuchungsverfahren anwenden • Schreibprozesse reflektieren • eigene und fremde Texte beurteilen und überarbeiten

Sprache: die sprachliche Darstellung in Texten kriteriengeleitet beurteilen und überarbeiten • die normgerechte Sprachverwendung prüfen und überarbeiten

4.3 Klausurvorbereitung: Einen Sachtext erörtern — 268
Jochen Kölsch: Vom Aufstieg des Bildes und dem Zerfall des Wortes

Information: Die textgebundene Erörterung — 270
Grundtypen kritischer Texterörterung — 271
Strukturierung einer Erörterung — 272

B5 Patrick Süskind/Tom Tykwer: „Das Parfum" – Literaturverfilmung

5.1 Roman und Film – Szenen im Vergleich 275
Der Romananfang – Der „Held" wird geboren 275
Die filmische Exposition – Annäherung an eine schwierige Figur 277
Das Mirabellenmädchen – Der erste Mord in Film, Drehbuch und Roman 281
Der Film als Ganzes – Handlungsgefüge im Vergleich zum Roman 283
Der Mythos vom einsamen Genie – Narrative Strukturen im Film 284

Information: Formen des Filmanfangs – Die Exposition 280
Mythen und Motive als narrative Strukturen des filmischen Erzählens 284

Süskind: Das Parfum ▪ **Tykwer, Birkin u. a.:** Das Drehbuch

5.2 Die Grammatik der Bilder – Elemente der Filmsprache 285
Der Film im Detail – Inszenierte Bilder 285

Information: Die Bildinszenierung 285
Die Montage 287
Filmsprache – Fachbegriffe und Funktionen im Überblick 287

5.3 Projekt: Literatur verfilmen? – Auf dem Podium diskutieren 289
Zwei Filmrezensionen – Argumente erschließen und nutzen 289
Theorie der Literaturverfilmung 291

Methode: Eine Podiumsdiskussion durchführen 293

Körte: Du spürst kaum einen Hauch ▪ **Althen:** Ich will doch nur, dass ihr mich liebt ▪ **Schnell:** Literarischer Film ▪ **Hickethier:** Der Film nach der Literatur ist Film ▪ **Jenny:** Es gibt Leser, die das Kino lieben

Medien: Literaturverfilmung/Film in narrativer Struktur analysieren und beurteilen (ästhetische Gestaltung, Wirkung) ▪ Medientheorien vergleichen und erörtern

Texte: Erzähltexte analysieren (gattungstypische Formen) ▪ Mehrdeutigkeit und Zeitbedingtheit von Rezeption und Interpretation reflektieren (Film) ▪ längere, komplexe Sachtexte analysieren (argumentativ, deskriptiv, narrativ; gesellschaftlich-historischer Kontext)

Sprache: komplexe Sachzusammenhänge verbal und nonverbal darstellen

Kommunikation: fachlich anspruchsvolle Gesprächsformen konzentriert verfolgen ▪ sich in Gesprächsbeiträgen explizit und zielführend auf andere beziehen ▪ Beiträge in Kommunikationssituationen gestalten ▪ Gesprächsbeiträge und -verhalten analysieren und reflektieren; Feedback

---

Kommunikation und Sprache — Kompetenzschwerpunkte

B6 Rhetorisch ausgestaltete Kommunikation – Reden analysieren und gestalten

6.1 Berlin – Reden in ihrem historischen Kontext 295

Information: Rhetorik – Strategien der Beeinflussung 297
Sprachlich-rhetorische Mittel in Reden 299
Politische Lexik 302
Argumenttypen und ihre Funktionen 303

Goebbels: Sportpalastrede ▪ **Reuter:** Schaut auf diese Stadt! ▪ **Ulbricht:** An die Bevölkerung der DDR zum Bau der Berliner Mauer ▪ **Obama:** Wir müssen Geschichte schreiben ▪ **Kennedy:** Ich bin ein Berliner

Kommunikation: Rhetorik: Strategien der Leser- und Hörerbeeinflussung analysieren ▪ sprachliches Handeln im Alltag im kommunikativen Kontext analysieren (Kommunikationstheorie) ▪ Autor-Rezipienten-Kommunikation erläutern ▪ verbale, paraverbale, nonverbale Kommunikationsstrategien identifizieren und einsetzen

6.2 Eine Abiturrede verfassen und halten – Die IDEMA-Methode 307

Von der Inventio zur Dispositio – Sammeln und gliedern 307

Die Elocutio – Den Redetext verbessern und ausarbeiten 308

Memoria und Actio – Die Rede souverän vortragen 309

6.3 Klausurvorbereitung: Eine Rede analysieren 310

Peter Härtling: Nein!

Methode: Leitfragen zur Redeanalyse: 1. Redesituation, 2. Thema und Inhalt, 3. Argumentation, 4. Sprachliche und rhetorische Mittel, 5. Redeabsicht 313

Texte: komplexe Sachtexte analysieren • Texte kriteriengeleitet beurteilen

Sprache: Sprache/Stil: Bedeutung und Wirkung erläutern und beurteilen

Aufgabenart II A

Texte: aus Aufgabenstellungen Leseziele ableiten und für die Textrezeption nutzen • Analyse: textimmanente Ergebnisse gewinnen und textübergreifende Untersuchungsverfahren anwenden • Schreibprozesse reflektieren • eigene und fremde Texte beurteilen und überarbeiten

Sprache: die sprachliche Darstellung in Texten kriteriengeleitet beurteilen und überarbeiten • die normgerechte Sprachverwendung prüfen und überarbeiten

B 7 Sprachliche Varietäten

7.1 Hochsprache und Dialekt – Informationen verarbeiten, Meinungen vertreten 317

Hamann: Dialekt • **Stedje:** Die Sprache in der Sprache • **Ern:** Dem Ruhrpott seine Sprache • **Scherschun:** Westfälisch • **Göttert:** Alles außer Hochdeutsch

7.2 Jugendsprache und andere Soziolekte – Gesellschaftliche Bedeutung reflektieren 322

Information: Sprachvarietäten und Sprachkontakt 324
Haus der Stile 326

Nützel: Wenn Digger endkrass dissen • **Wiese:** Kiezdeutsch rockt, ischwör! • **Leffers:** Bürosprech • **Langhans:** Juhu, niemand versteht mich!

7.3 Klausurvorbereitung: Materialgestützt einen Text verfassen 327

Zeitungsbeilage mit argumentativem Text über eine Kampagne zur Mundartpflege

Information: Die gedankliche Struktur eines informierenden Textes entwickeln 331

Sprache: Sprachvarietäten in ihrer gesellschaftlichen Bedeutung analysieren • Sprache/Stil: Bedeutung und Wirkung erläutern und beurteilen

Texte: komplexe Sachtexte analysieren • Texte kriteriengeleitet beurteilen

Kommunikation: Gesprächsverhalten reflektieren

Aufgabenart IV

Texte: aus Aufgabenstellungen Leseziele ableiten und für die Textrezeption nutzen • Schreibprozesse reflektieren • eigene und fremde Texte beurteilen und überarbeiten

Sprache: Sachverhalte sprachlich differenziert darstellen • die sprachliche Darstellung in Texten kriteriengeleitet beurteilen und überarbeiten • die normgerechte Sprachverwendung prüfen und überarbeiten

B 8 Spracherwerb und sprachgeschichtlicher Wandel

8.1 Angeboren, gelernt oder konstruiert? – Spracherwerbsmodelle vergleichen 334

Eine eigene Theorie zum Spracherwerb formulieren 334
Spracherwerbstheorien gegenüberstellen 335

Sprache: Funktionen der Sprache für den Menschen benennen • unterschiedliche Spracherwerbsmodelle (ontogenetisch) und -theorien vergleichen • Veränderungstendenzen der Gegenwartssprache (Migration, Mehrsprachigkeit, Medien) untersuchen • Phänomene von Mehrsprachigkeit erläutern

Information: Die Stufen des Spracherwerbs 334
Theorien zum Spracherwerb 337
Phylogenese – Ontogenese 339

Pinker: Zum Reden geboren ▪ **Bruner:** Wie das Kind sprechen lernt ▪ **Spinnler:** Am Anfang war der Zeigefinger – Tomasellos sozial-pragmatische Theorie

8.2 Veränderungstendenzen der Gegenwartssprache – Mehrsprachigkeit und Medieneinflüsse untersuchen 340

Zweitspracherwerb 340
Mehrsprachigkeit 342
Mehrsprachigkeit als Zuwachs an Weltansichten 344
Vielsprachigkeit als Motor des Sprachwandels 345
Medieneinflüsse auf die Sprache 347
Medieneinflüsse auf die Sprache: Metaphorik des Internets 349

Information: Merkmale der Netzsprache 347

Wartenberger: Wie das Gehirn mit Erst- und Zweitsprache umgeht ▪ **Caldwell-Harris:** Parlez-vous „logique"? ▪ **Kast:** Wanderer zwischen den Wortwelten ▪ **Pazarkaya:** deutsche sprache ▪ **Humboldt:** Die Sprache als Weltsicht ▪ **Hinrichs:** Wie die Migration die deutsche Sprache verändert hat ▪ **Krischke:** Schreiben in der Schule ▪ **Steinschke:** Metaphern im Internetdiskurs

8.3 Klausurvorbereitung: Zwei Sachtexte vergleichen 350

Ralph Mocikat: Deutsch muss als Wissenschaftssprache erhalten bleiben / **Alexander Kekulé:** Der Zug ist abgefahren

Methode: Sachtexte analysieren und vergleichen 353

Texte: längere, komplexe Sachtexte analysieren (argumentativ, deskriptiv, narrativ; gesellschaftlichhistorischer Kontext) • Texte kriteriengeleitet beurteilen (Inhalt, Gestaltungsweise, Wirkung) • produktionsorientierte Schreibformen für das Textverständnis nutzen

Kommunikation: Rhetorik: Strategien der Leser- und Hörerbeeinflussung analysieren

Aufgabenart II B
Texte: aus Aufgabenstellungen Leseziele ableiten und für die Textrezeption nutzen • Analyse: textimmanente Ergebnisse gewinnen und textübergreifende Untersuchungsverfahren anwenden • Schreibprozesse reflektieren • eigene und fremde Texte beurteilen und überarbeiten

Sprache: die sprachliche Darstellung in Texten kriteriengeleitet beurteilen und überarbeiten • die normgerechte Sprachverwendung prüfen und überarbeiten

B 9 Sprache – Denken – Wirklichkeit

9.1 Die Sprache formt das Denken formt die Sprache ... – Sprache als Medium der Erkenntnis 356

Information: Sprache – Denken – Wirklichkeit 361

Whorf: Das „linguistische Relativitätsprinzip" ▪ **Zimmer:** Wiedersehen mit Whorf ▪ **Crystal:** Sprache und Denken ▪ **Boroditsky:** Wie die Sprache das Denken formt

9.2 Krise der Wahrnehmung – Krise der Sprache 362
Sprachnot in der Literatur 362

Information: Krise der Wahrnehmung – Krise der Sprache 368

Sprache: Erklärungsansätze zur Beziehung von Sprache, Denken, Wirklichkeit vergleichen

Texte: längere, komplexe Sachtexte analysieren • Texte kriteriengeleitet beurteilen • Erzähltexte analysieren, poetologische Konzepte • Lyrik zu einem Themenbereich aus unterschiedlichen historischen Kontexten analysieren • Literaturgeschichte (Fin de Siècle bis 21. Jh.) • produktionsorientierte Schreibformen nutzen

Kommunikation: Kommunikationsstörungen analysieren • sprachliches Handeln • Autor-Rezipienten-Kommunikation erläutern

Bendzko: Wenn Worte meine Sprache wären ▪ **Musil:** Die Verwirrungen des Zöglings Törleß ▪ **Hofmannsthal:** Ein Brief ▪ **Frisch:** Das Unaussprechliche ▪ **Rilke:** Ich fürchte mich so vor der Menschen Wort ▪ **Benn:** Ein Wort ▪ **Celan:** Weggebeizt ▪ **Weinrich:** Linguistische Bemerkungen zur modernen Lyrik

9.3 Klausurvorbereitung: Ein Gedicht analysieren 369
Ingeborg Bachmann: Ihr Worte

Aufgabenart I A
Texte: aus Aufgabenstellungen Leseziele ableiten und für die Textrezeption nutzen ▪ Analyse: textimmanente Ergebnisse gewinnen und textübergreifende Untersuchungsverfahren anwenden ▪ Schreibprozesse reflektieren

Sprache: die sprachliche Darstellung in Texten beurteilen und überarbeiten ▪ die normgerechte Sprachverwendung prüfen

C Epochen der deutschen Literatur

Kompetenzschwerpunkte

C1 Mittelalter, frühe Neuzeit und Barock

1.1 Mittelalter 378
Tristan und Isolde – Eine höfisch-mittelalterliche Liebesgeschichte 378
Minnesang – Sänger, Dame und Gesellschaft 380

Information: Epochenüberblick – Mittelalter 382

Gottfried von Straßburg: Tristan ▪ **Kühn:** Tristan und Isolde des Gottfried von Straßburg ▪ **Le Goff:** Tristan und Isolde ▪ **Walther von der Vogelweide:** Si wundervol gemachet wîp

1.2 Epochenumbruch um 1500 – Frühe Neuzeit 383
Johannes Gutenberg und der Buchdruck – Die erste Medienrevolution 383
Luthers Bibelübersetzung – Auf dem Weg zur deutschen Schriftsprache 384

Information: Epochenumbruch um 1500 – Frühe Neuzeit 385

Luther: Sendbrief vom Dolmetschen

1.3 Barock 386
„Memento mori", „carpe diem", „vanitas" – Schlüsselmotive der Barocklyrik 387
Barocke Naturlyrik – Zwei Frühlingsgedichte 390

Information: Emblem und Figurengedicht 387
Metaphern im Barock 388
Epochenüberblick – Barock 391

Grimmelshausen: Der Abenteuerliche Simplicissimus Teutsch – Ex maximo minimum ▪ **Kornfeld:** Eine Sand=Uhr ▪ **Hofmannswaldau:** Vergänglichkeit der Schönheit ▪ **Logau:** Das Beste der Welt ▪ **Harsdörffer:** Das Leben ist; Der Frühling ▪ **Gryphius:** Es ist alles eitel ▪ **Briken:** Willkommen Lenz

Texte: Literaturgeschichte (Mittelalter bis 21. Jh.); Epochen-/Gattungsbegriff problematisieren ▪ strukturell unterschiedliche Erzähltexte aus unterschiedlichen historischen Kontexten analysieren (gattungstypische Formen, poetologische Konzepte) ▪ Lyrik zu einem Themenbereich aus unterschiedlichen historischen Kontexten/im historischen Längsschnitt analysieren (Formen lyrischen Sprechens) ▪ strukturell unterschiedliche Dramen aus unterschiedlichen historischen Kontexten analysieren (gattungstypische Formen, poetologische Konzepte) ▪ historisch-gesellschaftliche Bezüge der Werke aufzeigen ▪ Mehrdeutigkeit und Zeitbedingtheit von Rezeption und Interpretation reflektieren, den eigenen Textverstehensprozess als Konstrukt erklären ▪ Texte kriteriengeleitet beurteilen (Inhalt, Gestaltungsweise, Wirkung) ▪ Analyse: textimmanente Ergebnisse gewinnen und textübergreifende Untersuchungsverfahren anwenden ▪ produktionsorientierte Schreibformen für das Textverständnis nutzen ▪ gestaltender Vortrag: komplexe literarische Texte durch den gestaltenden Vortrag interpretieren/durch die ästhetische Gestaltung deuten ▪ komplexe Sachverhalte in mündlichen Texten darstellen (Referat)

C2 Von der Aufklärung zum Sturm und Drang

2.1 Aufklärung — 394
Die Verstandeskultur – Eine Hoffnung damals und heute? — 394
Die Wahrheit durch ein Bild sagen – Fabeln über die beste Staatsform — 399
Kurz und pointiert: Maximen des richtigen Denkens — 401
Die Bühne als Kanzel – Ein literarisches Plädoyer für Toleranz — 402

Information: Epochenüberblick – Aufklärung — 404

Wieland: Sechs Antworten auf die Fragen zur Aufklärung • **Kant:** Beantwortung der Frage: Was ist Aufklärung?; Der kategorische Imperativ • **Safranski:** Schiller oder die Erfindung des deutschen Idealismus • **Lessing:** Die Wasserschlange; Ringparabel • **Pfeffel:** Reichsgeschichte der Tiere • **Lichtenberg:** Sudelbücher

2.2 Zum Verstand tritt das Gefühl – Empfindsamkeit — 405
Natur als Spiegel der Seele — 405

Information: Epochenüberblick – Empfindsamkeit — 406

Klopstock: Der Zürchersee • **Claudius:** Abendlied

2.3 Aufbruch der Jugend, Enthusiasmus und Protest – Sturm und Drang — 407
Naturenthusiasmus – Mutter Natur — 408
Liebeserfahrung – Selbsterforschung und Ekstase — 413
Rebellion – Schöpferisches Genie, edler Verbrecher, politischer Protest — 415

Information: Pantheismus — 412
Epochenüberblick – Sturm und Drang — 419

Goethe: Die Leiden des jungen Werthers; Ganymed; An den Mond; Prometheus • **Stolberg:** Über die Fülle des Herzens • **Braun:** Im Ilmtal • **Schiller:** Die Räuber • **Bürger:** Für wen, du gutes deutsches Volk

Kommunikation: Autor-Rezipienten-Kommunikation erläutern • sprachliches Handeln in der Literatur im kommunikativen Kontext analysieren (Kommunikationstheorie) • fachlich differenziert, die Zuhörer motivierend und mediengestützt präsentieren

Sprache: Sprache/Stil: Bedeutung und Wirkung erläutern und beurteilen

C3 Klassik und Romantik

3.1 Klassik — 421
Das Kunstprogramm: Wahrheit und Schönheit — 421
Das politische Programm: Weltbürgertum und Revolutionsskepsis — 424
Das Ideal der Menschenbildung: „Edel sei der Mensch ..." — 427

Information: Das Kunst- und Literaturprogramm der Klassik — 423
Epochenüberblick – Weimarer Klassik — 430

Goethe: Italienische Reise; Natur und Kunst; Das Göttliche; Faust I • **Goethe/Schiller:** Deutscher Nationalcharakter; Xenien • **Winckelmann:** Gedanken über die Nachahmung der griechischen Werke in der Malerei und Bildhauerkunst • **Schiller:** Idealisierung als Aufgabe des Dichters; Don Karlos, Infant von Spanien; Briefe über Don Karlos; Brief an den Herzog Friedrich Christian von Augustenburg • **Hölderlin:** Hyperions Schicksalslied

Kompetenzschwerpunkte siehe S.14/15

3.2 Romantik — 432
„Ach, wer da mitreisen könnte" – Fernweh und Heimweh — 433
Nacht – Ein romantisches Motiv — 436
„Beisammen konnten sie dir nit kommen" – Liebe und Tod — 437
Aspekte eines romantischen Poesieprogramms — 440

Information: Mittelalterbegeisterung — 434
Epochenüberblick – Romantik — 441

Tieck: Franz Sternbalds Wanderungen • **Eichendorff:** Sehnsucht; Mondnacht • **Günderode:** Der Kuss im Traume • **Brentano:** Der Spinnerin Nachtlied • **Volkslied:** Edelkönigs-Kinder • **Heine:** Ich weiß nicht, was soll es bedeuten; Der Asra • **Kleist:** Die Verlobung in St. Domingo • **Novalis:** Wenn nicht mehr Zahlen und Figuren; Romantisieren – Fragmente zur Poetik • **F. Schlegel:** 116. Athenäum-Fragment

C 4 Vom Vormärz bis zum poetischen Realismus

4.1 Frührealismus: Junges Deutschland und Vormärz — 444
Kritik an der deutschen Misere – Die Literatur wird politisch — 444
Literatur als soziales Gewissen – Georg Büchner, Heinrich Heine, Georg Weerth — 446

Siebenpfeiffer: Aus der Rede auf dem Hambacher Fest • **Büchner:** Woyzeck; Der hessische Landbote • **Heine:** Anno 1839; Deutschland. Ein Wintermärchen; Weberlied • **Weerth:** Die rheinischen Weinbauern

4.2 Frührealismus: Biedermeier – Erfüllte Augenblicke statt politischer Tageszeiten — 453

Information: Epochenüberblick – Frührealismus: Junges Deutschland, Vormärz, Biedermeier — 457

Mörike: Septembermorgen; Mozart auf der Reise nach Prag • **Herwegh:** Morgenruf • **Heine:** An Georg Herwegh • **Stifter:** Aus der Vorrede zu „Bunte Steine" • **Droste-Hülshoff:** Am Turme • **Aston:** Lebensmotto

4.3 Poetischer und bürgerlicher Realismus — 459
Milieus und Figuren – Merkmale realistischen Erzählens — 460
Eine bürgerliche Familienkatastrophe – Drama des Realismus — 464

Information: Epochenüberblick – Poetischer
oder bürgerlicher Realismus 466

Kompetenzschwerpunkte
siehe S. 14/15

Fontane: Was verstehen wir unter Realismus?;
Frau Jenny Treibel • **Raabe:** Der Hungerpastor •
Hebbel: Maria Magdalena

C5 Die Moderne – Vom Naturalismus bis zur Neuen Sachlichkeit

5.1 Naturalismus **470**
Die Masse – Ein neuer Protagonist und ein
neues Menschenbild 470
Was bedeutet „Naturalismus"? 472

Information: Epochenüberblick – Naturalismus 473

Zola: Germinal • **Hauptmann:** Die Weber

5.2 Fin de Siècle – Symbolismus **475**
Das Geheimnis hinter der Wirklichkeit 475
Angst und Lebenskrise – Symbole des Verfalls
und Todes 476

Information: Novelle und Dingsymbol 480
Gegenströmungen zum Naturalismus –
Fin de Siècle/Symbolismus 482

Bahr: Symbolisten • **Schnitzler:** Fräulein Else •
Rilke: Die Aufzeichnungen des Malte Laurids
Brigge • **Th. Mann:** Der Tod in Venedig • **Nietzsche:**
Venedig • **Hofmannsthal:** Ballade des äußeren
Lebens • **George:** komm in den totgesagten park

5.3 Expressionismus **483**
Apokalypse und Krieg –
Motive expressionistischer Lyrik I 484
Psychischer und körperlicher Verfall –
Motive expressionistischer Lyrik II 486
Mörder und Verlorene –
Beispiele expressionistischer Prosa 488

Information: Ich-Zerfall und Ästhetik des
Hässlichen 486
Epochenüberblick – Expressionismus 491

Methode: Stimmskulptur 485

Susman: Expressionismus • **Lasker-Schüler:** Weltende •
Hoddis: Weltende • **Lichtenstein:** Doch
kommt ein Krieg; Punkt • **Trakl:** Grodek • **Stramm:**
Patrouille • **Heym:** Die Irren; Ophelia I • **Benn:** Schöne
Jugend • **Kafka:** Ein Brudermord • **Benn:** Gehirne

5.4 Neue Sachlichkeit – Literatur der
Weimarer Republik **492**
In Berlin und anderswo – Alltagsbilder 492
Demokratie ohne Demokraten – Ein Thema
gesellschaftskritischer Literatur 496

Information: Epochenüberblick –
Die Literatur der Weimarer Republik 498

Methode: Ideenstern · 493

Döblin: Berlin Alexanderplatz · **Keun:** Das kunstseidene Mädchen · **Roth:** Hiob · **Kästner:** Sachliche Romanze · **H. Mann:** Der Untertan · **Tucholsky:** Rezension zu Heinrich Manns „Der Untertan"

5.5 Exilliteratur · 500

Information: Epochenüberblick – Exilliteratur und „innere Emigration" · 504

Feuchtwanger: Der Schriftsteller im Exil · **Domin:** Hier · **Kaléko:** Der kleine Unterschied · **Brecht:** Schlechte Zeit für Lyrik · **Seghers:** Das siebte Kreuz

Kompetenzschwerpunkte siehe S. 14/15

C 6 Von der Nachkriegszeit bis zur Gegenwart

6.1 Nachkriegsliteratur (1945 bis 1960) · 507
Die Shoah – Gedichte über das Unsagbare · 507
Bestandsaufnahme und Aufbruch – Literarische Orientierungsversuche · 509
Trümmerliteratur – Die Kurzgeschichte als literarische Neuentdeckung · 512
Sprachartistik und Zeitkritik – Literatur ab Mitte der 1950er-Jahre · 515

Information: Epochenüberblick – Nachkriegszeit · 518

Sachs: Chor der Geretteten · **Celan:** Todesfuge · **Eich:** Inventur · **Becher:** Auferstanden aus Ruinen · **Benn:** Nur zwei Dinge · **Brecht:** Ich habe dies, du hast das · **Borchert:** Die drei dunklen Könige · **Böll:** Mein teures Bein · **Gomringer:** wind; das schwarze Geheimnis · **Bachmann:** Anrufung des Großen Bären · **Enzensberger:** An alle Fernsprechteilnehmer · **Grass:** Die Blechtrommel

6.2 Kritische Literatur und Neue Subjektivität · 521
Umgang mit Verantwortung – Das Dokumentartheater · 521
Auflehnung oder Anpassung? – Politische Lyrik und Prosa · 523
Gestörte Beziehungen – Lyrik der Neuen Subjektivität · 528

Information: Dokumentartheater · 523
Epochenüberblick – Deutschsprachige Literatur zwischen 1960 und 1989 · 530

Weiss: Die Ermittlung · **Grass:** In Ohnmacht gefallen · **Fried:** Gezieltes Spielzeug · **Kunze:** Ordnung · **Maron:** Flugasche · **Biermann:** Ballade vom preußischen Ikarus · **Braun:** Hinzes Bedingung · **Müller:** Herztier · **Hahn:** Ich bin die Frau · **Kiwus:** Fragile · **Theobaldy:** Schnee im Büro · **Kirsch:** Die Luft riecht nach Schnee · **Wondratschek:** Im Sommer

6.3 Literatur nach 1989 — **533**
Reaktionen auf die „Wende" – Beispiele der Lyrik **533**
Tendenzen in der Literatur – Zwischen Postmoderne und neuem Realismus **535**
Zweisprachige Schriftsteller/innen – Schreiben in Deutschland **541**
Literaturgeschichte im 21. Jahrhundert – Wohin steuert die Literatur? **544**

Information: Postmoderne **540**
Tendenzen der Gegenwartsliteratur **547**

Grünbein: Novembertage I. 1989 ▪ **Braun:** Das Eigentum ▪ **Kirsch:** Aus dem Haiku-Gebiet ▪ **Treichel:** Der Verlorene ▪ **Kehlmann:** F ▪ **Zeh:** Spieltrieb ▪ **Schami:** Sieben Doppelgänger ▪ **Zaimoglu:** Leyla ▪ **Wellershoff:** Das Schimmern der Schlangenhaut ▪ **Kraft:** 13 Thesen zur Gegenwartsliteratur

D Arbeitstechniken und Methoden
Kompetenzschwerpunkte

D1 Sprechen, Zuhören, Lesen und Schreiben

1.1 Recherchieren in Internet und Bibliothek — **553**
Gründliche medienübergreifende Recherche **553**
Feinrecherche – Spuren verfolgen **554**
Quellenrecherche in Internet und Bibliothek – Die Recherchespirale **555**

Methode: Basisrecherche mit Wikipedia **553**
Feinrecherche mit Google & Co **554**
Online-Recherche in Bibliotheken **555**

Medien: Methoden der Informationsbeschaffung unterscheiden: Internet, Bibliothek ▪ differenzierte Suchstrategien in verschiedenen Medien anwenden ▪ die Qualität von Informationen aus verschiedenen Quellen beurteilen

1.2 Referate und Kurzvorträge erarbeiten und präsentieren — **556**
Zentrale Fragen klären – Die Arbeit planen: Inhalt und Form **556**
Den Vortrag inhaltlich strukturieren – Haftnotizen nutzen **557**
Den Ablauf des Vortrags planen – Moderationskarten gestalten **559**
Visualisierungstypen – Grafiken mit Office & Co erstellen **560**
Fotos und Grafiken für die Präsentation recherchieren **562**
Einen mediengestützten Vortrag halten – Folien erstellen **563**
Erfolgreich vortragen – Zuhörer einbeziehen **564**

Methode: Referat und Kurzvortrag planen **556**
Informationen, Ideen und Konzepte visualisieren **560**
Diagramme am Computer erstellen **561**
Bild-Suchmaschinen nutzen **562**
Typen von Präsentationsfolien **563**
Ansprechend präsentieren **564**

Texte: komplexe Sachverhalte in mündlichen Texten darstellen (Referat); Visualisierungen nutzen ▪ komplexe Arbeitsergebnisse sachgerecht systematisieren

Medien: neue Medien für die Präsentation nutzen ▪ Feedback konstruktiv und kriterienorientiert beurteilen und überarbeiten ▪ Arbeitsergebnisse mit Anwendungssoftware darstellen

Kommunikation: sach- und adressatengerecht komplexe Beiträge präsentieren ▪ Feedback ▪ motivierend und mediengestützt präsentieren ▪ verbale, paraverbale, nonverbale Kommunikationsstrategien einsetzen ▪ Mimik, Gestik, Artikulation in komplexen Beiträgen funktional einsetzen

1.3	**Inhalte und Ergebnisse festhalten –**	
	Mitschriften und Protokolle	**565**
	Mitschriften – Aktiv zuhören	565
	Das Ergebnisprotokoll – Resultate festhalten	566
	Das Verlaufsprotokoll – Den Hergang festhalten	566
	Methode: Mitschriften anfertigen: Stichwortprotokolle	565

Texte: protokollieren (Arbeitsabläufe, Ergebnisse) • komplexe Gesprächsverläufe sachgerecht systematisieren

1.4	**Bewerbungsportfolio und Vorstellungsgespräch**	**567**
	Das Bewerbungsportfolio – Werbung in eigener Sache	567
	Das Vorstellungsgespräch – Strategien der Vorbereitung	571
	Information: Bewerbungsportfolio – Vollständige Unterlagen und ihre Reihenfolge	567
	Initiativbewerbungen	569
	Mögliche Fragen im Vorstellungsgespräch	571
	Methode: Das Anschreiben entwickeln – Leitfragen	567
	Fehler im Bewerbungsanschreiben vermeiden	569
	Strategien im Vorstellungsgespräch – Verhaltensempfehlungen	571

Kommunikation: Rhetorik: Strategien der Leser- und Hörerbeeinflussung kennen und anwenden • sich in Gesprächsbeiträgen explizit und zielführend auf andere beziehen • Beiträge in Kommunikationssituationen gestalten

Sprache: Sachverhalte sprachlich differenziert darstellen • komplexe Sachzusammenhänge verbal und nonverbal darstellen

Texte: komplexe Sachverhalte in mündlichen Texten darstellen; Visualisierungen • komplexe Gesprächsverläufe sachgerecht systematisieren

1.5	**Die mündliche Abiturprüfung – Vortrag und Prüfungsgespräch**	**572**
	Die Aufgabenstellung erarbeiten – Den Vortrag vorbereiten	572
	Den ersten Prüfungsteil simulieren – Einen Beobachtungsbogen einsetzen	573
	Den zweiten Prüfungsteil reflektieren – Das Gesprächsverhalten beobachten	574

Kommunikation: Rhetorik anwenden • sich in Gesprächsbeiträgen zielführend auf andere beziehen • Beiträge in Kommunikationssituationen gestalten

Sprache: Sachverhalte differenziert darstellen • Fachterminologie

Texte: Gesprächsverläufe und Arbeitsergebnisse systematisieren

1.6	**Lesestrategien – Techniken des Lesens**	**575**
	Wozu lese ich? – Die Leseabsicht klären	575
	Das Leseziel bestimmt die Lesestrategie	575
	Information: Exzerpte	579
	Methode: Die erweiterte Fünf-Schritt-Lesemethode	575
	Reziprokes Lesen – Texte abschnittweise in Einzel- und Teamarbeit erschließen	577
	Aktiv lesen – Stifte oder Textmarker verwenden	578

Texte: aus Aufgabenstellungen Leseziele ableiten und für die Textrezeption nutzen • längere, komplexe Sachtexte analysieren • Texte kriteriengeleitet beurteilen (Inhalt, Gestaltungsweise, Wirkung) • lokale und globale Kohärenz im Zusammenhang sehen

Sprache: sprachliche Gestaltungsmittel in ihrer Bedeutung für Aussage und Wirkung erkennen

1.7	**Texte planen, schreiben und überarbeiten – Die Schreibkompetenz verbessern**	**580**
	Schreiben als eine komplexe Fähigkeit – Fragen im Schreibprozess reflektieren	580
	Schreibziele und -anlässe unterscheiden	580
	Schritt für Schritt eine Schreibaufgabe bearbeiten	581
	Methode: Globale Kohärenz – Inhaltliche Zusammenhänge deutlich machen	582
	Lokale Kohärenz – Satzzusammenhänge	583
	Schreibkonferenz	584

Sprache: Sachverhalte sprachlich differenziert darstellen • Texte beurteilen und überarbeiten • die normgerechte Sprachverwendung prüfen und überarbeiten

Texte: Verhältnis von Inhalt, Ausgestaltung und Wirkung in Texten beurteilen • zielorientiert verschiedene Textmuster bei der Erstellung von komplexen Texten anwenden • Schreibprozesse reflektieren • Texte kriterienorientiert überarbeiten

1.8	**Die Portfolioarbeit – Sechs Phasen**	**585**
	Information: Das Unterrichtsportfolio	585
	Methode: Portfolioarbeit – Phase 1: Vereinbarungen	585
	Portfolioarbeit – Phase 2 und 3: Materialrecherche und -auswertung	586
	Portfolioarbeit – Phase 4 und 5: Reflexion des Arbeitsprozesses – Nachwort, Ausblick	586
	Portfolioarbeit – Phase 6: Präsentation	586

Texte: verschiedene Textmuster bei der Erstellung von Texten anwenden • Gesprächsverläufe und Arbeitsergebnisse systematisieren • Schreibprozesse reflektieren • Texte beurteilen und überarbeiten

Medien: Qualität von Informationen aus verschiedenen Quellen beurteilen • Arbeitsergebnisse mit Anwendungssoftware darstellen

1.9	**Projektarbeit im Team – Planen, durchführen und vorstellen**	**587**
	Projektarbeit – Phasen und Arbeitsformen	587
	Methode: Blitzlicht	588
	Fragen stellen – Erste Buch- und Internetrecherche	588
	Kartenabfrage	588
	Placemat	589
	Die Arbeit dokumentieren	590
	Galeriegang, Markt der Möglichkeiten, mediengestützte Darbietung	590

Texte: Arbeitsergebnisse sachgerecht systematisieren

Kommunikation: das eigene Gesprächsverhalten reflektieren • sich in Gesprächsbeiträgen explizit und zielführend auf andere beziehen • Beiträge in Kommunikationssituationen gestalten • Gesprächsbeiträge und -verhalten analysieren und reflektieren; Feedback

1.10	**Die Facharbeit – Besondere Lernleistungen**	**591**
	Themen finden – Bereiche abgrenzen	591
	Die Arbeitszeit planen – Phasen der Facharbeit	592
	Informationen beschaffen – Quellen prüfen und protokollieren	593
	Informationen auswerten – Die Gliederung	594
	Textentwürfe schreiben – Schreibstrategien	595
	Fremdaussagen integrieren – Zitieren und Paraphrasieren	596
	Bibliografieren – Quellen vollständig angeben	597
	Die Facharbeit überarbeiten – Ergebnisse präsentieren	598
	Information: Quellentypen	597
	Methode: Die erste Fassung – Schreibstrategien	595
	Checkliste – Zu vermeidende Fehler beim Zitieren	596
	Checkliste – Texte wiedergeben	597

Medien: Suchstrategien in verschiedenen Medien anwenden • die Qualität von Informationen aus verschiedenen Quellen beurteilen • Arbeitsergebnisse mit Anwendungssoftware darstellen

Texte: verschiedene Textmuster bei der Erstellung von komplexen Texten anwenden • Arbeitsergebnisse sachgerecht systematisieren • Schreibprozesse reflektieren • eigene Texte beurteilen und überarbeiten

Sprache: Sachverhalte sprachlich differenziert darstellen • Fachterminologie nutzen

D2 Wiederholungskurs – Grammatik, Rechtschreibung, Zeichensetzung

Die Wortarten – Fachbegriffe und Funktionen	599
Satzglieder und Nebensätze – Abwechslungsreich formulieren	600
Der Konjunktiv der indirekten Rede – Verwendung und Bildung	602
„dass" oder „das"? – Konjunktion oder Pronomen?	604
Rechtschreibung I – „s", „ß" oder „ss"?	604
Rechtschreibung II – Großschreibung von Nomen/Substantiven	605
Rechtschreibung III – Getrennt- und Zusammenschreibung	606
Rechtschreibung IV – „wieder-" oder „wider-", „end-" oder „ent-"?	606
Zeichensetzung – Muss- und Kann-Bestimmungen	607

Sprache: grammatische Formen identifizieren, klassifizieren und funktionsgerecht verwenden; Funktionalität prüfen • Sprache/Stil: Bedeutung und Wirkung erläutern und beurteilen • Sachverhalte sprachlich differenziert darstellen (Ziele, Adressaten) • die sprachliche Darstellung in Texten kriteriengeleitet beurteilen und überarbeiten • normgerechte Sprachverwendung

Anhang

Autoren- und Quellenverzeichnis	609
Textartenverzeichnis	614
Bildquellenverzeichnis	618
Sachregister	620

A Einführung: Grundlagen des Deutschunterrichts

1. **a** Beschreiben Sie die vier Personen und erklären Sie, welche grundlegenden Bereiche des Faches Deutsch sie darstellen.
   b Wie haben Sie diese Bereiche bisher im Deutschunterricht ausgestaltet?
2. Sammeln Sie Ihre Erwartungen an den Deutschunterricht in der Oberstufe mit Hilfe der **Placemat-Methode** (▶ S. 589):
   a Ideensammlung: Notieren Sie jeweils für sich in eins der vier äußeren Felder auf einem DIN-A3-Papier, welche Erwartungen Sie an den Deutschunterricht in der Oberstufe haben.
   b Vergleich der Ergebnisse und Einigung in der Gruppe: Lesen Sie kurz die Ergebnisse Ihrer Mitschülerinnen und Mitschüler durch. Drehen Sie dabei das Placemat im Uhrzeigersinn. Einigen Sie sich anschließend auf der Grundlage Ihrer Ideen begründet auf Erwartungen an den Deutschunterricht und tragen Sie diese in das mittlere Feld ein.
   c Präsentation: Bereiten Sie sich auf die Präsentation Ihrer Ergebnisse vor. Organisieren und strukturieren Sie einen Kurzvortrag. Halten Sie dazu Ihre Ergebnisse auf Folie fest.
3. **a** Sehen Sie sich die folgende Doppelseite an: Welche Felder sind Ihnen bekannt, welche sind neu für Sie? In welchen Bereichen könnten Sie Ihre Ideen aus Aufgabe 2 verwirklichen?
   b Tauschen Sie sich in Partnerarbeit aus: Wo sehen Sie Ihre Stärken im Deutschunterricht? Welche Kompetenzen lassen sich in den unterschiedlichen Bereichen erwerben?

1 Realität und Fiktion – Kurze Erzähltexte lesen und verstehen

1.1 Literatur und Lebenswelt – Warum wir Bücher lesen

Der Leser hat das Bewusstsein, gleichzeitig zu enthüllen und zu schaffen, im Schaffen zu enthüllen und durch Enthüllen zu schaffen.
Jean-Paul Sartre

Ein Buch muss die Axt sein für das gefrorene Meer in uns.
Franz Kafka

Erst durch den Leser wird aus einem gebundenen Stapel bedruckten Papiers ein Buch.
Ingo Schulze

Beim Lesen habe ich das Gefühl, ich gewinne Zeit, Lebenszeit [...], Erfahrungen.
Julia Franck

Ich ohne Bücher bin nicht ich.
Christa Wolf

Lesen ist Denken mit fremdem Gehirn.
Jorge Luis Borges

Das Entscheidende beim Lesen bleibt das Lesen, nicht das Buch.
Marcel Proust

Winslow Homer: Der neue Roman (1877)

1 a Beschreiben Sie, wie das Lesen auf dem Gemälde in Szene gesetzt bzw. dargestellt wird.
b Versetzen Sie sich in die Leserin. Notieren Sie, was das Lesen für sie bedeutet.
2 Welchem der abgedruckten Zitate stimmen Sie am meisten zu? Begründen Sie Ihre Wahl.
3 Klären Sie Ihr Verständnis vom Sinn und Zweck des Lesens mit Hilfe der **Metaplan-Methode**:
a Führen Sie zur Frage „Warum lesen?" ein Brainstorming durch. Beginnen Sie z. B. so: *Lesen bedeutet für mich* … Halten Sie Ihre Ergebnisse auf einzelnen Karteikarten fest.
b Heften Sie die Karten an. Ordnen Sie die Aussagen nach Sinngruppen und kennzeichnen Sie die Positionen durch entsprechende Oberbegriffe, z. B.: *Flucht aus der Wirklichkeit,* …
c Nehmen Sie Stellung zu den unterschiedlichen Funktionen des Lesens.

In diesem Kapitel erwerben Sie folgende Kenntnisse und Kompetenzen:

- zentrale Funktionen des Lesens erfassen,
- Theorien und Methoden des Verstehens und Analysierens literarischer Texte anwenden,
- Fiktionalitätssignale in epischen Texten kennen,
- produktiv-gestaltendes Schreiben zur Deutung von Kurzgeschichten nutzen,
- verschiedene Interpretationsansätze unterscheiden,
- Verfahren des gegliederten schriftlichen Erschließens epischer Kurztexte am Beispiel von Kurzgeschichten und Parabeln beherrschen.

Lust am Lesen – Erfahrungen mit der erzählten Welt

Elke Heidenreich: Wer nicht liest, ist doof (1998)

Als Kinder haben wir mit Kreide auf die Hauswände gemalt: „Wer das liest ist doof". Ach, und diese Freude dann, wenn es Eltern und Lehrer lasen, die Doofen! Heute möchte ich manchmal – gibt es überhaupt noch Kreide? – Kreide nehmen und beschwörend ganz groß auf alle Wände schreiben: „Wer nicht liest, ist doof". [...] Die Lust an der Literatur ist auch die Lust am Leben. Die Kunst zu lesen, in ein Buch hineinzufallen, darin zu versinken, kaum noch auftauchen zu können, ist ein Stück Lebenskunst. Das setzt natürlich den Willen voraus, sich auf Geschichten einzulassen, sich aktiv ins Buch hineinzubegeben, sich bewusst von den Reizen und Zerstreuungen anderer Medien abzuwenden. Dann kann es eine wunderbare ewige Liebesgeschichte werden – die zwischen einem Buch und einem leidenschaftlichen Leser. Und sind die nicht blöde, die der Liebe ausweichen, wenn sie uns begegnet?

Wir sind allein miteinander: das Buch, die Lampe und ich, und wir haben Geheimnisse miteinander – denn das Buch erzählt mir unter Umständen mein eigenes Leben. „In Wirklichkeit ist jeder Leser, wenn er liest, ein Leser nur seiner selbst", schreibt Marcel Proust im letzten Band seiner „Suche nach der verlorenen Zeit". „Das Werk des Schriftstellers ist dabei lediglich eine Art von optischem Instrument, das der Autor dem Leser reicht, damit er erkennen möge, was er in sich selbst vielleicht sonst nicht hätte erschauen können."

Ich kannte aus den Büchern gewisse Gefühle und Leidenschaften, ehe ich die realen Küsse dazu kannte, las darüber „mit der ängstlichen Nüchternheit der Süchtigen" (Jean-Paul Sartre: „Die Wörter"). Was wir erlesen, übersteigt bei Weitem das, was wir erleben, das Leben hält nur mühsam Schritt mit der Fülle der Geschichten, die uns entgegenströmen, wenn wir uns ihnen öffnen. Wenn. [...] Lesen ist wie atmen, schreibt Alberto Manguel. Und da haben wir schon beinahe alles, was wir über das Lesen wissen müssen. Und noch dies: dass das Lesen keine sichere Bank ist. Dass die Welt nicht so ist wie in den Büchern, dass uns aber die Gegenwelt der Bücher hilft, die reale Welt besser zu begreifen. Der wahre Zugewinn des Lesens ist eine radikale Destabilisierung der Welt, das heißt: Lesen ist fast immer auch Konflikt, Auseinandersetzung. Und wenn man das einmal weiß, geht es gar nicht mehr ohne – dann, nur dann, ist lesen wie atmen. Ich lese, also begreife ich, also bin ich bzw. kann ich sein. [...]

Natürlich ist Lesen auch Bildung. Zuerst kommt das Sprechen, dann kommt das Lesen, dann kommt alles Elektronische – ohne Lesen auch kein Internet. Aber die Literatur ist kein Vorzeigestück zum Angeben, was man alles weiß – sie ist eine Methode, um die Welt kennen zu lernen, eine Mischung aus Lust und geistiger Disziplin.

1 a Stellen Sie Ihre persönliche Lesebiografie dar: Zeichnen Sie dazu eine Entwicklungskurve, die zeigt, wie viel (+/-) Sie zu verschiedenen Zeiten Ihres Lebens gelesen haben. Notieren Sie in Stichworten an die Kurve, wann andere Personen, Ereignisse oder Institutionen (z. B. die Schule) Ihre Lesemotivation positiv oder negativ beeinflusst haben.
b Stellen Sie sich Ihre Lesebiografien in Partnerarbeit vor.
2 a Arbeiten Sie die Thesen heraus, die Heidenreich zur Bedeutung des Lesens entwickelt.
b Beurteilen Sie die Art ihrer Argumentation. Welche Rolle spielen die Zitate anderer Autoren?
c Teilen Sie Heidenreichs Auffassung zur Bedeutung des Lesens? Tauschen Sie sich aus.

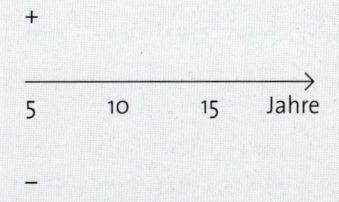

Peter von Matt: Das Geheimnis der Bücher (2011)

[...] Wie oft stehen wir nicht frühmorgens verschlafen vor dem Spiegel und sagen: „Schon wieder der!" Andererseits gibt es zu genau dieser Situation auch jene kleine Geschichte, die Heiner Müller einmal erzählt hat. Da steht einer ebenfalls frühmorgens vor dem Spiegel; er blickt hinein und sagt: „Kenn ich nicht. Wasch ich nicht." Ein Witz. Aber wenn der bedeutendste deutsche Dramatiker nach Brecht einen Witz macht, hängt wohl ein Haken dran. Tatsächlich deckt die Szene in komödiantischer Form jene Sekunde auf, in der dem Menschen dämmert, dass er sich selbst nicht wirklich kennt. [...] Für diese existenzielle Verfassung gibt es keine unmittelbare Lösung. Was sich da stellt, ist eine Menschheitsfrage. Wann immer sie in der Literatur hörbar wird, geht es um das Bestehenkönnen schlechthin. [...] Indem der Mensch Geschichten erzählt, macht er das Rätsel, das er sich selbst ist, zu einem Gegenüber. Deutlich. In fester Gestalt. Daher hat alle Literatur im Innersten den Charakter eines Rätsels, und es ist dieser Rätselcharakter, der die Literatur überhaupt am Leben erhält. Denn eigentlich sollten ja Philosophie und Wissenschaften das Geschichtenerzählen und Romaneschreiben längst überflüssig gemacht haben. Immerhin geben Philosophie und Wissenschaften klare Antworten, während die Literatur mit Sonnenuntergängen operiert, mit Liebesnächten, Superhelden und ungeklärten Mordfällen. Das Problem liegt nur darin, dass dem Mann, der am Morgen in den Spiegel schaut und sagt: „Kenn ich nicht. Wasch ich nicht", mit den klaren Antworten von Philosophie und Wissenschaft nicht geholfen ist. Nun besteht die Leistung der Literatur darin, dass sie uns in einen Prozess des Rätsellösens verwickelt, der als solcher befreiend ist – was immer auch zuletzt herausspringt. Dass die Literatur Rätselcharakter hat und das Lesen mich zu einem Rätsellöser macht, also in einen elementaren Spannungszustand versetzt, scheint man immer gewusst zu haben. [...]
Ödipus, der das Rätsel der Sphinx gelöst hat, versagt vor dem Rätsel, dessen Lösung er selbst wäre. In solchen Anekdoten steckt eine Literaturtheorie. Sie versteht die Dichtung als etwas, das uns zu lösen aufgegeben ist wie ein Rätsel, und deutet an, dass auch der Dichter seine Rätsel nicht immer lösen kann. Seine Aufgabe ist nur, sie zu stellen. An die Lösung müssen wir uns selbst machen. Wir kommen damit nie ganz zu Ende. Warum denn nicht? Weil das, was herausguckt, wir selbst sind. Und wir selbst verändern uns von Jahr zu Jahr. Es gibt dafür eine Testsituation: Wenn man einen Roman nach zehn oder zwanzig Jahren wieder liest, ist er zu einem anderen Buch geworden, so neu, dass es einem den Atem verschlägt. Schon deshalb lohnt es sich übrigens, alt zu werden. [...]

René Magritte: Die verbotene Reproduktion (1937)

1 Literatur macht uns zu Rätsellösern (vgl. Z. 49 ff.).
  a Machen Sie sich klar, was Peter von Matt mit dieser Aussage meint.
  b Entspricht das Rätsellösen Ihrer Vorstellung vom Sinn des Lesens, die Sie im Metaplan (▶ S. 26) entwickelt haben, ganz, teilweise oder gar nicht? Erläutern Sie.

2 Entwickeln Sie Deutungsideen zum Bild von Magritte und stellen Sie Bezüge zur Textaussage her.

Zwischen Wirklichkeit und Illusion – Fiktionalitätssignale

Umberto Eco: Im Wald der Fiktionen. Sechs Streifzüge durch die Literatur (1994)

Es war einmal ... „ein König!", werden meine lieben Zuhörer sofort sagen. Richtig, diesmal habt ihr's erraten. Es war einmal der letzte König von Italien, Vittorio Emanuele III., der nach dem Zweiten Weltkrieg ins Exil geschickt wurde. Dieser König stand im Ruf, ein Mann von geringer humanistischer Bildung zu sein, mehr an wirtschaftlichen und militärischen Fragen interessiert, wenn auch ein leidenschaftlicher Sammler alter Münzen. Eines Tages, so wird erzählt, musste er eine Gemäldeausstellung eröffnen und war also gezwungen, durch die Säle zu gehen und die Bilder zu bewundern. Vor einer idyllischen Landschaft, die ein liebliches Tal mit einem Dorf am Berghang zeigte, stand er lange betrachtend, dann fragte er den Direktor der Ausstellung: „Wie viele Einwohner hat dieses Dorf?"

Die Grundregel jeder Auseinandersetzung mit einem erzählenden Werk ist, dass der Leser stillschweigend einen *Fiktionsvertrag* mit dem Autor schließen muss, der das beinhaltet, was Coleridge „the willing suspension of disbelief", die willentliche Aussetzung der Ungläubigkeit nannte. Der Leser muss wissen, dass das, was ihm erzählt wird, eine ausgedachte Geschichte ist, ohne darum zu meinen, dass der Autor ihm Lügen erzählt. Wie John Searle es ausgedrückt hat, der Autor *tut einfach so*, als ob er die Wahrheit sagt, und wir akzeptieren den Fiktionsvertrag und tun so, als wäre das, was der Autor erzählt, wirklich geschehen. [...]

Beim Eintritt in den Wald der Fiktionen wird von uns erwartet, dass wir den Fiktionspakt mit dem Autor unterschreiben und uns zum Beispiel darauf gefasst machen, dass Wölfe sprechen können; wenn aber Rotkäppchen dann vom bösen Wolf gefressen wird, glauben wir, dass es tot ist (und dieser Glaube ist sehr wichtig für die Katharsis[1] am Ende und für unsere große Freude über Rotkäppchens Auferstehung). Wir glauben, dass der Wolf einen Pelz und aufrecht stehende Ohren hat, mehr oder weniger wie die Wölfe in wirklichen Wäldern, und es kommt uns ganz natürlich vor, dass Rotkäppchen sich wie ein kleines Mädchen benimmt und seine Mutter wie eine besorgte und verantwortungsbewusste Erwachsene. Warum? Weil es in der Welt unserer Erfahrung so ist, also in jener Welt, die wir fürs Erste, ohne allzu große ontologische[2] Ansprüche zu erheben, die reale oder wirkliche Welt nennen werden.

Was ich hier sage, mag sehr selbstverständlich klingen, ist es aber nicht, wenn wir uns streng an das Dogma der „suspension of disbelief" halten. Wie es scheint, suspendieren[3] wir unsere Ungläubigkeit, wenn wir fiktive Geschichten lesen, nur in Bezug auf *einige* Dinge und nicht auf andere. Und wenn sich zeigt (wie wir sehen werden), dass die Grenzen zwischen dem, was wir glauben sollen, und dem, was wir nicht glauben sollen, ziemlich unscharf sind, wie können wir dann dem armen Vittorio Emanuele ganz unrecht geben? Wenn er nur die ästhetischen Qualitäten jenes Gemäldes bewundern sollte, die Farben, die Gekonntheit der Perspektive, dann war es sicherlich falsch von ihm,

Samuel van Hoogstraten: Augenbetrüger-Stillleben (1666/78)

nach der Einwohnerzahl des Dorfes zu fragen. Aber wenn er in jenes Bild eingetreten war, wie man in eine fiktive Welt eintritt, etwa indem er sich vorstellte, über jene Hügel zu wandern, warum sollte er sich dann nicht fragen dürfen, wem er in jenem Dorf begegnen würde und ob es dort wohl ein ruhiges Gasthaus gäbe. Wenn das Bild realistisch gemalt war, wie ich vermute, warum sollte er dann meinen, das Dorf sei unbewohnt oder voller Nachtmahre[4] wie ein Dorf bei Lovecraft? Dies ist doch im Grunde der Zauber einer jeden erzählerischen Fiktion, ob verbaler oder visueller Natur: dass sie uns in die Grenzen einer Welt einschließt und irgendwie dazu bringt, diese Welt ernst zu nehmen. [...]

Dass Wölfe sprechen können, akzeptiere ich nur, wenn ich ein Märchen lese, ansonsten verhalte ich mich so, als wären die fraglichen Wölfe diejenigen, die in den Zoologiebüchern beschrieben werden. Ich will hier nicht die Gründe diskutieren, aus denen wir den Zoologiebüchern mehr vertrauen als den Brüdern Grimm [...]

Abgesehen von vielen ästhetischen Gründen, die zweifellos sehr wichtig sind, glaube ich, dass wir Romane lesen, weil sie uns das angenehme Gefühl geben, in Welten zu leben, in denen der Begriff der Wahrheit nicht in Frage gestellt werden kann, während uns die wirkliche Welt sehr viel tückischer vorkommt. [...]

1 **Katharsis:** Läuterung der Seele von Leidenschaften
2 **ontologisch:** das Sein betreffend
3 **suspendieren:** aufheben
4 **Nachtmahr:** Nachtgespenst

1
a Belegen Sie an einem Beispiel aus Ihrer eigenen Lektüre, dass der „Fiktionsvertrag" zwischen Leser und Autor tatsächlich geschlossen wird und funktioniert.
b „Es war einmal …" ist ein Signal für eine fiktive Geschichte. Sammeln Sie weitere Fiktionalitätssignale in der Literatur, z.B. *utopische Erzählwelten, …*
c Stellen Sie Fiktionalitätssignale im Medium Film zusammen. Vergleichen Sie anschließend die Fiktionalitätssignale in Literatur und Film, insbesondere hinsichtlich ihrer Gemeinsamkeiten.
   – *fantastische Genres, wie z.B. …*
   – *Vorspann mit …*
   – *…*

2 Teilen Sie Ecos Meinung, dass wir Romane lesen, weil dort der „Begriff der Wahrheit nicht in Frage gestellt" werden kann? Begründen Sie.

3 Bilder wie das von Samuel van Hoogstraten nennt man „Trompe-l'Œil" (frz. „Täusche das Auge"). Beschreiben und erklären Sie, wie der Maler mit Realität und Fiktion spielt.

Information **Fiktionsvertrag und Fiktionalitätssignale**

Der **Fiktionsvertrag** betrifft die **Kommunikation zwischen Autor und Leser** (Rezipient) auf ganz grundsätzliche Weise. Der Leser weiß zwar, dass er eine erfundene Geschichte liest oder lesen wird, akzeptiert die erfundene Welt aber gleichzeitig als wahr. Er bewegt sich also durch die erfundene Welt so, **als ob** sie wahr sei. – Das Fiktionsbewusstsein des Lesers hängt dabei von seinem Welt- und Medienwissen ab (z.B. von Kenntnissen über Autoren und Genres).

Folgende **Fiktionalitätssignale** lassen sich in der Literatur selbst konkret nachweisen:
- **Ein inhaltsbezogenes Fiktionalitätssignal** ist z.B. die Fantastik einer Geschichte (erfundene Figuren; fiktive Ereignisse, Sachverhalte und Objekte; ein irreales Raum-Zeit-Gefüge).
- **Formal-darstellungsbezogene Fiktionalitätssignale** sind z.B. narrative Muster (Erzählmuster in Fabeln, Märchen, Heldensagen), der Zugang des Erzählers zum Inneren der Figuren (erlebte Rede), Verben innerer Vorgänge (denken, fühlen), das epische Präteritum, ästhetische Kompositionsprinzipien (z.B. Fünf-Akt-Drama), sprachlich-stilistische Gestaltungsmittel.

1.2 Ich-Suche und Entfremdung – Kurzprosa analysieren

Selbstentwürfe und Lebenskrisen – Kurzgeschichten

Gabriele Wohmann: **Die Klavierstunde** (1966)

Henri Matisse: Die Klavierstunde (1916)

Das hatte jetzt alles keine Beziehung zu ihm: die flackernden Sonnenkleckse auf dem Kiesweg, das Zittern des Birkenlaubs; die schläfrige Hitze zwischen den Hauswänden im breiten Schacht der Straße. Er ging da hindurch (es war höchstens eine feindselige Beziehung) mit hartnäckigen kleinen Schritten. Ab und zu blieb er stehen und fand in sich die fürchterliche Möglichkeit, umzukehren, nicht hinzugehen. Sein Mund trocken vor Angst: er könnte wirklich so etwas tun. Er war allein; niemand, der ihn bewachte. Er könnte es tun. Gleichgültig, was daraus entstünde. Er hielt still, sah finster geradeaus und saugte Spucke tief aus der Kehle. Er brauchte nicht hinzugehen, er könnte sich widersetzen. Die eine Stunde möglicher Freiheit wog schwerer als die mögliche Unfreiheit eines ganzen Nachmittags. Erstrebenswert: der ungleiche Tauschhandel; das einzig Erstrebenswerte jetzt in dieser Minute. Er tat so, als bemerke er nichts davon, daß er weiterging, stellte sich überrascht, ungläubig. Die Beine trugen ihn fort, und er leugnete vor sich selbst den Befehl ab, der das bewirkte und den er gegeben hatte.

Gähnend, seufzend, streckte sie die knochigen Arme, ballte die sehr dünnen Hände zu Fäusten; sie lag auf der Chaiselongue¹. Dann griff die rechte Hand tastend an die Wand, fand den Bilderrahmen, in dem der Stundenplan steckte; holte ihn, hielt ihn vor die tränenden Augen. Owehowehoweh. Die Hand bewahrte den sauber geschriebenen Plan wieder zwischen Bild und Rahmen auf: müde, renitent² hob sich der Oberkörper von den warmen Kissenmulden. Owehowehoweh. Sie stand auf; empfand leichten Schwindel, hämmernde Leere hinter der faltigen Stirnwand; setzte sich wieder, den nassen Blick starr, freudlos auf das schwarze Klavier gerichtet. Auf einem imaginären Bildschirm hinter den Augen sah sie den Deckel hochklappen, Notenhefte sich voreinanderschieben auf dem Ständer; verschwitzte Knabenfinger drückten fest und gefühllos auf die gelblichen Tasten, die abgegriffenen; erzeugten keinen Ton. Eins zwei drei vier, eins zwei drei vier. Der glitzernde Zeiger des Metronoms pendelte beharrlich und stumm von einer auf die andere Seite seines düsteren Gehäuses. Sie stand auf, löschte das ungerufene Bild. Mit der Handfläche stemmte sie das Gewicht ihres Arms gegen die Stirn und schob die lappige

---
1 **Chaiselongue:** frz. „langer Stuhl"; Liege mit Kopflehne, entstanden im 18. Jh.
2 **renitent:** widerspenstig

lose Haut in die Höhe bis zum Haaransatz. Owehoweh. Sie entzifferte die verworrene Schrift auf dem Reklameband, das sich durchs Halbdunkel ihres Bewußtseins schob: Kopfschmerzen. Unerträgliche. Ihn wegschicken. Etwas Lebendigkeit kehrte in sie zurück. Im Schlafzimmer fuhr sie mit dem kalten Waschlappen über ihr Gesicht.

Brauchte nicht hinzugehen. Einfach wegbleiben. Die Umgebung wurde vertraut: ein Platz für Aktivität. Er blieb stehen, stellte die schwere Mappe mit den Noten zwischen die Beine, die Schuhe klemmten sie fest. Ein Kind rollerte vorbei; die kleinen Räder quietschten; die abstoßende Ledersohle kratzte den Kies. Nicht hingehen, die Mappe loswerden und nicht hingehen. Er wußte, daß er nur die Mappe loszuwerden brauchte. Das glatte warme Holz einer Rollerlenkstange in den Händen haben. Die Mappe ins Gebüsch schleudern und einen Stein in die Hand nehmen oder einen Zweig abreißen und ihn tragen, ein Baumblatt mit den Fingern zerpflücken und den Geruch von Seife wegbekommen.

Sie deckte den einmal gefalteten Waschlappen auf die Stirn und legte den Kopf, auf dem Bettrand saß sie, weit zurück, bog den Hals. Noch mal von vorne. Und eins und zwei und eins. Die schwarze Taste, b, mein Junge. Das hellbeschriftete Reklameband erleuchtete die dämmrigen Bewußtseinskammern: Kopfschmerzen. Ihn wegschicken. Sie saß ganz still, das nasse Tuch beschwichtigte die Stirn: sie las den hoffnungsweckenden Slogan.

Feucht und hart der Lederhenkel in seiner Hand. Schwer zerrte das Gewicht der Hefte: jede einzelne Note hemmte seine kurzen Vorwärtsbewegungen. Fremde Wirklichkeit der Sonne, die aus den Wolkenflocken zuckte, durch die Laubdächer flackerte, abstrakte Muster auf den Kies warf, zitterndes Gesprenkel. Ein Kind; eine Frau, die bunte Päckchen im tiefhängenden Netz trug; ein Mann auf dem Fahrrad. Er lebte nicht mit ihnen.

Der Lappen hatte sich an der Glut ihrer Stirn erwärmt: und nicht mehr tropfig hörte er auf, wohlzutun. Sie stellte sich vor den Spiegel, ordnete die grauen Haarfetzen. Im Ohr hämmerte der jetzt auch akustisch wirkende Slogan.

Die Mappe loswerden. Einfach nicht hingehen. Seine Beine trugen ihn langsam, mechanisch in die Nähe der efeubekleckstesten Villa.

Kopfschmerzen, unerträgliche. Sie klappte den schwarzen Deckel hoch; rückte ein verblichenes Foto auf dem Klaviersims zurecht; kratzte mit dem Zeigefingernagel ein trübes Klümpchen unter dem Daumennagel hervor.

Hinter dem verschnörkelten Eisengitter gediehen unfarbige leblose Blumen auf winzigen Rondellen[3], akkuraten Rabatten[4]. Er begriff, daß er sie nie wie wirkliche Pflanzen sehen würde.

Auf den dunklen steifen Stuhl mit dem Lederpolster legte sie das grüne, schwachgemusterte Kissen, das harte, platte. Sah auf dem imaginären Bildschirm die länglichen Dellen, die seine nackten Beine zurückließen.

Einfach nicht hingehen. Das Eisentor öffnete sich mit jammerndem Kreischlaut in den Angeln.

Kopfschmerzen, unerträgliche. Wegschicken. Widerlicher kleiner Kerl.

Die Mappe loswerden, nicht hingehen. Widerliche alte Tante.

Sie strich mit den Fingern über die Stirn. Die Klingel zerriß die Leuchtschrift, übertönte die Lockworte.

„Guten Tag", sagte er. „Guten Tag", sagte sie. Seine (von wem nur gelenkten?) Beine tappten über den dunklen Gang; seine Hand fand den messingnen Türgriff. Sie folgte ihm und sah die nackten braunen Beine platt und breit werden auf dem grünen Kissen; sah die geschrubbten Hände Hefte aus der Mappe holen, sie auf dem Ständer übereinanderschieben. Schrecken in den Augen, Angst vibrierte im Hals. Sie öffnete das Aufgabenbuch, las: erinnerte mit dem (von wem nur gelöschten?) Bewußtsein. Eins zwei drei vier. Töne erzeugten seine steifen Finger; das Metronom tickte laut und humorlos. [R]

3 Rondell: rundes Beet
4 Rabatte: schmales Beet

1.2 ICH-SUCHE UND ENTFREMDUNG – KURZPROSA ANALYSIEREN

1 a Zum tieferen Verständnis des Textes ist es wichtig, die Erzählweise zu untersuchen. Beschreiben Sie dazu vor allem die Erzählperspektive (▶ S.172 f.).
Nutzen Sie folgende Fachbegriffe: *Erzählverhalten (auktorial, personal, neutral), Montage, innerer Monolog, erlebte Rede, Innenperspektive, unvollständige Sätze, Bewusstseinsinhalte, Erzählzeit – erzählte Zeit.*

b Stellen Sie zur besseren Veranschaulichung Ihr Untersuchungsergebnis grafisch dar.

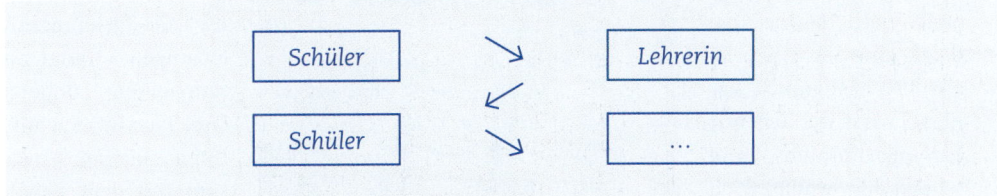

c Analysieren Sie auch Wortwahl und Metaphorik und deuten Sie deren Wirkung im Kontext:
- negativ konnotierte Wortwahl (Adjektive, Partizipien), z. B. *schläfrig, feindselig*, …
- positiv konnotierte Wortwahl (Nomen), z. B. *Freiheit*, …
- Metaphern: *schläfrige Hitze*, …

2 Erklären Sie mit Hilfe des Merkwissens, inwiefern es sich um eine typische Kurzgeschichte handelt.

3 Beide Figuren wünschen sich eine Veränderung der Situation. Schreiben Sie die Geschichte ab Z. 99 so um, dass die gewünschte Veränderung eintritt.

4 Stellen Sie Bezüge her zwischen dem Gemälde von Matisse und der Kurzgeschichte: Wie wird die Beziehung der Figuren dargestellt (Charakteristik der Figuren, ihre Position im Raum, Gegenstände, Flächen, Formen und Farben)?

Information **Merkmale der Kurzgeschichte**

Die Kurzgeschichte hat sich nach dem Vorbild der amerikanischen Short Story entwickelt. In Deutschland wurde sie zu einer wichtigen Gattung der Nachkriegsliteratur (▶ S. 518 ff.). Das Besondere an ihr ist, dass sie sich auf ein wichtiges Ereignis aus dem Leben einer oder mehrerer Figuren konzentriert. Dabei verdichtet sie das Geschehen auf einen Augenblick, der für die dargestellten Figuren von besonderer Bedeutung ist. Kennzeichnend dafür sind folgende Merkmale:
- äußere Umfangsbegrenzung/Kürze,
- unvermittelter Beginn und offenes Ende,
- Wiedergabe des inneren Geschehens durch erlebte Rede, inneren Monolog usw.,
- Alltäglichkeit von Thematik und Sprache,
- sprachliche Technik der Andeutungen, Mehrdeutigkeiten und Metaphern.

Irene Dische: **Liebe Mom, lieber Dad** (2007)

Liebe Mom, lieber Dad, bitte entschuldigt, dass ich mich so lange nicht gemeldet habe. Ich kann mir vorstellen, dass ihr euch meinetwegen Sorgen gemacht habt, aber ich konnte wirklich nicht anrufen. Bis gestern lag ich im Krankenhaus. Zum ersten Mal seit anderthalb Monaten sitze ich wieder an einem Tisch. Nach unserem Streit vor sechs Wochen wegen Ralph, der euch nicht gefällt, weil er so viel älter als ich und überhaupt eine seltsame Wahl ist, weil er kein Arzt oder Anwalt ist wie alle anderen, die ich kenne, war ich so wütend, dass ich mich besser nicht ans Steuer gesetzt hätte. Jackie hatte die ganze Zeit im Wagen auf mich gewartet.

Sie ist immer meine beste Freundin gewesen. Ich war doch bloß vorbeigekommen, um euch kurz zu umarmen. Danach wollten wir weiterfahren – über das Wochenende nach Maine, wo Ralph eine Farm hat. So arm ist er nämlich gar nicht, wisst ihr. Ich war hereingekommen und sagte: „Ich wollte euch bloß Guten Tag sagen, ich bin auf dem Weg nach Maine." Da habt ihr gleich angefangen, mir Vorwürfe wegen Ralph zu machen. Ihr werdet euch daran erinnern. Als du, Dad, meine Beziehung zu ihm eine „Katastrophe" nanntest und Mom zu weinen anfing, da habe ich eben kehrtgemacht und bin gegangen. Ihr seid hinter mir her, aber ich war schneller. Ich habe mich in den Wagen gesetzt, mit zitternden Händen. Jackie bot an, sie könne fahren. Aber ich wollte nicht. Ich fuhr auf den Highway. Alles in mir war im Aufruhr. Ich konnte mich nicht konzentrieren. Ich fuhr zu schnell. Ich fuhr viel zu schnell. Jackie schrie mich an. Ich stand einfach auf dem Gaspedal. Hundertfünfzig bin ich gefahren. An einer Baustelle verengte sich die Straße und ich übersah die Warnschilder. Ich geriet auf den Mittelstreifen, der Wagen brach durch die Leitplanke und schoss auf die Gegenfahrbahn. Ein kleiner Wagen, eine indische Familie mit vier Kindern, kam mir entgegen – ich krachte mitten in sie rein. Noch immer habe ich Jackies „Nein! Nein!" im Ohr. Es waren ihre letzten Worte. Jackie ist tot. Ein siebenjähriger Junge in dem anderen Wagen hat überlebt, die Eltern und seine drei Geschwister sind tot. Er aber hat nicht die kleinste Schramme, die ihn von der neuen Wirklichkeit wenigstens einen Moment lang ablenken könnte. Was mich angeht – um beim Sichtbarsten anzufangen: Die Hüften und beide Beine sind zerquetscht. Das Gesicht ist

Dorothea Tanning: Familienporträt (1954)

völlig kaputt – die Nase gebrochen, die Wangenknochen gebrochen, ein Riss in der Stirn, sieben Rippen, der linke Arm und die linke Hand an fünf Stellen gebrochen. Ich habe auch innere Verletzungen – unter anderem einen Lungenriss. Drei Tage war ich auf der Intensivstation. Ralph kam mit dem Flugzeug von Maine, um bei mir zu sein. In Boston sollte eine Ausstellung mit seinen Bildern eröffnet werden, für die er seit mehr als einem Jahr gearbeitet hatte.

Er fuhr nicht hin, sondern blieb, solange er konnte, bei mir. Irgendwann musste er zurück nach Maine, sich um die Tiere kümmern, und kam dann an den Wochenenden herüber. Die übrige Zeit war ich allein. Ich habe vier Operationen hinter mir – in vier Wochen. Im Gesicht werde ich noch operiert. Vielleicht kann ich nie mehr richtig laufen. Kinder werde ich auch keine bekommen können. Aber das alles macht mir längst nicht so viel Kummer wie mein Gewissen. Ich habe fünf Menschen umgebracht. Jackies Eltern haben ihr einziges Kind verloren. Ein kleiner Junge hat alle seine Angehörigen verloren. Und ich bin schuld.

Liebe Mom, lieber Dad. Nichts von alledem ist wahr. Die Wahrheit ist, ich hatte bei euch angehalten, um euch eine freudige Nachricht zu bringen. Aber weil ihr derart über Ralph hergezogen seid, konnte ich euch nicht sagen, dass ich schwanger bin. Jetzt bin ich im fünften Monat. Letzte Woche haben Ralph und ich geheiratet. Entschuldigt den ersten Absatz: Ich wollte nur, dass ihr meine Neuigkeiten im richtigen Licht seht. Wir leben in Maine, ich bin ungeheuer glücklich, und ich hoffe, ihr besucht uns bald mal.

In Liebe
eure Tochter Sarah

1 a Die Erzählerin wählt ein drastisches Mittel, damit ihre Eltern sie verstehen. Wie haben Sie als Leser/in reagiert? Untersuchen Sie Briefform, Spannungsaufbau und Wendepunkt.

b Sarah stellt ihre innere Verletzung als eine äußere dar. Erläutern Sie, welche sprachlichen Mittel in besonderer Weise dazu beitragen, die psychische Situation zu veranschaulichen. Achten Sie besonders auf unterschiedliche Formen der Wiederholung.

Anaphern: „Ich ..."
Parallelismus: ...

c Beschreiben Sie die mögliche Reaktion der Eltern auf den Brief.

2 a Visualisieren Sie die Figurenkonstellation in einer Skizze, um den Konflikt besser zu erläutern.

b Bauen Sie ein Standbild (▶ S. 232) der Familiensituation: Die Beziehung der Figuren wird, ohne zu sprechen, allein durch Gestik, Mimik und Körperhaltung zum Ausdruck gebracht. Dann äußern die Betrachter/innen sowie die Darsteller/innen die Gedanken oder Gefühle der Figuren in der Ich-Form, indem sie abwechselnd hinter die Figuren treten (Alter-Ego-Technik).

3 Welche Alternative ist denkbar, um den Konflikt zu lösen? Entwickeln Sie in Kleingruppen einen Dialog zwischen Tochter und Eltern, in dem es zu einer offenen Aussprache kommt.

4 Vergleichen Sie Gemälde und Kurzgeschichte inhaltlich und formal (Figuren: z. B. Rollen, Beziehung, Ausdruck und Haltung; Besonderheiten der Gestaltung: z. B. Drastik/Groteske, Realitätsgrad).

Peter Bichsel: San Salvador (1964)

Er hatte sich eine Füllfeder gekauft. Nachdem er mehrmals seine Unterschrift, dann seine Initialen, seine Adresse, einige Wellenlinien, dann die Adresse seiner Eltern auf ein Blatt gezeichnet hatte, nahm er einen neuen Bogen, faltete ihn sorgfältig und schrieb: „Mir ist es hier zu kalt", dann, „ich gehe nach Südamerika", dann hielt er inne, schraubte die Kappe auf die Feder, betrachtete den Bogen und sah, wie die Tinte eintrocknete und dunkel wurde (in der Papeterie garantierte man, dass sie schwarz werde), dann nahm er seine Feder erneut zur Hand und setzte noch großzügig seinen Namen Paul darunter. Dann saß er da.

Später räumte er die Zeitungen vom Tisch, überflog dabei die Kinoinserate, dachte an irgendetwas, schob den Aschenbecher beiseite, zerriss den Zettel mit den Wellenlinien, entleerte seine Feder und füllte sie wieder. Für die Kinovorstellung war es jetzt zu spät.

Die Probe des Kirchenchors dauert bis neun Uhr, um halb zehn würde Hildegard zurück sein. Er wartete auf Hildegard. Zu all dem Musik aus dem Radio. Jetzt drehte er das Radio ab.

Auf dem Tisch, mitten auf dem Tisch, lag nun der gefaltete Bogen, darauf stand in blauschwarzer Schrift sein Name Paul.

„Mir ist es hier zu kalt", stand auch darauf. Nun würde also Hildegard heimkommen, um halb zehn. Es war jetzt neun Uhr. Sie läse seine Mitteilung, erschräke dabei, glaubte wohl das mit Südamerika nicht, würde dennoch die Hemden im Kasten zählen, etwas müsste ja geschehen sein.

Sie würde in den „Löwen" telefonieren.
Der „Löwe" ist mittwochs geschlossen.
Sie würde lächeln und verzweifeln und sich damit abfinden, vielleicht.

Sie würde sich mehrmals die Haare aus dem Gesicht streichen, mit dem Ringfinger der linken Hand beidseitig der Schläfe entlangfahren, dann langsam den Mantel aufknöpfen.

Dann saß er da, überlegte, wem er einen Brief schreiben könnte, las die Gebrauchsanweisung für den Füller noch einmal – leicht nach rechts drehen –, las auch den französischen Text, verglich den englischen mit dem deutschen, sah wieder seinen Zettel, dachte an Palmen, dachte an Hildegard.

Saß da.

Und um halb zehn kam Hildegard und fragte: „Schlafen die Kinder?"

Sie strich sich die Haare aus dem Gesicht.

1
a Schreiben Sie einen Paralleltext (▶ Methode unten) zu der Geschichte, indem Sie in die Perspektive Hildegards wechseln.
b Nutzen Sie Ihre Texte zum besseren Verständnis der Figuren: Was sagen sie über Paul, was über Hildegard?

2 Untersuchen Sie das Zusammenspiel von innerer und äußerer Handlung.
a Beschreiben Sie genau die einzelnen Tätigkeiten und Gesten der Figuren.
b Analysieren Sie die Erzählweise. Berücksichtigen Sie dabei besonders die erlebte Rede.

3 Der Ehemann versucht in Gedanken, das Verhalten seiner Frau vorauszuahnen. Wie wird diese Rollenübernahme sprachlich gestaltet?

4 Inwieweit handelt es sich bei diesem Text um eine typische Kurzgeschichte? (▶ Information, S. 33)

5 „Mir ist es hier zu kalt …" (Z. 6 f.). Formulieren Sie, um Ihr Verständnis der Geschichte zu erklären, einen Abschiedsbrief aus der Sicht Pauls an Hildegard.

Methode   Produktiv-gestaltendes Interpretieren

Sehr hilfreich für die Analyse bzw. Interpretation literarischer Texte ist der Zugang in Form einer produktiven Gestaltung. Eine solche Gestaltung vertieft das analytische Textverständnis und ermöglicht gleichzeitig größere Einfühlung in Situationen, Atmosphäre, Figuren und ihre Handlungsmotivationen. Dabei sollten vorgegebene Strukturen des Textes aufgegriffen und eigenständig erweitert und fortgesetzt werden, z. B. in Form folgender Möglichkeiten:

- **Anschlusstext:** Der Text wird nach seinem Ende weiter- oder ab einer bestimmten Stelle umgeschrieben. Dabei werden offengebliebene Dinge aufgegriffen und weiterentwickelt.
- **Dialog:** Zwei literarische Figuren führen an einer bestimmten, im Text nicht weiter ausgeführten Stelle ein Gespräch miteinander. Sie können z. B. einen Konflikt austragen oder sich ins Vertrauen ziehen.
- **Perspektivwechsel:** Hier beleuchten Sie einen Textauszug in Form eines **Paralleltextes** aus einer anderen Sicht. Sie können z. B. die Erzählform bzw. das Erzählverhalten ändern (▶ S. 172 f.) oder ein Geschehen vom Standpunkt einer anderen Figur aus neu erzählen.
- **Brief:** Figuren schreiben sich Briefe, in denen sie Unausgesprochenes artikulieren, z. B. ihre Beziehungen zu anderen Figuren reflektieren und kommentieren, sich offenbaren, über Ereignisse nachdenken, zu etwas auffordern, Fragen stellen, Vorwürfe machen etc.
- **(Innerer) Monolog:** Hier redet die Figur in einer bestimmten Situation mit sich selbst. Gefühle, Gedanken und Ideen, die der Figur in diesem Moment durch den Kopf gehen könnten, werden ohne einen zwischengeschalteten Erzähler direkt aus der Ich-Perspektive dargestellt.
- **Tagebucheintrag:** Auch diese Form der gestaltenden Weiterarbeit ist monologisch angelegt. Sie schlüpfen in eine literarische Figur hinein und äußern sich in deren Reflexionshorizont. Das Tagebuch ist dabei der stumme Gesprächspartner.

Botho Strauß: **Mikado** (2008)

Zu einem Fabrikanten, dessen Gattin ihm während eines Messebesuchs entführt worden war, kehrte nach Zahlung eines hohen Lösegelds eine Frau zurück, die er nicht kannte und die ihm nicht entführt worden war. Als die Beamten sie ihm erleichtert und stolz nach Hause brachten, stutzte er und erklärte: Es ist Ihnen ein Fehler unterlaufen. Dies ist nicht meine Frau.
Die ihm Zu-, jedoch nicht Zurückgeführte stand indessen hübsch und ungezwungen vor ihm, wachsam und eben ganz neu. Außerdem schien sie schlagfertig und geistesgegenwärtig

zu sein. Den Beamten, die betreten unter sich blickten, gab sie zu verstehen, ihr Mann habe unter den Strapazen der vergangenen Wochen allzu sehr gelitten, er sei von der Ungewissheit über das Schicksal seiner Frau noch immer so durchdrungen und besetzt, dass er sie nicht auf Anhieb wiedererkenne. Solch eine Verstörung sei bei Opfern einer Entführung und ihren Angehörigen nichts Ungewöhnliches und werde sich bald wieder geben. Darauf nickten die Beamten verständnisvoll, und auch der tatsächlich verwirrte Mann nickte ein wenig mit.

Aus seinen dunkelsten Stunden war also unversehens diese völlig Fremde, diese helle und muntere Person aufgetaucht, die den übernächtigten Fabrikanten von seinen schlimmsten Befürchtungen zwar ablenkte, diese aber keinesfalls zerstreute.

Schon am nächsten Morgen – sie schlief im Gästezimmer – fand er sie in der Garage vor einem am Drahtseil aufgehängten Fahrrad, dem kaum benutzten Fahrrad ihrer Vorgängerin. Sie hatte die Reifen abmontiert, die Schläuche geflickt, die Felgen geputzt und die Pedale geölt. Eine Fahrradflickerin!, dachte der Mann, der ihr eine Weile bei den Verrichtungen zusah. Eine gelehrte Frau habe ich verloren und dafür eine Fahrradflickerin bekommen!

Aber dann spekulierte er für den Bruchteil einer Sekunde, was die Zukunft wohl für sie beide bereithalte und ob er je mit ihr auf große Tour gehen werde. Neben den flüchtigen erbaulichen Momenten bewegten ihn aber Zweifel, ob die Anwesenheit dieser einfühlsamen Unbekannten nicht ein tückischer Hinterhalt sein könnte. Ob die Entführer nicht aus reinem Zynismus und nur um die Liebe zu seiner geraubten Frau, der gelehrten, zu verhöhnen, ihm diese naive, bedenkenlos patente Heimwerkerin geschickt hätten. Als zusätzliche Marter, aber auch zur Vorbereitung neuer Erpressungen.

Ganz verstehe ich es immer noch nicht, sagte er auf einmal mit entwaffnender Unbeholfenheit. Sie lächelte hinter flimmernden Speichen und sagte: Genau wie seinerzeit in Madrid. Du erinnerst dich? Ich hatte doch immer dies lähmende Vorausgefühl.

René Magritte: Die Liebenden (1928)

In Madrid?, fragte der Mann, schon mit einem Anklang von gewöhnlicher Ehegattennachfrage. Ja, als wir mit dem ganzen Club, unseren besten Freunden auf der Plaza Mayor –
Natürlich. Ich erinnere mich.
Meine Handtasche war gerade noch da. Und hätte mich nicht dies lähmende Vorausgefühl ergriffen, dass sie mir im nächsten Augenblick gestohlen würde, dann hätte ich besser aufgepasst. Schon war sie weg!
Und das am Morgen deines dreißigsten Geburtstags!
Ausgerechnet. Man lädt die besten Freunde ein, und irgendein Dieb ist immer darunter.
Aufhören!, rief der Mann ungehalten. Schluss mit dem Falschspiel! Du kannst das nicht wissen. Nicht du!
Na, so war's aber. War's nicht so? So war's doch aber.

Am Nachmittag war er mit einem guten Freund verabredet. Er traf ihn in der Hoffnung, einen Zeugen dafür zu gewinnen, dass man ihm die falsche Frau nach Hause gebracht hatte. Es stellte sich jedoch heraus, dass dieser echauffierte[1] Mensch auf einmal über alles anders dachte, als er bisher gedacht hatte – über Politik, Geld, seine Kinder und seine Vergangenheit. Mit einem Schlag hatte sein Geist die Farbe, den Geschmack, die Richtung und sogar die Geschwindigkeit gewechselt. Da dachte der Mann der Entführten: Es muss doch wohl an mir liegen. Die Menschen wechseln offenbar

---

[1] **echauffiert:** erhitzt, aufgeregt

ihr Inneres genauso schnell wie ihr Äußeres. Sie stülpen sich um und bleiben doch dieselben! Mir scheint, ich habe da eine bestimmte Entwicklung nicht ganz mitbekommen. Also wäre die junge Fahrradflickerin am Ende doch niemand anderes als meine umgestülpte Frau, ja, sie ist wohl die meine, wie sie's immer war. Ich habe weit mehr als mein Vermögen für sie geopfert. Da sitzt sie nun auf meinem Bett, hübsch und rund: mein Schuldenberg. Es bleibt mir keine andere Wahl, ich muss nehmen, was sich bietet, ich könnte nie ein zweites Lösegeld bezahlen. Da trat aus seinem Inneren ein Bild hervor, und er sah die Entführte in ihrem Kellerloch, in ihrer Haft. Ein Stuhl, ein Schlafsack und ein Campingklo. Und gänzlich ohne Bücher. So sah er die Gelehrte, und so verharrte sie in der Gefangenschaft.

Eines Tages würde sich alles klären. Oder aber es würde sich niemals klären. Zu beidem war er bereit: zu des Rätsels Lösung wie auch das Rätsel zu leben. Nur eine Entscheidung zwischen dem einen und dem anderen konnte er sich nicht abringen.

Am Abend lud er die Geschickte zu einem Mikadospiel mit kostbaren, uralten japanischen Stäben, die er seit Jahren einmal am Tag auswarf und zusammen mit seiner Frau auflas. *Nur um füreinander die Fingerspitzen ein wenig zu sensibilisieren* – so hatte es stets geheißen, wenn seine Frau ihn zum Spiel bat und sich mit dem schiefen Lächeln der Gelehrten eine dezente Anzüglichkeit erlaubte. Dieselbe Bemerkung kam nun von der Geschickten, und sie lächelte dazu vollkommen ungezwungen.

Die Stäbchen aus lackiertem Zedernholz lagen auseinandergefallen auf dem hellen Birnbaumtisch. Da rieb sich der Mann die Hände und sagte in einem veränderten, aufgeräumten Ton: Nur zu, du kleines Rätsel. Nun zeig, was du kannst!

Dazu gab er ihr einen burschikosen[2] Klaps auf die Schulter. Sie entgegnete mit einem unterdrückten Fluch, da sie den Arm gerade zum Spiel ausgestreckt hatte. Ihre ruhige Hand löste nun etliche Stäbe aus labilster Lage, ohne andere zu bewegen. Seine unruhige hingegen war nicht einmal fähig, frei liegende Spitzen zu drücken, ohne dass sich im Stapel etwas rührte. Schließlich lüpfte die ruhige Hand den ranghöchsten Stab ohne die geringste Einwirkung auf die kreuzenden und überliegenden. Sie nahm ihn in beide Hände und zerbrach den Mikado in stillem Unfrieden. Das Spiel mit den wertvollen Stäben war für immer zerstört. Die unruhige Hand ergriff zitternd einen der untergeordneten Stäbe und hielt ihn wie einen Spieß umklammert. Der Mann betrachtete die nadelfeine Spitze. Er hatte kein anderes Empfinden mehr, als diese Spitze durch die linke Wange der Frau zu stoßen, durch ihre Zunge zu bohren und aus der rechten Wange wieder hinaus. Gestoßen und gestochen. Nicht jetzt. Aber eines Morgens, ja. Eines Morgens bestimmt. Eines Morgens wird es zu einigen sich überstürzenden Ereignissen kommen ... Man wird sich im Nachhinein fragen, wie es überhaupt so lange hat dauern können, dass nichts geschah.

2 burschikos: knabenhaft, jungenhaft

1
a Notieren Sie auf einzelnen Blättern gut lesbar alles, was Ihnen spontan zur Geschichte einfällt. Dies können inhaltliche oder formale Aspekte sein.
b Heften Sie Ihre Notizen an, sichten Sie sie und sortieren Sie sie nach Untersuchungsaspekten.
c Überlegen Sie gemeinsam, mit Hilfe welcher Fragestellungen Sie eine systematische Untersuchung und Deutung der Kurzgeschichte angehen wollen.

2
a Entwickeln Sie auf Plakaten ein Charakterprofil der Figuren. Unterscheiden Sie zwischen der „alten" und der „neuen" Frau und beschreiben Sie ihr Verhältnis zu ihrem Mann.
b Untersuchen Sie Wiederholungen und Entsprechungen auf der Inhaltsebene, z.B. sich wiederholende Handlungselemente oder in Gedanken ausgeführte Erwartungen.
c Analysieren Sie die sprachliche Gestaltung und die Erzählweise (▶ S.172 f.).

3 Stellen Sie den inneren Konflikt des Protagonisten zusammenfassend dar. Nutzen Sie dazu folgende Begriffe: *Realität und Fantasie, Identität und Spiegelung, Wahrnehmung und Täuschung, Verdrängung.*

4 Sammeln Sie Signale, die auf die Fiktionalität des Textes verweisen (▶ S. 30). Beginnen Sie z. B. so: *Ein deutliches Signal für die Fiktionalität des Erzählten ist …*

5 Passt das Gemälde zur Geschichte? Nehmen Sie Stellung.

Information **Analyse von kurzen Erzähltexten – Grundlegende Fragen zur Analyse**

- Was ist das **Thema** des Textes (z. B. Lebenskrise) und welches sind seine zentralen **Motive** (z. B. Doppelgänger)?
- Welche **Figuren** kommen vor und in welcher **Beziehung** stehen sie zueinander?
- Was sind die entscheidenden **Handlungen** oder **Ereignisse**? Wie ist der Handlungsablauf? Wie ist der **Aufbau** der Erzählung? Gibt es einen unvermittelten Anfang, ein offenes Ende?
- Wie sind **Ort**, **Zeit** und **Atmosphäre** der Geschichte gestaltet? Gibt es Besonderheiten in der **Zeitstruktur**, z. B. Rückblenden oder Vorausdeutungen?
- Wer ist der **Erzähler**/die **Erzählerin** der Geschichte? Handelt es sich um eine Ich-Erzählung oder um eine **Er-/Sie-Erzählung**?
- Welches Erzählverhalten herrscht vor: auktorial (kommentierend, bewertend), personal (an eine Figur gebunden) oder neutral (▶ S. 172 f.)? Wie werden Äußerungen und Gedanken einer Figur wiedergegeben, z. B. durch direkte oder indirekte Rede, durch inneren Monolog oder erlebte Rede?
- Gibt es Besonderheiten in der **Sprache**, z. B. verschiedene Stilebenen, Metaphern und Vergleiche, Wiederholungen etc.? Wie wirken sie?

Alle formalen Aspekte sollten hinsichtlich ihrer Bedeutung für die inhaltliche Aussage ausgewertet werden. Fragen Sie sich dazu jeweils, welche Wirkung sie in Bezug auf den Inhalt erzeugen.

„Vor dem Gesetz" – Parabeln zum Motiv der Wahrheit

Franz Kafka: Vor dem Gesetz (1914)

Vor dem Gesetz steht ein Türhüter. Zu diesem Türhüter kommt ein Mann vom Lande und bittet um Eintritt in das Gesetz. Aber der Türhüter sagt, dass er ihm jetzt den Eintritt nicht gewähren könne. Der Mann überlegt und fragt dann, ob er also später werde eintreten dürfen. „Es ist möglich", sagt der Türhüter, „jetzt aber nicht." Da das Tor zum Gesetz offen steht wie immer und der Türhüter beiseitetritt, bückt sich der Mann, um durch das Tor in das Innere zu sehn. Als der Türhüter das merkt, lacht er und sagt: „Wenn es dich so lockt, versuche es doch, trotz meines Verbotes hineinzugehn. Merke aber: Ich bin mächtig. Und ich bin nur der unterste Türhüter. Von Saal zu Saal stehn aber Türhüter, einer mächtiger als der andere. Schon den Anblick des dritten kann nicht einmal ich mehr ertragen." Solche Schwierigkeiten hat der Mann vom Lande nicht erwartet; das Gesetz soll doch jedem und immer zugänglich sein, denkt er, aber als er jetzt den Türhüter in seinem Pelzmantel genauer ansieht, seine große Spitznase, den langen, dünnen, schwarzen tatarischen Bart, entschließt er sich doch, lieber zu warten, bis er die Erlaubnis zum Eintritt bekommt. Der Türhüter gibt ihm einen Schemel und lässt ihn seitwärts von der Tür sich niedersetzen. Dort sitzt er Tage und Jahre. Er macht viele Versuche, eingelassen zu werden, und ermüdet den Türhüter durch seine Bitten. Der Türhüter stellt öfters kleine Verhöre mit ihm an, fragt ihn über seine Heimat aus und nach vielem andern, es sind aber teilnahmslose Fragen, wie sie große Herren stellen, und zum Schlusse sagt er ihm immer wieder, dass er ihn noch nicht einlassen könne. Der Mann, der sich für seine Reise mit vielem ausgerüstet hat, verwendet alles, und sei es noch so wertvoll, um den Türhüter zu bestechen. Dieser nimmt zwar alles an, aber sagt dabei: „Ich nehme es nur an, damit du nicht glaubst, etwas versäumt zu haben." Während der vielen Jahre beobachtet der Mann den Türhüter fast ununterbrochen. Er vergisst die andern Türhüter, und dieser erste scheint ihm das einzige Hindernis für den Eintritt in das Gesetz. Er verflucht den unglücklichen Zufall, in den ersten Jahren rücksichtslos und laut, später, als er alt wird, brummt er nur noch vor sich hin. Er wird kindisch, und da er in dem jahrelangen Studium des Türhüters auch die Flöhe in seinem Pelzkragen erkannt hat, bittet er auch die Flöhe, ihm zu helfen und den Türhüter umzustimmen. Schließlich wird sein Augenlicht schwach und er weiß nicht, ob es um ihn wirklich dunkler wird oder ob ihn nur seine Augen täuschen. Wohl aber erkennt er jetzt im Dunkel einen Glanz, der unverlöschlich aus der Türe des Gesetzes bricht. Nun lebt er nicht mehr lange. Vor seinem Tode sammeln sich in seinem Kopfe alle Erfahrungen der ganzen Zeit zu einer Frage, die er bisher an den Türhüter noch nicht gestellt hat. Er winkt ihm zu, da er seinen erstarrenden Körper nicht mehr aufrichten kann. Der Türhüter muss sich tief zu ihm hinunterneigen, denn der Größenunterschied hat sich sehr zu Ungunsten des Mannes verändert. „Was willst du denn jetzt noch wissen?", fragt der Türhüter. „Du bist unersättlich." – „Alle streben doch nach dem Gesetz", sagt der Mann, „wieso kommt es, dass in den vielen Jahren niemand außer mir Einlass verlangt hat?" Der Türhüter erkennt, dass der Mann schon an seinem Ende ist, und um sein vergehendes Gehör noch zu erreichen, brüllt er ihn an: „Hier konnte niemand sonst Einlass erhalten, denn dieser Eingang war nur für dich bestimmt. Ich gehe jetzt und schließe ihn."

1 Klären Sie vor dem Hintergrund des Titels „Vor dem Gesetz" das Thema der Erzählung.

2 Untersuchen Sie in Partnerarbeit:
– die Figuren (Charakterisierung, Beziehung, Entwicklung, Handlungsmotive, Gesprächsverhalten),
– die Erzählweise (Erzählform, Erzählverhalten, Darbietungsform),
– sprachliche Besonderheiten (Motive, Schlüsselbegriffe, Metaphorik).

3 a Deuten Sie die Erzählung vor dem Hintergrund des Motivs „Wahrheit und Täuschung".
b Beziehen Sie folgendes Zitat in Ihre Interpretation der Geschichte ein: „Manches Buch wirkt wie ein Schlüssel zu den fremden Sälen des eigenen Schlosses" (Franz Kafka an Oskar Pollak, 8.11.1903).

4 Die Geschichte ist eine Parabel, in der Sie Bildteil (Gesagtes) und Sachteil (Gemeintes) aufeinander beziehen können. Füllen Sie das nebenstehende Schema in Ihrem Kursheft entsprechend aus.

5 **Referat:** Im neunten Kapitel in Kafkas Roman „Der Prozess" führen der Protagonist Josef K. und der Gefängnisgeistliche ein Deutungsgespräch über die Parabel „Vor dem Gesetz". Das Gespräch endet mit der Bemerkung des Geistlichen: „Richtiges Auffassen einer Sache und Missverstehen der gleichen Sache schließen einander nicht vollständig aus."
Stellen Sie den Roman vor und erklären Sie die Funktion der Parabel und ihrer Deutung im Roman.

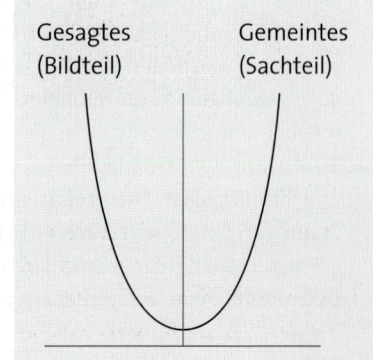

Martin Buber: **Die Legende des Baalschem** (1907)

Der Baalschem[1] erzählte: Ein König baute einst einen großen und herrlichen Palast mit zahllosen Gemächern, aber nur ein Tor war geöffnet. Als der Bau vollendet war, wurde verkündet, es sollten alle Fürsten vor dem König erscheinen, der in dem letzten der Gemächer throne. Aber als sie eintraten, sahen sie: Da waren Türen offen nach allen Seiten, von denen führten gewundene Gänge in die Fernen, und da waren wieder Türen und wieder Gänge, und kein Ziel erstand vor dem verwirrten Auge. Da kam der Sohn des Königs und sah, dass all die Irre eine Spiegelung war, und sah seinen Vater sitzen in der Halle vor seinem Angesicht.

Das Geheimnis der Gnade ist nicht zu deuten. Zwischen Suchen und Finden liegt die Spannung eines Menschenlebens, ja tausendfacher Wiederkehr der bangen wandernden Seele. Und doch ist der Flug des Augenblicks langsamer als die Erfüllung. Denn Gott *will* gesucht werden und wie könnte er nicht gefunden werden wollen?

---

[1] **Baalschem:** hebr. „Herr des göttlichen Namens", Beiname des Mystikers Rabbi Israel Ben Elieser (1699–1760), Stifter des Chassidismus, einer religiösen Erweckungsbewegung, die von weiten Kreisen russischer und polnischer Juden enthusiastisch aufgenommen wurde. Seine mündlich weitergegebenen Lehren wurden erst zu Beginn des 19. Jh.s literarisch fixiert. Martin Buber hat die Baalschem-Legenden zu Beginn des 20. Jh.s im Sinne freier dichterischer Nacherzählung übersetzt. Auch Kafka kannte die chassidischen Legenden sehr genau.

M. C. Escher: Relativität (1953)

1
 a Erläutern Sie die Parabelstruktur und die Funktion des Sachteils.
 b Vergleichen Sie die Texte Kafkas und Bubers. Weisen Sie Analogien und Differenzen nach. Achten Sie besonders auf Kafkas Veränderung der Parabelstruktur.

2 Setzen Sie Kafkas und Bubers Text jeweils in Beziehung zu Eschers Bild „Relativität" (Bedingtheit). Vergleichen Sie einzelne Motive und Besonderheiten in der Gestaltung in Bezug auf Fiktionalitätssignale (▶ S. 30).

Franz Kafka: Der Kreisel (1920)

Ein Philosoph trieb sich immer dort herum, wo Kinder spielten. Und sah er einen Jungen, der einen Kreisel hatte, so lauerte er schon. Kaum war der Kreisel in Drehung, verfolgte ihn der Philosoph, um ihn zu fangen. Dass die Kinder lärmten und ihn von ihrem Spielzeug abzuhalten suchten, kümmerte ihn nicht, hatte er den Kreisel, solange er sich noch drehte, gefangen, war er glücklich, aber nur einen Augenblick, dann warf er ihn zu Boden und ging fort. Er glaubte nämlich, die Erkenntnis jeder Kleinigkeit, also zum Beispiel auch eines sich drehenden Kreisels, genüge zur Erkenntnis des Allgemeinen. Darum beschäftigte er sich nicht mit den großen Problemen, das schien ihm unökonomisch. War die kleinste Kleinigkeit wirklich erkannt, dann war alles erkannt, deshalb beschäftigte er sich nur mit dem sich drehenden Kreisel. Und immer wenn die Vorbereitungen zum Drehen des Kreisels gemacht wurden, hatte er Hoffnung, nun werde es gelingen, und

drehte sich der Kreisel, wurde ihm im atemlosen Laufen nach ihm die Hoffnung zur Gewissheit, hielt er aber dann das dumme Holzstück in der Hand, wurde ihm übel und das Geschrei der Kinder, das er bisher nicht gehört hatte und das ihm jetzt plötzlich in die Ohren fuhr, jagte ihn fort, er taumelte wie ein Kreisel unter einer ungeschickten Peitsche.

Bertolt Brecht: Weise am Weisen ist die Haltung (1930)

Zu Herrn K. kam ein Philosophieprofessor und erzählte ihm von seiner Weisheit. Nach einer Weile sagte Herr K. zu ihm: „Du sitzt unbequem, du redest unbequem, du denkst unbequem." Der Philosophieprofessor wurde zornig und sagte: „Nicht über mich wollte ich etwas wissen, sondern über den Inhalt dessen, was ich sagte." – „Es hat keinen Inhalt", sagte Herr K. „Ich sehe dich täppisch gehen, und es ist kein Ziel, das du, während ich dich gehen sehe, erreichst. Du redest dunkel, und es ist keine Helle, die du während des Redens schaffst. Sehend deine Haltung, interessiert mich dein Ziel nicht."

1 a Wählen Sie eine der vorliegenden Parabeln (▶ S. 41–42) aus, um dann in Kleingruppen je einen Text unter folgenden Gesichtspunkten zu analysieren:
– Durch welche Motive wird das gemeinsame Thema der Suche nach Sinn und Erkenntnis inhaltlich gestaltet?
– Klären Sie die Parabelstruktur im Hinblick auf Bildteil (Gesagtes) und Sachteil (Gemeintes).
– Welche sprachlichen Mittel werden verwendet?
– Formulieren Sie in eigenen Worten die mögliche Aussageabsicht des Textes.
– Beziehen Sie nach Möglichkeit den literatur- und mentalitätsgeschichtlichen Hintergrund in Ihre Untersuchung ein.
b Präsentieren Sie Ihre Arbeitsergebnisse in anschaulicher Form, z. B. auf Folie, Plakat, Tafel.
2 Beziehen Sie Ihre Ergebnisse auf Ihre Interpretation der Parabel „Vor dem Gesetz" (▶ S. 39 f.). Erläutern Sie intertextuelle (▶ S. 49) Bezüge. Beachten Sie dabei die historische Entwicklung.
3 Verfassen Sie selbst eine Parabel zum Thema „Suche nach Sinn und Erkenntnis" als Paralleltext.

„Auf der Galerie" – Parabeln und Gemälde zum Thema Kunst

Georges Seurat: Der Zirkus (1891)

Ernst Ludwig Kirchner: Die Zirkusreiterin (1912)

Franz Kafka: Auf der Galerie (1917)

Wenn irgendeine hinfällige, lungensüchtige Kunstreiterin in der Manege auf schwankendem Pferd vor einem unermüdlichen Publikum vom peitschenschwingenden erbarmungslosen Chef monatelang ohne Unterbrechung im Kreise rundum getrieben würde, auf dem Pferde schwirrend, Küsse werfend, in der Taille sich wiegend, und wenn dieses Spiel unter dem nicht aussetzenden Brausen des Orchesters und der Ventilatoren in die immerfort weiter sich öffnende graue Zukunft sich fortsetzte, begleitet vom vergehenden und neu anschwellenden Beifallsklatschen der Hände, die eigentlich Dampfhämmer sind – vielleicht eilte dann ein junger Galeriebesucher die lange Treppe durch alle Ränge hinab, stürzte in die Manege, riefe das: Halt! durch die Fanfaren des sich immer anpassenden Orchesters.

Da es aber nicht so ist; eine schöne Dame, weiß und rot, hereinfliegt, zwischen den Vorhängen, welche die stolzen Livrierten vor ihr öffnen; der Direktor, hingebungsvoll ihre Augen suchend, in Tierhaltung ihr entgegenatmet; vorsorglich sie auf den Apfelschimmel hebt, als wäre sie seine über alles geliebte Enkelin, die sich auf gefährliche Fahrt begibt; sich nicht entschließen kann, das Peitschenzeichen zu geben; schließlich in Selbstüberwindung es knallend gibt; neben dem Pferde mit offenem Munde einherläuft; die Sprünge der Reiterin scharfen Blickes verfolgt; ihre Kunstfertigkeit kaum begreifen kann; mit englischen Ausrufen zu warnen versucht; die reifenhaltenden Reitknechte wütend zu peinlichster Achtsamkeit ermahnt; vor dem großen Salto mortale das Orchester mit aufgehobenen Händen beschwört, es möge schweigen; schließlich die Kleine vom zitternden Pferde hebt, auf beide Backen küsst und keine Huldigung des Publikums für genügend erachtet; während sie selbst, von ihm gestützt, hoch auf den Fußspitzen, vom Staub umweht, mit ausgebreiteten Armen, zurückgelehntem Köpfchen ihr Glück mit dem ganzen Zirkus teilen will – da dies so ist, legt der Galeriebesucher das Gesicht auf die Brüstung und, im Schlussmarsch wie in einem schweren Traum versinkend, weint er, ohne es zu wissen.

Heinrich von Kleist: Die Fabel[1] ohne Moral (1808)

Wenn ich dich nur hätte, sagte der Mensch zu einem Pferde, das mit Sattel und Gebiss vor ihm stand, und ihn nicht aufsitzen lassen wollte; wenn ich dich nur hätte, wie du zuerst, das unerzogene Kind der Natur, aus den Wäldern kamst! Ich wollte dich schon führen, leicht, wie ein Vogel, dahin, über Berg und Tal, wie es mich gut dünkte; und dir und mir sollte dabei wohl sein. Aber da haben sie dir Künste gelehrt, Künste, von welchen ich, nackt, wie ich vor dir stehe, nichts weiß; und ich müsste zu dir in die Reitbahn hinein (wovor mich doch Gott bewahre), wenn wir uns verständigen wollten.

[1] **Fabel:** hier im Sinne von „Erzählung"

Thomas Bernhard: Der Stimmenimitator (1978)

Der Stimmenimitator, der gestern abend Gast der chirurgischen Gesellschaft gewesen ist, hatte sich nach der Vorstellung im Palais Pallavicini, in welches ihn die chirurgische Gesellschaft eingeladen gehabt hatte, bereit erklärt, mit uns auf den Kahlenberg zu kommen, um auch da, wo wir immer ein allen Künstlern offenes Haus haben, seine Kunst zu zeigen, natürlich nicht ohne Honorar. Wir hatten den Stimmenimitator, welcher aus Oxford in England stammte, aber in Landshut zur Schule gegangen und ursprünglich Büchsenmacher in Berchtesgaden gewesen war, gebeten, sich auf dem Kahlenberg nicht zu wiederholen, sondern vor uns etwas vollkommen anderes vorzuführen als in der chirurgischen Gesellschaft, also vollkommen andere Stimmen auf dem Kahlenberge zu imitieren als im Palais Pallavicini, was er uns, die wir von seinem im Palais Pallavicini vorgetragenen Programm begeistert gewesen waren, versprochen hatte. Tatsächlich imitierte uns der Stimmenimitator auf dem Kahlenberg vollkommen andere mehr oder weniger berühmte Stimmen als vor der chirurgischen Gesellschaft. Wir durften auch Wünsche äußern, die uns der Stimmenimitator bereitwilligst erfüllte. Als wir ihm jedoch den Vorschlag gemacht hatten, er solle am Ende seine eigene Stimme imitieren, sagte er, das könne er nicht.

Henri Toulouse-Lautrec: Im Zirkus Fernando: Die Kunstreiterin (1888)

1.2 ICH-SUCHE UND ENTFREMDUNG – KURZPROSA ANALYSIEREN

1 Analysieren Sie Kafkas Parabel „Auf der Galerie" (▶ S. 43).
  a Untersuchen Sie zunächst Thema, Motive, Figuren und Handlung.
  b Beschreiben und deuten Sie den zweigliedrigen Aufbau des Textes. Beachten Sie dabei die Funktion von Syntax, Wortwahl und Modus.
  c In der Kafka-Forschung wird die These vertreten, dass diese Parabel in erster Linie autoreferenziell zu deuten ist, d. h., dass sie die Tätigkeit des Schriftstellers, das Schreiben selbst, thematisiert. Nehmen Sie Stellung zu dieser These.

2 Die Kunstreiterin war in der Moderne, der Zeit um 1900, ein zentrales Motiv der Kunst, und möglicherweise sah Kafka 1911 in Paris im Louvre Georges Seurats Bild „Der Zirkus". Welche intertextuellen Bezüge zwischen den motivverwandten Gemälden von Seurat, Toulouse-Lautrec, Kirchner und Kafkas Parabel können Sie entdecken?
Achten Sie bei den Gemälden neben der Thematik auch auf Formen und Komposition, Raum und Perspektive, Farbe und Licht.

3 Verfolgen Sie die Thematik zwischen den Polen Künstler und Publikum, Künstlerrolle und Identität, Künstlichkeit und Natürlichkeit in den Texten von Kafka, Kleist und Bernhard. Berücksichtigen Sie den jeweiligen Epochenhintergrund.

Information   Die Parabel

Die bereits in der Antike bekannte literarische Gattung der Parabel steht in der Tradition des **veranschaulichenden Erzählens.** Anhand eines bildhaften Beispiels, das mit der Parabel vorgetragen wird, soll das Lesepublikum angeregt werden, einen dazu passenden allgemeinen Sachverhalt zu finden. Dabei muss die Leserin oder der Leser durch den Denk- bzw. Übertragungsvorgang der Analogiebildung (Finden von Ähnlichkeiten bzw. eines Vergleichspunkts) den dargestellten **Bildteil** der Parabel (metaphorischer Bereich) mit einem **Sachteil** (thematischer Bereich, Deutungsebene) verknüpfen.

Inhaltlich gehört insbesondere die Suche nach Wahrheit, d. h. die Erkenntnis sinnvollen Handelns, zu den wesentlichen Themen der Gattung. Der **Appellcharakter** der Texte wird oft durch eine Einkleidung der Parabelerzählung in eine Gesprächssituation (situative, kommunikative Ebene) unterstützt, wie sie schon in den Gleichniserzählungen der Bibel angelegt ist (siehe z. B. das „Gleichnis vom Sämann", Lukas 8, 4–15, das Christus seinen Jüngern erzählt und in dem das Bild des Samens auf der Sachebene ausdrücklich als das Wort Gottes zu deuten ist).

In der Epoche der Aufklärung (18. Jahrhundert) kam es zu einer Erneuerung der Formen parabolischen Schreibens vor allem durch **Gotthold Ephraim Lessing** (1729–1781). Zu Beginn des 20. Jahrhunderts machte der Philosoph und Schriftsteller **Martin Buber** (1878–1965) die Parabeln und Legenden der Chassidim bekannt, einer religiösen Bewegung, die eine Verinnerlichung des jüdischen Glaubens gegenüber einer starren orthodoxen Gesetzestreue anstrebte („Die Legende des Baalschem", ▶ S. 41). Das Werk **Franz Kafkas** (1883–1924) wird z. T. aus dieser jüdischen Tradition verstanden. Seine Türhüter-Parabel („Vor dem Gesetz", ▶ S. 39 f.) lässt sich mit den chassidischen Erzählungen verbinden.

Bertolt Brecht (1898–1956) hat im Exil, das er zur Zeit des Nationalsozialismus in verschiedenen Ländern fand, mit den „Geschichten vom Herrn Keuner" eine Erzählform geschaffen, die am gleichnishaften Beispiel konventionelle Erwartungshorizonte in Frage stellt und das Lesepublikum zur Überprüfung seiner Denkgewohnheiten auffordert. Neben **Thomas Bernhard** (1931–1989) zählen u. a. auch **Günter Kunert** (*1929) und **Botho Strauß** (*1944) zu den wichtigen parabolischen Erzählern der Gegenwart.

Gibt es die richtige Interpretation? – Literarische Kommunikation und Theorien des Verstehens

Martin Walser: Es gibt nur subjektive Interpretation (Ein Interview) (1988)

Michael P. Olson: Herr Walser, zur Frage, warum liest man überhaupt, haben Sie selbst geäußert, das Geschriebene sei unfertig und müsse von jedem Leser erst zum Leben erweckt und dadurch vollendet werden. Heißt das also, dass man von dem literarischen Text her allerlei Interpretationen konkretisieren kann?

Walser: Ja, wahrscheinlich muss man, man kann nicht nur, man muss. Es lässt sich kein Verständnis vorschreiben. Ein Text ist nicht eine mathematische Gleichung, die nur eine Lösung hat. Der Text wird von jedem Leser anders gelesen. Die Vorstellung, man muss das ganz konkret anschauen, die Vorstellung, die man sich bei einem Satz macht, zum Beispiel, „sie öffnete das Fenster", das stellt sich jeder anders vor: jeder ein anderes Fenster, jeder eine andere Atmosphäre, jeder eine andere Temperatur. Zum Glück ist ein Text nicht zwingend. Der Autor sieht natürlich auch etwas: Der sieht seine Geschichte, der sieht alles so, wie es ihm entspricht, und jeder Leser schreibt lesend sein Buch. Wenn das nicht stattfinden würde, dann wäre das Ganze unlebendig. Wenn das nur eine Exekution einer Autorenvorstellung wäre, dann könnte man Literatur vergessen. [...]

Olson: Ist eine rein subjektive Interpretation gefährlich?

Walser: Es gibt nur subjektive Interpretation. Ich glaube, der Unterschied entsteht erst durch die Fähigkeit, das eigene Verständnis mitzuteilen. Da sind alle Leute nicht gleich geübt, vielleicht auch nicht gleich begabt. Aber sicher kann jemand ein tiefes Leseerlebnis haben, aber er ist nicht im Stande, das anderen mitzuteilen. Die Mitteilung der eigenen Leseerfahrung kann natürlich gelernt werden, nicht wahr, das ist der Unterschied zwischen dem Leser und dem professionellen Leser, einem Literaturwissenschaftler. Der Nachteil – traditionell – ist beim professionellen Leser, dass er erzogen wurde zu glauben: so wie er das Buch lese, so sei das Buch selbst wirklich. Er glaubt immer, er spreche vom Buch. Das, finde ich, ist eine etwas problematische Tradition. Es müsste viel mehr Gewicht gelegt werden darauf, dass es die Lesart dieses einzelnen Menschen ist. [...] Es gibt keine richtige Version. Es gibt nur mehr oder weniger Talent, meine Erfahrung darzustellen. [...]

1 „Es gibt nur subjektive Interpretation" (Walser, Z. 29). Sammeln Sie mit Hilfe der Placemat-Methode (▶ S. 589) auf einem Plakat Ideen zur Umsetzung dieser These im Deutschunterricht:
   a Notieren Sie in Vierergruppen je Mitglied in einer Ecke des Plakats einen Gedanken.
   b Entscheiden Sie in der Gruppe, welche Idee bzw. Lösung in der Mitte festgehalten wird.
   c Stellen Sie Ihren Vorschlag den anderen Gruppen vor.

2 Schreiben Sie zu einer der Thesen Walsers ein eigenes Statement und organisieren Sie eine Debatte zur These „Es gibt nur subjektive Interpretation".

Verschiedene Interpretationsansätze zu Franz Kafkas Parabel „Auf der Galerie" (Auszüge)

Nur die Struktur der Parabel scheint unmissverständlich deutbar: Die gleiche Zirkusnummer wird aus verschiedenen Blickwinkeln in zwei gegensätzlichen, komplex verschachtelten Satzperioden dargestellt. Sie spiegeln durch ihre atemlosen Reihungen die endlose Kreisbewegung der Reiterin („ohne Unterbrechung") auf schwankendem Grund. In ihrer antithetischen Struktur decken die kunstvollen Sätze die Fassade der glänzenden Scheinwelt auf. [...]

Kafka greift Robert Walsers „Ovationen" (1912) auf, welche er mit hoher Wahrscheinlichkeit gekannt und für seine Parabel genutzt hat. Auch zu Frank Wedekinds „Zirkusgedanken" (1878) zeigen sich auffällige formale und inhaltliche Entsprechungen. [...]

Kafkas Tagebuch aus dem Jahr 1911 entnehmen wir einen Traum: „9. November. Vorgestern geträumt: Lauter Theater. Ich einmal oben auf der Galerie, einmal auf der Bühne, ein Mädchen spielte mit, spannte ihren biegsamen Körper, [...]". Kafka identifiziert sich mit der Kunstreiterin, die – hinfällig und lungenkrank – eine gescheiterte, haltlose Existenz darstellt. [...]

Die Entlarvung der fassadenhaften Scheinwelt öffentlicher Spektakel in Kafkas Parabel erinnert an unseren alltäglichen Fernsehzirkus. Den TV-Shows, in denen gebrochene Existenzen vorgeführt werden, möchte man laut ein „Halt!" entgegensetzen, um das abgestumpfte Publikum wachzurütteln. [...]

Zweifellos als Kafkas gewalttätiger Vater kann der „peitschenschwingende, erbarmungslose Chef" gedeutet werden. Der Direktor „in Tierhaltung" erinnert zudem an das Vaterbild in Kafkas „Verwandlung". Auch hier verleiht der Autor seinem schwierigen Vaterverhältnis Ausdruck. [...]

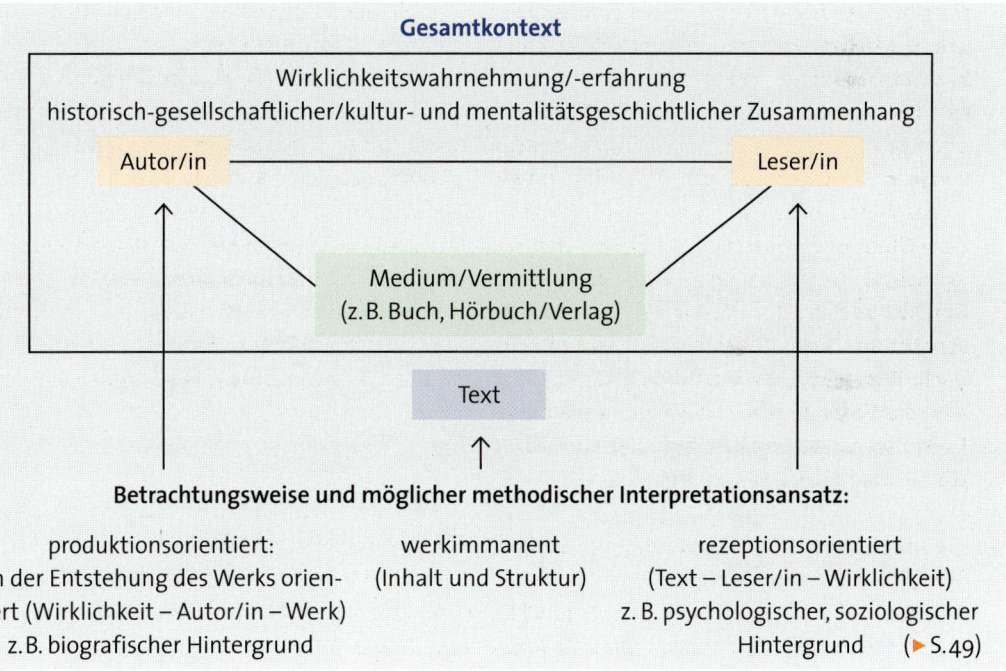

1 Lesen Sie die Texte zur Parabel. Welche Zielrichtung verfolgen die Deutungsansätze?
die Textstruktur analysieren; die ... zur Deutung heranziehen; ... einbringen

2 a Erklären Sie sich in Partnerarbeit wechselseitig das Modell. Berücksichtigen Sie dabei besonders die drei Ansätze der Interpretationsmethode.
b Formulieren Sie offene Fragen und klären Sie diese im Kurs.

3 a Verschaffen Sie sich einen Überblick über literaturwissenschaftliche Methoden anhand des folgenden Informationstextes zu den Theorien des Verstehens.
b Zeigen Sie am Modell oben auf, wo die hermeneutische Methode zu verorten ist.

4 Bezeichnen Sie die Deutungsansätze zur Parabel mit Fachbegriffen: *produktionsorientiert, ...*

Information — Theorien des Verstehens

Jede Leserin, jeder Leser setzt sich individuell mit der Frage nach dem Sinn eines Textes auseinander. Will man aber eine Übereinkunft darüber erzielen, wie Texte zu verstehen sind, benötigt man eine gemeinsame Theorie des Verstehens. Diese Notwendigkeit begründet der englische Literaturwissenschaftler Terry Eagleton damit, „dass wir ohne irgendeine Art von Theorie, wie unreflektiert und unbewusst sie auch immer sein mag, gar nicht erst wüssten, was überhaupt ein ‚literarisches Werk' ist oder wie wir es lesen sollen".

Die **literarische Hermeneutik** stellt eine solche Theorie des Verstehens auf. Sie beschreibt, wie Leser/Leserinnen sich den Text als Bedeutungszusammenhang erschließen. Dabei bedient sie sich des Modells der **hermeneutischen Spirale**: Der Leser/die Leserin erschließt sich von einem sprachlichen und kulturellen Vorverständnis ausgehend eine immer höhere Verständnisebene, indem er/sie immer speziellere Aspekte und Bezüge eines Textes berücksichtigt.

Die Textdeutung führt in diesem Modell von einem grundlegenden Vorverständnis zu einem ersten Textverständnis. Dies ruft Assoziationen hervor und führt so zu einem erweiterten Vorverständnis, das wiederum zu einem erweiterten Textverständnis führt und so fort. Sofern der Leser/die Leserin diesen Prozess mit offenem Geist verfolgt, wird das Textverständnis mit jedem Durchlaufen der Spirale differenzierter, klarer und begründeter.

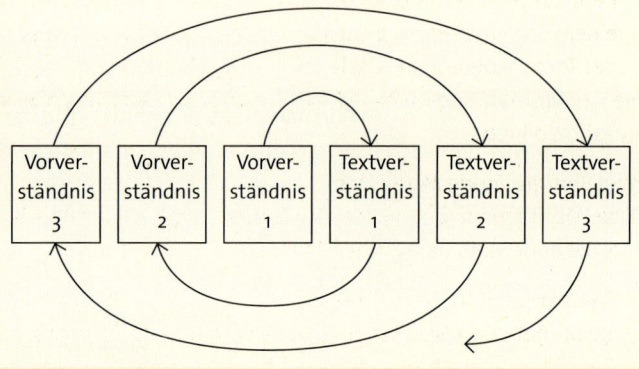

Ein Beispiel zu Kafkas „Vor dem Gesetz" (▶ S. 39 f.):

- „Vor dem Gesetz": Wahrscheinlich geht es um juristische Gesetze. Vielleicht um Gerechtigkeit?
- „Vor dem Gesetz steht ein Türhüter": Ein Türhüter? Es geht wohl gar nicht um Gesetze im herkömmlichen Sinn.
- Wofür kann das „Gesetz" stehen? Ich muss woanders nach der Bedeutung suchen. Ist es eine Metapher? Ein Symbol?
- „… dieser Eingang war nur für dich bestimmt." Der Eingang als Metapher für den Zugang wozu? Zu sich selbst?
- Kafka schreibt ja oft metaphorisch, und die Frage nach Erkenntnis ist ein wichtiges Thema in seinen Texten.
- …

Das **hermeneutische Dreieck** zwischen Autor/in, Text und Leser/in (vgl. auch ▶ S.175) liefert Anhaltspunkte für die verschiedenen methodischen Vorgehensweisen bei der Interpretation von Texten. Dabei lassen sich folgende Ansätze unterscheiden:

Werkimmanente Methode
Diese Methode versucht, den Text nur aus sich selbst heraus zu verstehen. Äußere Informationen, z.B. zum Leben des Autors oder zu historischen Umständen, werden dabei für die Deutung nicht herangezogen.

Die werkimmanente Methode umfasst vor allem die folgenden Untersuchungsschritte:
- Im ersten Schritt untersucht sie die strukturellen und sprachlichen Aspekte des Textes, die so genannte Form des Textes. Die Analyse erschließt dabei z.B. die Erzählstrategie oder das Versmaß. Auf der sprachlichen Ebene nimmt sie z.B. sprachliche Bilder, rhetorische Figuren oder den Satzbau unter die Lupe.
- In einem weiteren Schritt versucht der/die Deutende, **Inhalt** und **Form** aufeinander zu beziehen. Aus dem Verhältnis von Inhalt und Form – sie können sich z.B. unterstützen oder auch in einem Spannungsverhältnis zueinander stehen – lassen sich Erkenntnisse über die Aussage des Textes ableiten und belegen.

Die werkimmanente Methode sollte immer den Ausgangspunkt jeder weiterführenden Interpretation bilden.

Werkübergreifende Methoden
Diese Methoden haben gemeinsam, dass sie Informationen zur Deutung des Textes heranziehen, die außerhalb des Textes liegen.

- **Produktionsorientierte Methode**
  Sie ordnet den Text **literaturgeschichtlich** in seine **Epoche** (z.B. den Expressionismus) ein. Geprüft wird etwa, ob ein Werk stilbildend bzw. richtungsweisend war oder ob es den literarischen Trend der Epoche lediglich nachahmte. Des Weiteren wird untersucht, ob theoretische bzw. programmatische Vorstellungen den Autor beeinflusst haben. Das einzelne Werk wird so als Teil einer größeren geschichtlichen Entwicklung von Stoffen, Denk- und Formmustern verständlich.
  Im **biografisch-psychologischen Kontext** kommen Lebenszeugnisse des Autors zum Tragen. Tagebücher, Briefe, Vorträge und Medienauftritte können Hinweise auf Lebenserfahrungen und Weltsicht des Autors geben. Eine Analyse kann zeigen, inwieweit diese Aspekte Einfluss auf die Themenwahl und die Darstellungsweise des Werkes genommen haben.
- **Rezeptionsorientierte Methode**
  Dieser Ansatz untersucht das Verhältnis zwischen Leser und Text. Er geht von der Annahme aus, dass literarische Texte mit ihren tendenziell offenen, nicht festgelegten Aussagen erst mit der **Deutung durch den Leser** ihre Aussage entfalten. So lässt sich etwa analysieren, wie Leserinnen und Leser unterschiedlicher sozialer Herkunft auf einen Text reagieren. Die **Rezeptionsgeschichte** geht der Frage nach, wie sich die Leserreaktionen auf einen Text über längere Zeiträume entwickelt haben und inwiefern solche Entwicklungen zeitgeschichtlich bedingt sind.

Aktuelle literarische Werke entziehen sich oft dem hermeneutischen Verständnisprozess. Sie spielen mit Sinn und Bedeutung und beziehen sich z.B. als Parodie oder Zitat auf andere Texte (**Intertextualität**). Dadurch verwischen die Grenzen zwischen den Texten – das Werk wird zum Teil eines umfassenden Textgefüges, dem sich kein eindeutiger Sinn zuordnen lässt.

1.3 Training – Kurze Erzähltexte analysieren und produktiv ausgestalten

Aufgabenbeispiel
1. Analysieren Sie die Erzählung „Der Nachbar" von Franz Kafka im Hinblick auf die Entfaltung des Themas Ich-Krise und Identitätssuche. Berücksichtigen Sie dabei besonders das Zusammenspiel inhaltlicher Aspekte (Figuren, Handlung), der Erzählweise und der sprachlichen Gestaltung.
2. Gestalten Sie zu einer ausgewählten Textstelle einen Paralleltext aus der Perspektive Harras'.

Franz Kafka: Der Nachbar (1917)

Mein Geschäft ruht ganz auf meinen Schultern. Zwei Fräulein mit Schreibmaschinen und Geschäftsbüchern im Vorzimmer, mein Zimmer mit Schreibtisch, Kasse, Beratungstisch, Klubsessel und Telefon, das ist mein ganzer Arbeitsapparat. So einfach zu überblicken, so leicht zu führen. Ich bin ganz jung und die Geschäfte rollen vor mir her. Ich klage nicht, ich klage nicht. Seit Neujahr hat ein junger Mann die kleine, leer stehende Nebenwohnung, die ich ungeschickterweise so lange zu mieten gezögert habe, frischweg gemietet. Auch ein Zimmer mit Vorzimmer, außerdem aber noch eine Küche. – Zimmer und Vorzimmer hätte ich wohl brauchen können – meine zwei Fräulein fühlten sich schon manchmal überlastet –, aber wozu hätte mir die Küche gedient? Dieses kleinliche Bedenken war daran schuld, dass ich mir die Wohnung habe nehmen lassen. Nun sitzt dort dieser junge Mann. Harras heißt er.

Was er dort eigentlich macht, weiß ich nicht. Auf der Tür steht: „Harras, Bureau". Ich habe Erkundigungen eingezogen, man hat mir mitgeteilt, es sei ein Geschäft ähnlich dem meinigen. Vor Kreditgewährung könne man nicht geradezu warnen, denn es handle sich doch um einen jungen, aufstrebenden Mann, dessen Sache vielleicht Zukunft habe, doch könne man zum Kredit nicht geradezu raten, denn gegenwärtig sei allem Anschein nach kein Vermögen vorhanden. Die übliche Auskunft, die man gibt, wenn man nichts weiß. Manchmal treffe ich Harras auf der Treppe, er muss es immer außerordentlich eilig haben, er huscht förmlich an mir vorbei. Genau gesehen habe ich ihn noch gar nicht, den Büroschlüssel hat er schon vorbereitet in der Hand. Im Augenblick hat er die Tür geöffnet. Wie der Schwanz einer Ratte ist er hineingeglitten, und ich stehe wieder vor der Tafel „Harras, Bureau", die ich schon viel öfter gelesen habe, als sie es verdient.

Die elend dünnen Wände, die den ehrlich tätigen Mann verraten, den Unehrlichen aber decken. Mein Telefon ist an der Zimmerwand angebracht, die mich von meinem Nachbar trennt. Doch hebe ich das bloß als besonders ironische Tatsache hervor. Selbst wenn es an der entgegengesetzten Wand hinge, würde man in der Nebenwohnung alles hören. Ich habe mir abgewöhnt, den Namen der Kunden beim Telefon zu nennen. Aber es gehört natürlich nicht viel Schlauheit dazu, aus charakteristischen, aber unvermeidlichen Wendungen des Gesprächs die Namen zu erraten. – Manchmal umtanze ich, die Hörmuschel am Ohr, von Unruhe gestachelt, auf den Fußspitzen den Apparat und kann es doch nicht verhüten, dass Geheimnisse preisgegeben werden.

Natürlich werden dadurch meine geschäftlichen Entscheidungen unsicher, meine Stimme zittrig. Was macht Harras, während ich telefoniere? Wollte ich sehr übertreiben – aber das muss man oft, um sich Klarheit zu verschaffen –, so könnte ich sagen: Harras braucht kein Telefon, er benutzt meines, er hat sein Kanapee an die Wand gerückt und horcht, ich dagegen muss, wenn geläutet wird, zum Telefon laufen, die Wünsche des Kunden entgegennehmen, schwerwiegende Entschlüsse fassen, groß angelegte Überredungen ausführen – vor allem aber während des Ganzen unwillkürlich durch die Zimmerwand Harras Bericht erstatten. Vielleicht wartet er gar nicht das Ende des Gesprächs ab, sondern erhebt sich nach der Gesprächsstelle, die ihn über den Fall genügend aufgeklärt hat, huscht nach seiner Gewohnheit durch die Stadt und, ehe ich die Hörmuschel aufgehängt habe, ist er vielleicht schon daran, mir entgegenzuarbeiten.

Die Aufgabenstellung verstehen

1 Haben Sie die unterschiedlichen Anforderungen der Aufgabenstellung richtig verstanden? Überlegen Sie mit einem Partner/einer Partnerin, wie Sie bei den Aufgaben vorgehen sollten.

Erstes Textverständnis und Ideen formulieren

1 Formulieren Sie Ihr erstes Textverständnis und gehen Sie von da aus schrittweise in die Tiefe:
  a Lesen Sie den Text zügig und machen Sie sich erste Notizen zu den inhaltlichen Schwerpunkten, z. B.: *Ich-Krise durch Entfremdung, …*
  b Lesen Sie den Text ein zweites Mal genau, nun unter dem Aspekt des Themas: Markieren Sie auf einer Kopie des Textes Stellen, in denen es inhaltlich und sprachlich gestaltet wird.

2 Notieren Sie, wie der Ich-Erzähler aus Harras' Perspektive wirken könnte: *unsicher, …*

Den Text analysieren und die gestaltende Interpretation vorbereiten

1 Analysieren Sie die Erzählung nun aspektorientiert, indem Sie die in der Aufgabe genannten Analyseaspekte systematisch abarbeiten und in ihrer Wirkung aufeinander untersuchen.
  a Untersuchen Sie die Figuren (Charakter/Verhalten, Kommunikation/Beziehung).
  Ich-Erzähler: scheinbare Sicherheit, Selbstzweifel, … – Harras: jung, Geschäftsmann = …
  Beziehung: Misstrauen, Verdacht, …
  b Untersuchen Sie die Handlung, indem Sie Entwicklungen beobachten: *zuerst … / dann …*
  c Gehen Sie auf die Erzählweise ein, indem Sie untersuchen, wie sie sich verändert: *zuerst sachlicher Erzählbericht, dann …*
  d Sammeln Sie auffällige sprachliche Gestaltungsmittel, welche Ihre bisherigen Beobachtungen zu Inhalt und Erzählweise unterstützen:
  Fassade der Selbstsicherheit: kurze Sätze, knapper Stil = Geschäftsbericht; positiv konnotierte Wortwahl: „einfach", …
  Selbstzweifel, zunehmend verzerrte Wahrnehmung: Tiermetaphorik, Umkehrungen (Telefon = Abhörinstrument, statt …), Gegensätze: Ich – der andere, …

2 Formulieren Sie Sätze, in denen Sie auf den Inhalt-Form-Bezug eingehen:
  In der Erzählung wird durch … dargestellt, wie … Sprachlich wird diese Aussage unterstrichen durch …

3 a Finden Sie in der Geschichte Anknüpfungspunkte für Ihren Paralleltext. Legen Sie dazu eine Tabelle nach folgendem Muster an, um Harras' Perspektive einzunehmen:

Anknüpfungspunkte	Ideen für den Paralleltext: Harras' Sicht
äußere Gegebenheiten:	*Das Telefon …*
…	*…*

Verhalten der Figur (Ich-Erzähler): beobachtet: „Erkundigungen eingezogen" (Z. 23) Begegnung im Treppenhaus (Z. 32 ff.) … …	*Der Nachbar ist mir zunächst …* *Ich fühle mich von ihm …* *…*

b Entscheiden Sie, von welcher Textstelle Sie in Ihrem Paralleltext ausgehen wollen.

Den Schreibplan erstellen und schreiben

1 Gliedern Sie Ihre Arbeitsergebnisse in einem Schreibplan.
Einleitung = Fakten und Thema: *In Kafkas Erzählung … aus dem Jahr … geht es um …*
Hauptteil = Aufgabe 1 (werkimmanente Textanalyse)
- kurze Textbeschreibung (Inhalt, Aufbau)
- zentrale Motive (Thema, Figuren, Handlung)
- Erzählweise
- sprachliche Gestaltung (Gegensätze und Entsprechungen, Wortwahl, Bildebene, Satzbau, …)

} miteinander in Beziehung setzen: Entwicklung aufzeigen

Schluss = Fazit, abschließende Deutung: *Die dargestellte Identitätskrise ist ein … im Werk …*

2 Schreiben Sie nun Ihre Analyse der Erzählung entlang Ihres Schreibplans. Beachten Sie dabei, dass Sie die Aspekte miteinander verknüpfen, indem Sie sie mit der zunehmenden Verunsicherung des Protagonisten in Verbindung setzen: *Durch die … Erzählweise, … entsteht ein/e …, die mit … korrespondiert. Dieser formalen Eigenheit des Textes entspricht auf inhaltlicher Ebene …*

3 Formulieren Sie den Paralleltext aus der Sicht des Nachbarn Harras. Berücksichtigen Sie dabei Ihre Analyseergebnisse. Nutzen Sie folgende Ideen: *Ich fühle mich … in meinem neuen Büro. Allerdings … Heute bin ich im Treppenhaus wieder … Er blieb sofort stehen, als … Mein neues Büro hat … Ich kann nicht anders als … Was hat er …?*

Den eigenen Text überarbeiten

1 Überarbeiten Sie Ihre Texte in Partnerarbeit. Nehmen Sie folgende Checkliste zu Hilfe.
2 Notieren Sie sich abschließend die Aspekte, auf die Sie bei der nächsten Klausur achten wollen.

Checkliste **Kurze Erzähltexte analysieren und produktiv ausgestalten**

- Hat Ihr Aufsatz einen klaren Aufbau, der durch Absätze gekennzeichnet ist (vgl. Schreibplan)?
- Haben Sie sämtliche in den Aufgaben genannten Aspekte der Analyse berücksichtigt (Figuren, Handlung, Erzählweise, sprachliche Gestaltung)?
- Haben Sie Besonderheiten in Wortwahl und Satzbau untersucht?
- Unterstreichen Sie in Ihrem Text Formulierungen, in denen Sie Bezüge zwischen inhaltlichen und formalen Aspekten aufzeigen. (Wie wird das Thema sprachlich gestaltet?)
- Ist Ihr Aufsatz sachlich geschrieben? Sind Ihre Beobachtungen mit Textzitaten belegt?
- Berücksichtigt Ihr Paralleltext die prägenden Elemente des Ausgangstextes? Passt das Denken und Handeln der Figuren zu deren Charakter? Haben Sie die beklemmende Atmosphäre und den Stil des Ausgangstextes aufgenommen? Haben Sie einen Ich-Erzähler gewählt?
- Sehen Sie Ihren Text auf Fehler durch. **Tipp:** Lesen Sie ihn Satz für Satz von hinten.

2 Das Ich als Rätsel – Gedichte im thematischen Zusammenhang

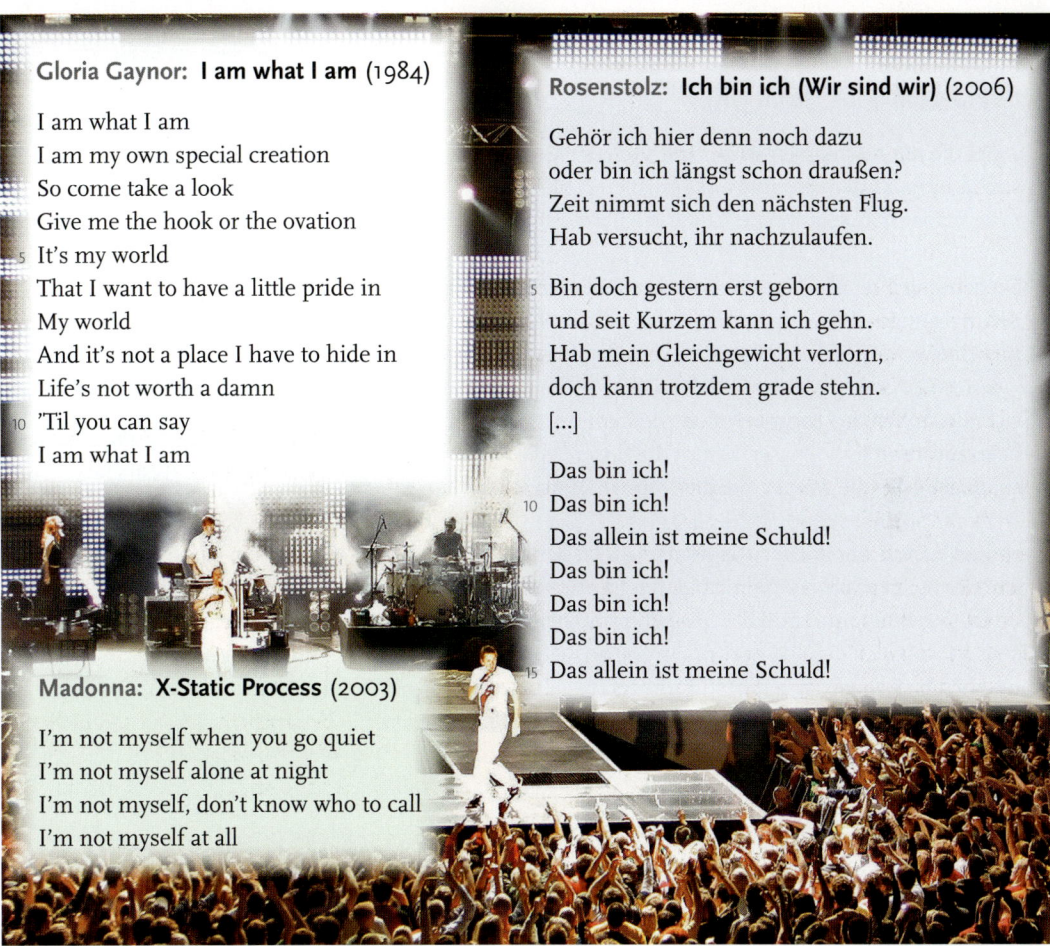

Gloria Gaynor: I am what I am (1984)

I am what I am
I am my own special creation
So come take a look
Give me the hook or the ovation
5 It's my world
That I want to have a little pride in
My world
And it's not a place I have to hide in
Life's not worth a damn
10 'Til you can say
I am what I am

Rosenstolz: Ich bin ich (Wir sind wir) (2006)

Gehör ich hier denn noch dazu
oder bin ich längst schon draußen?
Zeit nimmt sich den nächsten Flug.
Hab versucht, ihr nachzulaufen.
5 Bin doch gestern erst geborn
und seit Kurzem kann ich gehn.
Hab mein Gleichgewicht verlorn,
doch kann trotzdem grade stehn.
[...]

Das bin ich!
10 Das bin ich!
Das allein ist meine Schuld!
Das bin ich!
Das bin ich!
Das bin ich!
15 Das allein ist meine Schuld!

Madonna: X-Static Process (2003)

I'm not myself when you go quiet
I'm not myself alone at night
I'm not myself, don't know who to call
I'm not myself at all

1. Übersetzen Sie die beiden englischen Songtexte. Vergleichen Sie Ihre Versionen.
2. Vergleichen Sie die Ausschnitte aus den Songtexten miteinander: Welches Ich-Gefühl bringen die Songzeilen zum Ausdruck?
3. a Möglicherweise kennen Sie andere Songtexte mit Ich-Botschaften. Zitieren Sie diese gegebenenfalls. Erläutern Sie, weshalb Sie sich diesen Text gemerkt haben.
   b Vergleichen Sie diese Ihnen bekannten Songtexte mit den obigen Songausschnitten.
4. Erläutern Sie, was Songs zu lyrischen Texten macht.

In diesem Kapitel erwerben Sie folgende Kenntnisse und Kompetenzen:

- Gedichte mit Schwerpunkt auf der Ich-Thematik aspektorientiert vergleichen,
- Gedichte in Bezug auf ihre Strukturmerkmale analysieren und deuten,
- mediale Gestaltungen zu Gedichten entwickeln,
- Verfahren des gegliederten schriftlichen Erschließens von Gedichten beherrschen.

2.1 Identität – Form und Sprache in Gedichten analysieren

Gemischte Gefühle – Lyrische (Selbst-)Reflexionen

Nadja Küchenmeister: staub (2010)

wenn die tür geschlossen wird, sind auch die hunde
still in ihren hütten. der flugverkehr ist eingestellt, kein
rasenmäher und kein weckerticken, nichts stört. nur

der saum der gardine, der am boden schleift. ein lichtstrahl
5 der mein auge trifft. fiebergefühle. das holz knackt leise.
nur eine wespe, die ans fenster schlägt, draußen wiegen

sich die tannen, im zimmer, unter meinem bett, wo einer
liegt mit stumpfem messer, zittern die flusen, staub.
staub. ich höre die wespe, die über mir ist. das klappern

10 von tellern aus der küche, gläserklirren, jetzt das besteck:
wer, wenn ich schrie, hörte mich denn, ist erst der tierfilm
im dritten Programm und das gespräch vor allem im gang

und nichts davon für mich bestimmt, gefangen im endlosen
nachmittagslicht. staub. staub. bin ich das insekt, das maßlos
15 erschöpfte, in diesem bett lag meine mutter als kind.

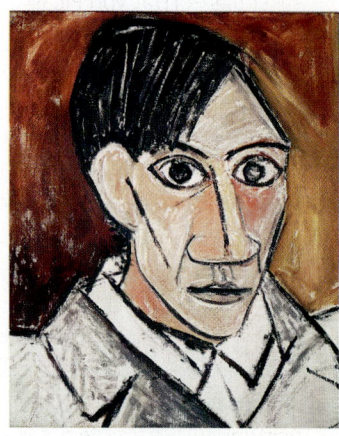

Pablo Picasso: Selbstbildnis, 1907

Elfriede Gerstl: Wer ist denn schon (2001)

wer ist denn schon bei sich
wer ist denn schon zu hause
wer ist denn schon zu hause bei sich
wer ist denn schon zu hause
wenn er bei sich ist
wer ist denn schon bei sich
wenn er zu haus bei sich ist
wer denn

Marcel Beyer: Stiche (2002)

I

Das also ist mein Kopf, von vorne,
von der Seite, unterm Kinn genäht,
so eine Narbe, wie sie jeder hat,
5 ich weiß nicht mal, wie viele Stiche,

genäht oder geklammert, ich am Hang
auf meinem Schlitten – schon zu spät,
heute im Badezimmerspiegel nur

mein übliches Hotelgesicht – die
10 Stoppeln werden dunkler je nach
Licht, ich zeichne mir Gedankenstriche.

---

1 Wie stellen Sie sich die Sprecher der Gedichte konkret vor?
  a Untersuchen Sie die Texte zunächst auf Hinweise zu den Sprechern. Achten Sie dabei auch auf die Personalpronomen.

b Notieren Sie nun – dabei über den Text hinausgehend – Ihre Vorstellungen zu Geschlecht, Alter, Familienstand, Beruf, Lebenssituation, Charaktereigenschaften und Gefühlslage der Sprecher.
c Halten Sie Ihre Ergebnisse in kurzen Personenbeschreibungen fest.

2 Passt das Porträt von Picasso zu einem der Gedichte? Begründen Sie Ihre Meinung.

3 Der Herausgeber einer Lyrik-Anthologie des 21. Jahrhunderts schreibt: „Gute Dichtung beginnt mit dem Totalverlust aller Gewissheiten."
a Prüfen Sie, inwiefern diese Einschätzung auf die drei Gedichte zutrifft.
b Können Sie sich der Einschätzung des Herausgebers anschließen? Diskutieren Sie.

4 Vergleichen Sie die Gedichte mit den Pop-Songs (▶ S. 53). Gehen Sie dabei besonders darauf ein, inwieweit sich die Texte zur Identifikation eignen.

Information — **Der lyrische Sprecher/das lyrische Ich**

Wie zu jedem Erzähltext ein Erzähler gehört, so gehört auch zu jedem Gedicht ein **Sprecher**, der nicht mit dem Autor/der Autorin gleichzusetzen ist. Dieser Sprecher kann die 1., 2. und 3. Person Singular oder Plural verwenden. Wählt er die Ich-Form, um seine Gedanken, Gefühle und Beobachtungen mitzuteilen, kann man von einem **lyrischen Ich** sprechen.

Die Erlebnis- und Gefühlswelt des lyrischen Sprechers ist nicht erst seit dem 20. Jahrhundert Thema der Lyrik. Schon in vielen Texten des **Sturm und Drang (etwa 1770–1785)** (▶ S. 419) spielen die Gefühle und manchmal schmerzhaften Erlebnisse des lyrischen Sprechers eine entscheidende Rolle. So können z. B. die Gedichte von **Jakob Michael Reinhold Lenz** (1751–1792) oder des jungen **Johann Wolfgang Goethe** (1749–1832) als Ausdruck persönlichen Erlebens gelesen werden, in denen sich eine bis dahin in der Lyrik nicht gekannte spontane Gefühlsaussage und intensive Naturerfahrung widerspiegeln.

Johann Wolfgang Goethe: Neue Liebe, neues Leben (1774/75)

Herz, mein Herz, was soll das geben,
Was bedränget dich so sehr?
Welch ein fremdes, neues Leben –
Ich erkenne dich nicht mehr.
5 Weg ist alles, was du liebtest,
Weg, worum du dich betrübtest,
Weg dein Fleiß und deine Ruh –
Ach, wie kamst du nur dazu!

Fesselt dich die Jugendblüte,
10 Diese liebliche Gestalt,
Dieser Blick voll Treu und Güte
Mit unendlicher Gewalt?
Will ich rasch mich ihr entziehen,
Mich ermannen, ihr entfliehen,
15 Führet mich im Augenblick
– Ach – mein Weg zu ihr zurück.

Und an diesem Zauberfädchen,
Das sich nicht zerreißen lässt,
Hält das liebe lose Mädchen
20 Mich so wider Willen fest.
Muss in ihrem Zauberkreise
Leben nun auf ihre Weise;
Die Veränd'rung, ach, wie groß!
Liebe, Liebe, lass mich los!

1 a Geben Sie mit eigenen Worten wieder, wie sich das lyrische Ich fühlt.
b Mit welchen sprachlichen Bildern werden diese Gefühle vor allem in der dritten Strophe ausgedrückt?

2 Untersuchen Sie, an wen sich das lyrische Ich wendet. Achten Sie dabei besonders auf die Pronomen und Satzarten.

3 Fassen Sie Ihre Ergebnisse in wenigen Sätzen zusammen. Sie können dabei z. B. von folgendem Schülertext ausgehen: *Ich verstehe das Gedicht als Hilferuf einer verliebten Person, die der Übermacht der eigenen Gefühle nicht entkommen kann. Dabei wendet sich das lyrische Ich an …*

Jakob Michael Reinhold Lenz: **An das Herz** (1776)

Kleines Ding, um uns zu quälen,
Hier in diese Brust gelegt!
Ach, wer's vorsäh', was er trägt,
Würde wünschen, tätst ihm fehlen!

5 Deine Schläge, wie so selten
Mischt sich Lust in sie hinein!
Und wie augenblicks vergelten
Sie ihm jede Lust mit Pein!

Ach! und weder Lust noch Qualen
10 Sind ihm schrecklicher als das:
Kalt und fühllos! O ihr Strahlen,
Schmelzt es lieber mir zu Glas!

Lieben, hassen, fürchten, zittern,
Hoffen, zagen bis ins Mark,
15 Kann das Leben zwar verbittern;
Aber ohne sie wär's Quark!

1 Vergleichen Sie das Gedicht von Lenz mit dem von Goethe:
  a Wie redet das lyrische Ich in beiden Texten mit seinem bzw. über sein Herz?
  b Welche Schlussfolgerungen zieht das lyrische Ich aus seinen Gefühlen?

2 Gestalten Sie Ihre Ergebnisse in einem eigenen Text. Verfassen Sie einen Dialog zwischen den beiden Sprechern der Gedichte, in denen sich diese über ihre Gefühle austauschen.

Ulla Hahn: **Angstlied** (1981)

Ich hab kein Haus
bin viel zu klein
bläst mich ein Wind
hinaus hinein

5 Ich hab kein Mann
bin viel zu bang
zünd meinen Himmel
selber an

Ich hab kein Herz
10 bin viel zu tot
weich warm verschneit
in liebe Not.

1 Erläutern Sie, welches Lebensgefühl das lyrische Ich in Ulla Hahns Gedicht äußert. Sie können dabei folgende Begriffe verwenden: *Einsamkeit, Minderwertigkeitsgefühl, Selbstironie, Verzweiflung.*

2 a Vergleichen Sie das Lebensgefühl in Ulla Hahns Text mit dem des Sturm und Drang.
  b Wie gelingt es, dieses jeweilige Lebensgefühl auszudrücken? Analysieren Sie dazu mit Hilfe der Begriffe aus der Tabelle die sprachliche Form der Texte:

Syntax	Semantik	bildhafte Sprache	Reimform
Aussagesatz *Fragesatz* *Ausrufesatz* *Ellipse*	*Wahl der* – *Verben* – *Nomen* – *Adjektive*	*ganze Bildfelder, die im Gedicht dominieren, einzelne Metaphern*	*Paarreim Kreuzreim unreiner Reim*

1 In den beiden folgenden Texten spielt das **Motiv** (▶ S. 194) des Spiegels eine zentrale Rolle. Bereiten Sie sich spielerisch auf die Lektüre der motivverwandten Gedichte vor:
   a Betrachten Sie ein bis zwei Minuten Ihr eigenes Spiegelbild.
   b Schreiben Sie auf – z. B. auch in Versen –, was Ihnen beim Blick in den Spiegel durch den Kopf gegangen ist.

Annette von Droste-Hülshoff:
Das Spiegelbild (1841/42) – Auszug

Schaust du mich an aus dem Kristall[1]
Mit deiner Augen Nebelball,
Kometen gleich, die im Verbleichen;
Mit Zügen, worin wunderlich
5 Zwei Seelen wie Spione sich
Umschleichen, ja, dann flüstre ich:
Phantom, du bist nicht meinesgleichen!

Bist nur entschlüpft der Träume Hut,
Zu eisen mir das warme Blut,
10 Die dunkle Locke mir zu blassen;
Und dennoch, dämmerndes Gesicht,
Drin seltsam spielt ein Doppellicht,
Trätest du vor, ich weiß es nicht,
Würd ich dich lieben oder hassen?

15 [...]

Und dennoch fühl ich, wie verwandt,
Zu deinen Schauern mich gebannt,
Und Liebe muss der Furcht sich einen.
Ja, trätest aus Kristalles Rund,
20 Phantom, du lebend auf den Grund,
Nur leise zittern würd ich, und
Mich dünkt – ich würde um dich weinen!

1 Kristall: Kristallspiegel

Rolf Dieter Brinkmann:
Selbstbildnis im Supermarkt (1968)

In einer
großen
Fensterscheibe des Super-
markts komme ich mir selbst
5 entgegen, wie ich bin.

Der Schlag, der trifft, ist
nicht der erwartete Schlag
aber der Schlag trifft mich

trotzdem. Und ich geh weiter

10 bis ich vor einer kahlen
Wand steh und nicht mehr weiter-
weiß.

Dort holt mich später dann
sicher jemand

15 ab.

2 Beschreiben Sie die Stimmung des lyrischen Ichs in beiden Gedichten. Benennen und erläutern Sie dabei die Textstellen, durch die diese Stimmung zum Ausdruck kommt.

3 Vergleichen Sie zusammenfassend beide Gedichte, indem Sie auf die folgenden Fragen eingehen:
   a In welcher Situation begegnet das lyrische Ich seinem Spiegelbild?
   b Inwiefern entspricht die Form der Gedichte jeweils dem Verhältnis, das das lyrische Ich zu sich selbst hat?
   c Wie kommt das Verhältnis des lyrischen Ichs zu seinem Spiegelbild (Nähe/Distanz) sprachlich zum Ausdruck? Beachten Sie dabei auch die Verwendung der Pronomen.

4 Vergegenwärtigen Sie sich Ihre Überlegungen bei der Betrachtung Ihres eigenen Spiegelbildes (▶ 1a/b). Tauschen Sie sich im Vergleich zu den Gedichten über Unterschiede und Gemeinsamkeiten hinsichtlich der Stimmung, des Gedankengangs, der Wortwahl und der Bilder aus.

„… von bitteren Salzen schwer …" – Metaphern genauer analysieren

Charles Baudelaire: Der Mann und das Meer (1857)

O freier Mann, du liebst für alle Zeit das Meer!
Es ist ein Spiegel dir, der Seele Urgewalten
Schaust du in seines Schwalls unendlichem
    Entfalten;
Dein Geist ist wie sein Schlund von bitteren
    Salzen schwer.

5 Zu tauchen in dein Bild, ist dir so süßes Wagen,
Umarmst mit Aug und Arm es und dein Herz
    ruht aus
Von eigenem Gedröhn bisweilen im Gebraus
Und Stöhnen seiner unbeugsamen wilden Klagen.

Verschweigen, dunkel sein ist euer beider Art:
10 Mann, keiner lotet je die Tiefen deiner Schründe,
Und keiner, Meer, wie reich du heimlich bist,
    ergründe,
So seid besorgt ihr, dass ihr das Geheimnis wahrt!

Und dennoch kämpfet ihr seit undenkbaren Zeiten
Wild miteinander und kein Wissen Halt gebot –
15 So mächtig liebet ihr das Töten und den Tod,
Unbändige Brüder ihr im Kampf für Ewigkeiten!

Detlev von Liliencron: In einer großen Stadt (um 1890)

Es treibt vorüber mir im Meer der Stadt
Bald der, bald jener, einer nach dem andern.
Ein Blick ins Auge, und vorüber schon.
Der Orgeldreher dreht sein Lied.

5 Es tropft vorüber mir ins Meer des Nichts
Bald der, bald jener, einer nach dem andern.
Ein Blick auf seinen Sarg, vorüber schon.
Der Orgeldreher dreht sein Lied.

Es schwimmt ein Leichenzug im Meer der
    Stadt,
10 Querweg die Menschen, einer nach dem an-
    dern.
Ein Blick auf meinen Sarg, vorüber schon.
Der Orgeldreher dreht sein Lied.

1 Geben Sie mit eigenen Worten wieder, was der jeweilige Sprecher des Gedichts erkennt bzw. wahrnimmt. Gehen Sie dabei Strophe für Strophe vor, wobei Sie vor allem für das Baudelaire-Gedicht die Rolle und Bedeutung des Meeres herausstellen sollten: Beginnen Sie z. B. so: *Er erkennt in einem freien Individuum einen Menschen, der mit der Urgewalt des Meeres vergleichbar ist, indem …*

2 Wie gelingt es Baudelaire, „Mensch/Mann und Meer" derart in Beziehung zueinander zu setzen? Analysieren Sie dazu das entfaltete **Bildfeld** (Information, ▶ S. 59; hier: das Meer und seine Facetten) genauer, indem Sie mit Hilfe folgender Tabelle erläutern, welche Übertragungen vorgenommen werden und was sie jeweils bedeuten. Beginnen Sie mit „Es ist ein Spiegel dir" (V. 2).

Metapher (▶ Information, S. 59)	Bildspender (Herkunftsbereich)	Bildempfänger (Übertragungsbereich)	mögliche Vorstellung bei Leserin oder Leser
„Es ist ein Spiegel dir" (Vers 2)	Spiegel als Möglichkeit, sich selbst zu betrachten und zu verstehen	das Meer als Spiegel des freien Mannes	Freiheit, Wildheit, Unergründlichkeit …

3 Vergleichen Sie die beiden Gedichte hinsichtlich des Bildfelds „Meer" und seiner Bedeutung sowie mit Blick auf die Rolle des Einzelnen in Bezug auf die Umgebung bzw. Umwelt.

4 Referat: Bereiten Sie das Thema „Das Ich in der Moderne – Lyrik des Expressionismus" vor.

Information Bildfeld, Metapher und Vergleich

In lyrischen Texten findet sich häufig ein entfaltetes **Bildfeld** (z. B.: „Meer", „Wasser"), das sich aus mehreren Sprachbildern (Vergleichen, Metaphern) zusammensetzt.
- Bei einer **Metapher** findet eine Übertragung eines Begriffs aus einem bestimmten Vorstellungsbereich, d. i. der Bildspender (z. B.: das Meer als Teil unserer Erde), in einen anderen Vorstellungs- bzw. Bedeutungsbereich ohne Vergleichswort (z. B. „wie") statt, d. i. der Bildempfänger (z. B.: das Meer als Bild für das schier unübersichtliche Treiben in einer Stadt). Die beiden verglichenen Gegenstände oder Bereiche haben dabei mindestens eine Eigenschaft gemeinsam, die diesen Vergleich erst ermöglicht, das Tertium Comparationis (hier z. B.: die Größe und Weite).
- Von einem **Vergleich** spricht man, wenn zwei verschiedene Gegenstände oder Bereiche durch ein Vergleichswort (z. B. „wie") miteinander verbunden werden (z. B.: das Leben ist wie Wasser).
- Eine Sonderform der Metapher ist die **Personifikation,** bei der Gegenstände oder Begriffe vermenschlicht werden (z. B.: „Schläft ein Lied in allen Dingen ...").
- In lyrischen Texten finden sich seit Ende des 19. Jh.s immer häufiger **kühne Metaphern**. Sie verknüpfen Bereiche, die eigentlich als unvereinbar angesehen werden (z. B.: die Asche des Meeres).
- Von **Chiffren** spricht man, wenn es keinen erkennbaren Vergleichspunkt (kein Tertium Comparationis) gibt. Ihr Sinn ergibt sich in der Regel nur aus dem Text- oder Werkzusammenhang.

Die Versstruktur untersuchen

Barbara Köhler: **In the movies** (1995) – Auszug

„Film ist vierundzwanzigmal Wahrheit pro Sekunde"
Jean-Luc Godard[1]

Vierundzwanzigmal pro Sekunde
laufe ich mir davon kommt etwas
auf mich zu sagt: Ich

laufe davon bin fest
5 gehalten in den Bildern
die laufen ein Massaker
jede Bewegung eine Wendung
im Schlaf in vierundzwanzig
Stück pro Sekunde Stunden
10 der Tag zerteilt eine gepresste
Stimme die Tonspur sagt: Ich
[...]

1 **Jean-Luc Godard:** franz. Filmemacher (*1930)

1 Was macht ein Gedicht zum Gedicht? Schreiben Sie das Gedicht so um, dass ein vollständiger Prosatext entsteht. Setzen Sie dabei auch die entsprechenden Satzzeichen.

2 a Vergleichen Sie Ihre Texte mit dem Original und benennen Sie die aus Ihrer Sicht entscheidenden sprachlichen und formalen Besonderheiten des Gedichts.
  Tipp: Schlagen Sie die Begriffe **Enjambement** (Zeilensprung) und **Ellipse** nach (▶ S. 196 u. 200).
  b Beziehen Sie Ihre Vergleichsergebnisse auf Titel und Inhalt des Gedichts.

Rolf Dieter Brinkmann: Einen jener klassischen (1975)

Einen jener klassischen schwarzen Tangos in Köln, Ende des Monats August, da der Sommer schon ganz verstaubt ist, kurz nach Ladenschluss aus der offenen Tür einer dunklen Wirtschaft, die einem Griechen gehört, hören, ist beinahe ein Wunder: für einen Moment eine Überraschung, für einen Moment aufatmen, für einen Moment eine Pause in dieser Straße, die niemand liebt und atemlos macht, beim Hindurchgehen. Ich schrieb das schnell auf, bevor der Moment in der verfluchten dunstigen Abgestorbenheit Kölns wieder erlosch.

1 Geben Sie mit eigenen Worten wieder, worum es in dem Text geht.
2 a Bringen Sie den Text Brinkmanns in seine ursprüngliche Versform.
  b Besorgen Sie sich den Originaltext und vergleichen Sie Ihre Versfassungen mit diesem.
  Tipp: Achten Sie auf die Wirkung, die durch die originale Verssetzung entsteht, z. B. V. 7–9, 12 und 16.

Analyseaspekte vergleichend anwenden – Lyrisches Ich, Bildfeld/Metaphorik und Versstruktur

Thomas Brasch: Lied (1977)

Was ich habe, will ich nicht verlieren, aber
Wo ich bin, will ich nicht bleiben, aber
Die ich liebe, will ich nicht verlassen, aber
Die ich kenne, will ich nicht mehr sehen, aber
Wo ich lebe, da will ich nicht sterben, aber
Wo ich sterbe, da will ich nicht hin:
Bleiben will ich, wo ich nie gewesen bin.

Karin Kiwus: Lösung (1979)

Im Traum
nicht einmal mehr
suche ich
mein verlorenes Paradies
bei dir

ich erfinde es
besser allein
für mich

In Wirklichkeit
will ich
einfach nur leben
mit dir so gut
es geht

1 Die beiden Gedichte spiegeln unterschiedliche Stimmungen des lyrischen Ichs wider (**Neue Subjektivität** ▶ S. 528 ff.). Untersuchen Sie diese Aussage, indem Sie jeweils von den sprachlichen Besonderheiten der Texte ausgehen. Sie können dabei in Ihre Überlegungen die folgenden ersten Deutungsansätze und Beobachtungen von Schülerinnen und Schülern einbeziehen:
Hannah A.: *Auffällig an Thomas Braschs Gedicht „Lied" ist der Umbruch der ersten fünf Verse. Dieser ist …*
Ruth J.: *Das zentrale Bild in Kiwus' Text ist das des verlorenen Paradieses. Damit ist … gemeint.*
Yanek B.: *Der Paarreim am Ende von „Lied" verknüpft formal zwei Aussagen, die sich inhaltlich widersprechen. Diese Widersprüchlichkeit durchzieht den ganzen Text. Das zeigt sich …*
Tamás R.: *Der Titel „Lösung" weckt bei mir Erwartungen, die der Text gar nicht erfüllt. Denn …*

2 a Fassen Sie zusammen, welche Aspekte der Textanalyse Ihnen bei der Deutung der beiden Gedichte besonders geholfen haben.
  b Tauschen Sie sich z. B. in Gruppen darüber aus, inwieweit das vergleichende Verfahren für das Verstehen der einzelnen Gedichte sinnvoll ist. Welche Vorteile sehen Sie? Welche Schwierigkeiten?

Wozu interpretieren?

Bertolt Brecht: **Über das Zerpflücken von Gedichten** (1939)

Der Laie hat für gewöhnlich, sofern er ein Liebhaber von Gedichten ist, einen lebhaften Widerwillen gegen das, was man das Zerpflücken von Gedichten nennt, ein Heranführen kalter Logik, Herausreißen von Wörtern und Bildern aus diesen zarten blütenhaften Gebilden. Demgegenüber muß gesagt werden, daß nicht einmal Blumen verwelken, wenn man in sie hineinsticht. Gedichte sind, wenn sie überhaupt lebensfähig sind, ganz besonders lebensfähig und können die eingreifendsten Operationen überstehen. [...] Der Laie vergißt, wenn er Gedichte für unnahbar hält, daß der Lyriker zwar mit ihm jene leichten Stimmungen, die er haben kann, teilen mag, daß aber ihre Formulierung in einem Gedicht ein Arbeitsvorgang ist und das Gedicht eben etwas *zum Verweilen gebrachtes* Flüchtiges ist, also etwas verhältnismäßig Massives, Materielles. Wer das Gedicht für unnahbar hält, kommt ihm wirklich nicht nahe. In der Anwendung von Kriterien liegt ein Hauptteil des Genusses. Zerpflücke eine Rose, und jedes Blatt ist schön.

Iris Radisch: **Nie wieder Versfüßchen** (2007)

Warum hat mich vor ein paar Jahren, an einem Sommertag auf einer italienischen Wiese sitzend und eine englische Zeitung lesend, plötzlich ein Gedicht, das in der Zeitung abgedruckt war, ergriffen wie noch keines zuvor? Nur ein paar Zeilen eines mir bis dahin noch unbekannten Dichters. Sie sind vom englischen Dichter Philip Larkin und gehen so:
Behind the glass, under the cellophane, Remains your final summer sweet And meaningless, and not to come again.
Natürlich kann ich allerhand zusammenstammeln, um zu erklären, was mir an diesem Gedicht gefällt. Seine trockene Hitze und Dringlichkeit, seine cellophanpapierhafte Nüchternheit, seine existenzielle Radikalität, sein Einmal-und-nie-wieder-Pathos, sein tödlicher Schluss. Das alles und die trockene Hitze des italienischen Landsommers, in dem ich es las und der so gar nicht zu der englischen Zeitung passte, die Melancholie der südlichen Mittagsstunden und noch manch anderes, das hier nicht hergehört, haben zu diesem ungeheuren Erlebnis beigetragen.
Ein Gedicht, das spürt man, wenn man an sein Lieblingsgedicht denkt, ist nie nur die Summe seiner Teile, sondern immer ein Organismus, der stirbt, wenn man ihn zerschneidet. Deswegen ist auch wahr, was oft behauptet wurde: Gedichte versteht man nur ganz, während man sie liest. Nicht davor und nicht danach. Das ist ähnlich wie mit der Musik. Gedichte sind keine Gegenstände, eher Zustände. Deswegen können wir sie auch schlecht zu uns herüberziehen in die Prosa unserer Verhältnisse. Wir müssen uns schon aufmachen, zu ihnen zu kommen. Nur so erfahren wir endlich etwas vollkommen Neues.

1 Geben Sie die für Sie wichtigsten Aussagen der beiden Texte in Form einer tabellarischen Gegenüberstellung wieder.

2 a Diskutieren Sie auch auf Grund Ihrer eigenen Erfahrungen in einem Streitgespräch die Frage:

> „Trägt das Analysieren von Gedichten dazu bei, ein Liebhaber von Gedichten zu bleiben oder zu werden?"

b Fassen Sie die Diskussion in einem Ergebnisprotokoll (▶ S. 93 und S. 565 f.) zusammen.

3 Verfassen Sie ein persönliches Statement zum Thema: „Warum sollen Gedichte (nicht) interpretiert werden?"

2.2 Spiegelungen und Brechungen – Lyrikprojekte

Einen Poetry-Slam veranstalten

Alexandra Becht: Koexistenz (2002) – Auszug

[...]
ich bin mir nicht sicher – sicher ist nur der Tod
in einer Koexistenz von Realität und Schein
mach ich aus der Tugend eine Not
und sage: nur ich selbst ergebe Reim.

Information — **Poetry-Slam – Wettstreit der Dichterinnen und Dichter**

Poetry-Slam (to slam: zuknallen, schlagen) ist ein Wettstreit zwischen meist jungen Poetinnen und Poeten, die ihre Texte in einer vorgegebenen Zeit ihrem Publikum vortragen. Das Publikum bewertet Inhalt und Art des Vortrags. **Regeln** eines Poetry-Slams können sein:
- Alle bringen eigene Texte auf die Bühne: gelesen, performt, gerappt ..., jedoch ohne Musik.
- Das Los entscheidet über die Reihenfolge des Auftretens.
- Das Publikum entscheidet, z. B. mit Stimmkarten und Punktvergabe, über Text und Vortrag.
Unter www.lyrikline.org finden Sie viele Beispiele für Slam-Poetry.

1 Bereiten Sie einen eigenen Poetry-Slam-Abend zum Thema „Ich" vor (Projekte ▶ S. 587 ff.). Verfassen Sie dazu Texte und erproben Sie Darstellungsmöglichkeiten. Sie können z. B.:
– Texte, die im Verlauf der Unterrichtseinheit entstanden sind, auf die Bühne bringen,
– Texte selbst verfassen,
– sich durch das Gedicht oben oder die folgenden Gedichtausschnitte (▶ Methode) z. B. zu einem Parallel- oder Antwortgedicht anregen lassen.

Methode — **Lyrik-Schreibanregungen**

- Verfassen Sie einen Text, in dem ein bestimmter Vokal extrem häufig auftritt, z. B. so:
  Anna war anfangs alles andere / als angepasst, aber / als Anna sah, was ...
- Verfassen Sie einen Text, in dem der Refrain die Aussagen der Strophen verneint, z. B. so:
  Nichts von dem ist so gemeint / nichts ist so, wie es erscheint.
- Verfassen Sie einen Text mit lautmalerischen Neologismen (neuen Wörtern) z. B. so:
  dies wutgeschnaub und schnutgewauz / auch habsgejauchz und jabsgehauch ... (L. Ziegler)
- Verfassen Sie einen Text, indem Sie einen Kurzvers beständig erweitern, z. B. so:
  auch wieder. / auch grüße wieder. / auch schöne, auch schöne grüße wieder. / ... (M. Lentz)

2 Probieren Sie verschiedene Vortragsweisen aus, um bestimmte Wirkungen zu erzielen, z. B.: gezielt Pausen lassen; Lautstärke, Stimmhöhe und Sprechtempo variieren; chorisch sprechen; besondere Worte durch besondere Gesten unterstreichen usw.

3 a Klären Sie für den Poetry-Slam-Abend frühzeitig, wann und wo Sie ihn stattfinden lassen wollen.
b Bestimmen Sie, wer wie für den Abend werben soll (Durchsagen, Plakate, Presseinfo).

POEM – Lyrik medial gestalten

Ingeborg Bachmann: **Nach grauen Tagen** (1944)

Eine einzige Stunde frei sein!
Frei, fern!
Wie Nachtlieder in den Sphären.
Und hoch fliegen über den Tagen
5   möchte ich
und das Vergessen suchen---
über das dunkle Wasser gehen
nach weißen Rosen,
meiner Seele Flügel geben
10 und, oh Gott, nichts wissen mehr
von der Bitterkeit langer Nächte,
in denen die Augen groß werden
vor namenloser Not.
Tränen liegen auf meinen Wangen
15 aus den Nächten des Irrsinns,
des Wahnes schöner Hoffnung,
dem Wunsch, Ketten zu brechen
und Licht zu trinken---
Eine einzige Stunde Licht schauen!
20 Eine einzige Stunde frei sein!

„Nach grauen Tagen" aus dem Film „Poem – ‚Ich setzte den Fuß in die Luft und sie trug.'" (Hilde Domin) – Film von Ralf Schmerberg/Lingua Video

1 Lesen Sie das Gedicht. Welche Assoziationen haben Sie? Welche Bilder entstehen in Ihrem Kopf?
2 Formulieren Sie ein erstes Textverständnis. Nutzen Sie dazu die Information, dass die Autorin zur Entstehungszeit des Textes 18 Jahre alt war.
3 Die Bilder stammen aus Ralf Schmerbergs Film POEM.
   a Beschreiben Sie den Handlungsablauf des kurzen Filmausschnitts.
   b Passen Gedicht und Film zusammen? Begründen Sie Ihre Meinung.
4 **a** Schauen Sie sich mehrere Gedichtverfilmungen im Internet an.
   b Legen Sie in Partnerarbeit Kriterien für eine gelungene Gedichtverfilmung fest.
5 Wählen Sie in Gruppen ein Gedicht aus und gestalten Sie es medial.
   a Diskutieren Sie über Ihr Textverständnis und die Grundstimmung des Textes.
   b Überlegen Sie sich eine kurze Handlung und Bilder, die zur Stimmung des Textes passen.
   c Entscheiden Sie, wer den Text spricht: die Figuren oder eine Stimme aus dem Off?
   d Verfassen Sie ein Drehbuch, in dem Sie Text und Bild gegenüberstellen.

Drehbuch zu Ingeborg Bachmanns „Nach grauen Tagen"

Szene	Text	Bild	Filmische Mittel
1	Frauenstimme aus dem Off: „Eine einzige Stunde frei sein!"	chaotische Großfamilie	Normalsicht Einstellung: Halbnah

   e Verteilen Sie Rollen und Aufgaben und drehen Sie den Film mit Hilfe des Drehbuchs.
   f Schneiden Sie Ihren Film mit einem Schnittprogramm. Setzen Sie Musik und Geräusche ein.

2.3 Training – Ein Gedicht analysieren

Aufgabenbeispiel
1. Analysieren Sie das Gedicht „Reisen" von Gottfried Benn besonders im Hinblick auf das Motiv der Ich-Suche (Selbstfindung). Berücksichtigen Sie dabei die formale und sprachliche Gestaltung des Gedichts, indem Sie Bezüge zum Thema herstellen.

Gottfried Benn: Reisen (gedruckt 1950)

Meinen Sie Zürich zum Beispiel
sei eine tiefere Stadt,
wo man Wunder und Weihen
immer als Inhalt hat?

5 Meinen Sie, aus Habana[1],
weiß und hibiskusrot,
bräche ein ewiges Manna[2]
für Ihre Wüstennot?

10 Bahnhofstraßen und Rueen[3],
Boulevards, Lidos[4], Laan[5] –
selbst auf den Fifth Avenueen
fällt Sie die Leere an –

Ach, vergeblich das Fahren!
Spät erfahren Sie sich:
15 bleiben und stille bewahren
das sich umgrenzende Ich.

[Annotationen: Strophe 1: a (unreiner Reim) / b / c / b – Kreuzreim; Strophe 2: d / e / d / e – Kreuzreim; Strophe 3: Kreuzreim, unreiner Reim; Strophe 4: Kreuzreim / Kreuzreim]

1 **Habana:** Havanna, Hauptstadt Kubas
2 **Manna:** legendäres (vom Himmel gefallenes Brot) der Israeliten
3 **Rue:** franz. für „Straße"
4 **Lido:** Nehrung, bes. die bei Venedig; vom Meer getrennte Lagune
5 **Laan:** niederl. für Allee

Die Aufgabenstellung verstehen

1 Notieren Sie, welche Arbeitsschritte die Aufgabenstellung von Ihnen verlangt. Bedenken Sie dabei, dass nicht jeder Ihrer Arbeitsschritte beim Verfassen einer Analyse in der Aufgabenstellung erwähnt wird.
- Ich muss eine Einleitung, einen Hauptteil und einen Schluss verfassen.
- Unabhängig vom Inhalt soll ich Form und Sprache des Gedichts analysieren.
- Ich sollte Inhalt und Aufbau des Gedichts kurz beschreiben.
- Die formale und sprachliche Gestaltung soll ich im Hinblick auf das Thema untersuchen.
- Ich muss das Gedicht in Benns lyrisches Gesamtwerk einordnen.
- Meine Analyseergebnisse sollte ich durch Textzitate belegen.

Erstes Textverständnis und Ideen formulieren

1 Notieren Sie Ihre ersten Leseeindrücke, Assoziationen und Ideen zum Text stichwortartig, z. B.:
Selbstfindung als Problem, Reise als ziellose Bewegung, Flucht …

2 Lesen Sie den Text nun noch einmal unter dem angegebenen thematischen Aspekt.
 a Welcher der folgenden Schüleraussagen stimmen Sie zu?
  – *Der Text kritisiert meiner Meinung nach, dass der moderne Großstadtmensch immer nur auf der Suche nach sich selbst ist.*
  – *Das Ich findet sich nicht in der äußeren Welt, sondern in der Rückbesinnung auf die begrenzte eigene Identität.*
  – *Ich habe den Eindruck, dass der Text ironisch die Suche nach dem Sinn des Lebens zurückweist.*
 b Prüfen Sie, ob Sie Textbelege für Ihre Deutung des thematischen Aspekts finden.

Den Text analysieren

1. Beschreiben Sie, wie das Motiv der Ich-Suche in den einzelnen Strophen entfaltet wird.
2. Analysieren Sie wichtige formale und sprachliche Merkmale des Gedichts.

Gottfried Benn: Reisen

x́ x x x́ x x x́ x

Meinen Sie Zürich zum Beispiel
sei eine tiefere Stadt,
wo man Wunder und Weihen
immer als Inhalt hat?

5 Meinen Sie, aus Habana,
weiß und hibiskusrot,
bräche ein ewiges Manna
für Ihre Wüstennot?

Bahnhofstraßen und Rueen,
10 Boulevards, Lidos, Laan –
selbst auf den Fifth Avenueen
fällt Sie die Leere an –

Ach, vergeblich das Fahren!
Spät erst erfahren Sie sich:
15 bleiben und stille bewahren
das sich umgrenzende Ich.

a Übertragen Sie das Gedicht mit den Markierungen auf eine DIN-A 4-Seite.
b Setzen Sie die in der Vorlage begonnene Kennzeichnung bestimmter formaler und sprachlicher Merkmale fort und benennen Sie diese. Nutzen Sie dabei folgende Fachbegriffe (▶ S. 197 f., 200 ff.): *Alliteration, Anrede, Antithese, Ausruf, Daktylus, Ellipse, Fazit, Konjunktiv, Kreuzreim, lyrisches Ich, Metapher, Neologismus, Parallelismus, rhetorische Frage, Wortspiel.*

3. Stellen Sie einen Bezug zwischen Ihren Kennzeichnungen und dem Motiv der Ich-Suche her. Notieren Sie kurz, inwieweit Form und Sprache zum Thema passen.
Die rhetorischen Fragen deuten darauf hin, dass …
Zweifel und Unsicherheit werden auch ausgedrückt durch …

Einen Schreibplan entwickeln und die Analyse verfassen

1. Ordnen Sie Ihre wichtigsten Analyseergebnisse in einer Mindmap:

    Motiventfaltung — **Ich-Suche** — formale und sprachliche Gestaltung
    vergebliche Reisen   rhetorische Fragen

2. a Verfassen Sie eine Einleitung für Ihren Aufsatz. Machen Sie darin Angaben zu Autor, Titel, Textsorte, Entstehungszeit und dem thematischen Aspekt, unter dem Sie das Gedicht untersuchen sollen, z. B.: *Das Gedicht „Reisen" von Gottfried Benn, veröffentlicht im Jahr 1950, handelt von der Suche nach dem Ich, das man aber auf Reisen nicht finden kann.*
   b Entwickeln Sie im Sinne eines Leitfadens für den Hauptteil Ihres Aufsatzes ein Flussdiagramm (▶ S. 560). Legen Sie darin die Reihenfolge Ihrer Analyseaspekte fest. Verfassen Sie dann eine zusammenhängende Analyse. Belegen Sie dabei Ihre Aussagen mit Zitaten.
   c Fassen Sie in einem Schlussteil Ihr wichtigstes Analyseergebnis noch einmal zusammen. Schließen Sie gegebenenfalls mit einer eigenen Bewertung, z. B.: *Das Gedicht spricht alle Menschen an, die überall nach sich selbst suchen, nur nicht in sich selbst. Der Schluss überzeugt mich am meisten, da jeder Mensch irgendwann zu der Einsicht kommt, dass niemand die Antwort auf die Frage nach dem eigenen Ich kennt, außer man selbst.*

Den eigenen Text überarbeiten

1 Überarbeiten Sie den folgenden Auszug aus einem Schülertext mit Hilfe des Informationskastens zum Zitieren. Korrigieren Sie auch andere Fehler.

VORSICHT FEHLER!

In dem Gedicht Reisen von G. Benn geht es um das stetige Suchen nach dem eigenen Ich. Das Gedicht beschreibt die verschiedenen Orte der Welt („Zürich zum Beispiel", „Habana"), die alle kurz angesprochen, aber nicht weiter behandelt werden. Sie haben keine tiefere Bedeutung, und nur die fortwährend angesprochene Person ist wichtig. Denn diese ist
5 *auf der „Reise" zu ihrem eigenen Ich. Dies wird durch den Parallelismus deutlich, auf den in beiden Strophen rhetorische Fragen folgen: „Meinen Sie, Zürich zum Beispiel sei eine tiefere Stadt, wo man Wunder und Weihen immer als Inhalt hat? Meinen Sie, aus Habana, weiß und hibiskusrot, bräche ein ewiges Manna für Ihre Wüstennot?". Der Konjunktiv in der zweiten Strophe zeigt, dass die angesprochene Person ihr eigenes Ich noch nicht gefunden*
10 *hat. Sie befindet sich immer noch auf der Suche und hofft in den verschiedenen Ländern eine Antwort auf die Frage nach sich selbst zu finden. Doch überall ist es „leer" (Z. 12) und nirgendwo scheint die angeredete Person sich selbst wiederzuerkennen.*
[…]

Helena

Information — Fehlerquellen beim Zitieren

- **falsches Zitieren:** Ein Textbeleg wird nicht im Wortlaut oder sinngerecht wiedergegeben; Zeilenangaben fehlen.
  Falsch: *Die Textstelle „selbst auf den Avenueen fällt Sie Leere an".*
  Richtig: *Die Textstelle „selbst auf den Fifth Avenueen / fällt Sie die Leere an" (V. 11 f.).*
- **fehlende Zitate:** Eine Aussage zum Text wird nicht nachgewiesen.
- **zu lange Zitate:** Der Textnachweis wird nicht „auf den Punkt gebracht".
- **keine sinnvolle Integration von Zitaten:** Zitate und Aussagen zum Text stehen unverbunden bzw. ohne ausreichende Erläuterung und Bezugnahme nebeneinander.
  Falsch: *Der Sprecher fragt, ob man meine, Zürich sei „eine tiefere Stadt": „Meinen Sie Zürich zum Beispiel / sei eine tiefere Stadt" (V. 1 f.).*
  Richtig: *Die Textstelle „Meinen Sie Zürich zum Beispiel / sei eine tiefere Stadt" (V. 1 f.) verweist darauf, dass die Flucht in andere Städte keine Lösung des Problems mit sich bringt.*

2 Überarbeiten Sie Ihren eigenen Text mit Hilfe der folgenden Checkliste.

Checkliste — Ein Gedicht analysieren

- Hat Ihr Aufsatz einen klaren Aufbau mit Einleitung, Hauptteil und Schluss?
- Haben Sie sämtliche Analysepunkte (Schreibplan) berücksichtigt?
- Haben Sie die sprachlichen und formalen Merkmale des Gedichts zu dessen Inhalt in Beziehung gesetzt?
- Haben Sie Ihre Aussagen durch Zitate belegt? Haben Sie korrekt zitiert?
- Ist Ihr Text orthografisch korrekt verfasst?
- Haben Sie wertende Formulierungen nur in der Schlussbewertung verwendet?

3 Wissenschaftler in Konflikten – Ein Drama untersuchen

Szenenfoto aus der Uraufführung von Friedrich Dürrenmatts „Die Physiker" mit Therese Giehse (1962)

1 Sehen Sie sich das Szenenfoto aus der Uraufführung von Friedrich Dürrenmatts „Die Physiker" an. Wie wirken die Figuren auf Sie? Wie reagieren die drei Insassen einer Nervenheilanstalt (im Hintergrund) auf ihre Psychiaterin (im Vordergrund)? Achten Sie auf Mimik und Gestik.

2 Das Kapitel hat die Überschrift „Wissenschaftler in Konflikten". Überlegen Sie, in welchen Konflikten Wissenschaftler heute stehen könnten.

3 Was verbinden Sie mit dem Begriff „Drama"? Aktivieren und überprüfen Sie Ihr Vorwissen.
- a Listen Sie Stichwörter auf. Lassen Sie jeweils drei Zeilen Abstand zwischen den Stichwörtern.
- b Tauschen Sie Ihre Liste mit einer Partnerin/einem Partner. Ergänzen Sie zu den Stichwörtern kurze Erklärungen – wie für ein Handbuch zum Drama.
- c Halten Sie in Partnerarbeit fest, in welchen Punkten Sie unsicher sind. Klären Sie offene Fragen im Kurs.

In diesem Kapitel erwerben Sie folgende Kenntnisse und Kompetenzen:

- sich auf Grundlage eines Dramas und philosophischer Texte mit der Frage der Verantwortung von Wissenschaft auseinandersetzen,
- Aspekte und Methoden der Dramenanalyse kennen und anwenden,
- dramentheoretische Äußerungen verstehen und auf ein Drama beziehen,
- Sachtexte zur Frage der Verantwortung von Wissenschaft erschließen und erörtern,
- eine Dramenszene schriftlich analysieren.

3.1 Friedrich Dürrenmatt: „Die Physiker"

Aspekte und Methoden der Dramenanalyse

In seiner 1962 erschienenen Komödie „Die Physiker" setzt sich der schweizerische Schriftsteller Friedrich Dürrenmatt (1921–1990) mit der Frage auseinander, wie viel Verantwortung die Wissenschaft für die Konsequenzen ihrer Forschungen trägt. In dem Stück geht es um den genialen Physiker Möbius, der Insasse einer psychiatrischen Klinik in der Schweiz ist. Allerdings hat er seine Geisteskrankheit nur vorgetäuscht: Er wollte in die Anstalt, weil er mit seinen Forschungen die „Grundlagen einer neuen Physik" gelegt hat, deren Anwendung für die Welt verheerende Folgen hätte. Nur in der Klinik meint er seine Entdeckungen vor der Welt sicher bewahren zu können. Mit ihm befinden sich zwei weitere Physiker in der Anstalt, Kilton und Eisler; sie haben sich die Namen „Newton" und „Einstein" gegeben. Auch sie täuschen ihre Krankheit nur vor. In Wahrheit sind sie von den Geheimdiensten zweier Weltmächte auf Möbius angesetzt.

Friedrich Dürrenmatt: Die Physiker. Komödie (1962) – Zweiter Akt

Möbius: Ich nehme an, Eisler [„Einstein"], auch Sie wollen mich nun zwingen –
Einstein: Aber Möbius.
Möbius: – bewegen, Ihr Land aufzusuchen.
5 **Einstein:** Auch wir halten Sie schließlich für den größten aller Physiker. [...] Jetzt kommen wir nur noch aus dem Irrenhaus, wenn wir gemeinsam vorgehen.
Möbius: Ich will ja gar nicht fliehen.
10 **Einstein:** Möbius –
Möbius: Ich finde nicht den geringsten Grund dazu. Im Gegenteil. Ich bin mit meinem Schicksal zufrieden.
Schweigen.
15 **Newton:** Doch ich bin nicht damit zufrieden, ein ziemlich entscheidender Umstand, finden Sie nicht? Ihre persönlichen Gefühle in Ehren, aber Sie sind ein Genie und als solches Allgemeingut. Sie drangen in neue Gebiete der Phy-
20 sik vor. Aber Sie haben die Wissenschaft nicht gepachtet. Sie haben die Pflicht, die Türe auch uns aufzuschließen, den Nicht-Genialen. Kommen Sie mit mir, in einem Jahr stecken wir Sie in einen Frack, transportieren Sie nach Stock-
25 holm, und Sie erhalten den Nobelpreis.
Möbius: Ihr Geheimdienst ist uneigennützig.
Newton: Ich gebe zu, Möbius, daß ihn vor allem die Vermutung beeindruckt, Sie hätten das Problem der Gravitation gelöst.

Möbius: Stimmt.
Stille.
Einstein: Das sagen Sie so seelenruhig?
Möbius: Wie soll ich es denn sonst sagen?
Einstein: Mein Geheimdienst glaubte, Sie würden die einheitliche Theorie der Elementarteilchen –
Möbius: Auch Ihren Geheimdienst kann ich beruhigen. Die einheitliche Feldtheorie ist gefunden.
Newton *wischt sich mit der Serviette den Schweiß von der Stirne:* Die Weltformel.
Einstein: Zum Lachen. Da versuchen Horden gut besoldeter Physiker in riesigen staatlichen Laboratorien seit Jahren vergeblich in der Physik weiterzukommen, und Sie erledigen das en passant[1] im Irrenhaus am Schreibtisch. *Er wischt sich ebenfalls mit der Serviette den Schweiß von der Stirne.*
Newton: Und das System aller möglichen Erfindungen, Möbius?
Möbius: Gibt es auch. Ich stellte es aus Neugierde auf, als praktisches Kompendium[2] zu meinen theoretischen Arbeiten. Soll ich den Unschuldigen spielen? Was wir denken, hat seine Folgen. Es war meine Pflicht, die Auswirkungen zu studieren, die meine Feldtheorie

[1] en passant: frz. für „nebenbei"
[2] Kompendium: kurz gefasstes Lehrbuch

und meine Gravitationslehre haben würden. Das Resultat ist verheerend. Neue, unvorstellbare Energien würden freigesetzt und eine Technik ermöglicht, die jeder Phantasie spottet, falls meine Untersuchung in die Hände der Menschen fiele.

EINSTEIN: Das wird sich kaum vermeiden lassen.

NEWTON: Die Frage ist nur, wer zuerst an sie herankommt.

MÖBIUS *lacht:* Sie wünschen dieses Glück wohl Ihrem Geheimdienst, Kilton, und dem Generalstab, der dahintersteht?

NEWTON: Warum nicht. Um den größten Physiker aller Zeiten in die Gemeinschaft der Physiker zurückzuführen, ist mir jeder Generalstab gleich heilig.

EINSTEIN: Mir ist bloß mein Generalstab heilig. Wir liefern der Menschheit gewaltige Machtmittel. Das gibt uns das Recht, Bedingungen zu stellen. Wir müssen entscheiden, zu wessen Gunsten wir unsere Wissenschaft anwenden, und ich habe mich entschieden.

NEWTON: Unsinn, Eisler. Es geht um die Freiheit unserer Wissenschaft und um nichts weiter. Wir haben Pionierarbeit zu leisten und nichts außerdem. Ob die Menschheit den Weg zu gehen versteht, den wir ihr bahnen, ist ihre Sache, nicht die unsrige.

EINSTEIN: Sie sind ein jämmerlicher Ästhet, Kilton. Warum kommen Sie nicht zu uns, wenn Ihnen nur an der Freiheit der Wissenschaft gelegen ist? Auch wir können es uns schon längst nicht mehr leisten, die Physiker zu bevormunden. Auch wir brauchen Resultate. Auch unser politisches System muß der Wissenschaft aus der Hand fressen.

NEWTON: Unsere beiden politischen Systeme, Eisler, müssen jetzt vor allem Möbius aus der Hand fressen.

EINSTEIN: Im Gegenteil. Er wird uns gehorchen müssen. Wir beide halten ihn schließlich in Schach.

NEWTON: Wirklich? Wir beide halten wohl mehr uns in Schach. Unsere Geheimdienste sind leider auf die gleiche Idee gekommen. Geht Möbius mit Ihnen, kann ich nichts dagegen tun, weil Sie es verhindern würden. Und Sie wären hilflos, wenn sich Möbius zu meinen Gunsten entschlösse. Er kann hier wählen, nicht wir. [...] R

1 Formulieren Sie das Problem, um das es in dieser Unterhaltung geht, und die Standpunkte der drei Wissenschaftler. Geben Sie zum Beleg die entsprechenden Textstellen an.

2 Wählen Sie in kleinen Gruppen aus diesem Auszug eine Stelle, die Sie für besonders geeignet halten, das Verhältnis der Figuren zueinander aufzuzeigen. Erstellen Sie zur Veranschaulichung Ihres Lektüreergebnisses ein **Standbild** (▶ Methode, S. 232).

3 Präsentieren Sie Ihre Standbilder im Kurs und setzen Sie sich mit ihnen auseinander, indem Sie jeweils diskutieren, warum Sie gerade diese Textstelle für Ihr Standbild ausgewählt haben.

[Im weiteren Verlauf der Szene finden die drei Physiker eine überraschende Lösung für das Problem:]

MÖBIUS *steht auf:* Wir sind drei Physiker. Die Entscheidung, die wir zu fällen haben, ist eine Entscheidung unter Physikern. Wir müssen wissenschaftlich vorgehen. Wir dürfen uns nicht von Meinungen bestimmen lassen, sondern von logischen Schlüssen. Wir müssen versuchen, das Vernünftige zu finden. Wir dürfen uns keinen Denkfehler leisten, weil ein Fehlschluß zur Katastrophe führen müßte. Der Ausgangspunkt ist klar. Wir haben alle drei das gleiche Ziel im Auge, doch unsere Taktik ist verschieden. Das Ziel ist der Fortgang der Physik. Sie wollen ihr die Freiheit bewahren, Kilton, und streiten ihr die Verantwortung ab. Sie dagegen, Eisler, verpflichten die Physik im Namen der Verantwortung der Machtpolitik eines bestimmten Landes. Wie sieht nun aber die Wirklichkeit aus? Darüber verlange ich Auskunft, soll ich mich entscheiden.

NEWTON: Einige der berühmtesten Physiker erwarten Sie. Besoldung und Unterkunft ideal, die Gegend mörderisch, aber die Klimaanlagen ausgezeichnet.

Möbius: Sind diese Physiker frei?

Newton: Mein lieber Möbius. Diese Physiker erklären sich bereit, wissenschaftliche Probleme zu lösen, die für die Landesverteidigung entscheidend sind. Sie müssen daher verstehen –

Möbius: Also nicht frei. *Er wendet sich Einstein zu.* Joseph Eisler. Sie treiben Machtpolitik. Dazu gehört jedoch Macht. Besitzen Sie die?

Einstein: Sie mißverstehen mich, Möbius. Meine Machtpolitik besteht gerade darin, daß ich zugunsten einer Partei auf meine Macht verzichtet habe.

Möbius: Können Sie die Partei im Sinne Ihrer Verantwortung lenken, oder laufen Sie Gefahr, von der Partei gelenkt zu werden?

Einstein: Möbius! Das ist doch lächerlich. Ich kann natürlich nur hoffen, die Partei befolge meine Ratschläge, mehr nicht. Ohne Hoffnung gibt es nun einmal keine politische Haltung.

Möbius: Sind wenigstens Ihre Physiker frei?

Einstein: Da auch sie für die Landesverteidigung –

Möbius: Merkwürdig. Jeder preist mir eine andere Theorie an, doch die Realität, die man mir bietet, ist dieselbe: ein Gefängnis. Da ziehe ich mein Irrenhaus vor. Es gibt mir wenigstens die Sicherheit, von Politikern nicht ausgenützt zu werden.

Einstein: Gewisse Risiken muß man schließlich eingehen.

Möbius: Es gibt Risiken, die man nie eingehen darf: der Untergang der Menschheit ist ein solches. Was die Welt mit den Waffen anrichtet, die sie schon besitzt, wissen wir, was sie mit jenen anrichten würde, die ich ermögliche, können wir uns denken. Dieser Einsicht habe ich mein Handeln untergeordnet. Ich war arm. Ich

besaß eine Frau und drei Kinder. An der Universität winkte Ruhm, in der Industrie Geld. Beide Wege waren zu gefährlich. Ich hätte meine Arbeiten veröffentlichen müssen, der Umsturz unserer Wissenschaft und das Zusammenbrechen des wirtschaftlichen Gefüges wären die Folgen gewesen. Die Verantwortung zwang mir einen anderen Weg auf. Ich ließ meine akademische Karriere fahren, die Industrie fallen und überließ meine Familie ihrem Schicksal. Ich wählte die Narrenkappe. Ich gab vor, der König Salomo erscheine mir, und schon sperrte man mich in ein Irrenhaus.

Newton: Das war doch keine Lösung!

Möbius: Die Vernunft forderte diesen Schritt. Wir sind in unserer Wissenschaft an die Grenzen des Erkennbaren gestoßen. Wir wissen einige genau erfaßbare Gesetze, einige Grundbeziehungen zwischen unbegreiflichen Erscheinungen, das ist alles, der gewaltige Rest bleibt Geheimnis, dem Verstande unzugänglich. Wir haben das Ende unseres Weges erreicht. Aber die Menschheit ist noch nicht soweit. Wir haben uns vorgekämpft, nun folgt uns niemand nach, wir sind ins Leere gestoßen. Unsere Wissenschaft ist schrecklich geworden, unsere Forschung gefährlich, unsere Erkenntnis tödlich. Es gibt für uns Physiker nur noch die Kapitulation vor der Wirklichkeit. Sie ist uns nicht gewachsen. Sie geht an uns zugrunde. Wir müssen unser Wissen zurücknehmen, und ich habe es zurückgenommen. Es gibt keine andere Lösung, auch für euch nicht.

Einstein: Was wollen Sie damit sagen?

Möbius: Ihr besitzt Geheimsender?

Einstein: Na und?

Möbius: Ihr benachrichtigt eure Auftraggeber. Ihr hättet euch geirrt. Ich sei wirklich verrückt.

Einstein: Dann sitzen wir hier lebenslänglich.

Möbius: Sicher.

EINSTEIN: Gescheiterten Spionen kräht kein Hahn mehr nach.
MÖBIUS: Eben.
NEWTON: Na und?
MÖBIUS: Ihr müßt bei mir im Irrenhaus bleiben.
NEWTON: Wir?
MÖBIUS: Ihr beide.
Schweigen.
NEWTON: Möbius! Sie können von uns doch nicht verlangen, daß wir ewig –
MÖBIUS: Meine einzige Chance, doch noch unentdeckt zu bleiben. Nur im Irrenhaus sind wir noch frei. Nur im Irrenhaus dürfen wir noch denken. In der Freiheit sind unsere Gedanken Sprengstoff.
NEWTON: Wir sind doch schließlich nicht verrückt.
MÖBIUS: Aber Mörder.
Sie starren ihn verblüfft an.
NEWTON: Ich protestiere!
EINSTEIN: Das hätten Sie nicht sagen dürfen, Möbius!
MÖBIUS: Wer tötet, ist ein Mörder, und wir haben getötet. Jeder von uns hatte einen Auftrag, der ihn in diese Anstalt führte. Jeder von uns tötete seine Krankenschwester für einen bestimmten Zweck. Ihr, um eure geheime Mission nicht zu gefährden, ich, weil Schwester Monika an mich glaubte. Sie hielt mich für ein verkanntes Genie. Sie begriff nicht, daß es heute die Pflicht eines Genies ist, verkannt zu bleiben. Töten ist etwas Schreckliches. Ich habe getötet, damit nicht ein noch schrecklicheres Morden anhebe. Nun seid ihr gekommen. Euch kann ich nicht beseitigen, aber vielleicht überzeugen? Sollen unsere Morde sinnlos werden? Entweder haben wir geopfert oder gemordet. Entweder bleiben wir im Irrenhaus, oder die Welt wird eines. Entweder löschen wir uns im Gedächtnis der Menschen aus, oder die Menschheit erlischt. [...]
Sie trinken, stellen die Gläser auf den Tisch.
NEWTON: Verwandeln wir uns wieder in Verrückte. Geistern wir als Newton daher.
EINSTEIN: Fiedeln wir wieder Kreisler und Beethoven.
MÖBIUS: Lassen wir wieder Salomo erscheinen.
NEWTON: Verrückt, aber weise.
EINSTEIN: Gefangen, aber frei.
MÖBIUS: Physiker, aber unschuldig.   [R]

1 Möbius deckt mit den Fragen an seine Mitinsassen entscheidende Probleme auf, die sich für den Physiker in der Gesellschaft ergeben. Benennen Sie diese Probleme.

2 a Veranschaulichen Sie Möbius' Entscheidung in einem Diagramm. Sie können z. B. jeweils neben den Entschluss, in der Anstalt zu bleiben, die einzelnen Pro- und Kontra-Argumente anordnen.
  b Newton kommentiert Möbius' Schritt, sich ins Irrenhaus einsperren zu lassen, mit den Worten: „Das war doch keine Lösung!" (Z. 87). Stellen Sie die Argumente zusammen, die die beiden Geheimdienstler dafür anführen, und überlegen Sie sich weitere.

3 Auch die beiden Geheimdienstler entschließen sich, in der Anstalt zu bleiben. Wählen Sie eine der Figuren aus und verfassen Sie einen Monolog, in dem der Weg von der Ablehnung bis hin zur Zusage deutlich wird.

4 Versuchen Sie nach vertiefter Kenntnis der Szene, den Dialog szenisch umzusetzen (▶ Methode).

Methode   Szenische Lesung – Szenisches Spiel

- Schreiben Sie zu dem Text **Regieanweisungen,** die angeben, wie er zu sprechen ist.
- Setzen Sie Ihre Regieanweisungen um. Dazu können Sie zwischen zwei Möglichkeiten wählen:
  a Sie lesen den Text mit verteilten Rollen. Proben Sie durchaus mehrmals, bis Sie die gewünschte Wirkung erzielt haben.
  b Sie spielen die Szene (nach kurzer Vorbereitung). Dazu können Sie Ihre Regieanweisungen noch erweitern, z. B. durch Hinweise, wie die Figuren sich bewegen, zueinander stehen usw.

Aspekte der werkimmanenten Dramenanalyse

Das Drama (Schauspiel) ist neben der Epik (erzählende Literatur) und der Lyrik (Gedichte) die dritte Literaturgattung. Ihr unterscheidendes Merkmal besteht darin, dass ein **Konflikt** auf einer **Bühne** unmittelbar vor den Augen des Publikums ausgetragen wird. Der Konflikt kann gesellschaftlicher und/oder persönlich-privater Natur sein; daraus ergibt sich das **Thema** des jeweiligen Dramas.

Das Schaubild zeigt wesentliche Elemente des Dramas, die für eine Analyse wichtig sind: Die vier in Wechselbeziehung zueinander stehenden Felder im Inneren geben die **werkimmanente Ebene** wieder, wobei Werkimmanenz bedeutet, dass zunächst nur das, was in dem jeweiligen Text konkret steht, betrachtet wird. **Werkübergreifend** (▶ S. 49) ist das Drama eingebettet in den historischen Kontext seiner Entstehungszeit.

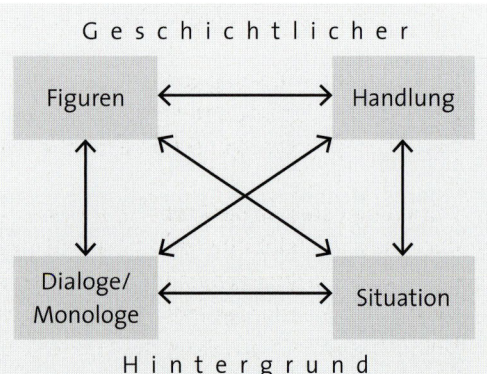

1. Erläutern Sie die Wechselbeziehungen auf der werkimmanenten Textebene, also zwischen Figur, Handlung, Dialog/Monolog und Situation anhand von Beispielen aus Drama oder Film.
2. Überlegen Sie, inwiefern sich der geschichtliche Hintergrund auf ein Drama auswirken kann.

Information: Die vier Analysekategorien der werkimmanenten Ebene

- Die **Handlungsanalyse** untersucht Art und Verlauf bzw. Entwicklung einer Handlung. Mit Art ist gemeint, dass die Handlung z. B. in einer Intrige, einer Verschwörung, einer Gefangennahme usw. besteht. Zum Verlauf gehören z. B. der Aufbau eines Konfliktes, sein Höhepunkt und seine etwaige Lösung, aber auch seine Ursachen und seine Auswirkungen.

- Die **Figurenanalyse** fragt nach den Überzeugungen einer Figur, nach ihrem Verhalten, ihren Gewohnheiten usw., also nach all dem, was unter dem Begriff „Charaktereigenschaften" verstanden wird. Ferner berücksichtigt sie auch ihre gesellschaftliche und private Stellung. Werkübergreifend können zeittypische und schichtenspezifische Eigenheiten der Figuren eine Rolle spielen.

- Die **Dialoganalyse** (▶ S. 216) untersucht die Standpunkte und Argumente der Figuren, das kommunikative Verhalten (Gesprächsanteil, Aufeinander-Eingehen bzw. Aneinander-Vorbeireden …), die Gesprächsentwicklung und ihre Ursachen sowie die Sprache (Sprachebene, rhetorische Mittel …).

- Bei der **Situationsanalyse** geht es auf werkimmanenter Ebene um die Voraussetzungen oder Bedingungen der aktuellen Szene. Darüber hinaus spielen auch werkübergreifende Aspekte (z. B. epochentypische Herrschaftsstrukturen) eine besondere Rolle.

1. Wenden Sie in arbeitsteiligen Gruppen eine der dargestellten Analysekategorien der werkimmanenten Ebene auf die beiden Ausschnitte aus Dürrenmatts Drama „Die Physiker" an.
2. Die dargestellten Analysekategorien gelten im Prinzip auch für die Epik.
   a Notieren Sie Unterschiede zwischen epischen und dramatischen Texten.
   b Vergleichen Sie Ihre Notizen im Kurs.

Brisante Fragen in einer Komödie? – Dürrenmatts Dramentheorie

1 Dürrenmatt hat ein wichtiges Thema in Form eines Dramas behandelt. Wäre eine andere Gattung (Epik, Lyrik) vielleicht angemessener gewesen? Diskutieren Sie Vor- und Nachteile.

Information **Klassisches und episches Theater**

Die gängigste Einteilung von Dramen ist die in **Tragödie** und **Komödie.** In der historischen Entwicklung der Gattung unterscheidet man vor allem zwischen dem **klassischen** oder **aristotelischen** Drama (▶ S. 221) und dem **epischen Theater,** das von **Bertolt Brecht** (1898–1956) entwickelt wurde (▶ S. 222 f.).

Dürrenmatt steht in der Tradition dieses epischen Theaters. Dessen zentrales Merkmal besteht darin, dass das Publikum bewusst auf Distanz gehalten wird: Es soll sich nicht emotional einbeziehen lassen, sondern nüchtern die Handlungsmechanismen durchschauen, um selbst Alternativen zu entwickeln. Das entscheidende Mittel der **Distanzierung** ist der „Gestus des Zeigens". Deutlich wird er in den Dramen, in denen ein Erzähler auf der Bühne zwischen der Handlung und dem Publikum vermittelt, indem er das Geschehen erklärt und kommentiert. Von dieser Figur des Erzählers hat das „epische" Theater seinen Namen. Zudem hat Brecht weitere Mittel für das Theater entwickelt, die Distanz schaffen sollen. Sie werden mit dem Begriff **„Verfremdungseffekt"** („V-Effekt") zusammengefasst (▶ S. 223 f.).

Friedrich Dürrenmatt: **Die Physiker. Komödie** (1962) – Einleitung

[Das Stück beginnt mit einer umfangreichen Einleitung, die u. a. über den Ort des Geschehens informiert.]

Ort: Salon einer bequemen, wenn auch etwas verlotterten Villa des privaten Sanatoriums „Les Cerisiers". [Das Haus] liegt [...] schon an sich abseits vom Getriebe. Dazu beruhigt überflüssi-
5 gerweise auch noch die Landschaft die Nerven, jedenfalls sind blaue Gebirgszüge, human bewaldete Hügel und ein beträchtlicher See vorhanden sowie eine weite, abends rauchende Ebene in unmittelbarer Nähe [...]. Doch spielt
10 das Örtliche eigentlich keine Rolle, wird hier nur der Genauigkeit zuliebe erwähnt, verlassen wir doch nie die Villa des Irrenhauses (nun ist das Wort doch gefallen), noch präziser: auch den Salon werden wir nie verlassen, haben wir
15 uns doch vorgenommen, die Einheit von Raum, Zeit und Handlung[1] streng einzuhalten; einer Handlung, die unter Verrückten spielt, kommt nur die klassische Form bei.

Doch zur Sache. Was die Villa betrifft, so waren in ihr einst sämtliche Patienten der Gründerin 20 des Unternehmens, Fräulein Dr. h. c. Dr. med. Mathilde von Zahnd, untergebracht, vertrottelte Aristokraten, arteriosklerotische[2] Politiker – falls sie nicht noch regieren –, debile[3] Millionäre, schizophrene Schriftsteller, manisch-depressi- 25 ve[4] Großindustrielle usw., kurz, die ganze geistig verwirrte Elite des halben Abendlandes [...].

®

[1] **Einheit von Raum, Zeit und Handlung:** die drei Einheiten, die Aristoteles für das Drama fordert (▶ S. 221)
[2] **Arteriosklerose:** Arterienverkalkung
[3] **debil:** leicht schwachsinnig
[4] **manisch-depressiv:** psychische Erkrankung; episodische, willentlich nicht kontrollierbare und extreme Veränderungen des Antriebs, der Aktivität und der Stimmung

2 Lesen Sie den Informationskasten. Zeigen Sie, inwiefern die Einleitung von Dürrenmatts „Die Physiker" den „Gestus des Zeigens" aufweist, und untersuchen Sie, ob es in dieser Einleitung weitere Mittel der Distanzierung gibt.

3 Greifen Sie Ihre Überlegungen aus Aufgabe 1 noch einmal auf. Liefern Ihnen die Informationen zum epischen Theater neue Anhaltspunkte zur Frage der Angemessenheit?

Friedrich Dürrenmatt: **Aus den „21 Punkten zu den Physikern"** (1962)

Dürrenmatt hat nicht nur viele Dramen geschrieben, sondern sich auch theoretisch mit dieser Gattung auseinandergesetzt, z. B. in Form folgender Punkte (Auszug):

3   Eine Geschichte ist dann zu Ende gedacht, wenn sie ihre schlimmstmögliche Wendung genommen hat.
9   Planmäßig vorgehende Menschen wollen ein bestimmtes Ziel erreichen. Der Zufall trifft sie dann am schlimmsten, wenn sie durch ihn das Gegenteil ihres Ziels erreichen: Das, was sie befürchten, was sie zu vermeiden suchten (z. B. Oedipus[1]).
10 Eine solche Geschichte ist zwar grotesk, aber nicht absurd (sinnwidrig).
11 Sie ist paradox.
14 Ein Drama über die Physiker muß paradox sein.
19 Im Paradoxen erscheint die Wirklichkeit.

Friedrich Dürrenmatt

[1] **Oedipus (Ödipus):** Gestalt der griechischen Mythologie; tötet seinen Vater und heiratet seine Mutter, ohne jeweils zu wissen, dass diese seine leiblichen Eltern sind. In **Sophokles'** (496–406/05 v. Chr.) Drama „König Ödipus" sticht sich Ödipus für diese Taten die Augen aus und flieht, von der Schande gezeichnet, ins Exil.

1 a Stellen Sie gemäß den Punkten 3 und 9 Vermutungen darüber an, wie die Komödie „Die Physiker" zu Ende gehen könnte. Was wäre eine „schlimmstmögliche Wendung"?
   b Lesen Sie den tatsächlichen Schluss des Stücks (▶ S. 82–83) und vergleichen Sie diesen mit Ihren Vermutungen.
2 Dürrenmatt unterscheidet zwischen „absurd" (sinnwidrig) und „paradox" (widersprüchlich). Erklären Sie den möglichen Unterschied und wenden Sie die Begriffe auf die „Physiker" an.
3 Erläutern Sie die Punkte 14 und 19. Welche grundsätzlichen Aussagen über die Physik auf der einen und über die Wirklichkeit auf der anderen Seite sind darin enthalten?

Friedrich Dürrenmatt: **Uns kommt nur noch die Komödie bei** (1955)

In seiner Schrift „Theaterprobleme" setzt sich Dürrenmatt grundsätzlich mit dramentheoretischen Fragen auseinander:

Die Tragödie, als die gestrengste Kunstgattung, setzt eine gestaltete Welt voraus. Die Komödie – sofern sie nicht Gesellschaftskomödie ist wie bei Molière – eine ungestaltete, im Werden, im
5 Umsturz begriffene, eine Welt, die am Zusammenpacken ist wie die unsrige. *Die Tragödie überwindet die Distanz.* Die in grauer Vorzeit liegenden Mythen macht sie den Athenern zur Gegenwart. *Die Komödie schafft Distanz* […]

Die Tragödie setzt Schuld, Not, Maß, Übersicht, 10 Verantwortung voraus. In der Wurstelei unseres Jahrhunderts, in diesem Kehraus der weißen Rasse, gibt es keine Schuldigen und auch keine Verantwortlichen mehr. Alle können nichts dafür und haben es nicht gewollt. Es geht 15 wirklich ohne jeden. Alles wird mitgerissen und bleibt in irgendeinem Rechen hängen. Wir sind zu kollektiv schuldig, zu kollektiv gebettet in die Sünden unserer Väter und Vorväter. Wir sind nur noch Kindeskinder. Das ist unser 20 Pech, nicht unsere Schuld: Schuld gibt es nur noch als persönliche Leistung, als religiöse Tat.

Uns kommt nur noch die Komödie bei. Unsere Welt hat ebenso zur Groteske geführt wie zur Atombombe, wie ja die apokalyptischen[1] Bilder des Hieronymus Bosch[2] auch grotesk sind. Doch das Groteske ist nur ein simpler Ausdruck, ein sinnliches Paradox, die Gestalt nämlich einer Ungestalt, das Gesicht einer gesichtslosen Welt, und genauso wie unser Denken ohne den Begriff des Paradoxen nicht mehr auszukommen scheint, so auch die Kunst, unsere Welt, die nur noch ist, weil die Atombombe existiert: aus Furcht vor ihr.

Doch ist das Tragische immer noch möglich, auch wenn die reine Tragödie nicht mehr möglich ist. Wir können das Tragische aus der Komödie herausziehen, hervorbringen als einen schrecklichen Moment, als einen sich öffnenden Abgrund, so sind ja schon viele Tragödien Shakespeares Komödien, aus denen heraus das Tragische aufsteigt.

Nun liegt der Schluß nahe, die Komödie sei der Ausdruck der Verzweiflung, doch ist dieser Schluß nicht zwingend. Gewiß, wer das Sinnlose, das Hoffnungslose dieser Welt sieht, kann verzweifeln, doch ist diese Verzweiflung nicht eine Folge dieser Welt, sondern eine Antwort, die er auf diese Welt gibt, und eine andere Antwort wäre sein Nichtverzweifeln, sein Entschluß etwa, die Welt zu bestehen, in der wir oft leben wie Gulliver unter den Riesen. Auch der nimmt Distanz, auch der tritt einen Schritt zurück, der seinen Gegner einschätzen will, der sich bereit macht, mit ihm zu kämpfen oder ihm zu entgehen. Es ist immer noch möglich, den mutigen Menschen zu zeigen.

Dies ist denn auch eines meiner Hauptanliegen. Der Blinde, Romulus, Übelohe, Akki[3] sind mutige Menschen. Die verlorene Weltordnung wird in ihrer Brust wiederhergestellt, das Allgemeine entgeht meinem Zugriff. Ich lehne es ab, das Allgemeine in einer Doktrin[4] zu finden, ich nehme es als Chaos hin. Die Welt (die Bühne somit, die diese Welt bedeutet) steht für mich als ein Ungeheures da, als ein Rätsel an Unheil, das hingenommen werden muß, vor dem es jedoch kein Kapitulieren geben darf.

---

1 apokalyptisch „Apokalypse" steht für „Weltuntergang"; der Begriff geht auf die letzte Schrift des Neuen Testaments zurück („Offenbarung des Johannes"), die das Ende der Welt schildert.
2 Hieronymus Bosch (um 1450–1516): niederländischer Maler
3 der Blinde, Romulus, Übelohe, Akki: Figuren in Dürrenmatts Dramen
4 Doktrin: Lehrsatz; auch: zum Glaubenssatz verhärtete Meinung; programmatische Festlegung

---

1 Fassen Sie mit eigenen Worten zusammen, wie Dürrenmatt 1955 den Zustand der Welt einschätzt. Welche Begründungen führt er für seine Weltsicht an?

2 Erklären Sie, warum laut Dürrenmatt „nur noch die Komödie" (Z. 23) die Wirklichkeit angemessen beschreiben kann.
  a Beschreiben Sie Dürrenmatts Unterscheidung zwischen Tragödie und Komödie.
  b Arbeiten Sie heraus, bei welchem Zustand der Welt die Komödie ansetzt.
  Dürrenmatt vergleicht den historischen Moment, an dem die Komödie ansetzt, mit einem Blick in den Abgrund (Z. 39 f.).
  Besonders im ersten Absatz des Textes verdeutlicht er, dass dieser Moment nichts Statisches hat, sondern …
  c Worin bestehen Aufgabe und Chance der Komödie? Beziehen Sie in Ihre Antwort den Begriff der Distanz (▶ Information S. 73) ein.
  d Erklären Sie die Rolle, die dem Einzelnen in der Komödie zukommt.

3 Untersuchen Sie, inwiefern „Die Physiker" Dürrenmatts dramentheoretischen Überlegungen entsprechen.

4 Erörtern Sie die Frage, welche Möglichkeiten der Einzelne hat, einer aus den Fugen geratenen Welt zu begegnen. Nehmen Sie dabei auch kritisch Bezug auf Dürrenmatts Dramentheorie.

3.2 Macht und Verantwortung der Wissenschaft – Sachtexte mit Bezug auf das Drama erschließen und erörtern

Nicht nur in der Literatur (▶ A 3.1), sondern auch in der Philosophie wird die Frage, welche Verantwortung die Wissenschaften für ihre Entdeckungen und deren Konsequenzen haben, seit Jahrzehnten diskutiert. Im Folgenden finden Sie zwei wichtige Stimmen:

Carl Friedrich von Weizsäcker: Ich hatte die Vorstellung, auf irgendeine Weise Einwirkungsmöglichkeiten zu haben (1986)

In einem Interview, das unter dem Titel „Die Unschuld der Physiker?" veröffentlicht wurde, äußerte sich der Physiker und Philosoph Carl Friedrich von Weizsäcker (1912–2007) zu der Frage der Verantwortung der Wissenschaften. Der Interviewer, Erwin Koller, spricht ihn u. a. auf seine Rolle bei der Entdeckung der Kernspaltung in der Zeit des Dritten Reiches an:

Hiroshima. Abwurf der Atombombe, 6.8.1945

Weizsäcker: [...] diese Entdeckungen waren ein unvorhersehbares Ereignis, das für sämtliche Physiker der Welt –
5 soweit sie überhaupt so etwas hatten wie ein Gewissen – das Leben unumkehrbar verändert hat, bis heute. [...] Das heißt, die Atombombe war eigentlich das Weckersignal, das uns aufgeweckt hat, um zu erkennen, dass die Kultur, die
10 wir entwickelt haben, selbstzerstörerisch wird, wenn sie nicht bestimmte uralte atavistische[1] Formen des Umgangs der Menschen miteinander, die in der Politik noch die herrschenden sind, überwindet. Das war das eigentliche Prob-
15 lem.
[...] Wir haben damals alle unter Hitler gelebt.
[...] Ich habe Hahn[2] gesagt: Wenn wir diese Arbeiten machen[3], können Sie zum Beispiel Ihr Institut durch diesen Krieg, der inzwischen an-
20 gefangen hatte, hindurchretten; Sie werden bezahlt werden, Sie können Ihre Leute durchretten. Wir können alles mögliche Gute tun, und ich schlage vor, dass wir es machen. [...] Und für Hahn war damals und auch später nach dem
25 Krieg dieser der große Trost: Zwar hat meine Arbeit die Atombombe zu Tage gefördert, und die Toten von Hiroshima gehen insofern auch auf mein Konto. Andererseits kann es
30 sein, dass die Atombombe einen Beitrag dazu liefert, dass der Krieg abgeschafft wird. [...]
Koller: Würden Sie sich heute nochmals auf so ein Experi-
35 ment einlassen?
Weizsäcker: Nein, ich würde es nicht noch mal tun. [...] Ich war immer noch jung. Ich war 27. Ich hatte die Vorstellung,
40 auf irgendeine Weise Einwirkungsmöglichkeiten zu haben, die man nicht hat, wenn man irgendein Physiker ist oder an die Front geschickt wird. Ich hatte Träume, die ich heute wirklich als Träume erkenne, von der
45 Möglichkeit einer Wirkung [...].
Koller: Wie Sie die Sache schildern, ist die Physik eigentlich unversehens, man könnte sagen, in voller Naivität zur Ursache dafür geworden, dass die Welt sich verändert und dass die
50 Politik sich verändert hat. [...] Wie ist es dazu gekommen? Ist da in der Physik irgendetwas schiefgelaufen? Oder hat man wichtige Fragen nicht gestellt, die man hätte stellen sollen?
Weizsäcker: Ich würde es nicht ganz so sehen.
55 Es gibt Leute, die meinen, die instrumentale

---

1 atavistisch: entwicklungsgeschichtlich eigentlich als überholt geltend
2 Otto Hahn (1879–1968): deutscher Chemiker und Nobelpreisträger, einer der „Väter" der Atombombe
3 Gemeint ist die Erforschung und Entwicklung der Kernspaltung

Denkweise der Physik, zu der auch die Mathematik als Hilfsmittel gehört, sei in sich selbst moralisch problematisch. Ich will auch nicht leugnen, dass es so etwas gibt. [...] Die Wissenschaft, die wir haben, ist zunächst eine Wissenschaft von Fakten und Gesetzen. Und sie liefert Macht. Dann aber nicht zu wissen, wie man mit Macht umgehen muss, ist tödlich. Man ist gezwungen, auch zu wissen, wie man mit Macht umgehen muss. Das heißt, ohne eine radikale Vertiefung des politischen Bewusstseins – so nenne ich es gerne, aber die Leute sprechen oft lieber vom moralischen Bewusstsein, so will ich auch dieses Wort ruhig gebrauchen – kann man mit solchen Erkenntnissen, wie die Wissenschaft sie uns liefert, wirklich nicht leben. [...]

Koller: Damit verlangen Sie aber vom Wissenschaftler, dass er auch für die Folgen seiner Erfindung, seiner Erkenntnis, geradestehen und Verantwortung tragen muss. Wird da nicht der Wissenschaftler zur Ohnmacht verurteilt? Kann er denn überhaupt wissen, welche Folgen seine Erfindung hat?

Weizsäcker: Nein, das kann er nicht. Aber das ist der Unterschied zwischen Unreife und Reife. Ein erwachsener Mensch übernimmt die Verantwortung auch für die Dinge, die er nicht hat vorhersehen können. [...] Hahn konnte seine Entdeckung nicht vorhersehen. Und als sie gemacht war, da war's passiert. Aber Hahn war ein wirklich moralischer und reifer Mensch, und so waren, wie ich vorhin sagte, auch die Toten von Hiroshima für sein Empfinden auf seinem Gewissen. Und für dieses Empfinden habe ich ihn verehrt. [...] Nur wusste er: Von nun an bin ich genötigt, darüber nachzudenken, weil es für mein Leben und für das Leben meiner Mitmenschen zum zentralen Problem geworden ist. Und ich will mich dazu äußern und entsprechend handeln, wo ich kann.

Koller: Aber könnte es nicht auch dazu führen, was Friedrich Dürrenmatt ad absurdum geführt hat, dass nämlich die Physiker mit ihrem Wissen in die psychiatrische Klinik gehen, um es vor Missbrauch sozusagen zu retten?

Weizsäcker: Ja, aber Dürrenmatts Stück ist eine Komödie, eine tiefsinnige Komödie. Und er widerlegt vollkommen richtig eine Meinung, die ich auch nie gehabt habe. Es kann nicht die Lösung des Problems der Wissenschaft sein, dass man seine Wissenschaft verheimlicht. [...] Sondern, dass man die politischen Folgerungen aktiv zieht. Manchmal muss man auch etwas verheimlichen – das gibt's im Leben. Aber die Lösung des Problems der Wissenschaft ist entweder die Auflösung der Menschheit oder die Übernahme der politischen Verantwortung durch die Leute, die dazu fähig sind.

Koller: Sie verlangen also vom Wissenschaftler politische Verantwortung?

Weizsäcker: Selbstverständlich. [...] Aber natürlich gibt es Leute, die mehr zur Politik begabt sind, und Leute, die mehr zur Wissenschaft begabt sind. [...] Aber warum können die Politiker nicht das Richtige tun? Weil die Mehrheit der Bevölkerung das Richtige gar nicht will. Das ist der Grund. Und deshalb ist die öffentliche Meinung etwas vom Wichtigsten. Und darauf können die Wissenschaftler Einfluss nehmen. [...]

1 Stellen Sie den Zwiespalt dar, in dem Hahn und Weizsäcker sich zur Zeit des Zweiten Weltkriegs befanden.

2 Untersuchen Sie die grundsätzlichen Überlegungen Weizsäckers zur Rolle des Naturwissenschaftlers. Welche Konsequenzen fordert er für deren Handeln? Formulieren Sie Ihre Antwort in Form einer These: *Ein Naturwissenschaftler sollte grundsätzlich … Er darf nicht … Denn …*

3 Worin besteht laut Weizsäcker die politische Einflussmöglichkeit des einzelnen Wissenschaftlers und welche Folgerungen zieht er daraus? Vollziehen Sie seinen Gedankengang nach, z.B.:
Nach dem Abwurf der Atombombe auf Hiroshima ist Weizsäcker klar geworden, dass … Er zieht daraus jedoch nicht den Schluss, dass …, sondern …

4 Weizsäcker nennt die Denkweise der Physik „instrumental". Diskutieren Sie die Problematik dieser Denkweise.

5 Weizsäcker äußert sich im Interview auch zu Dürrenmatts Drama. Arbeiten Sie heraus, worin er die Intention des Stücks sieht und wie er die Behandlung des darin diskutierten Problems beurteilt.

Hans Jonas: Eine neue Dimension menschlicher Macht (1981)

Hans Jonas (1903–1993) ist einer der Philosophen, die sich in besonderer Weise damit beschäftigt haben, welche Fragen die moderne Technik für die Ethik aufwirft. In einer Podiumsdiskussion beschreibt er die Macht der Technik anhand von Beispielen und weist auf ihre Verantwortung hin:

Was ist das Eigentümliche unseres Zeitalters oder unserer Zivilisation? [...] man kann heute mehr als zu früheren Zeiten davon sprechen, dass die technische Zivilisation [...] das Weltschicksal darstellt: im Aktiven, in dem, was Menschen tun können, was sie können und dann auch tun, was tatsächlich eben geschieht im Zeichen dieser Zivilisation, und auch im Passiven, nämlich im Umfang derer, die die Auswirkungen dieses Tuns nun erleiden müssen, entweder profitieren von ihrem Segen oder leiden unter ihrem Fluch. Mit anderen Worten, eine Eigentümlichkeit des technischen Zeitalters ist schon der pure Umfang als solcher. Das hat gewisse Folgen auch für die Überlegungen darüber, was man tun kann und darf. Nun sind für das, was die Technik hervorbringt, ja nicht nur das technische Gerät, die Apparate, die Maschinerien, die Mittel des Eingriffs in die Welt charakteristisch, sondern auch die Gegenstände der Macht, d. h. das, worauf sich Macht erstrecken kann, oder das, was die Macht zu Stande bringen kann: Das hat dem menschlichen Tun völlig neue Provinzen hinzugefügt, die früher gar nicht im Umkreis der menschlichen Macht gelegen haben und großenteils nicht einmal im Umkreis der menschlichen Wünsche. Mit anderen Worten, es hat sich nicht nur das Ausmaß der menschlichen Macht der Natur gegenüber und auch innerhalb der Menschenwelt selbst quantitativ enorm gesteigert, es hat sich auch im Inhalt qualitativ verändert. Man kann das am einfachsten dadurch illustrieren, dass man auf gewisse Taten oder Tätigkeitsprozesse der modernen technischen Zivilisation hinweist, von denen früher nie jemand geträumt hat. Zum Beispiel das ganze Kommunikationswesen, das mikroelektronische Informations- und Computerwesen, hat dem menschlichen Tun eine wirklich neue Dimension hinzugefügt. Man kann nicht nur sagen, dass man jetzt gewisse Sachen besser machen kann oder mit weniger Arbeitsaufwand oder schneller, sondern man kann ganz andere Sachen tun.

Vielleicht eine noch wirksamere Illustration ist [die] genetische Manipulation durch mikrobiologische Operationen. Die Molekularbiologie hat wirklich eine neue Dimension menschlicher Kontrolle eröffnet. [...] Vor allen Dingen [...] hat sich die Reichweite in die Zukunft ganz enorm verlängert. Von gewissen Prozessen, die unter dem Banner unserer technisch-industriellen Wirtschaft eingeleitet werden, lässt sich jetzt voraussehen – nicht exakt voraussagen, aber doch in der allgemeinen Richtung voraussehen –, dass sie in ihrer Wirkung ganze Generationsketten beeinflussen werden, und dass wir in der Erwägung dessen, was wir tun, zu den Naheffekten, die zum großen Teil bekannt sind [...], dass dazu jetzt bei sehr vielen der Dinge, die unternommen werden, ein ganz neuer Aspekt hinzukommt, nämlich: Wie wird sich das kumulativ in ferner Zukunft auswirken?

Das sind so einige der Eigentümlichkeiten der Zeit oder des Neuen an der neuen Zeit, in der wir leben. [...] Man kann ganz allgemein sagen, es handelt sich um ein Phänomen der Macht, und zwar der Größe der Macht und der Qualitäten der Macht, d. h., worauf sie sich bezieht, welcher Art Dinge sie unternehmen kann und in welchem Umfang. Nun kann man [...] den sehr einfachen Satz aufstellen [...], dass Verantwortung eine Funktion der Macht ist. Ein Machtloser hat keine Verantwortung. Man hat Verantwortung für das, was man anrichtet.

3.2 MACHT UND VERANTWORTUNG DER WISSENSCHAFT

1 Arbeiten Sie die Besonderheiten der gegenwärtigen technischen Entwicklungen heraus, wie Jonas sie in seinem Diskussionsbeitrag darstellt. Erläutern Sie seine Ausführungen über die Verantwortung, die sich daraus ergibt.

2 Stellen Sie die Argumentation, die im Text entfaltet wird, grafisch dar. Ergänzen Sie dazu das folgende Schaubild.

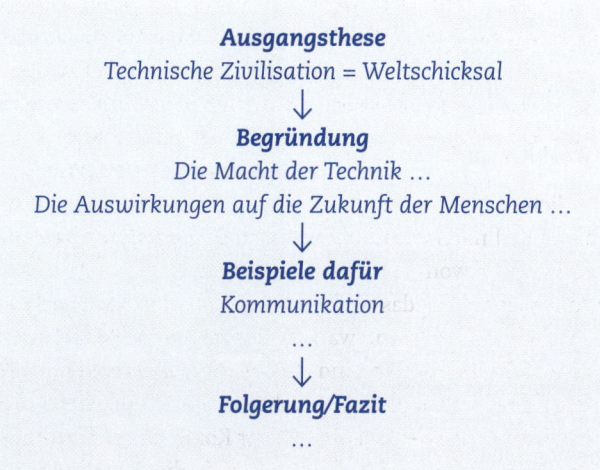

3 Erörtern Sie die Frage, ob sich die Überlegungen von Jonas auf das Problem der Physiker in Dürrenmatts Komödie (▶ S. 68 ff.) beziehen lassen. Inwieweit spielt der Machtaspekt der Wissenschaft auch dort eine Rolle?

In der Komödie … behandelt … die Frage, …
Hier treten … auf, die …
In seinem Diskussionsbeitrag beschäftigt sich … mit der Frage …
Er ist der Überzeugung …
Vergleicht man … miteinander, … dieselben Grundfragen: … Vor allem das Problem …

Methode — Einen Sachtext und einen literarischen Text aufeinander beziehen

Wenn Sachtexte und literarische Texte dasselbe Thema, etwa die „Verantwortung der Wissenschaft", behandeln, lassen sie sich auch inhaltlich aufeinander beziehen. Ein **Sachtext** kann etwa verdeutlichen, welche Anknüpfungspunkte ein **literarischer Text** in der wirklichen Welt hat, er kann auf weitere Aspekte eines Sachverhalts hinweisen oder auch Fragen stellen, die ein kritisches Licht auf die Aussagen des literarischen Textes werfen (das gilt freilich auch umgekehrt). Um Sachtexte in dieser Weise zu nutzen, können Sie folgendermaßen vorgehen:

- Den Sachtext erschließen:
  - Klären Sie, um welchen Sachverhalt oder welche Frage es in dem Text geht.
  - Arbeiten Sie gegebenenfalls Thesen und Argumente heraus.
- Den Sachtext zu dem literarischen Text in Beziehung setzen:
  - Klären Sie, um welche Frage es in dem literarischen Text geht.
  - Überlegen Sie, welche inhaltlichen Berührungspunkte es zwischen den Texten gibt, welche Übereinstimmungen und Unterschiede zwischen den Positionen.
- Fassen Sie das Resultat in einem Text zusammen.

Genforschung – Die Verantwortung der Wissenschaft heute

Gegenwärtig liefert vor allem die Genforschung Beispiele für neue Möglichkeiten der Wissenschaft und wirft damit auch die Frage der Verantwortung neu auf:

Andreas Sentker: Frankensteins Traum wird wahr[1] (2013)

Amerikanische Forscher melden in der Fachzeitschrift *Cell*, ihnen sei es erstmals gelungen, menschliche Embryonen aus normalen Körperzellen zu klonen.
Was jahrelang ein Gedankenspiel war, könnte nun Wirklichkeit werden: die Neuauflage eines Menschen. Nicht dass die Forscher bereits geklont hätten. Im Gegenteil: Sie haben die kugelförmigen Embryonen nicht in eine Gebärmutter übertragen, sondern sie in ihre Zellen zerlegt. Diese embryonalen Stammzellen teilen sich nun im Labor weiter und lassen große Hoffnungen wachsen: Sie sollen Ersatzgewebe bilden, das vom Patienten nicht mehr abgestoßen wird. Sie sollen bisher unheilbare Krankheiten heilen. Sie sollen die nächste Revolution in der Medizin einläuten. Die Forscher argumentieren, die Klonexperimente seien nötig, um die vielen noch offenen Fragen zu klären, die es vor einem breiten therapeutischen Einsatz von Stammzellen zu beantworten gelte. Ihnen gehe es zuallerletzt darum, Menschen zu kopieren. Dennoch werden nun die alten Ängste wieder wach. Und die Stammzellforschung, die in Deutschland ohnehin umstritten ist, wird wieder ins Licht der öffentlichen Aufmerksamkeit gerückt.
Kannibalismus hat man den Wissenschaftlern schon vorgeworfen: Für vage Heilsversprechen opferten sie die Würde des Menschen, töteten womöglich sinnlos unzählige Embryonen. Dagegen monierten die Forschungsbefürworter, ein Zellhaufen im Labor werde höher geachtet und strenger geschützt als das heranwachsende Kind im Mutterleib. Andere hielten angesichts der zahlreichen verheerenden Krankheiten, um deren Linderung es geht, die Forschung an menschlichen Embryonen geradezu für ethisch geboten. [...]
Der Durchbruch der Amerikaner macht jetzt theoretisch jene omnipotenten[2] Zellen verfügbar, von denen Forscher träumen. Es sind Zellen, die nicht nur einzelne Gewebe, sondern einen ganzen Menschen bilden könnten.
[...] Ist dieser Gewinn den hohen ethischen Preis wert, den wir für diese Forschung zahlen? Rechtfertigt das den heiklen Umgang mit menschlichen Eizellen, die umstrittene Zerstörung einer Zellkugel, die immerhin das Potenzial hat, ein ganzer Mensch zu werden?
Die neuen Erkenntnisse sollen – so argumentieren die Wissenschaftler – letzte Unsicherheiten der Stammzellgewinnung ausräumen. Diese Grundlagenforschung an geklonten Embryonen könnte womöglich gerade dazu beitragen, dass die Nutzung von Embryonen überflüssig wird. [...]
Doch der Preis des Wissens ist hoch. Denn schon jetzt haben die Forscher nicht nur ihre Erkenntnisse erweitert, sondern auch den Weg zum ersten geklonten Menschen geebnet. Der wird eher keine Diktatorenkopie sein, mögli-

1 Frankenstein: Romanfigur, die einen künstlichen Menschen erschafft
2 omnipotent: wörtlich „allmächtig"; hier: Zellen, aus denen alle Körperzellen entstehen können

cherweise aber ein Designerbaby mit optimierter Gen-Ausstattung. Denn die Stammzellen eines Embryos lassen sich problemlos genetisch verändern. [...]

Jetzt ist die Zeit für eine neue globale Initiative gekommen. Das therapeutische Klonen zur Erzeugung von Stammzellen wird sich angesichts der divergierenden³ ethischen Auffassungen in den verschiedenen Staaten nicht verbieten lassen. Für ein striktes Verbot des reproduktiven Klonens zur Erzeugung von Designermenschen ließe sich aber vermutlich rasch eine Mehrheit organisieren.

Ein Mensch als zweckgebundene Schöpfung aus dem Labor? Als genetisch geformtes Produkt gesellschaftlicher Erwartungen oder individueller Wünsche? Biologisch sind solche Wahnvorstellungen der Wirklichkeit näher denn je. Wir müssen dafür sorgen, dass sie nicht wahr werden.

Frankensteins Schöpfung

3 **divergierend:** auseinandergehend, unterschiedlich

1 Erschließen Sie Sentkers Zeitungsartikel im Hinblick auf die Chancen und Gefahren des Klonens.
 a Stellen Sie die Pro- und Kontra-Argumente, die Sentker anführt, in einer Tabelle gegenüber:

Pro Klonen	Kontra Klonen
Therapeutischer Einsatz	Kannibalismus an Embryonen
Ethische Verpflichtung	...
...	...

 b Fassen Sie die Argumentation beider Seiten zusammen. Beginnen Sie z. B. so:
 Die Befürworter des Klonens stellen ... in den Mittelpunkt ihrer Argumentation. Sie halten es für ... und versichern, dass ...
 Dem widersprechen ... Sie warnen davor ... und machen darauf aufmerksam, ...

2 a Im vorletzten Absatz wirft der Autor einen Blick in die Zukunft. Notieren Sie, zu welchem geteilten Ergebnis er in Bezug auf das therapeutische und das reproduktive Klonen kommt.
 b Welche Haltung nimmt der Autor persönlich zum Klonen ein? Begründen Sie, z. B.:
 Der Appell am Ende des Textes macht deutlich, ...

3 Prüfen Sie, inwiefern der Streit um die Chancen und Gefahren des Klonens sich mit dem Konflikt des Physikers Möbius in Dürrenmatts Komödie vergleichen lässt.
 Der Streit um ... ist in mancher Hinsicht mit ... vergleichbar. Es ergibt sich eine Reihe von auffälligen ... Zunächst ist die Ausgangslage sehr ähnlich: Wissenschaftler ... Zudem ...
 Lediglich in der Frage, wie man ..., unterscheiden sich die Lösungswege von ... Während Möbius sich ..., will Sentker ...

4 Ziehen Sie auch die Gedanken Weizsäckers zu Aufgaben, Grenzen und Problemen im Rahmen der wissenschaftlichen Forschung heran (▶ S. 76 f.). Überlegen Sie, inwiefern Ihre Ausführungen zu Aufgabe 3 dadurch ergänzt oder modifiziert werden.

5 Diskutieren Sie, inwiefern sich Wissenschaft und Forschung den Wertvorstellungen gesellschaftlicher Gruppen unterordnen sollten.

3.3 Training – Eine Dramenszene analysieren

Aufgabenbeispiel
1. Analysieren Sie den Auszug aus der Schlussszene des Dramas „Die Physiker" von Friedrich Dürrenmatt im Hinblick auf den Charakter der Chefärztin und ihren Standpunkt zur Funktion wissenschaftlicher Forschung. Berücksichtigen Sie dabei auch die Sprache der Chefärztin.
2. Vergleichen Sie den Standpunkt der Chefärztin mit den Standpunkten, die die Physiker Einstein, Newton und Möbius einnehmen, bevor sie sich entschließen, gemeinsam im Irrenhaus zu bleiben. Beurteilen Sie schließlich, ob das Drama in Bezug auf die Verantwortung der Wissenschaft heute noch aktuell ist.

Friedrich Dürrenmatt: Die Physiker (1962)

FRL. DOKTOR *feierlich*: Auch mir ist der goldene König Salomo erschienen.[1]
Die drei starren sie verblüfft an.
MÖBIUS: Salomo?
5 **FRL. DOKTOR:** All die Jahre.
Newton lacht leise auf.
FRL. DOKTOR *unbeirrbar*: Zuerst in meinem Arbeitszimmer. An einem Sommerabend. Draußen schien noch die Sonne, und im Park hämmerte ein Specht, als auf einmal der goldene König heranschwebte. Wie ein gewaltiger Engel.
EINSTEIN: Sie ist wahnsinnig geworden.
FRL. DOKTOR: Sein Blick ruhte auf mir. Seine 15 Lippen öffneten sich. Er begann mit seiner Magd zu reden. Er war von den Toten auferstanden, er wollte die Macht wieder übernehmen, die ihm einst hienieden gehörte, er hatte seine Weisheit enthüllt, damit in seinem Namen Möbius auf Erden herrsche.
EINSTEIN: Sie muß interniert werden. Sie gehört in ein Irrenhaus.
FRL. DOKTOR: Aber Möbius hat ihn verraten. Er versuchte zu verschweigen, was nicht verschwiegen werden konnte. Denn was ihm offenbart worden war, ist kein Geheimnis. Weil es denkbar ist. Alles Denkbare wird einmal gedacht. Jetzt oder in der Zukunft. Was Salomo gefunden hatte, kann einmal auch ein anderer 30 finden, es sollte die Tat des goldenen Königs bleiben, das Mittel zu seiner heiligen Weltherrschaft, und so suchte er mich auf, seine unwürdige Dienerin.

EINSTEIN *eindringlich*: Sie sind verrückt. Hören Sie, Sie sind verrückt.
FRL. DOKTOR: Der goldene König hat mir den Befehl gegeben, Möbius abzusetzen und an seiner Stelle zu herrschen. Ich gehorchte. Ich war Ärztin und Möbius mein Patient. Ich konnte mit ihm tun, was ich wollte. Ich betäubte ihn, 40 jahrelang, immer wieder, und photokopierte die Aufzeichnungen Salomos, bis ich auch die letzten Seiten besaß.
NEWTON: Sie sind übergeschnappt! Vollkommen! Begreifen Sie doch endlich! *Leise* Wir alle 45 sind übergeschnappt.
FRL. DOKTOR: Ich bin behutsam vorgegangen. Ich beutete zuerst nur wenige Erfindungen aus, das nötige Kapital anzusammeln. Dann gründete ich Riesenwerke, erstand eine Fabrik um 50 die andere und baute einen mächtigen Trust auf. Ich werde das System aller möglichen Erfindungen auswerten, meine Herren.
MÖBIUS *eindringlich*: Fräulein Doktor Mathilde von Zahnd: Sie sind krank. Salomo ist nicht 55 wirklich. Er ist mir nie erschienen.
FRL. DOKTOR: Sie lügen.
MÖBIUS: Ich habe ihn nur erfunden, um meine Entdeckungen geheimzuhalten.
FRL. DOKTOR: Sie verleugnen ihn. 60
MÖBIUS: Nehmen Sie Vernunft an. Sehen Sie ein, daß Sie verrückt sind.
FRL. DOKTOR: Ebensowenig wie Sie.

1 König Salomo: Möbius hatte zuvor behauptet, dass König Salomo ihm erscheine. Dies wurde von den anderen als Beweis für seine Verrücktheit gedeutet.

Möbius: Dann muß ich der Welt die Wahrheit entgegenschreien. Sie beuteten mich all die Jahre aus. Schamlos. Sogar meine arme Frau ließen Sie noch zahlen.
Frl. Doktor: Sie sind machtlos, Möbius. Auch wenn Ihre Stimme in die Welt hinausdränge, würde man Ihnen nicht glauben. Denn für die Öffentlichkeit sind Sie nichts anderes als ein gefährlicher Verrückter. Durch Ihren Mord.
Die drei ahnen die Wahrheit.
Möbius: Monika?
Einstein: Irene?
Newton: Dorothea?
Frl. Doktor: Ich habe nur eine Gelegenheit wahrgenommen. Das Wissen Salomos mußte gesichert und euer Verrat bestraft werden. Ich mußte euch unschädlich machen. Durch eure Morde. Ich hetzte die drei Krankenschwestern auf euch. Mit eurem Handeln konnte ich rechnen. Ihr wart bestimmbar wie Automaten und habt getötet wie Henker.
Möbius will sich auf sie stürzen, Einstein hält ihn zurück.
Frl. Doktor: Es ist sinnlos, Möbius, sich auf mich zu stürzen. So wie es sinnlos war, Manuskripte zu verbrennen, die ich schon besitze.
Möbius wendet sich ab.
Frl. Doktor: Was euch umgibt, sind nicht mehr die Mauern einer Anstalt. Dieses Haus ist die Schatzkammer meines Trusts. Es umschließt drei Physiker, die allein außer mir die Wahrheit wissen. Was euch in Bann hält, sind keine Irrenwärter: Sievers ist der Chef meiner Werkpolizei. Ihr seid in euer eigenes Gefängnis geflüchtet. Salomo hat durch euch gedacht, durch euch gehandelt, und nun vernichtet er euch. Durch mich.
[...]
Von rechts kommt der Oberpfleger.
Oberpfleger: Boss?
Frl. Doktor: Gehen wir, Sievers. Der Verwaltungsrat wartet. Das Weltunternehmen startet, die Produktion rollt an. *Sie geht mit dem Oberpfleger nach rechts hinaus.*
Die drei Physiker sind allein. Stille. Alles ist ausgespielt. Schweigen.
Newton: Es ist aus. *Er setzt sich aufs Sofa.*
Einstein: Die Welt ist in die Hände einer verrückten Irrenärztin gefallen. *Er setzt sich zu Newton.*
Möbius: Was einmal gedacht wurde, kann nicht mehr zurückgenommen werden. *Er setzt sich auf den Sessel links vom Sofa.*

Die Aufgabenstellung verstehen

1 Schreiben Sie heraus, welche beiden Analysekategorien (▶ Information, S. 72) Sie bei der ersten Teilaufgabe vor allem in den Blick nehmen sollen:
  – den Verlauf bzw. die Entwicklung der Handlung in dem Szenenauszug untersuchen und auf deren Auswirkungen eingehen (Handlungsanalyse),
  – die Überzeugungen, Wertvorstellungen und das Verhalten der Chefärztin untersuchen (Figurenanalyse),
  – den Standpunkt und die Argumente der Chefärztin untersuchen (Dialoganalyse),
  – die Voraussetzungen und Bedingungen der Szene erläutern (Situationsanalyse).

2 Tauschen Sie sich in Partnerarbeit darüber aus, was die zweite Teilaufgabe von Ihnen verlangt.

Erstes Textverständnis und Ideen formulieren

1 Entscheiden Sie, welche Aussagen auf die Szene zutreffen. Belegen Sie Ihre Auswahl am Text.
  A Die Ärztin hat Wahnvorstellungen und größenwahnsinnige Allmachtsfantasien.
  B Sie will die Forschungsergebnisse zurückhalten, um die Menschheit nicht zu gefährden.
  C Sie will die Welt verbessern und ist bereit, dafür Opfer zu bringen.
  D Die Forschungsergebnisse dienen ihr als Machtmittel und zur persönlichen Bereicherung.

2 Ordnen Sie die folgenden drei Aussagen den Physikern Möbius, Einstein und Newton zu. Lesen Sie dafür noch einmal die Textauszüge aus „Die Physiker" (▶ S. 68 ff.).

„Sie sind ein Genie und als solches Allgemeingut."

„Wir müssen uns entscheiden, zu wessen Gunsten wir unsere Wissenschaft anwenden."

„Es gibt Risiken, die man nicht eingehen darf: der Untergang der Menschheit ist ein solches."

3 Halten Sie in einem Cluster erste Ideen zur Aktualität des Dramas fest.

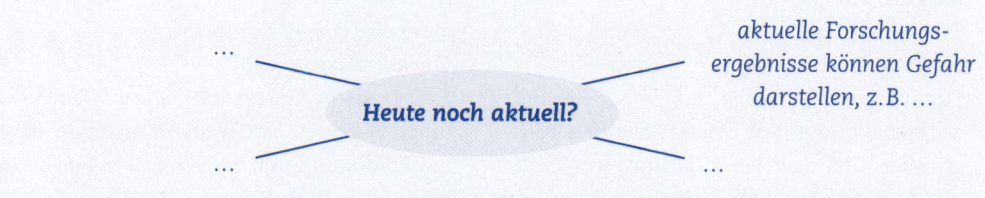

Den Text analysieren

1 Notieren Sie für die Figurenanalyse in Stichworten, was Sie über die Charaktereigenschaften der Chefärztin erfahren. Notieren Sie Zeilenangaben.
– *Wahnvorstellungen: König Salomo (Z. …)*
– *hat keine moralischen Bedenken, … (Z. …)*
– *…*

2 Nehmen Sie eine Dialoganalyse vor.
  a Notieren Sie den Standpunkt der Chefärztin bezüglich der Funktion wissenschaftlicher Forschung.
    – *Mittel zur Herrschaft über … (Z. …)*
    – *Machtmittel (Z. …), …*
  b Suchen Sie für die folgenden rhetorischen Figuren und ihre Wirkung passende Beispiele im Text. Übertragen Sie die Tabelle in Ihr Heft und notieren Sie die Zitate mit Zeilenangaben.

rhetorische Figur	Zitat	Wirkung
Vergleich	„…" (Z. …)	erläutert das Aussehen Salomos näher
Anapher	„…" (Z. …)	betont die Ich-Bezogenheit und Allmachtsfantasien der Chefärztin
Konjunktiv II	„…" (Z. …)	Ärztin führt dem Zuschauer die Ausweglosigkeit von Möbius' Situation vor Augen

  c Suchen Sie aus dem Text weitere Beispiele für rhetorische Figuren heraus und notieren Sie diese in der Tabelle. Vergessen Sie nicht, auch deren Wirkung zu erläutern.

3 **a** Halten Sie in Stichworten die Standpunkte der drei Physiker fest.
    Newtons Standpunkt: wissenschaftliche Erkenntnisse müssen …, dabei ist nicht relevant, ob …

Einsteins Standpunkt: Wissenschaft verleiht ..., wer diese besitzt, darf entscheiden, ...
Möbius' Standpunkt: mit wissenschaftlichen Forschungsergebnissen sind ... verbunden, weil ...

b Unterstreichen Sie Gemeinsamkeiten und Unterschiede zwischen dem Standpunkt der Chefärztin und der drei Physiker in unterschiedlichen Farben.

4 Sammeln Sie in einer Tabelle Argumente für und/oder gegen die Aktualität des Dramas.

Den Schreibplan erstellen und schreiben

1 Erstellen Sie eine Gliederung (▶ S. 594 f.), indem Sie die Übersicht vervollständigen:

Einleitung (Titel, Autor, ...)
Einordnung der Szene (Handlungs- und Situationsanalyse)
Charaktereigenschaften der ... } 1. Teilaufgabe
...
Wirkung der ...

Überleitung
... } 2. Teilaufgabe

2 Verfassen Sie nun auf der Grundlage Ihrer Gliederung Ihren Aufsatz.
  a Verfassen Sie einen Einleitungssatz. Ordnen Sie die Szene in den Handlungszusammenhang ein. *In der Schlussszene aus ... „..." aus dem Jahr ... geht es um ... Es stellt sich heraus, dass ...*
  b Analysieren Sie die Schlussszene. Achten Sie darauf, korrekt zu zitieren (▶ Information, S. 596 f.).
  c Formulieren Sie eine Überleitung zu Aufgabe 2. Beginnen Sie z. B. so: *In dem Drama vertreten zunächst auch die drei Physiker unterschiedliche Standpunkte bezüglich der Frage ...*
  d Führen Sie Ihre Überlegungen zu Aufgabe 2 aus.
  e Verfassen Sie abschließend ein Fazit, z. B.: *Zusammenfassend lässt sich feststellen, dass ...*

Den eigenen Text überarbeiten

1 Korrigieren Sie mit Hilfe der folgenden Checkliste in Partnerarbeit gegenseitig Ihre Aufsätze.
2 Überarbeiten Sie Ihre Aufsätze auf der Grundlage der Korrekturen.

Checkliste   Eine Dramenszene analysieren

- Hat Ihr Aufsatz einen klaren **Aufbau**, der durch Absätze gegliedert ist?
- Haben Sie in der **Einleitung** Textsorte, Titel, Autor, Entstehungsjahr und Thema genannt?
- Haben Sie alle in der Aufgabe genannten **Analyseaspekte** berücksichtigt?
- Haben Sie eine **Überleitung** zur zweiten Teilaufgabe verfasst?
- Haben Sie die Standpunkte der drei Physiker mit dem der Chefärztin **verglichen** und abschließend die Aktualität des Dramas **beurteilt**?
- Endet Ihr Aufsatz mit einem zusammenfassenden **Fazit**?
- Haben Sie sachlich formuliert und Ihre Beobachtungen durch **Verweise** und **Textzitate** belegt?
- Ist der Text **sprachlich richtig** (Rechtschreibung, Grammatik, Zeichensetzung)?

4 Dem Denken auf der Spur – Sachtexte untersuchen

Penfield-Homunkulus

1 So wie der abgebildete Penfield-Homunkulus sähe der Mensch aus, wenn die einzelnen Körperteile von der Größe wären, wie das Hirn sie repräsentiert.
  a Tauschen Sie sich in Partnerarbeit über die Auffälligkeiten des Penfield-Homunkulus aus.
  b Benennen Sie mögliche Gründe für die unterschiedliche Repräsentation der Körperteile im Gehirn.

2 „Dem Denken auf der Spur" – Diskutieren Sie, welche Wissenschaften Beiträge zu diesem Themenfeld liefern und welche Fragen dabei im Mittelpunkt stehen könnten.

3 In diesem Kapitel werden Sachtexte analysiert. Tragen Sie zusammen, was eine gelungene Sachtextanalyse leisten muss.

In diesem Kapitel erwerben Sie folgende Kenntnisse und Kompetenzen:

- sich in Gesprächen und Diskussionen auf andere beziehen und sach- und adressatengerecht eigene Positionen vertreten,
- Sachtexte inhaltlich erschließen, dabei den Zusammenhang von Teilaspekten und Gesamtverständnis des Textes herausarbeiten,
- den Zusammenhang von Inhalt, Ausgestaltung und Wirkung von Sachtexten beurteilen,
- Verfahren des gegliederten schriftlichen Erschließens von Sachtexten beherrschen.

4.1 Geheimnis Gehirn – Argumentieren, Diskutieren und Protokollieren

Argumente in Texten erkennen und Gegenargumente entkräften

Martin Paetsch: Wer ist der Chef im Kopf? (2010)

Als der neue Patient in seinem Büro erscheint, kann der amerikanische Neurologe Antonio Damasio nicht ahnen, dass der Besuch seine Vorstellungen vom Gehirn grundlegend verändern wird. Ärzte haben den etwa 40-Jährigen an Damasio überwiesen, um zu klären, ob er berufsunfähig ist. Auf den ersten Blick scheint ihm nichts zu fehlen: Der ehemalige Rechnungsprüfer ist klug und charmant. Er plaudert über das Weltgeschehen, macht bissige Bemerkungen über die Politik. Doch „Elliot", so nennt ihn Damasio, hat ein Problem: Er kann sich nicht entscheiden. Stundenlang hält er sich mit banalen Fragen auf – etwa, ob er zum Schreiben einen schwarzen oder blauen Kugelschreiber benutzen soll. Manchmal dauert es den ganzen Tag, bis er sich rasiert und die Haare gewaschen hat. [...]

[Als Elliot] 35 war, musste ein fast apfelsinengroßer Tumor, der hinter der Stirn wuchs, aus seinem Gehirn geschnitten werden. Danach brach Elliots Leben auseinander. Er verlor seinen Job, verspielte seine Ersparnisse mit fragwürdigen Geschäften. Seine Frau verließ ihn mit zwei Kindern, reichte nach 17 Jahren Ehe die Scheidung ein. [...]

Nur langsam beginnt Damasio zu verstehen, was Elliot fehlt. Der Neurologe bemerkt verwundert, wie ungerührt der Patient über sein gescheitertes Leben spricht – ganz so, als ginge ihn die Tragödie nichts an. Damasio wird klar, dass sein Patient nicht etwa ungewöhnlich zurückhaltend ist – sondern: dass er einfach nichts mehr fühlt. Kein Bedauern, keine Trauer, keinen Schmerz.

Zusammen mit dem herausoperierten Stück Gehirn sind auch seine Gefühle verschwunden. Könnte das der Grund dafür sein, dass Elliot

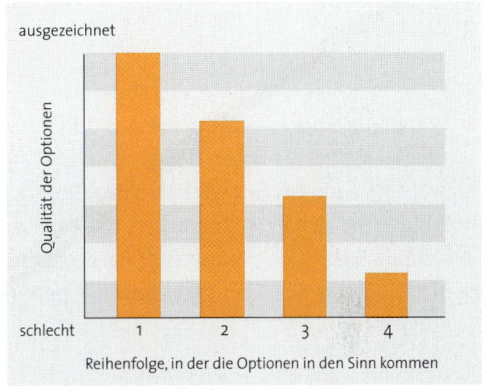

Erzielen geübte Ballspieler bessere Ergebnisse, wenn sie nachdenken, bevor sie handeln? Erfahrene Spieler sind gut beraten, wenn sie ihrer ersten Bauchentscheidung folgen.

nicht einmal in der Lage ist, einfache Entscheidungen zu treffen? [...]

In [der] hochkomplexen Deckschicht des Denkorgans [in der Großhirnrinde] verorteten Forscher lange Zeit all jene Fähigkeiten, die den Menschen von seinen animalischen Vorfahren abhoben: Intelligenz, Vernunft, Moral.

Der Fall Elliot aber widersprach dieser Vorstellung. Ihm fehlte ein Teil der Großhirnrinde, der sogenannte ventromediale präfrontale Cortex. Doch nicht etwa sein Verstand hatte darunter gelitten, sondern sein Gefühlsleben. Und obwohl er klar denken konnte, fielen ihm Entscheidungen schwer. Offenbar braucht das menschliche Gehirn dazu mehr als nur Vernunft. Doch wie, wenn nicht allein durch rationales Abwägen, treffen wir Entscheidungen?

Angeregt vom Fall seines Patienten, stellte Damasio eine Hypothese auf: Danach greift unser Gehirn, wenn es zwischen Alternativen wählt, auf eine Bibliothek von Gefühlen zurück, die es zuvor angesammelt hat. Damasio nannte sie „somatische Marker".

Wenn wir zum Beispiel viel Geld verloren haben, weil wir Aktien nicht rechtzeitig verkauft haben, wird das damit verbundene Angst-
65 gefühl im Gehirn abgespeichert. In Zukunft kann ein Reiz wie etwa schnell fallende Aktienkurse zur Ausschüttung von Botenstoffen führen, die das einmal erlebte körperliche Unbehagen wiedererwecken. So kann uns dieser
70 Mechanismus davor bewahren, erneut Verluste zu machen.

Manchmal dringen solche Gefühle bis in unser Bewusstsein vor, doch oft beeinflussen sie unsere Wahl nur unterschwellig. Nach Ansicht des Neurologen entsteht auf diese Weise die In- 75 tuition – jene geheimnisvolle Fähigkeit, die es uns oft ermöglicht, unwillkürlich die rechte Wahl zu treffen. [...] Bewiesen ist diese Hypothese noch nicht. Doch gehen viele Forscher inzwischen davon aus, dass Gefühle mitnichten 80 ein Störfaktor für gute Entscheidungen sind. Sondern: eine unabdingbare Voraussetzung.

1
a Wenden Sie die 1-1-1-Methode auf den Text an: Notieren Sie **1** Textaussage, die Sie schon kannten, **1** Textaussage, die Ihnen neu war, und **1** Frage, die der Text für Sie aufwirft.
b Setzen Sie die Grafik (▶ S. 87) in Beziehung zum Text.
c Einigen Sie sich in Partnerarbeit auf eine wichtige Frage zum Text.
d Wählen Sie aus den Fragen der Partnergruppen solche aus, die Sie im Kurs klären wollen.

2
a Schreiben Sie aus dem Text Thesen, Argumente und Formulierungen heraus, die die Argumente stützen.

These	Gefühle sind wichtig, um zu Entscheidungen zu kommen.
Argument	Im Gehirn sind Entscheidungsfindung und Emotion miteinander verbunden (Z. 36 ff.)
Stützung	So zeigt der Fall des Patienten ...

b Entwickeln Sie ein Interview mit Damasio, in dem er seine Thesen argumentativ begründet.

3 Recherchieren Sie aktuelle Forschungsergebnisse zum Thema „Rationalität und Emotion".

Information **Typischer Aufbau eines argumentativen Gedankens**

Ein argumentativer Gedanke besteht meist aus drei Elementen:

1. These (Behauptung)
Mit der Hirnforschung lässt sich das Wahlverhalten verändern, ...

2. Argument
... denn das Wahlverhalten beruht zum Teil auf unbewussten Denkstrukturen.

3. Stützung des Arguments etwa durch:

Erläuterung
Diese unbewussten Denkstrukturen lassen sich durch gezielte Wahlwerbung beeinflussen.

Beispiel
Konservative Wähler sind beispielsweise eher durch emotionale Gesichter zu erreichen.

Expertenzitate, Fakten, Studien ...
John Hibbing von der University of Nebraska-Lincoln in den USA glaubt sogar, dass Nichtwähler auf diese Weise zur Wahl motiviert werden können.

Neuromarketing: Wie das Gehirn entscheidet, was wir kaufen (2010)

Welche Macht der Nimbus[1] einer Marke entfalten kann, stellt der US-Neurowissenschaftler Read Montague unter Beweis. [Seine Experimente zeigen:] Innerhalb einer Gruppe ähnlicher Waren verbindet das Gehirn immer nur eine Marke mit so außergewöhnlich positiven Gefühlen, dass es diese anderen vorzieht. Man kann also keine zwei Lieblingszahnpasten haben, keine zwei Lieblingsschokoladenriegel. Diese Eigentümlichkeit des Gehirns lässt Unternehmen darum kämpfen, ihr Produkt mit allen Mitteln zum unumschränkten Marktführer zu machen.

Untersuchungen einer Forschergruppe um den Neurologen Michael Deppe von der Universität Münster zeigen überdies: Marken, die bei Kunden besonders beliebt sind, vermindern im Stirnhirn gerade dort die Aktivität, wo Neurowissenschaftler analytische Geistesleistungen verorten. In gewisser Weise bewirkt diese „kortikale Entlastung", dass der Verstand weniger aktiv ist – und die emotional geprägte Intuition Vorrang hat.

[...] Es sind oft weniger rationale Argumente wie Nutzen oder Qualität, die einen Kunden überzeugen, sondern die Gefühle, die eine Marke auslöst.

[1] **Nimbus:** Ausstrahlung, (oft irrationales) Ansehen

1
a Erläutern Sie, inwiefern der Nimbus einer Marke wichtig für eine Kaufentscheidung ist.
b Setzen Sie die Grafik in Bezug zum Text.
c Entwickeln Sie Vorschläge für eine Schokoriegelfirma: Wie könnte ein „Neuromarketing" aussehen?
d Diskutieren Sie im Kurs: Ist es vertretbar, Kaufentscheidungen durch neurowissenschaftlich begründete „Tricks" zu beeinflussen?

2 Führen Sie in Partnerarbeit eine Diskussion durch:
Partner A vertritt die Auffassung, seine Kaufentscheidungen seien rational.
Partner B entkräftet die Argumentation A mit verschiedenen Strategien.

Hat die Werbung eines Autoherstellers Sie schon mal in Ihren Kaufentscheidungen beeinflusst?
Ja 7 % — Nein 93 %

Methode: In Diskussionen Argumente aufgreifen, stärken oder entkräften

Allgemeine Strategien der Anknüpfung

den Bezug zum Vorredner herstellen	*Sie haben eben darauf hingewiesen, dass …*
Plausibilität zugestehen	*Natürlich ist es richtig, dass …*
zustimmen oder	*Und daher bin ich ganz Ihrer Meinung, dass …*
entkräften	*Aber dieses Argument überzeugt nicht ganz, …*

Typische Strategien der Entkräftung

logische Schwächen aufzeigen	*Wenn Ihre Argumentation zuträfe, dann müsste doch …*
die Begrenztheit des Arguments aufzeigen: Verallgemeinerung prüfen	*Soll denn tatsächlich alles gefördert werden, was medizinischen Fortschritt stärkt?*
ein Gegenbeispiel anführen	*Dass Ihr Argument nicht zutrifft, zeigt das Beispiel …*
stärkere Gegenargumente nennen	*Viel entscheidender ist aber doch, …*

Eine Diskussion mit einem Text vorbereiten und durchführen

Um eine strittige Frage sachkundig diskutieren zu können, müssen Sie sich zunächst umfassend informieren. Erst nachdem Sie sich ein klares Bild vom Thema und von den verschiedenen Standpunkten und Begründungen, die es zu diesem Thema gibt, gemacht haben, sollten Sie sich selbst eine Meinung bilden. – Mit dem folgenden Text können Sie eine Diskussion zum Thema „Hirndoping" vorbereiten.

Jörg Blech, Ulrike Demmer, Udo Ludwig und Christoph Scheuermann:
Wow, was für ein Gefühl! [2009]

[...] Welch eine Verlockung: Pille einwerfen, Überflieger sein. Mühelos lernen, alles behalten, den Intellekt anschalten können wie einen Motor – wer wünschte sich das nicht? Derart gewappnet, ließen sich Prüfungen, Vorträge oder Konferenzen lässig bewältigen; feinst eingestellte Hirnchemie machte es kinderleicht, die Konkurrenz auszustechen, seinen Traumberuf zu ergreifen und eine glänzende Karriere hinzulegen. [...] Und die Wissenschaft ist so weit. Es gibt die ersten Mittel, die das Gehirn auf Vordermann bringen. [...] Und wer wissen will, was kommen wird, muss nur in die USA schauen. Dort ist das so genannte Neuro-Enhancement bereits weit verbreitet unter Studenten, Wissenschaftlern, Börsenmaklern. [...]

Die Langzeitfolgen für die Gesundheit sind noch weitgehend ungeklärt. Und es stellen sich, zieht man die Freigabe der Mittel in Betracht, komplexe ethische Fragen. Zum Beispiel das Problem der Chancengleichheit. Schließlich verschafft sich jeder Konsument von Hirnverstärkern, ähnlich wie der Doper bei der Tour de France, Vorteile gegenüber Konkurrenten. Es beginnt ein Wettrennen, bei dem jeder verliert, der sich den neuen Hirncocktails verweigert. [...]

Aber dieses Problem, oft schon für den Sport diskutiert, wirkt geradezu trivial angesichts der großen Philosophenfrage nach dem Ich. Sie stellt sich neu, wenn Menschen Mittel nehmen, die ihr Gehirn, Sitz des Bewusstseins, gezielt verändern. Das Gedächtnis ist ein maßgeblicher Teil des Selbst; das Individuum formiert sich um das Puzzle all der Geschichten, die es gespeichert hat, sie sind Wegmarken der eigenen Persönlichkeit. Bin ich also noch ich, wenn meine Vergangenheit plötzlich aus Erinnerungen besteht, die ein chemischer Stoff im Kopf verankert hat? [...]

Inzwischen arbeiten Forscher an noch viel filigraner auf den Denkapparat abgestimmten Pillen. Wach und animiert? Das genügt nicht mehr. Inzwischen sind die Wissenschaftler so weit, mittels spezieller Proteine der Hirnchemie den Neuronen ein fotografisches Gedächtnis einzubrennen. Das wäre er, der absolute Kassenschlager: die Tablette fürs Gedächtnis, die Blitz-Lernpille. Allerdings gelingen die Versuche bislang nur an Taufliegen.

[...] [D]ie Psychotherapeutin Heuser verteufelt das Neuro-Enhancement nicht. „Menschen wollen sich verbessern, das ist ein legitimer Anspruch", sagt die Wissenschaftlerin, „schließlich leben wir in einer Leistungsgesellschaft." Die Optimierung des Körpers ist längst akzeptiert. Warum sollte man nicht auch die Psyche perfektionieren? Eine schnelle Auffassungsgabe, gutes Erinnerungs- und Konzentrationsvermögen verschaffen möglicherweise den jobsichernden Vorteil in der modernen Arbeitswelt. [...]

Michael Soyka, Professor für Psychiatrie und Psychotherapie an der Ludwig-Maximilians-Universität München, [...] ist dagegen, die Tabletten freizugeben, er verabscheut die Forderungen seiner Wissenschaftskollegen. „Mir gefällt das Menschenbild dahinter nicht", sagt er. Schneller, besser, mehr, mehr, mehr. Es sei die Logik des Computerzeitalters, das Hirn der Menschen halte nicht mehr mit. „Es geht nur noch um Durchhalten und mehr Power." Warum verschreiben Ärzte keine Arbeitspausen? „Gewiss, die Mittel sind kein Kaugummi", räumt Martha Farah von der University of Pennsylvania ein [...]. „Andererseits gibt es Schlimmeres: Rauchen etwa."

Und was ist mit dem Vorwurf, Gehirndoping führe zu einem unfairen Wettbewerb? Das kann man genau andersherum sehen, finden die Gelehrten um Farah. An Chancengleichheit mangele es ohnehin: Studenten, die sich einen privaten Tutor leisten können, seien gegenüber ärmeren Kommilitonen im Vorteil. Die Drogen fürs Gehirn, argumentieren die Forscher, könnten diesen Ungerechtigkeiten sogar entgegenwirken – man müsse die Mittel einfach allen Prüflingen kostenlos zur Verfügung stellen.

Tatsächlich könnte das Dopen ganzer Klassen und Absolventenjahrgänge zu einer beispiellosen Gleichmacherei führen, wie neurowissenschaftliche Untersuchungen andeuten: Bei mittelmäßigen Studenten führen die Mittel nämlich zu vergleichsweise großen Verbesserungen. Überdurchschnittliche Hochschüler spüren nur kleine Effekte.

Mathias Berger, Ärztlicher Direktor der Abteilung Psychiatrie und Psychotherapie des Uni-Klinikums Freiburg, beobachtet mit Verwunderung, wie schnell der Markt für die „Kosmetik der grauen Zellen" wächst. Er sieht ein Phänomen, das „in dieser Form dem Doping in Sportstudios vergleichbar werden wird": Obwohl so wenig bekannt sei über die Risiken und Nebenwirkungen, werde das Zeug „insbesondere unter College-Studenten bedingungslos geschluckt".

Vielen Konsumenten erschienen die Nebenwirkungen zunächst auch gering. Aber diese Medikamente, erklärt Berger, veränderten „die Verarbeitung der Informationen im Gehirn". Und: „Die Auswirkungen auf die Persönlichkeit eines Menschen, der sich für Erfolge nicht mehr sehr anstrengen muss, sind nicht absehbar." Auch der Druck auf ältere Arbeitnehmer, ihr Gehirn aufzupeppen, werde „sicher extrem steigen", prophezeit Berger, sobald deren geistige Frische nachlasse.

1 Werten Sie den Text zur Vorbereitung einer Diskussion aus. Das Thema lautet: „Sollte es in Deutschland verboten werden, Neuro-Enhancement-Medikamente zur Leistungssteigerung einzunehmen?"

　a Ordnen Sie die im Text genannten Argumente, z.B. in einer Mindmap:

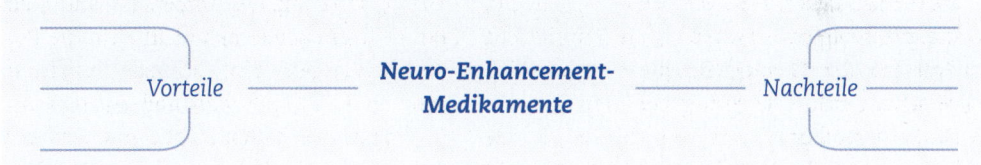

　b Positionieren Sie sich selbst:
　　Sollten diese Mittel verboten werden?
　c Suchen Sie Mitschüler, die Ihre Position teilen, und bereiten Sie einzelne Diskussionskarten (siehe rechts) vor.

2 **a** Entscheiden Sie, welche Form der Diskussion (▶ Methode, S. 92) sich für Ihren Kurs und dieses Thema am besten eignet, und führen Sie die Diskussion durch.
　b Bestimmen Sie Schülerinnen und Schüler, die die Diskutierenden unter bestimmten Fragestellungen beobachten (▶ Methode, S. 92).
　c Erstellen Sie ein Ergebnisprotokoll der Diskussion (▶ Methode, S. 93).

These
Medikamente bieten Vorteile

Argument
Chance auf fotografisches Gedächtnis

Stützung des Arguments
Versuche bei Taufliegen gelungen

Methode: Diskussionsformen

Plenumsdiskussion
Diskussion im gesamten Kurs:
- Die Sitzordnung sollte so sein, dass sich alle sehen können.
- Es sollten 2 Diskussionsleiter ernannt und einige Beobachter bestimmt werden, die das Verhalten einzelner Diskussionsteilnehmer untersuchen (▶ Methode).
- Zu Beginn sollten die Diskussionsleiter möglichst gegenteilige Positionen zu Wort kommen lassen.

Podiumsdiskussion
6–8 Teilnehmer (meist Experten) diskutieren miteinander und beantworten ggf. auch Fragen aus dem Publikum (▶ Methode, S. 293).

Fishbowl-Diskussion
Ein kleiner Kreis von Personen diskutiert. Auf einem leeren Stuhl kann ein Zuhörer Platz nehmen und sich in die Diskussion einschalten. Er muss den Stuhl aber rasch wieder frei machen.

Debatte
- Im Mittelpunkt steht meist ein Antrag (wie im Bundestag), der vom Vorsitzenden erläutert wird.
- Es gibt klare Pro- und Kontra-Positionen, die von zwei etwa gleich großen Gruppen vertreten werden.
- Das Rederecht wechselt nach jedem Redner auf die Gegenseite und ist oft zeitlich begrenzt (z. B. 30 Sek.).
- Jeder Diskussionsteilnehmer sollte auch auf Gegenargumente eingehen.

● Teilnehmer/innen ● Diskussionsleiter/in ● Vorsitzende/r

Methode: Beobachtung eines Diskussionsteilnehmers

Notieren Sie zu dem Diskussionsteilnehmer, den Sie beobachten,
- welche zentrale These er vertritt,
- welche wichtigen Argumente er nennt,
- mit welchen Beispielen, Zitaten, Erläuterungen er seine Argumente stützt,
- auf welche Gegenargumente er in welcher Weise eingeht,
- wie er sich in der Diskussion verhält: sachlich/unsachlich, vermittelnd/konfrontativ usw.

4.1 GEHEIMNIS GEHIRN – ARGUMENTIEREN, DISKUTIEREN UND PROTOKOLLIEREN

Methode — **Ergebnisprotokoll und Verlaufsprotokoll**

Protokolle fassen den Gesprächsverlauf und/oder die Ergebnisse von Diskussionen und Beratungen so zusammen, dass sie auch für Leser, die nicht anwesend waren, verständlich werden. Protokolle werden im **Präsens** verfasst und informieren **sachlich und neutral**.
Ergebnisprotokolle informieren ohne Namensnennung über zentrale Ergebnisse. Dabei dürfen keine Informationen aus späteren Gesprächen eingefügt werden.

> *Ergebnisprotokoll der Deutschstunde am 13.06.20..*
> *Thema: Pro-Kontra-Diskussion „Sollte es in Deutschland verboten werden, Neuro-Enhancement-Medikamente zur Leistungssteigerung einzunehmen?"*
> *Teilnehmer: Kurs D2*
> *Leitung: Frau Dr. Lehmann (Deutschlehrerin)*
> *Zeit: 9.35 – 10.20 Uhr*
> *Protokoll: Jan Trautmann*
>
> *TOP 1: Diskussionsvorbereitung mit Hilfe eines Spiegel-Artikels*
> *TOP 2: Diskussion*
>
> *Zu TOP 1:*
> *Im Spiegel-Artikel „..." werden folgende Argumente genannt: ...*
>
> *Zu TOP 2:*
> *In der Diskussion waren zentrale Argumente für ein Verbot von Hirndoping-Medikamenten:*
> *– ...*
> *– ...*
>
> *Zentrale Argumente gegen ein Verbot waren:*
> *– ...*
> *– ...*
>
> *In einer abschließenden Abstimmung zeigte sich, dass der Kurs mit 17:9 Stimmen für ...*
>
> *Köln, 14.6.20.., Jan Trautmann*

In einem **Verlaufsprotokoll** wird der Gang der Diskussion wiedergegeben und die Diskutanten werden namentlich genannt. Der Protokollant gibt jedoch nicht alle Wortbeiträge wörtlich wieder, sondern wählt Beiträge aus, die für den Diskussionsverlauf entscheidend waren. Ergebnisse der Diskussion müssen als solche gekennzeichnet werden.

1 Drei typische Fehler bei der Anfertigung eines Protokolls sind:
– Die Stundenergebnisse werden ungenau dargestellt.
– Der Protokollant gibt nur die Position angemessen wieder, die er teilt.
– Unwichtige Details werden aufgeführt (etwa Organisationsabsprachen).
  a Notieren Sie, wie Sie sich als Protokollant vor diesen Fehlern schützen können.
  b Vergleichen Sie Ihre Notizen in Kleingruppen und einigen Sie sich auf drei Tipps.

2 **a** Fertigen Sie zu einer ausgewählten Deutschstunde ein Ergebnis- und ein Verlaufsprotokoll an.
  b Vergleichen Sie die beiden Protokolle: Welche Vor- und Nachteile sehen Sie jeweils?

4.2 Liebe und Denkfehler – Sachtexte erschließen

Zentrale Aussagen eines Sachtextes erfassen

Dick Swaab: Das verliebte Gehirn (2011)

An den unterschiedlichen Phasen unseres Liebeslebens: 1) der Verliebtheit, 2) der sexuellen Erregung, 3) der auf eine langfristige Partnerschaft abzielenden Verbundenheit und 4) dem
5 mütterlichen und väterlichen Verhalten sind viele Hirnprozesse beteiligt. Obwohl das natürlich nicht in „der Absicht" von Mutter Natur liegt, sehen wir tagtäglich, dass diese Phasen durchaus unabhängig voneinander existieren.
10 Daher werde ich sie auch gesondert besprechen.

Niemand, der sich an das heftige, blitzartige Erlebnis intensiver Verliebtheit erinnern kann, wird die Wahl eines Partners als „eine freie Ent-
15 scheidung" oder „einen wohldurchdachten Entschluss" charakterisieren. Liebe auf den ersten Blick überfällt einen einfach, es ist reinste Biologie, verbunden mit Euphorie und all den heftigen körperlichen Reaktionen wie Herzklop-
20 fen, Schweißausbrüchen und Schlaflosigkeit, mit emotionaler Abhängigkeit, stark fokussierter Aufmerksamkeit, obsessivem Denken an den Partner, dem besitzergreifenden Beschützerwunsch und dem Gefühl gesteigerter Ener-
25 gie. [...]

Verliebtheit ist bei Menschen in aller Welt die Grundlage der Paarbildung. Man sollte doch annehmen, dass unsere Hirnrinde über etwas so Bedeutsames wie Partnerwahl, den Beginn der
30 Familie, bei vollem Bewusstsein entscheiden würde. Aber nein, während wir heftig verliebt sind und alle unsere Aufmerksamkeit und Energie auf den einen Partner richten, geben die tief unten im Gehirn liegenden Strukturen,
35 die unbewusste Prozesse steuern, den Ton an. Bei frisch und intensiv Verliebten, die ein Foto des geliebten Menschen betrachteten, zeigten bildgebende Verfahren nur in den weit unterhalb der Hirnrinde liegenden Hirnstrukturen
40 Aktivität. Besonders das Belohnungssystem, das uns ein angenehmes Gefühl verschafft und Dopamin als chemischen Botenstoff verwendet, war sehr aktiv. Dieses Hirnsystem ist darauf ausgerichtet, dass wir eine Belohnung bekommen, in diesem Fall einen Partner. Dieses 45 Belohnungssystem ist nicht nur am Verliebtsein beteiligt, sondern an allem, was wir als angenehm empfinden, und darüber hinaus auch an unserem Suchtverhalten. Das erklärt auch, warum wir unter heftigen „Entzugserscheinun- 50 gen" leiden, wenn eine solche intensive Beziehung zerbricht. Je nach Attraktivität des Gesichts auf dem Foto und der Intensität der romantischen Leidenschaft wird dieses System vor allem in der rechten Seite des Gehirns aktiv. 55 Als Ausdruck der Stresssituation steigt bei Verliebten außerdem der Spiegel des Stresshormons Cortisol im Blut. Die Stimulation der Nebenniere durch diese Stressreaktion verursacht bei verliebten Frauen einen Anstieg des Testos- 60 teronspiegels, bei Männern dagegen ein Absinken.

Erst bei längerfristiger Verliebtheit wird der präfrontale Cortex aktiviert, der vordere Bereich des Gehirns, in dem geplant und abgewogen 65 wird. Und wenn sich eine stabile Zweierbeziehung bildet, werden die Aktivierung der Stressachse und die Veränderung des Testoste-

ronspiegels aufgehoben. Natürlich hat in dieser aufregenden Phase die Verarbeitung sinnlicher Reize in der Hirnrinde eine Rolle gespielt, denn schließlich haben wir unseren Partner gesehen, gerochen und gespürt. Doch eine bewusste Entscheidung für genau diese Person ist damit nicht verbunden. Das evolutionäre, alte Belohnungssystem macht uns klar, wer „der einzig Wahre ist", und koppelt die Fortpflanzung so an den zumindest derzeit „richtigen" Partner. Erst nachdem die heftige Verliebtheit abgeflaut ist, übernimmt die Hirnrinde wieder das Kommando. Daher ist es auch sinnlos, dem Sohn oder der Tochter, die sich Hals über Kopf in den oder die Falsche verliebt haben, vorzuwerfen, sie hätten besser ihr Gehirn einschalten sollen. Das haben sie getan, aber die Teile der Hirnrinde, die ein abgewogenes, bewusstes Urteil gefällt und vielleicht eine andere Entscheidung getroffen hätten – wie etwa der präfrontale Cortex –, sind in diesem Prozess leider zu spät zum Zuge gekommen.

1 Notieren Sie spontan die drei Ihrer Ansicht nach wichtigsten Aussagen des Textes.

2 **a** Bringen Sie die folgenden Lesestrategien in eine sinnvolle Reihenfolge.

> Fragen an den Text stellen   den Text abschnittweise rekapitulieren
> den Titel nutzen   sich einen Überblick verschaffen   gründlich und aktiv lesen

b Machen Sie sich anhand des folgenden Beispiels klar, was es bedeutet, einen Text aktiv zu lesen.

Antithese	Man **sollte** doch annehmen, dass unsere Hirnrinde über etwas so Bedeutsames wie Partnerwahl, den Beginn der Familie, bei vollem Bewusstsein entscheiden würde. **Aber nein**, während wir heftig verliebt sind und alle unsere Aufmerksamkeit und Energie auf den einen Partner richten, **geben die tief unten im Gehirn liegenden Strukturen**, die unbewusste Prozesse steuern, **den Ton an**. Bei frisch und intensiv Verliebten, die ein Foto des geliebten Menschen betrachteten, zeigten bildgebende Verfahren […]	*Konjunktiv!*
These Argument		*Einspruch: These wird richtiggestellt*
Stützung des eigenen Arguments durch wissenschaftliche Erkenntnisse		*Kernaussage, vgl. Titel: „Das verliebte Gehirn"*

c Erschließen Sie die zentralen Aussagen des Sachtextes mit Hilfe der Lesestrategien.

3 **a** Erstellen Sie eine Grafik, die die Inhalte des Textes veranschaulicht. Ein Beispiel finden Sie hier:

> **Zentrale These:** Verliebtheit ist kein rationaler ...
> ↳ Insbesondere in der Phase der Verliebtheit ...   ⟷   Argumente: ...
> ↳ Die Hirnrinde wird erst wieder aktiv, wenn ...
>
> **Basis:** Evolutionäre ...

(4 Phasen des ...)

b Formulieren Sie drei Fragen, die eine Grafik zu diesem Text beantworten können sollte.
c Prüfen Sie Ihre Grafiken in Partnerarbeit, indem Sie sich Ihre Fragen gegenseitig stellen.

Wirkungsabsicht und Sprache eines Sachtextes untersuchen

Rolf Dobelli: Denkfehler: The Swimmer's Body Illusion [2011]

Als der Essayist und Börsenhändler Nassim Taleb den Entschluss fasste, etwas gegen seine hartnäckigen Kilos zu unternehmen, schaute er sich bei den verschiedensten Sportarten um. Die Jogger machten ihm einen dürren und unglücklichen Eindruck. Die Bodybuilder sahen breit und dümmlich aus. Die Tennisspieler, ach, so gehobene Mittelklasse! Doch die Schwimmer gefielen ihm. Sie hatten diese gut gebauten, eleganten Körper. Also entschloss er sich, zweimal die Woche in das chlorhaltige Wasser des lokalen Schwimmbades zu steigen und richtig hart zu trainieren. Es dauerte eine ganze Weile, bis er merkte, dass er einer Illusion auf den Leim gekrochen war. Die professionellen Schwimmer haben diesen perfekten Körperbau nicht, weil sie ausgiebig trainieren. Es ist anders herum: Sie sind gute Schwimmer, weil sie so gebaut sind. Ihr Körperbau ist ein Selektionskriterium, nicht das Resultat ihrer Aktivitäten.

Weibliche Models machen Werbung für Kosmetika. So kommt manche Konsumentin auf den Gedanken, die Kosmetika würden einen verschönern. Doch es sind nicht die Kosmetika, die diese Frauen zu Models machen. Die Models sind zufälligerweise als schöne Menschen geboren, und nur deshalb kommen sie für die Kosmetika-Werbung überhaupt erst in Frage. Wie bei den Schwimmern ist hier die Schönheit ein Selektionskriterium, nicht ein Ergebnis. Wenn immer wir Selektionskriterium und Ergebnis vertauschen, sitzen wir der *Swimmer's Body Illusion* auf. Ohne diese Illusion würde die Hälfte der Werbung nicht funktionieren.

Aber es geht nicht nur um sexy Körper. Harvard hat den Ruf, eine Top-Universität zu sein. Viele höchst erfolgreiche Personen haben in Harvard studiert. Heißt das, dass Harvard eine gute Schule ist? Das wissen wir nicht. Vielleicht ist die Schule miserabel, aber sie rekrutiert die gescheitesten Studenten der ganzen Welt. [...]

Wenn ich glückliche Menschen frage, worin das Geheimnis ihres Glücks bestehe, höre ich oft Sätze wie „Man muss das Glas halb voll statt halb leer sehen". Als könnten diese Menschen nicht akzeptieren, dass sie als glückliche Menschen geboren sind und nun halt die Neigung haben, in allem das Positive zu sehen. Dass Glückseligkeit zum großen Teil angeboren ist und im Verlauf des Lebens konstant bleibt, wollen die Glücklichen nicht einsehen. Die *Swimmer's Body Illusion* gibt es also auch als Selbstillusion. Wenn die Glücklichen dann noch Bücher schreiben, wird die Täuschung perfid. Darum: Machen Sie von jetzt an einen weiten Bogen um Selbsthilfe-Literatur. Sie ist zu hundert Prozent von Menschen geschrieben, die eine natürliche Tendenz zum Glück besitzen. Nun verschleudern sie auf jeder Buchseite Tipps. Dass es Milliarden von Menschen gibt, bei denen diese Tipps nicht funktionieren, bleibt unbekannt – weil Unglückspilze keine Selbsthilfebücher schreiben.

Fazit: Überall, wo etwas Erstrebenswertes – stählerne Muskeln, Schönheit, höheres Einkommen, langes Leben, Aura, Glück – angepriesen wird, schauen Sie genau hin. Bevor Sie ins Schwimmbecken steigen, werfen Sie einen Blick in den Spiegel. Und seien Sie ehrlich mit sich.

1 **a** Formulieren Sie drei Fragen, die jemand, der den Text gelesen hat, beantworten können müsste.
b Prüfen Sie mit Ihren Fragen eine Partnerin/einen Partner und lassen Sie sich prüfen.

4.2 LIEBE UND DENKFEHLER – SACHTEXTE ERSCHLIESSEN

2 Diskutieren Sie, ob es für die beschriebenen Phänomene auch andere Erklärungen als die Swimmer's Body Illusion geben könnte.

3 a Welche der folgenden Wirkungsabsichten finden Sie im Text? Geben Sie Textstellen an.
   Wirkungsabsichten
   1. Der Autor will seine Leser (Adressaten) informieren.
   2. Der Autor will seine Leser zu etwas Bestimmtem aufrufen.
   3. Der Autor will seine Leser überzeugen und in ihrer Meinung beeinflussen.
   4. Der Autor will seine Leser unterhalten.
   b Können Sie im Text eine vorherrschende Wirkungsabsicht erkennen? Begründen Sie.

Information **Sachtexte und ihre Wirkungsabsicht**

Sachtexte verfolgen in der Regel eine bestimmte **Wirkungsabsicht/Intention**. Sie wollen ihre **Leser/Adressaten** z. B. informieren, beeinflussen, zu etwas aufrufen oder unterhalten. Je nach vorherrschender Wirkungsabsicht lassen sich verschiedene **Arten von Sachtexten** unterscheiden, z. B.:

Bericht	Rede, Erörterung, Kommentar	Reportage
(= informativ)	(= v. a. beeinflussend, appellierend)	(= v. a. informativ und unterhaltend)

---

4 Untersuchen Sie die Sprache des Textes (▶ Methode). Sammeln Sie in einer Tabelle links die sprachlichen Mittel und notieren Sie rechts, was der Autor mit diesen Mitteln erreichen will.

– rhetorische Frage: „Heißt das, dass Harvard …?" (Z. 46 ff.)	**Absicht: Leserbeeinflussung** Leser soll die naheliegende Schlussfolgerung selbst ziehen und den Folgerungen des Autors zustimmen.

5 Wählen Sie eine der folgenden textgestaltenden Aufgaben:
   – Schreiben Sie Dobellis Text um, indem Sie Ihre Beispiele aus dem schulischen Umfeld wählen.
   – Schreiben Sie einen Gegentext, in dem Sie die Schlussfolgerungen des Autors hinterfragen.

6 Dobelli hat in einer Serie von Artikeln weitere Denkfehler beschrieben, zum Beispiel:
Ich verhalte mich richtig, wenn ich mich wie alle verhalte.
Das systematische Überschätzen des eigenen Wissens.
Schreiben Sie einen Paralleltext zu „The Swimmer's Body Illusion", in dem Sie einen dieser Denkfehler anschaulich und unterhaltsam präsentieren.

Methode **Sprachliche Besonderheiten untersuchen**

- **Wortwahl:** Welche Stilebene (z. B. fachsprachlich, umgangssprachlich, sachlich, polemisch) hat der Text? Stammen viele Wörter aus einem bestimmten Wortfeld (z. B. Natur, Sport usw.)?
- **Satzbau:** Sind die Sätze überwiegend komplex (Hypotaxe) oder einfach (Parataxe) gebaut?
- **Rhetorische Mittel:** Finden sich sprachliche Bilder (Vergleiche, Metaphern)? Gibt es auffällige Wiederholungen, Aufzählungen, Steigerungen, rhetorische Fragen, Ironie, Leseransprachen?
- Lassen sich **Bezugnahmen auf die Leser** erkennen: Gibt es rhetorische Fragen? Werden die Leser angesprochen?
- **Leserbeeinflussung/sprachliche Bewertung:** Ist der Text neutral formuliert? Gibt es auf- oder abwertende Formulierungen?

4.3 Training – Einen Sachtext analysieren

Aufgabenbeispiel
1. Analysieren Sie den Zeitschriftenartikel „Intelligenz: Kluge Menschen irren sich häufiger" im Hinblick auf Thesen, Argumentationsgang und sprachliche Gestaltung.

Daniel Rettig: Intelligenz: Kluge Menschen irren sich häufiger (2012)

Intelligenz hat auch Nachteile, stellt eine amerikanische Studie fest: Demnach irren sich kluge Menschen deutlich häufiger, weil sie ihrer eigenen Hybris[1] erliegen.

Folgende Situation: Ein Baseballschläger und ein Ball kosten insgesamt 1,10 Euro. Der Schläger kostet 1 Euro mehr als der Ball. Wie teuer ist der Ball? Dachten Sie spontan: „10 Cent"? Falsch gedacht! Die richtige Antwort lautet 5 Cent – denn der Unterschied zwischen 1 Euro und 10 Cent beträgt nur 90 Cent.

Die Frage stammt aus dem Cognitive Reflection Test des US-Ökonoms Shane Frederick. Zu Ihrer Beruhigung: Der Wissenschaftler hat die Aufgaben in den vergangenen Jahren Hunderten von Probanden vorgelegt, darunter auch zahlreichen Elitestudenten. Kaum jemand beantwortete die Frage nach dem Preis des Baseballs richtig. Kein Wunder: Gedanken sind selten objektiv, Schlussfolgerungen oft unlogisch. Anders gesagt: Allzu häufig unterliegen Menschen einer gedanklichen Verzerrung, dem *cognitive bias*. Liegt das schlicht an mangelnder Intelligenz?

Ganz im Gegenteil, resümiert jetzt Psychologe Richard West von der James Madison Universität. Er kommt in einer neuen Studie zu einem überraschenden Ergebnis: Intelligenz macht oft erst empfänglich für das geistige Fettnäpfchen. West widmete sich in seiner Untersuchung den so genannten geistigen blinden Flecken (*bias blind spots*). Vereinfacht ausgedrückt nehmen Menschen Denkfehler bei sich selbst selten wahr. Motto: „Das könnte mir nie passieren!"

Diese Ansicht vertraten auch die knapp 500 Studenten, die West für seinen Versuch gewann. Die Mehrzahl war der Ansicht, dass sie selbst vor solchen Irrtümern gefeit sei. Das wollte West genauer überprüfen. Daher stellte er den Freiwilligen einige Rätselfragen. Ergebnis: Die Probanden kamen genauso selten auf die richtige Lösung – obwohl sie es anders vorhergesagt hatten. Hatte West es mit dummen Studenten zu tun? Mitnichten.

Im zweiten Teil des Versuchs unterzog er die Probanden verschiedenen Intelligenz- und Persönlichkeitstests. Und dabei zeigte sich: Die Studenten waren keineswegs dumm, sie waren sogar sehr klug. Sie forderten sich gerne intellektuell heraus, waren neugierig, und hatten im Uni-Aufnahmetest SAT eine überdurchschnittliche Punktzahl erreicht. Als West die Ergebnisse verglich, fand er erstaunliche Korrelationen: Je klüger die Studenten waren, desto eher fielen sie auf die Denkfehler herein. Offenbar schützt Intelligenz nicht vor Irrtümern, sondern befördert sie vielmehr. Womöglich seien sich kluge Menschen ihrer geistigen Überlegenheit bewusst und gingen deshalb instinktiv davon aus, dass sie die Denkfallen locker umschiffen, meint West. Und diese Hybris macht sie unbewusst auf mindestens einem Auge blind. Offenbar ist Intelligenz nicht immer nur positiv. Manchmal steht sie uns sogar eher im Weg.

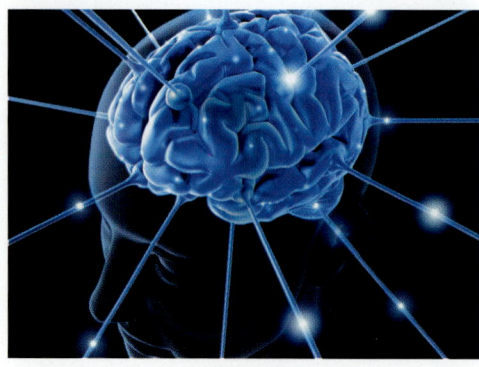

[1] **Hybris:** Übermut, Selbstüberschätzung

4.3 TRAINING – EINEN SACHTEXT ANALYSIEREN

Die Aufgabenstellung verstehen

1 Entscheiden Sie, welche der folgenden Teilaufgaben in der Aufgabenstellung enthalten sind.
- Obwohl in der Aufgabe nicht gefordert, muss ich in gewohnter Weise eine Einleitung schreiben.
- Die zentralen Thesen des Textes muss ich in einem zweiten Teil meiner Arbeit erörtern.
- Im Hauptteil habe ich drei Schwerpunkte zu setzen.
- Die Sprache soll ich nur beschreiben, nicht auf die beabsichtige Wirkung hin deuten.
- Am Schluss sollte ich eine persönliche Einschätzung vornehmen.

Erstes Textverständnis und Ideen formulieren

1 Notieren Sie Stichworte zu Ihrem ersten Verständnis des Textes.
2 Markieren Sie auf einer Kopie des Textes argumentierende Textteile sowie sprachliche Auffälligkeiten und machen Sie sich dazu Randnotizen.

Fremdwort/ Fachbegriff		Die Frage stammt aus dem Cognitive Reflection Test des US-Ökonoms Shane Frederick. Zu Ihrer
Leseransprache	*Faktenargument*	Beruhigung: Der Wissenschaftler hat die Aufgaben in den vergangenen Jahren Hunderten von Probanden vorgelegt, darunter auch zahlreichen Elitestudenten. Kaum jemand beantwortete die Frage nach
Ellipse	↓	dem Preis des Baseballs richtig. Kein Wunder: Gedanken sind selten [...]

Den Text analysieren

1 Die Analyse im Hauptteil Ihres Textes können Sie in Arbeitsschritten vorbereiten. Fertigen Sie für Schritt I bis III Notizen an.

a **I. Schritt: Thesen herausfiltern**
Wenden Sie hilfreiche Strategien an: Titel nutzen, Signalwörter beachten („resümiert", „offenbar" ...)

> **Hauptthese:** ...
> (vgl. Titel + Z. ...)

b **II. Schritt: Argumentationsgang untersuchen**
Suchen Sie im Text argumentierende Textteile. Achten Sie auf Textsignale: Konjunktionen/Adverbien (deshalb, ...)
Nennen Sie ggf. auch die im Text enthaltenen Stützungen der Argumente.

> **Faktenargument:**
> These wird belegt durch eine Studie ...
> **Stützung:** Dieser Studie zufolge ...

c **III. Schritt: Sprache und Wirkungsabsicht untersuchen**
Notieren Sie Auffälligkeiten und beziehen Sie diese immer auf den Inhalt, d. h. die beabsichtigte Wirkung.
Untersuchen Sie z. B., ob der Text mit Auf- und/oder Abwertungsvokabeln arbeitet, welchen Sprachstil (nüchtern, emotional, ...) der Autor nutzt und welche rhetorischen Mittel er verwendet.

Sprache	Wirkung
Leseransprache (Z. ...)	Leser merkt: Phänomen gilt auch für mich → Interesse steigt
Fachbegriffe, z. B. ...	Eindruck, dass der Autor ...
sprachliche Bilder: ...	...

Den Schreibplan erstellen und schreiben

1 a Überlegen Sie, wie Sie Ihren Aufsatz sinnvollerweise aufbauen sollten.
Entscheiden Sie, welche der folgenden Aussagen zutreffen:
- Ich sollte meinen Text klar in Einleitung, Hauptteil und Schluss gliedern und das auch durch Absätze deutlich machen.
- Beim Aufbau des Hauptteils sollte ich meine Untersuchungsergebnisse zu Thesen, Argumentationsgang und Sprache nacheinander anführen und klar voneinander trennen.
- Beim Aufbau des Hauptteils kann es sinnvoll sein, Untersuchungsergebnisse zu verschiedenen Aspekten (z. B. Argumentation und Sprache) miteinander in Beziehung zu setzen.
- Es ist sinnvoll, kritische Bewertungen sowohl im Hauptteil als auch im Schluss vorzunehmen.
- Im Schluss sollte man nicht alle Untersuchungsergebnisse noch einmal wiederholen, sondern zu einer kritischen Bewertung oder Einordnung kommen.

b Vergleichen Sie Ihre Ergebnisse mit Ihrem Lernpartner oder Ihrer Lernpartnerin.

2 Schreiben Sie eine erste Textfassung.
Tipp: Wenn die Möglichkeit gegeben ist, können Sie auch am PC arbeiten.

a Einleitung: Denken Sie an
- die Textvorstellung im Einleitungssatz (enthält – abhängig von den Informationen, die Aufgabenstellung und Titel liefern – Angaben zu Autor, Titel, Textsorte, Erscheinungsjahr und Medium, z. B. Zeitung:
  Der vorliegende Zeitschriftartikel „…" von … ist im Jahr … erschienen. …
- die Darstellung des Zusammenhangs, in dem der Text steht:
  Er stellt ein aktuelles Forschungsergebnis im Bereich … vor, nämlich …
- eine kurze Übersicht über Inhalt und Aufbau:
  Es lassen sich … (drei, vier …) zentrale Textteile unterscheiden: Zunächst … (Z. … – Z. …)

b Hauptteil: Strukturieren Sie den Hauptteil nach den Schwerpunkten der Aufgabenstellung. Denken Sie also an
- die Untersuchung der „vorgetragenen Thesen" (Hauptthese, Teilaspekte …):
  Die Hauptthese des Textes wird bereits zu Beginn des Textes deutlich: Demnach sei …
- die Nachzeichnung des Argumentationsgangs:
  Die Behauptung, …, wird plausibel gemacht, indem auf … verwiesen wird. Dieser … zufolge …
  Dieses Faktenargument wird genutzt …, um …
- die Untersuchung der Sprache, auch im Blick auf Wirkungsabsichten:
  Der Autor bedient sich eines überwiegend sachlichen Stils, der jedoch …
  Indem Rettig den Leser direkt anspricht, macht er ihm klar, dass …
  Um zu verdeutlichen, dass intelligente Menschen aufgrund ihrer Selbstüberschätzung Nachteile haben, nutzt Rettig verschiedene sprachliche Bilder: So spricht er von einem „geistige[n] Fettnäpfchen" (Z. 29). Diese Metapher …
  Durch die Verwendung von Fachbegriffen und Fremdwörtern wie … entsteht der Eindruck, dass …

c Schluss: Verfassen Sie eine kritische Bewertung der Aussagen des Sachtextes und/oder ordnen Sie den Text in größere Zusammenhänge ein.
Die von … vorgetragene Schlussfolgerung, …, lässt sich durchaus problematisieren, denn …
Der Text stärkt insgesamt den von … vertretenen Standpunkt, wonach …

Den eigenen Text überarbeiten

1. Übertragen Sie die Checkliste ohne Spalte 2 auf ein Blatt. Prüfen Sie dann Ihren Text und füllen Sie die Tabellenspalten aus.
2. Erstellen Sie eine Endfassung Ihres Textes.

Checkliste		Einen Sachtext analysieren		
		Spalte 2	10 = voll erfüllt 0 = gar nicht erfüllt	Verbesserungsidee
	Einleitung	**Textvorstellung:** Werden Autor, Titel, Textsorte, Erscheinungsjahr, Medium genannt? **Kontext:** Wird der Zusammenhang erklärt, in dem der Text steht? Wird deutlich, um welche Fragestellung es geht? **Inhaltsübersicht:** Gibt es eine kurze Übersicht über den Inhalt und Aufbau des Textes?		
Hauptteil: Schwerpunkte der Aufgabenstellung beachten	**Thesen**	Werden die Kernaussagen des Textes mit eigenen Worten wiedergegeben? Wurde indirekte Rede verwendet?		
	Argumentationsgang	Werden Begründung (Studie …) und Erläuterung (Selbstüberschätzung …) dargestellt? Ist der Gedankengang klar nachgezeichnet?		
	Sprache	**Bewertung:** Wird deutlich, wo der Text mit auf- und abwertenden Vokabeln arbeitet – und warum? **Sprachstil:** Wird der Sprachstil oder ggf. die Mischung von Sprachstilen (nüchtern, emotional …) beschrieben? **Rhetorische Mittel:** Werden rhetorische Mittel genannt und in ihrer Funktion beschrieben (etwa Leseransprache zu Beginn)?		
	Wirkungsabsicht/ Adressat	Gibt es Hinweise auf die Wirkungsabsicht des Autors? Wird eine bestimmte Adressatengruppe angesprochen?		
	Schluss	Findet **abschließend** eine kritische Bewertung oder Einordnung statt?		

5 Fernsehen und interaktive Medien – Reale und fiktionale Formate untersuchen

1 Fernsehen gehört zu unserem Alltag. In der amerikanischen Erfolgsserie „Die Simpsons" trifft sich die Familie am Anfang jeder Folge auf der Fernsehcouch. Stellen Sie Vermutungen darüber an, was die Familie sich gerade im Fernsehen anschaut.

2 Klären Sie mit der Metaplan-Methode, welche Fernsehsendungen in Ihrer Klasse gesehen werden.
  a Notieren Sie drei für Sie wichtige Sendungen auf einzelne Karten. Heften Sie die Karten an.
  b Ordnen Sie die Karten gemeinsam nach Oberbegriffen. Bilden Sie weitere Unterbegriffe.

> Serien   Shows   …
>
> …   Daily Soaps   Sitcoms
>
> „Friends"

  c Markieren Sie auf den Karten in unterschiedlichen Farben, welche Sendungen unterhaltsam und welche informativ sind. Gibt es Mischformen? Begründen Sie.

In diesem Kapitel erwerben Sie folgende Kenntnisse und Kompetenzen:

- Journalismus in Nachrichtensendungen, Live-Berichterstattungen, Talkshows, Scripted-Reality-Formaten und in sozialen Netzwerken im Hinblick auf Gestaltung, Aussage und Wirkung untersuchen und vergleichen,
- Besonderheiten der Internet-Kommunikation erläutern und beurteilen,
- Fernsehserien in Bezug auf Figuren, Handlung und Struktur analysieren,
- Beeinflussungsmöglichkeiten verschiedener Sendeformate beurteilen,
- einen Sachtext zum Thema Scripted Reality erörtern.

5.1 Journalismus? – Nachrichten in verschiedenen Medien

Meldungen im Fernsehen – Nachrichtenformate gegenüberstellen

Martin Weber: **Tagesschau vs. RTL II: Hohe Mieten, nackte Lady Gaga** (24. 7. 2013)

20.00 Uhr, ARD: Nachrichtenvorleserin des Abends ist Judith Rakers. [...] Wirkt emsig und beflissen, betont sehr gut und verspricht sich fast nie. Ihr Outfit: orangefarbener Blazer, dar-
5 unter ein weißes T-Shirt. [...] Businesslook. [...]
20.00 Uhr, RTL II: Knappes rotes Kleid, mit dem man auch auf jeder sommerlichen Stehparty auflaufen könnte. Sandra Thier präsentiert die „News" beim Privatsender. [...] Ganz
10 andere Anmutung als im Ersten. Klarer Punkt für Judith Rakers. [...]
20.01 Uhr, ARD: Aufmacher-Meldung: die „Euro-Hawk"-Affäre. Bilder aus dem Untersuchungsausschuss. Ex-Verteidigungsminister
15 Scharping [...] wirft seinem Amtsnachfolger de Maizière vor, nachlässig gehandelt und versagt zu haben. Ein Mensch aus dem Untersuchungsausschuss spricht von „Muss- und Soll-Kriterium". Was das ist, lässt auch der Off-Ton nebu-
20 lös. Oliver Köhr, ARD-Korrespondent in der Hauptstadt, fasst am Schluss des Einspielers zusammen. [...] Die ARD hat überall in der Welt Korrespondenten. Und in Berlin sogar jede Menge.
25 **20.01 Uhr, RTL II:** „Mieten machen arm" ist die Aufmacher-Meldung. Immer mehr Menschen haben nach Abzug der Miete weniger Geld zur Verfügung als Hartz-IV-Empfänger. Wer das herausgefunden hat? Na, die Bertels-
30 mann-Stiftung. Und wer steht hinter dem RTL-II-Muttersender RTL? Na, die Bertelsmann AG. Stichwortgeber Nummer eins zum Thema ist Sybille Rausch aus Jena. Ihre Rolle: einfache Frau aus dem Volke. Hat zwar keine Kohle,
35 sucht eine neue Wohnung aber mittels iPad. [...]
20.04 Uhr, ARD: Zweite Meldung: Die NSA-Affäre. Kamerafahrt aufs Kanzleramt. „Dort oben arbeitet Ronald Pofalla", raunt der Off-Ton bedeutungsschwanger. Ist aber nicht zu sehen,
40 der Kanzleramtsminister. Wie er überhaupt selten zu sehen war in letzter Zeit. Stattdessen: Fassadenbilder. Einspieler. [...] Dann ist wieder ein Korrespondent dran. Diesmal einer, der die schlimme Formulierung „aus gut unterrichte-
45 ten Kreisen verlautete" verwendet.
20.04 Uhr, RTL II: Zweiter Jahrestag des Massakers von Utøya. „Angehörige und Politiker gedachten den Opfern", sagt die Lady in Red. Unsere Empfehlung an Sandra Thier und die
50 zuständigen Redakteure: www.duden.de. Nächste Meldung: ein Serienmörder in Ohio. [...] Sex and Crime geht immer.

20.05 Uhr; RTL II: Die Kurzmeldungen sind dran: Euro-Hawk, de Maizière, Erdbeben in China [...]. Alles in maximal 1:20 min. Für Nachrichten hat man bei RTL II schließlich nicht ewig Zeit.

20.06 Uhr, ARD: Die Steuereinnahmen von Bund und Ländern sind gestiegen, die Schulden der Länder in der Euro-Zone steigen wieder. Beides als Kurzmeldung.

20.06 Uhr, RTL II: Wetter geht, genau wie Sex and Crime, ebenfalls immer. „Der Sommer läuft zur Höchstform auf", sagt Sandra Thier. Mein lieber Schwan, das ist mal eine Nachricht! [...]

20.07 Uhr, ARD: Die EU setzt die Hisbollah-Miliz auf die Terrorliste. Einspieler. [...] Dann ist Marion von Haaren dran, ARD-Korrespondentin in Brüssel. Never change a winning Beitrags-Muster.

20.07 Uhr, RTL II: Das ist aber auch allerhöchste Eisenbahn. Endlich: William, Kate, das ungeborene Kind – inklusive Klapperstorch-Bild. Und der traurige Beweis, dass Selbsterkenntnis nicht immer der erste Schritt zur Besserung ist: „Vor einer Klinik in London ist Hektik ausgebrochen, obwohl noch gar nichts passiert ist", sagt Sandra Thier. Die RTL II News berichten natürlich trotzdem. [...]

20.09 Uhr, ARD: Zweiter Jahrestag des Massakers von Utøya. Der Name des Massenmörders wird kurz genannt, dann kommt mit Asmund Aukrust ein Überlebender zu Wort. [...] Dann der Korrespondent mit seiner Einordnung. Angemessene, informative und würdige Zusammenfassung der Gedenkfeier. [...]

20.14 Uhr, ARD: Thomas Lurz hat bei der Schwimm-WM in Barcelona Silber gewonnen; Heinz Meier, in fast allen Sketchen von Loriot dabei und als verwirrter Lottogewinner Erwin Lindemann berühmt geworden, ist im Alter von 83 Jahren gestorben. [...]

20.14 Uhr, RTL II: Endlich ist der Sender ganz bei sich, das Kernkompetenz-Thema ist dran. „Die VIP-News", grinsekatzt Sandra Thier. Okay, da müssen wir jetzt durch. Also: Lady Gaga, nackt und mit gespreizten Beinen. Ihr neues Album erscheint im November als App. Die Backstreet Boys mit neuem Video, ein neues Album wird's auch geben. Selena Gomez hat ihren 21. Geburtstag gefeiert. Ohne Justin Bieber. Beziehungsauszeit, wissen die von RTL II zu berichten. Beyoncé hat bei einem ihrer Konzerte einen Fan umarmt, der Fan ist in Ohnmacht gefallen. [...] Wer die RTL II News für Nachrichten hält, hat mehr als nur ein Problem. Und was die pudelnackige Lady Gaga angeht: Wir raten dringend ab.

20.15 Uhr, ARD: Das Wetter. Immer noch Sommer. Hurra. Judith Rakers legt die Blätter beiseite, von denen sie sowieso nicht abgelesen hat – da ist der Teleprompter vor. [...] Die gute alte Tante Tagesschau: ein bisschen staatstragend und vorhersehbar, sicher. Aber man hat etwas erfahren, und alle Nachrichten waren auch wirklich welche.

---

1 Berichten Sie im Kurs: Welche Nachrichtensendungen kennen Sie? Welche sehen Sie sich an? In welchen Medien verfolgen Sie die Nachrichten?

2 a Stellen Sie die einzelnen Beiträge der beiden Nachrichtensendungen in einer Tabelle gegenüber.

Zeit	Tagesschau (ARD)	RTL II News
20.01	„Euro-Hawk"-Affäre	Mieten machen arm

  b Vergleichen Sie, welche Schwerpunkte in den Nachrichtensendungen gesetzt werden. Markieren Sie dazu farbig, welchen Bereichen die jeweiligen Inhalte zuzuordnen sind: Kultur, Wirtschaft, ...

3 a Untersuchen Sie, wie Weber die beiden Nachrichtensprecherinnen und die Beiträge bewertet, z.B.: „emsig und beflissen", „Businesslook" (Z.2ff.) → Darstellung der Nachrichtensprecherin als ...

b Wählen Sie einzelne Bewertungen aus und nehmen Sie begründet dazu Stellung.
c Welcher Sender wird in dem Artikel besser bewertet? Begründen Sie mit Bezug auf Textstellen.

4 Erläutern Sie den Begriff „Infotainment". Inwiefern trifft er auf die beiden Sendungen zu?

5 Schauen Sie sich arbeitsteilig zwei weitere Nachrichtensendungen auf verschiedenen Sendern an.
   a Stellen Sie die Inhalte in einer Tabelle gegenüber. (▶ Aufgabe 2a).
   b Untersuchen Sie, welche unterschiedlichen „Textsorten" genutzt werden: Sprechermeldung, Interview, Filmbericht, Korrespondentenbericht, Kommentar.
   c Welche auffälligen filmgestalterischen Mittel (z. B. Kamera, Schnitt, Ton, ...) werden genutzt (▶ S. 287 f.)?
   d Vergleichen Sie die beiden Nachrichtensendungen.

Antje Hildebrandt: 50.000 Zuschauer mehr. Wie RTL II News die Tagesschau abhängen (2013)

Zum ersten Mal in der Geschichte hat RTL II mit den „News" mehr 14- bis 49-Jährige erreicht als die „Tagesschau". Das Erfolgsrezept ist simpel – und ein mittelschwerer Kulturschock. [...]

Es entbehrt nicht der Ironie, dass zu diesem Erfolg ausgerechnet zwei noch junge Formate beigetragen haben, deren Protagonisten so aussehen, wie man sich die Zuschauer der „RTL II News" vorstellt: großflächig tätowiert, verbal inkontinent und nur sekundär daran interessiert, was außerhalb ihres Mikrokosmos zwischen Mikrowelle und Muckibude passiert. Es geht um „Berlin – Tag und Nacht" und „Köln – 50667".

RTL II verkauft diese Formate allen Ernstes als Soaps. Dabei sind es Geschichten von Laiendarstellern, die den Alltag in fiktiven Wohngemeinschaften simulieren. So genannte Scripted-Reality-Formate, also preisgünstig und nach Drehbuch produziert. Diese beiden Formate laufen direkt vor den „RTL II News", um 18 und 19 Uhr. Sie erreichen in Spitzenzeiten bis zu 1,74 Millionen Zuschauer und rekordverdächtige Marktanteile von bis zu 25 Prozent. Und bei RTL II macht man keinen Hehl daraus, dass die Nachrichten vom Erfolg dieser Sendungen profitieren. Nachrichtenchef Jürgen Ohls spricht von einem idealen Vorlauf. Daraus jedoch darauf zu schließen, dass der Horizont der „News"-Konsumenten ähnlich beschränkt sei wie der der WG-Bewohner-Darsteller, sei ein Trugschluss. [...] Die hohe Jugendarbeitslosigkeit im Süden Europas, Proteste in der Türkei, Bürgerkrieg in Syrien. Solche Themen seien für die jüngeren RTL-II-Zuschauer sehr wohl relevant, versichert er. „Es funktioniert aber besser, wenn jüngere Protagonisten zu Wort kommen." Mit denen könnten sich die Zuschauer identifizieren. Die interessiere mehr, wie es israelischen Jugendlichen ginge, denen eine Rakete in den Hof geflogen sei, als die Frage, welche Entscheidungsmuster dem Nahostkonflikt zugrunde liegen. [...]

RTL II setzt auf eine einfache Sprache, schnelle Schnitte, Musik als Untermalung für bunte Beiträge und auf den Nutzwert. Jürgen Ohls sagt, wenn der deutsche Innenminister keine neuen Erkenntnisse zu den NSA-Spähprogrammen von seiner USA-Reise mitbringe, gebe man den Zuschauern lieber Tipps, statt alle innenpolitischen Hustenreflexe zu kommentieren: „Wie kann man sich im Internet unsichtbar machen?" [...]

1 a Erläutern Sie, worin das „Erfolgsrezept" der „RTL II News" besteht.
  b Sammeln Sie weitere Gründe für den Erfolg der Sendung. Nutzen Sie auch den Text auf ▶ S. 103 f.

2 Untersuchen Sie, wie die Autorin ihre Haltung sprachlich zum Ausdruck bringt.

3 Im Text ist von einem „mittelschwere[n] Kulturschock" (Z. 4 f.) die Rede. Stimmen Sie dieser Aussage zu? Begründen Sie Ihre Meinung.

4 Was macht für Sie die perfekte Nachrichtensendung aus? Diskutieren Sie.

YouTube, Facebook und Liveticker – Internet-Kommunikation

Alina Fichter: Da guckst du! (2013)

Kaum jemand, der älter als 25 Jahre ist, vermutet auf YouTube ernst zu nehmende, durchdachte und vor allem: professionell produzierte Unterhaltungs- oder gar Informationsangebote. Ideen, die den Moment überdauern. Und genau das macht YouTube zum meistunterschätzten Fernsehphänomen dieser Zeit. Hinter der unübersichtlichen Fassade hat sich ein riesiges, buntes Angebot entwickelt, das etablierte Sender in naher Zukunft nicht vollends überflüssig werden lässt, aber doch: für weite Teile der Bevölkerung gänzlich irrelevant. [...]

LeFloid, mit diesem Künstlernamen ist [Florian] Mundt zur Teenie-Berühmtheit geworden: ausgerechnet mit einem Nachrichtenangebot. Mindestens einmal in der Woche veröffentlicht der 26-Jährige einen „LeNews"-Clip, in dem er, manchmal unterlegt mit Nachrichtenbildern, jeweils ein paar Minuten lang in selbst gedrehten Clips über Themen berichtet, die ihn berühren, freuen, nerven oder ärgern, so sagt er selbst. Das kann die Bundestagswahl sein, das Leben in einer Wohngemeinschaft oder der Konflikt in Syrien.

In einem Video steht Mundt mit grünem Käppi vor einer Kulisse aus Skateboards und einer weißen *Star-Wars*-Plastikrüstung und sagt Sätze wie: „Aloha, Freunde, meine Fresse, was passiert denn in der Welt gerade? In Syrien ist gerade richtig Ghetto angesagt." Gut informiert und sehr schnell sprechend, analysiert er, welche Folgen ein militärischer Eingriff der USA haben könnte. Zuletzt fragt er: „Teilt ihr das beschissene Gefühl im Bauch?" Dass er die Zuschauer bei jedem Thema auffordert, die Kommentarfunktion unter den Videos zu nutzen, um mitzudiskutieren, gehört dazu. Genau wie Mundts Anspruch, die dort hinterlassenen Fäden wieder aufzunehmen und ins nächste Video einzuweben. Alle erfolgreichen YouTuber machen das so. Sie nehmen ernst, was ihre Zuschauer ihnen schreiben, auch die manchmal polemischen Kritiker, und setzen sich damit in ihren Clips auseinander. Das ist es, was eine besondere Nähe zwischen YouTuber und Fans entstehen lässt.

„Ich mache das, was mir gefällt, solange auch meine Zuschauer es mögen", sagt Mundt, der eigentlich Psychologie studiert und in Berlin lebt. Schnelle Schnitte, Insiderwitze, Versprecher, manchmal hüpft Mundt als Batman ins Bild oder als Super Mario. Seine Inhalte den Wünschen eines Redakteurs anzupassen, wie es im Fernsehen üblich ist, kann er sich nicht vorstellen. „Das ist mir zu hierarchisch", sagt er. Außerdem – er mag ohnehin nicht, was er im Fernsehen sieht: „In der *Tagesschau* sagt ein Sprecher, der stocksteif dasitzt: ‚Das war es vom Giftchaos in Syrien. Zum Sport.' Völlig trocken und gefühllos – ich finde das absurd", sagt Mundt.

Damit steht er offenbar nicht alleine da; das emotionale, schnelle und radikal subjektive Präsentieren von Nachrichten scheint einen Nerv zu treffen. In den USA hat dieser neue Stil bereits einen eigenen Namen: *New Sincerity*. Mundt erreicht neun Millionen vorwiegend junger Menschen im Monat. Solche Zahlen würden sich auch manche traditionellen TV-Macher für ihre Sendungen wünschen. [...]

1 Haben Sie selbst Erfahrungen mit Nachrichten-Clips bei YouTube? Tauschen Sie sich darüber aus.

2 a Erläutern Sie, inwiefern sich die Clips (Video-Blogs) von „LeFloid" von Fernsehnachrichtensendungen unterscheiden. Gehen Sie dabei auf den Inhalt und auf filmgestalterische Mittel ein (▶ S. 287 f.).

 b Beschreiben Sie die Kommunikation, die zwischen YouTuber und Zuschauer stattfindet.

3 Diskutieren Sie, ob Sie eher Nachrichten-Clips bei YouTube oder Fernsehnachrichten bevorzugen.

Nina Pauer: Zum Sandsack, zur Freiheit (2013)

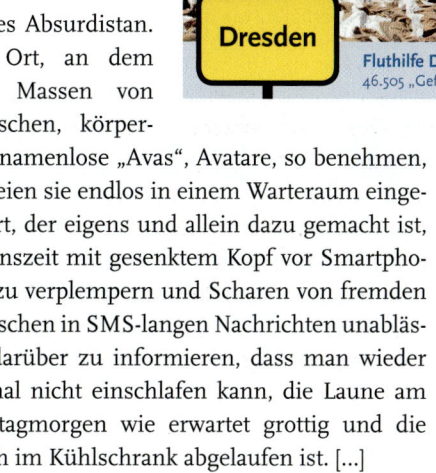

Ein Blick in die Accounts von Facebook, vor allem aber in die des weniger verbreiteten Twitter genügt, um festzustellen: Deutschland, das ist ein digitales Absurdistan. Ein Ort, an dem sich Massen von Menschen, körper- und namenlose „Avas", Avatare, so benehmen, als seien sie endlos in einem Warteraum eingesperrt, der eigens und allein dazu gemacht ist, Lebenszeit mit gesenktem Kopf vor Smartphones zu verplempern und Scharen von fremden Menschen in SMS-langen Nachrichten unablässig darüber zu informieren, dass man wieder einmal nicht einschlafen kann, die Laune am Montagmorgen wie erwartet grottig und die Milch im Kühlschrank abgelaufen ist. [...]

Doch nun das: Als hätten sich die Twitterer und Facebook-Nutzer in diesen Tagen zu einer Menschenkette aufgestellt, wie man sie von Umzugshelfern im Treppenhaus kennt, zischen auf einmal Nachrichten durch die Timelines, wie man sie dort noch nie gesehen hat: „7 kräftige Jungs suchen noch einen Einsatzort zur Fluthilfe. Wo werden wir gebraucht??", „300 Brötchen – wo sind hungrige Helfer?", so sprechen plötzlich die Menschen hinter den Avataren ihre Unterstützung aus. Und parallel dazu: „Eine große Gruppe marschiert gerade in Richtung Badat-Straße in Kadiköy, gegen Erdoan ...", „Solidemo für Istanbul!" oder auch nur „Resistanbul!".

Zeitgenau haben sich gleich zwei Fronten eröffnet, an denen sich endlich einmal etwas tut und die im Zusammenspiel perfekt ineinandergreifen: Während der deutsche Sandsack zum praktischen Resonanzraum wird, dient die Solidaritätsbekundung mit dem türkischen Protest dem ideellen Statement – jahrelang hatte man beides schmerzlich vermisst. Nun ist der Anschluss auf einmal ganz leicht: Vom Smartphone aus lassen sich fernab vom Geschehen durch Tweets und Postings sowohl die Helfer am Deich koordinieren wie auch türkische Demonstranten orchestrieren, indem man ihre Nachrichten wie aus einer logistischen Funkzentrale vom eigenen Account aus weiterverbreitet, damit sie sich auf den Straßen finden.

1 a Fassen Sie zusammen, welches Bild Pauer im ersten Absatz von Facebook-Nutzern zeichnet.
  b Erläutern Sie, inwiefern Facebook- und Twitter-Nutzer die Autorin dann doch überrascht haben.
2 a Berichten Sie, wie Sie soziale Netzwerke (z. B. Facebook) oder Mikroblogging-Plattformen (z. B. Twitter) zur Kommunikation nutzen. Welche Themen sind öffentlich, welche privat?
  b Nehmen Sie Stellung zu den folgenden Aussagen zum Thema Internet-Kommunikation:

> „Wenn es etwas gibt, von dem Sie nicht wollen, dass es irgendjemand erfährt, sollten Sie es vielleicht ohnehin nicht tun."
> *(Eric Schmidt, Google-Chef, 2009)*

> „Viele dieser jungen Menschen werden Unternehmen gründen. Sie werden mit Daten und mit dem Netz interagieren. Vor allem wird ihr Verständnis von Privatsphäre ein vollkommen anderes sein. Ihr Bedürfnis, mit ihren Freunden zu interagieren, ist ein ganz anderes. Man muss sich nur einmal 15-Jährige anschauen. Sie dokumentieren jeden ihrer Schritte. Wie wird sich das niederschlagen, wenn sie erst im geschäftsfähigen Alter sind?"
> *(Harper Reed, Software-Entwickler und technischer Leiter von Obamas Wahlkampagne, 2013)*

+++ Liveticker +++: In Dresden steigen die Pegel

Die Flut kommt: In Dresden werden am Abend Pegelstände von mehr als acht Metern erwartet. Bei Deggendorf in Bayern wurde der Ort Fischerdorf komplett überflutet. Mehr als 40.000 Feuerwehrleute sind landesweit im Einsatz. Verfolgen Sie die Ereignisse im Liveticker.

Chronologie:	Neueste zuerst	Älteste zuerst
18:37 Uhr 4. Juni 2013		Die „Dresdner Neuesten Nachrichten" berichten, an Weißer Elster und Pleiße gehe das Hochwasser zurück. Das bedeutet auch eine „vorsichtige Entwarnung für Leipzig".
18:35 Uhr 4. Juni 2013		In Niederalteich konnte das Hochwasser nicht aufgehalten werden. Der Ort ist komplett überflutet, wie die „Passauer Neue Presse" berichtet. In der Nähe seien rund 250 Kühe ertrunken.
18:29 Uhr 4. Juni 2013		

Kilian Trotier: Süchtig nach dem Augenblick (2013)

Egal, ob das Weltende der Mayas, die Papstwahl, die Attentate in Boston, der NSU-Prozess, Hochwasser in Bayern, das Finale von Germany's Next Topmodel, Wetten, dass ...? oder Apples Erlösungspressekonferenzen: Es gibt nichts, was auf den großen deutschen Nachrichtenportalen nicht [...] geliveticker wird. Möglichst schnell, möglichst kurz, möglichst witzig sollen die Happen sein, die dem Leser vorgeworfen werden. Die Zerstückelung von Zeit in Augenblicksfetzen ist leicht bekömmlich. Und eine helle Freude für alle, die der Komplexität der Gegenwart entweichen wollen. [...]

Das Ereignis selbst ist kein Teil von etwas Ganzem, weist auf nichts Größeres hin. Der Liveticker stellt vielmehr eine selbstgenügende Kontinuität her, die die wuselige Welt als fortzusetzenden Gegenwartsfluss taktet und einem bestens bekannten Prinzip verfällt: dem Prinzip der Timeline, das soziale Netzwerke wie Facebook, Mikroblogging-Plattformen wie Twitter und Kurznachrichtendienste wie What's App groß gemacht hat.

1 Beschreiben Sie den Aufbau und die Inhalte des abgebildeten Livetickers.

2 Berichten Sie über Ihre Erfahrungen mit Livetickern. Welche Themen interessieren Sie besonders in ihrem zeitlichen Ablauf?

3 a Tragen Sie mit Hilfe des Textes zusammen, was den Reiz von Livetickern ausmacht. Erklären Sie dabei auch, was mit der Flucht aus der „Komplexität der Gegenwart" (▶ Z.13) gemeint ist.
b Erläutern Sie, welche Gemeinsamkeiten Sie zwischen Livetickern, sozialen Netzwerken, Mikroblogging-Plattformen und Kurznachrichtendiensten sehen. Welche Unterschiede gibt es?

Information — **Nachrichtenvermittlung in audiovisuellen und interaktiven Medien**

Nachrichtenvermittlung findet in verschiedenen Medien statt, setzt unterschiedliche Schwerpunkte und verfolgt unterschiedliche Intentionen (Information, Unterhaltung, Mischformen).
- **Nachrichtensendungen** setzen je nach Sender (z.B. öffentlich-rechtlich oder privat) und Publikum (Zielgruppe) unterschiedliche Schwerpunkte bezüglich der Inhalte (z.B. Politik, Wirtschaft, VIP), der Abfolge der Rubriken, der bevorzugten „Textsorten" (z.B. Interview, Korrespondentenbericht) und der filmgestalterischen Mittel.

- Online-Formate von Nachrichtenmagazinen (z. B. Spiegel Online) nutzen zunehmend die Möglichkeit der **Live-Berichterstattung** (Liveticker). Darin wird die Entwicklung eines Ereignisses in einer Timeline veröffentlicht, wie sie auch in der Internetkommunikation genutzt wird.
- **Video-Blogs (Vlogs) mit Nachrichten im Internet** gewinnen vor allem bei Jugendlichen und jungen Erwachsenen zunehmend an Bedeutung. YouTuber bereiten Nachrichten individuell auf und kommunizieren mit ihren Fans über Kommentarfunktionen.
- Auch **Mikroblogging-Plattformen** wie Twitter und **soziale Netzwerke** wie Facebook werden nicht nur zur Kommunikation, sondern auch zur Nachrichtenvermittlung genutzt. Dabei können sich private und öffentliche Kommunikation vermischen.

Der perfekte Talk – Politische Talkshows

Die ideale Talkshow: 60 Minuten, vier Gäste (2013)

Die ideale politische Talkshow ist 60 Minuten lang, hat vier Gäste und sollte „auch den Mut besitzen, etwas zu riskieren und unkonventionelle Wege beschreiten". Zu diesem Schluss kommt die am Montag von der Universität Koblenz-Landau veröffentlichte 290 Seiten lange Dokumentation „Die Talk-Republik". Dort haben 35 Studenten mit der Analyse von 22 Gesprächssendungen im deutschen Fernsehen nach dem Konzept des perfekten Talks gesucht. „Zu viel Gleichförmigkeit bei Köpfen und Konzepten, zu wenig Tiefe bei der Präsentation der Argumente, zu viel Meinungsabfrage und zu wenig echter Gedankenaustausch. Kurz: Zu viel Show und zu wenig Substanz", teilten die Macher der Studie mit. [...]

Ob es „Günther Jauch" in der ARD ist („der Brave, der Harmlose, der Erklärbär"), ZDF-Konkurrentin Maybrit Illner („kompetent, hartnäckig, charmant und humorvoll") oder der ARD-„Presseclub" („Gegenstück zum hektischen Polittalk-Alltag oder ‚Schlaftablette'?") – die Bilanz der unvoreingenommenen Studentenschaft fällt mäßig aus. Sternstunden seien selten. Die „Gesichtsbekanntheit" und die „kalkulierte Positions-Rolle" hätten Vorrang, das bewährte Muster „Kasperle und Krokodil" dominiere.

Die Gefahr, die die Studenten sehen: Politische Talkshows drohen „ins Boulevardeske abzudriften". Deshalb müsse – gerade der angestrebten Politikvermittlung wegen – die politische immer vor der gesellschaftlichen Relevanz stehen. „Die ideale Polit-Talkshow muss Selbstinszenierung vermeiden und Dynamik und Meinungsdarstellungen aus dem Thema selbst kreieren. [...] Durch die ideale Talkshow sollte ein kompetenter Moderator führen und für spannende Diskurse sorgen. Die ideale Talkshow unter dem Aspekt der Politikvermittlung behandelt aktuelle politische bzw. gesellschaftspolitische Fragen, die ein breites Themenspektrum aufgreifen."

„In einer idealen Talkshow" müsse der Moderator gut informiert sein sowie kritisch, provokant und nachhakend moderieren. Die Inhalte und Themen sollten den Zuschauern verständlich präsentiert und Fachbegriffe erklärt werden. Der Moderator sei zwar das „Gesicht der Sendung", dürfe aber in seiner Person nicht wichtiger sein als die Inhalte der idealerweise einstündigen Sendung. Die Studenten stellen sich im perfekten Talk vier Gäste vor.

Publikum und Gäste müssten „aktiv" über verschiedene Medienkanäle eingebunden werden. „Die Themen werden von den Zuschauern durch Feedback aus sozialen Netzwerken beeinflusst."

1 Haben Sie schon einmal eine der im Text genannten oder eine andere politische Talkshow gesehen? Tauschen Sie sich im Kurs über Ihre Beobachtungen zu den Shows aus.

2 a Nennen Sie Aspekte, die die Dokumentation „Die Talk-Republik" an aktuellen Talkshows kritisiert. Erläutern Sie dabei auch, was mit dem „Muster ‚Kasperle und Krokodil'" (Z. 27) gemeint ist.
   b Arbeiten Sie aus dem Text Kriterien heraus, die für eine „ideale Talkshow" aufgestellt werden.

3 Sehen Sie sich arbeitsteilig verschiedene Talkshows an und untersuchen Sie, ob bzw. inwiefern die Kriterien für eine „ideale Talkshow" in diesen Sendungen umgesetzt werden.

4 Diskutieren Sie, ob die Kriterien für eine „ideale Talkshow" Ihren Vorstellungen entsprechen.

5 Entwerfen Sie selbst eine „ideale Talkshow": Was ist das Thema? Wer moderiert? Welche Gäste werden eingeladen? Führen Sie einen Ausschnitt der Talkshow als Rollenspiel durch.

> **Information** **Politische Talkshows**
>
> In **politischen Talkshows** werden aktuelle politische oder gesellschaftspolitische Themen diskutiert. Dazu lädt in der Regel ein Moderator Gäste (z. B. Experten, Betroffene) ein, die möglichst kontrastiv unterschiedliche Positionen oder Perspektiven vertreten.

Vorgetäuschte Wahrheiten? – Scripted Reality

Wie wirkt „Scripted Reality"? (2011)

Gibt es immer mehr Gewalt an deutschen Schulen? „Scripted-Reality"-Formate wie „Die Schulermittler" (RTL) könnten scheinbar dafür sorgen, dass dieses Bild vermittelt wird. „Dicke fette Melissa", singen die fünf Jungs im Chor und rempeln ein junges Mädchen in ihrer Mitte. Sie humpelt, trägt eine Beinschiene. Ein Pädagoge geht dazwischen, die Kamera immer dabei: „Hey Strumpfhose, fönst du dich mit 'nem Hammer?" „Findest du das witzig, jemand mit 'ner Behinderung zu verarschen?" So zeigt RTL den Alltag an der Gesamtschule Wildbeck, hier kommt es immer wieder zu Gewaltausbrüchen, erklärt eine Stimme aus dem Off. Dazu im Bild: streitende Jugendliche, eine Hand greift in die Kamera. Der engagierte Pädagoge heißt Thorsten Heck, ist ein so genannter Schulermittler und unterwegs im Auftrag der Polizei, um an unseren Schulen für Ordnung zu sorgen. Und: Er ist erfunden. Wie die ganze Geschichte. „Alle handelnden Personen sind frei erfunden", kann der aufmerksame Zuschauer im Vorspann lesen. Wenige Sekunden wird das vor und nach der Sendung eingeblendet. Scripted Reality heißen solche Sendungen – geschriebene Realität. Reportagen, die aussehen, als wären sie echt, mit wackelnder Kamera und abgesetzten Interviews. Manchmal werden sogar Personen oder Nummernschilder unkenntlich gemacht, als müssten die Persönlichkeitsrechte von irgendjemand geschützt werden. Nur: Alle handelnden Personen sind Schauspieler, die Geschichten erfunden, sie folgen einem Drehbuch. […]

Die Macher von Scripted Reality behaupten, der Zuschauer erkenne, was echt ist und was nicht. Die Hinweistafeln am Anfang und Ende solcher Sendungen würden ausreichend aufklären. „Man sollte den Zuschauer nicht unterschätzen", meint Günter Stampf, erfolgreicher Produzent von „Die Schulermittler". Reichen die wenige Sekunden lang eingeblendeten Hinweise wirklich? Was ist, wenn Zuschauer in solche Formate hineinzappen? Erkennen alle Zuschauer die Formate als gespielt? Und welche Auswirkungen hat das? Kritiker halten solche Formate für problematisch. Der Zuschauer werde getäuscht. […]

Umfrage zur Sendung „Die Schulermittler" (2011)

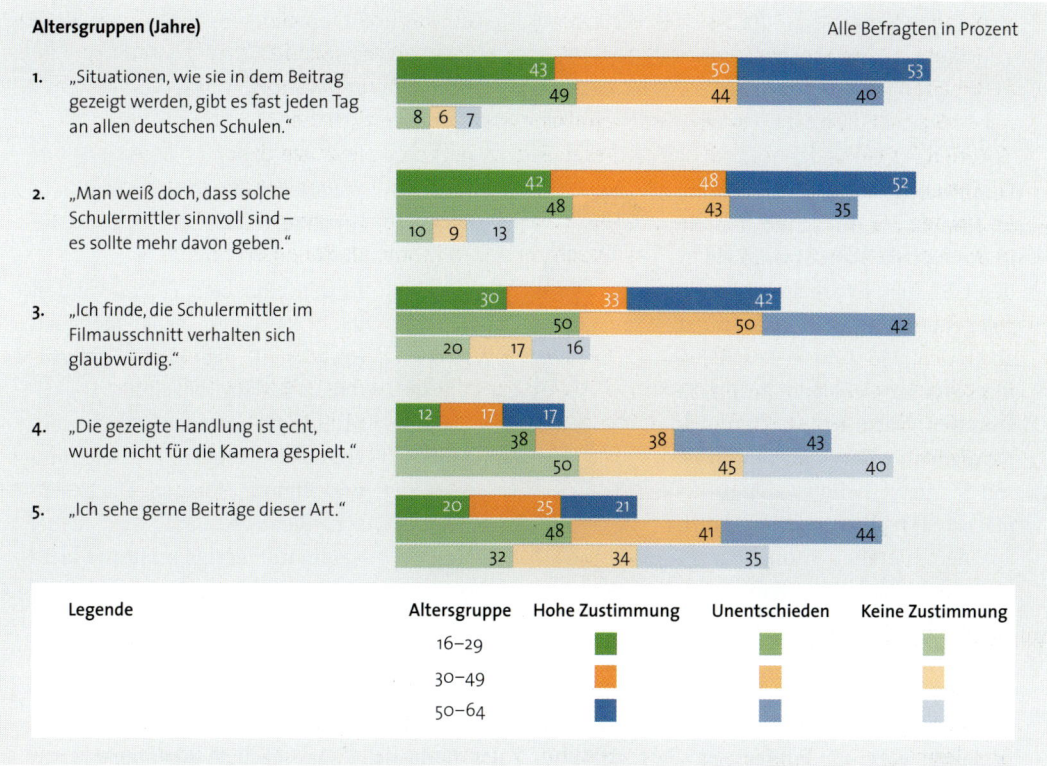

1. **a** Erklären Sie, was man unter „Scripted Reality" versteht.
   b Tauschen Sie sich im Kurs über Ihre Erfahrungen mit „Scripted Reality" aus: Welche Sendungen kennen Sie? Welche Sendungen schauen Sie sich gerne an? Begründen Sie.
2. **a** Erläutern Sie anhand des Textes, wie „Scripted Reality" Realität vortäuscht.
   b Schauen Sie sich – wenn möglich – eine „Scripted-Reality"-Sendung an. Prüfen Sie, ob die Aussagen des Textes zutreffen und ob Sie weitere Mittel finden, mit denen der Anschein von Realität erzeugt wird.
   c Woran kann man erkennen, dass es sich bei „Scripted Reality" um eine fiktive Reportage handelt (▶ Fiktionalitätssignale, S. 30)?
3. **a** Fassen Sie die wesentlichen Aussagen der Grafik zusammen.
   b Setzen Sie einzelne Aussagen der Grafik in Bezug zum Text. Werden die Aussagen im Text jeweils ergänzt, bestätigt oder korrigiert?
4. Diskutieren Sie im Kurs, ob Sie den Umgang mit der Realität in „Scripted-Reality"-Sendungen für legitim halten. Sammeln Sie dafür Pro- und Kontra-Argumente mit Beispielen.

Information Scripted Realities

Scripted Realities präsentieren gesellschaftlich mehr oder weniger relevante Themen in einem künstlich inszenierten Reportageformat. Dabei folgt die scheinbar dokumentarische Sendung einem festen Drehbuch und wird von authentisch wirkenden Laiendarstellern gespielt, sodass Realität und Fiktion vermischt werden.

5.2 Im Bann von Geschichten – Fernsehserien analysieren

Fernsehserien und ihre Helden – Typische Serienformate

Die Simpsons (seit 1989)

Familienoberhaupt der Simpsons ist Homer, der mit seiner Familie in der fiktiven Stadt Springfield in den USA lebt. Er arbeitet im nahe
5 gelegenen Atomkraftwerk, nutzt aber auch jede weitere Geschäftsidee, um zu Geld und Ruhm zu kommen. Dabei tritt er allerdings permanent in Fettnäpfchen. Er ist
10 mit Marge verheiratet, die ein typisches Hausfrauendasein führt, aus dem sie aber immer wieder ausbricht. Die beiden haben drei Kinder: Ihr zehnjähriger Sohn Bart ist ein mise-
15 rabler Schüler und bereitet seiner Umgebung durch seine bösen Streiche stets Sorgen. Seine achtjährige Schwester Lisa hingegen ist Klassenbeste, politisch interessiert, liest viel und spielt leidenschaftlich gern Saxophon. Das Baby Maggie ist das jüngste Familien- 20 mitglied und spielt keine aktive Rolle.

In den einzelnen Folgen werden in der Regel gesellschaftspolitisch interessante Themen aufgegrif- 25 fen, z. B. Umweltschutz, Diskriminierung von Minderheiten, Geschlechterrollen, Erziehung und Bildung, Medien. Die gesellschaftliche Realität wird dabei 30 häufig mit bissigem Humor kritisiert.

Jede Folge wirft zu Beginn ein Problem auf, das die jeweiligen Protagonisten gegen vielfache Widerstände lösen. Am Ende bzw. zu Beginn 35 der nächsten Folge ist die Simpsons-Welt wieder hergestellt. Das nächste Abenteuer kann beginnen.

How I Met Your Mother (2005 bis 2014)

Die Serie und mehrere Einzelfolgen beginnen damit, dass der Protagonist Ted,
5 ein Architekt, seinen Kindern im Jahr 2030 erzählt, wie er ihre Mutter kennen gelernt hat: Als jun-
10 ger Mann trifft er sich regelmäßig mit seinen Freunden, dem Paar Marshall und Lily sowie der attraktiven Robin, einer zunächst wenig erfolgreichen
15 Nachrichtenreporterin, und dem Frauenhelden Barney. Die Treffen finden an festen Orten ihrer New Yorker Umgebung statt (z. B. Kneipe, Wohnzimmer, Taxi). Das wichtigste Thema un- ter den Freunden ist die Partnersuche, 20 bei der sich immer wieder komische Situationen ergeben.

Ted schwärmt für Robin, lernt auf der 25 Suche nach der idealen Partnerin aber auch viele andere potenzielle Traumfrauen kennen. Er 30 stolpert in immer neue Beziehungen, ohne sein Ziel zu erreichen: Letztlich stellt sich jedes Mal heraus, dass es sich noch nicht um die Mutter seiner Kinder handelt. Dann stehen wieder neue Annäherungsversuche an Frauen im Mit- 35 telpunkt.

Breaking Bad (2008–2013)

Protagonist der Serie „Breaking Bad" ist der früher sehr erfolgreiche Chemiker Walter White, der sich nach einem Karriereknick als Chemielehrer durchschlägt. Die Diagnose von unheilbarem Lungenkrebs ändert sein Leben fundamental.

Walter beschließt, durch die Produktion von synthetischen Drogen so viel Geld zu verdienen, dass seine Familie – seine schwangere Frau Skyler und sein körperlich behinderter Sohn Walter Junior – nach seinem Tod finanziell abgesichert ist. Zufällig kann er Kontakt zu seinem ehemaligen Schüler Jesse Pinkman aufnehmen, der sich im Milieu auskennt.

Im Lauf der ersten Staffel sind die beiden im Drogengeschäft zunehmend erfolgreich. Sie geraten jedoch bald in Konflikt mit den ansässigen Drogenbaronen. Zudem leben sie in Sorge vor Walters Schwager Hank, dem Ehemann von Skylers Schwester Marie. Der erfolgreiche Agent der Drogenbehörde ist den beiden auf der Spur. Auch Skyler wird zunehmend misstrauisch. Walter gelingt es jedoch zunächst, sein auffälliges Verhalten auf die Auswirkungen seiner Erkrankung zu schieben. Er kann durch das Drogenkochen sein Talent ausleben und findet so zu sich selbst. Er entfremdet sich dadurch aber mehr und mehr von seiner Familie und seinem bürgerlichen Umfeld.

Im Verlauf der folgenden Staffeln produzieren Walter und Jesse in zunehmend größerem Stil Drogen. Dadurch entbrennen Revierkämpfe mit immer mächtigeren und gefährlicheren Drogenbossen, denen Walter mit wachsendem Durchsetzungsvermögen die Stirn bieten kann. In unhaltbaren Zwangslagen verstricken sich beide in immer kriminellere Handlungen. Privat zeigt sich Walter unterdessen als fürsorglicher Familienvater, der das Heranwachsen seines Sohnes mit großem Interesse begleitet und daneben versucht, seine bürgerliche Existenz aufrechtzuerhalten. Dennoch kann er sein Doppelleben vor Skyler schließlich nicht mehr verbergen und weiht sie ein. Nach konfliktreichen Auseinandersetzungen ist sie bereit, ihn zu unterstützen, indem sie das Drogengeld wäscht. Hank, der stets auf Walter herabblickt, ahnt bei seiner Jagd nach dem gefürchteten Drogenboss Heisenberg bis zum Ende nicht, dass sich dahinter in Wahrheit sein Schwager verbirgt.

1 a Welche der vorgestellten Fernsehserien kennen Sie? Welche schauen Sie sich gerne an? Welche Informationen können Sie zu Handlung und Figuren noch ergänzen?
b Nennen Sie andere Serien, die Sie sich ansehen.
c In welcher Form (z. B. Fernsehen, DVD, Internet), in welchem Rhythmus (z. B. täglich, wöchentlich, …) und in welcher Weise (z. B. hochkonzentriert, nebenbei, …) schauen Sie Serien?

2 Erklären Sie, zu welchem Genre die drei vorgestellten Serien gehören. Greifen Sie dabei auch auf die Ergebnisse Ihres Metaplans (▶ Aufgabe 2, S.102) zurück.

3 Entscheiden Sie sich für eine der drei oder für eine andere Fernsehserie, mit der Sie sich im Kurs genauer beschäftigen möchten. Recherchieren Sie dazu Trailer und Szenen der Serien im Internet, z. B. bei YouTube. Einigen Sie sich auf ausgewählte Folgen, die Sie gemeinsam untersuchen.

Schräge Typen und Antihelden – Figuren in Fernsehserien

1 a Beschreiben Sie Homers Aussehen sowie sein Verhalten und seine Charaktereigenschaften, die sich aus der abgebildeten Situation und Homers Mimik und Gestik erschließen lassen.
Homer Simpson ist eine gelbe Figur mit …
In seiner Freizeit …

b Homer tritt häufig intolerant, ungebildet, faul, schadenfroh oder selbstgerecht auf. Erklären Sie, was ihn dennoch sympathisch macht.

2 a Erläutern Sie, inwiefern Homer einem bestimmten männlichen Rollenbild entspricht.

b Überlegen Sie, welche rollentypischen Eigenschaften und Verhaltensweisen die Familienmitglieder Marge, Lisa und Bart aufweisen. Schauen Sie sich dazu eine Folge der „Simpsons" an.

c Erläutern Sie, inwiefern typische Verhaltensweisen der Figuren dazu beitragen, dass in den einzelnen Folgen Handlungen in Gang kommen, Konflikte entstehen und Komik erzeugt wird.
Homer gerät jedes Mal …; Bart macht dauernd …; Marge will …; Lisa ist stets …

1 a Beschreiben Sie Walter White auf den drei Szenenfotos aus verschiedenen Folgen der Serie. Gehen Sie auf Aussehen, Verhalten, Mimik/Gestik und auf die Umgebung bzw. Situation ein.

b Erklären Sie die Veränderungen mit Hilfe des Textes auf S. 113.

2 a Beschreiben Sie Walters positive und negative Seite, z. B.:

Positive Seite	Negative Seite
Werte …	Familie wird …
Verantwortung für …	…

b Versuchen Sie zu erklären, warum Zuschauer bereit sind, einer Figur wie Walter White über viele Folgen hinweg auf ihrem Weg in die Kriminalität zu folgen. Beginnen Sie z. B. so: *In seiner Zwiespältigkeit wirkt Walter White durchaus … Am Anfang lernt man ihn als … kennen, sodass …*

3 Kennen Sie die Figuren aus „How I Met Your Mother"? Beschreiben und charakterisieren Sie sie. Erläutern Sie, ob bzw. inwiefern die Figuren sich entwickeln.

4 Untersuchen Sie die Figurengestaltung in von Ihnen ausgewählten Serien: Beschreiben Sie, wie die Figuren in Szene gesetzt werden. Erstellen Sie Charakterisierungen und erklären Sie mögliche Entwicklungen.

Figuren in Gesprächen – Dialoge untersuchen

How I Met Your Mother

Ted berichtet seinen Freunden begeistert, dass er einmal Pfadfinder war, und fragt, was ein Pfadfinder immer sei. Robin, Lily, Marshall und Barney antworten ihm – unterbrochen von Lachkonserven – „Unbeliebt?", „Außenseiter?", „Mit seiner Mutter im Kino?", „... bereit, die Schulpause im Spind zu verbringen?", „... bereit, als Jungfrau zu sterben?", „... seiner Schwester die Nägel zu lackieren?"

Die Simpsons

Marge hat einen Brief von der Schule erhalten und spricht Bart darauf an. Dieser erklärt ihr aufgeregt und engagiert, dass er doch gar keinen Brand im Lehrerzimmer gelegt habe. Erst dann stockt er und fragt nach, um was für einen Brief es sich überhaupt handele. Marge antwortet, dass jemand an seiner Schule an einer lebensbedrohlichen Erdnussallergie leide. Daraufhin Bart: „Cool. Wer ist es denn?"

1 a Erklären Sie die Komik in den beiden Dialogen.
  b Welche Funktion hat die so genannte Lachkonserve, das eingespielte Lachen aus dem Off?
2 Beschreiben Sie, wie und wodurch die Figuren in den Dialogen charakterisiert werden.

Breaking Bad: Der Einstieg (1. Folge, 1. Staffel)

JESSE: Sagen Sie mir, warum Sie das tun. Jetzt im Ernst!
WALT: Warum tust du das?
JESSE: Wegen der Kohle, hauptsächlich.
5 WALT: Da hast du's.
JESSE: Nein, kommen Sie! Mann, so'n Spießer wie Sie mit 'nem riesigen Stock im Arsch will auf einmal mit – wie alt sind Sie, sechzig? – mit dem Kopf durch die Wand? (im Original:
10 ... – he's just gonna break bad?)
WALT: Ich bin fünfzig.

JESSE: Das ist verrückt. Total irre, das ergibt keinen Sinn. Wenn Sie durchgeknallt sind oder so – ich meine, wenn Sie verrückt geworden sind oder depressiv, ich mein, ich mein ja nur, 15 dann ist das was, was ich unbedingt wissen muss, verstehen Sie? Das betrifft mich auch.
WALT: Ich bin aufgewacht.
JESSE: Was?
WALT: Kauf den Camper. Wir fangen morgen 20 an.

1 Beschreiben Sie die Szene, in der Jesse und Walter sich treffen. Achten Sie auf die Atmosphäre des Ortes, die Autos, das Aussehen der beiden und auf ihre Mimik und Gestik.
2 a Begründen Sie anhand des Dialogs, weshalb es sich um eine Schlüsselszene handelt.
  b Erläutern Sie, wie die beiden sich durch Inhalt und Art ihres Sprechens charakterisieren.
  c Passen Walter und Jesse zusammen? Was könnte sich daraus für die weitere Handlung ergeben?
3 Recherchieren Sie Dialoge aus anderen Serien, die das Charakteristische von Figuren aufzeigen.

Expositionen, „Zöpfe" und Cliffhanger – Handlungsdramaturgien

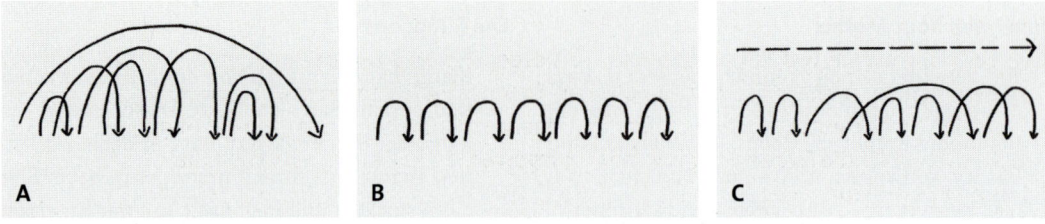

A   B   C

1 a Ordnen Sie die Grafiken jeweils begründet der Handlungsdramaturgie (▶ S. 120) der drei vorgestellten Serien zu: *Schaubild A zeigt einen Handlungsbogen, der sich über die einzelnen Episoden spannt …*
   b Haben Sie eigene Ideen, wie man die Handlungsdramaturgie der jeweiligen Serien grafisch darstellen kann? Fertigen Sie selbst Skizzen an.
   c Man unterscheidet bei Serien zwischen „Series", die sich durch abgeschlossene Episoden auszeichnen, und „Serials", in denen über viele Folgen hinweg eine Fortsetzungsgeschichte erzählt wird. Begründen Sie, um welche Art es sich bei den drei Serien jeweils handelt.

2 Erstellen Sie eine Grafik zu der Handlungsdramaturgie einer von Ihnen ausgewählten Fernsehserie und ordnen Sie die Begriffe „Series" bzw. „Serials" zu.

How I Met Your Mother: Verliebt, Verlobt, Versagt (1. Folge, 1. Staffel)

Zu Beginn der Folge kündigt Ted seinen beiden Kindern an, ihnen die unglaubliche Geschichte zu erzählen, wie er ihre Mutter kennengelernt hat. Sein Sohn fragt entsetzt: „Sollen wir für irgendwas bestraft werden?", was der Vater verneint. Auf die Frage seiner Tochter, ob das länger dauere, antwortet er mit „Ja …".
5 Es folgt eine Lachkonserve.

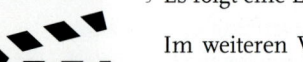
Im weiteren Verlauf der Folge wird in einer langen Rückblende erzählt, dass Marshall und Lily eine glückliche Beziehung führen und Marshall ihr einen Heiratsantrag macht. Dabei kommt es zu einer grotesken Panne: Er schießt ihr beim Öffnen der Champagnerflasche versehentlich mit dem Korken ins Gesicht, wor-
10 aufhin sie im Krankenhaus mit einer Augenklappe versorgt werden muss.

Währenddessen wird erzählt, dass auch Ted sich sehr wünscht, die Liebe seines Lebens zu finden und zu heiraten. Barney versucht zunächst erfolglos, Ted in einer Bar mit einer unbekannten Frau zu verkuppeln. Kurz darauf lernt Ted dann aber in der Bar die attraktive Robin kennen, verliebt sich in sie und hat mit ihr
15 mehrere Dates. Sein Werben hat allerdings keinen Erfolg – es kommt nicht zu einer Liebesbeziehung.

Parallel wird auch erzählt, wie die Freunde im Taxi über ihre Beziehungen reden. Dabei gibt Marshall die Oliventheorie zum Besten, nach der Partner besonders gut zusammenpassen, wenn einer von beiden Oliven mag und der andere nicht.

20 Am Schluss der Folge sieht man wieder Teds Kinder. Ted erklärt ihnen, dies sei die Geschichte, wie er ihre Tante Robin kennengelernt habe. Zum Kennenlernen ihrer Mutter komme er noch. Die Kinder schauen enttäuscht.

1 Beschreiben Sie, wie in der Exposition (▶ S. 280) der ersten Folge die Handlung angestoßen wird.
2 Setzen Sie den Schluss in Beziehung zur Exposition und zur Handlungsdramaturgie der Serie insgesamt.
3 a Untersuchen Sie, wie viele Geschichten in dieser einen Folge erzählt werden.
   b Beziehen Sie den Begriff „Zopfdramaturgie" (▶ S. 120) auf diese Art des Erzählens.
   c Stellen Sie Vermutungen zur Funktion miteinander verflochtener Handlungsstränge an.
4 Untersuchen Sie die Folgen einer von Ihnen ausgewählten Serie im Hinblick auf die Handlungsstruktur.
5 a Recherchieren Sie im Internet den Videoclip „Der typische Tatort in 123 Sekunden". Erklären Sie, wie die Handlung einer typischen Tatortfolge hier auf den Punkt gebracht wird.
   b Konzipieren Sie einen ähnlichen Clip für eine von Ihnen ausgewählte Serie.

Zu Beginn der ersten Folge von „Breaking Bad" sieht man Walter White in einer absurden Situation in der Wüste. Nach dem Titel wird die Handlung in Gang gesetzt: Walters Demütigungen in Familie und Job, die

Krebsdiagnose, die ihn in die Zusammenarbeit mit Jesse treibt und mit den ersten gefährlichen Dealern in Kontakt bringt. Am Ende sind beide in eine hochdramatische Situation in der Wüste geraten.

1 Beschreiben Sie, wie die Exposition (Szene bis zum Titel) in „Breaking Bad" auf den Zuschauer wirkt. Beschreiben Sie auch, wie die Handlung nach dem Titel weitergeführt wird.
2 Ein Cliffhanger (▶ S. 120) erzeugt am Ende einer Serienfolge dadurch Spannung, dass er die Lösung einer zugespitzten Situation auf die nächste Folge verschiebt. Erklären Sie, wie diese Serie mit der Position und damit auch mit der Funktion des Cliffhangers spielt.
3 Schauen Sie sich andere Fernsehserien an. Untersuchen Sie die Funktion von Expositionen und prüfen Sie, ob es Cliffhanger gibt.

„Die Simpsons" – Gesellschaftskritik und intertextuelle Bezüge

Die Simpsons: Homers Sieben (2012)

Lisa findet bei der Begegnung mit ihrer Lieblingsautorin T.R. Francis heraus, wie Jugendbücher tatsächlich geschrieben werden: „Ich nehme dir ungerne deine Illusionen, aber alle
5 Bücher, die ihr Kinder liebt, werden in Konferenzräumen geplant. Die Handlung basiert auf Marktforschungsergebnissen und die Seiten werden gefüllt von pillenfressenden Literaturstudiumsabsolventen, die verzweifelt einen Job
10 suchen. Die Verleger sacken die Kohle ein und die ahnungslosen Kinder kriegen jährlich zehn Bücher von ihrer Lieblingsautorin." Lisa verbrennt alle Bücher von Francis und beschließt, selbst eine richtige Autorin zu werden. Derweil
15 gründet Homer – von Francis auf die Idee gebracht – die „Jugendbuchschreibgang" „Homers Sieben". Während Lisa eine Schreibblockade hat, sich ständig ablenkt und dabei verzweifelt, stellen Homer und seine Gang im
20 Schnellverfahren eine Geschichte her: „Die Helden sind immer Waisenkinder ... – ... Die Spielorte sind für Kinder vertraut wie eine Schule, aber sie muss magisch sein und ... – ... und der Protagonist findet immer raus, dass er übernatürliche Kräfte hat ...". Nachdem sie im 25 Team den Roman fertiggestellt haben, weist der Verleger sie darauf hin, dass sie einen „Pseudoautor" für den Klappentext brauchen. Die verzweifelte Lisa übernimmt diese Rolle („Was ist nur aus mir geworden?"). Im Herstellungspro- 30 zess verändert der Verleger nach marktstrategischen Gesichtspunkten Titel, Buchcover und Romaninhalt drastisch. Die Gang kann ihm durch einen spektakulären Coup im letzten Moment dennoch die eigene Geschichte unter- 35 schieben. Am Ende werden sie jedoch alle von einem Gangmitglied reingelegt, das sich im allerletzten Moment als Autor auf den Buchumschlag geschummelt hat. Er setzt sich auf eine Insel ab und triumphiert („Das Beste: Ich kann 40 weder schreiben noch lesen").

1 a Fassen Sie zusammen, wie bei den „Simpsons" Bücher entstehen.
  b Erklären Sie, wie hier Kritik am Literaturbetrieb geübt wird. Beantworten Sie dazu die W-Fragen: Wer schreibt? Wie ...? Warum ...? Was ...? Welche Folgen ...?
  c Entspricht die Buchproduktion in der Serie tatsächlichen Zuständen? Stellen Sie Vermutungen an.

2 Die „Simpsons" kritisieren den Plagiarismus (den Diebstahl geistigen Eigentums) im Literaturbetrieb, arbeiten aber selbst mit intertextuellen Anspielungen, z. B. hier der auf den Film „Ocean's Eleven".
  a Erkennen Sie die Anspielungen anhand von Titel und Plot? Berichten Sie.
  b Erläutern Sie, weshalb es sich bei „Homers Sieben" um ein intertextuelles Spiel mit Zitaten und nicht um ein Plagiat handelt. Nutzen Sie die Formulierungshilfen:
  Bei einem Plagiat wird der Leser bzw. Zuschauer bewusst ..., indem ...
  Bei intertextuellen Bezügen hingegen ...

3 Schauen Sie sich den Vorspann der „Simpsons"-Folge „What Animated Women Want" (Staffel 24, Folge 17) im Internet an. Erläutern Sie, inwiefern im Gag des Vorspanns intertextuelle Bezüge auf „Breaking Bad" zu finden sind.

4 a Tauschen Sie sich im Kurs darüber aus, auf welche Filme die Titel der folgenden „Simpsons"-Folgen anspielen.
  Die Akte Springfield (Staffel 8, Folge 10) • *Rektor Skinners Gespür für Schnee (Staffel 12, Folge 8)*
  Forrest Plump und die Clip Show (Staffel 13, Folge 17) • *Krieg der Welten (Staffel 18, Folge 4)*
  b Berichten Sie sich gegenseitig, was Sie über diese Filme wissen.
  c Stellen Sie Vermutungen dazu an, warum in den Titeln der „Simpsons"-Folgen häufig mit intertextuellen Anspielungen gearbeitet wird.

Zuschauerbindung – Serienfans und Interaktion im Netz

HIMYM-Fans.de und FanFiktion.de

Barney Stinson's Blog von MrsGomez – erstellt: 21.07.2013
Immer wieder wird Barneys legendärer Blog erwähnt. Deshalb hab ich mal angefangen, ihn zu schreiben. So ziemlich jeden Tag gibt es von Barney Stinson persönlich einen neuen Eintrag. Ich hoffe, ihr mögt es. :)

Fan1996 – erstellt: 17.03.2012
Um auf HIMYM-FF zurückzukommen: Auf FanFiktion.de hab ich eine supersüße FF zu Robin und Barney gefunden (http://www.fanfiktion.de/s/4ea5726f0000942e0652f9b8). Ich warte sehnsüchtig auf ein 15. Kapitel! Lies mal rein, ist echt genial! Die Schreiberin hat einen richtig guten Schreibstil, normal mag ich diese Art der Perspektive nicht, mir gefällt die Ich-Perspektive besser, weil dort immer die Gefühle und Situationen besser beschrieben werden, aber da ist es ganz anders, einfach klasse diese FF!

1 a Erläutern Sie anhand der beiden Auszüge aus Internet-Foren, wie Serienfans im Internet agieren.
b Versuchen Sie zu erklären, warum Fans Geschichten weiter- und umerzählen.
2 a Berichten Sie: Haben Sie Erfahrungen mit Fankultur zu Fernsehserien im Internet?
b Recherchieren Sie interessante Fan-Beiträge zu der Serie, mit der Sie sich beschäftigen.

Tanja Weber: **Der Reiz von Fernsehserien** (2014)

Der offensichtlichste Reiz einer Fernsehserie ist, dass sie weitergeht. Sie wird nicht mit Anfang, Mitte und Schluss am Stück erzählt wie ein Film, sondern die Geschichte wird in einzelne Teile zerlegt. Menschen haben zu allen Zeiten – sozusagen bereits am Lagerfeuer – auf diese Art und Weise Abend für Abend Geschichten erzählt. Ein Beispiel sind die Geschichten aus 1001 Nacht: Ein von der Untreue seiner Frau schockierter König lässt nicht nur diese töten, sondern daraufhin nach jeder Nacht eine Jungfrau. Als Scheherazade eine Nacht mit ihm verbringt, erzählt sie ihm eine so spannende Geschichte, dass dieser in der kommenden Nacht eine Fortsetzung hören will.

Zuschauer wollen aber nicht nur auf der Handlungsebene wissen, wie die Geschichte weitergeht, sondern sie wollen auch sehen, was ihre Lieblingsfiguren treiben. Dieses Interesse an den Figuren ähnelt unserem sozialen Alltag. Jede Zuschauerin/jeder Zuschauer führt so genannte parasoziale Beziehungen. Rezipienten gehen diese Beziehungen mit dem Wissen um die Medialität der Figur ein. Bei „How I Met Your Mother" können sie sich wie ein Cliquenmitglied fühlen, das sich in der Bar oder in den Wohnungen von Ted und Co. auskennt. Die Rezipienten bringen den Figuren Empathie entgegen, d. h., sie freuen sich oder leiden mit ihnen, sie fiebern mit ihnen mit – wie mit realen Freunden. Und genau wie in sozialen Beziehungen können Figuren auch uninteressant und langweilig werden und die Rezipienten beenden deshalb die parasoziale Beziehung zu ihnen, d. h., sie verfolgen die Serie nicht weiter. Identifikation heißt dagegen, dass der Rezipient in die Rolle der Figur schlüpft und nicht mit ihr fühlt, sondern wie sie fühlt. Ein extremes Beispiel ist, wenn der Rezipient weint, weil er die Trauer der Figur teilt, obwohl er doch sicher und wohlbehalten auf der Couch sitzt.

Fernsehserien bieten meist verschiedene Figurentypen mit unterschiedlichen Charaktereigenschaften und Problemen an, um sowohl die Möglichkeit zur Identifikation als auch zur parasozialen Beziehung zu erhöhen.

Fernsehserien sind auch attraktiv, weil sie die Möglichkeit zur Folgekommunikation bieten. Mit Freunden, in der Schule und am Arbeitsplatz, im Fanforum, auf Facebook kann man über die Serie sprechen, sich über die Handlung austauschen und über die Figuren tratschen. Serien dienen aber auch als Aufhänger, um über wichtige Themen nachzudenken, wie etwa: Was würde ich tun, wenn ich unheilbar krank wäre? Würde ich mich wie Walter White in „Breaking Bad" verhalten? Kann ich verstehen, wie er sich verhält? Wie bewerte ich sein Verhalten? Dabei reflektiert der Rezipient sowohl, was er selbst denkt, als auch, was andere denken.

Rezipienten werden zudem durch die serielle Erzählung animiert, sich in der so genannten Fanfiction kreativ damit auseinanderzusetzen. Sie produzieren selbst Beiträge, z. B. in Form von Zusammenschnitten auf YouTube oder selbstverfassten Texten. Besonders Mystery und Fantasy bieten als Genres genügend Leerstellen, die von den Fans gefüllt werden können.

1 Arbeiten Sie aus dem Text die unterschiedlichen Faktoren heraus, die den Reiz von Fernsehserien ausmachen, und finden Sie dafür jeweils Beispiele aus Ihnen bekannten Fernsehserien.

2 Diskutieren Sie im Kurs, was die Serie, mit der Sie sich beschäftigen, besonders reizvoll macht.

Information Fernsehserien

Serielles Erzählen ist so alt wie das Erzählen selbst. Fernsehserien sind eine moderne Form der Fortsetzungsgeschichte. Man unterscheidet dabei verschiedene **Formate**, z. B. Reihen *(Tatort)*, Mehrteiler *(Die Sturmflut)*, Endlosserien *(Lindenstraße)*, Daily Soaps *(Gute Zeiten, schlechte Zeiten)*, Sitcoms *(How I Met Your Mother)*, Telenovelas *(Verliebt in Berlin)*, Zeichentrickserien *(Die Simpsons)* und so genanntes Quality-TV, Autorenserien mit langsamem Erzähltempo *(Breaking Bad)*.

Serienfiguren können in unterschiedlicher Weise charakterisiert werden: über ihr Verhalten, ihr Sprechen und ihr Aussehen, die ihnen zugeordneten Gegenstände (z. B. Wohnungen, Autos) sowie durch Kommentare anderer Figuren oder eines Erzählers aus dem Off. Sie treten in manchen Serien als eher feste, stereotype Charaktere auf (z. B. *Die Simpsons*), können sich aber auch über mehrere Folgen und Staffeln hinweg entwickeln (z. B. Walter White in *Breaking Bad*).

Bei der **Handlungsdramaturgie** unterscheidet man **Episodenserien** (Series), bei denen die jeweilige Geschichte in jeder Folge abgeschlossen wird, und **Fortsetzungsserien** (Serials). Diese spannen über mehrere Folgen und Staffeln hinweg einen großen Erzählbogen mit zahlreichen sich entwickelnden Charakteren. Häufig treten beide Varianten in Mischformen auf.

Bei der **Zopfdramaturgie** werden mehrere unterschiedliche Handlungsstränge in einer Folge wie bei einem Zopf miteinander verflochten, also abwechselnd gezeigt, um Spannung zu erzeugen. Die Unterbrechung eines Handlungsstrangs in einer zugespitzten Situation bezeichnet man als **Cliffhanger**. Er ist häufig am Ende einer Folge platziert und erzeugt beim Zuschauer Neugier auf die Lösung und damit auf die Fortsetzung in der nächsten Folge.

Fernsehserien **binden ihre Zuschauer langfristig** dadurch, dass diese sich mit den Figuren identifizieren und/oder parasoziale (scheinbar zwischenmenschliche) Beziehungen zu ihnen aufbauen. Diese Bindung der Zuschauer führt zu einer weitergehenden Kommunikation. So haben sich z. B. im Internet **Fankulturen** zu populären Fernsehserien entwickelt. Die Fans diskutieren ihre Serie und erschaffen eigene Produktionen (z. B. Videoclips, Geschichten). Dabei entsteht **Fanfiction** oft im Wechselspiel mit den Serienmachern, die in die Serien gezielt Lücken einbauen, welche dann von den Fans gefüllt werden.

5.3 Training – Einen Sachtext erörtern

> **Aufgabenbeispiel**
> 1. Erschließen Sie Nina Pauers Auffassung von Scripted Reality als „Tiefpunkt der Privaten". Geben Sie dabei ihre Argumentation zu den Themen „Wahrhaftigkeit", „Rolle des Schauspielers" und „Bedürfnis des Zuschauers" wieder.
> 2. Stellen Sie anhand eines konkreten Beispiels dar, was man unter Scripted Reality versteht. Prüfen Sie, inwieweit Sie Pauers Thesen zu den oben genannten Themen zustimmen können.

Nina Pauer: Doku-Soaps: Der produzierte Prolet (2010)

Bei aller Kritik an den öffentlich-rechtlichen Sendern – den neuesten Tiefpunkt der Privaten haben sie noch nicht erreicht: Das sind die Doku-Soaps, frei erfundene Elendsreportagen auf RTL. [...]
Da alle Handlungen Regieanweisungen folgen, wird statt wochenlanger Dreharbeiten im Schnitt nur eineinhalb Tage gefilmt. Auch in den brenzligsten Momenten wird der Dreh nicht unterbrochen, das Filmteam kann jeden Ehestreit bis ins Schlafzimmer verfolgen, jede Affäre, jede kriminelle Tat darf es in Großaufnahme dokumentieren. Die vormals zu berücksichtigenden und damit oft als Zensur wirkenden Persönlichkeitsrechte der Akteure vor der Kamera spielen bei den fiktiven Geschichten keine Rolle mehr. [...]
Die Dramaturgie, in der die Nachmittagsshows die kaputten Einzelschicksale und familiären Albträume filmisch aufbereiten, simuliert hingegen mit allen Mitteln [...] Wahrhaftigkeit. Durch eine kommentierende Reporterstimme, durch Schimpfwörter ersetzende Pieptöne und durch zwischengeschnittene Interviews der Akteure, die bei allem, was sie tun, auf Schritt und Tritt begleitet werden, wird die klassische Dokumentarsendung bis ins Detail imitiert. Wird das Kamerateam wie im Fall der mega-aggressiven Mutter doch einmal aus der Wohnung geworfen, filmt es durchs Schlüsselloch weiter. Die Authentizität einer voyeuristischen Reportage ist perfekt inszeniert.
Für die Macher der gestellten Dokumentarserien ist die Frage nach der Erkennbarkeit der Inszenierung nebensächlich. Dem Zuschauer sei es egal, ob die Szenen echt seien oder nicht, für ihn zähle allein das Fernsehvergnügen. [...]
Die Grauzone, die durch die faktischfiktionalen Hybridformate[1] entstanden ist, betrifft nicht nur den Zuschauer, sondern auch das Verhältnis des Schauspielers zu seiner Rolle. Die Identität des gecasteten Laien ist zwar hinter einem falschen Namen verdeckt. Doch die Geschichte, die er spielt, funktioniert nur durch seine Individualität. Sein dilettantisches Spiel und Improvisieren der Dialoge sind für die Produzenten kalkulierte Authentizitätssignale an den Zuschauer: Wer sich vor der Kamera so ungelenk gibt, kann nur echt sein. Der Laiendarsteller wird damit zum Hybridwesen[2]: Er spielt jemand anderen, ohne dass sein Publikum dies wahrnimmt. Gibt der Laie der Kamera seinen Körper preis, der oft stark übergewichtig, verlebt oder schwanger ist, muss außer der zuweilen eingesetzten blauen Schminke, die vorhergegangene körperliche Gewalt bezeugen soll, nichts an ihm verändert werden. Der Darsteller soll sich so wenig wie möglich verstellen. Dass er meist nur über einen überschaubaren Wortschatz verfügt und selten mehrere Sätze in grammatikalisch korrekter Form vorbringt, ist sein kostbarstes Gut. [...]
Dass in der inszenierten Realität ausschließlich soziale Dramen vorgeführt werden, stuft die Medienwissenschaftlerin Joan Kristin Bleicher

---
[1] **Hybridformate:** hier: Formate, die zusammengesetzt sind aus faktischen und fiktionalen Elementen
[2] **Hybridwesen:** hier: Person, die schauspielert, vom Publikum aber als realistisch wahrgenommen wird

von der Universität Hamburg als logische [...] soziale Funktion ein. Die Sendungen befriedigen die immer dagewesene Lust am Beobachten des Elends anderer: „Früher ging man mit dem Picknickkorb zur öffentlichen Enthauptung, heute schaut man eben Doku-Soaps." [...]

Die Aufgabenstellung verstehen

1 a Tauschen Sie sich mit einer Partnerin/einem Partner aus: Welche Arbeitsschritte verlangt die Aufgabenstellung?
b Erläutern Sie, auf welchem der beiden Aufgabenteile der Schwerpunkt der Bearbeitung liegen soll.

Erstes Textverständnis und Ideen formulieren

1 Lesen Sie den Text im Hinblick auf die Frage, was Pauer mit „Tiefpunkt der Privaten" meint.
2 a Notieren Sie auf einer Kopie des Textes am Rand, in welchen Textabschnitten es um die Themen „Wahrhaftigkeit", „Rolle des Schauspielers" und „Bedürfnis des Zuschauers" geht.
b Markieren Sie im Text die zentrale These, Argumente, Belege und Beispiele verschiedenfarbig.
3 Überlegen Sie, ob Sie den einzelnen Argumenten eher zustimmen oder ob Sie sie eher ablehnen. Notieren Sie ggf. Stichworte zu ersten Gegenargumenten.

Die Argumentation analysieren und eigene Argumente entwickeln

1 Stellen Sie die Argumentation Pauers in einem Strukturdiagramm dar:

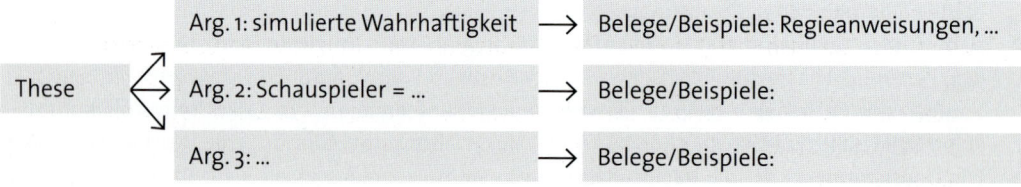

2 a Entscheiden Sie, ob Sie Pauer ganz, teilweise oder gar nicht zustimmen.
b Notieren Sie entsprechend Ihrer Position weitere unterstützende Belege und Beispiele und/oder Gegenargumente mit Belegen und Beispielen. Ziehen Sie dazu auch Ergebnisse aus dem Unterricht (z. B. S. 110 f.) und eigene Erfahrungen heran, z. B.
Gegenthese: Scripted Reality ist kein Tiefpunkt der Privaten
Gegenargument 1: Zeichen der Simulation sind offensichtlich
Belege: Im Vor- und Abspann wird auf die Fiktionalität ...,
Beispiele: „Die Schulermittler", ...

> **Information** **Grundtypen einer Erörterung**
>
> In einer Erörterung können Sie mit dem vorgelegten Text auf unterschiedliche Weise umgehen:
> - Argumente entkräften und eine Gegenargumentation aufbauen **(begründeter Widerspruch)**,
> - den dargestellten Gedankengang argumentativ erweitern **(begründete Zustimmung)**,
> - nur einigen im Text vertretenen Positionen zustimmen **(teilweise Übereinstimmung)**.

Den Schreibplan erstellen und schreiben

1 Bringen Sie die folgenden Gliederungspunkte für eine Klausur in eine sinnvolle Reihenfolge: *geordnete Wiedergabe eigener Argumente • Fazit der Erörterung • Einleitungssatz • Wiedergabe der Argumentation der Autorin • Nennung der Position der Autorin • Erläuterung des Begriffs „Scripted Reality" • Nennung der Position, die in der Erörterung vertreten werden soll*

2 Überlegen Sie, wie Sie Ihre Argumentation ordnen möchten. Erstellen Sie dafür mit Hilfe der folgenden Information eine mögliche Gliederung.

Information Struktur einer Erörterung

Die Argumente für und gegen Ihre Position können Sie unterschiedlich anordnen, z.B.:
- **erst** die Argumente, Belege und Beispiele anführen, **die Ihrer Position widersprechen,** und dann Argumente anführen, die diese **Gegenposition entkräften,**
- oder Argumente, Belege und Beispiele **für und gegen Ihre Position im Wechsel** anführen, wobei die Gegenpositionen jeweils sofort entkräftet werden.

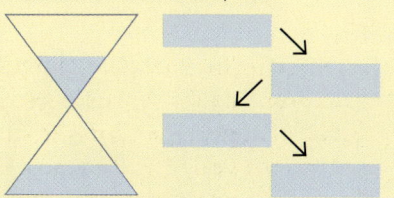

---

3 Verfassen Sie die schriftliche Erörterung nach der von Ihnen gewählten Gliederung.
  a Nennen Sie in der Einleitung Autorin, Titel, Erscheinungsjahr, Textsorte und Thema des Textes.
  b Geben Sie die Argumentation Pauers wieder. Achten Sie dabei darauf, richtig zu zitieren bzw. zu paraphrasieren (▶ S.184), z.B.:
  Pauer stellt die Behauptung auf, dass in Scripted Reality der „Tiefpunkt der Privaten" (Z.2) zu sehen sei. Sie stützt dies mit dem Argument,… (vgl. Z.…).
  c Verfassen Sie nach einer Überleitung den Erörterungsteil. Mögliche Formulierungen:
  Im Folgenden gilt es, die Position Pauers in Form einer Erörterung näher zu prüfen. Dazu soll zunächst einmal dargestellt werden, was unter Scripted Reality zu verstehen ist: …
  Ich vertrete zu diesem Thema die Ansicht, dass …
  Zwar …, aber …
  Ich gebe zu bedenken, dass …
  d Beenden Sie Ihre Erörterung mit einem Fazit, z.B.:
  Abschließend komme ich zu dem Ergebnis, …

Den eigenen Text überarbeiten

1 Überarbeiten Sie Ihren Text mit Hilfe der folgenden Checkliste.

Checkliste Erörterung eines Sachtextes

- Ist der Text klar in **Einleitung**, **Hauptteil** und **Schluss gegliedert?**
- Geben Sie Pauers **Thesen, Argumente, Belege und Beispiele** vollständig wieder?
- **Zitieren** bzw. **paraphrasieren** Sie korrekt?
- Geben Sie in der Erörterung eine **strukturierte Stellungnahme** ab und stützen Sie Ihre Position mit eigenen **Argumenten, Belegen und Beispielen?**
- Fassen Sie am Ende die Position in einem **Fazit** zusammen?
- Haben Sie Ihren Text auf **Rechtschreib-, Grammatik- und Zeichensetzungsfehler** überprüft?

6 Gespräche in Alltag und Literatur – Kommunikationsprobleme untersuchen

Edward Hopper: Room in New York (1932)

1 a Welchen Eindruck macht die im Bild dargestellte Szene auf Sie?
  b Betrachten Sie die Figuren einzeln. Gehen Sie dabei besonders auf ihre Blicke und Hände, ihre Haltung und ihre Position im Raum ein.
2 Stellen Sie sich vor, das Bild sei ein Standbild aus einer Filmsequenz.
  a Was könnte dem Standbild vorausgegangen sein? Tauschen Sie sich darüber aus.
  b Schreiben Sie in Partnerarbeit einen Dialog der Figuren, der im Anschluss an die im Bild dargestellte Szene stattfinden könnte.
3 a Spielen Sie Ihre Szene vor. Achten Sie dabei auf Mimik, Gestik und Körperhaltung.
  b Besprechen Sie, inwieweit und auf welche Weise Sie die Kommunikation der beiden Figuren als gelungen oder als misslungen (gestört) dargestellt haben.

> **In diesem Kapitel erwerben Sie folgende Kenntnisse und Kompetenzen:**
>
> - Alltagskommunikation und ihre Störungen analysieren, indem Sie verschiedene Kommunikationsmodelle anwenden,
> - Kommunikationsmodelle bei der Analyse literarischer Texte nutzen und auf ihre Funktionalität hin prüfen,
> - von Bildern und Plastiken ausgehend, selbst Texte verfassen, in denen Kommunikationsschwierigkeiten von Bedeutung sind.

6.1 Gesprächssituationen im Alltag – Kommunikationsmodelle anwenden

Yasmina Reza: Kunst (1995/1996)

Marc, allein
Marc: Mein Freund Serge hat sich ein Bild gekauft. Ein Ölgemälde von etwa ein Meter sechzig auf ein Meter zwanzig, ganz in Weiß. Der Untergrund ist weiß, und wenn man die Augen zusammenkneift, kann man feine weiße Querstreifen erkennen.
Mein Freund Serge ist ein langjähriger Freund. Er ist jemand, der Erfolg gehabt hat, er ist Dermatologe[1], und er liebt die Kunst. Am Montag bin ich bei ihm gewesen, um mir das Bild anzuschauen, das Serge am Samstag gekauft hat, mit dem er aber schon seit Monaten liebäugelte. Ein weißes Bild, mit weißen Streifen.

Bei Serge.
Auf dem Boden steht ein weißes Ölgemälde mit feinen weißen Querstreifen. Serge betrachtet vergnügt sein Bild. Marc betrachtet das Bild. Serge betrachtet Marc, der das Bild betrachtet. Eine lange Zeit, in der alle Gefühle wortlos zum Ausdruck kommen.
Marc: Teuer?
Serge: Zweihunderttausend.
Marc: Zweihunderttausend? ...
Serge: Handtington nimmt es für zweihundertzwanzig zurück.
Marc: Wer ist das?
Serge: Handtington?
Marc: Kenn ich nicht.
Serge: Handtington! Die Galerie Handtington!
Marc: Die Galerie Handtington nimmt es für zweihundertzwanzig zurück?
Serge: Nein, nicht die Galerie. Er. Handtington selbst. Für sich.
Marc: Und warum hat Handtington es nicht gleich selbst gekauft?
Serge: Weil die Kunsthändler daran interessiert sind, an Privatleute zu verkaufen. Der Markt muss in Bewegung bleiben.
Marc: Jaaa ...
Serge: Na?
Marc: ...
Serge: Du stehst dort nicht richtig. Betrachte es von hier aus. Siehst du die Linien?
Marc: Wie heißt der ...?
Serge: Maler? Antrios.
Marc: Bekannt?
Serge: Sehr. Sehr!
Pause
Marc: Serge, du hast doch für dieses Bild keine zweihunderttausend Francs bezahlt?
Serge: Aber Junge, das ist der Preis. Es ist ein ANTRIOS!
Marc: Du hast keine zweihunderttausend Francs für dieses Bild bezahlt!
Serge: Ich war sicher, dass du das nicht begreifen würdest.
Marc: Hast du für diese Scheiße wirklich zweihunderttausend Francs bezahlt?!

Serge, allein
Serge: Mein Freund Marc, ein intelligenter Junge, den ich seit Langem schätze, gute Position, Ingenieur in der Aeronautik, gehört zu diesen neuen Intellektuellen, die sich nicht allein damit begnügen können, Feinde der Moderne zu sein, sondern die sich unbegreiflicherweise auch noch etwas darauf einbilden. Man findet bei den Anhängern der guten alten Zeit seit Kurzem eine wirklich verblüffende Arroganz.

Dieselben. Selber Ort. Selbes Bild.
Serge: *(nach einiger Zeit)* Wie kannst du sagen „diese Scheiße"?
Marc: Serge, ein wenig Humor! Lach! ... Lach schon, alter Junge, ich finde es einfach großartig, dass du dieses Bild gekauft hast!
Marc lacht. Serge steht da wie versteinert.
Serge: Dass du diesen Kauf großartig findest,

[1] **Dermatologe:** Facharzt für Haut- und Geschlechtskrankheiten

Szene aus „Kunst" am Theater Ticino in Wädenswil (1997), Foto: Bernhard Fuchs

wunderbar, dass du darüber lachen musst, schön, aber ich möchte wissen, was du mit „diese Scheiße" meinst.
MARC: Du machst dich wohl über mich lustig!
SERGE: Keineswegs. „Diese Scheiße", verglichen womit? Wenn man sagt, dies oder jenes ist eine Scheiße, muss man doch einen Wertmaßstab haben, um darüber urteilen zu können.
MARC: Mit wem sprichst du? Mit wem sprichst du im Augenblick? Huhu! ...
SERGE: Du interessierst dich nicht für die zeitgenössische Malerei, du hast dich nie dafür interessiert. Du hast nicht die geringste Kenntnis auf diesem Gebiet, wie kannst du also behaupten, ein bestimmter Gegenstand, der Gesetzen gehorcht, von denen du nichts weißt, sei eine Scheiße?
MARC: ... Es ist eine Scheiße. Entschuldige bitte.

Serge, allein
SERGE: Er mag dieses Bild nicht. Schön ... Keine Zärtlichkeit in seinem Verhalten. Kein Bemühen. Keine Zärtlichkeit in seiner Art zu verurteilen. Ein selbstgefälliges, perfides[2] Lachen. Ein Lachen, das alles besser weiß als alle anderen. Ich hasse dieses Lachen.

[2] **perfide:** heimtückisch

1. Analysieren Sie den Anfang des Theaterstücks (die **Exposition**), indem Sie
   a zunächst den **Inhalt** des Dialogs zusammenfassen,
   b die **Beziehung** der Figuren und ihre Gefühle beschreiben,
   c die **Situation** genau umreißen und ihre Bedeutung für das Gespräch nennen.
2. a Beurteilen Sie die Kommunikation zwischen den beiden Figuren in der Szene. Begründen Sie Ihre Einschätzung, indem Sie konkrete Textstellen als Belege anführen.
   b Wie verstehen Sie Marcs Rede, wenn er sagt: „Junge, ich finde es einfach großartig, dass du dieses Bild gekauft hast!" (Z. 74f.)? Überlegen Sie, welche nonverbalen (nichtsprachlichen) Ausdrucksmittel, wie Gestik, Mimik, Körperhaltung, Sie einsetzen würden, um diesem Satz eine besondere Bedeutung zu geben.
3. a Wer ist wer auf dem abgedruckten Szenenfoto? Begründen Sie Ihre Meinung mit Bezug auf die Mimik und die Haltung der Figuren. Beachten Sie auch die Stellung der Figuren im Raum.
   b Zu welcher Textstelle könnte das Szenenfoto passen? Begründen Sie Ihre Einschätzung.
4. Spielen Sie die Szene als Improvisation, d. h. ohne Vorbereitung. Achten Sie dabei auf die Wirkung **nonverbaler Ausdrucksmittel** (Gestik, Mimik, Körperhaltung).

Kommunikationsmodelle – Sprachfunktionen erklären

Wie in vielen modernen Theaterstücken spielen Beziehungs- und Kommunikationsprobleme auch im Stück „Kunst" eine zentrale Rolle. Bei der Inszenierung sind nicht nur die geäußerten Wörter und Sätze, sondern auch **nonverbale** (Gestik, Mimik, Körperhaltung) und **parasprachliche** Elemente (Intonation, Lautstärke usw.) von Bedeutung. Bei der Analyse der Kommunikation der beiden Hauptfiguren in „Kunst" haben Sie erkannt, dass eine dramatische Spannung dadurch entstehen kann, dass verbale und nonverbale Äußerungen im Widerspruch zueinander stehen.
Sprachphilosophen und Kommunikationstheoretiker wie **Karl Bühler** (1879–1963), **Paul Watzlawick** (1921–2007) oder **Friedemann Schulz von Thun** (*1944) haben verschiedene Modelle entwickelt, um einzelne Faktoren bei Kommunikationsprozessen zu gewichten und zueinander in Beziehung zu setzen. Im Folgenden finden Sie in knapper Form ihre Modelle dargestellt.

Das Kommunikationsquadrat (schulz-von-thun.de)

Das Kommunikationsquadrat ist das bekannteste und inzwischen auch weit verbreitete Modell von Friedemann Schulz von Thun. Bekannt geworden ist dieses Modell auch als „Vier-Ohren-Modell". Die vier Ebenen der Kommunikation haben nicht nur Bedeutung für das private Miteinander, sondern auch und vor allem für den beruflichen Bereich, wo das Professionelle und das Menschliche ständig miteinander „verzahnt" sind.

Wenn ich als Mensch etwas von mir gebe, bin ich auf vierfache Weise wirksam. Jede meiner Äußerungen enthält, ob ich will oder nicht, vier Botschaften gleichzeitig:
– eine Sachinformation (worüber ich informiere) – **blau**,
– eine Selbstkundgabe (was ich von mir zu erkennen gebe) – **grün**,
– einen Beziehungshinweis (was ich von dir halte und wie ich zu dir stehe) – **gelb**,
– einen Appell (was ich bei dir erreichen möchte) – **rot**.

Schulz von Thun hat daher 1981 die vier Seiten einer Äußerung als Quadrat dargestellt und dementsprechend dem Sender „vier Schnäbel" und dem Empfänger „vier Ohren" zugeordnet. Psychologisch gesehen, sind also, wenn wir miteinander reden, auf beiden Seiten 4 Schnäbel und 4 Ohren daran beteiligt, und die Qualität des Gespräches hängt davon ab, in welcher Weise diese zusammenspielen.

Auf der **Sachebene** des Gesprächs steht die Sachinformation im Vordergrund, hier geht es um Daten, Fakten und Sachverhalte. Dabei gilt zum einen das Wahrheitskriterium wahr oder unwahr (zutreffend/nicht zutreffend), zum anderen das Kriterium der Relevanz (sind die aufgeführten Sachverhalte für das anstehende Thema von Belang/nicht von Belang?) und zum Dritten erscheint das Kriterium der Hinlänglichkeit (sind die angeführten Sachhinweise für das Thema ausreichend oder muss vieles andere auch bedacht sein?).

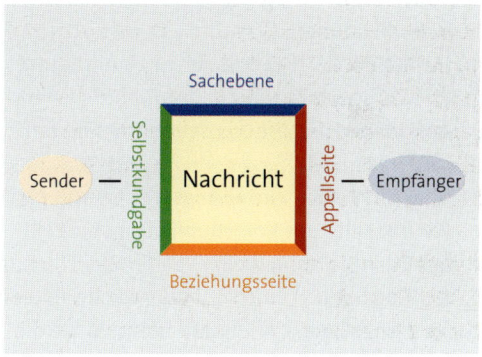

Für den Sender gilt es also, den Sachverhalt klar und verständlich zu vermitteln. Der Empfänger, der das Sachohr aufgesperrt hat, hört auf: die Daten, Fakten und Sachverhalte und hat entsprechend den drei genannten Kriterien viele Möglichkeiten einzuhaken.

Selbstkundgabe: Wenn jemand etwas von sich gibt, gibt er auch etwas von sich preis. Jede Äußerung enthält auch, ob ich will oder nicht, eine Selbstkundgabe, einen Hinweis darauf, was in mir vorgeht, wie mir ums Herz ist, wofür ich stehe und wie ich meine Rolle auffasse. Dies kann explizit („Ich-Botschaft") oder implizit geschehen. Dieser Umstand macht jede Nachricht zu einer kleinen Kostprobe der Persönlichkeit, was dem Sender nicht nur in Prüfungen und in der Begegnung mit Psychologen einige Besorgnis verursachen kann.

Während der Sender also mit dem Selbstkundgabe-Schnabel, implizit oder explizit, Informationen über sich preisgibt, nimmt der Empfänger diese mit dem Selbstkundgabe-Ohr auf: Was sagt mir das über den anderen? Was ist der für einer? Wie ist er gestimmt? Etc.

Die Beziehungsseite: Ob ich will oder nicht: Wenn ich jemanden anspreche, gebe ich (durch Formulierung, Tonfall, Begleitmimik) auch zu erkennen, wie ich zum anderen stehe und was ich von ihm halte – jedenfalls bezogen auf den aktuellen Gesprächsgegenstand. In jeder Äußerung steckt somit auch ein Beziehungshinweis, für welchen der Empfänger oft ein besonders sensibles (über)empfindliches Beziehungs-Ohr besitzt. Aufgrund dieses Ohres wird entschieden: „Wie fühle ich mich behandelt durch die Art, in der der andere mit mir spricht? Was hält der andere von mir und wie steht er zu mir?"

Appellseite: Wenn jemand das Wort ergreift und es an jemanden richtet, will er in der Regel auch etwas bewirken, Einfluss nehmen; den anderen nicht nur erreichen, sondern auch etwas bei ihm erreichen. Offen oder verdeckt geht es auf dieser Ebene um Wünsche, Appelle, Ratschläge, Handlungsanweisungen, Effekte etc. Das Appell-Ohr ist folglich besonders empfangsbereit für die Frage: Was soll ich jetzt machen, denken oder fühlen?

1 Übertragen Sie die obige Schemazeichnung Schulz von Thuns in Ihr Heft und vervollständigen Sie diese mit Hilfe der folgenden Begriffe:
Sprecher(in), Hörer(in), gesendete Nachricht, aufgenommene Nachricht.

2 a Erläutern Sie, wie die beiden Äußerungen aus dem Cartoon auf den vier Ebenen nach Schulz von Thun jeweils gemeint bzw. verstanden werden können.
  b Verfassen Sie jeweils zwei kurze Alltagsszenen zu „*Da ist was Grünes in der Suppe*", „*Willst du das anziehen?*", „*Ist das dein neuer Freund?*", „*Sind die Perlen echt?*".
  c Vergleichen Sie Ihre Alltagsszenen und erklären Sie mit Hilfe des Kommunikationsmodells Schulz von Thuns, welche Seiten der Nachricht in Ihren Szenen eine besondere Rolle spielen.

3 a Spielen Sie die Szenen und nehmen Sie die Darstellungen auf Video auf.
  b Prüfen Sie anhand Ihrer Aufnahmen, welche **nonverbalen** und **paraverbalen** Aspekte (▶ Information) die Kommunikation auf welche Weise bestimmen.

4 Erläutern Sie die vier Seiten einer Nachricht an konkreten Textstellen aus Yasmina Rezas Drama „Kunst" (▶ S. 125 f.).

| Information | **Nonverbales und paraverbales Verhalten** |

Nonverbales Verhalten oder Körpersprache: Gestik, Mimik, Körperhaltung
Paraverbales Verhalten oder Stimmsprache: Intonation, Lautstärke, Sprechtempo, Pausen usw.

Paul Watzlawick u. a.: **Menschliche Kommunikation. Formen, Störungen, Paradoxien** (1969)

Folgende Auszüge dürfen als zentral für die Theorie Watzlawicks bezeichnet werden:

1 [...] Es muss [...] daran erinnert werden, dass das „Material" jeglicher Kommunikation keineswegs nur Worte sind, sondern auch paralinguistische Phänomene (wie z. B. Tonfall, Schnelligkeit oder Langsamkeit der Sprache, Pausen, Lachen und Seufzen), Körperhaltung, Ausdrucksbewegungen (Körpersprache) usw. innerhalb eines bestimmten Kontextes umfasst – kurz, Verhalten jeder Art.

2 [...] Verhalten hat vor allem eine Eigenschaft, die so grundlegend ist, dass sie oft übersehen wird: Verhalten hat kein Gegenteil, oder um dieselbe Tatsache noch simpler auszudrücken: Man kann sich nicht *nicht* verhalten. Wenn man also akzeptiert, dass alles Verhalten in einer zwischenmenschlichen Situation [...] Mitteilungscharakter hat, d. h. Kommunikation ist, so folgt daraus, dass man, wie immer man es auch versuchen mag, nicht *nicht* kommunizieren kann. Handeln oder Nichthandeln, Worte oder Schweigen haben alle Mitteilungscharakter: Sie beeinflussen andere, und diese anderen können ihrerseits nicht *nicht* auf diese Kommunikation reagieren und kommunizieren damit selbst.

3 [...] Wenn man untersucht, was jede Mitteilung enthält, so erweist sich ihr Inhalt vor allem als Information. Dabei ist es gleichgültig, ob diese Information wahr oder falsch, gültig oder ungültig oder unentscheidbar ist. Gleichzeitig aber enthält jede Mitteilung einen weiteren Aspekt, der viel weniger augenfällig, doch ebenso wichtig ist – nämlich einen Hinweis darauf, wie ihr Sender sie vom Empfänger verstanden haben möchte. Sie definiert also, wie der Sender die Beziehung zwischen sich und dem Empfänger sieht, und ist in diesem Sinn seine persönliche Stellungnahme zum anderen. Wir finden somit in jeder Kommunikation einen *Inhalts- und einen Beziehungsaspekt*. [...]

4 Sie [die symmetrische und die komplementäre Interaktion] stehen für Beziehungen, die entweder auf Gleichgewicht oder auf Unterschiedlichkeit beruhen. Im ersten Fall ist das Verhalten der beiden Partner sozusagen spiegelbildlich und ihre Interaktion daher *symmetrisch*. Dabei ist es gleichgültig, worin dieses Verhalten im Einzelfall besteht, da die Partner sowohl in Stärke wie Schwäche, Härte wie Güte und jedem anderen Verhalten ebenbürtig sein können. Im zweiten Fall dagegen ergänzt das Verhalten des einen Partners das des anderen, wodurch sich eine grundsätzlich andere Art von verhaltensmäßiger Gestalt ergibt, die *komplementär* ist. Symmetrische Beziehungen zeichnen sich also durch Streben nach Gleichgewicht und Verminderung von Unterschieden zwischen den Partnern aus, während komplementäre Interaktionen auf sich gegenseitig ergänzenden Unterschiedlichkeiten basieren. [...] Komplementäre Beziehungen beruhen auf gesellschaftlichen oder kulturellen Kontexten (wie z. B. im Fall von Mutter und Kind, Arzt und Patient, Lehrer und Schüler) [...]. *Zwischenmenschliche Kommunikationsabläufe sind entweder symmetrisch oder komplementär, je nachdem, ob die Beziehung zwischen den Partnern auf Gleichheit oder Unterschiedlichkeit beruht.*

1
a Geben Sie die Aussagen mit eigenen Worten wieder. Formulieren Sie je Abschnitt eine Überschrift.
1. Kommunikation umfasst ...
b Schildern Sie alltägliche Situationen, die Watzlawicks Thesen veranschaulichen.
c Überlegen Sie, inwiefern sich durch Watzlawicks Theorie das Kommunikationsmodell Schulz von Thuns ergänzen lässt.

2 Prüfen Sie, ob die Interaktion im Textauszug aus „Kunst" (▶ S. 125 f.) symmetrisch oder komplementär ist. Begründen Sie Ihre Einschätzung.

3 a Schreiben Sie den folgenden Dialog zu Ende:

Hein Retter: Im Wartezimmer (1999)

Sie: Wie war's denn beim Zahnarzt? Musstest du lange warten?
Er: Eine Viertelstunde. Warteten noch drei andere, die nach mir drankamen.
Sie: Aha, ihr habt also kommuniziert! Wovon habt ihr denn geredet?
Er: Geredet, nichts. Ich glaube, jeder hat gelesen.
Sie: Gemeinsam?
Er: Nein, jeder für sich natürlich.
Sie: Trotzdem müsst ihr nach Watzlawick doch kommuniziert haben. Was hast du denn von den anderen wahrgenommen?
Er: Dass da drei Leute waren.
Sie: Sonst nichts?
Er: Keine Ahnung, ich habe gelesen, jeder hat gelesen, oder ... ich weiß wirklich nicht, was die anderen gemacht haben.
Sie: Völlig unmöglich! Nach Watzlawick hast du kommuniziert, und du unterstellst, dass du nicht kommuniziert hast. Gib zu, dass ihr kommuniziert habt! Nämlich deshalb, weil ihr nicht kommunizieren wolltet.
Er: Unsinn! [...]

b Vergleichen Sie Ihre Fassungen im Hinblick darauf, wie sie zum Gesprächsbeginn passen.

4 Beurteilen Sie, ob die Situation im Wartezimmer entsprechend der Theorie Watzlawicks als Kommunikation bezeichnet werden kann. Was spricht dafür, was dagegen?
Watzlawick geht davon aus, dass Kommunikation nicht nur das Gesprochene, sondern auch das ... umfasst und dass man nicht ...
Im Sinne Watzlawicks findet im Wartezimmer Kommunikation statt, weil die Figuren ...
Allerdings muss man sich fragen, ob es sich bei der Situation im Wartezimmer um eine zwischenmenschliche ...

5 Stellen Sie sich die Situation im Wartezimmer vor. Inwiefern ändert sich die Kommunikationssituation, wenn einer der Wartenden ein Gespräch führen möchte?
Wenn einer offen das Gespräch sucht, entsteht tatsächlich ...
Einer der an der Situation Beteiligten will ... Daher wird die Nicht-Kommunikation der anderen ...

6 Analysieren Sie den Dialog des Ehepaars mit Hilfe der Kategorien Schulz von Thuns (▶ S. 127 f.).

Information **Widersprüchliche Botschaften**

Watzlawick und andere Kommunikationsforscher/innen beschreiben außerdem so genannte **Doublebind-Situationen.** Dabei stehen paradoxe (widersprüchliche) Botschaften im Mittelpunkt wie „Mache mich nicht verlegen!" oder „Interessiere dich für mich". Auf diese kann man kaum oder nicht angemessen reagieren, sei es, weil die Botschaft selbst paradox ist oder weil ein paradoxes Verhältnis zwischen Inhalts- und Beziehungsebene besteht.

---

1 Beschreiben Sie ausführlicher solche Kommunikationssituationen, in denen die folgenden Sätze im Sinne der Doublebind-Struktur geäußert werden könnten:
– „Sei spontan!"
– „Hab mich endlich lieb!"
– „Schmeckt dir die Suppe, die ich heute gekocht habe?"

2 Was zeichnet die Doublebind-Situation jeweils aus? Gibt es Lösungen für diese Situationen?

Karl Bühlers Organon-Modell – Die drei Grundfunktionen der Sprache

Watzlawick und Schulz von Thun greifen in ihren Kommunikationsmodellen auf das Organon-Modell Karl Bühlers (1879–1963) zurück, das auch das Dreifundamentenschema oder das Funktionsschema der Sprache genannt wird. In seinem Buch „Sprachtheorie" (1934) hat er es grafisch dargestellt und erläutert:

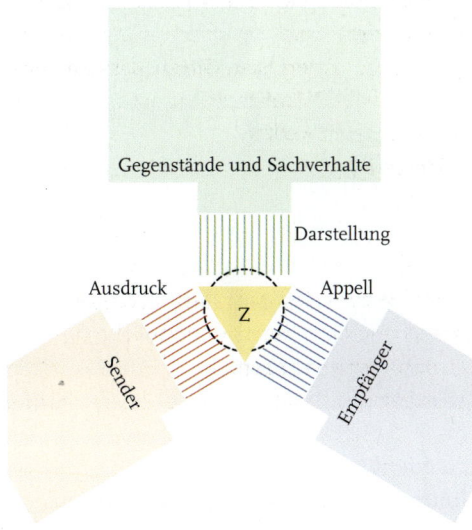

„Die Sprache", sagt Bühler, „ist dem Werkzeug verwandt; auch sie gehört zu den Geräten des Lebens, ist ein Organon [gr. für ‚Werkzeug'] wie das dingliche Gerät." Nach Bühler sind beim Sprechen immer drei Elemente beteiligt, die über das Sprachzeichen (Z) in Sinnbezug miteinander treten: (mindestens) ein/e Sender/in, (mindestens) ein/e Empfänger/in und Objekte der gegenständlichen Welt. Diese Gegenstände oder Sachverhalte sind Anlass der Kommunikation zwischen Sender/in und Empfänger/in, aber nicht ausschließlich. Die Sprachzeichen, die zwischen Sender/in und Empfänger/in gewechselt werden, können sich auch auf diese selbst richten. Wenn sich der Sinnbezug des Sprachzeichens auf den **Sender** selbst richtet, nennt Bühler diese Funktion des Zeichens **Ausdruck**; den auf den **Empfänger** zielenden Sinnbezug bezeichnet er als **Appell**. Der auf **Gegenstände** und **Sachverhalte** gerichtete Sinnbezug des sprachlichen Zeichens ist die **Darstellung**.

Die Sprecherabsicht (**Intention**) entscheidet darüber, welche dieser Funktionen in einer sprachlichen Äußerung jeweils überwiegt. Eine Person, die eine bestimmte Handlung auslösen will und deshalb werbend, überredend, überzeugend oder befehlend spricht, rückt z. B. die Appellfunktion in den Vordergrund.

Mit anderen Worten: In jeder Mitteilung sind alle drei Funktionen der Sprache enthalten, wobei jedoch eine Funktion mehr oder weniger stark dominieren kann.

1 Erklären Sie am Beispiel des Sprachzeichens „Feuer" mit Hilfe des Organon-Modells mögliche Intentionen eines Senders.
Wenn die Appellfunktion überwiegt, möchte der Sprecher bzw. Sender z. B. ...

2 Ordnen Sie den Sprachfunktionen des Organon-Modells verschiedene Textsorten zu, z. B.: Rede, Flugblatt, Gebrauchsanweisung, Gedicht, Tagebucheintrag usw.
Ausdruck: Gedicht, ...
Appell: ...
Darstellung: ...

3 Stellen Sie dar, in welcher Form das Organon-Modell weiterentwickelt wurde. Vergleichen Sie es dazu mit den Modellen von:
  a Friedemann Schulz von Thun (▶ S. 127 f.),
  b Paul Watzlawick (▶ S. 129 f.).

4 **a** Beobachten Sie kommunikative Situationen in Ihrem Alltag.
  b Analysieren Sie die Kommunikation mit Hilfe eines Kommunikationsmodells.
  c Präsentieren Sie Ihre Ergebnisse im Kurs.

6.2 Kommunikation in literarischen Texten – Dialogsituationen untersuchen

Szenenfoto aus „Buddenbrooks" (2008), Regie: Heinrich Breloer

1 Das abgebildete Szenenfoto stammt aus einer Verfilmung des Romans „Buddenbrooks" von Thomas Mann.
  a Stellen Sie Vermutungen darüber an, worum es in dieser Szene geht.
  b Untersuchen Sie die Haltung der beiden Figuren. Lassen sich aufgrund des Szenenfotos bereits weitergehende Vermutungen über die Beziehung der beiden anstellen?
  c Wann spielt der Roman? Begründen Sie Ihre Vermutung durch detaillierte Beobachtungen.

Thomas Mann: **Buddenbrooks** (1901)

Im Roman „Buddenbrooks", in dem Thomas Mann (1875–1955) eigene Erfahrungen und Personen seines direkten Umfeldes verarbeitete und für den er 1929 den Literaturnobelpreis verliehen bekam, wird der allmähliche Verfall einer Lübecker Kaufmannsfamilie geschildert.
Im ersten Teil des Romans wirbt der Geschäftsmann Grünlich um die älteste Tochter der Buddenbrooks, Antonie, genannt Tony. Der Vater Tonys, der alte Buddenbrook, unterstützt im weiteren Verlauf des Romans diesen Heiratsantrag, zum einen, weil er sich finanzielle Sicherheit für seine selbstbewusste und etwas eigenwillige Tochter erhofft, zum anderen, weil er für seine Firma florierende Geschäftsbeziehungen erwartet.

Herr Grünlich hatte einen Armsessel ganz dicht an ihren Fenstersitz herangezogen, er setzte sich, er nötigte auch sie selbst, sich wieder niederzulassen, und während er, vornübergebeugt, ihre Hand, die schlaff war vor Ratlosigkeit, in der seinen hielt, fuhr er mit bewegter Stimme fort:
„Fräulein Antonie ... Seit dem ersten Augenblick, seit jenem Nachmittage ... Sie erinnern sich jenes Nachmittages? ... als ich zum ersten Mal im Kreise der Ihrigen eine so vornehme, so traumhaft liebliche Erscheinung erblickte ... ist Ihr Name mit unauslöschlichen Buchstaben in mein Herz geschrieben ..." Er verbesserte sich und sagte: „gegraben". „Seit jenem Tage, Fräu-

lein Antonie, ist es mein einziger, mein heißer Wunsch, Ihre schöne Hand fürs Leben zu gewinnen, und was der Brief Ihres *lieben* Herrn Vaters mich nur hoffen ließ, das werden Sie mir nun zur glücklichen Gewissheit machen ... nicht wahr?! Ich darf mit Ihrer Gegenneigung rechnen ... Ihrer Gegenneigung sicher sein!" Hierbei ergriff er auch mit der anderen Hand die ihre und blickte ihr tief in die ängstlich geöffneten Augen. Er trug heute keine Zwirnhandschuhe; seine Hände waren lang, weiß und von hohen, blauen Adern durchzogen.

Tony starrte in sein rosiges Gesicht, auf die Warze an seiner Nase und in seine Augen, die so blau waren wie diejenigen einer Gans.

„Nein, nein!", brachte sie rasch und angstvoll hervor. Hierauf sagte sie noch: „Ich gebe Ihnen nicht mein Jawort!" Sie bemühte sich, fest zu sprechen, aber sie weinte schon.

„Womit habe ich dieses Zweifeln und Zögern Ihrerseits verdient?", fragte er mit tief gesenkter und fast vorwurfsvoller Stimme. „Sie sind ein von liebender Sorgfalt behütetes und verwöhntes Mädchen ... aber ich schwöre Ihnen, ja, ich verpfände Ihnen mein Manneswort, dass ich Sie auf Händen tragen werde, dass Sie als meine Gattin nichts entbehren werden, dass Sie in Hamburg ein Ihrer würdiges Leben führen werden ..."

Tony sprang auf, sie befreite ihre Hand, und während ihre Tränen hervorstürzten, rief sie völlig verzweifelt: „Nein ... nein! Ich habe ja *nein* gesagt! Ich gebe Ihnen einen Korb, verstehen Sie das denn nicht, Gott im Himmel?! ..."

Allein auch Herr Grünlich erhob sich. Er trat einen Schritt zurück, er breitete die Arme aus, indem er ihr beide Handflächen entgegenhielt, und sprach mit dem Ernst eines Mannes von Ehre und Entschluss: „Wissen Sie, Mademoiselle Buddenbrook, dass ich mich nicht in dieser Weise beleidigen lassen darf?"

„Aber ich beleidige Sie nicht, Herr Grünlich", sagte Tony, denn sie bereute, so heftig gewesen zu sein. Mein Gott, musste gerade ihr dies begegnen! Sie hatte sich so eine Werbung nicht vorgestellt. Sie hatte geglaubt, man brauche nur zu sagen: „Ihr Antrag ehrt mich, aber ich kann ihn nicht annehmen", damit alles erledigt sei ...

„Ihr Antrag ehrt mich", sagte sie, so ruhig sie konnte; „aber ich kann ihn nicht annehmen ... So, und ich muss Sie nun ... verlassen, entschuldigen Sie, ich habe keine Zeit mehr."

Aber Herr Grünlich stand ihr im Wege.

„Sie weisen mich zurück?", fragte er tonlos ...

„Ja", sagte Tony; und aus Vorsicht fügte sie hinzu: „Leider ..."

Da atmete Herr Grünlich heftig auf, er machte zwei große Schritte rückwärts, beugte den Oberkörper zur Seite, wies mit dem Zeigefinger auf den Teppich und rief mit fürchterlicher Stimme: „Antonie –!"

So standen sie sich während eines Augenblickes gegenüber; er in aufrichtig erzürnter und gebietender Haltung, Tony blass, verweint und zitternd, das feuchte Taschentuch am Munde. Endlich wandte er sich ab und durchmaß, die Hände auf dem Rücken, zweimal das Zimmer, als sei er hier zu Hause. Dann blieb er am Fenster stehen und blickte durch die Scheiben in die beginnende Dämmerung.

Tony schritt langsam und mit einer gewissen Behutsamkeit auf die Glastür zu; aber sie befand sich erst in der Mitte des Zimmers, als Herr Grünlich aufs Neue bei ihr stand.

„Tony!", sagte er ganz leise, während er sanft ihre Hand erfasste; und er sank ... sank langsam bei ihr zu Boden auf die Knie. Seine beiden goldgelben Favoris[1] lagen auf ihrer Hand.

„Tony ...", wiederholte er, „sehen Sie mich hier ... Dahin haben Sie es gebracht ... Haben Sie ein Herz, ein fühlendes Herz? ... Hören Sie mich an ... Sie sehen einen Mann vor sich, der vernichtet, zu Grunde gerichtet ist, wenn ... ja, der vor Kummer sterben wird", unterbrach er sich mit einer gewissen Hast, „wenn Sie seine Liebe verschmähen! Hier liege ich ... bringen Sie es über das Herz, mir zu sagen: Ich verabscheue Sie –?"

„Nein, nein!", sagte Tony plötzlich in tröstendem Ton. Ihre Tränen waren versiegt, Rührung

---

1 Favoris: Koteletten bzw. Backenbart; in der Biedermeierzeit „Favoris" genannt, seitliche Haare an beiden Gesichtshälften vom Haaransatz der Haupthaare bis zum Bart

und Mitleid stiegen in ihr auf. Mein Gott, wie sehr musste er sie lieben, dass er diese Sache, die ihr selbst innerlich ganz fremd und gleichgültig war, so weit trieb! War es möglich, dass sie dies erlebte? In Romanen las man dergleichen, und nun lag im gewöhnlichen Leben ein Herr im Gehrock vor ihr auf den Knien und flehte! ... Ihr war der Gedanke, ihn zu heiraten, einfach unsinnig erschienen, weil sie Herrn Grünlich albern gefunden hatte. Aber, bei Gott, in diesem Augenblicke war er durchaus nicht albern! Aus seiner Stimme und seinem Gesicht sprach eine so ehrliche Angst, eine so aufrichtige und verzweifelte Bitte ...

„Nein, nein!", wiederholte sie, indem sie sich ganz ergriffen über ihn beugte. „Ich verabscheue Sie nicht, Herr Grünlich, wie können Sie dergleichen sagen! ... Aber nun stehen Sie auf ... bitte ..."

„Sie wollen mich nicht töten?", fragte er wieder, und sie sagte noch einmal in einem beinahe mütterlich tröstenden Ton: „Nein – nein ..."

„Das ist ein Wort!", rief Grünlich und sprang auf die Füße. Sofort aber, als er Tonys erschrockene Bewegung sah, ließ er sich noch einmal nieder und sagte ängstlich beschwichtigend: „Gut, gut ... sprechen Sie nun nichts mehr, Antonie! Genug für diesmal, ich bitte Sie, von dieser Sache ... Wir reden weiter davon ... Ein anderes Mal ... Ein anderes Mal ... Leben Sie wohl für heute ... Leben Sie wohl ... Ich kehre zurück ... Leben Sie wohl! –"

Er hatte sich rasch erhoben, er hatte seinen großen grauen Hut vom Tische gerissen, hatte ihre Hand geküsst und war durch die Glastür hinausgeeilt.

Tony sah, wie er in der Säulenhalle seinen Stock ergriff und im Korridor verschwand. Sie stand, völlig verwirrt und erschöpft, inmitten des Zimmers, das feuchte Taschentuch in einer ihrer hinabhängenden Hände.

1 **a** Lesen Sie den **Dialog** (also nur die wörtliche Rede der Figuren ohne den Erzähltext) mit verteilten Rollen.
b Fassen Sie den Inhalt des Gesprächs kurz zusammen.
c Lesen Sie den Textauszug ein zweites Mal laut vor. Immer dann, wenn Sie Kommentare zum Dialog abgeben wollen, können Sie „Stopp!" rufen und sich anschließend zur Kommunikation der beiden Figuren äußern.

2 Ist die Kommunikation zwischen Tony und Grünlich eher gelungen oder eher misslungen? Begründen Sie Ihre Auffassung.

3 **a** Verfassen Sie für eine der beiden Figuren (Tony oder Grünlich) einen inneren Monolog, der am Ende des Textauszugs ansetzt.
b Vergleichen Sie Ihre Texte. Verwenden Sie dabei zur Erklärung die Kategorien der **Kommunikationsanalyse**, die Sie im ersten Teilkapitel kennen gelernt haben, insbesondere: **Inhalts- und Beziehungsebene** und **symmetrische oder komplementäre Kommunikation** (▶ S. 127–130).

4 Anders als in den meisten Dramen kann in epischen Texten (Romanen, Erzählungen) eine **Erzählerin oder ein Erzähler als Vermittler der Geschichte** auftreten, und zwar in der Funktion, Kommunikationssituationen zu illustrieren und zu kommentieren. Analysieren Sie,
a wie der Erzähler der „Buddenbrooks" durch die Darstellung des **nonverbalen** und **paraverbalen Verhaltens** der Figuren (▶ S. 128) die Wirkung der beschriebenen Situation unterstützt,
b wie die Leserin oder der Leser durch die Innensicht der Figuren, die der Erzähler preisgibt, in der Wahrnehmung gelenkt/gesteuert wird.

5 Charakterisieren Sie abschließend die Bedeutung des Erzählers für die Darstellung der Kommunikationssituation im Romanauszug. Wenden Sie dabei Kategorien der Kommunikationsanalyse an.

Beziehungs- und Kommunikationsstörungen in neuerer Literatur

Daniel Kehlmann: Ich und Kaminski (2003)

Anders als in Thomas Manns „Buddenbrooks" und anderen Romanen des 19. und frühen 20. Jahrhunderts findet man in zeitgenössischen Romanen häufig eine Ich-Erzählerin oder einen Ich-Erzähler, die/der als Figur das Geschehen aus subjektiver Perspektive darstellt und kommentiert.
Beziehungs- und Kommunikationsschwierigkeiten spielen gerade in modernen Romanen eine zentrale Rolle. In Daniel Kehlmanns (*1975) Roman „Ich und Kaminski" (2003) verfolgt der Ich-Erzähler Zöllner den erfolgreichen, aber inzwischen erblindeten Maler Kaminski in der Hoffnung, eine – auch finanziell lukrative – Biografie über den Künstler verfassen zu können. Zöllner wohnt zu Beginn der Erzählung bei seiner Freundin Elke, befindet sich jedoch während der erzählten Geschichte – z. T. gemeinsam mit Kaminski – auf Reisen. Die Kommunikations- und Beziehungsschwierigkeiten des Ich-Erzählers werden besonders in seinen Gesprächen mit Elke deutlich.

„Wir müssen reden", sagte Elke.
„Woher hast du diese Nummer?"
„Das ist doch egal. Wir müssen reden."
Es musste wirklich dringend sein. Sie war auf
5 Geschäftsreise für ihre Werbeagentur, normalerweise rief sie nie von unterwegs an.
„Kein guter Moment. Ich bin sehr beschäftigt."
„Jetzt!"
„Natürlich", sagte ich, „warte!" Ich senkte den
10 Hörer. In der Dunkelheit vor dem Fenster konnte ich die Bergspitzen und einen blassen Halbmond erkennen. Ich atmete tief ein und aus. „Was ist?"
„Ich wollte schon gestern mit dir sprechen, aber
15 du hast es wieder geschafft, erst heimzukommen, als ich abgereist war. Und jetzt …"
Ich blies in den Hörer: „Die Verbindung ist nicht gut!"
„Sebastian, das ist kein Mobiltelefon. Die Ver-
20 bindung ist in Ordnung."
„Entschuldige!", sagte ich. „Einen Moment."
Ich ließ den Hörer sinken. Sanfte Panik stieg in mir auf. Ich ahnte, was sie mir sagen wollte, und ich durfte es auf keinen Fall hören. Einfach auflegen? Aber das hatte ich schon dreimal ge-
25 macht. Zögernd hob ich den Hörer. „Ja?"
„Es geht um die Wohnung."
„Kann ich dich morgen anrufen? Ich habe viel zu tun, nächste Woche komme ich zurück, dann können wir …"
30
„Das wirst du nicht."
„Was?"
„Zurückkommen. Nicht hierher. Sebastian, du wohnst hier nicht mehr!"
Ich räusperte mich. Jetzt musste mir etwas ein-
35 fallen. Etwas Einfaches und Überzeugendes. Jetzt! Aber mir fiel nichts ein.
„Damals hast du gesagt, es wäre nur für den Übergang. Bloß ein paar Tage, bis du etwas gefunden hättest."
40
„Und?"
„Das war vor drei Monaten."
„Es gibt nicht viele Wohnungen!"
„Es gibt genug, und so kann es nicht weitergehen."
45
Ich schwieg. Vielleicht war das am wirkungsvollsten.
„Außerdem habe ich jemanden kennen gelernt."
Ich schwieg. Was erwartete sie? Sollte ich wei-
50 nen, schreien, bitten? Dazu war ich durchaus bereit. Ich dachte an ihre Wohnung: den Ledersessel, den Marmortisch, die teure Couch. Die Zimmerbar, die Stereoanlage und den großen Flachbildfernseher. Sie hatte wirklich jemanden
55 getroffen, der ihr Gerede über die Agentur, über vegetarische Ernährung, Politik und japanische Filme anhören wollte? Schwer zu glauben.
„Ich weiß, dass das nicht leicht ist", sagte sie mit brüchiger Stimme. „Ich hätte es dir auch
60 nicht … am Telefon gesagt. Aber es gibt keinen anderen Weg."
Ich schwieg.
„Und du weißt doch, dass es so nicht weitergehen kann."
65

Das hatte sie schon gesagt. Aber warum nicht? Ich sah das Wohnzimmer klar vor mir: hundertdreißig Quadratmeter, weiche Teppiche, die Aussicht auf den Park. An Sommernachmittagen legte sich ein südlich weiches Licht auf die Wände.
„Ich kann das einfach nicht glauben", sagte ich, „und ich glaube es nicht."
„Solltest du aber. Ich habe deine Sachen gepackt."
„Was hast du?"
„Du kannst deine Koffer abholen. Oder nein, wenn ich nach Hause komme, lasse ich sie dir in die *Abendnachrichten* bringen."
„Nicht in die Redaktion!", rief ich. Das fehlte noch! „Elke, ich werde dieses Gespräch vergessen. Du hast nie angerufen, und ich habe nichts gehört. Nächste Woche reden wir über alles."
„Walter hat gesagt, wenn du noch einmal herkommst, wirft er dich selbst hinaus."
„Walter?"
Sie antwortete nicht. War es wirklich nötig, dass er auch noch Walter hieß?
„Am Sonntag zieht er ein", sagte sie leise.
Ach so! Nun verstand ich: Die Wohnungsknappheit trieb die Menschen doch zu erstaunlichen Dingen. „Wo soll ich denn hin?"
„Ich weiß nicht. In ein Hotel. Zu einem Freund."
Einem Freund? Das Gesicht meines Steuerberaters tauchte vor mir auf, dann das eines ehemaligen Schulkollegen, den ich vorige Woche auf der Straße getroffen hatte. Wir hatten ein Bier miteinander getrunken und nicht gewusst, worüber wir reden sollten. Die ganze Zeit hatte ich mein Gedächtnis nach seinem Namen durchsucht.
„Elke, das ist unsere Wohnung!"
„Es ist nicht unsere. Hast du dich je an der Miete beteiligt?"
„Ich habe das Badezimmer gestrichen."
„Nein, das waren Maler. Du hast sie bloß angerufen. Bezahlt habe ich."
„Willst du mir das vorrechnen?"
„Warum nicht?"
„Ich kann das nicht glauben." Hatte ich das schon gesagt? „Ich hätte nicht gedacht, dass du dazu fähig bist."
„Ja, nicht wahr?", sagte sie. „Ich auch nicht. Ich auch nicht! Wie kommst du mit Kaminski zurecht?"
„Wir haben uns sofort verstanden. Ich glaube, er mag mich. Die Tochter ist ein Problem. Sie schirmt ihn von allem ab. Ich muss sie irgendwie loswerden."
„Ich wünsche dir alles Gute, Sebastian. Vielleicht hast du noch eine Chance."
„Was heißt das?"
Sie antwortete nicht.
„Einen Moment! Das will ich wissen. Was meinst du damit?"
Sie legte auf.
Sofort wählte ich die Nummer ihres Mobiltelefons, aber sie meldete sich nicht. Ich versuchte es wieder. Eine ruhige Computerstimme bat mich, eine Nachricht zu hinterlassen. Ich versuchte es wieder. Und wieder. Nach dem neunten Mal gab ich auf.

1 a Tragen Sie zusammen, worin sich diese Kommunikationssituation von der aus den „Buddenbrooks" unterscheidet bzw. nicht unterscheidet.
  b Charakterisieren Sie die Figur Elke und den Ich-Erzähler genauer.

2 Analysieren Sie das Gespräch mit Hilfe der folgenden Kategorien Schulz von Thuns (▶ S.127 f.):
  a Was ist der **Sachinhalt** des Textes? – Was könnte er eigentlich sein?
  b An welchen Stellen sind **Selbstkundgaben** zu erkennen? – Wo wären sie zu erwarten?
  c Wie ist die **Beziehung** der Figuren gestaltet? Wie standen und stehen sie zueinander?
  d Welche **Appelle** sind erkennbar? – Welche Appelle sind indirekt bzw. versteckt?

3 a Untersuchen Sie die Textpassagen genauer, an denen sich die Möglichkeit zur **Metakommunikation** eröffnet, d.h., in denen die Kommunikation selbst zum Gegenstand des Gesprächs werden könnte.
  b Legen Sie dar, woran diese scheitert.

4 An welchen Stellen wirkt der Text komisch auf Sie? Erläutern Sie, worin diese Komik besteht und wie sie durch den Erzähler erzielt wird. Beachten Sie dabei Perspektive und Haltung (▶ S. 172 f.).

5 **Referat:** Auch in vielen anderen Romanen spielt das Thema der gestörten Kommunikation eine wichtige Rolle, so z. B. in den Romanen „Homo faber" (1957) von Max Frisch und „Der Vorleser" (1995) von Bernhard Schlink. In „Homo faber" geht es um die tragische Liebesbeziehung des Ingenieurs Walter Faber zu Sabeth, die, was er zunächst nicht weiß, seine eigene Tochter ist. Im „Vorleser" wird die Liebe des anfangs 15-jährigen Michael zur 21 Jahre älteren Analphabetin Hanna thematisiert, die, was Michael erst später bekannt wird, in der NS-Zeit KZ-Aufseherin gewesen ist.

  a Stellen Sie einen dieser Romane oder einen anderen von Ihnen gewählten im Kurs vor.
     Tipp: Das Thema „Gestörte Kommunikation" wird in „Homo faber" v. a. im ersten Kapitel und in „Der Vorleser" im ersten Teil, Kapitel 11, entwickelt.
  b Entscheiden Sie, ob Sie einen der vorgestellten Romane im Kurs lesen möchten.

6.3 Projekt: Eingefrorene Gespräche – Schreiben zu Kunstwerken

Der amerikanische Maler und Bildhauer George Segal (1924–2000) hat sich vor allem durch seine plastischen Arbeiten mit Gips einen Namen gemacht. Er kombiniert Gipsfiguren mit echten Gegenständen und erzielt durch diese Verfremdung überraschende Wirkungen und Assoziationen beim Betrachter. Dabei geht es ihm häufig darum, Menschen in Alltagssituationen zu zeigen, die gar nicht mehr bewusst wahrgenommen werden.

George Segal: Begegnung auf der Parkbank (1979)

1 Beschreiben Sie, wie das Kunstwerk auf Sie wirkt. Gehen Sie dabei auch auf Körperhaltung, Gestik und Mimik der Figuren ein.

2 Wählen Sie eine Figur aus. Schreiben Sie einen Rollenmonolog, in dem die Figur ihre Hoffnungen, Befürchtungen usw. äußert, z. B.: *Tja, heute ist wieder so ein Tag. Ob Sabine mich besucht? Wohl eher nicht … Vielleicht sollte ich … Die Frau sieht auch einsam aus …*

3 Zwischen zwei Figuren kommt es zu einem Gespräch. Schreiben Sie in Partnerarbeit einen Gesprächsbeginn, in dem die anfängliche Unsicherheit der Gesprächspartner deutlich wird.

4 Spielen Sie Ihre Szenen vor, eventuell auch aus dem Stegreif. Achten Sie dabei auf den Einsatz nonverbaler und paraverbaler Ausdrucksmittel (▶ S. 128).

Edward Hopper: Nachtschwärmer (1942)

1 Beschreiben Sie kurz die dargestellte Situation und die Atmosphäre, die das Bild ausstrahlt.
2 Verfassen Sie ausgehend von dem Bild eine Kurzgeschichte, in der es um das Thema „gestörte Kommunikation" geht, in der also z. B. zwei Menschen aneinander vorbeireden.
  a Überlegen Sie sich, ausgehend von der Stimmung in Hoppers Bild, ein Thema, z. B.: *Einsamkeit, Verlust, Sehnsucht, Trennung.*
  b Entwickeln Sie ein zur Stimmung passendes Leitmotiv, das in Ihrem Text mehrfach wiederkehrt, z. B.: *das Licht eines Autoscheinwerfers, eine tickende Uhr, die immer gleiche Hintergrundmusik.*
  c Entwickeln Sie dann ein Gespräch zwischen den Figuren. Wenden Sie dabei ihr Wissen über Inhalts- und Beziehungsebene der Kommunikation an.
  d Flechten Sie zur Wiedergabe des inneren Geschehens auch Textpassagen ein, in denen die Figuren in einem inneren Monolog ihren Gedanken nachhängen, z. B.: *Ich weiß schon, was jetzt kommt. Es ist doch immer dasselbe. Seit ...*
  e Gestalten Sie einen Wendepunkt, der auch in der äußeren Handlung deutlich wird, z. B. könnte eine der Figuren in überraschender Weise handeln oder eine dritte Figur mischt sich entscheidend ein.
  f Lesen Sie sich Ihre Texte gegenseitig vor und überlegen Sie in Partnerarbeit, welche Form von Schluss sich für Ihre Kurzgeschichten eignet, z. B. ein offenes Ende oder ein Happy End.
3 Diskutieren Sie, in welchem Maße sich die Figuren Segals und die Bilder Hoppers als Schreibanlässe zum Kapitelthema eignen. Welche Aspekte von Kommunikation verdeutlichen sie, welche nicht?
4 Nehmen Sie ein anderes Bild aus diesem Deutschbuch, auf dem eine oder mehrere Figuren dargestellt sind, als Schreibanlass für eine Geschichte, in der es um gestörte Kommunikation geht (z. B. ▶ S. 124–137).

7 Die richtigen Worte finden – Funktion, Struktur und Entwicklung von Sprache

René Magritte: „Der Schlüssel der Träume" (1930)

1 Betrachten Sie in Ruhe das Bild „Der Schlüssel der Träume" von René Magritte.
  a Übersetzen Sie gemeinsam die französischen Begriffe.
  b Halten Sie in Stichpunkten Ihre Gedanken zu dem Bild fest.
  c Tauschen Sie sich zu zweit darüber aus, wie Magritte hier mit Sprache spielt.
  d Stellen Sie Ihre Ergebnisse im Kurs vor. Welche Einblicke in die Elemente und Eigenschaften der Sprache haben Sie gewonnen?

In diesem Kapitel erwerben Sie folgende Kenntnisse und Kompetenzen:

- den Zeichencharakter und verschiedene Ebenen von Sprache kennen lernen,
- Sprachvarietäten am Beispiel der Fachsprache untersuchen,
- aktuelle Prozesse der Sprachentwicklung beschreiben, erklären und beurteilen,
- materialgestützt einen Text verfassen, der über englische Berufsbezeichnungen informiert.

7.1 Sprachliche Zeichen – Ebenen von Sprache unterscheiden

Der Zeichencharakter der Sprache

Ferdinand de Saussure: Die Natur des sprachlichen Zeichens (1916/dt. 1931)

Wie hängen ein Wort bzw. ein Ausdruck und seine Bedeutung bzw. sein Inhalt zusammen? Antworten dazu liefert der folgende Auszug aus der berühmten Abhandlung „Die Natur des sprachlichen Zeichens" des schweizerischen Sprachforschers Ferdinand de Saussure (1857–1913). Dieser definiert – wie auch die folgende Grafik zeigt – das sprachliche Zeichen als die Verknüpfung eines Lautbildes mit einer Vorstellung (von einem Gegenstand, von einem Sachverhalt).

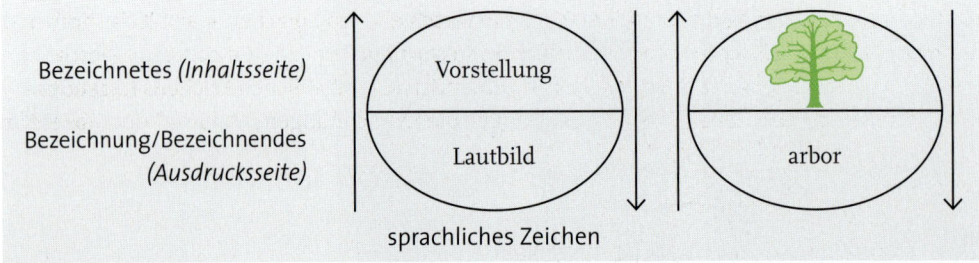

[...] Mit dieser Definition wird eine wichtige terminologische Frage aufgeworfen. Ich nenne die Verbindung der Vorstellung mit dem Lautbild das Zeichen; dem üblichen Gebrauch nach aber bezeichnet dieser Terminus im Allgemeinen das Lautbild allein, z. B. ein Wort (arbor usw.). Man vergisst dabei, dass, wenn arbor Zeichen genannt wird, dies nur insofern gilt, als es Träger der Vorstellung „Baum" ist, sodass also diese Bezeichnung außer dem Gedanken an den sensorischen Teil den an das Ganze einschließt. Die Mehrdeutigkeit dieses Ausdrucks verschwindet, wenn man die drei hier in Rede stehenden Begriffe durch Namen bezeichnet, die unter sich in Zusammenhang und zugleich in Gegensatz stehen. Ich schlage also vor, dass man das Wort Zeichen beibehält für das Ganze, und Vorstellung bzw. Lautbild durch Bezeichnetes und Bezeichnung (Bezeichnendes) ersetzt; die beiden letzteren Ausdrücke haben den Vorzug, den Gegensatz hervorzuheben, der sie voneinander trennt und von dem Ganzen, dessen Teile sie sind. Für dieses selbst begnügen wir uns mit dem Ausdruck „Zeichen", weil kein anderer sich dafür finden lässt. [...]

Das Band, welches das Bezeichnete mit der Bezeichnung verknüpft, ist beliebig; und da wir unter Zeichen das durch die assoziative Verbindung einer Bezeichnung mit einem Bezeichneten erzeugte Ganze verstehen, so können wir dafür auch einfacher sagen: Das sprachliche Zeichen ist beliebig. So ist die Vorstellung „Schwester" durch keinerlei innere Beziehung mit der Lautfolge Schwester verbunden, die ihr als Bezeichnung dient; sie könnte ebenso wohl dargestellt sein durch irgendeine andere Lautfolge: Das beweisen die Verschiedenheiten unter den Sprachen und schon das Vorhandensein verschiedener Sprachen: Das Bezeichnete „Ochs" hat auf dieser Seite der Grenze als Bezeichnung o-k-s, auf jener Seite b-ö-f (boeuf). [...]

Das Wort „beliebig" erfordert hierbei eine Bemerkung. Es soll nicht die Vorstellung erwecken, als ob die Bezeichnung von der freien Wahl der sprechenden Person abhinge [...]; es soll besagen, dass es unmotiviert ist, d. h. beliebig im Verhältnis zum Bezeichneten, mit welchem es in Wirklichkeit keinerlei natürliche Zusammengehörigkeit hat.

1 Fassen Sie mit eigenen Worten zusammen, was Saussure unter einem sprachlichen Zeichen versteht. Definieren Sie dazu die Begriffe „sprachliches Zeichen", „Bezeichnetes" und „Bezeichnung".

2 Der Zusammenhang zwischen Bezeichnetem und Bezeichnung wird auch als arbiträr (lat. arbitrium – Willkür) bezeichnet. Erläutern Sie dies anhand der Beispiele „Schwester" (Z.32) und „Ochs" (Z.39).

3 Obwohl die Zuordnung von Bezeichnetem und Bezeichnung zunächst beliebig ist, ist es doch wichtig, dass diese Zuordnung von den Sprechern nicht verändert wird. Erklären Sie, warum.

4 Erläutern Sie erneut das Bild von Magritte (▶ S.139) – nun mit Hilfe des Zeichenmodells Saussures.
Magritte theamtisiert mit seinem Bild die Beziehung zwischen ... und ...
Damit verdeutlicht er, dass ...

5 Überlegen Sie, ob Saussures Theorie bei der Untersuchung folgender sprachlicher Phänomene greift:
  a Wörter mit verschiedenen Bedeutungen (Homonyme), wie z.B. „Schimmel", „Birne", „Ball", „Zug".
  b Onomatopoetische (lautmalerische) Wörter in verschiedenen Sprachen, wie z.B. das Krähen des Hahnes in Italien: „Chicchirichi", in der Türkei: „Kukkurrikun" und in Deutschland: „Kikeriki".

6 a Führen Sie mit Blick auf die Beliebigkeit (Arbitrarität) des sprachlichen Zeichens folgendes Experiment durch: Ordnen Sie den Abbildungen die Bezeichnungen „Maluma" und „Takete" zu.

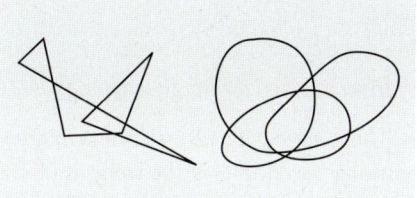

  b Vergleichen Sie Ihre Zuordnungen und diskutieren Sie mögliche Erklärungen für Ihr Ergebnis.

Die Ebenen der Sprache (2013)

Die folgenden Ebenen der Sprache lassen sich unterscheiden:
– **Phonologische Ebene:** Die Phonologie befasst sich mit der Lautstruktur sprachlicher Zeichen. Laute (Phoneme) haben eine bedeutungsunterscheidende Funktion. So bewirkt z.B. bei dem Wort „Mut" der Austausch des Lauts *m* durch *g*, dass das Wort „gut" entsteht, also ein anderes Wort mit einer anderen Bedeutung.
– **Morphologische Ebene:** Die Morphologie befasst sich mit der Struktur der Wörter. Wörter können aus mehreren Morphemen bestehen, z.B. *ein-lauf-en, Lauf-schuh, renn-st*. Morpheme sind die kleinsten bedeutungstragenden Einheiten einer Sprache. Man unterscheidet freie Morpheme, die als selbstständige Wörter auftreten können (z.B. *Lauf, Schuh, renn*) und gebundene Morpheme, die nur in Kombination mit anderen Morphemen auftreten (z.B. *be-, -en, -st*).
– **Syntaktische Ebene:** Die Syntax beschreibt, wie Wörter zu Wortgruppen und Sätzen kombiniert werden können. So gilt z.B. die Regel, dass Kasus, Numerus und Genus eines Artikels, Adjektivs und Nomens in einer Wortgruppe übereinstimmen müssen.
– **Semantische Ebene:** Die Semantik beschäftigt sich mit der Bedeutung von Wörtern und Sätzen. So ist der Satz „Die Polizei fängt den ausgebrochenen Vulkan wieder ein" zwar syntaktisch richtig, semantisch jedoch nicht.
– **Pragmatische Ebene:** Die Pragmatik beschreibt, wie wir mit Sprache handeln und uns miteinander verständigen. So hat die Aussage „Du musst dieses Buch lesen!" eine andere Bedeutung, wenn sie von einem Lehrer oder einem Freund stammt.

1 a Beschreiben Sie die verschiedenen Ebenen der Sprache mit eigenen Worten.

b Betrachten Sie den nebenstehenden Auszug aus einer Klassenarbeit. Erläutern Sie, auf welchen Sprachebenen der Schüler Fehler gemacht hat.

> *Saussure geht von der Arbitrarität des Symbols aus, weil man bezeichnet einen Inhalt in unterschiedlichen Sprachen mit unterschiedlichen Ausdrücken. Das heißt, dass jeden Zeichen willkürlich eine Bezeichnung zugeordnet wird.*
>
> W
> Sb
> Gr

2 Prüfen Sie bei einer Ihrer eigenen Klausuren, auf welchen Ebenen Ihnen Fehler unterlaufen.

3 Bilden Sie aus den folgenden Wörtern möglichst viele andere Wörter, indem Sie jeweils nur ein Phonem austauschen: rot, flau, Kasse, Tat, Bein, z. B. *r*ot – *t*ot – …, *fl*au- …
Tipp: Das Phonem kann am Anfang, in der Mitte oder am Ende des Wortes stehen.

4 a Untersuchen Sie, aus welchen Morphemen sich die folgenden Wörter zusammensetzen: luftleer, Prüfung, Klugheit, versuchen, Haustür, z. B. *luft-leer, …*

b Notieren Sie jeweils, ob es sich um freie oder gebundene Morpheme handelt, z. B. *luft: freies Morphem, leer: …*

5 Untersuchen Sie den Satz „Das Fenster ist offen" auf verschiedenen Ebenen:

a Syntaktische Ebene:
– Handelt es sich um einen Haupt- oder Nebensatz?
– Aus welchen Satzgliedern besteht der Satz?
– In welchem Kasus stehen Artikel und Nomen? Warum müssen sie im gleichen Kasus stehen?

b Semantische Ebene:
Erklären Sie die Bedeutung der Wörter „Fenster" und „offen".
Ein Fenster besteht aus einem … und einer … Es …

c Pragmatische Ebene:
Erläutern Sie, welche Bedeutung der Satz in den folgenden Situationen hat:
– Eine Person, die friert, sagt den Satz zu einer anderen Person.
– Ein Einbrecher sagt den Satz zu seinem Komplizen.
– Ein Fensterputzer fragt, ob er dieses saubere Fenster wirklich putzen soll, und bekommt diese Antwort.

Wenn eine frierende Person diesen Satz sagt, dann möchte sie, dass eine andere Person …

Information **Zeichencharakter und Ebenen der Sprache**

Sprachliche Zeichen sind Einheiten, die aus einer Vorstellung (Bezeichnetes, Inhalt) und einem Lautbild (Bezeichnung, Ausdruck) bestehen. Sie sind
- **arbiträr**, d. h., Inhalt und Ausdruck stehen in einer beliebigen Verbindung zueinander, und
- **konventionell**, d. h., dass die Verknüpfung von Vorstellung und Lautbild innerhalb einer Sprachgemeinschaft festgelegt ist.

Die Sprache lässt sich auf diesen Ebenen betrachten:
- der **Phonologie** (Lehre von der Funktion der Laute),
- der **Morphologie** (Lehre von der Struktur der Wörter),
- der **Syntax** (Satzlehre),
- der **Semantik** (Lehre von der Bedeutung von Wörtern und Sätzen) und
- der **Pragmatik** (Lehre vom sprachlichen Handeln).

7.2 Innovation oder Verfall? – Sprachentwicklung und Sprachvarietäten untersuchen

Bedingungen und Theorien der Sprachentwicklung

Johanna Romberg: Wie reden wir denn da? (2012)

Gutes Deutsch ist auch nicht das, was es einmal war. Darüber klagte schon Goethe. Unsere Sprache ändert sich ständig, ohne dass wir Sprecher bewusst darauf hinwirken. Warum ist
5 das so? [...]
No Problem mit Neu-Speak
Das innovativste Tool der Abteilung Media Sales bildet die gesamte crossmediale Customer Journey ab. Ich muss die Software neu downloaden, weil der
10 *Computer gecrasht ist. In der Partie Madrid–Leverkusen sind noch fünf Minuten zu gehen* ... Drei original deutsche Sätze aus dem Jahr 2012. Und, aus Sicht von Sprachschützern, drei Belege für einen bedrohlichen Trend: dass das Deut-
15 sche zunehmend zum „Denglischen" mutiere. Weil unser Wortschatz von Anglizismen überschwemmt wird und unsere Grammatik von Lehnwendungen[1] unterwandert werde – wie *Sinn machen, eine gute Zeit haben* oder die Eins-
20 zu-Eins-Übersetzung von *five minutes to go*.
Übertriebene Sorgen, sagen Sprachexperten wie der Potsdamer Germanist Peter Eisenberg. Denn viele Wortimporte werden rasch wieder aussortiert: Gut möglich, dass *media sales* und
25 *service points* in einigen Jahren ebenso vergessen sind wie *Luncheon, Knickerbocker, Paraplü* und *Portepee*.[2] Die verbliebenen Fremdwörter werden oft bis zur Unkenntlichkeit assimiliert: *Keks, Streik* und *Gully* sieht man ihre Herkunft
30 ebenso wenig an wie *Engel, Esel, Küche, Fenster* und *Kreuz* – Wörter, die vor 1600 bis 2000 Jahren aus dem Latein importiert wurden. [...]
Das Fräuleinwunder von ehegestern
Wählscheibe und *Lichtspielhaus, Fräuleinwunder*
35 und *Wuchtbrumme, Genüssling, Promenadenhengst, dünken, tirilieren* und *ehegestern*: Alle diese Wörter teilen das traurige Los, aus unserem Alltagswortschatz verschwunden zu sein. Daran können auch Rettungsversuche wie die „Ro-

te Liste der bedrohten Wörter" wenig ändern.
40 Wie alle lebendigen Sprachen wird auch das Deutsche von seinen Sprechern immer wieder neu erfunden. Zum einen, weil neue Erfindungen und Phänomene nach neuen Begriffen verlangen – wie *Heizpilz, Fanmeile, Analogkäse,*
45 *Sammelklage, Sudoku*. Zum anderen, weil uns Deutschsprechende nicht nur der Wunsch treibt, verstanden zu werden, sondern auch, originell und zeitgemäß zu wirken. Deshalb meiden wir Wörter, die altmodisch erscheinen, er-
50 setzen *Stelldichein* durch *Date, dufte* durch *endgeil, Blödian* durch *Vollpfosten*. [...]
Deutsch 2.0? HDGDL!
Hallo, BIDENOWA? Fahr morgn HH. Kommste mit *ganzliebschau*? Ruf an ASAP. CUL8R,:-{)
55 Sieht so das Deutsch der Zukunft aus? Wird die Generation @, statt durchkomponierter Texte mit komplexen Nebensätzen, nur noch mit „Fetzenliteratur" schreiben und reden, wie der Vorsitzende des Rats für deutsche Rechtschrei-
60 bung kürzlich warnte? Keine Sorge, sagt Peter Schlobinski, Experte für Medienlinguistik in Hannover. Zwar bringen E-Mails, Chats, Tweets und SMS neue Kommunikationsformen hervor – mit platzsparenden Kürzeln, entspannter
65 Rechtschreibung und unkonventionellen Wendungen wie *lach, stöhn, schulterzuck* oder *fahr morgen Urlaub, Essen steht Kühlschrank*. Doch selbst solche Konstruktionen – Linguisten sprechen von Inflektiven und Strukturellipsen[3] –
70 folgen brav den deutschen Grammatikregeln. [...]

---

1 Lehnwendungen: Wörter, die aus einer anderen Sprache übernommen wurden, die aber ans Deutsche angepasst sind, z. B. durch eine deutsche Flexion oder Schreibung

2 Luncheon, Knickerbocker, Paraplü und Portepee: Mittagessen, Kniehosen, Regenschirm und Säbelquaste

3 Inflektiv und Strukturellipse: infinite, unflektierte Verbform und unvollständiger Satz

Klingt voll gut, ey

In einem Berliner Stadtbus klingelt ein Handy. Ein junger Mann greift in die Tasche seiner tiefhängenden Sporthose. „Ey Ian, bin isch jetzt Thomas Mann, fahr Kino", teilt er mit. Sprachkenner wissen, dass „Thomas Mann" keine Selbstauskunft ist, sondern eine Ortsangabe, in der außer Präpositionen und Artikel lediglich der Wortteil *Straße* fehlt.

Kiezdeutsch, so die Bezeichnung dieser urbanen Sprechart, ist zum Streitfall geworden – auch unter Wissenschaftlern. Gossenjargon, Verfallserscheinung, schimpfen die einen. Ein neuer Dialekt, versichert hingegen die Potsdamer Germanistin Heike Wiese, die seit Jahren Sprachmuster Kreuzberger Jugendlicher verfolgt. Sie sieht in Wendungen wie *ultrakorregt*, *Alter* oder *mein Schwester ist voll doof* Innovationen, die womöglich auf das Standarddeutsch der Zukunft verweisen. Der Bamberger Linguist Helmut Glück widerspricht: Beim Kiezdeutsch handele es sich um eine „transitorische Sondersprache", frei übersetzt: eine linguistische Promenadenmischung, die aus der Begegnung zweier oder mehrerer Sprachen entstehe.

Dütsch, i liäbä di!

[...] Auch in 50 Jahren wird man zwischen Basel, Chur und Gstaad noch *Chnörzli*, *Gipfeli*, *Flaichkääs* und *Luussalbi*[4] servieren. Die Dialekte der Eidgenossen gehören zu den lebendigsten deutschen Sprachvarianten. Vor allem im Gefolge der beiden Weltkriege erlebten sie eine Renaissance. In Radio und Fernsehen haben sie die Standardsprache weitgehend verdrängt; auch in Chats, Tweets und SMS werden sie ausgiebig verwendet.

Die Deutschen haben, verglichen damit, ein eher zwiespältiges Verhältnis zu ihren Regionalsprachen. Zwar nehmen auch sie diese vermehrt als liebens- und schützenswertes Kulturgut wahr: So werden etwa Plattdeutsch und Friesisch seit einigen Jahren an Grundschulen unterrichtet. Aber zugleich werden Sprecher mit stark regionaler Färbung vor allem in den Medien immer noch als provinziell verspottet. [...]

Macht euch keine Sorgen

[...] Sprachwandel kann schmerzhaft sein, vor allem für jene, die Sprache lieben. Denn jede Veränderung stellt zunächst einen Verstoß gegen geltende Regeln dar. Wer die Entwicklung von Sprachen über längere Zeit verfolgt, stellt jedoch fest: Die Fehler von heute werden früher oder später die Regeln von morgen.

Einer der Motoren des Sprachwandels ist unser aller Drang zur Vereinfachung. Er sorgt dafür, dass *trifft den Menschen* zu *trifft den Mensch* wird; dass starke Verbformen wie *focht* und *buk* zu *fechtete* und *backte* mutieren. Wer aus Liebe zur Tradition auf alten Formen beharrt, läuft Gefahr, bald wie sein eigener Urgroßvater zu klingen: *Er frug Helenen, ob sie noch der Sitte pflog, abends vom Weine zu nehmen.* [...]

4 Chnörzli, Gipfeli, Flaichkääs und Luussalbi: Schokoladenbarren, Croissant, Fleischkäse und eine Schweizer Käsespezialität

---

1 Berichten Sie, welche der im Text beschriebenen Entwicklungen der deutschen Sprache Sie selbst schon beobachtet haben. Nennen Sie eigene Beispiele.

2 Halten Sie die wesentlichen Informationen des Textes zu den Fragen „Wie reden wir?" und „Warum ist das so?" in einer Tabelle fest:

Art der Sprachentwicklung	Beispiele	Bedingungen/Ursachen
mehr Anglizismen	Das innovativste Tool der ...	Einfluss des Englischen

3 Sprachentwicklung kann sich auf verschiedenen Ebenen (▶ Info, S. 142) vollziehen, z. B. auf der Ebene der Syntax, der Lexik (des Wortschatzes) oder der Morphologie. Finden Sie dafür im Text jeweils zwei Beispiele und erläutern Sie diese, z. B.: *Der Satz „Essen steht Kühlschrank" (Z. 68) ist ein Beispiel für eine Sprachentwicklung auf der Ebene der Syntax, weil in dem Satz ... fehlen.*

4 **a** Erläutern Sie an Textbeispielen, dass die Sprachentwicklung unterschiedlich bewertet wird.
b Im Text heißt es „Macht euch keine Sorgen" (Z. 119). Nehmen Sie Stellung zu dieser Aussage.

Sarah Plahm: Und ewig wirkt die unsichtbare Hand (2012)

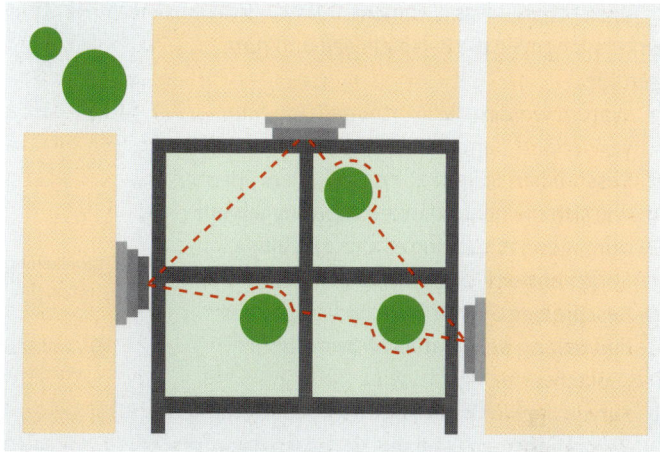

„Bis ins 20. Jahrhundert hat man diskutiert, ob Sprache ein Naturphänomen ist oder von Menschen gemacht", sagt Rudi Keller, emeritierter[1] Professor für Sprachwissenschaft der Uni Düsseldorf. Um diesem Konflikt ein Ende zu bereiten, stellt er 1990 eine eigene Theorie vor, die sich aus beiden Lagern bedient und sich von beiden abgrenzt. „Die menschliche Sprache ist nicht auf dieselbe Art natürlich wie die Bienensprache, aber auch nicht gemacht wie ein Auto", meint Keller und nennt Sprache deshalb ein Phänomen der dritten Art – von Menschen geformt, aber nicht geplant.

Um das zu verdeutlichen, fand Keller das schöne Bild vom Trampelpfad: Sprachwandel laufe ähnlich ab wie die spontane Entstehung der Pfade auf dem Rasen des Düsseldorfer Universitätscampus. Jeder will so schnell wie möglich von A nach B und kümmert sich dabei nicht um die mühsam geplanten Wege des Architekten. Das Gras wird niedergetreten, und es entsteht ein Netz aus Trampelpfaden. Wie von einer unsichtbaren Hand geleitet, wählen dabei alle Studenten sehr ähnliche Wege – nämlich die effizientesten –, so dass das Ergebnis dieser unkoordinierten Handlungen eine intelligente Struktur ist, die allen nützt.

Die Metapher von der „unsichtbaren Hand" stammt eigentlich aus der Wirtschaftswissenschaft. Bereits 1776 beschrieb der Ökonom Adam Smith in seinem Werk „Der Wohlstand der Nationen", wie Kaufleute „von unsichtbarer Hand geleitet", aber jeder für sich egoistisch handeln und damit letztlich die wirtschaftliche Lage des Landes positiv beeinflussen. [...]

Verwenden also Einzelne den Ausdruck „geil" im Sinne von „super", dann ist das zunächst ein Regelverstoß, der den meisten Zuhörern unangenehm erscheint. Und deshalb wirkt Sprachwandel am Anfang wie Verfall, Verstöße gegen Konventionen sind zunächst einmal Fehler. Missachten aber viele eine Regel, wird aus dem Fehler irgendwann eine neue Konvention.

Doch warum kommen Menschen auf die Idee, plötzlich anders zu sprechen? Weil sie, sagt Keller, sich in einer Weise ausdrücken wollen, die ihren Zwecken entspricht. Wollen sich Jugendliche beispielsweise von ihren Eltern und Großeltern abgrenzen, eignen sich dafür unter anderem Tabuwörter wie „geil" – und natürlich gehört es zum Phänomen des Sprachwandels, dass sich dabei das Wort selbst verändert. Je mehr Menschen es benutzen, umso schwächer wird das Tabu. [...]

[Auch Ökonomie ist] eine Triebfeder des Wandels. Das führt dann zu Ausdrücken wie „ham" statt „haben" oder „Nabend" statt „guten Abend". Solche Änderungen können sich in der Grammatik durchsetzen, vorausgesetzt, viele Menschen sprechen jahrzehntelang so.

[1] **emeritiert:** in den Ruhestand versetzt

1 a Wie entstehen auf dem Campus der Düsseldorfer Universität Trampelpfade? Erklären Sie Rudi Kellers Theorie. Nutzen Sie dazu auch die Abbildung.
b Erläutern Sie, warum Keller von „der unsichtbaren Hand" spricht.

2 Untersuchen Sie die Beispiele *geil* und *ham* genauer.
a Warum werden die Wörter *geil* und *ham* verwendet? Benennen Sie Motive.
b Beschreiben Sie mit Hilfe von Kellers Theorie, wie sich die neue Wortverwendung jeweils durchgesetzt hat, wie es also zu einer Sprachentwicklung gekommen ist.

3 a Beschreiben Sie mit Hilfe der Grafik die Einstellung der Deutschen zum Thema „Sprachverfall".
b Setzen Sie die Grafik zum Text in Beziehung. Berücksichtigen Sie dabei vor allem das Alter der Befragten.

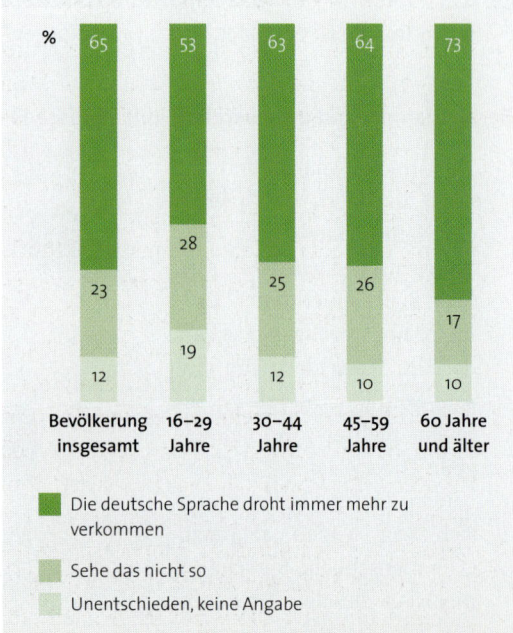

| Information | **Sprachentwicklung** |

Sprachentwicklung kann sich auf verschiedenen **Ebenen** (▶ Info, S. 142) vollziehen, z. B. auf der Ebene der **Syntax**, der **Lexik** (des Wortschatzes) oder der **Morphologie**.
In der deutschen Gegenwartssprache lassen sich unterschiedliche **Arten von Sprachentwicklung** beobachten, die sich unter bestimmten Bedingungen vollziehen:

- das **Verschwinden** oder **Hinzukommen** einzelner Wörter, weil bestimmte Phänomene oder Gegenstände verschwinden (z. B. *Wählscheibe*) oder hinzukommen (z. B. *Heizpilz*) oder Sprecher zeitgemäß sprechen möchten,
- die Etablierung von **Anglizismen** durch den Einfluss des Englischen, z. B. *chillen*, *Computer*,
- die **Vereinfachung** der Sprache, z. B. *focht* zu *fechtete*,
- Veränderungen in Folge **neuer Medien wie SMS- oder Chat-Sprache**: Abkürzungen (z. B. *hdl* für *hab dich lieb*), abweichende Rechtschreibung, grafostilistische Mittel (z. B. *;-)*),
- Förderung von **Dialekten**, z. B. in Schulen; **Kiezdeutsch** als Sonderform, die aus dem Kontakt des Deutschen mit anderen Sprachen, z. B. dem Türkischen oder Arabischen, entsteht (z. B. *Ey, komm mal her, lan! Wallah – das hat er gesagt!*),
- bewusstere Sprachverwendung durch **politisch korrekte** (z. B. *Sinti und Roma* statt *Zigeuner*) und geschlechtergerechte Sprache (z. B. *Schülerinnen und Schüler* statt *Schüler*).

In der Sprachwissenschaft gibt es verschiedene **Theorien zum Sprachwandel**. Bis ins 20. Jahrhundert wurde diskutiert, ob Sprachwandel ein Naturphänomen oder bewusst vom Menschen geplant und gemacht ist. Eine neuere Theorie greift beide Ideen auf und erklärt Sprachwandel als das Ergebnis des **Wirkens einer unsichtbaren Hand**. Das bedeutet, dass Sprachwandel aus den individuellen Sprachentscheidungen einzelner Menschen entsteht, die zusammen aber eine Struktur ergeben. Motive dafür können z. B. der Wunsch nach Ökonomie, Höflichkeit oder Abgrenzung von anderen sein.

Markus Reiter: Amerika, Amerika: Einige Gedanken zu den Anglizismen (2007)

Über Denglisch, also jene Mischung aus Deutsch und Englisch, ist schon viel geklagt worden. Ich glaube, dass die deutsche Sprache die Invasion der Anglizismen überleben wird. [...] Deutsch wird sich unter dem Einfluss des Englischen verändern, wird neue Worte auf- und die eine oder andere grammatische Struktur übernehmen. So beobachte ich in der gesprochenen Sprache – übrigens auch bei mir selbst – immer öfter eine Hauptsatzstellung nach dem Bindewort „weil". Viele Deutschsprechende sagen nicht mehr, wie es korrekt wäre: „Ich habe den Anfang des Films verpasst, weil ich durch einen Stau aufgehalten wurde." Sondern sie sagen: „Ich habe den Anfang des Films verpasst, weil ich bin durch einen Stau aufgehalten worden." Damit kopieren sie den englischen Satzbau nach „because". [...] Immer öfter höre ich, dass etwas „einmal mehr" geschehe. Auch das ist eine Wort-für-Wort-Übersetzung des englischen „once more". [...]
Ob damit das Ende der deutschen Sprache in ihrem Glanz und ihrer Schönheit eingeleitet wird, wage ich zu bezweifeln. Apokalyptische Warnungen sind meist fehl am Platze. [...] Alles, was mit Eisenbahn und Postwesen zu tun hatte, war im späten 19. Jahrhundert mit französischen Fachbegriffen belegt, so wie heute alles, was mit Computern zu tun hat, englische Fachbegriffe hat. Die deutsche Sprache hat diese Gallizismen ausgehalten. Übrigens sind sie auch ein Beweis dafür, dass Eindeutschungen erfolgreich sein können. „Bahnsteig" hat Perron fast vollständig verdrängt und „Briefumschlag" ist heute viel gebräuchlicher als Kuvert. [...]

Kompromisslose Sprachkritiker empfinden es als besonders störend, wenn englische Wörter grammatisch wie deutsche behandelt oder mit deutschen kombiniert werden. Sie sollten sich im Gegenteil darüber freuen: Solange die deutsche Grammatik fremdsprachige Vokabeln vereinnahmen kann, hat sie noch ausreichend Kraft. Sie macht aus Fremdwörtern deutsche Wörter. Deshalb sind „gejoggt" und „recycelt" keine Belege für den Niedergang der deutschen Sprache, sondern für ihre Lebendigkeit. „Die Gewalt einer Sprache ist nicht, dass sie das Fremde abweist, sondern dass sie es verschlingt", heißt es bei Goethe in den „Maximen und Reflexionen".
Griechisch, Latein, Arabisch, Jiddisch, Russisch, Französisch, Italienisch und viele weitere Sprachen haben das Deutsche bereichert. Für jedes Wort, das die Ausdrucksmöglichkeiten einer Sprache vergrößert, sollte man dankbar sein. [...] Es geht also nicht darum, dem Ingenieur, Programmierer oder Marketingexperten seine anglizistisch geprägte Fachsprache zu verbieten. Solange sie präzise ist, also dem besseren Verständnis dient, ist sie sogar vorzuziehen. Die Phrasendrescher aber bedienen sich des fremdsprachigen Ausdrucks, weil sie die Wahrheit verschleiern, weil sie bewusst *unklar* und *unpräzise* bleiben wollen. Die Kritik an den Anglizismen richtet sich also gegen das Verschleiernde. „Wenn ohne Not der Erfolg von Kommunikation gefährdet oder ganze Bevölkerungsgruppen vom gesellschaftlichen Leben ausgegrenzt werden, ist Protest angebracht. Nicht nur die Rentnerin verliert im pseudoglobalen Marketingjargon den Überblick", schreibt der Koblenzer Linguistik-Professor Michael Klemm. [...]

1
a Schreiben Sie aus dem Text die verschiedenen Arten von Anglizismen mit Beispielen heraus.
b Finden Sie weitere Beispiele für Anglizismen.

2
a Nennen Sie Gründe, die der Text für Übernahmen aus dem Englischen/Amerikanischen anführt.
b Diskutieren Sie, ob die folgenden Anglizismen sich durchgesetzt haben, weil es im Deutschen keine geeignete Bezeichnung gibt oder weil sie modisch klingen: *Smartphone, Buddy, Chatpartner, liveticken, Social Media, User.*

3 a Untersuchen Sie, welche Argumente Reiter für und gegen Anglizismen anführt.
b Welche Argumente überzeugen Sie besonders? Begründen Sie.

4 Der „Verein Deutsche Sprache" regt an, für Anglizismen deutsche Begriffe zu verwenden.
a Beurteilen Sie die Eignung folgender Vorschläge: *Voreinstellung* für *default*, *Luftkissen* für *airbag*, *Vollfruchtgetränk* für *smoothie*, *Verkaufsleiter* für *sales manager*.
b Recherchieren Sie im Anglizismen-Index des „Vereins Deutsche Sprache" weitere Vorschläge für deutsche Alternativbegriffe. Diskutieren Sie deren Eignung.

5 Betrachten Sie die Beispiele auf dem Cover der „GEO".
a Erläutern Sie, welche Beispiele auf den Einfluss der englischen Sprache zurückzuführen sind.
b Diskutieren Sie, ob bzw. in welchen Fällen man von einem „Untergang der deutschen Sprache" sprechen kann.

6 Recherchieren Sie weitere Texte zum Thema „Anglizismen". Untersuchen Sie, welche Argumente für und/oder gegen den Gebrauch von Anglizismen in diesen Texten angeführt werden.

Information Anglizismen

Anglizismen sind Übernahmen aus dem Englischen/Amerikanischen in die deutsche Sprache. Man **unterscheidet**:
- **Wortentlehnungen**, die an die deutsche Aussprache, Schrift oder Grammatik angepasst sind, z. B. *shoppen*, *gemanagt*,
- **Wort-für-Wort-Übersetzungen**, z. B. *Gehirnwäsche* (engl.: *brainwash*), und **Kopien des englischen Satzbaus**,
- **Scheinanglizismen**, die zwar englische Sprachelemente enthalten, in der englischen Sprache aber nicht existieren, z. B. *Handy* (engl: *mobile phone*, *cell phone*).

Die **Gründe** dafür, dass Anglizismen sich etablieren, sind vielfältig: Manchmal, z. B. in Fachsprachen, gibt es für das englische Wort keine geeignete deutsche Bezeichnung. Manche Anglizismen werden allerdings nur verwendet, weil sie besonders professionell oder modern klingen. Die Verwendung von Anglizismen wird u. a. **kritisiert**, weil sie nicht notwendig sei, reinem Imponiergehabe diene oder den Verfall der deutschen Sprache befördere. Ein Kommunikationsproblem wird auch darin gesehen, dass viele Menschen eine mit Anglizismen gespickte Sprache nicht verstehen und ihre Aussagen entsprechend auch nicht inhaltlich beurteilen können. Diese **Kritikpunkte** werden jedoch auch wieder **relativiert**, weil z. B. die Zahl der Anglizismen nicht so groß oder nur auf bestimmte Bereiche beschränkt sei, weil sich ihr Einfluss von selbst wieder reguliere und weil sich Anglizismen gut in die Grammatik des Deutschen einfügten und die deutsche Sprache bereicherten.

Iris Forster: Political Correctness / Politische Korrektheit (2010)

Als „politically correct" und damit wünschenswert wird eine Sprachverwendung tituliert, bei der die Sprecher einen aktuellen Sprachgebrauch auf Grundlage bestimmter Normen kritisch hinterfragen. Mit Blick auf die gesellschaftlichen Verhältnisse sowie auf historische Verwendungszusammenhänge können dann einzelne Wörter, Redewendungen oder Denkfiguren als unangemessen verworfen und gegebenenfalls durch Alternativen ersetzt werden.

Die systematische Bewegung hin zu einer „politischen Korrektheit" entstand jedoch erst in den 80er Jahren des 20. Jahrhunderts im Rahmen von Antidiskriminierungsbestrebungen seitens der Neuen Linken in den USA. Die Bewegung hat ihre Wurzeln an den Universitäten und wurde der breiteren US-Öffentlichkeit über die Medien Ende der 1980er Jahre bekannt. Auch sprachlich sollten Menschen aufgrund ihres Geschlechtes, ihrer sexuellen Orientierung, ihrer ethnischen, nationalen oder religiösen Zugehörigkeit, ihrer sozialen Stellung, ihres Alters oder aufgrund einer Behinderung nicht beleidigt und zurückgesetzt werden. [...]

In der Annahme einer engen Verbindung von Sprache, Denken und damit Handeln entstanden so Sprachreglementierungen, die zum einen den Gebrauch bestimmter Ausdrücke ächten, zum anderen (da die Dinge ja nun einmal benannt werden müssen), eine neue, „feinfühligere" Terminologie vorschlagen oder vorschreiben. Über den Sprachwandel soll ein Bewusstseinswandel und idealerweise auch eine kulturelle Veränderung weg von der kritisierten Diskriminierung erreicht werden. [...]

Doch wie werden die oben skizzierten Forderungen konkret umgesetzt? Für das Deutsche beispielsweise kritisieren PC-Befürworter die Verwendung des generischen Maskulinums – der männlichen Form also, wenn Personen beiderlei Geschlechts gemeint sind. Diese Kritik stammt aus der feministischen Sprachwissenschaft. Als Alternativen, um Frauen auch sprachlich sichtbar zu machen, so das Argument, werden die Nennung der weiblichen und männlichen Form (*Ärztinnen und Ärzte*), die Binnen-I-Schreibung (*LehrerInnen*) oder neutrale Formulierungen (*Arbeitnehmende*) angeregt. Bestimmte Volksgruppen werden in den Massenmedien – durchaus abweichend vom tradierten Sprachgebrauch – mit ihren Eigenbezeichnungen benannt: *Inuit* statt *Eskimos*, *Sinti und Roma* statt *Zigeuner*. *Ausländer* werden zu *Menschen mit Migrationshintergrund* oder *mit Zuwanderungsgeschichte*. Zum guten Ton gehört es, die *Putzfrau* als *Raumpflegerin*, den *Toilettenmann* als *facility manager* zu bezeichnen. Berufe mit schlechtem sozialen Prestige werden so zumindest sprachlich aufgewertet. Prinzipiell werden negativ konnotierte Spracheinheiten durch solche ersetzt, die beanstandete Teilaspekte ausblenden, positive Gesichtspunkte betonen oder aber, etwa als eher noch unbekanntes Fremdwort, bislang keinen Nebensinn hervorrufen.

Die Überlegungen in der öffentlichen Diskussion konzentrierten sich sehr bald auf die Frage, wie sinnvoll derartige Sprachregelungen sind. Im Zuge einer gehäuft kritischen Berichterstattung wandelte sich die ursprünglich – wenn zum Teil wohl auch früh ironisch verwendete –

positive Eigenbeschreibung „politisch korrekt" seit Beginn der 1990er zu einem abwertend gebrauchten Kampfbegriff der politischen Gegner. PC wird vermehrt mit lächerlicher Euphemisierung und dogmatischer, intoleranter Politik assoziiert. [...] Daneben existieren Stimmen, die die hinter einer solchen Sprachpolitik stehende Motivation zwar anerkennen, die erwünschte Wirkung jedoch bestreiten: Ein Hauptargument ist, dass mit der Schöpfung neuer Begriffe keine Veränderung der sozialen Wirklichkeit einhergehe und die tatsächlichen Ursachen von Rassismus, Sexismus sowie anderer Diskriminierung durch Sprachpolitik nicht überwunden werden könnten. Im Gegenteil könne es unter dem Deckmantel mildernder Benennungen sogar zu einer Verharmlosung gesellschaftlicher Missstände, sozialer Ungerechtigkeiten und Vorurteile kommen.

Unbestritten ist, dass sich die neuen, „politisch korrekten" Ersatzausdrücke abnutzen können, wenn sich die negative Konnotation nach einer Weile auch auf die Neubildung überträgt. Dies kann zu einer fortwährenden Neuschöpfung führen: Ein US-amerikanisches Beispiel ist hier die Kette *negroes – black people – coloured people – african-americans* für Menschen mit einer dunklen Hautfarbe (ähnlich für den deutschen Sprachraum *Neger – Schwarze – Farbige – Afroamerikaner*). [...]

Ein deutsches Beispiel für „Euphemismenketten" sind die *schwer erziehbaren Kinder*, die in offiziellen Kontexten zu *verhaltensgestörten Kindern*, dann *verhaltensauffälligen Kindern* und schließlich *verhaltensoriginellen Kindern* werden. Das Verhalten der Kinder erscheint zunächst als eindeutig negativ klassifiziert, dann ist es nur noch „auffällig" (hier bleibt ungesagt, in welche Richtung), und schließlich bietet „verhaltensoriginell" sogar positive Konnotationen. Ein „politisch korrekter" Sprachgebrauch kann im Konflikt mit grundlegenden erstrebenswerten Sprachregeln wie den Regeln der Sprachökonomie, der Verständlichkeit oder der Korrektheit stehen. Tatsächlich fällt auf, dass die Ersatzausdrücke zumeist länger als die Ersetzung sind. Und durch die Auslassung prägnanter Formulierungen [...] sind sie meist auch schwerer verständlich. [...] Gerade die Vermeidung des generischen Maskulinums kann sich durch sperrige Sätze negativ auf die Verständlichkeit des Textes auswirken. [...]

Festzustellen bleibt: „Politisch korrekte" Sprache ist ein schwieriges Feld, es gibt viele Unsicherheiten und Fallstricke. Der Grat zwischen verantwortungsvollem Sprachgebrauch und unsinnigen, intoleranten Formulierungen ist schmal; gefragt ist hier die eigene Sprachkompetenz: Prinzipiell sollten wir unsere Sprachverwendung überprüfen und dort, wo wir mit Sprache Menschen verletzen können [...] alternative Formen wählen.

1 Stellen Sie dar, welche Intention mit der Verwendung einer politisch korrekten Sprache verfolgt wird.

2 a Ordnen Sie die im Text genannten Beispiele für politisch korrekten Sprachgebrauch in eine Tabelle ein:

ethnische/nationale Zugehörigkeit	körperliche/geistige Einschränkungen	soziale Stellung	geschlechtergerechte Sprache
…	…	…	Ärztinnen und …

b Erläutern Sie, wie politisch korrekte Ersatzausdrücke gebildet werden.

3 a Arbeiten Sie die Kritikpunkte heraus, die gegenüber politisch korrektem Sprachgebrauch angeführt werden.

b Überlegen Sie bei den einzelnen Kritikpunkten, ob bzw. wie man die Kritik relativieren könnte. Nennen Sie Beispiele.

7.2 Innovation oder Verfall? – Sprachentwicklung und Sprachvarietäten untersuchen

Einstellung der Deutschen zur Akzeptanz von Tabu-Wörtern (2008)

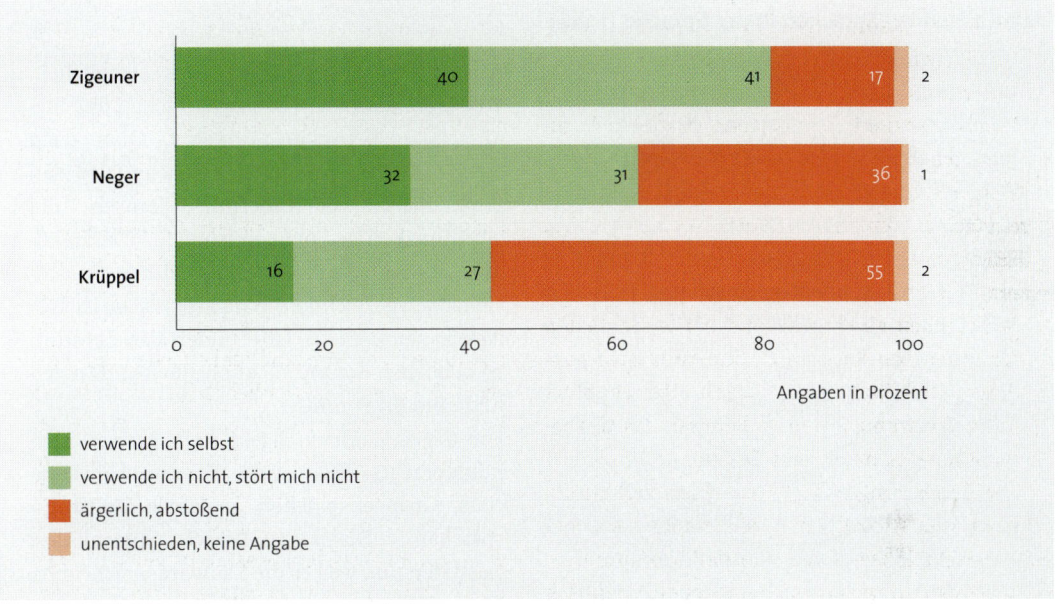

1 Fassen Sie die Hauptaussage der Grafik zusammen. Beginnen Sie z.B. so:
Eine Umfrage zur Einstellung der Deutschen zur Akzeptanz von … aus dem Jahr … hat ergeben, dass …

2 Setzen Sie die Grafik zum Text (▶ S. 149 f.) in Beziehung:
– Werden die Aussagen im Text durch die Grafik bestätigt, ergänzt oder korrigiert?
– Lässt sich die Grafik mit Hilfe des Textes erklären?

3 a Führen Sie in Ihrem Kurs eine Umfrage zur Verwendung von Tabu-Wörtern durch.
b Vergleichen Sie die Ergebnisse mit den Ergebnissen der Umfrage von 2008. Wie erklären Sie sich Unterschiede und/oder Gemeinsamkeiten?

Information **Politisch korrekter Sprachgebrauch**

Beim **politisch korrekten Sprachgebrauch** geht es darum, Menschen **nicht** aufgrund bestimmter Merkmale (z.B. körperlicher Eigenschaften) sprachlich **zu diskriminieren**. Das heißt, Begriffe, Redewendungen, Ausdrucksweisen werden kritisch hinterfragt und, wenn sie als unangemessen empfunden werden, durch **Alternativen** ersetzt. Dies betrifft vor allem folgende Bereiche:
- **ethnische** oder **nationale Zugehörigkeit**, z.B. *Sinti und Roma* statt *Zigeuner*,
- **körperliche** oder **geistige Einschränkungen**, z.B. *Senioren* für *Greise*,
- **soziale Stellung**, z.B. *sozial Schwache* für *Arme*,
- **Geschlechtergerechtigkeit**, z.B. *Ärztinnen und Ärzte* für *Ärzte*.

Bemühungen um politisch korrekten Sprachgebrauch stoßen auch immer wieder auf **Kritik**, z.B. weil eine politisch korrekte Sprache **nicht** zwingend **die soziale Wirklichkeit verändert** und weil die Alternativbegriffe manchmal gegen Sprachökonomie oder Verständlichkeit verstoßen.

Fachsprachen – Eine Sprachvarietät untersuchen

Helmut Henne: Sprachen in der Sprache (1986)

In seinem Konzept der „inneren Mehrsprachigkeit des Deutschen" zeigt H. Henne auf, dass Sprachvarietäten nicht nebeneinander, sondern miteinander existieren.

Die deutsche Standardsprache als diejenige sprachliche Existenzform, welche die kulturelle und politische Geschichte und Existenz des Deutschen trägt, ist differenziert in [...] Funktionalstile. Diese sind solche des alltäglichen, arbeitspraktischen, wissenschaftlichen und literarisch-künstlerischen Verkehrs. Quer dazu steht das, was man Mediensprache, also den Funktionalstil der Rundfunk-, Fernseh- und „Printmedien" [...] nennen kann. [...] Die funktionalstilistisch gegliederte, also durch Sprachvielfalt ausgezeichnete Standardsprache ist spätestens seit dem 19. Jahrhundert das Zentrum sprachlicher Kommunikation, (Selbst-)Darstellung und Erkenntnis.

Um dieses Zentrum lagern sich „Kreise": Literatursprache, Fach- und Wissenschaftssprachen, Gruppensprachen, regionale Umgangssprachen, Dialekte. Diese Sprachkreise existieren nur, weil es die Standardsprache gibt. Kommunikation in den Wissenschaften zum Beispiel ist nur mit Hilfe der Standardsprache möglich. Fachinterne Kommunikation ist also solche in der Wissenschaftssprache unter Zugrundelegung der Standardsprache; fachexterne Kommunikation (von Fachmann zu Laie) ist solche in der Standardsprache („wissenschaftlicher Verkehr") mit Hilfe wissenschaftlicher Begriffe.

1
a Beschreiben Sie Hennes Modell mit eigenen Worten. Gehen Sie dabei auch auf den Unterschied zwischen einem Funktionalstil (innerer Kreis) und einer Sprachvarietät (äußere Ringe) ein.
b Erläutern Sie, was man in der Regel unter „Mehrsprachigkeit" versteht und warum Henne hier von „innerer Mehrsprachigkeit" spricht.

2
a Um welche Sprachvarietät handelt es sich bei den folgenden Sätzen? Begründen Sie.
– „De Kinners maket em hus klamauk."
– „Wat frachse? [...] Aus'n Konsum anne Ecke."
– „Modalpartikel. Semantisch-pragmatisch definierte Teilmenge an Partikeln [...]."
– „Das ist voll chillig."
– „Singe die Gärten, mein Herz, die du nicht kennst." (R. M. Rilke)
b Erläutern Sie den Satz „Diese Sprachkreise existieren nur, weil es die Standardsprache gibt" an einem der Beispiele aus Aufgabe 2a.

3
a Finden Sie weitere Beispiele für die jeweiligen Sprachvarietäten.
b Tauschen Sie sich darüber aus, wo Ihnen die jeweiligen Sprachvarietäten begegnen.

Katja Kessel, Sandra Reimann: **Fachsprache** (2012)

Die Fachsprache ist an den Beruf gebunden und zeichnet sich z. B. durch einen speziellen Wortschatz ([Fachwörter], Fremdwörter aus dem Englischen, Lateinischen oder Griechischen) und bestimmte syntaktische Strukturen (Passivkonstruktionen, präpositionale Fügungen, Substantivierungen, Funktionsverbgefüge und wenige Satzmuster) aus.
Eine Fachsprache strebt nach Ökonomie und Genauigkeit; sie ist vor allem funktional.
Als Beispiele können die Fachsprache der Technik, der Verwaltung, der Medizin oder des Rechts genannt werden.
*(1) Vor die Gerichte für Arbeitssachen können auch nicht unter die Absätze 1 und 2 fallende Rechtsstreitigkeiten gebracht werden, wenn der Anspruch mit einer bei einem Arbeitsgericht anhängigen oder gleichzeitig anhängig werdenden bürgerlichen Rechtsstreitigkeit der in den Absätzen 1 und 2 bezeichneten Art in rechtlichem oder unmittelbar wirtschaftlichem Zusammenhang steht und für seine Geltendmachung nicht die ausschließliche Zuständigkeit eines anderen Gerichts gegeben ist. [...]
(2) Gray Component Replacement (GCR) beschreibt ein Verfahren, durch welches Unbuntanteile in den Farben teilweise oder ganz durch die Druckfarbe Schwarz ersetzt werden. Weiterhin werden durch Gray Component Replacement auch Farbführungsschwankungen beim Druck vermindert. Die GCR-Kurve beschreibt, welcher Anteil an Farbe aus den Auszügen Cyan, Magenta und Gelb entfernt und durch Schwarz im Schwarzauszug ersetzt wird. Dabei entsteht die horizontale Achse für die Ursprungswerte (dem Grauanteil in der Farbe der Flächenbedeckung) und die vertikale für den gewünschten Anteil, der durch Schwarz ersetzt werden soll.*

1 Tragen Sie zusammen, wo Ihnen Fachsprache in Ihrem Alltag begegnet.
2 Untersuchen Sie die beiden Textbeispiele (▶ Z. 14–38) genauer.
  a Um welche Fachsprache handelt es sich jeweils?
  b Ergänzen Sie die folgende Tabelle:

	fachsprachliche Besonderheit	**Beispiel**
	Fachwörter	Gerichte für Arbeitssachen (Z. 14)
...	...	...
	Passivkonstruktionen	...
	Häufung präpositionaler Fügungen	Vor die Gerichte (Z. 14)
	...	...
Syntax	Funktionsverbgefüge	in ... Zusammenhang steht (Z. 20 f.) (statt „zusammenhängt")
	...	...

3 a Wählen Sie einige fachsprachliche Besonderheiten (▶ Aufgabe 2b) aus und überlegen Sie, welche Funktion sie innerhalb der fachsprachlichen Kommunikation haben könnten. Sie können dazu den folgenden Wortspeicher nutzen.
Exaktheit • Effizienz der Darstellung (Ökonomie) • Eindeutigkeit • logische Folgerichtigkeit der Ausführungen (Deutlichkeit) • Objektivierung (Anonymität) • Verständlichkeit
  b Fassen Sie zusammen, worin der Nutzen von Fachsprachen besteht.

4 Untersuchen Sie arbeitsteilig die verschiedenen Fachsprachen, die Sie in einzelnen Unterrichtsfächern, z. B. Mathematik, Biologie oder Deutsch, verwenden.
  a Suchen Sie aus einem Schulbuch einen Text heraus, der besonders viele fachsprachliche Besonderheiten aufweist.
  b Notieren Sie Beispiele für die fachsprachlichen Besonderheiten in einer Tabelle (▶ Aufgabe 2b, S. 153).
  c Stellen Sie sich gegenseitig Ihre Arbeitsergebnisse vor und benennen Sie Gemeinsamkeiten und Unterschiede zwischen den jeweiligen Fachsprachen.

5 Untersuchen Sie die Sprache auf dem Beipackzettel eines Medikaments.
  a Arbeiten Sie heraus, welche fachsprachlichen Besonderheiten Ihnen auffallen.
  b Beurteilen Sie, ob es sich dabei um einen Text in Fachsprache handelt.

Sonja Gibis: So verstehen Sie Ihren Arzt (2012)

[...] Schon mal von einer „Rhinitis" gehört? Ein harmloser Schnupfen. „Flatulenzen"? Auf Deutsch nannte man das früher auch „Winde". Nur dass diese dem menschlichen Hinterteil
5 entfleuchen. Fragt der Arzt nach der „Miktionsfrequenz", will er wissen, wie oft Sie pinkeln müssen. Und sagt er „idiopathisch", hat er keine Ahnung, was die Ursache Ihrer Probleme ist. Denn idiopathische Krankheiten entstehen
10 „aus sich selbst heraus". Selbst deutsche Wörter klingen im Mediziner-Mund oft fremd. So wird ein Chirurg einen Bauch nicht aufschneiden. Er wird ihn stets „eröffnen", allerdings wenig feierlich. [...] Von den Kranken, die zu ihm kom-
15 men, spricht ein Experte gern als „Patientengut". Ist eine Behandlung nötig, ist sie für einen Arzt „angezeigt" – oder besser „indiziert".
Doch warum meiden viele Mediziner Alltagssprache wie der Teufel das Weihwasser? „Da-
20 hinter steckt viel Pragmatik", meint Martin Fischer, Professor für Didaktik der Medizin an der Ludwig-Maximilians-Universität (LMU) in München. Fachbegriffe seien präzise und international verständlich. Beispiel: Endokriner Pan-
25 kreas. Jeder Mediziner weiß sofort, dass die Funktion der Bauchspeicheldrüse als Hormonproduzent gemeint ist – im Gegensatz zum exokrinen Pankreas. Hier geht es um die Verdauungssäfte. Auf einem Kongress können ein
30 deutscher und ein japanischer Mediziner zudem sicher sein, dass sie dieselbe Krankheit meinen und am selben Körperteil operieren wollen. [...]

Dennoch mögen manche finden, dass [...] an dem ausufernden Spezialwortschatz der Medi- 35
zin etwas faul ist – und dahinter Standesdünkel vermuten. Wer eine besondere Sprache spricht, ist halt auch etwas Besonderes. Den Placebo-Effekt, die Wirkung ohne Wirkstoff, kann dies übrigens durchaus fördern. Dass der Arzt selbst 40
daran großen Anteil hat, belegen viele Studien.

Denn das Vertrauen in den Heiler stärkt den Glauben an die Heilung – und führt dazu, dass selbst Medikamente stärker wirken. So helfen Mittel besser, wenn sie ein Arzt im weißen Kittel verabreicht statt einer im Pulli. Die Kleidung vermittelt Kompetenz. Und das tut auch die Fachsprache. Wer so schwierige Begriffe beherrscht, muss schließlich was auf dem Kasten haben. Und wirkt nicht auch ein Schamane besonders überzeugend, wenn er unverständliche Zauberformeln murmelt? [...]

Böse Zungen sagen den Ärzten allerdings auch nach, dass sie manchmal nicht verstanden werden wollen. Etwa wenn sie Kollegen etwas mitteilen, ohne dass „das Patientengut" es merkt. Dann wird das Ärztelatein zur Geheimsprache. Rät der Arzt zu einer „Balneotherapie", meint er: Der Patient sollte sich dringend mal wieder waschen. Schreibt er die Abkürzung „C. p.", hält er Sie für einen „Caput piger", einen faulen Kopf oder Drückeberger. Und diagnostiziert er eine „maligne Logorrhoe", kann er einfach das Geplapper seines Patienten nicht ertragen. Dumm nur, wenn der Patient ein humanistisches Gymnasium besucht hat. Dann heißt es für den Arzt „Cave linguam" – „Hüte deine Zunge!" Sonst könnte er es sein, der vom Patienten einen „Einlauf" verpasst bekommt.

1 a Betrachten Sie die Karikatur und beschreiben Sie das dargestellte Problem.
   b Haben Sie selbst schon einmal eine ähnliche Situation erlebt? Berichten Sie im Kurs darüber.

2 Arbeiten Sie aus dem Text heraus, in welchen Situationen der Gebrauch einer medizinischen Fachsprache sinnvoll ist und wann dieser zu Problemen führen kann.

3 Diskutieren Sie im Kurs die Vor- und Nachteile medizinischer Fachsprache als „Placebo-Effekt" (Z. 38 f.) und als „Geheimsprache" (Z. 57).
Halten Sie Ihre Überlegungen in einer Tabelle fest:

	Vorteile	Nachteile
Placebo-Effekt	Patienten vertrauen den Ärzten mehr, weil ...	...
Geheimsprache	...	...

4 a Nennen Sie eigene Beispiele für Situationen, in denen Ihnen die Verwendung einer Fachsprache notwendig erschien.
   b Sammeln Sie Beispiele für Situationen, in denen die Verwendung einer Fachsprache für Sie wenig sinnvoll war.
   c Tauschen Sie Ihre Ergebnisse im Kurs aus und fassen Sie Ihre Überlegungen zusammen.

Information Sprachvarietäten

Neben der **Standardsprache** existieren im Deutschen verschiedene **Sprachvarietäten**, z. B. Literatursprachen, Fachsprachen, Umgangssprachen, Gruppensprachen und Dialekte, die die Standardsprache beeinflussen und von dieser beeinflusst werden.
Fachsprache dient der fachsprachlichen Kommunikation (z. B. im Bereich der Medizin, der Technik oder des Rechts) und hat das Ziel, Sachverhalte möglichst exakt und ökonomisch darzustellen. Sie zeichnet sich durch die Verwendung von **Fach- und Fremdwörtern** und **besondere syntaktische Strukturen** (z. B. Passivkonstruktionen, Substantivierungen, präpositionale Fügungen, Funktionsverbgefüge) aus.

7.3 Training – Materialgestützt einen Text verfassen

Aufgabenbeispiel

1. An Ihrer Schule soll ein Berufsinformationstag stattfinden. Sie sind gebeten worden, dafür ein Faltblatt zu erstellen, das über englische Berufsbezeichnungen informiert. Dieses soll Ihren Mitschülerinnen und Mitschülern, die sich bald auf Ausbildungs- oder Studienplätze bewerben möchten, die wichtigen Informationen zum Thema liefern.

Verfassen Sie auf Grundlage der Materialien 1 bis 3 und Ihrer Kenntnisse aus dem Unterricht einen Text, in dem Sie die Gründe für die Verwendung englischer Berufsbezeichnungen darstellen, daraus resultierende Schwierigkeiten beschreiben und einen möglichen Umgang damit erläutern.

M1 Jan Friedmann: **Denglische Stellenanzeigen: Von Beruf Programmer Analyst Supply Chain Support Projects** (2010)

Für Bewerber ist das deutsch-englische Kauderwelsch in Stellenanzeigen oft verwirrend. Darüber promoviert Carolin Kruff, 29, in Aachen – und versteht auch nicht immer, wer genau da gesucht wird. Manche Wortkreationen sieht sie aber eher als kulturelle Leistung, nicht als Sprachverhunzung.

UniSPIEGEL: Sie haben nahezu 50.000 Stellenanzeigen aus deutschen Tageszeitungen der Jahre 1950 bis 2008 ausgewertet. Verstehen Sie immer, wer da gesucht wird?

Carolin Kruff: Bei einem „Regional Sales Manager Full Service Internet Provider" oder bei „Programmer Analyst Supply Chain Support Projects" ist das ganz schön schwierig. Solche Berufsbezeichnungen sollen international Fachleute einer bestimmten Branche ansprechen, für Otto Normalabsolvent sind die nicht gedacht.

UniSPIEGEL: Sind die Anzeigen mit Absicht so kryptisch formuliert?

Kruff: Natürlich treffen die Firmen so schon eine Vorauswahl. Gleichzeitig verschenken sie die Chance, einen breiteren Interessentenkreis anzusprechen. Ich rate Bewerbern immer: Ruft beim Unternehmen an und fragt nach, wenn ihr eine Stellenanzeige nicht versteht.

UniSPIEGEL: Wann haben sich die englischen Berufsbezeichnungen in Deutschland eigentlich eingeschlichen?

Kruff: Deutlich spürbar erst in den achtziger Jahren, davor gab es lediglich einige allgemeine aus dem Englischen entnommene Wörter wie Export oder Manager. So richtig angesagt war Englisch in deutschen Stellenanzeigen auf dem Höhepunkt der New-Economy-Euphorie im Jahr 2000, das drückte Modernität und Weltläufigkeit aus. Seither wird es weniger, insbesondere nach der Finanzkrise. Deutsche Berufsbezeichnungen sollen nun für Solidität und Bodenhaftung stehen. Mittlerweile finden sich viele Mischungen aus Deutsch und Englisch.

UniSPIEGEL: Beispiele, bitte!

Kruff: Teamleiter, Beteiligungscontroller, Softwareentwickler, Service-Mitarbeiter ...

UniSPIEGEL: Was ist mit „Handy-Verkäufer"?

Kruff: Der wiederum ist eine rein deutsche Wortschöpfung. Ich nenne das immer „English made in Germany". Das Handy gibt es im Englischen ebenso wenig wie einen „Dressman". Der heißt in britischen oder amerikanischen Stellenanzeigen „Male model".

UniSPIEGEL: Verhunzen solche Wortkreationen die deutsche Sprache?

Kruff: Im Gegenteil. Ich sehe das eher als kulturelle Leistung. Wir integrieren Anglizismen in den meisten Fällen sehr gut in die deutsche Sprache und halten sie so lebendig. Von einer Bedrohung der deutschen Sprache durch Anglizismen sind wir momentan weit entfernt.

M2 Wichtig muss es klingen – alles andere ist egal (2004)

Key Accounter und Billing Manager: Was sich hinter englischen Berufsbezeichnungen verbirgt, ist nicht immer offensichtlich. Für Bewerber ist das ein Problem. Ein Director of Human
5 Resources ist verantwortlich für das Personal im Unternehmen. Auf gut Deutsch: Er ist Personalleiter. Diese Berufsbezeichnung klingt solide und ist für jedermann verständlich. Immer mehr Unternehmen wollen sich aber internati-
10 onal aufstellen und verstehen sich als Global Player. Daher ist es mittlerweile üblich, Stellen lieber in englischer Sprache auszuschreiben – auch in hierzulande ansässigen Unternehmen. [...]
15 Für die Agenturen steht im Vordergrund, was sich am besten vermarkten lässt. Es gibt kaum international gültige Standards für Berufsbezeichnungen, die jeder Englischkundige sofort versteht. Was macht ein Key Accounter? Wofür
20 ist ein Billing Manager zuständig? Und welcher Beruf verbirgt sich hinter einem First Level Supporter? Letzterer nimmt zum Beispiel Reklamationen entgegen. Früher wäre die Tätigkeit vermutlich Telefonischer Kundendienst
25 genannt worden. Das klingt in der Tat ziemlich trocken. Dennoch ziehen Jobsuchende die deutsche Berufsbezeichnung oft vor. „Sie möchten verstehen, um welche Tätigkeit es sich handelt", sagt Joachim Gerd Ulrich vom Bundesinstitut
30 für Berufsbildung (BIBB) in Bonn.
Er hat diese Erfahrung vor allem mit Jugendlichen gemacht. „Sie werden von englischen Berufsbezeichnungen abgeschreckt, das verstärkt sich noch, je geringer der Bildungsgrad ist", hat
35 Ulrich beobachtet. „Aber auch Gymnasiasten lehnen in puncto Berufsbeschreibung das Englische überwiegend ab." [...]
Bewerber sollten sich von englischen Berufsbezeichnungen nicht einschüchtern lassen. „Man
40 muss die Stellenanzeigen sehr aufmerksam durchlesen", sagt der Karriereberater Uwe

Key Accounter, ca. 1960

Schnierda aus Bredenbek bei Kiel. „Oft geht aus den Anzeigen aber nicht eindeutig hervor, was die Kernaufgaben eines Jobs sind." Dann müssten Bewerber „Feinschliff betreiben" – also 45 beim potenziellen Arbeitgeber anrufen und nachfragen, was genau mit einer Stellenbezeichnung gemeint ist.
Ein Billing Manager etwa führt in der Regel die Tätigkeiten eines Buchhalters aus. Ein Key 50 Accounter kann ein Großkundenbetreuer sein, manchmal ist er einfach nur ein Verkäufer. Und wie findet man heraus, welche Tätigkeiten den späteren Arbeitsalltag tatsächlich bestimmen? „Nachhaken, in welchem zeitlichen Verhältnis 55 die Aufgaben zueinander stehen", rät Schnierda. „Hinter dem Beruf ‚Product Management & Sales' kann sich zum Beispiel auch der Bereich Marketing verbergen." Englische Berufsbezeichnungen sind also oft schwammig. „Ausschlaggebend ist, ob man sich selbst dort wiederfindet." 60

M3 Berufsbezeichnungen aus Sicht von Ausbildungsplatzbewerbern (2004)

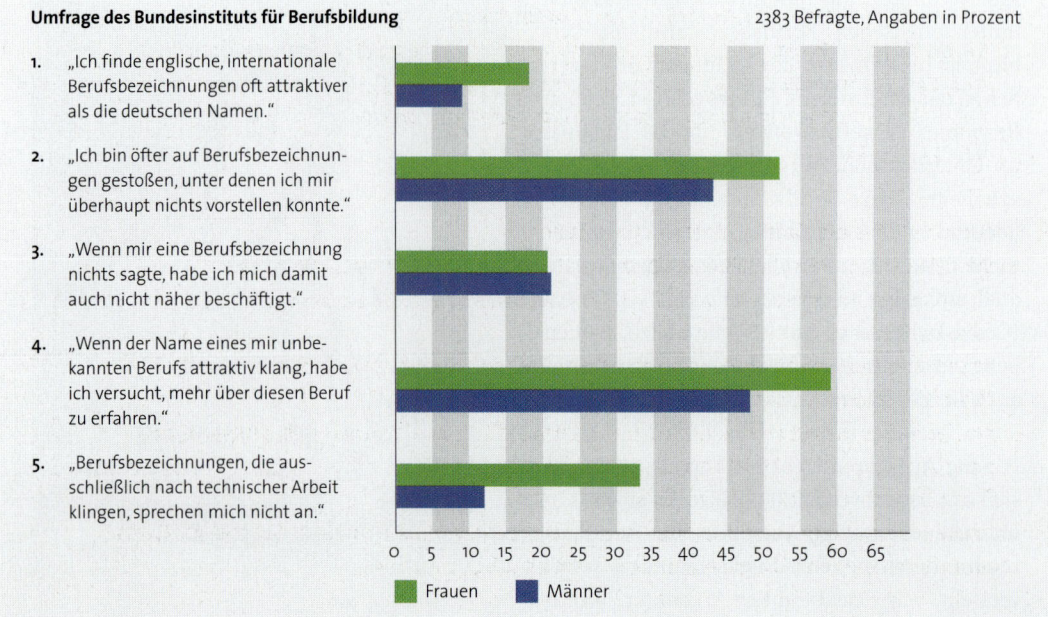

Die Aufgabenstellung verstehen

1 Wenn Sie sich klarmachen, was die Aufgabenstellung von Ihnen verlangt, können Sie die Materialien strategisch lesen und Ihren Text sinnvoll gliedern. Beantworten Sie dafür die folgenden Fragen.
– Was soll das Thema Ihres Faltblatts sein?
– Welche Textsorte wird verlangt? Was wissen Sie über diese Textsorte?
– Was sind Anlass und Ziel des geforderten Textes?
– Wer sind die Adressaten des Textes? Welche Erwartungen haben die Adressaten bezüglich des Inhalts und der Schreibweise an den Text?
– Welche Operatoren kommen in der Aufgabenstellung vor und was ist damit gemeint?
– Auf welche drei Aspekte sollen Sie in dem Text eingehen?

Erstes Textverständnis und Ideen formulieren

1 Verschaffen Sie sich einen ersten Überblick über die Materialien 1 bis 3, indem Sie die Texte überfliegen und die Grafik anschauen. Notieren Sie, in welchen Materialien Sie vermutlich Informationen zu welchen der drei Aspekte finden.

2 Notieren Sie in Stichworten Ihr Vorwissen zum Thema „Englische Berufsbezeichnungen".

Die Materialien gezielt lesen

1 Lesen Sie die beiden Texte (Material 1 und 2) gezielt und arbeiten Sie die Informationen zu den einzelnen Aspekten heraus. Achten Sie dabei auch auf versteckte Informationen.
Tipp: Sie können die Texte auch kopieren und die Informationen mit unterschiedlichen Farben markieren und mit Randbemerkungen versehen. Beispiel:

Carolin Kruff: Bei einem „Regional Sales Manager Full Service Internet Provider" oder bei „Programmer Analyst Chain Support Projects" ist das ganz schön schwierig. Solche Berufsbezeichnungen sollen international Fachleute einer bestimmten Branche ansprechen, für Otto Normalabsolvent sind die nicht gedacht.

Schwierigkeit

Gründe

2 Untersuchen Sie die Grafik (Material 3) genauer.
- **a** Worüber informiert das Balkendiagramm? Worauf beziehen sich die Achsen?
  Das Diagramm informiert über die Sicht von Ausbildungsbewerbern auf … Es wird dargestellt, wie viel Prozent …
- **b** In welcher Beziehung stehen die einzelnen Informationen, z. B. die Balken 1 und 4?
- **c** Welcher Balken hat nichts mit dem Thema zu tun?
- **d** Notieren Sie, für welche Aspekte Ihres Themas die Informationen relevant sind, z. B.
  Schwierigkeit: 43 % der Männer, 52 % der Frauen sind öfter auf Berufsbezeichnungen gestoßen, mit denen sie nichts anfangen konnten.

3 Machen Sie sich klar, in welcher Beziehung die drei Materialien zueinander stehen. Gibt es Übereinstimmungen? Ergänzen sie sich? Gibt es Widersprüche?

Den Schreibplan erstellen und schreiben

1 Planen Sie eine gedankliche Struktur (▶ Information) für den Hauptteil Ihres Textes.
- **a** Überlegen Sie, welche gedankliche Struktur für Ihren Text geeignet ist. Begründen Sie Ihre Entscheidung.
- **b** Ordnen Sie die Informationen, die Sie den Materialien entnommen haben, den einzelnen Teilen Ihrer Struktur zu. Ergänzen Sie auch weitere Informationen aus dem Unterricht. Beispiel:
  <u>Ursachen:</u>
  – Firmen möchten international Fachleute einer bestimmten Branche ansprechen,
  – Firmen treffen eine Vorauswahl, weil …
  <u>Wirkungen:</u>
  – …
  <u>Folgen:</u>
  – …

2 Entwickeln Sie die Gliederung (▶ Information) Ihres gesamten Textes, indem Sie Stichpunkte zu Einleitung und Schluss ergänzen.
- **a** Überlegen Sie, wie Sie in der Einleitung die Adressaten für das Thema interessieren und über das Ziel des Faltblatts informieren können.
- **b** Notieren Sie, wie Sie am Schluss ein Fazit ziehen oder einen Ausblick geben können.

> **Information**   **Gedankliche Struktur und Gliederung informierender Texte**
>
> Informierende Texte weisen in der Regel eine übergeordnete **gedankliche Struktur** auf. Wenn alle Informationen in diese Struktur eingeordnet sind, wird für die Leserinnen und Leser klar, wie die einzelnen Informationen zusammenhängen.
> Mögliche gedankliche Strukturen können sein:

- **Ursachen → Wirkungen → Folgen/Vergangenheit → Gegenwart → Zukunft**, z.B. *Ursache/Vergangenheit: Globalisierung → Wirkung/Gegenwart: Sprachensterben → Folge/Zukunft: stärkere Dominanz des Englischen*
- **Problem → Lösung → Umsetzung**, z.B. *Problem: beide Geschlechter sollen gleichermaßen ... → Lösung: geschlechtergerechte Sprache → Umsetzung: Ergänzung des Geschlechts, ...*
- **Frage → Antwort → Folgerung**, z.B. *Frage: Warum Anglizismen? → Antwort: Es gibt keine geeignete deutsche Bezeichnung, klingen modisch, ... → Folgerung: prüfen, ob ...*

Manchmal kann es sinnvoll sein, die Struktur zu verändern, z.B. *Folgen → Wirkungen → Ursachen*. Informierende Texte haben in der Regel **Einleitung, Hauptteil, Schluss** und eine **Überschrift**.

3 Verfassen Sie nun auf Grundlage Ihrer Gliederung Ihren Informationstext.
  a Wecken Sie in der Einleitung das Interesse Ihrer Leserinnen und Leser, z.B.:
     „Regional Sales Manager Full Service Internet Provider" – Schon bald werdet ihr euch mit Stellenanzeigen auseinandersetzen und dabei auf zahlreiche englische Berufsbezeichnungen stoßen, die ... Der folgende Text soll ...
  b Verfassen Sie den Hauptteil Ihres Textes. Achten Sie dabei auf eine sachliche Sprache, die für Ihre Leserinnen und Leser gut verständlich ist.
     Tipp: Wenn Sie fremde Darstellungen mit eigenen Worten, in indirekter Rede oder als Zitat wiedergeben, sollten Sie Ihre Informationsquellen benennen und kurz vorstellen. Zeilenangaben müssen allerdings nicht gemacht werden, z.B.:
     Eine Umfrage des Bundesinstituts für Berufsbildung aus dem Jahr ... zeigt, dass ...
     Der Karriereberater Uwe Schnierda empfiehlt: „Man muss Stellenanzeigen sehr aufmerksam durchlesen."
  c Geben Sie am Schluss einen Ausblick. Gehen Sie z.B. darauf ein, warum man mit englischen Berufsbezeichnungen offensiv umgehen sollte.
  d Formulieren Sie eine interessante und treffende Überschrift, die das Thema umreißt.

Den eigenen Text überarbeiten

1 Überarbeiten Sie Ihren Text mit Hilfe der folgenden Checkliste.
2 Notieren Sie sich abschließend die Aspekte, auf die Sie bei der nächsten Klausur achten wollen.

Checkliste Materialgestützt einen Text verfassen

- Wurden **alle relevanten Informationen** zum Thema aufgenommen und korrekt wiedergegeben?
- Wurde **zusätzliches Wissen aus dem Unterricht** ergänzt?
- Wurde **auf Aspekte verzichtet**, die für das Thema nicht relevant sind?
- Weist der Text eine klare **gedankliche Struktur** auf?
- Hat der Text eine informative **Überschrift**?
- Gliedert der Text sich klar in **Einleitung, Hauptteil** und **Schluss**?
- Ist der Text **sachlich** formuliert?
- Ist der Text für die Leserinnen und Leser **verständlich**?
- Werden die **Informationsquellen** kurz vorgestellt und korrekt zitiert bzw. paraphrasiert?
- Ist der Text **sprachlich richtig** (Rechtschreibung, Grammatik, Zeichensetzung)?

B Qualifikation: Erweiterung und Vertiefung

1. Deuten Sie das Graffiti: Welche Grenzen könnten jeweils gemeint sein?
2. a Skizzieren Sie die Welt, die sich Ihnen durch die Sprache Deutsch eröffnet:
   – Was gehört alles dazu?
   – Wo liegen die Grenzen?
   – Welche Wege stehen Ihnen offen?
   – Welche Wege sind für Sie verschlossen?
   Fertigen Sie eine Zeichnung an oder notieren Sie Ihre Ideen in Stichworten.
   b Vergleichen Sie Ihre Welten in Kleingruppen: Welche Ähnlichkeiten und Unterschiede gibt es?
3. a Sehen Sie sich die Welt der Sprache Deutsch auf der folgenden Doppelseite an:
   – Was entdecken Sie wieder?
   – Was ist Ihnen bekannt?
   – Was ist neu?
   b Wohin würden Sie in dieser Welt gerne reisen? Begründen Sie.

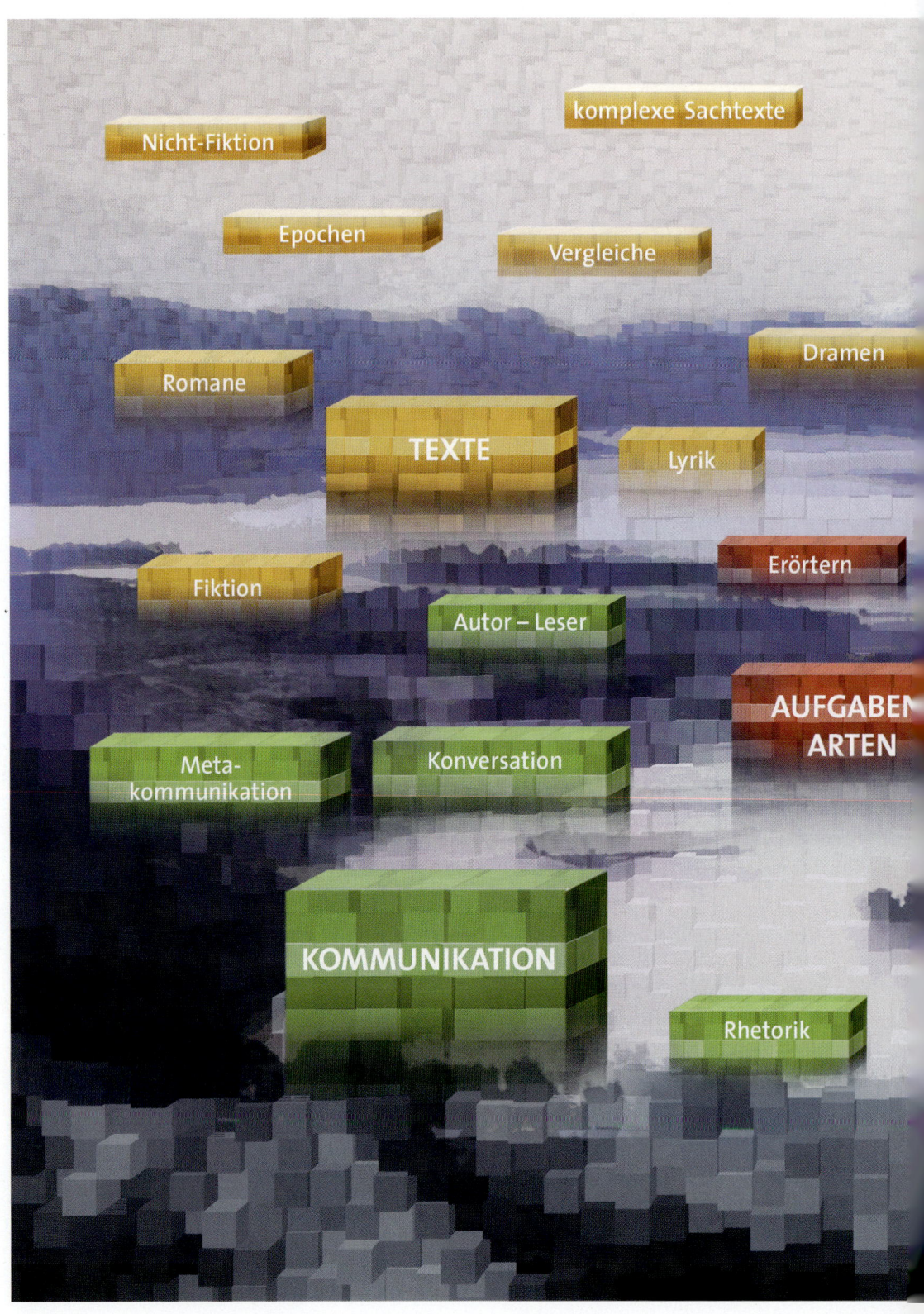

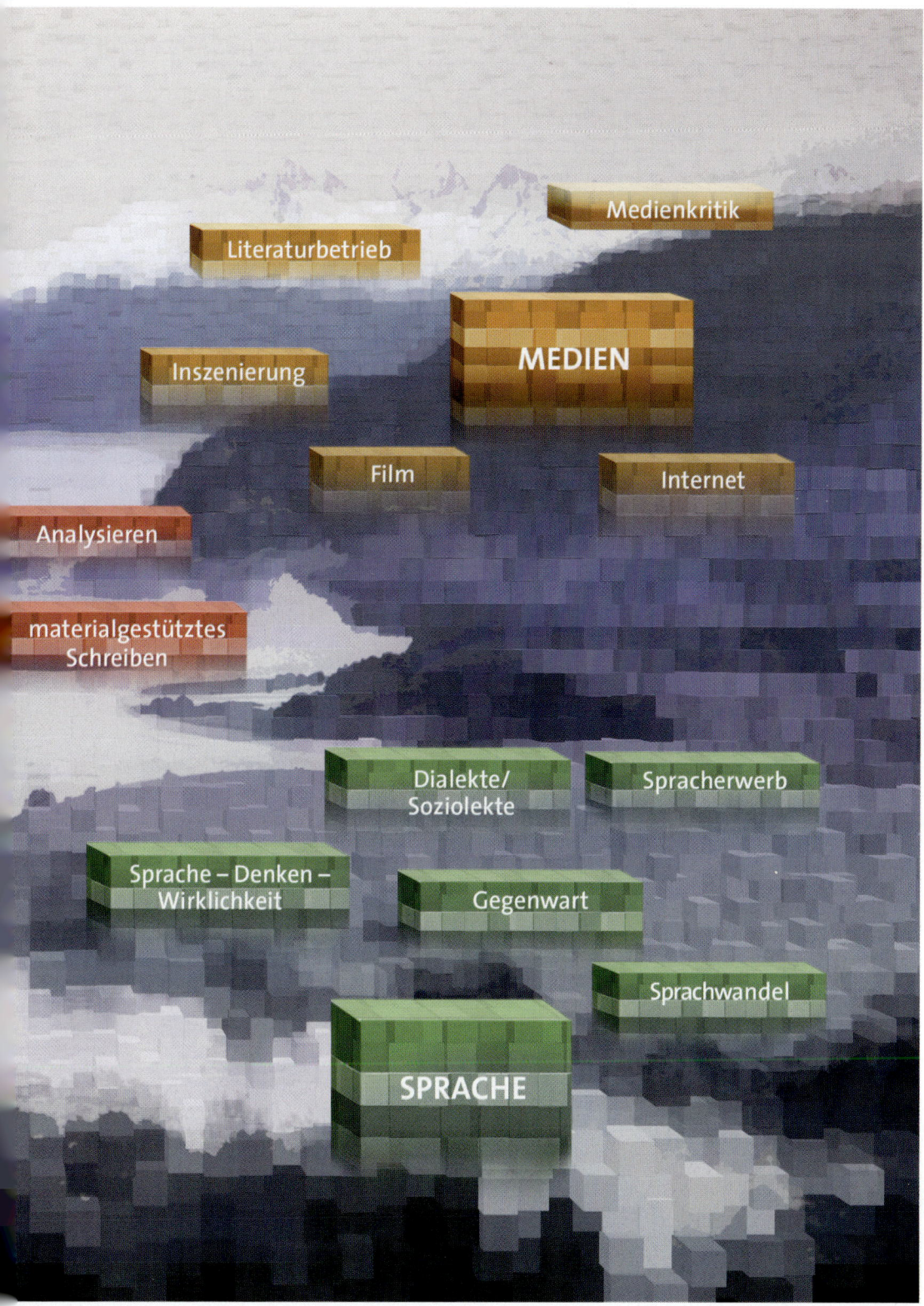

1 Epik

Plastik „Der moderne Buchdruck", Berlin 2006 (Agentur Scholz & Friends Identity)

1 a Betrachten Sie die Plastik. Welche literarischen und anderen Texte vermuten Sie hinter den Namen?
  b Welche Bücher lesen Sie? Erläutern Sie Ihre Lesegewohnheiten.

2 Die Großgattung Epik umfasst viele verschiedene Formen fiktiver Erzählungen. Man kann z. B. folgende Untergattungen unterscheiden:

> Epos   Kurzgeschichte   Schauerroman   Novelle   Volksmärchen   Anekdote
> Fabel   Bildungsroman   Kalendergeschichte   Volksbuch   Kriminalroman   Tierepos
> Erzählung   Kunstmärchen   Roman   Parabel   Sage   Gesellschaftsroman
> Schwank   Märchen   Legende   Familienroman   Briefroman   Heldenepos

  a Klären Sie Begriffe, die Ihnen unbekannt sind.
  b Bilden Sie Kleingruppen. Ordnen Sie die Untergattungen mit Hilfe einer Mindmap auf einem Plakat. Fügen Sie weitere Untergattungen hinzu.
  c Ergänzen Sie Textmerkmale zu den einzelnen Untergattungen.
  d Stellen Sie Ihre Plakatergebnisse vor.

In diesem Kapitel erwerben Sie folgende Kenntnisse und Kompetenzen:

- erzähltheoretische Grundkenntnisse aktivieren, erweitern und systematisieren,
- Erzählstrategien kennen und sie zur Analyse sowie zur Produktion von Erzähltexten nutzen,
- Besonderheiten der Autor-Rezipienten-Kommunikation erläutern,
- Unterschiede zwischen fiktionalen und nicht-fiktionalen Texten anhand von Fiktionalitätssignalen erläutern,
- schriftlich einen Erzählanfang von Kafka analysieren,
- materialgestützt einen Text verfassen, der über die Aktualität von Kafkas Werk informiert.

1.1 Drei Erzählbeispiele – Ort und Zeit, Figuren, Handlung und Erzählstrategien analysieren

> **Information** **Epik**
>
> Im Mittelpunkt des heutigen Leseinteresses auf dem Gebiet der Belletristik, also der so genannten schönen Literatur, steht eindeutig die Gattung Epik. Ihr Name leitet sich vom antiken griechischen **Epos** her, der in Versen verfassten und mündlich vorgetragenen Geschichte von Göttern und Helden. Beispiele dafür sind in der „Ilias" und „Odyssee" des **Homer** (vermutlich Ende 8. Jh. v. Chr.) überliefert. In den Ritterromanen des Mittelalters und in vereinzelten späteren Verserzählungen, wie z. B. **Johann Wolfgang Goethes** Tierepos „Reineke Fuchs" (1794) oder **Heinrich Heines** „Deutschland – ein Wintermärchen" (1844), blieb die **Versform** bestehen. Im Übrigen aber setzte sich mit der Wende zur Schriftkultur, besonders seit dem Buchdruck in der zweiten Hälfte des 15. Jh.s (▶ S. 383–385) und der damit verbundenen Literaturrezeption durch Einzelleserinnen und -leser die **Prosa** in allen Verzweigungen der Gattung Epik durch.

Theodor Fontane: Effi Briest (1895) – Romananfang

In Front des schon seit Kurfürst Georg Wilhelm[1] von der Familie von Briest bewohnten Herrenhauses zu Hohen-Cremmen fiel heller Sonnenschein auf die mittagsstille Dorfstraße, während nach der Park- und Gartenseite hin ein rechtwinklig angebauter Seitenflügel einen breiten Schatten erst auf einen weiß und grün quadrierten Fliesengang und dann über diesen hinaus auf ein großes, in seiner Mitte mit einer Sonnenuhr und an seinem Rande mit Canna indica[2] und Rhabarberstauden besetztes Rondell[3] warf. Einige zwanzig Schritte weiter, in Richtung und Lage genau dem Seitenflügel entsprechend, lief eine ganz in kleinblättrigem Efeu stehende, nur an einer Stelle von einer kleinen weiß gestrichenen Eisentür unterbrochene Kirchhofsmauer, hinter der der Hohen-Cremmener Schindelturm mit seinem blitzenden, weil neuerdings erst wieder vergoldeten Wetterhahn aufragte. Fronthaus, Seitenflügel und Kirchhofsmauer bildeten ein einen kleinen Ziergarten umschließendes Hufeisen, an dessen offener Seite man eines Teiches mit Wassersteg und angekettetem Boot und dicht daneben einer Schaukel gewahr wurde, deren horizontal gelegtes Brett zu Häupten und Füßen an je zwei Stricken hing – die Pfosten der Balkenlage schon etwas schief stehend. Zwischen Teich und Rondell aber und die Schaukel halb versteckend standen ein paar mächtige alte Platanen.

Auch die Front des Herrenhauses – eine mit Aloekübeln[4] und ein paar Gartenstühlen besetzte Rampe – gewährte bei bewölktem Himmel einen angenehmen und zugleich allerlei Zerstreuung bietenden Aufenthalt; an Tagen aber, wo die Sonne niederbrannte, wurde die Gartenseite ganz entschieden bevorzugt, besonders von Frau und Tochter des Hauses, die denn auch heute wieder auf dem im vollen Schatten liegenden Fliesengange saßen, in ihrem Rücken ein paar offene, von wildem Wein umrankte Fenster, neben sich eine vorspringende kleine Treppe, deren vier Steinstufen vom Garten aus in das Hochparterre des Seitenflügels hinaufführten. Beide, Mutter und Tochter,

---

1 **Georg Wilhelm (1595–1640):** von 1620 bis 1640 Kurfürst von Brandenburg
2 **Canna indica:** tropisches Staudengewächs mit großen roten und gelben Blüten
3 **Rondell:** rundes Beet
4 **Aloe:** tropische Pflanzenart

waren fleißig bei der Arbeit, die der Herstellung eines aus Einzelquadraten zusammenzusetzenden Altarteppichs galt; ungezählte Wollsträhnen und Seidendocken lagen auf einem großen, runden Tisch bunt durcheinander, dazwischen, noch vom Lunch her, ein paar Dessertteller und eine mit großen, schönen Stachelbeeren gefüllte Majolikaschale[5]. Rasch und sicher ging die Wollnadel der Damen hin und her, aber während die Mutter kein Auge von der Arbeit ließ, legte die Tochter, die den Rufnamen Effi führte, von Zeit zu Zeit die Nadel nieder und erhob sich, um unter allerlei kunstgerechten Beugungen und Streckungen den ganzen Kursus der Heil- und Zimmergymnastik durchzumachen. Es war ersichtlich, dass sie sich diesen absichtlich ein wenig ins Komische gezogenen Übungen mit ganz besonderer Liebe hingab, und wenn sie dann so dastand und, langsam die Arme hebend, die Handflächen hoch über dem Kopf zusammenlegte, so sah auch wohl die Mama von ihrer Handarbeit auf, aber immer nur flüchtig und verstohlen, weil sie nicht zeigen wollte, wie entzückend sie ihr eigenes Kind finde, zu welcher Regung mütterlichen Stolzes sie voll berechtigt war. Effi trug ein blau und weiß gestreiftes, halb kittelartiges Leinwandkleid, dem erst ein fest zusammengezogener, bronzefarbener Ledergürtel die Taille gab; der Hals war frei und über Schulter und Nacken fiel ein breiter Matrosenkragen. In allem, was sie tat, paarte sich Übermut und Grazie, während ihre lachenden braunen Augen eine große, natürliche Klugheit und viel Lebenslust und Herzensgüte verrieten. Man nannte sie die „Kleine", was sie sich nur gefallen lassen musste, weil die schöne, schlanke Mama noch um eine Handbreit höher war.

Eben hatte sich Effi wieder erhoben, um abwechselnd nach links und rechts ihre turnerischen Drehungen zu machen, als die von ihrer Stickerei gerade wieder aufblickende Mama ihr zurief: „Effi, eigentlich hättest du doch wohl Kunstreiterin werden müssen. Immer am Trapez, immer Tochter der Luft. Ich glaube beinah, dass du so was möchtest."

„Vielleicht, Mama. Aber wenn es so wäre, wer wäre schuld? Von wem hab ich es? Doch nur von dir. Oder meinst du von Papa? Da musst du nun selber lachen. Und dann, warum steckst du mich in diesen Hänger, in diesen Jungenskittel? Mitunter denk ich, ich komme noch wieder in kurze Kleider. Und wenn ich die erst wieder habe, dann knicks ich auch wieder wie ein Backfisch[6], und wenn dann die Rathenower herüberkommen, setze ich mich auf Oberst Goetzes Schoß und reite hopp, hopp. Warum auch nicht? Drei Viertel ist er Onkel und nur ein Viertel Courmacher[7]. Du bist schuld. Warum kriege ich keine Staatskleider? Warum machst du keine Dame aus mir?"

„Möchtest du's?"

„Nein." Und dabei lief sie auf die Mama zu und umarmte sie stürmisch und küsste sie.

„Nicht so wild, Effi, nicht so leidenschaftlich. Ich beunruhige mich immer, wenn ich dich so sehe ..."

---

[5] **Majolikaschale:** getöpferte Schale bzw. Steingut mit Zinnglasur
[6] **Backfisch:** eine heute eher veraltete Bezeichnung für Mädchen im Teenager-Alter
[7] **Courmacher:** jemand, der einem Mädchen „den Hof macht", mit ihm flirtet

---

1 Entwerfen Sie ein Storyboard (die zeichnerische Darstellung eines Drehbuchs), mit dem Sie verdeutlichen, wie der Leser/die Leserin in die Welt des Romans eingeführt wird.

2 a Schildern Sie Ort und Atmosphäre der Eingangsszene mit eigenen Worten und ohne noch einmal im Text nachzulesen.
  b Untersuchen Sie die Darstellung des Ortes. Welche Bedeutung hat der Ort für das Gesamtverständnis der Eingangsszene? Ziehen Sie die Hinweise im Informationskasten **Ort und historische Zeit** heran (▶ Information, S. 167).

3 Bestimmen Sie den historischen Zeitabschnitt, in dem der Roman zu spielen scheint, und begründen Sie Ihre Einordnung mit Indizien aus dem Text.

1.1 DREI ERZÄHLBEISPIELE – ORT UND ZEIT, FIGUREN, HANDLUNG UND ERZÄHLSTRATEGIEN ANALYSIEREN

4 Der Roman gilt als typisches Beispiel für die Literatur des bürgerlichen oder poetischen Realismus, dem es um eine poetisch-verklärende Bearbeitung der Wirklichkeit geht (▶ Epochenüberblick S.466 ff.). Überprüfen Sie, inwiefern der Text Merkmale dieses Literaturkonzepts aufweist.

5 a Schreiben Sie die für die Kommunikation zwischen Effi und ihrer Mutter bezeichnenden verbalen und nonverbalen Äußerungen aus dem Text heraus. Analysieren Sie die Kommunikation mit Hilfe des Modells von Schulz von Thun (▶ S.127 f.).
b Verfassen Sie in der Rolle Effis einen Tagebucheintrag, in dem sie ihr Verhältnis zu ihrer Mutter reflektiert.

Information   Ort und historische Zeit

Der **Ort** oder der Schauplatz des Geschehens gehört z. B. zu einer bestimmten Landschaft oder zu einem bestimmten Lebensraum und wird von seiner je eigenen **Atmosphäre** geprägt. Immer erweckt er bestimmte Vorstellungen und Assoziationen beim Leser / bei der Leserin und trägt daher zum Textverständnis wesentlich bei. Es kann sich um einen realen Ort handeln, der die erzählte Geschichte in der Wirklichkeit verankert und ihr ein bestimmtes Lokalkolorit gibt, oder um einen Fantasieort, der sich auf keiner Landkarte findet. Der Ort kann der Hauptgegenstand des Erzählens sein wie zum Beispiel im Genre des Großstadtromans (Beispiel: Alfred Döblins „Berlin Alexanderplatz", ▶ S. 492) oder im Genre des Heimatromans. Es gibt bestimmte Orte in der Literatur, die in ihrer idealtypischen Gestaltung mehr oder minder feste Traditionen herausgebildet haben, wie zum Beispiel die ländlich-dörfliche Idylle, der unheimliche Wald, das wilde Meer, die erhabene Bergwelt etc. Häufig erhält der Ort über seine reine Gegenständlichkeit hinaus Bedeutung, indem seine Atmosphäre mit dem Gang der Handlung und/oder mit den Gefühlslagen und Stimmungen der Figuren korrespondiert und diese verdeutlicht. Im Extremfall kann die Darstellung des Ortes reine Projektion der Stimmung oder des Lebensgefühls einer Figur sein, sodass man von einer „Seelenlandschaft" spricht. Der Ort mit seiner Atmosphäre kann aber auch im Gegensatz zur Befindlichkeit einer Figur stehen und diese damit ironisch brechen. Im Hinblick auf die **Zeit** ist zu fragen, ob und inwieweit die erzählte Geschichte **historisch verortet** ist, ob sie sich also klar erkennbar einer historischen Situation oder einer Epoche zuordnen lässt und welche Bedeutung der historische Bezugspunkt für das erzählte Geschehen hat. Wie der Ort kann auch die Zeit im Zentrum des Erzählinteresses stehen, so geht es im so genannten Zeitroman um die Darstellung eines Abschnitts der Geschichte, häufig mit kritischer Intention. Direkt erkennbar wird der Zeitbezug einer Erzählung durch das Nennen von Jahreszahlen oder das Einbeziehen allgemein bekannter historischer Ereignisse bzw. Personen, indirekt erkennbar wird er durch die Darstellung der Lebensumstände der Figuren, ihrer Verhaltensweisen, Kleidungsstile, Wohnungen etc.

Franz Kafka: Der Prozess (1914/1915) – Romananfang

Jemand musste Josef K. verleumdet haben, denn ohne dass er etwas Böses getan hätte, wurde er eines Morgens verhaftet. Die Köchin der Frau Grubach, seiner Zimmervermieterin, die ihm jeden Tag gegen acht Uhr früh das Frühstück brachte, kam diesmal nicht. Das war noch niemals geschehen. K. wartete noch ein Weilchen, sah von seinem Kopfkissen aus die alte Frau, die ihm gegenüber wohnte und die ihn mit einer an ihr ganz ungewöhnlichen Neugierde beobachtete, dann aber, gleichzeitig befremdet und hungrig, läutete er. Sofort klopfte es und ein Mann, den er in dieser Wohnung noch niemals gesehen hatte, trat ein. Er war schlank und doch fest gebaut, er trug ein anliegendes schwarzes Kleid, das, ähnlich den Reiseanzügen, mit verschiedenen Falten, Taschen, Schnallen, Knöpfen und einem Gürtel versehen war und infolgedessen, ohne dass man sich darüber klar wurde, wozu es dienen sollte, besonders praktisch erschien. „Wer sind Sie?", fragte K. und saß gleich halb aufrecht im Bett. Der Mann aber ging über die Frage hinweg, als müsse man seine Erscheinung hinnehmen, und sagte bloß seinerseits: „Sie haben geläutet?" „Anna soll mir das Frühstück bringen", sagte K. und versuchte, zunächst stillschweigend, durch Aufmerksamkeit und Überlegung festzustellen, wer der Mann eigentlich war. Aber dieser setzte sich nicht allzu lange seinen Blicken aus, sondern wandte sich zur Tür, die er ein wenig öffnete, um jemandem, der offenbar knapp hinter der Tür stand, zu sagen: „Er will, dass Anna ihm das Frühstück bringt." Ein kleines Gelächter im Nebenzimmer folgte, es war nach dem Klang nicht sicher, ob nicht mehrere Personen daran beteiligt waren. Obwohl der fremde Mann dadurch nichts erfahren haben konnte, was er nicht schon früher gewusst hätte, sagte er nun doch zu K. im Tone einer Meldung: „Es ist unmöglich." „Das wäre neu", sagte K., sprang aus dem Bett und zog rasch seine Hosen an. „Ich will doch sehen, was für Leute im Nebenzimmer sind und wie Frau Grubach diese Störung mir gegenüber verantworten wird." Es fiel ihm zwar gleich ein, dass er das nicht hätte laut sagen müssen und dass er dadurch gewissermaßen ein Beaufsichtigungsrecht des Fremden anerkannte, aber es schien ihm jetzt nicht wichtig. Immerhin fasste es der Fremde so auf, denn er sagte: „Wollen Sie nicht lieber hierbleiben?" „Ich will weder hierbleiben noch von Ihnen angesprochen werden, solange Sie sich mir nicht vorstellen." „Es war gut gemeint", sagte der Fremde und öffnete nun freiwillig die Tür. Im Nebenzimmer, in das K. langsamer eintrat, als er wollte, sah es auf den ersten Blick fast genau so aus wie am Abend vorher. Es war das Wohnzimmer der Frau Grubach, vielleicht war in diesem mit Möbeln, Decken, Porzellan und Photographien überfüllten Zimmer heute ein wenig mehr Raum als sonst, man erkannte das nicht gleich, umso weniger, als die Hauptveränderung in der Anwesenheit eines Mannes bestand, der beim offenen Fenster mit einem Buch saß, von dem er jetzt aufblickte. „Sie hätten in Ihrem Zimmer bleiben sollen! Hat es Ihnen denn Franz nicht gesagt?" „Ja, was wollen Sie denn?", sagte K. und sah von der neuen Bekanntschaft zu dem mit Franz Benannten, der in der Tür stehen geblieben war, und dann wieder zurück. Durch das offene Fenster erblickte man wieder die alte Frau, die mit wahrhaft greisenhafter Neugierde zu dem jetzt gegenüberliegenden Fenster getreten war, um auch weiterhin alles zu sehen. „Ich will doch Frau Grubach –", sagte K., machte eine Bewegung, als reiße er sich von den zwei Männern los, die aber weit von ihm entfernt standen, und wollte weitergehen. „Nein", sagte der Mann beim Fenster, warf das Buch auf ein Tischchen und stand auf. „Sie dürfen nicht weggehen, Sie sind ja verhaftet." „Es sieht so aus", sagte K. „Und warum denn?", fragte er dann. „Wir sind nicht dazu bestellt, Ihnen das zu sagen. Gehen Sie in Ihr Zimmer und warten Sie. Das Verfahren ist nun einmal eingeleitet, und Sie werden alles zur richtigen Zeit erfahren. Ich gehe über meinen Auftrag hinaus, wenn ich Ihnen so freundschaftlich zurede. Aber ich hoffe, es hört es niemand sonst als Franz, und der ist selbst gegen alle Vorschrift freundlich zu Ihnen. Wenn Sie auch weiterhin so viel Glück haben wie bei der Bestimmung Ihrer Wächter, dann können Sie zuversichtlich sein." K. wollte sich setzen, aber nun sah er, dass im ganzen Zimmer keine Sitzgelegenheit war, außer dem Sessel beim Fenster. „Sie werden noch einsehen, wie wahr das alles ist", sagte Franz und ging gleichzeitig mit dem andern Mann auf ihn zu.

[...]

Was waren denn das für Menschen? Wovon sprachen sie? Welcher Behörde gehörten sie an? K. lebte doch in einem Rechtsstaat, überall herrschte Friede, alle Gesetze bestanden aufrecht, wer wagte, ihn in seiner Wohnung zu überfallen? Er neigte stets dazu, alles möglichst leicht zu nehmen, das Schlimmste erst beim

Eintritt des Schlimmsten zu glauben, keine Vorsorge für die Zukunft zu treffen, selbst wenn alles drohte. Hier schien ihm das aber nicht richtig, man konnte zwar das Ganze als Spaß ansehen, als einen groben Spaß, den ihm aus unbekannten Gründen, vielleicht weil heute sein dreißigster Geburtstag war, die Kollegen in der Bank veranstaltet hatten, es war natürlich möglich, vielleicht brauchte er nur auf irgendeine Weise den Wächtern ins Gesicht zu lachen, und sie würden mitlachen, vielleicht waren es Dienstmänner von der Straßenecke, sie sahen ihnen nicht unähnlich – trotzdem war er diesmal, förmlich schon seit dem ersten Anblick des Wächters Franz, entschlossen, nicht den geringsten Vorteil, den er vielleicht gegenüber diesen Leuten besaß, aus der Hand zu geben.

1 a Beschreiben Sie, wie sich die Einführung des Lesers/der Leserin in Kafkas Roman von der in Fontanes Roman (▶ S.165) unterscheidet.
   b Analysieren Sie im Hinblick darauf die sprachliche Gestaltung des ersten Satzes in Kafkas Roman.

2 a Durchsuchen Sie den Text nach Hinweisen zu Ort und Zeit des erzählten Geschehens.
   b Deuten Sie in Partnerarbeit die Ergebnisse Ihrer Suche.

3 a Entwerfen Sie in Einzelarbeit eine grafische Darstellung der Figurenkonstellation.
   b Stellen Sie Ihre Entwürfe vor und verständigen Sie sich auf eine gemeinsame Darstellung.

4 a Untersuchen Sie, ob die Interaktion zwischen Josef K. und seinen Wächtern eher als komplementär oder als symmetrisch zu bezeichnen ist (vgl. die Auszüge aus der Kommunikationstheorie von Paul Watzlawick ▶ S.129).
   b Verfassen Sie eine Charakteristik der Hauptfigur Josef K. (▶ Information **Figuren und ihre Konstellation**).

5 Skizzieren Sie Ihre Erwartungen hinsichtlich des weiteren Verlaufs der Geschichte und tauschen Sie sich darüber aus. Beachten Sie dabei die Fragen, die sich Josef K. stellt (▶ Z.101–106).

Information **Figuren und ihre Konstellation**

Zum Verstehen eines epischen Textes trägt ganz wesentlich das Erfassen der Figuren und ihrer Beziehungen untereinander bei. Der Gesamteindruck von einer Figur wird durch die **direkten Charakterisierungen** vermittelt, die der Erzähler vornimmt: einerseits durch seine Beschreibungen aus der **Außensicht**, andererseits durch die Wiedergabe von Gedanken und Gefühlen aus der **Innensicht** der Figur. Hinzu kommen **indirekte Charakterisierungen**: die Beobachtungen und Urteile anderer Figuren und die Rückschlüsse, die der Leser/die Leserin aus dem Verhalten und den Reden einer Figur ziehen kann. In einer **Charakteristik** oder einem **Figurenporträt** kann der Gesamteindruck von einer Figur festgehalten werden. Einzugehen ist dabei auf folgende Aspekte:
- äußeres Erscheinungsbild und Art und Weise des Auftretens (Habitus),
- Herkunft (Familie, Milieu, Ort bzw. Region), Bildungsgang,
- berufliche und soziale Stellung,
- Charaktereigenschaften,
- religiöse und weltanschauliche Vorstellungen,
- Fähigkeiten und Schwächen,
- Wünsche und Ziele,
- Beziehungen und Verhalten gegenüber anderen Figuren.

Um einen Überblick über die **Figurenkonstellation** in einem epischen Text zu gewinnen, ist es hilfreich, sie in einer grafischen Darstellung zu visualisieren.

Birgit Vanderbeke: Das Muschelessen (1990) – Auszug aus einer Erzählung

[...] ich habe in unserer Familie immer als verstockt und gefühlskalt gegolten, und diese Verstocktheit und Gefühlskälte, die sich bei mir aus dem Uncharmanten entwickelt haben, haben sich wieder einmal erwiesen, als ich mich durchaus geweigert habe, zum Begräbnis der Großmutter mitzufahren, wo ich sonst gern dorthin gefahren bin und mich wohl gefühlt habe, mein Vater hat mir diesen Akt der Bosheit und, wie er gesagt hat, der Pietätlosigkeit, nicht verziehen. Er hat aber nichts unternehmen können dagegen, weil ich schon volljährig war, meine Großmutter ist genau gestorben, als ich volljährig geworden bin, nur wenige Tage danach, mit meiner Volljährigkeit sind meine Verstocktheit und Gefühlskälte erst richtig zu Tage getreten, hat mein Vater gesagt, aber er hat nicht wie vor dieser Volljährigkeit etwas dagegen unternehmen können, mich windelweich schlagen, ich schlage dich windelweich, hätte er vorher gesagt, nun kannst du mich aber erleben, und ich hätte ihn wirklich erleben können, wie er mich windelweich geschlagen hätte. Meine Mutter hätte im Flur vor der Wohnzimmertür gestanden mit meinem Bruder, während mein Vater drinnen die Tür zugeschlossen und sich Kognak herausgeholt hätte, aus der Bar im Wohnzimmerschrank, der Schlüssel zur Wohnzimmertür wäre in seiner Hosentasche gewesen, wie er es immer gewesen ist, und mein Vater hätte die Gründe für meine Verstocktheit zu finden gesucht, kannst du mir das erklären, hätte er mich gefragt, ich hätte es ihm nicht erklären können, weil ich überhaupt nichts habe erklären können, wenn mein Vater mich angeherrscht hat, und also hätte ich ihn erleben können, je mehr er in mich gedrungen hätte, umso verstockter hätte ich kein Wort gesagt, alle Wörter hätten mich auf einen Schlag verlassen gehabt, wie es immer gewesen ist. Immer habe ich nichts mehr zu sagen gewusst, wenn mein Vater gesagt hat, antworte gefälligst, einmal ist mir, als ich ein Kind war, eine Antwort gekommen, es ist aber die falsche gewesen, und falsche Antworten haben meinen Vater erbost, dann hat man ihn aber erleben können, und seither sind mir überhaupt keine Antworten mehr gekommen, wenn mein Vater gesagt hat, antworte gefälligst, was hast du mir zu sagen, ich hab dich was gefragt, vor lauter Enttäuschung hat er noch einen Kognak getrunken, während ich überlegt habe, was man sich bricht, wenn man vom ersten Stock runterspringt, aber die Fenster und die Balkontür waren natürlich wegen der Nachbarn geschlossen, und ich habe nicht weggekonnt. Mein Vater hätte ganz wild ausgesehen, weil ich gar nichts geantwortet hätte, er hätte immer mehr gefragt und in mich gedrungen, schließlich hätte er sich aber nicht mehr zu helfen gewusst und meine Verstocktheit bestrafen müssen, weil keine Einsicht und keine Antwort gekommen wären, mein Vater hätte gesagt, das lasse ich mir nicht bieten, das machst du nicht mit mir, und er hätte noch einen Kognak getrunken und schließlich gesagt, nimm die Hand vom Gesicht, ich hätte schon nach dem zweiten Kognak die Hände vor mein Gesicht gelegt, mein Gesicht in den Händen versteckt, ich habe es nicht gewollt, dass mein Vater mich ins Gesicht schlägt, und ich hätte gesagt, bitte nicht ins Gesicht, mein Vater hätte gesagt, nimmst du gefälligst die Hand vom Gesicht, es hätte ihn sehr in Wut gebracht, dass ich die Hand vorm Gesicht nicht heruntergenommen hätte, das bringt mich in Rage, hat er eins ums andere Mal gesagt, ich lasse mir das nicht bieten, aber ich habe die Hand nicht heruntergenommen, er hat sie selbst herunternehmen müssen, beide, er hat meine beiden Hände stets mit der linken Hand festhalten müssen, damit er mit rechts ins Gesicht schlagen konnte, was ihn wirklich in Rage gebracht hat, meine Verstocktheit, er hat mit Gewalt versucht, mir die Verstocktheit auszutreiben, wie er mit Gewalt versucht hat, meinem Bruder die Weichlichkeit auszutreiben. [...]

1.1 DREI ERZÄHLBEISPIELE – ORT UND ZEIT, FIGUREN, HANDLUNG UND ERZÄHLSTRATEGIEN ANALYSIEREN

1 Fassen Sie den Inhalt des Textes kurz zusammen. Beginnen Sie Ihre Zusammenfassung so:
„*Der Auszug aus der Erzählung ‚Das Muschelessen' handelt von …*"

2 a Die Tochter (die Ich-Erzählerin) und der Sohn werden im Text direkt charakterisiert. Notieren Sie die entsprechenden Textstellen.
  b Der Vater wird nur durch sein Verhalten und seine Äußerungen dargestellt. Setzen Sie diese indirekte Charakterzeichnung in eine direkte Charakterisierung um.
  c Beschreiben Sie, inwiefern die Tochter ihre Rolle in der Familie und damit die Erwartungen des Vaters nicht erfüllt.

3 Die Darstellung der Handlung verläuft nicht chronologisch und auf einer Ebene.
  a An welcher Stelle gibt es einen Bruch im Handlungsverlauf? Notieren Sie eine Zeilenangabe.
  b Verfassen Sie mit Hilfe der folgenden Informationen eine genaue Analyse des Handlungsverlaufs.

Information **Handlung und Zeitgestaltung**

Die Handlung eines epischen Textes kann **chronologisch**, d.h. kontinuierlich (linear) in ihrer zeitlichen Abfolge erzählt werden oder diskontinuierlich in Form von **Rückblenden** und **Vorausdeutungen**. Zu unterscheiden ist auch zwischen verschiedenen **Handlungsebenen**. Neben der Ebene der **äußeren Handlung**, der Kette der Ereignisse, in der von den Aktionen der Figuren berichtet wird, gibt es die Ebene der **inneren Handlung**, dem Geschehen, das im Bereich der Erinnerungen, Zukunftspläne, Fantasien, Träume etc. der Figuren abläuft. Eine Komplexität im Handlungsgefüge kann nicht nur durch die Kombination dieser Ebenen erreicht werden, sondern auch durch den **Zusammenschnitt mehrerer Parallelhandlungen** auf der äußeren Handlungsebene oder durch die Verschachtelung von **Rahmenerzählung** und **Binnenerzählung**. Dabei erzählt eine Figur, die Teil der zunächst erzählten Handlung ist, ihrerseits eine Geschichte. Ein wichtiger erzähltechnischer Aspekt in Bezug auf die Darstellung der Handlung ist schließlich noch das Verhältnis von **Erzählzeit** (die Zeit, in der die Geschichte erzählt bzw. gelesen werden kann) und **erzählter Zeit** (der Zeitraum, in dem sich das erzählte Geschehen abspielt). Das Verhältnis, in dem beide zueinander stehen, trägt zur Rhythmisierung einer Erzählung und damit zur Spannung und zum Erhalt des Leseinteresses wesentlich bei. Drei Möglichkeiten sind hierbei zu unterscheiden:
- **Zeitdeckung:** Erzählzeit und erzählte Zeit sind ungefähr deckungsgleich, z. B. im szenischen Erzählen;
- **Zeitraffung:** die Erzählzeit ist kürzer als die erzählte Zeit, z. B. im Erzählbericht, wenn Zeitspannen übersprungen oder Vorgänge stark zusammengefasst wiedergegeben werden;
- **Zeitdehnung:** die Erzählzeit ist länger als die erzählte Zeit, z. B. wenn Gedanken und Gefühle einer Figur in einem kurzen Handlungsmoment ausführlich wiedergegeben werden oder der Erzähler längere Kommentare und Reflexionen einfügt.

Aufgaben zu den drei Erzählbeispielen:

1 Jeder epische Text hat eine Erzählerin oder einen Erzähler. Diese erzählende Instanz wählt beim Erzählen eine bestimmte Vorgehensweise, die so genannte Erzählstrategie.
  a Erarbeiten Sie sich ein genaues Verständnis der drei in der Information beschriebenen Erzählstrategien (▶ S.172 f.), indem Sie zu jeder ein Schaubild erstellen. Zeichnen Sie die Strategien auf eine Folie und stellen Sie sie im foliengestützten Vortrag in Ihrem Kurs vor.

b Ordnen Sie die drei Erzählbeispiele je einer der Strategien zu und begründen Sie Ihre Zuordnung.
c Wählen Sie eines der Erzählbeispiele aus und verfassen Sie dazu eine genaue Analyse der Erzählstrategie.

2 a Diskutieren Sie, welcher der drei Erzählauszüge Sie zur Lektüre des Gesamttextes reizt.
b Sammeln Sie zu jedem Erzählauszug für alle sichtbar die Argumente, die Sie für eine Gesamtlektüre angeführt haben.
c Machen Sie sich aufgrund der Diskussion und der gesammelten Argumente bewusst, was Sie von der Lektüre eines Romans oder einer Erzählung erwarten.

3 a Informieren Sie sich über „Effi Briest", den „Prozess" und „Das Muschelessen".
b Vergleichen Sie die gefundenen Informationen mit Ihren eigenen Analyseergebnissen.

Information — **Der Erzähler/die Erzählerin und seine/ihre Strategien**

Das entscheidende gattungsspezifische Merkmal, das die Epik von allen anderen literarischen Gattungen trennt, ist **der Erzähler/die Erzählerin**. Der Erzähler/die Erzählerin darf nicht mit dem Autor/der Autorin eines epischen Werkes verwechselt werden. Er/Sie ist eine **fiktive Figur**, die als **vermittelnde Instanz** erfunden worden ist, um die Geschichte zu präsentieren. Bei der Vermittlung der Geschichte kann der Erzähler auf ganz unterschiedliche Weise vorgehen. Er kann verschiedene **Erzählstrategien** wählen. Da diese Erzählstrategien außerordentlich komplex sind und dabei viele Komponenten zu beachten sind, lassen sie sich in all ihren Spielarten nicht systematisch in einem Überblick darstellen. Bis heute ist es der Literaturwissenschaft nicht gelungen, ein allgemein anerkanntes Modell mit allen Varianten des Erzählens zu entwickeln. Daher kann der folgende Versuch, die Fülle der erzählerischen Möglichkeiten auf drei idealtypische Erzählstrategien zu reduzieren, keinerlei Anspruch auf Vollständigkeit und Verbindlichkeit erheben. Es handelt sich um Konstrukte, die drei Grundmöglichkeiten erzählerischen Vorgehens zusammenfassen. Gedacht sind sie hauptsächlich als ein wichtiger Aspekt bei der Analyse von Erzähltexten. In längeren Erzählgattungen wie Romanen oder Novellen können Erzählstrategien wechseln und in unterschiedlicher Weise kombiniert werden. Als Ansatz der Konstruktion dient die **Kategorie des Erzählverhaltens**, das auktorial, personal oder neutral sein kann.

Information — **Die drei idealtypischen Erzählstrategien**

Beim **auktorialen Erzählen** erscheint der Erzähler als souveräner Schöpfer (lat. auctor: Urheber) der erzählten Welt, durch die er die Lesenden sicher leitet. Häufig wählt er einen **Erzählstandort,** der als „olympisch" bezeichnet wird, d. h., der Erzähler thront göttergleich über der erzählten Welt, ist prinzipiell allwissend und allgegenwärtig.

Beim **personalen Erzählen** schlüpft der Erzähler in die Rolle einer der Figuren der erzählten Welt, aus deren Sicht er dann in diese Welt blickt. Der **Erzählstandort** liegt häufig in einer relativ geringen Distanz zum erzählten Geschehen, was seinen Überblick einschränkt. Der Erzähler sieht und hört nichts anderes als die Figur, deren Sicht er gewählt hat, und weiß auch nicht mehr als diese.

Beim **neutralen Erzählen** steht der Erzähler wie beim auktorialen Erzählen außerhalb der Figurenwelt. Im Gegensatz zum auktorialen Erzählen fehlen aber die Kommentare und Reflexionen sowie die direkten Figurencharakterisierungen und Erläuterungen von Zusammenhängen zur Orientierung.

auktoriales Erzählen

Er kennt Zusammenhänge und kann jederzeit in die Köpfe und Herzen der Figuren schauen, also bei der **Perspektive** zwischen **Außensicht** und **Innensicht** wechseln.

Von dieser Allwissenheit macht er jedoch nicht durchgehend Gebrauch, um nicht immer zu viel zu verraten und um die Spannung zu erhöhen.

Der auktoriale Erzähler gibt den Lesenden dadurch Orientierung, dass er z. B. die Figuren direkt charakterisiert, Vorausdeutungen und Rückblenden einfügt und das Geschehen oder das Verhalten der Figuren kommentiert. Dabei kann er Zustimmung und Wohlwollen oder kritische Distanz ausdrücken (**Erzählhaltung**).

Da der Erzähler nicht zu den Handlungsträgern der Geschichte gehört, also nicht primär von sich selbst erzählt, bedient er sich in der Regel der **Er-/Sie-Erzählform**. Dabei herrscht als **Darbietungsform** der **Erzählbericht** vor, in dem der Erzähler das Wort behält und Beschreibungen, Reflexionen und Kommentare einwebt.

Er lässt aber auch die Figuren zu Wort kommen: Diese **Figurenrede** kann in Form der direkten oder indirekten Rede, des Redeberichts oder der zusammenfassenden Gedankenwiedergabe erfolgen.

personales Erzählen

So kann er die Gedanken und Gefühle anderer Figuren auch nicht unmittelbar wiedergeben, sondern muss sie aus deren Verhalten und deren Äußerungen schließen. Dennoch ist das personale Erzählen von der **Perspektive** der **Innensicht** geprägt, nämlich von der Innensicht des miterlebenden Erzählers, seinen Gedanken und Gefühlen.

In der **Erzählhaltung** ergibt sich dieselbe Bandbreite wie beim auktorialen Erzählen. Sehr häufig ist die personale Erzählstrategie mit der **Ich-Erzählform** verbunden. Das Ich erzählt dabei von eigenen Erlebnissen und gehört somit zu den Handlungsträgern der Geschichte. In einer im modernen Erzählen nicht seltenen Variante kann der Erzähler jedoch auch die **Er-/Sie-Erzählform** wählen und gleichwohl aus der Sicht einer Figur erzählen. Der Erzähler nimmt dann trotz der Er-/Sie-Erzählform ganz die Position einer Figur ein und erlebt die erzählte Welt mit den Gedanken und Empfindungen dieser Figur. Es handelt sich dann um die **Darbietungsform der erlebten Rede** (z. B.: *Er wusste nicht mehr, was er machen sollte. Sollte er sich getäuscht haben?*). Werden die Gedanken, Wahrnehmungen und Gefühle (Bewusstseinsstrom) dagegen in der Ich-Erzählform dargeboten, spricht man von einem **inneren Monolog**.

neutrales Erzählen

Der **Erzählstandort** liegt in der Distanz, in der ein um Objektivität bemühtes Registrieren der Vorgänge möglich ist. Eine Form der neutralen Erzählstrategie ist es auch, die Geschehnisse **multiperspektivisch** darzubieten, d. h., sie aus Sicht verschiedener Figuren unvermittelt und unkommentiert aneinanderzureihen. Im Übrigen dominiert als **Perspektive** die **Außensicht** auf die Figuren. Die **Erzählhaltung** ist neutral, also weder affirmativ noch kritisch. Es herrscht die **Er-/Sie-Erzählform** vor, unterbrochen von Passagen, in denen die Figuren zu Wort kommen und dann natürlich in der Ich-Form über sich sprechen.

Überhaupt nimmt unter den **Darbietungsformen** neben dem referierend-sachlichen **Erzählbericht** die **Figurenrede** einen breiten Raum ein, da der neutrale Erzähler es vorzieht, dass sich die Figuren selbst präsentieren.

Daher ist die favorisierte **Darbietungsform** neben dem unkommentierten Referieren der Geschehnisse **das szenische Erzählen**, die Wiedergabe der **Wechselrede der Figuren** ohne erläuternde Zwischenbemerkungen des Erzählers.

1 Um Erfahrung im Umgang mit Erzählstrategien zu sammeln und damit die Fähigkeit zur Analyse epischer Texte zu steigern, sind produktiv-gestaltende Übungen hilfreich.
Schreiben Sie mit Hilfe der folgenden Vorschläge (▶ Methode) eigene Texte.

> **Methode** — Mit Erzählstrategien produktiv-gestaltend umgehen
>
> ### Steckbriefe
> Jedes Kursmitglied schreibt eine Art Steckbrief zu einer erfundenen Figur: Name, Alter, Beruf, Hobbys, Aussehen, typische Verhaltensweisen und Eigenschaften. Die Steckbriefe werden verlost. Danach schreibt jedes Kursmitglied zu der ausgelosten Figur in der Er-/Sie-Erzählform eine Geschichte in auktorialer Weise. Anschließend werden die Geschichten untereinander ausgetauscht und von der neuen Bearbeiterin/dem neuen Bearbeiter umgeschrieben, und zwar in der Ich-Erzählform im Rahmen der personalen Erzählstrategie. Zum Schluss werden beide Geschichten vorgelesen und im Hinblick auf ihre jeweilige Wirkung verglichen.
>
> ### Alltagsszenen
> Verfolgen Sie auf dem Pausenhof, im Bus, in einem Café, bei einer Feier etc. die Gespräche. Machen Sie sich entsprechende Aufzeichnungen und schreiben Sie dann in einer neutralen Erzählstrategie mit deutlichen Passagen szenischen Erzählens einen Text, der Bestandteil eines Romans sein könnte. Geben Sie Ihrem Text einen Titel. Danach können Sie selbst oder ein anderes Kursmitglied die neutrale Erzählfigur durch eine auktoriale ersetzen, die Kommentare etc. einstreut.
>
> ### Montage
> Überlegen Sie sich Situationen, in denen zwei Menschen kurz vor einem Treffen stehen, z. B.: Junge auf dem Weg zur Freundin, von zu Hause ausgezogene Tochter unterwegs zu einem Elternteil. Einigen Sie sich in Partnerarbeit auf eine Situation, welche Figur Sie übernehmen wollen und ob Sie im Rahmen der personalen Erzählstrategie einen Text in der erlebten Rede schreiben oder aber einen inneren Monolog. Nach dem Verfassen sollen beide Texte zu einem gemeinsamen Text montiert werden, in dem jeweils ein Abschnitt aus der einen Figurensicht auf einen aus der anderen Sicht folgt.
> **Tipp:** Ein Beispiel dafür bietet Gabriele Wohmanns Kurzgeschichte „Die Klavierstunde" (▶ S. 31–32).
>
> ### Bildimpuls
> Lassen Sie sich von einem Bild (siehe z. B. rechts), auf dem ein Raum, ein Gebäude, eine Straße bzw. ein Platz oder eine Landschaft abgebildet ist, zu einer Geschichte anregen. Reflektieren Sie, welche Erzählstrategie Sie wählen wollen oder spontan gewählt haben, und erläutern Sie diese Entscheidung.

1.2 Zwischen Fiktion und Wirklichkeit – Modelle literarischer Kommunikation

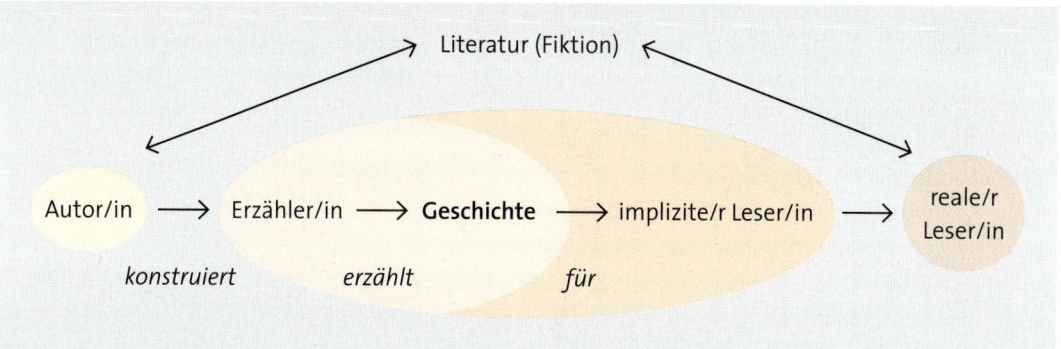

1. a) Setzen Sie das Schaubild in einen erläuternden Text um. Beginnen Sie z. B. so:
   Das Grundmodell literarischen Erzählens besagt, dass eine Autorin oder ein Autor eine Geschichte konstruiert, wobei auch … zur Fiktion bzw. Konstruktion gehört.
   Ebenso zu unterscheiden sind die Leserin bzw. der Leser, welche die Autorin oder der Autor sich vorgestellt hat, also …
   b) Erarbeiten Sie sich in Kleingruppen ein gemeinsames Verständnis des Schaubildes.

2. Erläutern Sie das Modell literarischen Erzählens an einem der drei Erzählbeispiele auf den Seiten 165–170. Beantworten Sie dazu z. B. die folgenden Fragen:
   – Wer ist der Autor von „Effi Briest" und wie unterscheidet er sich vom Erzähler?
   – Welches implizite Lesepublikum könnte der Autor von „Effi Briest" vor Augen gehabt haben?
   – Welche Leerstellen (▶ Information) in der Darstellung der Außenwelt, der Innenwelt oder in der Verknüpfung der Handlungsmomente füllen Sie als reale/r Leser/in?

3. **Transferaufgabe:** Erläutern Sie die Kommunikation zwischen Autor/in und Leser/in anhand eines anderen Ihnen bekannten Erzähltextes.

Information · Literarisches Erzählen – Kommunikation zwischen Autor/in und Leser/in

Ein **Autor** oder eine **Autorin** stellt sich mehr oder weniger bewusst eine Leserschaft vor und lässt auf dieser Basis den **Erzähler**, der die **Geschichte** erzählt, mit einem **impliziten Lesepublikum** kommunizieren. Der Erzähler kann seine Leser direkt ansprechen. Aber auch ohne solche Ansprachen ist der implizite Leser im Text präsent. Das erkennt man daran, dass der Erzähler einen Leser mit einer bestimmten Bildung bzw. bestimmten Kenntnissen voraussetzt, der z. B. Anspielungen oder intertextuelle Bezüge versteht.
Das **reale Lesepublikum** sind die Personen, die den Erzähltext in einer ganz bestimmten konkreten Situation, z. B. in ihrem Wohnzimmer oder auf einer Bahnfahrt, lesen. Dabei füllen sie in ihrer Vorstellung die **Leerstellen** des Textes, die der Erzähler in der Darstellung der Außenwelt (Orte, Situationen, Aussehen der Figuren), der Innenwelt (Gedanken und Gefühle der Figuren) und in der Verknüpfung der Handlungsmomente offenlässt. Beispielsweise stellen sich Leser/innen zu einer Kutsche in der Regel ein oder mehrere Pferde vor, auch wenn diese im Text nicht erwähnt werden, oder sie vermuten bei einer Figur aufgrund ihrer Handlungen bestimmte Gefühle, die der Text nicht explizit beschreibt. Dementsprechend wird das Lesen zu einer kreativen Tätigkeit.

Fiktionalitätstheorien (2014)

Unter Fiktion versteht man in der Regel das Gegenteil von Wirklichkeit. Bei Literatur, die im Gegensatz zu Sachtexten erfundene Geschichten vermittelt, spricht man auch von Fiktionalität. Handlung und Figuren eines literarischen Werks werden als fiktiv bezeichnet.

Gewissermaßen eine übergeordnete **Fiktionalitätstheorie** ist die **pragmatische**. Sie besagt, dass die Kommunikation zwischen Autor und Leser im Fall von Literatur ganz anders abläuft als bei einem Sachbuch. Bei einem Sachbuch gehen wir selbstverständlich davon aus, dass uns Tatsachen vermittelt werden. Wir halten die Informationen, die wir bekommen, für wahr und im Idealfall auch für nützlich. Ganz anders bei der literarischen Kommunikation zwischen Autor und Leser. Meist wissen wir schon vor der Lektüre, dass wir im Begriff sind, eine erfundene Geschichte zu lesen. Wir kennen z. B. den Autor oder lesen auf dem Cover des Buches, dass es sich um einen Roman handelt, und erwarten entsprechend keine Wiedergabe von Tatsachen, sondern eine kunstvoll gestaltete Fiktion. Wir beurteilen das Buch dann auch nicht nach seinem Gehalt an überprüfbaren Fakten, sondern nach ästhetischen Kriterien, d. h. nach der Art und Weise, in der der Inhalt künstlerisch geformt ist.

Semantische oder **inhaltsbezogene Fiktionalitätstheorien** nehmen an, dass in fiktionalen Texten bestimmte fiktive Inhalte wie erfundene Figuren, Gegenstände oder Ereignisse auftauchen. Das ist bei einer Geschichte, die im Jahr 3000 auf einem fremden Planeten spielt, auch zweifellos richtig. Problematisch ist jedoch, dass fiktive Inhalte auch in nicht-fiktionalen Texten vorkommen können, z. B. in spekulativen Mathematik-Aufgaben oder in rein theoretischen juristischen Fällen. Fiktivität kann also nicht auf fiktionale Texte begrenzt werden.

Andererseits enthalten fiktionale Texte nicht ausschließlich fiktive Elemente. Beispielsweise vermischen sich in historischen Romanen faktische und fiktive Ereignisse, treten reale Personen der Zeitgeschichte und erfundene Figuren nebeneinander auf.

Drei Möglichkeiten der Realitäts-Fiktions-Unterscheidung

Pragmatische Fiktionalitätssignale
Kommunikation Autor – Leser
Unterscheidung Fiktion – Nicht-Fiktion

Semantische Fiktionalitätssignale
fiktive – nicht-fiktive Inhalte

Darstellungsbezogene Fiktionalitätssignale
realistische – nicht-realistische Form

In den **darstellungsbezogenen Fiktionalitätstheorien** wird davon ausgegangen, dass fiktionale Texte an bestimmten Signalen zu erkennen sind. Dazu gehören z. B. das epische Präteritum, die erlebte Rede und so genannte Verben der inneren Vorgänge (z. B. „denken" und „fühlen"). Allerdings tauchen diese Signale längst nicht in allen fiktionalen Texten auf. Zudem wird oft behauptet, dass der Unterschied zwischen Fiktion und Nicht-Fiktion daran zu erkennen ist, dass der Autor in fiktionalen Texten nicht mit dem Erzähler gleichzusetzen ist. Aber auch hier kann die Unterscheidung – so wichtig sie für die Analyse epischer Texte ist – zuweilen schwierig sein und nur mit Hilfe zusätzlicher Informationen zum Autor getroffen werden.

Bei anderen darstellungsbezogenen Kriterien wie der literarischen oder poetischen Qualität eines Textes zeichnen sich ebenfalls Schwierigkeiten ab. Qualität ist nämlich, wie man an Trivialliteratur oder Groschenromanen erkennen kann, kein Kriterium für einen fiktionalen Text. Auch mit einer sehr einfachen Sprache kann man Romane schreiben.

Da also weder semantische noch darstellungsbezogene Kriterien eine sichere Unterscheidung zwischen Fiktion und Nicht-Fiktion zulassen, müssen beide in Verbindung mit pragmatischen Fiktionssignalen betrachtet werden.

1 Erläutern Sie den Unterschied zwischen „fiktional" und „fiktiv" an einem Beispiel, z. B.:
Die Bücher um den jungen Zauberer „Harry Potter" sind … Die Figuren …

2 Ordnen Sie den drei genannten Fiktionalitätstheorien die folgenden Thesen zu.

> – Fiktionale Geschichten zeichnen sich durch bestimmte formale Merkmale aus, z. B. durch eine besondere Erzählweise oder Sprache.
> – Der Autor, der bewusst eine fiktionale Geschichte schreibt, setzt beim Leser voraus, dass dieser die Geschichte als erfunden identifiziert.
> – Man kann eine fiktionale Geschichte daran erkennen, dass darin fiktive Figuren, Ereignisse und/oder Orte auftauchen.

3 Erläutern Sie mit Hilfe der **pragmatischen Fiktionalitätstheorie** die Unterschiede zwischen literarischer und außerliterarischer Kommunikation. Nutzen Sie dazu die drei Erzählbeispiele (▶ S. 165 ff.) und die Sachtexte aus Kapitel B 4.1 (▶ S. 248 ff.), z. B.:
Bei „Effi Briest" steht im Untertitel, dass es sich bei dem Text um … handelt. Darum nimmt der Leser an, dass … Der Leser kennt Theodor Fontane außerdem als …
Bei „Der Prozess"…

4 a Schreiben Sie aus dem Text **darstellungsbezogene Signale** für fiktionale Texte heraus. Notieren Sie dahinter, wenn möglich, ein Beispiel aus den Auszügen aus „Effi Briest", „Der Prozess" oder „Das Muschelessen" (▶ S. 165 ff.), z. B.:
episches Präteritum: „Effi Briest", z. B. „fiel heller Sonnenschein" (Z. 3 f.)
erlebte Rede: …

b Erläutern Sie mit Hilfe der Beispiele aus dem Text, warum darstellungsbezogene Indikatoren kein hinreichendes Kriterium für einen fiktionalen Text darstellen.

5 a Schreiben Sie aus dem Text Fiktionalitätssignale auf der **semantischen Ebene** heraus und erklären Sie anhand der Beispiele aus dem Text, warum diese problematisch sind.

b Prüfen Sie, an welchem der drei Erzählbeispiele (▶ S. 165 ff.) sich Fiktionalitätssignale auf der semantischen Ebene am besten nachweisen lassen.

c Diskutieren Sie Möglichkeiten und Grenzen semantischer Fiktionalitätstheorien. Berücksichtigen Sie dabei die folgenden Informationen über Fontanes und Vanderbekes Erzähltexte:

> Fontanes Roman „Effi Briest" geht auf eine wahre Begebenheit zurück: In der Berliner Gesellschaft hatte 1886 die Ehebruchs- und Duell-Affäre der Familie Ardenne für Aufsehen gesorgt.
> Birgit Vanderbeke betont, dass bei „Das Muschelessen" jede Ähnlichkeit mit lebenden Personen unbeabsichtigt sei. Dennoch finden sich im Text viele Parallelen zu ihrer Biografie.

Information **Fiktionalitätssignale**

Fiktionale und nicht-fiktionale Texte kann man aufgrund bestimmter **Fiktionalitätssignale** unterscheiden: **Pragmatische** Fiktionalitätstheorien gehen davon aus, dass ein Autor bewusst eine fiktionale Geschichte schreibt und der Leser diese aufgrund seines Wissens über Autoren und Genres als erfunden identifizieren kann. **Darstellungsbezogene** (z. B. Präteritum, erlebte Rede, Verben der inneren Vorgänge, Poetizität) und **semantische** Fiktionalitätssignale (z. B. fiktive Figuren, Ereignisse, Orte) sind Indikatoren, die nicht in jedem fiktionalen Text auftauchen müssen und bisweilen auch in nicht-fiktionalen Texten zu finden sind.

Johann Wolfgang Goethe: **Die Leiden des jungen Werthers** (1774)

Was ich von der Geschichte des armen Werther nur habe auffinden können, habe ich mit Fleiß gesammelt und lege es euch hier vor, und weiß, dass ihr mir's danken werdet. Ihr könnt seinem Geist und seinem Charakter eure Bewunderung und Liebe, seinem Schicksale eure Tränen nicht versagen. Und du gute Seele, die du eben den Drang fühlst wie er, schöpfe Trost aus seinem Leiden, und lass das Büchlein deinen Freund sein, wenn du aus Geschick oder eigener Schuld keinen näheren finden kannst.

Erstes Buch
Am 4. Mai 1771

Wie froh bin ich, dass ich weg bin! Bester Freund, was ist das Herz des Menschen! Dich zu verlassen, den ich so liebe, von dem ich unzertrennlich war, und froh zu sein! Ich weiß, du verzeihst mir's. Waren nicht meine übrigen Verbindungen recht ausgesucht vom Schicksal, um ein Herz wie das meine zu ängstigen? Die arme Leonore! Und doch war ich unschuldig. [...]

Marie-Luise Scherer: **Die Hundegrenze** (1994)

[...] Die Angst, die Pandosch befiel, steigerte sich mit dem Winseln in seinem Kofferraum, wo das Tauschobjekt für den Spitzenrüden Büffel lag, eine „taube Nuss" aus Striggow bei Hoppenrade, ein hyänenhaft getüpfelter Mischling mit brauchbaren Konturen für die Trasse. Als es in der Hecke knackte und Krespin erschien, fühlte sich Pandosch längst schon als Herr des wunderbaren Hundes. [...] Pandosch sollte gleich den Kofferraum öffnen und seine Gegengabe zeigen. Der Mischling bot ein Bild des Jammers; die Autofahrt hatte ihn ins Gemüt getroffen. Statt freudig hochzukommen, blieb er in seiner leidvollen

Position, verschlungen und gekrümmt wie eine Brezel, liegen. Pandosch sah schon alles misslingen. Schließlich half er dem Verstörten auf und band ihn ans Lenkrad seines Trabant. Und während Krespin ihn sich dort besah, hielt Pandosch die Leine mit dem Spitzenrüden Büffel. [...] Er war hochgestimmt, obwohl er das Abenteuer noch nicht ganz bestanden hatte. Die Gedanken waren bei seiner neuen Fracht im Kofferraum. Sobald er das Sperrgebiet im Rücken hätte, würde er die Begrüßung des Hundes nachholen. Vor allem wollte er ihn geduldig stimmen für die Beengtheit des Transports. [...]

1 a Erläutern Sie, woran Sie auf der pragmatischen Ebene erkennen, dass es sich bei „Werther" um einen fiktionalen und bei „Die Hundegrenze" um einen nicht-fiktionalen Text handelt.
b Untersuchen Sie, inwiefern Goethe und Scherer mit Realitäts- bzw. Fiktionalitätssignalen spielen.

1.3.1 Klausurvorbereitung: Einen Erzählanfang analysieren

Aufgabenbeispiel
1. Analysieren Sie den Anfang von Franz Kafkas Erzählung „Die Verwandlung" im Hinblick auf Gregor Samsas bisherige und aktuelle Situation und sein Verhältnis zu seinem Arbeitgeber und seiner Familie. Gehen Sie auch auf die erzählerischen und sprachlichen Gestaltungsmittel ein.
2. Stellen Sie wesentliche Aspekte des Romananfangs von Kafkas „Der Prozess" dar. Vergleichen Sie anschließend die Figuren Josef K. und Gregor Samsa im Hinblick auf ihre Situation und ihre Beziehungen zu anderen Figuren.

Franz Kafka: Die Verwandlung (1912)

Als Gregor Samsa eines Morgens aus unruhigen Träumen erwachte, fand er sich in seinem Bett zu einem ungeheueren Ungeziefer verwandelt. Er lag auf seinem panzerartig harten Rücken und sah, wenn er den Kopf ein wenig hob, seinen gewölbten, braunen, von bogenförmigen Versteifungen geteilten Bauch, auf dessen Höhe sich die Bettdecke, zum gänzlichen Niedergleiten bereit, kaum noch erhalten konnte. Seine vielen, im Vergleich zu seinem sonstigen Umfang kläglich dünnen Beine flimmerten ihm hilflos vor den Augen.

„Was ist mit mir geschehen?", dachte er. Es war kein Traum. Sein Zimmer, ein richtiges, nur etwas zu kleines Menschenzimmer, lag ruhig zwischen den vier wohlbekannten Wänden. Über dem Tisch, auf dem eine auseinandergepackte Musterkollektion von Tuchwaren ausgebreitet war – Samsa war Reisender – hing das Bild, das er vor Kurzem aus einer illustrierten Zeitschrift ausgeschnitten und in einem hübschen, vergoldeten Rahmen untergebracht hatte. Es stellte eine Dame dar, die mit einem Pelzhut und einer Pelzboa versehen, aufrecht dasaß und einen schweren Pelzmuff, in dem ihr ganzer Unterarm verschwunden war, dem Beschauer entgegenhob.

Gregors Blick richtete sich dann zum Fenster, und das trübe Wetter – man hörte Regentropfen auf das Fensterblech aufschlagen – machte ihn ganz melancholisch. „Wie wäre es, wenn ich noch ein wenig weiterschliefe und alle Narrheiten vergäße", dachte er, aber das war gänzlich undurchführbar, denn er war gewöhnt, auf der rechten Seite zu schlafen, konnte sich aber in seinem gegenwärtigen Zustand nicht in diese Lage bringen. Mit welcher Kraft er sich auch auf die rechte Seite warf, immer wieder schaukelte er in die Rückenlage zurück. Er versuchte es wohl hundertmal, schloss die Augen, um die zappelnden Beine nicht sehen zu müssen, und ließ erst ab, als er in der Seite einen noch nie gefühlten, leichten, dumpfen Schmerz zu fühlen begann.

„Ach Gott", dachte er, „was für einen anstrengenden Beruf habe ich gewählt! Tagaus, tagein auf der Reise. Die geschäftlichen Aufregungen sind viel größer als im eigentlichen Geschäft zu Hause, und außerdem ist mir noch diese Plage des Reisens auferlegt, die Sorgen um die Zuganschlüsse, das unregelmäßige, schlechte Essen, ein immer wechselnder, nie andauernder, nie herzlich werdender menschlicher Verkehr. Der Teufel soll das alles holen!" Er fühlte ein leichtes Jucken oben auf dem Bauch; schob sich auf dem Rücken langsam näher zum Bettpfosten, um den Kopf besser heben zu können; fand die juckende Stelle, die mit lauter kleinen weißen Pünktchen besetzt war, die er nicht zu beurteilen verstand; und wollte mit einem Bein die Stelle betasten, zog es aber gleich zurück, denn bei der Berührung umwehten ihn Kälteschauer.

Er glitt wieder in seine frühere Lage zurück. „Dies frühzeitige Aufstehen", dachte er, „macht einen ganz blödsinnig. Der Mensch muss seinen Schlaf haben. Andere Reisende leben wie Haremsfrauen. Wenn ich zum Beispiel im Laufe des Vormittags ins Gasthaus zurückgehe, um die erlangten Aufträge zu überschreiben, sitzen diese Herren erst beim Frühstück. Das sollte ich bei meinem Chef versuchen; ich würde auf der Stelle hinausfliegen. Wer weiß übrigens, ob das nicht sehr gut für mich wäre. Wenn ich mich nicht wegen meiner Eltern zurückhielte, ich hätte längst gekündigt, ich wäre vor den Chef hingetreten und hätte ihm meine Meinung von Grund des Herzens aus gesagt. Vom Pult hätte er fallen müssen! Es ist auch eine sonderbare Art, sich auf das Pult zu setzen und von der Höhe herab mit dem Angestellten zu reden, der überdies wegen der Schwerhörigkeit des Chefs ganz nahe herantreten muss. Nun, die Hoffnung ist noch nicht gänzlich aufgegeben; habe ich einmal das Geld beisammen, um die Schuld der Eltern an ihn abzuzahlen – es dürfte noch fünf bis sechs Jahre dauern –, mache ich die Sache unbedingt. Dann wird der große Schnitt gemacht. Vorläufig allerdings muss ich aufstehen, denn mein Zug fährt um fünf."

Und er sah zur Weckuhr hinüber, die auf dem Kasten tickte. „Himmlischer Vater!", dachte er. Es war halb sieben Uhr, und die Zeiger gingen ruhig vorwärts, es war sogar halb vorüber, es näherte sich schon drei viertel. Sollte der Wecker nicht geläutet haben? Man sah vom Bett aus, dass er auf vier Uhr richtig eingestellt war; gewiss hatte er auch geläutet. Ja, aber war es möglich, dieses möbelerschütternde Läuten ruhig zu verschlafen? Nun, ruhig hatte er ja nicht geschlafen, aber wahrscheinlich desto fester. Was aber sollte er jetzt tun? Der nächste Zug ging um sieben Uhr; um den einzuholen, hätte er sich unsinnig beeilen müssen, und die Kollektion war noch nicht eingepackt, und er selbst fühlte sich durchaus nicht besonders frisch und beweglich. Und selbst wenn er den Zug einhole, ein Donnerwetter des Chefs war nicht zu vermeiden, denn der Geschäftsdiener hatte beim Fünfuhrzug gewartet und die Meldung von seiner Versäumnis längst erstattet. Er war eine Kreatur des Chefs, ohne Rückgrat und Verstand. Wie nun, wenn er sich krank meldete? Das wäre aber äußerst peinlich und verdächtig, denn Gregor war während seines fünfjährigen Dienstes noch nicht einmal krank gewesen. Gewiss würde der Chef mit dem Krankenkassenarzt kommen, würde den Eltern wegen des faulen Sohnes Vorwürfe machen und alle Einwände durch den Hinweis auf den Krankenkassenarzt abschneiden, für den es ja überhaupt nur ganz gesunde, aber arbeitsscheue Menschen gibt. Und hätte er übrigens in diesem Falle so ganz unrecht? Gregor fühlte sich tatsächlich, abgesehen von einer nach dem langen Schlaf wirklich überflüssigen Schläfrigkeit, ganz wohl und hatte sogar einen besonders kräftigen Hunger.

Als er dies alles in größter Eile überlegte, ohne sich entschließen zu können, das Bett zu verlassen – gerade schlug der Wecker drei viertel sieben. „Gregor", rief es – es war die Mutter –, „es ist drei viertel sieben. Wolltest du nicht wegfahren?" Die sanfte Stimme! Gregor erschrak, als er seine antwortende Stimme hörte, die wohl unverkennbar seine frühere war, in die sich aber, wie von unten her, ein nicht zu unterdrückendes, schmerzliches Piepsen mischte, das die Worte förmlich nur im ersten Augenblick in ihrer Deutlichkeit beließ, um sie im Nachklang derart zu zerstören, dass man nicht wusste, ob man recht gehört hatte. Gregor hatte ausführlich antworten und alles erklären wollen, beschränkte sich aber bei diesen Umständen darauf, zu sagen: „Ja, ja, danke Mutter, ich stehe schon auf." Infolge der Holztür war die Veränderung in Gregors Stimme draußen wohl nicht zu merken, denn die Mutter beruhigte sich mit dieser Erklärung und schlürfte davon.

Aber durch das kleine Gespräch waren die anderen Familienmitglieder darauf aufmerksam geworden, dass Gregor wider Erwarten noch zu Hause war, und schon klopfte an der einen Seitentür der Vater, schwach, aber mit der Faust. „Gregor, Gregor", rief er, „was ist denn?" Und nach einer kleinen Weile mahnte er nochmals mit tieferer Stimme: „Gregor! Gregor!"

1.3.1 KLAUSURVORBEREITUNG: EINEN ERZÄHLANFANG ANALYSIEREN

Die Aufgabenstellung verstehen

1 Lesen Sie die erste Teilaufgabe gründlich und besprechen Sie in Partnerarbeit, im Hinblick auf welche Aspekte (▶ Information) der Erzählanfang von „Die Verwandlung" analysiert werden soll.

> **Information** **Aspektorientierte Aufgabenstellungen**
>
> Bei einer aspektorientierten Aufgabenstellung wird die Analyse auf bestimmte vorgegebene Untersuchungsaspekte fokussiert. Man unterscheidet:
> - **inhaltliche Aspekte** (z. B. Situation, Verfassung oder Gestaltung einer Figur, Figurenbeziehungen, Handlungsaufbau, Entfaltung eines Themas oder Motivs),
> - **gestalterische Aspekte** (z. B. Erzählweise, erzählerische/sprachliche Gestaltungsmittel),
> - **weiterführende Aspekte** (z. B. Blick auf das gesamte Werk oder die Epoche).

2 Was verlangt die zweite Teilaufgabe von Ihnen? Wählen Sie jeweils die richtige Alternative aus.
Ich soll den Inhalt des Romans „Der Prozess" / Romananfangs von „Der Prozess" zusammenfassen. Außerdem soll ich in den beiden Erzählanfängen den Handlungsverlauf / die Situation von Gregor Samsa und Josef K. und die Figurenbeziehungen der beiden Protagonisten / erzählerische und sprachliche Gestaltungsmittel vergleichen.

Erstes Textverständnis und Ideen formulieren

1 Machen Sie sich auf einer Kopie des Textes Notizen zu Ihrem ersten Textverständnis.
   a Kennzeichnen Sie am Rand in unterschiedlichen Farben die Stellen, in denen es um Gregors Situation und um seine Beziehung zu anderen Figuren geht.
   b Markieren Sie im Text erste auffällige erzählerische und sprachliche Gestaltungsmittel.

2 Notieren Sie in Stichworten Ihr Vorwissen zu Josef K. im Romananfang von „Der Prozess". Lesen Sie dazu ggf. noch einmal den Textauszug (▶ S. 167 f.).
Josef K. befindet sich …; er wacht am Morgen auf, wird unerklärlicherweise von … verhaftet; er erfährt von … nicht …, sie reagieren, indem sie …; seine Vermieterin Frau Grubach …

Den Text analysieren

1 Analysieren Sie den Anfang von „Die Verwandlung", indem Sie zunächst die in der Aufgabe genannten inhaltlichen Untersuchungsaspekte in den Blick nehmen.
   a Notieren Sie in Stichpunkten, was Sie über Gregors bisherige und aktuelle Situation erfahren.
   Bisherige Situation: „anstrengende[r] Beruf" (Z. …): …
   Aktuelle Situation: erwacht in …, ist verwandelt in ein …, ist körperlich nicht in der Lage, … wird „melancholisch" (Z. …), …
   b Notieren Sie nun Informationen zu Gregors Verhältnis zu seinem Arbeitgeber und seiner Familie.
   Verhältnis zum Arbeitgeber: Chef verlangt von ihm …; …
   Verhältnis zur Familie: will und muss für seine Eltern …; Mutter: „sanfte Stimme" (Z. …) …; …
   c Setzen Sie die untersuchten Aspekte in Beziehung. Beantworten Sie dazu z. B. folgende Fragen:
   – Welchen Einfluss hat Gregors Verhältnis zu seinem Chef auf seine berufliche Situation?
   – Inwiefern hat Gregors Beziehung zu seiner Familie Auswirkungen auf seine aktuelle Situation, z. B. auf seine Stimmung?
   – Wie wird Gregors aktuelles Denken und Handeln durch seine berufliche Situation beeinflusst?

2 a Notieren Sie Stichpunkte zu Erzählstrategie, Handlungsaufbau und sprachlichen Besonderheiten:
Erzählverhalten: personal, …
Handlungsaufbau: Rückblenden, …
Sprache: sachlich-genaue Beschreibungen durch Verwendung vieler …, hypotaktischer Satzbau mit zahlreichen Einschüben

b Fassen Sie zusammen, welche Wirkung die gestalterischen Besonderheiten in Bezug auf den Inhalt haben. Wählen Sie dazu geeignete Formulierungsbausteine aus.

> **Formulierungsbausteine: Inhalt, Sprache und Form in Beziehung setzen (Erzähltexte)**
> *Durch diese Erzählstrategie werden die Gefühle der Figur unmittelbar deutlich / werden die Gefühle und Gedanken unterschiedlicher Figuren erfahrbar / soll Distanz zu den Ereignissen und Figuren erzeugt werden. Diese Darbietungsform ermöglicht eine geordnete und kommentierende Darstellung des Geschehens / legt eine Identifikation mit der Figur nahe. Durch … kann der Leser sich ein eigenes Urteil bilden / wird die Sicht des Lesers gesteuert. Durch die Rahmenhandlung / diesen Handlungsaufbau erfährt der Leser … / wird Spannung erzeugt. Weil vor allem die innere/äußere Handlung dargestellt wird, wird deutlich / bleibt unklar …*
> *Eine sprachliche Besonderheit ist der … Satzbau. Dieser korrespondiert auf der inhaltlichen Ebene mit der Situation des Protagonisten, der … Durch die detaillierten Beschreibungen / rhetorischen Figuren / Wortwahl … Der … Stil charakterisiert die Figur als …*

Methode — Gestalterische Besonderheiten mit dem Inhalt in Beziehung setzen

Bei der Analyse eines literarischen Textes wird häufig verlangt, auch auf gestalterische Besonderheiten einzugehen.
- Zu **erzählerischen Gestaltungsmitteln** gehören die Erzählstrategie, also Erzählverhalten, Erzählhaltung, Erzählform, Erzählperspektive und Darbietungsform (▶ Information, S. 172 f.), aber auch Handlungsaufbau und Zeitgestaltung (▶ Information, S. 171).
- Zu **sprachlichen Gestaltungsmitteln** zählen z. B. Wortwahl, Syntax (Parataxen/Hypotaxen), rhetorische Figuren (▶ Information, S. 200 ff.), Modus und Stil (▶ Information, S. 252 f.).

Man sollte gestalterische Besonderheiten nicht nur einfach benennen, sondern immer auch deren **Wirkung mit Bezug auf den Inhalt** erläutern.

---

3 a Stellen Sie Situation und Beziehungen der beiden Protagonisten in einer Tabelle gegenüber.

Vergleichsaspekt	Gregor Samsa	Josef K.
Situation	erwacht, ist in ein … verwandelt, …	erwacht, … tritt ein und …
Beziehungen	sein Chef … seine Mutter … sein Vater …	die Wächter … seine Kollegen …

b Markieren Sie in der Tabelle Gemeinsamkeiten und Unterschiede.

1.3.1 KLAUSURVORBEREITUNG: EINEN ERZÄHLANFANG ANALYSIEREN

Den Schreibplan erstellen und schreiben

1 Ordnen Sie die erarbeiteten Aspekte in Stichpunkten einer Gliederung zu (▶ Information). Beispiel:

> _Einleitung:_ – Autor: Franz Kafka
> – Titel: …
> _Hauptteil:_ – Situation Gregor Samsas: …
> – …
> – Überleitung: …
> – …
> _Schluss:_ – Fazit: Gregor Samsa und Josef K. …

Information | **Gliederung der Analyse eines literarischen Textes**

Bei der Analyse eines literarischen Textes ist die folgende Gliederung sinnvoll:
- Die **Einleitung** nennt neben Angaben zu Autor/in, Titel, Textsorte und Erscheinungsjahr auch das Thema des Textes. Im Gegensatz zum Inhalt eines Textes meint ein Thema die übergeordneten, abstrakten Fragen, Ideen oder Probleme, um die es im Text insgesamt geht.
- Im **Hauptteil** erfolgt zunächst eine knappe Zusammenfasssung des Inhalts und bei Textauszügen eine kurze Einordnung in die Gesamthandlung. Dann beginnt die aspektorientierte Analyse, wobei beschreibende, erklärende und deutende Teile aufeinander bezogen werden müssen. Nach einer Überleitung schließen sich, falls die Aufgabe es fordert, Ausführungen zum weiterführenden Schreibauftrag (Aufgabe 2) an.
- Wenn Sie zwei Aufgaben zu bewältigen haben, sollten Sie am Ende der ersten Schreibaufgabe ein **vorläufiges Resümee** ziehen und dann in der **Überleitung** den zu vergleichenden zweiten Text durch Angabe von Titel, Autor/in, Textsorte und Thema kurz vorstellen. Zudem sollten Sie mit Blick auf die Aufgabe die nun folgenden Untersuchungsaspekte kurz benennen.
- Am **Schluss** formulieren Sie als Fazit eine abschließende Deutung des Textes bzw. der Texte.

2 Verfassen Sie nun auf Grundlage Ihrer Gliederung Ihren Aufsatz.
  a Formulieren Sie einen Einleitungssatz. Nutzen Sie dazu ggf. die Formulierungshilfen.

> **Formulierungsbausteine: Einleitung**
> - _Im vorliegenden Anfang/Textauszug aus der Erzählung/dem Roman/der Kurzgeschichte/der Novelle „…" aus dem Jahr … geht es um …_
> - _Der Anfang/Auszug aus der Erzählung/dem Roman/der Kurzgeschichte/der Novelle „…" von …, die/der … veröffentlicht wurde, handelt von …_
> - _Im vorliegenden Auszug / vorliegenden Anfang (aus) der Erzählung/dem Roman/der Kurzgeschichte/der Novelle „…", erschienen … von … wird … thematisiert._

  b Verfassen Sie die Analyse des Erzählanfangs. Achten Sie dabei auf eine sachliche Sprache und darauf, Ihre Deutungen durch Verweise oder Zitate (▶ Information, S. 184) zu belegen, z. B.:
    Der Handelsreisende Gregor Samsa hat sich über Nacht in ein „Ungeziefer" (Z. 3) verwandelt. Überraschenderweise stellt er diese Verwandlung kaum in Frage, sondern nimmt sie als gegeben hin. „Es war kein Traum" (Z. 13 f.), stellt er fest. Schon körperlich ist Gregor von seiner Verwandlung überfordert. Hilflos wie ein Käfer liegt er „auf …" (Z. 4 ff.) …

> **Information** **Richtiges Zitieren**
>
> - Zitate sind **wörtliche Übernahmen** eines Wortes, mehrerer Wörter, ganzer Sätze oder auch ganzer Abschnitte. Wortlaut und Rechtschreibung eines Zitats dürfen nicht verändert werden.
> - Zitate werden am Anfang und Ende durch **Anführungszeichen** kenntlich gemacht.
> - Nach jedem Zitat ist in runden Klammern die **Zeilen- oder Versangabe** anzugeben.
> - **Auslassungen** werden durch drei Punkte in eckigen Klammern kenntlich gemacht: [...].
> - Zitiert man einen Text, in dem sich selbst wiederum ein Zitat oder wörtliche Rede befindet, wird dies durch **eingestrichene Anführungszeichen** kenntlich gemacht, z. B. *„‚Gregor‘, rief es – es war die Mutter –, ‚es ist drei viertel sieben. Wolltest du nicht wegfahren?‘"* (Z. 132 ff.)
> - Zitate, die in den eigenen Satzbau integriert sind, werden **grammatisch angepasst**, wobei die **Veränderungen in eckigen** Klammern kenntlich zu machen sind, z. B.: *Gregor Samsa ist in ein „ungeheure[s] Ungeziefer"* (Z. 3) *verwandelt, das sechs „kläglich dünne[ ] Beine"* (Z. 11) *hat*.

c Formulieren Sie eine Überleitung zum zweiten Aufgabenteil.
Auch in ... Roman ... aus dem Jahr ... geht es um einen Mann, der ... Allerdings ...

d Führen Sie den weiterführenden Schreibauftrag (Aufgabe 2) aus. Vervollständigen Sie dazu u. a. die folgenden Sätze:
In beiden Texten steht die Erfahrung eines ... im Mittelpunkt, der ...
Beim Blick auf die Situation der Protagonisten fallen aber einige Unterschiede auf: Während Gregor Samsa ..., ist Josef K. ...

e Ziehen Sie am Schluss ein Fazit. Wählen Sie dazu einen der folgenden Formulierungsbausteine:

> **Formulierungsbausteine: Schlussgedanken**
> - *Alles in allem ergibt die Analyse des Textauszugs / der Textvergleich, dass ...*
> - *Als Resümee der Analyse / des Textvergleichs ergibt sich, dass ...*
> - *Zusammenfassend lässt sich feststellen, dass ...*

Den eigenen Text überarbeiten

1 Überarbeiten Sie Ihren Text mit Hilfe der folgenden Checkliste.

> **Checkliste** **Einen Erzählausschnitt analysieren**
>
> - Hat Ihr Aufsatz einen klaren **Aufbau**, der durch Absätze gegliedert ist?
> - Haben Sie einleitend **Textsorte, Titel, Autor, Entstehungsjahr** und **Thema** genannt?
> - Haben Sie sämtliche in der Aufgabe genannten **Aspekte der Analyse** berücksichtigt (Situation der Figur, Verhältnis zu anderen Figuren, erzählerische und sprachliche Gestaltungsmittel) und dabei **Inhalt, Sprache und Form in Beziehung gesetzt**?
> - Haben Sie nach einer **Überleitung** die beiden Protagonisten im Hinblick auf ihre Situation und ihr Verhältnis zu anderen Figuren **verglichen**?
> - Endet Ihr Aufsatz mit einem zusammenfassenden **Fazit**?
> - Haben Sie **sachlich** formuliert und Ihre Beobachtungen durch **Verweise** und **Textzitate** belegt?
> - Ist der Text **sprachlich richtig** (Rechtschreibung, Grammatik, Zeichensetzung)?

1.3.2 Klausurvorbereitung: Materialgestützt einen Text verfassen

Aufgabenbeispiel

1. Ihre Schule soll in „Franz-Kafka-Gymnasium" umbenannt werden. Aus diesem Anlass erstellt Ihr Deutschkurs eine Broschüre über Kafka, die Ihre Mitschülerinnen und Mitschüler, Eltern und Lehrkräfte über den neuen Namensgeber informiert. Sie sind gebeten worden, für diese Broschüre einen Text zur Aktualität von Kafkas Werk zu schreiben.

   Verfassen Sie auf Grundlage der Materialien 1 bis 5 und Ihrer Kenntnisse aus dem Unterricht einen informativen Text, in dem Sie Argumente für die Aktualität von Kafkas Werk anführen und darstellen, inwiefern sich die Aktualität Kafkas bzw. das Interesse an Kafka auf dem gegenwärtigen Buchmarkt und in der Theaterszene spiegelt.

M1 Kafka – Ein sehr moderner Autor? Interview mit Klaus Wagenbach[1] (2007)

ARTE: Herr Wagenbach, ist Kafkas Werk heute noch aktuell? Warum sollte man heute Kafka lesen?
WAGENBACH: Da würde ich mit Elias Canetti[2] antworten. Canetti hat gesagt, Kafka hat unvergessliche Bilder der Macht entworfen – und wenn man sich dafür interessiert, dann hält er diese Bilder bereit: Botschaften, die nicht ankommen, unerklärliche oder unauffindbare Wege zum Schloss, unverständliche Urteile oder ein Prozess, der aus unergründlichen Motiven geführt wird. Also alles das, was die Bürokratie ausmacht, in der sich die Macht in einem undurchsichtigen Dickicht teilweise auch verlieren kann – das ist seine Welt.
ARTE: Und wohl auch unsere Welt heute noch, vielleicht sogar mehr denn je?
WAGENBACH: Ich kann jedenfalls nicht sehen, dass die Bürokratie und diese Strukturen in den letzten achtzig Jahren durchsichtiger geworden wären – eher das Gegenteil, und insofern ist Kafka ein sehr moderner Autor. [...]

[1] **Klaus Wagenbach:** Kafka-Experte, Gründer und langjähriger Inhaber des Wagenbach-Verlags, in dem zahlreiche Werke von und über Kafka erschienen
[2] **Elias Canetti:** 1905–1995, deutschsprachiger Schriftsteller, Literatur-Nobelpreisträger

M2 Kersten Knipp: **Franz Kafka – Ein literarisches Rätsel** (2013)

Er zählt heute zu den wichtigsten Autoren deutscher Sprache. Dabei sind die Werke von Franz Kafka wenig zugänglich. Sie bleiben rätselhaft und vielleicht genau deswegen 130 Jahre nach Kafkas Geburt immer noch aktuell.
Da liegt er, der hilflose Mensch. Sein Rücken ist panzerartig hart. Hebt er den Kopf, sieht er seinen gewölbten, braunen Bauch, und seine kläglich dünnen Beine flimmern ihm hilflos vor Augen. Ist das der Körper eines Menschen? Nein. Es ist der eines gewaltigen Ungeziefers. Eines abstoßenden Käfers, der am Abend zuvor noch ein Mensch war. „Die Verwandlung" heißt Kafkas Geschichte aus dem Jahr 1912 und sein vielleicht berühmtester erzählerischer Text überhaupt. Ein schauriger, beunruhigender Text über die Verwundbarkeit des Menschen und seine prekäre[1] Stellung in der Welt, die ihn über Nacht zum Außenseiter machen kann. [...]
Für den an der Universität Marburg lehrenden Germanisten Thomas Anz, der über Kafkas Leben und Werk eine Studie geschrieben hat, ist dieser ein großartiger Dichter der Absurdität. Kafkas verschlossene, rätselhafte Literatur, so meint Anz, sei womöglich die formale Entsprechung all der undurchschaubaren Gerichtsbehörden oder Respektspersonen, denen sich seine Figuren gegenübersähen. Das gelte besonders für staatliche Instanzen, die Kafka in Romanen wie „Der Prozess" oder in noch viel

[1] **prekär:** schwierig, unerfreulich

härterer Fassung in der Erzählung „In der Strafkolonie" beschreibt. Beide Texte erzählen von der Ohnmacht des Einzelnen angesichts anonymer Mächte – eines Zivilgerichts im „Prozess" und eines Militärgerichts in der „Strafkolonie". Beide Gerichte erheben offenbar völlig willkürlich Anschuldigungen, deren jeweilige Gründe dem Angeklagten nicht im Ansatz erkennbar sind. Warum sind die Angeklagten schuldig geworden? Sie wissen es nicht. „Kafkaesk" nennt man diese Situation der Hilflosigkeit, die eine zentrale Erfahrung in modernen Massengesellschaften ist. [...]

In Kafkas Texten, so der Germanist Michael Braun, Leiter des Literaturreferats der Konrad-Adenauer-Stiftung, drücke sich die Nervosität seiner Zeit angesichts der damaligen Modernisierung aus. Das Wachstum der Städte, neue Verkehrsmittel wie die Eisenbahn und vor allem das Auto, neue Produktionstechniken und ein ausufernder Staat – all das war neu und beunruhigte die Menschen. Diese Unruhe, sagt Braun, empfänden die Menschen auch heute noch. „Darum wird Kafka gerne als Prophet in Anspruch genommen: als einer, der nach 1900 vorweggenommen hat, was in der Mitte des letzten Jahrhunderts und danach Realität wurde – also etwa der rundum kontrollierte oder auch der gefolterte Mensch."

Das von Kafka beschriebene Gefühl der Hilflosigkeit hat sich – zumindest teilweise – bis heute erhalten. Paradoxerweise bergen auch Gesellschaften, in denen die Menschen sehr große Freiheiten genießen, einen gewissen Schrecken. Das gelte etwa angesichts des Verlustes von tradierten Autoritäten, sagt Thomas Anz. Das Phänomen, das Kafka immer wieder beschäftigt habe, beunruhige die Menschen auch heute noch. „Autoritäten werden teils als bedrohlich erfahren, teils aber auch verspottet. All dies sorgt für eine gewisse Desorientierung. Das sind Erfahrungen der Moderne, die bis heute anhalten und die ein Autor wie Kafka in glänzender und exemplarischer Weise dargestellt hat."

M3 Kristin Becker: **Looking for Kafka** (2009)

2009 reist die Autorin Kirstin Becker zum Berliner Theatertreffen. Dabei treibt sie die Frage um, warum ausgerechnet eine Kafka-Inszenierung zu diesem Treffen eingeladen wurde. Ist Kafka noch aktuell?
[...] Muss man Kafka heute noch lesen, frage ich meine Berliner Gastgeberin. Die nickt überraschend heftig und findet, dass der Autor zeitlos treffend Miss- und Unverständnisse in der menschlichen Kommunikation beschreibe und auch für die Zwänge und Abgründe von gesellschaftlichen Systemen eine hervorragende Quelle sei. Das Relevanzbarometer steigt und ich merke mir, dass Kafka aktuell ist, weil er heutig ist. [...]

[Im Internet] stelle ich [...] fest, dass die gebundene Billigausgabe von „Der Prozess" (2006) am 8. Mai 2009, 16.01 Uhr, den Amazon-Verkaufsrang 277 einnimmt, was mir nicht schlecht erscheint. Die Gesamtheit der Alternativvarianten würde Kafkas Roman sicher noch ein ganzes Stück weiter nach vorne pushen. [...]

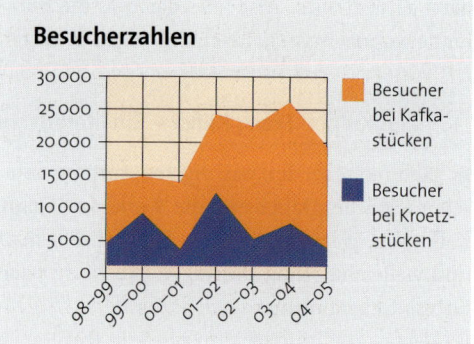

In der Stabi[1] lasse ich mir kiloweise die Werkstatistik des Deutschen Bühnenvereins kommen und stelle fest, dass Kafka in den letzten zehn Jahren zwar nicht besonders viel im Theater vorgekommen ist, aber immerhin öfter als der ebenfalls beim diesjährigen Theatertreffen vertretene Dramatiker Franz Xaver Kroetz[2]. [...]

1 Stabi: Abkürzung für Staatsbibliothek
2 Franz Xaver Kroetz: *1946, deutscher Regisseur, Schriftsteller

M4 Mairowitz, Montellier: **Der Process: Nach Franz Kafka** (2013) – Auszug aus der Graphic Novel

M5 David Hugendick: **Buch-Magazin: Gregor Samsa hat Rücken** (2013)

Muss man sich erst mal trauen: Das neue „Buch als Magazin" widmet seine erste Ausgabe der Aktualität von Franz Kafkas „Die Verwandlung". [...] Man weiß selbst ohne die Lektüre seiner wohl berühmtesten Erzählung ungefähr Bescheid, dass sie von einem gewissen Gregor Samsa handelt, der eines Morgens als Ungeziefer aufwacht. Ferner, dass er mit Äpfeln beworfen wird und dass es im Allgemeinen trübselig und verstörend surreal zugeht, ganz so, wie es Journalisten meinen, wann immer sie die Phrase „kafkaesk" bemühen.

Über die Interpretation des Werks herrscht in Kritik und Wissenschaft herrliche Uneinigkeit. Einigkeit existiert da aber so weit, dass es eines der wichtigsten Werke der deutschen Literatur ist. Zeitlos und unbedingt aktuell.

Was sich vom Feldmarschallhügel des Kritikers leicht dahersagen lässt, versucht ein Magazin nun zu beweisen. Hundert Jahre nach Vollendung der Erzählung widmet sich die erste Ausgabe von „Das Buch als Magazin" ganz ihrer Gegenwartsanbindung, auf edlem Papier und mit einigem gestalterischen Aufwand. Hälfte eins gehört dem Originaltext mit heiteren, aufschlussreichen Randbemerkungen. In Hälfte zwei schreiben Autoren „Geschichten, die aus dem Alltag dazu passen". [...] Manche Geschichten handeln von Insektenexperten (wegen der Käfer) und dem Verlust der Mutter, eine äußerst komische Fotoserie zeigt „die unterschätzte Gefährlichkeit von Gemüse und Obst" (wegen der Äpfel), also Rettichraketen und Bomben aus Melonen. In einem Interview wird ein schwieriges Vater-Sohn-Verhältnis auf dem Bauernhof geschildert (wegen Vater und Sohn in der Wohnung), ein Physiotherapeut erzählt vom Elend der Rückenschmerzen (wegen des unruhigen Schlafs) und Elke Heidenreich davon, was ihr bei Kafkas Text so alles einfällt. Nämlich ein Plädoyer gegen das Verrotten. Bildlich überwiegt die Insektenthematik, die anderen Beiträge entspringen dem größeren Motivkreis von Kafkas Text: Entfremdung, Geld, Isolation, Eltern. Obwohl die Bezüge teilweise recht großzügig ausgelegt werden, mancher Beitrag etwas angestrengt wirkt: Die hinassoziierten Verbindungen zu Kafka sind eine hübsche Idee. Sie sollen „Die Verwandlung" nicht auf eine gültige aktuelle Deutung zurechtbiegen oder manches noch immer Rätselhafte der Erzählung ein für alle Mal lösen. Der Zugang ist spielerisch und verblüffend luftig, gemessen an der Beklommenheit, die von der Erzählung ausgeht. [...]

Die Aufgabenstellung verstehen

1 Lesen Sie die Aufgabenstellung gründlich und machen Sie sich klar, was genau von Ihnen verlangt wird. Beantworten Sie dafür die Fragen im Methodenkasten.

2 a Ein informierender Text kann überwiegend erklärenden oder argumentativen Charakter haben. Erläutern Sie, was für einen Text die Aufgabenstellung von Ihnen verlangt.

b Überlegen Sie, was in den vorwiegend informativen Teil Ihres Textes gehört.
In den informierenden Teil gehören z. B. Fakten wie ...

Methode · **Die Aufgabenstellung verstehen**

Beim materialgestützten Verfassen eines Textes ist es besonders wichtig, die Aufgabenstellung gründlich zu lesen: Nur wenn Sie sich klarmachen, was die Aufgabenstellung von Ihnen verlangt, können Sie die Materialien strategisch lesen und Ihren Text sinnvoll gliedern. Die folgenden Leitfragen helfen Ihnen, die Aufgabenstellung genau zu verstehen:
- Was ist das Thema des informierenden Textes?
- Welche Textsorte wird verlangt? Was wissen Sie über diese Textsorte?
- Was sind Anlass und Ziel des geforderten Textes?
- Wer sind die Adressaten des Textes? Welche Erwartungen haben die Adressaten bezüglich des Inhalts und der Schreibweise an den Text?
- Welche Operatoren kommen in der Aufgabenstellung vor und was ist damit gemeint?
- Auf welche Aspekte sollen Sie in dem Text eingehen?

Erstes Textverständnis und Ideen formulieren

1 a Verschaffen Sie sich einen ersten Überblick über die Materialien 1 bis 5, indem Sie die Überschriften lesen, die Texte überfliegen und die Abbildung und die Grafik anschauen.

b Notieren Sie, welche Materialien sich auf die Aktualität von Kafkas Werk beziehen lassen, in welchen es um die Situation auf dem Buchmarkt bzw. im Theater geht und in welchen Materialien beide Aspekte in den Blick genommen werden.

2 Greifen Sie auf Ihr Vorwissen zurück. Was spricht für Kafkas Aktualität? Notieren Sie Stichworte. Beispiel:

Kafkas Werk	**Aktualität?**
Die Verwandlung	– *Gregor Samsa befindet sich in der Situation, dass ...* → *auch heute ...* – *Kommunikation Gregors mit seiner Familie: ...* → *heute wird in Familien ...* – *Gregors Beruf: ...* → – *...*
Der Prozess	– *Josef K. wird plötzlich mit dem Problem konfrontiert, dass ...* → *auch heute kann es passieren, dass Personen ..., ohne dass ihnen klar ist, ...* – *Die Wärter verhalten sich gegenüber Josef K. ...* → *heute begegnet man manchmal Personen, die einen ...*

1.3.2 KLAUSURVORBEREITUNG: MATERIALGESTÜTZT EINEN TEXT VERFASSEN

Die Materialien gezielt lesen

1 Lesen Sie die vier Texte gezielt und arbeiten Sie die Informationen zur Aktualität Kafkas und zur Situation auf dem Buchmarkt bzw. im Theater heraus. Achten Sie dabei auch auf versteckte Informationen.
Tipp: Sie können die Texte auch kopieren und die Informationen in unterschiedlichen Farben markieren und mit Randbemerkungen zu ersten Ideen und Fragen versehen. Beispiel:

Aktualität Kafkas	überraschend heftig und findet, dass der Autor zeitlos treffend Miss- und Unverständnisse in der menschlichen Kommunikation beschreibe und auch für die Zwänge und Abgründe von gesellschaftlichen Systemen eine hervorragende Quelle sei. Das Relevanzbarometer steigt und ich merke mir, dass Kafka aktuell ist, weil er heutig ist. […]	Beispiel: Kommunikation Gregors mit seiner Familie Beispiel: Umgang mit Josef K. Was ist hier mit „heutig" gemeint?
Buchmarkt	[Im Internet] stelle ich […] fest, dass die gebundene Billigausgabe von „Der Prozess" (2006) am 8. Mai 2009, 16.01 Uhr, den Amazon-Verkaufsrang 277 einnimmt, was mir nicht schlecht erscheint.	hohe Verkaufszahlen!

2 Untersuchen Sie die Grafik (Material 3) genauer. Beachten Sie dabei auch den dazugehörigen Text.
 a Worüber informiert das Kurvendiagramm? Worauf beziehen sich die Achsen?
  Das Diagramm informiert über die Zahl der Besucher von … und … Es wird dargestellt, wie viele Besucher in der Zeit von … bis …
 b Welche der beiden Kurven ist für Ihren Text relevant, welche enthält eine eher versteckte Information? Begründen Sie.
 c Notieren Sie, welche Teile der Grafik für welche Aspekte Ihres Themas relevant sind, z. B.:
  Bezüglich der Situation im Theater kann man feststellen, dass Kafka … Dabei lässt sich eine Entwicklung der Besucherzahlen …
 d Untersuchen Sie, wie das Diagramm im Text gedeutet wird. Können Sie weitere Deutungsmöglichkeiten ergänzen, z. B. im Hinblick auf die Entwicklung der Besucherzahlen?

3 Untersuchen Sie die Abbildung (Material 4).
 a Was ist abgebildet?
 b Was sagt die Abbildung über die Aktualität Kafkas bzw. das Interesse an Kafka aus?
  Wenn ein Autor sich im Jahr 2013 entschließt, einen Roman aus dem Jahr 1914/15 in eine Graphic Novel umzuschreiben, …

4 Machen Sie sich klar, in welcher Beziehung die Materialien 1 bis 5 stehen. Gibt es Übereinstimmungen? Ergänzen sie sich? Gibt es Widersprüche?

Methode | **Gezielt lesen**

Bei materialgestütztem Schreiben ist es wichtig, die Materialien **mit Blick auf die Aufgabenstellung gezielt zu lesen**. Das bedeutet, dass Sie nicht alle Materialien systematisch analysieren, sondern schauen, welche offensichtlichen, aber auch versteckten oder widersprüchlichen Informationen Sie für das Verfassen Ihres Textes nutzen können. Dabei sollten Sie bedenken, dass einige Informationen möglicherweise für Ihren Text gar nicht relevant sind.

Den Schreibplan erstellen und schreiben

1 Planen Sie die gedankliche Struktur des Hauptteils Ihres Textes.
   a Überlegen Sie, welche gedankliche Struktur (▶ Information) für Ihren Text geeignet ist. Begründen Sie Ihre Entscheidung.
   b Ordnen Sie die Informationen, die Sie den Materialien entnommen haben, den einzelnen Teilen Ihrer Struktur zu. Ergänzen Sie auch weitere Informationen aus dem Unterricht. Beispiel:

> *Frage:* – *Warum ist Kafka heute noch aktuell?*
> *Antwort:* – *Die Themen in seinen Werken …*
> … – …

   c Planen Sie, in welcher Reihenfolge Sie die einzelnen Teile Ihrer Struktur anordnen möchten. Begründen Sie.

2 Entwickeln Sie die Gliederung (▶ Information) Ihres gesamten Textes. Beispiel:

> *Einleitung:* – *Anlass des Textes: Schule soll …*
> *Hauptteil:* – …
>   – …
> *Schluss:* – …

Information   **Gedankliche Struktur und Gliederung informierender Texte**

Informierende Texte weisen in der Regel eine übergeordnete gedankliche Struktur auf. In diese Struktur muss man die Informationen einordnen, damit die Fakten nicht ohne Bezug nebeneinanderstehen und sich für die Leserinnen und Leser ein Sinn ergibt. Mögliche gedankliche Strukturen können sein:
- **Ursachen → Wirkungen → Folgen / Vergangenheit → Gegenwart → Zukunft**, z. B. *Ursache: Kafkas Verhältnis zu seiner Familie → Wirkung: Bedürfnis, das Verhältnis aufzuarbeiten → Folge: Aufarbeitung des Themas in verschiedenen Werken*
- **Problem → Lösung → Umsetzung**, z. B. *Problem: Kafkas Werk bietet vielfältige Deutungsmöglichkeiten → Lösung: sich nicht auf eine Deutung festlegen → Umsetzung: unterschiedliche Deutungsansätze heranziehen: psychoanalytisch, sozialhistorisch, biografisch etc.*
- **Frage → Antwort → Folgerung**, z. B. *Frage: Ist Kafka heute noch lesenswert? → Antwort: Themen wie … machen Kafka lesenswert → Folgerung: Kafka wird noch immer viel gelesen, im Theater aufgeführt, taucht in Abiturvorgaben auf, …*
Manchmal ist es sinnvoll, die Struktur zu verändern, z. B. *Folgen → Wirkungen → Ursachen*.

Auch informierende Texte unterliegen in der Regel der formalen Gliederung des Textaufbaus:
- **Überschrift**, die das Thema auf den Punkt bringt,
- **Einleitung**, die die Adressaten für das Thema interessiert und ggf. auch über Anlass und/oder Funktion des Textes informiert,
- **Hauptteil**, der die Informationen gemäß der gedanklichen Struktur präsentiert,
- **Schluss**, in dem ein Fazit gezogen oder ein Ausblick gegeben wird.

3 Verfassen Sie nun auf Grundlage Ihrer Gliederung Ihren Informationstext.
  a Wecken Sie in der Einleitung das Interesse Ihrer Leserinnen und Leser, z. B.:
  Unsere Schule soll demnächst … Dafür gibt es gute Gründe, denn Kafka …
  b Verfassen Sie den Hauptteil Ihres Textes. Achten Sie dabei auf eine sachliche Sprache, die für Ihre Leserinnen und Leser gut verständlich ist. Berücksichtigen Sie auch den Informationskasten zum Umgang mit Ihren Informationsquellen und nutzen Sie die folgenden Formulierungshilfen zum Verfassen des argumentativen Teils:

> **Formulierungsbausteine: Argumentieren**
> *Ich vertrete die Ansicht, dass …*
> *Für die Aktualität Kafkas spricht auch …*
> *Im Übrigen gibt es keinen Zweifel daran, dass …*
> *Hinzu kommt, dass … Erinnert sei auch an …*
> *Am wichtigsten ist sicherlich das Argument, dass …*

  c Ziehen Sie am Schluss ein Fazit. Gehen Sie z. B. darauf ein, warum Ihre Schule in „Franz-Kafka-Gymnasium" umbenannt werden sollte, z. B.: *Zusammenfassend lässt sich feststellen, dass Frank Kafka ein Schriftsteller ist, der … Unsere Schule …*
  d Formulieren Sie eine interessante und treffende Überschrift, die das Thema umreißt.

Information | **Umgang mit den Informationsquellen**

Wenn Sie fremde Darstellungen mit eigenen Worten, in indirekter Rede oder als Zitat wiedergeben, sollten Sie Ihre Informationsquellen benennen und kurz vorstellen. Zeilenangaben müssen allerdings nicht gemacht werden, z. B.:
Der Verleger Klaus Wagenbach erklärt in einem Interview auf ARTE: „Ich kann jedenfalls nicht sehen, …"
Der Germanist Thomas Anz weist darauf hin, dass es eine zentrale Erfahrung sei, sich gegenüber anonymen Mächten wie z. B. Gerichten hilflos zu fühlen.

Den eigenen Text überarbeiten

1 Überarbeiten Sie Ihren Text mit Hilfe der folgenden Checkliste.
2 Notieren Sie, worauf Sie beim Verfassen des nächsten Textes besonders achten sollten.

Checkliste | **Materialgestützt einen Text verfassen**

- Wurden **alle relevanten Informationen** mit Blick auf das Thema ausgewählt, korrekt wiedergegeben und um **zusätzliches Wissen aus dem Unterricht** ergänzt?
- Wurde **auf Aspekte verzichtet**, die für das Thema nicht relevant sind?
- Weist der Text eine klare **gedankliche Struktur** auf?
- Gliedert der Text sich in informative **Überschrift, Einleitung, Hauptteil** und **Schluss**?
- Ist der Text **sachlich** und für die Leserinnen und Leser **verständlich** formuliert?
- Werden die **Informationsquellen** kurz vorgestellt und korrekt zitiert bzw. paraphrasiert?
- Ist der Text **sprachlich richtig** (Rechtschreibung, Grammatik, Zeichensetzung)?

2 Lyrik aus unterschiedlichen Zeiten analysieren und vergleichen

1. Lyrik auf einer Litfaßsäule? Diskutieren Sie, ob es nötig und wünschenswert ist, Lyrik in den öffentlichen Raum zu tragen.

2. „Lyrik im öffentlichen Raum": Sammeln Sie über einige Tage hinweg Beobachtungen in Ihrer Umgebung und recherchieren Sie im Internet, ob es Aktionen gibt, die zu diesem Thema passen. Tauschen Sie die Ergebnisse Ihrer Erkundung in kurzen Berichten aus.

3. Mörike siedelt sein Gedicht kurz vor Sonnenaufgang, in der Zeit „der dunkeln Frühe", an.
   a Beschreiben Sie die Verfassung und die Stimmung des lyrischen Ichs mit eigenen Worten.
   b Setzen Sie das Gedicht fort. Wie könnten Sie sich kurz vor Tagesanbruch fühlen? Was könnte Sie bewegen?

In diesem Kapitel erwerben Sie folgende Kenntnisse und Kompetenzen:

- einen persönlichen Zugang zu Gedichten unterschiedlicher Epochen finden, Ideen für die Interpretation entwickeln und ausarbeiten,
- sprachliche Mittel in Gedichten erkennen und zum Inhalt des Gedichts in Beziehung setzen,
- formale Gedichtmerkmale benennen und in ihrer Funktion für Wirkung und Aussage erläutern,
- intertextuelle Bezüge sowie formale und inhaltliche Vergleichsmöglichkeiten zwischen Gedichten erkennen und für deren Verständnis nutzen,
- unterschiedliche Positionen zum heutigen Stellenwert von Lyrik vergleichen und erörtern,
- einen Gedichtvergleich an einem Beispiel trainieren.

2.1 Erstes Licht und Wasser – Motivgleiche Gedichte analysieren

Dietmar von Aist (etwa 1139–1171)

„Slâfest du, friedel ziere?
man weckt uns leider schiere:
ein vogellîn sô wol getân
daz ist der linden an daz zwî gegân."

5 „Ich was vil sanfte entslâfen:
nu rüefestu kint wâfen.
liep âne leit mac niht gesîn.
swaz du gebiutst, daz leiste ich,
   friundîn mîn."

Diu frouwe begunde weinen.
10 „du rîtst und lâst mich eine.
wenne wilt du wider her zuo mir?
owê du füerst mîn fröide sament dir!"

Max Wehrli: Übersetzung von „Slâfest du …"

„Schläfst du, mein schöner Liebster?
Bald wird man uns leider wecken.
Ein Vögelchen, ein wohlgestaltes,
ist auf der Linde Zweig gekommen."

5 „Ich war sanft eingeschlafen:
Nun rufst du, Kind, mich auf!
Lieb ohne Leid, das kann nicht sein.
Was immer du befiehlst, das tu ich,
   meine Freundin."

Die Frau begann zu weinen.
10 „Du reitest und lässt mich allein.
Wann willst du wieder her zu mir?
O weh, du nimmst mein Glück zugleich mit dir!"

Bertolt Brecht:
Entdeckung an einer jungen Frau (um 1925)

Des Morgens nüchterner Abschied, eine Frau
Kühl zwischen Tür und Angel, kühl besehn.
Da sah ich: eine Strähn in ihrem Haar war grau
Ich konnt mich nicht entschließen mehr zu gehn.

5 Stumm nahm ich ihre Brust, und als sie fragte
Warum ich Nachtgast nach Verlauf der Nacht
Nicht gehen wolle, denn so war's gedacht
Sah ich sie unumwunden an und sagte:

Ist's nur noch eine Nacht, will ich noch bleiben
10 Doch nütze deine Zeit; das ist das Schlimme
Daß du so zwischen Tür und Angel stehst.

Und laß uns die Gespräche rascher treiben
Denn wir vergaßen ganz, daß du vergehst.
Und es verschlug Begierde mir die Stimme.

Karin Kiwus: **Im ersten Licht** (1976)

Wenn wir uns gedankenlos getrunken haben
  aus einem langen Sommerabend
    in eine kurze heiße Nacht
wenn die Vögel dann früh
5   davonjagen aus gedämpften Färbungen
in den hellen tönenden frischgespannten
    Himmel

wenn ich dann über mir in den Lüften
weit und feierlich mich dehne
in den mächtigen Armen meiner Toccata

10 wenn du dann neben mir im Bett
  deinen ausladenden Klangkörper bewegst
dich dumpf aufrichtest und zur Tür gehst

und wenn ich dann im ersten Licht
  deinen fetten Arsch sehe
15   deinen Arsch
         verstehst du
  deinen trüben verstimmten ausgeleierten Arsch
dann weiß ich wieder
  daß ich dich nicht liebe
         wirklich
20 daß ich dich einfach nicht liebe

1 Auf den Seiten 193 und 194–195 finden Sie Gedichte, in denen die Zeiten zwischen Tag und Nacht thematisiert werden. Sammeln Sie Assoziationen und Erfahrungen, Begriffe und Bilder zu solchen „Zwischenzeiten" in einer großen Collage (Wandzeitung).

2 a Lesen Sie die Gedichte und wählen Sie ein Gedicht aus, das Ihnen besonders gut gefällt oder einen besonderen Eindruck auf Sie macht. Stellen Sie Ihre Wahl kurz vor.
   b Zeigen Sie Beziehungen zwischen den Texten mit Hilfe von grafischen Elementen (Tabelle, Pfeile, Zeitleiste etc.) auf.

3 In der Tradition des „Tagelieds" wird die Trennung von Liebenden nach einer gemeinsamen Nacht lyrisch gestaltet:
   a Wählen Sie eines der Gedichte von Seite 193 für eine ausführliche Analyse (▶ S. 206 ff.). Beziehen Sie literaturgeschichtliche Kontexte mit ein (▶ Dietmar von Aist: S. 380 ff.; Brecht: S. 498 f., 500 ff.; Kiwus: S. 528 ff.).
   b Beschreiben Sie den unterschiedlichen Umgang mit dem Tageliedmotiv bei Dietmar von Aist, Brecht und Kiwus.

> **Information** **Literarisches Motiv**
>
> Als **literarisches Motiv** wird allgemein ein thematisches Element eines Textes verstanden, das im Text selbst wiederholt auftritt oder einem Schema entspricht, das bereits in anderen literarischen Werken vorkommt (**Intertextualität**, ▶ S. 49), wie z. B. das Motiv der Dämmerung, des Liebesleids, des Doppelgängers, der Heimkehr oder Trennung etc. Mit der Verwendung eines solchen Motivs stellen der/die Dichter/in oder der/die Leser/in Beziehungen zu anderen motivgleichen Texten her. Diese Beziehungen wirken sich auf den Aussagegehalt und das Verständnis der Texte aus.

Eduard Mörike: In der Frühe (1828)

Kein Schlaf noch kühlt das Auge mir,
Dort gehet schon der Tag herfür
An meinem Kammerfenster.
Es wühlet mein verstörter Sinn
5 Noch zwischen Zweifeln her und hin
Und schaffet Nachtgespenster.
– Ängste, quäle
Dich nicht länger, meine Seele!
Freu' dich! schon sind da und dorten
10 Morgenglocken wach geworden.

Christine Busta: In der Morgendämmerung (1958)

Draußen beginnt schon der Himmel zu schweben.
Ich weiß, dass furchtbare Asche regnet auf unseren Stern,
und es fällt auch viel Asche auf die Herzen.

Der Tod ist nahe,
5 der Atem des Lebens geht leise,
und reicht er dir auch nur vom Mund
bis zum armen Gesicht eines Nächsten,
du kannst noch die Asche bewegen,
noch mit dem schwindenden Hauch
10 dem Anflug des Grässlichen wehren.

Auch Gott hat nichts als geatmet,
als er den Menschen erschuf,
sein Ebenbild für die Gräber
unsres verlornen Gestirns.

Joseph von Eichendorff: Zwielicht (1815)

Dämmrung will die Flügel spreiten,
Schaurig rühren sich die Bäume,
Wolken ziehn wie schwere Träume –
Was will dieses Grau'n bedeuten?

5 Hast ein Reh du, lieb vor andern,
Lass es nicht alleine grasen,
Jäger ziehn im Wald' und blasen,
Stimmen hin und wider wandern.

Hast du einen Freund hienieden,
10 Trau ihm nicht zu dieser Stunde,
Freundlich wohl mit Aug' und Munde,
Sinnt er Krieg im tück'schen Frieden.

Was heut müde gehet unter,
Hebt sich morgen neugeboren.
15 Manches bleibt in Nacht verloren –
Hüte dich, bleib' wach und munter!

Joseph Wright of Derby: See bei Mondschein (1780–1782)

Robert Gernhardt:
Zu zwei Sätzen von Eichendorff (1999)

Dämmrung will die Flügel spreiten,
wird uns alsobald verlassen,
willst du ihren Flug begleiten,
musst du sie am Bürzel fassen.

Freilich, mancher, der so reiste,
fiel aus großer Höh' hinunter,
weil er einschlief und vereiste.
Hüte dich, bleib wach und munter.

---

1 „Zwischen Angst und Zuversicht": Vergleichen Sie die Gedichte von Mörike und Busta (▶ S.194) unter diesem Aspekt. Berücksichtigen Sie dabei auch die verwendeten religiösen Motive.

2 a Untersuchen Sie, wie Gernhardt – auch durch die Wahl anderer formaler und sprachlicher Mittel – den Ton und die Aussage des Ursprungsgedichts von Eichendorff verändert.

b Schreiben Sie selbst eine Replik auf eines der Gedichte. Übernehmen Sie wörtlich den ersten und letzten Vers. Entfalten Sie dazwischen eigene Assoziationen zum Ausgangsgedicht.

3 a Die Nacht ist ein typisch romantisches Motiv. Arbeiten Sie aus Eichendorffs „Zwielicht" und Mörikes „In der Frühe" heraus, welcher inhaltliche Aspekt dieses Motivs in beiden Gedichte eine Rolle spielt.

b Lesen Sie die Gedichte auf Seite 436. Welche anderen Aspekte des Motivs „Nacht" finden Sie hier?

4 Stellen Sie den Dichter Joseph von Eichendorff vor. Greifen Sie dabei auf Informationen und Gedichte aus diesem Buch zurück. **Tipp:** Schlagen Sie im Autoren- und Quellenverzeichnis nach.

Den Vers als Grundelement des Gedichts wahrnehmen

Lyrische Texte sind in der Regel in Versen abgefasst, d.h., die Zeilen brechen an einer von der Dichterin oder dem Dichter bestimmten Stelle ab. Diese Unterbrechung des Leseflusses verleiht den Wörtern durch ihre besondere Stellung (z. B. am Versanfang oder -ende) eine besondere Bedeutung. Neben den horizontalen Bezügen, die sich durch die Wort- und Satzfolge ergeben, stellen sich durch die Anordnung der Verse auch vertikale Bezüge her, die durch klangliche oder optische Mittel verstärkt werden können. In der Figurendichtung und der visuellen Poesie werden Verse, Wörter oder Buchstaben so gesetzt, dass mit dem Text zugleich ein Bild entsteht.

Guillaume Apollinaire: Die erdolchte Taube und der Springbrunnen (1913–16)

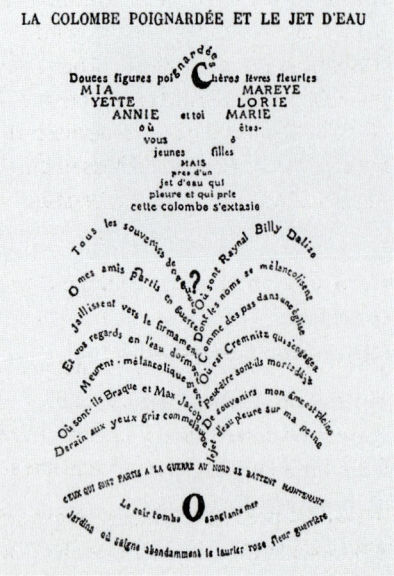

1 **a** Stellen Sie zunächst aufgrund der Druckgestalt Vermutungen über den Inhalt des Gedichts von Guillaume Apollinaire (1880–1918) an.
b Besorgen Sie sich eine deutsche Übersetzung des Gedichts und übertragen Sie es in eine gewohnte Versform. Vergleichen Sie die Wirkung der beiden Gedichtformen.

2 **a** Der folgende Text ist in seiner ursprünglichen Form ein Gedicht von Heinrich Heine (▶ S. 446 ff.). Schreiben Sie den Text in Versen ab und geben Sie „Ihrem" Gedicht einen Titel.
b Vergleichen Sie Ihre Ergebnisse im Kurs und mit dem Original.
c Welche anderen Gestaltungsmittel geben dem Text einen lyrischen Charakter?

Heinrich Heine: Am blassen Meeresstrande ... (1825/26)

Am blassen Meeresstrande saß ich gedankenbekümmert und einsam. Die Sonne neigte sich tiefer und warf glührote Streifen auf das Wasser, und die weißen, weiten Wellen, von der Flut gedrängt, schäumten und rauschten näher und näher – ein seltsam Geräusch, ein Flüstern und Pfeifen, ein Lachen und Murmeln, Seufzen und Sausen, dazwischen ein wiegenliedheimisches Singen – Mir war, als hört ich verschollne Sagen, uralte, liebliche Märchen, die ich einst, als Knabe, von Nachbarskindern vernahm, wenn wir am Sommerabend, auf den Treppensteinen der Haustür, zum stillen Erzählen niederkauerten, mit kleinen, horchenden Herzen und neugierklugen Augen; – während die großen Mädchen, neben duftenden Blumentöpfen, gegenüber am Fenster saßen, Rosengesichter, lächelnd und mondbeglänzt.

> **Information** **Verhältnis von Vers und Satz im Gedicht**
>
> - **Zeilenstil:** Satzende und Versende stimmen überein; der Vers schließt mit einer Pause.
> - **Enjambement** (frz. Zeilensprung): Der Satz überspringt das Versende und setzt sich im folgenden Vers fort. Am Versende bzw. beim „Sprung" entsteht keine Pause.
> - **Hakenstil:** In einer Folge von Enjambements erscheinen die Verse durch die übergreifenden Satzbögen gleichsam verhakt.

Reim, Metrum, Strophen- und Gedichtformen – Strukturen bestimmen

Wichtig für Wirkung und Sinngehalt eines Gedichts ist die lautliche Ebene. In einigen Extremformen lyrischer Gestaltung, z. B. in der Romantik (▶ S. 432 ff.) oder in der konkreten Poesie (▶ S. 515), wird sie sogar zum Hauptbedeutungsträger. Dann dient die Sprache als Klang- bzw. Bildmaterial. Doch auch in weniger von Wortmusik und Buchstabencollagen bestimmten Gedichten sind End- und Binnenreime, Alliterationen und Lautmalereien an der Sinnkonstitution beteiligt. Dasselbe gilt für die metrisch-rhythmische Ausgestaltung der Gedichte. Fallende und steigende Metren (Versmaße) beeinflussen durch ihre Rhythmisierung (fließend, abgehackt etc.) den Hör- bzw. Leseprozess und damit das Verständnis.

Conrad Ferdinand Meyer:
Der römische Brunnen (1869)

Aufsteigt der Strahl und fallend gießt
Er voll der Marmorschale Rund,
Die, sich verschleiernd, überfließt
In einer zweiten Schale Grund;
Die zweite gibt, sie wird zu reich,
Der dritten wallend ihre Flut,
Und jede nimmt und gibt zugleich
    Und strömt und ruht.

Rainer Maria Rilke: Römische Fontäne (1907)
Borghese

Zwei Becken, eins das andre übersteigend
aus einem alten runden Marmorrand,
und aus dem oberen Wasser leis sich neigend
zum Wasser, welches unten wartend stand,

5 dem leise redenden entgegenschweigend
und heimlich, gleichsam in der hohlen Hand,
ihm Himmel hinter Grün und Dunkel zeigend
wie einen unbekannten Gegenstand;

sich selber ruhig in der schönen Schale
10 verbreitend ohne Heimweh, Kreis aus Kreis,
nur manchmal träumerisch und tropfenweis

sich niederlassend an den Moosbehängen
zum letzten Spiegel, der sein Becken leis
von unten lächeln macht mit Übergängen.

1 a Untersuchen Sie, wie Meyer den Gegenstand seines Gedichts mit den Mitteln des Verses (▶ S. 196), des Reims und des Metrums (▶ Information) sprachlich abbildet.
b Gestalten Sie Meyers Gedicht als Figurengedicht (vgl. das Gedicht von Apollinaire S. 196).
2 Beschreiben und bestimmen Sie die Gedichtform (▶ Information) von Rilkes „Römische Fontäne". Nutzen Sie für Ihre Bestimmung auch eine ausführlichere Darstellung (Literaturlexikon).
3 a Vergleichen Sie die formale Gestaltung (Vers, Reim, Metrum, Gedichtform) des gleichen Motivs in den Gedichten von Apollinaire, Meyer und Rilke (▶ S. 196–197).
b Inwiefern bewirkt die unterschiedliche Form auch eine unterschiedliche Aussage?

Information   **Reim, Metrum, Strophen- und Gedichtformen**

Reim
- **Endreim:** Der genaue Gleichklang der Versenden vom letzten betonten Vokal an („See" – „Schnee"; „Wasser" – „blasser"). Endreimschemata können sein:
  - **Paarreim:** aa
  - **umarmender Reim:** abba
  - **dreifache Reimreihe:** abcabc
  - **Kreuzreim:** abab
  - **Schweifreim:** aabccb
  - **Haufenreim:** aaa…
- **Binnenreim:** Zwei oder mehrere Wörter in ein und demselben Vers reimen sich.

- **Anfangsreim:** Reim der ersten Wörter zweier Verse
- **Schlagreim:** Zwei unmittelbar aufeinanderfolgende Wörter reimen sich.
- **Unreiner Reim,** auch **Assonanz:** Nur die Vokale, nicht aber die Konsonanten stimmen überein („sagen" – „Raben").
- **Stabreim,** auch **Alliteration:** Mehrere Wörter beginnen mit demselben Anfangslaut.
- **Verswaise:** reimloser Vers innerhalb einer gereimten Strophe
- **Kadenz** (Silbenfall am Versschluss). Man unterscheidet:
  - **männlich**/stumpf: einsilbiger Reim, Vers endet mit Hebung („… und fallend gießt")
  - **weiblich**/klingend: zweisilbiger Reim, Vers endet mit Hebung und Senkung („… das andre übersteigend")

Metrum (Versmaß)

Die Abfolge von betonten und unbetonten Silben bestimmt in der gesprochenen deutschen Sprache den Rhythmus oder Sprachfluss. Klingt diese Abfolge – wie in vielen Gedichten – regelmäßig, wird von einem Versmaß oder einem Metrum gesprochen. Die Lehre vom Versmaß heißt **Metrik.** Die kleinste rhythmische Einheit einer geregelten Abfolge von betonten (x́: Hebung) und unbetonten Silben (x: Senkung) nennt man Versfuß (Takt):

- **Jambus** (steigend): xx́   z. B. Gedícht
- **Trochäus** (fallend): x́x   z. B. Díchter
- **Anapäst** (steigend): xxx́   z. B. Anapä́st
- **Daktylus** (fallend): x́xx   z. B. Dáktylus

Strophenformen

- **Distichon** (Plural: Distichen): besteht aus zwei meist daktylischen Versen mit jeweils sechs Hebungen. Im zweiten Vers folgen die dritte und die vierte Hebung unmittelbar aufeinander.
- **Einfache Liedstrophe:** vierzeilige Strophe mit der Tendenz zu alternierendem Metrum (Hebung und Senkung wechseln regelmäßig) und Reimbindung von mindestens zwei Versen (abac o. Ä.)
- **Sestine:** sechszeilige Strophe mit regelmäßigem Reimschema, z. B. aabbcc oder ababcc
- **Verspaarkette:** eine Folge von Verspaaren, oft durch einen Paarreim verbunden

Gedichtformen

- **Ballade:** Strophisch regelmäßig gegliederte längere Gedichtform mit Reim und Tendenz zu festem Metrum. Wesentlich für die Ballade ist ihr erzählender und dramatischer Charakter.
- **Elegie:** Drückt zumeist eine resignierend wehmütige Stimmung aus (oft in Form von Distichen).
- **Haiku:** Kurze Gedichtform, die in Japan entstanden ist. Besteht aus drei Versen zu 5 – 7 – 5 Silben. Der strenge Aufbau zwingt zu extremer Verdichtung.
- **Hymne:** Ein der Ode verwandter feierlicher Preis- und Lobgesang. Ausdruck hoher Begeisterung. Dem ekstatischen Ausdruck entsprechend kennt die Hymne keine formalen Regelmäßigkeiten: kein Reim, freie Rhythmen, kein fester Strophenbau.
- **Lied:** Strophisch gebaute Gedichtform mit relativ kurzen Versen und Reimbindung. Reim und Metrum werden oft nicht streng durchgehalten. Zuweilen ist ein **Refrain (Kehrreim)** zu finden, d. h. die regelmäßige Wiederholung eines oder mehrerer Verse.
- **Ode:** Reimlose, strophisch gegliederte lange Gedichtform, die einem festen Metrum folgen kann, aber nicht muss. Typisch für die Ode ist der hohe und pathetische Sprachstil zum Ausdruck der Würde und Größe des behandelten Themas.
- **Sonett:** Zwei vierzeiligen Strophen (Quartetten), meist mit dem Reimschema abba/abba, folgen zwei dreizeilige Strophen (Terzette), wobei Letztere in der Regel im Reimschema verbunden sind, z. B. cdc/dcd oder cde/cde oder ccd/eed. Mit der formalen Zäsur (Einschnitt) zwischen Quartetten und Terzetten geht in der Regel auch ein inhaltlicher Kontrast oder Schnitt einher.

Johann Wolfgang Goethe:
Gesang der Geister über den Wassern
(1779; veröffentlicht 1789)

Des Menschen Seele
Gleicht dem Wasser:
Vom Himmel kommt es,
Zum Himmel steigt es,
5 Und wieder nieder
Zur Erde muss es,
Ewig wechselnd.

Strömt von der hohen,
Steilen Felswand
10 Der reine Strahl,
Dann stäubt er lieblich
In Wolkenwellen
Zum glatten Fels,
Und leicht empfangen,
15 Wallt er verschleiernd,
Leisrauschend,
Zur Tiefe nieder.

Ragen Klippen
Dem Sturz entgegen,
20 Schäumt er unmutig
Stufenweise
Zum Abgrund.

Im flachen Bette
Schleicht er das Wiesental hin,
25 Und in dem glatten See
Weiden ihr Antlitz
Alle Gestirne.

Wind ist der Welle
Lieblicher Buhler;
30 Wind mischt vom Grund aus
Schäumende Wogen.

Seele des Menschen,
Wie gleichst du dem Wasser!
Schicksal des Menschen,
35 Wie gleichst du dem Wind!

Joseph Anton Koch: Der Schmadribachfall im Lauterbrunnertal (1790/92)

1 Wie ergeht es dem Menschen? Fassen Sie mit eigenen Worten zusammen, wie in Goethes Gedicht diese Frage beantwortet wird.

2 Bestimmen Sie die Gedichtform (▶ Information, S. 197 f.) und erörtern Sie, inwiefern diese Form dem Gedichtgegenstand angemessen ist.
Nutzen Sie zum Vergleich das Gemälde von J. A. Koch.

3 a Nennen Sie auffällig gestaltete Stellen und beschreiben Sie deren sprachliche Form und Wirkung.

b Ordnen Sie, soweit möglich, mit Hilfe der Information auf den Seiten 200–202 den beschriebenen sprachlichen Besonderheiten den passenden rhetorischen Fachbegriff zu. Überprüfen Sie auch, ob Sie im Gedicht noch weitere rhetorische Mittel erkennen können.

4 Vergleichen Sie die Gestaltung und die Bedeutung des Motivs „Fluss" in „Gesang der Geister über den Wassern" und in „An den Mond" (▶ S. 412) sowie in „Im Ilmtal" (▶ S. 413).

Von Allegorie bis Zeugma – Rhetorische Figuren erkennen

Die nachfolgend aufgeführten rhetorischen Figuren werden keineswegs nur in der Lyrik, sondern in Texten aller Gattungen eingesetzt. Besonders bedeutend ist ihr Gebrauch zum Beispiel in der öffentlichen Rede (bei Gericht, in der Politik) oder in der Werbung. Hier wie dort werden diese Mittel gezielt eingesetzt, um eine bestimmte Wirkung zu erreichen.

Ein Großteil der Stilmittel ist seit der Antike definiert, was sich noch heute an den meist griechischen Fachbegriffen ablesen lässt. Wichtiger als die bloße Kenntnis dieser „Vokabeln" ist es, ein Gespür für den Umgang mit solchen sprachlichen Mitteln zu entwickeln. Bei einem Vers wie „Aufsteigt der Strahl und fallend gießt / Er voll der Marmorschale Rund" (▶ Meyer, S. 197, V. 1–2) ist es z. B. die ungewöhnliche Stellung der Satzglieder. Diese Besonderheit kann man umschreiben oder auch mit dem Fachbegriff „Inversion" benennen. Letzteres ist häufig unkomplizierter und kürzer. Es beweist zudem das Verständnis dafür, dass von solch einer rhetorischen Figur auch immer eine vom Kontext abhängige Wirkung ausgeht. Diese Funktion zu erkennen und zu benennen, ist ein zentrales Ziel der sprachlichen Analyse.

Information: Rhetorische Figuren

Rhetorische Figur	Beispiel	Definition
Akkumulation, die	„Lieben, hassen, fürchten, zittern, / Hoffen, zagen bis ins Mark" (J. M. R. Lenz)	Reihung von Begriffen zu einem – genannten oder nicht genannten – Oberbegriff
Allegorie, die	„Gott Amor" für „Liebe", der „Staat" als „Schiff"	konkrete Darstellung abstrakter Begriffe, oft durch Personifikation
Alliteration, die	„Milch macht müde Männer munter"	Wiederholung des Anfangslauts benachbarter Wörter
Anapher, die	„Was itzund prächtig blüht / […], Was itzt so pocht […]" (Gryphius, ▶ S. 389)	Wiederholung eines oder mehrerer Wörter an Satz- oder Versanfängen
Antithese, die	„Was dieser heute baut / reißt jener morgen ein" (Gryphius, ▶ S. 389)	Entgegenstellung von Gedanken oder Begriffen
Apostrophe, die	„Liebe! Liebe! lass mich los!" (Goethe)	feierliche oder betonte Anrede, Anruf
Chiasmus, der	„Ich schlafe am Tag, in der Nacht wache ich"	symmetrische Überkreuzstellung von semantisch oder syntaktisch einander entsprechenden Satzgliedern
Ellipse, die	„Je früher der Abschied, desto kürzer die Qual"	unvollständiger Satz; Auslassung eines Satzteils/Wortes, das leicht ergänzbar ist
Epipher, die	„Du hast mich angeschaut jetzt / […] Du hast mich angefasst jetzt"	Wiederholung gleicher Wörter am Satz- oder Versende

Rhetorische Figur	Beispiel	Definition
Euphemismus, der	„entschlafen" statt „sterben"	Beschönigung
Hyperbel, die	„ein Meer von Tränen"	starke Übertreibung
Inversion, die	„Kein Schlaf noch kühlt das Auge mir" (Mörike, ▶ S. 194)	Umkehrung der geläufigen Wortstellung im Satz
Ironie, die	„Du bist mir ein schöner Freund!"	unwahre Behauptung, die erkennen lässt, dass das Gegenteil gemeint ist
Klimax, die	„Veni, vidi, vici" (Ich kam, sah und siegte; Julius Cäsar)	Steigerung (häufig dreigliedrig)
Litotes, die	„nicht unschön"	Bejahung durch Verneinung des Gegenteils
Metapher, die (▶ S. 59)	„Rosengesichter" (Heine)	Bedeutungsübertragung; sprachliche Verknüpfung zweier semantischer Bereiche, die gewöhnlich unverbunden sind; ohne Vergleichswort (z. B. „wie")
Neologismus, der	„Knabenmorgen-/Blütenträume" (Goethe, ▶ S. 416)	Wortneuschöpfung
Onomatopoesie, die	„So jubelnd recht in die hellen, / Klingenden, singenden Wellen" (Eichendorff)	Lautmalerei
Oxymoron, das	„Und strömt und ruht" (Meyer, ▶ S. 197)	Verbindung zweier Vorstellungen, die sich ausschließen
Paradoxon, das	„Bleiben will ich, wo ich nie gewesen bin" (Brasch)	Scheinwiderspruch
Parallelismus, der	„Dies ist meine Mütze, dies ist mein Mantel" (Eich, ▶ S. 510)	Wiederholung gleicher syntaktischer Fügungen
Personifikation, die	„Schläft ein Lied in allen Dingen" (Eichendorff)	Vermenschlichung
Pleonasmus, der	„der nasse Regen"	Wiederholung eines charakteristischen Merkmals des Bezugswortes
rhetorische Frage, die	„Wer ist schon perfekt?"	scheinbare Frage, bei der jeder die Antwort kennt
Symbol, das	„Taube" als Symbol für Frieden, „Ring" als Symbol der Treue und der Ewigkeit	Sinnbild, das auf etwas Allgemeines verweist; meist ein konkreter Gegenstand, in dem ein allgemeiner Sinnzusammenhang sichtbar wird

Rhetorische Figur	Beispiel	Definition
Synästhesie, die	„in den hellen tönenden frischgespannten Himmel" (Kiwus, ▶ S. 193)	Verbindung unterschiedlicher Sinneseindrücke
Synekdoche, die	„Und wickelte mich enger in die Falten"	ein Teil steht für das Ganze oder umgekehrt
Tautologie, die	„Der Mond scheint klar und rein" (Brentano), „in Reih und Glied"	Wiederholung eines Begriffs bzw. Ersetzung durch ein sinnverwandtes Wort („Zwillingsformeln")
Vergleich, der (▶ S. 59)	„kam ihre Liebe plötzlich abhanden. / Wie andern Leuten ein Stock oder Hut." (Kästner, ▶ S. 496)	Verknüpfung zweier semantischer Bereiche durch ein Vergleichswort „wie", „gleich", veraltet: „als" zur Hervorhebung des Gemeinsamen (Tertium comparationis)
Wiederholung, die	„Seele des Menschen, / Wie gleichst du dem Wasser! / Schicksal des Menschen, / Wie gleichst du dem Wind!" (Goethe, ▶ S. 199)	ein sprachliches Element kommt in identischer oder ähnlicher Form mehrmals nacheinander vor; vgl. ▶ Alliteration, ▶ Anapher, ▶ Epipher, ▶ Parallelismus, auch: ▶ Refrain
Zeugma, das	„Er saß ganze Nächte und Sessel durch" (Jean Paul)	ungewohnte Beziehung eines Satzteils auf mehrere andere; meist des Prädikats auf ungleichartige Objekte

Die Bestimmung rhetorischer Figuren ist wichtig für die Erkenntnis ihrer Funktion und Wirkung. Rhetorische Mittel können unterschiedliche Wirkungen erzielen, z. B.:
- Zugewinn von Anschaulichkeit, Vorstellbarkeit,
- Schaffung von Sinnlichkeit, ästhetischem Reiz,
- Nachdruck, Betonung, Eindringlichkeit,
- Erhöhung der Spannung, Erwartung,
- Kommunikationsgewinn bzw. Einbezug der Leserin / des Lesers.

1 Bestimmen Sie, welche Wirkung mit den oben aufgelisteten rhetorischen Figuren jeweils hauptsächlich erreicht wird. Beachten Sie: Endgültige Aussagen über die Wirkung bestimmter Figuren können nur unter Berücksichtigung des jeweiligen Kontexts getroffen werden.

2 Das vielleicht wichtigste Merkmal lyrischer Texte ist die **Bildlichkeit** (▶ Vergleiche, Metaphern, Chiffren, S. 59).
  a Erarbeiten Sie sich ein erstes Verständnis des nachstehenden Gedichts „Schöner See Wasseraug", indem Sie zunächst die syntaktischen Strukturen untersuchen. Dabei ist es hilfreich, die Verse in gewohnte Sätze umzuwandeln. Setzen Sie dazu Satzzeichen und beachten Sie die rhetorischen Figuren, die mit der syntaktischen Struktur spielen (z. B. Ellipse, Inversion).
  b Benennen, analysieren und erläutern Sie in jeder Strophe die Mittel der Bildlichkeit in Hinblick auf Funktion und Wirkung.

Sarah Kirsch: Schöner See Wasseraug (1999)

Schöner See Wasseraug ich lieg dir am Rand
Spähe durch Gras und Wimpern, du
Läßt mir Fische springen ihr Bauchsilber
Sprüht in der schrägen Sonne die Krähe
5 Mit sehr gewölbten Schwungfedern
Geht über dich hin, deine Ufer
Wähltest du inmitten heimischer Bäume
Kiefern und Laubwald Weiden und Birken
Rahmen dich, kunstvolle Fassung
10 Deines geschuppten Glases, aber am nächsten Morgen

Ist die Sonne in Tücher gewickelt und fern
Das andere Ufer verschwimmt, seine Hänge
Sanft abfallende Palmenhaine
Erreichen dich, du
15 Einem langsamen Flußarm ähnlich
Birgst Krokodile und lederne Schlangen
Seltsame Vögel mit roten Federn
Fliegen dir quellwärts, ich komm zur Hütte
Rufe mein weißgesichtiges Äffchen und will
20 In dir die bunten Röcke waschen

Wenn der Rücken mir schmerzt wenn
Die Sonne ganz aufgekommen ist
Liegt der See in anderer Landschaft
Er weiß alle jetzt hat er das Ufer der Marne[1]
25 Ein Stahlbrückchen eckige Häuser Büsche
Mein schöner Bruder holt mich im Kahn
Fischsuppe zu essen er singt das Lied
Vom See der zum Fluß wurde
Aus Sehnsucht nach fremden Flüssen und Städten.

1 **Marne:** franz. Fluss

Franz Marc: Der Wasserfall (1912)

3 Führen Sie Ihre Ergebnisse aus den Aufgaben 2 a, b in einer Gedichtinterpretation zusammen.

| Methode | Bezüge zwischen Inhalt und Form herstellen |

Die Analyse sprachlicher und formaler Mittel ist kein Selbstzweck, sondern führt dann zu einem tieferen Textverständnis, wenn es gelingt, die lyrischen Gestaltungsmittel schlüssig mit inhaltlichen Aussagen zu verbinden. Dabei sind die Funktion und die Wirkung der sprachlich-formalen Mittel im Einzelnen zu beschreiben. Mögliche Formulierungen können sein:

- *Durch das sprachliche Mittel der ... wird besonders betont, wie ...*
- *Formulierungen wie „..." erzeugen eine Stimmung, die ...*
- *Der plötzlichen Unterbrechung des regelmäßigen Metrums entspricht ... auf der inhaltlichen Ebene ...*
- *Durch die Häufung von ... wird ... besonders unterstrichen.*

2.2 Gedichte heute – Reflexionen zur Lyrik

Barbara Sichtermann, Joachim Scholl: Überall und nirgends. Wo das Gedicht geblieben ist (2004)

Gedichte werden heutzutage von Häuserwänden und Werbebeilagen aufgesagt, und das ist kein Schaden. Denn die Häuserwände sprechen ja zu allen, und auch die Reklamebotschaften erreichen ein breites Publikum. [...] Unsere Epoche hat nur scheinbar mit Poesie nichts im Sinn. Die Pausenlosigkeit, mit der wir Zeitgenossen einer Beschallung durch Popmusik ausgesetzt sind, sorgt dafür, dass mit den Liedertexten eine große Masse „lyrics" an unser Ohr dringt, meist nur in Bruchstücken, aber immerhin: Es sind die alten Themen – Natur, Liebe, Aufruhr, Sinnsuche –, die da in populärer Version angeschlagen werden. Beim Rap ist sogar das gereimte Gedicht in hochgradig rhythmisierter Form zurückgekehrt. Werbesprüche sind (oft) Verse – mit allem, was dazugehört: Metrum, Melodie, Message. Und Millionen von SMS erhalten nicht selten eine Versgestalt und sind erst in ihr so richtig verführerisch. Mit einem Wort: Unsere Alltagswelt vibriert vor Poesie. Es ist eine kleine, lose, versprengte und zufällige Poesie, aber sie erfüllt ihre Aufgabe: mit Worten eine Musik zu erzeugen, die den Verstand aufmerken und das Herz mitsingen lässt. Und weil wir alle von Reimen und Gedichtfragmenten umspült sind, sollten wir auch wissen, was ein Dichter eigentlich macht und was es mit dem Gedicht als Produkt der Fantasie und der bildhauerischen Arbeit am Wort auf sich hat. Gerade weil die Alltagspoesie in sämtlichen Medien präsent ist, sollte die „echte" Lyrik, die kein Verfallsdatum kennt, gelesen und begriffen werden. Unsere „lyriklastige" Zeit drängt zu einer Wiederbegegnung mit ihrer großen Tradition.

1 Formulieren Sie zentrale Thesen des Textes zum Thema „Lyrik" und erörtern Sie diese kritisch. Belegen Sie Ihre Meinung mit eigenen Erfahrungen und Beobachtungen zur Lyrik in Ihrer Umwelt.

2 „... was ein Dichter eigentlich macht ..." (Z. 28 f.): Sprechen Sie darüber, wie Sie sich den beruflichen Alltag einer Lyrikerin / eines Lyrikers vorstellen.

3 Suchen Sie Biografien und Selbstaussagen von bekannten Dichterinnen und Dichtern. Vergleichen Sie diese mit Ihren Vorstellungen.

Brigitte Oleschinski: Die Plejaden on MTV (1999)

(1) Nightquake
Die Kamera zeigt eine Bücherwand, einen Computer, Notizblätter an der Wäscheleine. Davor die Dichterin, Anfang der Vierzig, und die deutlich jüngere Fernsehjournalistin:
Wir haben eins dreißig, tut mir leid, mehr ... – Achtung, Kamera läuft – Sagen Sie mir: Was ist das Wichtigste bei Ihren Gedichten?
(Dichterin, erkennbar um Statementreife bemüht:)
Das Wichtigste sind nicht *meine* Gedichte, sondern Gedichte überhaupt, die Gedichte aller Sprachen, aller Zeiten. Gedichte sprechen nicht in der Alltagssprache, sie suchen –
(Journalistin, fällt ihr geübt ins Wort:)
Nicht in der Alltagssprache: Heißt das, man kann Ihre Gedichte nicht verstehen? Als normaler Mensch, meine ich?
(Off-Tonspur, leise im Hintergrund:)
Poetry on MTV. Poetry on MTV. Poetry on MTV. Poetry on MTV. Poetry on MTV. Poetry on MTV. Poetry on MTV ...
(Dichterin, aus dem Konzept gebracht:)
Nein, heißt es nicht. Jeder, der will, kann Gedichte verstehen, so wie jeder, der will, Musik oder Philosophie verstehen kann, grundsätzlich jedenfalls, womit ich natürlich nicht sage, dass jeder jede Musik oder Philosophie versteht, sondern manche verstehen nur manche Musik und andere nur –

(Journalistin blickt konsterniert in die Kamera, wendet sich wieder der Dichterin zu:)
Philosophie, genau. Ihre Gedichte sind keine leichte Lektüre, sie handeln von Geschichte und
35 Politik, aber auch von der Liebe, oder?
(Dichterin, sichtlich nach Fassung ringend:)
Gedichte „handeln nicht von etwas" wie ein Roman, sie sind Stimmen, die eine *andere*, eine *fremdere* Sprache suchen für Liebe und Tod, für
40 das Essenzielle jeden Augenblicks –
(Krachender Donnerschlag aus dem Off. Journalistin, unaufhaltsam verblassend:)
Apropos Fremdsprache: Warum haben Ihre Gedichtbände englische Titel? Ist das eine Idee des
45 Verlags?
[...]

(5) Die Plejaden on MTV
[...]
Ich bin mir sicher, dass es etwas wie ein
50 menschliches Bedürfnis nach Poesie gibt, ähnlich, wie es ein Bedürfnis nach Musik oder Philosophie gibt, ein Bedürfnis danach also, dass Wahrnehmungen, Empfindungen, Gedanken sich zu einem Muster ordnen, sich widerspiegeln in einer Form oder Formel. Allerdings 55 glaube ich, dass es ähnlich schwierig (und wahrscheinlich müßig) wäre, dieses „ursprüngliche" Bedürfnis aus den Konventionen und Spezialisierungen herauszupräparieren, die sich dafür in den kulturellen Geflechten entwi- 60 ckelt haben und weiterentwickeln. Deshalb kann ich mir Gedichte nicht isoliert von anderen gesellschaftlichen Prozessen denken, so wenig ich ihnen darin eine feste Rolle zuweisen wollte. Mir scheint es immer eine Tür ins Unge- 65 wisse zu bleiben, wie aus diesen Augenblicken, in denen sich der Herzschlag oder das Schrittmaß, ein Silbenklang, ein Wortbild zur poetischen Formel ballen, schließlich die Dichtung wird. [...] 70

1 Gestalten Sie den Dialog zu einer **Stimmskulptur** (▶ Methode, S. 485).
2 Erörtern Sie den zweiten Teil des Textes: Gibt es „ein menschliches Bedürfnis nach Poesie"?

Tom Schulz: **Anstelle einer Poetik** (2010)

Wo ich das zeitgenössische Gedicht sehe, wurde ich kürzlich gefragt. Ich sehe es inmitten einer Sprachmüllkippe; es steigt rauchend auf, mitunter lodert es. Und doch ist es am Rand
5 angesiedelt einer medial überdosierten Gesellschaft und alle Bemühungen, einer fortschreitenden Kulturverflachung mit dichterischen Mitteln etwas entgegenzusetzen, und sei es mit ästhetischer Niedlichkeit oder inhaltlicher
10 Harmlosigkeit, wie es mitunter geschieht, seien doch zur Freundlichkeit gereicht und nicht der Lächerlichkeit preisgegeben!

Dass sich hiermit auch der Wunsch verbindet, aus einer Vielzahl von Dichtern und Dichterinnen könnten sich einige untereinander/zusam- 15 men wieder in ästhetische wie gegenwartskritische Zusammenhänge verwickeln, die über die lyrische Vereinzelung hinausgehen und eine gesellschaftliche Aufmerksamkeit einfordern, möge man mir nachsehen. Wenn ich etwas ein- 20 fordern würde, dann: dass Kunst einer Haltung bedarf, sei sie moralisch, ethisch oder politisch, unabhängig von stilistischen Kategorien und formalen Vorlieben.

1 Das zeitgenössische Gedicht inmitten der „Sprachmüllkippe". Erläutern Sie diese Standortbestimmung des Lyrikers Tom Schulz.
2 Im zweiten Absatz wünscht sich Schulz eine größere gesellschaftliche Relevanz von Dichtung. Was würden Sie sich von einer stärkeren Teilnahme von Dichterinnen und Dichtern an Gesellschaftsfragen versprechen? Diskutieren Sie.

2.3 Klausurvorbereitung: Gedichte vergleichen

Aufgabenbeispiel
1. Analysieren Sie das Gedicht „Lied" von Joseph von Eichendorff hinsichtlich des Motivs der Untreue und ihrer Folgen. Berücksichtigen Sie dabei die Epochenzugehörigkeit.
2. Analysieren Sie August Stramms Gedicht „Untreu" und vergleichen Sie es anschließend mit Eichendorffs Gedicht im Hinblick auf Gemeinsamkeiten und Unterschiede in der Gestaltung des Motivs der Untreue. Prüfen Sie abschließend kurz, inwieweit das Gedicht „Untreu" typische Merkmale eines expressionistischen Gedichts aufweist.

Joseph von Eichendorff: Lied[1] (1813)

In einem kühlen Grunde,
Da geht ein Mühlenrad,
Mein' Liebste ist verschwunden,
Die dort gewohnet hat.

5 Sie hat mir Treu versprochen,
Gab mir ein'n Ring dabei,
Sie hat die Treu gebrochen,
Mein Ringlein sprang entzwei.

Ich möcht als Spielmann reisen
10 Weit in die Welt hinaus
Und singen meine Weisen
Und gehn von Haus zu Haus.

Ich möcht als Reiter fliegen
Wohl in die blut'ge Schlacht,
15 Um stille Feuer liegen
Im Feld bei dunkler Nacht.

Hör ich das Mühlrad gehen,
Ich weiß nicht, was ich will,
Ich möcht am liebsten sterben,
20 Da wär's auf einmal still.

[1] Das Gedicht wurde später auch unter dem Titel „Das zerbrochene Ringlein" veröffentlicht.

August Stramm: Untreu (1915)

Dein Lächeln weint in meiner Brust
Die glutverbissenen Lippen eisen
Im Atem wittert Laubwelk!
Dein Blick versargt
5 Und
Hastet polternd Worte drauf.
Vergessen
Bröckeln nach die Hände!
Frei
10 Buhlt dein Kleidsaum
Schlenkrig
Drüber rüber!

Die Aufgabenstellung verstehen

1 Schreiben Sie aus der Aufgabenstellung die Operatoren (▶ Information, S. 207) heraus und formulieren Sie mit eigenen Worten, was damit jeweils gemeint ist.

2 Die erste Aufgabe gibt Ihnen vor, das Eichendorff-Gedicht aspektorientiert (▶ Information, S. 208) zu analysieren. Geben Sie die Aspekte an, auf die Sie sich konzentrieren sollen.

3 Erstellen Sie eine Liste mit der Reihenfolge Ihrer Arbeitsschritte. Vergleichen Sie Ihre Listen in Partnerarbeit.

Information Operatoren

Operatoren bezeichnen die konkreten Anforderungen, die Sie erbringen müssen, um die Klausuraufgabe zu lösen. Bei der Analyse literarischer Texte sind vor allem folgende Operatoren von Bedeutung:
- **analysieren:** Textstruktur, Textintention, Aufbau und Sprache (Satzbau, Wortwahl, rhetorische Figuren usw.) untersuchen und unter Berücksichtigung des Kontextes deuten,
- **darstellen:** z. B. einen Sachverhalt, einen Zusammenhang, eine Problemstellung darstellen,
- **untersuchen/erschließen:** an Texten, Textaussagen, Problemstellungen, Sachverhalten kriterienorientiert bzw. aspektgeleitet arbeiten,
- **vergleichen:** Gemeinsamkeiten und Unterschiede von Texten, Sachverhalten usw. ermitteln,
- **erläutern:** Textaussagen, Sachverhalte differenziert darstellen und veranschaulichen,
- **in Beziehung setzen:** Analyseergebnisse mit Textaussagen, Sachverhalten, Problemstellungen, vorgegebenen oder selbstgewählten Aspekten in Verbindung bringen,
- **deuten:** Untersuchungsergebnisse in einen Erklärzusammenhang bringen,
- **beurteilen:** zu einem selbstständigen, begründeten Sachurteil gelangen,
- **(kritisch) Stellung nehmen:** nach kritischer Prüfung und sorgfältiger Abwägung eine Einschätzung formulieren,
- **prüfen:** eine Textaussage, eine These usw. auf ihre Angemessenheit hin untersuchen.

Erstes Textverständnis und Ideen formulieren

1 a Begründen Sie, welche der folgenden Deutungsthesen auf das Eichendorff-Gedicht zutreffen. Stützen Sie Ihre Entscheidungen auf Belegstellen im Text.
  A Das lyrische Ich ist eifersüchtig auf den jetzigen Partner seiner ehemaligen Geliebten.
  B Das lyrische Ich befindet sich in einer existenziellen Krise und hat sogar Todesfantasien.
  C Das lyrische Ich ist nach der Erfahrung von Untreue voller Unrast.
  D Das lyrische Ich entwickelt Hassgefühle auf die untreue Frau.
b Formulieren Sie Deutungshypothesen zu dem Gedicht von August Stramm, in denen die Aussagen des Gedichts zusammenfassend gedeutet werden. Beginnen Sie z. B. so:
  Das lyrische Ich erlebt seine untreu gewordene Geliebte als …

2 a Eichendorffs Gedicht ist auf das Jahr 1813 datiert und fällt damit in die Epoche der Romantik (▶ S. 432 ff.). Stellen Sie in einer Mindmap Aspekte der Romantik zusammen, die Sie in dem Eichendorff-Gedicht erkennen können. Ordnen Sie in diese Mindmap z. B. die folgenden Begriffe ein: Wanderschaft/Flucht; Sehnsucht; typische Motive: Ring, Mühlrad; einfache Liedform. Ergänzen Sie die Mindmap in Ihrer weiteren Arbeit.
b Entwerfen Sie eine weitere Mindmap für die Epoche des Expressionismus (▶ S. 483 ff.) und das Gedicht von August Stramm. Ergänzen Sie auch diese Mindmap in Ihrer weiteren Arbeit.

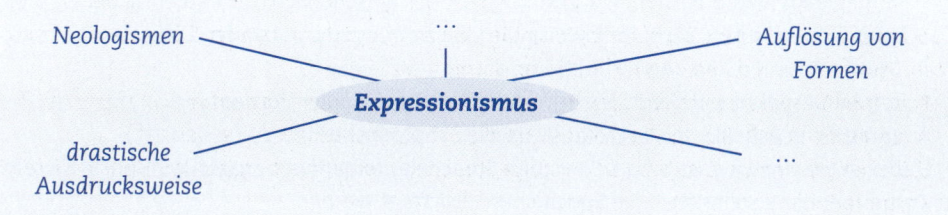

Den Text analysieren

1 Analysieren (▶ Information) Sie das **Gedicht von Eichendorff** Schritt für Schritt.

  a Stellen Sie die Aussagen der einzelnen Strophen zu den Themen „Untreue" (Strophe 1 und 2) und „ihrer Folgen" (Strophe 3 bis 5) in Stichpunkten nacheinander dar. Beginnen Sie z. B. so:
1. Strophe: Lyrisches Ich blickt auf … zurück
2. Strophe: Treueversprechen, dann …

  b Machen Sie sich Notizen zu formalen Aspekten und deren Wirkung in Bezug auf den Inhalt, z. B.:
Reim: … (unreiner … in V. … und V. …); Metrum: …, Strophenform: …
→ Reimschema, Metrum und Strophenbau passen – wie im Titel angekündigt – zur Form des Volkslieds.
→ Der unreine Reim im vorletzten Vers korrespondiert inhaltlich mit …

  c Untersuchen Sie die Sprache und deren Wirkung im Gedicht.
- Benennen Sie die beiden rhetorischen Figuren in V. 2/17 und 6/8 und erläutern Sie deren Wirkung, z. B. mit den folgenden Begriffen: *Vollkommenheit, Teufelskreis, Monotonie, Unfähigkeit zu entscheiden, Ewigkeit, Erinnerung, Unendlichkeit, kreisende Gedanken, Treue, Treuebruch.*
- Suchen Sie die Anaphern im Gedicht und stellen Sie einen Bezug zum Inhalt her. Beginnen Sie z. B. so: *Die Anapher „…" (V. 9, …, …) betont, dass das lyrische Ich drei …"*
- Suchen Sie aus dem Gedicht Antithesen heraus, die die Zerrissenheit des lyrischen Ichs betonen.

2 Analysieren Sie nun schrittweise das **Gedicht von Stramm**.

  a Fassen Sie den Inhalt in Stichpunkten zusammen. Beginnen Sie z. B. so:
Titel kündigt Thema … an; untreue Frau wird direkt …

  b Beschreiben Sie die Form des Gedichts und stellen Sie einen Zusammenhang zum Inhalt her, z. B.:
kein Reim und Metrum → passt zur Stimmung des lyrischen Ichs: …

  c Die folgenden Zitate charakterisieren die untreue Geliebte. Benennen Sie die rhetorischen Figuren und erläutern Sie deren Wirkung, indem Sie die jeweiligen Fragen beantworten.
- „Lächeln weint" (V. 1): Welche Wirkung hat das Lächeln der Geliebten?
- „Die glutverbissnen Lippen eisen" (V. 2): Wie wird die Geliebte durch diese Gegenüberstellung charakterisiert? Was bewirkt der Wortartwechsel von „Eis" zu „eisen"?
- „Laubwelk!" (V. 3): Wie stellen Sie sich den Atem vor? Was sagt das über die Geliebte aus?
- „Dein Blick versargt" (V. 4). Welche Assoziationen (versagen? Sarg?) werden dadurch erzielt? Was sagt diese Wortwahl über den Blick des lyrischen Du aus?

  d Arbeiten Sie aus dem Text weitere rhetorische Figuren heraus und erläutern Sie deren Wirkung.

Information   **Aspekte einer Gedichtanalyse**

Folgende **Aspekte** kann man **bei einer Gedichtanalyse** in den Blick nehmen:
- **inhaltliche Aspekte**, wobei der Untersuchungsschwerpunkt ggf. durch die Aufgabenstellung vorgegeben wird, z. B. Thema; Stimmung (z. B. des lyrischen Ichs); Darstellung der Figuren, ihrer Eigenschaften, Verhaltensweisen und Beziehungen zueinander; Darstellung von (Natur-)Räumen und deren Funktionen,
- **formale Aspekte,** z. B.: Reim, Metrum, Strophen- und Gedichtformen (▶ S. 197 f.),
- **sprachliche Aspekte**, z. B. Satzbau, Wortwahl, rhetorische Figuren (▶ S. 200 ff.).

Dabei ist es wichtig, dass Inhalt, Form und Sprache aufeinander bezogen werden. In diesem Zusammenhang sollte auch die **Epoche** berücksichtigt werden.

3 **a** Bereiten Sie den Vergleich der Gestaltung des Motivs der Untreue vor, indem Sie die folgende Tabelle weiter ausfüllen. Nutzen Sie dabei Ihre Vorarbeiten aus Aufgabe 1 und 2.

Aspekte des Vergleichs	„Lied"	„Untreu"
Beschreibung der ursprünglichen Situation	sie hat Treue …	–
Beschreibung der Untreue	…	…
Gefühle als Folge der Untreue	Sehnsucht, …	…
Handlung(en) als Folge der Untreue	…	lyrisches Ich spricht mit …
formale Aspekte, die die Gestaltung des Motivs unterstreichen	…	Verzicht auf Strophengliederung, …
sprachliche Aspekte, die die Gestaltung des Motivs unterstreichen	Metaphern (…) unterstreichen …	…

b Markieren Sie in Ihrer Tabelle Gemeinsamkeiten und Unterschiede in verschiedenen Farben.

Den Schreibplan erstellen und schreiben

1 Erstellen Sie für Ihren Aufsatz eine Gliederung (▶ Information, S. 190). Orientieren Sie sich dabei an den Arbeitsschritten, die die Aufgabenstellung vorgibt.

2 Verfassen Sie nun auf Grundlage Ihrer Gliederung Ihren Aufsatz.

a Machen Sie in einem Einleitungssatz wichtige Angaben zu Eichendorffs Gedicht (Autor, Titel, Textsorte, Erscheinungsjahr, Thema). Vervollständigen Sie z. B. den folgenden Satz:
Im Jahr … veröffentlichte … ein … mit dem Titel …, in dem er das Thema …

b Gestalten Sie die von Ihnen ausgewählten und weitere Deutungsthesen (▶ Information) zum Motiv der Untreue bei Eichendorff (▶ Aufgabe 1a, S. 208) ausführlich schriftlich aus. Beachten Sie, dass beim Zitieren mehrere Gedichtzeilen durch einen Schrägstrich abgetrennt werden. Beispiel:
Die Folge der Untreue besteht in Eichendorffs Gedicht darin, dass das lyrische Ich ein Getriebener voller Unrast ist. Es stellt sich nämlich vor, „[w]eit in die Welt hinaus" (V. 10) zu „reisen" (V. 9). Außerdem will es „als Reiter fliegen / Wohl in die blut'ge Schlacht" (V. 13f.) …

Information Deutungsthesen ausführen

Mit einer **Deutungsthese** erläutern Sie Ihr persönliches, vertieftes Textverständnis, das Sie bei der systematischen Analyse gewonnen haben. Folgende Vorgehensweise ist dabei sinnvoll:

These
↓
Beleg dafür
(z. B. durch Textzitat und/oder Beschreibung eines Gestaltungsphänomens)
↓
abschließende Deutung des Belegs
(als Rückbindung an die These)

Beispiel: *innere Unruhe des lyrischen Ichs*
↓
Beispiel: *lyrisches Ich will als Spielmann reisen (vgl. V. 9 ff.), in die Schlacht ziehen (vgl. V. 13 ff.), …, Alliteration unterstreicht …*
↓
Beispiel: *diese drei Überlegungen bilden seine Rastlosigkeit und innere Unruhe ab*

c Äußern Sie sich abschließend zum Epochenkontext des ersten Gedichts. Nutzen Sie dabei die Ergebnisse zu Aufgabe 2a auf S. 207 und passende Formulierungsbausteine.

> **Formulierungsbausteine: Werkübergreifende Aspekte**
> - *Die Aussage dieses Textes/Textauszugs/Gedichts kann vor dem Hintergrund der Epoche … betrachtet werden. Sowohl mit … als auch mit … repräsentiert der Text/der Textauszug/ das Gedicht die Epoche …, weil in dieser Epoche …*
> - *Der Autor/die Autorin sah sich zur Entstehungszeit des Textes/Gedichts mit … konfrontiert. Diese Erfahrungen haben sich im Text offensichtlich niedergeschlagen, denn …*
> - *Leben und Werk des Autors/der Autorin stehen in einem offensichtlichen Zusammenhang. Es gibt biografische Äußerungen des Autors/der Autorin, die …*
> - *Betrachtet man den Text/den Textauszug/das Gedicht im Vergleich zu anderen Werken des Autors/der Autorin, so ergibt sich folgendes Bild: …*
> - *Im Vergleich zu anderen Autoren/Texten aus derselben Epoche kann man feststellen, dass …*

d Formulieren Sie nach einer Überleitung (▶ Information, S. 241) auch zu dem Stramm-Gedicht Ihre Deutungsthesen (▶ Aufgabe 1b, S. 207) aus. Beginnen Sie z. B. so:
Auch in dem im Jahr … erschienenen Gedicht … von … wird das Motiv der Untreue … Allerdings lassen sich bezüglich der Entfaltung des Motivs und auch im Hinblick auf formale und sprachliche Aspekte deutliche … erkennen.

e Verfassen Sie auf der Basis Ihrer Tabelle (▶ Aufgabe 3, S. 209) mehrere Thesen zum Gedichtvergleich und führen Sie diese aus. Nutzen Sie die Formulierungsbausteine.

> **Formulierungsbausteine: Vergleich von Texten**
> - *Die Texte/Gedichte weisen einige Gemeinsamkeiten auf. In beiden steht das Thema … / die Erfahrung des/der … im Mittelpunkt. Die Texte/Gedichte stimmen überein in … Ähnlich wie in … Text/Gedicht, zeigt sich auch in … Text/Gedicht, dass … Legt man beide Texte nebeneinander, so ergibt sich … Beide Autoren …*
> - *Die beiden Texte/Gedichte weisen aber auch deutliche/markante Unterschiede auf./ Bei näherer Betrachtung fallen aber auch einige Unterschiede auf.*
> - *Während das lyrische Ich in … Gedicht …, äußert sich das lyrische Ich in … Gedicht eher … Im ersten Text/Gedicht …, wohingegen im zweiten Text/Gedicht …*
> - *Ein wesentlicher Unterschied ist auch im Hinblick auf die Sprache/die formale Gestaltung erkennbar, denn … Ganz anders angelegt ist der zweite Text/das zweite Gedicht, weil … Unterschiede zeigen sich auch in der Wortwahl der beiden Texte/Gedichte, denn bei … heißt es … Demgegenüber wählt … Formulierungen wie …*
> - *Die Unterschiede lassen sich auch mit Blick auf die Epochenzugehörigkeit erklären … Zieht man die unterschiedlichen geschichtlichen und literaturhistorischen Hintergründe hinzu, so zeigt sich, dass …*

f Geben Sie im **Schlussteil** des Aufsatzes einige Hinweise auf die Epochenzugehörigkeit des Gedichts von August Stramm (Aufgabe 2b, S. 207) und formulieren Sie ein abschließendes Fazit. Beginnen Sie z. B. so:
Das Gedicht von August Stramm wurde offensichtlich in der Epoche des Expressionismus verfasst. Typische Epochenmerkmale, die man in dem lyrischen Text wiederfindet, sind … Als Resümee des Textvergleichs ergibt sich, …

Den eigenen Text überarbeiten

1 a Überarbeiten Sie Ihren Text mit Hilfe der folgenden Checkliste.
b Vergleichen Sie Ihre Aufsätze in Partnerarbeit. Geben Sie sich gegenseitig ein Feedback: Worauf sollten Sie bei der nächsten Analyse besonders achten?

Checkliste   Ein Gedicht analysieren

- Hat der Aufsatz einen klaren **Aufbau**, der durch Absätze gegliedert ist?
- Haben Sie einleitend Textsorte, Titel, Autor, Entstehungsjahr und Thema genannt?
- Haben Sie bei beiden Gedichten die in der Aufgabenstellung genannten **Aspekte** (Motiv der Untreue und ihrer Folgen, Epochenzugehörigkeit) in den Mittelpunkt Ihrer **Analyse** gestellt?
- Sind Sie auch auf **formale und sprachliche Aspekte** eingegangen? Haben Sie diese zum Inhalt in Bezug gesetzt?
- Haben Sie Ihre **Deutungsthesen** hinreichend durch Belege und deren deutende Kommentierung abgesichert?
- Haben Sie Auszüge aus den beiden Gedichten fachlich korrekt **zitiert**?
- Haben Sie **Gemeinsamkeiten und Unterschiede** der beiden Gedichtaussagen umfassend und klar genug herausgearbeitet?
- Endet Ihr Aufsatz mit einem zusammenfassenden **Fazit**?
- Haben Sie Ihren Aufsatz auf Fehler in den Bereichen **Rechtschreibung**, **Grammatik** und **Zeichensetzung** durchgesehen?

2 Falls Sie in Ihrem Aufsatz einige Struktur- und Qualitätsprobleme festgestellt haben, können Sie die folgenden Hinweise nutzen, um Ihr Schreibverfahren zu verbessern.

Methode   Analyseaufsatz – Grundlegende Probleme lösen

Probleme ...	... und wie man sie lösen kann
■ wichtige Sachverhalte vergessen	■ **Gliederung:** vor dem Schreiben alle wichtigen Aspekte (vgl. Aufgabenstellung) in einer Gliederung zusammenstellen und die Gliederungspunkte bei der Niederschrift nach und nach abhaken
■ sich in nicht beweisbaren Spekulationen verlieren	■ **aktives Lesen:** nach der Festlegung von Deutungsthesen den Text erneut gründlich lesen ■ **Schreiben:** Behauptungen mit Zitaten belegen
■ die Gedanken ungeordnet wiedergeben und vieles nachträglich ergänzen	■ **Schreibplanung:** den Text beim aktiven Lesen mit Notizen versehen; die Notizen den Gliederungspunkten (s. o.) mit verschiedenfarbigen Markern zuordnen und sie so bündeln; jedes „Bündel" abarbeiten, bevor der nächste Gliederungsaspekt in Angriff genommen wird
■ beschreibende und deutende Aussagen ohne Bezug zueinander lassen	■ **Schreibplanung:** nach gründlichem Durcharbeiten des Textes Deutungsthesen formulieren und Teilergebnisse darauf beziehen ■ **Schreiben:** Deutungsthesen am Text belegen

3 Klassisches und modernes Drama vergleichen

Kabale und Liebe, Ludwigsburger Schlossfestspiele 2009

Der gute Mensch von Sezuan, Schauspiel Köln 2013

1. Schildern Sie Ihre persönlichen Eindrücke vom Theater. Was fasziniert Sie? Was stört Sie?
2. Notieren Sie in Stichpunkten, inwiefern sich die Textgattung Drama von der Gattung Epik, also z. B. von Erzählungen und Romanen, unterscheidet.
3. Vergleichen Sie die beiden Inszenierungsfotos. Welche Unterschiede in Bezug auf Kostüme, Requisiten und Bühnenelemente fallen Ihnen auf?

In diesem Kapitel erwerben Sie folgende Kenntnisse und Kompetenzen:

- Dramenszenen systematisch analysieren und vergleichen,
- Möglichkeiten des szenischen Interpretierens erproben,
- anhand von Inhaltsübersichten unterschiedliche Dramenstrukturen erfassen,
- Grundmuster des geschlossenen und des offenen Dramas kennen und unterscheiden,
- Goethes „Faust" als Sonderform des Dramas erkennen,
- literaturtheoretische Positionen zu Wirkungsabsicht und Wirkungsweise des Theaters kennen und sich damit auseinandersetzen,
- eine Dramenszene schriftlich analysieren,
- schriftlich einen dramentheoretischen Sachtext mit Bezug auf ein Drama erörtern.

3.1 Schillers „Kabale und Liebe", Brechts „Der gute Mensch von Sezuan", Goethes „Faust I" – Liebesszenen vergleichen

Schiller und Brecht: Figuren und Konflikte im gesellschaftlichen Umfeld

Friedrich Schiller: **Kabale und Liebe – Ein bürgerliches Trauerspiel** (1784) – I/4

[In Schillers bürgerlichem Trauerspiel „Kabale und Liebe" geht es um die gesellschaftlich nicht akzeptierte Liebesbeziehung zwischen dem adligen Ferdinand und der Bürgerstochter Luise. In der 4. Szene des ersten Aktes treten die beiden zum ersten Mal gemeinsam auf die Bühne.]

Ferdinand von Walter. Luise.
(Er fliegt auf sie zu – sie sinkt entfärbt und matt auf einen Sessel – er bleibt vor ihr stehn – sie sehen sich eine Zeit lang stillschweigend an. Pause.)

5 **FERDINAND:** Du bist blass, Luise?
LUISE: *steht auf und fällt ihm um den Hals* Es ist nichts. Nichts. Du bist ja da. Es ist vorüber.
FERDINAND: *ihre Hand nehmend und zum Munde führend* Und liebt mich meine Luise noch?
10 Mein Herz ist das gestrige, ist's auch das deine noch? Ich fliege nur her, will sehn, ob du heiter bist, und gehn und es auch sein – Du bist's nicht.
LUISE: Doch, doch, mein Geliebter.
15 **FERDINAND:** Rede mir Wahrheit. Du bist's nicht. Ich schaue durch deine Seele wie durch das klare Wasser dieses Brillanten. *Er zeigt auf seinen Ring.* Hier wirft sich kein Bläschen auf, das ich nicht merkte – kein Gedanke tritt in dies
20 Angesicht, der mir entwischte. Was hast du? Geschwind! Weiß ich nur diesen Spiegel helle, so läuft keine Wolke über die Welt. Was bekümmert dich?
LUISE: *sieht ihn eine Weile stumm und bedeutend*
25 *an, dann mit Wehmut* Ferdinand! Ferdinand! Dass du doch wüsstest, wie schön in dieser Sprache das bürgerliche Mädchen sich ausnimmt.
FERDINAND: Was ist das? *befremdet* Mädchen!
30 Höre! Wie kommst du auf das? – Du bist meine Luise. Wer sagt dir, dass du noch etwas sein solltest? Siehst du, Falsche, auf welchem Kaltsinn ich dir begegnen muss? Wärest du ganz nur Liebe für mich, wann hättest du Zeit gehabt, ei-
35 ne Vergleichung zu machen? Wenn ich bei dir bin, zerschmilzt meine Vernunft in einen Blick – in einen Traum von dir, wenn ich weg bin, und du hast noch eine Klugheit neben deiner Liebe? – Schäme dich! Jeder Augenblick,
40 den du an diesen Kummer verlorst, war deinem Jüngling gestohlen.
LUISE: *fasst seine Hand, indem sie den Kopf schüttelt* Du willst mich einschläfern, Ferdinand – willst meine Augen von diesem Abgrund hin-
45 weglocken, in den ich ganz gewiss stürzen muss. Ich seh in die Zukunft – die Stimme des Ruhms – deine Entwürfe – dein Vater – mein – Nichts. *Erschrickt und lässt plötzlich seine Hand fahren* Ferdinand! ein Dolch über dir und mir! –
50 Man trennt uns!
FERDINAND: Trennt uns! *Er springt auf* Woher bringst du diese Ahndung, Luise? Trennt uns? – Wer kann den Bund zweier Herzen lösen, oder die Töne eines Akkords auseinanderreißen? –
55 Ich bin ein Edelmann – Lass doch sehen, ob mein Adelbrief älter ist als der Riss zum unendlichen Weltall? oder mein Wappen gültiger als

die Handschrift des Himmels in Luisens Augen: Dieses Weib ist für diesen Mann? – Ich bin des Präsidenten Sohn. Eben darum. Wer als die Liebe, kann mir die Flüche versüßen, die mir der Landeswucher meines Vaters vermachen wird?

LUISE: O, wie sehr fürcht ich ihn – diesen Vater!

FERDINAND: Ich fürchte nichts – nichts – als die Grenzen deiner Liebe. Lass auch Hindernisse wie Gebirge zwischen uns treten, ich will sie für Treppen nehmen und drüber hin in Luisens Arme fliegen. Die Stürme des widrigen Schicksals sollen meine Empfindung emporblasen, Gefahren werden meine Luise nur reizender machen. – Also nichts mehr von Furcht, meine Liebe. Ich selbst – ich will über dir wachen, wie der Zauberdrach über unterirdischem Golde – Mir vertraue dich! Du brauchst keinen Engel mehr – Ich will mich zwischen dich und das Schicksal werfen – empfangen für dich jede Wunde – auffassen für dich jeden Tropfen aus dem Becher der Freude – dir ihn bringen in die Schale der Liebe. *Sie zärtlich umfassend.* An diesem Arm soll meine Luise durchs Leben hüpfen; schöner, als er dich von sich ließ, soll der Himmel dich wiederhaben und mit Verwunderung eingestehn, dass nur die Liebe die letzte Hand an die Seelen legte –

LUISE: *drückt ihn von sich, in großer Bewegung* Nichts mehr! Ich bitte dich, schweig! – Wüsstest du – Lass mich – du weißt nicht, dass deine Hoffnungen mein Herz wie Furien anfallen. *Will fort.*

FERDINAND: *hält sie auf* Luise? Wie! Was! Welche Anwandlung?

LUISE: Ich hatte diese Träume vergessen und war glücklich – Jetzt! jetzt! von heut an – der Friede meines Lebens ist aus – Wilde Wünsche – ich weiß es – werden in meinem Busen rasen. – Geh – Gott vergebe dir's – Du hast den Feuerbrand in mein junges, friedsames Herz geworfen, und er wird nimmer, nimmer gelöscht werden. *Sie stürzt hinaus. Er folgt ihr sprachlos nach.*

Bertolt Brecht: Der gute Mensch von Sezuan (1943) – Bild 3

[Drei Götter sind auf die Erde herabgestiegen, um einen „guten Menschen" zu finden, müssen jedoch feststellen, dass außer der Prostituierten Shen Te, die ihnen Obdach gewährt, alle Menschen egoistisch sind. – Im dritten Bild rettet Shen Te den arbeitslosen Flieger Sun, womit die große Liebe Shen Tes zu Sun ihren Anfang nimmt.]

SUN: *ruft ihnen nach* Aasgeier! *Zum Publikum:* Selbst an diesem abgelegenen Platz fischen sie unermüdlich nach Opfern, selbst im Gebüsch, selbst bei Regen suchen sie verzweifelt nach Käufern.

SHEN TE: *zornig* Warum beschimpfen Sie sie? *Sie erblickt den Strick.* Oh.

SUN: Was glotzt du?

SHEN TE: Wozu ist der Strick?

SUN: Geh weiter, Schwester, geh weiter! Ich habe kein Geld, nichts, nicht eine Kupfermünze. Und wenn ich eine hätte, würde ich nicht dich, sondern einen Becher Wasser kaufen vorher. *Es fängt an zu regnen.*

SHEN TE: Wozu der Strick? Das dürfen Sie nicht!

SUN: Was geht dich das an? Scher dich weg!

SHEN TE: Es regnet.

SUN: Versuch nicht, dich unter diesen Baum zu stellen.

SHEN TE: *bleibt im Regen stehen* Nein.

SUN: Schwester, laß ab, es hilft dir nichts. Mit mir ist kein Geschäft zu machen. Du bist mir auch zu häßlich. Krumme Beine.

SHEN TE: Das ist nicht wahr.

SUN: Zeig sie nicht! Komm schon, zum Teufel, unter den Baum, wenn es regnet! *Sie geht langsam hin und setzt sich unter den Baum.*

SHEN TE: Warum wollen Sie das tun?

SUN: Willst du es wissen? Dann werde ich es dir sagen, damit ich dich loswerde. *Pause.* Weißt du, was ein Flieger ist?

SHEN TE: Ja, in einem Teehaus habe ich Flieger gesehen.

SUN: Nein, du hast keine gesehen. Vielleicht ein paar windige Dummköpfe mit Lederhelmen,

Burschen ohne Gehör für Motore und ohne Gefühl für eine Maschine. Das kommt nur in eine Kiste, weil es den Hangarverwalter schmieren kann. Sag so einem: Laß deine Kiste aus 2000 Fuß Höhe durch die Wolken hinunter abfallen und dann fang sie wieder auf, mit einem Hebeldruck, dann sagt er: Das steht nicht im Kontrakt. Wer nicht fliegt, daß er seine Kiste auf den Boden aufsetzt, als wäre es sein Hintern, der ist kein Flieger, sondern ein Dummkopf. Ich aber bin ein Flieger. Und doch bin ich der größte Dummkopf, denn ich habe alle Bücher über die Fliegerei gelesen auf der Schule in Peking. Aber eine Seite eines Buches habe ich nicht gelesen und auf dieser Seite stand, daß keine Flieger mehr gebraucht werden. Und so bin ich ein Flieger ohne Flugzeug geworden, ein Postflieger ohne Post. Aber was das bedeutet, das kannst du nicht verstehen.

Shen Te: Ich glaube, ich verstehe es doch.

Sun: Nein, ich sage dir ja, du kannst es nicht verstehen, also kannst du es nicht verstehen.

Shen Te: *halb lachend, halb weinend* Als Kinder hatten wir einen Kranich mit einem lahmen Flügel. Er war freundlich zu uns und trug uns keinen Spaß nach und stolzierte hinter uns drein, schreiend, daß wir nicht zu schnell für ihn liefen. Aber im Herbst und im Frühjahr, wenn die großen Schwärme über das Dorf zogen, wurde er sehr unruhig, und ich verstand ihn gut.

Sun: Heul nicht.

Shen Te: Nein.

Sun: Es schadet dem Teint.

Shen Te: Ich höre schon auf.

Sie trocknet sich mit dem Ärmel die Tränen ab. An den Baum gelehnt, langt er, ohne sich ihr zuzuwenden, nach ihrem Gesicht.

Sun: Du kannst dir nicht einmal richtig das Gesicht abwischen.

Er wischt es ihr mit einem Sacktuch ab. Pause.

Sun: Wenn du schon sitzen bleiben mußtest, damit ich mich nicht aufhänge, dann mach wenigstens den Mund auf.

Shen Te: Ich weiß nichts.

Sun: Warum willst du mich eigentlich vom Ast schneiden, Schwester?

Shen Te: Ich bin erschrocken. Sicher wollten Sie es nur tun, weil der Abend so trüb ist.

Zum Publikum:

In unserem Lande
Dürfte es trübe Abende nicht geben
Auch hohe Brücken über die Flüsse
Selbst die Stunde zwischen Nacht und Morgen
Und die ganze Winterzeit dazu, das ist
   gefährlich.
Denn angesichts des Elends
Genügt ein Weniges
Und die Menschen werfen
Das unerträgliche Leben fort.

1 Bevor die Liebe zwischen Luise und Ferdinand an den Standesschranken der Zeit zerbricht, zeigt uns Schiller das Paar hin und her gerissen zwischen Hoffnungen und Ängsten.
  a Schildern Sie die Gefühle der beiden Figuren.
  b Versuchen Sie aufgrund der Szene eine Charakterisierung von Ferdinand und Luise.

2 a Lesen Sie die Szene aus „Kabale und Liebe" mit verteilten Rollen.
  b Erproben Sie verschiedene Sprechweisen, z. B. *pathetisch – nüchtern – …*
  c Diskutieren Sie im Rückgriff auf Aufgabe 1, welche Sprechweisen dem Text angemessen sind.

3 a „Ein Flieger ohne Flugzeug" – Stellen Sie mit eigenen Worten dar, welche Lebensumstände Sun zu seinem Selbstmordversuch treiben.
  b Was erfahren Sie über Shen Te? Beschreiben Sie ihre Eigenschaften stichwortartig.

4 Vergleichen Sie die Sprechweisen der Protagonisten in beiden Szenen unter folgenden Gesichtspunkten:
  – Sprachschicht und Sprachstil,
  – Kommunikationsverhalten,
  – Kommunikationsstörungen,
  – nonverbales Verhalten.
  Tipp: Nutzen Sie die Hinweise aus dem ▶ Informationskasten.

5 Untersuchen Sie die Rolle des Publikums in Brechts Theaterstück. Gehen Sie dabei v. a. auf die ▶ Zeilen 86 ff. ein.

6 Diskutieren Sie, inwiefern sich die beiden Liebesbeziehungen vergleichen lassen.

| **Methode** | **Analyse von Dramenszenen – Dialoganalyse** |

- **Gesprächsgegenstand/Inhalt der Szene:** Bühnenhandlung, Inhalt des Gesprächs, Positionen, Argumente, …
- **Gesprächssituation:** Ort, Zeit, Atmosphäre, …
- **Figuren:** Motive, persönliche Situation, Weltanschauung, Verhaltensweisen, Eigenschaften, …
- **Figurenkonstellation:** Beziehungen zueinander, gesellschaftlicher Kontext, …
- **Formaler Aufbau:** Gliederung, Verteilung von Dialog und Monolog, Regieanweisungen, …
- **Gesprächsverlauf:** Art des Beginns und des Endes, Konfliktentwicklung, Wendepunkt(e), …
- **Gesprächsart:** Diskussion, Verhör, Streit, Entscheidungssuche, Plauderei, …
- **Kommunikationsverhalten:** Redeanteil, Sprecherwechsel, Gesprächsbeteiligung, Redeinitiative, symmetrisch (gleichberechtigt), komplementär (sich ergänzend), überlegen, unterlegen, Formen sprachlichen Handelns (fragen, vorwerfen, bitten, informieren, …)
- **Nonverbales Verhalten:** Bewegungen, Gestik, Mimik, Körperhaltungen, …
- **Kommunikationsstörungen:** Missverständnisse, Widersprüche, Täuschungen, …
- **Sprachschicht, Sprachstil** (▶ S. 326): Hochsprache – Alltagssprache – Jargon, geschlechtsspezifisch, zeittypisch, sprachliche Brüche
- **Rhetorische Figuren und ihre Funktion** (▶ S. 200 ff.): Antithesen, Ellipsen, Euphemismen, Hyperbeln, Ironie, Metaphern, …
- **Adressatenbezug:** Adressaten in und außerhalb der Szene, Art der Ansprache
- **Kontextuierung der Szene:** Stellung im Dramenzusammenhang und -aufbau, Vorgeschichte, Bedeutung der Szene für den weiteren Verlauf, Vorerwartungen des Publikums, …

---

7 **Transferaufgabe:** Erläutern Sie die Sprechweisen der Figuren in einem anderen Ihnen bekannten Drama.

Strukturen des klassischen und des modernen Dramas

Friedrich Schiller: **Kabale und Liebe – Ein bürgerliches Trauerspiel** (1784)

Akt/Szene		Ort	Bühnengeschehen
I	1.–4.	Zimmer beim Musikus (dem Vater von Luise)	Der alte Stadtmusikant Miller ist gegen die Verbindung seiner Tochter Luise zu Ferdinand, dem Sohn des Präsidenten. Wurm, der Sekretär des Präsidenten, möchte Luise für sich gewinnen und schmiedet Pläne, die die Verbindung zwischen Ferdinand und Luise verhindern sollen. Ferdinands Liebesschwüren begegnet Luise zurückhaltend. Ferdinand bleibt verwirrt zurück.
	5.–7.	Saal beim Präsidenten	Wurm informiert den Präsidenten über Ferdinands Liebe zu Luise. Dieser hat Lady Milford, die Geliebte des Herzogs, als Braut für seinen Sohn ausersehen, um seinen Einfluss am Hof zu mehren. Hofmarschall von Kalb soll Tatsachen schaffen, indem er die Verlobung in der ganzen Residenz bekannt gibt. Der Versuch des Präsidenten, Ferdinand zu einer Liaison mit Lady Milford zu überreden, endet mit der Verfluchung des Vaters durch seinen Sohn.
II	1.–3.	Ein Saal im Palais der Lady Milford	Ferdinand will Lady Milford zum Verzicht auf die geplante Verbindung bewegen, indem er ihr den moralischen Spiegel vorhält. Zu seiner Überraschung erweist sich die Lady als edelmütige, vom Schicksal geschlagene Frau, die die Verbindung zum Herzog nutzt, um dessen Willkürherrschaft zu mildern. Sie zeigt echte Liebe zu Ferdinand, aber Ferdinand bekennt seine Liebe zu Luise.
	4.–7.	Zimmer beim Musikus	Ferdinand erneuert sein Bekenntnis zu Luise. Als der Präsident in der Wohnung Millers erscheint und der Familie mit Verhaftung und Pranger droht, greift Ferdinand zum Degen und droht damit, dem Fürsten zu verraten, dass sein Vater durch einen Mord an seinem Vorgänger in sein Amt gekommen ist. Daraufhin lässt der Präsident von seinem Vorhaben ab.
III	1.–3.	Saal beim Präsidenten	Wurm schlägt dem Präsidenten eine Intrige vor: Der alte Miller und seine Frau sollen wegen angeblicher Beleidigung des Fürsten in den Kerker geworfen werden. Außerdem wird Luise gezwungen, einen Liebesbrief an den Hofmarschall von Kalb zu schreiben, um ihren Vater vor dem Schafott zu retten. Dieser Brief soll Ferdinand in die Hände gespielt werden. Alle Beteiligten sollen durch Drohungen gefügig gemacht und zum Schweigen verpflichtet werden. Wurm setzt die Intrige mit der Verhaftung von Luises Eltern in Gang.
	4.–6.	Zimmer in Millers Wohnung	Ferdinand versucht Luise in einer hitzigen Aussprache zur Flucht zu bewegen. Auch ihre Eltern will er retten. Luise lehnt jedoch aus Furcht vor einer Hinrichtung des Vaters ab. Ferdinand glaubt nun, dass sie einen Liebhaber hat. Voller Angst um die Eltern bleibt Luise zurück. Wurm erpresst sie, den Liebesbrief an den Hofmarschall zu schreiben. Sein Angebot, sie trotz der unausweichlichen Beschädigung ihres guten Rufs zu heiraten, weist Luise entschieden zurück.

IV	1.–5.	Saal beim Präsidenten	Ferdinand wird der Brief zugespielt. Er fühlt sich betrogen und will sich mit dem Hofmarschall duellieren. Dieser weicht aus und will die Intrige offenbaren. Doch Ferdinand glaubt ihm nicht. Er will Luises „Untreue" rächen. Sein Vater stimmt heuchlerisch seiner Heirat mit Luise zu und stürzt Ferdinand dadurch in neue Verwirrung.
	6.–9.	Ein sehr prächtiger Saal bei der Lady	Lady Milford bietet Luise erfolglos den Posten der Kammerdienerin an. Sie erkennt die lautere Gesinnung und den edlen Charakter Luises und kommt zu dem Entschluss, ihre Beziehung zum Herzog zu beenden und dem Hofleben zu entsagen.
V	1.–8.	Zimmer beim Musikus	Miller ist aus der Haft entlassen. Er muss seine ganze Kraft aufwenden, um Luise von dem geplanten Selbstmord an Ferdinands Seite abzuhalten. Ferdinand glaubt immer noch an die Schuld Luises. Er schüttet Gift in die Limonade, von der er und Luise trinken. Sterbend enthüllt Luise die Intrige. Ferdinand will seinen herbeieilenden Vater töten, der die Schuld zunächst auf Wurm schiebt. Sterbend verzeiht Ferdinand seinem Vater, der sich daraufhin reuevoll der Justiz stellt.

Bertolt Brecht: Der gute Mensch von Sezuan (1943)

Szene	Ort	Bühnengeschehen
Vorspiel	Eine Straße in der Hauptstadt von Sezuan	Der Wasserverkäufer Wang berichtet dem Publikum, er habe gehört, einige Götter seien zur Erde herabgestiegen, um nach dem Rechten zu sehen. Er erwartet sie am Abend am Eingang der Stadt. Die drei Götter wollen beweisen, dass es gute Menschen gibt und dass trotz aller Klagen die Welt so bleiben kann, wie sie ist. Sie sind fürs Erste damit zufrieden, wenigstens einen guten Menschen gefunden zu haben: die Prostituierte Shen Te, die bei Wangs Suche nach einem Nachtlager für die Fremden als Einzige bereit ist, sie aufzunehmen. Zwar hält sie sich nicht immer an die Gebote der Götter, doch sie rechtfertigt das damit, dass sie anders ihre Miete nicht bezahlen könne. Daraufhin geben ihr die Götter als Dank für das Nachtquartier 1000 Silberdollar.
1	Ein kleiner Tabakladen	Mit dem Geld der Götter hat sich Shen Te einen Tabakladen gekauft, um mit ihm Gutes zu tun. Doch sie versorgt bald so viele Arme, dass ihr der Bankrott droht. Auch wird sie vom Schreiner, der ihr die Ladenregale baute, und der Vermieterin unter Druck gesetzt. In ihrer Not erfindet sie einen Vetter Shui Ta, der ihre Schulden übernehmen soll.
Zwischenspiel	Unter einer Brücke	Die Götter beauftragen Wang, nach Shen Te zu sehen und ihnen von ihr zu berichten.
2	Der Tabakladen	Am nächsten Morgen tritt Shen Te in Gestalt von Shui Ta auf und lässt die Armen aus ihrem Laden von der Polizei hinauswerfen. Den Schreiner, dem Shen Te Geld schuldet, speist Shui Ta mit einer geringen Summe ab und die Vermieterin beruhigt er dadurch, dass er eine Heiratsannonce für Shen Te aufgibt.

3	Abendlicher Stadtpark	Der arbeitslose Flieger Sun will sich im Park erhängen. Shen Te kommt herbei und hält ihn davon ab.
Zwischenspiel	Wangs Nachtlager in einem Kanalrohr	Wang berichtet den erbosten Göttern von Shui Tas Vorgehen.
4	Platz vor Shen Tes Tabakladen	Shen Te wendet sich an das Publikum und schildert begeistert die morgendliche Stadt. Einige Arme haben sich erneut vor ihrem Laden eingefunden. Glück hat sie, weil ein altes Teppichhändlerpaar ihr 200 Silberdollar für die Halbjahresmiete leiht. Sie gibt dieses Geld jedoch weiter an Suns Mutter, da der Sohn Aussicht hat, für 500 Silberdollar eine Postfliegerstelle zu erhalten.
Zwischenspiel	Vor dem Vorhang	Shen Te tritt auf, in den Händen die Maske und den Anzug Shui Tas. Sie singt das „Lied von der Wehrlosigkeit der Götter und Guten". Während des Liedes setzt sie Shui Tas Maske auf und singt mit dessen Stimme weiter.
5	Der Tabakladen	Shui Ta steht im Laden, als Sun erscheint. Er versichert Shui Ta, dass er Shen Te heiraten und mit ihr in Peking eine neue Existenz aufbauen wolle. Der Laden soll an die Vermieterin verkauft werden, die 300 Silberdollar dafür zahlen würde, genau das Geld, das Sun noch für seine Fliegerstelle fehlt. Als Sun jedoch eröffnet, dass er zunächst allein nach Peking gehen wolle, wird Shui Ta misstrauisch und jagt ihn davon. Um den Laden zu retten, verspricht er dem reichen Barbier Shu Fu seine Kusine Shen Te. Da kommt Sun zurück, und als Shen Te erscheint, gewinnt er wieder ihr Herz. Sie verlässt mit Sun den Laden.
Zwischenspiel	Vor dem Vorhang	Shen Te erzählt dem Publikum, dass sie dem alten Paar die geliehenen 200 Silberdollar zurückzahlen und den Laden weiterführen will. Sun würde aus Liebe zu ihr sicher auf die Fliegerstelle verzichten.
6	Nebenzimmer eines billigen Restaurants in der Vorstadt	Shen Te und Sun befinden sich im Kreis ihrer Hochzeitsgesellschaft. Sun wartet auf Shui Ta und auf die 300 Silberdollar aus dem Verkauf des Ladens für seine Fliegerstelle. Er hat zwei Fahrkarten nach Peking gekauft im Glauben, er könne damit Shui Tas Widerstand gegen die Verbindung brechen. Mit der Trauung will er warten, bis Shui Ta mit dem Geld kommt. Dabei hört er nicht auf Shen Te, die Shui Tas Kommen bezweifelt. Zudem brauche sie 200 Silberdollar für das alte Paar. Die Hochzeit fällt aus.
Zwischenspiel	Wangs Nachtlager	Wang fordert die Götter auf, Shen Te zu helfen, was diese aber ablehnen.
7	Hof hinter Shen Tes Tabakladen	Shen Te muss den Laden endgültig verkaufen. Dem Publikum verrät sie ihre Schwangerschaft; das Kind solle wie der Vater Flieger werden. Den Blankoscheck, den ihr der Barbier Shu Fu, beeindruckt von ihrer Güte, anbietet, zögert sie anzunehmen. Erneut greift Shui Ta ein. Er trägt in den Scheck 10 000 Silberdollar ein und eröffnet eine Tabakfabrik in den Baracken, die der Barbier den Armen als Bleibe angeboten hatte. Die Armen dienen ihm als billige Arbeitskräfte.

Zwischen-spiel	Wangs Nachtlager	Wang bittet die Götter, ihre Erwartungen an Shen Te zu verringern. Dies verweigern sie.
8	Shui Tas Tabakfabrik	In Shui Tas Fabrik werden die Arbeiter rücksichtslos ausgebeutet. Auch Sun stellt er ein, dem er gleich die von Shen Te erhaltenen 200 Silberdollar vom Lohn abzieht. Sun schmeichelt sich jedoch bei Shui Ta ein und wird Aufseher, der die Arbeiter gnadenlos antreibt.
9	Shen Tes Tabakladen	Der dick gewordene Shui Ta kann die Nachfragen von Wang und anderen über Shen Tes Verbleib kaum mehr beantworten. Als Sun erfährt, dass Shen Te bei ihrem Weggang schwanger war, stellt er sich auf die Seite der skeptischen Frager. Wegen Verdachts, Shen Te ermordet zu haben, wird Shui Ta verhaftet.
Zwischen-spiel	Wangs Nachtlager	Die Götter finden keine weiteren guten Menschen. Alle ihre Hoffnungen ruhen auf Shen Te.
10	Gerichtslokal	In den Richterroben stecken die drei Götter. Der von den Zeugen in die Enge getriebene Shui Ta bittet darum, den Saal räumen zu lassen, woraufhin er sich als Shen Te zu erkennen gibt. Sie erklärt, dass man in einer schlechten Welt nicht gut sein könne, wenn man überleben will. Die Götter wollen jedoch in ihr weiter nur den guten Menschen sehen und schweben mit Gesang auf einer rosa Wolke empor zum Himmel.
Epilog		Ein Schauspieler tritt vor den Vorhang und entschuldigt sich beim Publikum, dass man keinen rechten Schluss gefunden habe. So sei der Vorhang nun zu und „alle Fragen offen". Vielleicht brauche man andere Götter oder gar keine, um etwas zu ändern. Das Publikum solle sich selbst einen Schluss denken.

1 Arbeiten Sie mit Hilfe der Tabelle Unterschiede in der Struktur der Stücke heraus.

Vergleichsaspekte	„Kabale und Liebe"	„Der gute Mensch von Sezuan"
Äußerer Aufbau/Gliederung		
Handlungsführung und Spannungsaufbau		
Gestaltung von Anfang und Schluss		
Orte und Zeiträume/zeitliche Zusammenhänge		
Figuren (Herkunft/Stand, Lebensumstände, Eigenschaften) und ihre Konstellation		

2 Erläutern Sie, welche mögliche Wirkung auf das Publikum sich aus der jeweiligen Struktur der Stücke ergibt.

3 Begründen Sie, welches der beiden Stücke Sie für einen Theaterbesuch auswählen würden.

Das klassische Drama und die geschlossene Form

> **Information**   **Das klassische Drama**
>
> Das europäische Drama hat seinen Ursprung im antiken Griechenland. Das zeigen schon einige gattungsspezifische Bezeichnungen, die aus dem Griechischen stammen: **Drama** (Handlung, Schauspiel), **Theater** (Zuschauerraum, Schauspielhaus), **Szene** (Bühne, Teil der Bühnenhandlung), **Dialog** (Wechselrede) und **Monolog** (Einzelrede), **Tragödie** (Trauerspiel) und **Komödie** (Lustspiel). Das Drama hat religiöse Wurzeln und entwickelte sich aus kultischen Handlungen mit Umzügen, Verkleidungen, Gesang und Tanz. Aus diesen volkstümlichen Traditionen schufen drei der berühmtesten attischen Dichter, **Aischylos** (ca. 525–456 v. Chr.), **Sophokles** (497/96–406/405 v. Chr.) und **Euripides** (480–406 v. Chr.), eine künstlerische Ausdrucksform, die als „klassische" Tragödie oder Komödie Eingang in die Literatur des Abendlandes gefunden hat. Inhalte der griechischen **Tragödien** waren Mythen (Geschichten von Göttern und Heroen) und historische Ereignisse. Die Tragödien thematisierten den – angesichts ethischer Maßstäbe und göttlicher Schicksalsmächte – beschränkten menschlichen Willen. Die **Komödien** beschäftigten sich dagegen hauptsächlich mit gesellschaftlichen Themen, die auch Raum zur persönlichen Auseinandersetzung boten. **Aristophanes** (ca. 445–385 v. Chr.) ist der einzige attische Dichter, von dem einige Komödien vollständig erhalten sind. Der Erste, von dem eine Theorie des Dramas überliefert wurde und der dabei Grundsätzliches zu dessen Funktion und Struktur beschrieb und festlegte, war der griechische Philosoph **Aristoteles** (384–321 v. Chr.). Seine nur in Bruchstücken erhaltene **„Poetik"** (Lehre von Wesen, Form und Wirkung der Dichtung) führt Maßstäbe und Regeln auf, die in der Geschichte des europäischen Theaters lange Zeit als verbindlich galten. Auch moderne Theaterschriftsteller, wie z. B. **Bertolt Brecht** (1898–1956), setzten ihre theoretischen Überlegungen meist bei Aristoteles an, um das Neue und Andersartige ihrer Stücke aufzuzeigen.

Aristoteles: **Kennzeichen der Tragödie** (um 335 v. Chr.)

Die Tragödie ist die Nachahmung einer edlen und abgeschlossenen Handlung von einer bestimmten Größe in gewählter Rede, derart, dass jede Form solcher Rede in gesonderten Teilen erscheint und dass gehandelt und nicht berichtet wird und dass mit Hilfe von Mitleid und Furcht eine Reinigung (Katharsis) von eben derartigen Affekten bewerkstelligt wird. Es dürfen also Handlungen, die gut aufgebaut sind, weder an einem beliebigen Punkte beginnen noch an einem beliebigen Punkte aufhören.

Die Teile der Handlungen müssen so zusammengesetzt sein, dass das Ganze sich verändert und in Bewegung gerät, wenn ein einziger Teil umgestellt oder weggenommen wird. Wo aber Vorhandensein oder Fehlen eines Stückes keine sichtbare Wirkung hat, da handelt es sich gar nicht um einen Teil des Ganzen.
Die Tragödie versucht so weit wie möglich, sich in einem einzigen Sonnendurchlauf oder doch nur wenig darüber hinaus abzuwickeln.

1
  a   Verfassen Sie zu zweit einen Dialog, in dem durch Frage und Antwort die wesentlichen Merkmale der aristotelischen Poetik wiedergegeben, erläutert und ggf. auch begründet werden.
  b   Vergleichen Sie im Kurs Ihre Dialoge. Welches sind die Kernbegriffe von Aristoteles' Poetik?

2   **Referat/Facharbeit:** Stellen Sie ein antikes griechisches Drama mit Bezug auf die „Poetik" vor. Vergleichen Sie ein antikes Drama mit einer modernen Bearbeitung (z. B.: **Sophokles:** Antigone, **J. Anouilh:** Antigone oder **R. Hochhuth:** Berliner Antigone; **Euripides:** Medea, **H. Müller:** Verkommenes Ufer. Medeamaterial; **Aristophanes:** Lysistrata, **R. Hochhuth:** Lysistrata und die NATO).

> **Information** **Die geschlossene Form**
>
> Das klassische Drama, das den Regeln des **Aristoteles** folgt (▶ S. 221), wird als Drama der geschlossenen Form bezeichnet. Der Schriftsteller und Literaturwissenschaftler **Gustav Freytag** (1816–1895) hat diese Form in dem folgenden Schema auf idealtypische Weise veranschaulicht:
>
>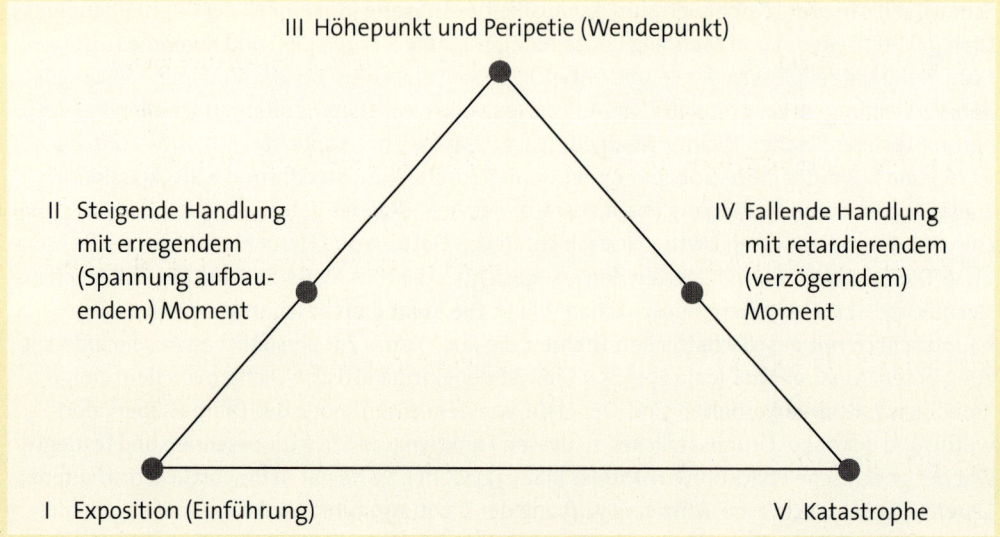
>
> In Anlehnung an Aristoteles fordert Freytag für das klassische Drama auch die **Einheit der Handlung, der Zeit und des Ortes** sowie das **Prinzip der durchgängigen Kausalität**.

1 Versuchen Sie, das Schema Freytags mit eigenen Worten zu beschreiben. Sie können sich dabei zusätzlich an der Verlaufsübersicht zu „Kabale und Liebe" (▶ S. 217 f.) orientieren.

2 a Erläutern Sie, inwiefern die Einheit von Handlung, Zeit und Ort auf Aristoteles zurückgeht.
  b Untersuchen Sie, ob die drei Einheiten in Schillers „Kabale und Liebe" eingehalten werden.

3 Diskutieren Sie den Wert solcher Regelwerke, wie Aristoteles und Freytag sie für das Drama aufgestellt haben. Was ist mit ihnen gewonnen? Wo liegen Grenzen und Gefahren?

4 **Transferaufgabe:** Wählen Sie ein Ihnen bekanntes Drama und erläutern Sie, inwieweit es der geschlossenen Form entspricht.

Das epische Theater und die offene Form

> **Information** **Das Drama der offenen Form**
>
> Erst im 20. Jahrhundert gewannen Spielarten eines nicht aristotelischen Dramas der offenen Form an Bedeutung und entfalteten eine immer größer werdende Wirkungsgeschichte. Die wohl wichtigste Variante entwickelte seit Ende der 1920er-Jahre **Bertolt Brecht** (1898–1956) mit seinem **epischen Theater**. Unter „episch" verstand er eine Art der Darbietung des Geschehens, wie sie der Erzähler in der epischen Gattung verwendet. Dem Publikum sollte die Illusion genommen werden, dass es – unbemerkt von den Schauspielern auf der Bühne – ein unmittelbares Geschehen miterlebe. Damit verfolgte Brecht eine ganz andere Wirkungsabsicht als das Theater aristotelischer Prägung.

Bertolt Brecht: Die dramatische und die epische Form des Theaters (1938)

Aristotelische Form des Theaters	Epische Form des Theaters
Die Bühne verkörpert einen Vorgang	sie erzählt ihn
verwickelt den Zuschauer in eine Aktion	macht den Zuschauer zum Betrachter
verbraucht seine Aktivität	weckt seine Aktivität
ermöglicht ihm Gefühle	erzwingt von ihm Entscheidungen
es wird mit Suggestion gearbeitet	es wird mit Argumenten gearbeitet
die Empfindungen werden konserviert	bis zu Erkenntnissen getrieben
der Mensch wird als bekannt vorausgesetzt	der Mensch ist Gegenstand der Untersuchung
der unveränderliche Mensch	der veränderliche und verändernde Mensch
Spannung auf den Ausgang	Spannung auf den Gang
eine Szene für die andere	jede Szene für sich
die Geschehnisse verlaufen linear	in Kurven
die Welt, wie sie ist	die Welt, wie sie wird
was der Mensch soll	was der Mensch muß
das Denken bestimmt das Sein	das gesellschaftliche Sein bestimmt das Denken

1. a Wählen Sie drei Gegenüberstellungen aus und erläutern Sie diese in Ihrem Kurs. Verwenden Sie zur Veranschaulichung Beispiele aus den beiden Verlaufsübersichten zu „Kabale und Liebe" und „Der gute Mensch von Sezuan" (▶ S. 217 ff.).
   b Fassen Sie Ihre Erkenntnisse in wenigen Sätzen zusammen. Sie können so beginnen:
   In Brechts epischem Theater sollte es nicht mehr wie im aristotelischen Theater um Gefühlserlebnisse (Furcht und Mitleid) gehen, sondern ...
2. Suchen Sie aus „Der gute Mensch von Sezuan" (▶ S. 214 f. und S. 238) Beispiele für Verfremdungseffekte (▶ Information) und erläutern Sie deren Funktion.
3. Nehmen Sie eine Umarbeitung der Szene aus Schillers „Kabale und Liebe" (▶ S. 213 f.) im Sinne des epischen Theaters vor. Beachten Sie dazu noch einmal die Information zum Verfremdungseffekt.

Information **Verfremdungseffekt**

Prinzip der Historisierung: Die Handlung, an der gegenwärtige und vertraute gesellschaftliche Verhältnisse gezeigt werden sollen, wird in andere historische und/oder geografische Räume verlegt.
Dialektisches Prinzip: Das Publikum stößt immer wieder auf Widersprüche:
a im Aufbau der Handlung, indem Szenen mit gegensätzlichen Aussagen einander folgen;
b im Verhalten der Figuren, deren Sagen und Handeln nicht übereinstimmen oder die als gespaltene Persönlichkeiten dargestellt werden.

Prinzip der Demonstration und Desillusionierung:
a Die Darstellerinnen und Darsteller identifizieren sich nicht mit ihren Rollen, sondern treten aus diesen Rollen heraus, indem sie sich plötzlich an das Publikum wenden. Sie treten dabei an die Rampe, um einen Text, z. B. ein Lied, vorzutragen, der die Handlung kommentiert, oder sie legen erst auf der Bühne ihre Kostüme an. Sie *sind* nicht die darzustellende Figur, gehen also nicht völlig in ihr auf, sondern sie *zeigen* sie.
b Das Bühnenbild bietet keinen vermeintlich realen Schauplatz bzw. keine stimmungsvolle Kulisse, sondern durch Tafeln, Projektionen und andere Mittel der Bühnentechnik werden zusätzliche Informationen zur Handlung sowie Kommentare abgegeben.

Prinzip verschiedener „Sprachebenen": Die Sprache ist weder die gehobene literarische Sprache des traditionellen Theaters noch Alltagssprache, sondern eine eigene Kunstsprache mit verschiedenen Sprachebenen. Dabei wechseln die Figuren z. T. sprunghaft ihre Sprachebene und verwenden, häufig unangemessen, Sprichwörter oder Zitate.

Eine Sonderform des Dramas – Goethe: Faust I

Johann Wolfgang Goethe: **Faust I** – Prolog im Himmel (V. 293–329)

Der Herr. Die himmlischen Heerscharen. Nachher Mephistopheles. Die drei Erzengel treten vor.
DER HERR: Hast du mir weiter nichts zu sagen?
Kommst du nur immer anzuklagen?
295 Ist auf der Erde ewig dir nichts recht?
MEPHISTOPHELES: Nein Herr! ich find' es dort, wie immer, herzlich schlecht.
Die Menschen dauern mich in ihren Jammertagen,
Ich mag sogar die armen selbst nicht plagen.
DER HERR: Kennst du den Faust?
MEPHISTOPHELES: Den Doktor?
DER HERR: Meinen Knecht!
300 MEPHISTOPHELES: Fürwahr! er dient Euch auf besondre Weise.
Nicht irdisch ist des Toren Trank noch Speise.
Ihn treibt die Gärung in die Ferne,
Er ist sich seiner Tollheit halb bewusst;
Vom Himmel fordert er die schönsten Sterne
305 Und von der Erde jede höchste Lust,
Und alle Näh und alle Ferne
Befriedigt nicht die tiefbewegte Brust.
DER HERR: Wenn er mir jetzt auch nur verworren dient,
So werd' ich ihn bald in die Klarheit führen.
310 Weiß doch der Gärtner, wenn das Bäumchen grünt,
Dass Blüt' und Frucht die künft'gen Jahre zieren.
MEPHISTOPHELES: Was wettet Ihr? den sollt Ihr noch verlieren,
Wenn Ihr mir die Erlaubnis gebt,
Ihn meine Straße sacht zu führen!
DER HERR: Solang er auf der Erde lebt, 315
Solange sei dir's nicht verboten.
Es irrt der Mensch solang' er strebt.
MEPHISTOPHELES: Da dank' ich Euch; denn mit den Toten
Hab' ich mich niemals gern befangen. [...]
DER HERR: Nun gut, es sei dir überlassen!
Zieh diesen Geist von seinem Urquell ab,
Und führ' ihn, kannst du ihn erfassen, 325
Auf deinem Wege mit herab,
Und steh beschämt, wenn du bekennen musst:
Ein guter Mensch in seinem dunklen Drange
Ist sich des rechten Weges wohl bewusst.

Johann Wolfgang Goethe: Faust I – Studierzimmer (V. 1548–1706)

[Faust, ein überaus angesehener Mediziner und Wissenschaftler, befindet sich in einer Erkenntniskrise, die ihn fast in den Selbstmord treibt. Als Mephistopheles, also der Teufel, seine Nähe sucht, klagt er diesem sein Leid.]

FAUST: [...]
Was kann die Welt mir wohl gewähren?
Entbehren sollst du! sollst entbehren!
1550 Das ist der ewige Gesang,
Der jedem an die Ohren klingt,
Den, unser ganzes Leben lang,
Uns heiser jede Stunde singt.
Nur mit Entsetzen wach' ich morgens auf,
1555 Ich möchte bittre Tränen weinen,
Den Tag zu sehn, der mir in seinem Lauf
Nicht *einen* Wunsch erfüllen wird, nicht *einen*,
Der selbst die Ahnung jeder Lust
Mit eigensinnigem Krittel mindert,
1560 Die Schöpfung meiner regen Brust
Mit tausend Lebensfratzen hindert.
Auch muss ich, wenn die Nacht sich niedersenkt,
Mich ängstlich auf das Lager strecken;
Auch da wird keine Rast geschenkt,
1565 Mich werden wilde Träume schrecken.
Der Gott, der mir im Busen wohnt,
Kann tief mein Innerstes erregen;
Der über allen meinen Kräften thront,
Er kann nach außen nichts bewegen;
1570 Und so ist mir das Dasein eine Last,
Der Tod erwünscht, das Leben mir verhasst.
[...]
So fluch' ich allem, was die Seele
Mit Lock- und Gaukelwerk umspannt,
Und sie in diese Trauerhöhle
1590 Mit Blend- und Schmeichelkräften bannt!
Verflucht voraus die hohe Meinung,
Womit der Geist sich selbst umfängt!
Verflucht das Blenden der Erscheinung,
Die sich an unsre Sinne drängt!
1595 Verflucht, was uns in Träumen heuchelt
Des Ruhms, der Namensdauer Trug!
Verflucht, was als Besitz uns schmeichelt,
Als Weib und Kind, als Knecht und Pflug!
Verflucht sei Mammon, wenn mit Schätzen
1600 Er uns zu kühnen Taten regt,
Wenn er zu müßigem Ergetzen
Die Polster uns zurechtelegt!
Fluch sei dem Balsamsaft der Trauben!
Fluch jener höchsten Liebeshuld!
1605 Fluch sei der Hoffnung! Fluch dem Glauben,
Und Fluch vor allen der Geduld!
[...]
MEPHISTOPHELES: [...]
1635 Hör auf, mit deinem Gram zu spielen,
Der, wie ein Geier, dir am Leben frisst;
Die schlechteste Gesellschaft lässt dich fühlen,
Dass du ein Mensch mit Menschen bist.
Doch so ist's nicht gemeint,
1640 Dich unter das Pack zu stoßen.
Ich bin keiner von den Großen;
Doch willst du, mit mir vereint,
Deine Schritte durchs Leben nehmen,
So will ich mich gern bequemen,
1645 Dein zu sein, auf der Stelle.
Ich bin dein Geselle,
Und mach' ich dir's recht,
Bin ich dein Diener, bin dein Knecht!
FAUST: Und was soll ich dagegen dir erfüllen?
1650 **MEPHISTOPHELES:** Dazu hast du noch eine lange Frist.
FAUST: Nein, nein! der Teufel ist ein Egoist
Und tut nicht leicht um Gottes willen,
Was einem andern nützlich ist.
Sprich die Bedingung deutlich aus;
1655 Ein solcher Diener bringt Gefahr ins Haus.
MEPHISTOPHELES: Ich will mich h i e r zu deinem Dienst verbinden,
Auf deinen Wink nicht rasten und nicht ruhn;
Wenn wir uns d r ü b e n wiederfinden,
So sollst du mir das Gleiche tun.
1660 **FAUST:** Das Drüben kann mich wenig kümmern;
Schlägst du erst diese Welt zu Trümmern,
Die andre mag darnach entstehn.
Aus dieser Erde quillen meine Freuden,
Und diese Sonne scheinet meinen Leiden;
1665 Kann ich mich erst von ihnen scheiden,
Dann mag, was will und kann, geschehn.

Davon will ich nichts weiter hören,
Ob man auch künftig hasst und liebt,
Und ob es auch in jenen Sphären
1670 Ein Oben oder Unten gibt.
MEPHISTOPHELES: In diesem Sinne kannst du's wagen.
Verbinde dich; du sollst, in diesen Tagen,
Mit Freuden meine Künste sehn,
Ich gebe dir, was noch kein Mensch gesehn.
1675 FAUST: Was willst du armer Teufel geben?
Ward eines Menschen Geist, in seinem hohen Streben,
Von deinesgleichen je gefasst?
Doch hast du Speise, die nicht sättigt, hast
Du rotes Gold, das ohne Rast,
1680 Quecksilber gleich, dir in der Hand zerrinnt,
Ein Spiel, bei dem man nie gewinnt,
Ein Mädchen, das an meiner Brust
Mit Äugeln schon dem Nachbar sich verbindet,
Der Ehre schöne Götterlust,
1685 Die, wie ein Meteor, verschwindet?
Zeig mir die Frucht, die fault, eh' man sie bricht,
Und Bäume, die sich täglich neu begrünen!

MEPHISTOPHELES: Ein solcher Auftrag schreckt mich nicht,
Mit solchen Schätzen kann ich dienen.
Doch, guter Freund, die Zeit kommt auch heran, 1690
Wo wir was Guts in Ruhe schmausen mögen.
FAUST: Werd' ich beruhigt je mich auf ein Faulbett legen,
So sei es gleich um mich getan!
Kannst du mich schmeichelnd je belügen,
Dass ich mir selbst gefallen mag, 1695
Kannst du mich mit Genuss betrügen,
Das sei für mich der letzte Tag!
Die Wette biet' ich!
MEPHISTOPHELES: Topp!
FAUST: Und Schlag auf Schlag!
Werd ich zum Augenblicke sagen:
Verweile doch! du bist so schön! 1700
Dann magst du mich in Fesseln schlagen,
Dann will ich gern zugrunde gehn!
Dann mag die Totenglocke schallen,
Dann bist du deines Dienstes frei,
Die Uhr mag stehn, der Zeiger fallen, 1705
Es sei die Zeit für mich vorbei!

1 Lesen Sie die beiden Auszüge aus „Faust I". Um welche Themen scheint es in diesem Drama zu gehen?
2 Charakterisieren Sie Faust anhand der beiden Szenenauszüge.
   a Arbeiten Sie heraus, was der Herr und Mephistopheles über Faust sagen.
   b Untersuchen Sie, was Faust über sich selbst sagt.
   c Fassen Sie Ihre Ergebnisse in einer Rollenbiografie (▶ Information S. 232) zusammen.
3 Lesen Sie die beiden Auszüge szenisch (▶ Information S. 232).
4 Halten Sie das Teufelsbündnis in einem Vertrag fest:
1. Pakt – §1 Mephisto verpflichtet sich …
§2 …
5 Stellen Sie Parallelen zwischen Goethes „Faust I" und Brechts „Der gute Mensch von Sezuan" her. Denken Sie dabei vor allem an die Haltung der Götter gegenüber den Menschen.
6 **Referat/Facharbeit:** Stellen Sie die Tradition der Faust-Figur in der Literatur vor Goethe dar.
Beziehen Sie sich dabei auf das Volksbuch des Buchdruckers Johann Spies, Christopher Marlows Drama „Die tragische Historie vom Doktor Faustus" und ggf. auch auf Goethes „Urfaust".

Faust I im Überblick – Die Struktur des Dramas

Szene/Handlungsort	Inhalt/Bühnengeschehen
Zueignung	Lyrische Reflexion über Dichtung und den Schaffensprozess
Vorspiel auf dem Theater	Theaterdirektor, Dichter und Schauspieler diskutieren kontrovers über Kunst und die Erwartungen des Publikums.
Prolog im Himmel	Mephisto tritt anklagend vor den Herrn und wettet, dass es ihm gelinge, Faust vom rechten Wege abzubringen.
Der Tragödie erster Teil – Beginn der eigentlichen Faust-Handlung	
Nacht *Gotisches Zimmer*	Von Wissenschaft und Magie gleichermaßen enttäuscht, will Faust sich das Leben nehmen. Doch das Einsetzen der Kirchenglocken und des Osterchors bewahren ihn davor.
Vor dem Tor	Osterspaziergang durch die Menge feiernder Dorfbewohner; Faust schildert seinem Schüler Wagner seine innere Zerrissenheit. Ein mysteriöser Pudel erscheint.
Studierzimmer	Faust versucht das Johannes-Evangelium neu zu übersetzen. Der Pudel entpuppt sich als Mephisto.
Studierzimmer	Faust sieht die Chance, seine Lebensgier mit Hilfe des Teufels zu stillen. Es kommt zu Pakt und Wette mit Mephisto. Mephisto fertigt einen Schüler satirisch ab.
Auerbachs Keller in Leipzig	Faust ist von der ersten Station seiner Lebensfahrt gelangweilt. Während Studenten sich in Auerbachs Keller hemmungslos betrinken, drängt Faust zur Weiterreise.
Hexenküche	Faust wird um 30 Jahre verjüngt und sieht in einem Zauberspiegel ein schönes Frauenbild. Mephisto prophezeit: „Du siehst […] bald Helenen in jedem Weibe" (V. 2603 f.).
Straße	Erste Begegnung zwischen Faust und Gretchen. Fausts Begierde wird geweckt. Mephisto soll ein Treffen arrangieren.
Abend *Ein kleines reinliches Zimmer*	Mephisto stiehlt ein Schmuckkästchen. Faust und Mephisto deponieren den Schmuck heimlich in Gretchens Zimmer. Diese singt das Lied vom „König in Thule", in dem es um Liebe und ewige Treue geht. Gretchen findet das Schmuckkästchen und ist verwirrt.
Spaziergang	Auf Betreiben der Mutter wird der Schmuck der Kirche übergeben. Faust verlangt neuen Schmuck für Gretchen: Mephisto soll dafür die Nachbarin Marthe einbeziehen.
Der Nachbarin Haus	Mephisto besorgt erneut Schmuck. Gretchen zeigt Marthe den neuen Schmuck. Diese wird von Mephisto vom angeblichen Tod ihres Mannes unterrichtet. Faust soll diesen Tod bezeugen.
Straße	Faust lehnt den von Mephisto geplanten Meineid zunächst ab, ist aber schließlich bereit zu lügen, um Gretchen zu sehen.

Garten *und* Ein Gartenhäuschen	Gretchen erzählt Faust, dass ihr Vater verstorben und dass sie für ihre kleineren Geschwister und den Haushalt verantwortlich ist. – Faust und Gretchen bekennen ihre Liebe.
Wald und Höhle	Trotz seiner Sehnsucht nach Gretchen kommen Faust Zweifel: „Sie, ihren Frieden muss ich untergraben!" (V. 3360)
Gretchens Stube	Gretchen singt am Spinnrad: „Meine Ruh' ist hin,/Mein Herz ist schwer" (V. 3374 f.).
Marthens Garten	Mephisto gibt Faust einen Schlaftrunk für Gretchens Mutter. Die „Gretchenfrage" wird gestellt: „Nun sag, wie hast du's mit der Religion?" (V. 3415). Faust beschwichtigt Gretchen. Eine Liebesnacht wird verabredet. Faust händigt Gretchen einen Schlaftrunk für deren Mutter aus.
Am Brunnen	Liebesnacht. Gretchen erfährt von einem Mädchen, das unehelich schwanger geworden ist und seine „verbotene" Liebe nun büßen muss.
Zwinger	Tod der Mutter wegen des Schlaftrunks. Schwangerschaft Gretchens. Gretchen wendet sich an eine Muttergottesfigur, die Mater Dolorosa: „Hilf, rette mich vor Schmach und Tod!" (V. 3616)
Nacht. *Straße vor Gretchens Türe*	Gretchen ist ins Gerede gekommen. Valentin, Gretchens Bruder, sinnt auf Rache. Es kommt zum Kampf mit Faust, bei dem Mephisto den Degen führt. Valentin verhöhnt seine Schwester noch sterbend.
Dom	Todesvisionen Gretchens
Walpurgisnacht *und* Walpurgisnachttraum	Gretchen hat ihr Kind ertränkt, wird inhaftiert und zum Tode verurteilt. Faust feiert ausschweifend mit Mephisto und zahlreichen Hexen auf dem Blocksberg die Walpurgisnacht. Faust sieht in einer Vision das hingerichtete Gretchen.
Trüber Tag. *Feld und* Nacht. Offen Feld	Faust hat von Gretchens Schicksal erfahren und will sie – mit Mephistos Hilfe – aus dem Kerker befreien.
Kerker	Mephisto bereitet die Flucht vor. Fausts Versuch, Gretchen zu retten, scheitert. In den letzten Versen (V. 4611 ff.) sagt Mephisto: „Sie ist gerichtet!" Eine Stimme von oben erwidert: „Ist gerettet!"
Beginn von „Faust II" mit dem „Heilschlaf des Vergessens". Faust kann sich an nichts erinnern.	

1 Tauschen Sie sich über den Handlungsverlauf von „Faust I" aus. Sehen Sie Möglichkeiten, die Handlung z. B. nach auftretenden Figuren oder Schauplätzen zu gliedern? Welche Handlungsstränge lassen sich separieren?

2 Zeigen Sie anhand der Verlaufsübersicht, dass „Faust I" Elemente der offenen Dramenform (▶ S. 222) aufweist.

3 Untersuchen Sie den Aufbau der „Gretchentragödie".
   a Nutzen Sie das pyramidale Schema Freytags (▶ S. 222) und ordnen Sie einzelne Handlungsschritte entsprechend zu.
   b Erläutern Sie, inwiefern die „Gretchentragödie" als Drama der geschlossenen Form innerhalb von „Faust I" bezeichnet werden kann.

Die Gretchentragödie – Die erste Begegnung

1 Vergleichen Sie die erste Begegnung zwischen Faust und Gretchen in der Inszenierung von Gründgens (1960) und Dorn (1987). Berücksichtigen Sie dabei Kostüm und Maske, Requisiten und Bühne, Haltung der Figuren und Bewegung.

2 Erläutern Sie, welches Bild der Frau in beiden Inszenierungen gezeichnet wird.

Johann Wolfgang Goethe: **Faust I** – Straße (V. 2605–2638)

Faust. Margarete vorübergehend.

2605 **FAUST:** Mein schönes Fräulein, darf ich wagen,
Meinen Arm und Geleit Ihr anzutragen?
MARGARETE: Bin weder Fräulein, weder schön,
Kann ungeleitet nach Hause gehn.
Sie macht sich los und ab.
FAUST: Beim Himmel, dieses Kind ist schön!
2610 So etwas hab' ich nie gesehn.
Sie ist so sitt- und tugendreich,
Und etwas schnippisch doch zugleich.
Der Lippe Rot, der Wange Licht,
Die Tage der Welt vergess' ich's nicht!
2615 Wie sie die Augen niederschlägt,
Hat tief sich in mein Herz geprägt;
Wie sie kurz angebunden war,
Das ist nun zum Entzücken gar!
Mephistopheles tritt auf.
FAUST: Hör, du musst mir die Dirne schaffen!
MEPHISTOPHELES: Nun, welche?
2620 **FAUST:** Sie ging just vorbei.

MEPHISTOPHELES: Da die? Sie kam von ihrem Pfaffen,
Der sprach sie aller Sünden frei;
Ich schlich mich hart am Stuhl vorbei,
Es ist ein gar unschuldig Ding,
Das eben für nichts zur Beichte ging; 2625
Über die hab' ich keine Gewalt!
FAUST: Ist über vierzehn Jahr doch alt.
MEPHISTOPHELES: Du sprichst ja wie Hans Liederlich,
Der begehrt jede liebe Blum' für sich,
Und dünkelt ihm, es wär' kein' Ehr' 2630
Und Gunst, die nicht zu pflücken wär';
Geht aber doch nicht immer an.
FAUST: Mein Herr Magister Lobesan,
Lass' Er mich mit dem Gesetz in Frieden!
Und das sag' ich Ihm kurz und gut: 2635
Wenn nicht das süße junge Blut
Heut Nacht in meinen Armen ruht,
So sind wir um Mitternacht geschieden.

1. Ordnen Sie die Szene in den Handlungskontext ein.
2. Führen Sie eine **Rollenbefragung** (▶ Information, S. 232) mit Faust unmittelbar nach seiner ersten Begegnung mit Gretchen durch. Faust sollte in seinen Antworten auf die abgedruckte Szene zurückgreifen, aber auch auf seine Vorgeschichte eingehen. Mögliche Fragen könnten sein:
   - *Wie fühlen Sie sich nach Ihrer Begegnung mit Gretchen?*
   - *Welchen Eindruck macht die junge Frau auf Sie?*
   - *Gibt diese Begegnung Ihrem Leben den erhofften Sinn?*
   - *Was erwarten Sie von Mephisto?*
3. a Was erfahren Sie über Gretchen? Notieren Sie Stichworte.
   b Nennen Sie Textstellen, an denen deutlich wird, dass die Beziehung zwischen Faust und Gretchen konfliktträchtig ist.
4. **Referat/Facharbeit:** Susanna Margaretha Brandt als historische Vorlage für die Gretchenfigur

Der Schluss des Dramas – Eine Katastrophe?

Johann Wolfgang Goethe: Faust I – Kerker (V. 4506–4612)

[...]

FAUST: Komm! Komm! Schon weicht die tiefe Nacht.
MARGARETE: Meine Mutter hab' ich umgebracht,
Mein Kind hab' ich ertränkt.
War es nicht dir und mir geschenkt?
4510 Dir auch. – Du bist's! Ich glaub' es kaum.
Gib deine Hand! Es ist kein Traum!
Deine liebe Hand! – Ach aber sie ist feucht!
Wische sie ab! Wie mich deucht,
Ist Blut dran.
4515 Ach Gott! Was hast du getan!
Stecke den Degen ein,
Ich bitte dich drum!
FAUST: Lass das Vergangene vergangen sein,
Du bringst mich um.
4520 **MARGARETE:** Nein, du musst übrigbleiben!
Ich will dir die Gräber beschreiben.
Für die musst du sorgen
Gleich morgen;
Der Mutter den besten Platz geben,
4525 Meinen Bruder sogleich darneben,
Mich ein wenig beiseit',
Nur nicht gar zu weit!
Und das Kleine mir an die rechte Brust.
Niemand wird sonst bei mir liegen!
4530 Mich an deine Seite zu schmiegen,
Das war ein süßes, ein holden Glück!
Aber es will mir nicht mehr gelingen;

Mir ist's, als müsst' ich mich zu dir zwingen,
Als stießest du mich von dir zurück;
Und doch bist du's und blickst so gut, so fromm. 4535
FAUST: Fühlst du, dass ich es bin, so komm!
MARGARETE: Dahinaus?
FAUST: Ins Freie.
MARGARETE: Ist das Grab drauß,
Lauert der Tod, so komm!
Von hier ins ewige Ruhebett 4540
Und weiter keinen Schritt –
Du gehst nun fort? O Heinrich, könnt' ich mit!
FAUST: Du kannst! So wolle nur! Die Tür steht offen!
MARGARETE: Ich darf nicht fort; für mich ist nichts zu hoffen.
Was hilft es, fliehn? Sie lauern doch mir auf. 4545
Es ist so elend, betteln zu müssen,
Und noch dazu mit bösem Gewissen!
Es ist so elend, in der Fremde schweifen,
Und sie werden mich doch ergreifen!
FAUST: Ich bleibe bei dir. 4550
MARGARETE: Geschwind! Geschwind!
Rette dein armes Kind.
Fort! immer den Weg
Am Bach hinauf,
Über den Steg, 4555
In den Wald hinein,
Links, wo die Planke steht,
Im Teich.

Fass es nur gleich!
Es will sich heben,
Es zappelt noch!
Rette! rette!
FAUST: Besinne dich doch!
Nur e i n e n Schritt, so bist du frei!
MARGARETE: Wären wir nur den Berg vorbei!
Da sitzt meine Mutter auf einem Stein,
Es fasst mich kalt beim Schopfe!
Da sitzt meine Mutter auf einem Stein
Und wackelt mit dem Kopfe;
Sie winkt nicht, sie nickt nicht, der Kopf ist ihr schwer,
Sie schlief so lange, sie wacht nicht mehr.
Sie schlief, damit wir uns freuten.
Es waren glückliche Zeiten!
FAUST: Hilft hier kein Flehen, hilft kein Sagen,
So wag' ich's, dich hinwegzutragen.
MARGARETE: Lass mich! Nein, ich leide keine Gewalt!
Fasse mich nicht so mörderisch an!
Sonst hab' ich dir ja alles zu Lieb' getan.
FAUST: Der Tag graut! Liebchen! Liebchen!
MARGARETE: Tag! Ja, es wird Tag! der letzte Tag dringt herein;
Mein Hochzeittag sollt' es sein!
Sag niemand, dass du schon bei Gretchen warst.
Weh meinem Kranze!
Es ist eben geschehn!
Wir werden uns wiedersehn;
Aber nicht beim Tanze.
Die Menge drängt sich, man hört sie nicht.
Der Platz, die Gassen
Können sie nicht fassen.
Die Glocke ruft, das Stäbchen bricht.
Wie sie mich binden und packen!
Zum Blutstuhl bin ich schon entrückt.
Schon zuckt nach jedem Nacken

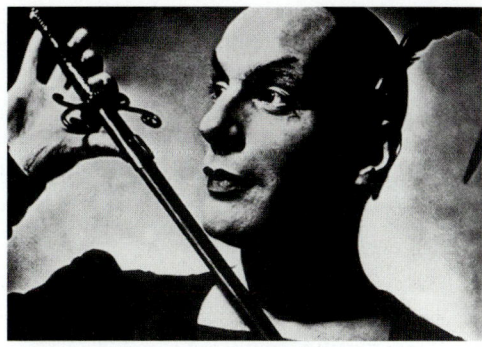

Gustaf Gründgens als Mephisto (1941)

Die Schärfe, die nach meinem zückt.
Stumm liegt die Welt wie das Grab!
FAUST: O wär' ich nie geboren!
MEPHISTOPHELES *erscheint draußen:*
Auf! oder ihr seid verloren.
Unnützes Zagen! Zaudern und Plaudern!
Mein Pferde schaudern,
Der Morgen dämmert auf.
MARGARETE: Was steigt aus dem Boden herauf?
Der! der! Schick' ihn fort!
Was will der an dem heiligen Ort?
Er will mich!
FAUST: Du sollst leben!
MARGARETE: Gericht Gottes! dir hab' ich mich übergeben!
MEPHISTOPHELES *zu Faust:* Komm! komm! Ich lasse dich mit ihr im Stich.
MARGARETE: Dein bin ich, Vater! Rette mich!
Ihr Engel! Ihr heiligen Scharen,
Lagert euch umher, mich zu bewahren!
Heinrich! Mir graut's vor dir.
MEPHISTOPHELES: Sie ist gerichtet!
STIMME VON OBEN: Ist gerettet!
MEPHISTOPHELES *zu Faust:* Her zu mir!
Verschwindet mit Faust.
Stimme von innen, verhallend: Heinrich! Heinrich!

1. „Sie ist gerichtet!" – „Ist gerettet!" Diskutieren Sie, ob die Gretchentragödie mit einer Katastrophe endet.
2. Bauen Sie **Standbilder**, die das Verhältnis der Figuren in bestimmten Szenenmomenten zum Ausdruck bringen. (▶ Methode, S. 232)
3. Entwerfen Sie eine **Stimmenskulptur** für Gretchen. (▶ Methode, S. 232)
4. Verfassen Sie ein **Regieheft** für diesen Szenenausschnitt. (▶ Methode, S. 232)

Methode — **Möglichkeiten des szenischen Interpretierens**

- **Rollenbiografien schreiben – Rollenbefragungen durchführen**
  Schreiben Sie auf der Grundlage einer Figurenanalyse in der Ich-Form ein Selbstporträt zu einer Figur. Es geht darum, ein möglichst komplexes Bild von dieser Figur zu entwickeln (Herkunft, Erziehung und Bildung, Lebensweg, Beruf, Beziehungen, Einstellungen, Wünsche, Befürchtungen und Ängste etc.), wobei Sie über den Text hinaus Vorstellungen von der Persönlichkeit der Figur entwickeln müssen.
  Sie können diese Information zu einer Figur auch in Gestalt eines Interviews, einer Rollenbefragung, herausarbeiten und präsentieren.

- **Standbilder bauen**
  Standbilder visualisieren die Beziehungen zwischen Figuren. Wählen Sie z. B. einen Szenenmoment aus und lassen Sie durch einen Regisseur / eine Regisseurin die Figuren die von Ihnen geplante Position einnehmen. Dabei sollen sich die Figuren wie Gliederpuppen bewegen lassen und in der fertigen Haltung für kurze Zeit wie eingefroren verharren. Das fertige Standbild wird dann von den übrigen Kursmitgliedern beschrieben und mit Bezug auf den Dramentext gedeutet. Anschließend geben die Darstellerinnen und Darsteller ihren Kommentar ab. Möglich ist auch, dass einzelne Kursmitglieder hinter die Figuren des Standbilds treten, ihnen eine Hand auf die Schulter legen (**STOPP-Technik**) und in der Ich-Form als Alter Ego der Figur sagen, was sie in diesem Augenblick denken, fühlen, sehen etc. Zuletzt können die Kursmitglieder das Standbild nach ihren Vorstellungen verändern, um ihre Interpretation des Szenenmoments zu verdeutlichen.

- **Stimmenskulptur**
  Sprechen Sie mit mehreren Schülerinnen und Schülern Sätze, die einer Figur in einer bestimmten Situation durch den Kopf gehen könnten. Dabei können gerade auch widerstreitende Gedanken und Gefühle gleichzeitig zum Ausdruck kommen. Sie können diese inneren Stimmen im Raum verschieden anordnen und in Sprechtempo und Lautstärke variieren.

- **Szenisches Lesen**
  Üben Sie in Kleingruppen das Lesen einzelner Szenen oder Szenenabschnitte ein. Experimentieren Sie dabei mit Sprechweisen, Haltungen, Bewegungen, Gebärden etc. Tragen Sie die einstudierten Szenen in Ihrem Kurs vor und lassen Sie sich eine Rückmeldung geben.

- **Szenen improvisiert spielen**
  Spielen Sie ohne Textbuch vor Augen Szenen oder Szenenausschnitte. Achten Sie dabei auf Ihre Haltung, Gestik und Mimik und sprechen Sie den Text in freier Improvisation.

- **Ein Regieheft (Nebentext) zu einer Szene schreiben**
  In der Regel besteht ein Drama aus einem Haupttext (Text der Figurenrede) und einem Nebentext (Regieanweisungen zum Verhalten der Figuren, zu Bühnenbild und Requisiten). Schreiben Sie diese Regieanweisungen zu einem umfassenden Paralleltext um, in dem Sie Ihre Sicht des Szenenverlaufs ausdrücken. Bedenken Sie Bühnenbild, Beleuchtung, Geräusche, Musik, Kostüme, Masken, Frisuren, Figurenpositionen, Gänge über die Bühne, Haltungen, Sprechweisen, Mimik etc.

3.2 Die Bühne – Intentionen und Inszenierungen vergleichen

Wirkungsabsichten – Was will das Theater?

Gotthold Ephraim Lessing: **Brief an Friedrich Nicolai über das Trauerspiel** (1756)

Wenn es also wahr ist, dass die ganze Kunst des tragischen Dichters auf die sichere Erregung und Dauer des einzigen Mitleidens geht, so sage ich nunmehr, die Bestimmung der Tragödie ist diese: Sie soll *unsere Fähigkeit, Mitleid zu fühlen*, erweitern. Sie soll uns nicht bloß lehren, gegen diesen oder jenen Unglücklichen Mitleid zu fühlen, sondern sie soll uns so weit fühlbar machen, dass uns der Unglückliche zu allen Zeiten und unter allen Gestalten rühren und für sich einnehmen muss. Und nun berufe ich mich auf einen Satz, den Ihnen Herr Moses[1] vorläufig demonstrieren mag, wenn Sie, Ihrem eignen Gefühl zum Trotz, daran zweifeln wollen. *Der mitleidigste Mensch ist der beste Mensch*, zu allen gesellschaftlichen Tugenden, zu allen Arten der Großmut der aufgelegteste. Wer uns also mitleidig macht, macht uns besser und tugendhafter, und das Trauerspiel, das jenes tut, tut auch dieses, oder – es tut jenes, um dieses tun zu können. Bitten Sie es dem Aristoteles ab, oder widerlegen Sie mich.

1 Moses Mendelssohn (1729–1786): Publizist und Philosoph; gilt als Wegbereiter der jüdischen Aufklärung

Friedrich Schiller: **Die Schaubühne als moralische Anstalt betrachtet** (1784)

Die Gerichtsbarkeit der Bühne fängt an, wo das Gebiet der weltlichen Gesetze sich endigt. Wenn die Gerechtigkeit für Gold verblindet und im Solde der Laster schwelgt, wenn die Frevel der Mächtigen ihrer Ohnmacht spotten und Menschenfurcht den Arm der Obrigkeit bindet, übernimmt die Schaubühne Schwert und Waage und reißt die Laster vor einen schrecklichen Richterstuhl. Das ganze Reich der Fantasie und Geschichte, Vergangenheit und Zukunft stehen ihrem Wink zu Gebot. Kühne Verbrecher, die längst schon im Staub vermodern, werden durch den allmächtigen Ruf der Dichtkunst jetzt vorgeladen und wiederholen zum schauervollen Unterricht der Nachwelt ein schändliches Leben. Ohnmächtig, gleich den Schatten in einem Hohlspiegel, wandeln die Schrecken ihres Jahrhunderts vor unsern Augen vorbei, und mit wollüstigem Entsetzen verfluchen wir ihr Gedächtnis. […]
So gewiss sichtbare Darstellung mächtiger wirkt als toter Buchstabe und kalte Erzählung, so gewiss wirkt die Schaubühne tiefer und dauernder als Moral und Gesetze. Aber hier unterstützt sie die weltliche Gerechtigkeit nur – ihr ist noch ein weiteres Feld geöffnet. Tausend Laster, die jene ungestraft duldet, straft sie; tausend Tugenden, wovon jene schweigt, werden von der Bühne empfohlen. Hier begleitet sie die Weisheit und die Religion. Aus dieser reinen Quelle schöpft sie ihre Lehren und Muster und kleidet die strenge Pflicht in ein reizendes, lockendes Gewand. Mit welch herrlichen Empfindungen, Entschlüssen, Leidenschaften schwellt sie unsere Seele, welche

göttlichen Ideale stellt sie uns zur Nacheiferung aus! [...]

45 Nicht bloß auf Menschen und Menschencharakter, auch auf Schicksale macht uns die Schaubühne aufmerksam und lehrt uns die große Kunst, sie zu ertragen. [...]

Die Schaubühne ist die Stiftung, wo sich Vergnügen mit Unterricht, Ruhe mit Anstrengung, Kurzweil mit Bildung gattet, wo keine Kraft der Seele zum Nachteil der andern gespannt, kein Vergnügen auf Unkosten des Ganzen genossen wird. Wenn Gram an dem Herzen nagt, wenn 55 trübe Laune unsre einsamen Stunden vergiftet, wenn uns Welt und Geschäfte anekeln, wenn tausend Lasten unsre Seele drücken und unsre Reizbarkeit unter Arbeiten des Berufs zu ersticken droht, so empfängt uns die Bühne – in 60 dieser künstlichen Welt träumen wir die wirkliche hinweg, wir werden uns selbst wiedergegeben, unsre Empfindung erwacht, heilsame Leidenschaften erschüttern unsre schlummernde Natur und treiben das Blut in frischeren Wallungen. Der Unglückliche weint hier mit fremdem Kummer seinen eigenen aus – der Glückliche wird nüchtern und der Sichere besorgt. Der empfindsame Weichling härtet sich zum Manne, der rohe Unmensch fängt hier zum ersten Mal zu empfinden an. Und dann endlich – welch ein Triumph für dich, Natur! – so oft zu Boden getretene, so oft wieder auferstehende Natur! – wenn Menschen aus allen Kreisen und Zonen und Ständen, abgeworfen jede Fessel der Künstelei und der Mode, herausgerissen aus jedem Drange des Schicksals, durch *eine* allwebende Sympathie verbrüdert, in *ein* Geschlecht wieder aufgelöst, ihrer selbst und der Welt vergessen und ihrem himmlischen Ursprung sich nähern. Jeder Einzelne genießt die Entzückungen aller, die verstärkt und verschönert aus hundert Augen auf ihn zurückfallen, und seine Brust gibt jetzt nur *einer* Empfindung Raum – es ist diese: ein Mensch zu sein.

Bertolt Brecht: Was ist mit dem epischen Theater gewonnen? (1939)

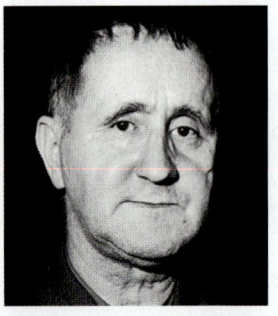

Damit ist gewonnen, daß der Zuschauer die Menschen auf der Bühne nicht mehr als ganz unveränderbare, unbeeinflußbare, ihrem Schicksal hilflos ausgelieferte dargestellt sieht. Er sieht: dieser Mensch ist so und so, weil die Verhältnisse so und so sind. Und die Verhältnisse sind so und so, weil der Mensch so und so ist. Er ist aber nicht nur so vorstellbar, wie er ist, sondern auch anders, so wie er sein könnte, und auch die Verhältnisse sind anders vorstellbar, als sie sind. Damit ist gewonnen, daß der Zuschauer im Theater eine neue Haltung bekommt. Er bekommt den Abbildern der Menschenwelt auf der Bühne gegenüber jetzt dieselbe Haltung, die er als Mensch dieses Jahrhunderts der Natur gegenüber hat. Er wird auch im Theater empfangen als der große Änderer, der in die Naturprozesse und die gesellschaftlichen Prozesse einzugreifen vermag, der die Welt nicht mehr nur hinnimmt, sondern sie meistert. Das Theater versucht nicht mehr, ihn besoffen zu machen, ihn mit Illusionen auszustatten, ihn die Welt vergessen zu machen, ihn mit seinem Schicksal auszusöhnen. Das Theater legt ihm nunmehr die Welt vor zum Zugriff. ®

---

1 Was soll das Theater zeigen und was soll es bewirken? Geben Sie die Antworten der Autoren mit eigenen Worten wieder. Nennen Sie Übereinstimmungen und Unterschiede.

2 a Begründen Sie, welche Wirkungsabsicht Sie mehr anspricht. Welches Theater bevorzugen Sie?
　b Inwieweit wollen heutige Spielfilme oder Fernsehserien gemäß diesen Theorien wirken? Vergleichen Sie Ihre diesbezüglichen Rezeptionserfahrungen.

3 Vergleichen Sie Dürrenmatts Theorie des grotesken Theaters (▶ S. 74 f.) mit den Theorien Lessings, Schillers und Brechts. Was hat sich für ihn grundlegend geändert und wie reagiert er darauf?

Inszenierungen – Interpretationen im Kontext ihrer Zeit

Faust I und II am Schauspiel Essen 2013

Gustaf Gründgens als Mephisto

1 „Jede Inszenierung ist eine Interpretation."
  a Belegen Sie diese Aussage mit Hilfe der Szenenfotos aus verschiedenen Faust-Inszenierungen.
  b Erläutern Sie, inwiefern durch die Bilder deutlich wird, dass Inszenierungen dem zeitlichen Kontext, in dem sie entstehen, verhaftet sind.
  c Diskutieren Sie, welche Möglichkeiten ein Theaterregisseur/eine Theaterregisseurin hat, um seine/ihre Interpretation eines Dramas zu verdeutlichen. Welche Entscheidungen sind dabei Ihrer Ansicht nach von besonderer Bedeutung?
  Tipp: Sie können für Ihre Diskussion die Information auf ▶ S. 237 nutzen.

2 a Erklären Sie mit eigenen Worten, warum die Figur des Faust sich für verschiedene Interpretionen besonders eignet.
  b Wie sehen Sie selbst die Figur des Faust?

Welt: **Der Regisseur Peter Stein im Interview** (2007) (Auszug)

WELT: Und die reiche deutsche Theaterlandschaft?
STEIN: Da wird so blödes Zeug veranstaltet, das mich überhaupt nicht interessiert. Irgendwelcher Quark, irgendwelche besserwisserischen Ideechen. Anstatt die Werke zu interpretieren. Das ist eben meine Vorstellung von Theater, dass man Interpret eines Werks ist und sich als solcher für die Absichten des Autors interessiert, der dieses Werk geschaffen hat.
WELT: Aber die Zeiten ändern sich und mit ihnen die Interpretationen.
STEIN: Mittlerweile glauben die Regisseure, sie seien die eigentlichen Autoren. Sie nutzen das Material von den wirklichen Autoren nur noch als Steinbruch.

1 a Formulieren Sie Steins Kritik an den modernen Regisseuren aus. Welcher Vorwurf verbirgt sich hinter seiner Behauptung, die Regisseure interpretierten nicht ein Werk, sondern nutzten es lediglich als Steinbruch?
  b Sammeln Sie Argumente für und gegen Steins Position und nehmen Sie zu ihr Stellung.

Gründgens und Dorn: Faust-Inszenierungen im Vergleich

3.2 DIE BÜHNE – INTENTIONEN UND INSZENIERUNGEN VERGLEICHEN

1 a Vergegenwärtigen Sie sich die Kerkerszene (▶ S. 230 f.), indem Sie sie noch eimal mit verteilten Rollen lesen.
b Vergleichen Sie die beiden Inszenierungen von Gründgens und Dorn anhand der Szenenfotos. Übertragen Sie dafür die folgende Tabelle und füllen Sie sie stichwortartig aus.

Kerkerszene		Gründgens	Dorn
Gretchen	– Mimik – Gestik – Größe der Figur im Raum – Präsenz in den 5 Bildern – Gesamteindruck/Wirkung	in den Bildern 1–4 gleich, …	
Faust	– Mimik – Gestik – Präsenz in den 5 Bildern – Gesamteindruck/Wirkung	in drei Szenenfotos	keine schattenhaft, …
Bühne			enger, kahler Raum, der im 5. Bild …
Requisiten			eine übergroße, fast schon bedrohliche …
Licht und Farbe			

2 Stellen Sie in einem zusammenhängenden Text dar, wie die beiden Regisseure die Gretchenfigur in der Kerkerszene deuten. Greifen Sie dabei auf Ihre Ergebnisse aus Aufgabe 1 zurück und erläutern Sie, inwiefern die Faust-Figur, Bühne, Licht und Requisiten einen Beitrag zu dieser Deutung leisten.

3 Gründgens' Inszenierung ist 1957 in der eher unpolitischen Adenauer-Ära entstanden, Dorns Inszenierung 30 Jahre später. Tauschen Sie sich darüber aus, inwieweit die Inszenierungen der Kerkerszene sich aus ihrer Entstehungszeit verstehen lassen und welche Interpretation Sie eher anspricht.

4 Schauen Sie sich – wenn möglich – die Verfilmungen beider Inszenierungen vergleichend an. Überprüfen und ergänzen Sie dabei Ihre Ergebnisse aus den Aufgaben 1 bis 3.

> **Information**   **Bühneninszenierungen – Interpretationen im Kontext ihrer Zeit**
>
> Bühneninszenierungen von Dramen sind immer **Interpretationen**, d.h., sie spiegeln die Textauffassung einer bestimmten Regisseurin/eines bestimmten Regisseurs. Diese/dieser verbindet mit ihrer/seiner Inszenierung darüber hinaus häufig auch eine bestimmte **Aussage- und Wirkungsabsicht**. Fast jede Inszenierung ist zudem mehr oder weniger stark der Zeit verhaftet, in der sie entsteht. Viele moderne Inszenierungen nehmen unmittelbar **Bezug auf aktuelle politische oder gesellschaftliche Ereignisse** und transponieren die Handlung eines Dramas entsprechend in ihre jeweilige Gegenwart. Interpretatorische Akzente lassen sich u.a. bei der **Bearbeitung der Textfassung** (Kürzung, Ergänzung, Umstellung), in der **Darstellung der Figuren** (Gestik, Mimik, Kostüm, Maske) und der **Gestaltung des Bühnenraums** (Requisiten, Licht, Ton, Anordnung des Publikums) setzen.

3.3.1 Klausurvorbereitung: Eine Dramenszene analysieren

Aufgabenbeispiel
1. Analysieren Sie die Szene „Zwischenspiel. Wangs Nachtlager" aus Bertolt Brechts „Der gute Mensch von Sezuan" im Hinblick auf die geschilderte Situation und das Menschenbild der Götter. Berücksichtigen Sie dabei auch die Sprache und die Dramenform.
2. Stellen Sie wesentliche Aspekte des Gesprächs zwischen dem Herrn und Mephisto im „Prolog im Himmel" in Goethes „Faust I" dar. Vergleichen Sie anschließend die Rolle der Götter in „Der gute Mensch von Sezuan" mit der Rolle des Herrn in „Faust I".

Bertolt Brecht: Der gute Mensch von Sezuan (1943)

ZWISCHENSPIEL, WANGS NACHTLAGER

Musik. Zum letztenmal erscheinen dem Wasserverkäufer im Traum die Götter. Sie haben sich sehr verändert. Unverkennbar sind die Anzeichen langer Wanderung, tiefer Erschöpfung und mannigfaltiger böser Erlebnisse. Einem ist der Hut vom Kopf geschlagen, einer hat ein Bein in einer Fuchsfalle gelassen, und alle drei gehen barfuß.

WANG: Endlich erscheint ihr! Furchtbare Dinge gehen vor in Shen Tes Tabakladen, Erleuchtete! Shen Te ist wieder verreist, schon seit Monaten! Der Vetter hat alles an sich gerissen! Er ist heute verhaftet worden. Er soll sie ermordet haben, heißt es, um sich ihren Laden anzueignen. Aber das glaube ich nicht, denn ich habe einen Traum gehabt, in dem sie mir erschien und erzählte, daß ihr Vetter sie gefangen hält. Oh, Erleuchtete, ihr müßt sogleich zurückkommen und sie finden.

DER ERSTE GOTT: Das ist entsetzlich. Unsere ganze Suche ist gescheitert. Wenige Gute fanden wir, und wenn wir welche fanden, lebten sie nicht menschenwürdig. Wir hatten schon beschlossen, uns an Shen Te zu halten.

DER ZWEITE GOTT: Wenn sie mir immer noch gut sein sollte!

WANG: Das ist sie sicherlich, aber sie ist verschwunden!

DER ERSTE GOTT: Dann ist alles verloren.

DER ZWEITE GOTT: Haltung.

DER ERSTE GOTT: Wozu da noch Haltung? Wir müssen abdanken, wenn sie nicht gefunden wird! Was für eine Welt haben wir vorgefunden, Elend, Niedrigkeit und Abfall überall! Selbst die Landschaft ist von uns abgefallen. Die schönen Bäume sind enthauptet von Drähten, und jenseits der Gebirge sehen wir dicke Rauchwolken und hören Donner von Kanonen, und nirgends ein guter Mensch, der durchkommt!

DER DRITTE GOTT: Ach, Wasserverkäufer, unsere Gebote scheinen tödlich zu sein! Ich fürchte, es muß alles gestrichen werden, was wir an sittlichen Vorschriften aufgestellt haben. Die Leute haben genug zu tun, nur das nackte Leben zu retten. Gute Vorsätze bringen sie an den Rand des Abgrunds, gute Taten stürzen sie hinab. *Zu den beiden anderen Göttern:* Die Welt ist unbewohnbar, ihr müsst es einsehen!

DER ERSTE GOTT *heftig*: Nein, die Menschen sind nichts wert!

DER DRITTE GOTT: Weil die Welt zu kalt ist!

DER ZWEITE GOTT: Weil die Menschen zu schwach sind!

DER ERSTE GOTT: Würde, ihr Lieben, Würde! Brüder, wir dürfen nicht verzweifeln. Einen haben wir doch gefunden, der gut war und nicht schlecht geworden ist, und er ist nur verschwunden. Eilen wir, ihn zu finden. Einer genügt. Haben wir nicht gesagt, daß alles noch gut werden kann, wenn nur einer sich findet, der diese Welt aushält, nur einer!

Sie entschwinden schnell.

3.3.1 KLAUSURVORBEREITUNG: EINE DRAMENSZENE ANALYSIEREN

Die Aufgabenstellung verstehen

1. Lesen Sie die erste Teilaufgabe gründlich und notieren Sie, im Hinblick auf welche Aspekte (▶ Information S.181) die Szene aus „Der gute Mensch von Sezuan" analysiert werden soll.
2. Schreiben Sie heraus, was die zweite Teilaufgabe von Ihnen verlangt.

Ich soll …
- *… die zweite Teilaufgabe mit einer Einleitung beginnen.*
- *… eine Überleitung zum zweiten Aufgabenteil verfassen.*
- *… den Inhalt von „Faust" zusammenfassen.*
- *… das Gespräch im „Prolog im Himmel" zusammenfassen.*
- *… Sprache und Form der beiden Dramen vergleichen.*
- *… die Rolle der Götter in den beiden Dramen vergleichen.*

Erstes Textverständnis und Ideen formulieren

1. Entscheiden Sie, welche der folgenden Aussagen auf die Szene aus „Der gute Mensch von Sezuan" zutreffen. Belegen Sie Ihre Überlegungen am Text.
   a) Wang ist verzweifelt, weil Shen Te seit Monaten nicht mehr da ist.
   b) Die Götter sind darüber irritiert, dass ihre Gebote auf Erden kaum befolgt werden können.
   c) Wang will die Götter überreden, ihm Geld zu geben.
   d) Die Götter halten ein Leben auf der Erde unter den gegebenen Umständen für nicht lebenswert.
   e) Die Götter diskutieren, warum es auf der Welt so wenige gute Menschen gibt.
   f) Die Götter bemängeln die zunehmende Umweltzerstörung durch die Menschen.
   g) Am Ende begnügen sich die Götter mit der Aussicht, dass sie in Shen Te den einen guten Menschen gefunden haben.

2. Begründen Sie, welche der folgenden Aussagen zu „Der gute Mensch von Sezuan" und welche zu „Faust I" passen.
   Aussage 1: Das irdische Leben ist in einer göttlichen Ordnung aufgehoben, ohne dass das menschliche Dasein von einer göttlichen Instanz konkret beeinflusst werden muss.
   Aussage 2: Himmlische und irdische Welt und Werte stehen sich unversöhnlich gegenüber.
   Aussage 3: Eine himmlische Wette bildet den Ausgangspunkt für eine irdische Handlung.

Den Text analysieren

1. Notieren Sie in Stichpunkten, welche Situation geschildert wird und was Sie über das Menschenbild der Götter erfahren. Beachten Sie dabei die verschiedenen Sprechhandlungen (▶ Information).
   Situation: *Die Götter erscheinen …; Feststellung Wangs, dass Shen Te …; Bitte an die Götter …; Klage der Götter, dass die Welt …; Die Götter streiten darüber, warum …*
   Menschenbild der Götter: *Es gibt nur wenige …, weil …; Die meisten Menschen …; Nur Shen Te …*

> **Information Sprechhandlungen**
>
> Ein Drama besteht ganz wesentlich aus der Rede der Figuren, die verschiedene **Sprechhandlungen** ausführen, z.B.: Behauptung, Feststellung, Beschuldigung, Vermutung, Frage, Aufforderung, Versprechen, Bitte, Befehl, Reflexion, Erinnerung, Ausdruck einer Empfindung, Klage, Gewissenserforschung, Argumentation, Entschluss, Rechtfertigung.

2 a Ordnen Sie den folgenden Zitaten die jeweils passenden rhetorischen Figuren und die entsprechende Wirkung zu. Ergänzen Sie die Tabelle um weitere Zitate.

Zitat	rhetorische Figur	Wirkung
I) „Wozu da noch Haltung?"	Anapher	schwierige Lage der (guten) Menschen wird betont
II) „Elend, Niedrigkeit und Abfall überall!"	Metapher	Eindringlichkeit der Götter am Ende der Szene wird hervorgehoben
III) „Rande des Abgrunds"	pathetischer Ausruf	Ratlosigkeit der Götter wird verdeutlicht
IV) „weil …" – „weil …"	rhetorische Frage	Verzweiflung der Götter wird verdeutlicht

b Notieren Sie in Stichworten, welche Bedeutung die Dramenform in der vorliegenden Szene hat. Beginnen Sie z. B. so:
„Zwischenspiel" unterbricht … → Wirkung auf den Zuschauer: …

c Fassen Sie zusammen, welche Wirkung die Sprache und die Dramenform in Bezug auf den Inhalt haben. Wählen Sie dazu geeignete Formulierungsbausteine aus.

> **Formulierungsbausteine: Inhalt, Sprache und Form in Beziehung setzen (Drama)**
> - Durch die rhetorische Frage „…" (Z. …), welche die … stellen, wird deren Verzweiflung/Neugier/Kritik zum Ausdruck gebracht. Auch die pathetischen Ausrufe „…" (Z. …) unterstreichen …
> - Die Häufung von Anaphern am Anfang/Ende der Szene macht deutlich, dass …
> - Durch die Metapher/die Personifikation/den Vergleich „…" (Z. …) wird betont / wird besonders anschaulich, dass …
> - Die Dramenform zeichnet sich dadurch aus, dass … Das hat … zur Folge. Hinzu kommt außerdem, dass …

3 Fassen Sie wesentliche Aspekte des Gesprächs zwischen dem Herrn und Mephisto zusammen. Lesen Sie dazu ggf. noch einmal die Szene auf ▶ S. 224.
Position Mephistos: Die Menschen sind … Auch Faust wird …
Position des Herrn: Fausts Unzulänglichkeit ist positiv zu deuten, weil …; Faust wird …
Gemeinsamer Entschluss: Wette, dass …

4 Stellen Sie die Rolle der Götter bei Brecht und des Herrn bei Goethe in einer Tabelle gegenüber.

Rolle der Götter (Brecht)	Rolle des Herrn (Goethe)
gehen davon aus, dass …	geht davon aus, dass …
durch ihre Gebote … haben außerdem Einfluss auf die Handlung, weil sie …	Bedeutung der Wette besteht darin, dass Mephisto …

3.3.1 KLAUSURVORBEREITUNG: EINE DRAMENSZENE ANALYSIEREN   241

Den Schreibplan erstellen und schreiben

1 Erstellen Sie für Ihren Aufsatz eine Gliederung (▶ Information S. 183), indem Sie die folgenden Gliederungspunkte in die richtige Reihenfolge bringen:
Vergleich der Rolle der Götter/des Herrn – Einleitung – Rolle der Götter in „Der gute Mensch von Sezuan" – Fazit mit Blick auf das Zwischenspiel – Aussagen zur Situation auf Erden – Besonderheiten der Dramenform – Einordnung in den Handlungszusammenhang – sprachliche Auffälligkeiten – kurze Darstellung der Rahmenhandlung von „Faust I" – Überleitung zu Aufgabe 2

2 Formulieren Sie nun auf Grundlage Ihrer Gliederung Ihren Aufsatz.
  a Verfassen Sie eine Einleitung, in der die folgenden Bausteine vorkommen:
  Zwischenspiel – Bertolt Brecht – „Der gute Mensch von Sezuan" – Stück – 1940 vollendet, 1943 uraufgeführt – Frage danach, ob der Mensch in einer schlechten (ausbeuterischen) Welt gut sein kann
  b Verfassen Sie die Analyse des Zwischenspiels. Nutzen Sie dazu Ihre analytischen Vorarbeiten (S. 239 f., Aufgabe 1 und 2). Achten Sie dabei darauf, korrekt zu zitieren (▶ Info, S. 184).
  c Führen Sie Aufgabe 2 aus. Nutzen Sie dazu Ihre Überlegungen aus Aufgabe 3 und 4 (▶ S. 240) Beginnen Sie mit einer Überleitung, z. B.:
  In ... im Jahr ... erschienenen Drama „..." spielt auch ein ... eine wichtige Rolle ... Allerdings hat der Herr in „Faust I" im Gegensatz zu den Göttern in ...

> **Information** **Eine Überleitung formulieren**
>
> Eine Überleitung greift die **Untersuchungsaspekte** auf, die in der zweiten Teilaufgabe in den Blick genommen werden sollen. Wird dazu ein weiteres Werk herangezogen, werden in der Überleitung auch dessen **Autor/in**, **Titel**, **Erscheinungsjahr** und **Textsorte** genannt.

  d Verfassen Sie abschließend ein Fazit. Vervollständigen Sie u. a. den folgenden Satz:
  Abschließend lässt sich sagen, dass bei Brecht im Gegensatz zu Goethe die Götter ...

Den eigenen Text überarbeiten

1 Überarbeiten Sie Ihren Text mit Hilfe der folgenden Checkliste.
2 Tauschen Sie sich in Partnerarbeit darüber aus, worauf Sie bei Ihrer nächsten Szenenanalyse besonders achten sollten.

> **Checkliste** **Eine Dramenszene analysieren**
>
> - Hat Ihr Aufsatz einen klaren **Aufbau**, der durch Absätze gegliedert ist?
> - Haben Sie **einleitend** Textsorte, Titel, Autor, Entstehungsjahr und Thema genannt?
> - Haben Sie alle in der Aufgabe genannten **Analyseaspekte** berücksichtigt (Situation, Menschenbild, Sprache, Dramenform) und **Inhalt, Sprache und Form in Beziehung gesetzt**?
> - Haben Sie nach einer **Überleitung** die Rolle der Götter in „Der gute Mensch von Sezuan" mit der Rolle des Herrn in „Faust I" **verglichen**?
> - Endet Ihr Aufsatz mit einem zusammenfassenden **Fazit**?
> - Haben Sie sachlich formuliert und Ihre Beobachtungen durch **Verweise** und **Textzitate** belegt?
> - Ist der Text **sprachlich richtig** (Rechtschreibung, Grammatik, Zeichensetzung)?

3.3.2 Klausurvorbereitung: Einen Sachtext zum Drama erörtern

Aufgabenbeispiel
1. Untersuchen Sie den vorliegenden Textauszug aus dem Vortrag „Theater berauscht. Theater nervt. Theater wirkt", den Karin Beier am 30. November 2010 in der Kölner Universität gehalten hat, im Hinblick auf die Bedeutung und Funktion des Theaters.
2. Charakterisieren Sie knapp die Figur des Faust in Goethes „Faust I". Erörtern Sie, inwieweit sich ausgewählte Thesen Karin Beiers auf eine Inszenierung des „Faust I" anwenden lassen.

Karin Beier: Theater berauscht. Theater nervt. Theater wirkt. (2010)

[...] Theater ist live. Das einzigartige Spezifikum des Theaters liegt auf der Hand. Der lebendige Moment, nicht medial vermittelt, nicht konserviert und nicht unendlich wiederholbar. Dazu ein paar Gedanken, die vielleicht Offensichtliches formulieren, aber dabei helfen sollen, sich einem Phänomen zu nähern.

Theater entsteht im Augenblick und ist im nächsten Moment auch wieder verschwunden. Oft denken wir, das sei schade, doch in Wirklichkeit ist es ein befreiender Sachverhalt. Denn seinetwegen muss man sich während der Arbeit nie die Frage stellen, was wohl die Nachwelt darüber denkt, oder ob das, was man tut, zukunftsträchtig ist oder nicht. Ähnliches gilt für die Vergangenheit. Theater benutzt zwar Stoffe der Vergangenheit, muss sich ihrer Geschichtlichkeit aber nicht verpflichtet fühlen. Das ist ein Privileg. Theater kann, sozusagen über dem Zeitkontinuum schwebend, unabhängig vom Prüfstand der Geschichte und unbelastet vom zukünftigen Urteil, sich in wüsten Behauptungen Abend für Abend neu erfinden. Diese Unabhängigkeit von Zukunft und Vergangenheit macht den Theatermacher und hoffentlich auch den Zuschauer unendlich frei. Frei für anarchistische Behauptungen und wilde Assoziationen, die vielleicht nur einen kleinen Bestand haben, aber gerade deswegen ein neues Licht auf die Dinge werfen können. [...]

Der Live-Moment des Theaters birgt glücklicherweise ein hohes Maß an Unkontrollierbarem, aufseiten der Spieler und aufseiten der Zuschauer. Und da fängt der Spaß erst richtig an. Das Faszinierende an meinem Beruf sind ja nicht die hehren Gründe, die Bildung, die Reflexion, die Lust an der Auseinandersetzung. Das ist alles sehr wichtig, aber darüber hinaus gibt es die dunklen Ecken, Gassen und Zimmer. Wirklich spannend wird es, wenn das Theater an unsere niederen Instinkte rührt, wirklich spannend ist die Verbindung des Geistigen mit der Ursuppe, mit dem Chtonischen[1], mit dem Schlamm, mit dem Matsch.

Tatsächlich ist es doch so, dass wir alle über ein großes Maß an Gewaltbereitschaft, an Destruktivität, an Bösartigkeit, an Rohem, Krudem[2], an Schmutzig-Hässlichem und wirklich Gemeinem verfügen. Da schlummert eine große Kraft in uns und oft genug eine große Lust – oder nicht? Wo normalerweise Wahnsinn und Gefängnis die Folge wären, kann ich im geschützten Raum des Theaters darauf hoffen, die Kontrolle zu verlieren, mit anderen zusammen, ich kann die Schauspieler für mich schwitzen lassen und darauf setzen, dass etwas anders läuft an diesem Abend als sonst. Das kathartische Potential solcher Momente ist offensichtlich.

Theater wirkt auf Geist, Geschlecht und Gedärm. Schönheit und Grauen sind dabei kein Gegensatzpaar. Sie sind zwei Seiten derselben Medaille. Nichts ist berauschender als das Erschrecken. Das Dunkle, Unkontrollierbare, Rauschhafte mischt sich mit der Lust am Geistigen, Sprachlichen, Anstrengenden – [...]

Seien wir politisch unkorrekt! Das Theater erlaubt mir, wissenschaftlich sträflich unpräzise, moralisch anrüchig und halbseiden[3] zu sein. Wo sonst kann ich rauschhaft, triebhaft, intelli-

---
[1] **chtonisch:** der Erde angehörend, unterirdisch
[2] **krude:** grausam, roh
[3] **halbseiden:** unseriös

gent, böse, politisch unkorrekt, politisch korrekt, sinnlich, unverschämt, lächerlich und – jetzt kommt das Allerbeste – frei von Instanzen sein. Theater hat und schenkt diese Freiheit. [...] Theater darf alles aus dem Kontext reißen, darf gleichzeitig „Hosianna!"[4] und „Kreuziget ihn!" rufen. Und wenn alle Stricke reißen, hat Theater sogar die Freiheit, sich ganz einfach des gesunden Menschenverstands zu bedienen. Eine Freiheit, die es sonst in unserer Gesellschaft, in Politik und Wirtschaft, so ohne Weiteres nicht gibt. Mit jedem Muster, jedem Modell, jedem System darf das Theater krude umgehen. [...] Was passiert eigentlich, wenn ein Theaterabend gelingt? Das persönliche Erlebnis, der Drang aufzustehen, dazwischenzurufen, sich einzumischen und zugleich die Selbstdisziplin, gerade das nicht zu tun – all das ermöglicht uns die Begegnung mit der dunklen Seite der menschlichen Existenz, der Lust an Anarchie, an Debattenstreit und Walpurgisnacht. Wo das gelingt, da tanzen Apoll[5] und Dionysos[6] zur Feier des Theaterabends auf der Bühne und im Theatersaal einen ekstatischen Tanz der Götter, einen Pas des deux dieux[7]. In diesem Tanz wird der Abgrund sichtbar, der so dicht unter der dünnen Eisdecke lauert, auf der unsere bürgerliche Wohlanständigkeit daherschlittert. Er löst Erschrecken aus vor dem eigenen Spiegelbild, ein Erschrecken, das die Kraft für den Versuch eines Ganz-Anderen spenden kann, für die Suche nach den Grundlagen des Universums. [...]

[4] **Hosianna:** Freudenruf beim Einzug Jesu in Jerusalem
[5] **Apollo:** griechisch-römischer Gott der Weissagung und Dichtkunst
[6] **Dionysos:** griechisch-römischer Wein- und Fruchtbarkeitsgott
[7] **pas de deux dieux:** Tanz der zwei Götter; pas de deux: Duett beim Ballett

Die Aufgabenstellung verstehen

1 Erklären Sie in Partnerarbeit die Anforderungen, die mit den Operatoren verbunden sind.
2 Notieren Sie, welche Kompetenzen Sie für die Lösung der Aufgaben benötigen und welche nicht.

1. Aufgabenteil:	2. Aufgabenteil:
A das Thema des Textes genau angeben	A Faust charakterisieren
B Textaussagen mit eigenen Worten wiedergeben	B die Erörterung mit einem Fazit abschließen
C die rhetorischen Figuren genau analysieren	C die Ausführungen des Textes insgesamt widerlegen
D bei der Textwiedergabe den Konjunktiv der indirekten Rede verwenden	D eine Überleitung formulieren
E einen Kommentar zum Text verfassen	E einen Leserbrief an Karin Beier formulieren
F eine Einleitung formulieren	F sachlich und textbezogen argumentieren
G im Unterricht erworbenes Wissen zu Dramentheorien einbeziehen	G den Charakter Faust mit den Hauptaussagen des Textes in Beziehung setzen

Information Die literarische Erörterung

Die literarische Erörterung befasst sich speziell mit einer **Problemstellung der Literatur bzw. der Literaturwissenschaft**. Darin werden z. B. **literaturgeschichtliche** oder **gattungstheoretische Fragen** erörtert oder **Fragen der literarischen Wertung** aufgeworfen.

3 Begründen Sie, auf welchem Aufgabenteil der Schwerpunkt Ihrer Arbeit liegen soll.

B3 KLASSISCHES UND MODERNES DRAMA VERGLEICHEN

Erstes Textverständnis und Ideen formulieren

1 Karin Beier äußert sich zur Bedeutung und Funktion des Theaters. Welche zwei der folgenden Aspekte spielen dabei für sie eine besondere Rolle?
– die Entstehungszeit der Stücke
– die politische Wirkung einzelner Inszenierungen
– der befreiende Moment auf der Bühne
– die Finanzkraft mancher Bühnen
– das Ausleben niederer Instinkte und Triebe
– religiöse Themen auf dem Theater

2 Karin Beier spricht in ihrem Text unter anderem von „Schmutzig-Hässlichem und wirklich Gemeinem" (Z. 48 f.) und von „Schönheit und Grauen" (Z. 60). Notieren Sie, welche passenden Eigenschaften und/oder Verhaltensweisen Fausts Ihnen dazu spontan einfallen.

Den Text analysieren und die Erörterung vorbereiten

1 Welche der folgenden Aussagen trifft den Kern des Textes besser? Begründen Sie.
  A *Nach Karin Beier bietet das Theater einen Spielraum, in dem Schauspieler und Zuschauer befreit von jeglichen Zwängen auch bösartige, rauschhafte und anarchische Gefühle ausleben dürfen.*
  B *Karin Beier geht es in ihrem Vortrag um den gesellschaftlich-politischen Auftrag des Theaters. Sie sieht diesen vor allem darin, dass das Publikum durch die Schauspieler indirekt Bedürfnisse ausleben kann, was im normalen Leben verboten ist.*

2 a Ordnen Sie die folgenden Thesen zur Bedeutung und Funktion des Theaters den einzelnen Abschnitten des Textes zu:
– Ein gelungener Theaterabend rüttelt den Zuschauer auf, weil er mit sich selbst und seinen niederen Instinkten konfrontiert wird.
– Theater kann durch seine Unkontrollierbarkeit unsere verwerflichsten Instinkte ansprechen.
– Theater kann gleichzeitig positive und negative Aspekte – Schönheit und Grausamkeit – zeigen.
– Auf der Bühne können unsere boshaftesten Fantasien umgesetzt werden.
– Theater ist frei, weil es unabhängig von Zukunft und Vergangenheit ist.
– Theater ist eine Live-Vorstellung.
– Theater ist frei von Aspekten wie politischer Korrektheit, wissenschaftlicher Genauigkeit usw.

b Suchen Sie aus jedem Abschnitt ein Zitat heraus, das besonders gut zur These des Abschnitts passt, z. B. zum 1. Abschnitt: „Theater ist live." (Z. 1)

3 Faust verübt im ersten Teil des Dramas beinahe Selbstmord, verführt Gretchen, tötet Valentin, verbringt eine rauschhafte Walpurgisnacht und erlebt den Untergang Gretchens. Charakterisieren Sie Faust, indem Sie aus dem Wortspeicher passende Eigenschaften und Gefühle auswählen und diese konkreten Verhaltensweisen und/oder Beziehungen zu anderen Figuren zuordnen, z. B.:
tritt zu Beginn als anerkannter Mediziner und Wissenschaftler auf → gebildet
befindet sich in Erkenntnis- und Sinnkrise, die ihn zu Selbstmordversuch treibt → …
entschließt sich, mit Mephisto … → …
will Gretchen unbedingt … → …
tötet … → …
gebildet – egoistisch – verzweifelt – übermütig – ehrgeizig – ausgeglichen – depressiv – unzufrieden – todessehnsüchtig – waghalsig – hilfsbereit – skrupellos – liebenswürdig – höflich – klug – ängstlich

3.3.2 KLAUSURVORBEREITUNG: EINEN SACHTEXT ZUM DRAMA ERÖRTERN

4 Prüfen Sie, ob „Faust I" sich für eine Inszenierung im Sinne Karin Beiers eignet. Überlegen Sie dazu, inwiefern sich Fausts Eigenschaften, Gefühle, Verhaltensweisen und Beziehungen zu anderen Figuren (▶ Aufgabe 3, S. 244) für eine Umsetzung ausgewählter Thesen Beiers eignen. Legen Sie dazu eine Tabelle an:

Beiers Thesen	Faust
Auf der Bühne können unsere boshaftesten Fantasien …, z.B. unsere Lust „an Bösartigkeit, an Rohem, Krudem, an Schmutzig-Hässlichem und wirklich Gemeinem" (Z. 47 ff.)	Faust zeigt diese Eigenschaften, z.B. wenn er … Dennoch ist er am Ende des Stücks …
Theater kann gleichzeitig positive und negative Aspekte …	Faust ist.., aber auch …
Theater ist frei von Aspekten wie politischer Korrektheit, wissenschaftlicher …	Fausts Handeln ist nicht …, weil … Ereignisse wie … sind nicht wissenschaftlich haltbar.
Ein gelungener Theaterabend rüttelt den Zuschauer auf, weil …	Bei einer Faust-Inszenierung könnte der Zuschauer durch Folgendes aufgerüttelt werden: …

Den Schreibplan erstellen und schreiben

1 Ordnen Sie die erarbeiteten Aspekte in Stichpunkten einer Gliederung zu (▶ Information S. 183):

Einleitung: Autorin: Karin Beier
– Titel: …
– …   } 1. Teilaufgabe

Hauptteil: Aussagen zu Bedeutung und …
– Überleitung:
– …
– …   } 2. Teilaufgabe

Schluss: – Fazit

2 Formulieren Sie nun Ihre Überlegungen zur ersten Teilaufgabe aus. Gehen Sie so vor:
a Die folgende Einleitung eines Schülers lässt sich an mindestens drei Stellen verbessern. Überarbeiten Sie den Text entsprechend.
Karin Beiers Sachtext „Theater berauscht. Theater nervt. Theater wirkt" handelt von ihren Vorstellungen vom Theater.
b Stellen Sie in einem zusammenhängenden Text Karin Beiers Überlegungen zur Bedeutung und Funktion des Theaters dar. Achten Sie dabei darauf, korrekt zu zitieren (▶ Information S. 184) bzw. zu paraphrasieren (▶ Information S. 273). Nutzen Sie auch Ihre Vorarbeiten aus Aufgabe 1 und 2 (▶ S. 244).

3 Verfassen Sie nun die Erörterung (zweite Teilaufgabe). Gehen Sie dabei Schritt für Schritt vor:

a Vervollständigen Sie die folgenden Sätze so, dass sich eine sinnvolle Überleitung zwischen den beiden Teilaufgaben ergibt.
Zusammenfassend lässt sich feststellen, dass für Karin Beier das Theater … Im Folgenden soll geprüft werden, inwiefern … Dazu wird zunächst einmal die Figur des Faust …, um in einem weiteren Schritt zentrale Thesen Beiers …

b Charakterisieren Sie Faust in einem zusammenhängenden Text. Nutzen Sie dazu Ihre Vorüberlegungen aus Aufgabe 3 (▶ S. 244) und achten Sie darauf, Ihre Deutungen durch konkrete Beschreibungen seiner Verhaltensweisen oder Beziehungen zu anderen Figuren zu stützen, z. B.:
Dass Faust ein sehr egoistischer Mensch ist, erkennt man daran, dass er Gretchen dazu bringt, für eine vermeintliche Liebesbeziehung ihre Existenz aufs Spiel zu setzen.

c Verfassen Sie nun die Erörterung. Verbinden Sie dafür Ihre Überlegungen aus Aufgabe 4 (▶ S. 245) in komplexen Satzgefügen. Nutzen Sie die folgenden Formulierungsbausteine:

> **Formulierungsbausteine: Einen Sachtext auf einen literarischen Text beziehen (Erörterung)**
> - *Wenn … in ihrem/seinem Vortrag/Sachtext äußert, dass …, meint sie/er damit … Dies lässt sich auf das Handeln des Protagonisten/der Protagonistin in der Szene/Situation … beziehen, wo er/sie …*
> - *Der zentrale Begriff in … Argumentation ist …, welcher sich mehrfach findet, z. B. … (Z. …). Dazu passt der Charakter des Protagonisten/der Protagonistin insofern, als er/sie …*
> - *Die dargelegte Theorie/These … findet ihre literarische Ausgestaltung in … insofern, als …*

d Formulieren Sie abschließend ein Fazit. Vervollständigen Sie dazu den folgenden Satz:
Alles in allem kann man sagen, dass …

Den eigenen Text überarbeiten

1 Überarbeiten Sie Ihren Text mit Hilfe der folgenden Checkliste.

> **Checkliste Einen Sachtext zum Drama erörtern**
> - Ist der Text klar gegliedert und sprachlich korrekt?
> - Enthält Ihre **Einleitung** Angaben zu Autorin, Titel, Textsorte, Erscheinungsdatum und Thema bzw. zentraler These des Textes?
> - Werden **zentrale Aussagen des Textes** in ihrem gedanklichen Zusammenhang mit eigenen Worten wiedergegeben?
> - Haben Sie korrekt **zitiert** und bei **Paraphrasen** den Konjunktiv in der indirekten Rede verwendet?
> - Haben Sie eine **Überleitung** verfasst, die Bezüge zwischen der ersten und zweiten Teilaufgabe herstellt und das weitere Vorgehen erläutert?
> - Haben Sie in der **Erörterung** die Thesen des Sachtextes (hier: Karin Beiers Text) auf einen literarischen Sachverhalt (hier: Faust-Figur) angewendet?
> - Haben Sie Ihre Ausführungen mit einem zusammenfassenden **Fazit** beendet?
> - Haben Sie abschließend Ihren Text auf **Rechtschreibung, Grammatik** und **Zeichensetzung** überprüft?

4 Traditionelle und neue Medien – Sachtexte analysieren und erörtern

1 Sachtexte bilden die Grundlage jeder Informations- und Wissensgesellschaft. Sie begegnen uns in unterschiedlichsten Formen und Medien.
   a Was sind Sachtexte? Führen Sie zu der Frage das Placemat-Verfahren durch (▶ S. 589).
   b Stellen Sie Ihre Definitionen von Sachtexten im Plenum vor.
2 Vergleichen Sie die drei angerissenen Sachtexte in der Abbildung oben.
   a Charakterisieren Sie die unterschiedliche Art der Texte und deren kommunikative Zielrichtung.
   b In welchen Medien informieren Sie sich am ehesten? Begründen Sie, weshalb.

In diesem Kapitel erwerben Sie folgende Kenntnisse und Kompetenzen:

- Sachtexte nach Intentionen und Stilen unterscheiden,
- Sachtexte mit deskriptivem, narrativem und argumentativem Schwerpunkt analysieren,
- Mediendefinitionen und Medientheorien kennen und vergleichend bewerten,
- die historische Entwicklung der kontroversen Medienkritik erfassen,
- den aktuellen Umgang mit elektronischen Medien kritisch reflektieren,
- das schriftliche Erörtern von Sachtexten zum Thema Medienkritik trainieren.

4.1 Literaturbetrieb – Darstellungsweisen und Intentionen von Sachtexten unterscheiden

Von Preisen und Bestsellern – Kontinuierliche Sachtexte

Unter dem Begriff „Literaturbetrieb" lässt sich all das zusammenfassen, was zur Verbreitung von Literatur beiträgt: die Verlage und Buchhandlungen, die Buchmessen und Buchpreise, Autorenlesungen und Wettbewerbe, aber auch Fernsehen und Presse, in denen Literatur vorgestellt, rezensiert und beworben wird. Der Literaturbetrieb ist zugleich auch ein Literaturmarkt, in dem es wie in allen anderen Branchen auch darum geht, die Ware Buch an die Käuferin und den Käufer zu bringen.

David Hugendick: **Der größte Gewinner ist der Wettbewerb** (2013)

Der Klagenfurter Bachmannpreis hat eine verdiente Siegerin und nimmt ein
5 *gutes Ende.*

Sie las an zehnter Stelle. Freitagnachmittag, der letzte Beitrag des
10 zweiten Tages. Als Katja Petrowskaja dann nach 25 Minuten den Blick wieder von ihrem
15 Text hob, das letzte Wort noch im Klagenfurter Landesstudio nachzitterte, war der Applaus so begeistert, wie er bis dahin nicht annähernd geklungen hatte. Erleichtert fast, gelöst, als seien die vorigen Beiträge nur zähe Etüden[1] gewesen
20 für das, was offenbar nun stattgefunden hatte: Literatur. Deswegen saßen sie ja alle da: die Jury in ihrem üblichen Halbrund, die Zuschauer unter überheizten Scheinwerfern oder draußen auf den Bierzeltgarnituren vor dem Fernseher.
25 Und ja, Katja Petrowskajas *Vielleicht Esther* war tatsächlich einer der Höhepunkte in Klagenfurt. Darin beschrieb die 1970 in Kiew geborene Autorin die Ermordung ihrer ukrainischen Urgroßmutter, ihrer Babuschka, zu Zeiten der
30 Besetzung durch die Nazis. Wurde sie überhaupt wirklich ermordet? Und wie kam es dazu? Petrowskajas Text ist ein ergreifendes Spiel mit dieser Frage, mit der Erinnerung und der Imagination[2], das
35 immer wieder seine eigenen Bedingungen reflektiert. Wie weit so eine literarische Rekonstruktion der
40 Wahrheit gehen kann und ob man sich ihr nur annähern, aber sie nie [...] wirklich einholen
45 kann. Die Jury lobte die „wunderbare Leichtigkeit" der Geschichte, zumal sie sich vor dem Hintergrund der grausamsten Katastrophe des 20. Jahrhunderts zuträgt. Und es
50 ist verständlich, dass Petrowskaja dafür letztlich mit dem Bachmannpreis ausgezeichnet wurde. Wirkliche Konkurrenz hatte sie kaum während der 37. Tage der deutschsprachigen Literatur, von denen es vorab hieß, sie könnten wegen des
55 Sparzwangs des ORF[3] die letzten gewesen sein. Zumindest in dieser Form. Dieses Szenario war den ganzen Wettbewerb über allgegenwärtig. Überall in der Stadt sah man die weißen Anstecker der Initiative *#bbleibt*[4]. Am Klagenfurter
60 Lendhafen, wo tagsüber Fernseher die Lesun-

1 **Etüden:** Übungen
2 **Imagination:** Vorstellung
3 **ORF:** Österreichischer Rundfunk
4 **#bbleibt:** Initiative auf Twitter zur Fortführung des Preises

4.1 LITERATURBETRIEB – DARSTELLUNGSWEISEN UND INTENTIONEN VON SACHTEXTEN UNTERSCHEIDEN

gen zeigten und nachts sich bei Bier und Elektromusik der Literaturbetrieb zusammenklumpte, wurde eine „Klagemauer" eingerichtet. Dort klebten unzählige Plädoyers für die Rettung des Bachmannpreises. Auch das Gedränge im ORF-Studio schien größer zu sein als jemals zuvor. [...]

Wer dort einen Platz bekam, sah aus der Nähe einen im Wesentlichen aber passablen Wettbewerb. [...] Dass Petrowskajas Siegertext vieles überstrahlte, lag auch daran, dass manche Beiträge zwar gekonnt waren, ihre Autoren allerdings kaum erzählerische Risiken eingingen. Verena Güntners (Kelag-Preis) Rollenprosa eines 16-Jährigen etwa war nahezu makellos gearbeitet und entwickelte zu Anfang ein starkes Motiv (die Selbstverletzung als Selbsterkenntnis oder Selbstaufklärung). Neben der bei solchen Geschichten allfälligen *Fänger-im-Roggen*[5]-Referenz der Jury kam bald eine Frage auf, die die Diskussionen fortan begleitete: nach dem Verhältnis von Kunsthandwerk und Kunst. Reicht Handwerk für Literatur schon aus, oder fängt sie da erst an? Eine berechtigte Frage. [...] Aber noch bevor [...] die Schlussansprachen der Juroren gehalten und das Preisgeld verteilt war, hatte der ORF-Generaldirektor Alexander Wrabetz das Wort ergriffen und gesagt: „Der Bachmannpreis bleibt." Der größte Sieger des Wettbewerbs war am Ende er selbst.

[5] „Fänger-im-Roggen-Referenz": „Der Fänger im Roggen" ist ein Roman von J. D. Salinger (1951), der von der Kritik eines Jugendlichen an der verlogenen Welt der Erwachsenen handelt.

1 a Lesen Sie den Text zügig durch und fassen Sie seinen Inhalt möglichst knapp zusammen.
  b Erläutern Sie den Titel des Textes.

2 Beschreiben Sie die Sprache des Textes.
Der Text setzt mit einer sehr anschaulichen und lebendigen Schilderung ... Es folgt eine eher sachlich gehaltene ...

3 Sachtexte, z. B. Bericht, Reportage oder Kommentar, verfolgen unterschiedliche Intentionen und bedienen sich dafür auch verschiedener Darstellungsweisen.
  a Ordnen Sie den Darstellungsweisen auf der linken Seite jeweils die passende Wirkungsabsicht auf der rechten Seite zu.

Darstellungsweise (Modus) in Sachtexten	Wirkungsabsicht (Intention)
argumentativ	unterhalten
deskriptiv (lat. *describere* „beschreiben")	informieren
narrativ (lat. *narrare* „erzählen")	überzeugen

  b Kontrollieren Sie Ihre Lösung mit Hilfe der Information auf Seite 252 f.

4 Bestimmen Sie nun die Darstellungsweisen und die Intentionen des Textes.
Gehen Sie so vor:
  a Markieren Sie mit verschiedenen Farben Textstellen, die für die eine oder andere Darstellungsweise bzw. Intention sprechen. Nutzen Sie dazu eine Kopie des Textes.
  b Tauschen Sie sich über Darstellungsweisen und Intentionen des Textes aus. Lässt sich ein eindeutiger Schwerpunkt bestimmen?

5 Ordnen Sie den Text einer journalistischen Textsorte zu (▶ Information, S. 253).

Steffen Richter: **Was ist ein Bestseller?** (2013)

Was aber ist ein Bestseller? Wenn ein Buch auf einer Bestsellerliste steht, heißt das, dass es sich in einem gegebenen Zeitraum besonders oft, mehr als andere Bücher, verkauft hat. Bestseller ist also ein relationaler Begriff, selbst wenn man davon ausgeht, dass etwa 15 000 bis 20 000 Exemplare vonnöten sind, um auf eine Liste zu gelangen. [...] Lange waren diese Rankings vor Manipulation nicht gefeit, weil die befragten Buchhändler die Anzahl der verkauften Titel eher schätzten und mit eigenen Verkaufswünschen kombinierten. Seit 2001 wird die Liste des „Focus" durch Media Control nach Auswertung der Daten aus Scannerkassen repräsentativer Buchhandlungen erhoben, die „Spiegel"-Bestsellerliste wird von „Buchreport" auf ähnliche Weise erstellt. Obwohl es bei den verschiedenen Listen unterschiedliche Einschränkungen gibt – etwa dass Ratgeberliteratur, Gesetzestexte oder Ramschverkäufe nicht erhoben werden – gilt das Prinzip, dass die konkreten Abverkäufe eines Titels gezählt werden. Die Dialektik der Bestsellerliste besteht allerdings darin, dass nicht nur gut verkaufte Bücher auf die Liste kommen, sondern dass Bücher, die bereits auf der Liste stehen, sich gut verkaufen. Bestsellerlisten sind Werbeinstrumente, die Top-Ten-Platzierungen werden in Buchhandlungen oft gesondert präsentiert.

Um in den Genuss dieses „Rückkopplungseffekts" zu gelangen, versuchen Verlage, Bestseller gezielt zu „machen" – mit speziellen Werbekampagnen für Sortimente, Medien oder potenzielle Leser, die auf die Person des Autors, den Erfolg seines Vorgängertitels, das spektakuläre Thema oder seine Aktualität bauen. Tatsächlich lassen sich Bestseller allerdings nur bedingt planen. Oft sind sie Resultat schwer berechenbarer Konstellationen oder des Zeitgeistes wie im Falle von Hape Kerkelings Sachbuch-Bestseller „Ich bin dann mal weg" (2006), der einen fernsehprominenten Autor mit der Sehnsucht nach meditativer Einkehr und der neuen Lust an der Bewegung in der Natur vereinte. [...] Wichtige Preise – wie etwa der Deutsche Buchpreis – führen nahezu automatisch mindestens zu einem Kurzaufenthalt auf den Listen.

Bestseller

Belletristik
1. (1) Jonas Jonasson
Der Hundertjährige, der aus dem Fenster stieg und verschwand
Carl's Books; 14,99 Euro
2. (3) Paulo Coelho
Aleph Diogenes; 19,90 Euro
3. (2) Dora Heldt
Bei Hitze ist es wenigstens nicht kalt dtv; 14,90 Euro
4. (5) Kerstin Gier
Auf der anderen Seite ist das Gras viel grüner Bastei Lübbe; 12,99 Euro
5. (6) Jussi Adler-Olsen
Erlösung
dtv; 14,90 Euro

1 Beantworten Sie die folgenden Fragen zum Text:
– Was ist ein Bestseller?
– Wie wird eine Bestsellerliste seit 2001 erstellt?
– Was versteht der Autor unter der „Dialektik der Bestsellerliste"?
– Warum lassen sich Bestseller nur bedingt planen?

2 Bestimmen Sie die Darstellungsweise und die Intention des Textes. Ist er deskriptiv oder narrativ? Informiert oder unterhält er? Ziehen Sie zum Vergleich den Text „Der größte Gewinner ist der Wettbewerb" (▶ S. 248 f.) heran.

3 a Schreiben Sie Auszüge aus beiden Texten in den Stil des jeweils anderen um.
b Vergleichen Sie jeweils die beiden Fassungen und erörtern Sie ihre Wirkung. Was spricht für den einen, was für den anderen Stil?
c Diskutieren Sie, welche Stillage für welche Art von Text geeignet ist.

4 Überprüfen Sie die „Dialektik der Bestellerliste" vor Ort und an sich selbst. Werden Bestseller in den Buchhandlungen Ihrer Umgebung prominent platziert? Hat das Auswirkungen auf Ihr Kaufverhalten?

Jan Brandt: Ist das Literatur? Oder kann das weg? (2013)

Fluch der Popularität: Die Schriftstellerin J. K. Rowling will mit ihrem neuen Werk die Welt verändern. Und scheitert an sich selbst.

Es ist durchaus ehrenwert für eine Autorin, noch dazu für die derzeit weltberühmteste, ihren Namen für eine gute Sache einzusetzen und den Stummen eine Stimme zu geben, deren Schicksal auf großer Bühne mit maximaler Aufmerksamkeit zu verhandeln, in ein unterhaltsames Gewand zu kleiden und so einem großen Publikum zugänglich zu machen, auf dass ein Diskurs[1] entstehe, der die Menschen, womöglich die, die gemeint sind, zum Umdenken bewege, und sich die Welt zum Besseren wende.

Ein gutes Anliegen allein macht aber keinen guten Roman. *Ein plötzlicher Todesfall* von J. K. Rowling ist keine große Literatur, nicht einmal „ziemlich große", wie Jens Jessen in der ZEIT schreibt, bloß weil darin aktuelle gesellschaftliche Entwicklungen – die Verelendung der Armen, die Wagenburgmentalität des Mittelstandes aus Angst vor sozialem Abstieg, die Aufkündigung der Solidarität etc. – mit vermeintlich scharfen Worten verhandelt werden.

Die Schöpferin von Harry Potter erzählt in ihrem ersten Roman für Erwachsene am Beispiel des fiktiven englischen Dorfes Pagford vom Untergang des Gemeinwesens – und gleichsam parabelhaft von der Erosion des Sozialstaates in Europa. Im Mittelpunkt steht ein toter Gutmensch, der, damit das auch dem einfältigen Leser gleich klar wird, Fairbrother heißt und nach drei Seiten an einem Aneurysma[2] stirbt. Er war Mitglied des Ortsrates und hat sich zeitlebens für die Bewohner der nahe gelegenen Sozialsiedlung Fields eingesetzt. Mit seinem plötzlichen Tod gerät das politische Gleichgewicht ins Wanken. Unter den Bürgern entbrennt ein Machtkampf um den frei gewordenen Posten, und dabei offenbart sich, dass sie schlechter sind als die, die sie mit all ihrer Macht loswerden wollen.

Rowling ist nicht Dickens

Es mag ja sein, dass Rowlings Roman von „echtem Hass" motiviert ist, Hass, den sie selbst gespürt hat in den siebziger Jahren als Kind, als Jugendliche im westenglischen Tutshill, mit einer an Multipler Sklerose erkrankten Mutter und einem schwierigen Vater, als Fremde, als Zugezogene in einem Dorf, Hass auf die Bourgeoisie und deren Bigotterie[3], auf das globale Zusammenhänge ausblendende Provinzdenken, doch auch echter Hass braucht Stil, um sich voll entfalten zu können.

Jessen schreibt, anders als Charles Dickens oder William Makepeace Thackeray, die klassischen Sozialkritiker der englischen Literatur, arbeite Rowling an keiner Poesie des Elends, sondern an seiner Faktizität. Es geht Rowling aber nicht um Faktizität, um die nackte Darstellung von Kleinbürgertum und Ignoranz, Armut, Vernachlässigung und Bedürftigkeit, dafür ist ihre Prosa nicht schlicht genug. Es geht ihr darum, den Leser zu manipulieren, ihm durch Wertung ihre Sichtweise aufzudrängen, und das ist auch der Grund, weshalb ihr Personal über die gesamten 572 Seiten des Buches hinweg kein Eigenleben entwickeln kann.

Dank ihres Namens landete J. K. Rowling mit ihrem achten Roman von null auf Platz eins der *Spiegel*-Bestsellerliste. Sie wollte sich selbst beweisen, dass sie über ihre Kinderbücher hinaus die hohe Kunst der Gesellschaftskritik beherrscht. Sie scheitert – und das überrascht dann doch bei einer derart erfahrenen Autorin – aus handwerklichen Gründen. Und damit scheitert auch ihr Weltverbesserungsprojekt. Schlechter Stil entwertet jede Botschaft.

---

[1] **Diskurs:** Auseinandersetzung

[2] **Aneurysma:** Erweiterung eines Blutgefäßes, dessen Platzen oft zum Tod führt

[3] **Bigotterie:** Scheinheiligkeit

1 Welche Intention verfolgt der Autor (▶ S. 251)? Tauschen Sie sich aus.

2 Beschreiben Sie Sprache und Stil des Textes mit Hilfe des Wortspeichers.
ausgewogen – subjektiv – einseitig – objektiv – bissig – freundlich – abwägend – entschieden

3 a Bestimmen Sie die Darstellungsweise. Ist der Text im Kern argumentativ, deskriptiv oder narrativ?
b Lesen Sie den Text ein weiteres Mal. Schreiben Sie Textstellen mit Zeilenangaben heraus, die eher deskriptiven oder eher argumentativen Charakter haben.
Tipp: Sie können die Textstellen auch verschiedenfarbig auf einer Kopie markieren.

4 Schließen Sie aus Intention, Sprache und Darstellungsweise auf die Textsorte (▶ Information, S. 253).

5 Vollziehen Sie Brandts Argumentation nach.
a Untersuchen Sie die Argumentation auf „zwar-aber"-Strukturen. Dabei müssen die Wörter „zwar" und „aber" nicht unbedingt selbst vorkommen, es kommt auf die gedankliche Struktur an.
Bereits der erste Absatz des Textes lässt sich als Teil einer „zwar-aber"-Struktur lesen. Er steht für …, während …
b Erläutern Sie die Funktion der „zwar-aber"-Struktur für diese und andere Argumentationsgänge.
c Stellen Sie Brandts Urteil und seine Begründungen mit eigenen Worten dar.
Jan Brandt beurteilt den Roman „Ein plötzlicher Todesfall", den ersten Erwachsenenroman der berühmten Jungendbuchautorin J. K. Rowling, sehr …

Information **Darstellungsweisen und Intentionen von Sachtexten**

- **Sachtexte** werden literarischen oder fiktionalen Texten gegenübergestellt. Sie werden auch als **nicht-fiktionale, pragmatische** oder **Gebrauchstexte** bezeichnet. Die Geburtsurkunde gehört ebenso zur Gattung Sachtext wie der Essay oder der Aufsatz in einer Fachzeitschrift. Zu den **journalistischen Sachtexten** (▶ Information, S. 253) zählen u. a. Nachricht, Bericht, Reportage, Kommentar, Glosse und Rezension. Sachtexte haben ein sehr großes Lesepublikum, das je nach Leseinteresse z. B. Zusammenhänge verstehen, Fähigkeiten erwerben oder sich auch eine Meinung bilden will.

- Um Sachtexte genauer zu beschreiben und richtig zu verstehen, sind zwei Kategorien besonders wichtig: die **Darstellungsweise (Modus)** und die **Intention (Wirkungsabsicht)**. Beide Kategorien bedingen sich gegenseitig: Ein Autor/eine Autorin bedient sich einer bestimmten Darstellungsweise, weil er/sie eine bestimme Intention verfolgt.

Darstellungs-weisen (Modi)	Wirkungsabsichten (Intentionen)	Sprache, Stil (rhetorische Mittel)	Sachtexttypen
deskriptiv	informieren	sachlich-nüchtern	Nachricht, Bericht, wissenschaftlicher Artikel, Lexikonbeitrag
argumentativ	überzeugen	objektiv-ausgewogen	Erörterung
		subjekt-einseitig	Leserbrief, Kommentar, Glosse, Rezension
	aufrufen/appellieren		Rede, Werbung
narrativ	unterhalten	ausschmückend, anreichernd, farbig	Reportage, populärwissenschaftlicher Text

4.1 Literaturbetrieb – Darstellungsweisen und Intentionen von Sachtexten unterscheiden

Verschiedene Darstellungsweisen können in einem Text durchaus nebeneinanderstehen. Für manche Textsorten, etwa die Reportage, ist das sogar typisch. Gleiches gilt für die Intention. Gerade meinungsbildende Texte, die ihre Leserschaft von etwas überzeugen wollen, werden über ihren Gegenstand immer auch informieren. Dennoch lassen sich bei vielen Sachtexten ein Hauptanliegen und eine vorherrschende Darstellungsweise bestimmen.

1 Überlegen Sie, inwiefern sich Karl Bühlers Organon-Modell (▶ S. 131) auf die oben abgedruckten Informationen beziehen lässt.

Information Eine Auswahl journalistischer Textsorten

- Die **Nachricht** informiert knapp und sachlich über ein aktuelles Ereignis. Der Nachrichtenstil ist geprägt durch die Beschränkung auf Tatsachen und das Bemühen um Objektivität. Nachrichten sind oft im Lead-Stil aufgebaut, d.h.: Die wichtigsten Informationen stehen am Textanfang, dann folgen weitere Detailinformationen.
  Der **Bericht** ist in der Regel eine umfangreichere Nachricht.
- Eine **Reportage** ist ein namentlich gekennzeichneter Text, der in besonders lebendiger und anschaulicher Weise über ein Ereignis und seine Hintergründe berichtet. Das entscheidende Merkmal ist, dass der Reporter aus unmittelbarer Anschauung berichtet. Die Schilderung konkreter Situationen, die Wiedergabe wörtlicher Aussagen und die Darstellung persönlicher Umstände dienen oft der Veranschaulichung allgemeiner Hintergründe und Sachverhalte. Die Reportage beginnt in der Regel mit der Schilderung einer Szene, durch die das persönliche Erleben der Autorin/des Autors deutlich wird und die das Lesepublikum emotional mit einbeziehen soll.
- Der **Kommentar** ist ein namentlich gekennzeichneter, subjektiv wertender Text, in dem zu einem aktuellen Thema mit dem Ziel Stellung bezogen wird, die Meinungsbildung zu beeinflussen. Er ist also überwiegend argumentativ mit dem Ziel, zu überzeugen und zu appellieren. Zur Unterstützung des eigenen Standpunkts werden im Kommentar Nachrichtenmeldungen häufig in Zusammenhänge eingeordnet und es werden die Hintergründe beleuchtet. Oft wird die Meinungsäußerung auch in Form von Aufforderungen und Wünschen zum Ausdruck gebracht.
- Die **Glosse** ist ein ironisch-witziger, oft auch polemischer Kurzkommentar zu einem Thema. In erster Linie unterscheidet sich die Glosse vom Kommentar also sprachlich-stilistisch. Ein beliebtes Stilmittel ist die Ironie.
- Die **Rezension** kommentiert Aktuelles aus Kunst, Literatur, Film, Theater und Musik mit dem Ziel, eine Empfehlung oder eine Warnung auszusprechen. Das begründete Urteil des Rezensenten/der Rezensentin soll das Lesepublikum also in seiner Entscheidung, ein Buch zu kaufen, einen Film anzuschauen usw., beraten und beeinflussen.
- Der **Essay** (der oder das; frz. *essai*, dt. Versuch) ist ein subjektiv reflektierender Text über ein Thema, das aus den unterschiedlichsten Bereichen stammen kann. Er enthält neben erörternden Passagen oft auch beschreibende, schildernde oder erzählende Elemente.

1 Wählen Sie Kommentar, Glosse oder Rezension und verfassen Sie
 – einen Text zu einem aktuellen politischen oder gesellschaftspolitischen Thema,
 – eine Besprechung zu einem Buch, einem Film oder einer aktuellen Ausstellung.

Von Marktanteilen und Umsätzen – Diskontinuierliche Sachtexte

Diagramme, Tabellen, Schaubilder – alle Darstellungen von Zahlen, Informationen, Sachverhalten, die grafische Elemente enthalten, werden unter dem Begriff „diskontinuierliche Texte" zusammengefasst. Häufig werden diskontinuierliche Texte in Kombination mit kontinuierlichen Texten angeboten. Sie dienen dann der Veranschaulichung oder ergänzen die Inhalte des kontinuierlichen Textes.

Sachbücher und belletristische Literatur

Im Jahr 2012 ist der Anteil belletristischer Literatur am Gesamtumsatz um 0,6 Prozent auf 35,0 Prozent gestiegen. Innerhalb der Belletristik ist die erzählende Literatur mit einem Anteil von 51,7 Prozent auch 2012 wieder die bedeutendste Umsatzträgerin.

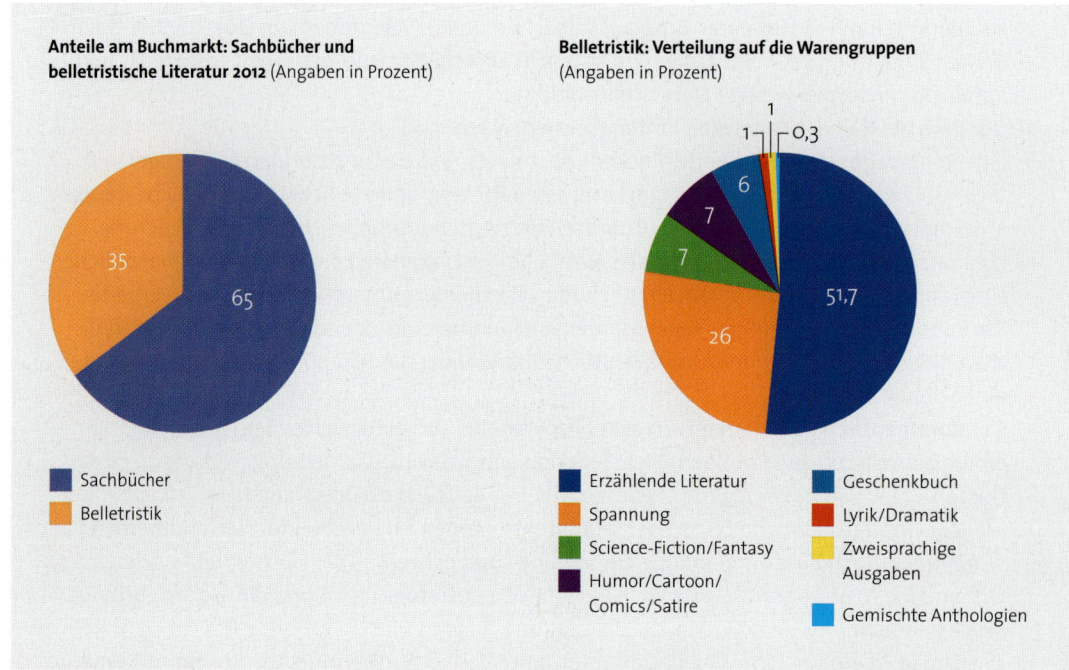

1 Sehen Sie sich die beiden Diagramme an und erklären Sie, in welchem inhaltlichen Zusammenhang sie zueinander stehen.

2 Lesen Sie den kurzen Einleitungstext.
   a Welche Zahl aus dem Einleitungstext ist in den Diagrammen nicht abgebildet?
   b Überlegen Sie, wie Sie diese fehlende Angabe entweder in eine der bestehenden Grafiken einbringen oder in einem dritten Diagramm darstellen können. Zeichnen Sie das Diagramm.

3 Welche weitergehenden Informationen bräuchten Sie, um sich ein noch genaueres Bild von den Anteilen auf dem Buchmarkt und der Verteilung der Warengruppen zu machen? Formulieren Sie Fragen, die von beiden Diagrammen nicht beantwortet werden.
   – Was verbirgt sich im linken Diagramm hinter …?
   – Wo genau verläuft die Grenze zwischen erzählender Literatur und …?
   – …

Ratgeberliteratur

Für das erste Halbjahr 2013 hat der Börsenverein des Deutschen Buchhandels eine eigene Statistik für ein bestimmtes Segment der Sachliteratur erstellt: den Ratgeber.

Ratgeber: Umsatzentwicklung 1. Halbjahr 2013 gegenüber Vorjahreszeitraum (Angaben in Prozent)

Ratgeber: Umsatzverteilung 1. Halbjahr 2013 (Angaben in Prozent)

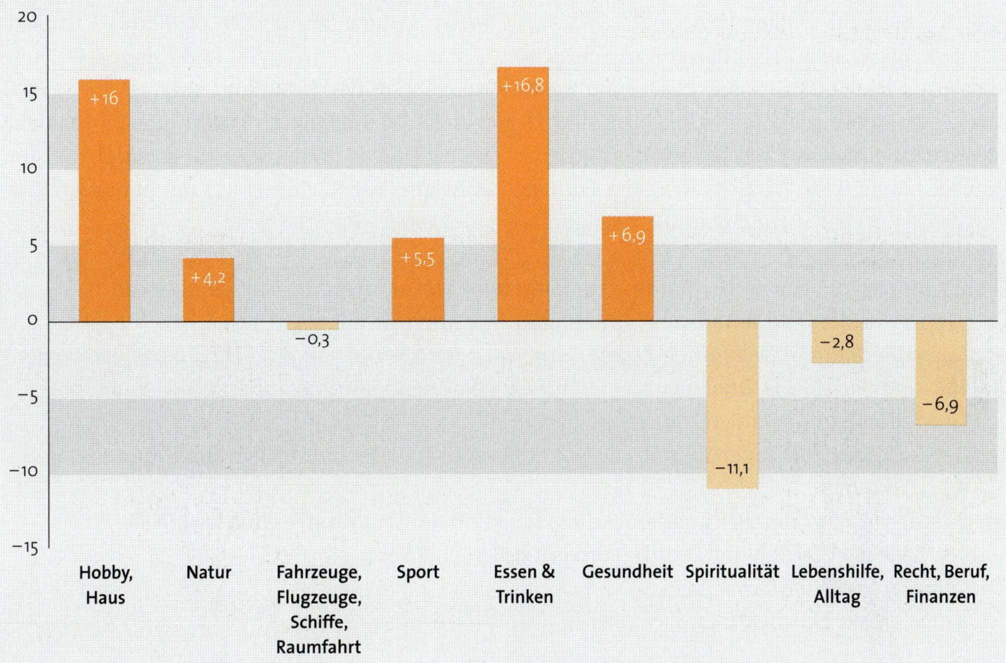

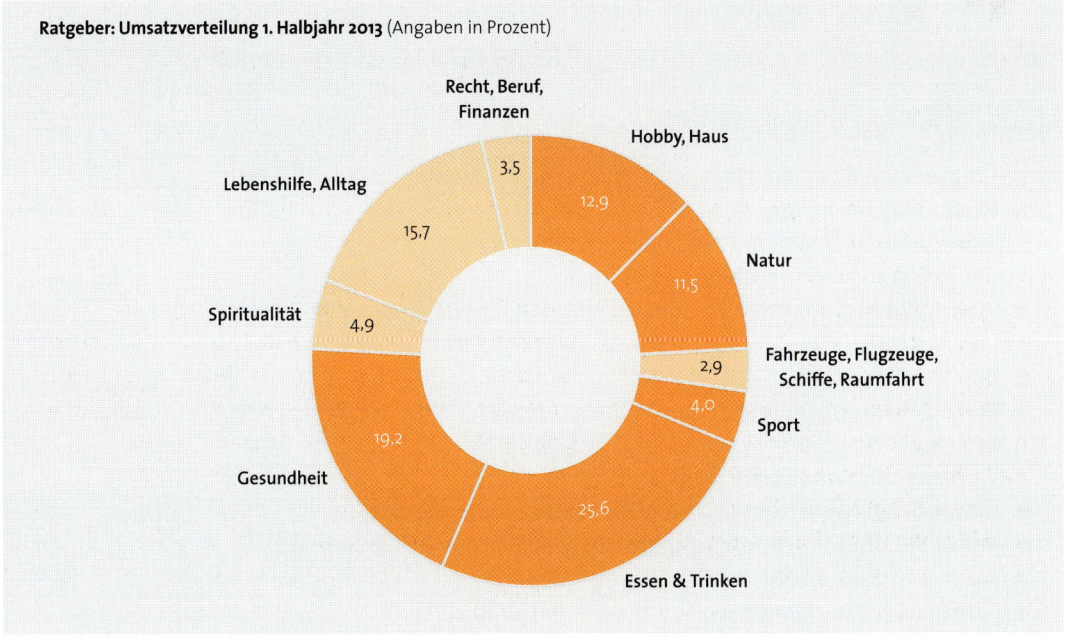

Ratgeber legen deutlich zu

Ratgeber, die am Gesamtmarkt einen Umsatzanteil von 16,7 Prozent aufweisen, konnten im ersten Halbjahr 2013 punkten: Gegenüber dem Vorjahreszeitraum legten sie um 6,4 Prozent zu. In der Warengruppe mit dem höchsten Marktanteil (MA), Essen und Trinken (MA 25,6 %), war ein Umsatzzuwachs von 16,8 Prozent zu verzeichnen, ebenso konnte die Sparte Hobby und Haus, die ca. ein Achtel (12,9 %) des Ratgeber-Marktes ausmacht, punkten. Hier schlug mit 16,0 Prozent der zweitgrößte Zuwachs zu Buche. Positive Ergebnisse erzielten außerdem die zweitgrößte Warengruppe Gesundheit mit einem Plus von 6,9 % über Vorjahreszeitraum (MA 19,2 %) sowie Sport mit einem Zuwachs von 5,5 % (MA 4,0 %) und Natur mit plus 4,2 % (MA 11,5 %). Mit negativen Vorzeichen schlossen die vergleichsweise kleinen Sparten Recht, Beruf, Finanzen (minus 6,9 %, MA 3,5 %) und Fahrzeuge, Flugzeuge, Schiffe, Raumfahrt (minus 0,3 %, MA 2,9 %). Die wichtige Umsatzgruppe Lebenshilfe, Alltag (MA 15,7 %) verlor zwar ebenfalls an Umsatz, aber der Rückgang war mit minus 2,8 Prozent vergleichsweise klein.

1 Sehen Sie sich die beiden Diagramme zur Ratgeberliteratur im ersten Halbjahr 2013 an.
  a Werten Sie die Diagramme aus (▶ Methode). Beginnen Sie z. B. so:
  Das erste Diagramm informiert über … im … Es wird jeweils angegeben, um wie viel Prozent …
  b Tauschen Sie sich darüber aus, ob man für die beiden Diagramme auch die jeweils andere Darstellungsform wählen könnte.

2 a Der Text „Ratgeber legen deutlich zu" wirkt beim ersten Lesen zunächst verwirrend. Erklären Sie, woran das liegt.
  b Erläutern Sie im Hinblick auf den Text die Funktion der Diagramme. Was leisten sie?

3 Erörtern Sie die Vorzüge und Grenzen diskontinuierlicher Texte.
Vorzüge diskontinuierlicher Texte:
– *bieten einen schnellen Überblick über …*
– *…*
Grenzen diskontinuierlicher Texte:
– *geben meist keine Informationen über …*
– *…*

Methode   Diagramme auswerten

Die folgenden Leitfragen helfen Ihnen, Diagramme systematisch auszuwerten.
1. Thema klären
- Wozu trifft das Diagramm Aussagen?
- Gilt es für eine bestimmte Personengruppe?
- Wurde eine bestimmte Zeitspanne oder der Zustand zu einem bestimmten Zeitpunkt untersucht?

2. Details untersuchen
- Wenn Zahlen angegeben werden: Handelt es sich um absolute Zahlen oder um Prozentangaben?
- Werden Farben und Symbole erklärt?
- Gibt es einen Begleittext, der z. B. die Erhebungsmethode erläutert?
- Wenn die Zahl der Befragten angegeben wird: Wie repräsentativ ist diese?
- Werden Quellen angegeben?

3. Kernaussagen in eigenen Worten zusammenfassen

4.2 Medienkritik – Kontroverse Positionen der Medientheorie

Was sind Medien? – Mediengeschichte und Technologiekritik

Jochen Hörisch: **Mediendefinitionen** (2001)

Kultur und Hochkultur zumal definiert sich nicht zuletzt über ihre Verachtung von Medien. Und wenn ihr
5 zu schwanen beginnt, dass es ohne Medien auch keine Hochkultur geben kann, definiert sie sich eben über ihre Verwerfung von Massenme-
10 dien. Hochkulturell ist, wer Journalisten verachtet, wer nicht ins proletarische Kino geht, wer mit schlechtem Gewissen fernsieht, wer Computerspiele für verderblich hält [...].
15 Medienwissenschaft betrat, weil sie als Schmuddelwissenschaft kaum Aussichten hatte, die Aura etwa der klassischen Philologie zu bekommen, erst mit eigentümlicher Verspätung die akademische Bühne. Schwer auszumachen, ob
20 diese Verspätung mit zu den Gründen oder aber zu den Effekten des Umstands zählt, dass es bis heute wohl [...] esoterisch-funktionale, aber keine trennscharfen Definitionen des Begriffs „Medien" gibt. Die alltagssprachliche Ver-
25 wendungsweise des Wortes ist dennoch klar. Medium – das ist ein Mittel, ein Vermittelndes. Und also ist es nachgeordnet. Denn Analysen, die auf Wesentliches zielen, fragen natürlich danach, was denn dort vermittelt wird. [...]
30 Kurzum: Medien haftet der Geruch des Sekundären, Handwerklich-Technischen, Unwesentlichen an.
Wer den Verdacht nährte, dieses Unwesentliche sei das, was eigentlich zähle, geriet schnell in eine Außenseiterposition
35 und wurde, ja wird noch heute ab und an mit dem Vorwurf konfrontiert, den Mitteln beziehungsweise dem Medium mehr Auf-
40 merksamkeit zu schenken als dem eigentlichen Inhalt, dem Zweck beziehungsweise der Botschaft. Die Geburt der neueren Medienwissenschaft
45 lässt sich ebendeshalb präzise datieren. Sie betrat die Bühne mit dem Paukenschlagsatz des Exzentrikers McLuhan: „The medium is the message." [...] Das Medium ist die Botschaft. Sinn macht ein Medium nicht so sehr im Hin-
50 blick auf die Botschaft, die es transportiert, sondern als das Transport-Medium, das es selbst ist. Was schlicht heißt: Die Welt des Analphabeten ist eine andere als die des Bewohners der Gutenberg-Galaxis, als die des Televisionärs, als
55 die des Internet-Surfers. Und zwar weitgehend unabhängig davon, was der Bewohner der Gutenberg-Galaxis liest oder der Fern-Seher sieht und hört. Dass jemand liest und nicht fernsieht, macht einen größeren Unterschied, als dass A
60 dieses und B jenes Buch liest beziehungsweise C im TV lieber Sportübertragungen und D lieber Gameshows sieht. McLuhans Grundeinsicht gilt schlicht deshalb, weil die jeweils diensthabenden Medien für gänzlich unter-
65 schiedliche Raum-Zeit-Strukturen, Aufmerksamkeitsfokussierungen und Sinn-Sinne-Konstellationen sorgen.

1 a Klären Sie Ihr Vorverständnis des Begriffs „Medien" in Form eines Clusters.
  b Gleichen Sie Hörischs Mediendefinitionen mit Ihrem Vorverständnis ab.
2 Diskutieren Sie die beiden Thesen Hörischs: 1. Hochkultur definiert sich über die Verachtung der Medien (▶ Z. 1 ff.), 2. Die Art des Mediums, das jemand nutzt, ist entscheidender als die Beschäftigung mit dem Inhalt, der über das Medium transportiert wird (▶ Z. 59 ff.).

Kathrin Passig: Standardsituationen der Technologiekritik (2009)

[...] Die Reaktion auf technische Neuerungen folgt in Medien und Privatleben ähnlich vorgezeichneten Bahnen. Das erste, noch ganz reflexhafte Zusammenzucken ist das „Wozu soll das bloß gut sein?" (Argument eins), mit dem der IBM-Ingenieur Robert Lloyd 1968 den Mikroprozessor willkommen hieß. Schon Praktiken und Techniken, die nur eine Variante des Bekannten darstellen – wie die elektrische Schreibmaschine als Nachfolgerin der mechanischen –, stoßen in der Kulturkritikbranche auf Widerwillen. Noch schwerer haben es Neuerungen, die wie das Telefon oder das Internet ein weitgehend neues Feld eröffnen. Wenn es zum Zeitpunkt der Entstehung des Lebens schon Kulturkritiker gegeben hätte, hätten sie missmutig in ihre Magazine geschrieben: „Leben – wozu? Es ging doch bisher auch so."

[...] Wenn sich herausstellt, dass das neue Ding nicht so überflüssig ist wie zunächst angenommen, folgt das kurze Interregnum[1] von Argument zwei: „Wer will denn so was?" „Eine beeindruckende Erfindung", lobte US-Präsident Rutherford B. Hayes 1876 das Telefon, „aber wer wird jemals eines benutzen wollen?" Und von Filmstudiochef Harry M. Warner ist die um 1927 gestellte Frage überliefert: „Wer zur Hölle will Filmschauspieler sprechen hören?"

Im Angesicht der Faktenlage – irgendwer will das Telefon dann ja doch benutzen – einigt man sich schließlich auf Argument drei: „Die Einzigen, die das Neue wollen, sind zweifelhafte oder privilegierte Minderheiten." In den neunziger Jahren hieß es vom Internet, es werde ausschließlich von weißen, überdurchschnittlich gebildeten Männern zwischen 18 und 45 genutzt. [...] Schon ab den frühen neunziger Jahren wurde regelmäßig darauf hingewiesen, dass insbesondere Terroristen, Nazis sowie Pornografiehersteller und -konsumenten sich des Internets bedienten. Einige Zeit später ist nicht mehr zu leugnen, dass das neue Ding sich einer gewissen Akzeptanz nicht nur unter Verbrechern und Randgruppen erfreut.

Aber vielleicht geht es ja auch einfach wieder weg, wenn man die Augen fest genug zukneift.

„Das Pferd wird bleiben, denn das Automobil ist nur ein neue Modeerscheinung", wurde Henry Fords Anwalt Horace Rackham vom Präsidenten seiner Bank in der Frage beraten, ob er in die Ford Motor Company investieren solle. [...] Ines Uusmann, die schwedische Ministerin für Verkehr und Kommunikation, hoffte noch 1996: „Das Internet ist eine Mode, die vielleicht wieder vorbeigeht." So weit das seinerseits nicht sehr langlebige Argument vier.

Statt der Existenz des Neuen kann man danach noch eine Weile (Argument fünf) dessen Auswirkungen leugnen: „Täuschen Sie sich nicht, durch das Maschinengewehr wird sich absolut nichts ändern", wie der französische Generalstabschef im Jahr 1920 vor dem Parlament versicherte. Oder „Das Internet wird die Politik nicht verändern" (*taz*, 2000). [...]

Etwas später ist nicht mehr zu leugnen, dass das Neue sich weiter Verbreitung erfreut, keine Anstalten macht, wieder zu verschwinden, und sogar kommerziell einigermaßen erfolgreich ist. Es ist also im Prinzip ganz gut, aber, so Vorwurf Nummer sechs, *nicht gut genug*. Es ist langsam und umständlich und wird immer langsamer werden: „Experten befürchten, dass das Überlastproblem in wenigen Jahren einen kritischen Punkt erreicht, wenn nicht zuvor eine Lösung gefunden wird. Bis dahin wird die Geschwindigkeit im Netz weiter spürbar zurückgehen", kündigte Peter Glaser 1996 im Spiegel unter dem Titel *World Wide Wait* an. [...]

Den meisten dieser Vorwürfe ist gemein, dass ihre Anhänger die jeweiligen Probleme für naturgegeben und unvermeidlich halten und von einer weiteren Verschlechterung der Lage ausgehen, obwohl dafür historisch gesehen eher wenig spricht. Kühnert beklagte 1996: „Eine dieser (Such-)Maschinen antwortete auf die Frage nach dem Wort *Internet* mit 1881 Antworten. Bei der hundertzwanzigsten Auskunft mochte ich nicht mehr herumklicken." Zwei Jahre später sorgten Larry Page und Sergey Brin für Abhilfe in Form des Google-Suchalgorithmus. [...]

[1] **Interregnum:** Zwischenregierung

Spätestens zu diesem Zeitpunkt muss man sich Gedanken darüber machen, was das Neue in den Köpfen von Kindern, Jugendlichen, Frauen, der Unterschicht und anderen leicht zu beeindruckenden Mitbürgern anrichtet. „Schwächere als ich können damit nicht umgehen!", lautet Argument sieben. Der damals zweiundachtzigjährige Computerpionier Joseph Weizenbaum erklärte 2005: „Computer für Kinder – das macht Apfelmus aus Gehirnen." Medizinische oder psychologische Studien werden ins Feld geführt, die einen bestimmten Niedergang belegen und einen Zusammenhang mit der gerade die Gemüter erregenden Technologie postulieren. [...]

Ein Urahn dieser Bedenken ist natürlich die Lesekritik. „[...] Man liest und gefällt sich in diesem behaglichen, geschäftigen Geistesmüßiggang, wie in einem träumenden Zustande. Die Zeitverschwendung, die dadurch herbeigeführt wird, ist doch nicht der einzige Nachteil, welcher aus der Vielleserei entsteht. [...]", warnt 1844 das *Universallexikon der Erziehungs- und Unterrichtslehre* [...]. Folgerichtig erstand in den neunziger Jahren auch die gefährliche „Bibliomanie" im neuen Gewand der „Internetsucht" oder „Onlinesucht" wieder auf. [...]

Im Zusammenhang mit der Erziehung anderer zur richtigen Nutzung des Neuen stehen die jetzt auftauchenden Etikettefragen (Argument acht), bei denen es sich strenggenommen nicht um Fragen handelt, denn sie werden weniger gestellt als ungefragt beantwortet. [...] [G]etippten Privatbriefen haftete bis in die achtziger Jahre ein Beigeschmack des Unhöflichen an. [...] Das Herumsitzen in Cafés mit aufgeklapptem Computer wird von Gastronomen nicht gern gesehen – es vermittle ein ungeselliges Bild und schmälere die Einkünfte –, während das öffentliche Herumsitzen mit Buch oder aufgeklappter Zeitung schon seit einiger Zeit keinen Anstoß mehr erregt. Unausgesprochen geht es letztlich darum, dass Gegner einer Neuerung nicht ungefragt mit ihr konfrontiert werden wollen. [...]

Hat die neue Technik mit Denken, Schreiben oder Lesen zu tun, dann verändert sie, Argument neun, ganz sicher unsere Denk-, Schreib- und Lesetechniken zum Schlechteren. [...] An der University of Delaware entstand 1990 eine im Journal *Academic Computing* veröffentlichte Studie, derzufolge Studenten am Apple Macintosh wegen dessen grafischer Benutzeroberfläche im Vergleich zu Studenten am PC mehr Rechtschreibfehler machen, nachlässiger schreiben, einfachere Satzstrukturen und ein kindliches Vokabular benutzen. Aktuellere Varianten sind die Klage über die „leicht verdaulichen Texthäppchen und Schaubilder" der Präsentationssoftware PowerPoint, die zu einer „Verflachung des Denkens" führen (*Spiegel* 2004), sowie die angeblich nachlassende Fähigkeit, längeren Texten überhaupt noch zu folgen. In den seltenen Fällen, in denen der Kritiker erkennt, dass seine Vorwürfe schon mal da waren, argumentiert er, es sei diesmal aber trotzdem ganz anders und viel schlimmer. Der US-Essayist Sven Birkerts schrieb 1994: „Der Unterschied zwischen der Frühen Neuzeit und der Gegenwart ist – drastisch vereinfacht – der, dass der Körper einst Zeit hatte, das transplantierte neue Organ anzunehmen, während wir jetzt Hals über Kopf voranstürzen." [...]

1 Welche historische Parallele überrascht Sie am meisten? Tauschen Sie sich in Partnerarbeit aus.

2 a Verschaffen Sie sich anhand des Textes einen Überblick über die Argumentation der Technologiekritik: Erklären Sie, wie sich in der aktuellen Medienkritik historische Positionen wiederholen:
 Argument 1: Die neue Technologie ist …
 historische Parallelen: Mikroprozessor (1968), elektrische …, …

b Diskutieren Sie in Kleingruppen und tragen Sie Ihre Ergebnisse im Plenum zusammen: Sollte man die Bedenken und Sorgen der Kritiker ernst nehmen? Welche Motive könnten sie leiten?

Fassaden in Fernsehen und Facebook – Das Ende der Privatsphäre?

Umberto Eco: Der Verlust der Privatsphäre (2007)

Um es einerseits mit der Konkurrenz des Fernsehens aufzunehmen und andererseits mit der Erfordernis, eine genügend große Anzahl von Seiten zu füllen, um von der Werbung leben zu können, musste auch die so genannte seriöse Presse, einschließlich der Tageszeitungen, sich immer mehr um gesellschaftliche „Events", „Varieties" und „Gossip" kümmern und sah sich vor allem gezwungen, wenn es keine Nachrichten gab, sie zu erfinden. Eine Nachricht zu erfinden, heißt aber nicht, über ein Ereignis zu berichten, das nicht stattgefunden hat, sondern etwas zu einer Nachricht zu machen, das vorher noch keine gewesen war, die unbedachte Äußerung eines Politikers in den Ferien, die kleinen Geschichten in der Welt des Spektakels. So wurde der Klatsch zum verallgemeinerten Nachrichtenmaterial und drang sogar bis in Räume vor, die bisher stets für die neugierigen Blicke der Regenbogenpresse tabu gewesen waren – regierende Monarchen, politische und religiöse Führer, Staatspräsidenten, Wissenschaftler. [...] Das Opfer [des Klatsches] war jetzt nicht mehr eine bemitleidenswerte Person, denn es war ja genau in dem Maße Opfer geworden, in dem es berühmt war. Zum Gegenstand öffentlichen Klatsches zu werden, erschien mehr und mehr als Statussymbol.

Nam June Paik: Videoinstallation (1993)

An diesem Punkt ging man zu einer zweiten Phase über, als das Fernsehen Sendungen erfand, in denen nicht mehr die Henker über die Opfer klatschten, sondern die Opfer sich bereitwillig und mit Freude in Klatsch über sich selbst ergingen, überzeugt, auf diese Weise den gleichen sozialen Status wie Schauspieler oder Politiker zu erlangen. [...] Was mir Sorgen macht, ist die Tatsache, dass der durch seinen Auftritt im Fernsehen glorifizierte Tor zu einem universalen Vorbild wird. Er hat sich zur Schau gestellt, also kann jeder andere das auch. Die Zurschaustellung des Toren bringt das Publikum zu der Überzeugung, dass nichts, nicht einmal das schändlichste aller Missgeschicke, das Recht hat, privat zu bleiben, und dass die Zurschaustellung der Deformation selbst prämiert wird. Die Dynamik des Auftritts im Fernsehen bewirkt, dass der Tor, kaum dass er auf dem Bildschirm erscheint, ein berühmter Tor wird, und seine Berühmtheit misst sich in Werbeverträgen, Einladungen zu Kongressen und Festen, manchmal auch in sexuellen Angeboten [...]. Ein ähnliches Phänomen spielt sich im Internet ab. Die Durchsicht vieler Homepages zeigt, dass die Erstellung einer Website oft dazu dient, die eigene schale Normalität zur Schau zu stellen. [...]

1 a Erklären Sie, wie Eco die Veränderung in der seriösen Berichterstattung erläutert und begründet.
  b Stellen Sie in einem Flussdiagramm die von Eco aufgezeigte Entwicklung dar, mit der die Privatsphäre zum Gegenstand der Massenmedien wird.

2 Setzen Sie die Videoinstallation Paiks und die Funktion des Fernsehens im Leben des modernen Menschen in Beziehung zueinander. *Die Installation Paiks besteht im Wesentlichen aus ...*

3 Führen Sie eine Pro-und-Kontra-Diskussion zum Thema „Öffentliche Darstellung des Privaten in den Medien" durch. Bereiten Sie Ihre Argumentation vor: Sammeln Sie Ihnen bekannte Beispiele „öffentlicher Selbstausstellung" in den Medien und überlegen Sie, worin der Reiz der Zurschaustellung für die Betroffenen und für das Publikum besteht.

Alard von Kittlitz: **Der Traum von einem idealen Leben** (2010)

Als der Facebook-Gründer Mark Zuckerberg verkündete, das Zeitalter der Privatsphäre sei endgültig vorbei, war die Empörung groß. [...] Allerdings stellt sich die Frage, ob aus den wütenden Reaktionen auf Zuckerbergs These zur Privatsphäre tatsächlich folgen muss, dass sie falsch ist. Denn was Facebook mächtig gemacht hat, war nicht der laxe Umgang mit den Kundendaten. Es war vielmehr die von Beginn an massenhaft vorhandene Bereitschaft der Nutzer, sich digital preiszugeben. Die Seite bedeutet für viele nicht bloß die Angabe von Wohnort, Lieblingsfilm, Lieblingsessen und sexueller Vorlieben wie in einem erwachsenen Poesiealbum, sondern ein von Blackberry und Notebook ständig aktualisiertes Guckloch in ein modifizierbares Idealleben.

Sicher ermöglicht Facebook den Nutzern einen facettenreichen Austausch. [...] Die Seite hat auch deshalb solchen Erfolg, weil sie komplexe Kommunikation auf einfacher Oberfläche erlaubt. Man kann auf Facebook am echten wie am digitalen, zunehmend gleich wichtigen Leben des eigenen Bekanntenkreises teilhaben. [...]

Die Freunde sind das Publikum, welches das Gelingende der eigenen Existenz bezeugt, in dessen Reaktion und Eigenleben sie sich spiegelt wie in einem doppelten Panoptikum. [...] Intersubjektivität, selbst wenn sie reduziert wird auf die armselige Oberfläche eines Bildschirms, bedeutet Wahrheit. Facebook erlaubt deren Steuerbarkeit. Hier endet die Sorge um die Privatsphäre und beginnt das Begehren, sich daraus zu befreien. Die von Facebook geförderte Zurschaustellung erfüllt eine existentielle Funktion.

[...] Das Internet bereitet den Kommentatoren Kopfzerbrechen, weil es wie kein Artefakt zuvor das wirre Aggregat menschlicher Motivationen spiegelt. Das tut im Kleinen auch Facebook. Es stellt sich dennoch die Frage, ob ein wesentlicher Reiz der Seite nicht darin besteht, dass sie dem erschöpften Selbst Ermächtigung verspricht. Sie erlaubt ihren Nutzern die baukastenhafte Konstruktion einer Narrative in der eigenen Existenz. Das Zeugnis der „Freunde" nährt die Hoffnung, dass der Facebook-Avatar seinem Original entsprechen könnte. Dessen Zusammengesetztheit einzig nach den eigenen Bedürfnissen mehrt zwar die Gefahr einer nachhaltigen Spaltung der Nutzer in digitales und real verbliebenes Selbst. Der Verzicht auf Privatsphäre scheint jedoch ein geringer Preis für eine gefundene Identität, und so steht zu befürchten, dass Zuckerberg trotz allem Recht behält.

1 Erläutern Sie die Bedeutung des Titels, indem Sie aussagekräftige Textstellen heranziehen.

2 Der Begriff „Panoptikum" (griech. Gesamtschau) bezieht sich hier auf einen Gefängnisentwurf des Philosophen Jeremy Bentham (1748–1832), in dem ein einzelner Aufseher gleichzeitig viele Insassen im Blick haben kann (s. Abb.): Führen Sie aus, was der Autor mit dem „doppelten Panoptikum" (Z. 29 f.) in Bezug auf soziale Netzwerke meinen könnte.

3 a Erklären Sie, inwiefern soziale Netzwerke den Verzicht auf Privatsphäre erfordern. Nehmen Sie dabei Bezug auf den Text, beziehen Sie aber auch eigene Erfahrungen mit ein.
b „Das Zeitalter der Privatsphäre ist endgültig vorbei." Nehmen Sie Stellung zu der These.

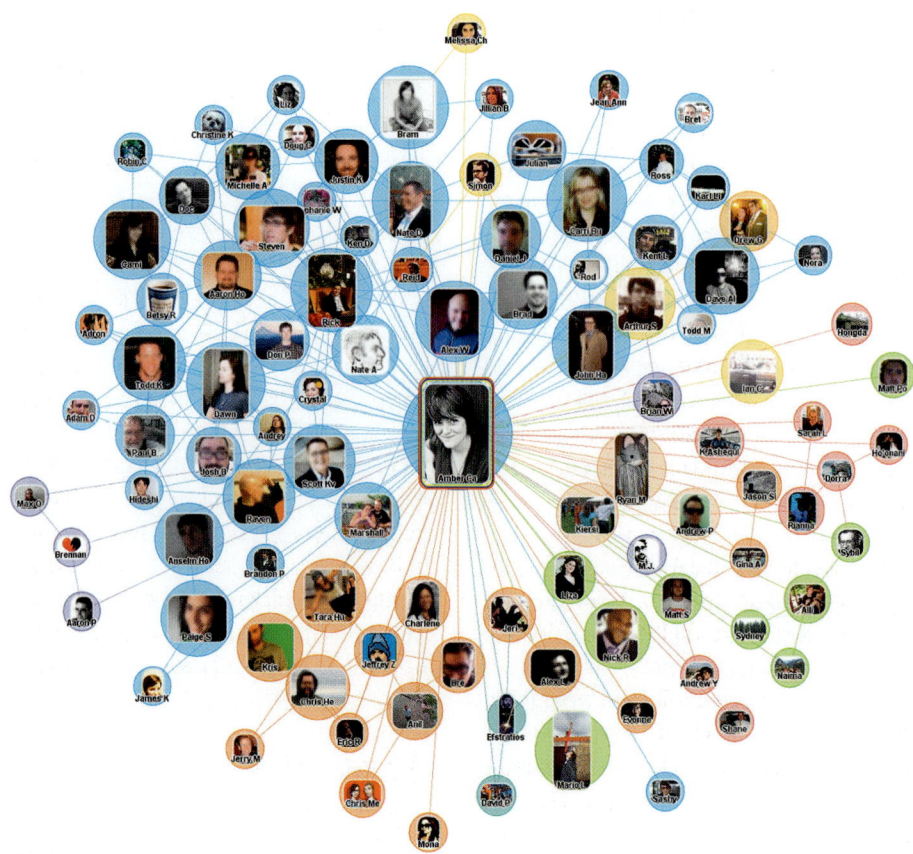

Sozialer Graph eines Facebook-Mitglieds (2012)

Der soziale Graph

Der soziale Graph eines Menschen visualisiert, wie er mit anderen Menschen, Gruppen und Institutionen verbunden ist. Er veranschaulicht meist, wer mit wem kommuniziert. Darüber hinaus kann er verdeutlichen, wer gemeinsame Interessen oder anderweitige Gruppenmerkmale teilt.

Wissenschaftler können soziale Graphen nutzen, um die Ausbreitung von Informationen und Meinungen darzustellen. Sicherheitsdienste verwenden sie, um das Umfeld von Zielpersonen auszuforschen. Kommerzielle soziale Netzwerke wie Facebook oder Google nutzen die Daten ihrer Mitglieder, um ihnen „soziales Suchen" zu erlauben und zielgenaue Werbung zu präsentieren.

1 a Beschreiben Sie den sozialen Graphen mit eigenen Worten. Wie wirkt er auf Sie?
b Erläutern Sie, welche Parallelen und Unterschiede Sie zwischen der Kommunikation vor dem Internet (unmittelbar oder per Telefon) und aktuellen sozialen Netzwerken im Internet sehen.

2 Denken Sie über Ihre eigene Vernetzung innerhalb sozialer Medien nach: Welche Vorteile bietet die Mitgliedschaft, welche Nachteile sehen Sie?

3 Überlegen Sie, ob die Veränderung von Kommunikation seit dem letzten Jahrhundert eine soziale oder nur eine technische Entwicklung darstellt.

Norbert Bolz: Die Welt der Klick-Arbeiter (2010)

[...] Das Internet ist ein globaler Computer, und wir alle sind die „Clickworker", die Mausklick-Arbeiter seines Programms, das sich evolutionär entwickelt. Jeder Mausklick ist ja eine kleine Transaktion und hinterlässt eine Datenspur. Das heißt aber, dass jeder, der Google nutzt, der Firma hilft, ihre Algorithmen[1] zu verbessern. Wir arbeiten alle mit am Popularitätsalgorithmus von Google. Das macht man sich natürlich nur selten bewusst, und deshalb erscheint Google wie ein Orakel. Sein Algorithmus der Empfehlungen und Bewertungen wirkt wie ein wunderbarer Kurzschluss durch den Informationsdschungel. Niemand kennt diesen Algorithmus, aber was er leistet, ist klar: Suchmaschinen protokollieren unsere Aufmerksamkeit. Sie gehen davon aus, dass wichtig ist, was die wichtigen Anderen wichtig finden. Und dass die meisten wollen, was die meisten wollen. Dafür hat sich der Ausdruck „kollaborativer[2] Filter" durchgesetzt. Zu Deutsch: meinesgleichen geschieht. Und weil ich das Urteil von meinesgleichen nutze, um mich im Dschungel der Informationen und Optionen zurechtzufinden, können Firmen wie Amazon ein Marketing der Vorlieben entwickeln. „Kunden, die A kauften, haben auch B und C gekauft."

Zusammen mit dem so genannten Neuromarketing startet das Datensammeln der Suchmaschinen einen Zangenangriff auf den Konsumenten des 21. Jahrhunderts. An Konsumentendaten heranzukommen ist aber nicht nur die Bedingung der Leistungsfähigkeit von Suchmaschinen, sondern auch von sozialen Netzwerken. Suchmaschinen produzieren die Homogenität der Gleichgesinnten in Geschmacksclustern. Hinzu kommt die Selbstselektion der Gleichgesinnten in den Communities, den virtuellen Gemeinschaften. Das 21. Jahrhundert hat also nicht mehr das Problem des Massenkonformismus durch Massenmedien, sondern das Problem der Gleichgesinntheit in digitalen Echokammern[3]. [...]

1 **Algorithmus:** Handlungsvorschrift zur Lösung eines Problems
2 **kollaborativ:** gemeinschaftlich
3 **Echokammer:** Raum eines Tonstudios, in dem Echo- und Halleffekte erzeugt werden

1
a Kennen Sie den „Popularitätsalgorithmus" von Google? Erklären Sie, wie er funktioniert.
b Erläutern Sie, wozu laut Bolz die Nutzung von Suchmaschinen führt. Gehen Sie auf die Individualität von Suchergebnissen ein und auf die Spur, die man selbst im Netz hinterlässt.
c Informieren Sie sich über die Recherchemöglichkeiten mit Google (▶ S. 554). Wie können Sie möglichst spezifische bzw. individuelle Suchergebnisse finden?

2
a Bolz spricht von „digitalen Echokammern". Erklären Sie den Begriff und legen Sie dar, welche soziale Realität er damit umschreibt.
b Stellen Sie sich frühere Generationen vor, die noch nicht über mobile, vernetzte Kommunikationsmöglichkeiten verfügten: Welche Unterschiede zu Ihrem eigenen Leben könnten sich daraus ergeben?

Juli Zeh: Keine Freiheit unter Beobachtung (2013)

Die Schriftstellerin im Gespräch mit dem Deutschlandfunk (DLF) zum so genannten NSA-Skandal, bei dem Geheimdienste die vollständigen Kommunikationsdaten deutscher Bürger gesammelt haben.
DLF: Angesichts der aktuellen Debatte stellt sich die Frage nach der Bedeutung der vielen gesammelten Daten. Frau Zeh, inwieweit machen denn solche Daten den Menschen aus?

JULI ZEH: Ich finde den Begriff Daten in dem Zusammenhang ein bisschen problematisch, weil das immer suggeriert, es ginge da um etwas rein Virtuelles. Was da gesammelt wird, ist die komplette Information über unser Leben. Dann versteht man sehr gut, dass uns das selbstverständlich ausmacht. Wir sind ja viel mehr als die Summe dessen, was wir tun und denken, und wenn all das bekannt ist, dann ist unser Innerstes nach außen gekehrt.

DLF: Wird man denn durch diese vielen gesammelten Daten oder Informationen irgendwann das Handeln von Personen voraussagen können, wie das zum Beispiel in dem Film „Minority Report"[1] geschieht?

Zeh: Da reden wir nicht mehr über eine Vision, sondern solche Versuche laufen konkret. Das ist verblüffend, was man heutzutage schon aufgrund recht weniger Daten errechnen kann.

DLF: Besteht nicht auch die Gefahr, dass Menschen gesteuert werden, weil die Geheimdienste ihre Daten haben und dann entsprechend nutzen?

Zeh: Das ist eben das Problem, und die Steuerung beginnt ja schon in dem Moment, wo Daten überhaupt erhoben werden. Viele haben das Gefühl, es betrifft sie nicht. Aber man muss das nur mal selber probieren. Wenn man sich vor eine Kamera setzt, verhält man sich völlig anders. Das Beobachtetwerden ist an sich schon eine Einflussnahme. Und was uns durch diese permanente Beobachtung suggeriert wird, ist im Grunde, dass wir uns normenkonform verhalten sollen. Unser Unbewusstes registriert das und erzieht uns dazu, möglichst wenig exzentrisch zu sein, möglichst angepasst.

DLF: Was hat das für Konsequenzen?

Zeh: Da sehe ich einfach die homogene Gesellschaft ohne viel Raum für Persönlichkeitsentwicklung, weil der Mensch seine Freiheit ja nur dann nutzen kann, wenn er einen bestimmten Raum der Intimität zur Verfügung hat. Es gibt für mich keine Freiheit unter Beobachtung. Das widerspricht sich existenziell. Das heißt, wenn wir diesen Weg weitergehen, müssen wir uns klarmachen, dass wir unser gesamtes Freiheitsverständnis, für das 250 Jahre lang in der Aufklärung zum Teil blutig gekämpft wurde, opfern.

DLF: Gibt es denn noch eine Möglichkeit, sich dem ganzen Beobachtetwerden zu entziehen?

Zeh: Die gibt es natürlich! Man kann sagen, wir spielen jetzt Kalter Krieg zwischen Bürger und Behörden. Wir verschlüsseln unsere E-Mails, wir benutzen kein Facebook mehr, wir benutzen alle Portale nicht mehr, von denen wir wissen, die liefern Infos an die NSA. Aber ehrlich gesagt ist das nicht meine Wunschvision. Ich gehe ja auch nicht in einer Ritterrüstung aus dem Haus.

[1] „Minority Report": In dem Science-Fiction-Film kann eine Polizeibehörde mit Hilfe besonders begabter Mutanten künftige Verbrechen voraussehen und die potenziellen Täter vorsorglich in Gewahrsam nehmen.

1 Erläutern Sie, welche Wirkung laut Zeh die permanente Beobachtung der medialen Kommunikation durch Staatsorgane auf das Verhalten des Individuums und auf unser Freiheitsverständnis hat.

2 Wie schätzen Sie die Idee ein, zum Schutz der Privatsphäre soziale Medien und Netzwerke nicht mehr zu nutzen? Überlegen Sie, welche Konsequenzen das für das öffentliche Leben hätte.

Medienkonsum und Denken – Positionen erörtern

Sascha Lehnartz: **Schlauer schießen** (2007)

Kulturkritiker und Hirnforscher streiten, ob neue Medien ihre Nutzer intelligenter oder dumpfer machen. Wahrscheinlich stimmt beides.

Steven Johnsons Buch „Everything Bad is Good for You" [...] beginnt mit einem Gedankenexperiment: Was wäre, wenn nicht die Bücher zuerst da gewesen wären, sondern Videospiele? Konservative Kulturkritiker, malt der Autor sich aus, würden klagen, Lesen unterfordere die Sinne und treibe in die soziale Isolation. Das traditionelle Computerspiel dagegen öffne eine mehrdimensionale Welt und fördere soziale Beziehungen. Lesen sei eine lineare, fremdbestimmte Angelegenheit, die keine interaktiven Einflussmöglichkeiten biete. Wer zu viel lese, der lerne nicht mehr, sein Geschick selbst in die Hand zu nehmen.

Die Idee ist hübsch, und Johnson legt auf diese Weise die Argumentationsstruktur der Kritiker neuer Medien offen: Problematische Aspekte werden selektiv verstärkt, und eine düstere Zukunftsprognose sagt der jungen Generation den nicht aufzuhaltenden intellektuellen und moralischen Verfall voraus. Aus Überzeugung verteidigt Johnson in seinem Buch Fernsehserien und Computerspiele: Diese seien in den vergangenen Jahrzehnten immer anspruchsvoller und komplexer geworden, man könne sie durchaus als „kognitives Trainingsprogramm", als „Lektionen fürs Leben" begreifen. Die als Verdummungsmaschine verschriene Popkultur mache uns in Wirklichkeit schlauer. [...]

Johnson ist der prominenteste Vertreter einer wachsenden Gemeinde von Medienkritikern, die es wagen, sich der verbreiteten Meinung entgegenzustellen, der Konsum neuer Medien mache zwangsläufig doof, gemein und gefährlich. Ins gleiche Horn stößt der deutsche Journalist David Pfeifer [...]: „Wir alle sind in den letzten fünfzig Jahren nicht dümmer geworden durch das Fernsehen, Computer, Handys, Internet und Videospiele, durch die steigende Menge an Medien, die uns zur Verfügung steht", heißt es dort.

Zu sagen, dass Manfred Spitzer solche Thesen nicht gern hört, ist untertrieben: „Das ist der größte Blödsinn", entrüstet sich der Ulmer Hirnforscher zu den Thesen Johnsons und Pfeifers. [...] „Wären Bildschirme nie erfunden worden, dann gäbe es allein in Amerika jährlich 10 000 Morde und 70 000 Vergewaltigungen weniger sowie 700 000 weniger Gewaltdelikte gegen Personen", lautet eine seiner kühneren Thesen. Spitzer befürwortet ein Verbot von Killerspielen und fordert die Einführung einer Steuer auf Gewaltdarstellungen. Versuche, Kinder zu „Medienkompetenz" zu erziehen, hält er für Unfug: „Das Einzige, was hilft, ist, die Dosis zu reduzieren." [...]

Pfeifer [...] bemüht sich, seine Thesen mit Fakten zu stützen. So erwähnt er etwa den „Flynn-Effekt": Der neuseeländische Politologe James Flynn hatte herausgefunden, dass die Ergebnisse standardisierter IQ-Tests vor allem in westlichen Industrienationen zwischen 1972 und 1989 immer besser geworden waren, vor allem das abstrakte Denken und die visuell-räumliche Vorstellungskraft der Teilnehmer verbesserten sich kontinuierlich. Flynn und nach ihm die Entwicklungspsychologin Patricia M. Greenfield von der University of California in Los Angeles vermuten, dass dieser Anstieg auf die Verbreitung von Computerspielen zurückzuführen sei. [...]

Aber Manfred Spitzer hat keine große Lust, sich mit den Argumenten der Verteidiger von Popkulturtechniken im Detail auseinanderzusetzen. „Der Witz an allen diesen Thesen ist", befindet der Professor, „sie stimmen einfach nicht. Das zeigen nahezu alle wissenschaftlichen Untersuchungen."

Die Fronten sind verhärtet. In ihren jeweiligen Argumentationsgräben verschanzt haben sich auf der einen Seite rigorose Traditionalisten, die glauben, neue Medien beschleunigten den Untergang des Abendlandes; auf der anderen Seite enthusiastische Relativisten, die den Zusammenhang zwischen Medienkonsum und Gewalt vor lauter Pop-Technikbegeisterung gern außer Acht lassen. Moralische, soziologische, neurologische und psychologische Begründungen werden munter aneinander vorbeigereicht, und tatsächlich kann man für jede Position eine hinreichende Anzahl untermauernder wissenschaftlicher Studien finden, wenn man nur lange genug sucht.

1 a Fassen Sie die zentralen Thesen und Argumente aus Lehnartz' Artikel zusammen.
b Beziehen Sie Stellung zu den Positionen Johnsons, Pfeifers und Spitzers, indem Sie auch Erfahrungen aus Ihrem eigenen Umgang mit Bildschirmmedien berücksichtigen.

2 **Referat:** Informieren Sie sich über die Veröffentlichungen von Johnson, Pfeifer und Spitzer und halten Sie dazu Kurzvorträge.

Frank Schirrmacher: **Payback. Mein Kopf kommt nicht mehr mit** (2009)

Was mich angeht, so muss ich bekennen, dass ich den geistigen Anforderungen unserer Zeit nicht mehr gewachsen bin. [...] Ohne Google wäre ich aufgeschmissen und nicht mehr imstande, einen Handwerker zu bestellen oder zu recherchieren. Dabei fühlte ich mich niemals von Computern überfordert. Ich simse am Stück und weiß, wo ich im Internet Antworten auf meine Fragen finde. [...] Aber etwas stimmt nicht mehr. Mein Kopf kommt nicht mehr mit. Zwar bilde ich mir ein, dass ich meinen Gesprächspartnern ebenbürtig bin, und ich habe nicht den Eindruck, dass ich heute weniger von der Welt verstehe als früher. Aber das Problem ist meine Mensch-Computer-Schnittstelle. [...] Ich spüre, dass mein biologisches Endgerät im Kopf nur über eingeschränkte Funktionen verfügt und in seiner Konfusion beginnt, eine Menge falscher Dinge zu lernen. Aber ich habe auch meinen Stolz. Ich schließe von meinem Kopf auf viele Köpfe und darauf, dass es mir wie vielen geht: Ich glaube, es hat, um ein Lieblingswort der Informatiker zu zitieren, eine Rückkoppelung stattgefunden, die jenen Teil der Aufmerksamkeit, den wir früher uns selbst widmeten, abzapft, auffrisst und als leere Hülle zurücklässt. Man nennt das „feedback", wörtlich: eine Rück-Ernährung. Aber wer ernährt sich von unserer Aufmerksamkeit?

Keine SMS, kein Blog, keine E-Mail wird in den Wind gesendet. Keine Suchanfrage, kein Tweet, kein Click geht verloren. Nichts verschwindet, und alles speist Datenbanken. Wir füttern mit unseren Gedanken, Worten und E-Mails das Wachstum eines gewaltigen synthetischen Hirns.

Mir scheint, dass viele Leute gerade merken, welchen Preis wir zahlen. Buchstäblich. Ich bin unkonzentriert, vergesslich, und mein Hirn gibt jeder Ablenkung nach. Ich lebe ständig mit dem Gefühl, eine Information zu versäumen oder zu vergessen. Und das Schlimmste: Ich weiß noch nicht einmal, ob das, was ich weiß, wichtig ist, oder das, was ich vergessen habe, unwichtig. Kurzum: Ich werde aufgefressen.

Das ist eine so bittere wie peinliche Erkenntnis. Man kann ihr auch nicht entrinnen, wenn man den Bildschirm abschaltet. Ständig begegnet man Menschen, die in jeder Situation per Handy texten, E-Mails abrufen, gleich mit ihrem ganzen Laptop anrücken, und immer häufiger höre ich bei Telefonaten dieses insektenhafte Klicken, weil mein Gesprächspartner tippt, während er telefoniert. Jede Sekunde dringen Tausende Informationen in die Welt, die nicht mehr Resultate melden, sondern Gleichzeitigkeiten. Diese neue Gleichzeitigkeit von Informationen hat eine Zwillingsschwester, die wir „Multitasking" getauft haben. Wir alle, die wir auf die gläsernen Bildschirme starren, sind Menschen bei der Fütterung; wie die stolzen Besitzer von Terrarien, die Nahrungswolken auf die unsichtbaren Tiere in ihren Glaskästen herabregnen lassen. Es ist eine Eile dabei, als könnte etwas verhungern. [...] Kein Mensch kann mehr daran zweifeln, dass wir in eine neue Ära eingetreten sind, aber die Zweifel, wohin sie uns führt, wachsen. [...] Die digitale Gesellschaft ist im Begriff, ihr Innenleben umzuprogrammieren. Auf der ganzen Welt haben Computer damit begonnen, ihre Intelligenz zusammenzulegen und ihre inneren Zustände auszutauschen; und seit ein paar Jahren sind die Menschen ihnen auf diesem Weg gefolgt. Solange sie sich von den Maschinen treiben lassen, werden sie hoffnungslos unterlegen sein. Wir werden aufgefressen werden von der Angst, etwas zu verpassen, und von dem Zwang, jede Information zu konsumieren. Wir werden das selbstständige Denken verlernen, weil wir nicht mehr wissen, was wichtig ist und was nicht. Und wir werden uns in fast allen Bereichen der autoritären Herrschaft der Maschinen unterwerfen. Denn das Denken wandert buchstäblich nach außen; es verlässt unser Inneres und spielt sich auf digitalen Plattformen ab. Das Gefühl, dass das Leben mathematisch vorbestimmt ist und sich am eigenen Schicksal nichts mehr ändern wird, ist einer der dokumentierten Effekte der Informationsüberflutung.

Aber im Internet und den digitalen Technologien steckt auch eine gewaltige Chance. Denn es gibt einen Ausweg, der selten so gangbar schien wie heute: Die Perfektion der entstehenden Systeme hilft uns nur, wenn wir uns erlauben, weniger perfekt zu sein, ja aus unserem Mangel und unserer Unvollständigkeit etwas zu stärken, was Computer nicht haben und worum sie uns beneiden müssten: Kreativität, Toleranz und Geistesgegenwart. [...]

1 a Erschließen Sie Schirrmachers Auffassung von der Bedrohung durch das Internet.
   b Geben Sie Schirrmachers Argumentation wieder: Benennen Sie seine Thesen, Argumente und Beispiele. Gehen Sie auch auf seine abschließende These ein. Wie stützt er sie argumentativ?
   c Beschreiben Sie die sprachliche Gestaltung des Textes. Welche Wirkung wird erzeugt?
2 Nehmen Sie Stellung zu Schirrmachers Position: Bedroht das Internet unser Denken, unsere Kommunikation und unsere Kultur?

Information   Medien und ihr gesellschaftlicher Einfluss

Medien vermitteln Informationen, Meinungen und Kulturgüter zwischen Sender und Empfänger, sie sind also **Kommunikationsmittel**. Die **Medienwissenschaft** untersucht, wie die Kommunikation bei dem jeweiligen Medium funktioniert und welche Auswirkungen die Nutzung eines Mediums auf den Einzelnen oder die Gesellschaft hat. So stellt sie z. B. die Frage, inwiefern die Beschäftigung mit unterschiedlichen Medien (wie Buch oder Computer) die Wahrnehmung von Wirklichkeit beeinflusst.
Medienkritik existiert seit der Antike: Ersetzt ein neues Medium die gewohnte Vermittlung von Inhalten, so befürchten Kritiker oft den Verfall traditioneller Werte und den Verlust bestehender Herrschaftsstrukturen durch die veränderte Weitergabe von Wissen.
Mit dem Aufkommen des **Internets** und der immer stärkeren Verbreitung **mobiler, vernetzter Kommunikation** (z. B. über Smartphones) gerieten besonders die **sozialen Auswirkungen** der neuen Medien in den Brennpunkt kontroverser Kritik. In der aktuellen Diskussion stehen sich zwei Sichtweisen gegenüber: Nach der einen fördert der Umgang mit neuen Medien (z. B. mit Computerspielen und sozialen Netzwerken) durch seine Komplexität und Interaktivität die Intelligenz und unsere sozialen Beziehungen. Die Vertreter der anderen Sichtweise befürchten dagegen, dass Internet und Computer unsere sozialen Fähigkeiten schädigen, einen negativen Einfluss auf unsere Denkprozesse haben und unsere Privatsphäre aufheben.
Das vorherrschende **Massenmedium Fernsehen** prägt maßgeblich die Entwicklung der Alltagskultur. Es bietet die Möglichkeit, eine große Anzahl von Zuschauern auf bestimmte Themen zu fokussieren (z. B. Informationssendungen, Sportberichterstattung, anspruchsvolle TV-Serien und Spielfilme). Kritiker des Mediums beklagen, dass das Fernsehen Inhalte vereinfache, um ein Massenpublikum zu bedienen, und dass infolge dieser inhaltlichen Verflachung auch die Fernsehkonsumenten mit der Zeit weniger komplex denken. Ethische Probleme werden darin gesehen, dass nicht Prominente, sondern „Normalbürger" sich in bestimmten TV-Formaten für einen Moment des scheinbaren Ruhms öffentlich zur Schau stellen und demütigen lassen.

4.3 Klausurvorbereitung: Einen Sachtext erörtern

Aufgabenbeispiel
1. Geben Sie den Argumentationsgang des Textes von Jochen Kölsch wieder und erschließen Sie hierbei seine Auffassung von der Dominanz der Bild-Medien gegenüber den Wort-Medien. Beziehen Sie dabei auch die Aussage des eingangs von Kölsch verwendeten Rilke-Gedichts ein.
2. Erörtern Sie, inwieweit Kölschs These von der Dominanz der Bild-Medien gegenüber den Wort-Medien zuzustimmen ist. Gehen Sie dabei auch auf den Umgang mit neuen Medien, z. B. Computer/Internet, ein.

Jochen Kölsch: Vom Aufstieg des Bildes und dem Zerfall des Wortes (2005)

Im Jahre 1902 schrieb Rainer Maria Rilke ein Gedicht, das nicht nur die literarisch Interessierten kennen.

Der Panther
Im Jardin des Plantes, Paris

Sein Blick ist vom Vorübergehn der Stäbe
so müd geworden, dass er nichts mehr hält.
Ihm ist, als ob es tausend Stäbe gäbe
und hinter tausend Stäben keine Welt.

Der weiche Gang geschmeidig starker Schritte,
der sich im allerkleinsten Kreise dreht,
ist wie ein Tanz von Kraft um eine Mitte,
in der betäubt ein großer Wille steht.

Nur manchmal schiebt der Vorhang der Pupille
sich lautlos auf –. Dann geht ein Bild hinein,
geht durch der Glieder angespannte Stille –
und hört im Herzen auf zu sein.

Rilke wollte in diesem Gedicht, das 1902 entstand und 1903 veröffentlicht wurde und zu seinen klassischen „Dinggedichten" gezählt wird, in den Dingen ein Leben entdecken, das unser eigenes Leben betrifft, eine Bedeutung aus ihnen locken, die unser Denken, Wollen und Fühlen zu beeinflussen im Stande ist. [...] Ich möchte Rilkes Gedicht in meinen nun folgenden Ausführungen zum Leitfaden einer medientheoretischen und medienkritischen Reflexion benützen.

[...] Trotz oder gerade wegen der unüberschaubaren Zahl medial vermittelter Bilder entsteht keine Welt.
Zuerst muss man sich mit einigen schlichten Zahlen konfrontieren, einfachste Empirie, die das ganze Thema bereits in einer prosaischen Form abbilden können: Der Durchschnittsdeutsche verbringt jeden Tag, so weist es die Medienforschung aus, über 210 Minuten, also ca. 3 1/2 Stunden vor dem Fernsehapparat, dabei sähe er – auch ohne Zappen – ca. 100 Einzelsequenzen oder Geschichten, diese enthalten etwa 2000 Kameraeinstellungen, jeden Tag.
Also tatsächlich eine Dimension, die den Fernsehzuschauer in die Dimension des Rilke'schen Panthers führt.
Diese 2000 Bilder, Kameraeinstellungen bedeuten ca. 100 Geschichten mit vielleicht 500 Einzelaspekten, Einzelgedanken, Nachdenkenswertem, Neuem. 500 am Tag, neben dem anderen normalen Leben, und 2000 verschiedene Bilder, die sich auf der Netzhaut einprägen, im Gehirn irgendetwas auslösen, jedes einzelne dieser Bilder wiederum ein ganzes optisches Universum, das wie ein Gemälde oder eine Fotografie mit tiefem Bedeutungsgehalt angereichert ist.
Entsteht hier eine Dialektik der tausend Bilder dieser Welt, die nahezu unendlich Welt vorzeigen, die doch in der beliebigen Fülle eine ungeordnete Masse an uninterpretierbaren Informationen entstehen lassen, und was entsteht im Medium und beim Rezipienten dann?

Der Begriff der Dialektik wird hier also verstanden im Sinne von Adorno und Horkheimer[1] und ihrer „Dialektik der Aufklärung" (erschienen in New York 1944), in der eine „Kulturindustrie" Massenkommunikation produziert im Sinne technologisch-ökonomisch-politischer Zielsetzungen und genau hierdurch zu einer fundamentalen kommunikativen Entfremdung führt.

Oder ergibt sich gar die Paradoxie, dass in der Massenhaftigkeit der Herstellung und Verbreitung von Bildern eben jene Welt gerade zum Verschwinden gebracht wird, und – nach der Idee des kanadischen Medienphilosophen Marshall McLuhan – schließlich nur noch das Medium selbst die Botschaft ist? (Understanding media, 1964 erschienen in New York) Gerade die eine scheinbar vollständige Welt darstellende Medienbilderwelt hat eine derart dominierende Eigenrealität, dass es keine Realität ohne Medium mehr gibt, ja, das Medium selbst die wesentliche Realität ist.

Tausend Bilder, doch welche Welt? Was sich zufällig jeden Tag auf der Netzhaut und im Bildergedächtnis wiederfindet, welche der Bilder werden es sein, welche Informationen, welche Welt? Und dies in einem Gehirn, das im Laufe seines Lebens bereits Millionen von technisch vermittelten Bildern wahrgenommen hat.

Allein diese simple quantitative Darstellung in Bezug auf das gegenwärtige Leitmedium Fernsehen zeigt, was der Begriff der Überwältigungskunst meinen könnte, ein Begriff, den Peter Sloterdijk[2] hauptsächlich auf die monumentalen Hollywood-Produktionen zugeschnitten hatte, der aber auch für die moderne Medienwelt insgesamt Anwendung finden kann. [...]

Der gegenwärtige Entwicklungszustand der Medienwelt und der mit ihr befassten Wissenschaften wird als „iconic turn"[3] definiert – [auch] „pictorial turn"[4] –, dies betont die Dominanz der Bild-Medien über die Wort-Medien, also diejenigen Zeichen-Medien, die spätestens seit der konfuzianischen, der jüdischen, der griechischen und der römischen Welt die Gesellschaftsentwicklung sowie die Wissenschaft wesentlich bestimmt haben. Die Masse der Menschen lebt nun wieder wesentlich geprägt von den Bildern, während sich die intellektuellen Eliten, die Info-Eliten, wie das in jüngerer Zeit genannt wird, immer schneller und weiter vom bildorientierten Unterhaltungsproletariat absondern [...].

---

[1] **Theodor W. Adorno** (1903–1969): deutscher Philosoph, Soziologe und Musiktheoretiker; **Max Horkheimer** (1895–1973): deutscher Sozialphilosoph

[2] **Peter Sloterdijk** (*1947): deutscher Philosoph, Kulturwissenschaftler und Essayist

[3] **„iconic turn":** Hinwendung zum Symbol/Bild (engl. icon)

[4] **„pictorial turn":** Hinwendung zum Bild (engl. picture)

Die Aufgabenstellung verstehen

1 Die Klausuraufgabe zur textgebundenen Erörterung (▶ Information, S. 270) besteht aus zwei Teilaufgaben. Ordnen Sie die folgenden Tätigkeiten den beiden Teilaufgaben zu.
- *Kölschs Aussagen zur Dominanz von Bild-Medien in eigenen Worten formulieren*
- *zu Kölschs Thesen Stellung nehmen*
- *Kölschs Argumentationsstrategie untersuchen*
- *Kölschs Thesen und Argumente prüfen*
- *selbst Argumente zum Thema entwickeln*
- *das Rilke-Gedicht zu Kölschs Aussagen in Beziehung setzen*
- *die eigenen Argumente nach Möglichkeit durch Beispiele stützen*
- *den Text in einem Einleitungssatz vorstellen*
- *ein Fazit formulieren*

2 Erläutern Sie, auf welcher der beiden Aufgaben der Schwerpunkt Ihrer Klausur liegen sollte.

Information — Die textgebundene Erörterung

Die **textgebundene Erörterung** stellt dar, auf welche Weise ein Text ein Problem aufwirft und erschließt. Erfasst werden sollten die **zentrale Problemstellung** des Textes, der gedankliche Zusammenhang der Thesen, Argumente, Erläuterungen und Beispiele, außerdem die Struktur des Textes und ggf. auch seine sprachlich-rhetorische Gestaltung (**Argumentationsstruktur**). An die Analyse der Textvorlage schließt sich in der Regel eine zweite Aufgabe an, in der Sie aufgefordert werden, auf der Grundlage eigener Kenntnisse (z.B. aus dem Unterricht) zu einer aus dem Text abgeleiteten Problemstellung eine **eigene Stellungnahme** zu entwickeln. Diese soll bestimmten Argumentationsstandards entsprechen.

Erstes Textverständnis und Ideen formulieren

1 Kölsch stellt mehrere Thesen zur Dominanz der Bild-Medien auf. Notieren Sie diese, z.B.:
- *Bilderfluten der modernen Medien vermitteln keine Welterfahrung mehr*
- *diese Form der Massenkommunikation führt zu …*
- *ohne Medium gibt es keine …*
- *Überwältigung des … durch das …*

2 Ergänzen Sie die folgende Mindmap mit ersten Ideen zur Lösung von Aufgabe 2.

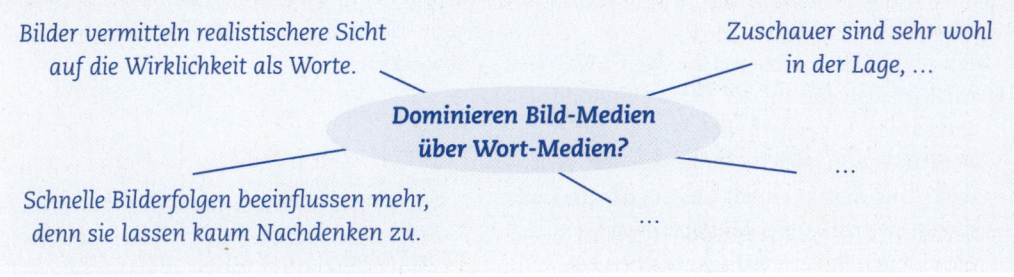

Die Argumentation analysieren und eigene Argumente entwickeln

1 a Bestimmen Sie die Argumenttypen (▶ Information, S. 303). Beginnen Sie z.B. so:
empirische Daten zum Fernsehkonsum (Z. 33 ff.) = Faktenargument
Bezug auf die Sozialphilosophen Adorno und Horkheimer (Z. 63 ff.) = …

b Kölschs Bezüge auf das Rilke-Gedicht haben die Funktion eines analogisierenden Arguments. Notieren Sie in einer Tabelle die Analogien zwischen dem Rilke-Gedicht und Kölschs Aussagen.

Themen	Zuzuordnender Vers im Gedicht	Aussage im Sachtext/Zeile
Bilderfluten	„Sein Blick ist …" (V. 6 f.)	…
Realitätsverlust	„keine …" (V. …)	…
Horizontverengung durch Bilder	…	„bildorientierte[s] Unterhaltungsproletariat" (Z. 114)
Überwältigung	„betäubt ein großer Wille" (V. 13)	…

2 Prüfen Sie, ob Sie Kölschs Thesen ganz, teilweise oder gar nicht zustimmen, und wählen Sie entsprechend Ihren Überlegungen einen Grundtyp für Ihre Texterörterung (▶ Information) aus.

Information — Grundtypen kritischer Texterörterung

In einer Erörterung können Sie mit einem vorgelegten Text auf unterschiedliche Weise umgehen, um einen eigenständigen Gedankengang zu entwickeln:

Grundtyp I: Begründeter Widerspruch/kritische Distanzierung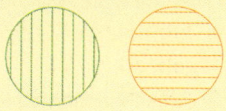
Stimmen Sie mit zentralen Aussagen eines Textes nicht überein, sollte es Ihr Ziel sein, die Argumentation zu entkräften und eine Gegenargumentation aufzubauen. Das kann wie folgt gelingen: Sie ziehen die Stichhaltigkeit einer These im Text durch **Gegenargumente** und/oder **Gegenbeispiele** in Zweifel. Dazu können Sie z. B. die Ihnen bekannte **Gegenpositionen** anderer Autoren referieren oder eigene **Gegenerfahrungen** anführen.
Weniger weitreichend ist das Verfahren, Thesen im Text teilweise gelten zu lassen, indem Sie deren **Geltungsbereich eingrenzen** und so die Position differenzieren.
Sie setzen sich kritisch mit dem **Begründungsverfahren** auseinander, indem Sie z. B. den behaupteten Zusammenhang zwischen einer These und einem zugehörigen Argument oder Beispiel darstellen und in Zweifel ziehen.
Sie können **Prämissen** der Autorin / des Autors (also weltanschauliche Prägungen, eine wissenschaftliche Denkschule oder persönliche Interessenlage) offenlegen und so die im Text vertretene Position kritisch einordnen.

Grundtyp II: Teilweise Übereinstimmung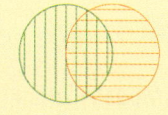
Dieses Verfahren stellt eine Mischung der Grundtypen I und III dar. Es eignet sich dann, wenn Sie mit einigen der im Text vertretenen Positionen übereinstimmen, mit anderen aber nicht.

Grundtyp III: Begründete Zustimmung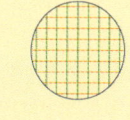
Falls Sie keine stichhaltigen Gegenargumente zu der im Text vertretenen Position finden, können Sie den darin dargestellten Gedankengang argumentativ erweitern. Das kann so gelingen:
Sie unterstützen die Positionen mit **weiteren Argumenten** und **eigenen (Erfahrungs-)Beispielen**.
Sie benennen mögliche **Gegenpositionen** und **entkräften** diese mit Argumenten und Beispielen.
Sie weisen die Folgerichtigkeit der im Text vertretenen Position durch eine **persönliche Rekonstruktion der Hauptgedanken** nach.

3 Notieren Sie zu Kölschs Thesen und Argumenten jeweils Ihre eigenen Argumente. Berücksichtigen Sie dabei auch neue Medien. Nutzen Sie auch Ihre Überlegungen aus Aufgabe 2 (▶ S. 270), z. B.:

Kölschs Thesen/Argumente	eigene Argumente
Bilderfluten vermitteln keine Welterfahrung: Faktenargument (Zahlen zum Fernsehkonsum)	*Bilder geben Einblick in viele Aspekte der Wirklichkeit, z. B. …*
kommunikative Entfremdung	*Kommunikation im Internet …*

Den Schreibplan erstellen und schreiben

1 Bringen Sie die folgenden Gliederungspunkte für Ihre Klausur in eine sinnvolle Reihenfolge.
Nennung der Position, die Sie in der Erörterung vertreten möchten – Fazit der Erörterung – Nennung der im Text von Kölsch aufgeworfenen Fragestellung – Überleitung zur Erörterung – Einleitungssatz – Darstellung von Kölschs Argumentationsstruktur – geordnete Wiedergabe eigener Argumente – Nennung zentraler Aussagen des Textes von Kölsch

2 Überlegen Sie, wie Sie den Erörterungsteil Ihres Aufsatzes strukturieren möchten.
  a Informieren Sie sich im Methodenkasten über verschiedene Möglichkeiten, die Argumente zu ordnen.
  b Tauschen Sie sich in Partnerarbeit über die Vor- und Nachteile der verschiedenen Strukturierungsmöglichkeiten aus.
  c Wählen Sie für Ihren Aufsatz ein Aufbauschema aus und begründen Sie Ihre Wahl.

Methode   **Strukturierung einer Erörterung – Steigender und dialektischer Aufbau**

In einer Erörterung können Sie die **Argumente** für und gegen Ihre Position ganz unterschiedlich **anordnen**, z. B.:

Modell I: Linearer Aufbau

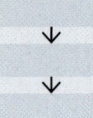

Sie reihen die Argumente für Ihre Position aneinander. Dabei sollten Sie darauf achten, auch mögliche Gegenargumente zu entkräften. Sie können die Argumente so ordnen, dass sich eine Steigerung ergibt, das Ihrer Ansicht nach stichhaltigste Argument also am Ende Ihrer Argumentation steht. Es ist aber je nach Situation auch möglich, das stärkste Argument am Anfang zu nennen.

Modell II: Dialektischer Pro-und-Kontra-Aufbau in Blöcken („Sanduhr-Prinzip")

Bei diesem Modell werden zwei sich widersprechende Positionen systematisch aufgearbeitet und blockweise einander gegenübergestellt: Zuerst führen Sie Argumente, Beispiele etc. auf, die Ihrer eigenen Position widersprechen. Es folgen Argumente etc., die die Gegenposition entkräften und die eigene Position bestärken. Hierbei kann das für Sie stärkste Argument z. B. am Schluss Ihrer Argumentation stehen.

Modell III: Fortlaufender antithetischer Pro-und-Kontra-Aufbau („Pingpong-Prinzip")

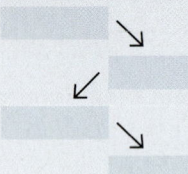

Bei diesem Modell führen Sie die Argumente, Beispiele etc. gegen und für Ihre Position in laufendem Wechsel auf, wobei die Gegenpositionen sofort entkräftet werden können. Es können vor dem Wechsel ggf. auch mehrere Pro- oder Kontra-Argumente aufeinanderfolgen.

---

3 Formulieren Sie Ihre Überlegungen zu Aufgabe 1 schriftlich aus. Gehen Sie so vor:
  a Schreiben Sie eine Einleitung. Vervollständigen Sie dazu z. B. den folgenden Satz:
  In seinem medienkritischen Text „...", der im Jahr ... veröffentlicht wurde, setzt ... sich mit der Frage auseinander, ...
  b Stellen Sie Kölschs Auffassung zur Dominanz der Bild-Medien gegenüber den Wort-Medien dar und erläutern Sie dabei seine Argumentationsweise. Achten Sie dabei darauf, richtig zu zitieren (▶ Information, S. 184) und zu paraphrasieren (▶ Information, S. 273).

4.3 KLAUSURVORBEREITUNG: EINEN SACHTEXT ERÖRTERN

> **Information** — **Die Paraphrase**
>
> Die **Paraphrase** ist die **Umschreibung einer Textaussage mit eigenen Worten**. Anders als beim **Zitat** (▶ S. 184), das einen Text **wörtlich wiedergibt**, löst sich die Paraphrase von der Formulierung des Textes; dennoch versucht sie, die Aussage des Ausgangstextes so genau wie möglich zu treffen. Positionen des Ausgangstextes werden in **indirekter Rede** (▶ S. 602 f.) oder mit **entsprechenden sprachlichen Signalen** wiedergegeben, z. B.:
> *Der Autor behauptet ... Er begründet dies mit ... Er unterstreicht die Aussage durch ... Mit Beispielen wie ... untermauert er seine These zur ... Seiner Auffassung nach ist ...*

4 Verfassen Sie nun Schritt für Schritt Ihren Erörterungsaufsatz (Aufgabe 2).
  a Formulieren Sie eine Überleitung zum zweiten Teil des Aufsatzes. Beispiel:
  Schließt man sich Jochen Kölschs Argumentation an, dann führen Bild-Medien ...
  Im Folgenden soll geprüft werden, ob ...
  b Verfassen Sie den Hauptteil Ihrer Erörterung. Berücksichtigen Sie dabei Ihre Überlegungen zur Strukturierung aus Aufgabe 2 (▶ S. 272) und nutzen Sie die folgenden Formulierungsbausteine.

> **Formulierungsbausteine: Erörterung**
> - **These:** *Ich vertrete die Ansicht, dass ... Ich bin der Überzeugung, dass ... Der These ... stimme ich (nicht) zu.*
> - **Argumente/Beispiele:** *Im Übrigen gibt es keinen Zweifel daran, dass ... Ich stütze mich auf die Tatsache, dass ... Hinzu kommt, dass ... Erinnert sei auch an ... Dafür lässt sich das Argument anführen, dass ...*
> - **Gegenargument:** *Unumstritten ist eine solche Position nicht: ... Eingewendet werden könnte auch, dass ... Bleibt noch der Einwand, dass ... Allerdings sollte auch bedacht werden, dass ...*
> - **Entkräftung des Gegenarguments:** *Ich gebe aber zu bedenken, dass ... Allerdings muss man sich fragen ... Dem steht jedoch gegenüber ... Allerdings sollte auch bedacht werden, dass ... Andererseits darf man nicht vergessen, dass ...*

  c Formulieren Sie einen Schlusssatz, in dem Sie ein Fazit aus Ihrer Erörterung ziehen. Beispiel:
  Als Resümee meiner Ausführungen ergibt sich, dass ...

Den eigenen Text überarbeiten

1 Überprüfen Sie Ihren Aufsatz mit Hilfe der folgenden Checkliste.

> **Checkliste** — **Eine textgebundene Erörterung schreiben**
> - Haben Sie Ihren Aufsatz für den Leser übersichtlich **gegliedert** (Absätze)?
> - Geben Sie Kölschs **Argumentation** vollständig und richtig wieder?
> - Haben Sie die Aussagen von Kölsch durch **Zitate bzw. Paraphrasen** kenntlich gemacht?
> - Haben Sie die beiden Teile Ihres Aufsatzes durch eine gedankliche **Überleitung** verbunden?
> - Enthält Ihr Aufsatz im **Erörterungsteil** eigene gedankliche Ansätze?
> - Fassen Sie am Ende Ihre Position in einem **Fazit** zusammen?
> - Ist der **Ausdruck** sachlich und genau und die **Gedankenführung** stringent (folgerichtig)?
> - Haben Sie in Ihrem Aufsatz **Rechtschreibung, Grammatik** und **Zeichensetzung** korrigiert?

5 Patrick Süskind/Tom Tykwer: „Das Parfum" – Literaturverfilmung

1 a Beschreiben Sie Buchcover und Filmplakat in ihren Übereinstimmungen und Unterschieden.
  b Stellen Sie begründete Vermutungen darüber an, wie eng sich wohl der Film an den Roman hält.
2 Was kennzeichnet Ihrer Meinung nach einen guten Film, was eine gute Literaturverfilmung?

In diesem Kapitel erwerben Sie folgende Kenntnisse und Kompetenzen:

- über wesentliche Kategorien der Analyse von Expositionen in Roman und Film verfügen,
- im konkreten Vergleich von Film und Roman erfassen, wie beide Medien Handlung und Thematik sowie die Erzählweise gestalten,
- die filmsprachlichen Mittel bei der Analyse konkreter Einstellungen beschreiben und bewerten: Kamera, Mise en Scène, Schnitt und Montage, Ton und Musik,
- Sequenzplan und Einstellungsprotokoll als grundlegende Methoden der Filmanalyse nutzen,
- narrative Strukturen filmischen Erzählens, z. B. den Mythos vom einsamen Genie, kennen lernen,
- die filmische Adaption analysieren und Filmrezensionen bewerten,
- grundlegende Arten der Literaturverfilmung kennen und diese in der Analyse anwenden,
- eine Podiumsdiskussion zum Thema „Verfilmung von Literatur" durchführen.

5.1 Roman und Film – Szenen im Vergleich

Der Romananfang – Der „Held" wird geboren

Patrick Süskind: Das Parfum (1985)

Patrick Süskind schrieb den Roman 1985. In über 40 Sprachen übersetzt, war er schnell ein Welterfolg.

Die Geschichte spielt im Frankreich des 18. Jahrhunderts. Jean-Baptiste Grenouille, ein typischer Außenseiter, wächst unter widrigen Umständen auf, ist extrem hässlich und kann keine Liebe empfinden. Sein außerordentliches Talent, ein ausgeprägter Geruchssinn, treibt ihn wie besessen an, ein absolutes Parfum herzustellen. Das Parfum gewinnt das Geruchsgenie aus den Körpern schöner, junger Mädchen, die es ermordet.

Der Roman galt lange als unverfilmbar, Süskind gab die Rechte erst 2001 frei.

Im achtzehnten Jahrhundert lebte in Frankreich ein Mann, der zu den genialsten und abscheulichsten Gestalten dieser an genialen und abscheulichen Gestalten nicht armen Epoche gehörte. Seine Geschichte soll hier erzählt werden. Er hieß Jean-Baptiste Grenouille, und wenn sein Name im Gegensatz zu den Namen anderer genialer Scheusale, wie etwa de Sades, Saint-Justs, Fouches, Bonapartes usw., heute in Vergessenheit geraten ist, so sicher nicht deshalb, weil Grenouille diesen berühmteren Finstermännern an Selbstüberhebung, Menschenverachtung, Immoralität, kurz an Gottlosigkeit nachgestanden hätte, sondern weil sich sein Genie und sein einziger Ehrgeiz auf ein Gebiet beschränkte, welches in der Geschichte keine Spuren hinterläßt: auf das flüchtige Reich der Gerüche.

Zu der Zeit, von der wir reden, herrschte in den Städten ein für uns moderne Menschen kaum vorstellbarer Gestank. Es stanken die Straßen nach Mist, es stanken die Hinterhöfe nach Urin, es stanken die Treppenhäuser nach fauligem Holz und nach Rattendreck, die Küchen nach verdorbenem Kohl und Hammelfett; die ungelüfteten Stuben stanken nach muffigem Staub, die Schlafzimmer nach fettigen Laken, nach feuchten Federbetten und nach dem stechend süßen Duft der Nachttöpfe. Aus den Kaminen stank der Schwefel, aus den Gerbereien stanken die ätzenden Laugen, aus den Schlachthöfen stank das geronnene Blut. Die Menschen stanken nach Schweiß und nach ungewaschenen Kleidern; aus dem Mund stanken sie nach verrotteten Zähnen, aus ihren Mägen nach Zwiebelsaft und an den Körpern, wenn sie nicht mehr ganz jung waren, nach altem Käse und nach saurer Milch und nach Geschwulstkrankheiten. Es stanken die Flüsse, es stanken die Plätze, es stanken die Kirchen, es stank unter den Brücken und in den Palästen. Der Bauer stank wie der Priester, der Handwerksgeselle wie die Meistersfrau, es stank der gesamte Adel, ja sogar der König stank, wie ein Raubtier stank er, und die Königin wie eine alte Ziege, sommers wie winters. Denn der zersetzenden Aktivität der Bakterien war im achtzehnten Jahrhundert noch keine Grenze gesetzt, und so gab es keine menschliche Tätigkeit, keine aufbauende und keine zerstörende, keine Äußerung des aufkeimenden oder verfallenden Lebens, die nicht von Gestank begleitet gewesen wäre.

Und natürlich war in Paris der Gestank am größten, denn Paris war die größte Stadt Frankreichs. Und innerhalb von Paris wiederum gab es einen Ort, an dem der Gestank ganz besonders infernalisch herrschte, zwischen der Rue aux Fers und der Rue de la Ferronnerie, nämlich den Cimetière des Innocents. Achthundert Jahre lang hatte man hierher die Toten des Krankenhauses Hôtel-Dieu und der umliegenden Pfarrgemeinden verbracht, achthundert Jahre lang Tag für Tag die Kadaver zu Dutzenden herbeigekarrt und in lange Gräben geschüttet, achthundert Jahre lang in den Grüften und

Beinhäusern Knöchelchen auf Knöchelchen geschichtet. Und erst später, am Vorabend der Französischen Revolution, nachdem einige der Leichengräben gefährlich eingestürzt waren und der Gestank des überquellenden Friedhofs die Anwohner nicht mehr zu bloßen Protesten, sondern zu wahren Aufständen trieb, wurde er endlich geschlossen und aufgelassen, wurden die Millionen Knochen und Schädel in die Katakomben von Montmartre geschaufelt, und man errichtete an seiner Stelle einen Marktplatz für Viktualien.

Hier nun, am allerstinkendsten Ort des gesamten Königreichs, wurde am 17. Juli 1738 Jean-Baptiste Grenouille geboren. Es war einer der heißesten Tage des Jahres. Die Hitze lag wie Blei über dem Friedhof und quetschte den nach einer Mischung aus fauligen Melonen und verbranntem Horn riechenden Verwesungsbrodem in die benachbarten Gassen. Grenouilles Mutter stand, als die Wehen einsetzten, an einer Fischbude in der Rue aux Fers und schuppte Weißlinge, die sie zuvor ausgenommen hatte. Die Fische, angeblich erst am Morgen aus der Seine gezogen, stanken bereits so sehr, daß ihr Geruch den Leichengeruch überdeckte. Grenouilles Mutter aber nahm weder den Fisch- noch den Leichengeruch wahr, denn ihre Nase war gegen Gerüche im höchsten Maße abgestumpft, und außerdem schmerzte ihr Leib, und der Schmerz tötete alle Empfänglichkeit für äußere Sinneseindrücke. Sie wollte nur noch, daß der Schmerz aufhöre, sie wollte die eklige Geburt so rasch als möglich hinter sich bringen. Es war ihre fünfte. Alle vorhergehenden hatte sie hier an der Fischbude absolviert, und alle waren Totgeburten oder Halbtotgeburten gewesen, denn das blutige Fleisch, das da herauskam, unterschied sich nicht viel von dem Fischgekröse, das da schon lag, und lebte auch nicht viel mehr, und abends wurde alles mitsammen weggeschaufelt und hinübergekarrt zum Friedhof oder hinunter zum Fluß. So sollte es auch heute sein, und Grenouilles Mutter, die noch eine junge Frau war, gerade Mitte zwanzig, die noch ganz hübsch aussah und noch fast alle Zähne im Munde hatte und auf dem Kopf noch etwas Haar und außer der Gicht und der Syphilis und einer leichten Schwindsucht keine ernsthafte Krankheit; die noch hoffte, lange zu leben, vielleicht fünf oder zehn Jahre lang, und vielleicht sogar einmal zu heiraten und wirkliche Kinder zu bekommen als ehrenwerte Frau eines verwitweten Handwerkers oder so ... Grenouilles Mutter wünschte, daß alles schon vorüber wäre. Und als die Preßwehen einsetzten, hockte sie sich unter ihren Schlachttisch und gebar dort, wie schon vier Mal zuvor und nabelte mit dem Fischmesser das neugeborene Ding ab. Dann aber, wegen der Hitze und des Gestanks, den sie als solchen nicht wahrnahm, sondern nur als etwas Unerträgliches, Betäubendes – wie ein Feld von Lilien oder wie ein enges Zimmer, in dem zuviel Narzissen stehen –, wurde sie ohnmächtig, kippte zur Seite, fiel unter dem Tisch hervor mitten auf die Straße und blieb dort liegen, das Messer in der Hand. Geschrei, Gerenne, im Kreis steht die glotzende Menge, man holt die Polizei. Immer noch liegt die Frau mit dem Messer in der Hand auf der Straße, langsam kommt sie zu sich.

Was ihr geschehen sei?

„Nichts."

Was sie mit dem Messer tue?

„Nichts."

Woher das Blut an ihren Röcken komme?

„Von den Fischen."

Sie steht auf, wirft das Messer weg und geht davon, um sich zu waschen.

Da fängt, wider Erwarten, die Geburt unter dem Schlachttisch zu schreien an. Man schaut nach, entdeckt unter einem Schwarm von Fliegen und zwischen Gekröse und abgeschlagenen Fischköpfen das Neugeborene, zerrt es heraus. Von Amts wegen wird es einer Amme gegeben, die Mutter festgenommen. Und weil sie geständig ist und ohne weiteres zugibt, daß sie das Ding bestimmt würde haben verrecken lassen, wie sie es im übrigen schon mit vier anderen getan habe, macht man ihr den Prozeß, verurteilt sie wegen mehrfachen Kindermords und schlägt ihr ein paar Wochen später auf der Place de Grève den Kopf ab.

[R]

1 a Äußern Sie in Form eines Brainstormings erste Leseeindrücke.
  b Stellen Sie begründete Vermutungen darüber an, wie der Lebensweg Grenouilles im Romananfang vorgezeichnet wird. Berücksichtigen Sie dabei, wie die Figuren eingeführt werden.

2 Der Roman ist besonders für seine sprachliche Qualität gelobt worden. Schreiben Sie unter Verwendung von Zeilenangaben die rhetorischen Mittel heraus, mit denen der Erzähler das zentrale Thema einführt. Notieren Sie auch, wie er die Welt der Gerüche sinnlich lebendig werden lässt.

Die filmische Exposition – Annäherung an eine schwierige Figur

Andrew Birkin, Bernd Eichinger, Tom Tykwer: **Das Drehbuch** (2005)

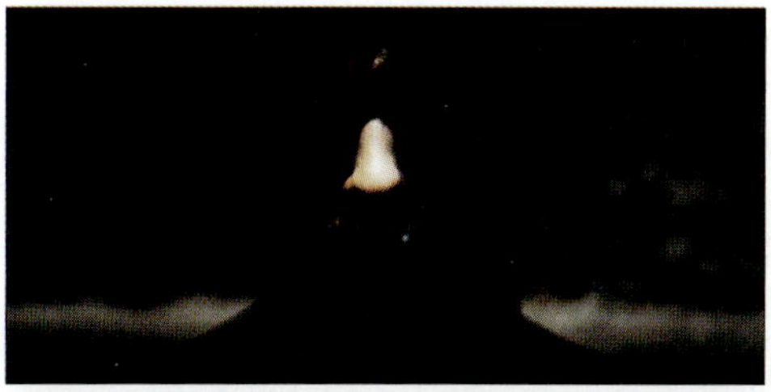

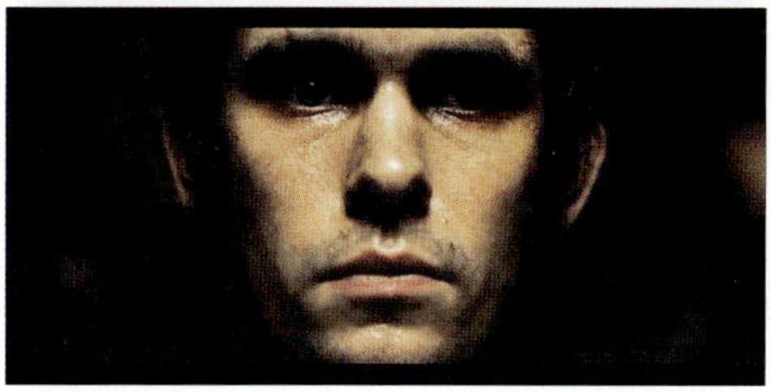

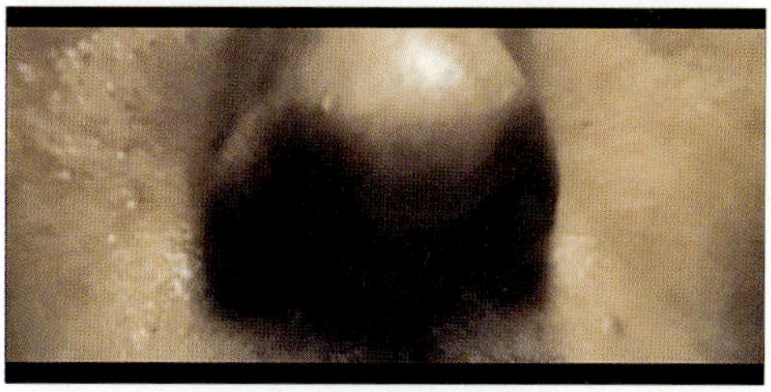

[...]
RICHTER: Das Urteil des Gerichts lautet: Der Parfümeurgeselle Jean-Baptiste Grenouille soll binnen zwei Tagen auf ein hölzernes Kreuz gebunden werden – mit dem Gesicht dem Himmel zugewandt.
Infernalisches Gebrüll der Zustimmung fegt wie eine Welle quer über den Platz.
RICHTER: Er erhält bei lebendigem Leibe zwölf Schläge mit einer eisernen Stange ...
Wiederaufbrandender Jubel. [...] Während das wütende Geschrei allmählich verebbt, bewegen wir uns auf Grenouilles Gesicht zu.

ERZÄHLERSTIMME: Im 18. Jahrhundert lebte in Frankreich ein Mann, der zu den genialsten und zugleich berüchtigtsten Gestalten jener Epoche gehörte ...
Wir nähern uns dem Gesicht des Verurteilten ...
ERZÄHLERSTIMME: Er hieß Jean-Baptiste Grenouille, und wenn sein Name heute in Vergessenheit geraten ist, so nur aus dem einen Grund, weil sich sein Genie und sein einziger Ehrgeiz auf ein Gebiet beschränkte, welches in der Geschichte keine Spuren hinterlässt ...
... und werden in den dunklen Tunnel seines Nasenloches hineingesogen ...
ERZÄHLERSTIMME: ... das flüchtige Reich der Gerüche.
Haupttitel auf schwarzem Grund:
DAS PARFUM
Die Geschichte eines Mörders

1 Beschreiben Sie, welche Wirkung das erste Filmbild (▶ S. 277) auf Sie ausübt.

2 Lesen Sie im Drehbuchauszug nur die kursiv gesetzten Hinweise für die Kamera und vollziehen Sie deren Bewegung nach:
Welche Einstellungsgrößen spielen eine Rolle?
Was passiert mit dem Betrachter?

3 a Sehen Sie sich den Filmanfang an und erläutern Sie das Zusammenspiel von Bild, Bewegung, Musik und Sprache im Hinblick auf die Wirkung.
b Welche Funktion hat diese – vom Roman abweichende – Exposition?

4 Transferaufgabe: Untersuchen Sie die Exposition eines Films, mit dem Sie sich beschäftigen.

Information **Filmisches Erzählen (S. 287–288)**

Die Kamera übernimmt im Film die **Funktion der Erzählerin**; ihre Sprache ist die Bildsprache, die sich aus **Kameraeinstellungen** (z. B. Panorama, Halbtotale, Detail), **Kameraperspektiven** (Normalsicht, Vogel- oder Froschperspektive) und **Kamerabewegungen** (Bewegung der Objekte vor der Kamera, Bewegung der Kamera selbst) zusammensetzt. Diese bestimmen die Haltung zum gezeigten Geschehen und zu den Filmfiguren.
Die Einstellungsgröße ist der **Bildausschnitt**, den die Kamera zeigt. Mit ihr kann unsere emotionale **Beziehung zum Gezeigten** beeinflusst werden. Extreme Nähe zwingt in der Regel zu Teilnahme, genauer Beobachtung und zu gesteigerter Aufmerksamkeit, während zunehmende Entfernung auch emotional distanziert.
Beim **Voice Over** kommentiert eine **Erzählstimme** aus dem **Off** die Bilder, die zu sehen sind. Der Erzähler wendet sich aus seiner subjektiven Ich-Perspektive unmittelbar an das Publikum. Was zu sehen ist, wird als Sicht des Erzählenden wahrgenommen.

Fischmarkt – Paris
Ein Fischer trägt einen Korb Heringe zu einem lebhaften Markt, wo Männer und Frauen schreiend ihre Waren feilbieten, während sie von Fliegen umschwirrte Fische aufschlitzen. Die Fischhändler werfen die Innereien achtlos zu Boden und waten förmlich in Blut und Dreck. Hunde, Katzen und Möwen reißen sich um die Reste.
ERZÄHLERSTIMME: Zu der Zeit, von der wir reden, herrschte in den Städten ein für uns moderne Menschen kaum vorstellbarer Gestank. Und natürlich war in Paris der Gestank am größten, denn Paris war die größte Stadt Europas. Und nirgendwo in Paris war dieser Gestank so über alle Maßen widerlich wie auf dem Fischmarkt der Stadt.
Der Fischer bringt seinen Korb zu einem Stand, wo eine stämmige, ungepflegte Frau Fische ausnimmt. Dies ist Grenouilles Mutter: Sie ist hochschwanger und steht kurz vor der Niederkunft.
ERZÄHLERSTIMME: Hier nun, am allerstinkendsten Ort des ganzen Königreichs, wurde am

17. Juli 1738 Jean-Baptiste Grenouille geboren. Grenouilles Mutter wird von Presswehen überwältigt. Sie bricht hinter ihrem Stand zusammen und versteckt sich unter einem hohen Schlachtertisch. Während sie die Beine anzieht, presst sie ihr Kind heraus. Dann durchtrennt sie die Nabelschnur mit ihrem Fischmesser. Anschließend kommt sie erschöpft hinter dem Tisch zum Vorschein. Ein Kunde schaut sie an.

Erzählerstimme: Für seine Mutter war es bereits die fünfte Geburt. Alle hatte sie hier an der Fischbude absolviert, und alle waren Totgeburten oder Halbtotgeburten gewesen.

Kunde: Was ist denn?

Grenouilles Mutter reagiert nicht auf ihn.

Erzählerstimme: Abends war alles zusammengeschaufelt und mit den Fischabfällen in den Fluss geworfen worden. So sollte es auch heute sein ...

Das Neugeborene liegt atmend inmitten von Fischabfällen.

Erzählerstimme: ... doch Jean-Baptiste entschied anders.

Kurze Schnitte auf: Innereien, Fleisch, ein Korb Fische, ein fressender Hund, Ratten, fallende Schlachterbeile, ein Messer mit Innereien, ein herabhängendes Schwein, ein Mann, der sich übergibt. Die Nasenflügel des Babys weiten sich. Sein Geschrei dringt unter dem Tisch hervor, während Grenouilles Mutter schwer atmend vor sich hinstarrt. Passanten werden auf das Schreien aufmerksam, bleiben stehen und nehmen den Fischstand in Augenschein.

Eine Frau schaut unter den Schlachtertisch, wo sich die Fischabfälle türmen. Zwischen all dem Gedärm und dem Dreck lässt sich das Gesicht des Neugeborenen ausmachen. Ein Polizeioffizier kommt näher.

Frau 1: Was ist das für ein Geschrei? Ein Kindchen! Ein Neugeborenes!

Polizeioffizier: Wo ist die Mutter?

Sie schauen sich um, aber Grenouilles Mutter ist verschwunden.

Kunde: Sie war eben noch da.

Frau 2: Sie lässt es einfach liegen – ihr eigenes Kind!

Frau 1: Sie wollte ihr eigenes Kind umbringen!!

Der Kunde entdeckt Grenouilles Mutter, die versucht, in der Menge zu verschwinden.

Kunde: Da ist sie! Da ist die Mutter!

Die Frau zeigt anklagend auf Grenouilles Mutter.
POLIZEIOFFIZIER: Halt!! Bleib stehen!
FRAU 2: *schreiend* Mörderin!!
Grenouilles Mutter dreht sich zu uns, sie wirkt noch immer verwirrt. Das Baby-Geschrei geht durch Mark und Bein.
ERZÄHLERSTIMME: So brachte Grenouilles erster Schrei …

Place de Greve – Paris
Ein Galgenstrick legt sich um ihren Hals.
ERZÄHLERSTIMME: … seine Mutter an den Galgen …
Sie fällt nach unten aus dem Bild. Der Strick strafft sich.

1 Mit dieser Szene beginnt auch der Roman.
  a Betrachten Sie die Filmbilder aufmerksam und beschreiben Sie, wie historischer Ort und Atmosphäre gestaltet werden. Welche Wirkung wird durch das Zusammenspiel unterschiedlicher Einstellungsgrößen erzielt?
  Der historische Ort des Fischmarkts in Paris um 1738 wird … Insbesondere durch den Wechsel von Groß- und Detailaufnahmen entsteht …
  b Sehen Sie sich den Filmausschnitt mehrfach hintereinander an und notieren Sie, wie die sinnliche Wahrnehmung – insbesondere das Riechen – inszeniert wird.
  Der Geruchsinn kann im Medium des Films nur indirekt inszeniert werden: durch visuelle und akustische Wahrnehmungen. Auf der visuellen Ebene …

2 Vergleichen Sie die Szene „Fischmarkt", wie sie im Drehbuch entfaltet wird, mit dem Romananfang (▶ S. 275 f.). Zeigen Sie Analogien auf und untersuchen Sie, inwieweit sich epische und filmische Sprache unterscheiden.
epische Gestaltungsmittel: *Parallelismen/Anaphern = …, …*
filmische Gestaltungsmittel: *Schnitt = …, …*

3 **Transferaufgabe:** Vergleichen Sie die unterschiedlichen Sprachen der Medien anhand eines anderen epischen Textes (Roman, Novelle etc.) und dessen Verfilmung.

Information **Formen des Filmanfangs – Die Exposition**

Der Filmanfang, die **Exposition**, ist aus Sicht der Wahrnehmungspsychologie von außerordentlicher Bedeutung, da hier die Aufmerksamkeit des Publikums besonders hoch ist. Die Exposition stimmt emotional auf den Film ein und gibt Informationen zu Figuren, Motivationen und Situationen. Oft ist mit den ersten Bildern schon das Genre des Films präsent.
Im Film sind (wie auch in der Literatur) als Extremformen die deduktive und die induktive Exposition zu unterscheiden. Die **deduktive Informationsvermittlung** führt vom Allgemeinen zum Besonderen, von der Weit-Einstellung zu immer kleiner werdenden Bildausschnitten. Die Zuschauer und Zuschauerinnen erhalten so einen genauen Überblick darüber, wo sie sich in der erzählten Welt befinden.
Die **induktive Informationsvermittlung** führt vom Besonderen zum Allgemeinen. Dabei nimmt die Kamera den entgegengesetzten Weg. Sie beginnt mit einer Detail-/Großaufnahme und entfernt sich zunehmend vom Protagonisten und seiner (psychischen) Verfassung. Die Kamera verschafft dem Publikum erst langsam einen Überblick über die größeren Zusammenhänge. Die subjektive Wahrnehmung der Figur steht im Vordergrund und bindet das Publikum an sie.
Häufig gibt es Mischformen zwischen beiden Typen der Exposition.

Das Mirabellenmädchen – Der erste Mord in Film, Drehbuch und Roman

Film

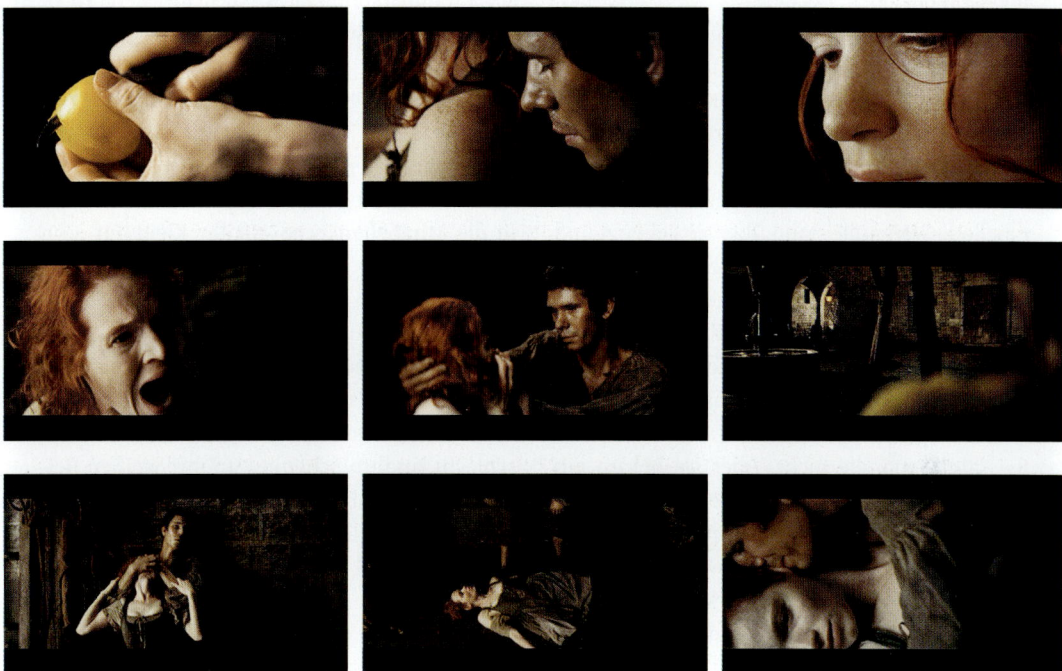

Drehbuch

Nur Zentimeter hinter ihr steht Grenouille und blickt sie an. Einen Moment ist sie fassungslos, dann öffnet sie die Lippen, um zu schreien, aber Grenouille legt seine Hand auf ihren Mund. Gre-
⁵ nouille wendet den Kopf zu einer Treppe, von der Schritte kommen, begleitet von Gelächter. Nach Luft ringend, versucht das Mädchen, Grenouilles Hand zu entfernen, die sich über Nase und Mund geschoben hat. Sie wehrt sich – er drückt fester und
¹⁰ zieht sie mit sich in den Schatten einer Mauer.
Ein Liebespaar kommt die Treppe hinab in den Innenhof. Sie verharren in einem innigen Kuss. Gre-nouille beobachtet die beiden und hält das rothaarige Mädchen umklammert. Schließlich geht das Pärchen weiter in Richtung Gasse und verschwin- ¹⁵ *det. Grenouille wendet sich dem Mädchen in seinem Arm zu und schaut in ihre leblosen Augen. Er nimmt die Hand von ihrem Mund. Sie atmet nicht mehr.*
Völlig fassungslos lässt er sie langsam zu Boden sin- ²⁰ *ken. Einen Moment lang steht er nur da und versucht zu begreifen, was geschehen ist [...], dann kniet er neben ihr und atmet ihren Duft ...*

Roman

Hunderttausend Düfte schienen nichts mehr wert vor diesem einen Duft. Dieser eine war das höhere Prinzip, nach dessen Vorbild sich die andern ordnen mußten. Er war die reine Schön-
⁵ heit.
Für Grenouille stand fest, daß ohne den Besitz des Duftes sein Leben keinen Sinn mehr hatte. Bis in die kleinste Einzelheit, bis in die letzte zarteste Verästelung mußte er ihn kennen-lernen; die bloße komplexe Erinnerung an ihn ¹⁰ genügte nicht. Er wollte wie mit einem Prägestempel das apotheotische[1] Parfum ins

[1] **apotheotisch:** zum Göttlichen erhoben

Kuddelmuddel seiner schwarzen Seele pressen, es haargenau erforschen und fortan nur noch nach den inneren Strukturen dieser Zauberformel denken, leben, riechen.

Er ging langsam auf das Mädchen zu, immer näher, trat unter das Vordach und blieb einen Schritt hinter ihr stehen. Sie hörte ihn nicht. Sie hatte rote Haare und trug ein graues Kleid ohne Ärmel. Ihre Arme waren sehr weiß und ihre Hände gelb vom Saft der aufgeschnittenen Mirabellen. Grenouille stand über sie gebeugt und sog ihren Duft jetzt völlig unvermischt ein, so wie er aufstieg von ihrem Nacken, ihren Haaren, aus dem Ausschnitt ihres Kleides, und ließ ihn in sich hineinströmen wie einen sanften Wind. Ihm war noch nie so wohl gewesen. Dem Mädchen aber wurde es kühl.

Sie sah Grenouille nicht. Aber sie bekam ein banges Gefühl, ein sonderbares Frösteln, wie man es bekommt, wenn einen plötzlich eine alte abgelegte Angst befällt. Ihr war, als herrsche da ein kalter Zug in ihrem Rücken, als habe jemand eine Türe aufgestoßen, die in einen riesengroßen kalten Keller führt. Und sie legte ihr Küchenmesser weg, zog die Arme an die Brust und wandte sich um.

Sie war so starr vor Schreck, als sie ihn sah, daß er viel Zeit hatte, ihr seine Hände um den Hals zu legen. Sie versuchte keinen Schrei, rührte sich nicht, tat keine abwehrende Bewegung. Er seinerseits sah sie nicht an. Ihr feines sommersprossenübersprenkeltes Gesicht, den roten Mund, die großen funkelndgrünen Augen sah er nicht, denn er hielt seine Augen fest geschlossen, während er sie würgte, und hatte nur die eine Sorge, von ihrem Duft nicht das geringste zu verlieren.

Als sie tot war, legte er sie auf den Boden mitten in die Mirabellenkerne, riß ihr Kleid auf, und der Duftstrom wurde zur Flut, sie überschwemmte ihn mit ihrem Wohlgeruch. Er stürzte sein Gesicht auf ihre Haut und fuhr mit weitgeblähten Nüstern von ihrem Bauch zur Brust, zum Hals, in ihr Gesicht und durch die Haare und zurück zum Bauch, hinab an ihr Geschlecht, an ihre Schenkel, an ihre weißen Beine. Er roch sie ab vom Kopf bis an die Zehen, er sammelte die letzten Reste ihres Dufts am Kinn, im Nabel und in den Falten ihrer Armbeuge.

Als er sie welkgerochen hatte, blieb er noch eine Weile neben ihr hocken, um sich zu versammeln, denn er war übervoll von ihr. Er wollte nichts von ihrem Duft verschütten. Erst mußte er die innern Schotten dicht verschließen. Dann stand er auf und blies die Kerze aus. [R]

1 Vergleichen Sie die Szene in den verschiedenen Medien:
   a Untersuchen Sie besonders die Gestaltung der Figuren und ihrer Beziehung. Welche Motivation lenkt jeweils Grenouilles Handeln?
   b Inwieweit nehmen Film und Roman unterschiedliche Bewertungen der Figur vor? Beziehen Sie dazu den folgenden Kommentar mit in Ihre Überlegungen ein:

> Das Kino folgt anderen Regeln als die Literatur, und eine von ihnen heißt, dass etwas geschehen muss. Im [Roman] „Parfum" aber geschieht nicht viel. Der Held ist, der er ist, von Anfang an.
>
> *Verena Lueken*

   c Erläutern Sie, ob die Szene als Schlüsselszene in Film und Roman betrachtet werden kann.

2 Sehen Sie sich die gesamte Sequenz mehrfach an, in der Grenouille auf das Mirabellenmädchen stößt (ab 17. Minute), und analysieren Sie die filmsprachlichen Mittel, mit denen der Film neue/andere Akzente setzt als der Roman. Achten Sie auf Thema und Motiv, Mimik und Gestik der Figuren, Musik, Kamerabewegungen und -einstellungen, Schnitt, Farben und Beleuchtung, Schärfe.

Themen: *Liebe, …* **Motive:** *erotische Körpersignale (…), …*
Mimik/Gestik: *sehr vielfältig (…)* **Musik:** *Leitmotiv (…)*
…

Der Film als Ganzes – Handlungsgefüge im Vergleich zum Roman

Methode — Sequenzplan

Mit einem **Sequenzplan** kann man sich einen Gesamtüberblick über einen Film verschaffen. Eine **Sequenz ist eine Handlungseinheit**, die durch Ortswechsel oder Veränderung der Figurenkonstellation von anderen inhaltlichen Einheiten abgegrenzt ist. Handlungsführung und Figurenkonstellation werden dabei in ihrer Abfolge festgehalten.

1 Sehen Sie sich den gesamten Film an und erfassen Sie seine Handlungsstruktur:
   a Erstellen Sie einen Sequenzplan zum Film – am besten arbeitsteilig in Gruppen zu jeweils ca. 30 Filmminuten. Gestalten Sie Ihren Plan so, dass rechts eine Spalte für Kommentare steht:

Sequenz	Dauer	Inhalt	Kommentar
...	...	...	...
Baldinis Scheitern	29.–31. Minute	Baldini allein im Büro: Versuch, Duft zu entschlüsseln	groteske Übersetzung, Karikatur

   b Vergleichen Sie Ihre Notizen und erstellen Sie einen endgültigen Plan.
2 Besorgen Sie sich eine Übersicht des Romaninhalts. Setzen Sie den Handlungsverlauf in Beziehung zum Sequenzplan:
   a Halten Sie fest, welche Szenen der Film übernimmt, verschiebt, auslässt, neu hinzufügt.
   b Erklären Sie an ausgewählten Szenen, warum der Film andere Akzente setzt bzw. setzen muss.
   c Nutzen Sie die unten aufgeführten „Fachaspekte", die sich sowohl auf literarische Texte als auch auf Filme anwenden lassen, um Ihre Vergleiche zwischen Text und Film begrifflich zu präzisieren.
3 Setzen Sie Ihre Ergebnisse zur Handlungsmotivation der Filmfigur Grenouille in der Szene „Mirabellenmädchen" in Beziehung zu Ihrem Gesamtüberblick von Film und Roman.
4 a Diskutieren Sie, inwieweit die filmische Umsetzung des Romans gelungen ist.
   b Halten Sie die wichtigsten Argumente auf Pro- und Kontra-Karten fest. Prüfen Sie die Argumente:
   – Überlegen Sie, welche filmischen Notwendigkeiten hinter bestimmten Entscheidungen stehen.
   – Berücksichtigen Sie die unterschiedlichen Rezeptionsweisen von Roman und Film.

Information — Fachspezifische Aspekte, die sich beim Medium Film anwenden lassen

- Handlungsdramaturgie (geschlossene, offene Form), Handlungsstränge, Vor- und Rückblenden
- Erzählerische Funktion der Kamera (Erzählperspektive, Erzählhaltung)
- Stoff (Story, Plot, Thema, Genre)
- Leitmotive und ihre Konnotation
- Figuren (Rolle, Verhalten, Motivation, Entwicklung, Konstellation, Konflikt)
- Zeitgestaltung (Verhältnis von Erzählzeit und erzählter Zeit: z. B. Dehnung und Raffung des Erzählten durch Schnitt, Zeitlupe und Zeitraffer)
- Raumgestaltung (z. B. Handlungsraum, Stimmungsraum, Symbolraum)
- Sprache im Film (z. B. Dialoge) sowie Texte zum Film (z. B. Drehbuch, Filmkritik)

Der Mythos vom einsamen Genie – Narrative Strukturen im Film

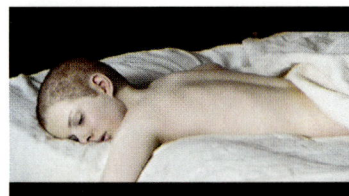  

1 a In welchen Zusammenhängen ist Ihnen der Begriff „Mythos" bisher begegnet? Einigen Sie sich auf eine gemeinsame Definition des Begriffs.
  b Vergleichen Sie Ihre Definition mit den Angaben in der Information unten.

2 Der Film „Das Parfum" bedient sich des Mythos vom einsamen Genie. Verfolgen Sie den dafür typischen Weg des Helden im Film:
  a Welche Stationen durchlebt er, die Sie auch aus anderen Geschichten kennen? Beginnen Sie so: *frühkindliche Trennung von den Eltern/Verstoßenwerden, …*
  b Erklären Sie, inwiefern man von einer erfolgreichen Entwicklung des Helden sprechen kann.

3 a Stellen Sie die oben gezeigten Schlüsselszenen des Films in ihren erzählerischen Kontext.
  b Mythen sind Erzählmuster (z. B. Aufstieg und Fall eines Helden), in denen für das menschliche Dasein wesentliche Motive wie etwa Verrat (der z. B. zum Fall des Helden beiträgt) wirksam werden. Welche Motive innerhalb des Mythos vom einsamen Genie werden in den Szenen oben jeweils thematisiert?

4 a Erklären Sie, inwiefern der Film insgesamt bestimmte Mythen und Motive menschlicher Grundsituationen aufnimmt, z. B. *Einsamkeit, Liebe …*
  b Könnte der Film auf eines der Motive verzichten? Begründen Sie.

Information — **Mythen und Motive als narrative Strukturen filmischen Erzählens**

Als **Mythen** bezeichnet man narrative Muster, in denen bestimmte Handlungen, Charaktere und Motive als feste Bestandteile verwendet werden. Mythen sind uralte Erzählmuster, die von der Antike bis heute mit leichten Variationen unverändert geblieben sind. Dazu gehören z. B. das Auflehnen gegen eine Autorität, die Heldenreise, der Erlöser, die heilende Macht der Liebe etc. In Mythen verdichten sich **Motive menschlichen Daseins**, wie z. B. Liebe, Tod, Macht, Wahrheit, Täuschung, Angst. Solche Motive begleiten stets das menschliche Leben.
Wirkungsvolle Geschichten bedienen sich bis heute dieser narrativen Grundmuster und der in ihnen wirksamen Motive. Sie rühren an kollektive, meist unbewusste Inhalte im Seelenleben der Zuschauer. Im Kino können diese intensiv durchleben, was sie im Alltag niemals erleben möchten bzw. können.

---

5 Vergleichen Sie die Gestaltung Grenouilles mit der Gestaltung anderer einsamer Genies in Filmen, Romanen oder Erzählungen, z. B. Frankenstein.

6 a **Transferaufgabe:** Verfolgen Sie mythische Muster in anderen Filmen, mit denen Sie sich beschäftigen, z. B.: der Mythos des Erlösers/Auserwählten, der Mythos des genialischen menschlichen Monsters, der Mythos der Liebe als Erlösung/Verwandlung.
  b Untersuchen Sie auch die Gestaltung verschiedener Themen und Motive, wie z. B. Liebe, Tod, Macht und Angst, in unterschiedlichen Filmen. Orientieren Sie sich bei der Auswahl der Filme z. B. am Filmkanon der Bundeszentrale für politische Bildung (bpb).

5.2 Die Grammatik der Bilder – Elemente der Filmsprache

Der Film im Detail – Inszenierte Bilder

Durch eine detaillierte Analyse ausgewählter Einstellungen oder Sequenzen wird das inszenierte Zusammenwirken der einzelnen filmischen Gestaltungsmittel, die Grammatik der Bilder, erkennbar. Die Detailanalyse der filmsprachlichen Struktur schärft die Wahrnehmung der mehrdimensionalen Beziehungen zwischen den verschiedenen Zeichensystemen Bild, Bewegung und Ton.

Mise en Scène (In-Szene-Setzen)

1 a Die Bilder zeigen beispielhaft die besondere ästhetische Gestaltung von Figuren und Landschaft. Wie werden je Bild Figuren und Objekte in Szene gesetzt? Untersuchen Sie dazu die Filmbilder auf die Farb- und Lichtgestaltung sowie auf die Komposition hin. Verwenden Sie Begriffe, die Sie aus dem Kunstunterricht kennen (z. B. Farbkontraste, Goldener Schnitt, Raumgestaltung).
b Sehen Sie sich die Filmszenen an, aus denen die Einstellungen stammen (im Anwesen Richis', Lavendelfelder, bei Madame Arnulfi). Beurteilen Sie die ästhetische Qualität der Einstellungen in ihrem unmittelbaren szenischen Kontext.

2 a Vergleichen Sie die Einstellungen mit denen aus der Exposition und der Szene „Mirabellenmädchen" (▶ S. 281). Notieren Sie, auf welche Weise diese Filmbilder gestaltet wurden.
b Ordnen Sie die Bilder in die Handlungsfolge des Films ein: Inwieweit markiert der Wechsel in der Bildästhetik eine inhaltliche Veränderung?

> **Information** **Die Bildinszenierung – Mise en Scène**
>
> Der französische Begriff **„Mise en Scène"** wird für die filmische Bildinszenierung verwendet. Figuren und Objekte werden wie in der Kunst auf einem Gemälde oder Foto für den Blick des Betrachters bzw. für die Kamera im Raum inszeniert. Neben Perspektive, Achsenverhältnissen und Kameraführung sind Kategorien der **Bildästhetik** hilfreich: statischer (vertikale, horizontale Strukturen) und dynamischer (diagonale Strukturen) Bildaufbau, offene und geschlossene

Form, Symmetrie und Asymmetrie, Flächeneinteilung, Lichtführung, Farbe, Raumgestaltung, Tiefenwirkung, Schärfegrad. Diese **Mittel der Malerei** weisen dem Geschehen über die erzählte Geschichte hinaus weitere Bedeutungsebenen zu. Zur Bildgestaltung gehören auch die Wahl des Drehorts (Location), die Ausstattung, Requisiten und Kostüme.

Schnitt und Montage

Schnitt und Montage (Information, ▶ S. 287) sind die wichtigsten filmischen Gestaltungsmittel. Bei Filmproduktion und Filmanalyse ist es daher entscheidend, sich ihre Wirkungsweise „vor Augen zu führen".

1 a Sehen Sie sich die Filmsequenz an, die mit Lauras Versteckspiel beginnt und mit der vermeintlichen Gefangennahme des Mörders (Predigt des Bischofs) endet (82.–92. Filmminute).
 b Untersuchen und beschreiben Sie die Montagetechnik, die Abfolge und Kombination der Bilder. Achten Sie auch auf den Ton (Sprache und Musik).
 Welche Wirkung wird erzielt?

2 a Laura in Gefahr: Sehen Sie sich die ersten sechs Filmbilder vom Beginn der Sequenz in ihrer Abfolge an. Erklären Sie die Funktion der Montageform.
 Es wechseln Einstellungen von … und …
 Die Form der …montage suggeriert, dass …
 b Die letzten drei Bilder gegen Ende der Sequenz haben eine besondere Funktion. Erläutern Sie die Funktion, indem Sie die Bilder auf den Kontext des gesamten Films beziehen.
 Grenouille hat bereits zwölf Essenzen aus …
 Durch die Überblendung mit … assoziieren die Zuschauer …

Information — Die Montage

Die Montage, die „Organisation der Bilder in der Zeit" (André Bazin), manipuliert Zeit und Raum. Sie schafft Sinnzusammenhänge und steuert die Bedeutung der Filmbilder. Die Filmsprache kennt verschiedene Formen der Bildverknüpfung. Sie können durch **harten Schnitt** (das übliche Verfahren) oder durch **weichen Schnitt** (z. B. Überblendung) erzeugt werden.

Man unterscheidet:
- **Erzählende Montage:** Die Einstellungen sind inhaltlich so aufeinander bezogen, dass die erzählerische Kontinuität gewahrt wird. Die Schnitte sind kaum wahrnehmbar. Man spricht auch vom unsichtbaren Schnitt.
- **Parallelmontage:** Getrennt verlaufende Handlungen werden zur Erzeugung von Spannung wechselnd zusammengeschnitten. Das Publikum weiß mehr als die Filmfiguren.
- **Analogmontage:** Distanzen in Raum und Zeit werden überbrückt, indem eine gemeinsame Form/Handlung aus unterschiedlichen Zusammenhängen übernommen wird.
- **Kontrastmontage:** Die Kombination konträrer Bilder fordert zu einer Stellungnahme auf, z. B. das prunkvolle Leben am Hof im Gegensatz zum Elend der übrigen Bevölkerung.
- **Assoziationsmontage:** Die Folge von zwei verschiedenen Bildern erzeugt ein drittes, eine Assoziation, z. B.: Gesicht + Messer = Mörder / Gesicht + Essen = Hunger.
- **Realitätsbrechung:** Der Wechsel von Filmformaten (z. B. Film, Zeichentrick, digital manipulierte Bilder) bricht die Illusion und betont die mediale Fiktion.
- **Schuss – Gegenschuss:** Mit dem Wechsel der Kameraposition zwischen miteinander sprechenden Figuren wird die unmittelbare Teilnahme des Publikums suggeriert.

3
a Betrachten Sie erneut die letzten beiden Filmbilder aus der Exposition (Fischmarkt, ▶ S. 279). Welche Funktion hat die Montage der Bilder hier?
b Welche weiteren Montageformen konnten Sie im Film entdecken? Beschreiben Sie Art und Wirkung.

Information — Filmsprache – Fachbegriffe und Funktionen im Überblick

Die Filmsprache ist ein **komplexes Zeichengefüge** aus Bild, Bewegung, Sprache und Musik, das die Sinne simultan und intensiv anspricht; gleichzeitig können die Schauspieler/innen, Drehort und Story unmittelbar zur Identifikation einladen.
Die **Kamera als Erzählerin** bestimmt die Haltung zum Geschehen und zu den Filmfiguren (▶ S. 278). Der gestaltete Raum im Film wird mit dem Begriff **„Mise en Scène"** (▶ S. 285 f.) bezeichnet.

Filmisches Erzählverhalten
- **Allwissende Kamera:** verfügt über das Geschehen und kommentiert, z. B. durch die Perspektive
- **Subjektive Kamera:** Der Kamerablick deckt sich mit dem der Figuren, z. B. Point-of-View-Shot.
- **Mindscreen:** innere Bilder der Filmfigur, wie z. B. Erinnerungen, Teilnahme an deren Wahrnehmung
- **Neutrale Kamera:** sachlich-objektive Distanz auf Augenhöhe, Beobachtung der handelnden Figuren

Einstellungsgrößen
- **Panorama/Weit:** Überblick über den Ort des Geschehens → Vermittlung von Atmosphäre
- **Totale:** Übersicht über den Schauplatz → räumliche Orientierung
- **Halbtotale:** Figuren in ihrer gesamten Körperlänge → Wahrnehmung der unmittelbaren Umgebung
- **Halbnah/Amerikanisch:** Figuren in kommunikativen Situationen, etwa vom Knie an aufwärts
- **Nah:** Figuren von der Brust an, häufig in Sprechsituationen → Gestik und Mimik im Vordergrund
- **Groß:** z. B. nur das Gesicht → Nähe und genaue Beobachtung des mimischen Ausdrucks
- **Detail:** extremste Nähe → Steigerung der Aufmerksamkeit, besondere Bedeutung der Dinge

Kameraperspektiven
- **Normalsicht:** normale menschliche Perspektive in Augenhöhe → Objektivität und Authentizität
- **Vogelperspektive:** Blick von einem erhöhten Punkt → Distanz, häufig Gefühl der Verlorenheit
- **Froschperspektive:** niedriger Standpunkt → Figuren bzw. Objekte wirken mächtig, bedrohlich

Kamerabewegung
- **Handlungsachse:** Bewegung der Objekte vor der stehenden Kamera → distanzierte Beobachtung
- **Kameraachse:** Bewegung der Kamera → Nachahmung der menschlichen Bewegung, Authentizität; horizontales **Schwenken,** vertikales **Neigen,** sich von der Stelle bewegende **Kamerafahrt**
  Die gemeinsame Bewegung von Objekt und Kamera bietet eine hohe Identifikationsmöglichkeit.

Schnitt, Montage (▶ S. 287), Zeitgestaltung
Schnitt und Montage beeinflussen das **Zeitgefühl** des Zuschauers.
- **Zeitraffung:** Die **Ellipse** (Auslassung von Handlungsteilen) lässt Unwichtiges zugunsten des Bedeutsamen aus; auch der **Zeitraffer** und die **Analogmontage** raffen bzw. verkürzen die Zeit.
- **Zeitdehnung:** Bedeutsames wird wiederholt, aus unterschiedlichen Perspektiven oder in der **Zeitlupe** gezeigt; auch die **Parallelmontage** dehnt bzw. verlängert die Zeit.
- **Zeitdeckung (Plansequenz):** Identität von Filmzeit und real verstreichender Zeit ohne Schnitt

Ton: Filmmusik und Geräusche
- **Musik:** ein unterschwellig im **Unbewussten** wirkendes Gestaltungsmittel; sie erzeugt und verdichtet **Emotionen.** Bestimmte Klänge können Gefühlslagen erzeugen (z. B. sinfonische Streichmusik: Liebe; Popmusik: Lebensfreude; atonale Musik: Gefahr; hallende Musik: Träume). Figuren, Gegenständen oder Situationen wird durch **musikalische Leitmotive** eine besondere Bedeutung zugewiesen. Filmmusik kann atmosphärisch **historische, soziale oder kulturelle Authentizität** suggerieren. Sie rhythmisiert und strukturiert Filmbilder und beeinflusst das **Zeitempfinden** des Zuhörers und Zuschauers.
- **Geräusche** sind meistens unmittelbar präsent und steigern die **Wirklichkeitsillusion. Geräuschverstärkung** oder Plötzlichkeit können alarmieren und schockieren.
- **On-Ton/Synchronton:** Die Quelle des Tons ist sichtbar oder ergibt sich aus dem Zusammenhang.
- **Off-Ton:** Die Quelle des Tons ist im Bild nicht sichtbar (z. B. Voice Over, ▶ S. 278).

5.3 Projekt: Literatur verfilmen? – Auf dem Podium diskutieren

Zwei Filmrezensionen – Argumente erschließen und nutzen

Peter Körte: Du spürst kaum einen Hauch (2006)

Bernd Eichinger, unser größter und mutigster Produzent, hat „Das Parfum" verfilmt – an der Unsterblichkeit muss er aber noch arbeiten.

[...] Es gibt eine ungeschriebene Regel, ein Buch nicht gegen seine Verfilmung auszuspielen. Doch leider hat man hier ganz schnell das Gefühl, die Filmemacher selbst hätten diese Regel umgangen, weil sie zu sehr am Buch kleben, weil schon in den ersten Minuten Otto Sander aus dem Off Süskinds Sätze rezitiert, weil es Momente gibt, in denen der Film den Roman auf groteske Weise wörtlich nimmt. Wenn es etwa am Ende bei Süskind heißt, Grenouille sei „von Schönheit übergossen gewesen wie von strahlendem Feuer", umgibt ihn der Film allen Ernstes mit einer kleinen Aura. [...]
Wer fünfzig Millionen Euro investiert, der muss halt Rücksichten nehmen. Der kann zwar Süskind gelegentlich wörtlich nehmen, aber keine Bilder machen, wie man sie bei Süskinds Prosa vor Augen hat. Wo aus Satzfolgen Sequenzen für eine Mainstream-Produktion werden, denkt man an andere Dinge. Wo liegt die Ekelgrenze? Wie viel Schmutz und Blut und Grausamkeit darf es sein? Wie hässlich darf ein Hauptdarsteller sein, der den amoralischen Grenouille spielt? Wie lassen sich Morde an unschuldigen Mädchen inszenieren?
Ben Whishaw als Grenouille ist keine schlechte Wahl: kein Schönling, nicht zu derb – und leider ohne den leisesten Anflug von Dämonie. Er beschwört sie eher hilflos, wie überhaupt „Das Parfum" von Anfang an eine Abfolge beschwörender Gesten ist. Es ist nicht nur die Off-Stimme, es sind auch die Bilder all der geruchsintensiven Dinge, die der Film wie ein Leporello ausbreitet. Grenouille riecht an einer toten Ratte – und die Kamera zoomt durchs Rattenfell auf die Würmer, die ihre Arbeit tun. Und doch wirkt alles chemisch gereinigt. [...]
Und dann tut der Film etwas, was ein Verrat an seinem Helden ist, dessen Weg von Paris nach Grasse, vom Gerbergehilfen zum Duftgenie, von Mord zu Mord er fast zweieinhalb Stunden lang ziemlich schleppend nachbuchstabiert hat: Grenouille vergießt ein paar Tränen, als er auf dem Höhepunkt seiner Macht die Bilder seines ersten Opfers, des „Mirabellenmädchens", vor sich sieht, und diese Regung bringt eine klebrige Sentimentalität ins Spiel, die alles, was man bis dahin gesehen hat, dementiert. Mit solchen Einfällen kann man einen Film ruinieren; man kann sie auch verstehen als ein Zeichen tiefster Verunsicherung: Trotz aufwändigen Produktionsdesigns, trotz leuchtender Lavendelfelder und optischer Tricks sind Eichinger und Tykwer gegen die Faszination des genialisch Bösen immun. Sie dämpfen den Schrecken, und sie filmen, als müsste ständig beglaubigt werden, dass es sich tatsächlich um Süskinds Romanvorlage handelt. Nicht weil das Buch unverfilmbar ist, ist „Das Parfum" gescheitert, sondern weil es den Roman zu sehr verfilmt.

Michael Althen: Ich will doch nur, dass ihr mich liebt (2006)

Tom Tykwer entlockt Patrick Süskinds „Parfum" in atemberaubenden Bildern einen ganz eigenen Duft.

Identifikation ist zwar nicht alles im Kino, aber es war klar, dass es um mehr gehen müsste als nur einen Serienmörder, der seiner schönen Kunst grausige Opfer darbringt. Wenn man so will, dann mussten sie hinter seinem blutigen Weg den verzweifelten Aufschrei hörbar machen: „Ich will doch nur, dass ihr mich liebt!"

Dazu mussten sie die Temperatur des Romans ein paar Grad hochfahren [...]. In einem Gerangel ohnegleichen um die ersten Plätze im Meinungsstreit wurde dem Film schon Wochen vor dem Start vorgeworfen, er rücke dauernd die Nase des Helden ins Bild. [...] Darum geht es doch, und die stets behände und lyrische Kamera von Frank Griebe fährt natürlich immer wieder darauf zu, lässt sich geradezu aufsaugen, um sich dann davontragen zu lassen wie die Düfte im Wind. Und natürlich ist es eine Augenweide zu sehen, wie die Gerüche in leuchtenden Farben ins Bild gesetzt werden, wie der Lavendel auf den Feldern blüht und die Mirabellen golden leuchten. Einmal rast die Kamera im Flug über die südfranzösische Landschaft dem Duft einer Rothaarigen hinterher, die auf dem Pferde flieht, ein andermal lässt sie sich vom Geruchswirrwarr einer Pariser Straße von einer Sensation zur nächsten tragen. Man ist jedenfalls im Nu sensibilisiert für die Perspektive eines Wesens, das die Welt immer nur durch die Nase wahrnimmt und blind ist für jede andere Form von Schönheit.

In einer der schönsten Szenen tastet sich Grenouille als kleiner Junge mit dem Geruchssinn aus dem Hof des Waisenhauses hinaus in die Welt, erschnüffelt Gras und Holz und Apfel und schnuppert sich später über einen warmen Flusskiesel in Gedanken in ein Flüsschen, wo er unter Wasser sogar noch die Frösche und ihren Laich wahrzunehmen glaubt.

Wie im Roman wechselt die Geschichte geschickt zwischen dieser mikroskopischen Annäherung an die Dinge und einem Erzählerton aus großer Höhe, und der Kontrast zwischen des Helden Sensibilität und seiner Herzenskälte ist ihr unwiderstehlicher Motor. Dass ihr Autor Patrick Süskind vor dem Erfolg in die Unsichtbarkeit geflohen ist, lädt natürlich dazu ein, die wilde Lust eines Mannes, der sich nur in seinen Duftwerken materialisieren kann, mit ihm zu identifizieren. Und auch wenn Tom Tykwer auf ganz andere Weise im Rampenlicht steht und es auch genießt, ist genau dies der Punkt, wo seine Identifikation mit dem Stoff womöglich beginnt. Als wahrhaft obsessiver Filmfan, der seine Jugend nächtelang nur im Kino verbracht hat, ist ihm jenes Bedürfnis vertraut, man möge an seinen filmischen Vorlieben erkannt werden, mit denen man sich wie mit Spiegeln umstellt, und als Regisseur lebt er ohnehin von dem Traum, seine Filme könnten zum einen dem Leben auf dieselbe Weise ihre Essenz abringen, wie das dem Parfümeur mit den Blüten gelingt, und zum anderen tatsächlich als Spiegel taugen, der sichtbar macht, was sonst nur blinder Fleck bleibt. [...]

Und so sucht nun eben auch Jean-Baptiste Grenouille nach dem einen Duft, in den er dann schlüpfen kann, um zu verbergen, dass dahinter nur Leere herrscht. Oder zumindest eine gewaltige Angst, emotional nicht zu genügen. Tykwer inszeniert den Moment der Erkenntnis als furioses Finale, bei dem der Held wie ein Popstar sich die Massen gefügig macht, sie mit seinem Dufthauch in Verzückung stößt, um dann ernüchtert festzustellen, dass all die Liebe nicht ihm gilt und er daran niemals teilhaben wird. Die Erinnerung an den verpassten Moment durchfährt ihn, an das Mädchen mit den Mirabellen, und die Idiotie seines Strebens wird ihm bewusst, dass er glauben konnte, für die wahre Liebe gebe es einen Ersatz. Als Filmregisseur und Kinobesessener bewegt sich Tykwer da auf Messers Schneide, weil dieser Augenblick natürlich auch mit dem Missverständnis, das Kino könne ein Ersatz fürs wahre Leben sein, Ernst macht.

1 a Untersuchen Sie, wie Körte und Althen ähnliche Filmszenen und Filmbilder bewerten.
   b Vergleichen Sie: Welche Aspekte werden bei der Filmbesprechung jeweils berücksichtigt?
   c Stimmen Sie mit einem der Kritiker überein? Welche Argumente überzeugen Sie?

2 Verfassen Sie selbst eine Rezension zum „Parfum". Gehen Sie darin sowohl auf die filmische Umsetzung der Romanvorlage ein als auch auf die rein medienspezifischen Qualitäten des Films.

Theorie der Literaturverfilmung

Ralf Schnell: **Literarischer Film** (2000)

Die Bilder, die eine Literaturverfilmung zeigt, sind jene, die ein Drehbuchautor oder ein Regisseur aus der Lektüre eines Textes entwickelt haben. Die Umsetzung einer Romanvorlage, beispielsweise, in den Erzählzusammenhang eines Films legt die Optionen der Fantasie auf die individuelle Ausgestaltung von Vorstellungswelten fest. Figuren bekommen Stimme, Gestalt und Gesicht, Räume erhalten ein Interieur, Handlungsfäden werden gebündelt oder gekappt, Zeitschichten umgebaut oder kanalisiert, Offenheiten vereindeutigt und optisch festgeschrieben. Innenansichten von Figuren werden ans Licht gezerrt, ganze Reflexionspassagen entfallen, der „plot" rückt in den Vordergrund. Der Film reicht an die Vorlage nicht heran, zumindest nicht an die durch Lektüre geweckten Fantasien der Leserinnen und Leser, und diese, soweit sie liebende sind, erfahren eine narzisstische Kränkung. Noch einmal in den anschaulichen Worten Barbara Sichtermanns: „Der Film […] veräußerlicht und objektiviert, was zuvor eine inwendige und höchst persönliche Angelegenheit war. Er raubt der Fantasie ein Spielfeld und dem individuellen Zugriff ein Objekt. Wer eine Romanverfilmung sieht, nachdem er zuvor das Buch gelesen hat, kennt diese nur schwer zu bestimmende Enttäuschung, die häufig daher rührt, dass die äußeren Filmbilder an die inneren nicht heranreichen, vielleicht aber auch nur daher, dass sie mit ihnen nicht übereinstimmen. Die Vorstellungskraft fühlt sich durch den Kinofilm über den Haufen gerannt und spielt beleidigt, so was ergreift das ganze Gemüt."

Verhalten optimistisch fügt die Kritikerin hinzu: „Aber es muss nicht so sein. Es gibt ja auch das Gefühl der Erfüllung nach dem Anschauen einer Romanverfilmung: dann, wenn der ‚äußere' Film Bilder aufgeboten hat, die den inneren ähnlich oder überlegen sind." Doch hier ist Skepsis geboten, denn wann wäre das je der Fall gewesen? Luchino Viscontis vielgelobtes Ausstattungsstück „Der Tod in Venedig" (1971) – ein Äquivalent für „innere Bilder", die Thomas Manns Novelle hervorruft? Das Anschauen von „Der Name der Rose" (1985/86) mit dem facettenreichen einstigen James-Bond-Darsteller Sean Connery – verbunden mit einem „Gefühl der Erfüllung"? […]

„Literaturverfilmung" ist immer und zuerst Film, Literatur nur in abgeleiteter Form. Deshalb bedarf verfilmte Literatur der Analyse als Film eher als des Vergleichs mit dem Text. Der Text ist immer nur Vorlage für den Film – was dieser aus dem Text macht, wenn er etwas genuin Filmisches aus ihm macht, besitzt immer eine eigenständige kinematografische Qualität, die nicht den Gesetzen der Literatur, sondern denen des Films gehorchen muss. Es kann nicht verwundern, wenn der Vergleich von Filmen mit ihren literarischen Vorlagen so häufig zu Ungunsten der kinematografischen Adaption ausfällt. Das Übertragen von Erzählstrukturen, wie die Literatur sie bietet, in die Erzählformen, die dem Film eigen sind, wirkt fast notwendig defizitär, vergleicht man die filmische Adaption mit dem literarischen Original. Dort aber, wo der Film die Vorlage filmästhetisch, mit seinen eigenen Mitteln, aufnimmt, kann er auch eine eigene Qualität gewinnen. Alfred Hitchcocks „Die Vögel" (1963) nach der Vorlage von Daphne du Maurier bietet hierfür ein ebenso treffendes Beispiel wie Francis Ford Coppolas „Apocalypse Now" (1976/79) nach dem Roman „Heart of Darkness" von Joseph Conrad. Das heißt: Es geht bei der Verfilmung von Literatur nicht allein, nicht einmal in erster Linie um das Problem „Literaturverfilmung", sondern es geht um die Frage nach der Äquivalenz von Texten und Bildern, Schreibweisen und Ansichten, literarischen und filmischen Wahrnehmungsweisen, darum, ob die filmischen Bilder den literarischen Texten gewachsen sind, ihnen standhalten oder sie gar überbieten können. Und auch die Gegenprobe lässt sich machen: Die Literarisierung von Filmen, die sich inzwischen zu einem eigenen Genre ausgebildet hat, muss dann misslingen, wenn sie sich, wie meist, ihrerseits auf die sprachlich illustrierende Wiedergabe des „plots" beschränkt, anstatt eigenständige literarische Ansprüche zu realisieren.

Knut Hickethier: Der Film nach der Literatur ist Film (1989)

Von „Literaturverfilmung" zu reden, heißt, den ersten Schritt in die falsche Richtung tun: denn im Begriff der Verfilmung steckt bereits die erlittene Verformung des Kunstwerks, eines Originals, das dabei seine Originalität verliert. Das Ergebnis kann nur eine schlechte Kopie, ein unvollständiger Ersatz im anderen Medium sein. [...]

Der Film aber ist immer zuerst Film, und dass seinem Drehbuch, ohnehin nur eine Zwischenstufe im Arbeitsprozess, einmal ein Roman zu Grunde gelegen hat, ist für das Filmische an ihm von peripherer[1] Bedeutung. Wir verstehen den Film, auch ohne den Roman zuvor gelesen zu haben.

Zwar kann, wer wollte das bestreiten, die vorangegangene Romanlektüre dem Filmesehen zusätzlichen Genuss (oder Enttäuschung) im Wiedererkennen von Erzähltem verleihen. Und ein Film, der sich von Titel, Handlungsstruktur und Figuren explizit auf einen Roman bezieht, fordert dazu auch in besonderer Weise heraus.

Aber das rechtfertigt noch keine Sonderstellung literarisch fixierter Betrachtungsweise, die zwangsläufig das Erzählen in den Vordergrund stellt und darüber die präsentativen Aspekte des Films vernachlässigt. Wie jeder Text nur vor dem Hintergrund des gesamten bisherigen Geschriebenen zu denken ist, steht auch jeder Film im Kontext anderer Filme und enthält ungleich mehr Anspielungen und Verweise, unbewusst entlehnte Motive, Metaphern und assoziiert visuelle Erinnerungen, als sich in der Textvorlage erkennen lässt. Genrezusammenhänge, Verweise der Darsteller auf andere Rollen, die sie in anderen Filmen verkörpert haben, Kamera-, Regie- und Lichtstile, Architekturbedeutungen, Kleidungsstile etc. eröffnen eine Fülle anderer Bezugsebenen. Der spezielle Vergleich mit der literarischen Vorlage (noch nicht einmal mit dem Drehbuch) erscheint deshalb als eine unzulässige Verengung des Blicks.

[1] **peripher:** am Rande liegend

---

1 Kennen Sie das Gefühl, dass Ihre „Vorstellungskraft beleidigt spielt" (vgl. Schnell, S. 291, Z. 31 ff.), wenn Sie die Verfilmung eines von Ihnen gelesenen Romans sehen? Berichten Sie davon.

2 Erarbeiten und vergleichen Sie die Positionen Schnells und Hickethiers zur Literaturverfilmung.

3 Beurteilen Sie die beiden Rezensionen zum „Parfum" (▶ S. 289 f.) vor dem Hintergrund der Thesen Schnells und Hickethiers und der drei Arten der Literaturverfilmung (▶ Information).

Information — Literaturverfilmungen – Drei Arten der Adaption

- Die **stofforientierte Adaption** übernimmt nur einzelne Motive oder Handlungselemente einer literarischen Vorlage. Der Film steht als eigenständiges Werk im Vordergrund.
- Die **illustrierende Adaption** ist im Gegensatz zur stofforientierten bemüht, den Text möglichst genau in filmische Bilder umzusetzen. Hier steht die Literatur im Vordergrund.
- Die **interpretierende Adaption** möchte Literatur durch filmspezifische Mittel auslegen. Sie befreit sich durch die Eigenständigkeit der filmischen Möglichkeiten einerseits von der literarischen Vorlage, ist aber dennoch eine konkrete Interpretation des Textes. Film und Text stehen auf einer Ebene. Mögliche Formen: die historische Aktualisierung, die Umsetzung des Geschehens in ein anderes soziales Umfeld, die Darstellung der persönlichen Rezeption des Textes durch die Regisseurin oder durch den Regisseur.

---

4 Beziehen Sie Position: Welche Art von Literaturverfilmung sagt Ihnen am ehesten zu? Überlegen Sie, welche Funktion die Verfilmung von Literatur Ihrer Ansicht nach haben kann und soll. Was soll sie für das Verständnis der Vorlage leisten?

Imagination oder Konkretion? – Eine Podiumsdiskussion durchführen

Es gibt Leser, die das Kino lieben und doch um die Verfilmung eines Lieblingsbuches einen weiten Bogen machen. Es gibt Schriftsteller (von Thomas Mann und Max Frisch bis zu
5 Heinrich Böll und Günter Grass), die bei der Verfilmung ihrer Bücher bedenklichen Kompromissen zugestimmt haben. Es gibt andere, die ein Verfilmungsansinnen als „grobe narzisstische Kränkung" von sich weisen. Er sei
10 einfach gegen das Ganze, erklärt, vielleicht auch im Namen seiner Leser, einer von ihnen:

Er sei „gegen die Tatsache überhaupt und prinzipiell, dass ausgedachte Figuren sich in Rollen verwandeln, dass Rollen besetzt werden müssen, dass Schauspieler diese Rollen besetzen, 15 das heißt für sich in Besitz nehmen und okkupieren, und dass damit etwas anderes ein für alle Mal okkupiert und in Besitz genommen wird: die eigene Fantasie nämlich durch die fest umrissene Erscheinung eines fremden Men- 20 schen". So Patrick Süskind vor zehn Jahren.

Urs Jenny (2006)

1 Patrick Süskind hat sich viele Jahre gegen eine Verfilmung seines Bestseller-Romans ausgesprochen, bis er die Filmrechte schließlich doch verkaufte.
 a Erklären Sie anhand des Textes, welche Gründe er dafür anführt.
 b Was verstehen Sie unter einer „groben narzisstischen Kränkung"? Vergleichen Sie auch mit den entsprechenden Aussagen in Schnells Text (▶ S. 291, Z. 15 ff. und Z. 31 f.).

2 Bereiten Sie vor dem Hintergrund der Verfilmung des „Parfums" eine **Podiumsdiskussion** zu der Frage „Imagination oder Konkretion? – Soll man Literatur verfilmen?" vor.
 a Bilden Sie Gruppen zu unterschiedlichen Rollen, z. B.: Romanautor/in, Filmregisseur/in, Produzent/in, Schauspieler/in, Leser/in, Kinogänger/in.
 b Sammeln Sie innerhalb der Gruppen zu den folgenden beiden Positionen Argumente:
 Literatur soll durch ihre Verfilmung gezielt eine Konkretion erfahren (Pro) – Die durch die Literatur hervorgerufene Imagination darf durch eine Verfilmung nicht verfälscht werden (Kontra).
 Ziehen Sie auch Ihre Ergebnisse aus der Auseinandersetzung mit den Filmrezensionen und der Theorie der Literaturverfilmung heran (▶ S. 289 ff.).

3 a Schicken Sie je Gruppe ein bis zwei Vertreter auf das „Podium". Bestimmen Sie auch eine Moderatorin/einen Moderator aus dem Kurs und führen Sie die Diskussion durch (▶ Methode).
 b Machen Sie sich für ein späteres Feedback als Zuhörerinnen und Zuhörer schon während der Diskussion u. a. zu folgenden Aspekten Notizen: Überzeugungskraft der Argumente, Gesprächsverhalten (z. B. dominant, auf andere eingehend etc.) (Beobachtungsbogen, ▶ S. 92).

Methode — Eine Podiumsdiskussion durchführen

Bei einer Podiumsdiskussion finden sich Vertreter verschiedener Interessengruppen vor einer Zuhörerschaft zusammen, um ihre Positionen zu einem kontroversen Thema auszutauschen.
- In Gruppen werden **Rollen** erarbeitet, die zum Thema Wichtiges beizutragen haben. Gemeinsam werden **Pro- und Kontra-Argumente** gesammelt und den Rollen zugeordnet.
- Jede Gruppe schickt eine abgesprochene Anzahl an **Interessenvertretern** aufs Podium.
- Das **Podium** besteht aus zwei Tischen mit Namensschildern der Vertreter. Davor sitzt das Publikum.
- Ein **Moderator**/eine **Moderatorin** nennt den Konfliktgegenstand, stellt die Diskussionsteilnehmer vor und eröffnet die Diskussion mit einer Frage. Er/Sie sorgt für das Einhalten der Diskussions- und Gesprächsregeln und fasst am Ende den Stand der Diskussion zusammen.
- Die **Zuschauer** können Fragen an das Podium stellen, die aufgegriffen werden können.

6 Rhetorisch ausgestaltete Kommunikation – Reden analysieren und gestalten

1
a Beschreiben und deuten Sie die unterschiedlichen Gesten Barack Obamas bei seiner Rede im Berliner Kanzleramt 2013.
b Stellen Sie die Gesten nach und formulieren Sie zu jeder einen Satz, der Ihnen passend erscheint.

2
a Stellen Sie in Kleingruppen fünf Ratschläge für eine gute Rednerin/einen guten Redner auf.
b Bilden Sie neue Gruppen mit je einem Mitglied aus den ersten Gruppen. Stellen Sie Ihre Ratschläge vor, vergleichen und überarbeiten Sie sie. Diskutieren Sie abschließend Ihre Ergebnisse im Kurs.

3 „Die Wahrheit kommt mit wenigen Worten aus." Nehmen Sie Stellung zu dieser Aussage des chinesischen Philosophen Laotse. Beziehen Sie sich dabei auch auf aktuelle Redesituationen aus Politik, Kultur und Medien.

In diesem Kapitel erwerben Sie folgende Kenntnisse und Kompetenzen:

- Informationen zu den historischen Umständen ausgewählter Reden sammeln und diese für das Verständnis und die Einschätzung der Bedeutung der Rede nutzen,
- Reden unterschiedlicher Zeiten in ihrer zeitgebundenen und überzeitlichen Aussageform und Aussagekraft analysieren und bewerten,
- rhetorische Gestaltung und inhaltlich-argumentative Überzeugungskraft bei der Beurteilung von Reden unterscheiden,
- eine Rede verfassen und halten,
- die schriftliche Analyse einer Rede trainieren.

6.1 Berlin – Reden in ihrem historischen Kontext

In der Politik waren und sind Reden einerseits ein Alltagsgeschäft, andererseits ein zentraler Faktor der Meinungsbildung, wenn nicht gar der Manipulation. In einzelnen, besonders wirkungsmächtigen Reden manifestieren sich zentrale historische Entscheidungs- oder Umbruchsituationen. In der jüngeren Geschichte Deutschlands war die alte und neue Hauptstadt Berlin häufig Ort, nicht selten auch Gegenstand solcher Reden, in denen z.T. selbst vor der Demagogie (Volksverhetzung) nicht zurückgeschreckt wurde – wie z. B. in der folgenden:

Joseph Goebbels: Sportpalastrede (Berlin 1943)

Im Winter 1942/43 zeichneten sich die deutsche Niederlage im Zweiten Weltkrieg und der Zusammenbruch des nationalsozialistischen Regimes deutlich ab. Die Sinnlosigkeit einer Weiterführung des Krieges wurde durch die Vorgänge um Stalingrad im Januar 1943 offensichtlich. In dieser aussichtslosen Lage hielt der Reichspropagandaminister Goebbels im Berliner Sportpalast am 18. Februar 1943 vor eigens ausgewähltem Publikum eine zweieinhalbstündige Rede, von der hier Auszüge aus dem letzten Teil abgedruckt sind. Diese Rede, die zeitgleich (aber nicht live) über alle deutschen Rundfunksender ausgestrahlt wurde, sollte das Vertrauen zur nationalsozialistischen Führung wiederherstellen, obwohl sich Goebbels selbst wohl keine Illusionen mehr über den „Endsieg" machte. Der Text wurde von ihm mehrfach überarbeitet; er selbst hielt ihn für ein rhetorisches Glanzstück. In einer Tagebuchnotiz schreibt er: „Wenn ich den Leuten gesagt hätte, springt aus dem dritten Stock des Columbushauses, sie hätten es auch getan."

[...] Ihr also, meine Zuhörer, repräsentiert in diesem Augenblick die Nation. Und an euch möchte ich zehn Fragen richten, die ihr mir mit dem deutschen Volke vor der ganzen Welt, ins-
5 besondere aber vor unseren Feinden, die uns auch an ihrem Rundfunk zuhören, beantworten sollt: [...]
Die Engländer behaupten, das deutsche Volk habe den Glauben an den Sieg verloren. Ich frage
10 euch: Glaubt ihr mit dem Führer und mit uns an den endgültigen Sieg des deutschen Volkes? Ich frage euch: Seid ihr entschlossen, mit dem Führer in der Erkämpfung des Sieges durch dick und dünn und unter Aufnahme auch der schwersten
15 persönlichen Belastungen zu folgen?

Zweitens: Die Engländer behaupten, das deutsche Volk ist des Kampfes müde. Ich frage euch: Seid ihr bereit, mit dem Führer als Phalanx der Heimat hinter der kämpfenden Wehrmacht stehend, diesen Kampf mit wilder 20 Entschlossenheit und unbeirrt durch alle Schicksalsfügungen fortzusetzen, bis der Sieg in unseren Händen ist?
Drittens: Die Engländer behaupten, das deutsche Volk hat keine Lust mehr, sich der über- 25 handnehmenden Kriegsarbeit, die die Regierung von ihm fordert, zu unterziehen. Ich frage euch: Seid ihr und ist das deutsche Volk entschlossen, wenn der Führer es befiehlt, zehn, zwölf und wenn nötig vierzehn und sechzehn 30 Stunden täglich zu arbeiten und das Letzte herzugeben für den Sieg?
Viertens: Die Engländer behaupten, das deutsche Volk wehrt sich gegen die totalen Kriegsmaßnahmen der Regierung. Es will nicht den 35 totalen Krieg, sondern die Kapitulation. [...] Ich frage euch: Wollt ihr den totalen Krieg? Wollt ihr ihn, wenn nötig, totaler und radikaler, als wir ihn uns heute überhaupt erst vorstellen können?

40 Fünftens: Die Engländer behaupten, das deutsche Volk hat sein Vertrauen zum Führer verloren. Ich frage euch: Ist euer Vertrauen zum Führer heute größer, gläubiger und unerschütterlicher denn je? Ist eure Bereitschaft, ihm auf
45 allen seinen Wegen zu folgen und alles zu tun, was nötig ist, um den Krieg zum siegreichen Ende zu führen, eine absolute und uneingeschränkte? [...]

Ich frage euch als Sechstes: Seid ihr bereit, von
50 nun ab eure ganze Kraft einzusetzen und der Ostfront die Menschen und Waffen zur Verfügung zu stellen, die sie braucht, um dem Bolschewismus den tödlichen Schlag zu versetzen?

Ich frage euch siebentens: Gelobt ihr mit hei-
55 ligem Eid der Front, dass die Heimat mit starker Moral hinter ihr steht und ihr alles geben wird, was sie nötig hat, um den Sieg zu erkämpfen?

Ich frage euch achtens: Wollt ihr, insbesondere ihr Frauen selbst, dass die Regierung dafür
60 sorgt, dass auch die deutsche Frau ihre ganze Kraft der Kriegsführung zur Verfügung stellt und überall da, wo es nur möglich ist, einspringt, um Männer für die Front frei zu machen und damit ihren Männern an der Front zu
65 helfen?

Ich frage euch neuntens: Billigt ihr, wenn nötig, die radikalsten Maßnahmen gegen einen kleinen Kreis von Drückebergern und Schiebern, die mitten im Kriege Frieden spielen und die Not
70 des Volkes zu eigensüchtigen Zwecken ausnutzen wollen? Seid ihr damit einverstanden, dass, wer sich am Krieg vergeht, den Kopf verliert?

Ich frage euch zehntens und zuletzt: Wollt ihr, dass, wie das nationalsozialistische Programm es gebietet, gerade im Kriege gleiche Rechte 75 und gleiche Pflichten vorherrschen, dass die Heimat die schweren Belastungen des Krieges solidarisch auf ihre Schultern nimmt und dass sie für Hoch und Niedrig und Arm und Reich in gleicher Weise verteilt werden? 80

Ich habe euch gefragt, ihr habt mir eure Antwort gegeben. Ihr seid ein Stück Volk, durch euren Mund hat sich damit die Stellungnahme des deutschen Volkes manifestiert. Ihr habt unseren Feinden das zugerufen, was sie wissen 85 müssen, damit sie sich keinen Illusionen und falschen Vorstellungen hingeben. [...]

Der Führer erwartet von uns eine Leistung, die alles bisher Dagewesene in den Schatten stellt. Wir wollen uns seiner Forderung nicht versa- 90 gen. Wie wir stolz auf ihn sind, so soll er stolz auf uns sein können. [...]

Der Führer hat befohlen, wir werden ihm folgen. Wenn wir je treu und unverbrüchlich an den Sieg geglaubt haben, dann in dieser Stunde 95 der nationalen Besinnung und der inneren Aufrichtung. Wir sehen ihn greifbar nahe vor uns liegen; wir müssen nur zufassen. Wir müssen nur die Entschlusskraft aufbringen, alles andere seinem Dienst unterzuordnen. Das ist das 100 Gebot der Stunde. Und darum lautet die Parole: Nun, Volk, steh auf, und Sturm, brich los![1]

[1] leicht verändertes Zitat aus Theodor Körners Gedicht „Männer und Buben" (1813), das sich auf die Befreiungskriege gegen Napoleon bezieht; darin: „Das Volk steht auf, der Sturm bricht los"

1 Formulieren Sie Ihren Leseeindruck. Wie wirkt der Redeauszug auf Sie?
2 a Stellen Sie den Aufbau des Redeauszugs übersichtlich in einem Schaubild dar.

Die Sportpalastrede

Einleitung:	Ankündigung der zehn Fragen
Fragen 1–5:	1. Glaube an Sieg verloren ↔ „Ich frage euch …" 2. …
Fragen 6–10:	…
Schlussteil:	…

b Was verlangt Goebbels von den Deutschen? Klären Sie die Bedeutung jeder Frage und deren Appellfunktion. Greifen Sie ggf. auch auf den hier nicht abgedruckten Hauptteil der Rede zurück.
c Informieren Sie sich über Maßnahmen, die nach der Rede innenpolitisch durchgeführt wurden.

3 Ist Goebbels' Selbsteinschätzung seiner Rede als „rhetorisches Glanzstück" berechtigt? Wie funktioniert seine Demagogie? Begründen Sie Ihre Meinung auf der Grundlage einer Untersuchung
  a der eingesetzten **Strategien der Beeinflussung** (▶Information),
  b der verwendeten **rhetorischen Mittel** (▶S.200–202). Beachten Sie auch die Funktion und Ausgestaltung der Frageform im letzten Teil der Rede.

4 In der Einführung zu dieser Rede (▶S.295) wird die Situation, in der Goebbels seine Rede hält, nur skizziert. Recherchieren Sie weitere Informationen (auch Ton- und Bilddokumente), um die **Redesituation** (▶S.306) genauer analysieren zu können. Gehen Sie dabei auf folgende Aspekte ein: Anlass, Ort/Raumsituation, gesellschaftliches Umfeld/Publikum, Übertragungsmedien.

5 a Prüfen Sie anhand der Originalaufnahmen die Wirkung der Rede auf das Publikum.
  b Wie mag die Rede im Ausland gewirkt haben? Versetzen Sie sich in die Rolle eines britischen Journalisten und schreiben Sie einen Kommentar zu Goebbels' Rede aus dieser Perspektive.

Information | Rhetorik – Strategien der Beeinflussung

Schon in der Antike sind sehr differenzierte Redestrategien entwickelt worden, die unter dem Begriff **Rhetorik** („Redekunst") zusammengefasst werden. Man kann zwischen Strategien der Beeinflussung und sprachlich-rhetorischen Mitteln unterscheiden, wobei diese häufig zusammenspielen.
Strategien der Beeinflussung findet man in politischen Reden und Debatten ebenso wie in der Alltagskommunikation. Bis auf die Überzeugungsstrategie handelt es sich meistens um kämpferische Strategien, bei denen die eigentlichen Ziele der Beeinflussung meist nicht offengelegt werden. Die verschiedenen Verfahren können auch in Mischformen auftreten.
- Beliebte Strategien sind die der **Aufwertung** des eigenen und der **Abwertung** des gegnerischen Standpunktes. Das kann durch ausdrückliches Lob bzw. Kritik geschehen, aber auch – weniger auffällig und dadurch besonders wirkungsvoll – durch eine entsprechende Wortwahl, z.B.: „Ich konnte durchsetzen …", „Sie entfachen einen neuen Konflikt …"
- Die Verwendung von **Personalpronomen** entscheidet über Nähe und Distanz zum Adressaten und ist besonders geeignet, die Solidarität von Redner/in und Publikum zu aktivieren bzw. ein **Wir-Gefühl** zu erzeugen, z.B.: „Zusammen schaffen wir das."
- Indem man Ängste weckt, Fehler anderer maßlos übertreibt oder Metaphern aus Bereichen wie Krieg („Front", „Schlacht") oder Krankheit („Krebsgeschwür") verwendet, kann eine **Dramatisierung** der dargestellten Situation erreicht werden. Ebenso lässt sich die Situation durch Beschönigungen (z.B. „Kollateralschaden" für „zivile Kriegstote") oder Floskeln („Wir alle müssen Lasten tragen") und Relativierungen („zwar – aber", „sowohl – als auch") verharmlosen. Auf diese Weise ist eine **Beschwichtigung** des Publikums intendiert.
- Wo ein Redner/eine Rednerin die eigenen Ziele und Beurteilungsmaßstäbe offenlegt und auf dieser Basis zu **Kritik und Selbstkritik** ermuntert, wo **mit rationaler Argumentation** Denkanstöße geliefert werden und auch ein Bemühen um **Konsens** deutlich wird, werden **Überzeugungsstrategien** eingesetzt.

1 Untersuchen Sie, für welche Strategien der Beeinflussung folgende Begriffe tauglich sein können: „unabwendbar", „Sandkastenspiele", „Rattenfänger", „zukunftsweisend", „Zerstrittenheit", „Wahnsinn", „unbedenklich", „Unfall".

Ernst Reuter: Schaut auf diese Stadt! (1948)

Nachdem 1948 alle Zufahrtsmöglichkeiten nach Berlin durch die Sowjets abgeriegelt worden waren, konnten nur drei Luftkorridore von den westlichen Alliierten weiterhin genutzt werden. Über diese Luftwege wurde eine Versorgungsbrücke eingerichtet, die die Stadt mit dem Lebensnotwendigsten versorgte. Auf dem Höhepunkt der Berlinblockade landeten die „Rosinenbomber", die Versorgungsflugzeuge, jede Minute in Berlin. Um die Blockade durchzuhalten, mussten sowohl die Berliner als auch die Alliierten fest an den Erfolg der Luftbrücke glauben. Am 9. September 1948 demonstrierten in Berlin ca. 300 000 Menschen gegen die Blockade und die politische Unterdrückung im sowjetischen Sektor. Vor dem Reichstag hielt Ernst Reuter die folgende Rede. Reuter war 1946 aus dem Exil zurückgekehrt und 1947 zum Berliner Oberbürgermeister gewählt worden, konnte aber sein Amt wegen eines sowjetischen Vetos zunächst nicht antreten.

[...] Heute ist der Tag, wo das Volk von Berlin seine Stimme erhebt. Dieses Volk von Berlin ruft heute die ganze Welt. Denn wir wissen, worum es heute geht bei den Verhandlungen im Kontrollratsgebäude in der Potsdamer Straße, die jetzt zum Stillstand gekommen sind, bei den Verhandlungen später in Moskau in den steinernen Palästen des Kreml. Bei all diesen Verhandlungen wird über unser Schicksal hier gewürfelt. [...]

Wenn heute dieses Volk von Berlin zu Hunderttausenden hier aufsteht, dann wissen wir, die ganze Welt sieht dieses Berlin. Denn verhandeln können hier schon nicht mehr die Generale, verhandeln können schon nicht mehr die Kabinette. Hinter diesen politischen Taten steht der Wille freier Völker, die erkannt haben, dass hier in dieser Stadt ein Bollwerk, ein Vorposten der Freiheit aufgerichtet ist, den niemand ungestraft preisgeben kann.

Wer diese Stadt, wer dieses Volk von Berlin preisgeben würde, der würde eine Welt preisgeben, noch mehr, er würde sich selber preisgeben, und er würde nicht nur dieses Volk von Berlin preisgeben in den Westsektoren und im Ostsektor Berlins. Nein, wir wissen auch, wenn sie nur könnten, heute stünde das Volk von Leipzig, von Halle, von Chemnitz, von Dresden, von all den Städten der Ostzone, so wie wir auf ihren Plätzen und würde unserer Stimme lauschen.

[...] Wenn wir darum heute in dieser Stunde die Welt rufen, so tun wir es, weil wir wissen, dass die Kraft unseres Volkes der Boden ist, auf dem wir groß geworden sind und größer und stärker werden, bis die Macht der Finsternis zerbrochen und zerschlagen sein wird. Und diesen Tag werden wir an dieser Stelle, vor unserem alten Reichstag mit seiner stolzen Inschrift „Dem deutschen Volke", erleben und werden ihn feiern mit dem stolzen Bewusstsein, dass wir ihn in Kümmernissen und Nöten, in Mühsal und Elend, aber mit standhafter Ausdauer herbeigeführt haben. Wenn dieser Tag zu uns kommen wird, der Tag des Sieges, der Tag der Freiheit, an dem die Welt erkennen wird, dass dieses deutsche Volk neu geworden, neu gewandelt und neu gewachsen, ein freies, mündiges, stolzes, seines Wertes und seiner Kraft bewusstes Volk geworden ist, das im Bunde gleicher und freier Völker das Recht hat, sein Wort mitzusprechen, dann werden unsere Züge wieder fahren nicht nur nach Helmstedt[1], sie werden fahren nach München, nach Frankfurt, Dresden, Leipzig, sie werden fahren nach Breslau und nach Stettin.

---

1 Helmstedt: Während der deutschen Teilung befand sich hier an der Bundesautobahn 2 der wichtigste Grenzübergang zwischen der Bundesrepublik Deutschland und der Deutschen Demokratischen Republik sowie der westliche Endpunkt einer der Transitstrecken nach Westberlin.

Und sie werden auf unseren kümmerlichen, elenden, zertrümmerten, alten, ruinierten Bahnhöfen wieder die zweiten Gleise aufmontieren, die das Symbol unserer wiedergewonnenen Freiheit sein werden, die wir uns, Berlinerinnen und Berliner, in den Kämpfen, die hinter uns liegen, und in den Nöten, die vor uns liegen, erkämpfen müssen und erkämpfen werden.

Ihr Völker der Welt, ihr Völker in Amerika, in England, in Frankreich, in Italien! Schaut auf diese Stadt und erkennt, dass ihr diese Stadt und dieses Volk nicht preisgeben dürft und nicht preisgeben könnt! Es gibt nur eine Möglichkeit für uns alle: gemeinsam so lange zusammenzustehen, bis dieser Kampf gewonnen, bis dieser Kampf endlich durch den Sieg über

die Feinde, durch den Sieg über die Macht der Finsternis besiegelt ist. Das Volk von Berlin hat gesprochen. Wir haben unsere Pflicht getan, und wir werden unsere Pflicht weiter tun. Völker der Welt! Tut auch ihr eure Pflicht und helft uns in der Zeit, die vor uns steht, nicht nur mit dem Dröhnen eurer Flugzeuge, nicht nur mit den Transportmöglichkeiten, die ihr hierherschafft, sondern mit dem standhaften und unzerstörbaren Einstehen für die gemeinsamen Ideale, die allein unsere Zukunft und die auch allein eure Zukunft sichern können. Völker der Welt, schaut auf Berlin! Und Volk von Berlin, sei dessen gewiss, diesen Kampf, den wollen, diesen Kampf, den werden wir gewinnen.

1 Untersuchen Sie die **Redeabsicht** (▶ S. 306) Reuters auf verschiedenen Ebenen: vor Ort in Berlin, auf nationaler und auf internationaler Ebene.

2 Analysieren Sie, wie Vergangenes, Gegenwärtiges und Zukünftiges argumentativ in die Rede eingeflochten werden. Welche Intention ist Ihres Erachtens damit verbunden?

3 Benennen Sie die **rhetorischen Mittel** (▶ S. 200–202), die in den markierten Textstellen verwendet werden, und erläutern Sie deren Funktion und Wirkung.

Information | Sprachlich-rhetorische Mittel in Reden

Von den sprachlich-rhetorischen Mitteln (▶ S. 200 f.) kommen einige in Reden besonders oft vor:
- **Antithese** (Gegenüberstellung, oft verbunden mit Auf- und Abwertung)
- **Correctio** (Korrektur eines zu schwachen Ausdrucks, z. B.: „Es ist *gut*, es ist *viel besser* …")
- **Klimax** (Steigerung, z. B. „Ich kam, sah und siegte!")
- **Metaphern** und **Vergleiche** als Mittel der Veranschaulichung
- **Anaphern** und **andere Formen der Wiederholung** als Mittel der Bekräftigung, z. B.: „Wir hören von … Wir hören ebenso von … Wir hören aber auch von …"

Zu den sprachlichen Mitteln gehört auch der **Satzbau: Kurze**, evtl. **parallel gebaute Sätze** wirken z. B. besonders nachdrücklich. Durch Umstellung der Satzglieder und Abweichungen vom regulären Satzbau **(Inversion)** können besondere Betonungen erreicht werden.

Walter Ulbricht: An die Bevölkerung der DDR zum Bau der Berliner Mauer (1961)

Seit 1949 hatten aufgrund der politischen und wirtschaftlichen Verhältnisse jährlich Hunderttausende die DDR verlassen. Als 1952 die Grenze zur Bundesrepublik geschlossen wurde, bot Berlin nahezu die einzige Fluchtmöglichkeit. Der Viermächtestatus garantierte Freizügigkeit innerhalb der Stadtgrenzen. Die Führung der Sowjetunion sah in Westberlin einen Störfaktor bei der Konsolidierung ihres Machtbereichs. Die von Walter Ulbricht, dem Staatsratsvorsitzenden der DDR, angestrebte gewaltsame Lösung der Berlin-Frage wurde vom sowjetischen Ministerpräsidenten Chruschtschow abgelehnt. Stattdessen gab er Anfang August 1961 das Einverständnis zum Bau der Mauer. Am 13. August 1961 begannen bewaffnete Kräfte der DDR, die Grenze zwischen Ost- und Westberlin mit Stacheldraht und Barrikaden abzuriegeln. Am 18. August hielt Ulbricht im DDR-Fernsehfunk eine längere Rede, in der er die Vorgänge in Berlin aus seiner Sicht darstellt.

Meine lieben Bürger der Deutschen Demokratischen Republik und liebe Freunde in Westdeutschland und Westberlin!
Ereignisreiche Tage liegen hinter uns. Hier und da gingen die Wogen etwas hoch. Sie glätten sich allmählich. Die von Schöneberg¹ und Bonn künstlich geschürte Aufregung ist abgeebbt. Natürlich müssen wir weiterhin wachsam sein. Aber das Leben geht seinen ruhigen Gang. Sie erwarten mit Recht, dass ich als Vorsitzender des Staatsrates der Deutschen Demokratischen Republik einiges zu den Geschehnissen und zu der neuen Situation sage.
Doch zuvor drängt es mich, den prächtigen Söhnen und Töchtern unserer Werktätigen, die gegenwärtig Uniform tragen, den prächtigen Jungen in der Nationalen Volksarmee und in der Volkspolizei, den Unteroffizieren, Offizieren und Generalen unserer bewaffneten Kräfte im Namen des Staatsrates, im Namen der Regierung der Deutschen Demokratischen Republik und im Namen der Partei der Arbeiterklasse herzlichen Dank zu sagen. Sie haben die erfolgreiche Aktion vom 13. August hervorragend und diszipliniert, mit großartigem Kampfgeist und großartiger Moral durchgeführt. [...]
Für jeden, der Augen hat zu sehen und Ohren zu hören, wurde es offenkundig, dass Westberlin in der Tat ein äußerst gefährlicher Kriegsbrandherd ist, der zu einem zweiten Sarajevo werden kann. Immer mehr Menschen in Deutschland wie auch in anderen Ländern kamen zu der Einsicht, dass es nicht mehr genügt, allgemein über den Frieden zu reden. Es musste vielmehr dafür gesorgt werden, dass der Brand, der in Westberlin angeblasen worden war und der auf die Häuser der Nachbarn überspringen sollte, rechtzeitig unter Kontrolle kam. Es war unsere Aufgabe, das zu tun. Denn schließlich befindet sich dieses Westberlin inmitten unseres Territoriums und innerhalb der Grenzen unseres Staates. Unser Haus sollte zuerst angezündet werden. Wir hatten also auch die Verantwortung dafür, dass dieser Brandherd unter Kontrolle kam. [...]
Manche Bürger haben gefragt, ob es denn unbedingt notwendig gewesen sei, bei unseren Maßnahmen, die ja schließlich auch eine pädagogische Lektion waren, mit Panzern und Geschützen aufzufahren.
Ich möchte es ganz unmissverständlich sagen: Jawohl, das war notwendig! Das hat nämlich dazu beigetragen, die zur Sicherung des Friedens und der Grenzen der Deutschen Demokratischen Republik notwendigen Maßnahmen präzise, schnell und reibungslos durchzuführen.

1 Schöneberg: Stadtteil von Westberlin; das dortige Rathaus war bis 1990 Sitz des Abgeordnetenhauses und des Regierenden Bürgermeisters von Westberlin.

Den Provokateuren ist von vornherein die Lust genommen worden, gefährliche Zwischenfälle heraufzubeschwören. Es ist bei der Durchführung all unserer Maßnahmen weit, weit weniger passiert als bei einer durchschnittlichen Rock-and-Roll-Veranstaltung im Westberliner Sportpalast. [...]

In Westdeutschland und in Westberlin strapazieren manche Politiker jetzt den Begriff der Menschlichkeit. Die Menschenhändler, die unmenschlichen Organisatoren des Menschenhandels und des Kindesraubs, die Erpresser, die Lügner und die Verleumder, denen das Handwerk gelegt wird, werfen der Deutschen Demokratischen Republik Unmenschlichkeit vor. Ausgerechnet die! Diese Heuchler trauern ja nur darüber, dass sie ihre Verbrechen nicht fortsetzen können. Ich möchte meinen: Erstes Gebot der Menschlichkeit ist es doch, den Frieden zu sichern, einen Krieg zu verhindern und alle Maßnahmen durchzuführen, die diesem Ziel dienen. Auch die Hitler und Goebbels missbrauchten den Begriff der Menschlichkeit ohne jeden Skrupel, um unter seinem Deckmantel ihre Aggressionen vorzubereiten. Die Vergewaltigung der Tschechoslowakei, der Einmarsch in Österreich und der Einmarsch in Polen – alles war lautere Menschlichkeit. Aus lauter Liebe zu den Menschen wurden Millionen Menschen zu „Untermenschen" erklärt und in den Gaskammern umgebracht. Aus lauter Menschlichkeit wollten die deutschen Militaristen ein Land nach dem anderen verschlingen. Und auch jetzt sagen diese Menschenfreunde: Wir wollen die Deutsche Demokratische Republik nur deshalb schlucken, damit sie nicht etwa von innen heraus explodiert. Also auch wieder: Aggression, aber nur aus Menschlichkeit.

Die westdeutschen Konzernherren, Bankiers und Militaristen haben sich da einen netten Propagandaschwindel zusammengebastelt. Sie sagen: Da in der Deutschen Demokratischen Republik die Menschen vor Hunger verkommen, verzehren sich die Arbeiter und Bauern der Deutschen Demokratischen Republik in Sehnsucht danach, sich von den lieben, goldigen Monopolherren und Großgrundbesitzerchen ausbeuten und von Hitlergeneralen auf Kasernenhöfen schikanieren und schließlich in den dritten Weltkrieg jagen zu lassen. [...] Ich möchte diesen Herrschaften sagen: Machen Sie sich keine Sorgen um uns. Die Arbeiter und Bauern in der Deutschen Demokratischen Republik wissen schon ganz genau, was sie wollen. [...]

Niemand kann uns nachsagen, dass wir etwa Stacheldraht besonders gern hätten. Aber Stacheldraht ist zweifellos gut und nötig als Schutz gegen diejenigen, die die Deutsche Demokratische Republik überfallen wollen. [...]

Die von den deutschen Militaristen und den imperialistischen Westmächten vollzogene Spaltung Deutschlands hat auch manche Familien getrennt. Wir bedauern es, dass durch die aggressive Politik der westdeutschen Militaristen die Spaltung für diese Familien fühlbarer geworden ist. Offen gesagt, gibt es aber auf absehbare Zeit, bis in Westdeutschland friedliche Verhältnisse erreicht sind, nur einen Ausweg, dass nämlich Bürger der Deutschen Demokratischen Republik, die die Absicht haben, mit ihren in Westdeutschland wohnenden Angehörigen zusammenzuleben, diese einladen, in die Deutsche Demokratische Republik umzusiedeln. Die Regierung der DDR wird dabei großzügig helfen. [...]

Manches wird jetzt in Berlin leichter sein. Manches wird jetzt schneller gehen, nachdem der Einfluss des Westberliner Frontstadtsumpfes radikal eingeschränkt wurde. Wir können uns unseren eigentlichen Aufgaben, deren Erfüllung der ganzen Bevölkerung der Deutschen Demokratischen Republik zugutekommt, ungestört widmen. Und viele von uns werden auch ein ihrer Arbeit sehr förderliches neues Kraftbewusstsein erhalten haben.

So gehen wir, liebe Bürger der Deutschen Demokratischen Republik, nach diesen ereignisreichen Tagen mit Zuversicht an unsere Arbeit, die dem Frieden und dem Wohle unseres Volkes dient, die auch jeden Einzelnen von uns vorwärtsbringt. Dazu wünsche ich Ihnen allen und Ihren Angehörigen Gesundheit, Glück und Erfolg!

1 Welches Licht werfen das folgende Bild und die Informationen dazu auf Ulbrichts Ausführungen?

Am 15. August 1961, zwei Tage nach dem Beginn des Mauerbaus, springt Conrad Schumann, ein Soldat der Nationalen Volksarmee, über den Stacheldraht der Sektorengrenze in den Westteil Berlins. Das Foto der Flucht ging um die Welt. 30 Jahre später erklärt er in einem Interview mit der Süddeutschen Zeitung seine Entscheidung wie folgt: „Als Grenzpolizist konnte ich beobachten, wie ein kleines Mädchen, das seine Großmutter im Ostteil Berlins besuchte, von den Grenzsoldaten festgehalten wurde und nicht mehr nach Westberlin rüberdurfte. Obwohl die Eltern nur ein paar Meter von den aufgerollten Stacheldrahtsperren entfernt warteten, wurde das Mädchen einfach wieder nach Ostberlin zurückgeschickt."

2 a Legen Sie eine Liste der in dieser Rede verwendeten **Leitbegriffe** der politischen Auseinandersetzung an (▶ Information „Politische Lexik"). Erläutern Sie insbesondere den Gebrauch der Begriffe „Frieden" und „Militaristen" sowie den anderer **Fahnen- und Stigmawörter** (▶ Information), die Sie im Text entdecken können.
b Untersuchen Sie, welche weiteren rhetorischen **Strategien der Beeinflussung** (wie Aufwertung, Abwertung, Dramatisierung, Beschwichtigung, ▶ S. 297) eingesetzt werden.

3 a Vergleiche mit dem Nationalsozialismus (Z. 78–79) gelten heute in der öffentlichen Rede als äußerst problematische und weitgehend tabuisierte Redestrategie. Erläutern Sie, warum.
b Recherchieren Sie aktuelle Beispiele, wo dieses Tabu gebrochen wurde. Kommentieren Sie diese.

Information **Politische Lexik**

Politische Reden enthalten meist bestimmte, **persuasive**, auf Überzeugung und Überredung (▶ S. 297) zielende Leitbegriffe, die in den Diskussionen der Zeit, in welcher die Reden gehalten werden, eine besondere Rolle spielen. Sie werden oft schlagwortartig benutzt. Man unterscheidet:

- **Fahnenwörter:** Diese werden für die eigene weltanschauliche Gruppe, die Ingroup, verwendet. Es handelt sich um Begriffe, mit denen gesellschaftliche Gruppen und politische Parteien „Flagge zeigen", um ihre wesentlichen Standpunkte zu benennen und ihre Anhängerschaft zu mobilisieren.
  Beispiele: *Freiheit, Demokratie, Menschenwürde ...*
- **Stigmawörter:** Sie werden für die gegnerische Gruppe, die Outgroup, verwendet. Zweck der Verwendung von Stigmawörtern oder „Unwertwörtern" ist, die weltanschaulichen Positionen der gegnerischen Gruppe in ein schlechtes Licht zu rücken.
  Beispiele: *Überwachungsstaat, Diktatur, Bürokratismus, Vetternwirtschaft ...*

Politische Auseinandersetzungen erscheinen oft geradezu als ein reiner Schlagabtausch von Begriffen, z. B. „Solidarität statt Ellenbogen", „Freiheit statt Sozialismus". Diese zur Bipolarität neigende Wortschatzstruktur der politischen Sprache führt oft zu einer **Emotionalisierung** der öffentlichen Meinung.

> **Information** **Argumenttypen und ihre Funktionen – Beschreibungsvokabular**
>
> **Tipp:** Die folgenden fett hervorgehobenen sowie die kursiv gesetzten Wörter können Sie bei der Analyse von Argumentationen als Beschreibungsvokabular nutzen.
> **Argumente** sollen Zuhörende oder Lesende dazu bewegen, den **Geltungsanspruch einer These** anzuerkennen. Eine These gewinnt besonderes Gewicht, wenn sie von *stichhaltigen,* möglichst *unstrittigen* Argumenten *untermauert* wird. Man unterscheidet folgende Argumenttypen:
> - **Faktenargument:** Dieses Argument bringt eine These in Beziehung mit *unstrittigen, verifizierbaren (nachprüfbaren)* **Tatsachenaussagen.** Faktenargumente gelten in der überwiegenden Mehrzahl der Fälle als *überzeugend.* Handelt es sich dabei allerdings um einen Hinweis auf einen **Einzelfall,** so ist ein solches Argument *nicht* besonders *beweiskräftig,* da ein *Einzelfall* oft durch andere Einzelfälle *widerlegt* werden kann.
> - **Autoritätsargument:** Dieser Argumenttyp *stützt* eine These dadurch, dass die ähnlich lautende **Position einer weithin akzeptierten Autorität** hinzugezogen wird. Dabei kann es sich z. B. um eine Wissenschaftlerin/einen Wissenschaftler handeln. *Zwingend* muss ein solches Argument jedoch nicht sein, da ebenso andere Autoritäten mit gegenteiligen Positionen angeführt werden können.
> - **Normatives Argument:** Die These soll *fundiert* werden, indem sie mit **weithin akzeptierten Wertmaßstäben** (Normen) verknüpft wird. In Gesellschaften, in denen auch fundamentale Normen stetig an Gültigkeit verlieren, ist ein solches Argument allerdings nicht mehr für jeden einleuchtend.
> - **Analogisierendes Argument:** Eine These soll damit *abgesichert* werden, dass ein **Beispiel aus einem anderen Bereich** als dem gerade diskutierten hinzugezogen wird. Das möglichst *glaubwürdig* gewählte Beispiel wird genutzt, um die zu vertretende These durch eine **Parallelisierung** von Sachverhalten zu *bekräftigen.* Es lässt sich *entkräften,* indem man deutlich macht, dass das Beispiel einige andere Begleitumstände aufweist und daher als Argument nicht *hieb- und stichfest* ist.
> - **Indirektes Argument:** Dieses Argument soll eine These dadurch *plausibel erscheinen lassen,* dass die **gegenteilige Meinung als unstimmig,** *in sich widersprüchlich, logisch nicht zwingend* oder *realitätsfern* vorgeführt wird. Obwohl es auf den ersten Blick *schlüssig* erscheint, lässt sich mit diesem Argumenttyp eine These oft nicht *stützen,* da sich aus dem Widerspruch einer gegenteiligen Meinung nicht zwangsläufig die Logik oder Richtigkeit der eigenen Meinung ergibt.
> - **Argumentum ad populum** (Berufung auf die Menge): Mit diesem lateinischen Ausdruck werden solche Argumente bezeichnet, mit denen Adressatinnen und Adressaten eher überredet als überzeugt werden sollen. Sie gelten als unseriös, weil sie eher **an Gefühle** als an die Vernunft **appellieren.** Manipulationen werden so leichter. Ein **Argumentum ad baculum** stützt sich auf *Befürchtungen und Ängste,* die bei den Adressatinnen und Adressaten vermutet werden. Ein **Argumentum ad misericordiam** zielt auf *Mitleid* oder ähnliche Gefühle ab.

1 Überprüfen Sie, welche Beispiele für welche Argumenttypen sich in der Rede von Ulbricht (▶ S. 300) finden lassen. Interpretieren Sie Ihren Befund.

2 a Wählen Sie ein aktuelles politisches Thema, das Sie interessiert. Untersuchen Sie anhand von Zeitungsberichten die Argumentation verschiedener Parteien zu diesem Thema. Ordnen Sie dazu die verwendeten Argumente bestimmten Argumenttypen zu.
  b Beurteilen Sie auf der Grundlage Ihrer Untersuchung die Überzeugungskraft der Positionen.

Barack Obama: Wir müssen Geschichte schreiben (2013)

[...] Wenngleich ich nicht der erste amerikanische Präsident bin, der an diesem Tor spricht, freut es mich, hier zu sein und auf der östlichen Seite zu stehen, um der Vergangenheit Tribut zu zollen. Man kann das Schicksal dieser Stadt in wenige Worte fassen: Wollen wir frei leben oder in Ketten? [...] das ist es, was hier in Berlin all diese Jahre auf dem Spiel stand. Und weil mutige Menschenmengen diese Mauer erklommen, weil korrupte Diktaturen neuen Demokratien weichen mussten, weil Millionen auf diesem Kontinent jetzt die frische Luft der Freiheit atmen, können wir sagen, hier in Berlin, hier in Europa – unsere Werte haben gewonnen. Die Offenheit hat gesiegt. Die Toleranz hat gesiegt. Und die Freiheit hat gesiegt, hier in Berlin.

[...] Heute stehen wir keinen Betonmauern gegenüber, keinem Stacheldraht. Es stehen keine Panzer mehr an der Grenze. Es gibt keine Besuche in Atomschutzbunkern. Und so könnte manchmal der Eindruck entstehen, dass die großen Herausforderungen ein Ding der Vergangenheit sind. Und das bringt eine Versuchung mit sich, uns nach innen zu kehren, an unsere eigenen Wünsche und Ziele zu denken und nicht an den Lauf der Geschichte, zu glauben, dass wir unsere Rechnung mit der Geschichte beglichen haben, dass wir einfach die Früchte genießen können, die unsere Vorfahren errungen haben.

Aber [...] ich bin hierhergekommen, in diese Stadt der Hoffnung, weil die Prüfungen unseres Zeitalters den gleichen Kampfgeist verlangen, der Berlin vor einem halben Jahrhundert auszeichnete.

Bundeskanzlerin Merkel erwähnte, dass wir den Jahrestag von John F. Kennedys bewegender Verteidigung der Freiheit begehen, die Freiheit, welche die Menschen dieser Stadt verkörpern. Sein Solidaritätsschwur, „Ich bin ein Berliner", überdauert die Zeiten. Aber das ist nicht alles, was er an jenem Tag sagte. Weniger in Erinnerung geblieben ist die Aufforderung, die er der Menge vor ihm stellte. „Ich möchte Sie auffordern", sagte er diesen Berlinern, „den Blick zu heben und nicht nur die Gefahren der Gegenwart und die Freiheit nur dieser Stadt zu sehen. Schauen Sie", sagte er, „auf den Tag des Friedens mit Gerechtigkeit, nicht nur für Sie und uns, sondern für die ganze Menschheit." [...]

Und wenn wir unseren Blick heben, wie Präsident Kennedy uns aufforderte, dann werden wir feststellen, dass unsere Arbeit noch nicht getan ist. Denn wir sind nicht nur Bürger Amerikas oder Deutschlands – wir sind auch Weltbürger. Und unsere Schicksale sind so eng miteinander verknüpft wie nie zuvor. [...]

Heben wir also heute den Blick und denken an diesem Tag an einen Frieden mit Gerechtigkeit, den sich unsere Generation für die Welt wünscht. Frieden mit Gerechtigkeit sollte mit dem Beispiel beginnen, mit dem wir zu Hause vorangehen. [...] Solange es Mauern in unseren Herzen gibt, die uns von jenen trennen, die nicht aussehen wie wir oder nicht so denken wie wir oder nicht den gleichen Glauben haben wie wir, dann müssen wir uns mehr gemeinsam anstrengen, um diese Mauern einzureißen.

Frieden mit Gerechtigkeit bedeutet eine freie Wirtschaft, die den Talenten und der schöpferischen Kraft des Einzelnen freien Lauf gibt. Andere Modelle lenken das Wirtschaftswachstum von oben nach unten, oder sie verlassen sich auf Bodenschätze. Aber wir sind davon überzeugt, dass unser höchstes Gut unsere Menschen sind – und deswegen investieren wir in Bildung, Wissenschaft und Forschung. [...]

Frieden mit Gerechtigkeit bedeutet jenen, die um Freiheit kämpfen, die Hand zu reichen – ganz gleich, wo sie leben. Verschiedene Völker und Kulturen müssen ihren eigenen Weg verfolgen. Aber wir müssen die Lüge zurückweisen, dass jene, die an entlegenen Orten leben, sich nicht nach Freiheit und Selbstbestimmung sehnen, wie wir es tun [...].

Frieden mit Gerechtigkeit bedeutet, dass wir es nicht zulassen, dass unsere Kinder auf einem unwirtlichen Planeten leben müssen. Um dem Klimawandel Einhalt zu gebieten, braucht es kühne Aktionen. Und in diesem Bereich sind Deutschland und Europa wegweisend. [...]

95 Frieden mit Gerechtigkeit bedeutet, dass wir unserer moralischen Verpflichtung nachkommen. Und wir haben die moralische Verpflichtung und auch großes Interesse daran, die verarmten Regionen der Welt zu unterstützen. [...]

100 Und denken wir schließlich daran, dass Frieden mit Gerechtigkeit von unserer Fähigkeit abhängt, sowohl die Sicherheit unserer Gesellschaften zu gewährleisten als auch die Offenheit, die sie definiert. [...]

105 So werden wir an diesem besseren Teil der Geschichte festhalten, während wir uns bemühen, weiter Frieden und Gerechtigkeit zu garantieren. [...] Und sollte jemand die Frage stellen, ob unsere Generation den Mut hat, diesen Prüfungen zu begegnen, wenn jemand die Frage stellt, 110 ob die Worte von Präsident Kennedy noch heute zutreffen, dann soll er nach Berlin kommen. [...] Diese Mauer ist nun eine Sache der Geschichte. Aber wir müssen ebenfalls Geschichte schreiben. [...] Wir müssen unsere eigene Frei- 115 heit bewahren, aber auch an die denken, die im Ausland nach Freiheit streben. Dies ist die Lektion der Jahrhunderte. Das ist der Geist von Berlin. Und der größte Tribut, den wir unseren Vorgängern zollen können, ist, dass wir ihre 120 Arbeit für Frieden und Gerechtigkeit nicht nur in unseren Ländern, sondern für die gesamte Menschheit fortsetzen.

Vielen Dank [...] und Gottes Segen. Gott segne die Deutschen und die Amerikaner. Vielen 125 Dank.

J. F. Kennedy: Ich bin ein Berliner (1963)

Meine Berliner und Berlinerinnen,
ich bin stolz, heute in Ihre Stadt zu kommen als Gast Ihres hervorragenden Regierenden Bürgermeisters, der in allen Teilen der Welt als
5 Symbol für den Kampf- und Widerstandsgeist West-Berlins gilt. Ich bin stolz, auf dieser Reise die Bundesrepublik Deutschland zusammen mit ihrem hervorragenden Herrn Bundeskanzler besucht zu haben, der während so langer
10 Jahre die Politik der Bundesregierung bestimmt hat nach den Richtlinien der Demokratie, der Freiheit und des Fortschritts.

Ich bin stolz darauf, heute in Ihre Stadt in der Gesellschaft eines amerikanischen Mitbürgers
15 gekommen zu sein, General Clays, der hier in der Zeit der schwersten Krise tätig war, durch die diese Stadt gegangen ist, und der wieder nach Berlin kommen wird, wenn es notwendig werden sollte. Vor zweitausend Jahren war der
20 stolzeste Satz, den ein Mensch sagen konnte, der: Ich bin ein Bürger Roms. Heute ist der stolzeste Satz, den jemand in der freien Welt sagen kann: Ich bin ein Berliner. Ich bin dem Dolmetscher dankbar, dass er mein Deutsch noch bes-
25 ser übersetzt hat. Wenn es in der Welt Menschen geben sollte, die nicht verstehen oder nicht zu verstehen vorgeben, worum es heute in der Auseinandersetzung zwischen der freien Welt und dem Kommunismus geht, dann können wir ihnen nur sagen, sie sollen nach Berlin 30 kommen.

Es gibt Leute, die sagen, dem Kommunismus gehöre die Zukunft. Sie sollen nach Berlin kommen. Und es gibt wieder andere in Europa und in anderen Teilen der Welt, die behaupten, man 35 könne mit dem Kommunismus zusammenarbeiten. Auch sie sollen nach Berlin kommen. Und es gibt auch einige wenige, die sagen, es treffe zwar zu, dass der Kommunismus ein böses und ein schlechtes System sei, aber er ge- 40 statte es ihnen, wirtschaftlichen Fortschritt zu erreichen. Aber lasst auch sie nach Berlin kommen.

Ein Leben in Freiheit ist nicht leicht, und die Demokratie ist nicht vollkommen. Aber wir hat- 45 ten es nie nötig, eine Mauer aufzubauen, um unsere Leute bei uns zu halten und sie daran zu hindern, woanders hinzugehen.

Ich möchte Ihnen im Namen der Bevölkerung der Vereinigten Staaten, die viele tausend Kilo- 50 meter von Ihnen entfernt lebt, auf der anderen Seite des Atlantiks, sagen, dass meine amerikanischen Mitbürger stolz, sehr stolz darauf sind, mit Ihnen zusammen selbst aus der Entfernung die Geschichte der letzten 18 Jahre teilen 55 zu können. Denn ich weiß nicht, dass jemals eine Stadt 18 Jahre lang belagert wurde und dennoch lebt in ungebrochener Vitalität, mit unerschütterlicher Hoffnung, mit der gleichen Stärke und mit der gleichen Entschlossenheit wie heute West-Berlin.

Die Mauer ist die abscheulichste und stärkste Demonstration für das Versagen des kommunistischen Systems. Die ganze Welt sieht dieses Eingeständnis des Versagens. Wir sind darüber keineswegs glücklich; denn, wie Ihr Regierender Bürgermeister gesagt hat, die Mauer schlägt nicht nur der Geschichte ins Gesicht, sie schlägt der Menschlichkeit ins Gesicht. Durch die Mauer werden Familien getrennt, der Mann von der Frau, der Bruder von der Schwester, und Menschen werden mit Gewalt auseinandergehalten, die zusammenleben wollen. Was von Berlin gilt, gilt von Deutschland: Ein echter Friede in Europa kann nicht gewährleistet werden, solange jedem vierten Deutschen das Grundrecht einer freien Wahl vorenthalten wird. In 18 Jahren Frieden und der erprobten Verlässlichkeit hat diese Generation der Deutschen sich das Recht verdient, frei zu sein, einschließlich des Rechtes, die Familien und die Nation in dauerhaftem Frieden wiedervereinigt zu sehen, in gutem Willen gegen jedermann.

Sie leben auf einer verteidigten Insel der Freiheit. Aber Ihr Leben ist mit dem des Festlandes verbunden, und deshalb fordere ich Sie zum Schluss auf, den Blick über die Gefahren des Heute hinweg auf die Hoffnung des Morgen zu richten, über die Freiheit dieser Stadt Berlin und über die Freiheit Ihres Landes hinweg auf den Vormarsch der Freiheit überall in der Welt, über die Mauer hinweg auf den Tag des Friedens mit Gerechtigkeit. Die Freiheit ist unteilbar, und wenn auch nur einer versklavt ist, dann sind nicht alle frei. Aber wenn der Tag gekommen sein wird, an dem alle die Freiheit haben und Ihre Stadt und Ihr Land wieder vereint sind, wenn Europa geeint ist und Bestandteil eines friedvollen und zu höchsten Hoffnungen berechtigten Erdteiles, dann, wenn dieser Tag gekommen sein wird, können Sie mit Befriedigung von sich sagen, dass die Berliner und diese Stadt Berlin 20 Jahre die Front gehalten haben.

Alle freien Menschen, wo immer sie leben mögen, sind Bürger dieser Stadt West-Berlin, und deshalb bin ich als freier Mann stolz darauf, sagen zu können: Ich bin ein Berliner.

1 a Informieren Sie sich über die Situation, in der Kennedy seine Rede gehalten hat, und über die Wirkung der Rede bis heute.
b Recherchieren Sie Anlass und Kontext der Rede Obamas. Vergleichen Sie beide Redesituationen.
2 Untersuchen Sie, in welchem Verhältnis die Rede Obamas zur Rede Kennedys steht.
3 Analysieren Sie die Rede Kennedys oder Obamas. Nutzen Sie dazu den folgenden Methodenkasten sowie die methodischen Hinweise auf den ▶ S. 310–315.
4 <u>Berliner Reden:</u> Fassen Sie Ihre Ergebnisse aus der Arbeit mit diesem Kapitel zusammen.

Methode   Eine Rede analysieren

1. **Redesituation/politisch-historischer Kontext:** Ort, Zeit, Medium, Weltanschauung/Ideologie
2. **Redeinhalt:** Thema, Problemstellung, Kernaussagen
3. **Redeabsicht:** Intention bei besonderer Beachtung der Appellfunktion
4. **Strategien der Beeinflussung:** Aufwertung, Abwertung, Beschwichtigung, Ablenkung
5. **Struktur** und **sprachlich-rhetorische Mittel:** Argumentation (▶ S. 271 f., 303), Wortfelder, politische Leitbegriffe (▶ S. 302), rhetorische Figuren (▶ S. 200–202), Satzbau und Stil
6. Wenn möglich **Vortrag der Rede/Wirkung**
7. **Beurteilung und Wertung** der Rede

Tipp: Weitere Hinweise zur Analyse von Reden finden Sie auf den Seiten 297 und 310 ff.

6.2 Eine Abiturrede verfassen und halten – Die IDEMA-Methode

- **I** **Inventio:** Das Sammeln von Gedanken und Einfällen zum Thema der Rede
- **D** **Dispositio:** Die Gliederung des gesammelten Materials
- **E** **Elocutio:** Die sprachliche Gestaltung und Ausschmückung der Rede
- **M** **Memoria:** Das Einprägen der Rede
- **A** **Actio:** Der Redevortrag und seine Gestaltung

Von der Inventio zur Dispositio – Sammeln und gliedern

1. Sammeln Sie in Form eines Clusters oder in einer Mindmap Ideen zu einer Abiturrede.
2. Begründen Sie, welche der folgenden Redeanfänge Sie eher anspricht.
   a. Erläutern Sie dazu, welche Idee der jeweiligen Rede zugrunde liegt.
   b. Untersuchen Sie, inwieweit diese Idee den gedanklichen Aufbau der Rede bestimmt.
3. Strukturieren Sie auf der Grundlage Ihrer Idee den Beginn und weiteren Aufbau Ihrer Abiturrede.

> Liebe […],
> wir sind heute hier zusammengekommen, weil wir es endlich geschafft haben! Nach all den Jahren dürfen wir nun unsere Abiturzeugnisse voller Stolz in Empfang nehmen! Doch vorher lasset uns noch einmal schauen, was wir da überhaupt erreicht haben. Abitur – was ist denn das eigentlich? Besteht dieses Wort nur aus zufällig zusammengewürfelten Buchstaben oder steckt mehr dahinter? ABITUR – A wie: Aller Anfang ist schwer. Wie fing doch alles an, als wir als schüchterne kleine Mädchen und Jungen mit Zahnspangen und viel zu großen Schulranzen diese Schule betraten? […]

> Liebe […],
> „tABIsco" – so lautet das Motto unseres Abiturjahrgangs. Wir sind heute hier zusammengekommen, um eine ganz scharfe Zeit abzuschließen. Heute Abend nehmen wir, 90 Schülerinnen und Schüler, ein Stück Papier entgegen, das unseren Fleiß und unsere Reife beweist. Auf dieses letzte Schulzeugnis wartet mancher von uns mehr oder weniger lange. Und endlich ist es so weit.
> Jedoch muss man die vergangenen Jahre mal Revue passieren lassen. Sie verliehen unserem Leben eine gewisse Schärfe, eine prickelnde und aufregende, jedoch auch eine schmerzhafte und stechende Schärfe. […]

Die Elocutio – Den Redetext verbessern und ausarbeiten

Professionelle Rednerinnen und Redner, z. B. aus der Politik, feilen manchmal wochenlang an ihren Redetexten, weil sie wissen, dass die erste Fassung selten die beste ist.

1 a Untersuchen Sie die sprachliche Gestaltung der nachstehenden Redeauszüge. Achten Sie v. a. auf
– Ausdrucks- und Grammatikfehler,
– Wiederholungen, die keine Funktion innerhalb der Rede haben,
– die (übermäßige) Verwendung von Floskeln und (abgegriffenen) Redewendungen.
b Überarbeiten Sie den längeren oder die beiden kürzeren Textauszüge.
2 Verfassen Sie Ihre Abiturrede und verbessern Sie sie z. B. in einer Schreibkonferenz (▶ S. 584).

(1) […] Und auch Wissen, Aggressionen, Depressionen, Freundschaft, Spaß, Zuversicht und noch vieles mehr haben wir in der Schule spüren und lernen dürfen wo nirgends sonst.
Man kann sagen, die Schule hat uns den Weg für eine erfolgreiche Zukunft geebnet. Doch
5 was bedeutet Erfolg? Laut Wikipedia heißt es: „Erfolg bezeichnet das Erreichen selbst gesetzter Ziele." Wir haben also ein Ziel erreicht und scheinen glücklich zu sein. Jedoch müssen wir uns fragen: Ist dieses Ziel immer noch dasselbe, dass wir bei Schulbeginn vor Augen hatten? [Pause]
Nein, bestimmt nicht! Das Ziel, der Erfolg, das Abitur hat sich auf den letzten Metern verän-
10 dert. Wir sehen, dass wir das nicht alles allein geschafft haben. Zudem empfinden wir vielleicht gar nicht mehr das Bedürfnis, das so lang erwartete Ziel endlich zu erreichen. Denn ein Ziel erreichen heißt auch: loslassen!
Wir sind eine Gemeinschaft geworden! Die ganzen Aufs und Abs haben uns zusammengeschweißt, und doch heißt es heute Abend Abschied nehmen. Abschied nehmen von Freun-
15 den, aber auch von Leuten, mit denen man sich nicht so gut verstanden hat. Abschied nehmen von Mitschülern, die sich zu ihrem Abitur gekämpft haben und denen jetzt die ganze Welt offensteht. Es heißt ja so schön: „So, Kinder, jetzt beginnt der Ernst des Lebens." Wobei ich immer frage: „Wer ist dieser Ernst und was zum Teufel will der von mir!" […]

(2) […] Auch möchten wir uns ganz herzlich bei Frau T. und allen Lehrern, die bei Austauschprogrammen beteiligt sind, bedanken. Unsere Schule bietete Austausche mit Frankreich, England und Australien an. Besonders die toll organisierte Australien-Rundreise ist ein einmaliges Erlebnis, das auch vom Preis her sehr gut ist. Diese Möglichkeit wird allerdings nur an unserer Schule angeboten, worauf wir sehr stolz sein können.
Ebenso werden bei uns eine große Vielfalt an AGs angeboten wie zum Beispiel Chor und Orchester, die auch immer tolle Aufführungen bieten. Hierbei möchte ich Herrn M. nennen. […]

(3) […] Unsere Stufenleiterinnen gingen mit uns durch dick und dünn und führten mit uns immer wieder aufmunternde Gespräche, die uns dazu brachten, bis zum Abitur durchzuhalten. Schließlich stehen wir nun hier am Ende mit unseren Zeugnissen. Schülerinnen und Schüler, seid stolz, denn wir sind der diesjährige Abiturjahrgang dieser Schule. Viele Jahre Schule liegt hinter uns, nun beginnt der Ernst des Lebens. […]

Memoria und Actio – Die Rede souverän vortragen

1. Begründen Sie, ob die vier Redehaltungen zu einer Abiturrede passen.
2. a Tragen Sie den Beginn Ihrer Rede vor und erproben Sie selbst verschiedene Haltungen.
   b Welche Wirkung wird durch eine bestimmte Körperhaltung und Gestik erzielt?
3. Besprechen Sie, welche der folgenden „Vortragstipps" Ihnen relevant erscheinen.

Methode **Vortragstipps** (Actio, ▶ S. 556–564)

Kontakt zum Publikum:
- Halten Sie Augenkontakt, wann immer es geht.
- Suchen Sie sich Anwesende im Publikum, die Sie wechselnd anschauen können.

Nonverbales Verhalten:
- Stehen Sie betont aufrecht und sicher auf beiden Beinen.
- Kontrollieren Sie die Bewegungen Ihrer Hände: Weniger ist mehr! Besser die Hände auf das Pult legen, nicht in die Hosentaschen stecken oder ins Gesicht fassen.

Paraverbales Verhalten (Stimmführung und Pausen):
- Reden Sie insgesamt deutlich und langsam – Ihr Publikum kennt Ihre Rede noch nicht.
- Planen Sie bewusst Pausen ein – kennzeichnen Sie diese in Ihrer Redetextvorlage.
- Wiederholen Sie Textpassagen, wenn diese z. B. wegen Applaus untergehen.

4. a Proben Sie Ihre Rede mehrmals zu Hause im möglichst freien Vortrag. Üben Sie den Einstieg, Namen, schwierige Redepassagen/Fremdwörter, Pointen und den Schluss besonders gründlich.
   b Nehmen Sie Ihre Proben auf Video (▶ S. 564) auf. Üben Sie weniger gelungene Passagen erneut.

6.3 Klausurvorbereitung: Eine Rede analysieren

Aufgabenbeispiel
1. Analysieren Sie Peter Härtlings Rede im Hinblick auf die Position des Verfassers. Stellen Sie dabei seinen Gedankengang und seine Argumentationsweise dar und untersuchen Sie, mit welchen sprachlichen und rhetorischen Mitteln er seine Redeabsicht realisiert.
2. Härtling vertritt die These, dass man aus der deutschen Geschichte Lehren für die politische und moralische Haltung in der Gegenwart ziehen kann. Nehmen Sie kritisch Stellung zu der Frage, inwiefern dasselbe für die Literatur gilt. Eignet sie sich als moralischer Wegweiser für die Gegenwart?

Peter Härtling: Nein! (1992)

*Peter Härtling (*1933) hielt seine Rede 1992 auf der Frankfurter Buchmesse. Das Jahr 1992 war u. a. geprägt von „ethnischen Säuberungen" in dem auseinanderfallenden multiethnischen Staat Jugoslawien (Nachfolgestaaten u. a. Kroatien, Serbien und Bosnien-Herzegowina). Zugleich erfolgten lang anhaltende Diskussionen im Vorfeld einer Änderung des Asylparagrafen des Grundgesetzes mit dem Ziel, Asylsuchende bereits an der deutschen Grenze in ein so genanntes „sicheres Drittland" abzuschieben.*

Ich stehe hier, um das Elend unserer Geschichte, der einen und zwiefachen deutschen Geschichte[1], zu beklagen. Ich stehe hier, um in aller Kürze eine Geschichte zu erzählen, die uns dieses
5 Elend klarmachen kann, ein Bündel von Verdrängungen, Feigheiten, Aggressionen, Fresssüchten, Anmaßungen und Egoismen.
Ein paar Sätze dagegen. Ich fange mit einem ganz frühen an. Hier, zwischen ungezählten
10 Büchern, die weniger vergesslich sind als wir. Ich habe mich immer mit ihnen zu erinnern versucht, von Jahr zu Jahr trauriger und zorniger werdend.
1848, als das deutsche Parlament[2] zusammen-
15 trat, um sich eine fortschrittliche Verfassung zu geben, hielt es ein Abgeordneter für unabdingbar nötig, vor den Artikel eins, der die Würde des Menschen benannte, seinen Artikel zu stellen. Er schrieb folgenden Antrag:
20 „Als Artikel 1 vor Artikel 1 des Entwurfs, der dann Artikel 2 würde, einzuschalten: Das deutsche Volk ist ein Volk von Freien, und deutscher Boden duldet keine Knechtschaft. Fremde Unfreie, die auf ihm verweilen, macht er frei."
25 Hier bekommt die angesprochene Würde des freien Menschen einen leuchtenden Rahmen. Und der deutsche Boden ist nicht biedere, ideologisch verengte Heimat, sondern Zufluchtsgrund für jene, die frei sein wollen. Was für ein
30 Angebot! Wie selbstverständlich wird da von Deutschland gesprochen, wie offen und ohne jede Krafthuberei, ohne jede Arroganz. So spricht der wirklich Freie. Jacob Grimms[3] Antrag wurde von der Nationalversammlung mit einer Mehrheit von 13 Stimmen abgelehnt.
35
1945 war ich dreizehn Jahre alt. Der Krieg, der Zweite Weltkrieg, hatte mir meine Eltern genommen. Mein Vater hatte als Rechtsanwalt leise und beherzt Hitler widerstanden. Meine Mutter war „arisch" nicht in Ordnung. Und ich
40 nahm mir als kleiner Nazi, als Pimpf, das falsche Recht, mich gegen meine Eltern zu behaupten. Als ich die Uniform noch trug, im Namen Hitlers und meines Volkes Millionen

---
[1] **„zwiefache deutsche Geschichte":** geteiltes Deutschland (Bundesrepublik Deutschland und Deutsche Demokratische Republik) in Zeiten des Ost-West-Konfliktes nach 1945
[2] **deutsches Parlament von 1848:** Im Anschluss an revolutionäre Unruhen in Deutschland („Märzrevolution") fand eine verfassungsgebende Nationalversammlung in der Frankfurter Paulskirche statt, die erstmals einen demokratischen deutschen Einheitsstaat anstrebte, jedoch 1849 im Zuge der militärischen Niederschlagung der Revolution durch reaktionäre Kräfte wieder aufgelöst wurde.
[3] **Jacob Grimm (1785–1863):** deutscher Sprach- und Literaturwissenschaftler; darüber hinaus gehörte er mit seinem Bruder zu den „Göttinger Sieben", die als Universitätsprofessoren 1837 gegen die Aufhebung liberaler Verfassungsrechte im Königreich Hannover protestierten und deswegen ihrer Ämter enthoben wurden.

jüdischer Bürger umgebracht worden waren, Sintis, Romanis, Politische, Homosexuelle. Als der Krieg zu Ende war, machten mir die Erwachsenen vor, wie rasch und wie folgenlos das Vergessen sein kann. Aus meinen nazistischen Vorrednern wurden Patentdemokraten, bußfertige Christen – auf alle Fälle Erfolgreiche im aufblühenden Wirtschaftswunderland.

Mir sind diese schnellen Anverwandler unheimlich bis auf den Tag. Aber einige wenige erzählten unsere Geschichte weiter, und als die Verfassung für die Bundesrepublik Deutschland, das Grundgesetz, geschrieben wurde, erinnerten sie sich – die Erfahrung brannte ihnen noch unter den Sohlen – an alle, die verfolgt wurden, an alle, die Asyl suchten, ins Exil gingen, und sie formulierten für den Artikel 16, Absatz zwei, einen großen, großmütigen Satz: „Politisch Verfolgte genießen Asylrecht."

Da öffnet sich ein Tor. Da nimmt eine Geschichte aus Gewissen ihr Recht wahr. Dieser Artikel wurde nicht abgelehnt. Er soll jetzt, nach dreiundvierzig Jahren Verfassungswirklichkeit, zerredet und gestrichen werden. Nach dem Wunsch von Demokraten, die Söhne und Töchter der Verfolger und mitunter auch der Verfolgten sind.

Ich hoffe, dass alle hier, die Geschichte denken und Geschichten erzählen, diesem ungeschichtlichen, uns demütigenden und tief beschämenden Vorsatz widersprechen.

Nein, Ihr Verdränger, Ihr Vergesslichen!
Nein, Ihr von den Erfolgen blank geriebenen Egoisten!
Nein!

Und Nein auch gegen die Jungen, die von Neuem in unserm Land Menschen verfolgen, Schwächere demütigen, Feuer legen.

Allerdings ein Nein, das Geschichte zusammenfasst, wiederum unsere. Wenn diese Jungen sich auf Hitler berufen, dann gegen unser Verdrängen, gegen unsere Betriebsamkeit und gegen die Lügen, die sie ausgehalten haben, um identisch mit sich zu sein.

Den furchtbaren Kindern von Rostock und Wismar[4] wurde weisgemacht, dass der Antifaschismus in der Gesellschaft Ost[5] ein Patentrezept

Deutsches Parlament von 1848. Frankfurter Paulskirche

sei, so wie der Kapitalismus im Westen ein Patent für Gedächtnisverlust! Die Kinder wuchsen reglementiert auf und fielen in eine Freiheit, die ihnen niemand erklärte, womöglich – und das ist ein Menetekel für uns – niemand erklären wollte und konnte. So suchten sie, die Schwachgewordenen, ihre Feinde unter den Schwächsten, fanden ihre Parolen genau dort, wo die Väter und Großväter geschwiegen hatten.

Ich rufe uns auf, im Namen Jacob Grimms! Uns Freie auf einem freien Boden. Nicht, dass wir alles verschenken könnten und wollten, aber wir haben eine Menge zu vergeben! Und ein Stück unserer Würde zu verteidigen. Ich rufe uns auf, Menschen Zuflucht zu geben, die verfolgt werden von Folterern, von Ideologen, von Totschlägern, vom Hunger. „Politisch Verfolgte genießen Asylrecht."

Sollte dieser Artikel gestrichen oder durch eine faule Floskel ersetzt werden, verliert Deutschland, das mühselig, aber gewiss nicht unglücklich wieder zusammengekommen ist, den Grund einer Geschichte, die uns in der Tat einigen könnte.

Wir gäben denen nach, die entweder fett in sich selber ruhen oder die mordlustig darauf warten, uns von rechts wegzuräumen.

Nein! Ich bitte Sie, erinnern Sie sich. „Deutscher Boden duldet keine Knechtschaft. Fremde Unfreie, die auf ihm verweilen, macht er frei."

4 Rostock und Wismar: In diesen beiden, aber auch in anderen deutschen Städten war es zu rechtsradikalen Anschlägen gegen Migranten gekommen.

5 „Antifaschismus ... Ost": weltanschauliche Grundlage der ehemaligen DDR; Opposition und Widerstand gegen Faschismus und Nationalsozialismus

B6 RHETORISCH AUSGESTALTETE KOMMUNIKATION – REDEN ANALYSIEREN UND GESTALTEN

Die Aufgabenstellung verstehen

1 Lesen Sie die Aufgabenstellung gründlich. Erläutern Sie die Schlüsselbegriffe und Operatoren. Beginnen Sie z. B. so:
Ich soll zunächst Härtlings Position analysieren, d.h., ich soll untersuchen, welche Haltung er in Bezug auf sein Thema/die Problemstellung einnimmt. Untersucht werden sollen auch …

Erstes Textverständnis und Ideen formulieren

1 a Notieren Sie möglichst kurz und prägnant, mit welchem Thema sich Härtling befasst. Vervollständigen Sie dazu z. B. den folgenden Satz: *Härtling befasst sich in seiner Rede mit der Geschichte … und verknüpft dies mit der aktuellen Diskussion um …*

b Fassen Sie zusammen, welche Position Härtling vertritt, z. B.: *Härtling vertritt die Haltung, dass besonders ein Land wie Deutschland die Verpflichtung hat, …, weil …*

2 Notieren Sie in Stichworten erste Überlegungen zu der Frage, inwiefern Literatur die politische und moralische Haltung von Menschen beeinflussen kann.

Den Text analysieren

1 Halten Sie die wichtigsten Informationen zur **Redesituation** fest:
– Redner: …
– Adressaten: Publikum der Buchmesse, also vermutlich …
– Zeitpunkt/Anlass: …, in dem Jahr, als Anschläge auf …
– Ort: Frankfurt am Main, wo 1848 …

2 Untersuchen Sie den **Gedankengang** des Textes. Wählen Sie dazu sechs bis zehn **Schlüsselaussagen** aus dem Text aus und geben Sie diese mit eigenen Worten wieder. Arbeiten Sie dabei vor allem den gedanklichen Zusammenhang der Einzelaussagen heraus. Beispiel:

Schlüsselaussage	Wiedergabe, gedanklicher Zusammenhang
„Ich stehe hier, um das Elend unserer Geschichte […] zu beklagen […], ein Bündel von Verdrängungen, Feigheiten, […]." (Z. 1ff.)	Ausgangsthese, dass viele Deutsche aus ihrer problematischen gemeinsamen Geschichte leider nichts gelernt hätten.
…	Aber: In Büchern wird …

3 Analysieren Sie die **Argumentationsweise**.

a Schreiben Sie aus dem Text Härtlings Argumente heraus und notieren Sie ggf. Beispiele, mit denen diese gestützt werden, z. B.:
Argument: fortschrittliche Haltung der Deutschen beim Formulieren der Paulskirchenverfassung → Beispiel: Antrag Jakob Grimms (Freiheitsbegriff aufnehmen)

b Bestimmen Sie, auf welche Argumenttypen (▶ S. 303) Härtling sich konzentriert und auf welche er verzichtet. Nennen Sie Beispiele aus dem Text, z. B.
Verweis auf die Paulskirchenverfassung = analogisierendes Argument

c Untersuchen Sie, mit welchen Strategien der Beeinflussung (▶ S. 297) Härtling arbeitet, z. B.:
Aufwertung der Wir-Gruppe, der er Werte wie … und … zuordnet.

6.3 KLAUSURVORBEREITUNG: EINE REDE ANALYSIEREN

4 a Ordnen Sie den folgenden Zitaten die passenden **sprachlichen und rhetorischen Mittel** zu:
(1) „leuchtenden Rahmen" (Z. 26)   (A) Metapher und Aufzählung
(2) „ein Bündel von Verdrängungen, Feigheiten (Z. 5 f.)   (B) Antithese und Metapher
(3) „Aus meinen nazistischen Vorrednern wurden Patentdemokraten" (Z. 49 f.)   (C) Wiederholung, Alliteration, Ellipse
(4) „Nein, Ihr Verdränger, Ihr Vergesslichen! Nein, Ihr von den Erfolgen blank geriebenen Egoisten! Nein!" (Z. 74 ff.)   (D) Fahnenwörter
(5) „Freie", „frei" (z. B. Z. 33 und 121)   (E) Metapher

b Erläutern Sie, welche Wirkung Härtling durch einzelne sprachliche/rhetorische Mittel erzielt, z. B. *Entlarvung des politischen Opportunismus, Unterstreichen der Anklage, positive Bewertung von Freiheit und Menschenwürde, Untermauerung des weltanschaulichen Standpunkts.*
c Suchen Sie im Text weitere sprachliche/rhetorische Mittel und erläutern Sie deren Wirkung.

5 a Notieren Sie in Stichpunkten, welche **weltanschauliche Position** Härtling vertritt und von welcher Position er sich abgrenzt, z. B. *Härtlings weltanschauliche Position: Tradition seit Jacob Grimm, die Werte wie …; Abgrenzung von …*
b Überlegen Sie, welche **Ziele** und **Wirkungen** Härtling mit seiner Rede erreichen möchte. Wählen Sie aus den folgenden Möglichkeiten aus: *informieren oder belehren/aufrütteln/motivieren, angreifen oder sich/andere verteidigen, Gegensätze ausgleichen oder verschärfen, Brücken bauen oder polarisieren, überzeugen oder überreden, diffamieren oder sachlich kritisieren.*

Methode   Leitfragen zur Redeanalyse

1. Redesituation
- Wer ist **der Redner/die Rednerin**?
- Wer sind die **Adressaten** der Rede (soziale Schichten, weltanschauliche Haltung, Fach- oder Laienpublikum)? Stellt der Redner/die Rednerin sich inhaltlich und sprachlich auf diese ein?
- Gibt es einen besonderen **Zeitpunkt** oder **Anlass** für die Rede? Wie wird dieser aufgegriffen?
- An welchem **Ort** wird die Rede gehalten? Hat dieser Ort eine besondere Bedeutung?

2. Thema und Inhalt
- Auf welches **Problem** konzentriert sich der Redner/die Rednerin?
- Welche **Schlüsselaussagen** enthält die Rede? In welchem gedanklichen Zusammenhang stehen sie?

3. Argumentation
- Mit welchen **Argumenten** und **Beispielen** werden die Aussagen untermauert?
- Welche **Argumenttypen** (▶ S. 303) werden häufig verwendet?
- Welche **Strategien der Beeinflussung bzw. Leserlenkung** (▶ S. 297) werden verwendet?

4. Sprachliche und rhetorische Mittel
- Welche **rhetorischen Figuren** (▶ S. 200 ff.) finden sich in der Rede in welcher Funktion?
- Welche **Satzarten** und welcher **Satzbau** überwiegen? Sind die **Gedankenverbindungen** eher logisch oder eher assoziativ angelegt? Welche Funktion und Wirkung hat das?
- Enthält die Rede Anklänge an bestimmte **Sprachschichten und Stile** (▶ S. 326)?
- Enthält die Rede **Leitbegriffe der politischen Auseinandersetzung** (▶ S. 302)?

5. Redeabsicht
- Welche unterschiedlichen **weltanschaulichen Positionen** kommen in der Rede zur Sprache? Welche vertritt der Redner/die Rednerin selbst?
- Welche **Ziele und Wirkungen** sollen mit der Rede erreicht werden?

6 Bereiten Sie die **kritische Stellungnahme** (zweite Teilaufgabe) vor.
  a Überlegen Sie, in welchen Ihnen bekannten Werken Werte wie Freiheit oder Demokratie thematisiert werden.
  Tipp: Sichten Sie z.B. die Texte von Lessing (▶ S. 399 ff.), Schiller (▶ S. 416 f.), Büchner (▶ S. 446 ff.), Brecht (▶ S. 214 f.) oder Kafka (▶ S. 167 f.).
  b Notieren Sie für mindestens zwei dieser Werke in Stichpunkten, wie die Themen „Freiheit" oder „Demokratie" darin entfaltet werden.
  c Halten Sie in einer Tabelle Argumente dafür und dagegen fest, dass Literatur die politische und moralische Haltung von Menschen beeinflussen kann.

Pro	Kontra
– … hatte mit seinem Werk politischen Einfluss, indem er … – Schillers Dramentheorie besagt, dass …	– Fiktionale Texte haben nichts mit … zu tun. Wenn man etwas nicht selbst erlebt hat, … – Mich beeinflusst eher …

Den Schreibplan erstellen und schreiben

1 Ordnen Sie Ihre Arbeitsergebnisse in eine Gliederung (▶ Information) für Ihren Aufsatz ein. Beispiel:
  Einleitung: – Autor: Peter Härtling, Titel: …
  – Redesituation: …
  Hauptteil: – zentrale Aussagen im gedanklichen Zusammenhang
  – …

> **Information Gliederung der Redeanalyse**
>
> Bei der Analyse eines Sachtextes ist die folgende Gliederung sinnvoll:
> - Die **Einleitung** macht Angaben zu Autor/in, Titel, Textsorte, Erscheinungsjahr und Thema. Darüber hinaus wird auch auf die Redesituation (Adressaten, Anlass, Ort) eingegangen.
> - Im **Hauptteil** werden die zentralen Aussagen des Textes in ihrem gedanklichen Zusammenhang mit eigenen Worten und unter Verwendung des Konjunktivs der indirekten Rede wiedergegeben. Dann erfolgt – unter Berücksichtigung der Aufgabenstellung – die Analyse der Argumentation, der sprachlichen und rhetorischen Mittel sowie der Redeabsicht. Nach einer Überleitung schließen sich, falls die Aufgabe es fordert, Ausführungen zum weiterführenden Schreibauftrag (Aufgabe 2) an.
> - Wenn Sie zwei Aufgaben zu bewältigen haben, sollten Sie am Ende der ersten Schreibaufgabe ein **vorläufiges Resümee** ziehen und dann in der **Überleitung** z.B. die in der Aufgabe genannten Untersuchungs- oder Beurteilungsaspekte kurz benennen.
> - Am **Schluss** formulieren Sie als Fazit eine abschließende Stellungnahme.

2 Verfassen Sie nun Ihren Analyseaufsatz zur Aufgabenstellung auf S. 310.
  a Formulieren Sie die Einleitung, indem Sie die folgenden Sätze vervollständigen.
  Peter Härtling hielt die … mit dem Titel „…" im Jahr … vor dem Publikum der …
  Thematisch geht es in der Rede um … und … Anlass dafür waren …
  Mit Frankfurt wählt Härtling für seine Rede einen geschichtsträchtigen Ort, weil …

b Verfassen Sie die Analyse der Rede. Achten Sie dabei auf eine sachliche Sprache und darauf, Ihre Aussagen durch Verweise oder Zitate (▶ S. 596) zu belegen. Nutzen Sie die folgenden Formulierungsbausteine.

> **Formulierungsbausteine: Redeanalyse**
> **Gedankengang und Argumentationsstruktur**
> - … setzt sich mit der Frage/dem Problem auseinander, …
> - … vertritt die These/Ansicht/Haltung, dass …
> - … befürwortet/unterstützt/kritisiert/widerspricht …
> - … argumentiert/begründet/belegt seine/ihre Ansicht, indem er/sie auf … verweist.
> - Aufschlussreich ist, welche Argumenttypen/Strategien der Beeinflussung vorwiegend gewählt werden: Mit … wird der Zweck verfolgt, …
>
> **Sprachliche und rhetorische Mittel und ihre Wirkung**
> - Die Gedanken werden in Form umfangreicher Hypotaxen/von Parataxen entwickelt. Das bewirkt …
> - … nutzt sprachliche Besonderheiten wie …, um …
> - Diese Formulierung kann als Kritik an … / Hinweis auf … / Kommentar zu … verstanden werden.
> - Häufig wird auf sprachliche und rhetorische Mittel wie … zurückgegriffen, was … verstärkt/wirkt.
> - Sprachlich ist der Text anspruchsvoll/allgemein verständlich/betont schlicht formuliert.
>
> **Redeabsicht/Intention**
> - … warnt offen/eindringlich/mit Nachdruck davor, …
> - … appelliert/fordert dazu auf, …
> - … versucht, sein/ihr Publikum/die Leser dazu zu bewegen, …

c Formulieren Sie eine Überleitung zum zweiten Aufgabenteil und führen Sie den weiterführenden Schreibauftrag aus. Beginnen Sie z. B. so:
Im Folgenden soll kritisch zu …, ob man analog zur Geschichte auch aus Literatur …

d Ziehen Sie am Schluss ein Fazit: *Zusammenfassend lässt sich feststellen, dass …*

Den eigenen Text überarbeiten

1 Überarbeiten Sie Ihren Text mit Hilfe der folgenden Checkliste.

> **Checkliste — Eine Rede analysieren**
> - Haben Sie Ihren Aufsatz übersichtlich in **Absätze** gegliedert?
> - Sind Sie **einleitend** auf Textsorte, Titel, Autor, Entstehungsjahr, Thema und Redesituation eingegangen?
> - Haben Sie sämtliche in der Aufgabe genannten **Aspekte der Analyse** berücksichtigt (Position, Gedankengang, Argumentationsweise, sprachliche und rhetorische Mittel, Redeabsicht)?
> - Haben Sie nach einer **Überleitung** eine kritische **Stellungnahme** formuliert?
> - Endet Ihr Aufsatz mit einem zusammenfassenden **Fazit**?
> - Haben Sie **sachlich** und **variantenreich** formuliert und die Formulierungsbausteine genutzt?
> - Haben Sie Ihre Beobachtungen durch **Verweise** und **Textzitate** belegt?
> - Ist der Text **sprachlich richtig** (Rechtschreibung, Grammatik, Zeichensetzung)?

7 Sprachliche Varietäten

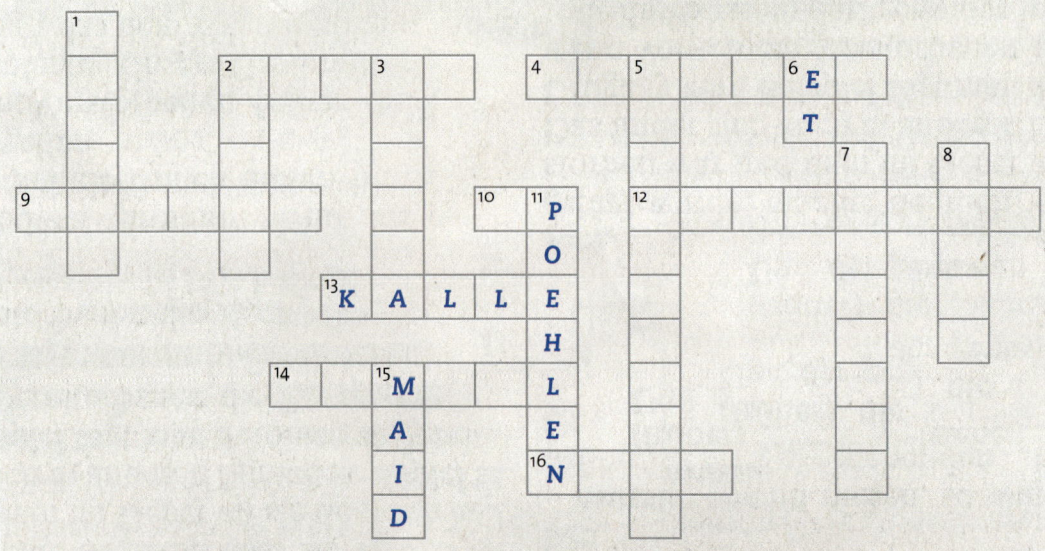

waagerecht
2. im Sport: *Welle* der Begeisterung
4. jugendsprachlich für *ausruhen*
9. süddeutsch für *Brötchen*
10. kölsch für *auf*
12. hochdeutsch für *slopen* (westf.)
13. kölsch für *reden*
14. in der Bergmannssprache: *guter Freund*
16. jugendsprachlich für *Sonderling/Computerfan*

senkrecht
1. jugendsprachlich für *Freund*
2. hochdeutsch für *Liäben*
3. kiezdeutsch für *lass uns mal*
5. hochdeutsch für *ischwör* (kiezdt.)
6. kölsch für *es*
7. ruhrpottdeutsch für *arbeiten*
8. bairisch für *gehen wir mal*
11. ruhrpottdeutsch für *Fußball spielen*
15. veraltet/ironisch für *Mädchen*

1 **a** Legen Sie eine Folie über das Kreuzworträtsel oder machen Sie eine Kopie von der Seite. Lösen Sie das Rätsel, soweit Sie können. Tauschen Sie Ihre Ergebnisse dann im Kurs aus und ergänzen Sie weitere Lösungen.
b Diskutieren Sie, wie relevant es für Sie ist, Kenntnisse in den unterschiedlichen Sprachvarietäten zu haben. Unterscheiden Sie dabei passives Wissen und aktive Sprachkompetenz.
2 Stellen Sie eine vorläufige Definition zu der Frage auf: Was sind Sprachvarietäten?

In diesem Kapitel erwerben Sie folgende Kenntnisse und Kompetenzen:

- Sachtexte zum Thema Sprachvarietäten erschließen und mit dem eigenen Sprachgebrauch in Verbindung bringen,
- das Sprachbewusstsein schärfen und den eigenen Sprachgebrauch wahrnehmen,
- Sprachvarietäten in ihren verschiedenen Erscheinungsformen benennen und an Beispielen veranschaulichen sowie ihre vielfältigen Zusammenhänge erläutern,
- unterschiedliche Positionen zu den Themen Dialekt und Jugendsprache referieren und selbst dazu Stellung nehmen,
- die gesellschaftliche Bedeutsamkeit von Sprachvarietäten beurteilen,
- einen argumentativen Informationstext zum Thema „Dialekt an Schulen?" verfassen.

7.1 Hochsprache und Dialekt – Informationen verarbeiten, Meinungen vertreten

Christof Hamann: Dialekt (2011)

In der neunten Klasse bat mich meine Lateinlehrerin nach dem Unterricht nach vorne. Sie war neu am Stockacher Nellenburg-Gymnasium, eine kleine, zähe, geradezu soldatisch wir-
5 kende Person, die sich nachts, so glaubten wir Schüler jedenfalls, mit Cäsars Gallischem Krieg in den Schlaf wiegte. Sie sagte mir, dass mein Deutsch unmöglich sei, aber viel schlimmer noch, der alemannische Dialekt, den sie hinter-
10 wäldlerisch nannte, würde auch meine lateinische Sprache verunreinigen. „Eschd" etwa statt „est" zu sagen, das ginge überhaupt nicht. Ich müsste das schleunigst korrigieren, sonst würde sie mir dafür im Zeugnis eine Note abziehen.
15 Halbherzig nur folgte ich dem Rat, aus Eigensinn vor allem, weil die Lehrerin meine Sprache schlechtredete, sodass mir noch zu Beginn des Studiums nahegelegt wurde, einen Deutschkurs bei der Volkshochschule zu belegen.
20 Irgendwann habe ich mir angewöhnt zu switchen, zwischen einem mehr oder weniger salonfähigen Hochdeutsch, das allerdings nach wie vor meine geographische Herkunft deutlich macht, und einem auch nicht mehr lupenrei-
25 nen Alemannisch. So wird es den meisten meines Alters und den Jüngeren ergehen: Wir sprechen keinen Dialekt mehr, sondern, wie Martin Walser schreibt, einen Landläufigkeitsmischmasch. Wenn ich mich mit einem älteren Men-
30 schen aus meiner Heimat am Telefon unterhalte, muss ich mir sagen lassen: Schwetz amol gscheit, und nach dem Gespräch fragt meine Frau: Hast du wieder mit dem Bodensee telefoniert? Du sprichst so komisch. Ich bin ihn also
35 nie richtig losgeworden, meinen Dialekt. Und ich habe mir schon öfter eine Frage Martin Walsers gestellt: *Da man diese Muttersprache also keinesfalls loswird, beginnt man sich zu fragen, ob sie eine Hemmung sei, eine andauernde Ausdrucksbeschwernis und Langsamkeit, oder ob man ihr auch* 40 *etwas zu verdanken habe*. Ich kann diese Frage nur mit Jein beantworten.

Manchmal geht er mir schon auf die Nerven, mein Dialekt, weil ich ihn nicht unter Kontrolle habe, weil er gerade dann, wenn ich aufgeregt 45 oder nervös bin, gegen meinen Willen durchbricht. Und vielleicht auch, weil ich das Vorurteil, dass es von der dialektalen Sprache zur Heimattümelei nur ein ganz kleiner Schritt sei, nicht von der Hand weisen kann. Es ist schon 50 so, dass der Dialekt mit dazu beiträgt, sich zu verschanzen im Hinterwäldlerischen und Provinziellen und weniger Neugierde zu verspüren für das Fremde. Es ist schon so, dass der Dialekt aus seiner Verschanzungstendenz heraus eini- 55 ge vor der Tür stehen lässt oder sie vor die Tür setzt.

Doch zugleich höre ich es gerne, das Alemannische, wie es am Bodensee auf verschiedene Art und Weise gesprochen wird. Das mag senti- 60 mentalen Anwandlungen geschuldet sein und dem utopischen Wunsch, zu dem zurückzugelangen, was, wie Ernst Bloch am Ende von „Das Prinzip Hoffnung" schreibt, allen in die Kindheit scheint und worin noch niemand war: Hei- 65 mat. [...]

Wer in einem alten Dialekt aufgewachsen sei [so Martin Walser], dem entstehe zwischen seiner Muttersprache und dem Hochdeutschen eine *lebenslängliche Spannung*, die unter ande- 70 rem bewirke, das *Hochstaplerische* der Hochsprache zum Vorschein zu bringen.

1 Beschreiben Sie das gespaltene Verhältnis des Autors zu seinem Dialekt mit eigenen Worten.
2 Hemmung oder Gewinn? Führen Sie das „Jein" Hamanns zu dieser Frage genauer aus.
3 Schauen Sie auf der Karte auf ▶ S. 318 nach, wo Alemannisch gesprochen wird, und hören Sie sich eine Probe dieses Dialektes an (z. B. beim Dialektatlas der Deutschen Welle).

Astrid Stedje: Die Sprachen in der Sprache (2007)

Gliederung der Sprache

Die Sprache lässt sich aus verschiedenen Dimensionen gesehen verschieden gliedern. Leider ist die Terminologie aber nicht vereinheitlicht. Für die gleiche Sprachschicht oder den gleichen Bereich werden oft mehrere Bezeichnungen nebeneinander gebraucht, z. B. *Hoch-, Normal-, Gemein-, Allgemein-, Gebrauchs-, Standardsprache* für die überregionale, nicht gruppengebundene Sprache; und manche Begriffe werden in unterschiedlichen Bedeutungen verwendet oder undeutlich definiert (bes. *Umgangssprache*). Vereinfacht lassen sich [...] fünf Dimensionen unterscheiden: Medium [gesprochene oder geschriebene Sprache], historische, regionale, soziale und stilistische Dimension. [...]

[*Zur regionalen bzw. dritten Dimension schreibt Stedje:*]

Große geografische Unterschiede, vor allem was Wortschatz und Aussprache betrifft, weisen die Mundarten (Dialekte) auf. Nichtregional (oder überregional) ist die Standardsprache (auch Gemeinsprache oder Hochsprache). Zwischen beiden liegen die regional gefärbten Umgangssprachen, die kleinere geografische Variationen aufweisen. [...]

Die überregionale Standardsprache

Die Standardsprache [...] ist [...] das Resultat einer langen Entwicklung. Ihre grammatischen, stilistischen und orthografischen Normen wurden endgültig erst im vorigen Jahrhundert festgelegt. Sie verändern sich jedoch langsam, indem sie sich an den Sprachgebrauch anschließen. Die Standardsprache nähert sich also allmählich der Umgangssprache [...], und sie ist eher eine geschriebene als eine gesprochene Sprache.

Die Mundart

Die Mundart ist die älteste Form der Sprache [...]. Aussprache und Wortschatz wechseln stark von Dialekt zu Dialekt, manchmal sogar von Ort zu Ort. Der Dialekt hat deshalb gegenüber der Standardsprache nur eine begrenzte Reichweite. Da die Mundart hauptsächlich ge-

sprochen wird und ihre Orthografie und Grammatik nicht normiert sind, ist sie leichter veränderlich als die geregelte Standardsprache.

Die Aussprache enthält viele Assimilationen und Abschwächungen (ostfränk. *unner* „unser", schwäb. *ebbes* „etwas"). Durch Analogie ist die Flexion weiter vereinfacht worden. [...]

Die Mundarten sind reich an expressiven und anschaulichen Ausdrücken, und der Wortschatz ist teilweise differenzierter und konkreter als in der Standardsprache.

Heute ist die Gesamtzahl der Menschen, die reine Mundart sprechen, stark zurückgegangen, obwohl die meisten Erwachsenen einen Dialekt jedenfalls zum Teil beherrschen. [...] Hauptsächlich drei Faktoren haben während der letzten 150 Jahre den Rückgang der Dialekte verursacht [...]. Andererseits erleben wir wieder eine gewisse Renaissance der Mundarten. [...]

Die regionale Umgangssprache

Die Umgangssprache steht zwischen Mundart und Standardsprache. Entstanden in fnhd. [frühneuhochdeutscher] Zeit, hat sie sich in der sozialen Oberschicht der Städte entwickelt, unterschiedlich in den verschiedenen Teilen Deutschlands. Auch die Umgangssprache ist hauptsächlich eine gesprochene Sprache. Sie ist

überregional verständlich, weist aber mehr oder weniger starke landschaftliche Züge auf, an denen man die Herkunft des Sprechers erkennt, z. B. an
- der Intonation,
- einer regionalen Färbung der Aussprache (z. B. von *r, st, -ig*),
- dem süddeutschen Gebrauch von *sein* bei *liegen, sitzen, stehen* gegenüber nord- und mitteldeutsch *haben*,
- den wortgeografischen Unterschieden, d. h. in Wörtern und Ausdrücken, die als regionale Varianten der Gemeinsprache nebeneinander gelten [...]. Es sind vor allem Berufsbezeichnungen und Ausdrücke auf den Gebieten Küche und Haushalt usw.

In den letzten Jahren ist jedoch die Tendenz zum überlandschaftlichen Ausgleich im Wortgebrauch stärker geworden. U. a. wirken die Nahrungsmittelindustrie und die Werbung hier vereinheitlichend.

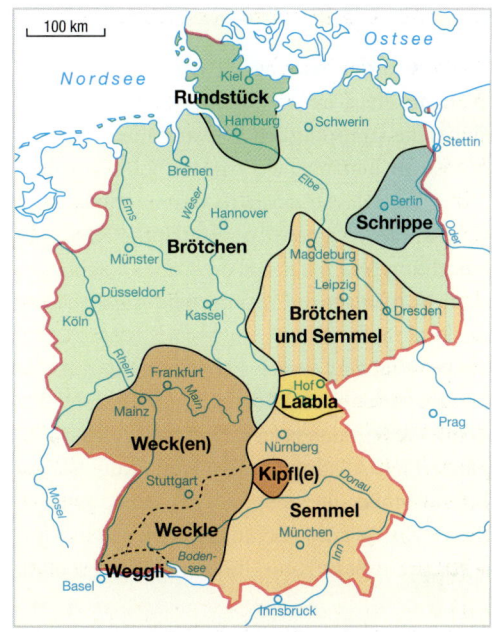

Bezeichnung für Brötchen in den deutschen Umgangssprachen

1 „Umgangssprache": Umschreiben Sie zunächst Ihr eigenes Verständnis dieses Begriffs. Vergleichen Sie dieses dann mit den Aussagen des Textes.

2 Veranschaulichen Sie die Informationen des Textes in Form verschiedener Grafiken.

3 a Stellen Sie Bezüge her zwischen den beiden Karten und den Aussagen des Textes.
 b Sammeln Sie weitere Beispiele für wortgeografische Unterschiede.

4 a Welche Faktoren haben Ihrer Vermutung nach zum Rückgang der Dialekte geführt (vgl. Z. 61 ff.)?
 b Die Autorin spricht andererseits von einer „Renaissance der Mundarten" (Z. 64): Können Sie diese Einschätzung teilen? Sammeln Sie Belege.

5 Erklären Sie anhand von Beispielen, Erfahrungen und Recherchen die übrigen vier von Stedje genannten Dimensionen zur Gliederung unserer Sprache (vgl. Z. 13 ff.): Medium, historische, soziale und stilistische Dimension.

6 Führen Sie die Umfrage „Dialekt in der Schule" (▶ grauer Kasten) in Ihrem Umfeld durch.
Achten Sie darauf, Personen unterschiedlichen Alters, unterschiedlicher Herkunft und Bildung und aus verschiedenen Berufsgruppen zu befragen.

7 Beschaffen Sie sich Sprachproben zu unterschiedlichen Dialekten des Deutschen (z. B. beim Dialektatlas der Deutschen Welle oder im Deutschen Spracharchiv des Instituts für deutsche Sprache).
 a Beschreiben Sie differenziert die Wirkung, die verschiedene Dialekte auf Sie haben.
 b Erörtern Sie die These, dass die klangliche Qualität der Dialekte etwas mit ihrem unterschiedlichen Prestige bzw. ihrer jeweiligen Akzeptanz zu tun habe.

Dialekt in der Schule?
Was halten Sie von einem mundartlichen „bilingualen" Unterricht?

☐ **Nein**, die Schüler sollen Hochdeutsch lernen.
☐ **Egal**, solange man sich verständigen kann.
☐ **Ja**, Dialekte müssen erhalten bleiben.

Elena Ern: **Dem Ruhrpott seine Sprache** (2013)

[...] Streng „dialektologisch" gesehen sprechen die Menschen im Ruhrgebiet keinen Dialekt. Denn die ursprünglichen plattdeutschen Dialekte sind hier längst ausgestorben. Trotzdem leben Teile davon noch in der heutigen Umgangssprache weiter [...]; so auch die Kasusvertauschung „gib mich mal die Butter". Schon im alten Platt gab es die Unterscheidung zwischen mir und mich nicht.

Viele Vokabeln lassen sich ebenfalls auf das Plattdeutsche zurückführen, zum Beispiel *Döneken* (Witz) oder *pöhlen* (Fußball spielen). Es gibt einige Ausdrücke, die vom industriellen Erbe der Region zeugen, wie zum Beispiel *Schicht im Schacht* (Schluss!) oder *Kumpel* (ursprünglich Bergmann, heute: guter Freund). [...]

Einige Begriffe entstammen ursprünglich dem Jiddischen und sind dann über das Polnische ins Ruhrgebietsdeutsch gekommen: zum Beispiel *malochen* (arbeiten) oder *Schickse* (harmloses Schimpfwort für Mädchen).

Sprechen Sie Englisch? Gut! Denn der „Ruhri" benutzt häufig die auch im Englischen übliche Verlaufsform, wenn er etwas „am Machen" ist: Er ist am Arbeiten, sie ist am Telefonieren, das Kind ist am Spielen. Ein weiteres Merkmal des Dialekts ist die Umschreibung des Genitivs nach dem Motto: Warum einfach, wenn man es sich auch schwermachen kann? „Erichs Enkel" klingt für einen Ruhrpottdeutschen irgendwie etepetete. Besser ist hier: „dem Erich sein Enkel".

Manchmal geht es aber auch kürzer, zum Beispiel: *Hömma* statt *hör mal*, *gehnwa* statt *gehen wir* oder *hasse* statt *hast du*. [...]

Eine weitere Faustregel: Die Mehrzahl wird im Ruhrgebiet immer mit -s gebildet. Es heißt also „ich hab die Koffers gepackt", „ich hab die Mädchens Bescheid gesacht" und „hol mal die Tellers ausm Schrank!". Und der Ruhrgebietler hat nachweislich einen Hang zur Verniedlichung, so wird das Pferd gerne mal zum *Pferdken* und das Haus zum *Häusken*.

Gesprochen wird der Ruhrpottslang überall dort, wo es „Originale" gibt: auf dem Markt, an der Bude, im Taubenschlag – zwischen Akten und Glasfassaden nur ganz selten. [...]

Nicole Scherschun: **Westfälisch – Das A und O** (2013)

Westfälisch [ist] nicht gleich Westfälisch [...]. Jemand aus Greven würde sich also mit jemandem aus dem 80 Kilometer entfernten Löhne auf Hochdeutsch unterhalten, denn sonst könnten sich die beiden kaum verstehen. [...] Schon norddeutsches Platt klingt für Nicht-Dialektsprecher kompliziert, aber westfälisches Platt gilt als besonders tückisch: Die so genannten a- und o-Laute sind ein Beispiel dafür. Es gibt einen alten ä-Laut, der zu *ao* tendiert, und einen jüngeren ö-Laut. Und diese beiden a-Laute werden im Westfälischen unterschieden.

Hier sagt man also: *Schop* (Schaf) und *slopen* (schlafen), aber *Hase*, *klagen* und *Water* (Wasser). Ganz im Gegensatz zum norddeutschen Platt. Denn im Norden sind diese beiden Laute, das altlange *a* und das tonlange *ä*, zusammengefallen. Da sagt man *Schaop* und *slaopen* und auch *Haose*, *klaogen* und *Waoter*, ...

[...] [I]n Westfalen gibt es immer weniger Leute, die ihre eigene Mundart sprechen. Und das hat etwas damit zu tun, dass Westfälisch ein niederdeutscher und kein hochdeutscher Dialekt ist. Die niederdeutschen Mundarten unterscheiden sich nämlich so stark vom Hochdeutschen, dass viele Westfalen und andere Norddeutsche Hochdeutsch erst erlernen müssen – meistens nach dem Buch. Deshalb sagt man auf der einen Seite, hier sprächen sie ein besonders gutes Hochdeutsch. Auf der anderen Seite sind die beiden Sprachen so unterschiedlich, dass viele Menschen nicht dazwischen variieren können. Immer mehr Sprecher treffen daher eine folgenschwere Wahl: Sie sprechen entweder nur Dialekt oder nur Hochdeutsch.

1 Ruhrpottdeutsch und Westfälisch – zwei regionale Varietäten in NRW: Geben Sie die Informationen zu den beiden Dialekten jeweils übersichtlich mit Hilfe grafischer Elemente wieder.

2 a Welche weiteren Dialekte werden in NRW gesprochen? Tragen Sie die von Ihnen recherchierten Informationen in eine Karte von Nordrhein-Westfalen ein.

b Verorten Sie sich selbst in dieser Karte. Sammeln Sie Merkmale Ihres Dialekts/Regiolekts und tauschen Sie sich darüber aus, welche Bedeutung dieser Dialekt in Ihrem aktiven und passiven Sprachgebrauch hat.

3 Informieren Sie Ihre Lerngruppe über die Geschichte und heutigen Erscheinungsweisen des Niederdeutschen in einer Plakat-Präsentation.

Karl-Heinz Göttert: Alles außer Hochdeutsch oder: Versuch eines Fazits (2011)

[...] Worum aber geht es genau? Um die Verabschiedung einer Illusion. Diese Illusion hängt mit der zwanghaften Vorstellung zusammen, alle Dinge würden oder müssten sich immer höher entwickeln. Am Anfang steht die gemütliche Kutsche, am Ende der im Windkanal getunte Hightech-Schlitten. Die Sprache scheint sich wie die Kutsche vom regionalen Rumpel- zum überregionalen Hochglanzidiom zu entwickeln. Und dann merkt man, dass es hinten und vorne nicht stimmt. Gewiss haben wir viel Einheit erreicht. Aber Sprachen wollen nicht nur Einheit. Sie wollen auch Vielfalt. In der Soziologie hat man es an anderen Phänomenen gefunden: Die Moderne bringt mehr Fremdheit, bietet aber auch mehr Nähe. Im Augenblick merkt man, dass neben Globalisierung Regionalität tritt. Statt Globalisierung Regionalität? Natürlich nicht, aber die Mischung ist möglich, auf Mischung kommt es offenbar an. Einheitssprache oder Dialekte? Das war einmal, heute gibt es beides.

[...] Wahrscheinlich gibt es keinen einzigen Dialektsprecher mehr, der wie noch im 19. Jahrhundert das reine Idiom seiner Region beherrscht. Aber es zeigt sich auch, dass am anderen Ende der Skala, beim Hochdeutschen, nicht wirklich reines Hochdeutsch herauskommt, wenn man einmal von Profis wie Nachrichtensprechern oder Schauspielern absieht. Die deutsche Sprache hat sich vielmehr auf ein Zusammenspiel eingerichtet und lebt gut damit. Hier ein nicht ganz reines Hochdeutsch, dort nicht ganz reine Dialekte: Umgangssprachen mit verschiedener Prägung in die beiden möglichen Hauptrichtungen. Ob man sich einmal in der Mitte trifft?

Möglich, aber auf absehbare Zeit ganz außer Betracht. Die augenblickliche Realität ist die in diesem Buch in vielen Einzelheiten dargelegte Dreiteilung: Zweisprachiger Norden mit (immer mehr) Standard und (immer weniger) Dialekt, beides nicht miteinander vermischt, sondern in abruptem Übergang vom einen zum anderen. In der Mitte ein Kontinuum von Standard zu Dialekt, also gleitender Übergang von ein wenig gefärbtem Standard zu schon arg ramponiertem Dialekt. Im Süden wieder eine Form von Zweisprachigkeit, aber nun ein durchaus kräftig gefärbter Standard neben einem noch recht bodenständigen alten Dialekt, bei insgesamt gleitenden Übergängen wie in der Mitte. Es ist nicht nötig, dies als präzise Beschreibung zu nehmen, die sprachlichen Verhältnisse sind es auch nicht. Man könnte das Ganze auch noch vereinfachen und von einer Zweiteilung sprechen, die statt auf der Sprache mehr auf der Einstellung zu ihr beruht: Im Norden der Dialekt als Privatsprache für das Kämmerlein bei der Möglichkeit, ihn vollständig abzulegen. Im Süden der Dialekt in offener Anwendung, zunehmend nicht versteckt.

1 Geben Sie den Standpunkt, den Göttert im ersten Teil des Textes (bis Z. 22) vertritt, mit eigenen Worten wieder. Belegen oder widerlegen Sie diesen Standpunkt nach Möglichkeit mit eigenen – auch medialen – Erfahrungen.

2 a Veranschaulichen Sie die im zweiten Teil (ab Z. 23) von Göttert vorgenommene Einteilung an einer Sprachkarte der deutschen Dialekte (vgl. die Karte auf ▶ S. 318).
b Erörtern Sie, in welchen Bereichen des privaten und öffentlichen Sprechens Ihnen der Gebrauch von Dialekt (in)akzeptabel erscheint: Schule, Medien, Clique, Familie, Universität, Bundestag, Gericht etc.

7.2 Jugendsprache und andere Soziolekte – Gesellschaftliche Bedeutung reflektieren

Nikolaus Nützel: Wenn Digger endkrass dissen – Oder: Sprechen Jugendliche eine eigene Sprache? (2007)

Sechzehnjährige sprechen anders als Sechzigjährige – man muss kein Sprachforscher sein, um das bestätigen zu können. Doch ob es wirklich eine eigene „Jugendsprache" gibt, darüber
5 können sich Sprachwissenschaftler die Köpfe heißreden. Am Ende solcher Debatten steht dann meist das Ergebnis: „Ja, es gibt eine Jugendsprache, aber irgendwie auch wieder nicht." Die Sprachforschung tut sich enorm
10 schwer zu beschreiben, was man hört, wenn Jugendliche den Mund aufmachen.
Immerhin: Alle Experten können sich darauf einigen, dass es Besonderheiten gibt, die man eher von Jugendlichen als von Rentnern hört:
15 – Jugendliche haben eigene Wörter beim Grüßen, sie sagen eher „Hey, Digger" oder „Was geht, Alter" als „Guten Tag, mein lieber Freund". (Sprachforscher reden von *sondersprachlichen Grußformeln*.)
20 – Jugendliche kleben Silben an Wörter, wie es Erwachsene nicht tun würden: „Ich war endsauer." (Sprachforscher reden von *expressiver Steigerung durch Präfigierung*.)
– Jugendliche verwenden noch mehr Begriffe
25 aus dem Englischen, als es Erwachsene ohnehin schon tun: „cruisen", „chillen", „scratchen" usw. (Sprachforscher reden von *Entlehnung*.) [...]
– Jugendliche verwenden Wörter, die viele Er-
30 wachsene als anstößig empfinden: Rudelpisser, Fressbrett, Analhusten. (Sprachforscher reden von *diastratisch* [gesellschaftlich] *niedrig markierten Lexemen*.)

– Jugendliche malen mit ihrer Sprache gerne Bilder: Münzmallorca (Solarium), Taschen- 35 tiger (Katze), behaarte Bifi (kleiner Hund). (Sprachforscher reden von *metaphorischer Sprechweise*.)
– Jugendliche lassen Wörter aus: „Ich geh nachher Karstadt, kommst du?" – „Auf je- 40 den!" (Sprachforscher reden von *elliptischer Sprechweise*.)
– Jugendliche verwenden gebräuchliche Wörter mit neuem Sinn: Biotonne für Vegetarier [...]. (Sprachforscher reden von *Verfrem-* 45 *dung, die zur Polysemie führt*.)
– Jugendliche verwenden die Regeln der Grammatik völlig neu: Sie nehmen beispielsweise die Vorsilbe „un-", steigern sie (was eigentlich in der deutschen Grammatik nicht erlaubt ist) 50 und erschaffen somit ein neues Wort: unst oder unsten. (Sprachforscher reden von *paradoxer Superlativbildung zu einem Präfix*.)
– Jugendliche verwenden gerne Füllwörter: „irgendwie", „und so", „na ja". (Sprachforscher 55 reden von *Abtönungspartikeln*.)
– Jugendliche schneiden Wörter hinten oder auch vorne ab: Alk (statt Alkohol), türlich (statt natürlich). (Sprachforscher sprechen von *Kopfwörtern und Schwanzwörtern*.) 60
Alles in allem sprechen Jugendliche also anders. Und man kann dieses andere Sprechen sogar mit hochwissenschaftlichen Fachbegriffen beschreiben. Aber eine eigene Sprache, die wirklich durchgängig unverständlich für Er- 65 wachsene wäre, sprechen junge Leute wohl

doch nicht. Das, was typisch ist für die Sprache der Jugendlichen, macht nur einen kleinen Teil von dem aus, was sie erzählen, beklagen, belachen. Sprachstatistiker haben errechnet, dass sich Jugendsprache zu weniger als einem Prozent von der durchschnittlichen Erwachsenensprache unterscheidet. [...]

Neben der Jugendsprache, mit der sich die einschlägigen Lexika und Bücher von Professoren der Sprachwissenschaft beschäftigen, gibt es eine weitere Spielart des jugendlichen Sprechens – und sie wird in den letzten Jahren immer wichtiger: die Sprache der Jungen und Mädchen in Deutschland, deren Eltern einen türkischen, bosnischen oder russischen Pass haben oder die selbst von den deutschen Gesetzen als Ausländer behandelt werden (obwohl sie in Deutschland geboren wurden).

Die „Kanak Sprak", wie sie der gebürtige Kurde Feridun Zaimoglu getauft hat, ist extremer als die rein deutsche Jugendsprache. Die jungen Alis und Ayshas kennen noch mehr Spezialbegriffe. Sie bilden noch unvollständigere Sätze. Sie mischen Deutsch mit Türkisch. Sie rollen das „r" im Wörtchen „krrrrass" noch stärker. Sie machen gerne aus einem „ch" ein „sch". Und vor allem bildet die „Kanak Sprak" ihr eigenes Universum. Aber sie hat offenbar auch einen besonderen Unterhaltungswert. Die kommerziell aufgepeppte Kanak Sprak, mit der Erkan und Stefan oder auch der „Was-guckst-du?!"-Moderator Kaya Yanar ihre Comedys bestücken, hat ihre Schöpfer reich gemacht. Das hätten sich die ersten Jugendlichen, die im 19. Jahrhundert anfingen, eine Jugend-Sondersprache zu basteln, wohl nicht träumen lassen, dass man damit mal richtig Geld (also Cash, Kohle, Asche, Kies, Money, Flocken, Heu, Steine usw., usf.) verdienen könnte.

Heike Wiese: Kiezdeutsch rockt, ischwör! (2012)

„Ein eigenartiges nicht Duden-kompatibles Gossen-Stakkato", stand schon in der Zeitung. Und: „Der Wortschatz dieser Straßensprache gleicht einer Notation." Kiezdeutsch gilt oft als falsches, reduziertes Deutsch ohne Grammatik. Dabei ist Kiezdeutsch ein neuer, komplexer Dialekt, der fest im System der deutschen Grammatik verankert ist.

Kiezdeutsch weist – wie alle Dialekte – eine Reihe von Besonderheiten auf. Allerdings handelt es sich nicht um sprachliche Fehler, sondern um systematische Neuerungen in Grammatik, Wortschatz und Aussprache.

So wird aus „ich" beispielsweise „isch", was ähnlich im Rheinland vorkommt und im Berliner „nüscht". Wir finden neue Funktionswörter wie „lassma" und „musstu" („lass uns mal" und „musst du") und Zusammenziehungen wie „ischwör" („ich schwöre"), mit dem eine Aussage bekräftigt wird – ganz ähnlich, wie umgangssprachlich die Zusammenziehung „glaubich" („glaube ich") eine Aussage abschwächt. Das Wort „so" wird nicht nur zum Vergleich verwendet, sondern auch zur Betonung („Ich höre Alpa Gun, weil er so aus Schöneberg kommt"), so entsteht ein neues Funktionswort, das wir übrigens auch außerhalb von Kiezdeutsch finden. Das ist nicht schlampig formuliert, sondern hat System.

Wie ein Dialekt bewertet wird, hängt immer auch mit der sozioökonomischen Stellung derjenigen zusammen, die ihn sprechen. Wenn jemand einen niedrigeren sozialen Status hat, dann wird seine Sprechweise eher negativ be-

wertet. Kiezdeutsch wird in multiethnischen Wohngebieten gesprochen, und in Deutschland sind diese oft sozial besonders benachteiligt, das Einkommen ist niedrig, die Arbeitslosenquote hoch. Dementsprechend wird Kiezdeutsch als Sprechweise sozial Schwächerer wahrgenommen – und damit schnell als „schlechtes Deutsch" abgewertet.

Kiezdeutsch hat aber noch mit einem zweiten Handicap zu kämpfen: Es wird typischerweise unter Jugendlichen gesprochen – das war noch nie günstig für die Bewertung einer Sprechweise. Denn die Kritik an Jugendsprache ist so alt wie die Kritik an Jugendkulturen insgesamt.

1 Suchen Sie zu jedem von Nützel genannten Merkmal der Jugendsprache weitere Beispiele.
2 Berichten Sie über Ihre Erfahrungen mit „Kanak Sprak" bzw. „Kiezdeutsch" – einerseits im Alltag, andererseits in den Medien. Vergleichen Sie Ihre Erfahrungen mit Nützels und Wieses Aussagen.
3 Sammeln Sie Beispiele zur Veranschaulichung der Fachbegriffe in der folgenden Information:

Information Sprachvarietäten und Sprachkontakt

Mit dem Begriff Sprachvarietäten werden **verschiedene** Varianten, **Erscheinungsweisen einer Sprache** bezeichnet. Solche Varianten gibt es vor allem
- durch Unterschiede zwischen der **geschriebenen** und der **gesprochenen** Sprache,
- in Form der **Dialekte** in verschiedenen Regionen, z. B. des deutschsprachigen Raums,
- in Form zahlreicher **Fachsprachen** (▶ S. 152 ff.),
- durch unterschiedliche Sprachverwendung je nach sozialer Gruppe/Situation **(Soziolekte)**,
- durch die – unter dem Einfluss der eigenen Muttersprache – von den Regeln abweichende Sprachverwendung von Sprechern, für die die Sprache eine Zweitsprache ist. Die Art und Weise, wie diese **primären Ethnolekte** in den Medien aufgegriffen werden, bezeichnet man als **sekundären Ethnolekt**. Wo dieser in den Medien präsentierte sekundäre Ethnolekt wiederum den Sprachgebrauch beeinflusst, ist von **tertiärem Ethnolekt** die Rede.

Dort, wo die Sprecher/innen einer Gruppe mehrere Sprachen oder Sprachvarietäten sprechen, kommt es zum **Sprachkontakt**. Sprachkontakt ist ein möglicher Grund für die Entstehung von Sprachvarietäten. Der Übergang von einer Sprachvarietät oder Sprache in die andere innerhalb eines Gesprächs wird als **„Code-Switching"** bezeichnet.
Regionale, soziale, situative und weitere besondere, ggf. auch ethnische Merkmale verbinden sich bei jedem/jeder Einzelnen zu einer individuellen Sprechweise **(Idiolekt)**.

Jochen Leffers: Bürosprech (2012)

Gut, da sind diese Bürokasper, die beinah jeden Satz anreichern mit Floskeln von „Zum Bleistift" bis „Alles in Dortmund", von „Schankedön" über „Wirsing" bis zu „Dagegen bin ich algerisch". [...] Aber das wäre eine zu leichte Beute für Matthias Nöllke. Er suchte eine andere Art von Sprache: Redewendungen, ganz ernsthafte wie auch ironiegetränkte, die sich fest im Hirn von Büromenschen eingenistet haben und ihnen jeden Tag wie selbstverständlich über die Lippen gehen.

Gefunden hat Nöllke eine Menge schrecklich schöner Phrasen und ein Buch daraus gemacht: „Vielen Dank an das gesamte Team – 111 unvermeidliche Sätze für das Berufsleben". Mit diesen Textbausteinen kommt man locker durch den Bürotag und wird sie immer wieder hören. Oder selbst benutzen. „Nennen Sie mal eine Hausnummer", sagt etwa der Personaler zum Bewerber, wenn es ums Geld geht. „Das ist aber nicht der Brüller", meckert ein Kollege oder flötet: „Alles im grünen Bereich." Typische Meeting-Formulierungen sind zum Beispiel „Da bin ich ganz bei Ihnen, aber ..." oder auch „Da muss ich mich erst mal aufschlauen".

Kathrin Langhans: Juhu, niemand versteht mich! (2012)

In meinem zweiten Semester an der Uni hatte ich genug von trockenen Vorlesungen und freute mich auf Seminare mit lebhaften Diskussionen. Im Seminarraum wäre ich dann am liebsten unsichtbar gewesen, als ein Kommilitone erklärte, dass das Individuum erst in örtlicher Diskrepanz zum Ursprungsland den Hiatus zwischen dem Eigenen und dem Fremden erfassen könne.

Ich rutschte tiefer in meinen Stuhl und versuchte, wissend in die Luft zu starren und den Blickkontakt mit der Professorin zu vermeiden. War ich die Einzige, die keinen Schimmer hatte, was ein Hiatus ist? „Der kennt sich aus", raunte mir meine Nachbarin mit einer Mischung aus Abneigung und Neid zu.

Gerade in der Uni erlebte ich es oft, wie Studenten einfache Inhalte in komplexe Sätze kleiden und dafür Anerkennung ernten. Mein Kommilitone beeindruckte, weil er wusste, dass Hiatus so viel wie „Kluft" heißt. Oft denken wir, wer komplizierte Fremdwörter benutzt, muss was auf dem Kasten haben. Dabei war die Aussage meines Kommilitonen eigentlich ganz simpel: Kulturelle Unterschiede werden uns erst auf Reisen bewusst.

Der Psychologe Alex Bavelas ist bekannt für seine Kommunikationsforschung in Kleingruppen. In den fünfziger Jahren untersuchte er die Wirkung von Erklärungskonzepten an der Stanford Universität: Zwei Versuchspersonen mussten gesunde von kranken Gewebezellen unterscheiden und dafür Kriterien entwickeln.

Eine der Personen bekam dabei richtige Rückmeldungen auf ihre Annahmen. Die andere bekam falsche Hinweise und entwickelte ein kompliziertes und verworrenes Konzept. Im Anschluss trafen beide Probanden aufeinander und diskutierten. Dabei einigten sie sich auf die komplexere, falsche Antwort, obwohl sie lückenhaft und kaum verständlich war. Der Grund: Die einfache Erklärung erschien zu simpel. Beide beeindruckte die Komplexität der falschen Antwort. Je absurder die Erklärung war, desto überzeugter waren die Versuchspersonen, dass sie korrekt ist.

1. Sammeln Sie mithilfe von Eltern und erwachsenen Bekannten weitere Phrasen aus dem Büroalltag. Lassen sich auf der Grundlage Ihrer Sammlung typische Merkmale dieser Varietät benennen?
2. Erläutern Sie mit eigenen Worten das Experiment, von dem Kathrin Langhans berichtet. Erklären Sie, inwiefern es zu der Seminarerfahrung der Studentin passt.
3. Vergleichen Sie den in den Texten von Leffers und Langhans beschriebenen Sprachgebrauch mit Merkmalen der Jugendsprache (▶ vgl. Text von Nützel S. 322 f). Inwiefern lässt sich die verbreitete Vorstellung von „Jugendsprache(n)" durch diesen Vergleich relativieren bzw. erweitern?
4. Welcher Stilebene im „Haus der Stile" (▶ Information) lassen sich „Bürosprech" und die von Langhans beschriebene Seminarsprache zuordnen?
5. Zeigen Sie Zusammenhänge und Überschneidungen zwischen den Kategorien im „Haus der Stile" und im Informationskasten „Sprachvarietäten" (▶ S. 324) auf.

Information: Haus der Stile

bildungssprachlich:	gebildete, gewisse Kenntnisse voraussetzende Ausdrucksweise; z.B.: *fundieren* (statt: *mit Argumenten untermauern*), *postulieren* (statt: *behaupten*), *Resümee* (statt: *Ergebnis*), *evaluieren* (statt: *bewerten* oder *beurteilen*)
gehoben:	gepflegt wirkende, in Alltagsgesprächen oft überheblich klingende, in anspruchsvollen Textsorten verwendete Ausdrucksweise; z.B.: *wandeln* (für *spazieren gehen*), *etwas verhehlen* (*etwas verschweigen*)
amtssprachlich:	unpersönlich wirkende, steif-offizielle Ausdrucksweise; z.B.: *Indienststellung* (für *Einstellung*), *Verausgabung* (für *Ausgabe*)
normalsprachlich:	allgemein verwendete Ausdrucksweise, die in den meisten Kommunikationssituationen am wenigsten auffällt; z.B.: *behaupten, Ergebnis, Beispiel*
umgangssprachlich:	locker wirkende, im Alltag verwendete Ausdrucksweise, die in offizielleren Gesprächen unangebracht ist und in den meisten Textformen vermieden wird; z.B.: *meckern* (für *kritisieren*), *es geregelt kriegen* (statt: *etwas bewältigen*)
jargonhaft:	Ausdrucksweise, die an eine bestimmte soziale Gruppe oder Altersgruppe gebunden ist (z.B. Jugendsprache); z.B.: *supergeil, fett* (für *sehr gut*)

7.3 Klausurvorbereitung: Materialgestützt einen Text verfassen

Aufgabenbeispiel

1. Das Land NRW überlegt, im Regierungsbezirk Münster das Westfälische als Dialekt-Varietät des Niederdeutschen zum Wahlpflichtfach an Grundschulen und weiterführenden Schulen zu machen. In einer Münsteraner Tageszeitung soll nun eine Wochenendbeilage erscheinen, in der Westfalen – insbesondere Eltern, Schüler und Lehrkräfte – mit ihren Beiträgen dazu Stellung beziehen sollen.
Verfassen Sie auf Grundlage der Materialen M1 bis M5 und Ihrer Kenntnisse aus dem Unterricht einen Beitrag für die Zeitungsbeilage. Argumentieren Sie darin – Vor- und Nachteile abwägend – für die Förderung von Dialekten und informieren Sie über konkrete Umsetzungsmöglichkeiten von Dialekt als Schulfach.

M1 Wolfgang Krischke: **Schnacken wie die Alten** (2012)

[...] Einmal pro Woche steht in der Hamburger Grundschule Curslack-Neuengamme Niederdeutsch auf dem Stundenplan. [...] Die Schule im dörflichen Stadtteil Curslack ist eine von acht Hamburger Grundschulen, in denen seit Kurzem Plattdeutsch als Wahlpflichtfach unterrichtet wird. Insgesamt mehr als 200 Kinder sind von ihren Eltern dafür angemeldet worden. Zwei weitere Schulen haben ebenfalls Plattdeutsch im Angebot – theoretisch. Praktisch war die Nachfrage bislang zu gering, um Stunden anzubieten. Unterstützt werden die Lehrer von ehrenamtlichen Sprachpaten, den „Plattsnackers". In den ersten beiden Schuljahren stehen Sprechen und Hörverständnis im Vordergrund. Erst später, wenn die Schüler die Grundlagen der hochdeutschen Rechtschreibung gelernt haben, sieht der Lehrplan auch Schreiben und Lesen auf Niederdeutsch vor – aber ohne Diktate und Grammatiktests. Die Unterrichtssprache ist von vornherein Platt, mit hochdeutschen „Ausrutschern" gehen die Lehrer tolerant um. Das Ziel ist nicht nur, das Niederdeutsche zu stärken, sondern auch, das Bewusstsein der Schüler für die sprachlichen Traditionen ihrer Heimat zu schärfen.
Anknüpfungspunkte gibt es genug in einer Stadt, deren berühmtester Park „Planten un Blomen" heißt und deren Straßen Namen wie Schoolmesterkamp (Schulmeisterfeld) oder Kattensteert (Katzenschwanz) tragen. Hamburg ist das erste Bundesland, in dem die regionale Sprache als eigenständiges Fach im Lehrplan verankert ist und von den Schülern aktiv erlernt wird. Wenn sich das Konzept bewährt, sollen den Pilotschulen weitere folgen. Niederdeutsch könnte dann sogar Abiturfach werden.
[...] Ein wesentliches Motiv für den pädagogischen Vorstoß des Stadtstaats liefert das EU-Recht: Dem zufolge gilt Plattdeutsch nämlich nicht als Dialekt, sondern als eine Regionalsprache. Und die fällt unter die Europäische Charta der Regional- oder Minderheitensprachen [...]. In ihr verpflichtet sich Deutschland, neben Friesisch, Sorbisch, Dänisch und Romanes als Minderheitensprachen auch Niederdeutsch zu fördern und in den Schulen zu unterrichten. [...]
„Weil das Niederdeutsche in den Familien nicht mehr weitergegeben wird, ist die Schule der Ausweg", sagt Ingrid Schröder, Niederdeutschprofessorin an der Universität Hamburg und als wissenschaftliche Beraterin an der Planung des neuen Fachs beteiligt. Bis in die achtziger Jahre hinein sahen viele Eltern und Lehrer – nicht nur in Norddeutschland – in den Dialekten Barrieren auf dem Weg zum korrekten Hochdeutsch. „Heute steht man der Mehrsprachigkeit viel positiver gegenüber. Die Vorstellung, die Kinder müssten erst im Hochdeutschen perfekt sein, bevor andere Sprachen dazukommen können, ist verschwunden", sagt Ingrid Schröder. [....]

M2 Charlotte Frank: „Na, Udslopen?" (2012)

[...] „Plattdüütsch is min Modersprook" – Lehrerin Anja Meier versucht es auf die spielerische Art. Sie unterrichtet mit der schnackenden Stoffpuppe Fietje. [...] „Goden Morgen. Ik heet Fietje. Ik bün söben Johr old", sagt Frau Meier. Auf ihrer Hand sitzt eine Stoffpuppe mit Ringelpullover, Schirmmütze und gelben Wollhaaren, die Frau Meier durch die Luft wackeln lässt, auf Emirhan zu: „Un wer büst du?" Emirhan, nach einem tiefen Gähner, blickt die Puppe erstaunt an. „Die Puppe hat gesagt, dass sie Fietje heißt und sieben Jahre alt ist", erklärt die Lehrerin. „Und du?" – „Ik heet Igor. Ik bün sös", brüllt sein Nachbar dazwischen. Er kennt das mit Fietje schon. Das ist gut, weil Frau Meier Fietje nun klatschen lässt, woraufhin Igor vom Stuhl hüpft und sich auf die Brust trommelt. [...] Bis heute fehlen Bücher, Arbeitshefte, Lernspiele. Erst seit 2011 sind die Fietje-Handpuppe und das dazugehörige „Arbeitsbook 1" auf dem Markt. Die Stofffigur tanzt nun immer wieder durch den Unterricht – die Pädagogen müssen sich da schon viel einfallen lassen, wenn sie Stunden halbwegs abwechslungsreich gestalten wollen.

Das alles wäre ja zu verkraften – fehlten nicht auch noch: die Lehrer. An der Universität Hamburg können Studenten das Fach Niederdeutsch belegen; Bewerber, die diese Qualifikation mitbringen, werden heute bevorzugt eingestellt. Und doch gibt es zu wenige von ihnen; bis 2010 brauchte sie ja keiner. Einige der Pilotschulen müssen sich deshalb mit „Plattsnackers" behelfen: Ehrenamtliche, die Niederdeutsch sprechen, aber keine Lehrerausbildung haben.

In Finkenwerder aber haben sie Glück. Anja Meier, 52 Jahre alt, zitronengelbe Bluse, ein Miniatur-Leuchtturm als Kettenanhänger, ist Lehrerin für Englisch, Mathematik und Sport. Und sie sagt über sich: „Plattdüütsch is min Modersprook." Ihre Muttersprache. In ihrer Familie werde ausschließlich Plattdeutsch gesprochen, und genauso hält sie es im Unterricht. [...]

Aueschule, Hamburg-Finkenwerder, Plattdeutsch-Unterricht (2012)

M3 Péter Maitz, Stephan Elspaß: Sprachliche Diskriminierung von deutschen Muttersprachlern in Deutschland – Fallbeispiele (2011)

Der Bonner General-Anzeiger berichtete [...] von einem Fall, wo ein Schüler wegen seines oberbairischen Akzents einen tadelnden Vermerk ins Zeugnis erhielt.

Einer Studierenden an einer süddeutschen Universität begründete der Prüfer nach einer mündlichen Prüfung im Fach Erziehungswissenschaften die Note 2 (statt der erhofften 1) damit, dass sie „zu sehr geschwäbelt" habe.

Bei einer Diskussionsveranstaltung mit Lektoren des Deutschen Akademischen Auslandsdienstes erklärte ein ehemaliger leitender Funktionär des DAAD öffentlich, dass er selbst in einem Auswahlverfahren einen Bewerber um eine Lektoratsstelle im Ausland wegen dessen bairischen Akzents abgelehnt habe.

In der Frankfurter Allgemeine Zeitung war von einem Prozess zu lesen, den ein ostdeutscher Handelsvertreter angestrengt hatte, weil ihm nach der Schließung seiner Filiale gekündigt und sein „Angebot im Westen weiterzuarbeiten, [...] mit der Begründung abgelehnt [wurde], er würde wegen seines ‚starken sächsischen Akzents' von westdeutschen Kunden nicht akzeptiert werden."

M4 Hans Kratzer: **Dialekt macht schlau** (2005)

[...] Jetzt hat die aktuelle Pisa-Studie dem Dialekt überraschend zu neuer Aufmerksamkeit verholfen. Dass im Bildungsvergleich ausgerechnet Dialekt-Regionen wie Bayern, Baden-Württemberg, Sachsen und Österreich ganz oben stehen, hat eine Reihe von Fragen aufgeworfen. Sogar die mundartlich wenig inspirierte Bildzeitung titelte etwas ratlos: Macht uns der Dialekt so schlau?

Größere Sprachkompetenz dank Dialekt
Mundart-Experte Hans Triebel beantwortet diese Frage klipp und klar mit Ja. „Unsere Kinder san ja net so gscheit, weil bei uns die CSU regiert, sondern weil sie von Grund auf zwei Sprachen lernen, den Dialekt als Muttersprache und das Schriftdeutsche als Standardsprache", sagt Triebel. Tatsächlich lassen wissenschaftliche Untersuchungen den Schluss zu, dass Kinder, die mit dem Dialekt aufwachsen und sich dann erst die Standardsprache aneignen, eine größere Sprachkompetenz entwickeln.
Heinz-Peter Meidinger, der Vorsitzende des Deutschen Philologenverbandes, nennt folgenden Grund für dieses Phänomen: „Dialektsprecher lernen früh, zwischen verschiedenen Sprachebenen zu unterscheiden. Das trainiert die Auffassungsgabe und das abstrakte Denken." Nach Ansicht von Josef Kraus, dem Präsidenten des Deutschen Lehrerverbandes, profitieren Dialektsprecher vor allem in Deutsch und Mathematik von ihrem guten sprachanalytischen Verständnis.

Weniger Rechtschreibfehler bei Dialektsprechern
Ludwig Zehetner, der an der Universität Regensburg bairische Dialektologie lehrt, verweist überdies auf jüngste Erkenntnisse in der Hirnforschung. Aus denen gehe hervor, dass sich bei Kindern, die mehrere Sprachen beherrschen, das zuständige Zentrum im Gehirn besser ausbilde.
„Der Dialekt ist für ein Kind die optimale Voraussetzung für jegliche weitere Entfaltung auf sprachlichem Gebiet", sagt Zehetner. Dazu passt die These von Reinhold Steininger, dass zwar der Gebrauch des Dialekts rapide zurückgehe, die Beherrschung der Schriftsprache aber in gleichem Maße abnehme.

M5 Können Sie den Dialekt Ihrer Region sprechen?

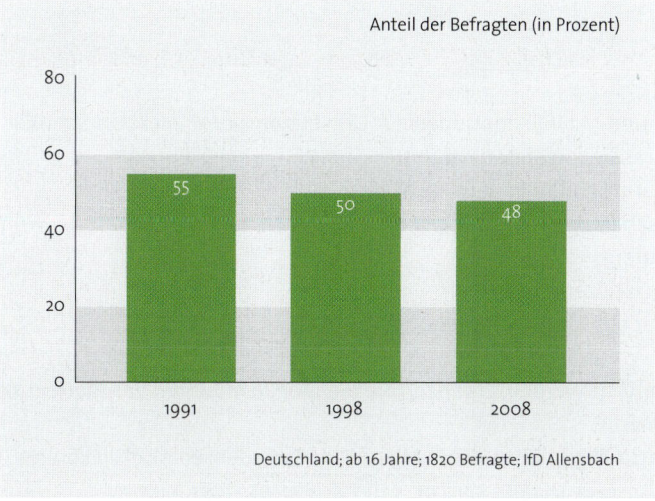

Deutschland; ab 16 Jahre; 1820 Befragte; IfD Allensbach

Die Aufgabenstellung verstehen

1 Lesen Sie die Aufgabenstellung gründlich und machen Sie sich klar, was für ein Text von Ihnen verlangt wird. Halten Sie alle wichtigen Informationen in einer Mindmap fest:

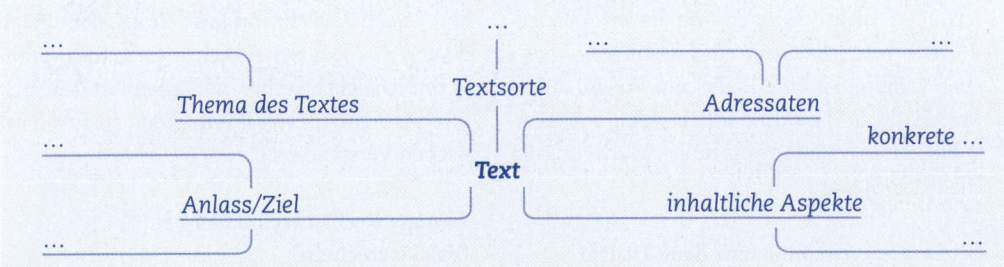

2 Erläutern Sie, was in den vorwiegend argumentierenden und was in den vorwiegend informierenden Teil Ihres Textes gehört. Berücksichtigen Sie dabei die Operatoren in der Aufgabenstellung.

Erstes Textverständnis und Ideen formulieren

1 Lesen Sie die Überschriften der Materialien 1 bis 5 und überfliegen Sie die Texte. Notieren Sie, in welchen Materialien Sie vermutlich Argumente für oder gegen die Förderung von Dialekten und in welchen Sie Informationen zur konkreten Umsetzung von Dialekt als Schulfach finden.

2 Halten Sie mit Hilfe Ihrer Kenntnisse aus dem Unterricht in einer Tabelle erste Argumente für und gegen die Förderung von Dialekten fest.

pro Dialektförderung	kontra Dialektförderung
Wer einen Dialekt beherrscht …	In manchen Situationen (z. B. …) ist es wichtig, Hochdeutsch zu sprechen.
…	…

Die Materialien gezielt lesen

1 Schreiben Sie aus den Texten M1 und M2 Informationen zur Umsetzung von Dialekt als Schulfach heraus. Beantworten Sie dabei u.a. die folgenden Fragen:
- Was lernen die Schülerinnen und Schüler in dem Fach?
- Welchen Status könnte das Fach haben?
- Wie kann der Unterricht ablaufen?
- Wer könnte oder sollte das Fach unterrichten?
- Welche Materialien werden für den Unterricht benötigt?

2 a Untersuchen Sie die Texte M1, M3 und M4 im Hinblick auf die Argumente, die für und gegen die Förderung von Dialekten angeführt werden. Ergänzen Sie die Tabelle mit Ihren Vorüberlegungen (▶ Aufgabe 2) um neue Argumente.

b Überlegen Sie, wie Sie die Kontra-Argumente, die in M3 genannt werden, entkräften können. Beginnen Sie z.B. so: *Auch wenn man Dialekt spricht, heißt das nicht, dass man …*

3 Nehmen Sie nun das Säulendiagramm (M5) in den Blick:
  a Worüber informiert das Diagramm? Worauf beziehen sich die Achsen?
  Das Diagramm informiert über die Ergebnisse von Befragungen, in denen es darum ging, … Es wird dargestellt, wie viel Prozent der Befragten in den Jahren …, … und … angaben, dass …
  b Setzen Sie die Angaben für die einzelnen Jahre in Beziehung zueinander und fassen Sie zusammen, welche Entwicklung sich ablesen lässt.
  c Begründen Sie, für welchen Aspekt Ihres Themas (Argumente für/gegen die Förderung von Dialekten oder Umsetzungsmöglichkeiten an Schulen) die Grafik relevant ist.

4 Machen Sie sich klar, in welcher Beziehung die Materialien 1 bis 5 stehen. Vervollständigen Sie dazu die folgenden Sätze. Nutzen Sie z. B. diese Verben: *übereinstimmen, ergänzen, widersprechen, zusammenpassen*.
Die Informationen zur Umsetzung des Fachs Dialekt an Schulen in M1 und M2 …, weil …
Die in der Grafik (M5) enthaltenen Informationen … M4, weil …
Die Argumente für Dialekte in M1 und M4 …, weil …

5 Die Materialien 1 bis 5 enthalten auch Informationen, die Sie laut Aufgabenstellung nicht in Ihren Text einbringen sollten. Nennen Sie Beispiele dafür.

Den Schreibplan erstellen und schreiben

1 **a** Wählen Sie für den Hauptteil Ihres Textes eine sinnvolle gedankliche Struktur (▶ Information) aus. Begründen Sie Ihre Entscheidung.
  b Erstellen Sie eine Gliederung für Ihren Hauptteil, indem Sie die Informationen und Argumente aus den Materialien und aus dem Unterricht den einzelnen Teilen der gedanklichen Struktur zuordnen.

2 Notieren Sie in Stichpunkten, wie Sie in der Einleitung Ihre Adressaten für das Thema interessieren und Ihren Standpunkt bereits verdeutlichen können. Wählen Sie aus den folgenden Möglichkeiten oder notieren Sie eigene Ideen:
Das Westfälische ist in Münster überall präsent; Schüler sollen die sprachliche Tradition ihrer Heimat kennen; Sprachbewusstsein fördern

3 Halten Sie fest, wie Sie am Schluss ein Fazit ziehen, eine Empfehlung geben oder einen Appell formulieren können.

Information — **Die gedankliche Struktur eines informierenden Textes entwickeln**

Es ist sinnvoll, informierende Texte einer gedanklichen Struktur folgen zu lassen, damit die Informationen und Argumente nicht ohne Bezug nebeneinanderstehen und für die Leser besser nachvollziehbar sind. Beispiele:

- **Ursachen → Wirkungen → Folgen/Vergangenheit → Gegenwart → Zukunft**, z. B. *Ursache: Ablehnung von Dialekten → Wirkung: Dialekte werden kaum gesprochen → Folge: Aussterben von Dialekten*
- **Problem → Lösung → Umsetzung**, z. B. *Problem: Ablehnung von Dialekten → Lösung: Interesse wecken → Umsetzung: Werbung für Dialekte*
- **Frage → Antwort → Folgerung**, z. B. *Frage: Sollen Dialekte gefördert werden? → Antwort: Ja, weil Pro-Argumente (z. B. …) überwiegen → Folgerung: Umsetzung durch …*

Manchmal ist es sinnvoll, die Struktur zu verändern, z. B. *Folgen → Wirkungen → Ursachen*.
Auch informierende Texte unterliegen in der Regel der formalen **Gliederung** in **Einleitung, Hauptteil** und **Schluss**. Zudem haben sie eine **Überschrift**, die das Thema auf den Punkt bringt.

4 Verfassen Sie nun Ihren Zeitungsbeitrag. Nutzen Sie dazu Ihre Vorüberlegungen zur Gliederung.

a Wecken Sie in der Einleitung das Interesse Ihrer Leserinnen und Leser und versuchen Sie, diese bereits für Ihren Standpunkt zu öffnen, z. B.:
Bestmögliche Sprachförderung für Kinder: Ist das nicht ein Anliegen, das …?

b Verfassen Sie den Hauptteil Ihres Textes. Verbinden Sie Informationen und Argumente in nachvollziehbarer und überzeugender Weise in der von Ihnen gewählten gedanklichen Struktur miteinander. Achten Sie auf eine argumentativ geschickte Sprache, bei der Sie rhetorische Mittel (▶ S. 200 ff.) einsetzen können, dabei aber dennoch sachlich bleiben sollten.
Tipp: Wenn Sie fremde Informationen oder Argumente mit eigenen Worten, in indirekter Rede oder als Zitat wiedergeben, sollten Sie Ihre Informationsquellen benennen und kurz vorstellen. Zeilenangaben sind allerdings nicht notwendig, z. B.:
Ludwig Zehetner, Dozent für bairische Dialektologie an der Universität Regensburg, weist darauf hin, dass die Hirnforschung zu der neuen Erkenntnis gekommen sei, dass sich bei Kindern das entsprechende Zentrum im Gehirn besser ausbilde, wenn sie mehrere Sprachen sprechen können.

c Formulieren Sie am Schluss ein Fazit, eine Empfehlung oder einen Appell, z. B. an Politikerinnen und Politiker, die über die Frage des Schulfachs Dialekt zu entscheiden haben. Beginnen Sie z. B. so:
Bevor man eine Entscheidung fällt, sollte gut bedacht werden …
Auf jeden Fall wäre wünschenswert, dass …

d Formulieren Sie eine interessante und treffende Überschrift, die sowohl das Thema umreißt als auch Ihren Standpunkt deutlich macht. Sie können dafür auch aus den folgenden Vorschlägen einen geeigneten auswählen:
– *Das Westfälische soll Schulfach werden*
– *Westfälisch ist ein schöner Dialekt*
– *Was Schüler in Münster sich wünschen?*
– *Westfälisch als Schulfach – eine Chance*

Den eigenen Text überarbeiten

1 Überarbeiten Sie Ihren Text mit Hilfe der folgenden Checkliste.

2 Notieren Sie abschließend die Aspekte, auf die Sie beim Verfassen Ihres nächsten informierenden Textes besonders achten wollen.

Checkliste **Materialgestützt einen Text verfassen**

- Wurden **alle relevanten Informationen** mit Blick auf das Thema vollständig ausgewählt, korrekt wiedergegeben und um **zusätzliches Wissen aus dem Unterricht** ergänzt?
- Wurde der geforderte **Standpunkt** mit Hilfe von **Argumenten** aus den Materialien und dem Unterricht überzeugend vertreten?
- Wurde **auf Aspekte verzichtet**, die für das Thema nicht relevant sind?
- Weist der Text eine klare **gedankliche Struktur** auf?
- Gliedert der Text sich in informative **Überschrift, Einleitung, Hauptteil** und **Schluss**?
- Ist der Text **sachlich** und für die Leserinnen und Leser **verständlich** formuliert?
- Werden die **Informationsquellen** kurz vorgestellt und korrekt zitiert bzw. paraphrasiert?
- Haben Sie Ihren Text im Hinblick auf **Rechtschreibung, Grammatik** und **Zeichensetzung** überprüft?

8 Spracherwerb und sprachgeschichtlicher Wandel

1. Ein Kind wird mit Buchstabensuppe gefüttert. Diskutieren Sie, ob sich das Bild als Veranschaulichung für den Spracherwerb eines Kindes verstehen lässt.
2. a Stellen Sie die Unterschiede zwischen den folgenden Erklärungen von Fünftklässlern heraus.
   – Joshua: „Ich glaube, dass Kinder das Sprechen ohne ihre Eltern nicht erlernen können. Eltern sagen z. B. ‚Tasse' und haben dabei eine Tasse in der Hand, auf die sie zeigen."
   – Moritz: „Kinder schnappen kurze Wörter auf und sprechen sie vor sich her. Das hören die Eltern und finden es toll."
   – Oscar: „Ich denke, die Sprache ist zum Teil angeboren, so wie zum Beispiel Talente. Sie liegt also teilweise in den Genen. Kinder lernen aber außerdem beim Zuhören, wenn Erwachsene sich unterhalten."
   b Welche dieser Theorien ist Ihrer eigenen Vorstellung vom Spracherwerb am nächsten? Begründen Sie.

In diesem Kapitel erwerben Sie folgende Kenntnisse und Kompetenzen:

- grundlegende Modelle zum Spracherwerb des Kindes vergleichend erläutern und auf ihre Grundannahmen überprüfen,
- Phänomene der Mehrsprachigkeit erläutern und sich zu strittigen Fragen im Zusammenhang mit Mehrsprachigkeit begründet positionieren,
- Medieneinflüsse auf Sprache und ihre Bedeutung für den Sprachwandel klären,
- Sachtexte vergleichend analysieren.

8.1 Angeboren, gelernt oder konstruiert? – Spracherwerbsmodelle vergleichen

Eine eigene Theorie zum Spracherwerb formulieren

> Ein Kind erwirbt sprachliches Verhalten dadurch, dass es auf eine relativ spontane Lautäußerung eine selektive Verstärkung einer Sprachgemeinschaft erfährt. *(Burrhus F. Skinner 1957)*

> Die Idee, die Entwicklung der Sprache in Analogie zur Entwicklung eines Körperorgans zu betrachten, ist [...] ganz natürlich und plausibel. [...] Wir können uns sinnvollerweise das Sprachvermögen, das Zahlenvermögen u. a. als „mentale Organe" vorstellen [...] So verstanden ist die [allen Sprachen gemeinsame] Universalgrammatik ein Bestandteil des Genotyps. *(Noam Chomsky 1975/80)*

> Kinder erwerben eine Grammatik, indem sie ihre Fähigkeiten zur Imitation, Kategorisierung, Verallgemeinerung und Abstraktion ähnlicher Umweltstimuli auf die Erfahrung mit Sprache anwenden. Dazu nutzen sie die Sprache der Umwelt. Aus ihr konstruieren sie eine Grammatik. *(Gisela Szagun 2013)*

1
  a Klären Sie Ihr Verständnis der drei Theorien in Kleingruppen.
  b Welche Übereinstimmungen zwischen den Theorien der Schüler (S. 333) und den Theorien der Spezialisten stellen Sie fest? Welche Theorie der Spezialisten leuchtet Ihnen ein?
  c Versuchen Sie, die Stufen des Spracherwerbs (▶ Information) mit der von Ihnen gewählten Theorie zu erklären. Tauschen Sie sich über Ihre Versuche aus.

2 Obwohl Kinder immer nur dieselben Sätze hören (Stimulusmangel), können sie dennoch sehr bald viele Sätze bilden.
  a Welche der drei Theorien sind Ihrer Ansicht nach mit diesem Phänomen vereinbar?
  b Entwickeln Sie eine eigene Theorie, die das Phänomen plausibel erklärt.

Information: Die Stufen des Spracherwerbs

Kinder erlernen eine komplexe Sprache in vergleichsweise kurzer Zeit. Wann die verschiedenen Lernphasen beginnen, variiert je nach Kind bis zu einem Jahr.

Ab dem **sechsten Monat** beginnt die **zweite Lallphase**.	▪ Silbenketten: *dadada, gaga, jaja*
Etwa ab dem **9.–25. Monat** werden **erste Wörter gebildet**.	▪ Lautreihen mit genauer Bedeutung: *wauwau* ▪ Nomen und „kleine" Wörter: *Mama, ab, auf* ▪ Übergeneralisierung: Jeder Mann kann „Papa" sein. ▪ Überspezifizierung: Nur ein Ball ist „Balla".
Ab **18.–30. Monat** vollzieht sich eine regelrechte **Wortschatzexplosion**.	▪ Verben und Adjektive ▪ Verbbeugung, Pluralbildung ▪ längere Sätze
Mit **4 Jahren** sind die **grammatischen Grundregeln** bekannt.	▪ grammatische Grundregeln ▪ Vergrößerung des Wortschatzes

Spracherwerbstheorien gegenüberstellen

Interview mit Steven Pinker: Zum Reden geboren (2006)

Der Kognitionspsychologe Steven Pinker vertritt die Auffassung, der Mensch sei bei Geburt mit einem genetisch gesteuerten „Sprachinstinkt" ausgestattet und lerne Sprechen ähnlich wie die Spinne das Spinnweben.

Zeit: Was stört Ihre Gegner an der Annahme, wir hätten einen angeborenen Sprachinstinkt?
Pinker: Viele begehen einen beliebten Denkfehler: Sie glauben, weil etwas angeboren ist, spult es sich maschinell ab, und der Mensch kann nicht mehr eingreifen. Wenn das menschliche Gehirn angeborene Strukturen aufweist, dann könne es nicht lernen. Ich sage genau das Gegenteil: Um überhaupt intelligent lernen zu können, muss das Denksystem sehr komplexe Strukturen mitbringen – dann kann es auf besonders angepasste Weise Informationen von außen aufnehmen.
Zeit: Wieso ist der Instinkt nicht stark genug, dass Kinder Sprache lernen, indem sie einfach vor dem Fernseher sitzen?
Pinker: Man riet gehörlosen Eltern von Kindern, die hören können, diese per Fernseher die Lautsprache lernen zu lassen – aber das klappte nicht. Denn um Sprache zu lernen, müssen Kinder nicht nur Sprachlaute hören, sondern auch herausfinden, was der Sprecher mit dem Gesagten meinen könnte. Beim Fernsehen klappt das nicht, weil es nur hypothetische Situationen zeigt, die zu wenig mit der Welt des Kindes zu tun haben. [...]
Zeit: Wie finden Sie als Nichtgenetiker heraus, was in Sachen Sprache genetisch verankert sein könnte?
Pinker: Nehmen Sie solche Sprachbestandteile, die für die Kommunikation keine Bedeutung haben. Etwa im Englischen das *s*, das man an *walk* anhängen muss, wenn man *he walks* sagt. Dieses Element entstammt nur der Grammatik, es liefert keine Information, die ein Zuhörer zum Verstehen braucht. Man könnte es also auch weglassen. Dennoch lernen englischsprachige Kinder bis zum vierten Lebensjahr, das richtig anzuwenden. Aber Menschen mit genetisch bedingten Sprachdefiziten haben damit große Probleme. Das könnte ein Hinweis sein, dass hier etwas ganz speziell Sprachliches genetisch angestoßen wird. [...]
Zeit: Es gibt Computermodelle, die den Spracherwerb von Kindern simulieren: Indem sie statistisch auswerten, wie oft bestimmte Phänomene auftauchen, schließen sie auf die Grammatik einer Sprache. Sie brauchen dabei nichts „Angeborenes". Eine Herausforderung für Ihre These eines „Sprachinstinkts"?
Pinker: Nein, denn darin steckt ein logischer Fehler. Ob ein System Sprache lernt, indem es statistisch auswertet, wie oft bestimmte Strukturen vorkommen, oder ob es über bestimmte Strukturen schon vorher Bescheid weiß – das ist total unabhängig von der Frage, ob etwas angeboren ist. Alle diese Modelle haben in Wahrheit sehr viel „Angeborenes" eingebaut: Sie bekommen ja vorher einprogrammiert, auf was sie achten sollen, wenn sie die statistische Auswertung machen – bevor sie etwas zählen können, müssen sie ja wissen, was sie zählen. Es wird hoffnungslos sein, ein solches Modell den gesamten Spracherwerb eines Kindes nachvollziehen zu lassen.

1 Im Interview werden mögliche Einwände gegen Pinkers Vorstellung eines angeborenen Sprachinstinkts vorgebracht. Stellen Sie diese zusammen und notieren Sie, wie Pinker die Einwände zu entkräften versucht.

2 Ordnen Sie Pinkers Position in die Grundrichtungen der Spracherwerbstheorien von Skinner, Chomsky und Szagun ein (S. 334).

Jerome Bruner: Wie das Kind sprechen lernt (1983)

[D]ie Forschung der letzten Jahre […] zeigt tatsächlich auf, dass die Eltern eine weit aktivere Rolle beim kindlichen Spracherwerb spielen, als nur Sprachmodell zu sein und so einfach den Input für ein Chomsky'sches angeborenes Spracherwerbsystem zu liefern. Man betont heute die „Feinabstimmung" seitens der Eltern: Sie sprechen auf einem Niveau, auf welchem die Kinder sie verstehen können, und stellen sich mit beachtlicher Sensibilität auf die kindlichen Fortschritte ein. […] Das Kind muss die begriffliche Struktur der Welt bewältigen […], und zwar sowohl diejenige der sozialen als auch diejenige der physischen Welt. Und es muss auch die Konventionen bewältigen, welche die Umsetzung von Absichten in Sprachäußerungen regeln.

Die sprachliche Entwicklung erfordert demnach zwei Menschen, die miteinander [umgehen]. Die Sprache tritt dem Kind nicht indifferent gegenüber; sie ist ein Mittel dafür, die Kommunikation effektiv zu machen. Wenn es so etwas wie eine angeborene Sprachlernfähigkeit gibt, so besteht jedenfalls das darauf auftreffende Rohmaterial nicht einfach in einem Schwall gesprochener Sprache, sondern in einer äußerst interaktiven Situation. Wir könnten, wie bereits gesagt, von einem von Erwachsenen bereitgestellten „Unterstützungssystem für den Spracherwerb" (Language Acquisition Support System) sprechen.

Schließlich wissen wir nach einer Generation von Forschung über ein anderes „angeborenes" System, nämlich das sexuelle, dass es viele Vorläufererfahrungen braucht, bevor angeborene sexuelle Reaktionen durch „passende" äußere Ereignisse ausgelöst werden können. Isoliert aufwachsende Tiere weisen bei dieser Entwicklung schwerwiegende Rückstände und Defizite auf. Ebenso können das Erkennen und Hervorbringen grammatischer Universalien von sozialen und begrifflichen Vorerfahrungen abhängen. Die […] Kontinuität zwischen vorsprachlicher Kommunikation und späteren Sprachleistungen setzt überdies voraus, dass der Erwachsene das Niveau seiner Sprache dem Kind anpasst, wenn dessen begriffliche und kommunikative Fortschritte erfolgreich zur Sprache hinführen sollen. Ich bin der Auffassung, dass diese „Anpassung" der frühen sprachlichen Interaktion nur im Rahmen vertrauter, zur Routine gewordenen Situationen […] möglich ist, in denen das Kind mit seiner noch beschränkten Informationsverarbeitungskapazität versteht, was vorgeht. Diese routinemäßigen Abläufe stellen das dar, was ich als Hilfssystem zum Spracherwerb bezeichnet habe.

1 a Erläutern Sie die Rolle, die Bruner den Erwachsenen für den kindlichen Spracherwerb zuschreibt.
b Prüfen Sie, inwieweit die folgenden Dialoge zu Bruners Theorie passen.

Alter	kindliche Äußerung	Reaktion des Erwachsenen
1,3	da!	Kühe, da sind Kühe
1,6	Due!	ja, viele Kühe
1,9	siele Due (viele Kühe)	viele Kühe, ja, die Kühe fressen Gras
2,0	Due Das (Kühe Gras)	hm, die Kühe fressen Gras, weil sie Hunger haben

2 a Benennen Sie zentrale Unterschiede zwischen den Positionen Pinkers und Bruners.
b Ordnen Sie Bruners Position in die Grundrichtungen der Spracherwerbstheorien ein (S. 334).
c Nehmen Sie persönlich Stellung: Wo überzeugt Sie Bruner mehr, wo Pinker?

8.1 Angeboren, gelernt oder konstruiert? – Spracherwerbsmodelle vergleichen

Information — Theorien zum Spracherwerb

Heutige Grundpositionen zum Spracherwerb

Nativismus (angeborener Spracherwerb) ↔ **Konstruktivismus**

Von Noam Chomsky wurde die Vorstellung formuliert, das Kind komme mit einer Art Organ für die Sprache auf die Welt, einer Universalgrammatik. Bestimmte grammatische Grundregeln („Prinzipien") sind demnach angeboren, die sprachspezifischen „Parameter" werden gefüllt, wenn das Kind auf eine konkrete Sprache trifft.

Diese Erklärungen sehen den Spracherwerb als Zusammenspiel aus einer genetischen Anlage und der Interaktion mit der Umwelt. Kinder konstruieren demnach etwa grammatische Strukturen unter Einsatz ihrer allgemeinen Lernfähigkeit aus der von ihnen gehörten Sprache.

Historische Vorläufer

Behaviorismus
Behavioristen wie Burrhus F. Skinner gingen in den 1950er Jahren davon aus, dass der Mensch die Sprache durch einen typischen Lernprozess erwirbt, nämlich durch Belohnungen für spontane Äußerungen. Da dieses Modell viele Besonderheiten der Sprache nicht zu erklären vermag, wird es heute praktisch nicht mehr vertreten.

Kognitivistisches Erklärungsmodell
Der Schweizer Psychologe Jean Piaget führte die Sprachentwicklung auf eine allgemeine Entwicklung kognitiver Strukturen zurück. Dadurch entstehen Entwicklungsphasen des Spracherwerbs.

Interaktionistisches Erklärungsmodell
In der Tradition des russischen Psychologen Lew Wygotski wird die Vorstellung vertreten, dass die Betreuungsperson sich in ihrer Kommunikation auf das Entwicklungsniveau des Kindes einstellt und es damit dazu anregt, sich auf die jeweils nächste Zone der Entwicklung zuzubewegen.

1 In der folgenden Gegenüberstellung stehen manche Einträge in der falschen Spalte. Sortieren Sie diese richtig ein.

Nativismus	Konstruktivismus
A Sprache entsteht auf der Basis der kognitiven und sozialen Fähigkeiten zur Imitation, Kategorisierung und Abstraktion.	**B** Wesentliche grammatische Strukturen sind angeboren. Sie entfalten sich nach einem fertigen genetischen Bauplan.
C Sprache ist unabhängig von kognitiven Fähigkeiten.	**D** Sprachentwicklung ist Teil der kognitiven Entwicklung. Bei der Sprachentwicklung werden allgemeine Lernmechanismen angewandt, gerichtet auf die sprachliche Umwelt.
E Kinder konstruieren grammatische Strukturen aus der Sprache der Umwelt.	**F** Die sprachliche Umwelt dient lediglich als Auslöser für den Erwerb der Sprache.

2 Stellen Sie Bezüge zwischen den heutigen Grundpositionen und den historischen Vorläufern her.
3 Kinder neigen dazu, Regelmäßigkeiten überzugeneralisieren, also etwa alle Verben regelmäßig zu bilden („ich habe gegeht"). Wie könnten die verschiedenen Theorien dieses Phänomen erklären?

Rolf Spinnler: Am Anfang war der Zeigefinger – Tomasellos sozial-pragmatische Theorie (2009)

[...] Ist der Mensch nur ein besonders geschicktes Tier oder unterscheidet er sich grundsätzlich von anderen Lebewesen? Seit Charles Darwin spaltet diese Frage die Humanwissenschaften in Naturalisten und Kulturalisten. Behaupten die einen, alle menschlichen Fähigkeiten fänden sich schon bei höheren Tieren und könnten deshalb aus der biologischen Evolution erklärt werden, sehen die anderen durch Eigenschaften wie Sprache und Denken eine einzigartige Sonderstellung des Menschen begründet.

In diesem Kulturkampf zwischen Biologisten und Metaphysikern hat der amerikanische Kulturanthropologe Michael Tomasello seit seinem 2002 erschienenen Buch „Die kulturelle Entwicklung des menschlichen Denkens" eine eigene Position eingenommen. Seine These lautet: Der Mensch unterscheidet sich selbst von seinen nächsten Verwandten, den Menschenaffen, dadurch, dass er über die Fähigkeit zum „kulturellen Lernen" verfügt. Darunter versteht Tomasello die Möglichkeit, andere Menschen als seinesgleichen zu erkennen, sich in deren Absichten hineinzuversetzen und mit ihnen die Rollen zu tauschen. Beim Vergleich der Entwicklung von Schimpansen und Kleinkindern lässt sich nämlich beobachten, dass Menschenkinder im Gegensatz zu Schimpansen anderen Kindern zeigen, was sie entdeckt haben. Ihre Fähigkeit der Weltwahrnehmung ist verbunden mit der Fähigkeit, mit ihren Artgenossen eine gemeinsame Weltsicht aufzubauen. Tiere können das nicht, sie kennen kein „wir". [...] [Tomasello bezieht sich] auf Beobachtungen, die er und sein Team beim Vergleich des Kommunikationsverhaltens von Schimpansen und Bonobos[1] einerseits, und von menschlichen Kleinkindern im Alter zwischen neun Monaten und drei Jahren andererseits gemacht haben.

Tomasellos Resümee: Die menschliche Sprache ist nicht aus vokalen Urformen entstanden, sondern aus Zeigegesten und Gebärdenspiel. Am Anfang war nicht die Stimme, sondern der Zeigefinger. [...] Der Vergleich mit Schimpansen zeigt, dass auch sie Zeigegesten und Gebärdenspiel einsetzen, wenn sie von Artgenossen oder Menschen etwas wollen. Die Schimpansen betrachten denjenigen, an den sich ihre Gesten richten, lediglich als Mittel, um ein individuelles Ziel zu erreichen. Die Menschenkinder dagegen sehen in ihm jemanden, mit dem man gemeinsame Ziele haben kann. Kleinkinder sind bereits mit zwölf Monaten in der Lage, ein „Wir-Gefühl" auszubilden und aus der Vogelperspektive auf die Beziehung zum Anderen zu schauen, während Schimpansen „ihre eigene Handlung aus einer Ersten-Person-Perspektive und die des Partners aus einer Dritten-Person-Perspektive" verstehen.

Tomasellos These besagt also: Bevor so etwas wie Sprache entstehen konnte, musste es eine „geteilte Intentionalität" geben. Der Mensch spricht, weil er ein soziales Wesen ist. So wie Kleinkinder im Alter von zwölf Monaten allmählich dazu übergehen, gemeinsames Handeln mit gesprochenen Wörtern, Sätzen und schließlich ganzen Erzählungen zu ermöglichen, so hat auch die Menschheit in ihrer Urgeschichte das Kommunizieren durch Gesten allmählich durch das Kommunizieren mittels der Stimme erweitert und schließlich ersetzt. Aus Körpergesten wurden Sprachgesten.

Diese „sozial-pragmatische Theorie des Spracherwerbs" widerspricht vielen bisher vertretenen Ansichten. Tomasello wendet sich ausdrücklich gegen Noam Chomsky, der seit seinem Buch „Aspekte der Syntax-Theorie" von 1965 die These verficht, die Grundstruktur aller menschlichen Sprachen (er nennt das „Universalgrammatik") sei der Spezies angeboren. [...]

[1] **Bonobo:** Zwergschimpanse

1 a Nähern Sie sich den zentralen Aussagen Tomasellos über einen der folgenden Wege:
– Stellen Sie Bezüge her zwischen dem Titel „Am Anfang war der Zeigefinger" und der Theorie.
– Erklären Sie, warum Tomasellos Theorie „sozial-pragmatisch" genannt wird.
– Erläutern Sie den Zusammenhang zwischen Tomasellos Theorie und „kulturellem Lernen".

b Tomasello beschreibt eine Parallele zwischen Phylogenese und Ontogenese der Sprache (▶ Information). Erläutern Sie dieses Zusammenspiel.

2 a Vervollständigen Sie die folgende Tabelle in Ihrem Heft.

Vordenker	Gegner	Das Spezifische
Tomasellos Ideen fußen auf …	Tomasello wendet sich gegen …	Die Besonderheit in Tomasellos Ansatz liegt in der Idee …

b Ordnen Sie Tomasellos Theorie in die heutigen Grundpositionen zum Spracherwerb ein (S. 337).

> **Information Phylogenese – Ontogenese**
>
> Als **Phylogenese** bezeichnet man den stammesgeschichtlichen Ursprung eines Phänomens. Erklärungen zur Phylogenese der Sprache beziehen sich also auf den Ursprung der Sprache im Menschengeschlecht.
> Als **Ontogenese** wird der Ursprung eines Phänomens im Individuum bezeichnet, hier also der Spracherwerb des Kindes.

Gibt es ein Sprachgen? Das Rätsel FOXP2 (2007)

Sie sprechen undeutlich und mit Mühe, ihre Sätze waren voller Grammatikfehler, und wenn andere redeten, verstanden sie nur die Hälfte: Eine sprachbehinderte Familie in Ostlondon brachte britische Forscher in den 90er Jahren auf die Spur des „Sprachgens" FOXP2.
Faraneh Vargha-Khadem, ein Neurologe vom Londoner „Institute for Child Health", beobachtete die beschriebenen Defekte bei etwa der Hälfte der Familienmitglieder. Alle Betroffenen stammten von der gleichen Großmutter ab, und mit viel Forscherglück gelang es Vargha-Khadem, die Störungen auf die Mutation eines einzigen Gens zurückzuführen: FOXP2. Ist das Gen beeinträchtigt, sind bei den Betroffenen nicht nur die zur Lauterzeugung notwendige Feinmotorik gestört, sondern auch die geistigen Prozesse der Sprachsteuerung. […]
Wie FOXP2 unser Sprechen reguliert, ist im Detail noch nicht geklärt. Immerhin aber gelang Forschern des Leipziger Max-Planck-Instituts für Evolutionäre Anthropologie inzwischen der Nachweis, dass FOXP2 beim modernen Menschen seit der Abspaltung der Art vom Schimpansen zwei wichtige Mutationen durchlaufen hat – tatsächlich könnte hier also der Schlüssel zu der Frage liegen, warum Menschen im Unterschied zu Tieren sprechen. […]

3 a Beantworten Sie mit Hilfe des Textes, inwiefern sich die verschiedenen Probleme, die der Text im ersten Satz aufführt, mit der Störung eines einzigen Gens erklären lassen.
b Heute wird wieder in Frage gestellt, ob FOXP2 wirklich ein Grammatikgen ist, denn es steuert auch die Feinmotorik wie die Zungenbewegungen und ist an der schnellen Verarbeitung von Wahrnehmungen, z. B. des Sprachrhythmus, beteiligt. Inwieweit ließen sich die beschriebenen Defekte auch so erklären?

8.2 Veränderungstendenzen der Gegenwartssprache – Mehrsprachigkeit und Medieneinflüsse untersuchen

Zweitspracherwerb

1 Rechts finden Sie einen Auszug aus einer Geistergeschichte, die eine Fünftklässlerin im Fach Englisch verfasst hat.
Untersuchen Sie, welche Fehler die Schülerin gemacht hat, und versuchen Sie die Fehler zu kategorisieren:
– Unkenntnis der englischen Grammatik
– Übernahmen …
– …

> The ghost run Lisa after and grab Lisa. "This is your end!" And he bring she in the spooky house.

2 Tragen Sie Unterschiede zwischen Erst- und Zweitspracherwerb zusammen.
3 Welche Spracherwerbstheorien (S. 337) können Ihrer Meinung nach Aufschlüsse über den Zweitspracherwerb geben?

Isabell Wartenburger: In fremder Zunge – Wie das Gehirn mit Erst- und Zweitsprache umgeht (2011)

Ähnlich wie mit dem EEG lässt sich [...] per funktioneller Magnetresonanztomografie (fMRT) das Gehirn bei der Arbeit beobachten. [...] Eine der ersten Studien dieser Art führte die Arbeitsgruppe um Joy Hirsch vom Memorial Sloan-Kettering Cancer Center in New York bereits 1997 durch. Die Forscher ließen Versuchspersonen, die beispielsweise als Englisch-Muttersprachler Französisch im Erwachsenenalter gelernt hatten, Sätze in beiden Sprachen bilden, während sie im Tomografen lagen. Bei diesen späten Bilingualen regten sich im Frontallappen unterschiedliche Hirngebiete, während sich die aktivierten Areale bei Probanden, die beide Sprachen in früher Kindheit nahezu gleichzeitig erlernt hatten, größtenteils überlappten. Zahlreiche weitere Studien haben diese Befunde bestätigt. Dabei zeigt sich auch eine Abhängigkeit vom Leistungsniveau der Probanden: Je besser sie eine Fremdsprache beherrschen, umso geringer erscheinen die Unterschiede in der Hirnaktivierung – das Gehirn unterschied dann offenbar weniger zwischen Mutter- und Fremdsprache. [...]

Eine Erklärung versuchte 2001 der amerikanische Hirnforscher Michael Ullman von der Georgetown University in Washington. Laut seinem „deklarativ-prozeduralen" Modell sind bei der Sprachkompetenz zwei verschiedene Lern- und Gedächtnissysteme involviert. Das deklarative System umfasst Faktenwissen, das explizit erworben wurde, etwa: Paris ist die Hauptstadt Frankreichs. [...] Das prozedurale System hingegen verarbeitet implizit gelerntes Wissen über Regeln und Prozeduren wie Fahrradfahren – oder auch den Satzbau einer Sprache.

Den beiden Systemen liegen unterschiedliche Netzwerke im Gehirn zu Grunde. Nach Ullman arbeitet verstärkt das explizit-deklarative System, wenn eine Sprache erst spät erlernt wird. Die impliziten Routinen stehen dann nicht mehr so ohne Weiteres zur Verfügung wie bei der Muttersprache. Der Betroffene wird auf seine Kenntnisse aus der Erstsprache zurückgreifen und versuchen, sich syntaktische Regeln explizit – mit dem deklarativen System – zu merken und anzuwenden. Demnach wird bei einem frühen Spracherwerb grammatikalisches Wissen mit Hilfe des prozeduralen Systems in frontalen Hirnarealen implizit erworben, wohingegen eine spät erlernte zweite Sprache eher auf dem in temporalen Hirnarealen repräsentierten explizit-deklarativen System beruht. Späte Bilinguale greifen daher für die fremdsprachliche Grammatik stärker auf das deklarative Gedächtnis zurück als Muttersprachler.

Das Modell sagt also einen stärkeren Einfluss des Spracherwerbsalters auf syntaktische[1] als auf semantische[2] Verarbeitungsprozesse vorher.

1 **Syntax:** Lehre vom Satzbau
2 **Semantik:** Lehre von der Bedeutung sprachlicher Zeichen

1
a Stellen Sie die wesentlichen Unterschiede zwischen frühem und spätem Zweitspracherwerb zusammen.
b Finden Sie aus Ihrer eigenen Erfahrung mit Fremdsprachen Beispiele, die die Aussagen des Textes unterstützen.
c Diskutieren Sie, ob sich aus den Ergebnissen Konsequenzen für den Fremdsprachenunterricht ergeben sollten.

Catharine Caldwell-Harris: Parlez-vous „logique"? (2013)

Weil wir Sätze in einer Fremdsprache weniger emotional wahrnehmen, wägen wir in ihr rationaler ab.

1 Äußerungen in einem fremden Idiom sprechen uns weniger emotional an als in unserer Muttersprache.
2 Laut Forschern könnte das erklären, warum Probanden bei fremdsprachigen Aufgaben seltener in typische Denkfallen tappen.
3 Die größere Faktentreue in der Fremdsprache könnte rationalere Entscheidungen im Alltag fördern.

1
a Finden Sie eine mögliche Erklärung dafür, warum Sätze in einer Fremdsprache weniger emotional wahrgenommen werden.
b Sollten Studienberater ihre Gespräche mit Deutschen auf Englisch führen? Begründen Sie Ihre Position. Gehen Sie dabei auf den Text ein.
c Ziehen Sie Schlussfolgerungen aus dem Text für internationale Verhandlungen unter Politikern.

2 Beziehen Sie den Text auf die folgende Information zur Bilingualität. Welche Sprecher würden von den Forschungsergebnissen, die der Text vorstellt, profitieren?

Information **Bilingualität (Zweisprachigkeit)**

Man unterscheidet verschiedene Stufen der Zweisprachigkeit: Menschen mit **früher Bilingualität** (lat. lingua: Zunge, Sprache) sind meist von früher Kindheit an zweisprachig, von einer **späten Bilingualität** spricht man bei einem Erwerb der Zweitsprache ab dem Schulalter. Von **dominanten Bilingualen** spricht man dann, wenn eine der beiden Sprachen besser beherrscht wird. Werden beide Sprachen nahezu perfekt gesprochen, nennt man dies **balancierte (= ausgeglichene) Bilingualität**.

Mehrsprachigkeit

Bas Kast: Wanderer zwischen den Wortwelten (2013)

Zweisprachigkeit macht blöd! So lautet etwas salopp die Arbeitshypothese, von der die Psychologen Elizabeth Peal und Wallace Lambert ausgingen, als sie Anfang der 1960er Jahre untersuchten, wie sich zweisprachige Erziehung auf die Kindesentwicklung auswirkt. Die Forscher von der McGill University im kanadischen Montreal vertraten damit nichts anderes als die einstige Lehrmeinung unter Pädagogen. [...] Die Sache schien also schon ausgemacht, ehe das kanadische Forscherduo knapp ein halbes Dutzend Montrealer Schulen betrat, um die geistige Fitness der zehnjährigen Schüler per IQ-Test auf die Probe zu stellen. Amtssprache in Montreal ist Französisch; nicht wenige Kinder jedoch hatten das „Pech", zusätzlich mit Englisch aufzuwachsen. Sie würden nicht nur bei der Intelligenzprüfung (vor allem in deren sprachlichen Teilen) schlechter abschneiden, sondern auch in den schulischen Leistungen ihren Klassenkameraden hinterherhinken, glaubten Peal und Lambert.

Die Überraschung folgte auf dem Fuß: Keine der Hypothesen ließ sich bestätigen! Die zweisprachigen Kinder hatten im Gegenteil sogar bessere Noten als die einsprachigen, und sie waren in fast jedem IQ-Test, ob verbal oder nicht verbal, ihren Mitschülern teils weit überlegen. Bei keinem Aufgabentyp hatten einsprachige Schüler die Nase vorn.

Mythos Sprachverwirrung

Die Zweisprachigkeit war damit ein für alle Mal rehabilitiert – sollte man meinen. Tatsächlich werden Fremdsprachenkenntnisse heute zwar allseits begrüßt, doch in Sachen zweisprachiger Früherziehung lässt sich bei vielen Pädagogen und verunsicherten Eltern nach wie vor Skepsis vernehmen. Mehrere Sprachen zu beherrschen, sei in unserer globalisierten Welt sicher hilfreich. Doof nur, wenn man am Ende keine davon so richtig beherrsche. Und ist es nicht auch verwirrend für ein Kind, allzu früh mit zwei Sprachen aufzuwachsen? [...]

Die Furcht vor einem verzögerten Spracherwerb oder anderen kognitiven Defiziten hat sich in empirischen Studien als unbegründet erwiesen. Zweisprachig aufwachsende Kleinkinder sprechen ihr erstes Wort im Alter von etwa einem Jahr, genau wie einsprachige. Auch im weiteren Entwicklungsverlauf zeigten sich keine nennenswerten Auffälligkeiten – zumindest keine negativen.

Vielmehr haben zahlreiche Untersuchungen der vergangenen Jahre immer neue Pluspunkte zu Gunsten der Zweisprachigkeit offenbart. [...] Das ergibt auch durchaus Sinn, denn was lernt ein Kind, das ständig zwischen zwei Idiomen wechselt, abgesehen von der zweiten Sprache? Erstens muss es in einem mehrsprachigen Umfeld stets darauf achten, welche Sprache gerade gesprochen wird. Schon allein das schärft womöglich den Sinn für die Umwelt. Darüber hinaus muss der Zweisprachige im Grunde bei jedem Gegenstand, den er sieht, die Exekutive seines Gehirns rekrutieren: Beobachtet ein einsprachiges Kind einen Hund, so denkt es unweigerlich „Hund", in seinem Gehirn muss nichts unterdrückt und keine Aufmerksamkeit umgelenkt werden. Bei einem zweisprachigen Kind taucht nicht nur „Hund" auf, sondern zugleich „dog" oder „perro" oder „katık" (das heißt „Hund" auf Zazaki, der Sprache der Zaza in Ostanatolien). Um eine Vermischung zu vermeiden, muss eins der Wörter unterdrückt und das andere selektiv aktiviert werden.

So gleicht das Aufwachsen mit zwei Sprachen einem dauernden Intensivtraining für die Hirnexekutive. Sie lässt sich vergleichen mit einer zentralen Muskelgruppe, die bei vielen verschiedenen Tätigkeiten zum Einsatz kommt. Trainiert man diese Muskelgruppe, schneidet man in einer ganzen Palette von Geistesübungen besser ab, die auf den ersten Blick so wenig miteinander zu tun haben wie Laufen, Radfahren und Schwimmen.

Ein gutes Beispiel dafür ist die Fähigkeit, die Perspektive einer anderen Person einzunehmen. Ausgeklügelte Tests haben gezeigt, dass dies Zweisprachigen früher gelingt als üblich – im Alter von drei statt von vier Jahren. Doch auch später als Erwachsene scheint es ihnen leichter zu fallen. Und wieder geben offenbar die wohltrainierten Exekutivfunktionen den Ausschlag. Man muss von der eigenen Perspektive absehen und die Aufmerksamkeit vom eigenen Ich weglenken, um vorübergehend die Sichtweise eines anderen Menschen einzunehmen. [...]

1 a Welche der folgenden Fähigkeiten werden durch Mehrsprachigkeit gestärkt? Weisen Sie die Richtigkeit Ihrer Antwort an Textstellen nach.
Perspektivübernahme – Ausblenden von Gedankeninhalten – Multitasking
b Untersuchen Sie, mit welchen Argumenten Kast die Stärkung dieser Fähigkeiten durch Mehrsprachigkeit begründet.
c Nennen Sie Fehlannahmen im Zusammenhang mit Mehrsprachigkeit.

Yüksel Pazarkaya: **deutsche sprache** (1989)

die ich vorbehaltlos liebe
die meine zweite heimat ist
die mir mehr zuversicht
die mir mehr geborgenheit
die mir mehr gab als die
die sie angeblich sprechen

sie gab mir lessing und heine
sie gab mir schiller und brecht
sie gab mir leibniz und feuerbach
sie gab mir hegel und marx
sie gab mir sehen und hören
sie gab mir hoffen und lieben
eine welt in der es sich leben lässt

die in ihr verstummen sind nicht in ihr
die in ihr lauthals reden halten sind nicht in ihr
die in ihr ein werkzeug der erniedrigung
die in ihr ein werkzeug der ausbeutung sehn
sie sind nicht in ihr sie nicht

meine behausung in der kälte der fremde
meine behausung in der hitze des hasses
meine behausung wenn mich verbiegt die bitterkeit
in ihr genoss ich die hoffnung
wie in meinem türkisch

1 a Welcher Vers des Gedichtes passt auch zu Ihrem Verhältnis zur deutschen Sprache oder zu einer Fremdsprache?
b Untersuchen Sie, inwiefern Pazarkaya die deutsche Sprache als Heimat betrachtet. Mit welchem Wort würden Sie Ihr Verhältnis zu Ihrer Muttersprache beschreiben?
c Stellen Sie Bezüge her zwischen dem Gedicht und der Position Kasts.
2 Schreiben Sie ein Parallelgedicht zur deutschen Sprache oder zu einer Fremdsprache.

Mehrsprachigkeit als Zuwachs an Weltansichten

Wilhelm von Humboldt (1767–1835) gilt heute als ein Begründer der modernen Sprachwissenschaft. Er erforschte zahlreiche, auch exotische Sprachen, von denen ihm sein reisender Bruder Alexander berichtete.

Wilhelm von Humboldt: Die Sprache als Weltansicht (1830–1835)

In die Bildung und in den Gebrauch der Sprache geht aber notwendig die ganze Art der subjektiven Wahrnehmung der Gegenstände über. Denn das Wort entsteht eben aus dieser Wahrnehmung, ist nicht ein Abdruck des Gegenstandes an sich, sondern des von diesem in der Seele erzeugten Bildes. Da aller objektiven Wahrnehmung unvermeidlich Subjektivität beigemischt ist, so kann man, schon unabhängig von der Sprache, jede menschliche Individualität als einen eignen Standpunkt der Weltansicht betrachten. Sie wird aber noch viel mehr dazu durch die Sprache, [...] und da auch auf die Sprache in derselben Nation eine gleichartige Subjektivität einwirkt, so liegt in jeder Sprache eine eigentümliche Weltansicht. Wie der einzelne Laut zwischen den Gegenstand und den Menschen, so tritt die ganze Sprache zwischen ihn und die innerlich und äußerlich auf ihn einwirkende Natur. Er umgibt sich mit einer Welt von Lauten, um die Welt von Gegenständen in sich aufzunehmen und zu bearbeiten. Diese Ausdrücke überschreiten auf keine Weise das Maß der einfachen Wahrheit. Der Mensch lebt mit den Gegenständen hauptsächlich, ja, da Empfinden und Handeln in ihm von seinen Vorstellungen abhängen, sogar ausschließlich so, wie die Sprache sie ihm zuführt. Durch denselben Akt, vermöge dessen er die Sprache aus sich herausspinnt, spinnt er sich in dieselbe ein, und jede zieht um das Volk, welchem sie angehört, einen Kreis, aus dem es nur insofern hinauszugehen möglich ist, als man zugleich in den Kreis einer andren hinübertritt. Die Erlernung einer fremden Sprache sollte daher die Gewinnung eines neuen Standpunkts in der bisherigen Weltansicht sein und ist es in der Tat bis auf einen gewissen Grad, da jede Sprache das ganze Gewebe der Begriffe und die Vorstellungsweise eines Teils der Menschheit enthält. Nur weil man in eine fremde Sprache immer, mehr oder weniger, seine eigne Welt-, ja seine eigne Sprachansicht hinüberträgt, so wird dieser Erfolg nicht rein und vollständig empfunden.

1
a In jeder Sprache liegt „eine eigentümliche Weltansicht" (Z.16): Formulieren Sie mit eigenen Worten, wie Sie Humboldts Weltansichtsthese verstehen. Vergleichen Sie Ihr Ergebnis mit Ihrem Nachbarn.
b Spanier z. B. sehen, wo Deutsche ein Nasen**loch** sehen, nicht ganz das Gleiche: *La ventana de la nariz* bedeutet übersetzt „Nasen**fenster**". Ein „Loch" und ein „Fenster" sind jedoch nicht dasselbe. Erklären Sie die verschiedenen Weltansichten, die in den folgenden Ausdrücken deutlich werden:

Schlange stehen	to stand in line	faire la queue (= Schwanz)
Geld verdienen	earn money (= altengl. ern = ernten)	gagner de l'argent (gagner = gewinnen)
Lampenschirm	lampshade	abat-jour (abattre = niederdrücken)

c Suchen Sie weitere Beispiele im Deutschen (z. B. Sonnenaufgang) und in Fremdsprachen dafür, wie sich Weltansichten in Wörtern und Formulierungen niederschlagen.

2 **a** Formulieren Sie aus der Sicht Humboldts, welchen Wert das Erlernen einer Fremdsprache hat.
b Immer wieder gab es die Idee, eine universelle Weltsprache zu etablieren (z. B. Esperanto). Mutmaßen Sie, wie Humboldt zu dieser Idee stünde.

Vielsprachigkeit als Motor des Sprachwandels

Uwe Hinrichs: **Hab isch gesehen mein Kumpel – Wie die Migration die deutsche Sprache verändert hat** (2012)

[...] Der deutsche Sprachraum ist seit je und von allen Seiten von fremden Sprachen und Kulturen umgeben. Trotzdem haben die Deutschen in der Nachkriegszeit und zur Zeit des Wirt-
5 schaftswunders vor allem die weiche Variante des Sprachenkontakts kennengelernt – nämlich gesteuert, kulturell abgefedert und ohne wirkliche soziale Konsequenzen: Man las englische Autoren, lernte in der Schule Französisch und
10 Latein, reiste in den Ferien nach Ibiza und begegnete später allenfalls ein paar Gastarbeitern, die meistens nur gebrochen Deutsch sprachen. Seit den siebziger Jahren jedoch erleben die Deutschen zum ersten Mal, wie es ist, wenn das
15 Leben im eigenen Land wirklich tiefgreifend von fremden Menschen, Kulturen und Sprachen mitgeprägt und der Alltag auf eine unübersehbare Weise vielsprachig wird. [...]
Wie [...] haben die jüngsten Sprachkontakte das
20 Deutsche verändert? [...]
Das Erste, was eine Sprache verliert, ist das, was sie für einfache Kommunikationszwecke mit fremden Sprechern am allerwenigsten benötigt: Das sind die Fälle, die Endungen und die
25 Regeln ihrer Verknüpfung. Was man nicht braucht, das schleift sich schnell ab. Seit Bastian Sicks Bestsellern weiß man, dass der Genitiv bereits einen aussichtslosen Kampf kämpft („das Haus von meinem Vater"). Aber auch Da-
30 tiv und Akkusativ müssen Bastionen räumen. Konstruktionen wie „mit diesen Problem", „aus den Lager heraus"; „wer soll den neuen Kabinett angehören"; „wir haben hier ein Rest"; „ich mach dir kein Vorwurf" und so weiter kann
35 man nicht nur überall hören – es wird zum Teil, auch in Examensarbeiten, schon so geschrieben, weil junge Leute oft gar nicht mehr wissen, wie es einmal korrekt lautete: „mit diesem Pro-

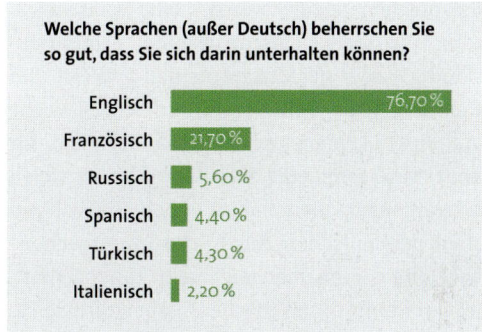

Fremdsprachenkenntnisse von Jugendlichen
(Quelle: Shell Jugendstudie)

blem"; „aus dem Lager"; „wer soll dem neuen Kabinett angehören" und so weiter. [...] 40
Das mehrsprachige Milieu kann auf korrekte Deklination und genaue Endungen durchaus verzichten, weil diese Art Grammatik nur Kodierungsenergie frisst, die woanders viel dringender gebraucht wird, beispielsweise um Defi- 45
zite im Wortschatz auszugleichen. Außerdem liefert die Situation meist genug Anhaltspunkte für das, was jeweils gemeint ist. Hinter dem, was Puristen als Verfall, ja Verlotterung anprangern, steckt nur die Strategie, die Sprachstruk- 50
turen zu vereinfachen, um das Kommunizieren mit Nichtmuttersprachlern zu erleichtern. Deshalb baut das Deutsche zurzeit viel Grammatik ab; und viele Schulkategorien wie Konjunktiv, Plusquamperfekt oder vollendetes Futur wer- 55
den in naher Zukunft wahrscheinlich kaum noch gebraucht. [...]
Eine zweite Quelle für Sprachveränderungen liegt in den Herkunftssprachen der Migranten. Einwanderer greifen auch auf Sprachstruktu- 60
ren zurück, die sie aus ihrer Muttersprache mitbringen. Diese werden ins Deutsche kopiert und im zweisprachigen Milieu gefestigt. Im

großstädtischen Kiezdeutsch, das die Potsdamer Linguistin Heike Wiese erforscht, gibt es etwa eine Vielzahl von Satzmustern, die aus dem Arabischen oder Türkischen stammen, etwa die Wortfolge („Hab isch gesehen mein Kumpel gestern!") oder das Fehlen der Präposition („Ich geh Schule"). Auch in der Alltags-Umgangssprache kündigen sich bereits deutlich Tendenzen an, die von vielen Migrantensprachen gestützt werden: eine neue Steigerung mit „mehr" („mehr geeignet", „mehr zuständig") oder der Zusammenfall von Ort und Richtung („die Politiker fuhren letzte Woche auf einem Finanzgipfel") sind Beispiele für neue Strukturen, die ihre Vorbilder in vielen Migrantensprachen haben. Auch die zahlreichen neudeutschen Ausdrücke mit „machen" wie „einen Film machen", „ein Tor machen", „einen Kompromiss machen" haben direkte Parallelen im Türkischen.

In der heißen Phase des kontaktinduzierten Wandels der Sprachstrukturen kommt es nun dazu, dass die „Fehler" der Migranten allmählich von den deutschen Muttersprachlern nachgeahmt werden („foreigner talk") und es irgendwann nicht mehr auszumachen ist, wer nun gerade richtig- oder falschliegt; die Grenzen verschwimmen: Sprachkontakt führt immer zu Sprachvermischung und zu neuen Sprachstrukturen. Gleichzeitig lässt die Bereitschaft der Muttersprachler, die Fehler auch als Fehler wahrzunehmen und spontan zu korrigieren, mit der Zeit nach und verschwindet irgendwann ganz. Auf lange Sicht führt dieser Prozess zu einer neuen, stabileren Situation: Das gesprochene Deutsch wird dann geprägt von neuen Sprachstrukturen, die sich durch Sprachkontakt herausgebildet haben. Die Grammatik ist reduziert, der innere Zusammenhalt der Satzteile gelockert, viele Regeln sind vereinfacht oder lösen sich ganz auf, die Sprache wird einfacher (und wird hier vom Englischen unterstützt). [...]

Die Wissenschaften halten sich mit der Erforschung dieser Prozesse jedoch noch weitgehend zurück. [...] Wahrscheinlich fürchten besonders die Linguisten, dass sie, wenn sie den Einfluss der Migrantensprachen auf das Deutsche analysieren, schnell in eine Diskriminierungsfalle geraten könnten. Dies ist schade, denn gerade die Erforschung von Sprachkontakten böte die Gelegenheit, Deutsche und Migranten in Projekten zusammenzubringen und die Vision einer offenen Gesellschaft mit Leben zu füllen.

Was man nicht braucht, das schleift sich in der Sprache schnell ab.

1 a Erläutern Sie, was Hinrichs unter „Sprachkontakt" versteht und wie sich dieses Phänomen in Deutschland in den letzten Jahrzehnten verändert hat. Stellen Sie dabei auch einen Bezug zum Begriff der „Mehrsprachigkeit" her (▶Information).
b Formulieren Sie eine Definition von „foreigner talk" (Z. 88).
c Beurteilen Sie die Einflussmöglichkeiten fremder Sprachen auf das Deutsche anhand der Grafik.
2 a Listen Sie eigene Beispiele für die Sprachveränderungen auf, die Hinrichs beschreibt.
b Welche Veränderungen passen zum letzten Satz des Textes?
c Nehmen Sie Stellung zu den Veränderungen: Welche begrüßen Sie, welche sehen Sie kritisch?
3 Klären Sie, wieso Sprachwissenschaftler hier eine „Diskriminierungsfalle" (Z. 112 f.) fürchten.

Information Mehrsprachigkeit

Neben der individuellen Mehrsprachigkeit (▶**Bilingualität**, S. 341) wird der Begriff „Mehrsprachigkeit" auch verwendet, wenn in einem Sprachgebiet mehrere Sprachen verbreitet verwendet werden. In Abgrenzung von der individuellen Mehrsprachigkeit spricht man dann von **territorialer Mehrsprachigkeit**. Unter **institutioneller Mehrsprachigkeit** versteht man die Verwendung unterschiedlicher Sprachen in einer Verwaltung wie in der EU.

Medieneinflüsse auf die Sprache

1
a Prüfen Sie, welche typischen Merkmale der Netzsprache (▶ Information) sich in der abgebildeten SMS finden lassen.
b Welche Gründe sehen Sie für diese Art der Kommunikation in SMS?

2
a „Wenn man nur noch verkürzt kommuniziert, leidet die Sprache."
Erörtern Sie, in welchem Maße die Netzsprache auf den mündlichen oder schriftlichen Sprachgebrauch in Ihrer Generation einen negativen Einfluss ausübt.
b Manche Sprachforscher betrachten die SMS auch als Ort, an dem sprachliche Kreativität entsteht. Teilen Sie diese Auffassung?

Cola – sorry :-(. Dad macht stress. Hab 2fel, ob er mich fährt :-/ thx 4 waiting. dd

Information Merkmale der Netzsprache – konzeptionelle Mündlichkeit

Als typische Merkmale der Sprache in SMS, Chats usw. gelten:
- Rechtschreibreduktion: zum Teil bewusste Missachtung von Rechtschreibregeln,
- Simulation von Körpersprache durch Emoticons,
- sprachspielerischer Umgang mit Ziffern, Lautmalerei,
- Abkürzungen,
- konzeptionelle Mündlichkeit: Wird in schriftlichen Texten ein an die Mündlichkeit angelehnter Ton verwendet, so spricht man von „konzeptioneller Mündlichkeit". In solchen „getippten Gesprächen" finden sich häufiger Wortauslassungen, umgangssprachliche Wendungen oder auch Andeutungen, die der Leser / die Leserin selbst entschlüsseln muss.

Wolfgang Krischke: Schreiben in der Schule – booaaa mein dad voll eklich wg schule (2011)

Simsen macht Schüler nicht dumm. Aber ihre Texte sind heute fehlerhafter als früher.
Kinder lesen zu wenig? Von wegen. Wohl noch nie zuvor haben sie so viel gelesen und geschrieben wie heute. Täglich tippen sie Millionen von Wörtern auf ihren Handy- und Computertastaturen, verbringen Stunden mit der Lektüre von SMS-Nachrichten, Chat-Sprüchen, E-Mails und Internet-Infos. Trotzdem kommt bei Pädagogen und Ausbildern keine rechte Freude auf. Denn den Simsern, Chattern und Twitterern dient die Schrift vor allem als Plaudermedium. Von den Normen der Hochsprache ist ihre Sprechschreibe Lichtjahre entfernt. Gebilde wie „booaaa mein dad voll eklich wg schule *stöhn* haste mo zeit? hdgdl [= hab dich ganz doll lieb]" lässt Freunde des Dudens und ganzer Sätze noch immer zusammenzucken. [...] Können Jugendliche, die sich in diesen sprachlichen Trümmerlandschaften bewegen, überhaupt noch einen lesbaren Aufsatz, einen präzisen Bericht, ein angemessenes Bewerbungsschreiben verfassen?
Die Germanistik-Professorin Christa Dürscheid von der Universität Zürich ist dieser Frage auf den Grund gegangen. Mit ihrem Team hat sie fast 1000 Deutschaufsätze untersucht, verfasst von 16- bis 18-jährigen Schülern aller Schulformen aus dem Kanton Zürich. Zum Vergleich zog die Sprachwissenschaftlerin über 1100 Texte heran, die dieselben Jugendlichen in ihrer Freizeit als SMS-Meldungen, E-Mails, Chat-Beiträge und Mitteilungen in sozialen Netzwerken geschrieben hatten. Dabei interessierten sich die Linguisten nicht nur für Rechtschreibung, Interpunktion und Grammatik, sondern auch für den Wortschatz, den Stil und den Aufbau der Texte.

Das Ergebnis: In keinem dieser Bereiche haben die sprachlichen Eigenarten der Netzkommunikation nennenswerte Spuren in den Schultexten hinterlassen. Das gilt für Berufsschüler ebenso wie für Gymnasiasten. „Die Schüler können die Schreibwelten durchaus trennen. Sie wissen, dass in der Schule und der formellen Kommunikation andere Regeln gelten als beim Chatten mit Freunden", sagt Christa Dürscheid. [...]

Grund für die Deutschlehrer, sich entspannt zurückzulehnen, liefert die Zürcher Studie trotzdem nicht. Denn auch wenn die elektronische Kommunikation als Verursacher ausscheidet – die Schultexte, die die Germanisten untersucht haben, sind alles andere als fehlerfrei. Vor allem in der Rechtschreibung und Zeichensetzung weisen sie deutliche Defizite auf. [...] Dass es sich hierbei um einen langfristigen Trend handelt, bestätigt Wolfgang Steinig. Der Professor für Sprachdidaktik an der Universität Siegen hat die bislang umfangreichste Längsschnittstudie zur Schreibentwicklung durchgeführt. Im Jahr 1972 besuchte er fünf Grundschulen in Dortmund und Recklinghausen und zeigte den Viertklässlern einen kurzen Film. Danach schrieben die Kinder auf, was sie gesehen hatten. Dreißig Jahre später wiederholte Steinig das Experiment mit demselben Film an denselben Schulen. Das Ergebnis der Studie, die erst unlängst veröffentlicht wurde: Die formalen Schreibfähigkeiten der Kinder hatten sich seit Anfang der siebziger Jahre nachweisbar verschlechtert. Am deutlichsten zeigte sich das bei der Rechtschreibung: Die Zahl der Fehler war von durchschnittlich sieben auf zwölf pro hundert Wörter gestiegen. Dafür waren die Texte der Kinder im Jahr 2002 nicht nur länger, sondern auch abwechslungsreicher. Und: Der Wortschatz hatte sich stark erweitert. [...]

Die Entwicklung begann in den siebziger Jahren, als Deutschlehrer die Kinder stärker als zuvor zum freien, spontanen Schreiben ermutigten. Dieser eigentlich begrüßenswerte Trend ging jedoch auf Kosten „harter" Sprachfertigkeiten wie der Orthografie. Formale Korrektheit verlor an Bedeutung, geriet zeitweise gar in den Verdacht, bildungsbürgerliche Schikane zu sein. [...]

Quelle: Universität Siegen / Wolfgang Steinig, Dirk Betzel

1
a Filtern Sie die zentralen Aussagen der Züricher und der Siegener Forscher aus dem Text heraus.
b Prüfen Sie, welche Ergebnisse sich damit erklären lassen, dass Jugendliche die Fähigkeit zum „Registerwechsel" (▶ Information) besitzen.

2
a Diskutieren Sie anhand der Grafik, ob SMS und Internet vielleicht doch einen Einfluss auf die Rechtschreibung haben.
b Erörtern Sie, ob auch das abwechslungsreiche Schreiben mit den Einflüssen des Internets erklärbar ist.
c Lebendigere Texte – aber auch mehr Fehler: Halten Sie diesen Trend für positiv oder gefährlich?

Information Registerwechsel

Als **Registerwechsel** bezeichnet man die Fähigkeit eines Sprechers, zwischen verschiedenen Sprachstilen wechseln zu können, etwa zwischen einem umgangssprachlichen Plauderton in der SMS und der Hochsprache in offiziellen Briefen.

Medieneinflüsse auf die Sprache: Metaphorik des Internets

Oliver Steinschke: **Metaphern im Internetdiskurs** (2006)

„Die Allgegenwart der Computertechnologie im Diskurs spiegelt die Allgegenwart der Technologie in der Gesellschaft. Sie ist nahezu jedem bekannt, wenn auch nicht jedem vertraut"
5 (Busch 2004). Was hier für den Computerdiskurs festgestellt wird, lässt sich mehr und mehr auch auf den Internetdiskurs übertragen. Als eine Strategie der Vertikalitätsabschwächung, also der Vermittlung zwischen Internet- und
10 Allgemeinsprache, kommt Metaphorik zum Einsatz. Dabei spielen einige Vorstellungsbereiche eine besonders produktive Rolle.
Die Vorstellung eines *Netzes* bzw. der *Verknüpfung (Link)* ist die zentrale Metaphernquelle,
15 wie man schon an der Bezeichnung Internet erkennen kann. Sie schlägt sich auch u. a. in zahlreichen Komposita[1] (*Hyperlink, Netzwelt, Netzwerk, Datennetz, Netzbenutzer*), Kollokationen[2] (*globale Vernetzungen, externer/interner*
20 *Link*) und verbalen Derivationen[3] (*vernetzen, verknüpfen, verlinken*) nieder.
Die Besonderheit dieses Netzes besteht darin, dass es aus Wasser zu bestehen scheint, so dass man auf dem Informations-*Fluss* oder Daten-
25 *Strom* auch *surfen* kann. Als negative Begleiterscheinung sieht man sich einer Spam-*Flut* ausgesetzt bzw. wird mit Werbemails *überschwemmt*, gewissermaßen *zugespam(m)t*. Man kann sich aber auch trockenen Fußes und sehr schnell auf der *Datenautobahn* (eines der Wörter des Jahres
30 1995) bewegen, besonders wenn man über einen *Highspeed-Internetanschluss* verfügt.
Die Schwierigkeit des Laien, sich die Raumlosigkeit des Internets vorzustellen, wird kompensiert, „indem das Internet als Raum [...] be-
35 schrieben wird, den man betreten kann und in dem sich *Straßen* und *Gebäude*, ja sogar *finstere Ecken, Schmuddelecken* oder das *elektronische Gemeindehaus* befinden" (Busch 2000). Dementsprechend braucht man einen *Zugang*, um
40 dann beispielsweise zum *Online-Marktplatz, Shop* oder *Händler* zu gelangen, wo man als *Kunde* im Angebot *stöbern* kann. Mancher verirrt sich auch in den Weiten des *Cyberspace* bzw. macht die Erfahrung des *Lost-in-Hyperspace*. [...]
45 Als generelle Tendenz ist festzuhalten, dass die Virtualität des Internets, die sich auch in zahlreichen Kollokationen mit dem Adjektiv virtuell widerspiegelt, durch die umfangreiche Verwendung von Metaphern, die zum großen Teil aus
50 alltagsbezogenen Vorstellungsbereichen stammen, sprachlich veranschaulicht wird.

[1] **Komposita:** Wortzusammensetzungen
[2] **Kollokationen:** häufige Wortverbindungen
[3] **Derivationen:** Ableitungen

1
 a Erklären Sie mit eigenen Worten, warum das Internet laut Steinschke mit Hilfe von Metaphern beschrieben wird.
 b Finden Sie weitere Metaphern, die das Internet beschreiben.
 c Die Netzmetaphorik bedient sich aus verschiedenen Vorstellungsbereichen. Diskutieren Sie, welche Vorstellungsbereiche Ihnen einleuchten und welche nicht.

2 In einer umgekehrten Bewegung werden mittlerweile Begriffe aus dem Bereich der Computertechnologie zu Metaphern für unseren Alltag.
 a Erklären Sie die Formulierungen „Unsere Beziehung braucht einen Neustart" und „Das habe ich nicht auf dem Schirm".
 b Gedächtnisleistungen werden besonders häufig mit Hilfe einer Computer-Metaphorik beschrieben. Nennen Sie Beispiele und erklären Sie das Phänomen.
 c Finden Sie weitere Beispiele für Computer-Metaphorik im Alltag und erklären Sie jeweils ihre Verwendung.

8.3 Klausurvorbereitung: Zwei Sachtexte vergleichen

Aufgabenbeispiel
1. Analysieren Sie Alexander Kekulés Text „Der Zug ist abgefahren" im Hinblick auf die Position des Verfassers, seine Argumentation und die angestrebte Wirkung. Berücksichtigen Sie dabei auch die Funktion sprachlicher und rhetorischer Mittel.
2. Formulieren Sie mit eigenen Worten, welche Position Ralph Mocikat vertritt, und erläutern Sie, wie er argumentiert. Stellen Sie abschließend dar, in welchen Punkten Kekulé und Mocikat übereinstimmen und in welchen sie sich unterscheiden.

Alexander Kekulé: Der Zug ist abgefahren (2011)

Alexander Kekulé ist Virologe und Direktor am Institut für Medizinische Mikrobiologie an der Universität Halle-Wittenberg.

Dass die deutsche Alltagssprache von englischen Wortfetzen unterwandert wird, ist eine ästhetische Zumutung und kulturell bedenklich. Gewiss, manchmal sind englische Ausdrücke besonders „cool" und für Wörter wie „Gadget" oder „App" gibt es einfach keine perfekte Übersetzung. Offenbar meinen unsere Werber jedoch, man könnte den deutschen Konsumenten nur noch mit englischen Einsprengseln erreichen.

Mit der englischen Sprache haben die importierten Wortfetzen meist nichts zu tun. Ich nenne sie deshalb „Kontaminationen", in Anlehnung an Verunreinigungen durch Krankheitserreger.

Die Forderung, Deutsch als Wissenschaftssprache wieder zu beleben, ist jedoch die falsche Antwort auf das Problem, zumindest soweit es Naturwissenschaften und Technik betrifft. Hier ist Englisch seit Jahrzehnten die Lingua franca, und das ist auch gut so. Dass sich Forscher aus allen Erdteilen schnell, präzise und mit einheitlichen Definitionen austauschen können, hat die Wissenschaft erheblich beschleunigt. Für Wissenschaftler aus Entwicklungs- und Schwellenländern eröffnete erst die gemeinsame Sprache – zusammen mit dem Internet – die Chance, am globalen Diskurs teilzunehmen. Zudem werden viele Arbeiten von internationalen Autorenteams verfasst, die nur Englisch als gemeinsame Sprache haben. Auch für Forschungsaufenthalte im Ausland – und für ausländische Gäste bei uns – ist die gemeinsame Arbeitssprache von unschätzbarem Wert. Hinzu kommt, dass es viele neue Fachbegriffe nur auf Englisch gibt. Um sie einzudeutschen, müsste man zwanghaft Entsprechungen erfinden, die nicht einmal für Muttersprachler eindeutig wären. Die absurden Konsequenzen kann man in Frankreich beobachten: Dort stöhnen die Forscher, weil sie per Gesetz verpflichtet wurden, Tagungsbände auf Französisch zu übersetzen. Bei Konferenzen quellen die Mülleimer davon über.

Auch die Forderung, für den sprachlichen Binnenraum Deutsch als „zweite" Wissenschaftssprache zu etablieren, ist nicht sinnvoll. Die Adressaten naturwissenschaftlicher Originalpublikationen sind zu 90 Prozent im Ausland. Nur an Deutsche gerichtete Medien – wie populärwissenschaftliche Magazine, TV-Sendungen und Fachblätter bestimmter Berufsgruppen – können und sollen dagegen weiterhin auf Deutsch erscheinen. Wenn darin einige englische Fachausdrücke enthalten sind, ist das noch lange kein Grund, sich um den Erhalt des Deutschen Sorgen zu machen. Der beste Schutz vor englischen Kontaminationen der Alltagssprache wäre im Gegenteil, wenn möglichst viele Deutsche sehr gut Englisch sprechen. Wer zwei Sprachen gut beherrscht, hält sie sauber auseinander und findet es ganz und gar nicht „smashing", wenn in jede gesprochene „line" massenweise englische „expressions eingemerged" sind.

Ralph Mocikat: **Deutsch muss als Wissenschaftssprache erhalten bleiben** (2011)

Ralph Mocikat ist Professor für Molekularbiologie in München und Vorsitzender des Arbeitskreises „Deutsch als Wissenschaftssprache" (Adawis).

In der Wissenschaftskommunikation wird zunehmend auch im Inland ausschließlich die englische Sprache verwendet. Das gilt insbesondere für naturwissenschaftliche und technische Disziplinen. Auf Kongressen mit ausschließlich deutschsprachigen Teilnehmern werden Vorträge fast immer nur noch auf Englisch gehalten. Hiesige Drittmittelgeber schreiben oft vor, Förderanträge lediglich in englischer Sprache einzureichen.

Immer mehr Hochschulen stellen Studiengänge komplett auf Englisch um. Dabei haben verschiedene Studien aus den Niederlanden, Schweden oder Norwegen gezeigt, dass das tiefere Verständnis deutlich eingeschränkt ist, wenn Studierende den Stoff in ihrer Disziplin nur in der Lingua franca aufnehmen.

Auch bei uns erleben wir täglich, welche Konsequenzen es mit sich bringt, wenn Seminare oder wissenschaftliche Besprechungen nicht mehr in der Muttersprache abgehalten werden: Sie verflachen. In vielen Seminaren merkt man beispielsweise, wie die Diskussionsbereitschaft dramatisch schwindet, wenn die Fachsprache Englisch ist, selbst wenn alle Teilnehmer das Englische hervorragend beherrschen.

Das liegt daran, dass Sprache nicht nur eine kommunikative, sondern auch eine kognitive Funktion hat. Unsere Denkmuster, das Auffinden von Hypothesen, die Argumentationsketten bleiben – auch in den Naturwissenschaften – stets in dem Denken verwurzelt, das auf der Muttersprache beruht. Wissenschaftliche Theorien arbeiten immer mit Wörtern, Bildern, Metaphern, die der Alltagssprache entlehnt sind. Die ganze Tragweite von Anspielungen und Bildern kann man nur in der jeweiligen Muttersprache voll erfassen und für die Forschung fruchtbar machen. Wenn die Quelle für die Fachsprachen nicht mehr die Alltagssprache ist, werden die Sprachbilder fehlen, die nötig sind, um Neues anschaulich begreiflich zu machen. Da jede Sprache einen anderen Blickwinkel auf die Wirklichkeit zulässt und individuelle Argumentationsmuster bietet, läuft es auf eine geistige Verarmung hinaus, wenn Lehre und Forschung auf das Englische eingeengt werden. Gastwissenschaftler, die mit guten Deutschkenntnissen hierherkommen, dann jedoch von unserer Sprache und Kultur ferngehalten werden und daher nach kurzer Zeit ihre Sprachkenntnisse verlieren, kommen sich ausgegrenzt vor und tragen ein negatives Deutschlandbild in ihre Heimat zurück. Durch den ausschließlichen Gebrauch des Englischen koppelt sich die Wissenschaft auch immer weiter von der Gesellschaft ab, gegenüber der sie rechenschaftspflichtig ist. Natürlich kommen wir ohne Englisch als internationale Kongress- und Publikationssprache nicht aus. Doch unbestritten ist, dass wir im Inland auch das Deutsche als Wissenschaftssprache benutzen und pflegen müssen. Dazu wäre es beispielsweise notwendig, mehr in Übersetzungen zu investieren.

Die Aufgabenstellung verstehen

1 Welche der folgenden Teilaufgaben müssen Sie in Ihrem Text bearbeiten?
- Obwohl in der Aufgabe nicht gefordert, muss ich in der Einleitung bzw. der Überleitung die Texte vorstellen, also Autor, Titel, Textsorte, Erscheinungsjahr und Thema benennen.
- Ich muss in beiden Texten die sprachlichen und rhetorischen Mittel untersuchen.
- Bei der Analyse der Argumentation muss ich auch die Argumenttypen benennen.
- Im zweiten Teil der Klausur muss ich erörtern, welchem Autor ich zustimme.
- Ich muss meine Untersuchungsergebnisse in einem Fazit zusammenfassen.
- In meinen Vergleich soll ich andere mir bekannte Positionen zum Thema Deutsch als Wissenschaftssprache mit einbeziehen.

Erstes Textverständnis und Ideen formulieren

1 Lesen Sie beide Texte und notieren Sie knapp, inwiefern Kekulés und Mocikats Positionen sich unterscheiden und was ihre wichtigsten Argumente sind. Beginnen Sie z. B. so:
Kekulé: Englisch sollte …, weil Forscher …
Mocikat: … sollte als Wissenschaftssprache erhalten bleiben, weil …

2 Halten Sie auf einer Kopie Ihre ersten Ideen zu Kekulés Argumentationsweise und den von ihm verwendeten sprachlichen und rhetorischen Mitteln fest, indem Sie Unterstreichungen, Markierungen und Randnotizen vornehmen:

1. These Metapher *Personifikation* *Gegenargumente* *Beispiele*	Dass die deutsche Alltagssprache von englischen Wortfetzen unterwandert wird, ist eine ästhetische Zumutung und kulturell bedenklich. Gewiss, manchmal sind englische Ausdrücke besonders „cool" und für Wörter wie „Gadget" oder „App" gibt es einfach keine perfekte Übersetzung. Offenbar meinen unsere Werber jedoch, man könne den deutschen Konsumenten nur noch mit englischen Einsprengseln erreichen.
Argument *Metapher*	Mit der englischen Sprache haben die importierten Wortfetzen meist nichts zu tun. Ich nenne sie deshalb „Kontaminationen", in Anlehnung an Verunreinigungen durch Krankheitserreger.

Den Text analysieren

1 Analysieren Sie den Text von Kekulé in den folgenden drei Arbeitsschritten:

a Notieren Sie in Stichpunkten, welche Thesen Kekulé vertritt und wie er diese argumentativ stützt. Vervollständigen Sie dazu die folgende Tabelle.

Thesen	Argumentation
Deutsche Sprache wird durch Anglizismen …	**Gegenargument:** *manche englischen Ausdrücke sind …* **Beispiele:** *„Gadget", „App"* **Argument:** *„Wortfetzen" haben nichts mit … zu tun, sondern …*
Deutsch sollte nicht …	**Faktenargument:** *…*

b Suchen Sie aus dem Text Beispiele für sprachliche Auffälligkeiten heraus, benennen Sie diese und notieren Sie die beabsichtigte Wirkung.
Tipp: Achten Sie z. B. auf rhetorische Figuren, Wortwahl, Satzarten, Satzbau und Anklänge an bestimmte Sprachschichten und Stile. Beispiele:
„Wortfetzen" (Z. 2) = Metapher → Wirkung: negative Bewertung von Anglizismen als unvollständige und unschöne Worte
„Lingua franca" (Z. 20), „globale[r] Diskurs" (Z. 28) = Fremdwörter, Fachbegriffe → Wirkung: …

c Überlegen Sie, welche Wirkung Kekulé erreichen möchte, z. B. informieren, belehren, überzeugen, kritisieren, appellieren. Berücksichtigen Sie auch, wer vermutlich die Adressaten sind.

2 Untersuchen Sie Mocikats Position und seine Argumentationsweise. Beginnen Sie z. B. so:
These 1: Deutsch als Wissenschaftssprache …
Argumente: – das tiefere Verständnis … (Beispiel: Studien aus …)
– …

3 a Vergleichen Sie die Positionen der beiden Autoren. Übertragen Sie dafür die folgende Tabelle in Ihre Kursmappe und vervollständigen Sie sie:

	Kekulé	Mocikat
Fragen/Probleme, mit denen sich nur einer der Autoren befasst	– Anglizismen im Alltag – …	
Fragen/Probleme, mit denen sich beide Autoren befassen	– Englisch sollte … – …	
	Gemeinsamkeiten: – bei internationalen Kongressen und Publikationen …	

b Stellen Sie Vermutungen dazu an, warum die beiden Autoren so unterschiedliche Positionen vertreten.

Methode	Sachtexte analysieren und vergleichen

Sachtexte können bezüglich der folgenden Aspekte analysiert und verglichen werden. Dabei ist zu berücksichtigen, dass die Aufgabenstellung ggf. vorgibt, welche dieser Aspekte in den Blick genommen werden sollen.

Analyseaspekte	Leitfragen zu Analyse und Vergleich
Thema/Problemstellung	Beschäftigen sich die Texte exakt mit dem gleichen Thema, dem gleichen Problem? Wenn nicht: Inwiefern bietet sich ein Vergleich dennoch an?
Position/Thesen	Welche Ähnlichkeiten, welche Unterschiede weisen die vertretenen Positionen auf?
Argumentation	Welche Argumente/Beispiele tauchen in beiden Texten auf? Welche Unterschiede gibt es bezüglich der Argumente/Beispiele? Wie wird argumentiert (Argumenttypen, Strategien der Beeinflussung, Argumentationsaufbau, …)?
Darstellungsweisen (Modi ▶ S. 252)	Kommen neben argumentativen auch deskriptive oder narrative Darstellungsmodi vor? Wie sind Unterschiede erklärbar?
sprachliche und rhetorische Mittel	Gibt es sprachliche Besonderheiten (rhetorische Figuren, Wortwahl, Satzarten, Satzbau, Anklänge an bestimmte Sprachschichten und Stile)? Worin liegen wichtige Unterschiede?
Intendierte Wirkung	Intention: Welche Wirkung soll der Text auf die Leser haben? Woran lässt sich dies erkennen? Wer ist vermutlich der Adressat des Textes? Inwiefern unterscheiden sich die Texte diesbezüglich?
Deutung der Unterschiede	Lassen sich Begründungen für Unterschiede finden: unterschiedlicher Anlass, unterschiedlicher Hintergrund der Autoren, …?

Den Schreibplan erstellen und schreiben

1 Planen Sie mit Hilfe des Informationskastens die Gliederung Ihres Aufsatzes.

> **Information** **Gliederung des Sachtextvergleichs**
>
> Für einen Sachtextvergleich hat sich der folgende Aufbau bewährt:
> - Die **Einleitung** macht Angaben zu Autor/in, Titel, Textsorte, Erscheinungsjahr und Thema.
> - In **Hauptteil I** wird der **erste Text** mit Blick auf die in der Aufgabe vorgegebenen Aspekte (z. B. Position des Autors, Argumentation, rhetorische und sprachliche Figuren, …) **analysiert**.
> - Nach einem **vorläufigen Resümee** macht die **Überleitung** Angaben zu Autor/in, Titel, Textsorte, Erscheinungsjahr und Thema des zweiten Textes und nennt Vergleichsaspekte.
> - In **Hauptteil II** wird der **zweite Text** entsprechend der Aufgabenstellung **untersucht**. Anschließend werden die beiden Texte aspektorientiert **verglichen** und ggf. **beurteilt**.
> - Am **Schluss** formulieren Sie als Fazit eine Zusammenfassung der Ergebnisse.

2 Schreiben Sie eine erste Fassung Ihres Aufsatzes.

  a Formulieren Sie die Einleitung, indem Sie die folgenden Sätze vervollständigen: *Der vorliegende … „…" von …, erschienen …, beleuchtet die Frage … Dabei vertritt … die Position, dass …*

  b Verfassen Sie die Analyse des ersten Textes. Achten Sie dabei auf eine sachliche Sprache und darauf, Ihre Aussagen durch Verweise oder Zitate (▶ S. 596) zu belegen.

  c Vervollständigen Sie die folgende Überleitung: *Auch der … „…" von …, der ebenfalls im Jahr … erschien, befasst sich mit … Allerdings …*

  d Bearbeiten Sie nun die zweite Teilaufgabe. Nutzen Sie die folgenden Formulierungsbausteine.

  > **Formulierungsbausteine: Sachtextvergleich**
  > - **Gemeinsamkeiten:** *Beide vertreten die Auffassung, … Ähnlich wie … begründet … seine Position mit … Die Argumentation weist Übereinstimmungen auf: …*
  > - **Unterschiede:** *Während … die Auffassung vertritt, …, versucht … eine Begründung dafür zu liefern, dass … Im Gegensatz zu …, der vor allem … als Argument anführt, begründet … seine Position mit … Anders als … erläutert …*

  e Ziehen Sie am Schluss ein Fazit und begründen Sie ggf. die Unterschiede: *Zusammenfassend lässt sich feststellen, dass … Eine Ursache für die unterschiedlichen Argumentationen …*

Den eigenen Text überarbeiten

1 Entwickeln Sie eine Checkliste nach dem folgenden Muster und lassen Sie Ihren Text überprüfen. Entscheiden Sie, welche Hinweise Sie aufnehmen, und überarbeiten Sie Ihren Text.

Wesentliche Aspekte	10 = voll erfüllt, 0 = gar nicht erfüllt	Verbesserungsidee
Einleitung enthält …		
Text 1: Position und Argumentation …		
Text 1: sprachliche und rhetorische …		

9 Sprache – Denken – Wirklichkeit

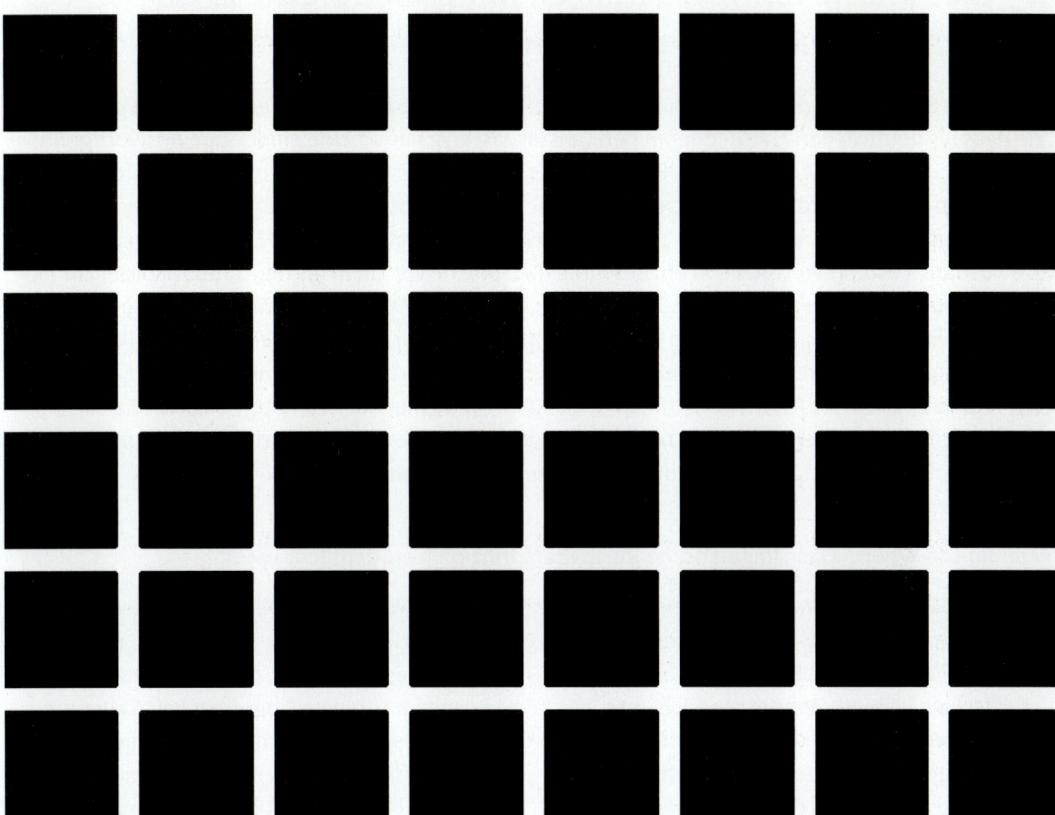

Ludimar Hermann: Gitter-Illusion (1870)

1 a Sehen Sie sich das Bild eine Weile in Ruhe an.
   b Was passiert, wenn Sie Ihren Blick über das Bild schweifen lassen? Beschreiben Sie, was Sie wahrnehmen.

2 Setzen Sie Ihre Beobachtungen aus Aufgabe 1 in Form eines **Partner-Schreibgesprächs** in Beziehung zum Titel des Kapitels „Sprache – Denken – Wirklichkeit":
   a Der erste Partner/die erste Partnerin formuliert eine These zur Klärung der Frage auf Papier und reicht diese weiter. Der/die zweite ergänzt seine/ihre These bzw. notiert eine Anmerkung zur ersten These und gibt das Papier zurück. Der/die erste antwortet etc.
   b Diskutieren Sie Ihre Ergebnisse im Plenum.

In diesem Kapitel erwerben Sie folgende Kenntnisse und Kompetenzen:

- verschiedene Ansätze zur Erklärung des Verhältnisses von Sprache, Denken und Wirklichkeit ermitteln und beurteilen,
- den Begriff des „linguistischen Relativitätsprinzips" erläutern und dazu Stellung nehmen,
- mentalitätsgeschichtliche Hintergründe des Themas Sprachkrise in der Literatur aufzeigen,
- die poetische Verarbeitung des Motivs der Sprachnot in unterschiedlichen Texten vergleichen,
- ein Gedicht zum Motiv der Sprachskepsis schriftlich analysieren.

9.1 Die Sprache formt das Denken formt die Sprache ... – Sprache als Medium der Erkenntnis

Wie hängen Sprache, Denken und Wirklichkeit zusammen? Diese Frage wird seit der Antike gestellt, ohne dass bis heute in den Natur- oder in den Geisteswissenschaften eine eindeutige Antwort gefunden werden konnte. Ab dem Ende des 18. Jahrhunderts überlegten Philosophen und Sprachforscher, wie z. B. **Johann Gottfried Herder** (1744–1803) und **Wilhelm von Humboldt** (1767–1835), inwiefern die Sprache zwischen dem denkenden Ich und der zu erkennenden Welt steht und die Erkenntnisweise lenkt. Dieser Gedanke war provokant, denn zuvor wurde die Sprache vor allem als neutrales Medium zur bloßen Benennung der Gegenstände und Sachverhalte angesehen. Schließlich wäre die Konsequenz, dass wir in den Wörtern und Satzbauplänen der Sprache gefangen wären; unsere Wirklichkeitserkenntnis wäre abhängig von unserer Sprache. Ein Befürworter dieser Ansicht ist **Benjamin Lee Whorf** (1897–1941). Sein „linguistisches Relativitätsprinzip" ist Gegenstand einer ausgeprägten wissenschaftlichen Kontroverse. Die Idee einer außersprachlichen, nämlich räumlichen oder bildlichen Steuerung mentaler Prozesse wird gegenwärtig vor allem in den Neurowissenschaften diskutiert.

Benjamin Lee Whorf: Das „linguistische Relativitätsprinzip" (veröffentlicht 1956)

Als die Linguisten so weit waren, eine größere Anzahl von Sprachen mit sehr verschiedenen Strukturen kritisch und wissenschaftlich untersuchen zu können, erweiterten sich ihre Vergleichsmöglichkeiten. Phänomene, die bis dahin als universal galten, zeigten Unterbrechungen und ein ganz neuer Bereich von Bedeutungszusammenhängen wurde bekannt. Man fand, dass das linguistische System (mit anderen Worten, die Grammatik) jeder Sprache nicht nur ein reproduktives Instrument zum Ausdruck von Gedanken ist, sondern vielmehr selbst die Gedanken formt, Schema und Anleitung für die geistige Aktivität des Individuums ist, für die Analyse seiner Eindrücke und für die Synthese dessen, was ihm an Vorstellungen zur Verfügung steht. Die Formulierung von Gedanken ist kein unabhängiger Vorgang, der im alten Sinne dieses Wortes rational ist, sondern er ist beeinflusst von der jeweiligen Grammatik. Er ist daher für verschiedene Grammatiken mehr oder weniger verschieden. Wir gliedern die Natur an Linien auf, die uns durch unsere Muttersprachen vorgegeben sind. Die Kategorien und Typen, die wir aus der phänomenalen Welt herausheben, finden wir nicht einfach in ihr – etwa weil sie jedem Beobachter in die Augen springen; ganz im Gegenteil präsentiert sich die Welt in einem kaleidoskopartigen[1] Strom von Eindrücken, der durch unseren Geist organisiert werden muss – das aber heißt weitgehend: von dem linguistischen System in unserem Geist. Wie wir die Natur aufgliedern, sie in Begriffen organisieren und ihnen Bedeutungen zuschreiben, das ist weitgehend davon bestimmt, dass wir an einem Abkommen beteiligt sind, sie in dieser Weise zu organisieren – einem Abkommen, das für unsere ganze Sprachgemeinschaft gilt und in den Strukturen unserer Sprache kodifiziert ist. Dieses Übereinkommen ist natürlich nur ein implizites und unausgesprochenes, *aber sein Inhalt ist absolut obligatorisch*[2]; wir können überhaupt nicht sprechen, ohne uns der Ordnung und Klassifikation des Gegebenen zu unterwerfen, die dieses Übereinkommen vorschreibt. Diese Tatsache ist für die moderne Naturwissenschaft von großer Bedeutung. Sie besagt, dass kein Individuum Freiheit hat, die Natur mit völliger Unparteilichkeit zu beschreiben, sondern eben, während es sich am freiesten glaubt, auf bestimmte Interpretationsweisen beschränkt ist. Die relativ größte Freiheit hätte in dieser Beziehung ein Linguist, der mit sehr vielen äußerst

[1] **kaleidoskopartig:** ständig das Farbmuster wechselnd
[2] **obligatorisch:** verpflichtend, bindend, verbindlich

verschiedenen Sprachsystemen vertraut ist. Bis heute findet sich noch kein Linguist in einer solchen Position. Wir gelangen daher zu einem neuen Relativitätsprinzip, das besagt, dass nicht alle Beobachter durch die gleichen physikalischen Sachverhalte zu einem gleichen Weltbild geführt werden, es sei denn, ihre linguistischen Hintergründe sind ähnlich oder können in irgendeiner Weise auf einen gemeinsamen Nenner gebracht werden (be calibrated).

Dieser ziemlich überraschende Schluss wird nicht so deutlich, wenn wir nur unsere modernen europäischen Sprachen miteinander vergleichen und vielleicht zur Sicherheit noch Latein und Griechisch dazunehmen. Unter diesen Sprachen herrscht eine Einstimmigkeit der Grundstrukturen, die auf den ersten Blick der natürlichen Logik Recht zu geben scheint.

Die Einhelligkeit besteht jedoch nur, weil diese Sprachen alle indoeuropäische Dialekte sind, nach dem gleichen Grundriss zugeschnitten und historisch überkommen aus dem, was vor sehr langer Zeit eine Sprachgemeinschaft gewesen war; weil die modernen Dialekte seit Langem am Bau einer gemeinsamen Kultur beteiligt sind; und weil viele der intellektuelleren Züge dieser Kultur sich aus dem linguistischen Hintergrund des Lateinischen und des Griechischen herleiten. Diese Sprachgruppe erfüllt daher die spezielle Bedingung des mit „es sei denn" beginnenden Nebensatzes in der Formel des linguistischen Relativitätsprinzips am Ende des vorhergehenden Absatzes. Aus dieser Sachlage ergibt sich auch die Einstimmigkeit der Weltbeschreibung in der Gemeinschaft der modernen Naturwissenschaftler. Es muss aber betont werden, dass „alle modernen indoeuropäisch sprechenden Beobachter" nicht das Gleiche ist wie „alle Beobachter". Wenn moderne chinesische oder türkische Naturwissenschaftler die Welt in den gleichen Termini wie die westlichen Wissenschaftler beschreiben, so bedeutet dies natürlich nur, dass sie das westliche System der Rationalisierung *in toto*[3] übernommen haben, nicht aber, dass sie dieses System von ihrem eigenen muttersprachlichen Gesichtspunkt aus mit aufgebaut haben. Deutlicher wird die Divergenz[4] in der Analyse der Welt, wenn wir das Semitische, Chinesische, Tibetanische oder afrikanische Sprachen unseren eigenen gegenüberstellen. Bringen wir gar die Eingeborenensprachen Amerikas hinzu, wo sich einige tausend Jahre lang Sprachgemeinschaften unabhängig voneinander und von der Alten Welt entwickelt haben, dann wird die Tatsache, dass Sprachen die Natur in vielen verschiedenen Weisen aufgliedern, unabweisbar. Die Relativität aller begrifflichen Systeme, das unsere eingeschlossen, und ihre Abhängigkeit von der Sprache werden offenbar.

[3] **in toto:** im Ganzen
[4] **Divergenz:** Abweichung, Auseinandergehen

1 Listen Sie Whorfs Thesen und Argumente zum Zusammenhang von Sprache, Denken und Wirklichkeit auf und erklären Sie das „linguistische Relativitätsprinzip" mit eigenen Worten.
2 Kann man ohne Sprache denken? Sammeln Sie in Gruppen Ideen und diskutieren Sie im Plenum.

Dieter E. Zimmer: Wiedersehen mit Whorf – Sprache & Denken (2008)

Das Denken wird „beeinflusst" von der Sprache oder von ihr „weitgehend bestimmt" oder „obligatorisch" geformt – eine gewisse Undeutlichkeit in Whorfs Formulierungen hat dazu geführt, dass man seine Hypothese[1] in zwei Versionen (und allen Zwischenformen) referiert, einer schwachen und einer starken.

Die schwache Version lautet: Die Sprache beeinflusst, erleichtert das Denken; verschiedene Sprachen beeinflussen es in verschiedener Weise, sodass die Verschiedenheit der Sprachen auch zur Verschiedenheit der Denkstile beiträgt. Dies ist das „sprachliche Relativitätsprinzip". Die starke: Alles Denken ist von der Sprache abhängig, wird von der Sprache bestimmt; jeder ist denkerisch von den Konventionen sei-

[1] **Hypothese:** noch zu belegende Annahme

ner Sprache gefesselt. Diese Auffassung hört auf den Namen „Sprachdeterminismus". In der Praxis, anhand konkreter Fälle, lassen sich „Relativität" und „Determiniertheit" allerdings nicht immer sauber auseinanderhalten. [...]

Sind wir also Gefangene unserer Sprache, um Whorfs größte Frage nun noch einmal zu stellen? Es ist wie immer: Auf große Fragen gibt es keine großen Antworten, sondern nur viele kleine. Man muss differenzieren. Wir sind frei, über die Grenzen unserer Sprache hinaus zu denken, tun dies in manchen Bereichen sogar unentwegt. Aber sobald wir versuchen, unsere wabernden Gedanken für uns selbst festzuhalten und kommunizierbar zu machen, greifen wir notwendig auf das Begriffsrepertoire und die Grammatik unserer Sprache zurück, auf die sich die Gedanken automatisch zubewegen.

Zwar wären wir frei, das System unserer Sprache zumindest für uns selbst zu transzendieren[2], aber nur kraft einer bewussten Anstrengung. Nur wenige werden sie leisten, die meisten werden von dieser Möglichkeit nicht einmal wissen. Denken ließe sich auch, wofür die Sprache keine bequemen oder gar keine Mittel zur Verfügung stellt. Aber wofür fertige Ausdrucksmittel bereitstehen, lässt sich leichter denken, und wofür es sehr geläufige Ausdrucksmittel gibt, am allerleichtesten.

Aber auch wenn wir das Unerhörte in Sprache verwandeln, bleiben wir in den Grenzen der eigenen Sprache, die bestenfalls nur annähernd und stellenweise gar nicht in andere Sprachen übersetzbar ist. Unsere Gedanken sind über die Sprachgrenzen hinweg also nicht restlos kommunizierbar – und das deshalb, weil ihre Konzepte, also ihre Denkbausteine, mehr oder weniger verschieden sind und weil verschiedene Grammatiken uns Denkzwänge auferlegen, für die in anderen Sprachen möglicherweise die Entsprechungen fehlen. [...] Whorfs Hypothese war also keineswegs rundheraus falsch. Aber rundheraus richtig war sie auch nicht. Unsere so verschiedenen Sprachen haben sozusagen von Natur aus Gemeinsamkeiten, weil die Wirklichkeit kein kaleidoskopartiger Strom von Eindrücken ist und wir sie, so verschieden sie sich auch für jeden darstellen mag, nach ähnlichen und wiedererkennbaren Prinzipien ordnen. Für eine grobe Verständigung reicht der Fundus dieser Gemeinsamkeiten allemal. [...]

2 transzendieren: über einen Bereich hinaus in einen anderen übergehen

David Crystal: **Sprache und Denken** (1995)

Wie eng aber ist nun die Verbindung zwischen Sprache und Denken? Diese Frage betrachtet man meist anhand von zwei Extremen. Auf der einen Seite steht die Hypothese, dass Sprache und Denken zwei vollkommen getrennte Dinge darstellen, wobei das eine vom anderen abhängig sei. Die andere Extremposition behauptet die Identität von Sprache und Denken – rationales Denken ohne Sprache wäre demnach unmöglich. Die Wahrheit liegt wahrscheinlich irgendwo zwischen diesen beiden Polen.

Die erste Position lässt zwei Möglichkeiten zu: Entweder ist die Sprache vom Denken abhängig oder das Denken von der Sprache. Der herkömmlichen und landläufigen Auffassung zufolge gilt Ersteres, d. h., erst kommen die Gedanken, dann werden sie in Worte gefasst. Diese Sichtweise zeigt sich in metaphorischen Ausdrücken, wonach z. B. Gedanken „in Worte gekleidet" werden oder die Sprache das „Werkzeug des Denkens" sei. In Bezug auf den Spracherwerb [...] wird diese Ansicht häufig vertreten. Demnach entwickeln Kinder vor dem Spracherwerb eine Reihe kognitiver Fähigkeiten. Die andere Möglichkeit, wonach die Art der Sprachverwendung die Bahnen diktiert, in denen der Mensch zu denken in der Lage ist, wird ebenfalls weithin vertochten. Shelley[1] brachte sie auf die eindrucksvolle Formel: „Er gab dem Menschen Sprache, die schuf den Gedanken, der das Universum misst" [...]. Auch diese Ansicht wird im Bereich der Spracherwerbsfor-

1 Mary Wollstonecraft Shelley (1797–1851): engl. Schriftstellerin, veröffentlichte 1818 „Frankenstein"

René Magritte: Der Verrat der Bilder (1928/29)

schung vertreten, und zwar mit dem Argument, dass die frühesten Konfrontationen mit Sprache den wesentlichen Einfluss auf die Art und Weise ausüben, wie Begriffe erlernt werden. Ihren einflussreichsten Ausdruck findet diese Position jedoch in der Sapir-Whorf-Hypothese[2]. Noch eine dritte These findet heute viele Anhänger. Sie besagt, dass Sprache und Denken voneinander abhängig seien – was nicht heißen soll, dass sie identisch wären. Die Identitätstheorie, wonach z. B. das Denken nichts anderes sei als innere Vokalisierung[3], wird heute nicht mehr vertreten. Es gibt zu viele Ausnahmen, als dass sich solch eine starre Position halten ließe: Denken wir nur an die zahlreichen Intelligenzleistungen, zu denen wir ohne Sprache in der Lage sind, von der Erinnerung an eine Bewegungsabfolge bei Spiel und Sport bis zur Vergegenwärtigung unseres täglichen Arbeitswegs vor dem geistigen Auge. Dass Bilder und Modelle hilfreich für die Problemlösung sind und gelegentlich bessere Wirkung zeigen als rein verbale Problemdarstellungen, wird heute kaum bestritten.

Andererseits sind Beispiele dafür erheblich seltener als die Fälle, wo Sprache offenbar das wichtigste Mittel für die Realisierung erfolgreicher Denkabläufe darstellt. Sieht man Sprache und Denken als voneinander abhängig an, dann erkennt man damit die Sprache als regulären Teil des Denkprozesses und gleichzeitig das Denken als notwendige Voraussetzung für das Sprachverständnis an. Es geht dabei nicht darum, ob das eine Vorrang vor dem anderen hat: Beide sind wesentlich, wenn wir Verhalten erklären wollen. Auch hier hat man Metaphern gesucht, um diese Vorstellung zu verdeutlichen.

So wurde die Sprache mit der Wölbung eines Tunnels verglichen, das Denken mit dem Tunnel selbst. Doch die komplexe Struktur und Funktion von Sprache spotten solch simplen Analogien.

[2] **Sapir-Whorf-Hypothese:** Da sich Whorf bei der Formulierung seiner Hypothese auf den Sprachwissenschaftler Edward Sapir (1884–1939) beruft, wird sie mit den Namen beider Forscher in Verbindung gebracht; zur Hypothese selbst vgl. S. 356 f. u. 361.
[3] **Vokalisierung:** hier im Sinne von Versprachlichung

---

1 Wie beurteilen Zimmer und Crystal Whorfs These vom „linguistischen Relativitätsprinzip"? Nennen Sie die Argumente, die sie dazu heranziehen.

2 a Der englische Linguist Crystal unterscheidet verschiedene Ansätze, die die Verbindung von Sprache und Denken erklären. Stellen Sie jeden Ansatz in einem eigenen Schaubild dar, z. B. mit Pfeilen. Erläutern Sie anschließend jeden Erklärungsansatz in ein bis zwei Sätzen.

    Ansatz 1   Sprache ← Denken   Die Art, wie wir sprechen, wird durch …
    Ansatz 2   Sprache → …

b Entscheiden Sie sich für eines der Modelle und begründen Sie Ihre Wahl vor der Gruppe.

3 Setzen Sie das Bild von Magritte in Beziehung zu Ihren bisherigen Kenntnissen über das Verhältnis von Sprache, Denken und Wirklichkeit.

Lera Boroditsky: Wie die Sprache das Denken formt (2012)

Pormpuraaw ist eine kleine Siedlung der Aborigines am Westrand der Halbinsel Cape York in Nordaustralien. Ich bitte ein fünf Jahre altes Mädchen, nach Norden zu zeigen. Ohne zu zögern, deutet sie in eine bestimmte Richtung. Mein Kompass bestätigt: Sie hat Recht. Nach meiner Rückkehr in die USA stelle ich dieselbe Frage in einem Hörsaal der Stanford University. Vor mir sitzen angesehene, mehrfach ausgezeichnete Gelehrte; manche besuchen seit 40 Jahren Vorträge in diesem Saal. Ich bitte sie, die Augen zu schließen und nach Norden zu zeigen. Viele weigern sich, weil sie keine Ahnung haben, wo Norden liegt. Die Übrigen denken eine Weile nach und deuten dann in alle möglichen Richtungen. Ich habe diesen Versuch nicht nur in Harvard und Princeton wiederholt, sondern auch in Moskau, London und Peking – stets mit demselben Resultat. Eine Fünfjährige aus einer bestimmten Kultur bringt ohne Weiteres etwas fertig, was angesehene Forscher einer anderen Kultur überfordert. Was ist der Grund für die höchst unterschiedliche kognitive Fähigkeit? Die überraschende Antwort lautet: die Sprache. Die Idee, dass Sprachunterschiede die Kognition beeinflussen, ist an sich jahrhundertealt; in Deutschland vertraten sie vor allem Johann Gottfried Herder und Wilhelm von Humboldt. Seit den 1930er Jahren wird sie oft den amerikanischen Linguisten Edward Sapir und Benjamin Lee Whorf zugeschrieben. Die beiden untersuchten die Grammatik nordamerikanischer Indianer und mutmaßten: Wenn Menschen grundverschieden sprechen, dann denken sie auch unterschiedlich.

Zwar fand die Idee zunächst großen Anklang, doch empirische Belege fehlten fast völlig. In den 1970er Jahren verblasste der Ruhm der Sapir-Whorf-Hypothese. Sie wurde fast völlig zu Gunsten einer neuen Theorie aufgegeben, der zufolge Sprache und Denken universelles menschliches Gemeingut sind. Doch nun, Jahrzehnte später, liegen endlich überzeugende Indizien dafür vor, wie Sprache das Denken formt. Sie stürzen das lange herrschende Dogma von den Sprachuniversalien und liefern faszinierende Erkenntnisse über den Ursprung des Wissens und die Konstruktion der Wirklichkeit.

Rund um den Globus kommunizieren Menschen miteinander auf vielfältige Weise, und jede der schätzungsweise 7000 Sprachen verlangt von denen, die sie verwenden, ganz unterschiedliche Leistungen. […] Doch zahlreiche Forschungen – unter anderem in meinem Labor – haben inzwischen gezeigt, dass die Sprache sogar die grundlegenden Dimensionen menschlicher Erfahrung prägt: Raum, Zeit, Kausalität und die Beziehung zu anderen. Kehren wir nach Pormpuraaw zurück. Anders als Englisch oder Deutsch enthält die dort gesprochene Sprache Kuuk Thaayorre keine relativen Raumausdrücke wie links und rechts. Wer Kuuk Thaayorre spricht, gebraucht absolute Hauptrichtungen wie Norden, Süden, Osten, Westen und so weiter. Zwar geschieht das auch im Deutschen, aber nur bei großen Entfernungen. Wir würden beispielsweise nie sagen: „Diese Banausen platzieren die Suppenlöffel südöstlich von den Gabeln!" Doch auf Kuuk Thaayorre werden immer Himmelsrichtungen verwendet. Darum sagt man etwa „Die Tasse steht südöstlich vom Teller" oder „Der südlich von Maria stehende Knabe ist mein Bruder". Um sich in Pormpuraaw verständlich auszudrücken, muss man daher immer die Windrose im Kopf haben. […]

Auch Zeit wird je nach Kultur ganz unterschiedlich dargestellt: Wir zum Beispiel betrachten die Zukunft als „vorn" und die Vergangenheit als „hinten". Im Jahr 2010 entdeckte Lynden Miles von der University of Aberdeen (Schottland), dass englisch Sprechende unwillkürlich ihren Körper vorwärtsneigen, wenn sie an die Zukunft denken, und rückwärts bei Gedanken an die Vergangenheit. Aymara, eine in den Anden verbreitete indigene Sprache, verlegt die Vergangenheit dagegen nach vorne und die Zukunft nach hinten. Dem entspricht auch die Körpersprache: Wie Raphael Núñez von der University of California in San Diego und Eve Sweeter von der University of California in Berkeley 2006 feststellten, deuten die Aymara vor sich, wenn sie über die Vergangenheit reden, und hinter sich, wenn sie die Zukunft meinen. [...]

Aber rufen nun Sprachunterschiede unterschiedliches Denken hervor – oder ist es eher umgekehrt? Wie sich zeigt, trifft beides zu: Unsere Denkweise prägt die Art, wie wir sprechen, aber der Einfluss wirkt auch in der Gegenrichtung. Bringt man Menschen zum Beispiel neue Farbwörter bei, verändert dies ihre Fähigkeit, Farben zu unterscheiden. Lehrt man sie, auf eine neue Weise über Zeit zu sprechen, so beginnen sie, anders darüber zu denken. [...]

All diesen Forschungsergebnissen zufolge wirken die Kategorien und Unterscheidungen, die in speziellen Sprachen existieren, stark auf unser geistiges Leben ein. Was die Forscher „Denken" nennen, ist offenbar in Wirklichkeit eine Ansammlung linguistischer und nichtlinguistischer Prozesse. Demnach dürfte es beim Erwachsenen kaum Denkvorgänge geben, bei denen die Sprache keine Rolle spielt. Ein Grundzug menschlicher Intelligenz ist ihre Anpassungsfähigkeit – die Gabe, Konzepte über die Welt zu erfinden und so abzuändern, dass sie zu wechselnden Zielen und Umgebungen passen. [...]

1 Wie erklärt Boroditsky die unterschiedlichen kognitiven Fähigkeiten in verschiedenen Kulturen?
2 Erläutern Sie, mit welchen Forschungsergebnissen Boroditsky Whorfs These stützt.
3 Führern Sie eine Diskussion durch, in der Sie sich mit allen in diesem Kapitel aufgeführten sprachtheoretischen Ansätzen noch einmal auseinandersetzen. Bereiten Sie dafür in Expertengruppen Argumente und Beispiele für die jeweiligen Positionen vor.
4 **Referat/Facharbeit:** Arbeiten Sie in den Fächern Biologie, Pädagogik/Psychologie, Philosophie fachübergreifend zum Thema „Sprache, Denken/Bewusstsein, Wirklichkeit". Bedenken Sie dabei auch die historische Position Humboldts: „Die Sprache als Weltansicht" (▶ Kap. B 8.2, S. 344).

Information **Sprache – Denken – Wirklichkeit**

Die Beziehung zwischen Sprache, Denken und Wirklichkeit zu klären, ist ein wichtiger Gegenstand philosophischer und sprachwissenschaftlicher Betrachtungen. **Drei Positionen** sind maßgeblich:
Das **„Prinzip des sprachlichen Relativismus":** Der Ethnologe und Linguist Benjamin L. Whorf vertritt die These, dass die Wahrnehmung der Wirklichkeit durch das Sprachsystem (Lexikon und Grammatik) dessen, der spricht, determiniert wird. Alles Denken und somit die Sicht der Welt sind demnach von der jeweils gesprochenen Sprache abhängig. Diese Position knüpft an Wilhelm von Humboldt an: „Die Sprache ist das bildende Organ des Gedanken."
Nativistischer Ansatz – Sprachliche Strukturen sind angeboren: Gegenüber der Annahme einer einseitigen Determination des Denkens durch die Sprache meint die kognitionsorientierte Sprachforschung, dass alle Sprachen über gleiche logische Grundstrukturen verfügen, die dem jeweiligen grammatischen System der Einzelsprache zu Grunde liegen. Damit ist allen Sprecherinnen und Sprechern eine identische sprachliche Fähigkeit vorgegeben, Wirklichkeit wahrzunehmen.
Neurolinguistischer Ansatz: In Kooperation mit der Hirnforschung und Evolutionsbiologie gehen einige Sprachwissenschaftlerinnen und -wissenschaftler gegenwärtig von der Annahme aus, dass das Beziehungsgeflecht von Sprache, Denken und Wahrnehmung sehr komplex gestaltet ist. Nicht nur sprachliche Strukturen steuern den Wahrnehmungsprozess, auch räumliche Kategorien und bildhafte Vorstellungen haben wesentlichen Anteil an Denkvorgängen, Bewusstseinsbildung und Wahrnehmung der Welt.

9.2 Krise der Wahrnehmung – Krise der Sprache

Sprachnot in der Literatur

Die Frage, inwieweit Menschen mittels Sprache die Wirklichkeit erkennen und gestalten können, ist ein zentrales Thema der Literatur um 1900. Während die Literatur der Klassik etwa hundert Jahre zuvor noch die Ideale des „Wahren, Guten und Schönen" versprachlichte, werden diese Ideale in der gewandelten Welt der Moderne brüchig und mit ihnen werden die „großen" Begriffe, die sie bezeichnen, leere Sprachschablonen. Die These vom Sprachverfall und der Sprachkrise wird in der Literatur der zweiten Hälfte des 20. Jahrhunderts aufgegriffen und ist bis heute aktuell.

1 Ist Ihnen das Gefühl bekannt, dass Ihnen in bestimmten Situationen die Worte fehlen? Setzen Sie den Satz fort: *Mir fehlen die Worte, wenn …*

2 Lesen Sie den Beginn des Songtextes von Tim Bendzko: Erklären Sie, wie Sie den Titel verstehen. Wie wird das Thema in den ersten beiden Strophen entfaltet?

Tim Bendzko: **Wenn Worte meine Sprache wären** (2011)

Wenn Worte meine Sprache wären
Ich hätt dir schon gesagt
in all den schönen Worten
wie viel mir an dir lag
5 ich kann dich nur ansehen
weil ich dich wie eine Königin verehr
doch ich kann nicht auf dich zugehen
weil meine Angst den Weg versperrt

Mir fehlen die Worte ich
10 hab die Worte nicht
dir zu sagen was ich fühl'
ich bin ohne Worte ich
finde die Worte nicht
ich hab keine Worte für dich
…

Robert Musil: **Die Verwirrungen des Zöglings Törleß** (1906)

In seiner autobiografisch gefärbten Erzählung erzählt Musil vom Erwachsenwerden des jungen Schülers Törleß, der eine tiefe Sinn- und Sprachkrise erlebt.

„… Ich habe vielleicht noch zu wenig gelernt, um mich richtig auszudrücken, aber ich will es beschreiben. Eben war es wieder in mir. Ich kann es nicht anders sagen, als dass ich die Dinge in zweierlei Gestalt sehe. Alle Dinge; auch die Gedanken. Heute sind sie dieselben wie gestern, wenn ich mich bemühe, einen Unterschied zu finden, und wie ich die Augen schließe, leben sie unter einem anderen Lichte auf. [...] So wie ich fühle, dass ein Gedanke in mir Leben bekommt, so fühle ich auch, dass etwas in mir beim Anblicke der Dinge lebt, wenn die Gedanken schweigen. Es ist etwas Dunkles in mir, unter allen Gedanken, das ich mit den Gedanken nicht ausmessen kann, ein Leben, das sich nicht in Worten ausdrückt und das doch mein Leben ist …"

„… Jetzt ist das vorüber. Ich weiß, dass ich mich doch geirrt habe. Ich fürchte nichts mehr. Ich weiß: Die Dinge sind die Dinge und werden es wohl immer bleiben; und ich werde sie wohl immer bald so, bald so ansehen. Bald mit den Augen des Verstandes, bald mit den anderen … Und ich werde nicht mehr versuchen, dies miteinander zu vergleichen …"

1 a Törleß sieht die „Dinge in zweierlei Gestalt". Erläutern Sie diesen Gedanken.
  b Kennen Sie dieses Gefühl? Erzählen Sie von eigenen, vergleichbaren Erfahrungen.

2 a Setzen Sie das nebenstehende Vexierbild in Beziehung zu Törleß' Aussagen.
b Informieren Sie sich über Vexierbilder. Stellen Sie Beispiele in Ihrem Kurs vor.

Hugo von Hofmannsthal: **Ein Brief** (1902)

Dies ist der Brief, den Philipp Lord Chandos, jüngerer Sohn des Earl of Bath, an Francis Bacon[1], später Lord Verulam und Viscount St. Albans, schrieb, um sich bei diesem Freunde wegen des gänzlichen Verzichtes auf literarische Betätigung zu entschuldigen. [...]
Um mich kurz zu fassen: Mir erschien damals in einer Art von andauernder Trunkenheit das ganze Dasein als eine große Einheit: Geistige und körperliche Welt schien mir keinen Gegensatz zu bilden, ebenso wenig höfisches und tierisches Wesen, Kunst und Unkunst, Einsamkeit und Gesellschaft; in allem fühlte ich Natur, in den Verirrungen des Wahnsinns ebenso wohl wie in den äußersten Verfeinerungen eines spanischen Zeremoniells; in den Tölpelhaftigkeiten junger Bauern nicht minder als in den süßesten Allegorien; und in aller Natur fühlte ich mich selber; wenn ich auf meiner Jagdhütte die schäumende laue Milch in mich hineintrank, die ein struppiges Mensch einer schönen, sanftäugigen Kuh aus dem Euter in einen Holzeimer niedermolk, so war mir das nichts anderes, als wenn ich, in der dem Fenster eingebauten Bank meines Studio sitzend, aus einem Folianten[2] süße und schäumende Nahrung des Geistes in mich sog. Das eine war wie das andere; keines gab dem andern weder an traumhafter überirdischer Natur noch an leiblicher Gewalt nach, und so gings fort durch die ganze Breite des Lebens, rechter und linker Hand; überall war ich mittendrinnen, wurde nie ein Scheinhaftes gewahr: Oder es ahnte mir, alles wäre Gleichnis und jede Kreatur ein Schlüssel der andern, und ich fühlte mich wohl den, der im Stande wäre, eine nach der andern bei der Krone zu packen und mit ihr so viele der andern aufzusperren, als sie aufsperren könnte.

[...] Mein Fall ist, in Kürze, dieser: Es ist mir völlig die Fähigkeit abhandengekommen, über irgendetwas zusammenhängend zu denken oder zu sprechen.
Zuerst wurde es mir allmählich unmöglich, ein höheres oder allgemeineres Thema zu besprechen und dabei jene Worte in den Mund zu nehmen, deren sich doch alle Menschen ohne Bedenken geläufig zu bedienen pflegen. Ich empfand ein unerklärliches Unbehagen, die Worte „Geist", „Seele" oder „Körper" nur auszusprechen. Ich fand es innerlich unmöglich, über die Angelegenheiten des Hofes, die Vorkommnisse im Parlament, oder was Sie sonst wollen, ein Urteil herauszubringen. Und dies nicht etwa aus Rücksichten irgendwelcher Art, denn Sie kennen meinen bis zur Leichtfertigkeit gehenden Freimut: sondern die abstrakten Worte, deren sich doch die Zunge naturgemäß bedienen muss, um irgendwelches Urteil an den Tag zu geben, zerfielen mir im Munde wie modrige Pilze. [...]
Allmählich aber breitete sich diese Anfechtung aus wie ein um sich fressender Rost. Es wurden mir auch im familiären und hausbackenen Gespräch alle die Urteile, die leichthin und mit schlafwandelnder Sicherheit abgegeben zu werden pflegen, so bedenklich, dass ich aufhören musste, an solchen Gesprächen irgend teilzunehmen. [...] Mein Geist zwang mich, alle Dinge, die in einem solchen Gespräch vorkamen, in einer unheimlichen Nähe zu sehen: So wie

1 Francis Bacon: engl. Philosoph und Naturwissenschaftler (1561–1626). Bacons Überlegungen zum Zusammenhang von Sprache und Wirklichkeit inspirierten v. Hofmannsthal beim Verfassen des Chandos-Briefes (Zitat Bacon: „So wie die Hieroglyphen den Buchstaben vorausgehen, so auch die Bilder den Begriffen").
2 Foliant: großformatiges Buch

ich einmal in einem Vergrößerungsglas ein Stück von der Haut meines kleinen Fingers gesehen hatte, das einem Blachfeld³ mit Furchen und Höhlen glich, so ging es mir nun mit den Menschen und ihren Handlungen. Es gelang mir nicht mehr, sie mit dem vereinfachenden Blick der Gewohnheit zu erfassen. Es zerfiel mir alles in Teile, die Teile wieder in Teile, und nichts mehr ließ sich mit einem Begriff umspannen. Die einzelnen Worte schwammen um mich; sie gerannen zu Augen, die mich anstarrten und in die ich wieder hineinstarren muss: Wirbel sind sie, in die hinabzusehen mich schwindelt, die sich unaufhaltsam drehen und durch die hindurch man ins Leere kommt. [...] Seither führe ich ein Dasein, das Sie, fürchte ich, kaum begreifen können, so geistlos, so gedankenlos fließt es dahin; ein Dasein, das sich freilich von dem meiner Nachbarn, meiner Verwandten und der meisten landbesitzenden Edelleute dieses Königreiches kaum unterscheidet und das nicht ganz ohne freudige und belebende Augenblicke ist. Es wird mir nicht leicht, Ihnen anzudeuten, worin diese guten Augenblicke bestehen; die Worte lassen mich wiederum im Stich. Denn es ist ja etwas völlig Unbenanntes und auch wohl kaum Benennbares, das in solchen Augenblicken, irgendeine Erscheinung meiner alltäglichen Umgebung mit einer überschwellenden Flut höheren Lebens wie ein Gefäß erfüllend, mir sich ankündet. Ich kann nicht erwarten, dass Sie mich ohne Beispiel verstehen, und ich muss Sie um Nachsicht für die Albernheit meiner Beispiele bitten. Eine Gießkanne, eine auf dem Felde verlassene Egge, ein Hund in der Sonne, ein ärmlicher Kirchhof, ein Krüppel, ein kleines Bauernhaus, alles dies kann das Gefäß meiner Offenbarung werden. Jeder dieser Gegenstände und die tausend anderen ähnlichen, über die sonst ein Auge mit selbstverständlicher Gleichgültigkeit hinweggleitet, kann für mich plötzlich in irgendeinem Moment, den herbeizuführen auf keine Weise in meiner Gewalt steht, ein erhabenes und rührendes Gepräge annehmen, das auszudrücken mir alle Worte zu arm scheinen. [...]

In diesen Augenblicken wird eine nichtige Kreatur, ein Hund, eine Ratte, ein Käfer, ein verkrümmter Apfelbaum, ein sich über den Hügel schlängelnder Karrenweg, ein moosbewachsener Stein mir mehr als die schönste hingebendste Geliebte der glücklichsten Nacht mir je gewesen ist. Diese stummen und manchmal unbelebten Kreaturen heben sich mir mit einer solchen Fülle, einer solchen Gegenwart der Liebe entgegen, dass mein beglücktes Auge auch ringsum auf keinen toten Fleck zu fallen vermag.
Es erscheint mir alles, was es gibt, alles, dessen ich mich entsinne, alles, was meine verworrensten Gedanken berühren, etwas zu sein. Auch die eigene Schwere, die sonstige Dumpfheit meines Hirnes erscheint mir als etwas; ich fühle ein entzückendes, schlechthin unendliches Widerspiel in mir und um mich, und es gibt unter den gegeneinander spielenden Materien keine, in die ich nicht hinüberzufließen vermöchte.
Es ist mir dann, als bestünde mein Körper aus lauter Chiffern⁴, die mir alles aufschließen. Oder als könnten wir in ein neues, ahnungsvolles Verhältnis zum ganzen Dasein treten, wenn wir anfingen, mit dem Herzen zu denken. Fällt aber diese sonderbare Bezauberung von mir ab, so weiß ich nichts darüber auszusagen; ich könnte dann ebenso wenig in vernünftigen Worten darstellen, worin diese mich und die ganze Welt durchwebende Harmonie bestanden und wie sie sich mir fühlbar gemacht habe, als ich ein Genaueres über die inneren Bewegungen meiner Eingeweide oder die Stauungen meines Blutes anzugeben vermöchte. [...]
Und das Ganze ist eine Art fieberisches Denken, aber Denken in einem Material, das unmittelbarer, flüssiger, glühender ist als Worte. Es sind gleichfalls Wirbel, aber solche, die nicht wie die Worte der Sprache ins Bodenlose zu führen scheinen, sondern irgendwie in mich selber, und in den tiefsten Schoß des Friedens. [...]

3 Blachfeld: flaches Feld, ebene Gegend; Begriff vor allem in der Bibel gebräuchlich
4 Chiffern: geheime Zeichen, welche nur diejenigen, die sie miteinander verabredet haben, entziffern können

Sie waren so gütig, Ihre Unzufriedenheit darüber zu äußern, dass kein von mir verfasstes Buch mehr zu Ihnen kommt, „Sie für das Entbehren meines Umgangs zu entschädigen".
Ich fühlte in diesem Augenblick mit einer Bestimmtheit, die nicht ganz ohne ein schmerzliches Beigefühl war, dass ich auch im kommenden und im folgenden und in allen Jahren dieses meines Lebens kein englisches und kein lateinisches Buch schreiben werde [...]: nämlich weil die Sprache, in welcher nicht nur zu schreiben, sondern auch zu denken mir vielleicht gegeben wäre, weder die lateinische noch die englische, noch die italienische und spanische ist, sondern eine Sprache, von deren Worten mir auch nicht eines bekannt ist, eine Sprache, in welcher die stummen Dinge zu mir sprechen, und in welcher ich vielleicht einst im Grabe vor einem unbekannten Richter mich verantworten werde.

Ich wollte, es wäre mir gegeben, in die letzten Worte dieses voraussichtlich letzten Briefes, den ich an Francis Bacon schreibe, alle die Liebe und Dankbarkeit, alle die ungemessene Bewunderung zusammenzupressen, die ich für den größten Wohltäter meines Geistes, für den ersten Engländer meiner Zeit im Herzen hege und darin hegen werde, bis der Tod es bersten macht.

A. D. 1603, diesen 22. August.   Phi. Chandos

1
a Beschreiben Sie mit eigenen Worten die Situation Chandos' und die Folgen seiner „Krankheit".
b Überlegen Sie, welche Schwierigkeiten sich für Künstler/innen und Dichter/innen bei der Wahrnehmung und Darstellung von Wirklichkeit ergeben.

2 Untersuchen Sie die sprachliche Gestaltung des Textes:
a Welche Funktion haben die verwendeten Vergleiche, Metaphern und Beispiele?
b Erörtern Sie, aus welchem Grund Hofmannsthal die Briefform und einen fiktiven Sprecher des 17. Jahrhunderts für seinen Text wählt.
c Klären Sie das „Paradox" des Briefes auf inhaltlicher und formaler Ebene.

3 Wie beurteilen Sie vor dem Hintergrund des Briefs die Verbindung von Ding, Bedeutung und Wort?

4 Der Sprachkritiker Fritz Mauthner (1849–1923) schrieb 1901:

> „Das abstrakteste Wort ist das vieldeutigste. Wollte man – nicht etwa alle Menschen – sondern nur alle von einer Konfession zwingen, von sich zu geben, was sie sich z. B. unter ihrem Gott vorstellen, es würden die wahnsinnigsten Fantastereien aller Völker und Zeiten zu Tage treten. Und doch ist das ein Wort, worüber sie alle einig zu sein glauben. Mut, Liebe, Wissen, Freiheit sind ebenso zerfahrene Worte. Durch die Sprache haben es sich die Menschen für immer unmöglich gemacht, einander kennen zu lernen."

Vergleichen Sie die Position Mauthners mit der Sprachreflexion im Chandos-Brief.

5 Setzen Sie die Sprachskepsis des Lord Chandos in Beziehung zu dem Erklärungsansatz Whorfs, dass die Sprache das Denken formt (▶ S. 356 f.).

Max Frisch: **Das Unaussprechliche (Stiller)** (1954)

Schreiben ist nicht Kommunikation mit Lesern, auch nicht Kommunikation mit sich selbst, sondern Kommunikation mit dem Unaussprechlichen. Je genauer man sich auszusprechen vermöchte, umso reiner erschiene das Unaussprechliche, das heißt die Wirklichkeit, die den Schreiber bedrängt und bewegt. Wir haben die Sprache, um stumm zu werden. Wer schweigt, ist nicht stumm. Wer schweigt, hat nicht einmal eine Ahnung, wer er nicht ist.

1 Beziehen Sie Frischs Text auf die Aussagen von Törleß und Lord Chandos.

Rainer Maria Rilke: Ich fürchte mich so vor der Menschen Wort (1898)

Ich fürchte mich so vor der Menschen Wort.
Sie sprechen alles so deutlich aus:
Und dieses heißt Hund und jenes heißt Haus,
und hier ist Beginn und das Ende ist dort.

5 Mich bangt auch ihr Sinn, ihr Spiel mit dem Spott,
sie wissen alles, was wird und war;
kein Berg ist ihnen mehr wunderbar;
ihr Garten und Gut grenzt grade an Gott.

Ich will immer warnen und wehren: Bleibt fern.
10 Die Dinge singen hör ich so gern.
Ihr rührt sie an: Sie sind starr und stumm.
Ihr bringt mir alle die Dinge um.

1 Erklären Sie, welchen Aspekt der menschlichen Sprache das lyrische Ich in Rilkes Gedicht beklagt. Nutzen Sie folgende Formulierungsbausteine: *Sowohl die gegenständlichen Dinge (z.B. ...) als auch die abstrakten ... scheinen dem lyrischen Ich ... Die Dinge verlieren durch ... ihre ...*

2 Untersuchen Sie die formale und sprachliche Gestaltung. Verwenden Sie dazu u.a. folgende Fachbegriffe: Wiederholung, Alliteration, Opposition, Anapäst (▶ S. 200 ff., 198).

3 Stellen Sie Ihre Ergebnisse in einem Analyseaufsatz dar.

Gottfried Benn: Ein Wort (1941)

Ein Wort, ein Satz –: aus Chiffren steigen
erkanntes Leben, jäher Sinn,
die Sonne steht, die Sphären schweigen,
und alles ballt sich zu ihm hin.

Ein Wort – ein Glanz, ein Flug, ein Feuer,
ein Flammenwurf, ein Sternenstrich –
und wieder Dunkel, ungeheuer,
im leeren Raum um Welt und Ich.

Vincent van Gogh:
Sternennacht (1889)

1 a Setzen Sie aus folgenden Begriffen Chiffren (▶ S. 59) zusammen, z.B. *silberner Gesang der Nacht: dunkel silbern spitz Gedanke Atem Blick Stille Worte Ich glitzernd bläulich weich Gesang Säuseln Schrei Nacht Himmel Welt schimmern*
b Lesen Sie die Chiffren Ihrer Partner. Welche Bilder entstehen in Ihrem Kopf?
c Verfassen Sie mit Ihren Chiffren poetische Verse zum Thema Wahrnehmen – Sprechen – Denken, z.B.: *Ich höre den silbernen Gesang der Nacht. Er hat das Dunkel zum Schimmern ...*

2 Untersuchen Sie das Gedicht „Ein Wort". Nutzen Sie auch die folgenden Anregungen: *Die Wortwahl entstammt dem Bildbereich ... Damit wird der poetischen Sprache, den Chiffren, ... Das poetische Wort wird zum Mittel der ...*

3 Nehmen Sie Stellung zu folgender These: Lord Chandos entdeckt in der poetischen Sprache eine Möglichkeit, sich auszudrücken. Benn bestätigt dies mit seinem Gedicht.

4 Bringen Sie Bilder aus Benns Gedicht in Verbindung mit van Goghs Gemälde. Beginnen Sie z.B. so: *Ungewöhnliche Himmelskörper und -bewegungen stehen auch im Zentrum ...*

Paul Celan: Weggebeizt (1967)

Weggebeizt vom
Strahlenwind deiner Sprache
das bunte Gerede des An-
erlebten – das hundert-
5 züngige Mein-
gedicht, das Genicht.

            Aus-
            gewirbelt,
            frei
10   der Weg durch den menschen-
            gestaltigen Schnee,
            den Büßerschnee, zu
            den gastlichen
            Gletscherstuben und -tischen.

15 Tief
in der Zeitenschrunde,
beim
Wabeneis
wartet, ein Atemkristall,
20 dein unumstößliches
Zeugnis.

Gisèle Celan-Lestrange:
Écriture – Schrift (1966)

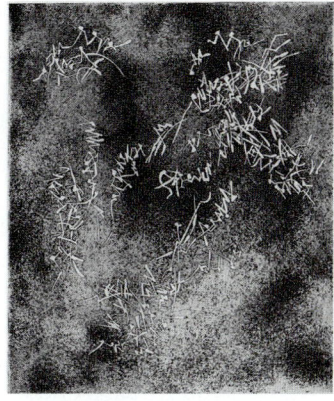

1 a Tauschen Sie sich über die Wirkung des Gedichts „Weggebeizt" aus.
   b Schreiben Sie Chiffren aus dem Gedicht heraus und erklären Sie, wie sie gestaltet sind, z.B.:
     „Strahlenwind deiner Sprache": Strahlenwind = Neologismus

2 Untersuchen Sie, wie Celan das Thema „Sprachnot" gestaltet:
   a Stellen Sie die Eigenschaften und Wirkungen der poetischen Sprache („deine Sprache") denjenigen der Alltagssprache („buntes Gerede") gegenüber. Wählen Sie dazu Wörter und Wendungen aus dem Gedicht aus und notieren Sie in Klammern mögliche Bedeutungen:

Poetische Sprache	Alltagssprache
„beizt weg" (ätzende, vernichtende Kraft)	„buntes Gerede des …" (…)
…	„hundertzüngiges Mein-gedicht" (…)

   b Analysieren Sie die formale und sprachliche Gestaltung. Gehen Sie dabei auf deren Besonderheiten ein: Chiffren, Neologismen, Zeilenumbruch.
   c Beziehen Sie Inhalt und Form des Gedichts aufeinander. Nutzen Sie dazu folgende Formulierungsbausteine: *Die Gestaltung des Gedichts ist sehr … Schon auf den ersten Blick fällt auf, … Die Form wirkt insgesamt … So spiegelt sich in der … Wortwahl und den … die inhaltliche Aussage: Eine neue, poetische Sprache hat die Kraft, …*

3 „Weggebeizt" – Welche Beziehung zwischen dem Gedicht und dem Bild „Écriture-Schrift" von Gisèle Celan-Lestrange, einer so genannten Ätzradierung, können Sie herstellen?

4 Ordnen Sie die drei Gedichte literaturgeschichtlich ein. Zeigen Sie anhand der Gedichte auf, wie sich das Motiv der Sprachnot entwickelt hat.

5 Bringen Sie Stimmung und Sinngehalt der drei Gedichte in einem Vortrag zum Ausdruck.

Harald Weinrich: **Linguistische Bemerkungen zur modernen Lyrik** (1971)

Paul Celan erfährt die Ohnmacht der Worte. Was Celan findet, sind Wortsand, Worthaufen, Wortaufschüttungen oder – in anderer Metaphorik – vergällte, verkrüppelnde, entmündigte, umröchelte Worte, und die Namen sind „Unnamen". Man muss sie mit dem „Messer des Schweigens" beschneiden. „Das Namengeben hat ein Ende." In seiner Büchner-Rede hat Celan das 1960 so ausgedrückt: „Das Gedicht heute [...] zeigt, das ist unverkennbar, eine starke Neigung zum Verstummen." So sind auch in radikaler Konsequenz Celans späte Gedichte gebaut. [...]

Die Frage ist, ob die solcherart an den Rand des Verstummens geführten Gedichte damit nur an die Grenze geführt werden, wo Poesie anfängt oder wo sie aufhört. Für unsere Überlegungen aber zu den Beziehungen von Lyrik und Linguistik wollen wir festhalten, dass auch der Zweifel und die Verzweiflung an der Zeichenkraft der Sprache genuine Möglichkeiten der linguistischen Reflexion sind.

1 Beurteilen Sie auf der Grundlage Ihrer Gedichtanalysen Weinrichs These, dass die literarische Auseinandersetzung mit der Sprachnot eine Möglichkeit der Sprachreflexion sei.

2 Vergleichen Sie die poetische Verarbeitung des Motivs der Sprachnot in den Gedichten mit den Prosatexten von Musil, Hofmannsthal und Frisch.

3 Schreiben Sie selbst ein Gedicht zum Thema „Sprache und Schweigen". Sammeln Sie als Vorarbeit Metaphern und Chiffren zu den beiden Begriffen. Entscheiden Sie sich für eine gebundene oder freie Form.

4 **Referat:** Recherchieren Sie die epochalen und mentalitätsgeschichtlichen Hintergründe der Sprachkrise um 1900 (z. B. Nietzsche) und in der Nachkriegszeit (z. B. Celan, Benn).

5 **Referat:** Auch in anderen Bereichen des Lebens erschütterten um 1900 fundamentale Veränderungen bisher als sicher geltende Annahmen. Recherchieren Sie z. B. zu den Bereichen Kunst, Musik, Physik, Biologie und Religion.

Information **Krise der Wahrnehmung – Krise der Sprache**

Die Beziehung von Sprache, Denken und Wahrnehmung ist nicht nur ein Gegenstand von Philosophie und Sprachwissenschaft. Mit dem **Beginn der Moderne um 1900** wird der Problemzusammenhang von Sprache und Wahrnehmung der Wirklichkeit zu einer programmatischen Fragestellung der Literatur. Schriftsteller wie **Hugo von Hofmannsthal** (1874–1929) formulieren eine **fundamentale Sprachkritik**. Einerseits entlarven die Autorinnen und Autoren verlogene konventionelle Sprachgewohnheiten, andererseits äußern sie grundsätzliche Zweifel, ob die Sprache ein geeignetes Medium der Verständigung und der Weltwahrnehmung darstellt. Die These von der **Sprachnot** im Hinblick auf die Versprachlichung von Gedanken und auf zwischenmenschliche Kommunikation wird zugleich verknüpft mit der Suche nach einer **neuen poetischen Sprache**, die als Metasprache eine Reflexion über die Sprache, das Denken und die Wirklichkeit erst möglich macht.

Autoren wie **Rainer Maria Rilke** (1875–1926) und **Robert Musil** (1880–1942) entwerfen um die Jahrhundertwende eine **Ästhetik der Sprachskepsis**, die den literarischen Diskurs bis in die Gegenwart bestimmt, z. B. in den Werken von **Paul Celan** (1920–1970), **Max Frisch** (1911–1991), **Hilde Domin** (1909–2006), **Ingeborg Bachmann** (1926–1973), **Peter Handke** (*1942), **Ulla Hahn** (*1946) und **Juli Zeh** (*1974).

9.3 Klausurvorbereitung: Ein Gedicht analysieren

Aufgabenbeispiel
1. Analysieren Sie das Gedicht „Ihr Worte" von Ingeborg Bachmann hinsichtlich der inhaltlichen und sprachlich-formalen Gestaltung des Motivs der Sprachskepsis.
2. Setzen Sie Bachmanns Gestaltung des Motivs der Sprachskepsis in Beziehung zu der Gestaltung dieses Motivs in anderen Ihnen bekannten Gedichten.

Ingeborg Bachmann: Ihr Worte (1961)

Ihr Worte, auf, mir nach!,
und sind wir auch schon weiter,
zu weit gegangen, geht's noch einmal
weiter, zu keinem Ende geht's.

5 Es hellt nicht auf.

Das Wort
wird doch nur
andre Worte nach sich ziehn,
Satz den Satz.
10 So möchte Welt,
endgültig,
sich aufdrängen,
schon gesagt sein.
Sagt sie nicht.

15 Worte, mir nach,
dass nicht endgültig wird
– nicht diese Wortbegier
und Spruch auf Widerspruch!

Lasst eine Weile jetzt
20 keins der Gefühle sprechen,
den Muskel Herz
sich anders üben.

Lasst, sag ich, lasst.

Ins höchste Ohr nicht,
25 nichts, sag ich, geflüstert,
zum Tod fall dir nichts ein,
lass, und mir nach, nicht mild
noch bitterlich,
nicht trostreich,
30 ohne Trost
bezeichnend nicht,
so auch nicht zeichenlos –

Und nur nicht dies: ein Bild
im Staubgespinst, leeres Geroll
35 von Silben, Sterbenswörter.

Kein Sterbenswort,
Ihr Worte!

Die Aufgabenstellung verstehen

1 a Listen Sie auf, welche Arbeitsschritte der Operator „Analysieren" in Bezug auf Gedichte verlangt.
 b Gleichen Sie Ihre Listen in Partnerarbeit ab: Ergänzen Sie Fehlendes, streichen Sie Überflüssiges.
2 Überlegen Sie, wie Sie vorgehen können, um Textaussagen miteinander in Beziehung zu setzen.
3 a Reflektieren Sie, in welchen Bereichen Ihre Stärken bei der Analyse von Gedichten liegen und wo Sie bisher Schwierigkeiten hatten.
 b Verabreden Sie zu zweit, wie Sie sich bei den folgenden Analyseschritten unterstützen können.

Erstes Textverständnis und Ideen formulieren

1 a Lesen Sie das Gedicht mehrfach und verdeutlichen Sie sich die Gestaltung des Motivs. Notieren Sie Ihre Ideen, z. B.: *In dem Gedicht geht es … Schon der Titel zeigt, dass das lyrische Ich … Im Verlauf des Gedichts spricht das lyrische Ich die Worte … Sprache wird so als … dargestellt.*

b Lesen Sie das Gedicht erneut und unterstreichen Sie auf einer Kopie des Textes auffällige Wendungen, die zum Motiv Sprachskepsis passen.

2 Welche anderen Gedichte fallen Ihnen ein, in denen ein ähnliches Motiv gestaltet wird? Machen Sie sich Notizen zu Autoren, Titeln, Jahreszahlen/Epochenzugehörigkeit und zur Motivgestaltung.

Methode   **Motive erkennen und vergleichen**

Ein **Motiv** wird in einem Gedicht häufig vielfach variiert und kann sich auch in anderen lyrischen Texten finden. Über ähnliche Motive entsteht so eine **intertextuelle Ähnlichkeit zwischen Texten**, die es ermöglicht, Textaussagen vergleichend miteinander in Beziehung zu setzen:
- Beachten Sie Übereinstimmungen, Variationen und Gegensätze in der Motivgestaltung.
- Untersuchen Sie formale und sprachliche Übereinstimmungen oder Kontraste.
- Bringen Sie Kenntnisse aus dem Unterricht zu verschiedenen Texten ein.

Das Gedicht analysieren

1 a Gehen Sie nun den Inhalt der einzelnen Strophen bzw. Verse konzentriert durch. Erfassen Sie, wie die Kritik am bisherigen Sprachgebrauch in verschiedenen Bereichen entfaltet wird. Ordnen Sie dazu folgende Gedichtabschnitte und Überschriften einander zu: V. 6–14, V. 16–18, V. 19–22, V. 24–32, V. 33–35 – *Worte können die letzten Dinge (z. B. den Tod) nicht erfassen – Durch die Masse der Wörter wird die Welt nicht begriffen – Gefühle sollen nicht in nutzlose Worte gefasst werden – Worte sind leer, verstaubt und tot – Argumentatives Sprechen ist zwecklos*

b Fassen Sie zusammen, wie das lyrische Ich die Worte – und damit die Sprache – einschätzt: *Das lyrische Ich äußert sich skeptisch … Wichtige … können durch Worte nicht …*

c Sehen Sie sich nun die übrigen Verse an: In welchem Vers wird der Mangel der Sprache auf den Punkt gebracht? Begründen Sie.

d Untersuchen Sie, welche Form und Funktion die übrigen Verse haben. Nutzen Sie geeignete Begriffe: *ermahnen   Bitte   direkte Anrede   Befehl   Appell   Beschwörung   Imperativ*

2 Fassen Sie Ihre bisherigen Erkenntnisse zusammen. Entscheiden Sie sich dazu für einen der beiden Deutungsansätze, ergänzen Sie ihn und führen Sie ihn weiter. Führen Sie Textstellen an:

> Auf der einen Seite hegt das lyrische Ich eine große Skepsis gegenüber der Sprache, welche keinen Bereich des Lebens zu erfassen vermag („Es hellt nicht auf", V 5) Andererseits vertraut das lyrische Ich – stellvertretend für die Schriftsteller/innen insgesamt – auf die Kraft der Sprache, die Welt dennoch zu begreifen. Aber diese neue, andere Sprache müsste …

> Das Gedicht richtet sich gegen die Sprache. In welchem Bereich sie bisher auch versucht hat, die Welt zu erfassen, führt sie nur zu Stillstand und „Ende" (V. 4, „endgültig", V. 11, V. 16).
> Alles, was bisher mit herkömmlichen Worten formuliert wurde, ist … Das lyrische Ich versammelt die Worte wie Lebewesen hinter sich, um … Die Aufgabe der Dichtung sollte sein, …

Ihr Worte, auf, mir nach!,	→ Zwiegespräch: lyrisches Ich – Sprache
und sind wir auch schon weiter,	
zu weit gegangen, geht's noch einmal	
weiter, zu keinem Ende geht's.	→ Es geht weiter in Richtung Erkenntnis
Es hellt nicht auf.	→ Unvermögen der herkömmlichen Sprache
Das Wort	→ Wortschwall,
wird doch nur	leerer Redefluss
andre Worte nach sich ziehn,	(besser: Zurückhaltung der Worte)
Satz den Satz.	
So möchte Welt,	→ aufdringliche Sprache,
endgültig,	abgebrochene/verbrauchte Floskeln:
sich aufdrängen,	alles wurde schon gesagt
schon gesagt sein.	
Sagt sie nicht.	→ Appell
Worte, mir nach,	→ Zuversicht
dass nicht endgültig wird	
– nicht diese Wortbegier	→ leeres Geplapper
und Spruch auf Widerspruch!	

3 Durch welche sprachlichen Gestaltungsmittel (▶ S. 200 ff.) wird Ihre inhaltliche Deutung gestützt?
  a Überlegen Sie, welche Markierung im Beispiel oben welche Bedeutung hat. Ergänzen Sie eigene Beobachtungen, z. B.: *Wiederholung:* „Ihr Worte" (V. 1, …), … *Alliteration:* … *Akkumulation:* … *Aufruf:* … *Ellipse:* … *sprachliche Bilder:* …
  b Markieren Sie die restlichen Verse. Versehen Sie wichtige Textstellen mit Anmerkungen.
4 Notieren Sie formale Auffälligkeiten des Gedichts, z. B. in Bezug auf Strophen, Reim und Metrum.
5 Erklären Sie mit Hilfe der folgenden Formulierungsbausteine, inwiefern sich Inhalt, Sprache und Form aufeinander beziehen lassen.

> **Formulierungsbausteine:** Inhalt, Sprache und Form in Beziehung setzen (Gedicht)
> ■ *Die auffällige formale Gestaltung ohne … unterstreicht den … Charakter des Gedichts. Die insistierende Haltung des lyrischen Ichs wird durch … betont. Wäre die Strophenform des Gedichts konventionell, also z. B. …, so widerspräche das der neuen Rolle der Wörter, … Eine … Form stünde der Aussage, dass …, also entgegen. Im Bereich der Wortwahl stehen vor allem die … (z. B. …, V. …) und die … (z. B. …, V. …) für die erneuernde Kraft der Sprache.*

Information **Die Wirkung von Sprache und Form in Gedichten**

Die Form von Gedichten lässt sich häufig auf ihre inhaltliche Aussage beziehen. Diesen **Wechselbezug** kann man erfassen, indem man **stilistisch-rhetorische Elemente** (z. B. Wortwahl, rhetorische Figuren) sowie **syntaktische Strukturen** (Satzbau) in ihrer Funktion für die Textaussage und in ihrer Wirkung untersucht. Es kann für die Textaussage auch interessant sein, ob eine feste, geschlossene oder eine unregelmäßige, offene **Form** (Strophen, Reime, Metrum) vorliegt. Durch **Wortwahl** und **sprachliche Bilder** können bestimmte Assoziationen entstehen.

6 a Vergegenwärtigen Sie sich die Gestaltung des Motivs der Sprachskepsis in anderen Gedichten, z. B.
Benn: poetische Wörter (Chiffren) → Mittel zur …; Form: geschlossen, …
Rilke: herkömmliche Wörter → …; Form: …
Celan: Kontrast zwischen poetischer Sprache – …; Form: ungewöhnlich, …
b Vergleichen Sie: Wie gestaltet Bachmann das Motiv der Sprachskepsis, wie die anderen?

Den Schreibplan erstellen und schreiben

1 Strukturieren Sie Ihre bisherigen Ergebnisse in einem Schreibplan.
Einleitung = Fakten und Thema: Das Gedicht … von … aus dem Jahr … entfaltet das Motiv …
Hauptteil = Ergebnisse der Analyse
- *gedankliche Entwicklung des Motivs in einzelnen Strophen/Versen und Haltung/Stimmung des lyrischen Ichs*
- *sprachliche Gestaltungsmittel und Inhalt-Form-Bezug*
Schluss = Bezugnahme auf andere Gedichte

2 Verfassen Sie Ihren Analyseaufsatz nun mit Hilfe des Schreibplans. Verdeutlichen Sie die Struktur Ihres Aufsatzes durch Überleitungssätze, z. B.:
Die inhaltliche Gestaltung des Motivs … zeigt sich auch in der …, wie ich im Folgenden …
Abschließend werde ich das Gedicht … zu anderen vergleichbaren Gedichten …

Den eigenen Text überarbeiten

1 a Überarbeiten Sie Ihre Texte mit Hilfe der Checkliste.
b Geben Sie sich in Partnerarbeit gegenseitig ein Feedback. Berücksichtigen Sie dabei Ihre Angaben zu Aufgabe 3 a auf ▶ S. 369.

Checkliste Ein Gedicht analysieren

Prüfen Sie, ob Sie folgende Punkte in Ihrem Analyse-Aufsatz berücksichtigt haben:
- Haben Sie **einleitend** Gattung, Titel, Autorin, Entstehungsjahr und Thema/Motiv genannt?
- Ist der **Hauptteil** klar gegliedert (s. Schreibplan)?
- Gehen Sie strophen-/versweise auf die Entfaltung des **Motivs** ein?
  - Berücksichtigen Sie die Gedanken, die Stimmung, den Tonfall des **lyrischen Ichs?**
  - Gehen Sie von der Beschreibung des Textes zur **Deutung** über, indem Sie den **Sinngehalt** des Gedichts herausstellen?
  - Haben Sie die **formale und sprachliche Gestaltung** untersucht? Gehen Sie dazu Ihre Markierungen und Anmerkungen auf der Kopie des Textes noch einmal prüfend durch.
  - Konnten Sie inhaltliche und formale Aspekte aufeinander beziehen?
- Zeigen Sie **abschließend Bezüge** zwischen dem Motiv der Sprachskepsis in Bachmanns Gedicht und in mindestens zwei anderen Gedichten auf? Gehen Sie dabei auch auf den literaturgeschichtlichen Kontext ein?
- Haben Sie **sachlich formuliert** und Beobachtungen/Thesen **mit Textstellen belegt?**
- Prüfen Sie Ihren Text auf **Fehler** in Ausdruck, Rechtschreibung, Zeichensetzung und Grammatik.

C Epochen der deutschen Literatur

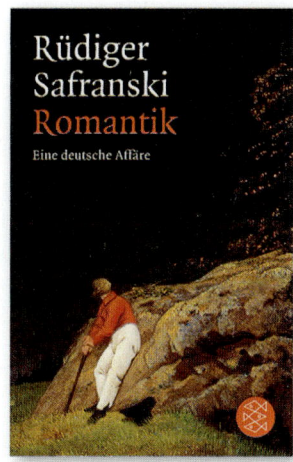
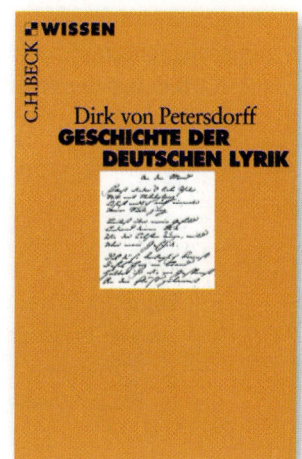

1. Lesen Sie die Titel der abgebildeten Literaturgeschichten und beschreiben Sie, welche unterschiedlichen inhaltlichen Schwerpunktsetzungen Sie den Titeln entnehmen können.
2. Was verbinden Sie mit den Stichworten „Literaturgeschichte" und „Epochen"? Halten Sie in einer – individuellen oder gemeinsam entworfenen – Mindmap Ihr Wissen in diesen Bereichen fest.
3. Tauschen Sie sich im Kurs darüber aus, welche Epochen und/oder Autorinnen/Autoren Sie schon kennen.
4. Betrachten Sie die Grafik auf den folgenden zwei Seiten. Arbeiten Sie in Partnerarbeit heraus,
   - inwiefern diese Darstellung der literarischen Epochen Ihnen hilfreich sein kann,
   - auf welche Problematik des Epochenbegriffs die Grafik besonders hinweist.
5. In der Literaturgeschichte wird häufig von einem Epochenumbruch um 1800 oder um 1900 gesprochen. Erläutern Sie anhand der Epochenschlange, was damit gemeint ist.

In diesem Kapitel erwerben Sie folgende Kenntnisse und Kompetenzen:

- erkennen, wie literarische Werke unterschiedlicher Epochen und Gattungen Fragen des menschlichen Lebens thematisieren, und Texte unter diesen Fragestellungen vergleichen,
- literarische Texte zueinander und zu anderen Aussageformen (z.B. der Kunst, Philosophie, Wissenschaft) in Gesprächen, Texten und visuellen Darstellungsformen in Beziehung setzen,
- dabei historische Bezüge (Sozial-, Kultur-, politische Geschichte etc.) berücksichtigen,
- literaturgeschichtliches Überblickswissen auf Texte anwenden,
- Epochenbegriffe problematisieren und reflektiert verwenden.

Literarische Epochen und Strömungen im Überblick

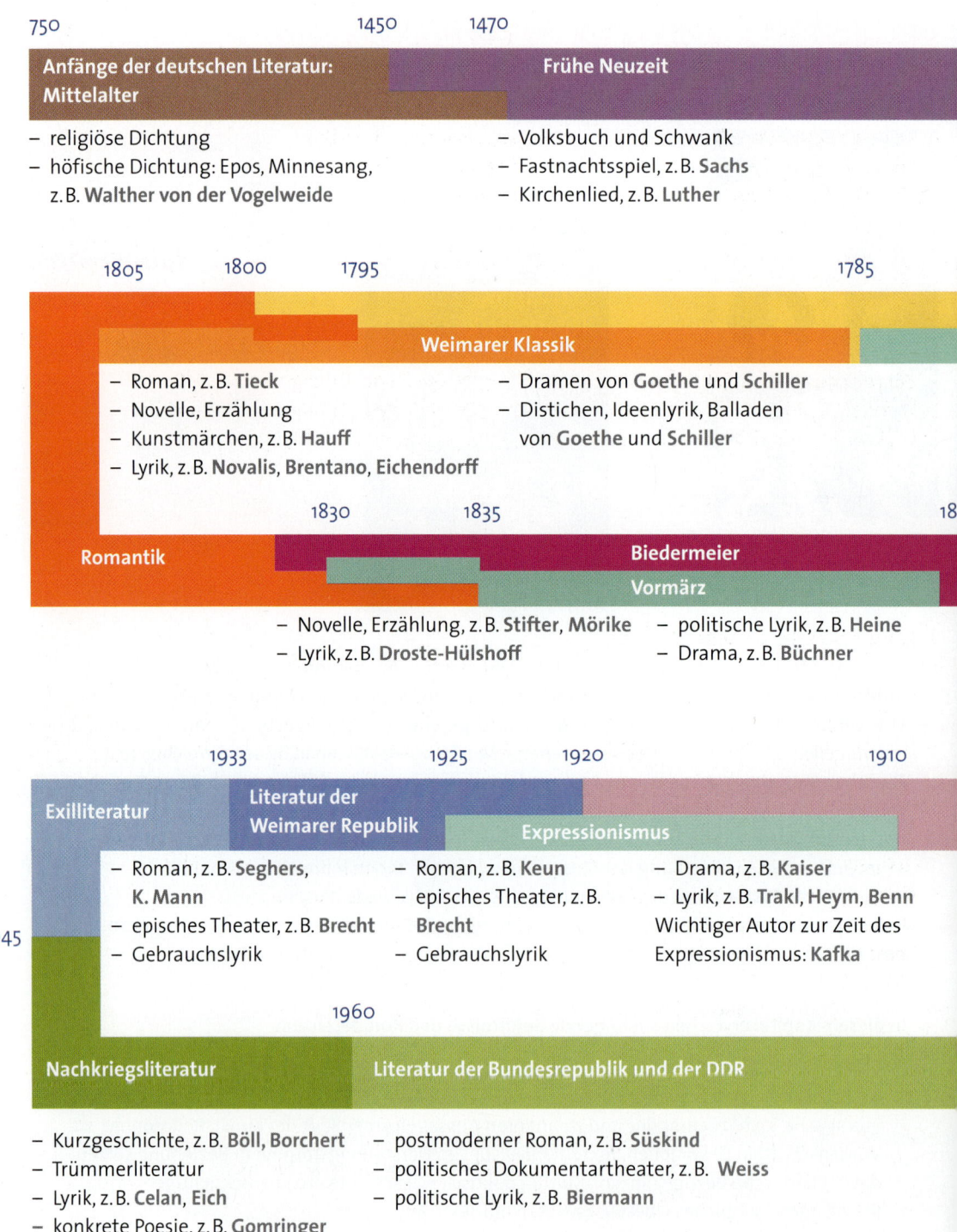

C EPOCHEN DER DEUTSCHEN LITERATUR

1720   1740

Barock

Aufklärung

- Roman, z. B. **Grimmelshausen**
- Emblem, Figurengedicht, Sonett, z. B. **Gryphius**
- Fabel, Parabel, z. B. **Lessing**
- Bürgerliches Trauerspiel, z. B. **Lessing**
- Erziehungsromane, z. B. **Wieland**

1770   1750

Aufklärung

Sturm und Drang

Empfindsamkeit

- Bürgerliches Trauerspiel, z. B. **Schiller**
- Hymne, z. B. **Goethe**
- politische Lyrik, z. B. **Bürger**
- Brief- und Bildungsroman, z. B. **Goethe**
- Naturlyrik, z. B. **Klopstock**, **Claudius**

Poetischer/bürgerlicher Realismus

- Roman, Novelle, z. B. **Keller**, **Fontane**

1900   1890   1880

Naturalismus

Vielfalt der Stile: Moderne

- Ästhetizismus/Fin de Siècle: Impressionismus, Jugendstil, Décadence, Sezession, Neoromantik, Surrealismus
- Roman, Erzählung, Novelle, z. B. **Th. Mann**
- Lyrik, z. B. **Rilke**
- Novelle, Roman, z. B. **Holz/Schlaf**
- Drama, z. B. **Hauptmann**

1989

Vielfalt der Stile: Gegenwart

- postmoderne Erzählliteratur, z. B. **Zeh**, **Kehlmann**
- neorealistische Erzählliteratur, z. B. **Grass**, **M. Walser**
- Popliteratur

Literaturgeschichte und Epochenbegriffe – Eine Problematisierung

> Geschichtsschreibung ist Aufklärung – Aufklärung über historische Entwicklungen, welche die Gegenwart prägen. In diesem Sinne versteht sich auch die Beschreibung der sechs Jahrhunderte neuerer deutscher Literaturgeschichte [...]: Sie will die literarischen Entwicklungslinien vergegenwärtigen, die in die heutige Zeit hineinführen.
> *Peter J. Brenner, Neue deutsche Literaturgeschichte, 1996*

> Der oberste Zweck einer Literaturgeschichte besteht in der Anregung und Wegeweisung für den Leser zum eigenen Genuss der Literaturwerke. [...] Wer weder das Nibelungenlied noch die wichtigsten Dramen Lessings, Goethes und Schillers kennt, der tut wohl, erst diese zu lesen, ehe er nach geschichtlicher Belehrung über sie sucht.
> *Eduard Engel, Geschichte der Deutschen Literatur von den Anfängen bis in die Gegenwart, 1907*

Karl Otto Conrady: **Von der Verführung durch vertraute Epochenbegriffe** (1983)

Es muss zu einem Urbedürfnis des Menschen, zumal des Wissenschaftlers, gehören, ungeordnete Vielfalt zu ordnen und lange zeitliche Abläufe zu gliedern. Anders ist die hingebungsvolle Mühe nicht zu begreifen, die Literaturwissenschaftler aufwenden, um Epochen aufzubauen. Und obgleich längst jeder noch so sorgfältig ausgeführten Konzeption einer Epoche mit triftigen Argumenten widersprochen werden kann, lassen wir von dem geistvoll-nutzlosen Spiel nicht ab. [...]

Offensichtlich bezeichnen Epochenbegriffe etwas, was es so in der Realität überhaupt nicht gibt. Sie sind nachträglich gestanzte Spielmarken kluger Konstrukteure. Epochenbezeichnungen, die mit qualifizierenden Bedeutungen belastet sind (die wir ihnen auch nicht austreiben können), können der realen Fülle und Vielgestaltigkeit des im betreffenden Zeitraum Hervorgebrachten nicht gerecht werden. Immer herrscht die Gleichzeitigkeit des Verschiedenen, der eine Epochenbezeichnung nicht entspricht. [...]

Öffnet eigentlich die Bemühung um Epochenbestimmungen besser begehbare Wege zu den einzelnen Werken, die der Leser dann gern beschreitet? Geht von Epochengliederungen und den Diskussionen über sie Motivation für den Leser aus? Die Frage stellen heißt, sie nicht einfach bejahen zu können. Wenn in bildungspolitischen Erklärungen vom Deutschunterricht gefordert wird, er müsse endlich wieder (wie es heißt) den Schülern die Kenntnis etwa der deutschen Klassik und der anderen wichtigen Epochen der Geschichte der deutschen Literatur beibringen, dann müsste zugleich ernsthaft erwogen werden, wozu solche Kenntnis gut ist, welche Einsichten sie fördert oder vielleicht verstellt und ob sie die Freude am Lesen (für uns etwas allzu Selbstverständliches), die Motivation, sich auf Fernes und Fremdes einzulassen, verstärkt oder vermindert. [...]

1. Welche Funktionen kann bzw. soll eine Literaturgeschichte erfüllen? Diskutieren Sie, welche Erwartungen Sie an ein literaturgeschichtliches (Lehr-)Werk haben.
2. Zeigen Sie mit Hilfe der Texte auf, welcher Nutzen und welche Gefahren in der Verwendung von Literaturgeschichten und Epochenbegriffen liegen.
3. Literaturgeschichte als Spiel, Epochenbegriffe als Spielmarken, Literaturhistoriker als Konstrukteure: Erläutern Sie diese von Conrady verwendeten Metaphern.
4. Sicherlich kennen und benutzen Sie Schüler-Lektürehilfen zu literarischen Werken, die Sie im Deutschunterricht lesen: Überprüfen Sie vor dem Hintergrund der Aussagen Conradys kritisch die Verwendung von Epochenbegriffen und Epochenzuordnungen in solchen Angeboten (exemplarisch).

1 Mittelalter, frühe Neuzeit und Barock

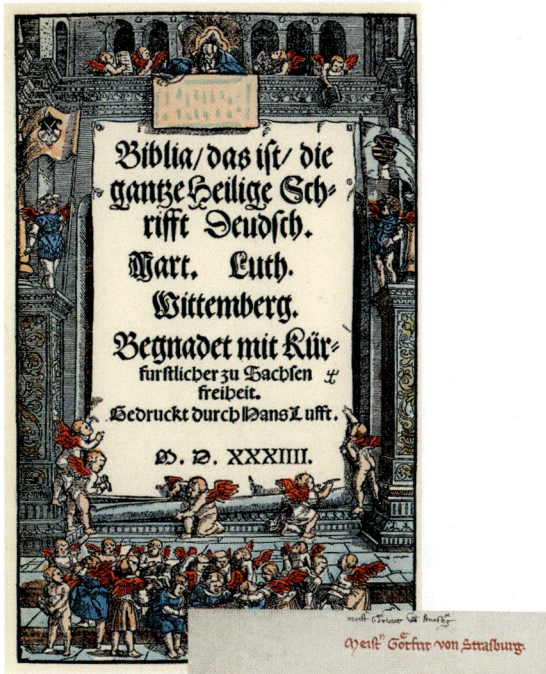

1 **a** Beschreiben Sie die drei Abbildungen. Heben Sie vor allem die Unterschiede hervor. Entziffern Sie, so weit wie möglich, auch die Textanteile.
b Ordnen Sie die abgebildeten Seiten begründet dem 12., 16. oder 17. Jahrhundert bzw. den Epochen Mittelalter, frühe Neuzeit und Barock zu.

2 Wie haben Sie eine Vorstellung vom Mittelalter entwickelt? Was wissen Sie ggf. über die frühe Neuzeit oder das Barock? Denken Sie z. B. an Kinderbücher, Spielzeug, Spielfilme, Fernsehserien, Ausstellungen, Geschichtsunterricht u. Ä.

1.1 Mittelalter

Die Literatur des frühen und hohen Mittelalters (8.–13. Jahrhundert) lässt sich aus heutiger Perspektive in zwei große Bereiche einteilen: geistliche und höfisch-ritterliche Literatur. Dem Adel dienten vor allem Ritterepen (z. B. „Tristan", s. u.) sowie der Minnesang (▶ S. 380), eine äußerst ritualisierte Liebeslyrik, zur Unterhaltung. Während es im Minnesang um die fiktive Konstellation von Sänger, Dame und Gesellschaft geht, stehen im höfischen Ritterepos neben Liebesbeziehungen Abenteuer und Heldentaten im Mittelpunkt.

Tristan und Isolde – Eine höfisch-mittelalterliche Liebesgeschichte

Gottfried von Straßburg: Tristan (vermutlich 1200–1210)

Der junge Adlige Tristan ist am Hof seines Onkels, König Marke, aufgewachsen. Für diesen soll er um Isolde von Irland werben. Indem er einen Drachen besiegt, erlangt er die Hand der Prinzessin für seinen Onkel. Auf der Rückreise trinken Tristan und Isolde einen Liebestrank, der für Marke und seine zukünftige Frau bestimmt war.

Nu daz diu maget unde der man,
Îsôt unde Tristan,
den tranc getrunken beide, sâ
was ouch der werlde unmuoze dâ,
Minne, aller herzen lâgaerin,
und sleich z'ir beider herzen în.
ê sî's ie wurden gewar,
dô stiez s'ir sigevanen dar
und zôch si beide in ir gewalt.

Dieter Kühn: Tristan und Isolde des Gottfried von Straßburg (1991)

Als nun das Mädchen und der Mann,
Isolde und Tristan, *beide*
den Trank getrunken hatten – schon
war der Menschheit Unrast da,
5 LIEBE, Fallenstellerin der Herzen,
stahl sich hinein in beider Herzen.
Bevor sie etwas davon merkten,
hisste sie die Siegesfahne,
unterwarf sie ihrer Macht.
10 Die vorher zwei und zwiegeteilt,
sie wurden *eins* und ungeteilt.
Zwischen beiden gab es *nichts* mehr,
das sie voneinander abstieß,
Isoldes Feindschaft war dahin.
15 Die Friedensstifterin, Frau LIEBE,
hatte ihrer beider Sinne
von Feindschaft so gereinigt,
in Liebe so vereinigt,
dass einer für den anderen
20 durchklart war wie ein Spiegelglas.
In beiden schlug *ein* Herz.
[...]
Tristan, als er Liebe spürte,
dachte er sofort
ans Ehrenwort, das er gegeben,
und wollte sich entziehn.   25
Er dachte unablässig: „Nein,
Tristan, lass es sein, besinn dich,
nimm es gar nicht erst zur Kenntnis!"
Doch sein Herz, es wollte halt zu ihr …
Er kämpfte gegen sein Verlangen,   30
begehrte gegen sein Begehren auf.
Er wollte zu ihr hin und fort von ihr.
Der Mann, der in der Falle war,
er machte in der Schlinge wiederholt,
sehr oft vergebliche Versuche   35
und setzte das noch lang so fort.
Der loyale Mann empfand
sehr stark die Qual, die doppelt war:
Schaute er Isolde ins Gesicht,
und begann die süße LIEBE   40
sein Herz und seine Sinne
mit ihrer Hilfe zu verstören,
so dachte er sehr stark an EHRE,
die zog ihn weg von dort;
[...]

45 Seine Treue, seine Ehre,
sie forderten ihn sehr;
LIEBE forderte noch mehr,
sie tat ihm mehr als weh:
sie quälte ihn noch stärker
50 als beide: Treue und die Ehre.
[...]
Auch Isolde ging es so:
Sie machte gleichfalls oft Versuche,
dies Leben wurde ihr zur Plage.

Als sie den Vogelleim der LIEBE, 55
der Verführerin, entdeckte
und merkte, dass die Sinne
tief schon darin steckten,
da wollte sie auf festen Grund,
sie wollte raus und weg. Jedoch, 60
es klebte schon der Leim an ihr,
zog sie zurück, hinab.

1 a Erläutern Sie das Dilemma, in dem Tristan und Isolde stecken.
  b Wie könnte die Geschichte von Tristan und Isolde weitergehen? Vergleichen Sie Ihre Ideen mit den verschiedenen Versionen, die es in der literarischen Überlieferung gibt.
2 Mit welchen sprachlichen Mitteln wird der Zustand des Verliebtseins veranschaulicht?
3 Beschreiben Sie anhand der Verse 1 bis 9, wie Dieter Kühn bei seiner Übertragung vorgegangen ist.

Jacques Le Goff: **Tristan und Isolde** (2005)

Der Mythos von Tristan und Isolde hat die europäische Bildwelt zutiefst geprägt. Eindeutig beeinflusst hat er das Bild des Paares, das Bild der Liebe. Der berühmte Liebestrank wurde zum
5 Symbol des „coup de foudre" und der verhängnisvollen Liebe, wie auch die Dreierkonstellation dazu verleitete, „amour passion" und Ehebruch in enger Verbindung zu sehen. Und schließlich hat der Mythos den Gedanken der
10 fatalen Beziehung zwischen Liebe und Tod in der abendländischen Bildwelt fest verankert. Schon Gottfried von Straßburg schrieb im 13. Jahrhundert: „Und sind sie auch schon lange tot, ihr süßer Name lebt fort, und soll ihr Tod
15 der Welt zum Wohl noch lange und immer leben: [...] ihr Tod muss für uns immer lebendig und neu bleiben. [...] Wir lesen ihr Leben, wir lesen ihren Tod, und das ist uns süßer als Brot." Nicht übersehen sollte man auch das relativ
20 blasse Bild des relativ machtlosen Marke, sowohl als Gatte wie als König. An Tristan und Isolde wird die Begrenztheit der ehelichen, aber auch der königlichen Macht deutlich. Dieser Mythos rückt die Liebe in die Nähe des Außenseitertums, wenn nicht gar des Aufbegehrens 25 gegen jegliche Macht.

Tristan trinkt den Liebestrank. Frz. Buchmalerei (1470)

1 Geben Sie wieder, welche Konstellationen aus der Geschichte von Tristan und Isolde für die europäische Kultur prägend wurden.
2 Vergleichen Sie die Geschichte von Tristan und Isolde mit einer anderen tragisch endenden Liebesgeschichte der Weltliteratur, z. B. „Romeo und Julia".
3 **Referat:** Stellen Sie weitere literarische Beispiele vor, die auf Tristan und Isolde zurückgreifen.

Minnesang – Sänger, Dame und Gesellschaft

Minnesang bezeichnet die Art der Liebeslyrik, die für das Mittelalter typisch ist. Dabei handelt es sich um höfische Gesellschaftskunst, die vor allem von adligen Autoren betrieben wurde. Es ist davon auszugehen, dass bei dieser Rollendichtung keine wirklichen Liebeserlebnisse verarbeitet wurden, sondern immer wieder eine bestimmte Grundkonstellation gestaltet, reflektiert und auch kritisiert wurde. Zu dieser Konstellation gehören: der Sänger, in der Regel als Ich-Sprecher, der „seine" Dame in höchster Kunstfertigkeit für ihre Schönheit und Tugendhaftigkeit rühmt und von seiner dienstbereiten und beständigen Liebe zu ihr spricht; die Dame, die unerreichbar erscheint und anonym bleibt; die Gesellschaft, die den Sänger entweder freundlich unterstützt oder aber als „Wächter" seine Annäherung an die Dame zusätzlich erschwert.
Unter den Sängern gibt es auch eine Konkurrenz darum, wer es am besten versteht, seine Dame zu preisen.

Walther von der Vogelweide (um 1198)

Si wunderwol gemachet wîp,
daz mir noch werde ir habedanc!
Ich setze ir minneclîchen lîp
vil werde in mînen hôhen sanc.
5 Gern ich in allen dienen sol,
doch hân ich mir dise ûz erkorn.
ein ander weiz die sînen wol:
die lob er âne mînen zorn;
hab ime wîs unde wort
10 mit mir gemeine: lob ich hie, sô lob er dort.

Ir houbet ist sô wünnenrîch,
als ez mîn himel welle sîn.
Wem solde ez anders sîn gelîch?
es hât ouch himeleschen schîn:
15 Dâ liuhtent zwêne sternen abe,
dâ müeze ich mich noch inne ersehen,
daz si mirs alsô nâhen habe!
sô mac ein wunder wol geschehen:
ich junge, und tuot si daz,
20 und wirt mir gernden siechen seneder sühte baz.

Sie vollkommenste Frau,
möge mir noch Dank und Lohn von ihr zufallen!
Denn ihrer Schönheit räume ich ja
den Ehrenplatz in meinem Lobgesang ein.
5 Wohl wünscht ich, ihnen allen zu dienen,
doch hab ich mir diese auserwählt.
Ein andrer wird die Seine kennen:
Er rühme sie, und mir sei's recht;
mögen wir sogar Melodie und Wort
10 gemeinsam haben: Sing ich hier den Lobgesang, so soll er's dort tun.

Ihr Haupt ist so schön,
als sei es mein Himmel.
Wem anders sollte es auch gleichen?
Es strahlt ja himmlischen Glanz aus:
15 Zwei Sterne leuchten aus ihm,
in ihnen möchte ich mich wohl noch spiegeln,
ach, brächte sie sie mir so nahe!
Dann könnte ein Wunder geschehn:
Tut sie das, werde ich wieder jung,
20 und mir, dem Sehnsuchtskranken, wird Heilung von Sehnsuchtsnot.

Got hât ir wengel hôhen flîz,	Gott hat große Sorgfalt auf ihre Wangen verwandt,
er streich sô tiure varwe dar,	mit so kostbarer Farbe malte er sie,
Sô reine rôt, sô reine wîz,	so reines Rot, so reines Weiß,
hie roeseloht, dort liljenvar.	hier rosenleuchtend, dort lilienfarben.
25 Ob ichz vor sünden tar gesagen,	25 Wär es nicht Sünde, so wagte ich zu sagen,
sô saehe ichs iemer gerner an	dass ich inniger sie anzusehen begehre
dan himel oder himelwagen.	als den richtigen Himmel und seinen Sternen-Wagen.
owê waz lob ich tumber man?	Ach, wohin versteig ich mich mit meinem Lob, ich Narr?
mach ich si mir ze hêr,	Erhebe ich sie zu hoch über mich hinaus,
30 vil lîhte wirt mîns mundes lop mîns herzen sêr.	30 wie leicht wird dann die Loblust meines Mundes der Schmerz meines Herzens.
Sie hât ein küssen, daz ist rôt.	Sie hat ein Kissen, das ist rot.
gewünne ich daz für mînen munt,	Dürft ich das an meinen Mund führen,
Sô stüende ich ûf von dirre nôt	dann stünd ich auf von meinem Krankenlager
unt waere ouch iemer mê gesunt.	und wäre gesundet für alle Zeit.
35 Swâ si daz an ir wengel legt,	35 Dort, wo sie es an ihre Wange legt,
dâ waere ich gerne nâhen bî:	wünschte ich ganz nahe zu sein.
ez smecket, sô manz iender regt,	Es duftet, wenn man es irgend berührt,
alsam ez vollez balsmen sî:	als sei es lauter Balsam:
daz sol si lîhen mir.	Das soll sie mir leihen.
40 swie dicke sô siz wider wil, sô gibe ichz ir.	40 Sooft sie es zurückhaben will, geb ich's ihr.
Ir kel, ir hende, ietweder fuoz,	Ihr Hals, ihre Hände, ihre Füße,
daz ist ze wunsche wol getân.	das alles ist bezaubernd schön.
Ob ich da enzwischen loben muoz,	Soll ich preisen, was dazwischen ist,
sô waene ich mê beschouwet hân.	so meine ich freilich, mehr noch gesehen zu haben.
45 Ich hete ungerne „decke blôz!"	45 Ich hatte wenig Neigung, warnend „Bedeck dich!"
gerüefet, dô ich si nacket sach.	zu rufen, als ich sie nackend sah.
si sach mich niht, dô si mich schôz,	Sie sah mich nicht, als sie mich ins Herz traf,
daz mich noch sticht als ez dô stach,	dass es mich heute noch schmerzt wie damals,
swann ich der lieben stat gedenke, dâ si reine ûz einem bade trat.	sooft ich der lieben Stätte gedenke, da sie, die Reine, aus dem Bade stieg.

1 Beschreiben Sie das Verhältnis des lyrischen Ichs zur besungenen Frau. Vergleichen Sie Ihr Ergebnis mit den Informationen zum Minnesang auf ▶ S. 380. Ziehen Sie ergänzend einen Artikel zum Stichwort „Minnesang" aus einem Literaturlexikon heran.

2 a Analysieren Sie die sprachlichen Bilder des Minnelieds.
b Walther verwendet in diesem Lied den Topos (ein Beschreibungsmuster) der schönen Frau. Leiten Sie aus dem Lied ab, welche Elemente zu diesem Topos gehören.

3 Das Minnelied Walthers ist in mehreren Handschriften überliefert, in denen die Reihenfolge der Strophen teilweise verschieden ist. Probieren Sie verschiedene Strophenfolgen aus und beschreiben Sie die unterschiedliche Wirkung. Für welche Reihenfolge würden Sie sich entscheiden?

4 Informieren Sie sich über Walther von der Vogelweide. Erklären Sie Ihren Mitschülerinnen und Mitschülern in einem Kurzvortrag, warum Walther auch heute noch einer der berühmtesten mittelalterlichen Autoren ist.

> **Information**   **Epochenüberblick – Mittelalter (ca. 750 – ca. 1500)**
>
> **Allgemeingeschichtlicher Hintergrund:** Das frühe Mittelalter war geprägt von der **Christianisierung** der germanischen Stämme. Unter **Karl dem Großen** kam es zu einer ersten Blütezeit. Zugleich entstand die das ganze Mittelalter bestimmende Spannung zwischen **Kaisertum und Papsttum**. Im hohen Mittelalter entwickelte sich unter der Herrschaft der **Staufer** eine zentrale **höfische Kultur** innerhalb des selbstbewussten Ritterstandes. Im späten Mittelalter wurde der Einfluss der **Städte** auf wirtschaftlichem und politischem Gebiet immer bedeutsamer. In der mittelalterlichen **Feudalordnung** lagen politische Macht und Privilegien beim Adel.
>
> **Weltbild und Lebensauffassung:** Alle Lebensbereiche waren geprägt durch die christliche Religion, durch den Glauben an eine göttlich gegebene Ordnung, in der jeder Einzelne seinen festen Platz hat. Eingebunden in diese Weltauffassung entwickelte sich im hohen Mittelalter im Adel ein Tugendsystem mit festen Leitbildern vom höfischen Ritter und von der höfischen Dame. Diese Verhaltensnormen wurden viel stärker von der Literatur als von der Realität getragen.
>
> **Literatur:** Die **literarischen Zentren** liegen im Mittelalter zunächst ausschließlich in den **Klöstern und Kirchen** (8.–12. Jh.). Später findet man sie auch an den Höfen (12.–13. Jh.), bevor die **Städte** hinzukommen (14.–16. Jh.). Dabei ist unter **„Literatur"** sowohl alles Geschriebene zu verstehen, also auch Wörterbücher, Geschichtsschreibung, Gebete etc., als auch die **mündlich** realisierte und tradierte Literatur. Letztere ist insbesondere neben der schriftlichen Literatur, zu der zunächst nur die geistlich Gebildeten Zugang haben, für die frühen Jahrhunderte maßgeblich. Neben dem **Lateinischen** musste sich die **deutsche Volkssprache** erst als **Literatursprache** behaupten. In den ersten Jahrhunderten bleiben die Dichter bis auf wenige Ausnahmen anonym. Erst mit der Hochschätzung der volkssprachlichen Literatur an den weltlichen Höfen manifestiert sich ein neues Selbstbewusstsein der Autoren, das sich u.a. in der Nennung und Überlieferung ihrer Namen äußert. Der Wert ihrer Werke misst sich im Mittelalter allerdings nicht an Kriterien wie Individualität und Originalität, sondern an der souveränen und effektvollen Handhabung **überlieferter Stoffe** und **tradierter Formen** sowie an der Erfüllung ihres häufig außerhalb der Literatur selbst liegenden **Zwecks,** zum Beispiel religiöser Unterweisung, Glorifizierung eines Herrschers oder Idealisierung des Ritterstandes.
>
> **Weitere wichtige Autorinnen/Autoren und Werke**
> „Merseburger Zaubersprüche" (entstanden spätestens Anfang 8. Jh.)
> „Hildebrandslied" (entstanden ca. Mitte des 8. Jh.s) und „Heliand" (um 830)
> **Friedrich von Hausen, Heinrich von Morungen, Reinmar der Alte** (um 1190/1200): Minnelieder
> **Hartmann von Aue** (um 1200): „Erec", „Iwein", „Der arme Heinrich", „Gregorius", Lieder
> **Wolfram von Eschenbach** (um 1200/1210): „Parzival", „Willehalm", „Titurel"
> „Nibelungenlied" (1190–1200)
> **Neidhart** (ca. 1210–1240): Lieder
> **Mechthild von Magdeburg** (1250–1282): „Das fließende Licht der Gottheit" (mystische Dichtung)
> **Meister Eckhart** (vor 1260–1328): mystische Literatur
> **Oswald von Wolkenstein** (um 1376–1445): Lieder

1 a Wie wurde Literatur vor Erfindung des Buchdrucks überliefert und rezipiert? Formulieren Sie dazu Aussagen, die Sie anhand von literaturgeschichtlichen Werken überprüfen können.
 b Erörtern Sie, welchen Unterschied es macht, ob der Autor eines literarischen Werks bekannt ist oder ein Werk anonym überliefert ist.

2 **Referat:** Wählen Sie aus den genannten Werken ein Beispiel aus und stellen Sie es im Kurs vor.

1.2 Epochenumbruch um 1500 – Frühe Neuzeit

Johannes Gutenberg und der Buchdruck – Die erste Medienrevolution

Zwischen 1440 und 1450 entwickelte Gutenberg den Buchdruck mit beweglichen Lettern, der von Anfang an als Meilenstein für die Entwicklung der modernen Zivilisation gewürdigt wurde.

Die hohen Wohltaten der Buchdruckerei sind mit Worten nicht auszusprechen. Durch sie wird die Heilige Schrift in allen Zungen und Sprachen eröffnet und ausgebreitet, durch sie werden alle Künste und Wissenschaften erhalten, gemehrt und auf unsere Nachkommen fortgepflanzt.
Die Truckerey ist *summum et postremum donum*[1], durch welches Gott die Sache der Evangelii forttreibet. Es ist die letzte Flamme vor dem Auslöschen der Welt [...].

Martin Luther, 1546

1 **summum et postremum donum:** (lat.) höchste und äußerste Gabe

---

Jüngst hat der Geiste und die Kunst im rheinischen Lande Bücher zum Lichte gebracht, höchst beträchtlich an Zahl. Was früher nur der Reiche und der König zu eigen besitzen konnte, selbst im bescheidenen Haus trifft man es jetzt: ein Buch. Dank sei den Göttern zunächst, doch sofort auch den Druckern, die durch ihr rastloses Mühen die treffliche Kunst meistern. Was den Gelehrten von Hellas und römischer Technik verborgen geblieben ist, diese neue Erfindung stammt aus deutschem Geist.

Sebastian Brant, 1498

Der menschliche Geist entdeckte im 15. Jahrhundert, um sich Dauer zu verleihen, ein Mittel, das widerstandsfähiger und beständiger ist als die Baukunst. Der steinernen Schrift folgte die bleierne Letter Gutenbergs. Die Erfindung der Buchdruckerkunst ist [...] die Mutter allen Umsturzes, eine Erneuerung menschlicher Ausdrucksmittel von Grund auf. Die gedruckten Gedanken sind unvergänglich, beflügelt, ungreifbar und unzerstörbar. Sie fliegen wie eine Vogelschar auf, schwirren nach allen vier Winden auseinander und sind zur selben Zeit überall.

Victor Hugo, 1831

Gutenberg (zögernd): Vielleicht ist das Buch, wie Gott, eine Idee, an der einige Menschen festhalten werden. [...] Die elektronische Flut, die ihr beschreibt, kennt keine Ufer. Sie überschwemmt alles, aber womit, und für wen? Ihre Inhalte wirken so klein, gemessen am Genius ihrer Technologie. [...] Ihr sprecht von diesem weltumspannenden Internet, als reiche es über das menschliche Gehirn hinaus. Aber der Mensch ist noch immer das Maß aller Dinge.
Bill Gates: Jeder Fehler wird irgendwann behoben. (Er sinkt mit einem Zischen in sich zusammen.)

John Updike, Dialog im Cyberspace, 1996

---

1 Arbeiten Sie anhand der Zitate heraus, welche Bedeutung Gutenberg jeweils zugemessen wird, und nehmen Sie Stellung dazu.

2 a Erläutern Sie die Kritik in dem Cyberspace-Dialog zwischen Gutenberg und Bill Gates.
 b Diskutieren Sie, ob man heute vom „Ende des Gutenberg-Zeitalters" sprechen kann.

3 Referat: Geben Sie einen Überblick über Ereignisse und Veränderungen um 1500. Inwieweit ist es gerechtfertigt, von einem „Epochenumbruch um 1500" zu sprechen?

Luthers Bibelübersetzung – Auf dem Weg zur deutschen Schriftsprache

Martin Luther: **Sendbrief vom Dolmetschen** (1530)

Ich hab mich des geflissen ym dolmetzschen, das ich rein und klar teutsch geben môchte. Und ist uns wol offt begegnet, das wir viertzehen tage, drey, vier wochen haben ein einiges wort gesůcht und gefragt, habens dennoch zu weilen nicht funden. Im Hiob erbeiten wir [...] das wir yn vier tagen zu weilen kaum drey zeilen kundten fertigen. Lieber, nu es verdeutscht und bereit ist, kans ein yeder lesen und meistern, Laufft einer ytzt mit den augen durch drey, vier bletter und stost nicht ein mal an, wird aber nicht gewar, welche wacken und klôtze da gelegen sind, da er ytzt uber hin gehet, wie uber ein gehoffelt bret, da wir haben můssen schwitzen und uns engsten, ehe den wir solche wacken und klotze aus dem wege reümeten, auff das man kůndte so fein daher gehen. [...] man mus nicht die buchstaben inn der lateinischen sprachen fragen, wie man sol Deutsch reden, wie diese esel thun, sondern, man mus die mutter jhm hause, die kinder auff der gassen, den gemeinen man auff dem marckt drumb fragen, und den selbigen auff das maul sehen, wie sie reden, und darnach dolmetzschen, so verstehen sie es den und mercken, das man Deutsch mit jn redet.

Als wenn Christus spricht: Ex abundantia cordis os loquitur. Wenn ich den Eseln soll folgen, die werden mir die buchstaben furlegen und also dolmetzschen: Auß dem uberfluss des hertzen redet der mund. Sage mir, ist das deutsch geredt? Welcher deutscher verstehet solchs? Was ist uberflus des hertzen fur ein ding? Das kann kein deutscher sagen, Er wolt denn sagen, es sey das einer allzu ein gros hertz habe oder zu vil hertzes habe, wie wol das auch noch nicht recht ist: denn uberflus des hertzen ist kein deutsch, so wenig, als das deutsch ist, Uberflus des hauses, uberflus des kacheloffens, uberflus der banck, sondern also redet die můtter ym haus und der gemeine man: Wes das hertz vol ist, des gehet der mund uber. [...]

1 Luther antwortet im „Sendbrief" auf Kritiker seiner Bibelübersetzung: Wie rechtfertigt er sich?
2 a Erläutern Sie mit eigenen Worten die Ansprüche, die Luther an seine Übersetzung gestellt hat.
  b Prüfen Sie diese Ansprüche an dem im Text gegebenen Beispiel „Wes das hertz ..." (Z. 55 f.).
3 Informieren Sie sich, ausgehend von dem folgenden Zitat, genauer darüber, wie die Bedeutung Luthers für die Entwicklung einer einheitlichen deutschen Schriftsprache heute eingeschätzt wird:

> Seine Sprache ist neu in dem Sinne, dass sie verschiedene Traditionen und Tendenzen vereinigt. Einerseits schließt er sich einer überlandschaftlichen Sprachform an [...]. Andererseits betrifft dies jedoch nur Rechtschreibung, Lautstand, Formen und teilweise Wortwahl. Er übernimmt aber nicht den vom Latein abhängigen Satzbau und die Wortbildung der Kanzleisprache[1] [...], sondern bemüht sich um einen klaren, verständlichen Stil. Hierbei lernte er viel von der gesprochenen Volkssprache [...].
>
> *Astrid Stedje (2007)*

1 Kanzleisprache: auch „Meißner Kanzleideutsch", eine Voraussetzung für ein den Dialekten übergeordnetes Standarddeutsch

Information — **Epochenumbruch um 1500 – Frühe Neuzeit**

Allgemeingeschichtlicher Hintergrund: 1453 endete mit der Eroberung Konstantinopels das Oströmische Reich; 1492 entdeckte Kolumbus Amerika, 1497/98 Vasco da Gama den Seeweg nach Indien; durch Nikolaus Kopernikus wurde 1514 das geozentrische Weltbild von einem heliozentrischen abgelöst; ab 1517 verbanden sich in der Reformation neue theologische Ansätze mit politischen, sozialen und kirchlichen Konfliktfeldern und führten über gewaltsame Auseinandersetzungen zur Spaltung der Kirche; 1524/1525 artikulierten sich im Bauernkrieg erstmals die materiellen und rechtlichen Forderungen eines bislang massiv benachteiligten Standes.

Weltbild und Lebensauffassung: Diese epochalen Umbrüche beeinflussen die Welt- und Selbstwahrnehmung der Menschen. Die italienische **Renaissance,** die Vorstellung von einer religiösen, politischen und kulturellen „Wiedergeburt", läutete mit der Wiederentdeckung der römischen Antike eine Hinwendung zum Menschen als einem autonomen Individuum ein und hatte damit in Deutschland großen Einfluss auf die Geisteswissenschaften. Der **Humanismus** setzte auf die Bildungsfähigkeit des Menschen. In diesem Sinne wurden Schulen und Universitäten neu strukturiert oder gegründet. Zwar fand die **Reformation** mit ihren kirchenkritischen Vorstellungen die Zustimmung der Humanisten, hinsichtlich des Menschenbildes (freier oder unfreier Wille) zeichneten sich jedoch Unterschiede in der Auffassung ab.

Literatur: Die Erfindung des **Buchdrucks** mit beweglichen Lettern sowie die Einführung des in China erfundenen **Papiers** als preiswerter Schreibgrund bedeuteten zwei epochale Neuerungen. Erstmals wurden **Flugschriften** in den politischen und theologischen Auseinandersetzungen der Zeit massenhaft eingesetzt. Man verfasste religiös-erbauliche, moralisch-politisch ermahnende, sachlich-belehrende, historiografische, polemisierende, satirische und komödiantische Texte. Lyrische Formen überwogen vor allem in **Kirchenliedern** sowie im **Meistergesang,** d.h. Liedern von Handwerkern, die sich zu Dichtergesellschaften zusammengeschlossen hatten und ihren mittelalterlichen Vorbildern wie z.B. **Walther von der Vogelweide** (▶ S. 380–381) nacheiferten. Das Drama bekam einerseits in Form des humanistischen, dann auch reformatorischen und gegenreformatorischen **Schuldramas** neue Impulse, andererseits erlebten die geistlichen Spiele, insbesondere aber die **Fastnachtsspiele,** in den Städten einen neuen Aufschwung. Im Bereich der Epik verbreitete sich die Prosaform vor allem durch das **Volksbuch** und die **Schwankliteratur.** Spannung und Unterhaltungswert erzielten die Schwänke, indem markante zwischenmenschliche Konflikte durch List und/oder Gewalt und damit häufig durch eklatante Normverstöße pointiert gelöst werden. Mit dem anonymen „Fortunatus"-Roman (1509) und den Werken **Jörg Wickrams** (um 1505–ca. 1560), wie z.B. „Der Jungen Knaben Spiegel" (1554), begann schließlich der von literarischen Vorlagen unabhängige bürgerliche **Roman** in Deutschland.

Weitere wichtige Autoren und Werke
Hermann Bote (ca. 1450–1520): „Till Eulenspiegel" (um 1510/11)
Erasmus von Rotterdam (1465 oder 1469–1536): „Lob der Torheit" (1511)
Hans Sachs (1494–1576): Meisterlieder, Fastnachtsspiele
„Historia von D. Johann Fausten" (Volksbuch, 1587)

1 Beziehen Sie Stellung: Welchen Wert hat der Umgang mit antiker Literatur in der Schulbildung?
2 „Humanismus": Recherchieren Sie, in welchen anderen Zeiten der Kultur-, Philosophie- und Literaturgeschichte der Begriff eine zentrale Rolle spielt.
3 Referat: Der Bauernkrieg im Drama: Goethe: „Götz von Berlichingen", Hauptmann: „Florian Geyer".

1.3 Barock

Die Erfahrung des Dreißigjährigen Krieges (1618–1648) prägte das Denken und Handeln der Menschen im 17. Jh. Die Folgen des Krieges, dem durch Kampfhandlungen oder Seuchen und Hungersnöte ca. 30 % der Bevölkerung zum Opfer fielen, waren überall in Deutschland zu bemerken.

Jacques Callot: Radierung aus der Serie „Misères de la guerre" (1632–33)

Hans Jakob Christoffel von Grimmelshausen: Der Abenteuerliche Simplicissimus Teutsch (1669)

Im Zentrum des Romans steht der Dreißigjährige Krieg. In fünf Büchern wird der Lebensweg des Helden erzählt, dessen Name „Simplex" der Einfältige bedeutet. In der folgenden Episode wird dargestellt, wie der 10-jährige Junge den Überfall eines Soldatentrupps auf den Bauernhof seiner Eltern miterlebt.

Das Erste, das diese Reuter taten, war, dass sie ihre Pferd einstellten, hernach hatte jeglicher seine sonderbare Arbeit zu verrichten, deren jede lauter Untergang und Verderben anzeigte,
5 denn obzwar etliche anfingen zu metzgen, zu sieden und zu braten, dass es sah, als sollte ein lustig Bankett gehalten werden, so waren hingegen andere, die durchstürmten das Haus unten und oben, ja das heimlich Gemach war
10 nicht sicher, gleichsam ob wäre das gülden Fell von Kolchis[1] darinnen verborgen; andere machten von Tuch, Kleidungen und allerlei Hausrat große Päck zusammen, als ob sie irgends ein Krempelmarkt anrichten wollten, was sie aber
15 nicht mitzunehmen gedachten, wurde zerschlagen, etliche durchstachen Heu und Stroh mit ihren Degen, als ob sie nicht Schaf und Schwein genug zu stechen gehabt hätten, etliche schütteten die Federn aus den Betten, und fülleten hin-
20 gegen Speck, andere dürr Fleisch und sonst Gerät hinein, als ob alsdann besser darauf zu schlafen gewesen wäre; andere schlugen Ofen und Fenster ein, gleichsam als hätten sie ein ewigen Sommer zu verkünden, Kupfer und
25 Zinnengeschirr schlugen sie zusammen, und packten die gebogenen und verderbten Stück ein, Bettladen, Tisch, Stühl und Bänk verbrannten sie, da doch viel Klafter dürr Holz im Hof lag, Hafen[2] und Schüsseln musste endlich alles
30 entzwei, entweder weil sie lieber Gebraten aßen, oder weil sie bedacht waren, nur ein einzige Mahlzeit allda zu halten; unser Magd ward im Stall dermaßen traktiert, dass sie nicht mehr daraus gehen konnte, welches zwar eine Schand
35 ist zu melden! Den Knecht legten sie gebunden auf die Erd, steckten ihm ein Sperrholz ins Maul, und schütteten ihm einen Melkkübel voll garstig Mistlachenwasser in Leib, das nannten Sie ein schwedischen Trunk, wodurch sie ihn
40 zwangen, eine Partei anderwärts zu führen, allda sie Menschen und Vieh hinwegnahmen, und in unsern Hof brachten, unter welchen mein Knan[3], meine Meuder und unser Ursele auch waren.

[1] **gülden Fell von Kolchis:** das Goldene Vlies, das in der griech. Sage die Argonauten aus Kolchis holen
[2] **Hafen:** Behälter, Töpfe
[3] **Knan:** Vater

1 Vergleichen Sie die Wirkung von Radierung und Roman:
– Welche Empfindungen und Gedanken löst das Bild, welche der Text aus?
– Mit welchen Mitteln werden diese Wirkungen erreicht?

„Memento mori", „carpe diem", „vanitas" – Schlüsselmotive der Barocklyrik

Die im Zeitalter der Renaissance und des Humanismus (▶ S. 385) wiederentdeckte Antike war eine der prägenden Kräfte für das barocke Kunst- und Lebensverständnis. Insbesondere die drei in der Überschrift genannten Schlagworte aus der Tradition der römischen Philosophie entwickelten sich zu miteinander verwobenen Leitvorstellungen. Das Motto „memento mori" (frei übersetzt: „bedenke, dass du sterben musst") führte zum Gedanken der „vanitas" („Eitelkeit" im Sinne von „Nichtigkeit") alles Irdischen. In der Konsequenz konnte man entweder sein Leben ganz auf das Jenseits ausrichten oder aber sich dem „carpe diem" („pflücke den Tag", d.h. „nutze/genieße den Tag") hingeben. Diese Vorstellungen kommen u.a. in Gedichtformen zum Ausdruck, die aus einer im Barock sehr beliebten Bild-Text-Kombination bestehen (▶ **Emblem und Figurengedicht**).

Ex maximo minimum (um 1609)
Aus dem Größten (wird) das Kleinste

Dies sind die Überreste des Tempels, in dem
Das lebendige Bild Gottes gewesen sein soll.
Dies ist auch die Ruine jenes Hauses,
In dem einst die Vernunft residierte.
Und nun ist es das schreckliche Bild des Todes.
Ein luftiges Haupt ohne Hirn.

Theodor Kornfeld: **Eine Sand=Uhr** (1686)

1. Beschreiben Sie die Komposition der beiden Bild-Texte.
2. Geben Sie die Aussage des Emblems („Ex maximo minimum") und des Figurengedichts („Eine Sand=Uhr") wieder und vergleichen Sie die Wirkung der beiden Kunstgebilde.
3. a Das barocke Figurengedicht hat in der „konkreten Poesie" der 1950er-Jahre Nachfolger gefunden. Tragen Sie dafür Beispiele zusammen und vergleichen Sie diese mit barocken Figurengedichten.
   b Versuchen Sie selbst, solche Figurengedichte bzw. Texte konkreter Poesie zu entwerfen.

> **Information Emblem und Figurengedicht**
>
> **Emblem:** Eine im Barock beliebte Kunstform, die aus einer dreiteiligen Kombination aus Bild und Text besteht. Im Zentrum steht ein **Bild (Pictura),** das Motive aus der Natur, dem menschlichen Leben, der Geschichte, der Bibel oder Mythologie mit meist symbolhafter Bedeutung zeigt. Darüber befindet sich eine Überschrift (**Motto** oder **Inscriptio**), häufig in lat. oder griech. Sprache. Den dritten Teil bildet die **Erklärung** unter dem Bild (**Subscriptio**), die den Bildgehalt in Versen, seltener auch in Prosa erläutert. Später verstand man unter einem Emblem allgemein ein Sinnbild.
> **Figurengedicht:** Aus der Antike übernommene Gedichtform, bei der das **Schriftbild** des Textes einen **Gegenstand nachahmt,** der in direkter oder symbolischer Beziehung zum Inhalt steht.

Christian Hofmann von Hofmannswaldau:
Vergänglichkeit der Schönheit (1695)

    Es wird der bleiche tod mit seiner kalten hand
Dir endlich mit der zeit umb deine Brüste streichen /
Der liebliche corall der lippen wird verbleichen;
    Der schultern warmer schnee wird werden kalter sand /

5   Der augen süsser blitz / die kräffte deiner hand /
Für welchen solches fällt / die werden zeitlich weichen /
Das haar / das itztund kan des goldes glantz erreichen /
    Tilgt endlich tag und jahr als ein gemeines band.

    Der wohlgesetzte fuß / die lieblichen gebärden /
10 Die werden theils zu staub / theils nichts und nichtig werden
    Denn opfert keiner mehr der gottheit deiner pracht.

    Diß und noch mehr als diß muß endlich untergehen /
Dein hertze kan allein zu aller zeit bestehen /
    Dieweil es die natur aus diamant gemacht.

Hans Baldung, genannt Grien: Die drei Lebensalter und der Tod (um 1510)

1 **a** Üben Sie eine Rezitation des Gedichts ein und tragen Sie es möglichst wirkungsvoll vor.
    b Welchen Eindruck haben Sie beim Hören des Gedichts gewonnen?

2 **a** Untersuchen Sie das Verhältnis von lyrischem Sprecher und Adressaten.
    b Beschreiben Sie, welche Intention der Sprecher verfolgt. Beachten Sie dabei, dass der Diamant (V. 14) hier als Metapher für die Hartherzigkeit der Geliebten dient, die ihren Liebhaber nicht erhören will.

3 Beschreiben Sie den formalen und inhaltlichen Aufbau des Gedichts.

4 Welche Bezüge können Sie zwischen dem Gedicht und Hans Baldungs Bild herstellen?

5 Suchen Sie auffällige Metaphern aus dem Gedicht heraus und entschlüsseln Sie ihre Bedeutung (▶ Metaphern im Barock).

Information   **Metaphern im Barock**

Metaphern (▶ S. 59, 201) wenden sich an die Findigkeit des Lesers, seinen „Witz", wie es im Barock heißt. Da es sich im Grunde genommen um verkürzte Vergleiche handelt, kann man zum leichteren Verständnis das Vergleichswort „wie" einfügen. „Der schultern warmer schnee" (Vers 4 in „Vergänglichkeit der Schönheit") bedeutet: Die Schultern der angesprochenen Dame sind so weiß wie Schnee (eine weiße Haut galt als Schönheitsideal). Zudem ist die Metapher als **Oxymoron** (Verbindung zweier sich ausschließender Vorstellungen, ▶ S. 201) gestaltet, indem die warme Haut mit dem kalten Schnee zu einem Bild verknüpft wird.

Friedrich von Logau: **Das Beste der Welt** (1654)

Weißt du, was in dieser Welt
Mir am meisten wohl gefällt?
Dass die Zeit sich selbst verzehret
Und die Welt nicht ewig währet.

Andreas Gryphius

Georg Philipp Harsdörffer: **Das Leben ist** (1659)

Ein *Laub*, das grunt und falbt¹ geschwind.
Ein *Staub*, den leicht vertreibt der Wind.
Ein *Schnee*, der in dem Nu vergehet.
Ein *See*, der niemals stille stehet.
5 Die *Blum*, so nach der Blüt verfällt.
Der *Ruhm*, auf kurze Zeit gestellt.
Ein *Gras*, so leichtlich wird verdrucket.
Ein *Glas*, so leichter wird zerstucket.
Ein *Traum*, der mit dem Schlaf aufhört.
10 Ein *Schaum* [...].
Ein *Heu*, das kurze Zeite bleibet.
Die *Spreu* [...].
Ein *Kauf*, den man am End bereut. [...]

1 falben: gelb werden

Andreas Gryphius: **Es ist alles eitel** (1636)

Du siehst / wohin du siehst nur Eitelkeit auf Erden.
Was dieser heute baut / reißt jener morgen ein:
Wo itzund Städte stehn / wird eine Wiese sein /
Auf der ein Schäferskind wird spielen mit den Herden.

5 Was itzund prächtig blüht / soll bald zertreten werden,
Was itzt so pocht und trotzt / ist morgen Asch und Bein /
Nichts ist / das ewig sei / kein Erz / kein Marmorstein.
Itzt lacht das Glück uns an / bald donnern die Beschwerden.

Der hohen Taten Ruhm muss wie ein Traum vergehn.
10 Soll denn das Spiel der Zeit / der leichte Mensch bestehn?
Ach! / was ist alles dies / was wir vor köstlich achten /

Als schlechte Nichtigkeit / als Schatten / Staub und Wind;
Als eine Wiesenblum / die man nicht wiederfind't.
Noch will was ewig ist kein einig Mensch betrachten!

1 Beschreiben Sie das Bild von der Welt und vom Leben darin, das die drei Texte vermitteln.
2 Erläutern Sie unter Heranziehung von Wörterbüchern und Lexika den Begriff „Eitelkeit", wie er in Gryphius' Text verstanden wird.
3 Veranschaulichen Sie die Struktur des Gedichts von Gryphius in einem Schaubild. Berücksichtigen Sie dabei folgende Elemente: Strophenbau, Bau des Alexandriner-Verses (sechshebiger Jambus, Zäsur in der Mitte, oft antithetische Aussage), Parallelismus, Klimax, gedanklicher Aufbau von These – Argumentation/Belegen – Schlussfolgerung.
4 a Ergänzen Sie die Verse 10 und 12 in Harsdörffers Gedicht und setzen Sie die Metaphernkette um weitere Verse fort. Finden Sie einen passenden Abschlussvers.
  b Schreiben Sie ein Gegengedicht mit Metaphern, die das Leben positiv bewerten.
5 Verfassen Sie ein Resümee, in dem Sie anhand der Gedichte (▶ S. 388 und 389) das Verhältnis der drei Schlüsselmotive zueinander darstellen.

Barocke Naturlyrik – Zwei Frühlingsgedichte

Sigmund von Birken: Willkommen Lenz (1645)

Willkommen / Lenz! du Freuden-Wiederbringer /
des Jahres Mann / du Blumen-Vater du /
du der Natur ihr Pinsel und ihr Finger /
mit dem sie mahlt die schöne Erden-Zwinger[1] /
5 der du zerschmelzst des Winters Eise-Schuh /
willkommen / Lenz! durch den die Erde jünger
und schöner wird / du warmer Kältbezwinger /
du Auen-Freund / du Geber neuer Ruh /
der Flora Buhl[2] / du Leid- und Schnee-Verschlinger!
10 Nim an die Ehr / die ich dir hier anthu /
du unsrer Lust und Schäferspiel[3] bezünger[4].
Willkommen / Lenz!

[1] **Zwinger:** freier Raum zwischen innerer und äußerer Burg- oder Stadtmauer; hier: Garten
[2] **der Flora Buhl:** Geliebter der Flora (röm. Göttin der Pflanzenwelt)
[3] **Schäferspiel:** das Hirtenleben idealisierendes Rollenspiel
[4] **bezünger:** von „bezungen", mit einer neuen Sprache beleben

Georg Philipp Harsdörffer: Der Frühling (1644) – Auszug

1.
Der froh Frühling kommet an,
der Schnee dem Klee entweicht:
Der Lentz, der bunte Blumen-Mann,
mit linden Winden häuchet:
5 Die Erd' eröffnet ihre Brust,
mit Safft und Krafft erfüllet:
der zarte West, der Felderlust,
hat nun den Nord gestillet.

2.
Es hat der silberklare Bach
10 den Harnisch ausgezogen:
es jagt die Flut der Flute nach,
durch bunten Kiess gesogen.
Das Tauen nun die Auen frisch
die weiße Wollen-Herde
15 auf neubegrünten Tepicht tischt
und dantzet auf der Erde.
[…]

6.
Ach GOtt, der du mit so viel Gut
bekrönst deß Jahres Zeiten,
20 lass uns auch mit erfreutem Mut
zum Paradeiß bereiten:
Da wir dich werden für und für
die schönste Schönheit finden,
dagegen diese schnöde Zier
25 ist eitler Koth der Sünden.

Giuseppe Arcimboldo: Der Frühling (1563)

1. Arbeiten Sie in einer vergleichenden Interpretation heraus, wie das Thema „Frühling" in den beiden Gedichten behandelt wird. Beachten Sie dabei,
   - wie der Frühling dargestellt wird,
   - welche Reaktionen er im Denken oder Fühlen des Sprechers hervorruft,
   - welche Wirkungsabsicht verfolgt wird.
2. a Analysieren Sie arbeitsteilig in Kleingruppen die Form der Gedichte: Strophen- und Versbau, Reimschemata, Metaphorik und andere sprachliche Mittel (▶ S.197–202).
   b Erarbeiten Sie ausgehend von der Formanalyse den inhaltlichen Aufbau und die Gesamtaussage.
3. Setzen Sie die Gedichte in Beziehung zu dem Bild von Arcimboldo.

> **Information** Epochenüberblick – Barock (ca. 1600 – ca. 1750)

Allgemeingeschichtlicher Hintergrund: Das zentrale Ereignis in Deutschland war der **Dreißigjährige Krieg** (1618–1648). Er hinterließ verödete Landstriche und zerstörte Städte. Ein Drittel der Bevölkerung fiel ihm zum Opfer, in manchen Landstrichen mehr als die Hälfte. Der Wiederaufbau, bei dem die gesellschaftlichen Kräfte gebündelt werden mussten, förderte in den einzelnen deutschen Fürstentümern die Entwicklung zum **Absolutismus**. Diese Herrschaftsform ist durch die Regierung eines aus eigener Machtvollkommenheit handelnden Herrschers ohne Mitwirkung ständischer Institutionen bestimmt. Im Frankreich Ludwigs XIV. erfuhr sie ihre deutlichste Ausprägung. Der Hof von Versailles, von dem aus das Land zentralistisch verwaltet wurde, galt mit seiner prunkvoll-ausladenden Architektur, die die Macht des „Sonnenkönigs" demonstrativ zur Schau stellte, als Vorbild für die deutschen Fürsten. Obwohl rechtlich betrachtet jeder Fürst als Souverän einen einheitlichen Untertanenverband regierte, blieb die Gesellschaft weiterhin in **Stände** gegliedert, unter denen der Adel weitreichende Privilegien genoss.

Weltbild und Lebensauffassung: Die religiöse Einheit des Mittelalters war durch Reformation und Gegenreformation zerstört. Die Glaubensspaltung, der Dreißigjährige Krieg, der zunächst einmal ein Religionskrieg war, und die Bestimmung der Konfession der Bevölkerung eines Landes durch den absolutistischen Fürsten hatten die Macht der Kirche erschüttert. Zwar spielte die Religion im Bewusstsein und im Leben der Menschen weiterhin eine dominierende Rolle, musste jedoch mehr und mehr mit einer genussvollen Hinwendung zum Irdischen konkurrieren. Entsprechend wird auf die **Widersprüchlichkeit und Zerrissenheit** im Denken und Fühlen der Menschen jener Zeit hingewiesen: Neben strenger Jenseitsorientierung steht eine unverblümte Diesseitszugewandtheit. Neben Werken, die den Tod und das Vanitas-Motiv in den Mittelpunkt stellen, drückt sich etwa in der **barocken Mode** mit ihren auf Repräsentation hin angelegten, reich ausgestatteten Gewändern und riesigen Perücken und in vielen Werken der **barocken Kunst** mit ihrem Schwelgen in Prunk offene Lebenslust aus. Getragen wird die neue Hinwendung zur Welt auch von dem Aufschwung der Mathematik und der Naturwissenschaften. Der **Rationalismus** René Descartes (1596–1650) und Isaac Newtons (1642–1727) Grundlagen der neuzeitlichen Physik beginnen, das Weltbild der Zeit zu prägen. Die Natur wird primär als alles umfassender Mechanismus gesehen, der in Formeln fassbaren Gesetzen folgt. Der Geist der Geometrie herrscht und man erfreut sich an Gartenanlagen, in denen die Natur auf geometrische Grundformen zurechtgestutzt wird, was gleichermaßen dem rationalistischen Zeitgeist wie dem Gestaltungswillen absolutistischer Herrschaft entspricht.

Literatur: In der Barockzeit fand die deutsche Literatur Anschluss an den hohen kulturellen Standard der west- und südeuropäischen Länder, deren Autoren den deutschen Dichtern zunächst als Vorbilder dienten. Literarische Zentren bildeten zum einen die Fürstenhöfe mit ihrem glanzvollen geselligen Leben, zu dessen Personal häufig auch ein Hofpoet gehörte, zum anderen die Städte mit ihren Schulen und Universitäten. Hier fanden die adligen und bürgerlichen Verwaltungsbeamten und Gelehrten, die in ihren Mußestunden literarische Texte schrieben, ihr Publikum. Die Leistung der barocken Dichtergenerationen bestand zunächst einmal in der Weiterentwicklung der neuhochdeutschen Literatursprache, die in der Luther-Zeit entstanden war. In einigen Städten wurden **Sprachgesellschaften** in Nachahmung der italienischen Sprachakademie von Florenz gegründet, deren oberstes Ziel die **Sprachpflege** war. Im Schaffen der Barockschriftsteller entfaltete sich aber auch das Spektrum der bis heute wichtigen literarischen Gattungen und Formen. In **Poetiken**, einer Art Anleitung zum Dichten, wurden diese Formen genau beschrieben und in Regeln gefasst.

Die bekanntesten Poetiken waren Martin Opitz' **„Buch von der deutschen Poeterey"** und **Georg Philipp Harsdörffers „Poetischer Trichter"**. Darin wird das barocke Kunstverständnis deutlich, nach dem die **Produktion von Kunst als erlernbare Fähigkeit verstanden** wird. Nach diesem Kunstverständnis entsteht Dichtung nicht in einem originären Schaffensprozess zur Formulierung einer individuellen Aussage, sondern in der gekonnten Beherrschung tradierter formaler Schemata (z. B. der Form des Sonetts). Die Aufgabe des Dichters bestand dann darin, bestimmte Stoffe und Themen, die als literaturwürdig galten (z. B. die Standhaftigkeit des christlichen Märtyrers in der Dramatik, die Idylle in der Epik oder das Vanitasmotiv in der Lyrik), in ein möglichst brillantes, den Kunstverstand des Publikums ansprechendes Gewand zu kleiden. Die so geschaffene Poesie wendet sich also primär an den (Kunst-)Verstand des Lesers, nicht an sein Gefühl. Hinzu kommt, dass in Anknüpfung an die Theologie die belebte und unbelebte Welt nicht als eigenständiger Wert, sondern nur in Bezug auf die Heilsgeschichte bzw. eine höhere, göttliche Ordnung gesehen wurde. Die Natur ist demnach kein Erlebnisraum, sondern ein Kosmos an Zeichen und Sinnbildern **(mundus symbolicus)**, sodass Dichtung zu einem Spiel des Verschlüsselns (auf Seiten des Dichters) und Entschlüsselns (auf Seiten des Lesers) wird. Die Vorliebe der Dichter für Metaphern, Allegorien und Embleme ist von daher leicht zu erklären. Mit der Vorstellung von **Dichtung als kunstfertiger Einkleidung von Inhalten** verband sich zugleich auch die Gefahr, dass die Dichter, um ihr handwerkliches Können unter Beweis zu stellen, die Ausschmückung durch Wortspiele, Metaphern und rhetorische Mittel auf die Spitze trieben. Zum Teil ist der so genannte barocke Schwulst, der heute vielfach als typisches Kennzeichen des Zeitalters betrachtet wird, so zu erklären.

Wichtige Autorinnen/Autoren und Werke
Martin Opitz (1577–1639): „Buch von der deutschen Poeterey"
Simon Dach (1605–1659): Gedichte
Friedrich von Logau (1605–1655): Gedichte
Paul Gerhardt (1607–1676): Kirchenlieder und Gedichte
Georg Philipp Harsdörffer (1607–1658): Poetischer Trichter
Paul Fleming (1609–1640): Gedichte
Christian Hoffmann von Hoffmannswaldau (1616–1679): Gedichte
Andreas Gryphius (1621–1664): Gedichte
Hans Jakob Christoffel von Grimmelshausen (1621–1676): „Der Abenteuerliche Simplicissimus Teutsch" (Roman)
Sigmund von Birken (1626–1689): Schäferdichtungen
Catharina Regina von Greiffenberg (1633–1694): Gedichte
Autoren des Übergangs zur Aufklärung:
Barthold Heinrich (Hinrich) Brockes (1680–1747): „Irdisches Vergnügen in Gott" (Lyriksammlung)
Johann Christian Günther (1695–1723): Gedichte

1 Visualisieren und erläutern Sie die zur Epoche gehörigen Schlüsselbegriffe.
2 **Referat:** Stellen Sie einzelne Barockdichter mit ihrer Biografie und Beispielen aus ihrem Werk vor.
3 Erstellen Sie eine Text-Bild-Ton-Collage zur Epoche des Barock:
   a Stellen Sie eine Sammlung von Fotos barocker Schloss- und Gartenanlagen, barocker Kirchen und barocker Gemälde zusammen.
   b Sammeln Sie Texte aus Anthologien barocker Literatur, die zu den Bildern passen oder auch mit ihnen kontrastieren.
   c Nehmen Sie auf Tonträger Beispiele barocker Musik auf.
   d Vereinigen Sie das gesamte Material zu einer Collage und präsentieren Sie Ihr Ergebnis.

2 Von der Aufklärung zum Sturm und Drang

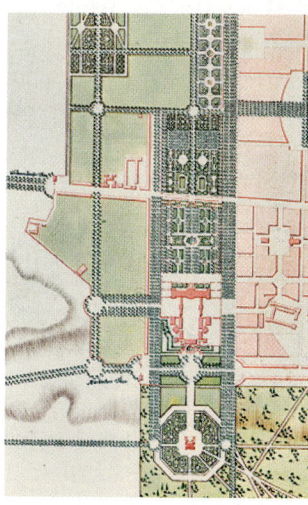
Ludwigsburg, Schlossgarten (um 1775)

München, Englischer Garten (1803)

Stichwörter der Epoche zu Themen der Zeit um 1770–1780

Ich bin **der erste Diener** meines Staates.
Friedrich II., preußischer König (1712–1786)

Freiheit ist die Autonomie des Willens, sich selbst ein Gesetz zu sein.
Immanuel Kant (1724–1804)

Die unwiderstehliche Gewalt der **Liebe**, uns durch einen Gegenstand entweder höchst glücklich oder höchst unglücklich zu machen, ist poetische Faselei junger Leute, bei denen der Kopf noch im Wachsen begriffen ist.
Georg Christoph Lichtenberg (1742–1799)

Die Natur hat gewollt, dass der Mensch [...] keiner anderen Glückseligkeit oder Vollkommenheit teilhaftig werde, als die er sich selbst, frei von Instinkt, durch eigene Vernunft, verschafft hat.
Immanuel Kant (1724–1804)

In **tyrannos**
Friedrich Schiller (1759–1805), Motto des Dramas „Die Räuber"

O **Freyheit**, Silberton dem Ohre!/Licht dem Verstande!/Dem Herzen groß Gefühl/Und freier Flug zu denken!
Friedrich Gottlieb Klopstock (1724–1803)
Christian Friedrich Schubart (1739–1791)

Du gingst, ich stund und sah zur Erden,
Und sah dir nach mit nassem Blick.
Und doch, welch Glück, geliebt zu werden;
Und **lieben, Götter, welch ein Glück!**
Johann Wolfgang Goethe (1749–1832)

Schön ist, **Mutter Natur**, deiner Erfindungen Pracht./Auf den Fluren verstreut, schöner ein froh Gesicht,/Das den großen Gedanken/Deiner Schöpfung noch einmal denkt.
Friedrich Gottlieb Klopstock (1724–1803)

1 Beschreiben Sie die beiden Parkanlagen. Ordnen Sie den Bildern einige der Zitate zu.
2 a Schlagen Sie in einem literarischen Lexikon die Begriffe „Aufklärung" und „Sturm und Drang" nach. Stellen Sie die Kernbegriffe der Artikel einander tabellarisch gegenüber.
  b Welche Text-Bild-Gruppe passt eher zu „Aufklärung", welche eher zu „Sturm und Drang" (soweit Sie diese über die Lexikonartikel kennen gelernt haben)?

2.1 Aufklärung

Das Denken der Aufklärung nahm seinen Ausgang von Frankreich. Dort entstand das groß angelegte Projekt der „Enzyklopädie", in der das gesamte damals bekannte Wissen in 35 Bänden gesammelt und vorgestellt wurde.
Die Enzyklopädie propagierte, manchmal an versteckten Stellen, das Denken der Aufklärung. In „harmlosen" Artikeln wie z.B. **Denis Diderots** „L'art d'écrire" geht es nicht nur um die technische Seite des Schreibens, sondern auch um Inhalte und Prinzipien der in Schriften geführten Auseinandersetzung mit der gesellschaftlichen Wirklichkeit der Zeit.

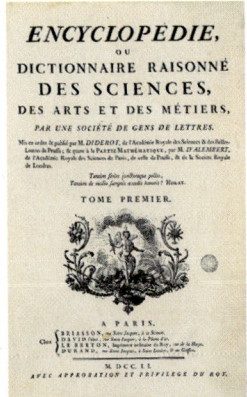 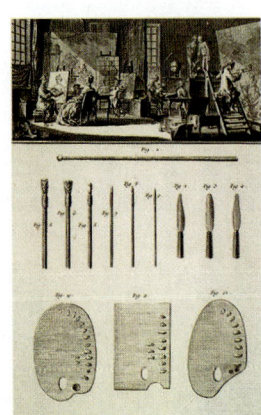

1 Machen Sie sich sachkundig über das Projekt der „Enzyklopädie". Klären Sie,
– warum sie im Untertitel ein „Dictionnaire raisonné des Sciences, des Arts et des Métiers" genannt wird,
– wie die Unternehmung der Enzyklopädie von den verschiedenen Kräften der Gesellschaft aufgenommen wurde und welchen Erfolg sie hatte.

> Dieses Werk wird sicher mit der Zeit eine Umwandlung der Geister mit sich bringen, und ich hoffe, dass die Tyrannen, die Unterdrücker, die Fanatiker und die Intoleranten dabei nicht gewinnen werden. Wir werden der Menschheit gedient haben.
> *Jean-Baptiste d'Alembert, verantwortlicher Redakteur des Werkes*

2 Nehmen Sie Stellung zu dieser Selbsteinschätzung der „Enzyklopädisten".

Die Verstandeskultur – Eine Hoffnung damals und heute?

1784 schrieb die Preußische Akademie der Wissenschaften einen Wettbewerb aus. Die Preisfrage lautete: „Was ist Aufklärung?" Zahlreiche Intellektuelle der Zeit reichten ihre Antworten ein.

Christoph Martin Wieland: **Sechs Antworten auf sechs Fragen zur Aufklärung** (1784)

Christoph Martin Wieland, geboren 1733 als Sohn eines Pfarrers in Oberholzheim bei Biberach, starb 1813 in Weimar. 1772 wurde er als Prinzenerzieher an den Weimarer Hof berufen. 1773 gründete Christoph Martin Wieland die Zeitschrift „Der Teutsche Merkur".
Von 1775 an lebte er als freier Schriftsteller.

1 Was ist Aufklärung?
Antwort: Das weiß jedermann, der vermittelst eines Paars sehender Augen erkennen gelernt hat, worin der Unterschied zwischen Hell und Dunkel, Licht und Finsternis besteht. Im Dunkeln sieht man entweder gar nichts oder wenigstens nicht so klar, dass man die Gegenstände recht erkennen und

voneinander unterscheiden kann; sobald Licht gebracht wird, klären sich die Sachen auf, werden sichtbar und können voneinander unterschieden werden – doch wird dazu zweierlei notwendig erfordert: 1) dass Licht genug vorhanden sei und 2) dass diejenigen, welche dabei sehen sollen, weder blind noch gelbsüchtig seien noch durch irgendeine andere Ursache verhindert werden, sehen zu können oder sehen zu wollen.

4 Durch welche sicheren Mittel wird sie befördert?
Antwort: [...] Alle Gegenstände unsrer Erkenntnis sind entweder geschehene Dinge oder Vorstellungen, Begriffe, Urteile und Meinungen. Geschehene Dinge werden aufgeklärt, wenn man bis zur Befriedigung eines jeden unparteiischen Forschers untersucht, ob und wie sie geschehen sind. Die Vorstellungen, Begriffe, Urteile und Meinungen der Menschen werden aufgeklärt, wenn das Wahre vom Falschen daran abgesondert, das Verwickelte entwickelt, das Zusammengesetzte in seine einfachern Bestandteile aufgelöst, das Einfache bis zu seinem Ursprunge verfolgt und überhaupt keiner Vorstellung oder Behauptung, die jemals von Menschen für Wahrheit ausgegeben worden ist, ein Freibrief gegen die uneingeschränkteste Untersuchung gestattet wird. Es gibt kein anderes Mittel, die Masse der Irrtümer und schädlichen Täuschungen, die den menschlichen Verstand verfinstert, zu vermindern, als dieses, und es kann kein anderes geben.

1
a Untersuchen Sie die sprachliche Gestaltung des Textes: Wie versucht Wieland, seinen Lesern eine Vorstellung von „Aufklärung" zu geben?
b Wie bringt man Ihrer Meinung nach Klarheit in dunkle „Vorstellungen, Begriffe, Urteile und Meinungen der Menschen"? Suchen Sie Beispiele und erklären Sie sie.

Immanuel Kant: Beantwortung der Frage: Was ist Aufklärung? (1784)

Immanuel Kant (1724–1804), geboren in Königsberg, war dort Professor für Philosophie. Seine Hauptwerke „Kritik der reinen Vernunft" (1781) und „Kritik der praktischen Vernunft" (1788) untersuchen die Grenzen der vernunftgeleiteten Erkenntnis und die Prinzipien des vernunftgeleiteten Handelns.

Aufklärung ist der Ausgang des Menschen aus seiner selbst verschuldeten Unmündigkeit. Unmündigkeit ist das Unvermögen, sich seines Verstandes ohne Leitung eines anderen zu bedienen. *Selbstverschuldet* ist diese Unmündigkeit, wenn die Ursache derselben nicht am Mangel des Verstandes, sondern der Entschließung und des Mutes liegt, sich seiner ohne Leitung eines andern zu bedienen! Sapere aude! Habe Mut, dich deines *eigenen* Verstandes zu bedienen!, ist also der Wahlspruch der Aufklärung.

Faulheit und Feigheit sind die Ursachen, warum ein so großer Teil der Menschen, nachdem sie die Natur längst von fremder Leitung freigesprochen (naturaliter majorennes[1]), dennoch gerne zeitlebens unmündig bleiben; und warum es anderen so leicht wird, sich zu deren Vormündern aufzuwerfen. Es ist so bequem, unmündig zu sein. Habe ich ein Buch, das für mich Verstand hat, einen Seelsorger, der für mich Gewissen hat, einen Arzt, der für mich die Diät beurteilt usw., so brauche ich mich ja nicht selbst zu bemühen. Ich habe nicht nötig zu denken, wenn ich nur bezahlen kann; andere werden das verdrießliche Geschäft schon für mich übernehmen. Dass der bei Weitem größte

[1] **naturaliter majorennes:** lat. von Natur aus volljährig/mündig; erwachsen

Teil der Menschen (darunter das ganze schöne Geschlecht) den Schritt zur Mündigkeit außerdem, dass er beschwerlich ist, auch für sehr gefährlich halte: Dafür sorgen schon jene Vormünder, die die Oberaufsicht über sie gütigst auf sich genommen haben [...].

Zu dieser Aufklärung aber wird nichts erfordert als *Freiheit;* und zwar die unschädlichste unter allem, was nur Freiheit heißen mag, nämlich die: von seiner Vernunft in allen Stücken *öffentlichen Gebrauch* zu machen. Nun höre ich aber von allen Seiten rufen: *Räsoniert*[2] *nicht!* Der Offizier sagt: Räsoniert nicht, sondern exerziert! Der Finanzrat: Räsoniert nicht, sondern bezahlt! Der Geistliche: Räsoniert nicht, sondern glaubt! (Nur ein einziger Herr in der Welt sagt: *Räsoniert, so viel ihr wollt und worüber ihr wollt; aber gehorcht!*[3])

Hier ist überall Einschränkung der Freiheit. Welche Einschränkung aber ist der Aufklärung hinderlich? Welche nicht, sondern ihr wohl gar beförderlich? – Ich antworte: Der *öffentliche* Gebrauch seiner Vernunft muss jederzeit frei sein, und der allein kann Aufklärung unter Menschen zu Stande bringen; der *Privatgebrauch* derselben aber darf öfters sehr enge eingeschränkt sein, ohne doch darum den Fortschritt der Aufklärung sonderlich zu hindern. Ich verstehe aber unter dem öffentlichen Gebrauche seiner eigenen Vernunft denjenigen, den jemand als Gelehrter von ihr vor dem ganzen Publikum der Leserwelt macht. Den Privatgebrauch nenne ich denjenigen, den er in einem gewissen ihm anvertrauten *bürgerlichen Posten* oder Amte von seiner Vernunft machen darf. [...]

Wenn denn nun gefragt wird: Leben wir jetzt in einem *aufgeklärten Zeitalter?* So ist die Antwort: Nein, aber wohl in einem Zeitalter der *Aufklärung.* Dass die Menschen, wie die Sachen jetzt stehen, im Ganzen genommen, schon im Stande wären oder darin auch nur gesetzt werden könnten, in Religionsdingen sich ihres eigenen Verstandes ohne Leitung eines andern sicher und gut zu bedienen, daran fehlt noch sehr viel. Allein, dass jetzt ihnen doch das Feld geöffnet wird, sich dahin frei zu bearbeiten und die Hindernisse der allgemeinen Aufklärung oder des Ausganges aus ihrer selbst verschuldeten Unmündigkeit allmählich weniger werden, davon haben wir doch deutliche Anzeigen.

[2] **räsonieren:** franz. nachdenken, seinen Verstand gebrauchen (und das öffentlich und kritisch bekunden); negativ: nörgeln
[3] Anspielung auf den „aufgeklärten" preußischen König Friedrich II.

1 Erschließen Sie den Auszug aus Kants Abhandlung. Arbeiten Sie dazu die wesentlichen Informationen aus Kants Aussagen zum Begriff der Aufklärung in ein Schaubild um. Sie können das nachstehende Muster nutzen.

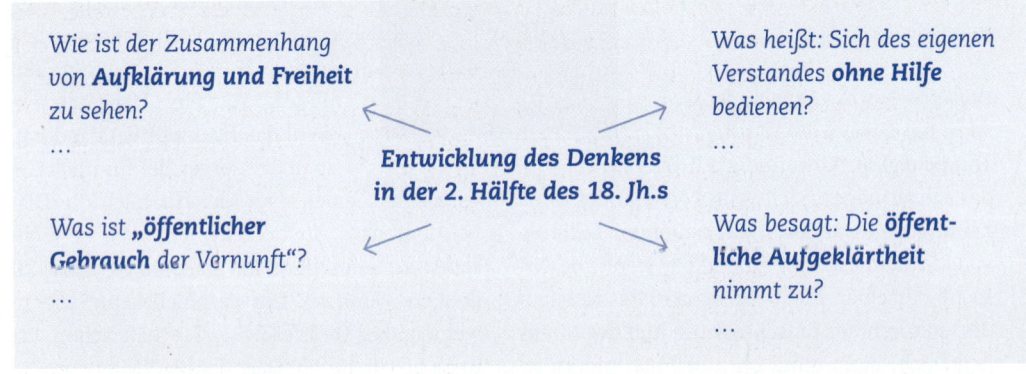

2 Erklären Sie an einem selbst gewählten Beispiel, was Kant unter dem öffentlichen und dem privaten Gebrauch der Vernunft versteht.

Rüdiger Safranski: Schiller oder die Erfindung des Deutschen Idealismus (2004)

Der Graf Cagliostro[1], er musste ein Betrüger mit Genie sein. Gewiss konnte er nicht zaubern, aber er konnte Menschen verzaubern. [...] Auch Schiller war vom Geheimnisvollen angerührt. Er konnte sich der allgemeinen Stimmung nicht entziehen. Die Lust am Geheimnis hatte nämlich damals Konjunktur. Das Licht der Aufklärung verlor an Glanz. Bis in die einfachen Volksschichten war es sowieso nicht vorgedrungen, und in aristokratischen Kreisen spielte man mit der Vernunft und übte sich im Tischrücken. Am Ende des Jahrhunderts tauchen wieder die Wunderheiler auf, die man zuvor in die Arbeitshäuser gesperrt hatte, wieder laufen in den Städten die Menschen zusammen, um Propheten anzuhören, die den Weltuntergang oder die Wiederkehr des Messias predigen. In Sachsen und Thüringen trieb der Teufelsaustreiber Gaßner sein Wesen [...]. In der gewitterschwülen Atmosphäre des Umbruchs wurden die vom Schicksal und der eigenen Geschicklichkeit wundersam emporgeschleuderten Hochstapler vom Schlage eines Cagliostro zu mythischen Figuren. Kometenhaft ziehen sie ihre Bahnen, für kurze Augenblicke konnte man sie am Himmel der Gesellschaft sehen.

In einem Ausmaß, das wir uns heute im Zeichen der Terrorismushysterie und der Verschwörungstheorien ganz gut vorstellen können, erregten die Fantasien über Geheimbünde und geheime Komplotte die Öffentlichkeit. Diese Atmosphäre begünstigt ein literarisches Genre, zu dessen Erfindern Schiller mit seinem „Geisterseher"-Roman[2] gehört. [...] Es gab ein stereotypes Schema, als dessen Miterfinder Schiller gelten kann: Ein harmloser Mensch gerät in geheimnisvolle Verstrickungen; er wird verfolgt; Menschen kreuzen seinen Weg, die alles über ihn zu wissen scheinen: Allmählich bemerkt er, dass er sich in dem Netz einer unsichtbaren Organisation verfangen hat. Oft dient auch eine schöne Frau als Lockvogel. Zum bedrohlichen gesellt sich das süße Geheimnis [...].

F. Goya: El sueño de la razón produce monstruos (1797/98)

Die vom Verschwörungsverdacht stimulierten Fantasien sind die trivialen Vorformen der Geschichtsphilosophie. Man will dem Betriebsgeheimnis der Geschichte auf die Spur kommen, will die „unsichtbare Hand" ergreifen, welche die Geschichte lenkt. [...]

Dieses Motiv der heimlichen und unheimlichen Lenkung eines Geschicks wird für Schiller zur Brücke, über die er vom „Geisterseher"-Roman wieder in „Don Karlos"[3] zurückfindet. Karlos wird, wie der Prinz[4], ein Instrument in den Händen eines überlegenen Geistes sein, und der Marquis Posa, diese Lichtgestalt, wird die Rolle der unsichtbaren Hand spielen wollen. [...]

1 Cagliostro (1743–1795, eigentlich Giuseppe Balsamo): Der Hochstapler hatte mit magischen Séancen, alchimistischen Experimenten und mysteriösen Prophezeiungen das Publikum in der aristokratischen Welt verzaubert.
2 „Der Geisterseher": Schiller verfasste den Roman kurz vor Ausbruch der Französischen Revolution 1789.
3 Zu Schillers „Don Karlos" s. S. 424.
4 der Prinz: Hauptfigur im „Geisterseher"

Der Marquis wünscht kein Amt. *Ich kann nicht Fürstendiener sein!* [...] Er beansprucht das Königsrecht auf ungeteilten Selbstbesitz, jeder soll König werden – über sein eigenes Leben. Im Auftritt vor dem König nimmt er sich jene Freiheit, die er für die Menschheit insgesamt fordert: *Geben Sie/Gedankenfreiheit!* [...] Gedankenfreiheit bedeutet: freier Gebrauch der individuellen Vernunft in Religion, Moral, Staat und Wissenschaft – in allen wichtigen Angelegenheiten des Lebens also. Gedacht war dabei an eine Vernunft, die in jedem Individuum angelegt ist und sich dort, bei richtiger Erziehung, entwickeln kann. In diesem Sinne ist Gedankenfreiheit nichts anderes als Selbstbestimmung der Person durch die eigene Vernunft.

Mit der so verstandenen Gedankenfreiheit war mehr gefordert, als ein aufgeklärter Monarch wie Friedrich II. zu geben bereit war. Friedrich hatte bekanntlich erklärt: „Räsoniert, wie ihr wollt, aber gehorcht." Demgegenüber verlangt die „Gedankenfreiheit" nicht nur das freie Räsonnement, sondern die praktische Selbstbestimmung aus räsonablen Gründen. [...] Jeder soll, sobald die Vernunft in ihm herangereift ist, nur sich selbst gehorchen und einem fremden Befehl nur dann, wenn er mit der Stimme der eigenen Vernunft übereinstimmt.

Diese Idee setzt ein positives Menschenbild voraus. *Der Mensch ist mehr, als Sie von ihm gehalten,* erklärt Posa, und der König entgegnet ihm: *Ich weiß/Ihr werdet anders denken, kenntet Ihr/Den Menschen erst, wie ich.* Der König argumentiert: Die Menschen sind bösartig und eigensüchtig, es wird niemals Ruhe und Frieden zwischen ihnen geben, wenn sie nicht einen Herrn über sich haben. Der hält sie im Zaum und gibt Sicherheit, unter deren Schutz es sich gut leben lässt: *hier blüht/Des Bürgers Glück in nie bewölktem Frieden.* [...] Philipps Argument ist auf die Person des Marquis gemünzt: Wenn alle Menschen so wären wie er, könnte man ihnen Selbstbestimmung zubilligen. Doch der Marquis ist ein Ausnahmemensch. Man kann von ihm nicht auf die Beschaffenheit des Menschengeschlechts schließen. Und darum müssen auch weiterhin die Prinzipien der Sicherheit und des Friedens Vorrang haben vor dem gefährlichen Prinzip der Freiheit und der Selbstbestimmung. Darum ist die Inquisition, das Verbot der Gedankenfreiheit also, nötig.

1 Zeichnen Sie in Form eines Flussdiagramms nach, wie Rüdiger Safranski Schillers Überlegungen zum Thema „Aufklärung, Gedankenfreiheit" entwickelt und die Entstehung des Gegenthemas von „Sicherheit und Frieden" begründet.

2 Ab Zeile 61 geht Safranski auf die zentrale Szene in Schillers Drama „Don Karlos" ein. Lesen Sie den Auszug aus dieser Szene (▶ S. 424). Arbeiten Sie heraus, wie der Marquis Posa hier argumentiert, und stellen Sie einen Bezug zu Kants Thesen (▶ S. 395 f.) her.

3 Safranski vertritt die Ansicht, dass wir es uns „heute im Zeichen der Terrorismushysterie und der Verschwörungstheorien ganz gut vorstellen können", wie Freiheit und Vernunft durch die Machenschaften von Geheimgesellschaften unterminiert werden, sodass Kontrollen, Überwachungen und Einschränkungen der Freiheit als notwendige Abwehrmaßnahmen erscheinen können.
Diskutieren Sie diese Aktualisierung der anti-aufklärerischen Haltung König Philipps vor dem Hintergrund der öffentlichen Diskussion um die Einschränkung von Grundrechten zugunsten von Sicherheitsgarantien.

4 Francisco de Goyas Bild „El sueño de la razón produce monstruos" [= Der Schlaf/Traum der Vernunft gebiert Ungeheuer] aus den Jahren 1797/98 kann im Sinne Schillers gedeutet werden:
„Wo die Vernunft schläft, entstehen monströse Gedanken." Oder aber: „Im Traum schafft (auch) die Vernunft Ungeheuer." Überlegen Sie, wie Sie diese Aussage über wache und schlafende Vernunft mit Beispielen belegen könnten.

Die Wahrheit durch ein Bild sagen – Fabeln über die beste Staatsform

Die öffentliche Diskussion um die beste Staatsform – absolute Monarchie, konstitutionelle Monarchie, Republik, Diktatur – war in der Aufklärung ein wichtiges Thema. Die griechisch-römische Antike lieferte die unterschiedlichsten Beispiele. Man konnte aber, da die Fürsten energisch den Machterhalt der Monarchie betrieben, nicht wirklich offen diskutieren. Fabeln boten die Möglichkeit, in literarischer Verfremdung einzelne Modelle zu kommentieren und die Position des Einzelnen in der Gesellschaft zu erörtern.

Gotthold Ephraim Lessing: **Die Wasserschlange** (1759)

Gotthold Ephraim Lessing (1729–1781) war als Autor von Theaterstücken geschätzt und als Literaturkritiker gefürchtet. Seine Fabeln enthalten oftmals neben einer Moral auch eine politische Botschaft.

Der folgenden Fabel liegt eine ältere von Äsop zugrunde: Die Frösche bitten den Göttervater Zeus, ihnen einen König zu geben, der sie regieren könnte. Zeus, amüsiert durch diesen Wunsch, wirft einen Holzklotz in ihren Teich. Weil der aber nichts tut, haben die Frösche keinen Respekt vor ihm und verlangen einen anderen König. Da schickt Zeus den Fröschen die Hydra, die sie der Reihe nach frisst. Äsops Moral: „Habt euer Gutes ihr nicht tragen mögen, so tragt das Schlimme nun. – Ihr auch, Bürger, [...] seid zufrieden, sonst kommt größeres Unheil."

Zeus hatte nunmehr den Fröschen einen andern König gegeben; anstatt eines friedlichen Klotzes eine gefräßige Wasserschlange. 5
Willst du unser König sein, schrien die Frösche, warum verschlingst du uns? – Darum, antwortete die Schlange, weil ihr um mich gebeten 10 habt. –
Ich habe nicht um dich gebeten!, rief einer von den Fröschen, den sie schon mit den Augen verschlang. – Nicht?, sagte die Wasserschlange. Desto schlimmer! So muss ich 15 dich verschlingen, weil du nicht um mich gebeten hast.

1 Der Monarch erhielt, nach der Staatstheorie des Absolutismus, sein Amt „von Gottes Gnaden". Die Frösche bei Äsop handeln wie nach dieser Theorie die Bürger: Sie bitten den Göttervater um einen König, der sie regiere.
 a Überlegen Sie, in welcher Absicht der Autor die Äsop'sche Fabel für seine Zeit umerzählt hat.
 b Erfinden Sie einen kurzen Dialog zwischen dem lebenserfahrenen Lessing und dem jungen Theaterdichter Friedrich Schiller, in dem Lessing seine Absicht erläutert.

2 Weiterführende Aufgabe: Ab 1782 entstand Friedrich Schillers „Die Verschwörung des Fiesco zu Genua". In diesem „republikanischen Trauerspiel" setzt sich der Titelheld an die Spitze einer Verschwörung Genueser Adeliger gegen die tyrannische Herrschaft des Dogen Doria. Im zweiten Akt (II/8) erzählt Fiesco den Bürgern Genuas eine Fabel.
Stellen Sie diese vor.
 a Untersuchen Sie dazu Fiescos rhetorische Strategie: Wie setzt er in seiner Rede die Tiernamen ein? Was setzt er bei seinem Publikum als Fabel-Vorwissen über einzelne Tiere voraus?
 b Fiesco spielt in seiner Rede verschiedene Staatsformen durch. Benennen Sie sie.
 c Übersetzen Sie Fiescos Fabel in politische Statements, die auf Tiervergleiche verzichten.

Gottlieb Konrad Pfeffel: Die Reichsgeschichte der Tiere (1783)

Die Tiere lebten viele Jahre
in friedlicher Demokratie;
doch endlich kamen sie einander in die Haare,
und ihre Republik versank in Anarchie.
5 Der Löwe machte sich den innern Streit zu Nutze
und bot sich ohne Sold dem kleinern Vieh,
als dem gedrückten Teil, zum Schutze,
zum Retter seiner Freiheit an.
Er wollte bloß des Volkes Diener heißen,
10 und brauchte weislich seinen Zahn
im Anfang nur, die Räuber zu zerreißen.
Als dies die frohen Bürger sahn,
ernannten sie zum wohlverdienten Lohne
den Diener feierlich zum Chan[1],
15 versicherten die Würde seinem Sohne
und gaben ihm die Macht, die Ämter zu verleihn,
um kräftiger beschützt zu sein.
Nun sprach der neue Fürst aus einem andern Tone:
Er gürtete sein Haupt mit einer Eisenkrone,
20 erhob Tribut, und wer ihm widerstand,
fiel als Rebell in seine Pranke.
Der Tiger und der Fuchs, der Wolf, der Elefant
ergaben sich aus List, und jeder ward zum Danke
zum königlichen Rat ernannt.
25 Itzt halfen sie dem Chan die schwächern Tiere hetzen,
bekamen ihren Teil an den erpressten Schätzen,
und raubten endlich trotz dem Chan.
„Ha", rief das arme Volk mit tief gesenkten Ohren
und mit geschundner Haut, „was haben wir getan!"
30 Allein der Freiheit Kranz war nun einmal verloren,
der Löwe war und blieb Tyrann;
er ließ von jedem Tier sich stolz die Pfote lecken,
und wer nicht kroch, der musste sich verstecken.

W. v. Kaulbach, Illustrationen zu Goethe,
Reineke Fuchs (1846)

1 Chan: Oberhaupt eines Klans

1. Zeichnen Sie „Die Reichsgeschichte der Tiere" in eigenen Worten nach und erläutern Sie, wie Pfeffel diese Entwicklung eines Staates bewertet.
2. Überlegen Sie, welche Menschen(typen) sich bei den Fabeln (▶ S. 399 f.) hinter den verschiedenen Tieren verbergen. Entwickeln Sie dann für eine der Fabeln eine Deutung, die sich auf die Zustände der Epoche bezieht.
3. Setzen Sie Kaulbachs Illustrationen von Goethes Tierepos „Reineke Fuchs" aus dem Jahre 1846 zu Pfeffels Fabel in Beziehung:
Welche Bewertung der Fürstenherrschaft wird im Text, welche in den Bildern sichtbar?
4. Lessing hat in einer seiner Abhandlungen zur Fabel (1759) vorgeschlagen, dass der Autor alte Fabeln umarbeiten solle, um andere Prioritäten zu setzen. Verändern Sie die Diskussion der Tiere in einer der Fabeln so, dass sie am Ende eine demokratische Staatsform fordern.

Kurz und pointiert: Maximen des richtigen Denkens

Immanuel Kant: Kritik der praktischen Vernunft (1778) – Der kategorische Imperativ

Handle stets so, dass die Maxime[1] deines Willens jederzeit zugleich als Prinzip einer allgemeinen Gesetzgebung gelten könnte.

[1] **Maxime:** Leitsatz, hier Grundsätze, Regeln, nach denen das eigene Handeln ausgerichtet wird

Georg Christoph Lichtenberg: Aus den „Sudelbüchern" (1765–1799) – Aphorismen

Georg Christoph Lichtenberg (1742–1799) war Naturwissenschaftler und Professor für Philosophie in Göttingen. In seinen Aphorismen zeigt er sich als scharfsinniger (zumeist satirischer) Beobachter und als Vertreter der Aufklärung. Lichtenberg schrieb vor allem gegen religiöse Intoleranz, aber auch gegen den Geniekult des Sturm und Drang. Die Prinzipien des aufgeklärten Denkens waren für ihn die des Wissenschaftlers: Rationalität, Beweisbarkeit der Beobachtungen, Logik der Schlussfolgerungen, Zweifel gegenüber allen einfachen Behauptungen und gegenüber der unhinterfragten Berufung auf Autoritäten (der Antike, der Kirche).

1. [*Selbstständig denken – beobachten*] Lasst euch euer Ich nicht stehlen, das euch Gott gegeben hat, nichts vordenken und nichts vormeinen, aber untersucht euch auch erst selbst recht und widersprecht nicht aus Neuerungssucht. Hierzu ist Gelegenheit überall, ohne Griechisch und ohne Latein und ohne Englisch. Die Natur steht euch allen offen, mehr als irgendein Buch, wozu ihr die Sprache 25 Jahre getrieben habt. Ihr seid's selbst. Dieses hat man so oft gesagt, dass es jetzt fast so gut ist, als wäre es niemals gesagt worden ...
2. [*Der Zweifel als Methode – offen und frei Meinungen handeln*] Seine Zweifel zu sagen, ist einem frei geborenen Menschen erlaubt; er darf mit seinen Meinungen handeln, [...] nur biete er sie solchen Leuten an, die sie brauchen können, zwinge sie niemandem auf [...]. Offen und frei getragen, wer Augen hat zu sehen, der sieht, und wer Ohren hat zu hören, der hört. Es ist heutzutage Mode geworden, das Bücherschreiben als den Endzweck des Studierens anzusehen, daher studieren so viele, um zu schreiben, anstatt dass sie studieren sollten, um zu wissen. Was man nur ankauft, um es bei der ersten Gelegenheit wieder anzubringen, vermischt sich nie recht mit uns und war nie recht unser.
3. [*Auf die Stimme der Erfahrung hören*] Man soll seinem Gefühl folgen und den ersten Eindruck, den eine Sache auf uns macht, zu Wort bringen. Nicht als wenn ich Wahrheit so zu suchen riete, sondern weil es die unverfälschte Stimme unserer Erfahrung ist, das Resultat unserer besten Bemerkungen, da wir leicht in pflichtmäßiges Gewäsch verfallen, wenn wir erst nachsinnen.
4. [*Erziehung ist: Vernunft in Stufen aufbauen*] Sogar aus den Hunden lässt sich etwas machen, wenn man sie recht erzieht; man muss sie nur nicht mit vernünftigen Leuten, sondern mit Kindern umgehen lassen, so werden sie menschlich. Dieses ist eine Bestätigung von meinem Satz, dass man Kinder immer zu Leuten halten müsse, die nur *um ein Weniges weiser* sind als sie selbst.

1 Welche Grundsätze des Denkens, Schreibens, Lernens und Handelns können Sie Lichtenbergs Aphorismen entnehmen? Prüfen Sie, ob Kants „kategorischer Imperativ" auf diese Grundsätze anzuwenden wäre.

2 Kants „kategorischer Imperativ" ist nicht nur eine konkrete Handlungsanweisung, aus ihm lässt sich auch eine rational und vernunftmäßig zu begründende Lebenseinstellung ableiten. Entwerfen Sie eine solche Begründung.

Die Bühne als Kanzel – Ein literarisches Plädoyer für Toleranz

Gotthold Ephraim Lessing: **Die Ringparabel** (1779) – aus: Nathan der Weise

Die letzten elf Jahre seines Lebens war Lessing Bibliothekar des Herzogs von Braunschweig in der berühmten Bibliothek in Wolfenbüttel. In dieser Eigenschaft gab er die aufklärerischen Schriften des Hamburger Gymnasialprofessors Hermann Samuel Reimarus heraus, geriet dadurch in einen theologischen Streit mit dem Hamburger Hauptpastor (= Bischof) Götze, wurde mit Publikationsverbot belegt und verfasste daraufhin sein programmatisches Drama „Nathan der Weise", in dessen Zentrum die „Ringparabel" mit ihrer Botschaft der grundsätzlichen Gleichwertigkeit der drei monotheistischen Weltreligionen steht.

NATHAN:
Vor grauen Jahren lebt' ein Mann in Osten,
Der einen Ring von unschätzbarem Wert'
Aus lieber Hand besaß. Der Stein war ein
5 Opal, der hundert schöne Farben spielte,
Und hatte die geheime Kraft, vor Gott
Und Menschen angenehm zu machen, wer
In dieser Zuversicht ihn trug. Was Wunder,
Dass ihn der Mann in Osten darum nie
10 Vom Finger ließ und die Verfügung traf,
Auf ewig ihn bei seinem Hause zu
Erhalten? Nämlich so: Er ließ den Ring
Von seinen Söhnen dem geliebtesten;
Und setzte fest, dass dieser wiederum
15 Den Ring von seinen Söhnen dem vermache,
Der ihm der liebste sei; und stets der liebste,
Ohn' Ansehn der Geburt, in Kraft allein
Des Rings, das Haupt, der Fürst des Hauses
werde. –
20 Versteh mich, Sultan.

SALADIN:
                Ich versteh dich. Weiter!

NATHAN:
So kam nun dieser Ring, von Sohn zu Sohn,
25 Auf einen Vater endlich von drei Söhnen;
Die alle drei ihm gleich gehorsam waren,
Die alle drei er folglich gleich zu lieben
Sich nicht entbrechen konnte. Nur von Zeit
Zu Zeit schien ihm bald der, bald dieser, bald
30 Der dritte – so wie jeder sich mit ihm
Allein befand, und sein ergießend Herz
Die andern zwei nicht teilten – würdiger
Des Ringes; den er denn auch einem jeden
Die fromme Schwachheit hatte, zu versprechen.
35 Das ging nun so, so lang es ging. – Allein
Es kam zum Sterben, und der gute Vater
Kömmt in Verlegenheit. Es schmerzt ihn, zwei
Von seinen Söhnen, die sich auf sein Wort
Verlassen, so zu kränken. – Was zu tun? –
40 Er sendet in geheim zu einem Künstler,
Bei dem er, nach dem Muster seines Ringes,
Zwei andere bestellt, und weder Kosten
Noch Mühe sparen heißt, sie jenem gleich,
Vollkommen gleich zu machen. Das gelingt
45 Dem Künstler. Da er ihm die Ringe bringt,
Kann selbst der Vater seinen Musterring
Nicht unterscheiden. Froh und freudig ruft
Er seine Söhne, jeden insbesondre;
Gibt jedem insbesondre seinen Segen –
50 Und seinen Ring – und stirbt. – Du hörst
doch, Sultan?

SALADIN *(der sich betroffen von ihm gewandt):*
Ich hör, ich höre! – Komm mit deinem Märchen
Nur bald zu Ende. – Wirds?

55 **NATHAN:**
                Ich bin zu Ende.
Denn was noch folgt, versteht sich ja von
selbst. –
Kaum war der Vater tot, so kömmt ein jeder
60 Mit seinem Ring, und jeder will der Fürst
Des Hauses sein. Man untersucht, man zankt,
[...] die Söhne
Verklagten sich; und jeder schwur dem Richter,
Unmittelbar aus seines Vaters Hand
65 Den Ring zu haben. – Wie auch wahr! –
Nachdem
Er von ihm lange das Versprechen schon
Gehabt, des Ringes Vorrecht einmal zu
Genießen. – Wie nicht minder wahr! – Der
70 Vater,
Beteu'rte jeder, könne gegen ihn
Nicht falsch gewesen sein; und eh' er dieses

Von ihm, von einem solchen lieben Vater,
Argwohnen lass': eh' müss' er seine Brüder,
75 So gern er sonst von ihnen nur das Beste
Bereit zu glauben sei, des falschen Spiels
Bezeihen; und er wolle die Verräter
Schon auszufinden wissen; sich schon rächen.

SALADIN:
80 Und nun, der Richter? – Mich verlangt zu hören,
Was du den Richter sagen lässest. Sprich!

NATHAN:
Der Richter sprach: Wenn ihr mir nun den Vater
85 Nicht bald zur Stelle schafft, so weis' ich euch
Von meinem Stuhle. Denkt ihr, dass ich Rätsel
Zu lösen da bin? Oder harret ihr,
Bis dass der rechte Ring den Mund eröffne? –
Doch halt! Ich höre ja, der rechte Ring
90 Besitzt die Wunderkraft, beliebt zu machen,
Vor Gott und Menschen angenehm. Das muss
Entscheiden! Denn die falschen Ringe werden
Doch das nicht können! – Nun; wen lieben zwei
Von euch am meisten? – Macht, sagt an! Ihr
95   schweigt?
Die Ringe wirken nur zurück? und nicht
Nach außen? Jeder liebt sich selber nur
Am meisten? – O so seid ihr alle drei
Betrogene Betrüger! Eure Ringe
100 Sind alle drei nicht echt. Der echte Ring
Vermutlich ging verloren. Den Verlust
Zu bergen, zu ersetzen, ließ der Vater
Die drei für einen machen.

SALADIN:
105   Herrlich! herrlich!

NATHAN:
Und also, fuhr der Richter fort, wenn ihr
Nicht meinen Rat, statt meines Spruches, wollt,
Geht nur! – Mein Rat ist aber der: Ihr nehmt
110 Die Sache völlig, wie sie liegt. Hat von
Euch jeder seinen Ring von seinem Vater,
So glaube jeder sicher seinen Ring
Den echten. – Möglich, dass der Vater nun
Die Tyrannei des einen Rings nicht länger
115 In seinem Hause dulden wollen! – Und gewiss,
Dass er euch alle drei geliebt, und gleich
Geliebt: indem er zwei nicht drücken mögen,
Um einen zu begünstigen. – Wohlan!
120 Es eifre jeder seiner unbestochnen,
Von Vorurteilen freien Liebe nach!
Es strebe von euch jeder um die Wette,
Die Kraft des Steins in seinem Ring an Tag
Zu legen! komme dieser Kraft mit Sanftmut,
125 Mit herzlicher Verträglichkeit, mit Wohltun,
Mit innigster Ergebenheit in Gott,
Zu Hülf'! Und wenn sich dann der Steine Kräfte
Bei euern Kindes-Kindeskindern äußern,
130 So lad' ich über tausend tausend Jahre
Sie wiederum vor diesen Stuhl. Da wird
Ein weiser Mann auf diesem Stuhle sitzen
Als ich und sprechen. Geht! – So sagte der
Bescheidne Richter.

---

1 Erläutern Sie mit eigenen Worten die Botschaft, die Nathan mit seiner Parabel dem Sultan vermitteln will.

2 Diskutieren Sie darüber, ob und inwieweit das von Nathans Richter empfohlene Verhalten dem von Kant im „kategorischen Imperativ" verlangten Verhalten entspricht.

3 Wenden Sie den Aphorismus Lichtenbergs auf Lessings „Ringparabel" an.

> **Über den Menschen und seinen Geist**
> Eine goldene Regel: Man muss die Menschen nicht nach ihren Meinungen beurteilen, sondern nach dem, was diese Meinungen aus ihnen machen.
> *Georg Christoph Lichtenberg*

4 a Schreiben Sie die Szene in ein Plädoyer um, das Lessing gegen die orthodoxen christlichen Eiferer seiner Zeit hätte halten können.
b Vergleichen Sie Ihr Plädoyer mit der Textvorlage: Wodurch unterscheidet sich Ihre Lösung von der Lessing'schen?

5 Lessing schrieb den „Nathan", als eine Kabinettsorder ihm verboten hatte, zu Fragen der Religion öffentlich Stellung zu nehmen. Recherchieren Sie die Entstehungsgeschichte des Dramas.

> **Information**   Epochenüberblick – Aufklärung (ca. 1720–1800)
>
> **Allgemeingeschichtlicher Hintergrund:**
> Nach dem Ende des Dreißigjährigen Krieges galt es in Deutschland, Aufbauarbeit zu leisten. Diese wurde zum Großteil durch die erstarkten Territorialfürsten organisiert und betrieben. Gleichzeitig bauten sie ihre Macht aus (**Absolutismus**): Alle staatliche Gewalt war auf diese Herrscher konzentriert, sowohl das Militär als auch der Beamtenapparat hingen direkt von ihnen ab. Den absoluten Herrschern ging es darum, ihre Macht öffentlich zu demonstrieren. Sie ließen prächtige Schlossanlagen bauen und gaben dadurch einer ganzen Generation von Künstlern, Bauleuten und Handwerkern Arbeit. Durch die Bautätigkeit kamen Handel und Produktion (Manufakturen) in Schwung, die Einführung des Wirtschaftssystems des **Merkantilismus** unterstützte diese Entwicklung. Vorbild der neu entstehenden Schlösser war Versailles, das Schloss des französischen „Sonnenkönigs". Adel und Klerus waren Nutznießer und Stützen der überkommenen ständischen Gesellschaftsordnung. Nur Adelige konnten als Diplomaten oder Offiziere Karriere machen. Am Hof sprach man französisch.
>
> **Weltbild und Lebensauffassung:**
> Von Frankreichs Hauptstadt Paris gingen aber auch Impulse eines neuen Denkens aus. Dessen Träger waren bürgerliche Intellektuelle. Zu ihnen gehörten z. B. die Herausgeber der großen Enzyklopädie, **Diderot** und **D'Alembert**. Im Zentrum ihrer Reflexionen stand das Individuum, sein Begehren nach Freiheit im Denken und im wirtschaftlichen Handeln. Das Bürgertum erstarkte sowohl in den großen Städten (Hamburg, Berlin, Frankfurt) wie in den Residenzen an den Fürstenhöfen. Dem absolutistischen Staat gegenüber wurden die (Menschen-)Rechte des Einzelnen gefordert, gegenüber dem Machtanspruch der Kirche Toleranz. In Philosophie und Wissenschaft berief man sich auf Erfahrung (**Empirismus**) und Verstand (**Rationalismus**). Beide Richtungen des Denkens stimmten darin überein, dass es allein die Fähigkeiten und Talente des Einzelnen sind, die dessen Rang in der Gesellschaft bestimmen, nicht aber Geburt und Stand.
>
> **Entwicklungstendenzen in der Literatur:**
> Literatur sollte unterhalten (was schon immer ihre Hauptaufgabe an den Höfen war), sie sollte aber auch belehren und erziehen (was als ihre vornehmste Aufgabe bei der Bildung des bürgerlichen Individuums galt). Eine einfache, vorwiegend **belehrende Form** war die **Fabel**, komplexere, den Verstand ansprechende Formen waren **Parabeln** und **Dramen** wie „Nathan der Weise".
> **Erziehungsromane**, wie Christoph Martin Wielands „Geschichte des Agathon" (1776), zeigten die Entwicklung eines naiven Jünglings zu einem realistischen, erfolgreichen und glücklichen Menschen. Die Aufgabe des **Theaters als Bildungsstätte** war es schließlich, das Nacherleben eines fremden Schicksals zu ermöglichen. (▶ Bürgerliches Trauerspiel, S. 213 f.).
> Vor allem Frauen der gebildeten Stände lasen viel. In Lese- und Gesprächszirkeln, den so genannten **„Salons"**, trafen sich überwiegend bürgerliche Intellektuelle, Künstler, Literaten.
> 1771 erschien **Sophie von La Roches** Roman „Geschichte des Fräuleins von Sternheim". Es war der erste bedeutende Frauen- und Bildungsroman.
>
> **Wichtige Autorinnen/Autoren und Werke.** Siehe auch Grafik (▶ S. 407).
> **Immanuel Kant** (1724–1804): Philosophische Schriften
> **Gotthold Ephraim Lessing** (1729–1781): Dramen, Fabeln, „Hamburgische Dramaturgie"
> **Christpoh Martin Wieland** (1733–1813): „Die Abderiten" (Roman)

1 Stellen Sie die gesellschaftlichen Widersprüche zwischen Absolutismus und Bürgertum in einem Poster dar.

2.2 Zum Verstand tritt das Gefühl – Empfindsamkeit

Die Aufklärung kann als die „hegemoniale" (führende) Strömung der Kultur im 18. Jahrhundert angesehen werden. Aber nicht alle Menschen waren Anhänger der Idee, dass der Verstand der alleinige Regent ihres Verhaltens sein sollte. Es gab daneben energische Vertreter der überkommenen Glaubenssätze. Diese Anhänger der Tradition waren dogmatisch und intolerant. Unter ihrer starren Sicht litten Aufklärer wie Lessing, aber auch diejenigen, die dem **Gefühl** und der **Empfindung persönlicher Frömmigkeit** zu ihrem Recht verhelfen wollten. Diese „Pietisten" suchten Glaubens- und Lebensformen neben den von der Amtskirche geregelten. Von ihnen übernahmen Dichter wie Matthias Claudius eine gefühlsbetonte, „fromme" Sicht auf die Natur und den Menschen. Lessing schlug für ihre Haltung den Begriff der **Empfindsamkeit** vor.

Natur als Spiegel der Seele

Friedrich Gottlieb Klopstock: Der Zürchersee (1750) – 1. Strophe

Schön ist, Mutter Natur, deiner Erfindung Pracht
Auf die Fluren verstreut, schöner ein froh Gesicht,
    Das den großen Gedanken
        Deiner Schöpfung noch einmal denkt.

Matthias Claudius

Matthias Claudius: Abendlied (1778, Str. 1–5)

Der Mond ist aufgegangen,
Die goldnen Sternlein prangen
Am Himmel hell und klar;
Der Wald steht schwarz und schweiget,
5 Und aus den Wiesen steiget
Der weiße Nebel wunderbar.

Wie ist die Welt so stille,
Und in der Dämmrung Hülle
So traulich und so hold!
10 Als eine stille Kammer,
Wo ihr des Tages Jammer
Verschlafen und vergessen sollt.

Seht ihr den Mond dort stehen?
Er ist nur halb zu sehen,
15 Und ist doch rund und schön!
So sind wohl manche Sachen,
Die wir getrost belachen,
Weil unsre Augen sie nicht sehn.

Wir stolze Menschenkinder
20 Sind eitel arme Sünder
Und wissen gar nicht viel;
Wir spinnen Luftgespinste
Und suchen viele Künste
Und kommen weiter von dem Ziel.

25 Gott, lass uns dein Heil schauen,
Auf nichts Vergänglichs trauen,
Nicht Eitelkeit uns freun!
Lass uns einfältig werden
Und vor dir hier auf Erden
30 Wie Kinder fromm und fröhlich sein!

1 Analysieren Sie die abgedruckten Strophen des „empfindsamen" Dichters Matthias Claudius: Welche Sicht auf die Welt, in der wir leben, wird hier deutlich?

2 Fassen Sie die Abweichungen von der damals herrschenden Sichtweise der Aufklärer Kant und Lichtenberg (▶ S. 395 f., 401) zusammen. Beachten Sie dabei besonders die Botschaft der dritten und vierten Strophe.

3 Spüren Sie den Quellen der Empfindsamkeit im Pietismus nach, indem Sie die theologische Seite der Aufklärungskritik herausstellen.

4 **Recherche:** Klopstock hat in seiner Ode „Der Zürchersee" eine Schiffsfahrt mit Freunden im August 1750 beschrieben. Suchen Sie das komplette Gedicht im Internet oder in einer Anthologie. Untersuchen Sie, wie der Sprecher die zentralen Werte der Empfindsamkeit – Natur, Liebe, Freundschaft – zu einem umfassenden Glücksgefühl zusammenführt.

Information — **Epochenüberblick – Empfindsamkeit (ca. 1740–1780)**

Zentrale Werte der „Empfindsamen" waren die Verehrung der Natur als göttliche Schöpfung, Freundschaft, Friedensliebe, allgemein Menschenfreundlichkeit.

Die Literatur der Empfindsamkeit ist außerordentlich sprachschöpferisch. In Liedern und erbaulichen Schriften kommen zum ersten Mal Worte vor wie „zärtlich", „lieblich", „Gemüt", „Gewissen" und Metaphern wie „Mutter Natur", „Meer der Empfindungen", „Sturm der Begeisterung". Die empfindsame Literatur erschließt auch neue Themenfelder. Dazu gehören das **autobiografische Schreiben**, etwa in **Johann Heinrich Jung-Stillings** (1740–1817) Roman „Heinrich Stillings Jugend, Jünglingsjahre, Wanderschaft". Eine empfindsame Briefkultur verdichtete sich zum **Briefroman**, dessen bekanntestes Beispiel **Goethes** „Die Leiden des jungen Werthers" werden sollte. **Gotthold Ephraim Lessings Mitleidstheorie des „bürgerlichen Trauerspiels"** ist Ausfluss dieser Hochschätzung der Gefühlsfähigkeit des Menschen (▶ S. 233). Das Publikum leidet mit den Heldinnen und Helden mit, anstatt sie zu bewundern oder zu verabscheuen, wie es das barocke Theater vorsah. Lessing begründete seine Theorie mit einer neuen Auslegung des Aristoteles. Der antike griechische Philosoph hatte für die Tragödie des Altertums festgelegt, dass sie den tiefen Fall hochgestellter Personen durch große Leidenschaften (Hochmut, Ehrgeiz, Jähzorn, Eifersucht ...) so zeigen sollte, dass der Schrecken über die Unberechenbarkeit der Götter, des Schicksals, des Glücks die Menschen dauerhaft beeindruckt. Lessing hingegen setzt auf Identifikation und Empathie, auf Mitleiden mit dem Helden, der Heldin. Dafür, schlug er vor, müssten die Personen des Trauerspiels Menschen sein, die den Zuschauern als ihnen ähnliche Figuren erscheinen, mittlere Charaktere, keine absolut Bösen und keine Heiligen. Die Nähe zwischen Bühnengeschehen und bürgerlicher Wirklichkeit sollte das Mitempfinden der Zuschauer so ansprechen, dass es zu einer nachhaltigen Wirkung (Katharsis oder Reinigung der Leidenschaften) komme. Gleichzeitig bot das bürgerliche Trauerspiel ihm – z. B. in seinem eigenen Beispiel „Emilia Galotti" – die Möglichkeit, die bürgerliche Welt und deren Normen gegenüber der des Adels hervorzuheben. Schillers frühes Drama „Kabale und Liebe" kann als Fortführung dieses Typs des Trauerspiels im „Sturm und Drang" angesehen werden.

Wichtige Autorinnen/Autoren und Werke siehe Grafik (▶ S. 407).

---

1 Stellen Sie Lessings Dramenkonzeption der Konzeption der barocken Tragödie in einer Tabelle gegenüber. Vergleichen Sie dabei die Eigenschaften des Helden, die Besonderheiten des Schicksals und die Rolle/Aufgabe des Zuschauers.

2.3 Aufbruch der Jugend, Enthusiasmus und Protest – Sturm und Drang

Die generelle Ausrichtung der bürgerlichen Gesellschaft auf Vernunft und Rationalität führte nicht geradlinig in eine humanere Zukunft. Im Gegenteil. Rationales Planen und Entscheiden wurden auch zum Ausbau von Herrschaftssystemen eingesetzt. Gegen die Reduzierung von Menschen auf ihre Nützlichkeit als Verwaltungsfachleute, Soldaten, Ökonomen, Höflinge richtete sich die bürgerliche Gefühlskultur. Im Zentrum des emotionalen Protestes gegen überkommene Autoritäten stand die „Jugendbewegung" des „Sturm und Drang", stand das zu großen Gefühlen fähige Individuum.

Information: Die Ausbildung einer bürgerlichen Kultur in der zweiten Hälfte des 18. Jahrhunderts

	Aufbruch der bürgerlichen Gesellschaft durch Verstandeskultur (Aufklärung)	Entfaltung der bürgerlichen Familie/Freundschaft durch Gefühlskultur (Empfindsamkeit)	Geistige und politische Emanzipation des bürgerlichen Ich-Bewusstseins (Sturm und Drang)
1730	 Gotthold Ephraim Lessing (1729–1781)		
1750	Johann Christoph Gottsched (1700–1766): Sterbender Cato (1732) Christian Fürchtegott Gellert (1715–1769): Fabeln und Erzählungen (1746/48)	Johann Wolfgang Goethe (1749–1832) Friedrich Gottlieb Klopstock (1724–1803): Der Messias (1748–1773) Der Zürchersee. Ode (1750)	
1770	Gotthold Ephraim Lessing: Hamburgische Dramaturgie (1767–69) Minna von Barnhelm (1767) Gotthold Ephraim Lessing: Emilia Galotti (1772)	Sophie von La Roche (1730–1807): Geschichte des Fräuleins von Sternheim. Briefroman (1771)	Friedrich Schiller (1759–1805) Johann Wolfgang Goethe: Götz von Berlichingen (1773) Prometheus (1774), Ganymed (1774) Die Leiden des jungen Werthers (1774)
1775	Friedrich Nicolai (1733–1811): Die Freuden des jungen Werthers (1775)	Matthias Claudius (1740–1815): Der Wandsbecker Bote (1771–1775)	Jakob Michael Reinhold Lenz (1751–1792): Der Hofmeister (1774) Die Soldaten (1776)
1780	Gotthold Ephraim Lessing: Nathan der Weise (1779) Christoph Martin Wieland (1733–1813): Die Abderiten (1774/80)		Friedrich Leopold Graf zu Stolberg (1750–1819): Über die Fülle des Herzens (1778) Christian Friedrich Daniel Schubart (1739–1791): Die Fürstengruft (1780)
1785	Immanuel Kant (1724–1804): Beantwortung der Frage: Was ist Aufklärung? (1784)	Karl Philipp Moritz (1756–1893): Anton Reiser (1785/90)	Friedrich Schiller: Die Räuber (1781) Kabale und Liebe (1784)

1 Goethe hat in seiner „Farbenlehre" (1810) der Farbe Gelb den Verstand, dem Orange das Engagement, dem Rot die Leidenschaft, dem Blauviolett die Fantasie und dem Grün, der Mischung aus Gelb und Blau, die der Vorstellungskraft entspringende Tatkraft zugeordnet.

a Erklären Sie anhand der abgedruckten Grafik (▶ S. 407) die Zuordnung der Werke und Autoren zu den Farben.

b Benutzen Sie die Zeitleiste, um eine Ordnung in die Zusammenhänge von Aufklärung, Empfindsamkeit sowie Sturm und Drang zu bringen. Erklären Sie dann, warum man heute von einem „Epochenumbruch" spricht.

2 Referat: Wählen Sie eines der in der Tabelle genannten Werke und recherchieren Sie dessen Entstehungshintergrund.

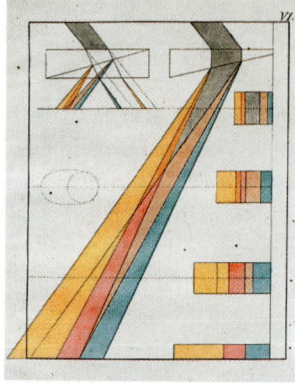

Goethes Farbenlehre: Sechste Tafel (1810)

Naturenthusiasmus – Mutter Natur

Johann Wolfgang Goethe: Die Leiden des jungen Werthers (1774) – Briefe vom 10. Mai und 18. August

Johann Wolfgang Goethe (1749–1832) sollte in Straßburg sein juristisches Studium abschließen, interessierte sich aber mehr für Literatur und Philosophie. Er sammelte Gleichgesinnte um sich (Herder, Lenz), verliebte sich in die Pfarrerstochter Friederike Brion und verarbeitete später diese und andere Liebeserfahrungen im Briefroman „Die Leiden des jungen Werthers". Er traf die Stimmung weiter Kreise der Jugend und wurde berühmt. Der junge Herzog von Weimar, Anhänger der Ideen des „Sturm und Drang", holte ihn an seinen Hof.

Der Protagonist des Romans, Werther, berichtet in Briefen an seinen Freund Wilhelm über seinen Aufenthalt in dem kleinen Ort Walheim. Die Briefe beginnen im Mai. Im Juni lernt er auf einem Ball Lotte kennen. Er verliebt sich, muss aber später erkennen, dass Lotte nicht für ihn frei ist. Sie ist mit Albert verlobt und wird ihn heiraten.

am 10. Mai.

Eine wunderbare Heiterkeit hat meine ganze Seele eingenommen, gleich denen süßen Frühlingsmorgen, die ich mit ganzem Herzen ge-
5 nieße. Ich bin so allein und freue mich so meines Lebens, in dieser Gegend, die für solche Seelen geschaffen ist, wie die meine. Ich bin so glücklich, mein Bester, so ganz in dem Gefühl von ruhigem Dasein versunken, dass meine
10 Kunst darunter leidet. Ich könnte jetzo nicht zeichnen, nicht einen Strich, und bin niemalen ein größerer Maler gewesen als in diesen Augenblicken. Wenn das liebe Tal um mich dampft, und die hohe Sonne
15 an der Oberfläche der undurchdringlichen Finsternis meines Waldes ruht, und nur einzelne Strahlen sich in das innere Heiligtum stehlen, und ich dann im hohen Grase am fallenden Bache liege, und näher an der Erde tausend
20 mannigfaltige Gräsgen mir merkwürdig werden. Wenn ich das Wimmeln der kleinen Welt zwischen Halmen, die unzähligen, unergründlichen Gestalten, all der Würmgen, der Mückgen, näher an meinem Herzen fühle, und fühle
25 die Gegenwart des Allmächtigen, der uns all nach seinem Bilde schuf, das Wehen des Allliebenden, der uns in ewiger Wonne schwebend trägt und erhält. Mein Freund, wenn's denn um meine Augen dämmert, und die Welt um mich
30 her und Himmel ganz in meiner Seele ruht, wie die Gestalt einer Geliebten; dann sehn ich mich oft und denke: Ach könntest du das wieder ausdrücken, könntest du dem Papier das einhauchen, was so voll, so warm in dir lebt, dass es
35 würde der Spiegel deiner Seele, wie deine Seele ist der Spiegel des unendlichen Gottes. Mein Freund – Aber ich gehe darüber zu Grunde, ich erliege unter der Gewalt der Herrlichkeit dieser Erscheinungen.

am 18. Aug.

Musste denn das so sein? dass das, was des Menschen Glückseligkeit macht, wieder die Quelle seines Elends würde.

Das volle warme Gefühl meines Herzens an der lebendigen Natur, das mich mit so viel Wonne überströmte, das ringsumher die Welt mir zu einem Paradiese schuf, wird mir jetzt zu einem unerträglichen Peiniger, zu einem quälenden Geiste, der mich auf allen Wegen verfolgt. Wenn ich sonst vom Fels über den Fluss bis zu jenen Hügeln das fruchtbare Tal überschaute, und alles um mich her keimen und quellen sah, wenn ich jene Berge, vom Fuße bis auf zum Gipfel, mit hohen, dichten Bäumen bekleidet, all jene Täler in ihren mannigfaltigen Krümmungen von den lieblichsten Wäldern beschattet sah, und der sanfte Fluss zwischen den lispelnden Rohren dahingleitete, und die lieben Wolken abspiegelte, die der sanfte Abendwind am Himmel herüberwiegte, wenn ich denn die Vögel um mich, den Wald beleben hörte, und die Millionen Mückenschwärme im letzten roten Strahle der Sonne mutig tanzten, und ihr letzter zuckender Blick den summenden Käfer aus seinem Grase befreite und das Gewebere um mich her mich auf den Boden aufmerksam machte und das Moos, das meinem harten Felsen seine Nahrung abzwingt, und das Geniste, das den dürren Sandhügel hinunterwächst, mir alles das innere glühende heilige Leben der Natur eröffnete, wie umfasst' ich das all mit warmem Herzen, verlor mich in der unendlichen Fülle, und die herrlichen Gestalten der unendlichen Welt bewegten sich alllebend in meiner Seele. Ungeheure Berge umgaben mich, Abgründe lagen vor mir, und Wetterbäche stürzten herunter, die Flüsse strömten unter mir, und Wald und Gebürg erklang. Und ich sah sie würken und schaffen ineinander in den Tiefen der Erde, all die Kräfte unergründlich. [...]

Friedrich Leopold Graf zu Stolberg: **Über die Fülle des Herzens** (1778)

Friedrich Leopold Graf zu Stolberg (1750–1819) war Schriftsteller, Diplomat und Verwaltungsbeamter. Mit ihm (und seinem Bruder) unternahm Goethe die erste Reise in die Schweiz. Alle drei jungen Männer trugen dabei Werthers charakteristische Kleidung (blauer Frack mit Messingknöpfen, gelbe Weste, braune Stulpenstiefel, runder Filzhut).

O Natur! Natur! Gott rief dir zu, als du in bräutlicher Schönheit aus dem Schoße der Schöpfung hervorgingst: Sei schön! Verkünde meine Herrlichkeit und bilde des Menschen Herz! Dir dank ich, Natur, die seligsten Augenblicke meines Lebens! Du zeigtest mir deine erhabnen Schönheiten am Ufer deines Rheins und im Schatten deiner Alpen, wo du einem glücklichen Volke Freiheit schenktest und Einfalt der Sitte.

Groß und hehr erscheinest du mir auch hier am Gestade des Meeres. Oh, wie gern hebt und senkt sich mein Blick mit der krummen Woge, indem mein Ohr lauschet dem Geräusch seiner Wellen! Wenn im feierlichen Anblicke des unermesslichen Ozeans mein Auge sich verliert, dann umschweben mich Gedanken vom Unendlichen, von der Ewigkeit und meiner eignen Unsterblichkeit. Meine Seele entfleucht dieser Welt. Ich werfe dann einen Blick auf das grüne Ufer, die ruhenden Haine, die Saaten, die Triften mit hin und her irrendem Vieh, und vergnügt kehrt mein Geist zur mütterlichen Erde wieder zurück. Die ganze Natur ist Harmonie, und wir sind geschaffen, mit ihr zu harmonieren. Jede einzelne Schönheit der Natur, alle verschiedne Schönheiten der Natur in ihren mannigfaltigen Zusammensetzungen wurden vom Schöpfer bestimmt, die Saiten des menschlichen Herzens zu berühren und erklingen zu machen. Wie entzücken den Schössling der Natur diese Seelenmelodien! Wie sanft sind sie! Wie kühn! Wie erheben sie das Herz zum Himmel! Wie tauchen sie es in die süßesten Empfindungen!

1
a Vergleichen Sie das Bild der Natur und das Bild des Menschen in Werthers Briefen vom 10. Mai und 18. August (▶S. 408 f.). Wie spiegelt sich der Stimmungsumschwung Werthers in seiner Naturbeschreibung?
b Suchen Sie Bilder, die Werthers Naturbeschreibungen illustrieren könnten, und stellen Sie eine Text-Bild-Collage her.

2 Untersuchen Sie die Sprache, mit der das Bild der Natur in Werthers Briefen und in Stolbergs Text entworfen wird.
a Wie erlebt Stolberg die Natur? Formulieren Sie mit eigenen (nüchternen) Worten, was er am Rhein, in den Alpen und am Meer sieht und wie er das Gesehene versteht.
b Vergleichen Sie Ihren Text mit dem Stolbergs und beschreiben Sie dessen Sprechweise.
c Welche Beziehungen sehen Sie zwischen der Sprache Werthers und der Sprache Stolbergs? Halten Sie Gemeinsamkeiten und Unterschiede fest.

3 Klopstock gilt als Vorbild und Wegbereiter der „Stürmer und Dränger". Untersuchen Sie, wie in der ersten Strophe seiner Ode (▶S. 405) Natur, Schöpfung und Mensch aufeinander bezogen sind.

4
a Erläutern Sie ausgehend von der unten stehenden Grafik epochentypische Gemeinsamkeiten des Naturbilds in Klopstocks Ode, Goethes Briefroman und Stolbergs Hymnus.
b Schreiben Sie das Schaubild in einen kontinuierlichen Text (z.B. einen Lexikonartikel zum Thema „Naturauffassungen in der zweiten Hälfte des 18. Jahrhunderts") um. Ergänzen Sie den Aspekt „Begeisterung für die Natur" (in den genannten Texten) durch Hinweise auf die neu entstehende Norm der Natürlichkeit (z.B. keine Perücke tragen, stattdessen die eigenen Haare zeigen). Ziehen Sie weitere Quellen hinzu. Vergessen Sie nicht, diese auch anzugeben.

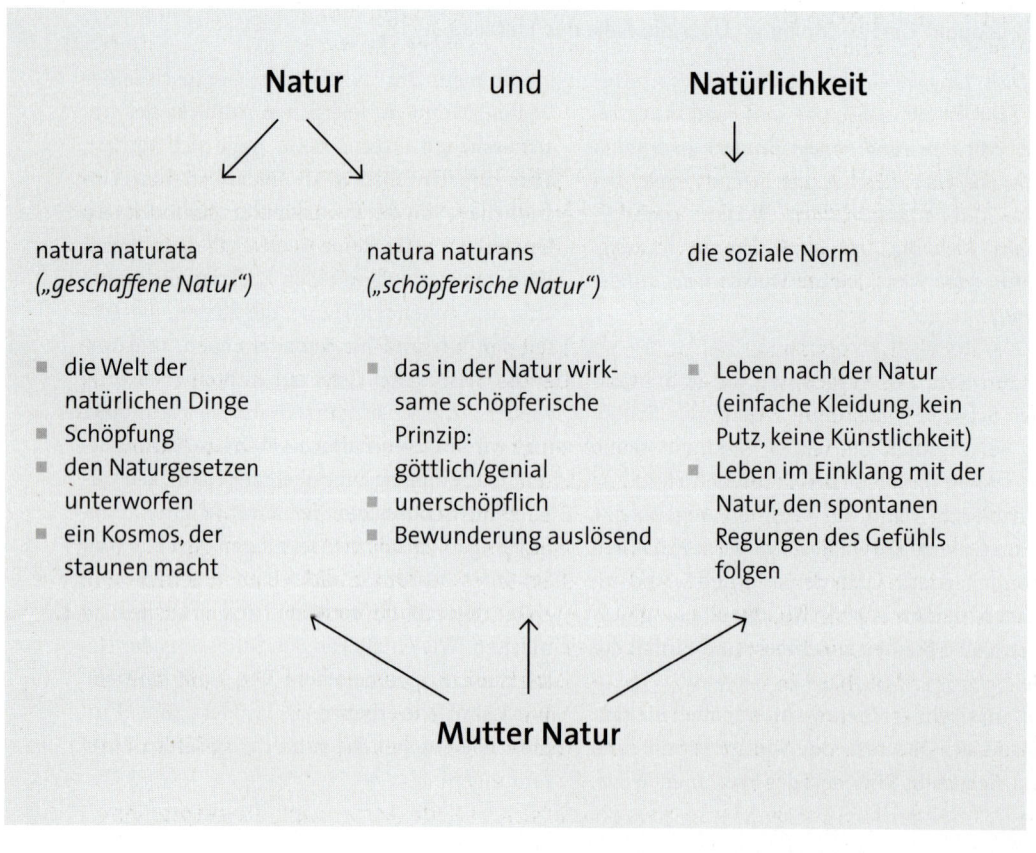

Johann Wolfgang Goethe: **Ganymed** (1774)

Wie im Morgenrot
Du rings mich anglühst,
Frühling, Geliebter!
Mit tausendfacher Liebeswonne
5 Sich an mein Herz drängt
Deiner ewigen Wärme
Heilig Gefühl,
Unendliche Schöne!

Dass ich dich fassen möcht'
10 In diesen Arm!

Ach, an deinem Busen
Lieg' ich, schmachte,
Und deine Blumen, dein Gras
Drängen sich an mein Herz.
15 Du kühlst den brennenden
Durst meines Busens,
Lieblicher Morgenwind!
Ruft drein die Nachtigall
Liebend nach mir aus dem Nebeltal.
20 Ich komme! Ich komme!
Wohin? Ach, wohin?

Hinauf, hinauf strebt's.
Es schweben die Wolken
Abwärts, die Wolken
25 Neigen sich der sehnenden Liebe.
Mir, mir!
In eurem Schoße
Aufwärts,
Umfangend umfangen!
30 Aufwärts
An deinem Busen,
Allliebender Vater!

Anton Raphael Mengs: Jupiter und Ganymed (1758)

> **Information** **Ganymed**
>
> **Ganymedes,** dt. Ganymed, in der griech. Sage Schönster der Sterblichen. Sohn des Königs **Tros**; von **Zeus** auf den Olymp entführt, damit er dort Mundschenk für die Götter sei. Nach späteren Versionen ließ Zeus ihn durch seinen Adler rauben (oder raubte ihn in Adlergestalt) und machte ihn zu seinem Geliebten.

1 a Klären Sie Ihr Verständnis des Gedichts: Wer ist der Sprecher? Zu wem spricht er?
  b Arbeiten Sie heraus, was dieser Sprecher über die frühlingshafte Natur und was er über die eigenen Empfindungen sagt.
  c Beschreiben Sie, wie die Beziehung zwischen lyrischem Ich und Natur dargestellt wird. Wie verändert sie sich im Verlauf des Gedichts?

2 Charakterisieren Sie die Sprache der Hymne. Ersetzen Sie zu diesem Zweck auffällige Formulierungen (z.B. „anglühst", V.2) durch geläufige (z.B. „anblickst" ...) und vergleichen Sie.

3 Beschreiben Sie vor dem Hintergrund der antiken Sage von Zeus und Ganymed die Beziehung des Jünglings zum Schöpfergott in Goethes Hymne. Gehen Sie dabei von den Widersprüchen zwischen Titel und Text aus und versuchen Sie zu klären:
– Welche Ähnlichkeit besteht zwischen der Beziehung von Ganymed und Zeus (des alten Mythos) und der Beziehung des Sprechers zum Frühling (in Goethes Hymne)?
– Was bedeutet Liebe in der Ganymed-Geschichte, was im Kontext des Naturgefühls, das den Sprecher der Hymne bewegt?
– Wo sehen Sie in der Hymne Goethes pantheistische Gedanken (▶ S.412) ausgesprochen?

> **Information** **Pantheismus**
>
> **Pantheismus** (gr. = überall ist Gott): die Auffassung der Einheit von Gott und (der schöpferischen) Natur, am konsequentesten vertreten von dem Philosophen **Spinoza** (1632–1677) und dem Dominikanermönch **Giordano Bruno** (1548–1600). Spinozas Formel „Deus sive natura" (Gott ist Natur) wird von Goethe mit einem All-Einheitsgefühl verknüpft.

Johann Wolfgang Goethe: An den Mond (1777/89)

Füllest wieder Busch und Tal
Still mit Nebelglanz,
Lösest endlich auch einmal
Meine Seele ganz;

5 Breitest über mein Gefild
Lindernd deinen Blick,
Wie des Freundes Auge mild
Über mein Geschick.

Jeden Nachklang fühlt mein Herz
10 Froh' und trüber Zeit,
Wandle zwischen Freud' und Schmerz
In der Einsamkeit.

Fließe, fließe, lieber Fluss!
Nimmer werd' ich froh,
15 So verrauschte Scherz und Kuss,
Und die Treue so.

Ich besaß es doch einmal,
Was so köstlich ist!
Dass man doch zu seiner Qual
20 Nimmer es vergisst!

Rausche, Fluss, das Tal entlang,
Ohne Rast und Ruh,
Rausche, flüstre meinem Sang
Melodien zu,

25 Wenn du in der Winternacht
Wütend überschwillst
Oder um die Frühlingspracht
Junger Knospen quillst.

Selig, wer sich vor der Welt
30 Ohne Hass verschließt,
Einen Freund am Busen hält
Und mit dem genießt,

Was, von Menschen nicht gewusst
Oder nicht bedacht,
35 Durch das Labyrinth der Brust
Wandelt in der Nacht.

Johann Wolfgang Goethe: Aufgehender Mond am Fluss (1779)

1 Untersuchen Sie in Goethes Gedicht die Beziehung zwischen der seelischen Gestimmtheit des Sprechers, seinen sozialen Erfahrungen und seinem Naturerleben.

2 Vergleichen Sie Goethes „An den Mond" mit dem nahezu gleichzeitig entstandenen „Abendlied" von Matthias Claudius (▶ S. 405) Welche Beobachtungen und Empfindungen, welche Reflexionen werden mit der Natur verbunden? Können Sie die Begriffe „Pietismus", „Empfindsamkeit" und „Pantheismus" für den Vergleich heranziehen?

Volker Braun: Im Ilmtal (1976)

Den Himmel verwildert der Sturm
Voll Wolken grau, das Feld
Ist dunkel am Tag, mein Sinn.

In der gebauten Natur
5 Geh ich allein, und den Wald schüttelt er,
Wie meine Fäuste möchten die steife Welt!

Einmal lebte ich so, freudig
Mit den Genossen. Gebraucht
Zu ändern Flüsse und Städte allmählich
10 Und die ich brauchte.

Auf die Wiese schwärzer tritt, *lieber Fluß*
Schlage, wie einst einem andern hier
Die Worte aus meiner Brust!

Und ich kannte sie lange, die Tage
15 Füllte Arbeit zum Rand
In die Nacht ging das laute Gespräch.

Aufwälze, Fluß, den dunklen Grund:
Ich kann nicht leben ohne die Freunde
Und lebe und lebe hin!

20 Und nicht langt mir, nicht ruhig
Macht nun der eine mich;
Nicht glücklich kann ich verschließen
Mich mit ihm vor der Welt.

Bäume dich, in den befestigten
25 Ufern, reiß dich los
Flüßchen, gib so, gib den Gefühlen deinen
   Raum!

Zu den verstreuten, tätigen
Gefährten, wer es auch sei, muß ich kommen,
   und nie
Verlassen den großen Kreis

30 Und was ich beginne, mit ihnen
Bin ich erst ich
Und kann leben, und fühle wieder
Mich selber in meiner Brust.   [R]

3 a Volker Braun bezieht sich 200 Jahre später ausdrücklich auf Goethes Gedicht (▶ S. 412). Vergleichen Sie die beiden „Spaziergänge" in der Natur und die Gedankengänge, die sie auslösen, miteinander.

b Überlegen Sie, warum der „moderne" Dichter sich das Goethe-Gedicht zur Vorlage genommen haben mag.

4 Schreiben Sie selbst einen lyrischen Text über einen abendlichen Gang am Fluss.

Liebeserfahrung – Selbsterforschung und Ekstase

Johann Wolfgang Goethe: Die Leiden des jungen Werthers (1774)

Lotte vertritt als älteste Tochter bei den zahlreichen Geschwistern die Stelle der Mutter. Werthers Glückstaumel verwandelt sich in Qual, als ihr Verlobter Albert hinzukommt, der kein Schwärmer, sondern ein eher vernünftiger und lebenspraktischer Charakter ist. Werther ist sicher, dass Lotte um seine unglückliche Liebe zu ihr weiß. Für alle Beteiligten wird die Situation immer unerträglicher (ihre Gemüter „verhetzen sich immer mehr"). Werther sucht Lotte in Alberts Abwesenheit auf.

Er warf sich vor Lotten nieder in der vollen Verzweiflung, fasste ihre Hände, drückte sie in seine Augen, wider seine Stirn, und ihr schien eine Ahndung seines schröcklichen Vorhabens durch die Seele zu fliegen. Ihre Sinne verwirrten sich, sie drückte seine Hände, drückte sie wider ihre Brust, neigte sich mit einer wehmütigen Bewegung zu ihm, und ihre glühenden Wangen berührten sich. Die Welt verging ihnen, er schlang seine Arme um sie her, presste sie an seine Brust und deckte ihre zitternden, stammelnden Lippen mit wütenden Küssen. – Werther!, rief sie mit erstickter Stimme, sich abwendend, Werther!, und drückte mit schwacher Hand seine Brust von der ihrigen! Werther!, rief sie mit dem gefassten Tone des edelsten Gefühls; er widerstand nicht, ließ sie aus seinen Armen und warf sich unsinnig vor sie hin. – Sie riss sich auf, und in ängstlicher Verwirrung, bebend zwischen Liebe und Zorn, sagte sie: Das ist das letzte Mal! Werther! Sie sehn mich nicht wieder. Und mit dem vollsten Blick der Liebe auf den Elenden eilte sie ins Nebenzimmer und schloss hinter sich zu. Werther streckte ihr die Arme nach, getraute sich nicht, sie zu halten. Er lag an der Erde, den Kopf auf dem Kanapee, und in dieser Stellung blieb er über eine halbe Stunde, bis ihn ein Geräusch zu sich selbst rief.

Tony Johannot: Werther und Lotte (1845)

Lotte wird durch Werthers Gefühlsausbruch in tiefe seelische Konflikte gestürzt. Der Erzähler (und Herausgeber von Werthers Briefen) beschreibt, was Goethe selbst in Wetzlar im Falle des Legationssekretärs Jerusalem erlebt hatte: Der unglücklich Liebende leiht sich bei Kästner, dem „Albert" des Romans, Pistolen, um sich damit zu erschießen.

Gegen eilfe fragte Werther seinen Bedienten, ob wohl Albert zurückgekommen sei. Der Bediente sagte: ja, er habe dessen Pferd dahinführen sehn. Drauf gibt ihm der Herr ein offenes Zettelgen des Inhalts: Wollten Sie mir wohl zu einer vorhabenden Reise Ihre Pistolen leihen? Leben Sie recht wohl.

Die liebe Frau hatte die letzte Nacht wenig geschlafen, ihr Blut war in einer fieberhaften Empörung, und tausenderlei Empfindungen zerrütteten ihr Herz. Wider ihren Willen fühlte sie tief in ihrer Brust das Feuer von Werthers Umarmungen, und zugleich stellten sich ihr die Tage ihrer unbefangenen Unschuld, des sorglosen Zutrauens auf sich selbst in doppelter Schöne dar, es ängstigten sie schon zum Voraus die Blicke ihres Manns, und seine halb verdrüsslich halb spöttische Fragen, wenn er Werthers Besuch erfahren würde; sie hatte sich nie verstellt, sie hatte nie gelogen, und nun sah sie sich zum ersten Mal in der unvermeidlichen Notwendigkeit; der Widerwillen, die Verlegenheit, die sie dabei empfand, machte die Schuld in ihren Augen größer, und doch konnte sie den Urheber davon weder hassen, noch sich versprechen, ihn nie wieder zu sehn. Sie weinte bis gegen Morgen, da sie in einen matten Schlaf versank, aus dem sie sich kaum aufgerafft und angekleidet hatte, als ihr Mann zurückkam, dessen Gegenwart ihr zum ersten Mal ganz unerträglich war.

Werther verfasst einen Abschiedsbrief an Lotte, versichert ihr, dass er sicher wisse, dass sie ihn liebt.
Zum letzten Male denn, zum letzten Male schlag ich diese Augen auf, sie sollen, ach, die Sonne nicht mehr sehn, ein trüber, neblichter Tag hält sie bedeckt. So traure denn, Natur, dein Sohn, dein Freund, dein Geliebter naht sich seinem Ende. Lotte, das ist ein Gefühl ohnegleichen, und doch kommt's dem dämmernden Traume am nächsten, zu sich zu sagen: Das ist der letzte Morgen. Der letzte! [...]
O vergib mir! Vergib mir! Gestern! Es hätte der letzte Augenblick meines Lebens sein sollen. O du Engel! Zum ersten Male, zum ersten Male ganz ohne Zweifel durch mein innig Innerstes durchglühte mich das Wonnegefühl: Sie liebt mich! Sie liebt mich. Es brennt noch auf meinen Lippen das heilige Feuer, das von den deinigen strömte, neue, warme Wonne ist in meinem Herzen. Vergib mir, vergib mir.
Ach, ich wusste, dass du mich liebtest, wusste es an den ersten seelenvollen Blicken, an dem ersten Händedruck, und doch, wenn ich wieder

weg war, wenn ich Alberten an deiner Seite sah, verzagt' ich wieder in fieberhaften Zweifeln.
[...]
Alles das ist vergänglich, keine Ewigkeit soll das glühende Leben auslöschen, das ich gestern auf deinen Lippen genoss, das ich in mir fühle. Sie liebt mich! Dieser Arm hat sie umfasst, diese Lippen haben auf ihren Lippen gezittert, dieser Mund am ihrigen gestammelt. Sie ist mein! Du bist mein! Ja, Lotte, auf ewig.
Und was ist das? Dass Albert dein Mann ist! Mann? – Das wäre denn für diese Welt – und für diese Welt Sünde, dass ich dich liebe, dass ich dich aus seinen Armen in die meinigen reißen möchte? Sünde? Gut! Und ich strafe mich davor: Ich habe sie in ihrer ganzen Himmelswonne geschmeckt, diese Sünde, habe Lebensbalsam und Kraft in mein Herz gesaugt, du bist von diesem Augenblicke mein! Mein, o Lotte! Ich gehe voran! Gehe zu meinem Vater, zu deinem Vater. Dem will ich's klagen, und er wird mich trösten, bis du kommst, und ich fliege dir entgegen und fasse dich und bleibe bei dir vor dem Angesicht des Unendlichen in ewigen Umarmungen.

1 Lotte überlegt, ob und wie sie Albert von Werthers Gefühlsausbruch in Kenntnis setzen soll. Erklären Sie den „Widerwillen" (Z.63f.), den sie empfindet.

2 Lotte weist Werthers Erklärung „mit dem gefassten Tone des edelsten Gefühls" (Z.19–21) zurück. Was für ein Gefühl ist dieses „edelste" Gefühl Ihrer Meinung nach? Stellen Sie Belege aus dem Text zusammen, in denen der Erzähler/Herausgeber von Werthers Briefen über Lottes Empfindungen berichtet.

3 Die hier abgedruckte Textstelle stammt aus der ersten Fassung von 1774. 1787 erschien eine zweite, bearbeitete Fassung, insbesondere schrieb Goethe Lottes inneren Monolog ganz neu. Besorgen Sie sich die zweite Fassung und untersuchen Sie vergleichend die beiden Darstellungen der Gefühle, die die junge Frau zerrütten.

4 Informieren Sie sich in einer Literaturgeschichte über die Folgen des „Wertherfiebers" und verfassen Sie aus der Sicht eines nüchternen Vertreters der Aufklärung (z.B. Lichtenberg oder Lessing) eine Stellungnahme, z.B. einen offenen Brief in einer der Literaturzeitschriften der Zeit.

Rebellion – Schöpferisches Genie, edler Verbrecher, politischer Protest

Johann Wolfgang Goethe: **Prometheus** (1774)

Bedecke deinen Himmel, Zeus,
Mit Wolkendunst!
Und übe, Knaben gleich,
Der Disteln köpft,
An Eichen dich und Bergeshöhn!
Musst mir meine Erde
Doch lassen stehn,
Und meine Hütte,
Die du nicht gebaut,
Und meinen Herd,
Um dessen Glut
Du mich beneidest.

Piero di Cosimo: Prometheus schafft Menschen (1515)

Ich kenne nichts Ärmer's
Unter der Sonn' als euch Götter.
15 Ihr nähret kümmerlich
Von Opfersteuern
Und Gebetshauch
Eure Majestät
Und darbtet, wären
20 Nicht Kinder und Bettler
Hoffnungsvolle Toren.

Da ich ein Kind war,
Nicht wusst', wo aus, wo ein,
Kehrte mein verirrtes Aug'
25 Zur Sonne, als wenn drüber wär'
Ein Ohr, zu hören meine Klage,
Ein Herz wie meins,
Sich des Bedrängten zu erbarmen.

Wer half mir wider
30 Der Titanen Übermut?
Wer rettete vom Tode mich,
Von Sklaverei?
Hast du's nicht alles selbst vollendet,
Heilig glühend Herz?
35 Und glühtest, jung und gut,
Betrogen, Rettungsdank
Dem Schlafenden da droben?

Ich dich ehren? Wofür?
Hast du die Schmerzen gelindert
40 Je des Beladenen?
Hast du die Tränen gestillet
Je des Geängsteten?
Hat nicht mich zum Manne geschmiedet
Die allmächtige Zeit
45 Und das ewige Schicksal,
Meine Herrn und deine?

Wähntest du etwa,
Ich sollte das Leben hassen,
In Wüsten fliehn,
50 Weil nicht alle Knabenmorgen-
Blütenträume reiften?

Hier sitz' ich, forme Menschen
Nach meinem Bilde,
Ein Geschlecht, das mir gleich sei,
55 Zu leiden, weinen,
Genießen und zu freuen sich,
Und dein nicht zu achten,
Wie ich.

1 Untersuchen Sie das Gedicht „Prometheus": Wie stellt der Sprecher den Göttervater Zeus, wie sich selbst dar?

2 Erkennen Sie Bezüge zum Autor Goethe? Erläutern Sie sie.

3 Informieren Sie sich über den Mythos von Prometheus und suchen Sie Erklärungen für die Veränderungen, die Goethe an der Geschichte vornimmt.

4 „Prometheus" und „Ganymed" (▶ S. 411) sind immer wieder als Belege für zwei sich wechselseitig ergänzende Haltungen Goethes beschrieben worden. Wo sehen Sie Verbindungspunkte, wo Trennungslinien? Diskutieren Sie.

5 Vergleichen Sie das Gottes- und Menschenbild in Goethes Prometheus-Hymne mit dem in den biblischen Berichten über die Erschaffung des Menschen in der „Genesis" (1. Buch Mose).

Friedrich Schiller: **Die Räuber** (1781) – I/2

[Schillers Erstlingswerk führt an zwei feindlichen Brüdern die beiden in seiner Zeit vorherrschenden Denkrichtungen vor: Karl, der ältere der beiden, wird als edel denkender, seinem Gefühl folgender Mensch dargestellt (Bedürfnis nach Freiheit, Gefühl für Gerechtigkeit, enthusiastische Liebe, Freundschaft). Franz, der jüngere, ist hingegen ein kalter Rationalist, ein Machtmensch ohne Glauben und moralische Skrupel. Die Sympathie des Autors Friedrich Schiller gehört eindeutig seinem „edlen Verbrecher" und Rebellen gegen die Gesellschaft, Karl Moor.]

Schänke an den Grenzen von Sachsen. Karl von Moor in ein Buch vertieft. Spiegelberg trinkend am Tisch.

Karl von Moor *legt das Buch weg:* Mir ekelt vor diesem tintenklecksenden Säkulum[1], wenn ich in meinem Plutarch[2] lese von großen Menschen.

Spiegelberg *stellt ihm ein Glas hin und trinkt:* Den Josephus[3] musst du lesen.

Moor: Der lohe Lichtfunke Prometheus' ist ausgebrannt, dafür nimmt man itzt die Flamme von Bärlappenmehl – Theaterfeuer, das keine Pfeife Tabak anzündet. Da krabbeln sie nun wie die Ratten auf der Keule des Herkules und studieren sich das Mark aus dem Schädel, was das für ein Ding sei, das er in seinen Hoden geführt hat? Ein französischer Abbé[4] doziert, Alexander sei ein Hasenfuß gewesen, ein schwindsüchtiger Professor hält sich bei jedem Wort ein Fläschchen Salmiakgeist vor die Nase und liest ein Kollegium über die *Kraft.* Kerls, die in Ohnmacht fallen, wenn sie einen Buben gemacht haben, kritteln über die Taktik des Hannibals – feuchtohrige Buben fischen Phrases aus der Schlacht bei Cannä und greinen über die Siege des Scipio, weil sie sie exponieren[5] müssen. [...] Da verrammeln sie sich die gesunde Natur mit abgeschmackten Konventionen, haben das Herz nicht, ein Glas zu leeren, weil sie Gesundheit dazu trinken müssen – belecken den Schuhputzer, dass er sie vertrete bei Ihro Gnaden, und hudeln[6] den armen Schelm, den sie nicht fürchten. Vergöttern sich um ein Mittagessen und möchten einander vergiften um ein Unterbett, das ihnen beim Aufstreich[7] überboten wird. – Verdammen den Sadduzäer[8], der nicht fleißig genug in die Kirche kommt, und berechnen ihren Judenzins am Altare – fallen auf die Knie, damit sie ja ihren Schlamp[9] ausbreiten können – wenden kein Aug von dem Pfarrer, damit sie sehen, wie seine Perücke frisiert ist. – Fallen in Ohnmacht, wenn sie eine Gans bluten sehen, und klatschen in die Hände, wenn ihr Nebenbuhler bankerott von der Börse geht – – So warm ich ihnen die Hand drückte: – Nur noch einen Tag! – Umsonst! – Ins Loch mit dem Hund! – Bitten! Schwüre! Tränen! *Auf den Boden stampfend:* Hölle und Teufel! [...]

Schwarz: Komm mit uns in die böhmischen Wälder! Wir wollen eine Räuberbande sammeln, und du – *Moor stiert ihn an.*

Schweizer: Du sollst unser Hauptmann sein! Du musst unser Hauptmann sein!

Spiegelberg *wirft sich wild in einen Sessel:* Sklaven und Memmen!

Moor: Wer blies dir das Wort ein? Höre, Kerl! *Indem er Schwarzen hart ergreift:* Das hast du nicht aus deiner Menschenseele hervorgeholt! Wer blies dir das Wort ein? Ja, bei dem tausendarmigen Tod! Das wollen wir, das müssen wir! Der Gedanke verdient Vergötterung – *Räuber und Mörder!* – So wahr meine Seele lebt, ich bin euer Hauptmann!

Alle *mit lärmendem Geschrei:* Es lebe der Hauptmann!

Spiegelberg *aufspringend, vor sich:* Bis ich ihm hinhelfe!

Moor: Siehe, da fällt's wie der Star von meinen Augen! Was für ein Tor ich war, dass ich in den Käfig zurückwollte! – Mein Geist dürstet nach Taten, mein Atem nach Freiheit. – *Mörder, Räuber!* – mit diesem Wort war das Gesetz unter meine Füße gerollt. – Menschen haben Mensch-

Victor von Heideloff: Schiller liest Freunden aus den „Räubern" vor (1856)

1 **Säkulum:** Jahrhundert
2 **Plutarch** (ca. 40–120 n. Chr.): griech. Schriftsteller
3 **Josephus** (37–100 n. Chr.): jüd. Geschichtsschreiber
4 **Abbé:** Titel der weltlichen Geistlichen in Frankreich
5 **exponieren:** grammatisch erklären und übersetzen
6 **hudeln:** quälen, plagen
7 **Aufstreich:** Versteigerung, Auktion
8 **Sadduzäer:** Angehöriger einer altjüdischen Partei
9 **Schlamp:** Schleppe

heit vor mir verborgen, da ich an Menschheit appellierte, weg dann von mir Sympathie und menschliche Schonung! – Ich habe keinen Vater mehr, ich habe keine Liebe mehr, und Blut und Tod soll mich vergessen lehren, dass mir jemals etwas teuer war! Kommt, kommt! – Oh ich will mir eine fürchterliche Zerstreuung machen – es bleibt dabei, ich bin euer Hauptmann! Und Glück zu dem Meister unter euch, der am wildesten sengt, am grässlichsten mordet, denn ich sage euch, er soll königlich belohnt werden – tretet her um mich ein jeder und schwöret mir Treu und Gehorsam zu bis in den Tod! – Schwört mir das bei dieser männlichen Rechte.

1 a Karl Moor und seine Freunde diskutieren über menschliche Größe in Vergangenheit und Gegenwart. Welches sind ihre Urteile und wie begründen sie sie?
  b Formulieren Sie die Einwände Moors gegen das eigene Jahrhundert in Form von Thesen.

2 Referat: Informieren Sie Ihren Kurs über Schillers Landesvater Karl Eugen und über die Zustände in Württemberg vor der Französischen Revolution.

3 Facharbeit: Lesen Sie Schillers Erzählung „Der Verbrecher aus verlorener Ehre" und vergleichen Sie die Hauptfigur mit der aus dem Drama „Die Räuber".
Zeigen Sie Parallelen zwischen den Protagonisten Christian Wolf und Karl Moor auf.

Gottfried August Bürger: **Für wen, du gutes deutsches Volk** (1793)

Die folgenden Verse wagte Gottfried August Bürger (1747–1794) nicht zu veröffentlichen. Er verlieh darin der Ansicht vieler Deutscher Ausdruck, als sich eine preußisch-österreichische Koalitions-Armee im Frühjahr 1792 anschickte, der Revolution in Frankreich ein gewaltsames Ende zu bereiten. Goethe berichtet darüber in der „Campagne in Frankreich".

Für wen, du gutes deutsches Volk
Behängt man dich mit Waffen?
Für wen lässt du von Weib und Kind
Und Herd hinweg dich raffen?
5 Für Fürsten- und für Adelsbrut
Und fürs Geschmeiß der Pfaffen.

War's nicht genug, ihr Sklavenjoch
Mit stillem Sinn zu tragen?
Für sie im Schweiß des Angesichts
10 Mit Fronen dich zu plagen?
Für ihre Geißel sollst du nun
Auch Blut und Leben wagen?

Sie nennen's Streit fürs Vaterland,
In welchen sie dich treiben.
15 O Volk, wie lange wirst du blind
Beim Spiel der Gaukler bleiben?
Sie selber sind das Vaterland
Und wollen gern bekleiben[1].

Was ging uns Frankreichs Wesen an,
20 Die wir in Deutschland wohnen?
Es mochte dort nun ein Bourbon,
Ein Ohnehose[2] thronen.

---

1 bekleiben: haften bleiben, fortdauern
2 Ohnehose: Übersetzung von „Sansculottes", der spottenden Bezeichnung für die französischen Revolutionäre, die keine „culottes", Kniebundhosen der Adeligen und Vornehmen, trugen

1 Analysieren Sie das Gedicht Gottfried August Bürgers zur „Campagne in Frankreich" als politische Stellungnahme eines deutschen Bürgers zum Krieg der Fürsten gegen das (französische) Volk.

2 Vergleichen Sie die unterschiedlichen Formen des Protests gegen die eigene Zeit, die Sie in Goethes Hymne „Prometheus" (▶ S. 415 f.), in der Szene aus Schillers „Räubern" (▶ S. 416–418) einerseits und in Bürgers Gedicht andererseits beobachten können.

Information — Epochenüberblick – Sturm und Drang (1770–1785)

Der Sturm und Drang ist eine literarische Jugendbewegung innerhalb der Epoche der Aufklärung (zum **Allgemeinen geschichtlichen Hintergrund** und zu **Weltbild und Lebensauffassung** vgl. die Information zur **Aufklärung**, ▶ S. 404). Der Begriff „Sturm und Drang" stammt vom Titel eines Dramas des Goethe-Freunds **Maximilian Klinger** (1752–1831), in dem sich ein tugendhafter junger Mann kraftgenialisch gegen die Vätergeneration auflehnt. Einige der am Sturm und Drang beteiligten Autoren (z. B. **Jakob Michael Reinhold Lenz** [1751–1792]) verfechten in ihren Werken aufklärerische Gedanken, aber Emotion, Affekt, Gefühl gelten ihnen als Grundlage humaner Selbstverwirklichung. Am deutlichsten kommt dieser neue Humanismus in der Philosophie des Pantheismus zum Ausdruck. Gott wird nicht mehr, wie in der christlichen Tradition, als ein personaler Gott und Weltenlenker vorgestellt, sondern als die überall in der Natur wirkende schöpferische Kraft. Der Mensch erfährt das Göttliche über sein Gefühl für die Wunder der Natur im unendlich Großen und unendlich Kleinen. Diese gefühlsbetonte Weltsicht und Selbstwahrnehmung speisen den Protest der jungen Autoren gegen die verkrustete Welt der vernünftigen Väter. Sie sind auch die Grundlage einer neuen Sprache mit neuen Wörtern und Metaphern. Das Pathos des Natur- und Freundschaftsenthusiasmus hat religiöse Wurzeln im Pietismus und in der Empfindsamkeit (▶ Information S. 406).

Die wesentlichen Charakteristika der **Sturm-und-Drang-Literatur** sind

- der **Geniegedanke:**
  Der schöpferische Mensch ist ein Kind der Natur, wie dieses folgt er Regeln, die er in sich spürt, er hält sich nicht an Autoritäten, er rebelliert gegen Dogmatismus, Zwang und Reglement (vgl. **Goethe:** „Prometheus"),
- der **Naturenthusiasmus:**
  Die „Mutter Natur" gilt als schöpferisches und göttliches Prinzip (Pantheismus), das Leben nach und in der Natur (Kleidung, Wandern, Bergbesteigung, Schwimmen) gilt als Lebensideal und gesellschaftliche Norm (z. B. Goethes Wanderungen über die Alpen = Schweizer Reisen, Besteigung des Brockens, des Vesuvs),
- der **Liebes- und Freundschaftskult**
  (vgl. z. B. **Schiller:** „Die Räuber", „Die Bürgschaft"),
- das **Freiheitspathos**
  (vgl. z. B. **Schiller:** „Don Karlos"),
- **gefühlsbetonter Patriotismus,**
  gemischt mit scharfer Polemik gegen „Mode" und „französisches [= höfisches] Wesen".

Wichtige Autorinnen/Autoren und Werke siehe Grafik (▶ S. 407).

1 <u>Referat:</u> Bereiten Sie ein Referat über den „Sturm und Drang" vor.
  a Fassen Sie die zentralen Merkmale der Sturm-und-Drang-Literatur in einer Mindmap übersichtlich zusammen. Sehen Sie zu diesem Zweck das Teilkapitel C2.3 (▶ S. 407–419) noch einmal durch. Denken Sie daran, Ihre Thesen durch Beispiele zu belegen.
  b Ergänzen Sie die Mindmap durch weitergehende Aspekte: Was denken z. B. Aufklärer wie Lessing oder Lichtenberg über die „Empfindsamen"?
  c Arbeiten Sie auf der Grundlage Ihrer Recherche einen foliengestützten Vortrag aus, in dem Sie auch Ihre Mindmap einsetzen können.

3 Klassik und Romantik

Leo von Klenze: Walhalla bei Regensburg (1836)

Caspar David Friedrich: Junotempel in Agrigent (um 1880)

1 a Kopieren Sie jeweils eines der Bilder auf die Mitte eines Blattes und schreiben Sie um das Bild herum alles auf, was Ihnen beim Betrachten durch den Kopf geht.
  b Verfassen Sie auf der Basis Ihrer Stichworte eine Deutung der Bilder. Beginnen Sie Ihren Text mit den Worten: „*In dem Bild sehe ich …*"
2 Welches der Bilder assoziieren Sie eher mit dem Begriff „Klassik", welches mit dem Begriff „Romantik"? Begründen Sie Ihre Zuordnung.
3 Halten Sie in einem kurzen Text fest, was Sie unter den Begriffen „Klassik" und „Romantik" verstehen. Gehen Sie dabei auch darauf ein, wie Sie zu Ihrem Verständnis der Begriffe gekommen sind.

3.1 Klassik

Joseph Wright: Sir Brooke Boothby (1781)

Johann Heinrich Wilhelm Tischbein: Goethe in der Campagna di Roma (1786/87)

1 Vergleichen Sie die beiden Bilder. Welche Ähnlichkeiten, welche Unterschiede fallen Ihnen auf? Gehen Sie auf die Figuren (Größe, Haltung, Kleidung) und ihre Umgebung ein.

2 Deuten Sie die Bilder. Wie wirken sie auf Sie und was vermitteln sie Ihnen?

Das Kunstprogramm: Wahrheit und Schönheit

Johann Wolfgang Goethe: **Italienische Reise** (1786/1829)

Im September 1786 ließ Goethe sich vom Herzog von Sachsen-Weimar, in dessen Dienst er als Minister stand, auf unbegrenzte Zeit Urlaub geben und brach heimlich zu einer Reise in das Land auf, zu dem er sich längst hingezogen fühlte: Italien. Er reiste über den Brenner und die Stationen Verona, Venedig, Ferrara, Bologna und Perugia nach Rom, seinem Hauptziel.

Tief prägend für ihn war die Begegnung mit der Antike, aber auch mit der mediterranen Natur und der Lebensart der Italiener. Aus Tagebuchaufzeichnungen und Briefen dieser Zeit stellte er später seinen Reisebericht „Italienische Reise" zusammen. In Rom war sein Führer der Maler J. H. W. Tischbein, mit dem ihn eine tiefe Freundschaft verband. (▶ dessen Porträt Goethes oben)

Rom, den 10. November 1786

Ich lebe nun hier mit einer Klarheit und Ruhe, von der ich lange kein Gefühl hatte. Meine Übung, alle Dinge, wie sie sind, zu sehen und abzulesen, meine Treue, das Auge licht sein zu lassen, meine völlige Entäußerung von aller Prätention[1] kommen mir einmal wieder recht zustatten und machen mich im Stillen höchst glücklich. Alle Tage ein neuer merkwürdiger Gegenstand, täglich frische, große, seltsame Bilder und ein Ganzes, das man sich lange denkt und träumt, nie mit der Einbildungskraft erreicht.

Heute war ich bei der Pyramide des Cestius[2] und abends auf dem Palatin[3], oben auf den Ruinen der Kaiserpaläste, die wie Felsenwände dastehn. Hievon lässt sich nun freilich nichts überliefern! Wahrlich, es gibt hier nichts Kleines, wenn auch wohl hier und da etwas Scheltenswertes und Abgeschmacktes; doch auch ein solches hat teil an der allgemeinen Großheit genommen.

Kehr' ich nun in mich selbst zurück, wie man doch so gern tut bei jeder Gelegenheit, so entdecke ich ein Gefühl, das mich unendlich freut, ja, das ich sogar auszusprechen wage. Wer sich mit Ernst hier umsieht und Augen hat zu sehen, muss solid werden, er muss einen Begriff von Solidität fassen, der ihm nie so lebendig ward.

Der Geist wird zur Tüchtigkeit gestempelt, gelangt zu einem Ernst ohne Trockenheit, zu einem gesetzten Wesen mit Freude. Mir wenigstens ist es, als wenn ich die Dinge dieser Welt nie so richtig geschätzt hätte als hier. Ich freue mich der gesegneten Folgen auf mein ganzes Leben.

1 Prätention: Anmaßung
2 Pyramide des Cestius: pyramidenförmiges Grabmal des röm. Staatsmanns Caius Cestius
3 Palatin: einer der sieben Hügel Roms; hier befanden sich die Palastanlagen der röm. Kaiser.

1 Geben Sie mit eigenen Worten wieder, wie Rom auf den Reisenden wirkt.
2 Charakterisieren Sie die Sprache, in der der Reisebericht abgefasst ist. Was bringt sie zum Ausdruck?
3 Lesen Sie andere Reiseberichte, z. B. Heinrich Heines „Reise von München nach Genua", und vergleichen Sie diese in Schreibweise und Wirkungsabsicht mit Goethes Schilderungen.

Johann Joachim Winckelmann: Gedanken über die Nachahmung der griechischen Werke in der Malerei und Bildhauerkunst (1755)

Goethe wurde in der Rezeption der Antike inspiriert und beeinflusst von den Schriften des Archäologen und Kunsthistorikers J. J. Winckelmann, der in Rom als erster Ausländer mit der Aufsicht über die antiken Denkmäler beauftragt worden war.

Der einzige Weg für uns, groß, ja, wenn es möglich ist, unnachahmlich zu werden, ist die Nachahmung der Alten, und was jemand vom Homer gesagt, dass derjenige ihn bewundern lernt, der ihn wohl verstehen gelernt, gilt auch von den Kunstwerken der Alten, sonderlich der Griechen. Die Kenner und Nachahmer der griechischen Werke finden in ihren Meisterstücken nicht allein die schönste Natur, sondern noch mehr als Natur, das ist gewisse idealische Schönheiten derselben, die, wie uns ein alter Ausleger des Plato[1] lehrt, von Bildern, bloß im Verstande entworfen, gemacht sind. Die sinnliche Schönheit gab dem Künstler die schöne Natur, die idealische Schönheit die erhabenen Züge; von jener nahm er das Menschliche, von dieser das Göttliche. Ich glaube, ihre Nachahmung könne lehren, geschwinder klug zu werden, weil sie hier in dem einen den Inbegriff desjenigen findet, was in der ganzen Natur ausgeteilt ist, und in dem anderen, wie weit die schönste Natur sich über sich selbst, kühn, aber weislich, erheben kann. Sie wird lehren, mit Sicherheit zu denken und zu entwerfen, indem sie hier die höchsten Grenzen des menschlich und zugleich des göttlich Schönen bestimmt sieht. Die edle Einfalt und stille Größe der griechischen Statuen ist zugleich das wahre Kennzeichen der griechischen Schriften aus den besten Zeiten, der Schriften aus Sokrates'[2] Schule.

Laokoon-Gruppe (um 200 v. Chr.)

1 Platon: griech. Philosoph (427–347 v. Chr.), Schüler des Sokrates
2 Sokrates: griech. Philosoph (470–399 v. Chr.)

Friedrich Schiller: **Idealisierung als Aufgabe des Dichters** (1791)

Eine der ersten Erfordernisse des Dichters ist Idealisierung, Veredlung, ohne welche er aufhört, seinen Namen zu verdienen. Ihm kommt es zu, das Vortreffliche seines Gegenstandes (mag dieser nun Gestalt, Empfindung oder Handlung sein, *in* ihm oder *außer* ihm wohnen) von gröbern, wenigstens fremdartigen Beimischungen zu befreien, die in mehrern Gegenständen zerstreuten Strahlen von Vollkommenheit in einem einzigen zu sammeln, einzelne, das Ebenmaß störende Züge der Harmonie des Ganzen zu unterwerfen, das Individuelle und Lokale zum Allgemeinen zu erheben. Alle Ideale, die er auf diese Art im Einzelnen bildet, sind gleichsam nur Ausflüsse eines innern Ideals von Vollkommenheit, das in der Seele des Dichters wohnt. Zu je größerer Reinheit und Fülle er dieses innere allgemeine Ideal ausgebildet hat; desto mehr werden auch jene Einzelnen sich der höchsten Vollkommenheit nähern.

Johann Wolfgang Goethe: **Natur und Kunst** (1800)

Natur und Kunst, sie scheinen sich zu fliehen
Und haben sich, eh' man es denkt, gefunden;
Der Widerwille ist auch mir verschwunden,
Und beide scheinen gleich mich anzuziehen.

Es gilt wohl nur ein redliches Bemühen!
Und wenn wir erst in abgemessnen Stunden
Mit Geist und Fleiß uns an die Kunst gebunden,
Mag frei Natur im Herzen wieder glühen.

So ist's mit aller Bildung auch beschaffen:
Vergebens werden ungebundne Geister
Nach der Vollendung reiner Höhe streben.

Wer Großes will, muss sich zusammenraffen;
In der Beschränkung zeigt sich erst der Meister,
Und das Gesetz nur kann uns Freiheit geben.

1 Arbeiten Sie die Texte auf den ▶ Seiten 422–423 durch und suchen Sie dabei nach Belegen für das in der folgenden Information zusammengefasste Kunst- und Literaturprogramm der Klassik.

Information   Das Kunst- und Literaturprogramm der Klassik

Dem klassischen Verständnis nach steht die **Natur** für den **Bereich des sinnlich Wahrnehmbaren**, den Bereich der Gegenstände in ihrer ganzen Vielfalt.
Kunst zu schaffen heißt nun nicht, die Natur in ihren konkreten Einzelerscheinungen und in ihrer sinnlichen Schönheit einfach abzubilden. Im künstlerischen Prozess muss noch etwas hinzukommen. Der Künstler soll das Angeschaute, die konkreten Einzelerscheinungen von allen zufälligen Beimengungen reinigen und **einem Idealbild annähern**. Diese **Idealisierung** schafft erst die über die sinnliche Schönheit hinausgehende erhabene Schönheit, die das echte Kunstwerk ausmacht, wie es die antiken Beispiele lehren.
Um die erhabene Schönheit zu erreichen, genügt es nicht, der individuellen Schöpferkraft freien Lauf zu lassen. Erst nachdem der Künstler sich in den Gesetzmäßigkeiten der Kunst, zum Beispiel am Vorbild der antiken Werke, gebildet hat, überwindet er die Willkürlichkeiten seines individuellen Schöpfertums und gelangt zur wahren **künstlerischen Freiheit** und der Hervorbringung vollendeter **Schönheit**.

2 Stellen Sie Beispiele aus dem Bereich von Bildhauerkunst, Architektur, Malerei und Literatur vor, die der Epoche der Klassik zugeordnet werden, und versuchen Sie zu bestimmen, worin deren Schönheit besteht.

Das politische Programm: Weltbürgertum und Revolutionsskepsis

Friedrich Schiller: Don Karlos. Infant von Spanien (1783–1787) – Aus III/10 (V. 3194–3252)

[Schillers Drama spielt am Hofe des spanischen Königs Philipp II. (1556–1598). Marquis Posa, der Jugendfreund des Kronprinzen Karlos, ist von seinen Reisen durch Europa an den spanischen Königshof zurückgekehrt. Er erinnert Karlos an ihre gemeinsamen Utopien von einem freiheitlichen, die Bürgerrechte achtenden Staat und beschwört ihn, die grausame Unterdrückung der Protestanten in den spanischen Niederlanden zu verhindern.
Als der Marquis vom König empfangen wird, trägt er, von Philipp dazu ermutigt, seine Gedanken vor.]

MARQUIS *(mit Feuer)*: Ja, beim Allmächtigen!
3195 Ja – ja – ich wiederhol es. Geben Sie,
Was Sie uns nahmen, wieder! Lassen Sie,
Großmütig, wie der Starke, Menschenglück
Aus Ihrem Füllhorn strömen – Geister reifen
In Ihrem Weltgebäude! Geben Sie,
3200 Was Sie uns nahmen, wieder. Werden Sie
Von Millionen Königen ein König.
(Er nähert sich ihm kühn, indem er feste und feurige Blicke auf ihn richtet)
O, könnte die Beredsamkeit von allen
Den Tausenden, die dieser großen Stunde
Teilhaftig sind, auf meinen Lippen schweben,
3205 Den Strahl, den ich in diesen Augen merke,
Zur Flamme zu erheben! – Geben Sie
Die unnatürliche Vergötterung auf,
Die uns vernichtet. Werden Sie uns Muster
Des Ewigen und Wahren. Niemals – niemals
3210 Besaß ein Sterblicher so viel, so göttlich
Es zu gebrauchen. Alle Könige
Europens huldigen dem spanschen Namen.
Gehn Sie Europens Königen voran.
Ein Federzug von dieser Hand, und neu
3215 Erschaffen wird die Erde. Geben Sie
Gedankenfreiheit. –
(Sich ihm zu Füßen werfend)
KÖNIG *(überrascht, das Gesicht weggewandt und dann wieder auf den Marquis geheftet):*
                    Sonderbarer Schwärmer!
Doch – stehet auf – ich –
MARQUIS: Sehen Sie sich um
In seiner herrlichen Natur! Auf Freiheit
Ist sie gegründet – und wie reich ist sie
3220 Durch Freiheit! [...]
KÖNIG: Und wollet Ihr es unternehmen, dies
Erhabne Muster in der Sterblichkeit
In meinen Staaten nachzubilden?
MARQUIS: Sie,
Sie können es. Wer anders? Weihen Sie
3240 Dem Glück der Völker die Regentenkraft,
Die – ach so lang – des Thrones Größe nur
Gewuchert hatte – stellen Sie der Menschheit
Verlornen Adel wieder her. Der Bürger
Sei wiederum, was er zuvor gewesen,
3245 Der Krone Zweck – ihn binde keine Pflicht
Als seiner Brüder gleich ehrwürdge Rechte.
Wenn nun der Mensch, sich selbst zurückgegeben,
Zu seines Werts Gefühl erwacht – der Freiheit
Erhabne, stolze Tugenden gedeihen –
3250 Dann, Sire, wenn Sie zum glücklichsten der Welt
Ihr eignes Königreich gemacht – dann ist
Es Ihre Pflicht, die Welt zu unterwerfen.

---

1 Erarbeiten Sie sich ein möglichst genaues Textverständnis, indem Sie die einzelnen Äußerungen des Marquis und des Königs mit eigenen Worten wiedergeben.

2 Beschreiben Sie, was der Marquis unter „Freiheit" versteht und wie er sich die Herrschaft in einer Monarchie nach seinen Idealen vorstellt.

3 Schiller hat seinen Marquis Posa immer wieder als „Weltbürger" bezeichnet. Erläutern Sie, durch welche Stellen dieses Textauszugs eine solche Charakterisierung berechtigt erscheint.

4 Schiller hat das Drama von einer Prosafassung in eine Versfassung umgearbeitet. Untersuchen Sie, welche Wirkung die in Verse gebundene Sprache hat und inwieweit die Umarbeitung mit seinen literaturprogrammatischen Äußerungen (▶ S.423) zusammenhängen könnte.

Friedrich Schiller: Briefe über Don Karlos (1788) – Aus dem elften Brief

In einer Reihe von Briefen hat Schiller sich mit den Kritikern seines Dramas auseinandergesetzt und dabei sein Werk selbst kommentiert. Ein vielfach vorgebrachter Kritikpunkt war die Charaktergestaltung des Marquis Posa. Man warf Schiller vor, dass diese Idealfigur, die der Träger der aufklärerischen politischen Ideen des Autors ist, zur Erreichung seiner hehren politischen Ziele zum Mittel der am Hofe üblichen Intrige greife und damit nicht besser sei als die Vertreter des absolutistischen Herrschaftssystems. Posa weiht seinen Freund Karlos in diese Intrige nicht ein und verschuldet dadurch letztendlich dessen und auch seinen eigenen Untergang.

Unstreitig! der Charakter des Marquis von Posa hätte an Schönheit und Reinigkeit gewonnen, wenn er durchaus *gerader* gehandelt hätte und über die unedlen Hülfsmittel der Intrige immer
5 erhaben geblieben wäre. Auch gestehe ich, dieser Charakter ging mir nahe, aber, was ich für Wahrheit hielt, ging mir näher. Ich halte für Wahrheit, „dass *Liebe* zu einem *wirklichen Gegenstande* und Liebe zu einem Ideal sich in ih-
10 ren Wirkungen ebenso ungleich sein müssen, als sie in ihrem Wesen voneinander verschieden sind – dass der uneigennützigste, reinste und edelste Mensch aus enthusiastischer Anhänglichkeit an *seine Vorstellung* von Tugend
15 und hervorzubringendem Glück sehr oft ausgesetzt ist, ebenso willkürlich mit den Individuen zu schalten als nur immer der selbstsüchtigste Despot, weil der Gegenstand von beider Bestrebungen *in* ihnen, nicht *außer* ihnen wohnt und
20 weil jener, der seine Handlungen nach einem innern Geistesbilde modelt, mit der Freiheit anderer beinahe ebenso im Streit liegt als dieser, dessen letztes Ziel *sein eigenes Ich* ist". Wahre Größe des Gemüts führt oft nicht weniger zu
25 Verletzungen fremder Freiheit als der Egoismus und die Herrschsucht, weil sie um der Handlung, nicht um des einzelnen Subjekts willen handelt. Eben weil sie in steter Hinsicht auf das Ganze wirkt, verschwindet nur allzu
30 leicht das kleinere Interesse des Individuums in diesem weiten Prospekte[1].

1 **Prospekt:** Ansicht, Blickwinkel

1 Wie rechtfertigt Schiller die Charaktergestaltung des Marquis Posa? Zeichnen Sie den Argumentationsgang des Autors nach.

2 Nehmen Sie die Interpretation der Figur des Marquis Posa zum Ausgangspunkt eines kleinen Aufsatzes zum Thema „Die Dialektik politischer Aufklärung". Gehen Sie dabei der Frage nach: Welche Gefahren begleiten häufig die Durchsetzung aufklärerischer Ideale wie Freiheit, Gleichheit, Menschenwürde etc. besonders dann, wenn diese Durchsetzung durch einzelne, revolutionäre Führer erfolgt? Suchen Sie nach Beispielen in der Geschichte, die diese Gefahren verdeutlichen.

Friedrich Schiller: Brief an den Herzog Friedrich Christian von Augustenburg – Jena, den 13. Juli [Sonnabend] 1793

In diesem Brief an den schleswig-holsteinischen Herzog, der den Dichter über lange Zeit mit einem jährlichen Geschenk von tausend Talern finanziell unterstützte, legte Schiller seine Auffassung von den revolutionären Ereignissen in Frankreich dar.

Der Versuch des französischen Volks, sich in seine heiligen Menschenrechte einzusetzen und eine politische Freiheit zu erringen, hat bloß das Unvermögen und die Unwürdigkeit dessel-
5 ben an den Tag gebracht, und nicht nur dieses unglückliche Volk, sondern mit ihm auch einen beträchtlichen Teil Europens und ein ganzes Jahrhundert, in Barbarei und Knechtschaft zurückgeschleudert.
[...]
10 Soll man also aufhören, danach zu streben? Soll man gerade die wichtigste aller menschlichen Angelegenheiten einer gesetzlichen Willkür, einem blinden Zufall anheimstellen, während dass das Reich der Vernunft nach jeder
15 andern Seite zusehends erweitert wird? Nichts

weniger, Gnädigster Prinz. Politische und bürgerliche Freiheit bleibt immer und ewig das heiligste aller Güter, das würdigste Ziel aller Anstrengungen, und das große Zentrum aller Kultur – aber man wird diesen herrlichen Bau nur auf dem festen Grund eines veredelten Charakters aufführen, man wird damit anfangen müssen, für die Verfassung Bürger zu erschaffen, ehe man den Bürgern eine Verfassung geben kann.
[...]

Dies dringendere Bedürfnis unseres Zeitalters scheint mir die Veredlung der Gefühle und die sittliche Reinigung des Willens zu sein, denn für die Aufklärung des Verstandes ist schon sehr viel getan worden. Es fehlt uns nicht sowohl an der Kenntnis der Wahrheit und des Rechts, als an der Wirksamkeit dieser Erkenntnis zur Bestimmung des Willens, nicht sowohl an L i c h t als an W ä r m e, nicht sowohl an philosophischer als an ästhetischer Kultur. Diese Letztere halte ich für das wirksamste Instrument der Charakterbildung, und zugleich für dasjenige, welches von dem politischen Zustand vollkommen unabhängig, und also auch ohne Hülfe des Staats zu erhalten ist.

1 Fassen Sie den Inhalt des Briefs in seinen Kernaussagen zusammen.

2 a Formulieren Sie in eigenen Worten Schillers politische Überzeugung: Welche Ziele strebt er an? Wann und wie können nach seiner Überzeugung diese Ziele erreicht werden? Wie beurteilt er die Französische Revolution in diesem Zusammenhang?

b Arbeiten Sie heraus, wie Schiller seine Rolle als Schriftsteller im politischen Prozess sieht, und setzen Sie das hier geäußerte Selbstverständnis mit den literaturprogrammatischen Äußerungen des Autors (▶ S. 423) in Beziehung.

3 Vergleichen Sie Schillers politische Position, die er in dem Brief einnimmt, mit denen, die er in den Auszügen aus dem „Don Karlos" (▶ S. 424) und den „Räubern" (▶ S. 416 ff.) gestaltet.

Johann Wolfgang Goethe/Friedrich Schiller: **Deutscher Nationalcharakter** (1796)

Zur Nation euch zu bilden, ihr hoffet es, Deutsche, vergebens;
Bildet, ihr könnt es, dafür freier zu Menschen euch aus.

1 Welche politische Zielsetzung wird in dem Xenion deutlich? Wie passt es zu Schillers Brief an den Herzog von Augustenburg?

2 **Referat/Facharbeit:** Recherchieren Sie Goethes politische Laufbahn am Fürstenhof in Weimar und stellen Sie sein politisches Wirken sowie die Überzeugungen, die sich daraus ablesen lassen, dar.

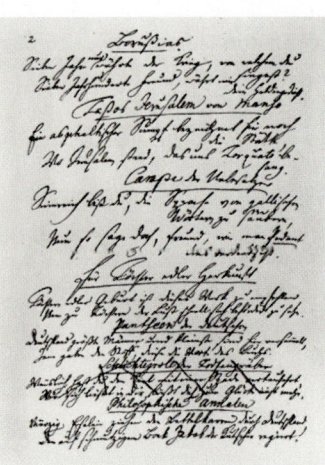

Xenien-Handschrift:
Friedrich Schiller

Das Ideal der Menschenbildung: „Edel sei der Mensch …"

Johann Wolfgang Goethe/Friedrich Schiller: Xenien (1796)

*Der Name „Xenien" nimmt Bezug auf die „Xenia" des römischen Dichters Martial aus dem Jahr 85 n. Chr. Goethe gebrauchte die Bezeichnung für kurze Gedichte, die er und Schiller gemeinsam entwarfen. Formal übernahmen Goethe und Schiller Martials **Distichen** (▶ S. 198), also daktylische Doppelverse.*

Würde des Menschen
Nichts mehr davon, ich bitt euch. Zu essen gebt ihm, zu wohnen,
Habt ihr die Blöße bedeckt, gibt sich die Würde von selbst.

Das Höchste
Suchst du das Höchste, das Größte? Die Pflanze kann es dich lehren:
Was sie willenlos ist, sei du es wollend – das ists!

Aufgabe
Keiner sei gleich dem andern, doch gleich sei jeder dem Höchsten.
Wie ist das zu machen? Es sei jeder vollendet in sich.

Schöne Individualität
Einig sollst du zwar sein, doch *eines* nicht mit dem Ganzen,
Durch die Vernunft bist du eins, einig mit ihm durch das Herz.
Stimme des Ganzen ist deine Vernunft, dein Herz bist du selber,
Wohl dir, wenn die Vernunft immer im Herzen dir wohnt.

1 Legen Sie Ihr Verständnis der Xenien dar, indem Sie sie mit eigenen Worten in Prosatexte umformen.
2 Welches Xenion überzeugt Sie am meisten? Begründen Sie Ihre Entscheidung.

Friedrich Hölderlin: Hyperions Schicksalslied (1799)

Ihr wandelt droben im Licht
  Auf weichem Boden, selige Genien[1]!
    Glänzende Götterlüfte
      Rühren euch leicht,
5   Wie die Finger der Künstlerin
      Heilige Saiten.

Schicksallos, wie der schlafende
  Säugling, atmen die Himmlischen;
  Keusch bewahrt
10   In bescheidener Knospe,
    Blühet ewig
      Ihnen der Geist,
    Und die seligen Augen
      Blicken in stiller
15   Ewiger Klarheit.

Doch uns ist gegeben,
  Auf keiner Stätte zu ruhn,
    Es schwinden, es fallen
      Die leidenden Menschen
20   Blindlings von einer
      Stunde zur andern,
        Wie Wasser von Klippe
      Zu Klippe geworfen,
        Jahrlang ins Ungewisse hinab.

[1] **Genien:** (röm., Sing.: Genius) Schutzgeister für einzelne Menschen, hier wohl als Synonym für die griechischen Götter

Johann Wolfgang Goethe: Das Göttliche (1783)

Edel sei der Mensch,
Hilfreich und gut!
Denn das allein
Unterscheidet ihn
5 Von allen Wesen,
Die wir kennen.

Heil den unbekannten
Höhern Wesen,
Die wir ahnen!
10 Ihnen gleiche der Mensch!
Sein Beispiel lehr' uns
Jene glauben.

Denn unfühlend
Ist die Natur:
15 Es leuchtet die Sonne
Über Bös' und Gute,
Und dem Verbrecher
Glänzen wie dem Besten
Der Mond und die Sterne.

20 Wind und Ströme,
Donner und Hagel
Rauschen ihren Weg
Und ergreifen
Vorübereilend
25 Einen um den andern.

Auch so das Glück
Tappt unter die Menge,
Fasst bald des Knaben
Lockige Unschuld,
30 Bald auch den kahlen
Schuldigen Scheitel.

Nach ewigen, ehrnen,
Großen Gesetzen
Müssen wir alle
35 Unseres Daseins
Kreise vollenden.

Nur allein der Mensch
Vermag das Unmögliche:
Er unterscheidet,
40 Wählet und richtet;
Er kann dem Augenblick
Dauer verleihen.

Er allein darf
Den Guten lohnen,
45 Den Bösen strafen,
Heilen und retten,
Alles Irrende, Schweifende
Nützlich verbinden.

Und wir verehren
50 Die Unsterblichen,
Als wären sie Menschen,
Täten im Großen,
Was der Beste im Kleinen
Tut oder möchte.

55 Der edle Mensch
Sei hilfreich und gut!
Unermüdet schaff' er
Das Nützliche, Rechte,
Sei uns ein Vorbild
60 Jener geahneten Wesen!

---

1 a Zeichnen Sie zu den beiden Gedichten eine grafische Darstellung, in der Sie die jeweilige Situation des Menschen und sein Verhältnis zu den überirdischen Wesen abbilden.
  b Hängen Sie Ihre Darstellungen im Klassenraum aus. Markieren Sie bei einem Rundgang die beiden Darstellungen, die Ihnen am überzeugendsten scheinen, z. B. mit Klebepunkten.
  c Erläutern Sie mit Bezug auf die Texte, warum die ausgewählten Darstellungen Sie überzeugen.

2 a Wählen Sie eines der Gedichte und schreiben Sie eine Interpretation. Zeichnen Sie dabei den Gedankengang des Textes nach; beschreiben Sie die Rolle des Sprechers und die Haltung, die er einnimmt; kennzeichnen Sie die Sprache und ihren Tonfall; fassen Sie die Lehre zusammen, die der Text vermittelt.
  b Vergleichen Sie die Interpretationsergebnisse zu den beiden Gedichten: Wo ergeben sich Ähnlichkeiten oder gar Übereinstimmungen, wo Unterschiede oder gar Gegensätze?

3 Fassen Sie zusammen, was Sie aus den Xenien (▶ S. 427) und dem Gedicht „Das Göttliche" über das Menschenbild der Klassik erfahren.

Johann Wolfgang Goethe: **Faust I** – Nacht (V. 354–385)

Goethes Faust-Tragödie nimmt unter den Dramen der Zeit eine Sonderstellung ein. Sie ist im wahrsten Sinne des Wortes ein Lebenswerk des Dichters, da er sein gesamtes Leben hindurch in Etappen immer wieder daran gearbeitet hat. 1808 erschien auf der Basis des „Urfaust", der 1772–1775 entstand, der „Tragödie Erster Teil" und erst in seinem Todesjahr 1832 schloss Goethe den zweiten Teil ab. Das Gesamtwerk lässt sich daher auch keiner der literarischen Strömungen bzw. Epochen um 1800 zuordnen, sondern hat teil an allen. Die titanische, alle Grenzen überschreitende Titelfigur aus dem „Urfaust" ist geprägt vom Geist des Sturm und Drang. Die Überarbeitung und Erweiterung, die Goethe um 1800 vornimmt, trägt die Handschrift der Klassik, da Faust jetzt als exemplarischer Mensch erscheint, der einen Entwicklungs- und Reifungsprozess durchläuft. Der zweite Teil schließlich enthält mit seiner überbordenden Fantastik auch Züge der Romantik.

„Der Tragödie Erster Teil" beginnt mit der Szene „Nacht". Sie wird eröffnet mit einem Monolog Fausts in seinem Studierzimmer.

Faust I am Deutschen Schauspielhaus (2004) in der Regie von Jan Bosse

FAUST:
Habe nun, ach! Philosophie,
355 Juristerei und Medizin,
Und leider auch Theologie
Durchaus studiert, mit heißem Bemühn.
Da steh' ich nun, ich armer Tor,
Und bin so klug als wie zuvor!
360 Heiße Magister, heiße Doktor gar
Und ziehe schon an die zehen Jahr'
Herauf, herab und quer und krumm
Meine Schüler an der Nase herum –
Und sehe, dass wir nichts wissen können!
365 Das will mir schier das Herz verbrennen.
Zwar bin ich gescheiter als alle die Laffen,
Doktoren, Magister, Schreiber und Pfaffen;
Mich plagen keine Skrupel noch Zweifel,
Fürchte mich weder vor Hölle noch Teufel –
370 Dafür ist mir auch alle Freud' entrissen,
Bilde mir nicht ein, was Rechts zu wissen,
Bilde mir nicht ein, ich könnte was lehren,
Die Menschen zu bessern und zu bekehren.
Auch hab' ich weder Gut noch Geld,
375 Noch Ehr' und Herrlichkeit der Welt;
Es möchte kein Hund so länger leben!
Drum hab' ich mich der Magie ergeben,
Ob mir durch Geistes Kraft und Mund
Nicht manch Geheimnis würde kund;
380 Dass ich nicht mehr mit sauerm Schweiß
Zu sagen brauche, was ich nicht weiß;
Dass ich erkenne, was die Welt
Im Innersten zusammenhält,
Schau' alle Wirkenskraft und Samen,
385 Und tu' nicht mehr in Worten kramen.

1 a Üben Sie in Kleingruppen eine szenische Lesung des Eingangsmonologs ein. Achten Sie dabei auf Körperhaltung, Gestik, Mimik und Sprechweise, um die Figur lebendig werden zu lassen.
b Lassen Sie dann jeweils ein Gruppenmitglied die Szene präsentieren. Vergleichen Sie die Ergebnisse und tauschen Sie sich über Ihre Eindrücke von der Titelfigur aus.

2 Verfassen Sie im Stile eines Tagebucheintrags eine Selbstreflexion Fausts, in der er auf seine äußere Situation, seine berufliche Selbsteinschätzung, sein Wissenschaftsverständnis, seine Ziele und Wünsche eingeht.

3 a Beschreiben Sie, welches Menschenbild die Faust-Figur des Eingangsmonologs widerspiegelt.
b Bestimmen Sie, welcher literarischen Strömung der Zeit sich dieses Menschenbild am ehesten zuordnen lässt, und begründen Sie Ihre Zuordnung.

Information — Epochenüberblick – Weimarer Klassik (1786–1805)

Allgemeingeschichtlicher Hintergrund: Die Zeit um 1800 war außerordentlich bewegt und führte zu großen politischen Umwälzungen in ganz Europa. Ausgangspunkt dafür war 1789 die **Französische Revolution**, in der versucht wurde, die republikanischen und demokratischen Ideen der Aufklärung Wirklichkeit werden zu lassen. Sie durchlief eine sich beschleunigende Radikalisierung, die in der Schreckensherrschaft der Jakobiner ihren Höhepunkt erreichte. Die europäischen Monarchien scheiterten mit ihrem Versuch, durch kriegerisch-gewaltsames Eingreifen die alte feudalabsolutistische Ordnung in Frankreich wiederherzustellen. Ihre Söldnerarmeen wurden von den französischen Volksheeren geschlagen. Einer der Generäle der Revolutionstruppen, **Napoleon Bonaparte**, riss angesichts der chaotischen Verhältnisse in Paris die Macht an sich und ließ sich 1804 zum Kaiser krönen. Wurde die Revolution im Nachbarland von den fortschrittlichen Kreisen des deutschen Bürgertums zunächst begrüßt – es kam 1792/93 sogar zum Experiment einer Mainzer Republik –, so kehrte man sich doch überwiegend nach der Hinrichtung Ludwigs XVI. und der jakobinischen Schreckensherrschaft unter Führung Robespierres von dem französischen Vorbild ab.

Weltbild und Lebensauffassung: Im Kontext der Literaturgeschichte hat der Begriff **„Klassik"** in Deutschland eine andere Bedeutung als zum Beispiel in Italien oder Spanien. Diese Länder hatten ihre als Klassik bezeichneten Epochen, in der eine Fülle von Werken hohen dichterischen Ranges erschienen, die eine wichtige Bedeutung im kulturellen Selbstverständnis des jeweiligen Landes haben, in der Renaissance und im Barock erlebt. Die deutsche Klassik weicht von diesem Muster auf zweifache Weise ab: Sie umfasst nur eine sehr kurze Zeitspanne und wird im Ausland häufig gar nicht als eigene Epoche wahrgenommen, sondern der Romantik zugeordnet, und sie bleibt auf die Werke zweier Autoren, **Goethe** und **Schiller**, beschränkt. Zeitgleich entstandene Werke anderer Autoren (**Wieland, Hölderlin, Jean Paul, Kleist**) werden in der Regel der **Aufklärung** (▶ S.404) oder der **Romantik** (▶ S.441) zugerechnet. Im politisch zersplitterten Deutschland gab es kein hauptstädtisches Zentrum; am **„Musenhof" in Weimar** wurden jedoch von dem dort regierenden Herzog die Künste gefördert. So entwickelte sich die kleine Residenzstadt mit den Dichtern **Johann Wolfgang Goethe, Johann Gottfried Herder** (1744–1803) und **Christoph Martin Wieland** (1733–1813), zu denen in den 1790er Jahren noch **Friedrich Schiller** kam, zu einer Kulturmetropole, die die Intellektuellen aus ganz Europa anzog. 1794 schlossen **Goethe** und **Schiller** nähere Bekanntschaft, aus der eine enge literarische Zusammenarbeit und Freundschaft erwuchsen.

Goethes Gartenhaus in Weimar

Schiller begeisterte sich anfangs für die Französische Revolution, später stand er ihr, wie auch **Goethe**, mit Skepsis und Ablehnung gegenüber. Nicht dass die beiden Dichter als apolitisch zu bezeichnen wären: Sie hielten ihre Zeit und die Zustände in Deutschland für nicht reif für eine grundlegende gesellschaftliche Umwälzung gemäß den Ideen der Aufklärung. Vielmehr sahen sie die Notwendigkeit, zunächst einmal den einzelnen Menschen zu erziehen und zu bilden, um ihn zu einer auf Freiheit und Gleichberechtigung basierenden Ordnung zu befähigen. Bereits 1786 war **Goethe** zu einer eineinhalbjährigen **Italienreise** aufgebrochen. Der **Kontakt mit der Kunst und den Bauwerken der Antike,** das Gefühl von Erhabenheit und Allgültigkeit, das sie ihm vermittelten, hatten sein künstlerisches und wissenschaftliches Bewusstsein (s. u.) verändert. Seine **Antikenbegeisterung,** die v. a. durch die Schriften **Johann Joachim Winckelmanns** (1717–1768) geweckt und vermittelt wurde, teilte er mit zahlreichen Intellektuellen seiner Zeit. Werte der antiken Philosophie lagen auch **Schillers** und **Goethes Menschenbild** zugrunde: Durch die Ausbildung von Vernunft und Selbstkontrolle sowie durch sittliche Läuterung sollte eine allseits gebildete, alle humanen Kräfte und Fähigkeiten harmonisch in Einklang bringende Persönlichkeit geformt werden. Die Werke **Goethes** und **Schillers**, die diese „Erziehungsarbeit" vollbringen sollten, machen die deutsche Klassik aus, die damit eine Weimarer Klassik war.

Literatur: Das neue, an der Antike geschulte Kunst- und Menschenbild führt zu einer Abkehr vom Gefühlskult des Sturm und Drang, der Naturschwärmerei und der Verehrung der großen Genies und Rebellen. Die nur dem individuellen Ausdruck verpflichtete Prosa des Dramas und die liedhaft einfachen Strophen und freien Rhythmen der Lyrik des Sturm und Drang wichen einer **metrisch regelmäßig gebundenen, kunstvoll durchformten Verssprache,** die sich formal an antiken Vorbildern orientierte. Einige ältere Texte wurden entsprechend überarbeitet, „Iphigenie" und „Egmont" von **Goethe**, „Don Karlos" von **Schiller**. Durch Maß, Gesetz und Formstrenge wollten beide Klassiker das vollendet Schöne formen. Die Anschauung des Schönen sollte den Menschen zum **Wahren und Guten,** zur Veredelung seines Denkens und seines Charakters führen. Schönheit wird dabei als Harmonie zwischen dem Sinnlichen, das dem Bereich der Triebe zugehört, und dem Gesetz der Vernunft, das Freiheit bedeutet, verstanden. Es geht also in den Werken der Klassik nicht um eine möglichst naturgetreue Abbildung der Wirklichkeit oder die Wiedergabe eines gefühlsstarken Erlebnisses, auch nicht um die kunstreiche Einkleidung eines Lehrsatzes oder einer Moral, sondern um die **Wahrheit.** Wahrheit erreicht der Künstler nach klassischer Theorie **im Weg über die Schönheit.** Wenn er Einzelerscheinungen der Wirklichkeit, die er mit seinen Sinnen wahrnimmt, in seiner ästhetischen Gestaltung so bearbeitet, dass ein Betrachter „hinter" ihnen das Allgemeine, also eine Idee, erkennen kann, und wenn er andererseits dem Allgemeinen, der Idee, die er in sich selbst trägt, durch die individuelle Gestaltung seines Werks die Lebendigkeit des sinnlich Erfahrbaren verleiht, so wird sein Kunstwerk „klassisch", weil es wirklicher und schöner ist als die Wirklichkeit selbst. Schiller nennt diesen Vorgang der ästhetischen Durchformung von Wirklichkeit **„Idealisieren".** Durch das „Herausheben des Gegenstands aus einer Wirklichkeit" (**Goethe**) wird ihm „in einer idealen Welt Maß, Grenze, Realität und Würde gegeben" (**Winckelmann**). Vorbilder für eine solchermaßen vollendete künstlerische Gestaltung sahen die deutschen Klassiker in den Werken der Antike.

1 Recherchieren Sie andere Epochendarstellungen zur Weimarer Klassik und vergleichen Sie sie. Welche inhaltlichen Ergänzungen und Abweichungen finden Sie?
2 Stellen Sie ein Werk Schillers oder Goethes vor, das als beispielhaft für die Klassik gilt.
3 Informieren Sie sich über die klassische Epoche in Italien, England und Spanien. Wählen Sie eines dieser Länder aus und stellen Sie die wichtigsten Autoren mit ihren Hauptwerken im Kurs vor.

3.2 Romantik

Caspar David Friedrich: Der Wanderer über dem Nebelmeer (um 1818)

1. Beschreiben Sie das Bild. Gehen Sie dabei auf den Bildaufbau, die Farbgebung und die Gestaltung der Figur des Wanderers ein.
2. Schreiben Sie einen inneren Monolog in der Rolle des Wanderers.
3. „Der Maler soll nicht bloß malen, was er vor sich sieht, sondern auch, was er in sich sieht. Sieht er aber nichts in sich, so unterlasse er auch zu malen, was er vor sich sieht."
Wenden Sie diese kunstprogrammatische Äußerung Friedrichs auf das Bild an und kennzeichnen Sie daraufhin seine Art von Landschaftsmalerei.

„Ach, wer da mitreisen könnte" – Fernweh und Heimweh

Ludwig Tieck: **Franz Sternbalds Wanderungen** (1798) – Auszug aus dem ersten Kapitel

In dem Fragment gebliebenen Roman verbindet Tieck (1773–1853) ein idealisierendes Bild des deutschen Mittelalters mit einem ebenso idealen Bild Italiens. Franz und sein Freund Sebastian sind Schüler in der Werkstatt des Malers Albrecht Dürer (1471–1528). Franz bricht zu einer Reise auf. Sebastian begleitet ihn vor das Stadttor Nürnbergs, wo die Freunde Abschied nehmen wollen.

Albrecht Dürer: Ansicht der Stadt Nürnberg von Westen (um 1495)

Sie erinnerten sich nun daran, wie sie schon oft von dieser Reise gesprochen hätten, wie sie ihnen also nichts weniger als unerwartet käme, wie sehr sie Franz gewünscht und sie immer als sein höchstes Glück angesehn habe. Sebastian konnte nicht begreifen, warum sie jetzt so traurig wären, da im Grunde nichts vorgefallen sei, als dass nun endlich der lang gewünschte Augenblick wirklich herbeigekommen sei. Aber so ist das Glück des Menschen, er kann sich dessen nur freuen, wenn es aus der Ferne auf ihn zuwandelt; kömmt es ihm nahe und ergreift seine Hand, so schaudert er oft zusammen, als wenn er die Hand des Todes fasste.

„Soll ich dir die Wahrheit gestehn?", fuhr Franz fort. „Du glaubst nicht, wie seltsam mir gestern Abend zu Sinne war. Ich hatte meinen Gedanken so oft die Pracht Roms, den Glanz Italiens vorgemalt, ich konnte mich bei der Arbeit ganz darin verlieren, dass ich mir vorstellte, wie ich auf unbekannten Fußsteigen, durch schattige Wälder wanderte, und dann fremde Städte und nie gesehene Menschen meinem Blicke begegneten; ach, die bunte, ewig wechselnde Welt mit ihren noch unbekannten Begebenheiten, die Kunstler, die ich sehn würde, das hohe gelobte Land der Römer, wo einst die Helden wirklich und wahrhaftig gewandelt, deren Bilder mir schon Tränen entlockt hatten; sieh, alles dies zusammen hatte oft so meine Gedanken gefangen genommen, dass ich zuweilen nicht wusste, wo ich war, wenn ich wieder aufsah. ‚Und das alles soll wirklich werden!', rief ich dann manchmal aus. ‚Es soll eine Zeit geben können, sie tritt schon näher und näher, in der du nicht mehr vor der alten, so wohlbekannten Staffelei sitzest, eine Zeit, wo du in alle die Herrlichkeit hineinleben darfst und immer mehr sehn, mehr erfahren, nie aufwachen, wie es dir jetzt wohl geschieht, wenn du so zuzeiten von Italien träumst; – ach, wo, wo bekömmst du Sinne, Gefühle genug her, um alles treu und wahr, lebendig und urkräftig aufzufassen?' – Und dann war es, als wenn sich Herz und Geist innerlich ausdehnten und wie mit Armen jene zukünftige Zeit erhaschen, an sich reißen wollten; und nun –"

„Und nun, Franz?"

„Kann ich es dir sagen?", antwortete jener. „Kann ich es selber ergründen? Als wir gestern Abend um den runden Tisch unsers Dürers saßen und er mir noch Lehren zur Reise gab, als die Hausfrau indes den Braten schnitt und sich nach dem Kuchen erkundigte, den sie zu meiner Abreise gebacken hatte, als du nicht essen konntest, und mich immer von der Seite betrachtetest; o Sebastian, es wollte mir ganz mein armes ehrliches Herz zerreißen. [...] Ach! lass uns hier einen Augenblick stille stehen, horch, wie schön die Gebüsche flüstern; wenn du mir gut bist, so singe mir hier noch einmal das Lied vom Reisen."

Sebastian stand sogleich still und sang, ohne alle Vorbereitung, folgende Verse:

„Willt du dich zur Reis bequemen
    Über Feld,
    Berg und Tal,
    Durch die Welt,
    Fremde Städte allzumal,
Musst Gesundheit mit dir nehmen.

    Neue Freunde aufzufinden
Lässt die alten du dahinten,
Früh am Morgen bist du wach,
Mancher sieht dem Wandrer nach
    Weint dahinten,
Kann die Freud nicht wiederfinden.

    Eltern, Schwester, Bruder, Freund,
Auch vielleicht das Liebchen weint,
Lass sie weinen, traurig und froh
Wechselt das Leben bald so, bald so,
    Nimmer ohne Ach! und Oh!
Heimat bleibt dir treu und bieder,
Kehrst du nur als Treuer wieder,
    Reisen und Scheiden
Bringt des Wiedersehens Freuden."

Franz hatte sich ins hohe Gras gesetzt und sang die letzten Verse inbrünstig mit, er stand auf und sie kamen an die Stelle, wo Sebastian hatte umkehren wollen.
„Grüße noch einmal", rief Franz aus, „alle, die mich kennen, und lebe du recht wohl."
„Und du gehst nun?", fragte Sebastian. „Muss ich denn nun ohne dich umkehren?"
Sie hielten sich beide fest umschlossen.

1 Franz Sternbald bricht zu seiner „Traumreise" auf.
  a Untersuchen Sie den Text daraufhin, welche Vorstellungen bei ihm mit diesem Begriff verbunden sind und welche Gefühle sich bei ihm einstellen.
  b Vergleichen Sie mit Ihren Vorstellungen und Gefühlen angesichts einer Traumreise.
2 Kommentieren Sie Sebastians „Lied vom Reisen" (Z. 65–85) in seiner Funktion für den Erzählzusammenhang.
3 Die Erzählung besteht hier weitgehend aus der Innensicht der Figuren bzw. aus der Figurenrede. Nur an einer Stelle meldet sich der Erzähler mit einem Kommentar zu Wort. Suchen Sie diese Stelle heraus und erläutern Sie die Bedeutung dieses Kommentars.
4 a Vergleichen Sie die Vorstellungen, die mit der geplanten Italienreise bei Ludwig Tiecks Romanfigur verbunden sind, mit den Wirkungen, die Italien auf den Klassiker Goethe hat (▶ S. 421 f.).
  b Lesen Sie die folgende Information zur Mittelalterbegeisterung der romantischen Künstler und stellen Sie einen Bezug zu Tiecks Roman-Fragment her.

Information   Mittelalterbegeisterung

Das Denken vieler Romantiker war geprägt von der Suche nach den Wurzeln der deutschen Geschichte und Kultur. Das führte zu einer Wiederentdeckung des Mittelalters und seiner Interpretation als einer Zeit der Einheit, Ordnung und kulturellen Blüte. Zugleich wurde die Reformation, die den Übergang vom Mittelalter (▶ S. 378 f.) zur frühen Neuzeit (▶ S. 383 f.) markiert, als ein für die deutsche Kultur wichtiges Ereignis empfunden, das sie bis in die Gegenwart hinein bestimmte.

Der Nürnberger **Maler Albrecht Dürer** (1471–1528) steht zwischen den beiden Epochen. Die Romantiker verherrlichten in ihm den mittelalterlichen Maler und zugleich den Repräsentanten einer europäischen Kultur, die von der Antike bis in die Gegenwart reichte. Dürer war in seinem Leben zweimal nach Venedig gereist, um sich an der zeitgenössischen italienischen Renaissance-Kunst zu schulen.

Joseph von Eichendorff: **Sehnsucht** (1830/31)

Joseph von Eichendorff (1788–1857) wuchs als Sohn einer katholischen Adelsfamilie auf dem elterlichen Gut in Schlesien auf, studierte Jura und Geisteswissenschaften. Nach seiner Teilnahme an den Befreiungskriegen trat er in den preußischen Staatsdienst ein. Eichendorff verfasste Lyrik, Prosa und Dramen.

Es schienen so golden die Sterne,
Am Fenster ich einsam stand
Und hörte aus weiter Ferne
Ein Posthorn im stillen Land.
5 Das Herz mir im Leib entbrennte,
Da hab ich mir heimlich gedacht:
Ach, wer da mitreisen könnte
In der prächtigen Sommernacht!

Zwei junge Gesellen gingen
10 Vorüber am Bergeshang,
Ich hörte im Wandern sie singen
Die stille Gegend entlang:
Von schwindelnden Felsenschlüften,
Wo die Wälder rauschen so sacht,
15 Von Quellen, die von den Klüften
Sich stürzen in die Waldesnacht.

Sie sangen von Marmorbildern,
Von Gärten, die überm Gestein
In dämmernden Lauben verwildern,
20 Palästen im Mondenschein,
Wo die Mädchen am Fenster lauschen,
Wann der Lauten Klang erwacht
Und die Brunnen verschlafen rauschen
In der prächtigen Sommernacht. –

Caspar David Friedrich: Frau am Fenster (1822)

1 a Lesen Sie das Gedicht laut vor und erklären Sie, wie der Klang (Rhythmus, Reim, Vokalität, Alliterationen und Wiederholungen) die inhaltliche Aussage unterstützt.
  b Beschreiben Sie den inhaltlichen Aufbau des Gedichts. Gehen Sie dabei auf die Situation des lyrischen Ichs, seine Wahrnehmungen, Gedanken und Gefühle ein.
2 „Am Fenster": In Friedrichs Bild und gleich zweimal in Eichendorffs Gedicht werden Figuren in dieser Position dargestellt. Entwickeln Sie schriftlich Ihre Gedanken zu der Bedeutung dieses Motivs; gehen Sie dabei auch der Frage nach, warum es gerade in der Romantik eine so wichtige Rolle spielt. Beziehen Sie Hintergrundwissen über die **Romantik** (▶ S. 441 f.) in Ihre Überlegungen ein.
3 a Klären Sie mit Hilfe von Wörterbüchern und Lexika den Gefühlsbegriff „Sehnsucht".
  b Erläutern Sie vor diesem Hintergrund die Korrespondenz von Titel und Text des Gedichts.

Nacht – Ein romantisches Motiv

Joseph von Eichendorff: Mondnacht (1837)

Es war, als hätt' der Himmel
die Erde still geküsst,
dass sie im Blütenschimmer
von ihm nun träumen müsst'.

5 Die Luft ging durch die Felder,
die Ähren wogten sacht,
es rauschten leis die Wälder,
so sternklar war die Nacht.

Und meine Seele spannte
10 weit ihre Flügel aus,
flog durch die stillen Lande,
als flöge sie nach Haus.

Caspar David Friedrich: Mann und Frau in Betrachtung des Mondes (um 1824)

Karoline von Günderode: Der Kuss im Traume (1802)

Es hat ein Kuss mir Leben eingehaucht,
Gestillet meines Busens tiefstes Schmachten.
Komm, Dunkelheit! mich traulich zu umnachten,
Dass neue Wonne meine Lippe saugt.

5 In Träume war solch Leben eingetaucht,
Drum leb' ich, ewig Träume zu betrachten,
Kann aller andern Freuden Glanz verachten,
Weil nur die Nacht so süßen Balsam haucht.

Der Tag ist karg an liebesüßen Wonnen,
10 Es schmerzt mich seines Lichtes eitles Prangen
Und mich verzehren seiner Sonne Gluten.

Drum birg dich Aug' dem Glanze ird'scher Sonnen!
Hüll' dich in Nacht, sie stillet dein Verlangen
Und heilt den Schmerz, wie Lethes[1] kühle Fluten.

1 Lethe: in der griech. Mythologie Fluss in der Unterwelt. Die Seele, die daraus trank, verlor die Erinnerung an das irdische Leben.

Clemens Brentano: Der Spinnerin Nachtlied (1818)

Es sang vor langen Jahren
Wohl auch die Nachtigall,
Das war wohl süßer Schall,
Da wir zusammen waren.

5 Ich sing und kann nicht weinen
Und spinne so allein
Den Faden klar und rein,
Solang der Mond wird scheinen.

Da wir zusammen waren,
10 Da sang die Nachtigall,
Nun mahnet mich ihr Schall,
Dass du von mir gefahren.

So oft der Mond mag scheinen,
Denk ich wohl dein allein,
15 Mein Herz ist klar und rein,
Gott wolle uns vereinen.

Seit du von mir gefahren,
Singt stets die Nachtigall,
Ich denk bei ihrem Schall,
20 Wie wir zusammen waren.

Gott wolle uns vereinen,
Hier spinn ich so allein,
Der Mond scheint klar und rein,
Ich sing und möchte weinen!

3.2 ROMANTIK

1 a Wählen Sie ein Gedicht aus und tragen Sie es vor. Begründen Sie Ihre Auswahl.
  b Formulieren Sie in einem Blitzlicht (▶ S. 588) Ihre Eindrücke zu jedem der Gedichte und formulieren Sie Ihr erstes Verständnis („Ich verstehe das Gedicht als …").
2 Bilden Sie Teams, die eine Interpretation zu einem der Gedichte erarbeiten und dabei die im Blitzlicht geäußerten Eindrücke am Text überprüfen. Gehen Sie so vor:
Arbeitsschritt 1: Textanalyse (formaler Aufbau, inhaltlicher Aufbau, Stilmerkmale);
Arbeitsschritt 2: Textdeutung (Zusammenspiel von Inhalt und Form, Gesamtaussage und Wirkung).
3 Entwerfen Sie anhand der Gedichte eine Art Gesamtbild der romantischen Nacht. Ergänzen Sie dazu die folgende Mindmap mit Formulierungen, die das Bild der Nacht prägen.

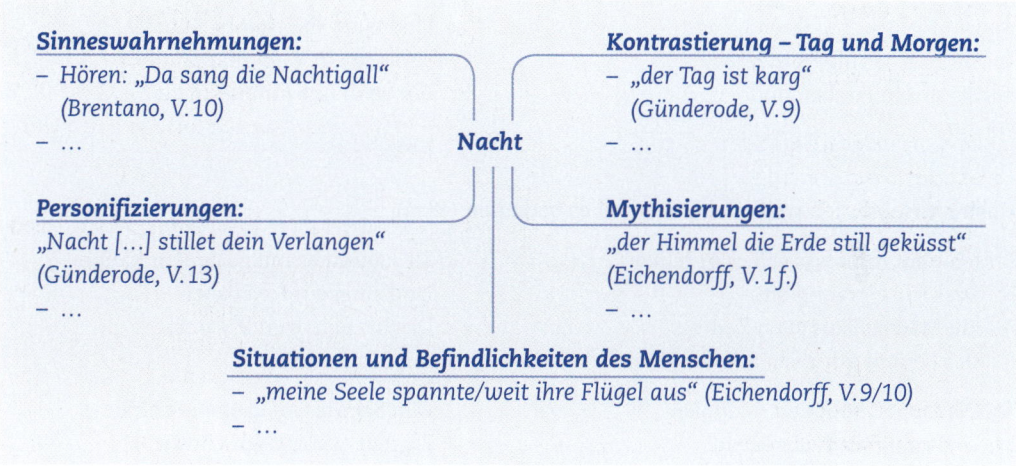

4 Beschreiben Sie das Bild von Friedrich und die Stimmung, die es vermittelt. Ordnen Sie dem Bild Textstellen aus den Gedichten zu.

„Beisammen konnten sie dir nit kommen" – Liebe und Tod

Volkslied: Edelkönigs-Kinder

Volkslieder und Volksmärchen wurden von den Romantikern gesammelt, weil sie darin die Mentalität des eigenen Volkes zu erfassen glaubten. Das folgende stammt aus der Sammlung „Des Knaben Wunderhorn" von Clemens Brentano und Achim von Arnim (1806/1808).

Es waren zwei Edelkönigs-Kinder,
Die beiden, die hatten sich lieb,
Beisammen konnten sie dir nit kommen,
Das Wasser war viel zu tief.

5 „Ach Liebchen, könntest du schwimmen,
So schwimme doch her zu mir,
Drei Kerzlein wollt ich dir anstecken,
Die sollten auch leuchten dir."

Frontispiz der Erstausgabe von „Des Knaben Wunderhorn", Kupferstich (1808)

Da saß ein loses[1] Nönnechen,
Das tat, als wenn es schlief,
Es tat die Kerzlein ausblasen,
Der Jüngling versank so tief.

„Ach Mutter, herzliebste Mutter,
Wie tut mir mein Häuptchen so weh,
Könnt ich eine kleine Weile
Spazieren gehn längst der See." [...]

Die Mutter und die ging schlafen,
Die Tochter ging ihren Gang,
Sie ging so lange spazieren,
Bis sie ein Fischer fand.

Den Fischer sah sie fischen:
„Fisch mir ein verdientes rot Gold,
Fisch mir doch einen Toten,
Er ist ein Edelkönigs-Kind."

Der Fischer fischte so lange,
Bis er den Toten fand,
Er griff ihn bei den Haaren
Und schleift ihn an das Land.

Sie nahm ihn in ihre Arme
Und küsst ihm seinen Mund:
„Adie, mein Vater und Mutter,
Wir sehn uns nimmermehr."

[1] **lose:** hier: hinterlistig, falsch

Heinrich Heine: Ich weiß nicht, was soll es bedeuten (1823)

Ich weiß nicht was soll es bedeuten,
Dass ich so traurig bin;
Ein Märchen aus alten Zeiten,
Das kommt mir nicht aus dem Sinn.

Die Luft ist kühl und es dunkelt,
Und ruhig fließt der Rhein;
Der Gipfel des Berges funkelt
Im Abendsonnenschein.

Die schönste Jungfrau sitzet
Dort oben wunderbar;
Ihr goldnes Geschmeide blitzet,
Sie kämmt ihr goldenes Haar.

Sie kämmt es mit goldenem Kamme
Und singt ein Lied dabei;
Das hat eine wundersame,
Gewaltige Melodei.

Den Schiffer im kleinen Schiffe
Ergreift es mit wildem Weh;
Er schaut nicht die Felsenriffe,
Er schaut nur hinauf in die Höh.

Ich glaube, die Wellen verschlingen
Am Ende Schiffer und Kahn;
Und das hat mit ihrem Singen
Die Lore-Ley getan.

Heinrich Heine: Der Asra (1851)

Täglich ging die wunderschöne
Sultanstochter auf und nieder
Um die Abendzeit am Springbrunn,
Wo die weißen Wasser plätschern.

Täglich stand der junge Sklave
Um die Abendzeit am Springbrunn,
Wo die weißen Wasser plätschern;
Täglich ward er bleich und bleicher.

Eines Abends trat die Fürstin
Auf ihn zu mit raschen Worten:
Deinen Namen will ich wissen,
Deine Heimat, deine Sippschaft!

Und der Sklave sprach: Ich heiße
Mohamet, ich bin aus Yemmen,
Und mein Stamm sind jene Asra,
Welche sterben, wenn sie lieben.

1 Alle drei Gedichte erzählen eine Geschichte. Geben Sie ihren inhaltlichen Aufbau wieder. Bestimmen Sie, wer die Geschichte erzählt, und beschreiben Sie, in welcher Weise das geschieht.
2 Erläutern Sie,
  a wie in den drei Gedichten die Motive „Liebe" und „Tod" verknüpft werden,
  b was diese Motivverknüpfung für das Konzept einer „romantischen Liebe" bedeutet.

3 Suchen Sie in Gedichtsammlungen nach weiteren Beispielen romantischer Liebeslyrik. Stellen Sie fest, wie dort die Liebe dargestellt wird, und vergleichen Sie mit den Eindrücken, die Sie aus den Texten (▶ S. 437f.) gewonnen haben.

4 Gesang und Musik spielen in der romantischen Literatur eine besondere Rolle, in den Inhalten, aber auch in der Musikalität der Sprache.
  a Sammeln Sie Beispiele für beides in den romantischen Texten ▶ S. 433–438.
  b Worin sehen Sie die Besonderheit der Ausdrucksform Musik? Erklären Sie, warum die Musik als die romantischste aller Künste gilt.

Heinrich von Kleist: **Die Verlobung in St. Domingo** (1811) – Auszug

Kleists Novelle spielt zur Zeit des Aufstands der aus Afrika verschleppten schwarzen Sklaven gegen die weißen Kolonialherren auf Haiti (früher Santo Domingo genannt) in der Folge der Französischen Revolution. Gustav von der Ried, ein aus der Schweiz stammender Siedler, sucht auf der Flucht vor den Aufständischen Unterschlupf in einem Haus, das von zwei farbigen Frauen, Mutter und Tochter, bewohnt wird. Während die Mutter plant, den Flüchtling an die Aufständischen auszuliefern, verliebt sich die Tochter Toni in Gustav, der von ihrem Anblick tief gerührt erscheint. Nach dem Grund gefragt, gesteht Gustav, dass Toni ihn an seine frühere Verlobte erinnert, und er erzählt ihr deren Geschichte.

„Sie starb [...] und ich lernte den Inbegriff aller Güte und Vortrefflichkeit erst mit ihrem Tode kennen. Gott weiß [...] wie ich die Unbesonnenheit so weit treiben konnte, mir eines Abends
5 an einem öffentlichen Ort Äußerungen über das eben errichtete furchtbare Revolutionstribunal zu erlauben. Man verklagte, man suchte mich; ja, in Ermangelung meiner, der glücklich genug gewesen war, sich in die Vorstadt zu ret-
10 ten, lief die Rotte meiner rasenden Verfolger, die ein Opfer haben musste, nach der Wohnung meiner Braut, und durch ihre wahrhaftige Versicherung, dass sie nicht wisse, wo ich sei, erbittert, schleppte man dieselbe, unter dem Vorwand, dass sie mit mir im Einverständnis sei, 15 mit unerhörter Leichtfertigkeit statt meiner auf den Richtplatz. Kaum war mir diese entsetzliche Nachricht hinterbracht worden, als ich sogleich aus dem Schlupfwinkel, in welchen ich mich geflüchtet hatte, hervortrat, und indem 20 ich, die Menge durchbrechend, nach dem Richtplatz eilte, laut ausrief: Hier, ihr Unmenschlichen, hier bin ich! Doch sie, die schon auf dem Gerüste der Guillotine stand, antwortete auf die Frage einiger Richter, denen ich unglücklicher 25 Weise fremd sein musste, indem sie sich mit einem Blick, der mir unauslöschlich in die Seele geprägt ist, von mir abwandte: diesen Menschen kenne ich nicht! – worauf unter Trommeln und Lärmen, von den ungeduldigen 30 Blutmenschen angezettelt, das Eisen, wenige Augenblicke nachher, herabfiel, und ihr Haupt von seinem Rumpfe trennte. – Wie ich gerettet worden bin, das weiß ich nicht; ich befand mich, eine Viertelstunde darauf, in der Woh- 35 nung eines Freundes, wo ich aus einer Ohnmacht in die andere fiel, und halbwahnwitzig gegen Abend auf einen Wagen geladen und über den Rhein geschafft wurde."

1 a Beschreiben Sie, wie die Motive „Liebe" und „Tod" hier zusammengeführt werden.
  b Vergleichen Sie mit der Behandlung der Motive in den Gedichten ▶ S. 437f.
2 a Untersuchen Sie die Art und Weise, wie der Protagonist seine Geschichte vorträgt. Achten Sie dabei besonders auf den Satzbau.
  b Welche Wirkung wird durch die Erzählweise erreicht?
3 a Skizzieren Sie, wie die Liebesgeschichte zwischen Gustav und Toni verlaufen könnte.
  b Vergleichen Sie Ihre Entwürfe mit einer Inhaltsangabe der Novelle, die Sie im Internet finden.

„Poesie ist Darstellung [...] der inneren Welt in ihrer Gesamtheit" – Aspekte eines romantischen Poesieprogramms

Novalis: Wenn nicht mehr Zahlen und Figuren (1800)

Georg Friedrich von Hardenberg (1772–1801) studierte Bergbau. „Novalis" ist sein Pseudonym als Dichter.

Wenn nicht mehr Zahlen und Figuren
Sind Schlüssel aller Kreaturen,
Wenn die, so singen oder küssen,
Mehr als die Tiefgelehrten wissen,
5 Wenn sich die Welt ins freie Leben
Und in die Welt wird zurückbegeben,
Wenn dann sich wieder Licht und Schatten
Zu echter Klarheit werden gatten,
Und man in Märchen und Gedichten
10 Erkennt die ew'gen Weltgeschichten,
Dann fliegt vor *einem* geheimen Wort
Das ganze verkehrte Wesen fort.

Novalis: Romantisieren – Fragmente zur Poetik (1798–1800) – Auszug

Indem ich dem Gemeinen einen hohen Sinn, dem Gewöhnlichen ein geheimnisvolles Ansehn, dem Bekannten die Würde des Unbekannten, dem Endlichen einen unendlichen
5 Schein gebe, so romantisiere ich es –

Erzählungen, ohne Zusammenhang, jedoch mit Assoziation, wie *Träume*. Gedichte – bloß *wohlklingend* und voll schöner Worte – aber auch ohne allen Sinn und Zusammenhang –
10 höchstens einzelne Strophen verständlich – sie müssen wie lauter Bruchstücke aus den verschiedenartigsten Dingen [sein]. Höchstens kann wahre Poesie einen *allegorischen* Sinn im Großen haben und eine indirekte Wirkung wie Musik usw. tun – 15

Das Märchen ist gleichsam der Kanon der Poesie – alles Poetische muss märchenhaft sein. Der Dichter betet den Zufall an.

Poesie ist *Darstellung des Gemüts* – der *innern Welt in ihrer Gesamtheit*. Schon ihr Medium, die 20 Worte, deuten es an, denn sie sind ja die äußre Offenbarung jenes innern Kraftreichs.

Friedrich Schlegel: 116. Athenäum-Fragment (1798) – Auszug

Die romantische Poesie ist eine progressive Universalpoesie. Ihre Bestimmung ist nicht bloß, alle getrennten Gattungen der Poesie wieder zu vereinigen und die Poesie mit der Philo-
5 sophie und Rhetorik in Berührung zu setzen. Sie will und soll auch Poesie und Prosa, Genialität und Kritik, Kunstpoesie und Naturpoesie bald mischen, bald verschmelzen, die Poesie lebendig und gesellig und das Leben und die Gesellschaft poetisch machen, den Witz poetisie- 10 ren und die Formen der Kunst mit gediegnem Bildungsstoff jeder Art anfüllen und sättigen und durch die Schwingungen des Humors beseelen. Sie umfasst alles, was nur poetisch ist, vom größten wieder mehrere Systeme in sich 15 enthaltenden Systeme der Kunst bis zu dem Seufzer, dem Kuss, den das dichtende Kind aushaucht in kunstlosen Gesang.

1 a Zeigen Sie, ausgehend von der Satzstruktur in Novalis' Gedicht, wie hier ein Gedanke entfaltet wird.
b Zwei Möglichkeiten, der Welt zu begegnen, werden in dem Gedicht gegenübergestellt. Klären Sie die unterschiedlichen Haltungen zur Welt, indem Sie die einzelnen Aussagen des Gedichts in eigenen Worten wiedergeben.

c Setzen Sie sich mit der These auseinander, das Gedicht ziele auf eine Kritik an der **Aufklärung** (▶ S. 393 f.). Verfassen Sie eine Stellungnahme zu dieser These.

2 Lesen Sie Eichendorffs Gedicht „Wünschelrute" in einer Gedichtsammlung. Erschließen Sie es sich, ausgehend vom Titel. Erläutern Sie mit eigenen Worten, wie der Mensch die Welt der Dinge wahrnehmen und wie er sich dazu verhalten soll.

3 a Verfassen Sie ein Manifest, das ein romantisches Literaturprogramm entwirft, wie es in dem Gedicht und den Fragmenten von Novalis und Schlegel (▶ S. 440) deutlich wird.

b „Idealisieren" – „romantisieren": Vergleichen Sie die Literaturkonzepte der Klassik (▶ S. 430 f.) und Romantik. Worin stimmen sie überein? Worin unterscheiden sie sich in Bezug auf die Vorgehensweise des Dichters und in Bezug auf die Wirkungsabsicht?

Information Epochenüberblick – Romantik (ca. 1795 – ca. 1835)

Allgemeingeschichtlicher Hintergrund: Bestimmt wird die Zeit durch die **Revolutions- und die napoleonischen Kriege.** Zunächst sind die Volksarmeen des neuen Frankreich siegreich und ermöglichen es Napoleon, West- und Mitteleuropa unter französischer Vormacht weitgehend umzugestalten. Das gilt besonders für Deutschland, das mit dem Ende des Heiligen Römischen Reiches Deutscher Nation und der Niederlage Preußens 1806 unter französischer Oberhoheit stand und nach den Gesetzen des „Code Napoléon" regiert wurde. Infolge der Niederlage der Grande Armée in Russland und infolge der bis dahin größten Schlachten der Militärgeschichte bei Leipzig (1813) und Waterloo (1815) brach das Imperium Napoleons zusammen. Mit dem **Wiener Kongress** (1815) begann eine Epoche der **Restauration,** die die alte Staatenordnung neu etablierte. Das bedeutete, dass in die deutschen Fürstentümer das absolutistische Regime zurückkehrte, zwar abgemildert durch einzelne Reformen wie die Aufhebung der Leibeigenschaft in Preußen, jedoch mit dem Bemühen, alle freiheitlichen Bestrebungen zu unterdrücken. Viele patriotisch gesinnte Bürger und Studenten hatten sich an den „Befreiungskriegen" beteiligt. Ihre Hoffnungen auf die Bildung eines deutschen Nationalstaates mit liberaler Verfassung wurden bitter enttäuscht.

Weltbild und Lebensauffassung: Die fortschrittlichen Kräfte in der Gesellschaft erlebten die gesamte Epoche als Krisenzeit. Alle Hoffnungen auf eine Umgestaltung der politischen Verhältnisse gemäß den Ideen der Aufklärung zerschlugen sich. Hinzu kam die Erfahrung, dass in der fortschreitenden Industrialisierung der Mensch zunehmend in seinem ökonomischen Nutzwert gesehen wurde. Die Utopie der Selbstverwirklichung des Individuums in der Gesellschaft, die die Klassik propagiert hatte, verblasste angesichts der Verhältnisse. Das romantische Ich suchte den Weg nach innen. Es schuf sich Fluchträume in einer idyllisch verklärten Natur, in der Fiktion eines ursprünglichen Lebens in der geordneten, heilen Welt des Mittelalters.
Die Beschäftigung mit mittelalterlicher Dichtung (▶ S. 378 ff.) wie Minnesang und Nibelungenlied ließ die philologische Erforschung der deutschen Sprache und Literatur entstehen, die Germanistik bildete sich neben den Philologien der klassischen Sprachen als Wissenschaft heraus. Sehnsucht war das bestimmende Gefühl der Epoche. **Romantische Sehnsucht** richtete sich nicht auf ein fest umrissenes Ziel, sie verlangte nach dem Unbekannten und Unendlichen, ohne dabei Erfüllung finden zu können.

Literatur: Das Heilmittel gegen das Leiden an den Zeitumständen sahen die Dichter in der **Poetisierung** oder mit einem anderen Wort **Romantisierung** der Welt. Einer von ihnen, Novalis, beschrieb das Verfahren so: „Indem ich dem Gemeinen einen hohen Sinn, dem Gewöhnlichen ein geheimnisvolles Aussehen, dem Bekannten die Würde des Unbekannten, dem Endlichen einen unendlichen Schein gebe, so romantisiere ich es."

Von daher erklärt sich die Vorliebe der Romantiker für **Märchen** (Sammlung der „Kinder- und Hausmärchen" durch die Brüder Grimm; Produktion von Kunstmärchen) und **fantastische Erzählungen**. Daneben war die **Lyrik** mit ihrer Tendenz zur Innerlichkeit und zum Gefühlsausdruck die bevorzugte Gattung. **Themen**, die häufig aufgegriffen wurden, waren das vom Fernweh bestimmte **Reisen**, bei dem es sich letztlich um die Sehnsucht nach dem Aufbruch in ein von Unbegrenztheit und Freiheit bestimmtes Leben handelt, die durch Unerreichbarkeit der geliebten Person gekennzeichnete romantisch schmachtende **Liebe** und die **Nacht**, die Zeit, in der die festen Umrisse sich auflösen, Erde und Himmel ineinanderfließen und der freigesetzten Fantasie alles geheimnisvoll und wunderbar erscheint. Die Nacht ist aber zugleich auch die Zeit der **Träume**, in denen nicht nur Bilder der Sehnsucht, sondern auch die Schreckensbilder der Albträume aus den Tiefen des Unbewussten aufsteigen. Letztere spielen eine wichtige Rolle in den **Schauerromanen** der so genannten **Schwarzen Romantik**.

Mit dem hier vorgestellten literarischen Programm ist die Romantik in ihrer Gesamtheit nicht erfasst, obwohl sie in ihrer Rezeptionsgeschichte, zumal in populären Vereinfachungen, häufig auf dieses Literaturkonzept verengt worden ist. Zum literarischen Repertoire der Romantik, besonders der Frühromantik, gehören auch scharfsinnig kritische und geistreich witzige, von Ironie und Selbstironie geprägte Texte.

Hervorzuheben ist schließlich noch, dass in der Epoche der Romantik Frauen eine wichtige Rolle im literarischen Leben zu spielen beginnen. Sie treten als Vermittlerinnen und Produzentinnen von Literatur hervor. In den Lese- und Gesprächszirkeln der so genannten **Salons** intellektueller Bürgerinnen trafen sich Philosophen, Künstler, Schriftsteller und Verleger. Einigen Frauen gelang es auch, als Autorinnen die Aufmerksamkeit der literarischen Öffentlichkeit zu gewinnen.

Die Eingrenzung der Romantik als Epoche ist aus mehreren Gründen schwierig: Zum einen ist die Romantik eine gesamteuropäische Bewegung, die in den verschiedenen Nationalkulturen unterschiedliche Zeiträume umfasst. In der Betrachtungsweise der europäischen Nachbarländer fällt auf, dass der deutschen Romantik auch die Epochen der Empfindsamkeit bzw. des Sturm und Drang und der Weimarer Klassik zugerechnet werden. Zum anderen deckt sich die literarische Romantik nicht mit der gleichnamigen Epoche in den anderen Künsten. In der Musik versteht man die Romantik als eine Epoche, die nahezu das gesamte 19. Jahrhundert umfasst.

Weitere wichtige Autorinnen/Autoren und Werke
Jean Paul, d.i. Johann Paul Friedrich Richter (1763–1825): „Siebenkäs", „Flegeljahre" (Romane)
Friedrich Hölderlin (1770–1843): „Hyperion" (Briefroman); Hymnen und Gedichte
Rahel Varnhagen von Ense (1771–1833): Briefe und Tagebuchaufzeichnungen
Ernst Theodor Amadeus Hoffmann (1776–1822): „Die Elixiere des Teufels", „Lebensansichten des Katers Murr" (Romane); „Nachtstücke", „Die Serapionsbrüder" (Erzählsammlungen)
Karoline von Günderode (1780–1806): „Gedichte und Fantasien" (Gedichtsammlung)
Achim von Arnim (1781–1831): „Des Knaben Wunderhorn" (Volksliedersammlung mit C. Brentano)
Bettina von Arnim (1785–1859): „Goethes Briefwechsel mit einem Kinde"
Jacob Grimm (1785–1863) und Wilhelm Grimm (1786–1859): „Kinder- und Hausmärchen"

1. Bearbeiten Sie die Epochendarstellung, indem Sie Bilder, Schaubilder, Begriffsdefinitionen und Zusatzinformationen ergänzen.
2. Suchen Sie in Lyrikanthologien und Bildbänden nach weiteren Gedichten und Bildern aus der Zeit der Romantik und stellen Sie diese im Kurs mit erläuternden Kommentaren vor.
3. **Referat/Facharbeit:** Stellen Sie Leben und Werk von Schriftstellern und Schriftstellerinnen der Romantik vor (Beispiele: die Geschwister Clemens und Bettina Brentano, Novalis, Joseph von Eichendorff, E.T.A. Hoffmann, Karoline von Günderode, Rahel Varnhagen von Ense, Sophie Mereau).

4 Vom Vormärz zum poetischen Realismus 443

Eugène Delacroix: Die Freiheit führt das Volk an (1830)

Adolph Menzel: Abreise König Wilhelms I. zur Armee am 31. Juli 1870 (1871)

1 Die beiden Gemälde können als Illustrationen der „zwei Gesichter" des 19. Jahrhunderts gelten. Beschreiben Sie, was Sie sehen. Legen Sie sich zu jedem der Gemälde eine Karteikarte an und tragen Sie im Verlauf des Unterrichts ein, was Sie zu den beiden „Gesichtern" des 19. Jahrhunderts in Erfahrung bringen.

4.1 Frührealismus: Junges Deutschland und Vormärz

Nach den Siegen der Koalition aus Österreich, Preußen, Russland und England über Napoleon war es das wichtigste Anliegen der Herrscher und ihrer Regierungen, die vorrevolutionären Strukturen und Machtverhältnisse wiederherzustellen. Führender Kopf dieser „Restauration" war der österreichische Kanzler Fürst Metternich.

Kritik an der deutschen Misere – Die Literatur wird politisch

Ganz jedoch konnten auch Metternich und seine Helfer die Zeit nicht zurückdrehen. Die Gedanken der Französischen Revolution waren durch die Niederlage Napoleons nicht aus der Welt geschafft. Überall in Europa meldeten sich liberale Stimmen, die nationale Einheit, bürgerliche Freiheiten, vor allem Presse- und Versammlungsfreiheit, forderten.
1830 blickte man erneut nach Frankreich, wo die 1815 wieder eingesetzten Bourbonen davongejagt worden waren (Julirevolution). Eugène Delacroix' Gemälde „Die Freiheit führt das Volk an" (▶ S. 443) heroisiert den Aufstand der Pariser Bevölkerung.
Die Publizisten **Siebenpfeiffer** und **Wirth** gründeten den „Deutschen Press- und Vaterlandsverein". Da politische Kundgebungen verboten waren, organisierten sie ein „Volksfest". Ca. 25 000 Menschen demonstrierten auf dem „Hambacher Fest" vom 27. bis 30. Mai 1832 für bürgerliche Freiheit und die nationale Einheit, für einen „föderativen" deutschen Staat, für eine Allianz demokratischer Kräfte in Europa und gegen die restaurativen Kräfte der Heiligen Allianz. Siebenpfeiffer hielt eine viel beachtete Rede:

Philipp Jakob Siebenpfeiffer: Aus der Rede auf dem Hambacher Fest (27. 5. 1832)

Wir widmen unser Leben der Wissenschaft und der Kunst, wir messen die Sterne, prüfen Mond und Sonne, wir stellen Gott und Mensch, Höll' und Himmel in poetischen Bildern dar, wir
5 durchwühlen die Körper- und Geisteswelt: Aber die Regungen der Vaterlandsliebe sind uns unbekannt, die Erforschung dessen, was dem Vaterlande nottut, ist Hochverrat, selbst der leise Wunsch, nur erst wieder ein Vaterland, eine
10 freimenschliche Heimat zu erstreben, ist Verbrechen. Wir helfen Griechenland befreien vom türkischen Joche, wir trinken auf Polens Wiedererstehung, wir zürnen, wenn der Despotismus der Könige den Schwung der Völker in
15 Spanien, in Italien, in Frankreich lähmt, wir blicken ängstlich nach der Reformbill Englands, wir preisen die Kraft und die Weisheit des Sultans, der sich mit der Wiedergeburt seiner Völker beschäftigt, wir beneiden den Nordamerika-
20 ner um sein glückliches Los, das er sich mutvoll selbst erschaffen: Aber knechtisch beugen wir den Nacken unter das Joch der eigenen Dränger […].

Und es wird kommen der Tag, der Tag des edelsten Siegstolzes, wo der Deutsche vom Al- 25 pengebirg und der Nordsee, vom Rhein, der Donau und der Elbe den Bruder im Bruder umarmt, wo die Zollstöcke und die Schlagbäume, wo alle Hoheitszeichen der Trennung und Hemmung und Bedrückung verschwinden, 30 samt den Konstitutiönchen, die man etlichen mürrischen Kindern der großen Familie als Spielzeug verlieh; wo freie Straßen und freie Ströme den freien Umschwung aller Nationalkräfte und Säfte bezeugen; wo die Fürsten die 35 bunten Hermeline feudalistischer Gottstatthalterschaft mit der männlichen Toga deutscher Nationalwürde vertauschen und der Beamte, der Krieger, statt mit der Bedientenjacke des Herrn und Meisters, mit der Volksbinde sich 40 schmückt; wo nicht 34 Städte und Städtlein, von 34 Höfen das Almosen empfangend, um den Preis hündischer Unterwerfung, sondern wo alle Städte, frei emporblühend aus eigenem Saft, um den Preis patriotischer Tat ringen; wo 45 jeder Stamm, im Innern frei und selbstständig,

zu bürgerlicher Freiheit sich entwickelt und ein starkes, selbst gewobenes Bruderband alle umschließt zu politischer Einheit und Kraft, wo
50 die deutsche Flagge, statt Tribut an Barbaren zu bringen, die Erzeugnisse unseres Gewerbefleißes in fremde Weltteile geleitet und nicht mehr unschuldige Patrioten für das Henkerbeil auffängt, sondern allen freien Völkern den Bruder-
55 kuss bringt [...].

Ja, er wird kommen der Tag, wo ein gemeinsames deutsches Vaterland sich erhebt, das alle Söhne als Bürger begrüßt und alle Bürger mit gleicher Liebe, mit gleichem Schutz umfasst; wo die erhabene Germania dasteht auf dem er- 60 zenen Piedestal¹ der Freiheit und des Rechts, in der Hand die Fackel der Aufklärung, welche zivilisierend hinausleuchtet in die fernsten Winkel der Erde [...].

Es lebe das freie, das einige Deutschland! [...] 65
Hoch leben die Franken, der Deutschen Brüder, die unsere Nationalität und Selbstständigkeit achten! [...]
Vaterland – Volkshoheit – Völkerbund hoch!

1 **Piedestal:** Sockel, hier: Grundlage

---

1 Welches Bild des gegenwärtigen, welches des zukünftigen Deutschland zeichnet Siebenpfeiffer? Welche Bilder und Vergleiche verwendet er, um die politische Einheit des Vaterlands als Aufgaben der Zukunft auszuweisen?

2 Stellen Sie Siebenpfeiffers politische Rhetorik auf den Prüfstand. Wo werden jeweils Auf-, wo Abwertungen vorgenommen?

3 Am Schluss seiner Rede entwirft der Verfasser eine politische Utopie. Was sind deren wesentliche Merkmale?

4 Verfassen Sie einen Zeitungsartikel über Siebenpfeiffers Rede auf dem Hambacher Fest. Was kritisiert und was fordert er?

Literatur als soziales Gewissen – Georg Büchner, Heinrich Heine, Georg Weerth

In den 1840er Jahren traten neue Autoren auf den Plan. Sie griffen auf die Ideen von Hambach zurück, kritisierten scharf die obrigkeitsstaatlichen Bevormundungen der Bürger und forderten Reformen. Sie bereiteten damit der Märzrevolution von 1848 den Weg. Deswegen nennt man die Epoche auch „Vormärz".

Einer der jungen Autoren, die aus der Revolution in Paris (und auch ihrem blutigen Scheitern) Schlussfolgerungen für Formen der Auseinandersetzung mit der politischen Gegenwart zogen, war Georg Büchner. Seine Werke zeigen, wie viele junge Bürgerliche der Zeit dachten, die Börne und Heine lasen, die Herwegh (d. h. dem Jungen Deutschland) zujubelten und die sich selbst als „Männer der Bewegung" empfanden.

Georg Büchner: Woyzeck (1836/37)

Georg Büchner (1813–1837) stammte aus Darmstadt, studierte 1831 in Straßburg Medizin und wurde dort mit republikanischen Ideen bekannt. Er war der erste deutsche Autor, der einen Mann aus der Unterschicht zum Helden eines Dramas machte: Woyzeck. Es ist die Geschichte eines einfachen Soldaten, der am Ende zum Mörder seiner Geliebten wird.

Hauptmann auf einem Stuhl, Woyzeck rasiert ihn.
HAUPTMANN: Langsam, Woyzeck, langsam; eins nach dem andern. Er macht mir ganz schwindlich. Was soll ich dann mit den zehn Minuten anfange, die Er heut zu früh fertig wird? Woyzeck, bedenk' Er, Er hat noch seine schöne dreißig Jahr zu leben, dreißig Jahr! macht 360 Monate, und Tage, Stunden, Minuten! Was will Er denn mit der ungeheuren Zeit all anfangen? Teil Er sich ein, Woyzeck.
WOYZECK: Jawohl, Herr Hauptmann.
HAUPTMANN: Es wird mir ganz angst um die Welt, wenn ich an die Ewigkeit denke. Beschäftigung, Woyzeck, Beschäftigung! Ewig, das ist ewig, das ist ewig, das siehst du ein; nun ist es aber wieder nicht ewig, und das ist ein Augenblick, ja, ein Augenblick – Woyzeck, es schaudert mich, wenn ich denk, dass sich die Welt in einem Tag herumdreht, was 'ne Zeitverschwendung, wo soll das hinaus? Woyzeck, ich kann kein Mühlrad mehr sehn, oder ich werd' melancholisch.
WOYZECK: Jawohl, Herr Hauptmann.
HAUPTMANN: Woyzeck, Er sieht immer so verhetzt aus. Ein guter Mensch tut das nicht, ein guter Mensch, der sein gutes Gewissen hat. – Red' Er doch was Woyzeck. Was ist heut für Wetter?
WOYZECK: Schlimm, Herr Hauptmann, schlimm; Wind.
HAUPTMANN: Ich spür's schon, s' ist so was Geschwindes draußen; so ein Wind macht mir den Effekt wie eine Maus. *Pfiffig.* Ich glaub' wir haben so was aus Süd-Nord.
WOYZECK: Jawohl, Herr Hauptmann.
HAUPTMANN: Ha! Ha! Ha! Süd-Nord! Ha! Ha! Ha! Er ist dumm, ganz abscheulich dumm. *Gerührt.* Woyzeck, Er ist ein guter Mensch, ein guter Mensch – aber *mit Würde* Woyzeck, Er hat keine Moral! Moral, das ist, wenn man moralisch ist, versteht Er. Es ist ein gutes Wort. Er hat ein Kind, ohne den Segen der Kirche, wie unser hochehrwürdiger Herr Garnisonsprediger sagt, ohne den Segen der Kirche, es ist nicht von mir.
WOYZECK: Herr Hauptmann, der liebe Gott wird den armen Wurm nicht drum ansehn, ob das Amen drüber gesagt ist, eh' er gemacht wurde. Der Herr sprach: Lasset die Kindlein zu mir kommen.
HAUPTMANN: Was sagt Er da? Was ist das für 'ne kuriose Antwort? Er macht mich ganz konfus mit seiner Antwort. Wenn ich sag: Er, so mein ich Ihn, Ihn.

WOYZECK: Wir arme Leut. Sehn Sie, Herr Hauptmann, Geld, Geld. Wer kein Geld hat. Da setz eimal einer seinsgleichen auf die Moral in die Welt. Man hat auch sein Fleisch und Blut. Unseins ist doch eimal unselig in der und der andern Welt, ich glaub', wenn wir in Himmel kämen, so müssten wir donnern helfen.

HAUPTMANN: Woyzeck, Er hat keine Tugend, Er ist kein tugendhafter Mensch. Fleisch und Blut? Wenn ich am Fenster lieg, wenn's geregnet hat, und den weißen Strümpfen so nachsehe, wie sie über die Gassen springen – verdammt Woyzeck –, da kommt mir die Liebe. Ich hab auch Fleisch und Blut. Aber Woyzeck, die Tugend, die Tugend! Wie sollte ich dann die Zeit herumbringen? Ich sag' mir immer: Du bist ein tugendhafter Mensch, *gerührt* ein guter Mensch, ein guter Mensch.

WOYZECK: Ja, Herr Hauptmann, die Tugend! Ich hab's noch nicht so aus. Sehn Sie, wir gemeine Leut, das hat keine Tugend, es kommt einem nur so die Natur, aber wenn ich ein Herr wär und hätt ein Hut und eine Uhr und eine Anglaise[1] und könnt vornehm reden, ich wollt schon tugendhaft sein. Es muss was Schöns sein um die Tugend, Herr Hauptmann. Aber ich bin ein armer Kerl.

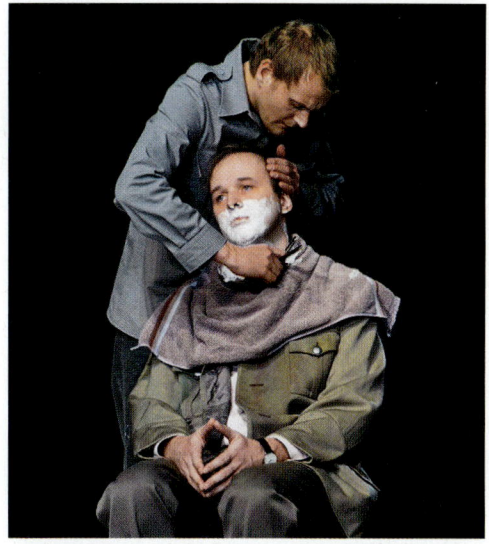

Deutsches Schauspielhaus Hamburg (2005) Regie: Laurent Chetouane

HAUPTMANN: Gut Woyzeck. Du bist ein guter Mensch, ein guter Mensch. Aber du denkst zu viel, das zehrt, du siehst immer so gehetzt aus. Der Diskurs hat mich ganz angegriffen. Geh' jetzt, und renn nicht so; langsam, hübsch langsam die Straße hinunter.

1 Anglaise: tailliertes, vornehmes Kleidungsstück (Rock, Mantel) des 18. Jh.s

1. Vergleichen Sie die Redeweise des Hauptmanns mit derjenigen Woyzecks.
2. a Rekonstruieren Sie aus der Rede des Hauptmanns dessen Vorstellung von Moral.
   b Vergleichen Sie die Vorstellung des Hauptmanns mit der Woyzecks: Was will Woyzeck sagen, wenn er „Tugend" und „Natur" einander gegenüberstellt und „Tugend" mit Reichtum verbindet?
3. Halten Sie die Szene für eine realistische Schilderung der Wirklichkeit in einer kleinen Garnisonsstadt der Zeit oder für eine Satire? Begründen Sie.
4. Die Szene Woyzeck – Hauptmann eignet sich gut für eine szenische Interpretation (▶ S. 232). Probieren und präsentieren Sie eine eigene Umsetzung.

Georg Büchner: Der hessische Landbote (1834)

Büchner kam 1833 von Straßburg nach Gießen zurück. Er gründete die „Gesellschaft für Menschenrechte", eine revolutionäre Geheimgesellschaft, die den politischen Umsturz in Hessen zum Ziel hatte. Um die Landbevölkerung zu gewinnen, verfasste er die Flugschrift „Der hessische Landbote". Es existieren zwei Drucke, zusammen etwa 1000 Exemplare, die heimlich verteilt wurden. Beide wurden von Büchners Mitstreiter, dem Theologen Ludwig Weidig, redigiert. Büchner hatte die Fakten und materiellen Interessen der Bauern im Blick, Weidig das soziale Unrecht, das der göttlichen Ordnung widerspreche. Die Polizei wurde auf die Aktion aufmerksam gemacht. Büchner konnte im letzten Moment fliehen. Weidig wurde verhaftet, verhört und nahm sich in der Haft das Leben.

ERSTE BOTSCHAFT Darmstadt, im Nov. 1834
Friede den Hütten! Krieg den Palästen!

Im Jahr 1834 sieht es aus, als würde die Bibel Lügen gestraft. Es sieht aus, als hätte Gott die Bauern und Handwerker am 5ten Tage und die Fürsten und Großen am 6ten gemacht, und als hätte der Herr zu diesen gesagt: Herrschet über alles Getier, das auf Erden kriecht, und hätte die Bauern und Bürger zum Gewürm gezählt. Das Leben der Fürsten ist ein langer Sonntag; das Volk aber liegt vor ihnen wie Dünger auf dem Acker. Der Bauer geht hinter dem Pflug, der Beamte des Fürsten geht aber hinter dem Bauer und treibt ihn mit den Ochsen am Pflug; der Fürst nimmt das Korn und lässt dem Volke die Stoppeln. Das Leben des Bauern ist ein langer Werktag; Fremde verzehren seine Äcker vor seinen Augen, sein Leib ist eine Schwiele, sein Schweiß ist das Salz auf dem Tische des Zwingherren.

Im Großherzogtum Hessen sind 718.373 Einwohner, die geben an den Staat jährlich an 6.363.364 Gulden, als

1. Direkte Steuern	2.128.131 fl.[1]
2. Indirekte Steuern	2.478.264 fl.
3. Domänen	1.547.394 fl.
4. Regalien	46.938 fl.
5. Geldstrafen	98.511 fl.
6. Verschiedene Quellen	64.198 fl.
	6.363.363 fl.

Dies Geld ist der Blutzehnte, der von dem Leib des Volkes genommen wird. An 700.000 Menschen schwitzen, stöhnen und hungern dafür. Im Namen des Staates wird es erpresst, die Presser berufen sich auf die Regierung, und die Regierung sagt, das sei nötig, die Ordnung im Staat zu erhalten. [...]

Hebt die Augen auf, und zählt das Häuflein eurer Presser, die nur stark sind durch das Blut, das sie euch aussaugen, und durch eure Arme, die ihr ihnen willenlos leihet. Ihrer sind vielleicht 10.000 im Großherzogtum, und Eurer sind es 700.000, und also verhält sich die Zahl des Volkes zu seinen Pressern auch im übrigen Deutschland. Wohl drohen sie mit dem Rüstzeug und den Reisigen[2] der Könige, aber ich sage euch: Wer das Schwert erhebt gegen das Volk, der wird durch das Schwert des Volkes umkommen. Deutschland ist jetzt ein Leichenfeld, bald wird es ein Paradies sein. Das deutsche Volk ist Ein Leib, ihr seid ein Glied dieses Leibes. Es ist einerlei, wo die Scheinleiche zu zucken anfängt. Wann der Herr euch seine Zeichen gibt durch die Männer, durch welche er die Völker aus der Dienstbarkeit zur Freiheit führt, dann erhebet euch, und der ganze Leib wird mit euch aufstehen.

Ihr bücktet euch lange Jahre in den Dornäckern der Knechtschaft, dann schwitzt ihr einen Sommer im Weinberge der Freiheit und werdet frei sein bis ins tausendste Glied.

[1] **fl.:** Abkürzung für Florin (frz. für Gulden)
[2] **Reisige:** Söldner, Soldaten

1
a Was in Büchners/Weidigs Flugblatt erinnert Sie sprachlich an eine Informationsbroschüre, was an eine Predigt? Belegen Sie die rhetorischen Mittel dieser beiden Textsorten durch Textzitate.
b Ziehen Sie aus Ihren Beobachtungen Rückschlüsse auf Büchners und Weidigs Einschätzungen der Adressaten des Flugblatts.

2 Es gibt zahlreiche Analysen des „Hessischen Landboten".
a Wählen Sie eine der folgenden Fragestellungen aus und machen Sie sich sachkundig. Geben Sie einen Überblick über die verschiedenen Einschätzungen und Meinungen:
– Wer ist der Verfasser? Hat Büchner sich in die Rolle eines Predigers begeben oder ist der Pfarrer Weidig der Verantwortliche?
– Was ist die Absicht des Flugblatts: direkte revolutionäre Aktion, Aufklärung der Landbevölkerung?
– Wie wird der Erfolg des Blattes bewertet?
b Ergänzen Sie Ihre eigenen Beobachtungen am Text durch die Bewertungen des „Landboten", die Sie bei Ihrer Recherche gefunden haben.

Georg Büchner wurde steckbrieflich gesucht. Er floh nach Frankreich. Heinrich Heine ging bereits 1831 nach Paris, nachdem das preußische Oberzensurkollegium den vierten Teil seiner Reisebilder verboten hatte. 1835 beschloss die Deutsche Bundesversammlung das Verbot seiner sämtlichen Bücher. Dennoch schrieb Heine in Paris als Journalist für die „Augsburger Allgemeine Zeitung" über Frankreich und gleichzeitig für die Franzosen über deutsche Philosophie und deutsche Literatur. Er wollte Vermittler zwischen den „beiden auserwählten Völkern der Humanität" sein.

Heine sah in Frankreich den Weg vorgezeichnet, den seiner Meinung nach auch Deutschland gehen würde. Frankreich bedeutete für ihn eine Hoffnung und ein Versprechen: Die Erneuerung Europas würde sich von Frankreich aus über den Kontinent verbreiten, so wie das schon einmal unter Napoleon der Fall gewesen war.

Heinrich Heine: Anno 1839

O, Deutschland, meine ferne Liebe,
Gedenk' ich deiner, wein' ich fast!
Das muntre Frankreich scheint mir trübe,
Das leichte Volk wird mir zur Last.

5 Nur der Verstand, so kalt und trocken,
Herrscht in dem witzigen Paris –
O, Narrheitsglöcklein, Glaubensglocken,
Wie klingelt ihr daheim so süß!

Höfliche Männer! Doch verdrossen
10 Geb' ich den art'gen Gruß zurück. –
Die Grobheit, die ich einst genossen
Im Vaterland, das war mein Glück!

Lächelnde Weiber! Plappern immer,
Wie Mühlenräder stets bewegt!
15 Da lob' ich Deutschlands Frauenzimmer,
Das schweigend sich zu Bette legt.

Und alles dreht sich hier im Kreise,
Mit Ungestüm, wie'n toller Traum!
Bei uns bleibt alles hübsch im Gleise,
20 Wie angenagelt, rührt sich kaum.

Mir ist, als hört' ich fern erklingen
Nachtwächterhörner, sanft und traut;
Nachtwächterlieder hör' ich singen,
Dazwischen Nachtigallenlaut.

25 Dem Dichter war so wohl daheime,
In Schildas teurem Eichenhain!
Dort wob ich meine zarten Reime
Aus Veilchenduft und Mondenschein.

1 Heines Gedicht wird von den einen als Kritik an Deutschland, von anderen als ironisch formulierte Liebeserklärung an sein Heimatland angesehen.
  a Stellen Sie die Bilder von Frankreich, den Franzosen und Paris gegen das Bild, das von Deutschland gezeichnet wird.
  b Überlegen Sie, welche Reaktionen von einem national, welche von einem liberal eingestellten Publikum in Deutschland zu erwarten waren. Begründen Sie Ihre Einschätzung (möglichst) nah am Text.

2 Prüfen Sie die Ernsthaftigkeit und/oder Ironie der einzelnen Aussagen Heines zu Deutschland und Frankreich, indem Sie aus dem Gedicht „Anno 1839" ein fiktives Frage-und-Antwort-Interview entwickeln:
FRAGE: Herr Heine, Sie sind nach 13 Jahren Exil in Paris heute zum ersten Mal in die Stadt Ihrer Jugend zurückgekehrt. Hier in Hamburg haben Sie Ihr berühmtes ‚Buch der Lieder' zusammengestellt, hier wohnen Ihre Mutter, Ihr Verleger Campe …
HEINE: …

Im Spätherbst 1843 (im dreizehnten Jahr seines Pariser Exils) reiste Heine inkognito durch Preußen, von Aachen und Köln über Paderborn und Minden nach Hamburg, wo seine Mutter wohnte. In seinem Reiseepos „Deutschland. Ein Wintermärchen" zeichnet er ein Land in politischer Winterstarre. Gleich im berühmten ersten Kapitel formuliert er aber auch ein politisches Manifest:

Heinrich Heine: Deutschland. Ein Wintermärchen (1844)

Ein neues Lied, ein besseres Lied,
O Freunde, will ich euch dichten!
Wir wollen hier auf Erden schon
Das Himmelreich errichten.

5 Wir wollen auf Erden glücklich sein,
Und wollen nicht mehr darben;
Verschlemmen soll nicht der faule Bauch,
Was fleißige Hände erwarben.

Es wächst hienieden Brot genug
10 Für alle Menschenkinder,
Auch Rosen und Myrten, Schönheit und Lust,
Und Zuckererbsen nicht minder.

Ja, Zuckererbsen für jedermann,
Sobald die Schoten platzen!
15 Den Himmel überlassen wir
Den Engeln und den Spatzen.

[...]

Die Jungfer Europa ist verlobt
Mit dem schönen Geniusse
Der Freiheit, sie liegen einander im Arm,
20 Sie schwelgen im ersten Kusse.

Und fehlt der Pfaffensegen dabei,
Die Ehe wird gültig nicht minder –
Es lebe Bräutigam und Braut,
Und ihre zukünftigen Kinder!

1 Welche Forderungen stellt Heine in seinem „neuen Lied"? Überlegen Sie, welche Aspekte der Zeit-Diskussion um soziale Gerechtigkeit er aufgreift. Welches Verhältnis zur Autorität der Kirche wird zudem deutlich?

2 Setzen Sie Heines Verse in einen Zeitungsartikel mit dem Titel „Utopisches Denken im Vormärz" um. Beachten Sie dabei, dass Heine für sein auf Erden zu errichtendes Himmelreich nicht nur Brot genug, sondern auch Schönheit, Lust und Zuckererbsen fordert.

Als im Jahr 1844, kurz nach Heines Deutschlandreise, in Schlesien ein Hungeraufstand der Leinweber ausbrach und bald darauf vom preußischen Militär blutig niedergeschlagen wurde, verfasste Heine für die Pariser Exil-Zeitschrift „Vorwärts" (damaliger Chefredakteur war Karl Marx) das Gedicht „Die armen schlesischen Weber", das sogleich auch als Flugblatt mit dem Titel „Weberlied" nach Deutschland geschmuggelt wurde und weite Verbreitung fand.

Heinrich Heine: **Weberlied** (1844)

Weberlied.

Im düstern Auge keine Thräne,
Sie sitzen am Web'stuhl und fletschen die Zähne;
Alt-Deutschland, wir weben dein Leichentuch,
Wir weben hinein den dreifachen Fluch.
Wir weben, wir weben!

Ein Fluch dem Gotte, dem blinden, dem tauben,
Zu dem wir gebetet mit kindlichem Glauben.
Wir haben vergeblich gehofft und geharrt,
Er hat uns geäfft und gefoppt und genarrt.
Wir weben, wir weben!

Ein Fluch dem König, dem König der Reichen,
Den unser Elend nicht konnte erweichen,
Der uns den letzten Groschen erpreßt
Und uns, wie die Hunde, erschießen läßt.
Wir weben, wir weben!

Ein Fluch dem falschen Vaterlande,
Wo nur gedeihen Trug und Schande,
Wo nur Verwesung und Todtengeruch;
Alt-Deutschland, wir weben dein Leichentuch,
Wir weben, wir weben!

Heinrich Heine.

---

1 „Für König, Gott und Vaterland" war ein Motto des preußischen Militärs. Stellen Sie dar, wie die Weber in Heines Gedicht König, Gott und Vaterland bewerten.

2 Passt der „dreifache Fluch" der Weber eher zu den hungernden Webern oder eher zu den bürgerlichen Oppositionellen um Heine? Entwerfen Sie einen fiktiven Dialog zwischen einem der aufständischen Weber und einem Journalisten, der den Ideen Heines nahesteht:
– Klären Sie in diesem Dialog die beiden Positionen. Was will welche Gruppe erreichen?
– Verdeutlichen Sie aus Sicht des Webers, wie der Protest der bürgerlichen Opposition auf die Aufständischen wirkt.

3 Referat: Neben Heines „Weberlied" griffen auch Reportagen, Zeitungsartikel und weitere politische Gedichte die Parteinahme der preußischen Regierung für Besitzbürger und Industrie scharf an. Recherchieren Sie in Geschichtsbüchern und im Internet und verfassen Sie ein Referat über die Ereignisse in Schlesien und deren Bedeutung für die politische Entwicklung hin zur Revolution von 1848.

Seit den Protesten des Hambacher Fests im Jahr 1832 hatte sich in Deutschland für die arme Bevölkerung wenig zum Besseren geändert. Noch immer schufteten die Bauern auf den Feldern für Steuern und Abgaben, arbeiteten Kinder und Frauen mehr als sechzig Wochenstunden in Textilfabriken. Die liberalen Besitzbürger hingegen hatten ihren Frieden mit der Regierung gemacht. Handel, Bergbau und Industrie erlebten einen Aufschwung und brachten ihnen Profite. Gleichzeitig entstand in schnell wachsenden Städten die Schicht der lohnabhängigen Arbeiterschaft, des so genannten Proletariats.

Georg Weerth: **Die rheinischen Weinbauern** (1846)

Georg Weerth, 1822 in Detmold geboren, starb 1856 in Havanna (Kuba). Nach einer Kaufmannslehre wurde er Kontorist einer Textilfirma in England. Er schrieb Gedichte, lernte Friedrich Engels und Karl Marx kennen. 1848/49 war er Redakteur bei der von Marx herausgegebenen „Neuen Rheinischen Zeitung". Der Publizist Friedrich Engels bezeichnete ihn in einem Nachruf als den „ersten deutschen Dichter des Proletariats".

An Aar und Mosel glänzten
Die Trauben gelb und rot;
Die dummen Bauern meinten,
Sie wären aus jeder Not.

5 Da kamen die Handelsleute
Herüber aus aller Welt:
„Wir nehmen ein Drittel der Ernte
Für unser geliehenes Geld!"

Da kamen die Herren Beamten
10 Aus Koblenz und aus Köln:
„Das zweite Drittel gehöret
Dem Staate an Steuern und Zölln!"

Und als die Bauern flehten
Zu Gott in höchster Pein,
15 Da schickt er ein Hageln und Wettern
Und brüllte: „Der Rest ist mein!"

Viel Leid geschieht jetzunder,
Viel Leid und Hohn und Spott,
Und wen der Teufel nicht peinigt,
20 Den peinigt der liebe Gott!

1 a Beschreiben Sie das Gedicht nach Form und Inhalt.
  b Ist es Ihrer Meinung nach eine politische Satire gegen Gott, Staat und frühe kapitalistische Unternehmer, ein Volkslied, in dem Erfahrungen der Bevölkerung volkstümlich vorgetragen werden oder „Elendspoesie", d.h. literarische (und zumeist sentimentale) Darstellung von Armut?
  Wählen Sie eine der drei Deutungen aus und begründen Sie Ihre Sicht möglichst nahe am Text, aber auch durch Heranziehung historischer Informationen, die Sie sich beschaffen müssen.

2 Benennen Sie Gemeinsamkeiten zwischen Heines „Weberlied" (▶ S.451) und Weerths Gedicht. Wie werden die Verhältnisse in Deutschland dargestellt? Gibt es Hoffnung auf eine bessere Zukunft?

4.2 Frührealismus: Biedermeier – Erfüllte Augenblicke statt politischer Tageszeiten

Die Metternich'sche Restauration hatte die Hoffnungen auf eine demokratische Entwicklung in Deutschland sinken lassen. Der wenig erfolgreiche Versuch, es auch in Deutschland „Tag" werden zu lassen (Hambacher Fest 1832, ▶ S. 444 f.), verstärkte bei vielen Dichtern die Tendenz, sich aus den politischen Auseinandersetzungen herauszuhalten. **Adalbert Stifter** und **Eduard Mörike** können als Beispiele dienen. Ihre Gedichte, Erzählungen und Romane nehmen keine politischen Themen auf.

Eduard Mörike: **Septembermorgen** (1827)

> Im Nebel ruhet noch die Welt,
> Noch träumen Wald und Wiesen:
> Bald siehst du, wenn der Schleier fällt,
> Den blauen Himmel unverstellt,
> Herbstkräftig die gedämpfte Welt
> In warmem Golde fließen.

Georg Herwegh: **Morgenruf** (1841) – Erste Strophe

> Die Lerche war's, nicht die Nachtigall,
> Die eben am Himmel geschlagen:
> Schon schwingt er sich auf, der Sonnenball,
> Vom Winde des Morgens getragen.
> Der Tag, der Tag ist erwacht!
>   Die Nacht,
> Die Nacht soll blutig verenden. –
> Heraus, wer ans ewige Licht noch glaubt!
> Ihr Schläfer, die Rosen der Liebe vom Haupt
> Und ein flammendes Schwert um die Lenden!

Heinrich Heine: **An Georg Herwegh** (1842)

Georg Herwegh war mit seinen „Gedichten eines Lebendigen" 1841 schlagartig berühmt geworden. Nach einer erfolgreichen Vortragsreise durch Deutschland führte das Bekanntwerden eines Protestbriefs an König Friedrich Wilhelm IV. zur Ausweisung aus Preußen. Im Pariser Exil hatte Herwegh auch Umgang mit Heinrich Heine, der ihn mit dem folgenden Gedicht begrüßte:

> Herwegh, du eiserne Lerche,
> Mit klirrendem Jubel steigst du empor
> Zum heilgen Sonnenlichte!
> Ward wirklich der Winter zunichte?
> 5 Steht wirklich Deutschland im Frühlingsflor?

Carl Spitzweg: Der Sonntagsspaziergang (1841)

> Herwegh, du eiserne Lerche,
> Weil du so himmelhoch dich schwingst,
> Hast du die Erde aus dem Gesichte
> Verloren – Nur in deinem Gedichte
> 10 Lebt jener Lenz, den du besingst.

---

1 a Untersuchen Sie in den Gedichten Mörikes und Herweghs die Bedeutung des „Morgens".
b Beziehen Sie die Ergebnisse Ihrer Textbeobachtung auf den Unterschied zwischen der später „Biedermeier" genannten literarischen Strömung und der des Vormärz.
2 Wie charakterisiert Heine Herweghs politische Poesie und welche Haltung nimmt er selbst gegenüber den politischen Hoffnungen des Vormärzautors ein?

Adalbert Stifter: Aus der Vorrede zu „Bunte Steine" (1853)

Adalbert Stifter (1805–1868) studierte Jura in Wien, er war Hauslehrer (u.a. bei der Familie Metternich), Zeitungen druckten seine ersten Erzählungen (z.B. „Der Kondor"). 1849 veröffentlichte er die Erzählung „Die Landschule" und wurde selbst Schulrat. Seine Prosa ist typisch für den biedermeierlichen Realismus.

Die Kraft, welche die Milch im Töpfchen der armen Frau emporschwellen und übergehen macht, ist es auch, die die Lava in dem Feuer speienden Berge emportreibt, und auf den Flächen der Berge hinabgleiten lässt. Nur augenfälliger sind diese Erscheinungen, und reißen den Blick des Unkundigen und Unaufmerksamen mehr an sich, während der Geisteszug des Forschers vorzüglich auf das Ganze und Allgemeine geht, und nur in ihm allein Großartigkeit zu erkennen vermag, weil es allein das Welterhaltende ist. Die Einzelheiten gehen vorüber, und ihre Wirkungen sind nach Kurzem kaum noch erkennbar. [...] Da die Menschen in der Kindheit waren, ihr geistiges Auge von der Wissenschaft noch nicht berührt war, wurden sie von dem Nahestehenden und Auffälligen ergriffen, und zu Furcht und Bewunderung hingerissen: Aber als ihr Sinn geöffnet wurde, da der Blick sich auf den Zusammenhang zu richten begann, so sanken die einzelnen Erscheinungen immer tiefer, und es erhob sich das Gesetz immer höher, die Wunderbarkeiten hörten auf, das Wunder nahm zu.

So wie es in der äußeren Natur ist, so ist es auch in der inneren, in der des menschlichen Geschlechtes. Ein ganzes Leben voll Gerechtigkeit, Einfachheit, Bezwingung seiner selbst, Verstandesgemäßheit, Wirksamkeit in seinem Kreise, Bewunderung des Schönen, verbunden mit einem heiteren gelassenen Sterben, halte ich für groß: Mächtige Bewegungen des Gemütes, furchtbar einherrollender Zorn, die Begier nach Rache, den entzündeten Geist, der nach Tätigkeit strebt, umreißt, ändert, zerstört und in der Erregung oft das eigene Leben hinwirft, halte ich nicht für größer, sondern für kleiner, da diese Dinge so gut nur Hervorbringungen einzelner und einseitiger Kräfte sind, wie Stürme, Feuer speiende Berge, Erdbeben. Wir wollen das sanfte Gesetz zu erblicken suchen, wodurch das menschliche Geschlecht geleitet wird.

Das sanfte Gesetz: Im Kleinen die Gesetze erkennen, die auch das Große regieren

	Die Milch im Topf	Die Lava im Berg
In der „äußeren Natur": das Gesetz der Eruption durch Überhitzung		
In der „inneren Natur" der Menschen: Regeln des menschlichen Zusammenlebens	Der Einzelne im nahen Umfeld der Familie: Gelassenheit, Vertrauen, Einfachheit, Gerechtigkeit mit Blick auf einzelne Erfahrungen	Der Blick auf große (z.B. politische) Zusammenhänge, auf „mächtige Bewegungen des Gemüts", „furchtbar einherrollender Zorn"
In der Entwicklung der menschlichen Gesellschaft: der Gegensatz der beharrenden und vorwärtsdrängenden Kräfte	Das Nahestehende und Auffällige wahrnehmen und als „Wunderbarkeit" erfassen	Furcht und Bewunderung auslösende große Kräfte und „Wunder" der Wissenschaft erforschen

1 Fassen Sie ausgehend von Text und Grafik in eigenen Worten zusammen, was Stifter unter dem „sanften Gesetz" versteht.

2 Suchen Sie weitere Beispiele, an denen das „sanfte Gesetz" erläutert werden könnte.

Eduard Mörike: **Mozart auf der Reise nach Prag** (1856)

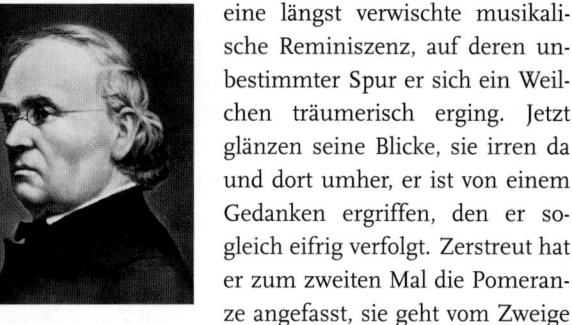

Zum hundertsten Geburtstag Mozarts verfasste Eduard Mörike die Novelle „Mozart auf der Reise nach Prag". Er erfindet hier eine Episode in Mozarts Biografie, die die Gesetze des schöpferischen Genies in dem Spiegel einer beiläufigen Begebenheit demonstriert: Auf seiner Reise von Wien nach Prag machen Mozart und seine Frau Konstanze Halt in einem böhmischen Dorf. Mozart geht im nahe gelegenen Schlossgarten spazieren.

Von der Mitte zweier großen, noch reichlich blühenden Blumenparterre ging unser Meister nach den buschigen Teilen der Anlagen zu, berührte ein paar schöne dunkle Piniengruppen und lenkte seine Schritte auf vielfach gewundenen Pfaden, indem er sich allmählich den lichteren Partien wieder näherte, dem lebhaften Rauschen eines Springbrunnens nach, den er sofort erreichte. [...] Das Ohr behaglich dem Geplätscher des Wassers hingegeben, das Aug' auf einen Pomeranzenbaum von mittlerer Größe geheftet, der außerhalb der Reihe, einzeln, ganz dicht an seiner Seite auf dem Boden stand und voll der schönsten Früchte hing, ward unser Freund durch diese Anschauung des Südens alsbald auf eine liebliche Erinnerung aus seiner Knabenzeit geführt. Nachdenklich lächelnd reicht er hinüber nach der nächsten Frucht, als wie um ihre herrliche Ründe, ihre saftige Kühle in hohler Hand zu fühlen. Ganz im Zusammenhang mit jener Jugendszene aber, die wieder vor ihm aufgetaucht, stand eine längst verwischte musikalische Reminiszenz, auf deren unbestimmter Spur er sich ein Weilchen träumerisch erging. Jetzt glänzen seine Blicke, sie irren da und dort umher, er ist von einem Gedanken ergriffen, den er sogleich eifrig verfolgt. Zerstreut hat er zum zweiten Mal die Pomeranze angefasst, sie geht vom Zweige los und bleibt ihm in der Hand. Er sieht und sieht es nicht; ja so weit geht die künstlerische Geistesabwesenheit, dass er, die duftige Frucht beständig unter der Nase hin und her wirbelnd und bald den Anfang, bald die Mitte einer Weise unhörbar zwischen den Lippen bewegend, zuletzt instinktmäßig ein emailliertes Etui aus der Seitentasche des Rocks hervorbringt, ein kleines Messer mit silbernem Heft daraus nimmt und die gelbe kugelige Masse von oben nach unten langsam durchschneidet. Es mochte ihn dabei entfernt ein dunkles Durstgefühl geleitet haben, jedoch begnügten sich die angeregten Sinne mit Einatmung des köstlichen Geruchs. Er starrt minutenlang die beiden innern Flächen an, fügt sie sachte wieder zusammen, ganz sachte, trennt und vereinigt sie wieder. Da hört er Tritte in der Nähe, er erschrickt, und das Bewusstsein, wo er ist, was er getan, stellt sich urplötzlich bei ihm ein. Schon im Begriff, die Pomeranze zu verbergen, hält er doch gleich damit inne, sei es aus Stolz, sei's, weil es zu spät dazu war. Ein großer, breitschulteriger Mann in Livree, der Gärtner des Hauses, stand vor ihm.

1 Analysieren Sie diesen Auszug aus der Novelle „Mozart auf der Reise nach Prag":
  a Beschreiben Sie, wie Mörike den Komponisten und Menschen Mozart darstellt.
   Gehen Sie dabei auf Mozarts Sinneseindrücke, Erinnerungen und seine geistige Verfassung ein.
  b Welche Korrespondenzen zwischen innen (Mozarts Gemütszustand) und außen (dem Park, dem Brunnen, dem südlichen Ambiente der Orangerie) können Sie beobachten?

2 Vollziehen Sie nach, wie Mörike den Augenblick der musikalischen Inspiration darstellt:
  – Wie versteht er die „künstlerische Geistesabwesenheit"?
  – Welche Bedeutung hat die „Einatmung des köstlichen Geruchs"?
  – Warum zerschneidet Mozart die Orange und starrt auf die „inneren Flächen"?
  – Warum fügt er die beiden Teile immer wieder zusammen?

Annette von Droste-Hülshoff: Am Turme (1842)

Annette von Droste-Hülshoff (1797–1848) stammte aus dem westfälischen Adel und führte ein sehr zurückgezogenes Leben. 1842 schrieb sie die Novelle „Die Judenbuche". Berühmt wurde die Dichterin vor allem durch ihre Lyrik, in der sie auch zu den Lebensbedingungen einer Frau zu ihrer Zeit Stellung nahm.

Ich steh' auf hohem Balkone am Turm,
Umstrichen vom schreienden Stare,
Und lass' gleich einer Mänade[1] den Sturm
Mir wühlen im flatternden Haare;
5 O wilder Geselle, o toller Fant,
Ich möchte dich kräftig umschlingen
Und, Sehne an Sehne, zwei Schritte am Rand
Auf Tod und Leben dann ringen!

Und drunten seh' ich am Strand, so frisch
10 Wie spielende Doggen, die Wellen
Sich tummeln rings mit Geklaff und Gezisch
Und glänzende Flocken schnellen.
O, springen möcht' ich hinein alsbald,
Recht in die tobende Meute,
15 Und jagen durch den korallenen Wald
Das Walross, die lustige Beute!

Droste-Hülshoff auf Schloss Meersburg (Holzstich, undatiert)

Und drüben seh' ich ein' Wimpel wehn
So keck wie eine Standarte,
Seh' auf und nieder den Kiel sich drehn
20 Von meiner luftigen Warte;
O, sitzen möcht' ich im kämpfenden Schiff,
Das Steuerruder ergreifen
Und zischend über das brandende Riff
Wie eine Seemöwe streifen.

25 Wär' ich ein Jäger auf freier Flur,
Ein Stück nur von einem Soldaten,
Wär' ich ein Mann doch mindestens nur,
So würde der Himmel mir raten;
Nun muss ich sitzen so fein und klar,
30 Gleich einem artigen Kinde,
Und darf nur heimlich lösen mein Haar
Und lassen es flattern im Winde!

1 Mänade (auch: Bacchantin): wilde Anhängerin des Weingottes Bacchus

1 a Stellen Sie die Haltung der Sprecherin, ihre Gedanken, Wünsche und Gesten, dem Verhalten eines „artigen Kinde[s]" (V.30) gegenüber.
b Die Sprecherin steht in Meersburg am Turm und blickt auf den Bodensee, das Schwäbische Meer. Übersetzen Sie ihre Gedanken in einen inneren Monolog.
2 Vergleichen Sie das Manifest-Gedicht Louise Astons (▶ S. 457) mit dem Annette von Droste-Hülshoffs. Welches Frauenbild wird jeweils entworfen?
3 Annette von Droste-Hülshoff wird von den Literaturgeschichten dem Biedermeier, Louise Aston dem Vormärz zugerechnet. Nehmen Sie zu dieser Zuordnung Stellung.

Louise Aston: Lebensmotto (1846) – Auszug

Louise Aston (1814–1871), Tochter eines evangelischen Pfarrers, wurde im Alter von 17 Jahren zur Heirat mit einem englischen Geschäftsmann gezwungen. Nach einer unglücklichen Ehe ließ sie sich scheiden und lebte in Berlin. Sie nahm aktiv an der Revolution von 1848 teil, schrieb Romane, gab eine Zeitschrift heraus und gründete einen Club emanzipierter Frauen.

[...]
Leben – Meer, das endlos rauschend
Mich auf weiten Fluten trägt:
Deinen Tiefen freudig lauschend
5 Steh' ich sinnend, stummbewegt.
Stürzt Gewittersturm, der wilde,
Jauchzend sich in's Meer hinein,
Schau' ich in dem Flammenbilde
Meines Lebens Widerschein.
10 Freiem Leben, freiem Lieben,
Bin ich immer treu geblieben!

Liebe – von der Welt geächtet,
Von dem blinden Wahn verkannt,
Oft gemartert, oft geknechtet,
15 Ohne Recht und Vaterland;
Fester Bund von stolzen Seelen
Den des Lebens Glut gebar,
Freier Herzen freies Wählen,
Vor der Schöpfung Hochaltar!
20 Freiem Leben, freiem Lieben,
Bin ich immer treu geblieben!

Und solang' die Pulse beben,
Bis zum letzten Atemzug,
Weih' der Liebe ich dies Leben,
25 Ihrem Segen, ihrem Fluch!
Schöne Welt, du blühend Eden,
Deiner Freuden reicher Schatz
Gibt für alle Schicksalsfehden
Vollen, köstlichen Ersatz!
30 Freiem Lieben, freiem Leben,
Hab' ich ewig mich ergeben!

Information — **Epochenüberblick – Frührealismus: Junges Deutschland, Vormärz, Biedermeier (1830–1848)**

Geschichte, gesellschaftliche Entwicklung: Nach dem Sturz Napoleons sollten in Europa die vorrevolutionären Verhältnisse wiederhergestellt werden (**Restauration**). Unter Preußens und Österreichs Führung wurde ein deutscher Staatenbund mit Sitz in Frankfurt gegründet. Gleich nach dem Wiener Kongress (1814/15) sorgte der österreichische Kanzler Fürst **Metternich** dafür, dass keiner der deutschen Fürsten die Versprechungen einhielt, mit denen sie ihre Völker in den Krieg gegen Napoleon gelockt hatten (vor allem das Versprechen einer „Verfassung", die bürgerliche Freiheiten und eine Beteiligung der Bürger an der Regierung garantierte). Um die Forderungen des liberal denkenden Bürgertums und der nach nationaler Einheit strebenden bürgerlichen „Patrioten" zu unterbinden, wurde eine strenge Zensur eingeführt. Die Maßnahmen wurden verschärft, nachdem 1830 die Julirevolution in Frankreich erneut auch in Deutschland zu Unruhen geführt hatte. 1835 wurden die Schriften des so genannten „Jungen Deutschland" verboten.

Gemeint waren die Autoren **Heinrich Heine, Ludolf Wienbarg, Karl Gutzkow, Heinrich Laube**. Den journalistisch und politisch führenden Kopf, **Ludwig Börne**, hatte man in der Eile vergessen mit aufzulisten. Diese Autoren bildeten zwar keine zusammenhängende Gruppe, aber sie verstanden sich alle als politische Schriftsteller und Gegner der 36 Landesherren und ihrer Regierungen. Während Deutschland politisch so zu einem „Wintermärchen" (Heine) erstarrte, nahmen Handel und Gewerbe, Industrie, insbesondere Bergbau und Eisenbahnbau, zu. Der Aufstieg der Bourgeoisie und die Verelendung der arbeitenden Bevölkerung in den schnell wachsenden Städten (Pauperismus) nahmen ihren Anfang.

Weltbild: Die politischen und ökonomischen Prozesse hinterließen auch im Denken der Zeit ihre Spuren. Nun sah man die Abhängigkeit des Einzelnen von den Lebensumständen, in die er hineingeboren wird, und man dachte darüber nach, wie Fortschritte hin zu mehr sozialer Gerechtigkeit und mehr Freiheit in persönlichen, wissenschaftlichen oder religiösen Dingen erzielt werden könnten. Auch Fragen der Emanzipation bisher unterprivilegierter Gruppen (Bauern, Juden, Frauen) wurden diskutiert.

Literatur: Einige der bedeutenden Autoren (**Eduard Mörike, Annette von Droste-Hülshoff, Adalbert Stifter**) hielten sich aus der Politik heraus und konzentrierten sich auf das „Innenleben" der bürgerlichen Familie und des bürgerlichen Individuums (**Literatur des Biedermeier**). Mit dieser Einstellung gelten sie als Fortführer der Tradition der deutschen Klassik und Wegbereiter des poetischen Realismus. Andere Autoren engagierten sich politisch (**Heinrich Heine, Georg Büchner, Georg Herwegh, Georg Weerth**), um Bewegung in das erstarrte System der Restauration zu bringen (**Literatur des Vormärz**). Sie arbeiteten fast alle auch als Journalisten. Denn die Presse war eine entscheidende politische Macht geworden.

Als 1848 Frankreich wieder Republik wurde, kam es in Deutschland zur so genannten Märzrevolution. Ein erstes deutsches Parlament, die Frankfurter Nationalversammlung, wurde eröffnet. Einige bedeutende Dichter waren Abgeordnete dieses Parlaments (z. B. **Ludwig Uhland**). Die großen politischen Themen der Zeit, wie Bürgerfreiheit, nationale Einheit, Pressefreiheit, allgemeines Wahlrecht und konstitutionelle Verfassungen, wurden in der Frankfurter Nationalversammlung und von den Dichtern des Vormärz in der Presse gleichermaßen diskutiert.

Nach dem Scheitern der Revolution mussten viele Autoren ins Exil gehen. Sie lebten in der Schweiz, in Frankreich, Belgien, den USA. Nach einer Amnestie 1864 kehrten einige in die Heimat zurück, nur wenige betätigten sich noch politisch (als Journalisten).

Weitere wichtige Autorinnen/Autoren und Werke
Carl Ludwig Börne (1786–1838): „Briefe aus Paris" (Sammlung kritischer Briefe über Zustände in Deutschland und Frankreich nach der Revolution von 1830)
August Heinrich Hoffmann von Fallersleben (1789–1874): Gedichte („Deutschlandlied")
Johann Nestroy (1801–1862): Komödien; Volksstücke
Nikolaus Lenau (1802–1850): Gedichte
Ferdinand Freiligrath (1810–1876): „Ça ira" (politische Gedichte)
Karl Gutzkow (1811–1878): „Wally die Zweiflerin" (Roman)

1 Vormärz und Biedermeier werden, was das politische Engagement der Autorinnen und Autoren angeht, für gegensätzliche Strömungen gehalten. Beide Strömungen gehören indes zum frühen Realismus. Stellen Sie in Form eines Essays den nach innen gerichteten Realismus des Biedermeier und den auf öffentliche Wirksamkeit abgestellten Realismus des Vormärz einander gegenüber.

4.3 Poetischer oder bürgerlicher Realismus

Adolph Menzel: Das Eisenwalzwerk (Moderne Cyklopen, 1875)

Theodor Fontane: Was verstehen wir unter Realismus? (1853)

Vor allen Dingen verstehen wir nicht darunter das nackte Wiedergeben alltäglichen Lebens, am wenigsten seines Elends und seiner Schattenseiten. Traurig genug, dass es nötig ist, derlei
5 sich von selbst verstehende Dinge noch erst versichern zu müssen. Aber es ist noch nicht allzu lange her, dass man (namentlich in der Malerei) Misere mit Realismus verwechselte [...]. Diese Richtung verhält sich zum echten Realismus
10 wie das rohe Erz zum Metall: Die Läuterung fehlt. Wohl ist das Motto des Realismus der Goethe'sche Zuruf:
*Greif nur hinein ins volle Menschenleben,
Wo du es packst, da ist's interessant,*
15 aber freilich, die Hand, die diesen Griff tut, muss eine künstlerische sein. Das Leben ist doch immer nur der Marmorsteinbruch, der den Stoff zu unendlichen Bildwerken in sich trägt [...].
Er [der Realismus] ist die Widerspiegelung alles wirklichen Lebens, aller wahren Kräfte und In- 20 teressen im Elemente der Kunst [...]. Er umfängt das ganze reiche Leben, das Größte wie das Kleinste: den Kolumbus, der der Welt eine neue zum Geschenk machte, und das Wassertierchen, dessen Weltall der Tropfen ist; den höchs- 25 ten Gedanken, die tiefste Empfindung zieht er in seinen Bereich, und die Grübeleien eines Goethe wie Lust und Leid eines Gretchen sind sein Stoff. Denn alles das ist wirklich. Der Realismus will nicht die bloße Sinnenwelt und 30 nichts als diese; er will am allerwenigsten das bloß Handgreifliche, aber er will das Wahre.

1 a Seit der Antike stehen sich zwei Aspekte künstlerischer Tätigkeit gegenüber, einerseits die Mimesis, die Nachahmung der Wirklichkeit, und andererseits die Poiesis, das künstlerisch-schöpferische Gestalten. Arbeiten Sie heraus, wie Fontane das Verhältnis der beiden Aspekte im Realismus sieht, welche Schlüsselwörter er dafür verwendet und was für ihn das Ziel realistischer Kunst ist.

b Verfassen Sie auf der Basis von Fontanes Text für ein Schülerlexikon eine Definition des Begriffs „poetischer Realismus".

2 Untersuchen Sie, ob und inwiefern Menzels Gemälde Fontanes Realismusverständnis entspricht. Beziehen Sie dabei den Untertitel „Moderne Cyklopen" in Ihre Betrachtung mit ein.
Hinweis: In der griechischen Mythologie sind Zyklopen einäugige Riesen. Sie werden auch als Helfer des Schmiedgottes Hephaistos angesehen.

3 Recherchieren Sie Adolph Menzels Biografie und Künstlerkarriere und deuten Sie vor diesem Hintergrund seine beiden Gemälde „Das Eisenwalzwerk" und „Abreise König Wilhelms I." (▶ S. 459 und 443).

Milieus und Figuren – Merkmale realistischen Erzählens

Wilhelm Raabe: **Der Hungerpastor** (1864) – Antrittsbesuch des Hauslehrers

Wilhelm Raabe (1831–1910) stammt aus dem Weserbergland. Nachdem er die Schule und eine Buchhandelslehre abgebrochen hatte, ging er nach Berlin, wo er Philosophie, Literatur und Geschichte studierte. Ab 1854 lebte Raabe als freier Schriftsteller.

Hans Unwirrsch, der Sohn eines Schuhmachers, besucht die kleinstädtische Armenschule, wie es für Kinder seines Standes üblich ist. Der Vater stirbt früh und die Mutter arbeitet als Wäscherin. Dank des kleinen väterlichen Erbes und der eisernen Sparsamkeit der Mutter gelingt es Hans, auf das Gymnasium überzuwechseln und später Theologie zu studieren. Nach dem Examen arbeitet er zunächst als Hauslehrer. Seine zweite Anstellung hofft er bei der Familie des Geheimen Rates Götz, eines hohen Regierungsbeamten, zu finden. Vermittelt hat Hans die neue Stelle der Bruder des Geheimen Rates, ein Offizier, der ihn nun zu der Villa der Familie Götz führt.

Sie hatten erst die lebensvolle, lärmvolle Geschäftsstadt hinter sich gelassen, hatten dann ein stilleres Viertel, vornehmeres Viertel, durchwandert und gelangten jetzt durch einen Teil des Parkes zu der letzten Häuserreihe eines noch vornehmeren Viertels, welche sich den Park entlangzog und von demselben durch Fahr- und Reitwege getrennt war. Durch kleine, aber selbst in dieser frühen Jahreszeit zierlich gehaltene Gärten gelangte man zu den Häusern dieser „Parkstraße"; und vor einem eleganten eisernen Gartentor stand jetzt der Leutnant und deutete grimmig auf das elegante Gebäude jenseits des runden Rasenfleckens und des leeren Fontänenbeckens. Grimmig zog der Leutnant die Glocke des Gartentores, Sesam tat sich auf[1], um den Rasen und das Fontänenbecken schritten die beiden Herren. Drei Treppenstufen – eine reich geschnitzte Tür, die sich ebenfalls von selbst zu öffnen schien – eine dämmerige, vornehme Flur – bunte Glasscheiben – die Töne eines Fortepianos[2] – ein kreischender Papagei irgendwo in einem Zimmer – ein Bedienter in Grün und Gold, welchem Hans Unwirrsch in der Verwirrung auf den Fuß trat und welcher es verachtete, von den gestammelten Entschuldigungen Notiz zu nehmen.

[1] **Sesam tat sich auf:** Anspielung auf die Zauberformel „Sesam, öffne dich" aus dem Märchen „Ali Baba und die 40 Räuber"
[2] **Fortepiano:** alte Bezeichnung für Klavier

Als erstes Familienmitglied begrüßt Kleophea, die erwachsene Tochter des Geheimen Rates, Unwirrsch und begleitet ihn zum Zimmer ihres Vaters.

Durch einen eleganten Salon führte Kleophea den Kandidaten in ein anderes Gemach voll Bücher- und Aktenschränke. Drei Verbeugungen machte Hans Unwirrsch gegen einen umfangreichen, mit grünem Tuch überzogenen Tisch, der auch mit Büchern und Akten bedeckt war. Ein Herr saß hinter dem Tisch und erhob sich bei dem Gruß aus seinem Sessel, wuchs lang, lang, immer länger – dünn, schwarz, schattenhaft – empor und stand zuletzt lang, dünn und schwarz, zugeknöpft bis an die weiße Halsbinde, hinter seinen Akten da, gleich einem Pfahl mit der Warnungstafel: An diesem Ort darf nicht gelacht werden.

Kleophea lachte aber dennoch.

„Der Herr Kandidat Unwirrsch, Papa", sagte sie; wieder verbeugte sich Hans, und der Herr Geheime Rat Götz räusperte sich, schien es sehr zu bedauern, aufgestanden zu sein, blieb jedoch, da er einmal stand, stehen und fuhr mit dem rechten Arm schnell nach dem Rücken, welches in jedem andern als dem Kandidaten die Vermutung erregt hätte, jetzt drücke er auf eine Feder oder drehe eine Schraube oder ziehe an einem Faden.

Das Gespräch verläuft recht einsilbig. Schließlich meldet der Diener Jean, dass die Gattin des Geheimen Rates, eine geborene von Lichtenhahn, heimgekehrt sei.

„Es ist mein Wunsch, dass Sie in diesem Hause bleiben. Sie gefallen mir, soweit sich Ihre Personalakte bis jetzt übersehen ließ, sehr gut, ich wünsche, dass Sie auch meiner Frau gefallen mögen. Tun Sie das Ihrige dazu, und nun kommen Sie."

Durch den schon erwähnten Salon führte der Geheime Rat jetzt den Kandidaten zu dem gegenüberliegenden Zimmer, an dessen Tür eine bemerkliche Veränderung über den Mann kam. Die Federn in seinem Innern schienen plötzlich ihre Spannkraft zu verlieren, das Räderund Zugwerk versagte seinen Dienst, die ganze Gestalt schien kleiner zu werden; – der Herr Geheime Rat klopfte an die Tür seiner Gemahlin und schien Lust zu haben, vorher durch das Schlüsselloch zu sehen oder doch an demselben zu horchen. Einen Augenblick später stand Hans Unwirrsch vor der *Herrin* des Hauses.

Eine stattliche Dame in Schwarz mit Adlernase und Doppelkinn – ernst wie eine sternenlose Nacht, auf einem dunkelfarbigen Diwan, hinter einem dunkelfarbig behängten Tische! Feierlicher Eindruck des ganzen Gemaches! Jeder Stuhl und Sessel ein Altar der Würde. Ernst, keusch, feierlich und würdig Wände, Plafond[3] und Teppiche, Bilder und Vorhänge – alles in stattlicher Ordnung und Gesetztheit bis auf den siebenjährigen, kaffeegesichtigen, geschwollenen kleinen Schlingel, welcher beim Anblick des Präzeptors[4] ein entsetzliches, widerliches, wütendes Geheul erhob und mit einer Kinderpeitsche Angriffe auf die Beine des Kandidaten Unwirrsch machte!

„O Aimé, welch ein Betragen!", sagte die Dame in Schwarz. „Komm zu mir, mein Liebling, rege dich nicht so schrecklich auf. Kleophea, willst du nicht dem Kind das Peitschchen fortnehmen?"

Kleophea zuckte wiederum die Achseln:

„Ich danke, Mama. Aimé und ich –"

Die gnädige Frau, mit der Hand winkend, rief:

„Schweige nur; ich weiß schon, was jetzt kommen wird. Sieh, mein Püppchen, was ich dir für deine Peitsche gebe!"

Einer Bonbontüte konnte das liebliche Kind nicht widerstehen, es gab sein Marterinstrument in die Hände der Mutter, die dadurch alles erhielt, was ihr noch zur letzten Vollendung ihrer imponierenden Erscheinung fehlte.

Mit der Peitsche in der Hand widmete sich jetzt die Geheime Rätin gänzlich dem neuen Hauslehrer. Sie unterwarf ihn einem strengen Examen und erbat sich die allergenaueste Auskunft über die „Führung" seines Lebens. Moral und Dogma[5] des jungen Mannes, welchem ein so

---

[3] **Plafond:** Zimmerdecke
[4] **Präzeptor:** Lehrer, Erzieher
[5] **Dogma:** Glaubenslehre

kostbares Juwel anvertraut werden sollte, war ihr sehr wichtig, und nicht ganz ging's bei einigen Einzelheiten ohne Stirnrunzeln ab. Im Ganzen jedoch fiel das Examen zu Gunsten des Examinanden aus, und der Schluss war sogar sehr befriedigend.

„Ich freue mich, hoffen zu können, dass Ihr Wirken in diesem Hause ein gesegnetes sein werde", sagte die gnädige Frau. „Sie werden finden, Herr Kandidat, dass der Herr Sie unter ein christliches Dach geführt hat. Sie werden finden, dass der Same des Heils in dem Herzen dieses kleinen, sensitiven[6] Engels bereits ausgestreut ist. Unter meiner speziellen mütterlichen Aufsicht werden Sie zur Entfaltung aller schönen Blüten in diesem jungen Herzen nach Kräften beitragen, und der Herr wird Ihr Werk zum Segen gereichen lassen. Demütigen und einfältigen Herzens werden Sie unter uns wirken und sich nicht durch weltliches Lächeln und Spötteln" (hier traf ein Blick und ein imaginierter Peitschenhieb die schöne Kleophea) „beirren lassen. Aimé, mein süßes Blümchen, du darfst jetzt dem Herrn Kandidaten die Hand geben."

Das süße Blümchen musste die Aufforderung jedenfalls falsch verstanden haben. Statt dem Herrn Kandidaten die Hand zu geben, brach es von Neuem in jenes vorhin erwähnte, Mark und Bein durchdringende Geschrei aus; und als der Hauslehrer es wagte, sich ihm zu nähern, stieß es mit den Füßen nach den Schienbeinen desselben, sodass er schmerzlich bewegt zurückwich und nur aus der Ferne die Hoffnung aussprach, dass Aimé und er bald vertrauter miteinander werden würden.

„Ich hoffe es auch", sagte die gnädige Frau. „Ich hoffe, dass Sie alles aufbieten werden, sich die Liebe und Zuneigung meines Knaben zu erwerben. Durch ein kindlich einfältiges und demütiges Wesen lässt sich leicht die Liebe eines Kindes erlangen. O welch einen Schatz lege ich in Ihre Hände, Herr Unwirrsch!"

6 sensitiv: empfindlich, feinnervig

Theodor Fontane: Frau Jenny Treibel (1893) – Die Kommerzienrätin besucht ihr Elternhaus

An einem der letzten Maitage, das Wetter war schon sommerlich, bog ein zurückgeschlagener Landauer[1] vom Spittelmarkt her in die Kur- und dann in die Adlerstraße ein und hielt gleich danach vor einem trotz seiner Front von nur fünf Fenstern ziemlich ansehnlichen, im Übrigen aber altmodischen Hause, dem ein neuer, gelbbrauner Ölfarbenanstrich wohl etwas mehr Sauberkeit, aber keine Spur von gesteigerter Schönheit gegeben hatte, beinahe das Gegenteil. Im Fond des Wagens saßen zwei Damen mit einem Bologneserhündchen, das sich der hell und warm scheinenden Sonne zu freuen schien. Die links sitzende Dame von etwa dreißig, augenscheinlich eine Erzieherin oder Gesellschafterin, öffnete, von ihrem Platz aus, zunächst den Wagenschlag, und war dann der anderen, mit Geschmack und Sorglichkeit gekleideten und trotz ihrer hohen fünfzig noch sehr gut aussehenden Dame beim Aussteigen behilflich. Gleich danach aber nahm die Gesellschafterin ihren Platz wieder ein, während die ältere Dame auf eine Vortreppe zuschritt und nach Passierung derselben in den Hausflur eintrat. Von diesem aus stieg sie, so schnell ihre Korpulenz es zuließ, eine Holzstiege mit abgelaufenen Stufen hinauf, unten von sehr wenig Licht, weiter oben aber von einer schweren Luft umgeben, die man füglich als eine Doppelluft bezeichnen konnte. Gerade der Stelle gegenüber, wo die Treppe mündete, befand sich eine Entréetür[2] mit Guckloch und neben diesem ein grünes, knittriges Blechschild, darauf „Professor Wilibald Schmidt" ziemlich undeutlich zu lesen war. Die ein wenig asthmatische Dame fühlte zunächst das Bedürfnis, sich auszuruhen, und musterte bei der Gelegenheit den ihr übrigens von langer Zeit her bekannten Vorflur, der vier gelb gestrichene Wände mit etlichen Haken und Riegeln und dazwischen einen höl-

1 Landauer: viersitzige Kutsche mit klappbarem Verdeck
2 Entrée: (franz.) Eingang

zernen Halbmond zum Bürsten und Ausklopfen der Röcke zeigte. Dazu wehte, der ganzen Atmosphäre auch hier den Charakter gebend, von einem nach hinten zu führenden Korridor her ein sonderbarer Küchengeruch heran, der, wenn nicht alles täuschte, nur auf Rührkartoffeln und Karbonade³ gedeutet werden konnte, beides mit Seifenwrasen⁴ untermischt. „Also kleine Wäsche", sagte die von dem allen wieder ganz eigentümlich berührte stattliche Dame still vor sich hin, während sie zugleich weit zurückliegender Tage gedachte, wo sie selbst hier, in eben dieser Adlerstraße, gewohnt und in dem gerade gegenübergelegenen Materialwarenladen ihres Vaters mit im Geschäft geholfen und auf einem über zwei Kaffeesäcke gelegten Brett kleine und große Düten geklebt hatte, was ihr jedes Mal mit „zwei Pfennig fürs Hundert" gutgetan worden war. „Eigentlich viel zu viel, Jenny", pflegte dann der Alte zu sagen, „aber du sollst mit Geld umgehen lernen." Ach, waren das Zeiten gewesen! Mittags, Schlag zwölf, wenn man zu Tisch ging, saß sie zwischen dem Kommis⁵ Herrn Mielke und dem Lehrling Louis, die beide, so verschieden sie sonst waren, dieselbe hochstehende Kammtolle und dieselben erfrorenen Hände hatten. Und Louis schielte bewundernd nach ihr hinüber, aber wurde jedes Mal verlegen, wenn er sich auf seinen Blicken ertappt sah. Denn er war zu niedrigen Standes, aus einem Obstkeller in der Spreegasse. Ja, das alles stand jetzt wieder vor ihrer Seele, während sie sich auf dem Flur umsah und endlich die Klingel neben der Tür zog. Der überall verbogene Draht raschelte denn auch, aber kein Anschlag ließ sich hören, und so fasste sie schließlich den Klingelgriff noch einmal und zog stärker. Jetzt klang auch ein Bimmelton von der Küche her bis auf den Flur herüber, und ein paar Augenblicke später ließ sich erkennen, dass eine hinter dem Guckloch befindliche kleine Holzklappe beiseitegeschoben wurde. Sehr wahrscheinlich war es des Professors Wirtschafterin, die jetzt, von ihrem Beobachtungsposten aus, nach Freund oder Feind aussah, und als diese Beobachtung ergeben hatte, dass es „gut Freund" sei, wurde der Türriegel ziemlich geräuschvoll zurückgeschoben, und eine ramassierte⁶ Frau von ausgangs vierzig, mit einem ansehnlichen Haubenbau auf ihrem vom Herdfeuer geröteten Gesicht, stand vor ihr.

„Ach, Frau Treibel … Frau Kommerzienrätin … Welche Ehre …"

„Guten Tag, liebe Frau Schmolke. Was macht der Professor? Und was macht Fräulein Corinna? Ist das Fräulein zu Hause?"

„Ja, Frau Kommerzienrätin. Eben wieder nach Hause gekommen aus der Philharmonie. Wie wird sie sich freuen."

Und dabei trat Frau Schmolke zur Seite, um den Weg nach dem einfenstrigen, zwischen den zwei Vorderstuben gelegenen und mit einem schmalen Leinwandläufer belegten Entrée freizugeben. Aber ehe die Kommerzienrätin noch eintreten konnte, kam ihr Fräulein Corinna schon entgegen und führte die „mütterliche Freundin", wie sich die Rätin gern selber nannte, nach rechts hin, in das eine Vorderzimmer.

---

3 **Karbonade:** Rippenstück vom Schwein, Kotelett
4 **Wrasen:** Ausdünstung, Dunst
5 **Kommis:** Handelsgehilfe
6 **ramassiert:** untersetzt

---

1 Formulieren Sie Ihre ersten Leseeindrücke: Wie wirken die Auszüge aus den Romanen Raabes und Fontanes (▶ S. 460–463) auf Sie? Wo sehen Sie Übereinstimmungen?

2 a Fertigen Sie eine vergleichende Analyse der beiden Romanauszüge an. Gehen Sie dabei auf folgende Aspekte ein:
– Handlungsverlauf und inhaltlicher Aufbau der dargestellten Szene,
– Zeit, Ort, Atmosphäre, Milieu,
– Aussehen, Verhalten, Eigenschaften der Figuren und die Bedeutung ihres gesellschaftlichen Standes in diesem Kontext,
– Erzählperspektive und Haltung des Erzählers zu den Figuren und Vorgängen.

b Prüfen Sie, ob und in welcher Weise die beiden Erzähltexte dem Konzept eines „poetischen Realismus" (▶ S. 459) entsprechen.

3 Wie wird die weitere Geschichte Hans Unwirrschs als Hauslehrer verlaufen? Skizzieren Sie schriftlich Ihre Vorstellungen dazu.

4 **Referat:** Besorgen Sie sich aus Romanführern, Literaturlexika oder aus dem Internet Inhaltsangaben der beiden Romane und arbeiten Sie heraus, welche Themen, Problemstellungen und Figurenkonstellationen die beiden Autoren in den Mittelpunkt rücken.

Eine bürgerliche Familienkatastrophe – Drama des Realismus

Friedrich Hebbel: Maria Magdalene (1844)

Klara, die Tochter des Tischlermeisters Anton, hat sich mit dem Schreiber Leonhard verlobt, obwohl sie ihn im Grunde ihres Herzens nicht liebt. Aus Eifersucht und um sich die scheinbar gute Partie zu sichern, hat Leonhard Klara dazu gedrängt, mit ihm zu schlafen. Als Karl, Klaras Bruder, eines Diebstahls verdächtigt wird, beginnt die Katastrophe über die Familie hereinzubrechen. Bei der Verhaftung Karls stirbt die Mutter an einem Herzanfall und Leonhard, der zuvor von Meister Anton erfahren hat, dass für Klara keine große Mitgift zu erwarten ist, nutzt die Gelegenheit, sich von ihr loszusagen, da er sich nicht mit der Schwester eines Verbrechers verbinden könne. Klara versucht ihren Vater zu beruhigen, der durch die Verhaftung seines Sohnes und den Tod seiner Frau außer sich geraten ist.

Auszug aus II/1

Klara: Werd Er doch wieder ruhig!
Meister Anton: Werd Er doch wieder gesund! Warum ist Er krank! Ja, Arzt, reich mir nur den Trunk der Genesung! dein Bruder ist der
5 schlechteste Sohn, werde du die beste Tochter! […] Werde du ein Weib, wie deine Mutter war, dann wird man sprechen: An den Eltern hats nicht gelegen, dass der Bube abseits ging, denn die Tochter wandelt den rechten Weg, und ist
10 allen andern voraus. *Mit schrecklicher Kälte.* Und ich will das Meinige dazu tun, ich will dir die Sache leichter machen, als den übrigen. In dem Augenblick, wo ich bemerke, dass man auch auf dich mit Fingern zeigt, werd ich – *mit einer*
15 *Bewegung an den Hals* mich rasieren, und dann,

Goldenes A.B.C. für Jungfrauen. Bilderbogen (1850)

das schwör ich dir zu, rasier ich den ganzen Kerl weg, du kannst sagen, es sei aus Schreck geschehen, weil auf der Straße ein Pferd durchging, oder weil die Katze auf dem
20 Boden einen Stuhl umwarf, oder weil mir eine Maus an den Beinen hinauflief. Wer mich kennt, wird freilich den Kopf dazu schütteln, denn ich bin nicht sonderlich schreckhaft, aber was tuts? Ich kanns in einer Welt nicht aushal-
25 ten, wo die Leute mitleidig sein müssten, wenn sie nicht vor mir ausspucken sollen.

Auszug aus III/2 und III/4
[Klaras Verzweiflung über ihre Schwangerschaft und die Schande, die sie damit über ihren Vater bringen wird, wird dadurch kaum gemindert, dass der Verdacht gegen ihren Bruder sich als falsch erweist. Sie hofft jetzt jedoch, Leonhard zur Rücknahme seines Trennungsbriefes bewegen zu können. Als sie ihn aufsucht, verhält er sich abweisend und nimmt den Hinweis auf die Selbstmorddrohung des Meisters Anton nicht ernst.]

Klara: Er hats geschworen – heirate mich, nachher bring mich um, ich will dir für das eine noch dankbarer sein wie für das andere!
Leonhard: Liebst du mich? Kommst du, weil dich dein Herz treibt? Bin ich der Mensch, ohne den du nicht leben und sterben kannst?
Klara: Antworte dir selbst!
Leonhard: Kannst du schwören, dass du mich liebst? Dass du mich so liebst, wie ein Mädchen den Mann lieben muss, der sich auf ewig mit ihr verbinden soll?
Klara: Nein, das kann ich nicht schwören! Aber dies kann ich schwören: Ob ich dich liebe, ob ich dich nicht liebe, nie sollst dus erfahren! Ich will dir dienen, ich will für dich arbeiten, und zu essen sollst du mir nichts geben, ich will mich selbst ernähren, ich will bei Nachtzeit nähen und spinnen für andere Leute, ich will hungern, wenn ich nichts zu tun habe, ich will lieber in meinen eignen Arm hineinbeißen, als zu meinem Vater gehen, damit er nichts merkt. Wenn du mich schlägst, weil dein Hund nicht bei der Hand ist, oder weil du ihn abgeschafft hast, so will ich eher meine Zunge verschlucken, als ein Geschrei ausstoßen, das den Nachbarn verraten könnte, was vorfällt. Ich kann nicht versprechen, dass meine Haut die Striemen deiner Geißel[1] nicht zeigen soll, denn das hängt nicht von mir ab, aber ich will lügen, ich will sagen, dass ich mit dem Kopf gegen den Schrank gefahren[2], oder dass ich auf dem Estrich, weil er zu glatt war, ausgeglitten bin, ich wills tun, bevor noch einer fragen kann, woher die blauen Flecke rühren. Heirate mich – ich lebe nicht lange. Und wenns dir doch zu lange dauert, und du die Kosten der Scheidung nicht aufwenden magst, um von mir loszukommen, so kauf Gift aus der Apotheke, und stells hin, als obs für deine Ratten wäre, ich wills, ohne dass du auch nur zu winken brauchst, nehmen und im Sterben zu den Nachbaren sagen, ich hätts für zerstoßenen Zucker gehalten!
Leonhard: Ein Mensch, von dem du dies alles erwartest, überrascht dich doch nicht, wenn er nein sagt?
Klara: So schaue Gott mich nicht zu schrecklich an, wenn ich komme, ehe er mich gerufen hat! Wärs um mich allein – ich wollts ja tragen, ich wollts geduldig hinnehmen, als verdiente Strafe für, ich weiß nicht was, wenn die Welt mich in meinem Elend mit Füßen träte, statt mir beizustehen, ich wollte mein Kind, und wenns auch die Züge dieses Menschen trüge, lieben, ach, und ich wollte vor der armen Unschuld so viel weinen, dass es, wenns älter und klüger würde, seine Mutter gewiss nicht verachten, noch ihr fluchen sollte. Aber ich bins nicht allein, und leichter find ich am Jüngsten Tag noch eine Antwort auf des Richters Frage: Warum hast du dich selbst umgebracht?, als auf die: Warum hast du deinen Vater so weit getrieben?
Leonhard: Du sprichst, ab ob du die Erste und Letzte wärst! Tausende haben das vor dir durchgemacht und sie ergaben sich darein, Tausende werden nach dir in den Fall kommen und sich in ihr Schicksal finden: Sind die alle Nickel[3], dass du dich für dich allein in die Ecke stellen willst? Die hatten auch Väter, die ein Schock[4] neue Flüche erfanden, als sies zuerst hörten, und von Mord und Totschlag sprachen; nachher schämten sie sich, und taten Buße für ihre Schwüre und Gotteslästerungen, sie setzten sich hin und wiegten das Kind, oder wedelten ihm die Fliegen ab!
Klara: O, ich glaube gern, dass du nicht begreifst, wie irgendeiner in der Welt seinen Schwur halten sollte!
[...]

1 **Geißel:** Peitsche
2 **gegen den Schrank gefahren:** gestoßen
3 **Nickel:** Münze von geringem Wert
4 **Schock:** ein altes Zählmaß: 60 Stück

LEONHARD: Ja, siehst du, Klara, du sprachst von Worthalten. Eben weil ich ein Mann von Wort bin, muss ich dir antworten, wie ich geantwortet habe. Dir schrieb ich vor acht Tagen ab, du kannst es nicht leugnen, der Brief liegt da. *Er reicht ihr den Brief, sie nimmt ihn mechanisch.* Ich hatte Grund, dein Bruder – Du sagst, er ist freigesprochen, es freut mich! In diesen acht Tagen knüpfte ich ein neues Verhältnis an; ich hatte das Recht dazu, denn du hast nicht zur rechten Zeit gegen meinen Brief protestiert, ich war frei in meinem Gefühl, wie vor dem Gesetz. Jetzt kommst du, aber ich habe schon ein Wort gegeben und eins empfangen, ja – *für sich* ich wollt, es wär so – die andere ist schon mit dir in gleichem Fall, du dauerst mich, *er streicht ihr die Locken zurück, sie lässt es geschehen, als ob sie es gar nicht bemerkte* aber du wirst einsehen – mit dem Bürgermeister ist nicht zu spaßen!⁵

[5] Leonhard ist derweil ein Verhältnis mit der Tochter des Bürgermeisters eingegangen.

1 Analysieren Sie den Gesprächsverlauf und das Gesprächsverhalten der Figuren in den beiden Szenenausschnitten.

2 a Beschreiben Sie Klaras äußere und innere Situation und die Gründe, die dazu geführt haben. Welche Verhaltensnormen, Wertvorstellungen und gesellschaftlichen Konventionen spielen dabei eine Rolle?
b Kommentieren Sie das Verhältnis von individueller Schuld der beteiligten Figuren und gesellschaftlichen Zwängen.

3 Wählen Sie sich in Kleingruppen einen Szenenmoment aus und bauen Sie dazu ein Standbild (▶ S. 232).

4 Entwerfen Sie den weiteren Verlauf und das Ende des Dramas. Begründen Sie Ihren Entwurf.

5 Hebbel nannte das Drama im Untertitel „ein bürgerliches Trauerspiel". Vergleichen Sie den Auszug aus seinem Stück mit den bürgerlichen Trauerspielen der Aufklärung und der Sturm-und-Drang-Zeit (▶ S. 213 f.) im Hinblick auf die Figuren, die Konfliktgestaltung und die Sprache.

Information — **Epochenüberblick – Poetischer oder bürgerlicher Realismus (ca. 1850–1890)**

Allgemeingeschichtlicher Hintergrund: Die Spaltung des Bürgertums in einen konservativen und einen radikaldemokratischen Flügel hatte mit dazu beigetragen, dass die bürgerliche Revolution von 1848/49 ihr Ziel eines einheitlichen und demokratisch verfassten Nationalstaates nicht erreichen konnte. Nun wurde die Initiative zur Bildung eines Nationalstaates von der Regierung Preußens, des mächtigsten deutschen Einzelstaates, ergriffen. Mit den klassischen Mitteln der Machtpolitik – geschickte Diplomatie und Kriege – setzte der preußische Ministerpräsident Otto von Bismarck die **Proklamation des Deutschen Reiches** mit dem preußischen König Wilhelm I. als Kaiser durch (1871). Weite Teile des Bürgertums söhnten sich rasch mit dieser Politik aus. Sie akzeptierten den Mangel an demokratischen Freiheiten und huldigten dem neuen, erfolgreichen Ideal der so genannten „Realpolitik". Vor allem die **wirtschaftliche Expansion** mit dem Aufschwung von Industrie, Technik und Handel in dem neu entstandenen Großraum des Reiches trug dazu bei. An der Spitze der Gesellschaft stand im Kaiserreich weiterhin der **Adel,** der die führenden Positionen bei Hof, in der Diplomatie, in der Verwaltung und beim Militär einnahm. Daneben entwickelte sich mit der Industrialisierung eine neue Oberschicht, die sich in ihrem Lebensstil stark am Adel orientierte: das wirtschaftlich erfolgreiche Großbürgertum, die **Bourgeoisie,** zu der Unternehmer, Bankiers und Geschäftsleute gehörten.

Auch das **Bildungsbürgertum,** also höhere Beamte und Universitätsprofessoren, Ärzte, Rechtsanwälte, Architekten und Ingenieure, zählte sich zu den besseren Kreisen. Es verstand sich als Wahrer der kulturellen Tradition und prägte die Mentalität der Gesellschaft, verlor aber seine Bedeutung als treibende Kraft der gesellschaftlichen Entwicklung.

Immer größer und wichtiger wurde dagegen die **Industriearbeiterschaft** im unteren Bereich der Gesellschaftshierarchie. Ihrem Kampf für bessere Arbeits- und Lebensbedingungen sowie für Teilnahme am gesellschaftlichen und politischen Leben begegnete die Regierung unter Bismarck einerseits mit Unterdrückungsmaßnahmen (1878 „Gesetz gegen die gemein-gefährlichen Bestrebungen der Sozialdemokratie"), andererseits mit den Anfängen einer Sozialgesetzgebung (Krankenversicherung 1883, Unfallversicherung 1884, Alters- und Invalidenversicherung 1889).

Weltbild und Lebensauffassung: Der Siegeszug von Naturwissenschaften, Technik und industrieller Produktion, die Nationalstaatsgründung und der ökonomische Aufschwung führten zu **Fortschrittsoptimismus,** aber auch zu Erfahrungen des Verlusts traditioneller Werte und Orientierungen. Die **Religionskritik** Ludwig Feuerbachs definiert Gott als bloße Projektion des menschlichen Vollkommenheitsstrebens, Friedrich Nietzsche schockiert mit dem Schlagwort: „Gott ist tot." Karl Marx erklärt in seinem **philosophischen Materialismus** den gesamten Bereich der Kultur zum bloßen „Überbau", der von der Basis der Produktionsverhältnisse in einer Gesellschaft abhängig ist, vollzieht also einen radikalen Bruch mit dem Idealismus der Klassik. In der **Evolutionstheorie** Charles Darwins verliert die Spezies Mensch, bisher als Krone der Schöpfung betrachtet, ihre biologische Sonderstellung. Die traditionellen bürgerlichen Humanitäts- und Bildungsideale begannen sich aufzulösen, **Pessimismus und Skeptizismus** als geistige Haltungen widersprachen dem weiterhin propagierten Fortschrittsoptimismus.

Literatur: Der Begriff **„Realismus"** bezeichnet einen großen Teil der europäischen Kunst und Literatur des 19. Jahrhunderts. Der Realismus macht die gesellschaftlichen Verhältnisse, in denen der Mensch lebt, zum zentralen Gegenstand seiner Darstellung. Nicht die einfache Wiedergabe und Nachahmung der Wirklichkeit, sondern die Produktion von glaubwürdigen und in sich stimmigen Fiktionen ist das Ziel der Autoren des Realismus.

In Frankreich, England und Russland wandten sich die realistischen Schriftsteller wie **Gustave Flaubert, Honoré de Balzac, Charles Dickens, Fjodor M. Dostojewski** oder **Leo Tolstoi** umfassender und genauer der gesellschaftlichen Wirklichkeit in all ihren Facetten zu. Der Arbeitsweise eines analysierenden Wissenschaftlers vergleichbar, zeichneten sie in ihren Werken ein scharfes Bild vom Menschen, von seiner Umwelt und seinem sozialen Milieu. Der bürgerliche Realismus in Deutschland wich davon tendenziell ab und wird deshalb auch als **poetischer Realismus** bezeichnet.

Der **poetisch-verklärenden Bearbeitung der Wirklichkeit** kommt eine besondere Bedeutung zu (vgl. Fontanes „Was verstehen wir unter Realismus?"; ▶ S.459). Die Haltung des Erzählers zu seinen Figuren und ihrer Welt ist weniger distanziert-kritisch als in den anderen europäischen Ländern, zuweilen nicht frei von einer gewissen Sentimentalität, häufig von versöhnlichem **Humor** begleitet und damit letztlich resignativ.

Charakteristisch für die Stoff- und Themenauswahl der deutschen Realisten ist die Tendenz zum **Regionalismus,** also der Hinwendung zur engeren, oft ländlich-dörflichen Heimat, oder zum **Historismus,** dem Ausweichen in die Vergangenheit.

Deswegen wird in Literaturgeschichten **Theodor Storm**, der lange in Husum an der Nordsee lebte, als Dichter der norddeutschen Küsten, **Theodor Fontane**, der Berliner, als Brandenburgs beliebtester Autor, **Gottfried Keller** als Züricher und Schweizer Schriftsteller vorgestellt. Der Historismus findet sich vor allem in den historischen Novellen **Conrad Ferdinand Meyers**.

Weitere wichtige Autoren und Werke
Gustav Freytag (1816–1895): „Soll und Haben", „Die Ahnen" (Romane)
Theodor Storm (1817–1888): „Der Schimmelreiter" (Novelle); Gedichte
Gottfried Keller (1819–1890): „Der grüne Heinrich" (Roman); „Die Leute von Seldwyla", „Züricher Novellen" (Novellen)
Theodor Fontane (1819–1898): „Irrungen, Wirrungen" (Roman); „Effi Briest" (Roman); „Der Stechlin" (Roman); „Wanderungen durch die Mark Brandenburg" (Reiseschilderungen); Balladen
Conrad Ferdinand Meyer (1825–1898): „Das Amulett" (Novelle); „Jürg Jenatsch" (Roman); Gedichte
Friedrich Spielhagen (1829–1911): „Problematische Naturen" (Roman)
Wilhelm Raabe (1831–1910): „Stopfkuchen" (Roman)
Wilhelm Busch (1832–1908): „Max und Moritz", „Die fromme Helene" (Bildergeschichten); humoristische Gedichte

Wichtige ausländische Autoren und Werke
Stendhal (d. i. Henri Beyle, Franzose, 1783–1843): „Rot und Schwarz" (Roman)
Honoré de Balzac (Franzose, 1799–1850): „Eugenie Grandet", „Das Chagrinleder" (Romane)
William Makepeace Thackeray (Engländer, 1811–1863): „Jahrmarkt der Eitelkeit" (Roman)
Charles Dickens (Engländer, 1812–1870): „Oliver Twist", „David Copperfield" (Romane)
George Elliot, eig. Mary Ann Evans (Engländerin, 1819–1880): „Middlemarch" (Roman)
Fjodor Dostojewski (Russe, 1821–1881): „Verbrechen und Strafe", „Der Idiot", „Die Brüder Karamasow" (Romane)
Gustave Flaubert (Franzose, 1821–1880): „Madame Bovary" (Roman)
Lew Tolstoi (Russe, 1828–1920): „Krieg und Frieden", „Anna Karenina" (Romane)

1 Veranstalten Sie ein Gruppenpuzzle zur Epoche des bürgerlichen Realismus.
  a Setzen Sie sich in Gruppen zusammen, die sich mit den folgenden Themen beschäftigen: „Verlauf der politischen Geschichte", „Gesellschaftliche Verhältnisse", „Weltbild und Lebensauffassung", „Literatur", „Kunst".
  b Mischen Sie die Gruppen, sodass nun jeweils mindestens ein Experte zu jedem Thema in der neuen Gruppe sitzt. Referieren Sie Ihre Expertenergebnisse, tauschen Sie sich über Ihre Beobachtungen und Eindrücke aus und versuchen Sie, in einem Fazit der Zeit des bürgerlichen Realismus ein Profil zu geben.

2 Stellen Sie eine deutsche Novelle aus der Epoche des poetischen Realismus vor, die Sie im Deutschunterricht der Sekundarstufe I kennen gelernt haben, und arbeiten Sie dabei epochentypische Merkmale heraus.
  Beispiele:
  – **Theodor Storm:** „Der Schimmelreiter"
  – **Gottfried Keller:** „Kleider machen Leute" oder „Romeo und Julia auf dem Dorfe"
  – **Theodor Fontane:** „Unterm Birnbaum"

3 Besorgen Sie sich einen der bedeutenden europäischen Romane des Realismus, z. B. von Dickens, Flaubert, Dostojewski oder Tolstoi (▶ Information), und lesen Sie Auszüge daraus vor. Tauschen Sie sich anschließend über Ihre Eindrücke aus.

5 Die Moderne – Vom Naturalismus bis zur Neuen Sachlichkeit

Alfons Maria Mucha: Champagnerplakat (1899)

Pablo Picasso: Les Desmoiselles d'Avignon (1907)

Architektur der Gründerjahre (1892)

Bauhaus-Architektur (1927)

1 In der traditionellen, vormodernen Kunst ging es um Naturwiedergabe, um wirklichkeitsgetreue Abbildungen, auch wenn diese Wiedergabe vom individuellen Temperament der Künstlerin/des Künstlers geprägt war. Beschreiben Sie, inwiefern die Bilder von Mucha und Picasso auf je eigene Weise mit dieser Tradition brechen und welches neue Kunstverständnis jeweils erkennbar wird.

2 Welches Frauenbild passt zu welchem Haus? Begründen Sie Ihre Zuordnung.

3 a Beschreiben Sie die beiden Hausfassaden und stellen Sie Vermutungen darüber an, welche Ideen und Vorstellungen vom Wohnen sich in der Architektur widerspiegeln.

b Informieren Sie sich über die Programmatik des „Bauhauses" im Hinblick auf Architektur und Design.

4 a Recherchieren Sie, was in der Kunst- und Literaturgeschichte unter dem Begriff „Moderne" verstanden wird: Wie wird die Moderne zeitlich eingegrenzt? Welche typischen Merkmale werden ihr zugeordnet?

b Erstellen Sie in Gruppenarbeit ein Poster mit Texten und Bildern unter der Überschrift „Die Moderne".

5.1 Naturalismus (1880–1900)

Giuseppe Pellizza da Volpedo: Der vierte Stand (1901)

1. Formulieren Sie in Form der Blitzlicht-Methode (▶ S. 588) Ihre Bildeindrücke.
2. Erläutern Sie, wie diese Eindrücke durch die Komposition, die Farbgebung, die Figurengestaltung und die Malweise erzeugt werden.
3. Vergleichen Sie die Darstellung der Menschenmassen mit den Bildern auf den Seiten 443 und 459 aus der Epoche des Realismus.

Die Masse – Ein neuer Protagonist und ein neues Menschenbild

Émile Zola: Germinal (1895) – Auszug 4. Kapitel, 5. Teil

In diesem Roman thematisiert Zola (1840–1902), Vorbild der deutschen Naturalisten, die Verelendung der Arbeiter im nordfranzösischen Kohlenrevier. Nach Lohnkürzungen ist das nackte Überleben der Bergleute kaum mehr gewährleistet. In einem der Arbeiterdörfer wird der Streik ausgerufen und man bricht spontan auf, um gemeinsam die Kohlengruben zu stürmen. „Germinal" (= Keimmonat) ist im Kalender der Französischen Revolution der Name für den Monat April.

Es galt jetzt einen Marsch von guten fünf Kilometern. Sie wurden von einer solchen Wut gejagt, dass sie die tödliche Müdigkeit, ihre völlig erschöpften, wie gebrochenen Beine nicht fühl-
5 ten. Der Zug wurde immer länger, verstärkt durch die Kameraden, die man unterwegs in allen Arbeiterdörfern an sich zog. Als sie auf der Magache-Brücke den Kanal überschritten hatten und vor la Victoire¹ erschienen, zählten
10 sie an die zweitausend Köpfe. Aber drei Uhr war vorüber, die Leute waren ausgefahren, kein Mann war mehr in der Grube. Ihre Enttäuschung machte sich in eitlen Drohungen Luft; sie mussten sich begnügen, die eben ankom-
15 menden Erdarbeiter mit Ziegelsteinen zu bewerfen. In regellose Rotten sich auflösend, ergriff die Bande Besitz von dem Werke. In ihrer Wut darüber, dass es keine Gesichter zu ohrfeigen gab, fielen sie über die Sachen her. Giftige
20 Rachsucht platzte in ihnen. Der Jahre hindurch erduldete Hunger hatte eine tolle Gier nach Zerstörung in ihnen gereift. Étienne bemerkte hinter einem Schuppen einige Arbeiter, die einen Kohlenkarren beladen wollten. „Wollt ihr
25 euch davonmachen", rief er ihnen zu. „Nicht ein Stück Kohle wird da hinauskommen." Auf seinen Befehl eilten etwa hundert Ausständige

¹ **la Victoire:** Ort, in dem sich eine Kohlengrube befindet

herbei; die Arbeiter hatten knapp Zeit, sich zu entfernen. Einige Männer spannten die Pferde aus, die, in die Flanken gestochen, scheu davonrannten. Andere stürzten den Karren um und zerbrachen die Gabeldeichsel. Levaque fiel mit einer Hacke über die Gestelle her, um die Brückenstege zu vernichten. Doch sie widerstanden seiner Zerstörungswut und so kam er auf den Gedanken, die Schienen aufzureißen, das Geleise von dem einen Ende des Werkhofes bis zum anderen zu zerstören. Bald warf sich die ganze Bande auf diese Arbeit. Mit seiner Eisenstange bewaffnet, deren er sich wie eines Hebels bediente, riss Maheu die gusseisernen Schienenstühle los. Inzwischen führte die Brulé die Weiber in die Lampenkammer; mit ihren Stöcken richteten sie eine gräuliche Verwüstung an; bald lagen sämtliche Lampen in Scherben am Boden. Auch die Maheu hatte alle Besonnenheit verloren und schlug ebenso wütend drein wie die Levaque. Sie wateten ordentlich im Öl; die Mouquette wischte ihre Hände in ihren Röcken ab und lachte, weil sie so schmutzig war. Jeanlin machte sich den Spaß, den Inhalt einer Lampe in ihren Nacken zu leeren. Aber alle diese Verwüstungen sättigten nicht. Die Bäuche schrien noch lauter und der Tumult war von einem unaufhörlichen Rufe übertönt: „Brot, Brot, Brot …"

In la Victoire gab es einen ehemaligen Aufseher, der eine Kantine hielt. Er war von Angst ergriffen, sein Laden war verlassen. Als die Weiber zurückkehrten und die Männer das Schienengeleise vollends zerstört hatten, belagerten sie die Kantine, deren Fensterläden dem ersten Ansturm nachgaben. Man fand kein Brot; es war nichts anderes da als zwei Stücke rohes Fleisch und ein Sack Kartoffeln. Aber während der Plünderung entdeckte man etwa fünfzig Flaschen Wacholderbranntwein, die wie ein Tropfen Wasser im Sande verschwanden.

1 Beschreiben Sie, welche Stimmung der Textausschnitt Ihnen vermittelt.
2 Arbeiten Sie heraus, welche Haltung der Erzähler seinem Protagonisten, der Masse der streikenden Arbeiter, gegenüber einnimmt. Würden Sie diese Haltung eher als „neutral", „affirmativ" oder „kritisch" (▶ **Erzählstrategie**, S. 172 f.) bezeichnen? Begründen Sie Ihre Einordnung durch passende Textstellen.
3 Der Roman endet mit dem Satz: „Und es gediehen Menschen, eine schwarze Rächerarmee, die langsam in den Furchen keimte, für die Ernte des künftigen Jahrhunderts emporwachsend, und deren Keimen sollte die Erde sprengen." Analysieren Sie den Textauszug vor dem Hintergrund dieses Schlusssatzes und des symbolischen Romantitels.

Gerhart Hauptmann: **Die Weber** (1892) – Auszug 4. Akt

[Das Drama schildert den Weberaufstand von 1844 in der schlesischen Heimat des Autors Gerhart Hauptmann (1862–1946). Die in Heimarbeit groben Wollstoff herstellenden Weber erhalten von ihren Auftraggebern so wenig Lohn, dass sie ihre Familien nicht mehr ernähren können. Eine Hungerrevolte bricht aus und die verzweifelten Weber stürmen die Villen ihrer Ausbeuter. Die folgende Szene spielt im Hause des Fabrikanten Dreißiger.]

Einige Sekunden bleibt der Raum leer. Im Salon zerklirren Fenster. Ein starker Krach durchschallt das Haus, hierauf brausendes Hurra, danach Stille. Einige Sekunden vergehen, dann hört man leises und vorsichtiges Trappen die Stufen zum ersten Stock empor, dazu nüchterne und schüchterne Ausrufe:
links! – oben nuf! – pscht! – langsam! langsam! – schipp ock nich! – hilf schirjen! – praatz, hab ich a Ding! – macht fort, ihr Wirgebänder! – mir gehn zur Hochzeit! – geh nu nei! – o geh du!
Es erscheinen nun junge Weber und Webermädchen in der Flurtür, die nicht wagen einzutreten und eines das andere hereinzustoßen suchen. Nach einigen Sekunden ist die Schüchternheit überwunden und die ärmlichen, magern, teils kränklichen,

zerlumpten oder geflickten Gestalten verteilen sich in Dreißigers Zimmer und im Salon, alles zunächst neugierig und scheu betrachtend, dann betastend. Mädchen versuchen die Sofas; es bilden sich Gruppen, die ihr Bild im Spiegel bewundern. Es steigen einzelne auf Stühle, um die Bilder zu betrachten und herabzunehmen, und dazwischen strömen immer neue Jammergestalten vom Flur herein.

EIN ALTER WEBER: *kommt.* Nee, nee, da lasst mich aber doch zufriede! Unten da fangen se gar schonn an und richten an Sache zu Grunde. Nu die Tollheet! Da is doch kee Sinn und kee Verstand o nich drinne. Ums Ende wird das noch gar sehr a beese Ding. Wer hie an hellen Kopp behält, der macht ni mit. Ich wer mich in Obacht nehmen und wer mich an solchen Untaten beteiligen!

Jäger, Bäcker, Wittig mit einem hölzernen Eimer, der alte Baumert und eine Anzahl junger und alter Weber kommen wie auf der Jagd nach etwas hereingestürmt, mit heiseren Stimmen durcheinanderrufend.

JÄGER: Wo is a hin?
BÄCKER: Wo is der Menschenschinder?
DER ALTE BAUMERT: Kenn mir Gras fressen, friss du Sägespäne.
WITTIG: Wenn m'r 'n kriegen, knippen mer 'n uf.
ERSTER JUNGER WEBER: Mir nehmen 'n bei a

Käthe Kollwitz: Weberzug (1893)

Been'n und schmeißen 'n zum Fenster naus, uf de Steene, dass a bald fer immer liegen bleibt.
ZWEITER JUNGER WEBER *kommt:* A is fort ieber alle Berge.
ALLE: Wer denn?
ZWEITER JUNGER WEBER: Dreißicher.
BÄCKER: Feifer[1] o?
STIMMEN: Sucht Feifern! Sucht Feifern!
DER ALTE BAUMERT: Such, such, Feiferla, 's is a Weberschmann auszuhungern. *Gelächter.*
JÄGER: Wenn mersch o ni kriegen, das Dreißicherviech ... arm soll a wern.
DER ALTE BAUMERT: Arm soll a wern wie 'ne Kirchenmaus. Arm soll a wern.

Alle stürmen in der Absicht zu demolieren auf die Salontür zu.

[1] **Feifer:** Angestellter Dreißigers, der die Abgabe der Ware durch die Weber beaufsichtigt und ihre Löhne drückt

1 Schreiben Sie die Szene in einen Erzähltext um, in dem die Situation und der Inhalt der Dialoge deutlich werden.
2 Erläutern Sie, welche Funktion der Dialekt hat.
3 Die „Masse" hat im Naturalismus eine besondere Bedeutung. Vergleichen Sie die Darstellung der Masse in den beiden Textauszügen (▶ S. 470 f. u. 471 f.) und auf den Bildern (▶ S. 470 u. 472).
4 „Die Weber" wurden zunächst von der zuständigen Berliner Behörde nicht zur Aufführung zugelassen und Kaiser Wilhelm II. kündigte seine Loge im Deutschen Theater, als das Stück nach einem Prozess dann doch zur Aufführung freigegeben wurde. Welche Befürchtungen lassen sich dem Aufführungsverbot entnehmen? Wie erklärt sich die Reaktion des Kaisers?

Was bedeutet „Naturalismus"? – Leitsätze einer Kunstprogrammatik

Wie die Natur das einzig Reale und darum das einzige Gebiet des Künstlers ist, so ist auch kein Winkel, kein Fleck, kein Geschöpf, kein Vorgang in derselben, der nicht der künstlerischen Verkörperung würdig und fähig wäre.

Conrad Alberti (1889)

Ich habe nichts getan, als an [...] lebendigen Körpern die analytische Arbeit durchzuführen, die die Chirurgen an Leichen vornehmen.

Émile Zola (1867)

Für den Dichter aber scheint mir in der Tatsache der Willensunfreiheit der höchste Gewinn zu liegen. Ich wage es auszusprechen: Wenn sie nicht bestände, wäre eine wahre realistische Dichtung überhaupt unmöglich. Erst indem wir uns dazu aufschwingen, im menschlichen Denken Gesetze zu ergründen, erst indem wir einsehen, dass eine menschliche Handlung, wie immer sie beschaffen sei, das restlose Ergebnis gewisser Faktoren, einer äußeren Veranlassung und einer inneren Disposition, sein müsse und dass auch diese Disposition sich aus gegebenen Größen ableiten lasse – erst so können wir hoffen, jemals zu einer wahren mathematischen Durchdringung der ganzen Handlungsweise eines Menschen zu gelangen und Gestalten vor unserm Auge aufwachsen zu lassen, die logisch sind wie die Natur.

Wilhelm Bölsche (1887)

Kunst = Natur – x

Arno Holz (1891/92)[1]

[1] Unter x versteht Holz die Unzulänglichkeit in der Abbildung der Wirklichkeit (Natur) aufgrund der Gestaltung durch den Künstler.

1 Formulieren Sie mit eigenen Worten ein naturalistisches Kunstprogramm auf der Basis der Äußerungen von Alberti, Zola, Bölsche und Holz.

2 Untersuchen Sie die Texte auf den Seiten 470–472 daraufhin, ob und inwiefern sie als Beispiele für die programmatischen Äußerungen herangezogen werden können. Wo gibt es Abweichungen?

3 a Vergleichen Sie das naturalistische Kunstprogramm mit den literaturtheoretischen Ausführungen Fontanes zum Realismus (▶ S.459). Arbeiten Sie die entscheidenden Unterschiede heraus.
b Entwickeln Sie Ihre eigenen Vorstellungen davon, was Sie von einer „realistischen" Kunst erwarten.

Information — Epochenüberblick – Naturalismus (ca. 1880 – ca. 1900)

Allgemeingeschichtlicher Hintergrund: Das 1871 gegründete Deutsche Reich war keinesfalls so stabil, wie es sich nach außen darstellte. In der Außenpolitik vollzog sich gegen Ende des Jahrhunderts eine verhängnisvolle Wende. Die vorsichtig-diplomatische Bündnispolitik Bismarcks, die auf eine Akzeptanz der deutschen Reichsgründung bei den europäischen Mächten und damit auf eine friedliche Sicherung des Erreichten abzielte, wich einem **aggressiven Großmachtstreben im Zeichen des Imperialismus**. Man wollte mit England und Frankreich gleichziehen und erwarb Kolonialgebiete in Afrika, China und in der Südsee. Repräsentant dieser Politik war der seit 1888 regierende, politisch unerfahrene, ehrgeizige Kaiser Wilhelm II., der Bismarck zur Aufgabe des Kanzleramts bewegte. Innenpolitisch verschärfte sich die so genannte **soziale Frage**, also die Auseinandersetzung um die Verbesserung der Lebensbedingungen der Arbeiterschaft und deren Integration in die Gesellschaft, zum Hauptproblem.

Weltbild und Lebensauffassung: Das Jahrhundertende wurde allgemein als Anbruch einer neuen Zeit empfunden, für die sich das Schlagwort „**Moderne**" einbürgerte. Während in weiten Kreisen des Besitzbürgertums, das zunehmend von einem expansiven materialistischen Wirtschaftsdenken geprägt war, diese neue Zeit voller **Fortschrittsoptimismus** begrüßt wurde, blickten ihre bildungsbürgerlichen Kritiker mit Pessimismus auf den **Verlust tradierter Werte**.

Der **Glaube an die Allmacht der Naturwissenschaften,** von der die Lösung aller Welträtsel erwartet wurde, verlieh religiösen Weltdeutungen den Anstrich des Altmodischen. Die Theorien von **Darwin, Marx und Freud** begründeten ein neues Denken. Der Mensch erschien als Produkt der Evolution, seines gesellschaftlichen Milieus und der sein Ich formenden Instanzen.

Prägend für das neue, moderne Lebensgefühl wurde nicht nur die ungeheure **Beschleunigung auf allen Gebieten,** von den Verkehrsmitteln bis zur Kommunikation (1881 erstes deutsches Fernsprechnetz), sondern auch die rasant anwachsenden **Großstädte** mit ihrem Nebeneinander von repräsentativen staatlichen und privaten Prachtbauten und elenden Mietskasernen.

Literatur: Die Künstler, die als Erste auf die Moderne reagierten und der Epoche auch diesen Namen gaben, waren die Naturalisten. Sie verstanden sich als literarische Avantgarde, die sich auf Vorbilder in Frankreich (den Romancier **Émile Zola**) und Skandinavien (die Dramatiker **Henrik Ibsen** und **August Strindberg**) beriefen. Sie setzten sich bewusst von der herrschenden bürgerlichen Kunstauffassung ab, die an Klassik, Romantik und poetischem Realismus geschult war, und hoben die mit dieser Tradition verbundenen Grenzen des so genannten „guten Geschmacks" auf. Was die Naturalisten anstrebten, war eine möglichst genaue Wiedergabe der Wirklichkeit ohne jede poetische Verklärung oder Läuterung (vgl. das Literaturprogramm des poetischen Realismus S. 459), eine **Deckungsgleichheit zwischen Realität und Abbild**. Arno Holz (1863–1929) brachte diese Forderung auf die Formel: „**Kunst = Natur – x**". Um Kunst und Wirklichkeit („Natur") in Übereinstimmung zu bringen, wurde oft der „**Sekundenstil**", die Deckung von Erzählzeit und erzählter Zeit (▶ S. 171), gewählt. Entsprechend wurde **Wahrheit** zur Parole dieser Kunst, die sich allen Bereichen des Lebens, besonders auch seinen hässlichen und schockierenden Seiten, den Elendsquartieren der Unterschichten, tristen Außenseiterexistenzen und psychischen Deformationen, als Stoff zuwandte und damit den Begriff des Ästhetischen entschieden ausweitete. Zur geforderten Wahrheit gehörte, dass die Literatur die neuen **wissenschaftlichen Erkenntnisse** aus Soziologie, Psychologie und Biologie verarbeitete. Im Mittelpunkt der Erzählungen und Dramen steht nicht mehr der individuelle Held, der autonome Einzelne, der sich frei entscheiden kann, sondern der durch **Herkunft, psychische Dispositionen, Milieu und Zeitumstände** determinierte Mensch oder eine **Menschenmasse,** ein Kollektiv. Solche Menschenmassen werden jedoch nicht im Sinne einer Parteinahme für den in jener Zeit politisch an Bedeutung gewinnenden Sozialismus idealisiert, sondern nach genauer Beobachtung bzw. Recherche möglichst objektiv dargestellt. Zur wirklichkeitsgetreuen Menschendarstellung gehörte für die Naturalisten auch die **Verwendung** der entsprechenden **Jargons und Dialekte**.

Weitere wichtige Autorinnen/Autoren und Werke
Henrik Ibsen (Norwegen, 1828–1906): „Nora oder ein Puppenheim" (Drama)
August Strindberg (Schweden, 1849–1912): „Der Vater", „Fräulein Julie" (Dramen)
Clara Viebig (1860–1952): „Kinder der Eifel", „Rheinlandstöchter" (Erzählbände)
Wilhelm Bölsche (1861–1939): „Die naturwissenschaftlichen Grundlagen der Poesie" (Poetik)
Gerhart Hauptmann (1862–1946): „Bahnwärter Thiel" (Novelle); „Der Bieberpelz" (Drama)
Arno Holz (1863–1929) / Johannes Schlaf (1862–1941): „Papa Hamlet" (Roman)
Arno Holz: „Phantasus" (Gedichte)
Maxim Gorki (1868–1936): „Nachtasyl" (Drama)

1 Entwerfen Sie eine Mindmap, in deren Zentrum der Begriff „Naturalismus" steht.
2 Suchen Sie Beispiele in der heutigen Literatur, Malerei, Fotografie und im Film, die nach Ihrem Verständnis naturalistische Züge aufweisen. Zeigen Sie diese Bezüge auf, beschreiben Sie deren Wirkung und versuchen Sie, solche naturalistischen Kunstkonzepte begründet zu bewerten.

5.2 Fin de Siècle – Symbolismus (1890–1920)

Das Geheimnis hinter der Wirklichkeit – „Nerven, Nerven, Nerven"

Carlos Schwabe: Der Schmerz (1893)

Michail Alexandrowitsch Wrubel: Jähzorniger Dämon (1901)

1 a Notieren Sie, wie die beiden Bilder jeweils auf Sie wirken.
   b Setzen Sie Ihre Eindrücke mit dem jeweiligen Titel der Bilder in Beziehung.
   c Wählen Sie sich ein Bild aus und beschreiben Sie es in Bezug auf Farbgebung, Linienführung, Raum- und Figurengestaltung. Suchen Sie sich in Ihrem Kurs jemanden, der dasselbe Bild gewählt hat, und vergleichen Sie Ihre Ergebnisse miteinander.
2 Welche Auffassungen von Wirklichkeit zeigen die Bilder Ihrer Meinung nach?
3 a Die beiden Bilder werden der Stilrichtung des Symbolismus zugeordnet. Gehen Sie zunächst von Ihrem Verständnis des Begriffs „Symbol" aus und tragen Sie Symbole aus Ihrem Alltag zusammen, z. B. die Taube als Symbol des Friedens oder das Herz als Symbol der Liebe.
   b Verfassen Sie Texte, die diese Symbole in ihrer Bedeutung erläutern.

Hermann Bahr: **Symbolisten** (1894)

Die Kunst will jetzt aus dem Naturalismus fort und sucht Neues. Niemand weiß noch, was es werden möchte; der Drang ist ungestalt und wirr; er tastet ohne Rat nach vielen Dingen und
5 findet sich nirgends. Nur fort, um jeden Preis fort aus der deutlichen Wirklichkeit, ins Dunkle, Fremde und Versteckte – das ist heute die eingestandene Losung für zahlreiche Künstler. Man hat manchen Namen. Die einen nennen
10 es Décadence, als ob es die letzte Flucht der Wünsche aus einer sterbenden Kultur und das Gefühl des Todes wäre. Die anderen nennen es Symbolismus. [...]
Der neue Symbolismus braucht die Symbole ganz anders. Er will auch ins Unsinnliche, aber 15 er will es durch ein anderes Mittel. Er schickt nicht dürftige Boten aus, von seinen unsinnlichen Freuden zu stammeln, bis ihre Ahnungen erwachsen. Sondern er will die Nerven in jene Stimmungen zwingen, wo sie von selber nach 20 dem Unsinnlichen greifen, und will das durch sinnliche Mittel. Und er verwendet die Symbole

als Stellvertreter und Zeichen nicht des Unsinnlichen, sondern von anderen ebenso sinnlichen Dingen. Das Symbol gilt dem neuen Symbolismus sehr viel, aber es gilt ihm nur als eine Bereicherung des Handwerks. Er hat aus den Symbolen eine neue Technik gewonnen.

1
a Geben Sie wieder, wie der Begriff „Symbol" im Sinne des „Symbolismus" verstanden werden soll.
b Vergleichen Sie diesen Symbolbegriff mit Ihren Erläuterungen (▶ Aufgabe 3 a/b, S. 475).

2 Der Symbolismus wird auch als „Nervenkunst" bezeichnet. Erläutern Sie diese neue Kunstauffassung in Abgrenzung zum Naturalismus (▶ S. 473 f.).

Angst und Lebenskrise – Symbole des Verfalls und Todes

Arthur Schnitzler: Fräulein Else (1924) – Auszug

Else T. ist die 19-jährige Tochter eines Wiener Advokaten, der Gelder veruntreut hat und kurz vor der Verhaftung steht. Als Else in einem Kurhotel in den Dolomiten einige Ferientage verbringt, erhält sie einen Brief ihrer Mutter mit der dringenden Bitte, den wohlhabenden Kunsthändler Dorsday um eine hohe Geldsumme für ihren Vater zu ersuchen. Dorsday stellt die Bedingung, sie „nur von Sternenlicht bekleidet" anschauen zu dürfen. Else sieht keinen Ausweg: Nackt, nur mit einem Mantel bekleidet, findet sie Dorsday im Konzertsaal des Hotels, lässt vor der Gesellschaft ihren Mantel fallen und bricht zusammen. Bekannte bringen sie auf einer Trage in ihr Zimmer.

Ich schwebe, ich schwebe. Sie sollen mich nur hinauftragen, immer weiter, bis zum Dach, bis zum Himmel. Das wäre so bequem. – „Ich habe es ja kommen sehen, Paul." – Was hat die Tante kommen gesehen? – „Schon die ganzen letzten Tage habe ich so etwas kommen gesehen. Sie ist überhaupt nicht normal. Sie muss natürlich in eine Anstalt." – „Aber Mama, jetzt ist doch nicht der Moment, davon zu reden." – Anstalt –? Anstalt –?! [...]
Das ist ja die Tante. Was will sie denn da? – – „Noch immer ohnmächtig?" – Auf den Zehenspitzen schleicht sie heran. Sie soll zum Teufel gehen. Ich lass mich in keine Anstalt bringen. Ich bin nicht irrsinnig. – „Kann man sie nicht zum Bewusstsein erwecken?" – „Sie wird bald wieder zu sich kommen, Mama. Jetzt braucht sie nichts als Ruhe. Übrigens du auch, Mama. Möchtest du nicht schlafen gehen? Es besteht absolut keine Gefahr. Ich werde zusammen mit Frau Cissy bei Else Nachtwache halten." – – „Jawohl, gnädige Frau, ich bin die Gardedame. Oder Else, wie man's nimmt." – Elendes Frauenzimmer. Ich liege hier ohnmächtig und sie macht Späße. – „Und ich kann mich darauf verlassen, Paul, dass du mich wecken lässt, sobald der Arzt kommt?" – – „Aber Mama, der kommt nicht vor morgen früh." – – „Sie sieht aus, als wenn sie schliefe. Ihr Atem geht ganz ruhig." – „Es ist ja auch eine Art von Schlaf, Mama." – „Ich kann mich noch immer nicht fassen, Paul ein solcher Skandal! – Du wirst sehen, es kommt in die Zeitung!" – „Mama." – „Aber sie kann doch nichts hören, wenn sie ohnmächtig ist. Wir reden doch ganz leise." – – „In diesem Zustand sind die Sinne manchmal unheimlich geschärft." – „Sie haben einen so gelehrten Sohn, gnädige Frau." – „Bitte dich, Mama, geh zu Bette." – „Morgen reisen wir ab unter jeder Bedingung. Und in Bozen nehmen wir eine Wärterin für Else." – Was? Eine Wärterin? Da werdet ihr euch aber täuschen. – „Über all das reden wir morgen, Mama. Gute Nacht, Mama." – „Ich will mir einen Tee aufs

Zimmer bringen lassen und in einer Viertelstunde schau ich noch einmal her." – „Das ist doch absolut nicht notwendig, Mama." – Nein, notwendig ist es nicht. Du sollst überhaupt zum Teufel gehen. Wo ist das Veronal? Ich muss noch warten. Sie begleiten die Tante zur Türe. Jetzt sieht mich niemand. Auf dem Nachttisch muss es ja stehen, das Glas mit dem Veronal. Wenn ich es austrinke, ist alles vorbei. Gleich werde ich es trinken. Die Tante ist fort. Paul und Cissy stehen noch an der Tür. Ha. Sie küsst ihn. Sie küsst ihn. Und ich liege nackt unter der Decke. Schämt ihr euch denn gar nicht? Sie küsst ihn wieder. Schämt ihr euch nicht? – *„Siehst du, Paul, jetzt weiß ich, dass sie ohnmächtig ist. Sonst wäre sie mir unbedingt an die Kehle gesprungen."* – *„Möchtest du mir nicht den Gefallen tun und schweigen, Cissy?"* [...] *„Es hat geklopft, Cissy."* – *„Mir kam es auch so vor"* – *„Ich will leise aufmachen und sehen wer es ist.* – *Guten Abend Herr von Dorsday."* – *„Verzeihen Sie, ich wollte nur fragen, wie sich die Kranke"* – Dorsday! Dorsday! Wagt er es wirklich? Alle Bestien sind losgelassen. Wo ist er denn? Ich höre sie flüstern vor der Tür. Paul und Dorsday. Cissy stellt sich vor den Spiegel hin. Was machen Sie vor dem Spiegel dort? Mein Spiegel ist es. Ist nicht mein Bild noch drin? Was reden sie draußen vor der Tür, Paul und Dorsday? Ich fühle Cissys Blick. Vom Spiegel aus sieht sie zu mir her. Was will sie denn? Warum kommt sie denn näher? Hilfe! Hilfe! Ich schreie doch, und keiner hört mich. Was wollen Sie an meinem Bett, Cissy?! Warum beugen Sie sich herab? Wollen Sie mich erwürgen? Ich kann mich nicht rühren. – *„Else!"* – Was will sie denn? – *„Else! Hören Sie mich, Else?"* – Ich höre, aber ich schweige. Ich bin ohnmächtig, ich muss schweigen. – *„Else, Sie haben uns in einen schönen Schreck versetzt."* – Sie spricht zu mir. Sie spricht zu mir, als wenn ich wach wäre. Was will sie denn? – *„Wissen Sie, was Sie getan haben, Else? Denken Sie, nur mit dem Mantel bekleidet sind Sie ins Musikzimmer getreten, sind plötzlich nackt dagestanden vor allen Leuten und dann sind Sie ohnmächtig hingefallen. Ein hysterischer Anfall wird behauptet. Ich glaube kein Wort davon. Ich glaube auch nicht, dass Sie bewusstlos sind. Ich wette, Sie hören jedes Wort, das ich rede."* – Ja, ich höre, ja, ja, ja. Aber sie hört mein Ja nicht. Warum denn nicht? Ich kann meine Lippen nicht bewegen. Darum hört sie mich nicht. Ich kann mich nicht rühren. Was ist denn mit mir? Bin ich tot? Bin ich scheintot? Träume ich? Wo ist das Veronal? Ich möchte mein Veronal trinken. Aber ich kann den Arm nicht ausstrecken. Gehen Sie fort, Cissy. Warum sind Sie über mich gebeugt? Fort, fort! Nie wird sie wissen, dass ich sie gehört habe. Niemand wird es je wissen. Nie wieder werde ich zu einem Menschen sprechen. Nie wache ich wieder auf. Sie geht zur Türe. Sie wendet sich noch einmal nach mir um. Sie öffnet die Türe. Dorsday! Dort steht er. Ich habe ihn gesehen mit geschlossenen Augen. Nein, ich sehe ihn wirklich. Ich habe ja die Augen offen. Die Türe ist angelehnt. Cissy ist auch draußen. Nun flüstern sie alle. Ich bin allein. Wenn ich mich jetzt rühren könnte. Ha, ich kann ja, kann ja. Ich bewege die Hand, ich rege die Finger, ich strecke den Arm, ich sperre die Augen weit auf. Ich sehe, ich sehe. Da steht mein Glas. Geschwind, ehe sie wieder ins Zimmer kommen. Sind es nur Pulver genug?! Nie wieder darf ich erwachen. Was ich zu tun hatte auf der Welt, habe ich getan. Der Papa ist gerettet. Niemals könnte ich wieder unter Menschen gehen. Paul guckt durch die Türspalte herein. Er denkt, ich bin noch ohnmächtig. Er sieht nicht, dass ich den Arm beinahe schon ausgestreckt habe. Nun stehen sie wieder alle drei draußen vor der Tür, die Mörder! – Alle sind sie Mörder. Dorsday und Cissy und Paul, auch Fred ist ein Mörder und die Mama ist eine Mörderin. Alle haben sie mich gemordet und machen sich nichts wissen. Sie hat sich selber umgebracht, werden sie sagen. Ihr habt mich umgebracht, ihr alle, ihr alle! Hab ich es endlich? Geschwind, geschwind! Ich muss. Keinen Tropfen verschütten. So. Geschwind. Es schmeckt gut. Weiter, weiter. Es ist gar kein Gift. Nie hat mir was so gut geschmeckt. Wenn ihr wüsstet, wie gut der Tod schmeckt! Gute Nacht, mein Glas. Klirr, klirr! Was ist denn das? Auf dem Boden liegt das Glas. Unten liegt es. Gute Nacht. –

1. Dieser Textauszug erfordert ein aufmerksames, auch mehrmaliges Lesen. Woran liegt das?
2. a Erläutern Sie, in welchem psychischen Zustand sich Else befindet.
   b Paul äußert, dass in diesem Zustand die Sinne geschärft sein können (vgl. Z. 34 f.). Inwiefern kommt dies zum Ausdruck? Reflektieren Sie bei Ihrer Antwort auch die Aussagen Hermann Bahrs (▶ S. 475 f.).
3. „Fräulein Else" wird auch als „Monolognovelle" bezeichnet. Prüfen Sie diese Zuordnung.

Rainer Maria Rilke: **Die Aufzeichnungen des Malte Laurids Brigge** (1910) – Romanbeginn

Malte Laurids Brigge, ein 28-jähriger Schriftsteller, gerät in Paris in eine tiefe seelische und geistige Krise. – So beginnt seine Aufzeichnungen:

11. September, rue Toullier

So, also hierher kommen die Leute, um zu leben, ich würde eher meinen, es stürbe sich hier. Ich bin aus gewesen. Ich habe gesehen: Hospi-5 täler. Ich habe einen Menschen gesehen, welcher schwankte und umsank. Die Leute versammelten sich um ihn, das ersparte mir den Rest. Ich habe eine schwangere Frau gesehen. Sie schob sich schwer an einer hohen, warmen 10 Mauer entlang, nach der sie manchmal tastete, wie um sich zu überzeugen, ob sie noch da sei. Ja, sie war noch da. Dahinter? Ich suchte auf meinem Plan: Maison d'Accouchement. Gut. Man wird sie entbinden – man kann das. Wei-15 ter, rue Saint-Jacques, ein großes Gebäude mit einer Kuppel. Der Plan gab an Val-de-grâce, Hôpital militaire. Das brauchte ich eigentlich nicht zu wissen, aber es schadet nicht. Die Gasse begann von allen Seiten zu riechen. Es roch, soviel sich unterscheiden ließ, nach Jodoform, 20 nach dem Fett von Pommes frites, nach Angst. Alle Städte riechen im Sommer. Dann habe ich ein eigentümlich starblindes Haus gesehen, es war im Plan nicht zu finden, aber über der Tür stand noch ziemlich leserlich: Asyle de nuit. Ne-25 ben dem Eingang waren die Preise. Ich habe sie gelesen. Es war nicht teuer.

Und sonst? Ein Kind in einem stehenden Kinderwagen: Es war dick, grünlich und hatte einen deutlichen Ausschlag auf der Stirn. Er heil-30 te offenbar ab und tat nicht weh. Das Kind schlief, der Mund war offen, atmete Jodoform, Pommes frites, Angst. Das war nun mal so. Die Hauptsache war, dass man lebte. Das war die Hauptsache. 35

1. a Gehen Sie mit dem Ich-Erzähler durch Paris, durch die „rue Toullier". Was sehen, was riechen Sie?
   b Mit welcher emotionalen Haltung nimmt der Ich-Erzähler die Stadt und die Menschen wahr?
   c Deuten Sie insbesondere den Beginn dieser Aufzeichnung und die beiden letzten Sätze. Welche Wirklichkeit erkennt der Ich-Erzähler hinter der „gesehenen" Wirklichkeit?
2. Verfassen Sie aus der Ich-Perspektive ähnliche Großstadtskizzen. Örtlichkeiten könnten sein: Einkaufsmeilen, Restaurants, Bahnhöfe usw. Beziehen Sie dabei möglichst alle Sinne mit ein.

Thomas Mann: **Der Tod in Venedig** (1912) – Novellenauszug, 3. Kapitel

Als der renommierte alternde und einsame Schriftsteller Gustav von Aschenbach unter einer Schreibhemmung leidet, bricht er aus seinem arbeitsamen Leben aus und reist nach Venedig.

Wer hätte nicht einen flüchtigen Schauder, eine geheime Scheu und Beklommenheit zu bekämpfen gehabt, wenn es zum ersten Male oder nach langer Entwöhnung galt, eine venezianische Gondel zu besteigen? Das seltsame Fahr-5 zeug, aus balladesken Zeiten ganz unverändert überkommen und so eigentümlich schwarz, wie sonst unter allen Dingen nur Särge es sind, – es erinnert an lautlose und verbrecherische Abenteuer in plätschernder Nacht, es erin-10 nert noch mehr an den Tod selbst, an Bahre und düsteres Begängnis und letzte, schweigsame Fahrt. Und hat man bemerkt, dass der Sitz einer solchen Barke, dieser sargschwarz lackierte, mattschwarz gepolsterte Armstuhl, der weichste, üppigste, der erschlaffendste Sitz von der Welt ist? Aschenbach ward es gewahr, als er zu Füßen des Gondoliers, seinem Gepäck gegenüber, das am Schnabel reinlich beisammenlag, sich niedergelassen hatte. Die Ruderer zankten immer noch; rau, unverständlich, mit drohenden Gebärden. Aber die besondere Stille der Wasserstadt schien ihre Stimmen sanft aufzunehmen, zu entkörpern, über der Flut zu zerstreuen. Es war warm hier im Hafen. Lau angerührt vom Hauch des Scirocco[1], auf dem nachgiebigen Element in Kissen gelehnt, schloss der Reisende die Augen im Genusse einer so ungewohnten als süßen Lässigkeit. Die Fahrt wird kurz sein, dachte er, möchte sie immer währen! In leisem Schwanken fühlte er sich dem Gedränge, dem Stimmengewirr entgleiten. Wie still und stiller es um ihn wurde! Nichts war zu vernehmen als das Plätschern des Ruders, das hohle Aufschlagen der Wellen gegen den Schnabel der Barke, der steil, schwarz und an der Spitze hellebardenartig[2] bewehrt über dem Wasser stand, und noch ein drittes, ein Reden, ein Raunen, – das Flüstern des Gondoliers, der zwischen den Zähnen, stoßweise, in Lauten, die von der Arbeit seiner Arme gepresst waren, zu sich selber sprach. Aschenbach blickte auf, und mit leichter Befremdung gewahrte er, dass um ihn her die Lagune sich weitete und seine Fahrt gegen das offene Meer gerichtet war. Es schien folglich, dass er nicht allzu sehr ruhen dürfe, sondern auf den Vollzug seines Willens ein wenig bedacht sein müsse.

„Zur Dampferstation also", sagte er mit einer halben Wendung rückwärts. Das Raunen verstummte. Er erhielt keine Antwort.

„Zur Dampferstation also!", wiederholte er, indem er sich vollends umwandte und in das Gesicht des Gondoliers emporblickte, der hinter ihm, auf erhöhtem Borde stehend, vor dem fahlen Himmel aufragte. Es war ein Mann von ungefälliger, ja brutaler Physiognomie, seemännisch blau gekleidet, mit einer gelben Schärpe gegürtet und einen formlosen Strohhut, dessen Geflecht sich aufzulösen begann, verwegen schief auf dem Kopfe. Seine Gesichtsbildung, sein blonder, lockiger Schnurrbart unter der kurz aufgeworfenen Nase ließen ihn durchaus nicht italienischen Schlages erscheinen. Obgleich eher schmächtig von Leibesbeschaffenheit, sodass man ihn für seinen Beruf nicht sonderlich geschickt geglaubt hätte, führte er das Ruder, bei jedem Schlage den ganzen Körper einsetzend, mit großer Energie. Ein paarmal zog er vor Anstrengung die Lippen zurück und entblößte seine weißen Zähne. Die rötlichen Brauen gerunzelt, blickte er über den Gast hinweg, indem er bestimmten, fast groben Tones erwiderte: „Sie fahren zum Lido."

Aschenbach entgegnete: „Allerdings. Aber ich habe die Gondel nur genommen, um mich nach San Marco übersetzen zu lassen. Ich wünsche den Vaporetto[3] zu benutzen."

„Sie können den Vaporetto nicht benutzen, mein Herr."

„Und warum nicht?"

„Weil der Vaporetto kein Gepäck befördert."

Das war richtig; Aschenbach erinnerte sich. Er schwieg. Aber die schroffe, überhebliche, einem Fremden gegenüber so wenig landesübliche Art des Menschen schien unleidlich. Er sagte: „Das ist meine Sache. Vielleicht will ich mein Gepäck in Verwahrung geben. Sie werden umkehren."

Es blieb still. Das Ruder plätscherte, das Wasser schlug dumpf an den Bug. Und das Reden und Raunen begann wieder: Der Gondolier sprach zwischen den Zähnen mit sich selbst.

Was war zu tun? Allein auf der Flut mit dem sonderbar unbotmäßigen, unheimlich entschlossenen Menschen, sah der Reisende kein Mittel, seinen Willen durchzusetzen. Wie weich er übrigens ruhen durfte, wenn er sich nicht empörte! Hatte er nicht gewünscht, dass die Fahrt lange, dass sie immer dauern möge? Es war das Klügste, den Dingen ihren Lauf zu lassen, und es war hauptsächlich höchst angenehm. Ein Bann der Trägheit schien auszugehen von sei-

---

1 Scirocco: heißer Südwind, der von der Sahara in Richtung Mittelmeer weht
2 Hellebarde: Hieb- und Stoßwaffe
3 Vaporetto: „Dampfschiffchen", die in Venedig als öffentliche Verkehrsmittel genutzten Schiffe

nem Sitz, von diesem niedrigen, schwarz gepolsterten Armstuhl, so sanft gewiegt von den Ruderschlägen des eigenmächtigen Gondoliers in seinem Rücken. Die Vorstellung, einem Verbrecher in die Hände gefallen zu sein, streifte träumerisch Aschenbachs Sinne, – unvermögend, seine Gedanken zu tätiger Abwehr aufzurufen. Verdrießlicher schien die Möglichkeit, dass alles auf simple Geldschneiderei angelegt sei. Eine Art von Pflichtgefühl oder Stolz, die Erinnerung gleichsam, dass man dem vorbeugen müsse, vermochte ihn, sich noch einmal aufzuraffen. Er fragte: „Was fordern Sie für die Fahrt?"

Und über ihn hinsehend, antwortete der Gondolier: „Sie werden bezahlen."

1 a Untersuchen Sie in Kleingruppen den Novellenauszug unter besonderer Berücksichtigung der Symbolik. Gehen Sie dabei auf die Erzählperspektive, die Gesprächssituation, die Beschreibung der Gondel und die Wahrnehmung der Überfahrt nach Venedig ein.
b Analysieren Sie die Bedeutung des Gondoliers im Text mit Hilfe des folgenden Hintergrundwissens:
Fährmann: Gestalt aus der griechischen Mythologie, der die Toten für einen Obolus (Münze) über den Acheron bzw. Styx und Lethe (Flüsse der Unterwelt) ins Schattenreich geleitete.

2 Berühmt geworden ist die Verfilmung der Novelle durch Luchino Visconti: „Morte a Venezia" (1971). Schauen Sie sich die Verfilmung an. Vergleichen Sie die Darstellung der Szene mit dem Textauszug.

> **Information** **Novelle und Dingsymbol**
>
> Die Novelle ist eine Prosaerzählung, kürzer als der Roman. Sie erzählt insgesamt straff von dramatischen bzw. **„unerhörten Begebenheiten"** (Goethe), die eine besondere Bedeutung im Leben eines Menschen haben und z. B. zu einem biografischen Wendepunkt führen können. Die Handlung entwickelt sich oft um ein zentrales Motiv (▶ S. 194), ein **Dingsymbol.** Das Dingsymbol kann über die Handlung der Novelle hinausweisen und Hinweise auf den Charakter einer Figur, ihren Lebensweg, auf besondere Gefühle, seelische Zustände und Wünsche geben.

Friedrich Nietzsche: Venedig (1888)

An der Brücke stand
jüngst ich in brauner Nacht.
Fernher kam Gesang;
goldener Tropfen quoll's
über die zitternde Fläche weg.
Gondeln, Lichter, Musik –
trunken schwamm's in die Dämmrung hinaus ...
Meine Seele, ein Saitenspiel,
sang sich, unsichtbar berührt,
heimlich ein Gondellied dazu,
zitternd vor bunter Seligkeit.
– Hörte jemand ihr zu? ...

Claude Monet: Der Palazzo da Mula (1908)

1 Setzen Sie das Gedicht in Beziehung zu Thomas Manns „Tod in Venedig". Vergleichen Sie die Gestaltung, z. B. Symbole, Synästhesien etc. Welche Venedig-Bilder entstehen? Wofür steht die Stadt?

2 Beschreiben Sie das Gemälde von Monet. Wie wirkt es auf Sie? Welche Gemeinsamkeiten und Unterschiede in der Darstellung Venedigs sehen Sie zwischen dem Bild und den Texten (▶ S. 478 ff.)?

Hugo von Hofmannsthal: **Ballade des äußeren Lebens** (1896)

Und Kinder wachsen auf mit tiefen Augen,
Die von nichts wissen, wachsen auf und sterben,
Und alle Menschen gehen ihre Wege.

Und süße Früchte werden aus den herben
5 Und fallen nachts wie tote Vögel nieder
Und liegen wenig Tage und verderben.

Und immer weht der Wind, und immer wieder
Vernehmen wir und reden viele Worte
Und spüren Lust und Müdigkeit der Glieder.

10 Und Straßen laufen durch das Gras, und Orte
Sind da und dort, voll Fackeln, Bäumen, Teichen,
Und drohende, und totenhaft verdorrte ...

Wozu sind diese aufgebaut? und gleichen
Einander nie? und sind unzählig viele?
15 Was wechselt Lachen, Weinen und Erbleichen?

Was frommt das alles uns und diese Spiele,
Die wir doch groß und ewig einsam sind
Und wandernd nimmer suchen irgend Ziele?

Was frommt's, dergleichen viel gesehen haben?
20 Und dennoch sagt der viel, der „Abend" sagt,
Ein Wort, daraus Tiefsinn und Trauer rinnt

Wie schwerer Honig aus den hohlen Waben.

Stefan George: **komm in den totgesagten park** (1897)

Komm in den totgesagten park und schau:
Der schimmer ferner lächelnder gestade
Der reinen wolken unverhofftes blau
Erhellt die weiher und die bunten pfade

Dort nimm das tiefe gelb das weiche grau
Von birken und von buchs · der wind ist lau
Die späten rosen welkten noch nicht ganz
Erlese küsse sie und flicht den kranz

Vergiss auch diese lezten astern nicht
Den purpur um die ranken wilder reben
Und auch was übrig blieb von grünem leben
Verwinde leicht im herbstlichen gesicht.

Stanislaw Wyspianski: Park bei Nacht (1890/99)

1 a Legen Sie jeweils einen Cluster zu den Begriffen „Abend" und „Herbst" an.
b Vergleichen Sie Ihre Assoziationen zu dieser Tages- bzw. Jahreszeit mit den Bildern bei Hofmannsthal und George.
2 Deuten Sie eines der Gedichte unter Berücksichtigung der Epoche (Information, ▶ S. 482).
Tipp: Beachten Sie bei George die von ihm bevorzugte Schrift und Schreibweise.
3 Zeigen Sie die Unterschiede zwischen Naturalismus und Symbolismus auf. Sie können dabei auf die Texte und Bilder in diesem Buch (▶ S. 470–482) zurückgreifen oder auch eigenes Material recherchieren.

| Information | **Gegenströmungen zum Naturalismus – Fin de Siècle/Symbolismus (1890–1920)** |

Der Begriff **„Fin de Siècle"** ist mehr als eine Zeitangabe. Das „Ende des Jahrhunderts" wird zugleich als eine Endzeit, eine Zeit des Niedergangs empfunden. Dieselbe Stimmungslage drückt sich in dem Wort **„Décadence"** (von lat. *cadere* „fallen") aus, das einen kulturellen Verfall benennt. Die Zeit der Jahrhundertwende ist geprägt durch eine Vielzahl von Stilrichtungen, die sich nicht immer trennscharf voneinander unterscheiden lassen. **Symbolismus, Jugendstil, Impressionismus** und **Neuromantik** lassen sich jedoch alle als eine **Gegenbewegung zum Naturalismus** begreifen. Es geht ihnen nicht wie den Naturalisten um eine möglichst objektive Abbildung der Wirklichkeit, sondern um das Ich und seine **subjektiven Eindrücke**. Prägend ist der Zustand einer erhöhten Sensibilität: Nervenreize, Empfindungen, Stimmungen, Visionen und Träume werden dargestellt. Gemeinsam ist den genannten Stilrichtungen auch eine Tendenz zum **Ästhetizismus**. In allen Bereichen des Lebens galt es, das Schöne zu sehen. Auch einfache, alltägliche, ja sogar grauenhafte Dinge wurden ästhetisiert. Hugo von Hofmannsthal hat in seinem berühmten Prosatext „Ein Brief" (▶ S. 363 ff.) das literarische Manifest zu dieser Anschauung der Wirklichkeit geliefert.

Ästhetizismus bedeutet auch, dass ein Kunstwerk kein äußeres Ziel, keinen Nutzen und keine Botschaft verfolgt, sondern sich selbst genügt. Das Schlagwort für diese Form der künstlerischen Autonomie und Weltabgewandtheit war l'art pour l'art (sinngemäß: Kunst um der Kunst willen). Dazu gehörte auch, dass der Künstler sich von der Welt zurückzog, was im Bild des „Elfenbeinturms" beschrieben wurde.

Im **Symbolismus** finden sich die typischen Tendenzen des Fin de Siècle. Einer technikbestimmten Gesellschaft wird das Spirituelle entgegengehalten.

Nicht die wissenschaftliche Logik, sondern die Intuition, das Unbewusste, die Vorstellungskraft, der Traum und das Geheimnisvolle einer anderen Welt sollen vorherrschen. Aufgabe der Kunst ist es, den tieferen Sinn in jedem Phänomen symbolhaft zu zeigen. Beispielhaft lässt sich das anhand der Darstellung der Stadt Venedig nachverfolgen. Als eine unwirklich-märchenhafte, von exotischer und morbider Schönheit geprägte, aber zum Untergang bestimmte Stadt zeigt sie, wie das Leben dem Verfall und dem Tod geweiht ist. Auch die Stimmungslagen der Figuren bei Arthur Schnitzler und Thomas Mann (▶ S. 476 f. u. 478 f.) spiegeln diese Sicht wider. Sie charakterisieren sich durch Feinfühligkeit, Kränklichkeit, Nervenschwäche, (Lebens-)Müdigkeit, Melancholie und Skepsis dem Leben gegenüber.

Weitere wichtige Autorinnen/Autoren und Werke
Stéphane Mallarmé (1842–1898): Gedichte
Paul Verlaine (1844–1896): Gedichte
Joris-Karl Huysmans (1848–1907): „Gegen den Strich" (Roman)
Arthur Rimbaud (1854–1891): Gedichte
Richard Dehmel (1863–1920): „Erlösungen. Eine Seelenwandlung in Gedichten und Sprüchen" (Gedichtband)
Ricarda Huch (1864–1947): Gedichte

1 Erstellen Sie eine Wandzeitung zum Thema „Venedig in Literatur und Kunst von gestern bis heute".

2 **Referate/Kurzvorträge:** Recherchieren Sie zu einem der folgenden Begriffe und stellen Sie dessen Besonderheiten anhand von Beispielen dar: Jugendstil, Impressionismus, Surrealismus, Sezession, Neuromantik.

Tipp: Nutzen Sie zur näheren Einordnung und Beschreibung die in der Information verwendeten Begrifflichkeiten.

5.3 Expressionismus (1910–1925)

Edvard Munch: Der Schrei (1893)

George Grosz: Explosion (1917)

1 a Bilder können „laut" sein. Bilden Sie Viertergruppen und entwerfen Sie zu einem der Bilder mit Stimmen und Instrumenten eine passende Klangcollage.
b Präsentieren Sie Ihre Klangcollagen. Begründen Sie Ihre Gestaltungsentscheidungen.
2 Vergleichen Sie die beiden Bilder mit denen der Symbolisten (▶ S.475). Welche Unterschiede fallen Ihnen auf? Stellen Sie Vermutungen darüber an, wie sich die Unterschiede erklären lassen.

Margarete Susman: **Expressionismus** (1918)

Solange wir nicht im Stande sind, die Welt aus ihren Angeln zu heben, den alten verrotteten Lebensformen neue, reinere entgegenzusetzen, sind wir ihr verfallen. Und doch ertragen wir es nicht, sie hinzunehmen: Das Rasen gegen sie erfüllt uns bis zum Zerspringen; wir wollen handeln, wirken, ändern. Was ist zu tun? Nur eines! Nur schreien können wir – schreien mit aller Kraft unserer armen, erstickten Menschenstimme – schreien, dass wir den grauenhaften Lärm des Geschehens übertönen – schreien, dass wir gehört werden von den Menschen, von Gott.

Dieser Schrei, der zum Himmel gellende Schrei, der nicht mehr wie noch der einsame Sehnsuchtsschrei Stefan Georges[1] „durch güldne Harfe sausen" will, den keine an den Mund gesetzte Flöte mehr zum Klang verschönt, der nur gehört werden will, gehört werden soll um jeden Preis als lebendige menschliche Entscheidung – er allein ist die Antwort der wachen Seele auf die furchtbare Umklammerung unserer Zeit. Wo das Entsetzliche uns überwältigt, sodass wir es nicht anschauen, nicht gestaltend beherrschen, uns ihm weder hingeben noch auch entreißen können, da bleibt uns allein, uns ihm entgegenzustemmen mit aller Kraft; es bleibt uns als Tat allein die Entscheidung. Wollen wir Befreiung? Wollen wir Erneuerung? Wollen wir, dass es anders werde? Wollen wir heraus aus diesem Strudel, aus diesem grauenvollen Mischmasch von niederstem Machtwillen und verworrenem, verratenem Idealismus? Wollen wir heraus aus dieser schwersten, wehesten Verfinsterung des Geistes, die je auf Erden war? Dies ist die einzige Frage an unser Leben. Heraus, gleichviel ob in Schönheit oder Hässlichkeit, in Ehre oder Schmach, ja selbst ob

[1] **Stefan George** (1868–1933): bedeutender Lyriker des Symbolismus und der Neuromantik

in Liebe oder Hass. Nur heraus: den großen, gellenden Schrei ausstoßen, der uns auf ewig trenne von dem Wollen der dumpf hinnehmenden Menge, der jede Gemeinschaft mit den dumpf treibenden Mächtigen unserer Zeit verwirft. Entscheidung für oder wider – dies ist heute die einzige Frage an unser Menschentum.

Und diese Entscheidung, dieser Aufschrei der sich entscheidenden Seele ist Expressionismus. Er ist die Antwort auf eine Wirklichkeit, die anzuschauen, der sich hinzugeben unmöglich geworden ist. Entscheidung lebendiger Persönlichkeit gegen das blinde Rasen sinnfremder Gewalten, das ist die Seele des Expressionismus. Auch im scheinbar verrenktesten, verzerrtesten Bild der Welt, sofern es unsere geistige Welt nicht annimmt, sie anders will, sofern es sich mit innerster Kraft zur Wehr setzt gegen das Überkommene, sofern es ein Aufschrei wider die zur Unmöglichkeit gewordene Welt ist, lebt etwas von der Freiheit, die unsere Zeit uns heutigen Menschen gestohlen hat für Zeit und Ewigkeit. Denn anders als in Krämpfen kann unserer Welt die Erneuerung nicht kommen, anders können wir sie nicht herbeirufen. Die Zeiten der Stille, der Anmut, der Verschlossenheit und Scham sind vorüber. Uns Unseligen kommt Gott nicht im sanften Säuseln. Der Expressionismus hat eine Sendung, die nichts mehr von Schönheit weiß.

1 Begründen Sie, welches der beiden Bilder (▶ S.483) Sie eher wählen würden, um den Inhalt des Textes zu veranschaulichen.

2 a Bei Susmans Text handelt es sich um ein Manifest, also eine Grundsatzerklärung. Notieren Sie, wozu in diesem Manifest programmatisch aufgerufen wird.
b Der Begriff „Expressionismus" ist von lat. *expressio:* Ausdruck abgeleitet. Untersuchen Sie, wie sich das neue Kunstkonzept in der Sprache des Manifestes (z.B. durch Fragenhäufungen) niederschlägt.

3 Vergleichen Sie Expressionismus und Symbolismus in Bezug auf ihr Kunstverständnis und ihre Intention (▶ S.482).

Apokalypse und Krieg – Motive expressionistischer Lyrik I

Else Lasker-Schüler: Weltende (1905)

Es ist ein Weinen in der Welt,
Als ob der liebe Gott gestorben wär,
Und der bleierne Schatten, der niederfällt,
Lastet grabesschwer.

Komm, wir wollen uns näher verbergen ...
Das Leben liegt in aller Herzen
Wie in Särgen.

Du! wir wollen uns tief küssen –
Es pocht eine Sehnsucht an die Welt,
An der wir sterben müssen.

Jakob van Hoddis: Weltende (1911)

Dem Bürger fliegt vom spitzen Kopf der Hut,
In allen Lüften hallt es wie Geschrei,
Dachdecker stürzen ab und gehn entzwei
Und an den Küsten – liest man – steigt die Flut.

Der Sturm ist da, die wilden Meere hupfen
An Land, um dicke Dämme zu zerdrücken.
Die meisten Menschen haben einen Schnupfen.
Die Eisenbahnen fallen von den Brücken.

1 Wie würden Sie Lasker-Schülers Gedicht bildlich darstellen? Begründen Sie Ihre Vorstellung am Text.

2 Hoddis' Gedicht karikiert die Angst vor dem Halleyschen Kometen (1910) und wurde mit seiner Vision vom Ende bürgerlicher Ordnung zugleich zu einem Kultgedicht des Expressionismus. Gestalten Sie Stimmskulpturen (Methode, ▶ S.485).

3 Welches Weltverständnis, welches Kunstverständnis spiegelt sich in den Gedichten jeweils wider?

Alfred Lichtenstein: **Doch kommt ein Krieg** (1914)

Doch kommt ein Krieg. Zu lange war schon Frieden.
Dann ist der Spaß vorbei. Trompeten kreischen
Dir tief ins Herz. Und alle Nächte brennen.
Du frierst in Zelten. Dir ist heiß. Du hungerst.
5 Ertrinkst. Zerknallst. Verblutest. Äcker röcheln.
Kirchtürme stürzen. Fernen sind in Flammen.
Die Winde zucken. Große Städte krachen.
Am Horizont steht der Kanonendonner.
Rings aus den Hügeln steigt ein weißer Dampf
10 Und dir zu Häupten platzen die Granaten.

Alfred Kubin: Der Krieg (1903)

Georg Trakl: **Grodek**[1] (1915)

Am Abend tönen die herbstlichen Wälder
Von tödlichen Waffen, die goldnen Ebenen
Und blauen Seen, darüber die Sonne
Düstrer hinrollt; umfängt die Nacht
5 Sterbende Krieger, die wilde Klage
Ihrer zerbrochenen Münder.
Doch stille sammelt im Weidengrund
Rotes Gewölk, darin ein zürnender Gott wohnt,
Das vergossne Blut sich, mondne Kühle;
10 Alle Straßen münden in schwarze Verwesung.
Unter goldnem Gezweig der Nacht und Sternen
Es schwankt der Schwester Schatten durch den schweigenden Hain,
Zu grüßen die Geister der Helden, die blutenden Häupter;
Und leise tönen im Rohr die dunkeln Flöten des Herbstes.
15 O stolzere Trauer! ihr ehernen Altäre,
Die heiße Flamme des Geistes nährt heute ein gewaltiger Schmerz,
Die ungebornen Enkel.

1 **Grodek** (Gródek): Ort einer Kriegsschlacht in der Ukraine

August Stramm: **Patrouille** (1915)

Die Steine feinden
Fenster grinst Verrat
Äste würgen
Berge Sträucher blättern raschlig
5 Gellen
Tod.

Methode — Stimmskulptur

Bilden Sie Gruppen mit je einem Dirigenten. Die übrigen Mitglieder wählen sich je einen Vers, um ihn mit verschiedener Betonung immer wieder neu vorzutragen. Der Dirigent gibt an, wer seinen Vers wann spricht.

1 Vergleichen Sie die drei Gedichte zum Thema „Krieg" inhaltlich und sprachlich.
2 <u>Referate:</u> Stellen Sie das Leben der drei Dichter im Kurs vor. Gehen Sie dabei besonders auf die Einstellung der Dichter zum Krieg vor und während des Ersten Weltkriegs ein. Welche Veränderungen stellen Sie fest?

Psychischer und körperlicher Verfall – Motive expressionistischer Lyrik II

Alfred Lichtenstein: Punkt (1914)

Die wüsten Straßen fließen lichterloh
Durch den erloschnen Kopf. Und tun mir weh.
Ich fühle deutlich, dass ich bald vergeh –
Dornrosen meines Fleisches, stecht nicht so.

Die Nacht verschimmelt, Giftlaternenschein
Hat, kriechend, sie mit grünem Dreck beschmiert.
Das Herz ist wie ein Sack. Das Blut erfriert.
Die Welt fällt um. Die Augen stürzen ein.

Georg Heym: Die Irren (1910)

Der Mond tritt aus der gelben Wolkenwand.
Die Irren hängen an den Gitterstäben,
Wie große Spinnen, die an Mauern kleben.
Entlang den Gartenzaun fährt ihre Hand.

5 In offnen Sälen sieht man Tänzer schweben.
Der Ball der Irren ist es. Plötzlich schreit
Der Wahnsinn auf. Das Brüllen pflanzt sich weit,
Dass alle Mauern von dem Lärme beben.

Mit dem er eben über Hume[1] gesprochen,
10 Den Arzt ergreift ein Irrer mit Gewalt.
Er liegt im Blut. Sein Schädel ist zerbrochen.

Der Haufe Irrer schaut vergnügt. Doch bald
Enthuschen sie, da fern die Peitsche knallt,
Den Mäusen gleich, die in die Erde krochen.

[1] **Hume**: britischer Staatsphilosoph des 18. Jahrhunderts

Ludwig Meidner:
Ich und die Stadt (1913)

1 Beschreiben Sie, wie der Mensch in diesen beiden Gedichten und in dem Bild dargestellt wird.
2 Georg Heym verwendet in seinem Gedicht das Motiv des Irrsinns.
  a Arbeiten Sie Aspekte diese Motivs heraus.
  b Übertragen Sie das Motiv des Irrsinns auf die Gesellschaft. Wie lautet die Diagnose des Expressionisten Georg Heym?

Information: Ich-Zerfall und Ästhetik des Hässlichen

Der Wahrnehmung einer aus den Fugen geratenen, hinfälligen Welt entspricht auf der subjektiven Ebene der Ich-Zerfall, den die Expressionisten als geistigen und körperlichen Verfall, als Irrsinn und Tod inszenieren. Todes- und Verwesungsmotive werden dabei künstlerisch mit einer gebrochenen Aura der Schönheit umgeben. So entsteht in bewusster Opposition zur bürgerlichen Ästhetik eine provozierende Ästhetik des Hässlichen.

Georg Heym: **Ophelia I**[1] (1910)

Ein Motiv, das die Expressionisten besonders faszinierte, war die Figur der Ophelia aus Shakespeares Drama „Hamlet" (um 1601). Die wahnsinnig gewordene Ophelia sucht den Tod im Wasser.

Im Haar ein Nest von jungen Wasserratten,
Und die beringten Hände auf der Flut
Wie Flossen, also treibt sie durch den Schatten
Des großen Urwalds, der im Wasser ruht.

5 Die letzte Sonne, die im Dunkel irrt,
Versenkt sich tief in ihres Hirnes Schrein.
Warum sie starb? Warum sie so allein
Im Wasser treibt, das Farn und Kraut verwirrt?

Im dichten Röhricht steht der Wind. Er scheucht
10 Wie eine Hand die Fledermäuse auf.
Mit dunklem Fittich, von dem Wasser feucht
Stehn sie wie Rauch im dunklen Wasserlauf,

Wie Nachtgewölk. Ein langer, weißer Aal
Schlüpft über ihre Brust. Ein Glühwurm scheint
15 Auf ihrer Stirn. Und eine Weide weint
Das Laub auf sie und ihre stumme Qual.

[1] Unter dem Titel „Ophelia II" wird in acht weiteren Strophen beschrieben, wie Ophelia den Strom hinabtreibt.

Gottfried Benn: **Schöne Jugend** (1912)

Der Mund eines Mädchens, das lange im Schilf gelegen hatte,
sah so angeknabbert aus.
Als man die Brust aufbrach, war die Speiseröhre so löcherig.
Schließlich in einer Laube unter dem Zwerchfell
5 fand man ein Nest von jungen Ratten.
Ein kleines Schwesterchen lag tot.
Die andern lebten von Leber und Niere,
tranken das kalte Blut und hatten
hier eine schöne Jugend verlebt.
10 Und schön und schnell kam auch ihr Tod:
Man warf sie allesamt ins Wasser.
Ach, wie die kleinen Schnauzen quietschten!

Edvard Munch: Liebespaar in Wellen (1896)

Alfred Kubin: Sumpfpflanzen (um 1903/04)

1. Beschreiben Sie Ihre ersten Leseeindrücke.
2. Untersuchen Sie die Darstellung der Mädchenleiche und der Verfallsprozesse in den Gedichten:
   a Stellen Sie in einer Wortfeldarbeit das konkrete Sprachmaterial zusammen, z. B. für „Ophelia I":
      – *Körper: „Haar" = „Nest von jungen Wasserratten" (Vers 1); „Hände" = ...*
   b Vergleichen Sie die Gedichte. Wie wirkt die Darstellung des Ich-Zerfalls jeweils? Wie werden Schönheit und Tod miteinander verknüpft?
3. Benns Gedicht erschien 1912 in der Gedichtsammlung „Morgue", zu deutsch „Leichenschauhaus". Beschaffen Sie sich eine Ausgabe, wählen Sie ein weiteres Gedicht daraus aus und präsentieren Sie es im Zusammenhang der Ästhetisierung des Hässlichen.
4. Informieren Sie sich über Arthur Rimbauds Ophelia-Gedicht.

Mörder und Verlorene – Beispiele expressionistischer Prosa

Franz Kafka: Ein Brudermord (1917)

Es ist erwiesen, dass der Mord auf folgende Weise erfolgte:

Schmar, der Mörder, stellte sich gegen neun Uhr abends in der mondklaren Nacht an jener Straßenecke auf, wo Wese, das Opfer, aus der Gasse, in welcher sein Büro lag, in jene Gasse einbiegen musste, in der er wohnte.

Kalte, jeden durchschauernde Nachtluft. Aber Schmar hatte nur ein dünnes blaues Kleid angezogen; das Röckchen war überdies aufgeknöpft. Er fühlte keine Kälte; auch war er immerfort in Bewegung. Seine Mordwaffe, halb Bajonett, halb Küchenmesser, hielt er ganz bloßgelegt immer fest im Griff. Betrachtete das Messer gegen das Mondlicht; die Schneide blitzte auf; nicht genug für Schmar; er hieb mit ihr gegen die Backsteine des Pflasters, dass es Funken gab; bereute es vielleicht; und um den Schaden gutzumachen, strich er mit ihr violinbogenartig über seine Stiefelsohle, während er, auf einem Bein stehend, vorgebeugt, gleichzeitig dem Klang des Messers an seinem Stiefel, gleichzeitig in die schicksalsvolle Seitengasse lauschte.

Warum duldete das alles der Private Pallas, der in der Nähe aus seinem Fenster im zweiten Stockwerk alles beobachtete? Ergründe die Menschennatur! Mit hochgeschlagenem Kragen, den Schlafrock um den weiten Leib gegürtet, kopfschüttelnd, blickte er hinab.

Und fünf Häuser weiter, ihm schräg gegenüber, sah Frau Wese, den Fuchspelz über ihrem Nachthemd, nach ihrem Manne aus, der heute ungewöhnlich lange zögerte.

Endlich ertönt die Türglocke vor Weses Büro, zu laut für eine Türglocke, über die Stadt hin, zum Himmel auf, und Wese, der fleißige Nachtarbeiter, tritt dort, in dieser Gasse noch unsichtbar, nur durch das Glockenzeichen angekündigt, aus dem Haus; gleich zählt das Pflaster seine ruhigen Schritte.

Pallas beugt sich weit hervor; er darf nichts versäumen. Frau Wese schließt, beruhigt durch die Glocke, klirrend ihr Fenster. Schmar aber kniet nieder; da er augenblicklich keine anderen Blößen hat, drückt er nur Gesicht und Hände gegen die Steine; wo alles friert, glüht Schmar.

Gerade an der Grenze, welche die Gassen scheidet, bleibt Wese stehen, nur mit dem Stock stützt er sich in die jenseitige Gasse. Eine Laune. Der Nachthimmel hat ihn angelockt, das Dunkelblaue und das Goldene. Unwissend blickt er es an, unwissend streicht er das Haar unter dem gelüpften Hut; nichts rückt dort oben zusammen, um ihm die allernächste Zukunft anzuzeigen; alles bleibt an seinem unsinnigen, unerforschlichen Platz. An und für sich sehr vernünftig, dass Wese weitergeht, aber er geht ins Messer des Schmar.

„Wese!", schreit Schmar, auf den Fußspitzen stehend, den Arm aufgereckt, das Messer scharf gesenkt. „Wese! Vergebens wartet Julia!" Und rechts in den Hals und links in den Hals und drittens tief in den Bauch sticht Schmar. Wasserratten, aufgeschlitzt, geben einen ähnlichen Laut von sich wie Wese.

„Getan", sagt Schmar und wirft das Messer, den überflüssigen blutigen Ballast, gegen die nächste Hausfront. „Seligkeit des Mordes! Erleichterung, Beflügelung durch das Fließen des fremden Blutes! Wese, alter Nachtschatten, Freund, Bierbankgenosse, versickerst im dunklen Straßengrund. Warum bist du nicht einfach eine mit Blut gefüllte Blase, dass ich mich auf dich setzte und du verschwändest ganz und gar. Nicht alles wird erfüllt, nicht alle Blütenträume reiften, dein schwerer Rest liegt hier, schon unzugänglich jedem Tritt. Was soll die stumme Frage, die du damit stellst?"

Pallas, alles Gift durcheinanderwürgend in seinem Leib, steht in seiner zweiflügelig aufspringenden Haustür. „Schmar! Schmar! Alles bemerkt, nichts übersehen." Pallas und Schmar prüfen einander. Pallas befriedigt's, Schmar kommt zu keinem Ende.

Frau Wese mit einer Volksmenge zu ihren beiden Seiten eilt mit vor Schrecken ganz gealtertem Gesicht herbei. Der Pelz öffnet sich, sie stürzt über Wese, der nachthemdbekleidete Körper gehört ihm, der über dem Ehepaar sich wie der Rasen eines Grabes schließende Pelz gehört der Menge.

Schmar, mit Mühe die letzte Übelkeit verbeißend, den Mund an die Schulter des Schutzmannes gedrückt, der leichtfüßig ihn davonführt.

1 Bilden Sie Gruppen: Machen Sie dem Mörder Schmar den Prozess:
– Konstruieren Sie mögliche Handlungsmotive des Mörders. Was sagt er vor Gericht aus?
– Was sagt der Augenzeuge Pallas aus?
– Wie präsentiert sich Frau Wese vor Gericht?
– Was erläutert ein möglicher Verteidiger Schmars?
– Wie entscheidet der Richter?

2 Analysieren Sie Kafkas Erzählung, besonders den **Erzähler** und die **Erzählweise** (▶ S. 172 ff.).

Gottfried Benn: **Gehirne** (1915)

Rönne, ein junger Arzt, der früher viel seziert hatte, fuhr durch Süddeutschland dem Norden zu. Er hatte die letzten Monate tatenlos verbracht; er war zwei Jahre lang an einem pathologischen Institut angestellt gewesen, das bedeutet, es waren ungefähr zweitausend Leichen ohne Besinnen durch seine Hände gegangen, und das hatte ihn in einer merkwürdigen Weise erschöpft. [...]

Erschüttert saß er eines Morgens vor seinem Frühstückstisch; er fühlte so tief: Der Chefarzt würde verreisen, ein Vertreter würde kommen, in dieser Stunde aus dem Bette steigen und das Brötchen nehmen: Man denkt, man ißt, und das Frühstück arbeitet an einem herum. Trotzdem verrichtete er weiter, was an Fragen und Befehlen zu verrichten war; klopfte mit einem Finger der rechten Hand auf einen der linken, dann stand eine Lunge darunter; trat an Betten: Guten Morgen, was macht Ihr Leib? Aber es konnte jetzt hin und wieder vorkommen, daß er durch die Hallen ging, ohne jeden einzelnen ordnungsgemäß zu befragen, sei es nach der Zahl seiner Hustenstöße, sei es nach der Wärme seines Darms.

Wenn ich durch die Liegehallen gehe – dies beschäftigte ihn zu tief –, in je zwei Augen falle ich, werde wahrgenommen und bedacht. Mit freundlichen und ernsten Gegenständen werde ich verbunden; vielleicht nimmt mich ein Haus auf, in das sie sich sehnen, vielleicht ein Stück Gerbholz, das sie einmal schmeckten. Und ich hatte auch einmal zwei Augen, die liefen rückwärts mit ihren Blicken; jawohl, ich war vorhanden: fraglos und gesammelt. Wo bin ich hingekommen? Wo bin ich? Ein kleines Flattern, ein Verwehn. Er sann nach, wann es begonnen hätte, aber er wußte es nicht mehr. [...]

Es war Sommer; Otternzungen schaukelten das Himmelsblau, die Rosen blühten, süß geköpft. Er spürte den Drang der Erde: bis vor seine Sohlen, und das Schwellen der Gewalten: nicht mehr durch sein Blut. Vornehmlich aber ging er Wege, die im Schatten lagen, und solche mit vielen Bänken; häufig mußte er ruhen vor der Hemmungslosigkeit des Lichtes, und preisgegeben fühlte er sich einem atemlosen Himmel. Allmählich fing er an, seinen Dienst nur noch unregelmäßig zu versehen; namentlich aber, wenn er sich gesprächsweise zu dem Verwalter oder der Oberin über irgendeinen Gegenstand äußern sollte, wenn er fühlte, jetzt sei es daran, eine Äußerung seinerseits dem in Frage stehenden Gegenstand zukommen zu lassen, brach er förmlich zusammen. Was solle man denn zu einem Geschehen sagen? Geschähe es nicht so, geschähe es ein wenig anders. Leer würde die Stelle nicht bleiben. Er aber mochte nur leise vor sich hinsehn und in seinem Zimmer ruhn. Wenn er aber lag, lag er nicht wie einer, der erst vor ein paar Wochen gekommen war, von einem See und über die Berge, sondern als wäre er mit der Stelle, auf der sein Leib jetzt lag, emporgewachsen und von den langen Jahren geschwächt; und etwas Steifes und Wächsernes war an ihm lang, wie abgenommen von den Leibern, die sein Umgang gewesen waren.

Auch in der Folgezeit beschäftigte er sich viel mit seinen Händen. Die Schwester, die ihn bediente, liebte ihn sehr; er sprach immer so flehentlich mit ihr, obschon sie nicht recht wußte, um was es ging. Oft fing er etwas höhnisch an: Er kenne diese fremden Gebilde, seine Hände hätten sie gehalten. Aber gleich verfiel er wieder: Sie lebten in Gesetzen, die nicht von uns seien, und ihr Schicksal sei uns so fremd wie das eines Flusses, auf dem wir fahren. Und dann ganz erloschen, den Blick schon in einer Nacht: Um zwölf chemische Einheiten handele es sich, die zusammengetreten wären nicht auf sein Geheiß, und die sich trennen würden, ohne ihn zu fragen. Wohin solle man sich dann sagen? Es wehe nur über sie hin.

Er sei keinem Ding mehr gegenüber; er habe keine Macht mehr über den Raum, äußerte er einmal; lag fast ununterbrochen und rührte sich kaum. Er schloß sein Zimmer hinter sich ab, damit niemand auf ihn einstürmen könne; er wollte öffnen und gefaßt gegenüberstehen. Anstaltswagen, ordnete er an, möchten auf der Landstraße hin und her fahren; er hatte beobachtet, es tat ihm wohl, Wagenrollen zu hören: Das war so fern, das war wie früher, das ging in eine fremde Stadt.

Er lag immer in einer Stellung: steif auf dem Rücken. Er lag auf dem Rücken, in einem langen Stuhl, der Stuhl stand in einem geraden Zimmer, das Zimmer stand im Haus und das Haus auf einem Hügel. Außer ein paar Vögeln war er das höchste Tier. So trug ihn die Erde leise durch den Äther und ohne Erschüttern an allen Sternen vorbei.

Eines Abends ging er hinunter zu den Liegehallen; er blickte die Liegestühle entlang, wie sie alle still unter ihren Decken die Genesung erwarteten; er sah sie an, wie sie dalagen: alle aus Heimaten, aus Schlaf voll Traum, aus Abendheimkehr, aus Gesängen von Vater und Sohn, zwischen Glück und Tod – er sah die Halle entlang und ging zurück. Der Chefarzt wurde zurückgerufen, er war ein freundlicher Mann, er sagte, eine seiner Töchter sei erkrankt. Rönne aber sagte: Sehen Sie, in diesen meinen Händen hielt ich sie, hundert oder auch tausend Stück; manche waren weich, manche waren hart, alle sehr zerfließlich; Männer, Weiber, mürbe und voll Blut. Nun halte ich immer mein eigenes in meinen Händen und muß immer darnach forschen, was mit mir möglich sei. Wenn die Geburtszange hier ein bißchen tiefer in die Schläfe gedrückt hätte …? Wenn man mich immer über eine bestimmte Stelle des Kopfes geschlagen hätte? Was ist es denn mit den Gehirnen? Ich wollte immer auffliegen wie ein Vogel aus der Schlucht; nun lebe ich außen im Kristall. Aber nun geben Sie mir bitte den Weg frei, ich schwinge wieder – ich war so müde – auf Flügeln geht dieser Gang – mit meinem blauen Anemonenschwert – in Mittagsturz des Lichts – in Trümmern des Südens – in zerfallendem Gewölk – Zerstäubungen der Stirne – Entschweifungen der Schläfe. R

1 **a** Beschreiben Sie, wie der Text auf Sie wirkt.
b Begründen Sie, wie Sie die Überschrift verstehen.

2 Untersuchen Sie in Partnerarbeit:
– die Figur des Arztes (Veränderungen des Verhaltens, der Wahrnehmung, der Gefühle),
– die Erzählstrategie (▶ S. 172 ff.; achten Sie auf den Wechsel der Erzählform vom „Er" zum „Ich"),
– sprachliche Besonderheiten (besonders Wortwahl und Syntax).

Der Arzt und Schriftsteller Gottfried Benn

5.3 EXPRESSIONISMUS (1910–1925)

Information | **Epochenüberblick – Expressionismus (ca. 1910 – ca. 1925)**

Allgemeingeschichtlicher Hintergrund: Der deutsche Kaiser Wilhelm II. vertrat die Ansicht, dass dem neu gegründeten Deutschen Reich ein „Platz an der Sonne" gebühre. Die Kolonialpolitik und der Ausbau der deutschen Flotte wurden vorangetrieben. Als 1914 der österreichische Thronfolger und seine Frau ermordet wurden und Österreich diese Tat Serbien anlastete, kam es zum Krieg, der sich auf Grund verschiedener Staatenbündnisse zum **Ersten Weltkrieg** ausweitete. In „Materialschlachten" wurden durch technisch-militärische Neuerungen wie Maschinengewehre, Flugzeuge, Panzer und den Einsatz von Giftgas in nie da gewesenem Maße Menschen verstümmelt und getötet. 1918 endete der Krieg mit der Niederlage Deutschlands und seiner Verbündeten.

Weltbild und Lebensauffassung: Die Zeit um 1900 wurde von der um 1880 geborenen Generation oft als verkrustet und unbeweglich begriffen. Den Neuerungen, die der enorme technische Fortschritt mit sich gebracht hatte, stand sie skeptisch gegenüber. Man meinte, dass das Alte zu Grunde gehen müsse, damit Neues entstehen könne. Verschiedene Ereignisse galten als Vorboten einer nahenden **Apokalypse,** wie das Erscheinen des Halleyschen Kometen (1910) und der Untergang der Titanic (1912), des seinerzeit größten und modernsten Schiffs der Welt. Mit dem Ersten Weltkrieg brach die erwartete Apokalypse besonders über die junge Generation herein, viele verloren durch den Krieg ihr Leben.

Literatur: Während im Naturalismus die wahrnehmbare Wirklichkeit nachgebildet werden sollte (▶ S. 473 f.) und im Fin de Siècle diese symbolisch überhöht wurde, um eine dahinterliegende Wirklichkeit zu zeigen (▶ S. 482), vollziehen expressionistische Künstlerinnen und Künstler einen **radikalen Bruch mit den bisherigen ästhetischen Darstellungsweisen.** Ins Zentrum rückte der „Ausdruck" (= Expression) der Gefühle, der möglichst drastisch und radikal inszeniert werden sollte – fast mehr Ausbruch als Ausdruck. Kennzeichen expressionistischer Literatur sind insbesondere **Wortneuschöpfungen,** das **Aufbrechen grammatischer Strukturen** bis hin zum Stammeln, der **Reihungsstil** und eine **starke, einprägsame Bildlichkeit** sowie eine **drastische Farbsymbolik.** Darüber hinaus orientierte man sich an der bildenden Kunst und ihrer Abwendung von der Gegenständlichkeit hin zur **Abstraktion.** Die damit zusammenhängende **Simultaneität** als Symbol für die Dynamik der Zeit im Umbruch gestaltet sich in der expressionistischen Literatur in der möglichst gleichzeitigen Darstellung verschiedenster Eindrücke, Empfindungen, Gedanken etc.

Weitere wichtige Autoren und Werke
Ferdinand Hardekopf (1876–1954): Gedichte
Ernst Stadler (1883–1914): „Der Aufbruch" (Gedichtsammlung)
Georg Kaiser (1878–1945): „Die Bürger von Calais", „Gas I und II" (Dramen)
Franz Werfel (1890–1945): „Wir sind" (Gedichtsammlung)
Ernst Blass (1890–1939): „Die Straßen komme ich entlanggeweht" (Gedichtsammlung)
Ernst Toller (1893–1939): „Die Wandlung", „Masse Mensch" (Dramen), Gedichte, Autobiografie: „Eine Jugend in Deutschland"

1 Untersuchen Sie Kafkas „Brudermord" (▶ S. 488 f.) im Hinblick auf Merkmale des Expressionismus. Erläutern Sie die Wirkung verwendeter Stilmerkmale.

2 Suchen Sie nach Gedichten zum Thema „Krieg" aus anderen Epochen (z. B. Barock: Andreas Gryphius' „Thränen des Vaterlandes/Anno 1636") und vergleichen Sie diese mit der Darstellung des Krieges in der expressionistischen Lyrik (▶ S. 485; Gedichtvergleich, ▶ S. 206 ff.).

5.4 Neue Sachlichkeit – Literatur der Weimarer Republik (1919–1933)

Otto Dix: Großstadt (Triptychon, 1927/28)

1 a Beschreiben Sie den Aufbau und den Inhalt des Bildes. Beachten Sie dabei die dargestellten Räume, die Figuren und das Geschehen.
b Was macht für den Maler offenbar das Wesen der Großstadt in den 1920er-Jahren aus?
2 Otto Dix wird innerhalb der „Neuen Sachlichkeit" der Richtung des Verismus (von lat. *verus* „wahr") zugeordnet. Inwieweit trifft dieser Begriff seine Darstellungsweise und deren Wirkung?

In Berlin und anderswo – Alltagsbilder

Alfred Döblin: Berlin Alexanderplatz (1929) – Romanauszug

Eisige Luft, Februar. Die Menschen gehen in Mänteln. Wer einen Pelz hat, trägt ihn, wer keinen hat, trägt keinen. Die Weiber haben dünne Strümpfe und müssen frieren, aber es sieht hübsch aus. Die Penner haben sich vor der Kälte verkrochen. Wenn es warm ist, stecken sie wieder ihre Nasen raus. Inzwischen süffeln sie doppelte Ration Schnaps, aber was für welchen, man möchte nicht als Leiche drin schwimmen. Rumm rumm haut die Dampframme auf dem Alexanderplatz. Viele Menschen haben Zeit und gucken sich an, wie die Ramme haut. Ein Mann oben zieht immer eine Kette, dann pafft es oben, und ratz hat die Stange eins auf den Kopf. Da stehen die Männer und Frauen und besonders die Jungens und freuen sich, wie das geschmiert geht: Ratz kriegt die Stange eins auf den Kopf. Nachher ist sie klein wie eine Fingerspitze, dann kriegt sie aber noch immer eins, da kann sie machen, was sie will. Zuletzt ist sie weg. Donnerwetter, die haben sie fein eingepökelt, man zieht befriedigt ab. Alles ist mit Brettern belegt. Die Berolina stand vor Tietz[1], eine Hand ausgestreckt, war ein kolossales Weib, sie haben sie weggeschleppt. Vielleicht schmelzen sie sie ein und machen Medaillen draus. Wie die Bienen sind sie über den Boden her. Die basteln und murksen zu Hunderten rum den ganzen Tag und die Nacht. [...] Von Osten her, Weißensee, Lichtenberg, Friedrichshain, Frankfurter Allee, türmen die gelben Elektrischen auf

[1] „**Berolina ... vor Tietz**": Bronzestatue vor dem Kaufhaus Tietz am Alexanderplatz; wurde nach ihrem Abbau vermutlich eingeschmolzen; die weibliche Figur stand allegorisch für die Stadt Berlin.

den Platz durch die Landsberger Straße. Die 65 kommt vom Zentralviehhof, der Große Ring Weddingplatz, Luisenplatz, die 76 Hundekehle über Hubertusallee. An der Ecke Landsberger Straße haben sie Friedrich Hahn, ehemals Kaufhaus, ausverkauft, leer gemacht und werden es zu den Vätern versammeln. Da halten die Elektrischen und der Autobus 19 Turmstraße. Wo Jürgens war, das Papiergeschäft, haben sie das Haus abgerissen und dafür einen Bauzaun hingesetzt. Da sitzt ein alter Mann mit Arztwaage: Kontrollieren Sie Ihr Gewicht, 5 Pfennig. O liebe Brüder und Schwestern, die ihr über den Alex wimmelt, gönnt euch diesen Augenblick, seht durch die Lücke neben der Arztwaage auf diesen Schuttplatz, wo einmal Jürgens florierte, und da steht noch das Kaufhaus Hahn, leer gemacht, ausgeräumt und ausgeweidet, dass nur die roten Fetzen noch an den Schaufenstern kleben. Ein Müllhaufen liegt vor uns. Von Erde bist du gekommen, zu Erde sollst du wieder werden, wir haben gebauet ein herrliches Haus, nun geht hier kein Mensch weder rein noch raus. So ist kaputt Rom, Babylon, Ninive, Hannibal, Cäsar, alles kaputt, oh, denkt daran. Erstens habe ich dazu zu bemerken, dass man diese Städte jetzt wieder ausgräbt, wie die Abbildungen in der letzten Sonntagsausgabe zeigen, und zweitens haben diese Städte ihren Zweck erfüllt, und man kann nun wieder neue Städte bauen.

1 Halten Sie in Form eines **Ideensterns** (▶Methode) fest, aus welchen Einzelaspekten sich die dargestellte Szene auf dem Alexanderplatz in Berlin zusammensetzt.
2 Beschreiben Sie die erzähltechnischen und sprachlichen Besonderheiten des Textausschnitts.
3 Verfassen Sie im Stil Döblins eine Großstadtszene. Begeben Sie sich dazu an einen belebten Ort und notieren Sie möglichst alle Eindrücke. Verarbeiten Sie dann Ihre Notizen zu einer Gesamtdarstellung, in die Sie auch Zusatzinformationen und Gedankensplitter einfügen.

Methode   Ideenstern

- Schreiben Sie das Thema (die Frage) mittig auf ein großes Blatt, kreisen Sie es ein und legen Sie das Blatt in die Mitte eines Gruppentisches.
- In Stillarbeit notiert jedes Gruppenmitglied eine Idee/einen Gedanken zum Thema, kreist seine Idee ein und verbindet sie durch eine Linie mit dem Thema.
- Drehen Sie anschließend das Blatt im Uhrzeigersinn, sodass jedes Gruppenmitglied die Idee eines anderen lesen kann. Diese Idee wird nun ergänzt, erweitert oder es wird eine gänzlich neue Idee hinzugefügt. Die weiterführenden und neuen Gedanken werden eingekreist und durch eine Linie mit der ursprünglichen Idee verbunden.
- Drehen Sie das Blatt so lange, bis die meisten Ideen ergänzt worden sind.
- Besprechen Sie Ihr Ergebnis in der Gruppe.

Irmgard Keun: Das kunstseidene Mädchen (1932) – Romanauszüge

Doris, die 18-jährige Ich-Erzählerin, hat nur ein Ziel im Leben: Sie will wie ein Star, ein „Glanz" sein. Dazu zieht sie in die Metropole Berlin. Durch die finanzielle Hilfe ihrer zahlreichen Verehrer und mit einem gestohlenen Pelzmantel, ihrem Feh, meint sie, dass ihr der Weg nach oben ganz offensteht.

Ich bin in Berlin. Seit ein paar Tagen. Mit einer Nachtfahrt und noch neunzig Mark übrig. Damit muss ich leben, bis sich mir Geldquellen bieten. Ich habe Maßloses erlebt. Berlin senkte sich auf mich wie eine Steppdecke mit feurigen Blumen. Der Westen ist vornehm mit hochprozentigem Licht – wie fabelhafte Steine ganz teuer und mit so gestempelter Einfassung. Wir haben hier ganz übermäßige Lichtreklame. Um mich war ein Gefunkel. Und ich mit dem Feh. Und schicke Männer wie Mädchenhändler, ohne dass sie gerade mit Mädchen handeln, was es ja nicht mehr gibt – aber sie sehen danach aus, weil sie es tun würden, wenn was bei rauskäme. Sehr viel glänzende schwarze Haare und Nachtaugen so tief im Kopf. Aufregend. Auf dem Kurfürstendamm sind viele Frauen. Die gehen nur. Sie haben sehr egale Gesichter und viel Maulwurfpelze – also nicht ganz erste Klasse – aber doch schick – [...] Ich gehe nachher in eine Jockeybar, mit einem Mädchenhändlerartigen, an dem mir sonst nichts liegt. Aber ich komme dadurch in Milieu, das mir Aussichten bietet. Tilli[1] sagt auch, ich sollte. Jetzt bin ich auf der Tauentzien[2] bei Zuntz, was ein Kaffee ist ohne Musik, aber billig – und viele eilige Leute wie rasender Staub, bei denen man merkt, dass Betrieb ist in der Welt. Ich habe den Feh an und wirke. [...]

Berlin verursacht mir Müdigkeit. Wir haben gar kein Geld, Tilli und ich. Wir liegen im Bett wegen Hunger. Und ich habe Verpflichtungen an Therese. Und arbeiten kann ich nicht, weil ich ja keine Papiere habe und darf auf keiner Polizei gemeldet werden, denn ich bin doch auf der Flucht. Und man wird schlecht behandelt und ganz billig, wenn man sich anmerken lässt, dass es einem schlecht geht. Ein Glanz will ich werden. Heute gehen wir ins „Resi" – ich bin eingeladen von Franz, der arbeitet in einer Garage. [...] – und am Nebentisch lernen zwei Männer und eine Dame sich kennen und machen sich bekannt und gucken sich an mit freundlichem Misstrauen und glauben zuerst mal alles Schlechte von sich gegenseitig.

Ich rede mit ihm[3] und will nu' mal endlich ein Wort finden, mit dem ich dann bei ihm bin – ach, ich kann nicht mehr – gehen wir weg – was ist denn in mir? – ich will das totmachen. Betrunken sein, mit Männern schlafen, viel Geld

„Das kunstseidene Mädchen" an den Hamburger Kammerspielen 2011

haben – das muss man wollen, und nichts anderes denken, wie hält man es sonst denn aus – was ist denn wohl nur kaputt auf der Welt? [...]
Ist ja alles nicht so wichtig – ich bin etwas betrunken – vielleicht geh ich auch nicht zu Wartesaal Zoo – und in eine schicke und dunkle Bar, wo man nicht sieht, dass meine Augen totgeweint sind – und lasse mich einladen von einem und nichts sonst – und tanze und trinke und tanze – ich hab so Lust – tanze – das ist die Liebe der Matrosen[4] – wir sind ja doch nur gut aus Liebe und böse oder gar nichts aus Unliebe – und wir verdienen auch keine Liebe, aber wir haben ja sonst kein Zuhause.
Ist ja alles nicht so wichtig – ich habe gar keine große Lust mehr, ein Glanz zu werden –

1 **Tilli:** Freundin der Ich-Erzählerin Doris
2 **Tauentzien:** Einkaufsstraße in Berlin
3 Gemeint ist der Begleiter von Doris.
4 **„das ist die Liebe der Matrosen":** Zeile aus einem Schlager der Zeit

1 Schildern Sie die Situation der Ich-Erzählerin in Berlin. Gehen Sie dabei auf folgende Stichworte ein: Erlebnisse, Schauplätze und ihre Atmosphäre, Beziehungen zu anderen Figuren, Lebensgefühl.
2 Zeigen Sie auf, welche Merkmale eines inneren Monologs (▶ S. 173) der Text aufweist.

Joseph Roth: **Hiob** (1933) – Romanauszug

Der jüdische Bibellehrer Mendel Singer hat sein Heimatdorf in Galizien (Landschaft am östlichen Rand des Habsburger Kaiserreiches, gehört heute teils zur Ukraine, teils zu Polen) verlassen und ist mit seiner Frau Deborah und seiner Tochter Mirjam nach Amerika ausgewandert. Mendels Sohn Schemarja hat diesen Schritt schon zuvor getan und seine Familie nun nachkommen lassen. Er nennt sich in den USA Sam. Zusammen mit seinem Freund Mac holt er die Ankömmlinge aus dem Quarantänelager in New York in einem Leiterwagen ab. Die beiden jungen Männer fahren sie in der Stadt herum, um ihnen einen Eindruck von der neuen Heimat zu vermitteln.

Es war ein heller und heißer Tag. Mendel und Deborah saßen in der Fahrtrichtung, ihnen gegenüber Mirjam, Mac und Sam. Der schwere Wagen ratterte über die Straßen mit einer wütenden Wucht, wie es Mendel Singer schien, als wäre es seine Absicht, Stein und Asphalt für ewige Zeiten zu zertrümmern und die Fundamente der Häuser zu erschüttern. Der lederne Sitz brannte unter Mendels Körper wie ein heißer Ofen. Obwohl sie sich im düstern Schatten der hohen Mauern hielten, glühte die Hitze wie graues, schmelzendes Blei durch die alte Mütze aus schwarzem Seidenrips auf den Schädel Mendels, drang in sein Gehirn und verlötete es dicht, mit feuchter, klebriger, schmerzlicher Glut. Seit seiner Ankunft hatte er kaum geschlafen, wenig gegessen und fast gar nichts getrunken. Er trug heimatliche Galoschen aus Gummi an den schweren Stiefeln, und seine Füße brannten wie in einem offenen Feuer. Krampfhaft zwischen die Knie geklemmt hatte er seinen Regenschirm, dessen hölzerner Griff heiß war und nicht anzufassen, als wäre er aus rotem Eisen. Vor den Augen Mendels wehte ein dicht gewebter Schleier aus Ruß, Staub und Hitze. Er dachte an die Wüste, durch die seine Ahnen vierzig Jahre gewandert waren. Aber sie waren wenigstens zu Fuß gegangen, sagte er sich. Die wahnsinnige Eile, in der sie jetzt dahinrasten, weckte zwar einen Wind, aber es war ein heißer Wind, der feurige Atem der Hölle. Statt zu kühlen, glühte er. Der Wind war kein Wind, er bestand aus Lärm und Geschrei, es war ein wehender Lärm. Er setzte sich zusammen aus einem schrillen Klingeln von hundert unsichtbaren Glocken, aus dem gefährlichen, metallenen Dröhnen der Bahnen, aus dem tutenden Rufen unzähliger Trompeten, aus dem flehentlichen Kreischen der Schienen an den Kurven der Streets, aus dem Gebrüll Macs, der durch einen übermächtigen Trichter seinen Passagieren Amerika erläuterte, aus dem Gemurmel der Menschen ringsum, aus dem schallenden Gelächter eines fremden Mitreisenden hinter Mendels Rücken, aus den unaufhörlichen Reden, die Sam in des Vaters Angesicht warf, Reden, die Mendel nicht verstand, zu denen er aber fortwährend nickte, ein furchtsames und zugleich freundliches Lächeln um die Lippen, wie eine schmerzende Klammer aus Eisen. Selbst wenn er den Mut gehabt hätte, ernst zu bleiben, wie es seiner Situation entsprach, er hätte das Lächeln nicht ablegen können. Er hatte nicht die Kraft, eine Miene zu verändern. Die Muskeln seines Angesichts waren erstarrt. Er hätte lieber geweint wie ein kleines Kind. Er roch den scharfen Teer aus dem schmelzenden Asphalt, den trockenen und spröden Staub in der Luft, den ranzigen und fetten Gestank aus Kanälen und Käsehandlungen, den beizenden Geruch von Zwiebeln, den süßlichen Benzinrauch der Autos, den faulen Sumpfgeruch aus Fischhallen, die Maiglöckchen und das Chloroform von den Wangen seines Sohnes. Alle Gerüche vermengten sich im heißen Brodem, der ihm entgegenschlug, mit dem Lärm, der seine Ohren erfüllte und seinen Schädel sprengen wollte. Bald wusste er nicht mehr, was zu hören, zu sehen, zu riechen war. Er lächelte immer noch und nickte mit dem Kopfe. Amerika drang auf ihn ein, Amerika zerbrach ihn, Amerika zerschmetterte ihn. Nach einigen Minuten wurde er ohnmächtig.

1. Beschreiben und erläutern Sie die Eindrücke, Empfindungen und Gedanken Mendels bei seiner ersten Begegnung mit New York (▶ S. 495).
2. Untersuchen Sie, mit welchen sprachlichen Mitteln es dem Erzähler gelingt, ein lebendiges Bild von der Stadt und ihrer Atmosphäre zu vermitteln.
3. Vergleichen Sie die Großstadtdarstellungen in den Romanauszügen von Döblin, Keun und Roth.

Erich Kästner: **Sachliche Romanze** (1929)

Als sie einander acht Jahre kannten
(und man darf sagen: sie kannten sich gut),
kam ihre Liebe plötzlich abhanden.
Wie andern Leuten ein Stock oder Hut.

5 Sie waren traurig, betrugen sich heiter,
versuchten Küsse, als ob nichts sei,
und sahen sich an und wussten nicht weiter.
Da weinte sie schließlich. Und er stand dabei.

Vom Fenster aus konnte man Schiffen winken.
10 Er sagte, es wäre schon Viertel nach vier
und Zeit, irgendwo Kaffee zu trinken.
Nebenan übte ein Mensch Klavier.

Sie gingen ins kleinste Café am Ort
und rührten in ihren Tassen.
15 Am Abend saßen sie immer noch dort.
Sie saßen allein, und sie sprachen kein Wort
und konnten es einfach nicht fassen.

1. Kennzeichnen Sie den Ton, den der Sprecher im Gedicht anschlägt.
2. Erzählen Sie den Inhalt des Gedichts in Form einer Kurzgeschichte. Versuchen Sie dabei, den Ton der Vorlage zu treffen.
3. Diskutieren Sie in Kleingruppen, ob und inwiefern die Bezeichnung „Neue Sachlichkeit" auf die Texte der Seiten 492–496 zutrifft. Halten Sie die Ergebnisse fest und stellen Sie sie im Kurs vor.

Demokratie ohne Demokraten – Ein Thema gesellschaftskritischer Literatur

Heinrich Mann: **Der Untertan** (1918) – Romanauszug

Entstanden ist diese satirische Kritik an der wilhelminischen Gesellschaft in den Jahren 1906–1914. Erst nach dem Ersten Weltkrieg und dem Zusammenbruch des Kaiserreichs veröffentlicht, wurde Manns Roman in der Zeit der Weimarer Republik zu einem der ersten literarischen Höhepunkte. Am Beispiel des Fabrikanten Diederich Heßling wird das Psychogramm des für die wilhelminische Zeit repräsentativen „autoritären Charakters" entlarvt. Dieser sollte in der Weimarer Zeit weiter bestehen und der Akzeptanz der neuen Demokratie erheblichen Schaden zufügen. Der folgende Romanauszug setzt nach der Hochzeit Diederichs mit Guste an. Da sich die Hochzeitsreise nach Italien mit einem Staatsbesuch Wilhelms II. überschneidet, setzt Diederich alles daran, das Besuchsprogramm des deutschen Kaisers auf jedem Schritt zu begleiten.

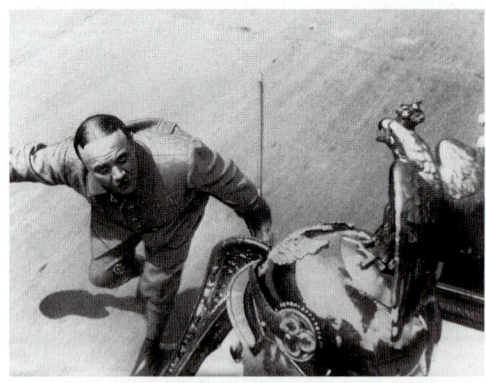

Szene aus der Romanverfilmung (1951)

Da kam man an – aber ganz anders, als die Gatten es erträumt hatten. In größter Verwirrung wurden die Reisenden von Beamten aus dem Bahnhof gedrängt, bis an den Rand eines weiten Platzes und in die Straßen dahinter, die sofort wieder abgesperrt wurden. Aber Diederich, in entfesselter Begeisterung, durchbrach die Schranken. Guste, die entsetzt die Arme reckte, ließ er mit allem Handgepäck dastehen und stürzte drauflos. Schon war er inmitten des Platzes; zwei Soldaten mit Federhüten jagten ihm nach, dass ihre bunten Frackschöße flogen. Da schritten die Bahnhofsrampe mehrere Herren herab und alsbald fuhr ein Wagen auf Diederich zu. Diederich schwenkte den Hut, er brüllte auf, dass die Herren im Wagen ihr Gespräch unterbrachen. Der rechts neigte sich vor – und sie sahen einander an, Diederich und sein Kaiser. Der Kaiser lächelte kalt prüfend mit den Augenfalten, und die Falten am Mund ließ er ein wenig herab. Diederich lief ein Stück mit, die Augen weit aufgerissen, immer schreiend und den Hut schwenkend, und einige Sekunden waren sie, indes ringsum dahinten eine fremde Menge ihnen Beifall klatschte, in der Mitte des leeren Platzes und unter einem knallblauen Himmel ganz miteinander allein, der Kaiser und sein Untertan. [...]

[Am nächsten Morgen mietet sich Diederich eine Droschke. Er hetzt den Kutscher von einem Ort zum nächsten, um stets vor dem Kaiser dort einzutreffen und die Zuschauer zu animieren, mit ihm „Es lebe der Kaiser!" zu schreien.]

Die Sonne stieg hoch und höher; vor den brennenden Marmorquadern der Fassaden, hinter denen sein Kaiser weltumspannende Unterredungen pflog, litt Diederich, ohne zu wanken, Hitze und Durst. So stramm er sich hielt, war es ihm doch, als sinke sein Bauch unter der Last des Mittags bis auf das Pflaster herab und als schmelze ihm auf der Brust sein Kronenorden vierter Klasse ... Der Kutscher, der immer häufiger die nächste Kneipe betrat, empfand endlich Bewunderung für das heldenhafte Pflichtgefühl des Deutschen und brachte ihm Wein mit. Neues Feuer in den Adern, machten sich beide an das nächste Rennen. Denn die kaiserlichen Renner liefen scharf; um ihnen vorauszukommen, musste man Gassen durchjagen, die aussahen wie Kanäle und deren spärliche Passanten sich schreckensvoll gegen die Mauern drückten; oder es hieß aussteigen und Hals über Kopf eine Treppe nehmen. Dann aber stand Diederich pünktlich an der Spitze seines Häufleins, sah die siebente Uniform aussteigen und schrie. Und dann wandte der Kaiser den Kopf und lächelte. Er erkannte ihn wieder, seinen Untertan!

Kurt Tucholsky: Rezension zu Heinrich Manns Roman „Der Untertan" (1919)

Dieses Buch Heinrich Manns, heute, Gott sei Dank, in aller Hände, ist das Herbarium[1] des deutschen Mannes. Hier ist er ganz: in seiner Sucht, zu befehlen und zu gehorchen, in seiner Roheit und in seiner Religiosität, in seiner Erfolganbeterei und in seiner namenlosen Zivilfeigheit. Leider: es ist der deutsche Mann schlechthin gewesen; wer anders war, hatte nichts zu sagen, hieß Vaterlandsverräter und war kaiserlicherseits angewiesen, den Staub des Landes von den Pantoffeln zu schütteln. [...]

1 **Herbarium:** Sammlung getrockneter und gepresster Pflanzen

---

1 a Versetzen Sie sich in die Lage eines Zeitungsreporters, der Heßlings Verhalten während des Staatsbesuchs beobachtet hat. Beschreiben und kommentieren Sie es in einer Reportage (▶ S. 253).

b Informieren Sie sich über den sozialpsychologischen Begriff des „autoritären Charakters". Zeigen Sie auf, inwiefern Heßling diesem Charaktertyp entspricht.

2 Vergleichen Sie die Szene auf dem Bahnhofsvorplatz in Rom, wie sie im Textauszug und im Filmbild dargestellt wird (Analyse der Erzählstrategie, ▶ S. 172 f.; Analyse von Filmbildern, ▶ S. 287 f.).

3 Erläutern Sie, warum der Schriftsteller und Journalist Kurt Tucholsky (1890–1935) den Roman für so wichtig hält und seinen Erfolg zu Beginn der Weimarer Republik begrüßt.

> **Information** — Epochenüberblick – Die Literatur der Weimarer Republik (1919–1933)
>
> **Allgemeingeschichtlicher Hintergrund:** Die 14 Jahre dieses ersten Versuchs, Deutschland als demokratischen Staat zu organisieren, waren von großen politischen, gesellschaftlichen und wirtschaftlichen Belastungen geprägt. Die ökonomischen und psychosozialen Folgen der **Niederlage im Ersten Weltkrieg,** die sich gleich zu Beginn in den Wirren der **Novemberrevolution von 1918/19** mit ihren Nachwehen in Putschversuchen, Generalstreiks und Separationsbestrebungen zeigten, ließen eine Entwicklung und Konsolidierung des Staates nicht zu. Es folgten die wirtschaftlichen Katastrophen von **Inflation** (1924) und **Weltwirtschaftskrise** (1929) mit dem Abrutschen vieler Existenzen innerhalb des Bürgertums und der Arbeiterschaft. Das begünstigte den Links- und Rechtsextremismus und die **Radikalisierung der politischen Auseinandersetzung** bis hin zu bürgerkriegsähnlichen Straßenkämpfen. Die Erosion der demokratischen Parteien, die für die Weimarer Verfassung standen, mündete 1933 in der „Machtergreifung" Hitlers, der als Reichskanzler das den Nazis verhasste demokratische System beseitigte.
>
> **Weltbild und Lebensauffassung:** Ein wesentlicher Grund für das Scheitern der Demokratie lag in ihrer Ablehnung durch große Teile der Bevölkerung. Besonders in den führenden, öffentlich einflussreichen Kreisen in Verwaltung, Sicherheitsorganen, Justiz und Bildungseinrichtungen trauerte man dem Kaiserreich und seiner gesellschaftlichen Verfassung nach. So blieb der Nährboden für die **Untertanenmentalität** des so genannten „autoritären Charakters" in Deutschland in hohem Maße erhalten. Die als Kennzeichnung der Zeit häufig benutzten Begriffe der „**Roaring Twenties**" oder „**Goldenen Zwanziger**" lassen an die beliebt werdenden Jazzlokale, Kinos und Kabaretts und an einen neuen, modernen Lebensstil denken. Der zeigt sich v. a. im Ausprobieren bisher verpönter Lebensformen. Dabei sollte nicht vergessen werden, dass dies alles nur für eine begrenzte Szene im Großstadtmilieu galt und keinen mentalitätsgeschichtlichen Wandel anzeigt.
>
> **Literatur:** Der **Pluralismus der Stile,** der schon für die Literatur der Jahrhundertwende kennzeichnend war, hat sich fortgesetzt. Dichtungen neuromantischer Innerlichkeit und eines ästhetizistischen „l'art pour l'art" (▶ S. 482) stehen neben solchen in der Tradition des Expressionismus (▶ S. 491), dessen Verständnis von Sprache als frei verfügbarem Material, losgelöst von den Konventionen der Alltagsverständigung und den grammatischen Normen, im **Dadaismus** mit seinem Spiel der Sprachlaute und vom Zufall bestimmten Wortkombinationen auf die Spitze getrieben wurde. Besondere Bedeutung errangen daneben Schreibweisen eines neuen Realismus. Sie werden unter dem Begriff „**Neue Sachlichkeit**" zusammengefasst und stehen für eine **kritische Sichtung der Wirklichkeit** zwischen kühl-distanzierter Betrachtung und satirischer Zuspitzung. Es ist die Zeit der großen **Gesellschaftsromane,** die in aufklärerischer Absicht die Kräfte und Entwicklungen aufzeigen, die in der Gesellschaft und im Individuum wirksam sind, ohne dabei tradierte Sinndeutungen und Wertsetzungen als verbindlich übernehmen zu wollen. Das moderne, komplex vielschichtige, von Reflexionen durchzogene Erzählen erlebt hier seine erste Blütezeit. Das **Theater politisiert sich** und will gesellschaftliche Mechanismen aufdecken und zur Veränderung aufrufen wie Bertolt Brechts „**episches Theater**" (▶ S. 222 ff.). Die Schreiber von Gedichten gehen mit ihrer Forderung nach einer „**Gebrauchslyrik**" deutlich auf Distanz zu den Nachfolgern eines klassisch-romantischen Bildes vom Dichter. Erich Kästner (1899–1974) betont den alltagstauglichen Nutzen seiner Gedichte, die entstanden seien „im Umgang mit den Freuden und Schmerzen der Gegenwart" und bestimmt seien „für jeden, der mit der Gegenwart geschäftlich zu tun hat". Die ideologische Zersplitterung der Gesellschaft und die daraus erwachsenden Kämpfe, in die auch die Schriftsteller zu einem großen Teil eingriffen, führten zu einem starken **Anwachsen des publizistischen Marktes.** So wurde die Weimarer Republik zur hohen Zeit literarisch anspruchsvoller Zeitungen und Zeitschriften, für die beispielhaft die „Weltbühne" steht.

Weitere wichtige Autorinnen/Autoren und Werke
Egon Erwin Kisch (1885–1948): „Der rasende Reporter" (Reportagen)
Erich Maria Remarque (1898–1970): „Im Westen nichts Neues" (Roman)
Bertolt Brecht (1898–1956): „Die Dreigroschenoper", „Die heilige Johanna der Schlachthöfe" (Theaterstücke); Gedichte
Ödön von Horváth (1901–1938): „Geschichten aus dem Wiener Wald" (Theaterstück)
Marieluise Fleißer (1901–1974): „Pioniere in Ingolstadt" (Theaterstück)

1 Schreiben Sie die fett gedruckten Stichworte des Informationskastens heraus und geben Sie dazu Erläuterungen in eigenen Worten.
2 Überprüfen Sie, ob und inwiefern Kästners Gedicht „Sachliche Romanze" seiner Forderung nach einer „Gebrauchslyrik" entspricht.
3 „Neue Sachlichkeit" war der Titel einer Ausstellung in der Mannheimer Kunsthalle im Jahre 1925.
   a Tragen Sie anhand der folgenden Bilder zusammen, was die Kunst der „Neuen Sachlichkeit" auszeichnet.
   b Stellen Sie ausgehend von den Bildern Bezüge zur Literatur in diesem Kapitel (▶ S. 492 ff.) her.

Georg Schrimpf:
Bahnübergang (1932)

Rudolf Schlichter:
Bildnis von Bert Brecht (1926)

Alexander Kanoldt:
Stillleben mit Gummibaum (1921)

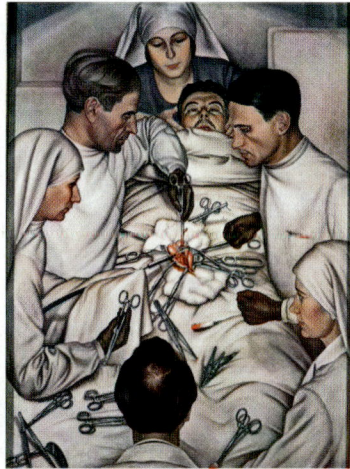

Christian Schad:
Operation (1929)

5.5 Exilliteratur (1933–1945)

1 Beschreiben Sie Gestaltung und Wirkung der Fotomontage.

2 Informieren Sie sich über die Ereignisse zu Beginn der Naziherrschaft, die in der Fotomontage verarbeitet werden, und über deren Folgen.

John Heartfield: Fotomontage (1933)

Lion Feuchtwanger: Der Schriftsteller im Exil (1943)

Die ökonomischen Schwierigkeiten und der aufreibende Kampf mit Nichtigkeiten, die nicht aufhören, sind das äußere Kennzeichen des Exils. Viele Schriftsteller sind davon zermürbt worden. Viele zogen den Selbstmord dem tragikomischen Leben im Exil vor.

Wer Glück hat, wer um all das herumkommt, der sieht sich bei seiner Arbeit inneren Schwierigkeiten gegenüber, von denen er sich in der Heimat nichts träumen ließ. Da ist zunächst die bittere Erfahrung, abgespalten zu sein vom lebendigen Strom der Muttersprache. Die Sprache ändert sich von Jahr zu Jahr. In den zehn oder elf Jahren unseres Exils ist das Leben sehr schnell weitergegangen, es hat für tausend neue Erscheinungen tausend neue Worte und Klänge verlangt. Wir hören die neuen Worte für diese neuen Erscheinungen zuerst in der fremden Sprache. Immer und für alles haben wir den Klang der fremden Sprache im Ohr, ihre Zeichen dringen täglich, stündlich auf uns ein, sie knabbern an unserem eigenen Ausdrucksvermögen. Einem jeden unter uns kommt es vor, dass sich manchmal das fremde Wort, der fremde Tonfall an die oberste Stelle drängt. Einige von uns haben es mit einigem Erfolg versucht, in der fremden Sprache zu schreiben: Wirklich geglückt ist es keinem. Es kann keinem glücken. Gewiss, man kann lernen, sich in einer fremden Sprache auszudrücken; die letzten Gefühlswerte des fremden Tonfalls lernen kann man nicht. In einer fremden Sprache dichten, in einer fremden Sprache gestalten kann man nicht. Einen Barbaren nannten die Griechen und Römer jeden, der sich nicht in ihrer Sprache ausdrücken konnte. Der Dichter Ovid, zu solchen Barbaren verbannt, hat in ihrer barbarischen Sprache gedichtet und wurde von ihnen hoch geehrt. Dennoch hat er geklagt: „Hier bin ich der Barbar, denn keiner versteht mich."

Hilde Domin: Hier (1964)

Ungewünschte Kinder
meine Worte
frieren.

Kommt
ich will euch
auf meine warmen
Fingerspitzen
setzen
Schmetterlinge im Winter.

Die Sonne
blass wie ein Mond
scheint auch hier
in diesem Land
wo wir das Fremdsein
zu Ende kosten.

Mascha Kaléko: **Der kleine Unterschied** (1945)

Es sprach zum Mister Goodwill
ein deutscher Emigrant:
„Gewiß, es bleibt dasselbe,
sag ich nun *land* statt Land,
sag ich für Heimat *homeland*
und *poem* für Gedicht.
Gewiß, ich bin sehr happy:
Doch glücklich bin ich nicht." [R]

1 Stellen Sie zusammen, von welchen Erfahrungen das Exil in der Schilderung des Romanautors Lion Feuchtwanger (1884–1958) geprägt ist.

2 Welche der von Feuchtwanger beschriebenen Erfahrungen werden in den Gedichten der beiden Lyrikerinnen Domin (1909–2006) und Kaléko (1907–1975) aufgegriffen? Wie werden sie vermittelt?

3 <u>Referat/Facharbeit:</u> Wie der Hinweis auf den antiken römischen Dichter Ovid in Feuchtwangers Text zeigt (vgl. ▶ S. 500, Z. 36), ist das Exil von Schriftstellern kein Einzelfall im Laufe der Geschichte. Berichten Sie anhand ausgewählter Beispiele über exilierte Autorinnen und Autoren aus verschiedenen Zeitaltern.

Bertolt Brecht: **Schlechte Zeit für Lyrik** (1939)

Ich weiß doch: nur der Glückliche
Ist beliebt. Seine Stimme
Hört man gern. Sein Gesicht ist schön.

Der verkrüppelte Baum im Hof
5 Zeigt auf den schlechten Boden, aber
Die Vorübergehenden schimpfen ihn einen Krüppel
Doch mit Recht.

Die grünen Boote und die lustigen Segel des Sundes¹
Sehe ich nicht. Von allem
10 Sehe ich nur der Fischer rissiges Garnnetz.
Warum rede ich nur davon
Daß die vierzigjährige Häuslerin² gekrümmt geht?
Die Brüste der Mädchen
Sind warm wie ehedem.

15 In meinem Lied ein Reim
Käme mir fast vor wie Übermut.

In mir streiten sich
Die Begeisterung über den blühenden Apfelbaum
Und das Entsetzen über die Reden des Anstreichers³.
20 Aber nur das zweite
Drängt mich zum Schreibtisch. [R]

1 **Sund:** Meerenge in Dänemark; Brechts erstes Exil
2 **Häuslerin:** Dorfbewohnerin, Lohnarbeiterin; besitzt ein kleines Haus, aber kein eigenes Land
3 **Anstreicher:** spöttische Bezeichnung für den gescheiterten Kunstmaler Hitler

1 Beschreiben Sie den inhaltlichen Aufbau des Gedichts, z. B. durch Zwischenüberschriften, und stellen Sie einen gedanklichen Zusammenhang zwischen den einzelnen Abschnitten her.

2 Kommentieren Sie das Paradox, das aus dem Verhältnis von Titel und Text entsteht.

3 Arbeiten Sie heraus, welche Rolle Brecht sich als Schriftsteller zuweist, und erörtern Sie das Schriftstellerbild, das hier erkennbar wird.

4 a Untersuchen Sie, ob und inwiefern die drei Gedichte dieses Kapitels mit Brechts Ablehnung der traditionellen Gedichtform (Reim und Metrum) übereinstimmen.
   b Spricht Sie eher die traditionelle Form der Lyrik oder der Verzicht darauf an?

Anna Seghers: **Das siebte Kreuz** (1942)

Anna Seghers hat ihren Roman 1938 im französischen Exil begonnen und 1942 in einem Exilverlag in Mexiko veröffentlicht. Obwohl „von außen" verfasst, gilt er als ein erstaunliches Beispiel für eine äußerst wirklichkeitsnahe Innensicht der deutschen Gesellschaft unter der Nazidiktatur. Erzählt wird die Flucht von sieben Häftlingen aus dem fiktiven KZ Westhofen. Anhand der Geschichte ihrer Flucht wird das Alltagsleben unter dem Terrorregime, wird das Verhalten der Täter, Opfer, Mitläufer und Widerständler, werden der feige Verrat und die mutige Hilfsbereitschaft anschaulich deutlich. Komponiert ist der Roman aus mehreren Erzählsträngen, deren einzelne Szenen wie in einer filmischen Montage ineinandergeschnitten sind.
In der folgenden Szene wartet Frau Bachmann auf ihren Mann. Das Ehepaar unterstützt einen der KZ-Geflohenen. Was sie nicht weiß: Ihr Mann wurde gerade von der Gestapo verhört.

Die Flüchtlinge. Spielfilmszene aus „Das siebte Kreuz" (1944)

Als die Bachmann jetzt still und allein saß, fing das Herumgezucke in ihren Gliedern an. Sie holte sich etwas zum Nähen. Das beruhigte sie. Niemand kann uns was nachweisen, sagte sie
5 sich. Es ist ein Einbruch.
Jetzt kam der Mann die Treppe herauf. Also doch noch. Sie stand auf und richtete ihm sein Abendessen. Er kam herein in die Küche, ohne ein Wort zu sagen. Noch bevor sich die Frau
10 nach ihm umdrehte, hatte sie nicht nur im Herzen, sondern über die ganze Haut weg ein Gefühl, als sei mit seinem Eintritt die Temperatur im Zimmer um ein paar Grad gefallen. „Hast du was?", fragte sie, als sie sein Gesicht sah. Der
15 Mann erwiderte nichts. Sie stellte den vollen Teller hin zwischen seine Ellenbogen. In sein Gesicht stieg der Suppendampf. „Otto", sagte sie, „bist du denn krank?"
Darauf erwiderte er auch nichts. Der Frau wur-
20 de himmelangst. Aber, dachte sie, mit der Laube[1] kann es nichts sein, denn er ist ja hier.

Sicher bedrückt es ihn; wenn nur die Sache vorüber wäre. „Willst du denn nichts mehr essen?", fragte sie. Der Mann erwiderte nichts.
25 „Du musst nicht immer dran denken", sagte die Frau, „wenn man immer dran denkt, kann man verrückt werden." Aus den halbgeschlossenen Augen des Mannes schossen ganze Strahlen von Qual. Aber die Frau hatte wieder zu nähen
30 begonnen. Als sie aufsah, hatte der Mann die Augen geschlossen. „Hast du denn was?", sagte da die Frau. „Was hast du?" – „Nichts", sagte der Mann.
Aber wie er das sagte! So, als habe die Frau ihn
35 gefragt, ob er denn auf der Welt gar nichts mehr hätte, und als habe er wahrheitsgemäß erwidert: Nichts. – „Otto", sagte sie, und sie nähte, „du hast vielleicht doch was." Aber der Mann erwiderte leer und ruhig: „Gar, gar nichts." Wie
40 sie ihm ins Gesicht sah, rasch einmal von der Näherei weg in seine Augen, wusste sie, dass er wirklich nichts hatte. Alles, was er je gehabt hatte, war verloren.
Da wurde der Frau eiskalt. Sie zog die Schultern
45 ein und setzte sich schräg, als säße nicht ihr Mann am Tischende, sondern ... Sie nähte und nähte; sie dachte nichts und sie fragte nichts, weil sonst die Antwort kommen konnte, die ihr Leben zerstörte.

[1] Bachmanns besitzen eine Laube in Worms, in der sie Kleider und Geld für den Flüchtling Wallau verstecken.

[Die nächste Szene, die den Erzählstrang um Wallau fortsetzt, spielt im Dienstraum der Polizeikommissare Fischer und Overkamp.]

50 Fischer rief: „Sie haben den Wallau." Overkamp langte sich den Hörer, er kritzelte. „Ja, alle vier", sagte er. Dann sagte er: „Wohnung versiegeln." Dann: „Herbringen." Dann las er Fischer vor: „Also: Als man vorgestern in den in Betracht 55 kommenden Städten die in Betracht kommenden Serien durchging, kamen außer den Angehörigen Wallaus eine beträchtliche Anzahl Personen in sämtlichen Städten in Betracht. Diese Personen wurden gestern alle noch ein- 60 mal in Verhör genommen. Machte sich unter den fünf anderen, die aber jetzt natürlich alle ausscheiden, die man im zweiten Verhör aus der letzten Serie herauszog, ein gewisser Bachmann verdächtig, Trambahnschaffner, dreiund- 65 dreißig, zwei Monate im Lager, freigelassen zur Beobachtung des Verkehrs, [...] hat sich seitdem politisch nicht mehr betätigt, – hat beim ersten und beim zweiten Verhör alles geleugnet, ist unter Drohung gesetzt gestern weich gewor- 70 den. Wallaus Frau hat Sachen in seiner Laube bei Worms untergestellt, will nicht gewusst haben, wozu und was, unter Beobachtung wieder heimgelassen worden zwecks Beobachtung weiteren Verkehrs. Wallau um dreiundzwanzig 75 Uhr zwanzig auf diesem Laubengrundstück verhaftet, verweigert bis jetzt jede Aussage. Bachmann Haus bis jetzt nicht verlassen, Dienst um sechs nicht angetreten, besteht Selbstmordverdacht, von Familie noch keine 80 Meldung. – Halt!", sagte Overkamp.
[Später wird dieser Erzählstrang mit einer Szene im Dienstraum der Kommissare Fischer und Overkamp fortgesetzt.]

Die Hinrichtung. Spielfilmszene aus „Das siebte Kreuz" (1944)

„Man hat die Bachmann in Worms noch verhaften müssen." – „Warum?", fragte Overkamp grob. Er hatte sich gegen diese Verhaftung ausgesprochen, durch die man nur die Neugier und Erregung der Bevölkerung weckte, wäh- 85 rend offenkundige Schonung seitens der Polizei die Familie Bachmann am besten isoliert hätte. – „Als man den Bachmann auf der Mansarde abgeknüpft hat, da hat die Frau gebrüllt, er hätte es gestern tun sollen, vor dem Verhör, 90 und ihr Wäscheseil sei ihr zu schade. Sie hat sich auch nicht beruhigt, als man den Mann weggebracht hat. Sie hat die ganze Umgebung verrückt gemacht, geschrien, sie sei unschuldig, und so weiter, und so weiter." – „Wie hat 95 sich denn da die Umgebung verhalten?" – „Teils, teils. Soll ich die Berichte anfordern?" – „Nee, nee", sagte Overkamp, „das hat mit uns nichts mehr zu tun, das gehört ins Ressort der Kollegen in Worms. Wir haben genug Beschäftigung." 100

1 a Fassen Sie das Schicksal des Ehepaars Bachmann, das in die Geschichte um den KZ-Flüchtling Wallau verwickelt ist, zusammen.
b Kommentieren und beurteilen Sie das Verhalten und die Beziehung der Bachmanns. Gehen Sie auch der Frage nach, welchen Einfluss die politischen Verhältnisse auf das Leben der beiden haben.
2 Analysieren Sie die **Erzählstrategie** (▶ S. 172 f.). Achten Sie besonders auf die jeweils eingenommene Perspektive, das Erzählverhalten, die Darbietungsform und den Einsatz von Leerstellen sowie deren Funktion.

> **Information** **Epochenüberblick – Exilliteratur und „innere Emigration" (1933–1945)**
>
> **Geschichtlicher Hintergrund:** Nach der so genannten „Machtergreifung" Hitlers 1933 ging die neue Regierung zügig daran, die demokratischen Grundrechte einzuschränken bzw. abzuschaffen. Alle Institutionen des politischen und gesellschaftlichen Lebens sollten nationalsozialistisch ausgerichtet und gleichgeschaltet werden. Der Widerstand dagegen in der Bevölkerung war insgesamt recht gering. Im Gegenteil, in den ersten drei Monaten ihrer Herrschaft verzeichnete die NSDAP über eineinhalb Millionen Parteieintritte. Propagandaminister Goebbels äußerte sein Erstaunen darüber, „dass so schnell und so radikal in Deutschland [im Sinne seiner Partei] aufgeräumt werden" konnte. Zu diesem „Aufräumen" gehörte die groß angelegte Aktion der **Bücherverbrennung am 10. Mai 1933.** Der Verband der „Deutschen Studentenschaft", angeführt vom „NS-Studentenbund", sammelte in Berlin und fast allen anderen Universitätsstädten aus öffentlichen und privaten Büchereien die Werke von 131 Autoren, die auf einer schwarzen Liste standen, und verbrannte die Bücher öffentlich in Anwesenheit vieler Professoren und einer Masse von Schaulustigen. Dies war das Fanal, das das Ende des vielfältigen Geisteslebens aus der Zeit der Weimarer Republik anzeigte. Kunst, Literatur, Presse, Film und Rundfunk wurden der Zensur des neu gegründeten „Reichsministeriums für Volksaufklärung und Propaganda" unterworfen bzw. in dessen Dienst gestellt. Über 2000 in ihrem Schaffen eingeschränkte, aber auch an Leib und Leben bedrohte Künstlerinnen und Künstler flohen ins Exil.
>
> **Literatur:** Nach dem Exodus der Schriftsteller, an die man dachte, wenn von der deutschen Literatur die Rede war, blieben unter dem Hakenkreuz die regimetreuen völkischen „Blut-und-Boden"-Schreiber zurück sowie einige Autorinnen und Autoren, die sich als Vertreter einer **„inneren Emigration"** verstanden wissen wollten. Sie konnten und wollten das Land ihrer Sprache nicht verlassen. Sie stellten ihre literarische Produktion ein, wichen in ihren Texten in politikferne, harmlose Themen und Genres, z. B. Drehbücher für Unterhaltungsfilme, aus oder verschlüsselten ihre Botschaften des Nichteinverständnisses mit dem Regime so, dass die Zensur – aber häufig auch das Publikum – dies nicht bemerkte.
>
> **Weitere wichtige Autorinnen/Autoren und Werke**
> Else Lasker-Schüler (1869–1945): „Mein blaues Klavier" (Gedichtsammlung)
> Thomas Mann (1875–1955): „Joseph und seine Brüder", „Doktor Faustus" (Romane)
> Stefan Zweig (1881–1942): „Sternstunden der Menschheit", „Schachnovelle"
> Nelly Sachs (1891–1970): „In den Wohnungen des Todes", „Sternenverdunkelung", „Flucht und Verwandlung" (Gedichtbände)
> Hans Fallada (1893–1947): „Wolf unter Wölfen" (Roman)
> Joseph Roth (1894–1939): „Radetzkymarsch" (Roman); „Die Legende vom heiligen Trinker" (Novelle)
> Bertolt Brecht (1898–1956): „Leben des Galilei", „Furcht und Elend des Dritten Reiches", „Mutter Courage und ihre Kinder" (Dramen)
> Erich Kästner (1899–1974): „Doktor Erich Kästners Lyrische Hausapotheke" (Gedichtsammlung)
> Klaus Mann (1906–1949): „Mephisto", „Der Vulkan" (Romane)
> Erich Fried (1921–1988): „Deutschland", „Höre, Israel", „Was es ist" (Gedichtbände)

1 Informieren Sie sich über den gesamten Romaninhalt von Anna Seghers' „Das siebte Kreuz" und arbeiten Sie die symbolische Bedeutung des siebten Kreuzes heraus.

2 **Referat/Kurzvortrag:** Recherchieren Sie die Biografie einer Exilautorin/eines Exilautors oder eines Malers, Musikers etc. und stellen Sie diese im Kurs vor.

6 Von der Nachkriegszeit bis zur Gegenwart

Die 1950er-Jahre – „Keine Experimente"

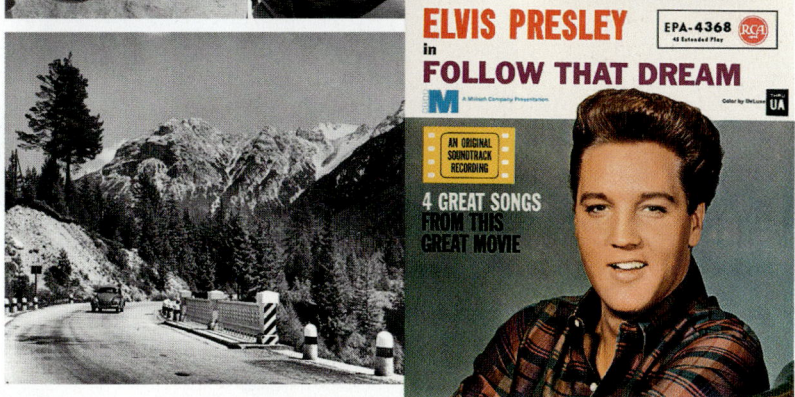

Die 1960er- und 1970er-Jahre – „Mehr Demokratie wagen"

Die 1980er-Jahre bis heute – „Anything goes"

1 a Beschreiben Sie die Zusammenstellung der Bilder für jeden Zeitabschnitt. Was fällt Ihnen an den Bildern auf? Welchen Eindruck vermitteln sie Ihnen von dem jeweiligen Zeitabschnitt? Gehen Sie auch auf die Slogans in den Überschriften zu den Zeitabschnitten ein.
b Vergleichen Sie die Zeitabschnitte miteinander. Welche Änderungen fallen Ihnen auf? Welche Entwicklungen in der Alltagskultur und im Lebensgefühl können Sie daraus ablesen?

2 a Zeigen Sie die Bildzusammenstellungen Personen (z.B. Ihren Eltern oder Großeltern), die die verschiedenen Zeitabschnitte miterlebt haben. Interviewen Sie Ihre Zeitzeugen zu den Erinnerungen und Assoziationen, die die Bilder bei ihnen auslösen.
b Recherchieren Sie weitere Bilder und erstellen Sie aus dem gesamten Bildmaterial und den Interviewäußerungen eine Wandzeitung zu jedem Zeitabschnitt.

6.1 Nachkriegsliteratur (1945–1960)

Das zerstörte Rotterdam, Mai 1940

Ossip Zadkine: Die zerstörte Stadt (1951–1953); Rotterdam

1
a Sehen Sie sich beide Bilder lange und intensiv an. Notieren Sie danach zu jedem der beiden Bilder alle Eindrücke, Gedanken und Gefühle, ohne den Stift abzusetzen und ohne auf Schreibregeln zu achten.
b Tauschen Sie sich über Ihre Schreibergebnisse aus.
c Formulieren Sie, was Ossip Zadkines künstlerische Darstellung von der Fotografie des zerstörten Rotterdam unterscheidet.
d Diskutieren Sie, ob Ihnen der Versuch, Zerstörungen dieses Ausmaßes in einem Kunstwerk gestalten zu wollen, generell sinnvoll erscheint und ob er hier gelungen ist.

Die Shoah – Gedichte über das Unsagbare

Nach einem viel zitierten, allerdings verkürzt wiedergegebenen Urteil des Philosophen **Theodor W. Adorno** (1903–1969) aus dem Jahre 1951 sei es unmöglich geworden, nach Auschwitz noch Gedichte zu schreiben. Im Widerspruch zu diesem Urteil, das Adorno selbst später revidierte, gab es aber schon bald nach der Befreiung der nationalsozialistischen Vernichtungslager und dem Bekanntwerden des ganzen Ausmaßes der dort verübten Verbrechen literarische Versuche, dem vermeintlich Unsagbaren Ausdruck zu verleihen. Die beiden folgenden Gedichte von **Nelly Sachs** (1891–1970) und **Paul Celan** (1920–1970) sind der Shoah (auch: Schoah) gewidmet, wie der Holocaust im Hebräischen genannt wird.

Nelly Sachs: Chor der Geretteten (1947)

Wir Geretteten,
Aus deren hohlem Gebein der Tod schon seine Flöten schnitt,
An deren Sehnen der Tod schon seinen Bogen strich –
Unsere Leiber klagen noch nach
5 Mit ihrer verstümmelten Musik.
Wir Geretteten,
Immer noch hängen die Schlingen für unsere Hälse gedreht
Vor uns in der blauen Luft –
Immer noch füllen sich die Stundenuhren mit unserem tropfenden Blut.
10 Wir Geretteten,
Immer noch essen an uns die Würmer der Angst.
Unser Gestirn ist vergraben im Staub.
Wir Geretteten
Bitten euch:
15 Zeigt uns langsam eure Sonne.
Führt uns von Stern zu Stern im Schritt.
Lasst uns das Leben leise wieder lernen.

Es könnte sonst eines Vogels Lied,
Das Füllen des Eimers am Brunnen
20 Unseren schlecht versiegelten Schmerz aufbrechen lassen
Und uns wegschäumen –
Wir bitten euch:
Zeigt uns noch nicht einen beißenden Hund –
Es könnte sein, es könnte sein
25 Dass wir zu Staub zerfallen –
Vor euren Augen zerfallen in Staub.
Was hält denn unsere Webe zusammen?
Wir odemlos gewordene,
Deren Seele zu Ihm floh aus der Mitternacht
30 Lange bevor man unseren Leib rettete
In die Arche des Augenblicks.
Wir Geretteten,
Wir drücken eure Hand,
Wir erkennen euer Auge –
35 Aber zusammen hält uns nur noch der Abschied,
Der Abschied im Staub
Hält uns mit euch zusammen.

Paul Celan: Todesfuge (1948)

Schwarze Milch der Frühe wir trinken sie abends
wir trinken sie mittags und morgens wir trinken sie nachts
wir trinken und trinken
wir schaufeln ein Grab in den Lüften da liegt man nicht eng
5 Ein Mann wohnt im Haus der spielt mit den Schlangen der schreibt
der schreibt wenn es dunkelt nach Deutschland dein goldenes Haar Margarete
er schreibt es und tritt vor das Haus und es blitzen die Sterne er pfeift seine Rüden herbei
er pfeift seine Juden hervor lässt schaufeln ein Grab in der Erde
er befiehlt uns spielt auf nun zum Tanz

10 Schwarze Milch der Frühe wir trinken dich nachts
wir trinken dich morgens und mittags wir trinken dich abends
wir trinken und trinken
Ein Mann wohnt im Haus der spielt mit den Schlangen der schreibt
der schreibt wenn es dunkelt nach Deutschland dein goldenes Haar Margarete
15 Dein aschenes Haar Sulamith wir schaufeln ein Grab in den Lüften da liegt man nicht eng

Er ruft stecht tiefer ins Erdreich ihr einen ihr andern singet und spielt
er greift nach dem Eisen im Gurt er schwingts seine Augen sind blau
stecht tiefer die Spaten ihr einen ihr andern spielt weiter zum Tanz auf

Schwarze Milch der Frühe wir trinken dich nachts
20 wir trinken dich mittags und morgens wir trinken dich abends
wir trinken und trinken
ein Mann wohnt im Haus dein goldenes Haar Margarete
dein aschenes Haar Sulamith er spielt mit den Schlangen

Er ruft spielt süßer den Tod der Tod ist ein Meister aus Deutschland
25 er ruft streicht dunkler die Geigen dann steigt ihr als Rauch in die Luft
dann habt ihr ein Grab in den Wolken da liegt man nicht eng

Schwarze Milch der Frühe wir trinken dich nachts
wir trinken dich mittags der Tod ist ein Meister aus Deutschland
wir trinken dich abends und morgens wir trinken und trinken
30 der Tod ist ein Meister aus Deutschland sein Auge ist blau
er trifft dich mit bleierner Kugel er trifft dich genau
ein Mann wohnt im Haus dein goldenes Haar Margarete
er hetzt seine Rüden auf uns er schenkt uns ein Grab in der Luft
er spielt mit den Schlangen und träumet der Tod ist ein Meister aus Deutschland

35 dein goldenes Haar Margarete
dein aschenes Haar Sulamith

1. Sprechen Sie darüber, welches der beiden Gedichte Sie nach der ersten Lektüre stärker berührt.
2. Erarbeiten Sie sich ein Verständnis der beiden Gedichte. Bestimmen Sie, aus welchen Motiven und Bildern sich die Inhalte zusammensetzen, welche Figuren (Sprecher, Adressaten, dritte Personen) zu erkennen sind und wie sie dargestellt werden und welche formalen Merkmale die Gedichte prägen und ihre Wirkung bestimmen.
3. Vergleichen Sie die Wirkung des jeweiligen Gedichts mit anderen künstlerischen Versuchen (literarische Texte, Bilder, Filme), die Shoah zu thematisieren.
4. **Referat:** Stellen Sie die Biografien und ausgewählte Gedichte von Nelly Sachs und Paul Celan vor.

Bestandsaufnahme und Aufbruch – Literarische Orientierungsversuche

Das folgende Gedicht **Günter Eichs** (1907–1972), das 1945 in einem amerikanischen Kriegsgefangenenlager entstand, ist eines der ersten Zeugnisse einer neuen deutschen Literatur nach dem Krieg und wurde als eine Art lyrisches Manifest der „**Trümmerliteratur**" (▶ S. 512 ff., 518 ff.) verstanden. Einen Neubeginn anderer Art markiert auch das 1949 entstandene Gedicht „Auferstanden aus Ruinen" **Johannes R. Bechers** (1891–1958). Es ist eine Auftragsarbeit für eine neue Nationalhymne, die die DDR-Staatsführung erteilt hatte, um das in Verruf geratene „Deutschland, Deutschland über alles" **Hoffmann von Fallerslebens** (1798–1874) zu ersetzen.

Günter Eich: **Inventur** (1945/46)

Dies ist meine Mütze,
dies ist mein Mantel,
hier mein Rasierzeug
im Beutel aus Leinen.

5 Konservenbüchse:
Mein Teller, mein Becher,
ich hab in das Weißblech
den Namen geritzt.

Geritzt hier mit diesem
10 kostbaren Nagel,
den vor begehrlichen
Augen ich berge.

Im Brotbeutel sind
ein Paar wollene Socken
15 und einiges, was ich
niemand verrate,

so dient es als Kissen
nachts meinem Kopf.
Die Pappe hier liegt
20 zwischen mir und der Erde.

Die Bleistiftmine
lieb ich am meisten:
Tags schreibt sie mir Verse,
die nachts ich erdacht.

25 Dies ist mein Notizbuch,
dies meine Zeltbahn,
dies ist mein Handtuch,
dies ist mein Zwirn.

Johannes R. Becher: **Auferstanden aus Ruinen** (1949)

Auferstanden aus Ruinen
Und der Zukunft zugewandt,
Lass uns dir zum Guten dienen,
Deutschland, einig Vaterland.
5 Alte Not gilt es zu zwingen,
Und wir zwingen sie vereint,
Denn es muss uns doch gelingen,
Dass die Sonne schön wie nie
Über Deutschland scheint.

10 Glück und Frieden sei beschieden
Deutschland, unserm Vaterland!
Alle Welt sehnt sich nach Frieden!
Reicht den Völkern eure Hand.
Wenn wir brüderlich uns einen,
15 Schlagen wir des Volkes Feind.
Lasst das Licht des Friedens scheinen,
Dass nie eine Mutter mehr
Ihren Sohn beweint!

Lasst uns pflügen, lasst uns bauen,
20 Lernt und schafft wie nie zuvor,
Und der eignen Kraft vertrauend,
Steigt ein frei Geschlecht empor.
Deutsche Jugend, bestes Streben
Unsres Volks in dir vereint,
25 Wirst du Deutschlands neues Leben,
Und die Sonne schön wie nie
Über Deutschland scheint.

---

1 Verständigen Sie sich darüber, welche Orientierung die beiden Gedichte den Menschen der Nachkriegszeit bieten konnten und welche politische Botschaft sie enthielten.

2 a Beschreiben Sie den inhaltlichen Aufbau beider Gedichte. Untersuchen Sie dann, wie die jeweilige Gedichtform und die sprachliche Gestaltung die Inhalte transportieren.
b Hören Sie sich Bechers Gedicht in der Vertonung von Hanns Eisler an und geben Sie in Form der **Blitzlicht-Methode** (▶ S. 588) Ihren Wirkungseindruck wieder.

3 Schreiben Sie ein Parallelgedicht zu Eichs „Inventur", in dem Sie eine ähnliche Bestandsaufnahme aus Ihrer derzeitigen Situation heraus vornehmen und diese kritisch reflektieren.

Als zwei literarische Leitgestirne und Symbolfiguren im Nachkriegsdeutschland kann man die Dichter **Gottfried Benn** (1886–1956) und **Bertolt Brecht** (1898–1956) ansehen. Beide waren in den Jahren der Weimarer Republik zu literarischen Größen aufgestiegen. Ihre Lebenswege und ihre Haltung zum Nationalsozialismus bildeten jedoch einen fundamentalen Gegensatz. Nach dem Krieg wurde Benn in der Bundesrepublik neben **Thomas Mann** (1875–1955) als Garant für das Fortbestehen einer kulturellen Tradition über die Nazizeit hinweg angesehen und als Dichter gefeiert. Sein geistiger Antipode Brecht ließ sich hingegen in Ostberlin nieder. Dort gründete er sein weltweit beachtetes Theater und diente als – häufig nicht linientreues – Aushängeschild der DDR-Literatur.

Gottfried Benn: **Nur zwei Dinge** (1953)

Durch so viele Formen geschritten,
durch Ich und Wir und Du,
doch alles blieb erlitten
durch die ewige Frage: wozu?

5 Das ist eine Kinderfrage.
Dir wurde erst spät bewußt,
es gibt nur eines: ertrage
– ob Sinn, ob Sucht, ob Sage –
dein fernbestimmtes: Du mußt.

10 Ob Rosen, ob Schnee, ob Meere,
was alles erblühte, verblich,
es gibt nur zwei Dinge: die Leere
und das gezeichnete Ich.   [R]

Bertolt Brecht: **Ich habe dies, du hast das** (ca. 1950)

Ich habe dies. Du hast das.
Mir wurde mein Buch gestohlen.
Dir wurde dein Halstuch entrissen.
Ich nehme nichts von dem an.
5 Er hat mich nicht eingeladen.
Mir schuldet man Geld.
Mir schuldet man Dank.
Ich kann dies und das verlangen.
Ich verweigere es.

10 Genossen, laßt uns nicht ICH sagen
Auch wenn wir so oft ICH zu hören bekommen!
Laßt uns den Zustand der Gesellschaft
    bekämpfen
In der all diese Sätze wahr sind!

[R]

1 a Setzen Sie zu jedem der beiden Gedichte folgende Satzanfänge fort:
In dem Gedicht geht es um …
Das Gedicht enthält für mich folgende Botschaft: …
b Vergleichen und diskutieren Sie Ihre Lösungen.

2 Erstellen Sie im Kurs ein Meinungsbild dazu, welches Gedicht Ihnen in den Aussagen über Ich und Gesellschaft und in der Lebensauffassung stärker zusagt.

3 Die beiden Autoren verkörpern auf geradezu repräsentative Weise unterschiedliche Lebenswege und Schreibintentionen deutscher Schriftsteller in NS-, Kriegs- und Nachkriegszeit.
Erstellen Sie arbeitsteilig für jeden der beiden Autoren eine Präsentation, in der Sie die Biografie, den literarischen Werdegang und die Rolle, die die beiden Autoren im Nachkriegsdeutschland spielten, darstellen.

Trümmerliteratur – Die Kurzgeschichte als literarische Neuentdeckung

Für die Literatur der Nachkriegsjahre bürgerte sich bald der Begriff „**Trümmerliteratur**" oder „**Kahlschlagliteratur**" ein. Nicht nur die Städte waren in Schutt und Asche gelegt, sondern durch die Nazi- und Kriegszeit waren auch die herkömmlichen Werte und Ideale zerstört. Autoren wie **Wolfgang Borchert** (1921–1947) und **Heinrich Böll** (1917–1985) schildern in vielen ihrer Arbeiten diese neue Realität ungeschminkt; sie misstrauten, abgeschreckt durch den dröhnend-pompösen Jargon der Nazipropaganda, jedem sprachlichen Pathos und rhetorischen Schmuck.

Als besonders geeignet für den literarischen Neubeginn erwies sich die Form der **Kurzgeschichte** (▶ S. 33) nach dem amerikanischen Vorbild der **Short Story**. Von geringem Umfang und in Zeitungen abgedruckt, liegt ihr Vorteil darin, ohne den Umweg über Verlage ein großes Publikum zu erreichen.

Wolfgang Borchert: **Die drei dunklen Könige** (1946)

Er tappte durch die dunkle Vorstadt. Die Häuser standen abgebrochen gegen den Himmel. Der Mond fehlte, und das Pflaster war erschrocken über den späten Schritt. Dann fand er eine
5 alte Planke. Da trat er mit dem Fuß gegen, bis eine Latte morsch aufseufzte und losbrach. Das Holz roch mürbe und süß. Durch die dunkle Vorstadt tappte er zurück. Sterne waren nicht da.
10 Als er die Tür aufmachte (sie weinte dabei, die Tür), sahen ihm die blassblauen Augen seiner Frau entgegen. Sie kamen aus einem müden Gesicht. Ihr Atem hing weiß im Zimmer, so kalt war es. Er beugte sein knochiges Knie und
15 brach das Holz. Das Holz seufzte. Dann roch es mürbe und süß ringsum. Er hielt sich ein Stück davon unter die Nase. Riecht beinahe wie Kuchen, lachte er leise. Nicht, sagten die Augen der Frau, nicht lachen. Er schläft.
20 Der Mann legte das süße mürbe Holz in den kleinen Blechofen. Da glomm es auf und warf eine Hand voll warmes Licht durch das Zimmer. Die fiel hell auf ein winziges rundes Gesicht und blieb einen Augenblick. Das Gesicht
25 war erst eine Stunde alt, aber es hatte schon alles, was dazugehört: Ohren, Nase, Mund und Augen. Die Augen mussten groß sein, das konnte man sehen, obgleich sie zu waren. Aber der Mund war offen, und es pustete leise da-
30 raus. Nase und Ohren waren rot. Er lebt, dachte die Mutter. Und das kleine Gesicht schlief.
Da sind noch Haferflocken, sagte der Mann. Ja, antwortete die Frau, das ist gut. Es ist kalt.

Der Mann nahm noch von dem süßen weichen Holz. Nun hat sie ihr Kind gekriegt und muss 35 frieren, dachte er. Aber er hatte keinen, dem er dafür die Fäuste ins Gesicht schlagen konnte. Als er die Ofentür aufmachte, fiel wieder eine Hand voll Licht über das schlafende Gesicht. Die Frau sagte leise: Kuck, wie ein Heiligen- 40 schein, siehst du? Heiligenschein!, dachte er, und er hatte keinen, dem er die Fäuste ins Gesicht schlagen konnte.
Dann waren welche an der Tür. Wir sahen das Licht, sagten sie, vom Fenster. Wir wollen uns 45 zehn Minuten hinsetzen.
Aber wir haben ein Kind, sagte der Mann zu ihnen. Da sagten sie nichts weiter, aber sie kamen doch ins Zimmer, stießen Nebel aus den Nasen und hoben die Füße hoch. Wir sind ganz leise, 50 flüsterten sie und hoben die Füße hoch. Dann fiel das Licht auf sie.
Drei waren es. In drei alten Uniformen. Einer hatte einen Pappkarton, einer einen Sack. Und der Dritte hatte keine Hände. Erfroren, sagte er 55 und hielt die Stümpfe hoch. Dann drehte er

dem Mann die Manteltaschen hin. Tabak war drin und dünnes Papier. Sie drehten Zigaretten. Aber die Frau sagte: Nicht, das Kind.

Da gingen die vier vor die Tür, und ihre Zigaretten waren vier Punkte in der Nacht. Der eine hatte dicke umwickelte Füße. Er nahm ein Stück Holz aus einem Sack. Ein Esel, sagte er, ich habe sieben Monate daran geschnitzt. Für das Kind. Das sagte er und gab es dem Mann. Was ist mit den Füßen?, fragte der Mann. Wasser, sagte der Eselschnitzer, vom Hunger. Und der andere, der Dritte?, fragte der Mann und befühlte im Dunkeln den Esel. Der Dritte zitterte in seiner Uniform: Oh, nichts, wisperte er, das sind nur die Nerven. Man hat eben zu viel Angst gehabt. Dann traten sie die Zigaretten aus und gingen wieder hinein.

Sie hoben die Füße hoch und sahen auf das kleine schlafende Gesicht. Der Zitternde nahm aus seinem Pappkarton zwei gelbe Bonbons und sagte dazu: Für die Frau sind die.

Die Frau machte die blassen blauen Augen weit auf, als sie die drei Dunklen über das Kind gebeugt sah. Sie fürchtete sich. Aber da stemmte das Kind seine Beine gegen ihre Brust und schrie so kräftig, dass die drei Dunklen die Füße aufhoben und zur Tür schlichen. Hier nickten sie noch mal, dann stiegen sie in die Nacht hinein.

Der Mann sah ihnen nach. Sonderbare Heilige, sagte er zu seiner Frau. Dann machte er die Tür zu. Schöne Heilige sind das, brummte er und sah nach den Haferflocken. Aber er hatte kein Gesicht für seine Fäuste.

Aber das Kind hat geschrien, flüsterte die Frau, ganz stark hat es geschrien. Da sind sie gegangen. Kuck mal, wie lebendig es ist, sagte sie stolz. Das Gesicht machte den Mund auf und schrie.

Weint er?, fragte der Mann.

Nein, ich glaube, er lacht, antwortete die Frau.

Beinahe wie Kuchen, sagte der Mann und roch an dem Holz, wie Kuchen. Ganz süß.

Heute ist ja auch Weihnachten, sagte die Frau.

Ja, Weihnachten, brummte er, und vom Ofen her fiel eine Hand voll Licht hell auf das kleine schlafende Gesicht.

Heinrich Böll: Mein teures Bein (1950)

Sie haben mir jetzt eine Chance gegeben. Sie haben mir eine Karte geschrieben, ich soll zum Amt kommen, und ich bin zum Amt gegangen. Auf dem Amt waren sie sehr nett. Sie nahmen meine Karteikarte und sagten: „Hm." Ich sagte auch: „Hm." – „Welches Bein?", fragte der Beamte.

„Rechts."

„Ganz?"

„Ganz."

„Hm", machte er wieder. Dann durchsuchte er verschiedene Zettel. Ich durfte mich setzen. Endlich fand der Mann einen Zettel, der ihm der richtige zu sein schien. Er sagte: „Ich denke, hier ist etwas für Sie. Nette Sache. Sie können dabei sitzen. Schuhputzer in einer Bedürfnisanstalt auf dem Platz der Republik. Wie wäre das?"

„Ich kann nicht Schuhe putzen; ich bin immer schon aufgefallen wegen schlechten Schuhputzens."

„Das können Sie lernen", sagte er. „Man kann alles lernen. Ein Deutscher kann alles. Sie können, wenn Sie wollen, einen kostenlosen Kursus mitmachen."

„Hm", machte ich.

„Also gut?"

„Nein", sagte ich, „ich will nicht. Ich will eine höhere Rente haben."

„Sie sind verrückt", erwiderte er sehr freundlich und milde.

„Ich bin nicht verrückt, kein Mensch kann mir mein Bein ersetzen, ich darf nicht einmal mehr Zigaretten verkaufen, sie machen jetzt schon Schwierigkeiten."

Der Mann lehnte sich weit in seinen Stuhl zurück und schöpfte eine Menge Atem. „Mein lieber Freund", legte er los, „Ihr Bein ist ein verflucht teures Bein. Ich sehe, dass Sie neunundzwanzig Jahre sind, von Herzen gesund, überhaupt vollkommen gesund, bis auf das Bein. Sie werden siebzig Jahre alt. Rechnen Sie sich bitte aus, monatlich siebzig Mark, zwölfmal im Jahr, also einundvierzig mal zwölf mal siebzig. Rechnen Sie das bitte aus, ohne die Zinsen, und denken Sie doch nicht, dass Ihr Bein das einzige Bein ist. Sie sind auch nicht der Einzige, der wahrscheinlich lange leben wird. Und dann Rente erhöhen! Entschuldigen Sie, aber Sie sind verrückt."

„Mein Herr", sagte ich, lehnte mich nun gleichfalls zurück und schöpfte eine Menge Atem, „ich denke, dass Sie mein Bein stark unterschätzen. Mein Bein ist viel teurer, es ist ein sehr teures Bein. Ich bin nämlich nicht nur von Herzen, sondern leider auch im Kopf vollkommen gesund. Passen Sie mal auf."

„Meine Zeit ist sehr kurz."

„Passen Sie auf!", sagte ich. „Mein Bein hat nämlich einer Menge von Leuten das Leben gerettet, die heute eine nette Rente beziehen. Die Sache war damals so: Ich lag ganz allein irgendwo vorne und sollte aufpassen, wann sie kämen, damit die anderen zur richtigen Zeit stiften gehen konnten. Die Stäbe hinten waren am Packen und wollten nicht zu früh, aber auch nicht zu spät stiften gehen. Erst waren wir zwei, aber den haben sie totgeschossen, der kostet nichts mehr. Er war zwar verheiratet, aber seine Frau ist gesund und kann arbeiten, Sie brauchen keine Angst zu haben. Der war also furchtbar billig. Er war erst vier Wochen Soldat und hat nichts gekostet als eine Postkarte und ein bisschen Kommissbrot. Das war einmal ein braver Soldat, der hat sich wenigstens richtig totschießen lassen. Nun lag ich aber da allein und hatte Angst, und es war kalt, und ich wollte auch stiften gehen, ja, ich wollte gerade stiften gehen, da ..."

„Meine Zeit ist sehr kurz", sagte der Mann und fing an, nach seinem Bleistift zu suchen.

„Nein, hören Sie zu", sagte ich, „jetzt wird es erst interessant. Gerade, als ich stiften gehen wollte, kam die Sache mit dem Bein. Und weil ich doch liegen bleiben musste, dachte ich, jetzt kannst du's auch durchgeben, und ich hab's durchgegeben, und sie hauten alle ab, schön der Reihe nach, erst die Division, dann das Regiment, dann das Bataillon, und so weiter, immer hübsch der Reihe nach. Eine dumme Geschichte, sie vergaßen nämlich, mich mitzunehmen, verstehen Sie? Sie hatten's so eilig. Wirklich eine dumme Geschichte, denn hätte ich das Bein nicht verloren, wären sie alle tot, der General, der Oberst, der Major, immer schön der Reihe nach, und Sie brauchten ihnen keine Rente zu zahlen. Nun rechnen Sie mal aus, was mein Bein kostet. Der General ist zweiundfünfzig, der Oberst achtundvierzig und der Major fünfzig, alle kerngesund, von Herzen und im Kopf, und sie werden bei ihrer militärischen Lebensweise mindestens achtzig, wie Hindenburg. Bitte rechnen Sie jetzt aus: einhundertsechzig mal zwölf mal dreißig, sagen wir ruhig durchschnittlich dreißig, nicht wahr? Mein Bein ist ein wahnsinnig teures Bein geworden, eines der teuersten Beine, die ich mir denken kann, verstehen Sie?"

„Sie sind doch verrückt", sagte der Mann.

„Nein", erwiderte ich, „ich bin nicht verrückt. Leider bin ich von Herzen ebenso gesund wie im Kopf, und es ist schade, dass ich nicht auch zwei Minuten, bevor das mit dem Bein kam, totgeschossen wurde. Wir hätten viel Geld gespart."

„Nehmen Sie die Stelle an?", fragte der Mann.

„Nein", sagte ich und ging.

---

1 a Charakterisieren Sie die Protagonisten beider Geschichten und beschreiben Sie die Situation, in der sie sich jeweils befinden.
  b Welche inhaltlichen Übereinstimmungen können Sie entdecken? Gibt es ein gemeinsames Thema?
2 Arbeiten Sie gemeinsame Merkmale im Aufbau, in der **Erzählstrategie** und in der Sprache heraus.
3 Untersuchen Sie, ob und inwiefern beide Geschichten mit dem Etikett „Trümmerliteratur" versehen werden können. Gehen Sie dabei auf die Bezüge zur Weihnachtsgeschichte in Borcherts Text ein. Erläutern Sie die Wirkung dieses Bezugs.
4 **Referat:** Recherchieren und referieren Sie die Biografie und den literarischen Werdegang Bölls.

Sprachartistik und Zeitkritik – Literatur ab Mitte der 1950er-Jahre

Eugen Gomringer (1953)

das schwarze geheimnis
ist   hier
hier   ist
das schwarze geheimnis

Eugen Gomringer (1960)

```
        w       w
         d   i
        n  n  n
         i  d  i  d
        w           w
```

Mark Rothko: Magenta, Black, Green on orange tree (1949)

1 a Die beiden Bildgedichte Gomringers sind Beispiele der konkreten Poesie, die in den 1950er-Jahren viel Beachtung fand. Beschreiben Sie das besondere Verhältnis von Inhalt und Form dieser Gedichte und erläutern Sie, worin das Ungewöhnliche der Sprachverwendung besteht.
b Recherchieren Sie Genaueres über die konkrete Poesie und verfassen Sie darüber einen Artikel, z. B. für ein Schülerlexikon. Nutzen Sie die beiden Beispiele Gomringers, um die Machart und Wirkung der konkreten Poesie zu beschreiben und zu erklären.
2 Vergleichen Sie die Bildgedichte mit den Figurengedichten der Barockzeit in Aufbau und Intention (▶ S. 387).
3 Stellen Sie in Bezug auf die Darstellungsweise Parallelen zwischen der konkreten Poesie und dem Gemälde Rothkos her.
4 Gestalten Sie eigene Bildgedichte nach dem Vorbild Gomringers. Stellen Sie sie im Kurs aus.

Ingeborg Bachmann: **Anrufung des Großen Bären** (1956)

Großer Bär, komm herab, zottige Nacht,
Wolkenpelztier mit den alten Augen,
Sternenaugen,
durch das Dickicht brechen schimmernd
5   deine Pfoten mit den Krallen,
Sternenkrallen,
wachsam halten wir die Herden,
doch gebannt von dir, und misstrauen
deinen müden Flanken und den scharfen
10 halbentblößten Zähnen,
alter Bär.

Ein Zapfen: eure Welt.
Ihr: die Schuppen dran.
Ich treib sie, roll sie
15 von den Tannen im Anfang

zu den Tannen am Ende,
schnaub sie an, prüf sie im Maul
und pack zu mit den Tatzen.

Fürchtet euch oder fürchtet euch nicht!
20 Zahlt in den Klingelbeutel und gebt
dem blinden Mann ein gutes Wort,
dass er den Bären an der Leine hält.
Und würzt die Lämmer gut.

's könnt sein, dass dieser Bär
25 sich losreißt, nicht mehr droht
und alle Zapfen jagt, die von den Tannen
gefallen sind, den großen, geflügelten,
die aus dem Paradiese stürzten.

Hans Magnus Enzensberger: **An alle Fernsprechteilnehmer** (1958)

Etwas, das keine Farbe hat, etwas,
das nach nichts riecht, etwas Zähes,
trieft aus den Verstärkerämtern,
setzt sich fest in die Nähte der Zeit
5 und der Schuhe, etwas Gedunsenes,
kommt aus den Kokereien, bläht
wie eine fahle Brise die Dividenden
und die blutigen Segel der Hospitäler,
mischt sich klebrig in das Getuschel
10 um Professuren und Primgelder[1], rinnt,
etwas Zähes, davon der Salm stirbt,
in die Flüsse, und sickert, farblos,
und tötet den Butt auf den Bänken.

Die Minderzahl hat die Mehrheit,
15 die Toten sind überstimmt.

In den Staatsdruckereien
rüstet das tückische Blei auf,
die Ministerien mauscheln, nach Phlox[2]
und erloschenen Resolutionen riecht
20 der August. Das Plenum ist leer.
An den Himmel darüber schreibt
die Radarspinne ihr zähes Netz.

Die Tanker auf ihren Helligen[3]
wissen es schon, eh der Lotse kommt,
25 und der Embryo weiß es dunkel
in seinem warmen, zuckenden Sarg:

Es ist etwas in der Luft, klebrig
und zäh, etwas, das keine Farbe hat
(nur die jungen Aktien spüren es nicht):
30 Gegen uns geht es, gegen den Seestern
und das Getreide. Und wir essen davon
und verleiben uns ein etwas Zähes,
und schlafen im blühenden Boom,
im Fünfjahresplan, arglos
35 schlafend im brennenden Hemd,
wie Geiseln umzingelt von einem zähen,
farblosen, einem gedunsenen Schlund.

[1] **Primgeld:** Prämie für den Kapitän eines Frachtschiffes
[2] **Phlox:** Flammenblumen
[3] eigentlich **Helling:** die schräg abfallende Fläche, auf der ein Schiff beim Stapellauf zu Wasser gelassen wird

---

1 Beide Gedichte reagieren auf die öffentliche Stimmung im Wirtschaftswunderland BRD, die in den späten 50er-Jahren von Wohlstandsstreben und Selbstzufriedenheit geprägt ist, indem sie ein Gefühl von Bedrohung vermitteln:

a Arbeiten Sie für beide Gedichte heraus, wovon diese Bedrohung ausgeht. Tragen Sie dazu Assoziationen zusammen, die Sie mit den zentralen Bildern verbinden. Beispiel:

Anrufung des Großen Bären	
Bilder	**Assoziationen**
Bär (Pfoten, Krallen, Maul)	Raubtier, Gefahr
Bär an der Leine	Schaustück zum Gruseln auf Jahrmärkten
Großer Bär	…

b Untersuchen Sie in einem zweiten Schritt, wer das lyrische Ich bzw. der Sprecher ist, wer angesprochen wird (Adressaten), welche Haltung der Sprecher zu den Angesprochenen einnimmt und in welchem Ton er spricht. Beispiel: *In Ingeborg Bachmanns Gedicht erscheint als Sprecher in der ersten Strophe eine Gruppe, die an Hirten erinnert und in der ersten Person Plural den Großen Bären anspricht. Sie betet ihn an („komm herab", V.1), fürchtet ihn aber auch („misstrauen … den scharfen … Zähnen", V. 8–10). In der zweiten Strophe wechselt die Sprecherrolle …*

c Fassen Sie Ihre Ergebnisse in einem schriftlichen Vergleich der beiden Gedichte zusammen.

Günter Grass: **Die Blechtrommel** (1959) – Romanauszug

Der Roman „Die Blechtrommel" bildet den ersten Teil der so genannten „Danziger Trilogie", zu der noch die Novelle „Katz und Maus" und der Roman „Hundejahre" gehören. Der Autor, der als Sohn einer polnischen Mutter und eines deutschen Vaters in Danzig aufwuchs, wo die Eltern einen Lebensmittelladen führten, verarbeitet in seinem Erstlingsroman seine Erfahrungen aus den Jahren der heraufziehenden Naziherrschaft, des Zweiten Weltkriegs und der ersten Nachkriegszeit. Haupt- und Erzählerfigur ist Oskar Matzerath, Insasse einer Heil- und Pflegeanstalt, der sein Leben in weit ausgreifenden Rückblicken bis hin zu Szenen um seine polnischen Großeltern erzählt. Das geschieht im höchst komplexen Stil eines fantastischen Realismus, der ein buntes Kaleidoskop aus wirklichkeitsnahen Zeitbildern, gemischt mit Fantastereien und Absurdem, aus verschiedenen Handlungsebenen und Handlungssträngen und aus einer Fülle von unterschiedlichsten Figuren entfaltet. Der entscheidende Kunstgriff ist, dass Grass seinen Helden Oskar aus radikalem Misstrauen gegenüber der Erwachsenenwelt als Dreijährigen sein Wachstum einstellen lässt. Da seine Umwelt Oskar als Kind betrachtet und nicht ernst nimmt, offenbart sie ihm, der durchaus über den Verstand eines Erwachsenen verfügt, all ihre Geheimnisse und Machenschaften. Kommunikationsmittel Oskars wird eine Blechtrommel, die er zu seinem dritten Geburtstag geschenkt bekommt. Mit ihr erzählt er Geschichten, lässt aber auch trommelnd Szenen in seiner Vorstellung entstehen.
Bei seinem Erscheinen war der Roman, der für das Publikum inhaltlich und formal gleichermaßen ungewohnt war, umstritten. Heute gilt er als herausragendes Werk der deutschen Literatur des 20. Jahrhunderts. 1999 erhielt Grass dafür den Nobelpreis für Literatur. *(Foto: Verfilmung von Volker Schlöndorff, 1979)*

Mama kam zu Hause nieder. Als die Wehen einsetzten, stand sie noch im Geschäft und füllte Zucker in blaue Pfund- und Halbpfundtüten ab. Schließlich war es für den Transport in die
5 Frauenklinik zu spät; eine ältere Hebamme, die nur noch dann und wann zu ihrem Köfferchen griff, mußte aus der nahen Hertastraße gerufen werden. Im Schlafzimmer half sie mir und Mama, voneinander loszukommen.
10 Ich erblickte das Licht dieser Welt in Gestalt zweier Sechzig-Watt-Glühbirnen. Noch heute kommt mir deshalb der Bibeltext „Es werde Licht und es ward Licht" wie der gelungenste Werbeslogan der Firma Osram vor. Bis auf den
15 obligaten Dammriß verlief meine Geburt glatt. Mühelos befreite ich mich aus der von Müttern, Embryonen und Hebammen gleichviel geschätzten Kopflage.
Damit es sogleich gesagt sei: Ich gehörte zu den
20 hellhörigen Säuglingen, deren geistige Entwicklung schon bei der Geburt abgeschlossen ist und sich fortan nur noch bestätigen muß. So unbeeinflußbar ich als Embryo nur auf mich gehört und mich im Fruchtwasser spiegelnd ge-
25 achtet hatte, so kritisch lauschte ich den ersten spontanen Äußerungen der Eltern unter den Glühbirnen. Mein Ohr war hellwach. Wenn es auch klein, geknickt, verklebt und allenfalls niedlich zu benennen war, bewahrte es dennoch jede jener für mich fortan so wichtigen, 30 weil als erste Eindrücke gebotenen Parolen. Noch mehr: Was ich mit dem Ohr einfing, bewertete ich sogleich mit winzigstem Hirn und beschloß, nachdem ich alles Gehörte genug bedacht hatte, dieses und jenes zu tun, anderes 35 gewiß zu lassen.
„Ein Junge", sagte jener Herr Matzerath, der in sich meinen Vater vermutete. „Er wird später einmal das Geschäft übernehmen. Jetzt wissen wir endlich, wofür wir uns so abarbeiten." 40
Mama dachte weniger ans Geschäft, mehr an die Ausstattung ihres Sohnes: „Na, wußt' ich doch, daß es ein Jungchen ist, auch wenn ich manchmal jesagt hab', es wird ne Marjell."
So machte ich verfrühte Bekanntschaft mit 45 weiblicher Logik und hörte mir hinterher an:

„Wenn der kleine Oskar drei Jahre alt ist, soll er eine Blechtrommel bekommen."
Längere Zeit mütterliches und väterliches Versprechen gegenseitig abwägend, beobachtete und belauschte ich, Oskar, einen Nachtfalter, der sich ins Zimmer verflogen hatte. Mittelgroß und haarig umwarb er die beiden Sechzig-Watt-Glühbirnen, warf Schatten, die in übertriebenem Verhältnis zur Spannweite seiner Flügel den Raum samt Inventar mit zuckender Bewegung deckten, füllten, erweiterten. Mir blieb jedoch weniger das Licht- und Schattenspiel als vielmehr jenes Geräusch, welches zwischen Falter und Glühbirne laut wurde: Der Falter schnatterte, als hätte er es eilig, sein Wissen loszuwerden, als käme ihm nicht mehr Zeit zu für spätere Plauderstunden mit Lichtquellen, als wäre das Zwiegespräch zwischen Falter und Glühbirne in jedem Fall des Falters letzte Beichte und nach jener Art von Absolution, die Glühbirnen austeilen, keine Gelegenheit mehr für Sünde und Schwärmerei.
Heute sagt Oskar schlicht: Der Falter trommelte. [...]

Äußerlich schreiend und einen Säugling blaurot vortäuschend, kam ich zu dem Entschluß, meines Vaters Vorschlag, also alles, was das Kolonialgeschäft betraf, schlankweg abzulehnen, den Wunsch meiner Mama jedoch zu gegebener Zeit, also anläßlich meines dritten Geburtstages, wohlwollend zu prüfen.
Neben all diesen Spekulationen, meine Zukunft betreffen, bestätigte ich mir: Mama und jener Vater Matzerath hatten nicht das Organ, meine Einwände und Entschlüsse zu verstehen und gegebenenfalls zu respektieren. Einsam und unverstanden lag Oskar unter den Glühbirnen, folgerte, daß das so bleibe, bis sechzig, siebzig Jahre später ein endgültiger Kurzschluß aller Lichtquellen Strom unterbrechen werde, verlor deshalb die Lust, bevor dieses Leben unter den Glühbirnen anfing; und nur die in Aussicht gestellte Blechtrommel hinderte mich damals, dem Wunsch nach Rückkehr in meine embryonale Kopflage stärkeren Ausdruck zu geben.
Zudem hatte die Hebamme mich schon abgenabelt; es war nichts mehr zu machen.

R

1 Beschreiben Sie, welches Bild der Ich-Erzähler von sich als Neugeborenem entwirft.
2 Ein Kritiker schrieb über Oskar, die Hauptfigur des Romans, er protestiere gegen die Existenz schlechthin. Können Sie in diesem Auszug Belege für diese Aussage finden?
3 An zwei Textstellen wechselt der Erzähler von der Ich-Form in die Er-Form. Suchen Sie diese Stellen heraus und erläutern Sie die Bedeutung dieses Wechsels, der im Roman immer wieder vorgenommen wird.
4 Untersuchen Sie die Szene zwischen Falter und Glühbirnen auf ihre sprachlichen Mittel hin und versuchen Sie von da aus eine Kennzeichnung des Erzählstils.
5 Schauen Sie sich die Verfilmung des Romans unter der Regie von Volker Schlöndorff aus dem Jahr 1979 auf DVD an. Wie wird die hier abgedruckte Szene im Film verarbeitet? Wie unterscheiden sich Romantext und Filmszene in ihrer Wirkung?

Information **Epochenüberblick – Nachkriegszeit (1945 – ca. 1960)**

Allgemeingeschichtlicher Hintergrund: Das Ende des Zweiten Weltkriegs markierte einen tiefen Einschnitt in der deutschen Geschichte. Das in Trümmern liegende, in **Besatzungszonen** aufgeteilte Deutschland stand vor der Aufgabe, in Auseinandersetzung mit der Schuld an Krieg und Völkermord einen politisch-gesellschaftlich-kulturellen Neuanfang zu finden. Schon bald stand dieser Neuanfang unter dem Zeichen des **Kalten Krieges,** der die Siegermächte entzweite und zwischen die westlichen Zonen und die Ostzone den **Eisernen Vorhang** zog.

Auf die **Gründung der Bundesrepublik Deutschland** im Jahre 1949 als parlamentarische, föderale Demokratie mit sozialer Marktwirtschaft folgte in Ostdeutschland im gleichen Jahr die **Gründung der DDR** als sozialistischer Einheitsstaat mit staatlich gelenkter Planwirtschaft. Zementiert wurde die Teilung Deutschlands durch die Einbindung der beiden Staaten in die Bündnissysteme von westlicher NATO und östlichem Warschauer Pakt 1955.

Weltbild und Lebensauffassung: Die amerikanische Aufbauhilfe und die Einführung der sozialen Marktwirtschaft führten in **Westdeutschland** zu einer raschen Verbesserung der Lebensbedingungen und einem breiten Einverständnis der Bevölkerung mit dem neuen Staatswesen. Das so genannte **Wirtschaftswunder** und der überraschende Weltmeistertitel der deutschen Fußballmannschaft 1954 ließen das Gefühl „Wir sind wieder wer" aufkommen. Privater wirtschaftlicher Erfolg und das Ausschöpfen der immer umfassenderen Konsummöglichkeiten bestimmten Leben und Denken weiter Bevölkerungsschichten. Davon beeinflusst nahm man die **Restauration der gesellschaftlichen Strukturen aus der Vorkriegszeit** hin und war bereit, die Rückkehr von treuen Dienern des NS-Systems in ihre alten Positionen und Ämter zu verdrängen. Unruhe in die überwiegend von traditionellen Anschauungen und Konventionen geprägte Alltagskultur brachte seit Mitte der 1950er-Jahre in zunehmendem Maße die Jugend, die nach dem Vorbild ihrer amerikanischen Altersgenossen den Rock 'n' Roll entdeckte.

Ganz anders verlief die Entwicklung in der **DDR.** Die von den Interessen der Sowjetunion bestimmte Planwirtschaft und das Bemühen der Sozialistischen Einheitspartei Deutschlands (SED), die Bevölkerung zu einer nach ihren ideologischen Vorstellungen ausgerichteten Gesellschaft zu formieren, befriedigten weder die materiellen Bedürfnisse noch den Wunsch nach freiheitlich-selbstbestimmter Lebensführung. Der **Antifaschismus,** in dessen Folge Verwaltungs- und Justizapparat weitgehend von ehemaligen Nazis gesäubert und über die Hälfte der Lehrer mit entsprechender Vergangenheit entlassen wurden, gewann dem kommunistischen Regime trotz aller Zwangsmaßnahmen das Vertrauen auch vieler fortschrittlich denkender bürgerlicher Kreise. Die Zwangskollektivierungen in Landwirtschaft, Gewerbe und Industrie sowie die alle Lebensbereiche erfassende Erziehungsdiktatur zum „richtigen" Denken, das in der Errichtung einer immer größer und mächtiger werdenden politischen Geheimpolizei, der Stasi, gipfelte, ließ Millionen von Bürgerinnen und Bürgern die DDR verlassen.

Literatur: In **Westdeutschland** beherrschten zunächst keineswegs die zurückkehrenden Exilautoren (▶ S. 504) die literarische Szene. Zu ihrer Enttäuschung waren ihre Erfahrung und ihr Beitrag zum Aufbau einer neuen demokratischen Kultur nicht gefragt. Das Interesse des Lesepublikums wandte sich stärker den Schriftstellern der „inneren Emigration" (▶ S. 504) zu, die während des Naziregimes Deutschland nicht verlassen hatten. Eine Ausnahme unter den Exilrückkehrern war **Thomas Mann** (1875–1955), dessen Werk in den 1950er-Jahren fester Bestandteil des Literaturkanons wurde und als deutscher Beitrag zur Weltliteratur gilt. Die neue Generation der Nachkriegsautoren sah sich vorerst außer Stande, Bilanz ziehende Zeit- und Gesellschaftsromane vorzulegen, wie sie in der Weimarer Republik (▶ S. 498 f.) entstanden waren. Ihre bevorzugte Form war die **Kurzgeschichte** in Anlehnung an die amerikanische Short Story. Sie wurde zur dominierenden Gattung der **Trümmer- oder Kahlschlagliteratur** (▶ S. 512 f.). Zu den Ausnahmeerscheinungen in diesem literarischen Umfeld der frühen 1950er-Jahre gehören **Wolfgang Koeppens** (1906–1996) Romane („Tauben im Gras", „Das Treibhaus", „Der Tod in Rom"), die sich mit Hilfe moderner und ungewohnter Erzähltechniken kritisch mit der politisch-sozialen Entwicklung in der Bundesrepublik auseinandersetzen. Sie waren damit Vorläufer einer neuen Literatur, die seit Ende der 1950er-Jahre entstand und Zeitkritik mit avantgardistischer Sprachartistik verband.

Herausragende Beispiele dafür waren auch die Gedichte von **Hans Magnus Enzensberger** (*1929) und **Günter Grass** (1927–2015) sowie dessen 1959 erschienener Roman „Die Blechtrommel" (▶ S. 517 f.). Diese Schriftsteller gehörten zu einer Gruppe von Autorinnen und Autoren, die sich einmal jährlich mit Literaturkritikern zu Lesungen und Diskussionen traf. Sie blieb zwar ein informeller, loser Zusammenschluss, hatte aber dennoch großen Einfluss auf das literarische Leben in der Bundesrepublik. Nach ihrem Gründungsjahr nannte sie sich **Gruppe 47.**

In der **DDR** versuchte der Staat die Schriftsteller in den Dienst zum Aufbau einer sozialistischen Gesellschaft zu stellen und deklarierte ihr Schreiben in den 1950er-Jahren offiziell zur **Aufbauliteratur.** Vorbild sollten die politisch dem Marxismus nahestehenden Exilautoren wie z. B. **Bertolt Brecht** (1898–1956), **Johannes R. Becher** (1891–1958), **Arnold Zweig** (1887–1968) oder **Anna Seghers** (1900–1983) sein, die – anders als die Exilanten in Westdeutschland – bei ihrer Rückkehr mit größter Wertschätzung aufgenommen wurden. Das mit Veröffentlichungsverboten verbundene Bemühen der SED-Kultusbürokratie, die Schriftsteller auf einen **sozialistischen Realismus** verbindlich festzulegen, führte zu ständigen Auseinandersetzungen und der Flucht vieler Autoren in den Westen. Leitende Prinzipien dieses verordneten Realismus waren: direkte Widerspiegelung der gesellschaftlichen Realität, Verständlichkeit der Literatur für jedermann, Darstellung einer positiven Zukunftsperspektive mit einem vorbildlichen Helden im Zentrum, Primat des Inhalts und Ablehnung aller Formexperimente als Formalismus und Subjektivismus.

Weitere wichtige Autorinnen/Autoren und Werke
West:
Marie Luise Kaschnitz (1901–1974): Gedichte; Kurzgeschichten und Erzählungen
Max Frisch (Schweiz, 1911–1991): „Stiller", „Homo faber" (Romane); „Andorra" (Drama)
Alfred Andersch (1914–1980): „Sansibar oder Der letzte Grund" (Roman)
Friedrich Dürrenmatt (Schweiz, 1921–1990): „Der Richter und sein Henker", „Der Verdacht" (Romane); „Romulus der Große", „Der Besuch der alten Dame" (Dramen)
Ost:
Bruno Apitz (1900–1979): „Nackt unter Wölfen" (Roman)
Erwin Strittmatter (1912–1994): „Katzgraben" (Komödie)
Erich Loest (1926–2013): „Das Jahr der Prüfung" (Roman)
Heiner Müller (1929–1995): „Der Lohndrücker" (Drama)

1 Viele der in diesem Kapitel vertretenen Autoren gehörten zur oben genannten „Gruppe 47". Stellen Sie in Referaten diese Gruppe vor: Ablauf und Funktion der Treffen; wichtige Mitglieder und ihre literarische Bedeutung; Beispiele politisch-gesellschaftlichen Engagements; Rolle und Ansehen der Gruppe in der Öffentlichkeit; das Ende ihres Bestehens und die Gründe für die Auflösung.

2 Informieren Sie in einem Gruppenreferat über Wolfgang Borcherts Kriegsheimkehrerdrama „Draußen vor der Tür" und lesen Sie eine ausgewählte Szene mit verteilten Rollen vor.

3 Präsentieren Sie in einer Buchvorstellung einen von Wolfgang Koeppens Romanen.
Tipp: „Das Treibhaus" ist in der Verfilmung von Peter Goedel auch als DVD erhältlich.

6.2 Kritische Literatur und Neue Subjektivität (1960er- bis 1980er-Jahre)

1
a Beschreiben Sie das Gemälde und seine Wirkung auf Sie. Beachten Sie besonders die Farbgebung und wie die Stadt Berlin räumlich dargestellt ist.
b Erläutern Sie, wie Sie den Titel verstehen. Setzen Sie ihn mit Ihrem Wissen zum Entstehungsjahr in Beziehung.

2 Tauschen Sie sich im Kurs über weitere Werke aus (Literatur, Filme, Bilder etc.), die Sie zum Thema „Geteiltes Deutschland" kennen.

Rainer Fetting: Durchgang Südstern (1988)

Umgang mit Verantwortung – Das Dokumentartheater

Peter Weiss: **Die Ermittlung** (1965) – Gesang von der Rampe II

Das Material zu diesem Dokumentarstück stammt aus dem Auschwitz-Prozess in Frankfurt a. M. (1963–1965), an dem Peter Weiss (1916–1982) als Beobachter teilnahm. Die Aussagen der Zeugen und Angeklagten hat er sprachlich nur leicht überarbeitet und in Verse gesetzt.

ZEUGE 3: Wir fuhren 5 Tage lang
Am zweiten Tag
war unsere Wegzehrung verbraucht
Wir waren 89 Menschen im Waggon
5 Dazu unsere Koffer und Bündel
Unsere Notdurft verrichteten wir
in das Stroh
Wir hatten viele Kranke
und 8 Tote [...]
10 Wir fuhren durch eine flache Gegend
die von Scheinwerfern beleuchtet wurde
Dann näherten wir uns einem lang gestreckten
scheunenähnlichen Gebäude
Da war ein Turm
15 und darunter ein gewölbtes Tor
Ehe wir durch das Tor einfuhren
pfiff die Lokomotive
Der Zug hielt
Die Waggontüren wurden aufgerissen
20 Häftlinge in gestreiften Anzügen erschienen
und schrien zu uns herein
Los raus schnell schnell
Es waren anderthalb Meter herab zum Boden
Da lag Schotter
25 Die Alten und Kranken fielen

in die scharfen Steine
Die Toten und das Gepäck wurden herausgeworfen
Dann hieß es
Alles liegen lassen
30 Frauen und Kinder rüber
Männer auf die andere Seite
Ich verlor meine Familie aus den Augen
Überall schrien die Menschen
nach ihren Angehörigen
35 Mit Stöcken wurde auf sie eingeschlagen
Hunde bellten
Von den Wachtürmen waren Scheinwerfer
und Maschinengewehre
auf uns gerichtet
40 Am Ende der Rampe war der Himmel
rot gefärbt
Die Luft war voll von Rauch
Der Rauch roch süßlich und versengt
Dies war der Rauch
45 der fortan blieb
ZEUGIN 4: Ich hörte meinen Mann noch
nach mir rufen
Wir wurden aufgestellt
und durften den Platz nicht mehr wechseln
50 Wir waren eine Gruppe
von 100 Frauen und Kindern
Wir standen zu fünft in einer Reihe
Dann mussten wir an ein paar Offizieren
vorbeigehn
55 Einer von ihnen hielt die Hand in Brusthöhe
und winkte mit dem Finger
nach links und nach rechts
Die Kinder und die alten Frauen
kamen nach links
60 ich kam nach rechts
Die linke Gruppe musste über die Schienen
zu einem Weg gehen
Einen Augenblick lang sah ich meine
Mutter
65 bei den Kindern
da war ich beruhigt und dachte
wir werden uns schon wiederfinden
Eine Frau neben mir sagte
Die kommen in ein Schonungslager
70 Sie zeigte auf die Lastwagen
die auf dem Weg standen
und auf ein Auto vom Roten Kreuz
Wir sahen
wie sie auf die Wagen geladen wurden
75 und wir waren froh dass sie fahren durften
Wir andern mussten zu Fuß weiter
auf den aufgeweichten Wegen [...]
ANKLÄGER: Angeklagter Hofmann[1]
wussten Sie
80 was mit den ausgesonderten Menschen
geschehen sollte
ANGEKLAGTER 8: Herr Staatsanwalt
Ich persönlich hatte gar nichts
gegen diese Leute
85 Die gab es ja auch bei uns zu Hause
Ehe sie abgeholt wurden
habe ich immer zu meiner Familie gesagt
Kauft nur weiter bei dem Krämer
das sind ja auch Menschen
90 **ANKLÄGER:** Hatten Sie diese Einstellung noch
als Sie Dienst auf der Rampe taten
ANGEKLAGTER 8: Also
von kleinen Übeln abgesehen
wie sie solch ein Leben von vielen
95 auf engem Raum
nun einmal mit sich bringt
und abgesehen von den Vergasungen
die natürlich furchtbar waren
hatte durchaus jeder die Chance
100 zu überleben
Ich persönlich
habe mich immer anständig benommen
Was sollte ich denn machen
Befehle mussten ausgeführt werden
105 Und dafür habe ich jetzt
dieses Verfahren auf dem Hals
Herr Staatsanwalt
ich habe ruhig gelebt
wie alle andern auch
110 und da holt man mich plötzlich raus
und schreit nach Hofmann
Das ist der Hofmann
sagt man
Ich weiß überhaupt nicht
115 was man von mir will

---

[1] Der frühere Schutzhaftlagerführer Franz Johann Hofmann wurde zu lebenslangem Zuchthaus verurteilt.

1. Geben Sie Ihren ersten Leseeindruck von dem Dokumentarstück wieder. Welche Passagen finden Sie besonders eindrucksvoll?
2. Stellen Sie Vermutungen darüber an, weshalb Weiss die Aussagen in Versform gesetzt hat.
3. Beziehen Sie Weiss' folgende Aussage auf den Textauszug. Inwieweit entspricht ihr der Text?
4. a Vergleichen Sie den Auszug mit den Gedichten von Sachs und Celan (▶ S. 508 f.) im Hinblick auf Intention und Wirkung.
   b Vergleichen Sie die Wirkung des Textauszugs mit der Wirkung anderer Medien (Augenzeugenberichte, Filme, Bilder, Ausstellungen etc.), die Sie zum Thema „Shoah" kennen.
5. Erarbeiten Sie für Weiss' Text Darbietungsmöglichkeiten, die Sie im Hinblick auf Thema und Intention für angemessen halten.

Das dokumentarische Theater kann die Form eines Tribunals annehmen. Auch hier hat es nicht Anspruch darauf, der Authentizität eines Gerichtshofs von Nürnberg, eines Auschwitzprozesses in Frankfurt [...] nahezukommen, doch kann es die im wirklichen Verhandlungsraum zur Sprache gekommenen Fragen und Angriffspunkte zu einer neuartigen Aussage bringen [...]. Die auftretenden Figuren werden in einen geschichtlichen Zusammenhang versetzt. [...] Anhand ihrer Tätigkeiten wird der Mechanismus demonstriert, der weiterhin in die Wirklichkeit eingreift.

Peter Weiss: Notizen zum dokumentarischen Theater (1981)

Information | **Dokumentartheater**

Das dokumentarische Theater, dessen Form im Wesentlichen in den 1960er-Jahren entstand, behandelt historische oder aktuelle politische oder soziale Ereignisse. **Juristische oder historische Reportagen, Berichte, (Bild-)Dokumente sowie Interviews dienen dabei als Quellen.** Je nach Inszenierung werden diese Dokumente auch während der Aufführung, z. B. per Projektion, präsentiert. In der Regel wird das originale Material unverändert wiedergegeben, wobei es allerdings in ein Ereignis der Geschichte eingewoben und entsprechend zusammengestellt wird. Wesentliche Intentionen sind die politische Aufklärung und Beeinflussung – oft durch Verurteilung einer der betroffenen Parteien. Neben **Peter Weiss'** (1916–1982) „Ermittlung" (1965) gehören zu den bedeutenden Dokumentartheaterstücken der Zeit **Rolf Hochhuths** (*1931) „Der Stellvertreter" (1963) und **Heinar Kipphardts** (1922–1982) „In der Sache J. Robert Oppenheimer" (1964).

Auflehnung oder Anpassung? – Politische Lyrik und Prosa

In den 1960er-Jahren entstanden in vielen Ländern Westeuropas vor allem in der Studentenschaft Protestbewegungen gegen die als „spießig" empfundene Elterngeneration. Insbesondere die Kritik am Vietnamkrieg der USA führte zu teils gewalttätigen Protesten. Westlich des Eisernen Vorhangs wurden zuvorderst die „Konsumgesellschaft" und die „Bewusstseinsindustrie" der Massenmedien kritisiert. Im Osten standen die Themen „Mangelwirtschaft", „Aufbau des Sozialismus" und die Verarbeitung enttäuschter Hoffnungen nach der Niederschlagung des „Prager Frühlings" 1968 im Mittelpunkt.

Günter Grass: **In Ohnmacht gefallen** (1967)

Wir lesen Napalm und stellen Napalm uns vor.
Da wir uns Napalm nicht vorstellen können,
lesen wir über Napalm, bis wir uns mehr
unter Napalm vorstellen können.
5 Jetzt protestieren wir gegen Napalm.
Nach dem Frühstück, stumm,
auf Fotos sehen wir, was Napalm vermag.
Wir zeigen uns grobe Raster
und sagen: Siehst du, Napalm.
10 Bald wird es preiswerte Bildbände
mit besseren Fotos geben,
auf denen deutlicher wird,
was Napalm vermag.
Wir kauen Nägel und schreiben Proteste.
15 Aber es gibt, so lesen wir,
Schlimmeres als Napalm.
Schnell protestieren wir gegen Schlimmeres.
Unsere berechtigten Proteste, die wir jederzeit
verfassen falten frankieren dürfen, schlagen zu Buch.
20 Ohnmacht, an Gummifassaden erprobt.
Ohnmacht legt Platten auf: ohnmächtige Songs.
Ohne Macht mit Guitarre. –
Aber feinmaschig und gelassen
wirkt sich draußen die Macht aus.

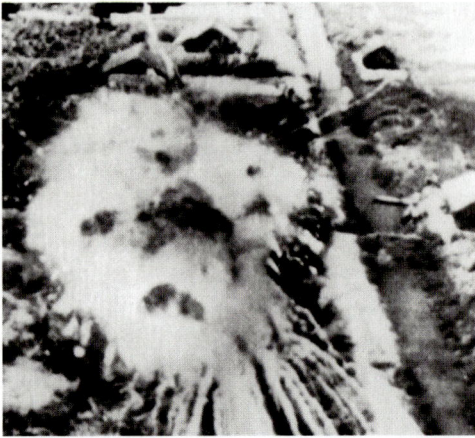

Vietnamkrieg. Explosion von Napalmbomben

Erich Fried: **Gezieltes Spielzeug**[1] (1966)

Abwurf
von Spielzeug
statt Bomben
zum Fest der Kinder

5 sagten die Marktforscher
das
macht zweifellos
großen Eindruck

Es hat sehr großen
10 Eindruck
gemacht
auf die ganze Welt

Hätte das Flugzeug
lieber vor vierzehn Tagen
15 Spielzeug heruntergeworfen
und jetzt erst die Bomben

hätten meine zwei Kinder
noch vierzehn Tage
durch eure Güte
20 etwas zum Spielen gehabt

---

1 Zum vietnamesischen „Fest der Kinder" warfen US-Flugzeuge Spielzeug ab, auch auf Dörfer, in denen ihre Bomben noch kurz zuvor Kinder getötet hatten.

---

1 Lesen Sie beide Gedichte. Notieren Sie erste Eindrücke und Untersuchungsaspekte.
2 Analysieren Sie die Gedichte inhaltlich und sprachlich unter den von Ihnen zuvor formulierten Aspekten.
3 Wie werden politische Anliegen in den Gedichten „transportiert"? Bereiten Sie einen entsprechenden Gedichtvortrag vor und begründen Sie Ihre gestalterischen Entscheidungen.
4 Welche Themen sind heute relevant? Verfassen Sie selbst ein politisches Gedicht.

Reiner Kunze: **Ordnung** (1976) – Auszug aus „Die wunderbaren Jahre"[1]

Die Mädchen und Jungen, die sich auf die Eckbank der leeren Bahnhofshalle setzten, kamen aus einem Jazz-Konzert. Ihr Gespräch verstummte rasch. Einer nach dem anderen legten sie den Kopf auf die Schulter ihres Nebenmanns. Der erste Zug fuhr 4:46 Uhr.
Zwei Transportpolizisten, einen Schäferhund an der Leine, erschienen in der Tür, wandten sich der Bank zu und zupften die Schlafenden am Ärmel. „Entweder Sie setzen sich gerade hin, oder Sie verlassen den Bahnhof, Ordnung muß sein!"
„Wieso Ordnung?", fragte einer der Jungen, nachdem er sich aufgerichtet hatte. „Sie sehen doch, daß jeder seinen Kopf gleich wiedergefunden hat."
„Wenn Sie frech werden, verschwinden Sie sofort, verstanden?"
Die Polizisten gingen weiter.
Die jungen Leute lehnten sich nach der anderen Seite. Zehn Minuten später kehrte die Streife zurück und verwies sie des Bahnhofs.
Draußen ging ein feiner Regen nieder. Der Zeiger der großen Uhr wippte auf die Eins wie ein Gummiknüppel. [...]

[1] Der Prosaband erschien nur in der Bundesrepublik.

Monika Maron: **Flugasche** (1981) – Romanauszug

Die Journalistin Josefa Nadler kritisiert in einer Reportage die massiven Umweltverschmutzungen eines Kohlekraftwerks, doch ihr Artikel darf in der DDR nicht erscheinen. In einer Szene tauschen sich Josefa und ihre ältere Kollegin Luise über ihre Gedanken und Gefühle zum Leben in der DDR aus.

„Manchmal fühle ich mich um mein Leben betrogen", sage ich.
Luise sieht auf, mit leichter Abwehr in den Augen. „Nun übertreib mal nicht."
„Ich übertreibe nicht. Ich werde um mich selbst betrogen. Ich rede gar nicht davon, dass ich im Zeitalter der Weltraumforschung sterben werde, ohne auf dem Montmartre spazieren gegangen zu sein, ohne zu wissen, wie es in einer Wüste riecht oder wie eine frische Auster schmeckt. Darüber kann ich mich trösten. In ihren Postkutschen sind unsere Vorfahren auch nicht allzu weit gekommen und haben trotzdem etwas begriffen von ihrer Welt. Der größte Betrug ist: Sie betrügen mich um mich, um meine Eigenschaften. Alles, was ich bin, darf ich nicht sein. Vor jedes meiner Attribute setzen sie ein „zu": Du bist zu spontan, zu naiv, zu ehrlich, zu schnell im Urteil ... [...]."
„Ich weiß nicht, ob du Recht hast. Mit manchem sicher. Aber ich muss das anders sehen, verstehst du. Ich habe den Faschismus erlebt. Euer Grunderlebnis ist ein anderes, ich weiß. Ihr könnt die Vorteile des Sozialismus nicht an der Vergangenheit messen, die habt ihr nicht erlebt. Aber wenn du von einem perfekten System zur Nivellierung sprichst, muss ich dir sagen: Das kenne ich unvergleichlich schlimmer. Für mich ist das, was wir hier haben, das Beste, was ich erlebt habe. Nicht, was ich mir vorstellen kann, weiß Gott nicht, aber was ich erlebt habe. Aber vielleicht müsst ihr das einfach als Ausgangspunkt für etwas Besseres betrachten. Vielleicht muss man die Gegenwart an der Zukunft messen, solange man keine Vergangenheit hat. Und es ist nichts als Sentimentalität des Alters, die Gegenwart als das Ziel zu deklarieren, weil einem viel Zukunft nicht mehr bleibt. Trotzdem, Josefa, es tut weh, wenn du mir sagst, du wirst um dein Leben betrogen, wenn du einfach vergisst, wie viel brutaler alle Generationen vor dir betrogen wurden."
„Willst du ernstlich, dass wir unsere Vorzüge im Vergleich mit dem Faschismus beweisen? Als ihr angefangen habt, da hattet ihr doch ganz andere Ansprüche, oder? Als du plötzlich, antifaschistisch und sozialdemokratisch, für die Kommunisten Zeitung machen wolltest, haben sie dich nicht mit offenen Armen empfangen? Sie konnten dich gebrauchen, so wie du warst.

Ich weiß das alles: Ihr hattet wenig zu essen, ihr habt bis nachts gearbeitet, und am Sonntag habt ihr auch noch Steine geklopft. Und warum bekommt ihr alle trotzdem leuchtende Augen, wenn ihr von dieser Zeit erzählt? Warum nicht, wenn ihr von 55 sprecht oder von 65? Weil irgendwann die Jahre begannen, einander zu gleichen, von einer Wahl zur anderen, von einem Parteitag zum nächsten Parteitag, Wettbewerbe, Jahrestage, Kampagnen. Aber die ersten drei Jahre, da kennt ihr jeden Tag, jedes Gesicht habt ihr behalten, das euch damals begegnet ist. Warum damals? Warum nicht später?" [...]

1 a Wie verstehen Sie den Titel von Kunzes Text? Welcher Textsorte ordnen Sie den Text zu?
b In Marons Text sprechen beide Figuren über Betrug. Wie fassen sie den Begriff jeweils auf? Inwieweit sehen sich Josefa und Luise betrogen? Erläutern Sie, worin der Konflikt besteht.
2 Vergleichen Sie die beiden in der DDR entstandenen Texte von Kunze und Maron mit den Gedichten von Grass und Fried (▶ S.524). Arbeiten Sie Gemeinsamkeiten und Unterschiede im Hinblick auf Thema bzw. Problemstellung und sprachliche Gestaltung heraus.

Fortgehen oder bleiben?

Wolf Biermann: Ballade vom preußischen Ikarus (1976)

1.
Da, wo die Friedrichstraße sacht
Den Schritt über das Wasser macht
 da hängt über der Spree
Die Weidendammer Brücke. Schön
Kannst du da Preußens Adler sehn
 wenn ich am Geländer steh

dann steht da der preußische Ikarus
mit grauen Flügeln aus Eisenguss
 dem tun seine Arme so weh
er fliegt nicht weg – er stürzt nicht ab
macht keinen Wind – und macht nicht schlapp
 am Geländer über der Spree

2.
Der Stacheldraht wächst langsam ein
Tief in die Haut, in Brust und Bein
 ins Hirn, in graue Zelln
Umgürtet mit dem Drahtverband
Ist unser Land ein Inselland
 umbrandet von bleiernen Welln

da steht der preußische Ikarus
mit grauen Flügeln aus Eisenguss
 dem tun seine Arme so weh
er fliegt nicht hoch – und er stürzt nicht ab
macht keinen Wind – und macht nicht schlapp
 am Geländer über der Spree

3.
Und wenn du wegwillst, musst du gehn
Ich hab schon viele abhaun sehn
 aus unserm halben Land
Ich halt mich fest hier, bis mich kalt
Dieser verhasste Vogel krallt
 und zerrt mich übern Rand

dann bin ich der preußische Ikarus
mit grauen Flügeln aus Eisenguss
 dann tun mir die Arme so weh
dann flieg ich hoch – dann stürz ich ab
mach bisschen Wind – dann mach ich schlapp
 am Geländer über der Spree

1. Analysieren Sie das Gedicht. Achten Sie dabei auf den Wechsel der Personalpronomen.
2. Lesen Sie die Sage von Ikarus und Dädalus nach. Inwiefern ist deren Kenntnis für die Interpretation des Gedichts von Bedeutung?

Volker Braun: **Hinzes Bedingung** (1983) – Aus „Berichte von Hinze und Kunze"

Als Hinze einmal im andern Teil des Landes war, wurde er gefragt, warum er denn nicht, der drüben Schwierigkeiten habe, bleiben wolle. Hinze antwortete so: Ich saß heute morgen auf der Alm über der Stadt und sah in das liebliche Land hinein. Ich hatte gerade diesen Wunsch, den Sie vermuten. Es muß fabelhaft sein, aufblickend von der Arbeit da hinabzublicken. Ich bleibe sofort. Aber, fügte er hinzu, ich stelle eine kleine Bedingung. Ich bin anspruchslos, der Rat muß diese weißen Fabriken im Tal, die den Drahtfabrikanten gehören, bekanntlichen Milliardären, enteignen. Nur diese Bedingung; es gehört zu meinen primitivsten Lebensvoraussetzungen, nicht auf privates Eigentum zu sehn. Man musterte Hinze mürrisch. Sehen Sie, sagte er, es ist mir schon physisch zuwider. Es bereitet mir körperliches Unbehagen. Ich kann nicht auf dem Stuhl sitzen, es setzt mich in Unruhe, eines alten Hutes wegen! Mir bricht der Schweiß aus bei diesem Anblick. Ich habe keine Lust, mich so alten Problemen gegenüberzusehen, vom schönsten Berg herab nicht! Ich kann womöglich keine andern Gedanken mehr fassen, jedenfalls nicht solche, die Schwierigkeiten machen. – Man sah jetzt verlegen an ihm vorbei und gab der Bitte nicht statt. Hinze stieg ohne weiteres in die Bahn.

Herta Müller: **Herztier** (1994) – Romanauszug

Herta Müller (*1953) entstammt der deutschsprachigen Minderheit im rumänischen Banat. Unter der Diktatur Nicolae Ceaușescus (hingerichtet 1989) konnte sie ihre Werke nur in zensierter Fassung veröffentlichen. Sie reiste 1987 in die Bundesrepublik aus.

Wir wollten das Land nicht verlassen. Nicht in die Donau, nicht in die Luft, nicht in Güterzüge steigen. Wir gingen in den struppigen Park. Edgar sagte: Wenn der Richtige gehen müsste, könnten alle anderen im Land bleiben. Er glaubte es selber nicht. Niemand glaubte, dass der Richtige gehen muss. Man hörte jeden Tag Gerüchte über die alten und neuen Krankheiten des Diktators. Auch ihnen glaubte niemand. Dennoch flüsterten alle in ein nächstes Ohr. Auch wir gaben die Gerüchte weiter, als wäre der Schleichvirus des Todes drin, der den Diktator zuletzt doch erreicht: Lungenkrebs, Rachenkrebs, flüsterten wir, Darmkrebs, Gehirnschwund, Lähmung, Blutkrebs.
Er musste wieder weg, flüsterten die Leute: Frankreich oder China, Belgien, England oder Korea, Libyen oder Syrien, Deutschland oder Kuba. Jede seiner Reisen war im Geflüster gepaart mit dem Wunsch, selber zu fliehen. Jede Flucht war ein Angebot an den Tod. Deshalb hatte das Geflüster diesen Sog. Jede zweite Flucht scheiterte an den Hunden und Kugeln der Wächter.
Das fließende Wasser, die fahrenden Güterzüge, die stehenden Felder waren Todesstrecken. Im Maisfeld fanden Bauern beim Ernten zusammengedorrte oder aufgeplatzte, von Krähen leergepickte Leichen. Die Bauern brachen den Mais und ließen die Leichen liegen, weil es besser war, sie nicht zu sehen. Im Spätherbst ackerten die Traktoren.
Die Angst vor der Flucht machte aus jeder Reise des Diktators eine Dringlichkeitsreise zum Arzt: fernöstliche Luft gegen Lungenkrebs, Wildwurzeln gegen Rachenkrebs, Heizbatterien gegen Darmkrebs, Akupunktur gegen Gehirnschwund, Bäder gegen Lähmung. Nur für eine Krankheit, hieß es, fährt er nicht weg: Das Kinderblut gegen Blutkrebs bekommt er im Land. In den Geburtskliniken wird es den Neugeborenen mit japanischen Saugnadeln aus der Stirn gepumpt.

Die Gerüchte über die Krankheiten des Diktators ähnelten den Briefen, die Edgar, Kurt, Ge-
45 org und ich von den Müttern bekamen. Das Geflüster mahnte zum Abwarten mit der Flucht. Jedem wurde von der Schadenfreude heiß, ohne dass der Schaden jemals kam. Jedem schlich die Leiche des Diktators wie das eigene, verdorbene Leben durch die Stirn. Alle wollten ihn 50 überleben.

1 Wie behandeln Volker Braun und Herta Müller den Konflikt zwischen „Fortgehen oder bleiben"? Analysieren Sie das Verhalten der Protagonisten. Was könnte ein Regimekritiker Hinze antworten?

2 Erläutern Sie, welche Bedeutung den Krankheiten (vgl. Z.13–15) in Müllers Text zukommt. Welche Rolle spielen sie als Metaphern im Text?

Gestörte Beziehungen – Lyrik der Neuen Subjektivität

Die politische Literatur wurde in den 1970er- und den frühen 1980er-Jahren durch die Strömung der „Neuen Subjektivität" oder „Neuen Innerlichkeit" abgelöst. Worum geht es in diesen Texten?

Ulla Hahn: Ich bin die Frau (1983)

Ich bin die Frau
die man wieder mal anrufen könnte
wenn das Fernsehen langweilt

Ich bin die Frau
5 die man wieder mal einladen könnte
wenn jemand abgesagt hat

Ich bin die Frau
die man lieber nicht einlädt
zur Hochzeit

10 Ich bin die Frau
die man lieber nicht fragt
nach einem Foto vom Kind

Ich bin die Frau
die keine Frau ist
15 fürs Leben.

Karin Kiwus: Fragile (1979)

Wenn ich jetzt sage
ich liebe dich
übergebe ich nur
vorsichtig das Geschenk
5 zu einem Fest das wir beide
noch nie gefeiert haben

Und wenn du gleich
wieder allein
deinen Geburtstag
10 vor Augen hast
und dieses Päckchen
ungeduldig an dich reißt
dann nimmst du schon
die scheppernden Scherben darin
15 gar nicht mehr wahr

Frida Kahlo: Die Zeit fliegt (1929)

1. Welches der beiden Gedichte würden Sie eher dem Bild von Frida Kahlo zuordnen? (▶ S. 528)
2. Vergleichen Sie die zwei Gedichte inhaltlich und formal.
3. Verfassen Sie einen Tagebucheintrag zu einem der beiden Gedichte.

Jürgen Theobaldy: Schnee im Büro (1976)

Eine gewisse Sehnsucht nach Palmen. Hier
ist es kalt, aber nicht nur. Deine Küsse
am Morgen sind wenig, später sitze ich
acht Stunden hier im Büro. Auch du
5 bist eingesperrt, und wir dürfen nicht
miteinander telefonieren. Den Hörer abnehmen
und lauschen? Telefon, warum schlägt
dein Puls nur für andere? Jemand fragt:
„Wie geht's?", wartet die Antwort nicht ab
10 und ist aus dem Zimmer.
Was kann Liebe bewegen? Ich berechne
Preise und werde berechnet. All die Ersatzteile,
die Kesselglieder, Ölbrenner, sie gehen
durch meinen Kopf als Zahlen, weiter nichts.
15 Und ich gehe durch jemand hindurch
als Zahl. Aber am Abend komme ich zu dir
mit allem, was ich bin. Lese von
Wissenschaftlern: auch die Liebe ist
ein Produktionsverhältnis. Und wo sind
20 die Palmen? Die Palmen zeigen sich am Strand
einer Ansichtskarte, wir liegen auf dem Rücken
und betrachten sie. Am Morgen kehren wir
ins Büro zurück, jeder an seinen Platz.
Er hat eine Nummer, wie das Telefon.

Wolf Wondratschek: Im Sommer (1976)

Einsam sein im Sommer
und hundemüde auf einen Liebesbrief warten,
das ist schlimm;
und abends zuschauen, wie sich Lana Turner
in Robert Mitchum[1] verliebt;
5 und wenn morgens die Sonne aufgeht,
hast du niemand getroffen,
in der Tür steckt kein Zettel „Ruf mich an".
Ein Maler würde das Blau imitieren,
eine Flugzeugladung Menthol;
10 ein Dichter würde lieben
oder sterben;
ich starre, ohne hinauszuschauen,
aus dem Fenster,
frühmorgens,
15 und sage „Ich liebe Dich"
ohne irgendwas
oder irgendwen
zu meinen.

[1] **Lana Turner, Robert Mitchum:** Hollywood-Stars, insbesondere der 1940er- bis 1960er-Jahre

Sarah Kirsch: Die Luft riecht schon nach Schnee (1974)

Die Luft riecht schon nach Schnee, mein Geliebter
Trägt langes Haar, ach der Winter, der Winter der uns
Eng zusammenwirft steht vor der Tür, kommt
Mit dem Windhundgespann. Eisblumen
5 Streut er ans Fenster, die Kohlen glühen im Herd, und
Du Schönster Schneeweißer legst mir deinen Kopf in den Schoß
Ich sage das ist
Der Schlitten, der nicht mehr hält, Schnee fällt uns
Mitten ins Herz, er glüht
10 Auf den Aschekübeln im Hof Darling flüstert die Amsel

1 Vergleichen Sie die drei Gedichte inhaltlich und formal. Benennen und kommentieren Sie dabei insbesondere die Gemeinsamkeiten.

2 Erläutern Sie, was die drei Texte von herkömmlichen Gedichten über Jahreszeiten unterscheidet.

3 a Verfassen Sie selbst ein Gedicht zu einem Alltagsthema. Orientieren Sie sich an hier vorgestellten Beispieltexten.

b Tragen Sie Ihr Gedicht vor und begründen Sie Ihre inhaltlichen und formalen Entscheidungen.

Information — **Epochenüberblick – Deutschsprachige Literatur zwischen 1960 und 1989**

Allgemeingeschichtlicher Hintergrund: Die frühen 1960er-Jahre bildeten einen Höhepunkt des atomaren Wettrüstens und in der ideologischen Auseinandersetzung im „**Kalten Krieg**" zwischen den USA und der Sowjetunion. Der von der DDR-Regierung befohlene **Mauerbau** quer durch Berlin (August 1961), die Stationierung sowjetischer Raketen auf Kuba (Okt./Nov. 1962) und der **„Stellvertreterkrieg" in Vietnam** (1965–1975) heizten die Konfrontation der Blöcke an. Die Entspannungspolitik ab Mitte der 1960er-Jahre erlaubte den Abschluss von Abkommen zur Rüstungskontrolle zwischen den Großmächten. In der Bundesrepublik schloss die seit 1969 amtierende sozialliberale Regierung unter Bundeskanzler Willy Brandt **Verträge zum Gewaltverzicht** mit der Sowjetunion und Polen („Ostverträge") und begann Gespräche mit der DDR-Führung mit dem Ziel der Verbesserung der Beziehungen der beiden deutschen Staaten. Durch den Einmarsch sowjetischer Truppen in **Afghanistan** 1979 begann eine neue „Eiszeit" in den Ost-West-Beziehungen. Der allmähliche wirtschaftliche Niedergang der sozialistischen Staaten durch die immensen Rüstungsausgaben bei anhaltenden Versorgungsengpässen mit Gütern des täglichen Bedarfs führte zu wachsender Unzufriedenheit in der Bevölkerung, die sich zunächst in Polen durch die Gewerkschaft „Solidarność" Bahn brach. Der Kurswechsel der Sowjetregierung unter Parteiführer **Gorbatschow** ab Mitte der 1980er-Jahre beendete das Zeitalter der „bipolaren Welt", erlaubte die **Öffnung des Eisernen Vorhangs** und führte zum Ende der kommunistischen Regierungen in Osteuropa und der Sowjetunion.

Weltbild und Lebensauffassung: In der **Bundesrepublik** stockte in der Mitte der 1960er-Jahre die lange Phase des Wirtschaftsaufschwungs und läutete eine Periode des gesellschaftlichen Wandels auf allen Gebieten ein. Besonders unter der jungen Generation nahm das **Unbehagen an den kleinbürgerlichen Idealen** des „motorisierten Biedermeier" (Erich Kästner) zu. Die Studenten solidarisierten sich mit den Befreiungsbewegungen in der Dritten Welt, demonstrierten gegen die deutsche Unterstützung von Diktaturen wie dem Regime des Schahs von Persien und kritisierten die amerikanische Kriegsführung in Vietnam. Im Innern forderten sie die Abschaffung der als autoritär empfundenen staatlichen und gesellschaftlichen Strukturen und eine wirkliche Auseinandersetzung mit der nationalsozialistischen Diktatur und ihren Verbrechen. Die sozialliberale Regierung Brandt/Scheel trat 1969 mit dem Motto „Mehr Demokratie wagen" ihr Amt an; in der Folgezeit entstanden zahlreiche Bürgerinitiativen als „Demokratie von unten". Die Frauenbewegung setzte sich für die Gleichstellung der Frauen auf allen Ebenen ein; die Akzeptanz der Anti-Baby-Pille trug zur **Emanzipation** bei. Der nach der ersten Energiekrise 1973 verstärkte Ausbau der Atomkraft stützte die ökologische Bewegung und führte zur Gründung der neuen Partei „Die Grünen". Die Anschläge und Morde der terroristischen RAF drohten 1977 die Gesellschaft zu spalten. Auch in der **DDR** kam es Anfang der 1960er-Jahre zu einer tief greifenden Zäsur: Die „Aufbauphase des Sozialismus" mit der Kollektivierung der Landwirtschaft und der Verstaatlichung der Industrie galt als beendet, es wurde der **Beginn der „entwickelten sozialistischen Gesellschaft"** ausgerufen.

Die **Niederschlagung des „Kommunismus mit menschlichem Antlitz"** in der Tschechoslowakei („Prager Frühling") durch Truppen des Warschauer Pakts (aus historischen Überlegungen durfte die an der Grenze aufmarschierte Nationale Volksarmee der DDR nicht eingreifen) zeigte das **Auseinanderklaffen von kommunistischer Utopie und Wirklichkeit.** Mit dem Machtwechsel von Walter Ulbricht zu Erich Honecker im Jahre 1971 verbesserte sich die Versorgungslage der Bevölkerung. Die Entspannung in der Kulturpolitik dauerte bis zur Mitte der 1970er-Jahre an. 1976 wurde der Liedermacher Wolf Biermann während einer Konzertreise in der Bundesrepublik von der Regierung der DDR ausgebürgert, wogegen zahlreiche Autorinnen und Autoren erfolglos protestierten. Etliche von ihnen verließen das Land. Ab den 1980er-Jahren formierten sich im Gefolge der „Konferenz für Sicherheit und Zusammenarbeit in Europa" **Bürgerrechtsbewegungen** in vielen kommunistischen Ländern. In der DDR versuchten diese, mit Unterstützung der Kirchen eine Demokratisierung zu erreichen. Doch das Regime erwies sich bis zum Schluss als unfähig, die erforderlichen Reformen einzuleiten.

Literatur: Die um 1960 einsetzende **Politisierung der Literatur in der Bundesrepublik** zeigte sich nicht nur in den zeitkritischen Romanen einiger Autorinnen und Autoren der Gruppe 47 (▶ S. 520 f.), die damit der neuen deutschen Literatur auch internationales Ansehen verschafften, sondern auch in der Lyrik und im Drama. Das **politische Gedicht** gewann wieder wie in den 1920er-Jahren, zur Zeit der „Neuen Sachlichkeit" (▶ S. 492 f.), an Bedeutung. Auf den Bühnen hielten zwei wichtige Neuerungen Einzug: das **Dokumentartheater,** in dem zeitgeschichtliche Themen unter Verwendung von authentischem Material aufgearbeitet wurden, und das **kritisch-realistische Volksstück.**

Ende der 1960er-Jahre wurde in dem von **Hans Magnus Enzensberger** (*1929) herausgegebenen Kulturmagazin „Kursbuch" der **Tod der politisch ohnmächtigen Literatur** verkündet und zur direkten gesellschaftsverändernden Aktion aufgerufen. Zum ersten Mal wandte sich eine Gruppe von Autoren auch gezielt der **Arbeitswelt** zu, den Fabriken und Großraumbüros, die bis dahin in der Literatur kaum thematisiert worden waren (**Günter Wallraff**; *1942).

Im Jahre 1959 fand in der DDR die 1. Bitterfelder Kulturkonferenz (benannt nach dem Chemiestandort Bitterfeld) statt, in deren Folge sich eine neue Spielart des **sozialistischen Realismus** entwickelte. Bis 1964 folgte die Literatur dem **Bitterfelder Weg.** Die Arbeiter selbst wurden zum Schreiben ermuntert („Greif zur Feder, Kumpel – die sozialistische Nationalliteratur braucht dich!"; A. Kurella). Berufsschriftsteller forderte man auf, sich durch Betriebsaufenthalte mit der realen Arbeitswelt vertraut zu machen und darüber zu schreiben.

Im April 1964 fand in der **DDR** die 2. Bitterfelder Konferenz statt. Unter den Schriftstellerinnen und Schriftstellern meldete sich jetzt verstärkt die junge Generation zu Wort. Es entstanden Werke, die oftmals die Eingliederung Jugendlicher in die Gesellschaft sowie das alltägliche Leben in der DDR kritisch beschrieben. **Brigitte Reimanns** (1933–1973) programmatische Erzählung „Ankunft im Alltag" (1961) gab dieser Literatur den Namen **Ankunftsliteratur.** Ihre Generation fragte ungeduldig nach der Verwirklichung der sozialistischen Ideale und erinnerte immer wieder an die marxistische Utopie einer herrschaftsfreien Gesellschaft. Bevorzugte Themen der **Lyrik** waren das Verhältnis des Menschen zur Natur, die wissenschaftlich-technische Revolution, Hoffnung und Realisierung der kommunistischen Ideale, aber auch diesbezügliche Resignation, das Konsumdenken und nicht zuletzt das Thema Liebe. Ab Mitte der 1960er-Jahre löste sich die Literatur zunehmend von den ästhetischen Vorgaben des sozialistischen Realismus (s. o.), experimentierte mit Erzählstrategien und sprachlichem Material.

In den 1970er-Jahren bestand in **beiden deutschen Staaten** weiterhin eine politisch-kritische Literatur bei zunehmender Rückbesinnung auf das eigene Ich. Die Texte („Alltagsgedichte") der

„**Neuen Subjektivität**" behandeln Probleme der Alltagskommunikation und zwischenmenschlicher Beziehungen.

In den 1980er-Jahren setzte sich in der **Bundesrepublik** die Tendenz, die eigene Lebensgeschichte schreibend zu verarbeiten, in Werken fort, in denen eine Auseinandersetzung mit der Väter-Generation stattfand („Väter-Literatur"). Das auffallendste Schlagwort für die Literatur dieser Zeit war indessen „**Postmoderne**" (▶ S. 540). Typisch für die als postmodern aufgefasste Literatur ist das Spiel mit tradierten Mustern, Mythen und Motiven.

In der **DDR wie in der Bundesrepublik** entstanden in den 1980er-Jahren Werke mit deutlicher erkennbarem politischen Inhalt: wachsendes Katastrophenbewusstsein angesichts der fortschreitenden Umweltzerstörung, Angst vor atomarer Bedrohung und gesellschaftliche Widersprüche. Andererseits wird die Tendenz zum Rückzug in die Innerlichkeit fortgeschrieben.

Weitere wichtige Autorinnen/Autoren und Werke
West:
Max Frisch (Schweiz, 1911–1991): „Mein Name sei Gantenbein" (Roman); „Andorra" (Drama)
Friedrich Dürrenmatt (Schweiz, 1921–1990): „Die Physiker" (Komödie); „Justiz" (Roman)
H. C. Artmann (1921–2000): „Ein lilienweißer Brief aus Lincolnshire" (Gedichtsammlung)
Heinar Kipphardt (1922–1982): „In der Sache J. Robert Oppenheimer" (Dokumentarstück)
Ernst Jandl (Österreich, 1925–2000): „Laut und Luise" (Gedichte)
Dieter Wellershoff (*1925): „Die Schattengrenze" (Roman); „Die Sirene" (Novelle)
Siegfried Lenz (1926–2014): „Deutschstunde" (Roman); „So zärtlich war Suleyken" (Kurzgeschichten)
Martin Walser (*1927): „Ein fliehendes Pferd" (Novelle); „Das Schwanenhaus" (Roman)
Peter Rühmkorf (1929–2008): „Haltbar bis Ende 1999" (Gedichte)
Rolf Dieter Brinkmann (1940–1975): „Was fraglich ist wofür", „Rolltreppen im August" (Gedichte)
Peter Handke (Österreich, *1942): „Publikumsbeschimpfung" (Theaterstück)
Elfriede Jelinek (Österreich, *1946): „Die Klavierspielerin" (Roman)
Patrick Süskind (*1949): „Das Parfum" (Roman)

Ost:
Stefan Heym (1913–2001): „5 Tage im Juni", „Der König David Bericht" (Romane)
Peter Hacks (1928–2003): „Die Sorgen und die Macht" (Drama)
Erwin Strittmatter (1912–1994): „Ole Bienkopp" (Roman); Kurzprosa
Hermann Kant (*1926): „Die Aula" (Roman)
Christa Wolf (1929–2011): „Der geteilte Himmel", „Nachdenken über Christa T.", „Kassandra" (Romane)
Heiner Müller (1929–1995): „Die Umsiedlerin oder das Leben auf dem Lande" (Drama)
Günter Kunert (*1929): „Unschuld der Natur" (Gedichte)
Uwe Johnson (1934–1984): „Mutmaßungen über Jakob", „Zwei Ansichten" (Romane)
Sarah Kirsch (1935–2013): „Landaufenthalt", „Zaubersprüche" (Gedichte)
Ulrich Plenzdorf (1934–2007): „Die neuen Leiden des jungen W." (Roman)
Christoph Hein (*1944): „Drachenblut" (Novelle); „Die Ritter der Tafelrunde" (Drama)

1 Stärker als in der Bundesrepublik war das literarische Schaffen der DDR in den frühen Jahren von der Politik geprägt. Erarbeiten und präsentieren Sie wichtige Stationen der Kulturpolitik der DDR in den 1950er- bis 1970er-Jahren.

2 Politisches Engagement oder Ausdruck der Subjektivität: Erörtern Sie Ihr Verständnis von der Funktion und Aufgabe von Literatur. Sie können dabei auf die Texte des Teilkapitels 6.2 (▶ S. 521–531) zurückgreifen.

6.3 Literatur nach 1989

Reaktionen auf die „Wende" – Beispiele der Lyrik

In der Nacht des 9. Novembers 1989 wurden überraschend die Grenzübergänge in Berlin und an der innerdeutschen Grenze geöffnet. Zehntausende DDR-Bürgerinnen und -Bürger strömten nach West-Berlin und in die Bundesrepublik; in den folgenden Tagen waren es um die drei Millionen Menschen. Die politischen Veränderungen nach der Maueröffnung und die Vereinigung der beiden deutschen Staaten am 3. Oktober 1990 verlangten auch nach einer literarischen Verarbeitung.

Ursula Schwirzer: Go West (2009)

1 Beschreiben Sie die beiden Abbildungen jeweils für sich:
   a Welche Stimmung vermittelt das Bild zur Maueröffnung? Was wissen Sie von diesem Ereignis?
   b Wie wirkt die heutige Architektur des Potsdamer Platzes auf Sie? Berücksichtigen Sie in einem zweiten Schritt die folgende Definition des Begriffs „postmoderne Architektur".

> Die postmoderne Architektur lehnt einen Einheitsstil ab und zitiert viele Stilelemente vergangener Epochen. Bei postmodernen Gebäuden handelt es sich in der Regel um eine Mischung zwischen der entfremdenden und ironischen Verwendung von historischen Elementen und den individuellen Schöpfungen des Architekten mit eigener Formsprache. Sie sollen Geschichten erzählen. Das soll durch die Verwendung von Schmuck, Ornamenten und Symbolen erreicht werden. Der verwendete Beton ist meist kaum sichtbar, da er mit verschiedensten Materialien verdeckt werden kann. Neben den oft provozierend bunten Farben wird auch Glas gerne verwendet.

2 Der Herbst 1989 war der Beginn einer historischen Umbruchsituation für zwei deutsche Staaten:
   a Informieren Sie sich über das Ereignis und tragen Sie im Kurs Ihre Kenntnisse zusammen.
   b Legen Sie gemeinsam eine Zeitleiste an, in der Sie entscheidende Informationen eintragen. Lassen Sie Platz für Ihre Notizen zu literarischen Beispielen.

Durs Grünbein: Novembertage I. 1989 (1999)

An diesem Abend brach ein Stottern die Gesetze,
Ein Lesefehler hob die heiligen Verbote auf.
So nüchtern wie die Meldung in die Welt ging
Vor Mikrofon und Kamera, war jener Spuk vorbei,
5 Den sie verordnet hatten. Erstmals sah man
Die kommunistischen Auguren[1] zögernd lächeln
Wie Spieler, die verlieren, und jetzt wissen sie,
Was sie, gewiegt in Sicherheit, vergessen hatten.
Mit einer letzten Drohung, einer Atempause,
10 Erklärten Greise meine Geiselnahme für beendet.
In dieser Nacht, als man die Schleusen aufzog,
Ergoß ein Menschenstrom sich in den hellen Teil
Der Stadt, die eine Festung war seit dreißig Jahren,
Geschleift von einem falschen Wort im Protokoll.
15 Bevor die Eisentore widerriefen, hob die Menge
Den Bann auf, der hier alle Muskeln lähmte.
Mit offnem Mund am Straßenrand ein Offizier
Stand wie verrenkt, weil kein Befehl mehr lenkte,
Das Machtwort ausblieb wie seit Jahren nie.
20 Als gegen Morgen auf den Boulevards im Westen,
Nach Feuerwerk und Kreisverkehr und Tränen,
Das Freibier ausging, war das Glück vollkommen.
Bei einer Kreuzung stand verlassen, abgebrannt
Bis zu den Rädern, ein *Trabant*[2], und die Besitzer
25 Hatten den Autoschlüssel an den Baum gehängt.
Von ihren Kindern angetrieben, ganze Clans
Zogen durchs Zentrum, orientierungslos und still.
Die Ersten schliefen schon, sie lagen eingerollt
Vorm Kaufhaus selig unter den Vitrinen,
30 Auf teurem Pflaster träumend freien Grund.   ®

Pressekonferenz mit Günter Schabowski am 9. November 1989. Diese Konferenz, die über das Fernsehen live übertragen und von vielen Menschen gesehen wurde, wurde zum Auslöser für die Maueröffnung.

[1] **Augur:** römischer Beamter, der zu ergründen hatte, ob ein vom Staat geplantes Unternehmen den Göttern genehm sei; Verkünder des Götterwillens
[2] **Trabant:** ostdeutsches PKW-Modell, Synonym für „Auto"; bedeutet auch „der Begleiter, Gefolgsmann"

Volker Braun: Das Eigentum (1990)

Da bin ich noch: mein Land geht in den Westen.
KRIEG DEN HÜTTEN FRIEDE DEN PALÄSTEN[1].
Ich selber habe ihm den Tritt versetzt.
Es wirft sich weg und seine magre Zierde.
5 Dem Winter folgt der Sommer der Begierde.
Und ich kann *bleiben wo der Pfeffer wächst*.
Und unverständlich wird mein ganzer Text
Was ich niemals besaß, wird mir entrissen.
Was ich nicht lebte, werd ich ewig missen.
10 Die Hoffnung lag im Weg wie eine Falle.
Mein Eigentum, jetzt habt ihrs auf der Kralle.
Wann sag ich wieder *mein* und meine alle.   ®

[1] eigentlich: „Friede den Hütten! Krieg den Palästen!" nach Georg Büchners „Hessischem Landboten" (1834) (▶ S. 447 f.)

Sarah Kirsch: **Aus dem Haiku-Gebiet** (1991)

Das neue Jahr: Winde
Aus alten Zeiten
Machen mir Zahnweh.

Unter dem Himmel des
5 Neuen Jahrs gehen die
Alten Leute.

Wie der Schnee sie auch
Verklärt – meine Heimat
Sieht erbärmlich aus.

10 Den Mond über der Havel
Hatte Schalck[1] wohl
Zurückgelassen.

Heul, sag ich, heul! Der Hund
Hilft mir das Jahr
15 Zu Ende zu bringen.

Normannenstraße[2]: ich sehe
Den Leuten zu beim
Reinemachen fürs neue Jahr.

Das Jahr geht hin
20 Noch immer trage ich
Reisekleider.

[1] **Alexander Schalck-Golodkowski** (1932–2015): war Außenhandelsbeauftragter der DDR
[2] **Normannenstraße:** war Sitz des DDR-Ministeriums für Staatssicherheit

1 Setzen Sie die drei Gedichte mit dem Bild zur Maueröffnung (▶ S. 533) in Beziehung.
2 a Untersuchen Sie je Gedicht:
  - welche Perspektiven die jeweiligen lyrischen Sprecher/innen einnehmen,
  - welche Intention zum Ausdruck gebracht wird, z. B. *Klage, (Selbst-)Anklage, Hoffnung, Resignation, (politische) Botschaft, Zukunftsvision, ...*
  - wie diese Intention durch die sprachliche Gestaltung vermittelt ist, z. B. *durch Wahl der Metaphorik.*
b Ordnen Sie die Gedichte in Ihre Zeitleiste ein (▶ Aufgabe 2 b, S. 533).
3 **Referat/Facharbeit:** Untersuchen Sie, wie das Thema „Wende" in Gedichten ostdeutscher und westdeutscher Autorinnen und Autoren aufgegriffen und dargestellt wird.

Tendenzen in der Literatur – Zwischen Postmoderne und neuem Realismus

In zahlreichen Prosatexten ab Mitte der 1980er-Jahre werden Lebensgeschichten erzählt, deren zumeist junge Protagonisten auf der Suche nach ihrem Platz in der Gesellschaft, nach dem Sinn im Leben, nach ihrer Identität sind. Auffällig ist eine Hinwendung zum historisch-biografischen Schreiben.

Hans-Ulrich Treichel: **Der Verlorene** (1998) – Romanauszug

Die Romanhandlung spielt in den 1950er-Jahren in einer deutschen Kleinstadt. Im Mittelpunkt steht die verzweifelte Suche nach dem Bruder des etwa zehnjährigen Ich-Erzählers, Arnold, den seine Mutter im Osten auf der Flucht vor den Sowjets verloren hatte. Aus der Sicht des Bruders erscheint er als der „Untote", der die eigentliche Hauptrolle in der Familie spielt.

Der Vater kümmerte sich sieben Tage in der Woche um das Geschäft, und die Mutter half ihm sieben Tage in der Woche dabei. Eines Abends, der Vater war nicht „auf Tour" gewesen
5 und hatte den Tag mit Büroarbeiten verbracht, erlitt die Mutter einen Schwächeanfall und stürzte so unglücklich auf den Küchenboden, dass sie sich eine Schädelfraktur zuzog. Es dauerte viele Wochen, bis die Fraktur so weit verheilt war, dass die Mutter wieder ihren täglichen 10 Verrichtungen nachgehen konnte. Doch hatte sie ihre Zeit im Krankenhaus mit nichts anderem verbracht, als an die Vergangenheit zu denken, den Krieg, die Flucht und das Schreckliche, das ihr zugestoßen war. Wohl war der Schädel- 15 bruch verheilt, doch war die Mutter nach ihrer Entlassung aus dem Krankenhaus mehr denn je in sich versunken, schweigsam und still. Der Vater suchte sie aufzumuntern, er machte ihr Geschenke und überraschte sie damit, dass er 20 ihr einen Autokauf ankündigte. Er hatte, ohne es die Mutter oder mich wissen zu lassen, die schwarze Limousine mit den Haifischzähnen

verkauft und einen Wagen bestellt, den es bisher noch nicht gegeben hatte und bei dem es sich um einen so genannten Opel Admiral handelte. Mit dem Wagen beförderte er gewissermaßen sich selbst vom Kapitän zum Admiral, und er glaubte, auch die Familie damit auszeichnen zu können. Nun war der Wagen beim Händler eingetroffen, er musste nur noch bezahlt und abgeholt werden. Der Vater wollte den Wagen bar bezahlen. Auch das Fleisch, das er beim Bauern kaufte, bezahlte er bar, schließlich hatte er auch in Rakowiec, wenn er auf den Viehmarkt gegangen war, seine Geschäfte in bar abgewickelt. Barzahlung war Ehrensache und brachte einen auf handgreifliche Weise sowohl in den Besitz der Dinge, die man erwarb, als auch um das Geld, das man dafür opfern musste. Wäre es nach dem Vater gegangen, hätte er seine Geschäfte ausnahmslos in bar abgewickelt. Besonders bei der Lohnauszahlung hätte er es vorgezogen, den Fahrern am Monatsende ihren Lohn direkt aus einer Geldkassette in die Hand zu zählen, statt das Geld auf ein Konto zu überweisen.

Auch das Geld für den Admiral wollte der Vater dem Autohändler direkt in die Hand zählen. Es handelte sich um ein dickeres Bündel von Hundertmarkscheinen, das er am Tag vor dem Autokauf von der Bank geholt hatte. Er deponierte das Geld am Nachmittag in einer leeren Zigarrenkiste auf dem Küchentisch, und die schwermütige Mutter warf es am Abend, noch ehe der Vater einschreiten konnte, in den brennenden Küchenherd. Sie wolle keinen Admiral, sagte die Mutter. Sie wolle ihr Kind. Dann setzte sie sich an den Tisch und sagte nichts mehr; nur ihr Kopf zitterte wieder, wie er schon einmal gezittert hatte. Hätte ich die Untat begangen, der Vater hätte mich gewiss halbtot geprügelt. Die Mutter aber rührte er nicht an. Er schrie nicht einmal, sondern besann sich, griff nach der Brikettzange und holte so viele der brennenden Hundertmarkscheine aus dem Feuer, wie er nur greifen konnte. Einen Teil des Geldes konnte er retten, die Bank ersetzte ihm alle die Scheine, die nur bis zu einem gewissen Teil verbrannt und eindeutig zu identifizieren waren. Der Rest, ungefähr ein Drittel der Summe, war verloren, doch bewahrte er noch lange die Aschereste in einem Einmachglas auf.

Ich habe seit diesem Vorfall den Vater nie wieder mit der Mutter streiten hören. Und auch das verbrannte Geld wurde nie wieder erwähnt. Den Admiral kaufte er trotzdem. Doch am selben Tag, an dem der Wagen auf den Hof rollte und neben dem Kühlhaus geparkt wurde, verfasste er je ein Schreiben an das zuständige Jugendamt und an den Suchdienst des Roten Kreuzes, in dem er ein anthropologisch-erbbiologisches Abstammungsgutachten beantragte. Der Suchdienst unterstützte den Antrag, das zuständige Jugendamt aber wollte, wie es den Eltern schrieb, das Mündel mit der Kennziffer 2307 vor weiteren Enttäuschungen bewahren, schließlich sei mit ihm schon einmal ein anthropologisch-erbbiologisches Abstammungsgutachten durchgeführt worden, welches sich, wie schon gesagt, seelisch nicht gut auf den Jungen ausgewirkt habe. Speziell die im Rahmen des gutachterlichen Verfahrens vorgenommene Gegenüberstellung mit den möglichen Eltern habe ihn außerordentlich belastet. Inzwischen habe er sich aber, so das Jugendamt, mit seinem Schicksal abgefunden, und ein weiteres negatives Gutachten würde den Jungen nur erneut beunruhigen.

Der Vater schaltete einen Rechtsanwalt ein und erstritt auf gerichtlichem Wege das Recht, ein weiteres Gutachten machen zu lassen. Die Daten des Findelkindes 2307 lagen bereits vor, die Daten des Vaters, der Mutter und von mir mussten noch erhoben werden. Das Jugendamt vereinbarte einen Termin mit einem Dr. phil. et med. Freiherr von Liebstedt, Professor für Anthropologie und Erbbiologie an der Universität Heidelberg und Leiter des Gerichtsanthropologischen Laboratoriums, der das Gutachten erstellen sollte.

Seit der Untersuchungstermin den Eltern mitgeteilt worden war, besserte sich der Zustand der Mutter. Das Zittern des Kopfes verschwand, sie sprach wieder mehr und lachte sogar gelegentlich, sie freute sich auf die Reise nach Heidelberg, und sie freute sich nun auch über den Admiral, der uns dorthin bringen sollte.

Ich freute mich nicht auf die Reise. Auch der neue Wagen freute mich nicht, denn kaum saß ich in dem Wagen, verstärkten sich die Symptome meiner Reisekrankheit wieder. Schon der kürzeste Aufenthalt im Admiral bereitete mir Übelkeit, und wahrscheinlich lag dies an dem Geruch, der von der Innenausstattung des Wagens ausging. Der Admiral war gänzlich mit Kunststoff ausgestattet, die Sitze waren mit künstlichem Leder bezogen, die Türen und Armaturen mit grauem Kunststoff verkleidet, und selbst das Wagendach war von innen mit einer gepolsterten und gesteppten Kunststoffdecke bespannt. Sobald der Wagen rollte und sich die Maschine erwärmte, erwärmte sich auch der Innenraum des Wagens und löste einen süßlichen Geruch aus dem Kunststoff, gegen den sich meine Geruchs-, Geschmacks- und Magennerven so sehr sträubten, dass ich mich binnen kürzester Zeit zu übergeben drohte.

Der Vater hatte für meine körperlichen Reaktionen kein Verständnis, er empfand sie als Angriff gegen seine Person und als Undankbarkeit. Schließlich hatte er hart gearbeitet und für Wohlstand gesorgt, und zum Dank erbrach ich mich. Glücklicherweise hatte ich es bisher vermeiden können, mich direkt in den neuen Wagen zu erbrechen, fürchtete mich aber vor einer längeren Autobahnfahrt.

Da auch die Eltern fürchteten, dass ich eine Autobahnfahrt nicht durchstehen würde, versorgten sie mich mit Tabletten, mit deren Einnahme ich schon einige Tage vor der Reise beginnen musste. Anscheinend wirkten sie wie eine Schutzimpfung. Ich wurde gegen die Reise nach Heidelberg geimpft, und ich hatte das Gefühl, dass ich auch gegen Arnold geimpft wurde. Die Tabletten wirkten, und ich überstand die Fahrt, ohne mich ein einziges Mal übergeben zu müssen. Allerdings trat die Trigeminusneuralgie während der Reise wieder auf, sodass mein Gesicht des Öfteren von heftigen Schmerzattacken durchzuckt wurde, welche mir wiederum das krampfartige Grinsen aufnötigten, das den Vater schon früher geärgert hatte und ihn auch diesmal in Rage brachte. Wir erreichten darum in angespannter Atmosphäre die Stadt und bezogen auch sogleich, ohne etwas von Heidelberg gesehen zu haben, das Zimmer einer Privatpension ganz in der Nähe des Gerichtsanthropologischen Instituts.

1 a Beschreiben Sie die Familiensituation. Welchen Eindruck macht diese auf Sie?
b Arbeiten Sie die unterschiedlichen (traumatischen) Erlebnisse der Familienmitglieder heraus.
c Erläutern Sie den Satz: „[I]ch hatte das Gefühl, dass ich auch gegen Arnold geimpft wurde" (Z. 153 ff.).

2 Untersuchen Sie, inwiefern dieser Textauszug einer realistischen Schreibweise (▶ S. 459 ff.) folgt.

Daniel Kehlmann: **F** (2013) – Romanauszug

Der Roman „F" erzählt am Beispiel von drei Brüdern eine Geschichte von Wahrheit und Fälschung, Fakten und Fiktionen, Sein und Schein. Martin ist ein katholischer Priester, ohne an Gott zu glauben, Iwan ein Kunstkenner, der Bilder fälscht, und Eric ein betrügerischer Finanzberater. So spiegelt sich in den Biografien der Brüder eine Krise von Religion, Kultur und Wirtschaft. – Noch vor dem Einsetzen der Finanzkrise von 2007 spielt die folgende Szene, in der Eric verzweifelt versucht, seinem alten Kunden Adolf riskante Papiere aufzudrängen:

Wie auch immer, sagt er dann. Er wolle sein Vermögen neu aufstellen. „Adolf!" Ich schlage ihm so fest auf die Schulter, dass der Körper des Alten bebt. Für einen Moment verliere ich den Faden; das liegt wohl an seinen Augenbrauen. Bei so buschigen Brauen ist es kein Wunder, wenn man konfus wird. „Wir beide haben zusammen viel verdient. Und es wird mehr werden. Die Immobilienpreise steigen und steigen! Wer sich jetzt zurückzieht, wird es bedauern."
Wie auch immer, wiederholt er und reibt sich die Schulter. Seine Frau, er und sein Sohn hät-

ten gemeinsam beschlossen, die Assets neu zu streuen. Sein Sohn meine, das ganze System bewege sich auf einen Kollaps zu. Alle seien verschuldet. Kapital sei viel zu billig. Es könne nicht gut gehen.

„Assets[1] streuen?" Du weißt doch nicht mal, was das heißt!" Nein, jetzt bin ich zu weit gegangen. „Ich meine, natürlich weißt du das, aber es klingt nicht nach dir, das sind nicht deine Worte, das ist nicht der Adolf, den ich kenne." Sein Sohn, sagt er, habe gerade seinen MBA gemacht, und –

„Adolf! Die Universität ist eine Sache, aber die Wirklichkeit …!" Was soll denn das, was mischt dieser Sohn sich ein! Ich schweige kurz, dann hole ich Luft und rede lange. Es kommt nicht darauf an, was ich sage, Klüssen versteht wenig und merkt noch weniger. Es kommt darauf an, dass gesprochen wird, ohne Unterbrechung und Zaudern, es kommt darauf an, dass er meine Stimme hört und einsieht, dass er es mit einer größeren Kraft zu tun hat als der seinen und mit einem Intellekt, dem er nicht gewachsen ist. Bald werde ich so vor Gericht sprechen müssen. Mein Anwalt wird mir raten, keine Aussage zu machen, das raten sie immer. Sie haben Angst, man verwickelt sich in Widersprüche. Womöglich werde ich mich dann von meinem Anwalt trennen müssen, was mitten im Verfahren einen schauderhaften Eindruck machen wird. Vielleicht ist es besser, ich verteidige mich gleich selbst. Aber Leute, die sich selbst verteidigen, hält man für Narren, ein respektabler Angeklagter muss auch einen teuren Verteidiger haben, einen pompösen, raumgreifenden Menschen. Daran führt kein Weg vorbei. Aber das Aussagen lasse ich mir nicht nehmen.

„Wieso?", fragt Klüssen. „Bitte?" „Wo willst du aussagen?" Er sieht mich an, ich sehe ihn an. Es kann nicht sein, dass ich das laut gesagt habe, es muss ein Missverständnis sein. Also mache ich eine wegwerfende Handbewegung und spreche weiter: von Derivaten[2] und Derivaten zweiter Ordnung, von unterbewerteten Immobilienfonds, von Risikostreuung und statistischer Arbitrage[3]. Ich zitiere die Fachzeitschrift *Econometrica*, von der ich ein einziges Exemplar besitze, erwähne Spieltheorie und Nash-Gleichgewicht[4] und unterlasse auch nicht die Andeutung, dass ich Verbindungen zu Leuten in Spitzenpositionen unterhalte, die mir Insiderinformationen geben – am Rand der Legalität, aber sehr profitabel.

Schließlich verstumme ich. Man muss einem Gegner die Möglichkeit geben, sich zu besinnen. Er muss zu sich kommen und begreifen können, dass er verloren hat. Ich falte die Hände, beuge mich vor und sehe ihm in die Augen. Er holt ein Taschentuch hervor und putzt sich umständlich die Nase. „Handschlag, Adolf!" Ich strecke die Hand aus. „Ein Mann, ein Wort, wir machen zusammen weiter. Ja?" Er sei verwirrt, sagt er. „Handschlag!" Er sei verwirrt. Mit meiner Linken fasse ich seinen rechten Arm und versuche, seine Hand in meine zu legen. Er widersteht. Ich ziehe, er widersteht weiterhin, er ist überraschend stark. Er müsse nachdenken, sagt er. Er werde mit seinem Sohn sprechen, er werde mir einen Brief schreiben. „Denke nur nach!", rufe ich mit belegter Stimme. „Solange du willst! Nachdenken ist wichtig." Nun schütteln wir einander doch die Hände, aber nicht zur Besiegelung unserer Geschäftsbeziehung, sondern zum Abschied.

[1] **Assets:** Vermögen
[2] **Derivate:** Finanzinstrument, das Preisschwankungen nachvollzieht
[3] **Arbitrage:** Kursunterschiede im Börsengeschäft
[4] **Nash-Gleichgewicht:** Begriff aus der Spieltheorie

1 a Beschreiben Sie das Gespräch zwischen dem Ich-Erzähler Eric und seinem Kunden Adolf Klüssen. Welche Ziele verfolgen die beiden? Wie versucht Eric, seinen Kunden zu überzeugen?
  b Fassen Sie in einem Satz zusammen, wie das Gespräch für Eric ausgeht.
2 Belegen Sie am Text, dass Eric verzweifelt ist und sich kaum noch kontrollieren kann. Achten Sie auf Inhalt, Sprache und Erzählweise, z. B. den inneren Monolog.
3 Recherchieren Sie, ausgehend von dem Stichwort „Lehman Brothers", wie es 2007/2008 zu einer Finanzkrise mit globalen Auswirkungen kam.

Juli Zeh: Spieltrieb (2004) – Romanauszug

Seit Kurzem umgab ein Bauzaun das Gelände der Villa Kahn. Der neue Hausherr hatte als Schüler selbst in den Gewölben und auf den Zinnen des seltsamen Schlösschens das Kiffen und Küssen erlernt und hielt deshalb bis zum Aufmarsch der ersten Baufahrzeuge ein Loch in der Absperrung offen, durch das die jungen Gäste weiterhin Einlass in sein Grundstück fanden.

Sie sprangen durch ein Kellerfenster ins Haus. Drinnen war alles wie immer. Die Mauern atmeten einen Dunst wie von schlechten Zähnen und Verdauungsstörungen, wenig Licht fiel durch die Schächte unter der gewölbten Decke herein. In den Wänden waren auf Hüfthöhe starke Eisenringe angebracht, von denen niemand wissen wollte, was einst an ihnen befestigt gewesen war. Alev hob ein paar zerknüllte Taschentücher und Bierflaschen auf und räumte sie in eine Ecke. Er war ein Anhänger des selbst verwalteten Chaos. Wie im Inneren eines Schneckenhauses stiegen sie die eng gewundene Wendeltreppe zum Turm hinauf. Oben zwang der Wind sie dicht zusammengekauert in einen Winkel. Die Brüstung war an einigen Stellen heruntergebrochen und gab den Blick frei auf den trägen Fluss in seinem Nachthemd aus Lichtern. Wegen der guten Akustik im Rheintal drang der schnelle Herzschlag der Dampfer in voller Lautstärke herauf.

„Wenn du weitermachen willst, musst du umdenken", sagte Alev, während er die Hüfte vom Boden hochstemmte, um in seinen Hosentaschen zu kramen. Er förderte einen Tabaksbeutel und ein Filmdöschen mit grünem Deckel zu Tage. „Das Nichts ist eine Bedrohung, der Verstand lernt schnell, es vor sich selbst zu verstecken. Du musst lernen, es freizulegen."

„Moment mal. Weitermachen womit?" „Auf diese Frage habe ich noch immer keine Antwort. Einstweilen spielt es auch keine Rolle. Willst du oder nicht?"

Es klang, als ob er Ada auffordern wollte, eine obligatorische Mutprobe abzulegen, um Mitglied in einer Bande zu werden. Dass sie lächeln musste, konnte er nicht sehen, weil er den Blick beim Sprechen auf die kleine Baustelle zwischen seinen Knien gerichtet hielt, auf der seine Finger drei Zigarettenpapiere pyramidenförmig miteinander verklebten. Konzentriert wie beim Entschärfen einer Bombe sah er sich selbst bei der Arbeit zu.

„Ja, ich will. Sag mir, wie man etwas freilegt, das nicht vorhanden ist."

„Durch Gedankenspiele. Stell dir eine Leiche vor."

Ada strengte sich an und erschuf einen Toten, der gleich am Ende ihrer ausgestreckten Beine auf dem Steinboden lag. Der Mann war Mitte vierzig und nur mit einer Unterhose bekleidet. Er war mit schwarzen Flecken gescheckt wie eine Kuh und musste schon lange dort liegen. Die Kälte hatte die Aufgabe der Totenstarre übernommen. Beim bloßen Betrachten war die Steifheit seiner Glieder zu spüren, die sich nicht mehr biegen, sondern nur noch brechen ließen.

„Was empfindest du?", fragte Alev.

„Ekel und Faszination."

„Das ist eine Reaktion der Instinkte. Jedes Tier schreckt vor toten Artgenossen zurück. Jetzt stell dir vor, das sei dein Stiefvater."

„Hab ich schon."

Alevs Lachen kam von den Mauern zurück. Während er das dreiblättrige Papier mit der Zunge befeuchtete und samt Inhalt zur Form einer kleinen Schultüte rollte, betrachtete er Ada mit nach oben gedrehten Augen wie ein Tier, das aus einer Pfütze trinkt. Für gewöhnlich mied sie den Anblick seiner Zungenspitze, die über den Kleberand des Blättchens fuhr. Er brachte sie aus dem Gleichgewicht. Als die überdimensionierte Zigarette brannte, bot Alev ihr an. Es schmeckte nach Waldboden, vor lauter Würzigkeit ließ sich nicht beurteilen, was alles darin herumgekrochen war.

„Siehst du!" Alevs Augen röteten sich nach wenigen Zügen, während Ada überhaupt nichts spürte. „Es gibt Menschen, für die das Grauen einer Beerdigung darin besteht, dass sie nicht im Stande sind, etwas zu empfinden. Sie erschrecken zu Tode vor dieser Leerstelle, sie schämen sich, und ihre Verwirrung wird von den Angehörigen als natürlicher Ausdruck des Verlustschmerzes missverstanden. Man spricht ihnen das herzlichste Beileid aus. Sie tragen *Nothing* in sich."

„Und das sind alles Teufel?"

„Nein. Aber ihnen wurde beigebracht, dass das, was sie da fühlen, oder besser, nicht fühlen, böse sei."

Alev nahm noch ein paar schnelle Züge und drückte die Zigarette aus. Als er zurück gegen die Schlossmauer sank, legte Ada den Kopf auf seinen Oberschenkel und eine Hand am Hosenbund über sein Geschlecht, von dem sie wusste, dass er es auf der linken Seite trug.

„Und wenn sie es nutzten", fragte sie versonnen, „wären sie Mörder, Räuber und Vergewaltiger?"

„Möglich, aber nicht notwendig", nuschelte Alev. „Ein Mord kann ebenso viele Gründe haben wie ein Akt der Güte, und ebenso wie jener kann er grundlos geschehen. Diese Menschen wären vor allem eins." Er gähnte, was nicht zu seiner enthusiastischen Art des Sprechens passte. „Sie wären Spieler." Seine Rede wurde langsam und schwerfällig wie bei einem Betrunkenen, der Verstand aber spazierte leichtfüßig auf verschlungenen Wegen, die keine gerade Verbindung zwischen zwei Punkten zogen und dennoch verblüffend schnell zu den anvisierten Zielen führten. Ada las von seinen Lippen und verstand ihn wie eine Mutter ihr sprachgestörtes Kind. Nur im Spiel sei dem Menschen echte Freiheit möglich. Das Spielen verpflichte zur Gleichheit, da allen Spielern dieselben Voraussetzungen eingeräumt würden, und verwirkliche außerdem den Gedanken der Rechtssicherheit, weil ein Spiel nur innerhalb der eigenen Regeln stattfinden könne. „Freiheit, Gleichheit, Rechtssicherheit", lallte Alev. „Das Spiel ist der Inbegriff demokratischer Lebensart. Es ist die letzte uns verbliebene Seinsform. Der Spieltrieb ersetzt die Religiosität, beherrscht die Börse, die Politik, die Gerichtssäle, die Pressewelt, und er ist es, der uns seit Gottes Tod mental am Leben erhält."

„Das also bist du", sagte Ada auf Alevs Oberschenkel. „Spieler."

Mit den letzten Sätzen war Alevs Kraft zu Ende gegangen, er antwortete nicht mehr und hing mit offenen Augen Gedanken und Träumen nach, die er nicht im Gedächtnis behalten würde und die deshalb nur für die jeweilige Sekunde bestimmt waren. Ada strich ihm mit der flachen Hand über die Stirn, ganz leicht, als sollte er es nicht bemerken. Ab diesem Moment gehörten seine Nase, sein Mund, sein Körper, der Geruch seines Scheitels und die Wärme seiner Handflächen für eine Stunde ihr allein.

1 Erläutern Sie, wie Alev einen „Spieler" definiert, und stellen Sie einen Bezug zum Romantitel her.
2 Sprechen Sie darüber, inwieweit Sie gern einen „Spieler" als Freund hätten.
3 Beziehen Sie die folgende Information auf die Auszüge von „F" und „Spieltrieb" (▶ S. 537–540).

Information Postmoderne

Der Begriff **Postmoderne** bezeichnet den Zustand der abendländischen Gesellschaft, Kultur und Kunst **„nach" der Moderne**. Überlieferte religiös-weltanschauliche Orientierungsrahmen, die dem Einzelnen einen festen Halt geben konnten, entfallen. Auch das Subjekt (Geist und Körper) wird als feste Größe in Frage gestellt. Alles – Weltanschauungen, Geschichte, Literatur und Subjekt – darf in der Postmoderne als Spiel-Material verwendet werden und verliert oder verändert damit seine ursprüngliche Bedeutung. Kennzeichnend für die Literatur ist entsprechend der Wegfall von Grenzen, oder anders ausgedrückt: das Mischen von Erzählmodellen, Stilebenen und Genres. Auch die Literatur selbst thematisiert sich als ein Spiel mit der Fiktionalität.

Zweisprachige Schriftsteller/innen – Schreiben in Deutschland

Seit vielen Jahren publizieren Schriftsteller/innen in der Bundesrepublik, deren Muttersprache nicht Deutsch ist oder die in Familien mit einer Migrationsgeschichte zweisprachig aufgewachsen sind. Die Erfahrungen mit der zweiten fremden Sprache und dem neuen Land sind oft Thema ihrer Texte.

Rafik Schami: **Sieben Doppelgänger** (1999)

[...] Ich hatte als Student nie Zeit und Geld für Reisen, und daher lernte ich Deutschland durch meine Tourneen so intensiv kennen, dass ich das Land bald besser als viele Deutsche kannte. Aber Reisen ist bei aller Belastung auch ein Abenteuer.
Am Anfang, als ich noch jung war, ließ ich mich auf jedes Abenteuer ein. Doch die geselligen, erotischen, geistigen und abenteuerlichen Begegnungen waren Oasen in einer Wüste der Einsamkeit. Wie oft erlebte ich eine verregnete Nacht allein auf der Straße, die Lesung und der Beifall lagen nicht einmal eine Stunde zurück, und ich streifte einsam durch die Fremde. Zu viel Verehrung hindert das Publikum häufig, mit dem Gast Kontakt aufzunehmen. Der arme Teufel aber langweilt sich dann auf irgendeinem Empfang oder hockt am Ende der Nacht in einer Ecke seines Hotelzimmers und liest, sieht fern. Oft war mein Herz eine Wüste, ein nächtlicher Himmel ohne Mond und Sterne. Wie oft stand ich an der Tür eines Lesesaals, draußen regnete es, die Traube der Zuhörerinnen löste sich in der Dunkelheit auf, und der Buchhändler ließ mich für einen Augenblick allein, um die Bücherkartons in seinem Wagen zu verstauen. In der Ferne hörte ich den Anlasser eines Autos, und ein Lachen wurde von der Kurve verschluckt. Paare gingen Hand in Hand davon, und die Schöne, die sich mir die ganze Zeit gewidmet hatte, wurde von ihrem Ehemann am Eingang abgeholt. Schnell drückte sie mir die Hand: „Ich rufe dich an", flüsterte sie und stieg in einen schweren Wagen. Ich hätte ihr viele Zitate von Woody Allen nachschicken können, aber was hätte es gebracht? [...]
Und all diese Abenteuer sollte und wollte ich nun freiwillig aufgeben? Ja, es musste sein. Und es gab noch einen anderen Grund, der mich in meinem Entschluss bestärkte: meine Unfähigkeit, Nein zu sagen. Hätte ich mir die Fähigkeit erworben, bei Anfragen, die mein Limit von fünfzig Vorträgen überschritten, konsequent Nein zu sagen, so hätte ich mir meine jetzige Misere erspart. Mein Nein, dieses faule Ferkel, das sich mit Mühe aus dem Hirn bis zum Mund schleppte, räkelte sich oft auf meiner weichen Zunge und wollte nicht mehr in die Kälte hinaus.
Nun war ich nach so vielen Jahren in einen See der Bewunderung geraten, und die Wellen schlugen immer höher, ich konnte sie kaum noch aushalten. Deshalb erschien mir die Idee der Doppelgänger wie ein Rettungsseil. Mit den Doppelgängern konnte ich alle bedienen. Von den Mitarbeitern würde außer einem guten Gedächtnis und Selbstdisziplin auch wirklich nicht viel verlangt. Dafür würden sie mit bester Bezahlung belohnt. Ja, ich war bereit, so viel in ihre Schulung zu investieren und so großzügig wie möglich zu sein, dass sie sich bei ihrer Arbeit nicht nur wohl fühlen, sondern immer besser werden sollten. Und auch wenn ich am Ende dabei nichts verdienen würde, so hätte ich doch einen unendlichen Gewinn, der von keinem Finanzamt verringert werden kann: die Sympathie meiner Leserschaft.
Bis heute werde ich jene Nacht in dem Karlsruher Hotel nicht vergessen. Als ich dort ankam, war ich völlig nüchtern. Als hätte ich nicht mindestens anderthalb Liter Wein getrunken. Ich war aufgedreht und konnte lange nicht schlafen. Ich setzte mich hin und schrieb auf, wie ich alles organisieren würde.
Dieses Heft mit dem Titel *Doppelgänger* besitze ich noch heute. Es liegt jetzt vor mir. Auf der ersten Seite steht: Doppelgänger aussuchen, die mir so ähnlich wie möglich sehen. Aufteilen der

Bundesrepublik, Österreichs und der Schweiz in Reisegebiete. Harte Schulung der Kandidaten und nur die besten unter ihnen nehmen. Alles selbst zentral verwalten. Ich muss mich mit allen technischen Möglichkeiten (Computer, Telefax, Handy) ausrüsten, sodass die Kommunikation vom Büro aus zu jeder Zeit funktioniert und ich immer genauestens die Kontrolle über die Finanzen habe. Von Steuerberater und Anwalt einen Vertrag ausfertigen lassen, der mich schützt. Keine Halbheiten akzeptieren und lieber mit wenigen perfekten Doppelgängern als mit vielen Dilettanten arbeiten. Sie müssen nicht nur perfekt arbeiten, sondern auch eine gute Erinnerung hinterlassen. Dafür werden sie majestätisch bezahlt und dürfen den schönsten Beruf ausüben, den man sich vorstellen kann. Alles korrekt gegenüber dem Finanzamt halten. Hier wäre eine Nachlässigkeit ärgerlich. Mache dir selber alles klar und überwinde deine eigenen Hemmungen. Die Männer, die dich spielen, sind Spiegelbilder, die du ganz genau dirigieren musst. Du musst ihnen klarmachen, dass ihnen das Geld nicht geschenkt wird. Eine einzige Schweinerei gegenüber einem Buchhändler oder dem Publikum und er fliegt raus. [...]

1 Angenommen, Sie würden nach dem Besuch einer Lesung erfahren, Sie hätten es mit einem Doppelgänger des Vortragenden zu tun gehabt. Verfassen Sie dazu in Partnerarbeit eine Erzählung.
2 Begründen Sie, worin Ihres Erachtens die Bedeutung des Doppelgänger-Motivs in Schamis Text liegt.
3 Stellen Sie weitere Texte mit einem Doppelgänger-Motiv vor, z. B. E. T. A. Hoffmanns „Die Elixiere des Teufels" oder O. Wildes „Das Bildnis des Dorian Gray".

Feridun Zaimoglu: **Leyla** (2006) – Romanende

Leyla wächst mit ihren Schwestern und Brüdern in der Türkei auf. Früh wird sie verheiratet. Ihr Mann Metin, den sie stets „den Schönen" nennt, geht nach Deutschland, um dort zu lernen, wie man Leder färbt. Leyla bekommt zu Hause das erste gemeinsame Kind, einen Sohn, wird kurz darauf ein zweites Mal schwanger und treibt ab. Sie lebt mit ihrem „Sohn", einen Namen soll er erst in Deutschland bekommen, unter einem Dach mit Metins Vater, Schafak Bey. Metin schickt Geld aus Deutschland und kommt zwischendurch zu Besuch. Schließlich will er die Familie zu sich holen. Schafak Bey fühlt sich zu alt für die Fremde. Leyla, ihr „Sohn" und ihre Mutter, deren Mann Halid kurz vorher verstorben ist, treten die Reise gemeinsam an. Der Roman endet mit ihrer Zugreise nach Deutschland.

Schafak Bey, Djengis, Tolga und auch die Großtante begleiten uns zum Istanbuler Hauptbahnhof, sie sprechen mich gelegentlich an, doch ich sehe durch sie hindurch, als seien sie Gespenster. Mein bisheriges Leben steckt in zwei Koffern, denke ich, nicht viel, um vor anderen Menschen bestehen zu können. Ich öffne das Zugfenster, Djengis ergreift meine freie Hand. Geh dort nicht verloren, sagt er. Ich werde auf uns alle aufpassen, sage ich, wir stehen alle unter Gottes Schutz. [...]
Der Reiseproviant geht uns am zweiten Tag aus, ich traue mich nicht, die Passagiere in den anderen Abteilen um Brot und Käse zu fragen. Ich übergebe meiner Mutter das Kind und mache mich auf die Suche nach dem Schaffner. Doch ich kann ihn nicht finden, bestimmt hat er sich zu einer seiner vielen Mittagspausen zurückgezogen. Auf dem Weg zum Abteil bleibt der Zug auf der freien Strecke stehen, ich schaue hinaus und sehe nur weites verdorrtes Land. Der Schaffner tritt aus einem Abteil hinaus, er kaut noch an dem großen Bissen in seinem Mund. Herr, ich brauche heißes Wasser für die Babynahrung, sage ich, und außerdem haben meine Mutter und ich nichts mehr zu essen. Er hört schlagartig auf zu kauen, starrt mich nur kurz an, tritt wieder in das Abteil, in dem sein Schaffnerkollege an einem kleinen Tisch mit

Brot, Käse und Oliven sitzt. Er erklärt ihm, dass „die Dame und ihre Mutter" am Verhungern seien, der zweite Schaffner steht sofort auf und packt eine Papiertüte voll, die mit Hackfleisch gefüllten Auberginen und Paprikaschoten müsse ich auch unbedingt probieren. Der Heizkessel sei defekt, ich müsse wegen des heißen Wassers leider etwas warten.

Meine Mutter wartet ab, bis ich das Essen in zweieinviertel Portionen teile, sie brockt den salzigen Käse in das Brot und beißt hinein, eine Tasse Tee würde ihre Laune heben, aber wir müssen geduldig sein, wie wir immer Geduld aufbringen mussten, um einen Brocken dessen zu bekommen, das wir uns gewünscht hatten. Ich bette meinen Sohn in meine linke Achselhöhle, meine Körperwärme soll auf ihn übergehen, ich reinige sein Gesicht, traue mich aber wegen der Kälte im Abteil nicht, sein Leibchen und seine Hose zu wechseln. Plötzlich muss ich auflachen, meine Mutter schaut mich verwundert an. Mein Gott, sind wir naiv, sage ich, wir haben unsere Festtagskleider angezogen. Ich bin beim Friseur gewesen und habe mich geschminkt. Wir haben gedacht, es gehe auf eine kurze Reise. Jetzt sehen wir aus wie zwei zerrupfte Raben. Du wirst langsam irre, sagt meine Mutter. Ich habe wirklich geglaubt, dass der Zug uns sehr schnell hinbringen wird, ich zeige meinen Pass vor und entsteige dem Zug mit dem Kind, so schön und so gepflegt wie beim Einstieg. Du wusstest doch, dass wir drei Tage und drei Nächte fahren. Ja, sage ich, ich habe gehofft, dass es schnell geht. Wir sind da, wenn wir da sind, sagt sie und starrt aus dem Fenster.

Sie ist diesem Leben entrückt, meine Mutter, meiner schönen Mutter Seele verfängt sich in ihren Träumen, ein unheimlich feiner Schleier hat sich auf ihre Augen gelegt. Bereust du deine Entscheidung?, frage ich. Erst habe ich mein Leben einem Mann geopfert, sagt sie, jetzt schenke ich mein Leben meinem Enkelkind. Und die Söhne, die du zurückgelassen hast? Ich werde sie vermissen, sagt sie, genauso, wie ich den Duft der regengetränkten Erde vermissen werde ... Dafür sehe ich meine Töchter wieder.

Bist du froh, dass ... du ihn losgeworden bist? Wirst du froh sein, wenn du mich loswirst?, fragt sie zurück. Kümmere dich um deinen Sohn. Ich schließe die Augen, lehne meinen Kopf gegen die harte Sitzstütze, mein Kind ist in meiner Achselhöhle eingeschlafen. Ich bin unendlich müde. [...] und endlich fährt der Zug im Bahnhof der deutschen Stadt ein. Die Schienenstränge ordnen sich zu geraden Linien, auf den Bahnsteigen verharren die Menschen reglos wie Statuen.

Ist das Deutschland?, frage ich mit leiser Stimme. Meine Mutter starrt eine Weile hinaus und sagt: Deutschland ist außerhalb des Bahnhofs. Als die Türen schließlich aufgehen, lasse ich vor Angst meiner Mutter den Vortritt, der Schaffner reicht uns die Koffer herunter, und dann stehen wir auf dem kleinen Fleck deutsches Land, die Menschen um uns herum zerren und schleppen an ihren Mitbringseln, ich erblicke die Frauen, die uns aus sicherer Entfernung mustern, sie scheinen in tiefe Gedanken versunken zu sein. Plötzlich steht der Schöne vor mir, nimmt mir das Kind ab und drückt es an seine Brust. Endlich seid ihr da, ruft er aus, dem Herrn sei Dank. Die Heizung war defekt, und wir sind halb erfroren, sage ich und schäme mich sofort meiner Worte, und um die Verlegenheit zu übergehen, umarme ich meinen Mann, der mich am Ohrläppchen fasst, und jetzt schäme ich mich wegen meiner Mutter, das gehört sich nicht in ihrer Gegenwart. Der Schöne küsst ihre Hand und führt sie an die Stirn. Ich habe Hunger, mein Sohn, sagt sie. Natürlich, ich besorge uns sofort heiße Suppe, sagt der Schöne, wir haben ja noch eine lange Zugfahrt vor uns. Was?, sage ich. Ich dachte, wir sind schon angekommen. Das seid ihr auch, aber in München. Es geht weiter nach Berlin. Das dauert zehn Stunden. Bewegt euch nicht vom Fleck, ermahnt er uns und verschwindet in der Menschenmenge.

Ich bin so unendlich müde, mein Sohn fängt an zu weinen, er ist das Geschrei nicht gewöhnt. Mir fallen die Frauen auf, die ohne männliche Begleitung in der großen Bahnhofshalle unterwegs sind, sie schreiten auf hohen Absätzen voran, als kennten sie ihr Ziel genau. Ich bewundere ihren blassen Teint, ihre zu Turmfrisuren hochgesteckten Haare, ihre Halstücher in schreiend bunten Farben. Sie gehen an den Männern achtlos vorbei, die Männer schauen ihnen nicht nach. Der Schöne kommt zurück und verteilt deutsche Kekse an uns, heiße Suppe sei ausgegangen, sagt er [...].

Sind wir so weit?, sagt mein Mann. Ja, sage ich und umfasse den Koffergriff, wir können weiterfahren. Ich will dieses Land lieben, weil es vermisst werden will. Ich werde den Wolf streicheln, und er wird vielleicht die Hand nicht beißen, die ihm über das Rückenfell fährt.

1 Erläutern Sie, mit welchen Erinnerungen, Befürchtungen, Hoffnungen, Wünschen Leyla nach Deutschland fährt. Belegen Sie Ihre Aussagen am Text.
2 Die Ankunft ist mit ersten Eindrücken von Deutschland verbunden. Was wird wahrgenommen?
3 Deuten Sie die beiden letzten Sätze des Romans.

Literaturgeschichte im 21. Jahrhundert – Wohin steuert die Literatur?

Der Literaturtheoretiker und Romancier Dieter Wellershoff (*1925) beschäftigt sich in seinen Frankfurter Poetik-Vorlesungen (1995/96) mit der existenziellen Dimension eines literarischen Textes. Poetik, die Lehre von der Dichtkunst, handle nach Wellershoff nicht nur von der Erschaffung eines literarischen Werkes, sondern zugleich von unserer Selbsterschaffung, Selbstverwirklichung, Selbsterkenntnis und von der Erschaffung der Welt. Auf der Bühne des Textes würden Leben und Welt mit dem ganzen Spielraum ihrer Möglichkeiten, Spannungen und Differenzen inszeniert.

Dieter Wellershoff: Das Schimmern der Schlangenhaut – Zufall, Mehrdeutigkeit, Transzendenz (1996)

Am Ursprung unseres Lebens wird Lotterie gespielt. Wir werden gezeugt und geboren als Ergebnis einer unabsehbaren, von Zufällen oder fremden Randbedingungen durchwirkten Vorgeschichte, die in allen Verzweigungspunkten anders hätte verlaufen können, bevor das hoch Unwahrscheinliche geschah, dass unsere Eltern zusammenfanden und wir gezeugt und geboren wurden. Wir, das Ende einer unabsehbaren Zufallskette, hätten also eher nicht sein können oder, wegen der Variationsbreite des genetischen Potenzials der Eltern, ein anderer werden können, wie ein Blick auf die Geschwister zeigt. So ist der Anfang unseres individuellen Lebens das Fremdeste und Unwahrscheinlichste, was geschehen ist. Wir haben uns nicht selbst gewählt, nicht selbst gemacht, sondern sind ein blinder Wurf des blinden Lebensprozesses, der mit ungeheurer Streubreite immer neue, anders gemischte, individuelle Lebenspotenziale hervorbringt, die sich auf den zeitlich begrenzten Weg durch das widerständige, unüberschaubare Terrain der Realität machen, um im Austausch und in der Auseinandersetzung mit der umgebenden Lebenswelt die eigenen Möglichkeiten zu entfalten. In dem Maße, wie der Organismus sich selbst als Individuum begreift und sein Leben zu steuern und zu gestalten beginnt, wechselt das Lebensspiel sein Modell. Aus der Lotterie wird das Kartenspiel. Jeder Spieler bekommt blind gemischte Karten in die Hand, die im Extremfall Glück und Unglück, Leben und Tod bedeuten und dazwischen eine weite Skala verschiedener Möglichkeiten andeuten. Er muss versuchen, aus dieser Zufallsmischung sein eigenes Muster zu machen, indem er schaut, was zusammenpasst und einen Ansatz von Sinn ergibt. Er muss diesen Sinn verstärken, indem er unpassende Karten ablegt, um neue, bessere in die Hand zu bekommen. Das kann natürlich ständig durchkreuzt werden, indem er erneut unbrauchbare, störende Karten aus dem verdeckten Stapel zieht. Vielleicht aber hat er auch Glück und zieht einen Joker, der neue, überraschende Kombinationen möglich macht, durch die bisher unlösbare Probleme lösbar werden. Ich will die Analogie von Kartenspiel und menschlichem Leben nicht überzeichnen. Doch das Modell veranschaulicht am Beispiel der blind gemischten und zufällig gezogenen Karten die Komplexität des Lebens und die Unvorhersehbarkeit seiner Möglichkeiten und macht zugleich die Notwendigkeit deutlich, im Rahmen eines Entwurfs, eines Wunschtraums, eines Lebensplans unter verschiedenen Möglichkeiten zu wählen. Die Unentrinnbarkeit dieses Zwangs ist begründet in der Tatsache, dass man nur ein Leben hat [...]. Der Gedanke, dass unser einmaliges Leben umgeben ist von einem Hof unverwirklichter, vielleicht auch versäumter, nicht erkannter Möglichkeiten, wird alltäglicherweise durch den Vorrang der Nähe und die normative Kraft des Faktischen verdrängt. Doch wenn das Gefüge unserer Anpassung sich lockert oder ins Wanken gerät, kann dem seiner Evidenzen beraubten Blick das Leben außen und innen als etwas unheimlich Komplexes und Bedrohliches erscheinen und die eigene Lage als so prekär, als überquere man auf einem ausgespannten Seil einen Abgrund und müsse strikt geradeaus blicken, um nicht zu straucheln. Was sich in diesen labilen Augenblicken in der aufgedeckten Tiefe zeigt, möchte ich „das Schimmern der Schlangenhaut" nennen. Mythologisch gesehen ist die Schlange, die das Göttliche und das Dämonische, das Leben und den Tod bedeutet, ein Phänomen des Hell-Dunkels und der unheimlichen Gleichzeitigkeit von Verführung und tödlicher Bedrohlichkeit. Lange Zeit hat der kontrastreich gezeichnete Leib, unsichtbar für unser Auge, im Halbschatten oder Halblicht gelegen. Dann auf einmal, lautlos hervorkriechend, zeigt er sich uns in seiner zweideutigen Schönheit. Dieses lautlose und unerwartete Auftauchen einer verborgenen Gefahr ist ein Bild für Lebensaugenblicke, in denen Menschen erkennen, dass sie ein Problem haben, unabweisbar und nicht absehbar in seinen Konsequenzen. Das sind die Augenblicke, in denen Spannung auftritt, weil ein Lebensmuster vor seiner Revision oder vor seinem Zusammenbruch steht. Es hat sich vielleicht lange abgedichtet gegen einen dunklen exterritorialen Bereich verdrängter Motive, verleugneter Erkenntnisse, der nun einbricht in das gewohnte, möglicherweise schon ängstlich gehütete Gehege. Solche destabilisierenden Augenblicke oder Situationen können sich, auch wenn sie zunächst harmlos erscheinen, rasch zu Krisen und Katastrophen auswachsen und sind deshalb hervorragende literarische Expositionen.

1
a Gliedern Sie den Textausschnitt aus Wellershoffs Vorlesung, formulieren Sie zusammenfassende Zwischenüberschriften. Vergleichen Sie Ihre Arbeitsergebnisse im Kurs.
b Erläutern Sie die Metaphorik des Kartenspiels (vgl. Z. 30 ff.), wie sie hier verwendet wird.
c Umschreiben Sie mit eigenen Worten das Bild vom „Schimmern der Schlangenhaut" (Z. 74 ff.).

2 Inwieweit lassen sich diese Metaphern auf die literarischen Texte in diesem Kapitel beziehen?

Thomas Kraft: 13 Thesen zur Gegenwartsliteratur (2008)

1 Von den Rändern kommt die Erneuerung. Europa wächst weiter zusammen, so scheint es zumindest, und Menschen und Geschichten machen nicht vor Grenzen halt.

2 Die Pop-Literatur ist mittlerweile ebenso tot wie die Avantgarde, Pop ein inflationär gebrauchter Begriff für viele allzu anspruchslose Texte, in denen es irgendwie um Musik, Partys und ein bisschen Lebensgefühl geht.

3 Die experimentellen Dichter leben in ihren Klüngeln in Köln und Wien und freuen sich über jeden Feuilleton-Artikel, ihre Bücher existieren quasi unter Ausschluss der kaufenden und lesenden Öffentlichkeit.

4 Selbstreferenzielle und hermetische Literatur hat keine Chance mehr; die Leser erwarten sich realistische, gesellschaftsbezogene, irgendwie „authentisch" erscheinende Literatur.

5 Niemand wartet mittlerweile mehr auf den großen Berlin-Roman oder gar auf den lange und nachhaltig geforderten „Roman der Einheit", das hat sich alles längst erledigt.

6 Die großen Visionen sind verloren gegangen, das (erzählende) Subjekt fühlt sich etwas orientierungslos, da blickt man in der Not gerne zurück, entweder in die eigene Kindheit und die Zeit des Erwachsenwerdens und reanimiert den guten alten Familienroman. Oder schreibt mal wieder über die NS-seligen Väter und Söhne, über alte Kolonialzeiten, den Luftkrieg und die Nachkriegszeit.

7 Der junge Osten entdeckt sich als Himmelsrichtung, Ort und Vergangenheit, findet zur Sprache und kehrt zum Tatort seiner Kindheit zurück. Die meisten, in der Regel realistisch erzählten Geschichten handeln von Jungpionieren, Kinderhort, Kosmonauten und Intershop. Es sind Erinnerungstexte von ein paar bekannten und vielen unbekannten Autoren, Zeugnisse einer Adoleszenz in der DDR und Dokumente einer allmählichen Selbstvergewisserung.

8 Schreiben hat in Deutschland einen neuen Stellenwert bekommen, gerade die Jungen suchen mit ihren Debüts in wichtigen deutschen Verlagen den Weg in die Öffentlichkeit. Auffallend ist dabei, mit welcher Vehemenz man sich auf Spurensuche begibt und die eigenen Lebenserinnerungen schon in diesem Alter niederschreibt.

9 Eine neue Qualität ist in das Genre des Schul- und Internatsromans eingezogen. Die Beschreibung krimineller Aktionen – Erpressung, Körperverletzung, Mord – reflektiert die gegenwärtige Problematik, der sich Lehrer, Schüler und Eltern in Deutschland ausgesetzt sehen.

10 Einblicke in die Alltags- und Arbeitswelt der Normalen und Randständigen sind eher die Ausnahme, Autoren interessieren sich heute für die IT-Branche, für Banken und Werbeagenturen, Unternehmensberatungen und Medien, für die fiebrige Welt des Glanzes und der Versprechen. Fast alle dieser Geschichten aus der neuen Arbeitswelt erzählen von Verlusten, Niederlagen, Abstürzen, Grenzsituationen.

11 Die Diskussionen um E- und U-Literatur Anfang der neunziger Jahre haben unter anderem bewirkt, dass nun viele „unterhaltend" sein wollen. Was in Deutschland lange verpönt schien, nimmt eine junge Generation nun als selbstverständlich an.

12 Wir leben gewissermaßen im 3. Weltkrieg, der Terrorismus ist eine globale Gefahr. Doch befinden sich auf dem deutschen Buchmarkt kaum literarische Auseinandersetzungen mit dieser Erfahrungswelt. Die Bild-Medien sind zum entscheidenden Faktor der Politik avanciert, nicht erst seit den Fernsehbildern aus dem Golfkrieg. Während die aktuellen Krisenherde auf unserem Globus von deutschsprachigen Autoren kaum beachtet werden, bleiben Zweiter Weltkrieg, Nationalsozialismus und Holocaust auch nach dem sich allmählich vollziehenden Generationswechsel zentrale Themen.

13 Die neuen „Reiseromane" sind Beispiele für eine allegorische Aneignung von Wirklichkeit, ohne deren irdische Beschaffenheit aus Schmutz, Ekel und Tod zu übersehen. Sie zeugen alle von einem Interesse, den Spannungsbogen von einem Ursprung hin zu einer Endlichkeit zu schlagen und dabei die Dimensionen individueller Erfahrung zu reflektieren. Es geht nicht um die Erkundung exotischer Regionen, sondern um Konfrontationen mit fremden und eigenen Grenzen. Daher spielen sich diese Reisen zu einem guten Teil auch im Kopf der Figuren ab.

1 a Formulieren Sie zu jeder These eine Überschrift und notieren Sie einen ersten Kommentar.
  b Tauschen Sie in Gruppen Ihre Kommentare aus und finden Sie zu jeder These ein Beispiel.
  c Diskutieren Sie Krafts Thesen im Kurs.

2 Führen Sie eine **Podiumsdiskussion** (▶ S. 293) zu folgender Fragestellung durch: „Was erwarten Sie von der Gegenwartsliteratur?"

> **Information** Tendenzen der Gegenwartsliteratur – 1989 bis heute
>
> **Eingrenzung und Problematisierung:** Die Gegenwartsliteratur bleibt immer im Fluss. Beginnt sie für die Literaturgeschichte heute mit der **Wiedervereinigung Deutschlands**, so wird man im Jahr 2050 mit großer Wahrscheinlichkeit einen anderen Anfangspunkt finden müssen. Dann wird eine neue Autorengeneration für eine neue Lesergeneration schreiben. Die **Zeitgenossenschaft** von Autor und Leser ist also ein wesentliches Kriterium für die Gegenwartsliteratur. Die Schriftstellerinnen und Schriftsteller der Gegenwart schreiben für ein Lesepublikum, das **zeitgeschichtliche und persönliche Erfahrungen** mit ihnen teilt, z.B. den Fall der Mauer, die mediale Revolution des Internets, die europäische Finanzkrise, den Klimawandel, den „gläsernen Menschen", aber auch soziale Entwicklungen wie die Patchwork-Familie, Hartz IV oder Facebook. Aktuelle Entwicklungstendenzen einer Gesellschaft werden auch von **Bestsellern**, die sich viele tausend Mal, manchmal millionenfach verkaufen, aufgegriffen und gespiegelt. Der internationale Markterfolg von **Vampir-Romanen und Frauen-Erotik-Literatur** („Feuchtgebiete", „Shades of Grey") oder auch der Boom der **Kriminalliteratur**, von „Schwedenkrimis" und ihren Verfilmungen, verraten also durchaus etwas über den Zustand unserer westlichen Kultur.
>
> Aus der beschriebenen Zeitgenossenschaft, der zeitlichen Nähe von Produktion (Autor) und Rezeption (Leser), ergibt sich für die Literaturgeschichtsschreibung ein Problem. Aufgrund unserer **mangelnden historischen Distanz** können wir die einzelnen Werke der Gegenwartsliteratur weder endgültig einordnen noch abschließend bewerten. Die Umrisse einer Epoche und die Schlüsselwerke, die diese Epoche prägen, lassen sich fast immer erst in der Rückschau mit einiger Sicherheit ausmachen. Ein **Rezeptionsproblem** speziell unserer Zeit liegt in der **Fülle der Publikationen**. Allein **7000 deutschsprachige Romane** drängen jährlich auf den **Buchmarkt**. „Hochliteratur", die sich an eine eher kleine Zielgruppe aus speziell interessierten Lesern (z.B. Kritiker, „gebildete" Leser) richtet, spielt dabei für den Markt eine untergeordnete Rolle. So liegen die Auflagen von „Hochliteratur" oft nur bei wenigen Tausend Exemplaren.
>
> **Kontinuitäten und Entwicklungen in der Literatur:** Der politisch-historischen Zäsur von 1989 entspricht auf Seiten der Literatur kein glatter Schnitt. Autorinnen und Autoren **mehrerer Schriftstellergenerationen** verfassen heute Gegenwartsliteratur – die älteren wie **Martin Walser** oder **Hans Magnus Enzensberger** waren noch Mitglieder der Gruppe 47 (▶ S. 520), die jüngeren sind im letzten Viertel des 20. Jahrhunderts geboren. Generationsübergreifend gibt es neben bemerkenswerten Neuerungen und Entwicklungen dennoch zahlreiche formal-ästhetische und thematische Kontinuitäten:
>
> 1. Die Literatur der Gegenwart ist in hohem Maße **Erinnerungsliteratur**. Sie beschäftigt sich mit einer Vergangenheit, die auf die eine oder andere Weise bis in die Gegenwart hineinwirkt. Dabei wird aber nicht in erster Linie die Vergangenheit zum Gegenstand der Beschreibung, sondern die **Erinnerung selbst rückt ins Zentrum der Reflexion**. Zum Erinnern gehört jemand, der sich erinnert und einen mehr oder weniger einfachen, mehr oder weniger schmerzlichen Erinnerungsprozess durchläuft, der z.B. auch auf eigene Erinnerungslücken stoßen oder dem Schweigen von Zeitzeugen begegnen kann. **Uwe Timm** etwa erzählt in seinem autobiografischen Buch „Am Beispiel meines Bruders" (2003) von der Erinnerung an seinen Bruder, der als junger SS-Mann im Krieg gefallen ist. Dabei fragt sich der Autor, was sein Bruder empfunden haben mag und ob er etwas wie Täterschaft, Schuldigwerden oder Unrecht kannte. Auch viele andere Bücher setzen sich mit der Zeit des **Nationalsozialismus**, **mit Krieg, Vertreibung** und **Holocaust** auseinander. Einige wichtige sind: **Marcel Beyers** Collage- und Medienroman „Flughunde" (1995), **Günter Grass'** Novelle „Im Krebsgang" (2002), in deren Mittelpunkt das histo-

rische Ereignis der Versenkung des Flüchtlingsschiffs „Wilhelm Gustloff" steht, und **Katja Petrowskajas** Buch „Vielleicht Esther" (2014), in dem die Protagonistin sich auf eine Reise in die eigene Familiengeschichte begibt.

Ein weiterer Gegenstand der gegenwärtigen Erinnerungsliteratur ist das **Leben in der DDR**. Große Erfolge erzielten **Uwe Tellkamp** mit seinem Gesellschaftsroman „Der Turm" (2008), der die letzten Jahre der DDR aus der Perspektive einer bildungsbürgerlichen Familie darstellt, und **Eugen Ruges** Generationenroman „In Zeiten des abnehmenden Lichts. Roman einer Familie" (2011).

2. Ein zentrales Thema für die Literatur nach 1989 war die **Wiedervereinigung Deutschlands**. **Ingo Schulze** zeigt in „Simple Storys" (1998), wie das Leben nach dem Zusammenbruch der DDR für die Ostdeutschen unter westlichen Bedingungen weiterging. Dabei entsteht das ebenso skurrile wie bittere Porträt einer desorientierten und entwurzelten Gesellschaft. Ebenfalls in der **Nachwendezeit** angesiedelt ist **Clemens Meyers** Roman „Als wir träumten" (2006). Seine Helden sind die Gescheiterten und Gestrandeten, Kleinkriminelle und Drogenabhänge, denen – wie der Titel sagt – nicht einmal ihre Träume bleiben.

3. Multikulturelle Hoffnungen werden in Deutschland und Europa zunehmend zurückgedrängt und weichen einer viel diskutierten **Integrationskrise**. Besonders deutschsprachige Schriftstellerinnen und Schriftsteller, die im europäischen Ausland geboren sind, stellen die Frage, was in einem **multiethnischen und vielsprachigen Europa** verbindend und trennend ist. **Herta Müller** reflektiert in Erzählungen, Romanen und Essays, welche Veränderungen die rumäniendeutsche Gesellschaft, Kultur und Literatur unter wechselnden politischen Machtkonstellationen zu durchlaufen hatte. Dabei stehen immer wieder auch ihre eigenen traumatischen Erfahrungen mit dem Geheimdienst der sozialistischen Diktatur in Rumänien im Zentrum ihres Schreibens. In ihrem Roman „Atemschaukel" (2009) verbindet sie eigene Erfahrungen mit Motiven aus der Biografie des jungen Lyrikers **Oskar Pastior** (1927–2006), der nach 1945 als Zwangsarbeiter eingesetzt wurde. **Terezia Mora** erzählt in ihrem Roman „Alle Tage" (2004) die Geschichte einer interkulturellen Katastrophe. Einem Mann aus dem ehemaligen Jugoslawien misslingt es, in seiner neuen Umgebung Fuß zu fassen. Trotz der zehn Sprachen, die er fließend spricht, kann er keine zwischenmenschliche Kommunikation mehr herstellen. **Feridun Zaimoglu** protokolliert in seinem ersten Buch „Kanak Sprak" (1995) im Stile der Dokumentarliteratur die Sprache türkischstämmiger junger Männer in Deutschland.

4. Das **Internet** tritt als Veröffentlichungsort in **Konkurrenz zum gedruckten Buch und generiert neue Schreibformen**. **Elfriede Jelineks** Privatroman „Neid" entsteht zwischen 2004 und 2008 im Internet und ist auf ihrer Homepage abrufbar. Als Blog für Freunde führte der schwer erkrankte Autor **Wolfgang Herrndorf** von 2010 bis 2013 ein digitales Tagebuch unter dem Titel „Arbeit und Struktur", das nach seinem Tod auch in Buchform erschienen ist. Grundsätzlich können an die Stelle des einzelnen bekannten Autors (ggf. anonyme) Autorenkollektive treten.

5. Ein charakteristisches Beispiel für ein **postmodernes Arrangement** von Identitäten ist **Daniel Kehlmanns** „Ruhm" (2009), ein „Roman in neun Geschichten", in dem neun fiktive Biografien so miteinander verwoben werden, dass die Grenze zwischen Erfindung und Wirklichkeit verschwimmt und den Leserinnen und Lesern immer wieder bewusst gemacht wird, dass Literatur denkbare und mögliche und nicht wirkliche Lebensschicksale entwirft.

6. Die **Popliteratur** bedient sich thematisch der Medien- und Warenwelt, nicht zuletzt um eine gewisse Nähe und Vertrautheit zwischen Literatur und Lesern herzustellen. Die Verweise auf Marken, aktuelle Musik oder TV-Sendungen, die dabei zunächst als Bindeglied dienen, sind allerdings nur von begrenzter Halbwertzeit.

D Arbeitstechniken und Methoden

1 a Definieren Sie in Partnerarbeit den Begriff „Werkzeug".
  b Auch im Deutschunterricht braucht man verschiedene „Werkzeuge". Welche kennen Sie?

2 Sehen Sie sich die folgende Doppelseite an.
  a Welche Begriffe können Sie erklären? Welche sind Ihnen unbekannt?
  b Benennen Sie Oberbegriffe und ordnen Sie alle Begriffe mit Hilfe einer Mindmap zu Gruppen. Manche Begriffe lassen sich mehrfach zuordnen:

3 Beschreiben Sie, welche Erfahrungen Sie mit einzelnen Arbeitstechniken gemacht haben:
  a Welche Arbeitstechniken beherrschen Sie gut?
  b Wo haben Sie Nachholbedarf?

D Arbeitstechniken und Methoden

Fachterminologie
Rechtschreibung
Planungsphase
informieren
schreiben
Methoden
Grammatik
Evaluationsphase   Präsentationsphase
Bewerbung   Informationsphase   Medien
PowerPoint   zuhören   Galeriegang   Kartenabfrage
Lesekompetenz   Projekt   Wikipedia   Blitzlicht   Schreib
Lesemethode   Leseabsicht
Bibliothek   Vorstellungsgespräch   leser
überarbeiten   Kurzvortra
Quellen   Interne

1 Sprechen, Zuhören, Lesen und Schreiben

1 Beschreiben Sie die dargestellten Situationen. Auf welche Probleme wird aufmerksam gemacht?
2 Formulieren Sie Vorschläge dazu, wie sich die dargestellten Fehler vermeiden lassen.

In diesem Kapitel erwerben Sie folgende Kenntnisse und Kompetenzen:

- in Internet und Bibliothek gründlich recherchieren, Suchstrategien anwenden und Informationen bewerten,
- mediengestützte Referate und Kurzvorträge planen, strukturiert erarbeiten und präsentieren,
- Arbeitsergebnisse mit Hilfe von Software darstellen, Sachverhalte visualisieren,
- verschiedene Arten des Protokollierens kennen und anwenden,
- ein Bewerbungsportfolio mit Deckblatt und Lebenslauf zusammenstellen,
- ein Vorstellungsgespräch vorbereiten,
- den Schreibprozess strukturieren: Texte planen, schreiben und überarbeiten,
- Portfolios und Facharbeiten sachgerecht erstellen und dabei Techniken wissenschaftlichen Arbeitens perfektionieren,
- Lesestrategien zum vertieften Textverständnis gezielt anwenden,
- Projektarbeiten professionell durchführen: Arbeitsabläufe planen und strukturiert durchführen.

1.1 Recherchieren in Internet und Bibliothek

Gründliche medienübergreifende Recherche

„Sterben Sprachen unter dem Einfluss von Anglizismen?" Wollen Sie einen Text zur Beantwortung dieser exemplarischen Frage verfassen, müssen Sie sich zunächst gut informieren. Das verlangt nach einer gründlichen Recherche in unterschiedlichen Medien.

> **Methode** — **Basisrecherche mit Wikipedia**
>
> - Verschaffen Sie sich zunächst Klarheit über den **Rechercheauftrag**. Formulieren Sie dazu eine Basis aus Schlagwörtern, die sich aus dem Auftrag ableiten lassen (z. B. „Sprachensterben", „Anglizismen"). Die **Schlagwörter** (engl. „tags") sollten das Thema allgemein umreißen. Sie können solche Schlagwörter leichter formulieren, wenn Sie sich vorstellen, in welchen Lexikoneinträgen Sie voraussichtlich Informationen zu Ihrer Recherchefrage finden.
> - Starten Sie bei **Wikipedia** eine Suche nach den entsprechenden Schlagwörtern. Der Wikipedia-Artikel, den Sie finden, erläutert das Schlagwort und liefert Zusatzinformationen, die es in einen thematischen Kontext stellen. Zudem weist der Artikel auf Quellen zum „Tag" hin.
> - Überlegen Sie, welche neuen Schlagwörter sich aus den Informationen bilden lassen. Überprüfen Sie die angegebenen **Online-Quellen** und suchen Sie dort nach weiteren „Tags", mit denen das Recherchethema verbunden ist. Notieren Sie sich möglicherweise zielführende **Offline-Quellen** (z. B. Bücher) für später. Achten Sie auf das „Nicht-belegt-Icon": . Informationen aus solchen Artikeln müssen Sie besonders sorgfältig mit anderen Quellen abgleichen.
> - Mit sinnvollen Schlagwörtern aus dem thematischen Kontext und den Quellen lässt sich nun eine weiterführende Recherche bei **Suchmaschinen** wie Google und Bing durchführen.

1 Erklären Sie, wie die Wikipedia-Seite aufgebaut ist, und erläutern Sie einzelne Elemente genauer. Nutzen Sie dazu auch eigene Erfahrungen im Umgang mit dem Online-Lexikon.

2 Starten Sie eine Basisrecherche mit Wikipedia zu einem von Ihnen gewählten Thema. Formulieren Sie zunächst sinnvolle Schlagwörter. Beachten Sie die Hinweise im Methodenkasten.

Feinrecherche – Spuren verfolgen

Die „Tags" aus der Basisrecherche eröffnen Ihnen die Möglichkeit zu einer vertiefenden Recherche. Dabei kommt es nun darauf an, dass Sie sich nicht verzetteln, sondern mit Hilfe spezifischer Suchbegriffe zielführend recherchieren und Ihre Rechercheergebnisse sinnvoll verknüpfen.

Methode   Feinrecherche mit Google & Co.

Die besten Ergebnisse bei der Suche erhalten Sie, wenn Sie sich den **Inhalt** des Dokuments **vorstellen**, nach dem Sie suchen. Formulieren Sie dann die „Tags", die ein solches Dokument enthalten müsste. Beispiel: Wenn Anglizismen für das Sprachensterben verantwortlich sind, sollte es ein Dokument geben, das die Begriffe „Sprachensterben", „Englisch" und „Globalisierung" enthält.
Nutzen Sie die Möglichkeiten der **Suchmaschine, Ergebnisse** zu **beeinflussen** und zu **filtern**:

- Verwenden Sie die Suchoptionen, um Ergebnisse auf einen **Zeitraum** einzuschränken. Ändern Sie die Sortierung von Relevanz auf Datum, um die jüngsten Dokumente zu sichten.
- Setzen Sie das Minus-Zeichen ein, um **unerwünschte Ergebnisse** zu **entfernen** (–€ entfernt z. B. praktisch alle Suchergebnisse mit kommerziellem Hintergrund).
- Definieren Sie mit … einen gesuchten **Zahlenbereich**, z. B. *Schiller Werk 1785…1805.*
- Schränken Sie die Suche auf bestimmte Websites ein, indem Sie den **„site:"-Befehl** verwenden (z. B. *site:books.google.com*, um von Google digitalisierte Bücher, *site:spiegel.de*, um nur „Spiegel online" und *site:*.de*, um nur deutsche Seiten zu durchsuchen).
- Geben Sie sich nicht mit den Ergebnissen auf der ersten Seite zufrieden. Sie sollten die **Ergebnisse** in der Regel mindestens **bis Seite 5** überfliegen.
- Wenn Sie **Grafiken** zu Ihrer Recherche benötigen, bietet sich die **Bildersuche** an. Auch hier gibt es sinnvolle Optionen zur Filterung der Ergebnisse. Ruft man die zum Bild gehörende Website auf, lassen sich oft wertvolle Informationen entdecken.
- Suchresultate und Quellenangaben, die sich auf Bücher beziehen, können Sie z. B. durch eine Suche bei „Amazon" einer ersten Sichtung unterziehen.

1 a Beschreiben und beurteilen Sie die abgebildeten Suchergebnisse aus Google. Welche Aspekte Ihres Themas werden beleuchtet? Sind die Seiten für Ihr Thema unterschiedlich brauchbar?
b Erläutern Sie die Hinweispfeile im Screenshot. Ziehen Sie dazu das Methodenwissen heran.
c Beschreiben Sie Ihre eigenen Erfahrungen im Umgang mit Suchmaschinen.
2 Setzen Sie Ihre Recherche zu dem von Ihnen gewählten Thema mit Suchmaschinen fort. Beachten Sie dabei die Hinweise im Methodenkasten.

Quellenrecherche in Internet und Bibliothek – Die Recherchespirale

Immer noch liegen viele wertvolle Informationen nur in gedruckter Form vor. Deshalb ist es wichtig, sich zu den im Netz gefundenen Quellen auch die Autorennamen zu notieren. Experten für bestimmte Sachgebiete sind oft (Mit-)Autoren von Büchern.

Methode Online-Recherche in Bibliotheken

- Verschaffen Sie sich einen ersten Überblick über das Werk eines **Autors**, indem Sie den Namen z. B. in die **„Amazon"-Suche** eingeben. Identifizieren Sie dann ein Buch, das für Ihre Recherche interessant sein könnte. Anhand der **Kurzbeschreibung** und der **Leserkommentare** können Sie leicht beurteilen, ob das Buch geeignet ist. Zudem liegen aus vielen Büchern auch mehrseitige **Auszüge** vor, die sich online durchstöbern lassen. Aufschlussreich sind auch die Hinweise darauf, wofür sich andere interessiert haben: Hier finden sich Bücher mit ähnlichen Themen, die man gegebenenfalls berücksichtigen sollte.
- Sie können sich gefundene Buchtitel möglicherweise bei Ihrer **Stadtbibliothek** ausleihen. Die meisten Bibliotheken verfügen über einen **Online-Katalog**, der sich per Internet abfragen lässt (OPAC, Online Public Access Catalogue). Ermitteln Sie mit der Suchmaschine die Web-Adresse Ihrer Stadtbibliothek und geben Sie dort Autorennamen, Buchtitel oder „Tags" in die Suchmaske ein. Recherchieren Sie neben Büchern auch Zeitschriften- und Zeitungsartikel.

Methode Die Recherchespirale

Auf jeder Stufe der Recherche müssen Sie das gefundene **Material beurteilen**. Sortieren Sie Unwichtiges aus, fassen Sie die relevanten Informationen zusammen und verknüpfen Sie sie im Sinne der Recherche. Zum Schluss sollte ein **Extrakt** übrigbleiben, aus dem sich je nach Rechercheziel ein Ergebnis formulieren lässt, das **gedanklich schlüssig** und einwandfrei **mit Quellen belegt** ist. Dann haben Sie die **Recherchespirale** erfolgreich absolviert.

1. Berichten Sie von Ihren Erfahrungen mit der Recherche in Bibliotheken.
2. Schließen Sie die Recherche zu Ihrem Thema ab, indem Sie interessante Bücher und andere Print-Dokumente wie z. B. Zeitschriften- und Zeitungsartikel suchen.
3. a Erklären Sie die nebenstehende Grafik.
   b Zeichnen Sie zu Ihrem eigenen konkreten Vorgehen eine Recherchespirale.
4. Kontrollieren Sie die Qualität Ihrer verschiedenen Informationsquellen. Orientieren Sie sich dabei an der Methode auf ▶ S. 594.

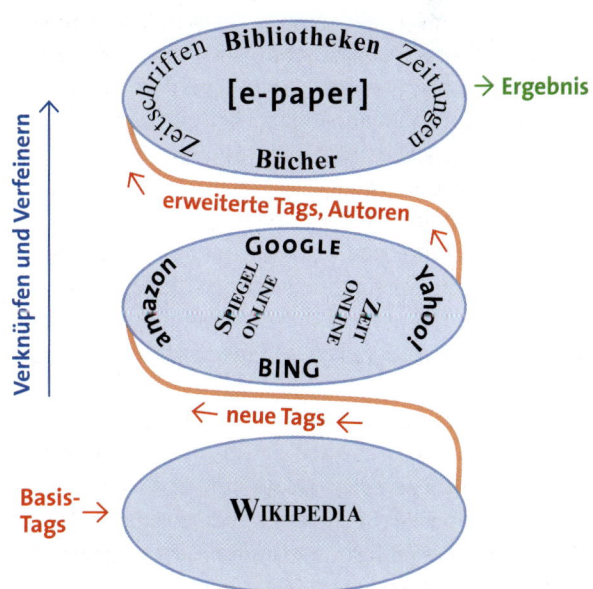

1.2 Referate und Kurzvorträge erarbeiten und präsentieren

Zentrale Fragen klären – Die Arbeit planen: Inhalt und Form

Mit einem Referat oder Kurzvortrag vermitteln Sie Informationen an eine bestimmte Gruppe von Zuhörern. Diese Informationen entstammen entweder einer Recherche zu einem Thema oder sind das Ergebnis eigener Untersuchungen bzw. Forschungen. Bei einem Referat behandeln Sie ein Thema ausführlich; der Schwerpunkt liegt dabei auf dem Referatstext, der meist auch ausformuliert wird. Bei Kurzvorträgen und Präsentationen liegt der Fokus auf der knappen mündlichen Vermittlung. Bei allen Typen wird der Inhalt in der Regel durch zusätzliche Medien verdeutlicht. Zur Übersicht liegen den Zuhörern Thesenpapiere bzw. Stichpunktnotizen (Handouts) vor.

> **Methode** — **Referat und Kurzvortrag planen**
>
> **Struktur entwickeln:** Ein gut strukturierter Vortrag ist wesentlich leichter zu verstehen und bleibt Ihren Zuhörern besser im Gedächtnis. Ein guter Einstieg für das Erstellen eines strukturierten Vortrags besteht stets darin, sich drei Fragen zu stellen: **Was** will ich vermitteln? **Wie** vermittle ich es? **Welche Werkzeuge** benötige ich dazu? Aus diesen Fragen ergibt sich die **inhaltliche** (das „Was") und die **vermittelnde Struktur** (das „Wie" und die „Werkzeuge").
> - Indem Sie Ihre **Inhalte gedanklich strukturieren**, schaffen Sie ein zusammenhängendes Bild dessen, was Sie sagen wollen. Dieses Bild teilen Sie mit den Zuhörern; es sorgt dafür, dass sie die Informationen im Zusammenhang sehen und Ihren Argumenten folgen können. Die gedankliche Struktur hilft Ihnen auch beim Vortragen: Sie müssen keinen vorformulierten Text ablesen, weil Sie mit Hilfe strukturierter Stichpunkte den Inhalt des Vortrags leichter im Gedächtnis behalten können. Dadurch wird Ihr Vortrag lebendiger. Sie können auf Ihre Zuhörer reagieren und laufen weniger Gefahr, während des Vortragens steckenzubleiben.
> - Die **vermittelnde Struktur** gibt Ihrem Vortrag ein äußeres Gerüst. Hier müssen Sie planen, wie Sie vortragen wollen (ausführlich oder knapp, frei oder vorformuliert, mediengestützt oder rein mündlich). Gleichzeitig sollten Sie überlegen, wie Sie das Publikum einbeziehen können und welche Medien, Geräte und Materialien Sie zur Unterstützung und Verdeutlichung Ihrer inhaltlichen Aussagen heranziehen wollen.
>
> Welchen Aufwand Sie dabei betreiben müssen, hängt stark von der Komplexität des Vortragsthemas ab, aber auch vom Vorwissen und der Erwartungshaltung des Publikums.

1 Sie sollen einen mediengestützten Vortrag halten: Welche Punkte müssen Sie klären bzw. mit Ihrer Lehrkraft besprechen, bevor Sie mit der Arbeit beginnen?

2 Sie recherchieren für Ihren Vortrag: Überlegen Sie, welchen Vorteil Sie haben, wenn Sie die Recherche von vornherein strukturiert durchführen (▶ S. 555).

3 a Beantworten Sie als Ausgangspunkt Ihrer Planung das „Was" und „Wie" Ihres Vortrags, z. B.:
  Was? Im Zentrum meines Vortrags soll die Frage nach … stehen. Dazu gehören folgende Aspekte …
  Wie? An zentralen Stellen des Vortrags möchte ich …/Um frei vortragen zu können, werde ich …
  b Notieren Sie in Stichwörtern Werkzeuge, die Sie benötigen:
  Medien: *OHP-Folie, …;* **Geräte:** *Overheadprojektor, …;* **Materialien:** *Handout, …*

Den Vortrag inhaltlich strukturieren – Haftnotizen nutzen

Methode — **Vorträge mit Haftnotizen strukturieren**

In vielen Fällen sollen Sie für Ihren Vortrag nicht selbst recherchieren, sondern über ein **Thema** mit Hilfe vorgegebener Quellen referieren. Diese Quellen liegen in der Regel ohne inhaltliche Struktur vor. Da gut verständliche, fachlich orientierte Vorträge stets eine **klare gedankliche Struktur** aufweisen (den so genannten „roten Faden"), müssen Sie zur Vorbereitung Ihres Vortrags eine **zum Material passende Struktur** erstellen. Eine typische Struktur folgt dabei einem gedanklichen Schema, das sich grob mit den drei Abschnitten **Ursachen → Wirkungen → Folgen** beschreiben lässt (vgl. auch die Struktur beim schriftlichen Informieren, ▶ S. 190). Beispiel: *Aufstieg der Wissenschaften → Epochenumbruch um 1900 (Thema) → Orientierungslosigkeit*
Dem entspricht implizit eine zeitliche Aufteilung in **Vergangenheit → Gegenwart → Zukunft**. Diese Aufteilung wird oft für historische Darstellungen verwendet, wobei die „Gegenwart" in der Regel den Zeitraum des zu untersuchenden Themas darstellt. Beispiel: *Vorläufer → Goethes „Faust" (Thema) → Rezeption*. Eine ähnliche Aufteilung, **Herkunft → Entwicklung → Wirkung**, kann man für die Struktur biografischer Vorträge verwenden. Beispiel: *Friedrich Schiller: unglücklicher Militärarzt → Suche nach Geistesverwandten → Weimarer Klassik*
Selbst ein komplexes Thema wie „Goethes Einfluss auf die deutsche Romantik" lässt sich leichter greifen, wenn man das Material zuerst in eine zeitliche bzw. kausale Struktur einordnet.
Die inhaltliche Struktur unterliegt einer **übergeordneten Gliederung**, die sich aus der menschlichen Erwartungshaltung an den Verlauf von Geschichten ableiten lässt. Deshalb wählt man in der Regel die klassische Aufteilung **Einleitung, Hauptteil, Schluss** als formale Klammer, innerhalb derer sich die inhaltliche Struktur entfalten kann.
Zum Aufbau dieser Strukturen bietet sich die Arbeit mit **beschrifteten Haftnotizen** an. Der Vorteil dieser Methode besteht darin, dass man die inhaltliche Struktur variieren und die Blöcke jederzeit neu anordnen kann.

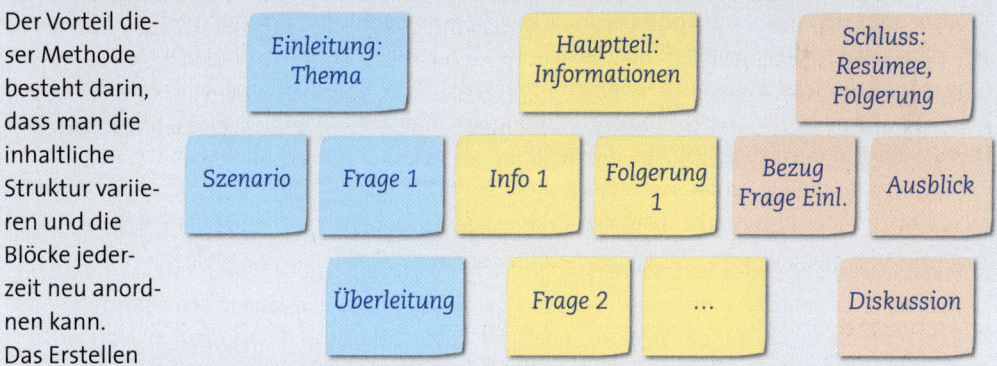

Das Erstellen einer Grundstruktur fällt oft leichter, wenn man schon weiß, wie man beginnen will, und wenn klar ist, auf welchen Schluss der Vortrag zielt. Im Hauptteil beleuchtet man das Thema anhand der inhaltlichen Struktur. Der Anschluss an die Einleitung gelingt, wenn man hier z. B. auf die Frage, die Problemstellung oder das Szenario aus der Einleitung eingeht. Die Informationen müssen im Hauptteil logisch verknüpft werden (aus Information 1 lässt sich die Folgerung 1 ziehen; das führt zu Frage 2, die sich mit Information 2 beantworten lässt …). Sachverhalte, die zum Thema nur wenig beitragen, lässt man weg oder fasst sie mit anderen Fakten sinnvoll zusammen.

1 Überlegen Sie, welcher Eindruck sich für die Zuhörer jeweils ergibt, wenn man die Reihenfolge der oben genannten Strukturen, z. B. von Ursachen – Wirkungen – Folgen, variiert.

Franz Kafka – Kurzbiografie

Der deutschsprachige Schriftsteller Franz Kafka gilt als einer der einflussreichsten Autoren des 20. Jahrhunderts. Sein in viele Sprachen übersetztes Werk gehört zum Kanon der Weltliteratur und ist bis heute in den großen Buchhandlungen und Bibliotheken aller Kontinente präsent. Man muss sich Kafka als Wanderer zwischen den Kulturen vorstellen: Er wuchs als Kind deutscher Juden in Prag auf. In seiner tschechisch-christlichen Umgebung musste er sich daher in zweifacher Weise fremd fühlen. Diese Grunderfahrung hat sein Werk geprägt. Die Stationen seines relativ kurzen Lebens sind schnell aufgelistet: Kafka wurde 1883 in Prag geboren und besuchte dort zunächst die „Deutsche Knabenschule" und dann das ebenfalls deutschsprachige humanistische Staatsgymnasium in der Prager Altstadt; im selben Gebäude betrieben seine Eltern ein Geschäft für Galanteriewaren[1] Von 1901 bis 1906 studierte Kafka an der Universität Prag zunächst Chemie und dann Jura und Germanistik; sein Studium der Rechtswissenschaften schloss er mit der Promotion ab. Er arbeitete kurz für eine private Versicherung und dann von 1908 bis 1922 in der staatlichen „Allgemeinen Unfallversicherungsanstalt für das Königreich Böhmen" in Prag. Viele Jahre lang führte er ein gespaltenes Leben; während er tagsüber seinem eher ungeliebten Beruf nachging, verfasste er – in der Regel nachts – seine Prosawerke. 1917 erkrankte Kafka an der damals unheilbaren Lungentuberkulose, an der er 1924 starb. Bereits 1922 war er vorzeitig pensioniert worden. Kafkas Verhältnis zu seinem Vater war von Konflikten geprägt. Der sensible Schriftsteller litt unter der „tyrannischen Macht", mit welcher der Patriarch die Familie regierte, und empfand ihn als grobianische Kaufmannsnatur. In seinem Werk finden sich daher vielfältige Metaphern, die sich auf diesen Konflikt beziehen. Kafka gelang nie eine stabile Liebesbeziehung; er ging mehrere Verlobungen ein, blieb jedoch unverheiratet, weil er die Verlobungen – meist nach kurzer Zeit – wieder auflöste. Kafkas Ruhm als Schriftsteller entwickelte sich erst nach seinem Tod; zu seinen Lebzeiten war er der breiten Öffentlichkeit unbekannt. Er selbst hatte wenig Zutrauen zu seinem Talent. So verpflichtete er seinen besten Freund und Nachlassverwalter, den Schriftsteller Max Brod, die noch nicht veröffentlichten Schriften nach seinem Tod zu verbrennen. Brod machte Kafkas Werke nach dessen Tod jedoch der Öffentlichkeit zugänglich. Unter diesen Werken befanden sich auch die heute berühmten Romane „Der Prozess" und „Das Schloss". Breiten Erfolg hatten diese erst nach 1945, zunächst in den USA und in Frankreich, dann auch in Deutschland.

[1] **Galanteriewaren (veraltet):** modisches Zubehör zur Kleidung, Accessoires

1
a Planen Sie mit Hilfe des Textes einen biografischen Kurzvortrag über Franz Kafka. Entwickeln Sie dafür mit Haftnotizen eine inhaltliche Struktur. Sie können die Vorlage unten ergänzen.
b Experimentieren Sie mit der Struktur, indem Sie Reihenfolge und Anordnung der Notizen verändern. Überlegen Sie jeweils, welche Wirkungen Sie damit erzielen können.

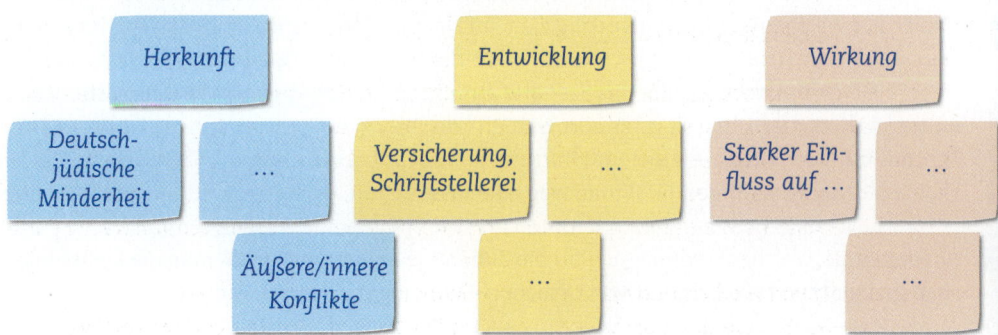

Den Ablauf des Vortrags planen – Moderationskarten gestalten

1 Entwickeln Sie die äußere, vermittelnde Struktur Ihres Vortrags:
  a Überlegen Sie, wie Sie Ihren Vortrag möglichst interessant einleiten und abschließen können.
  b Finden Sie Punkte im Vortragsverlauf, an denen Sie das Publikum z. B. durch Fragen einbeziehen können. Ergänzen Sie dazu die folgenden Formulierungen und entwickeln Sie eigenständig weitere Fragen: *Welche Lebensumstände könnten sich …? Was glaubt ihr, hat Max Brod …? Wer von euch hat schon einmal von … gehört?*

2 Überlegen Sie, an welchen Stellen Sie Bilder und Grafiken (auf Folie bzw. per Beamer) einsetzen können. Bilder, die Sie selbst gestaltet oder im Rahmen Ihrer Recherche (▶ S. 553 ff.) ausgewählt haben, lockern Ihren Vortrag nicht nur auf, sie können Inhalte auch verdeutlichen.

Einleitung	1
Um ein Haar wären uns die berühmtesten Romane Kafkas gar nicht bekannt.	
Wieso das so ist, erfahrt ihr in di…	

Schluss		9
Wirkung II		**OHP-Folie 5**
– zu Lebzeiten: weitgehend unbekannt		(Foto kurz vor seinem Tod)
– Nachlassverwalter: Schriftstellerfreund Max Brod		**Frage ans Publikum:** Wie ist die Entscheidung Brods eurer Meinung nach zu bewerten?
– sollte Manuskripte verbrennen		
– hielt sich nicht an Anweisung im Testament		

3 a Erklären Sie, wie die Moderationskarten aufgebaut sind.
  b Wie gelingt es, die Aufmerksamkeit der Zuhörer zu erregen und bis zum Ende aufrechtzuerhalten?

4 Übertragen Sie Ihre inhaltliche Struktur stichwortartig auf Moderationskarten. Notieren Sie auch die Fragen, mit denen Sie Ihr Publikum einbeziehen (Aufgabe 1b) wollen, und vermerken Sie, wann Sie welche Medien einsetzen möchten.

Methode — Moderationskarten erstellen

- Auf verschiedenfarbigen Moderationskarten notiert man in **Stichworten** die zentralen Aussagen sowie alle wichtigen Informationen (Zahlen, Daten, schwierige Namen, Zitate etc.).
- **Ein- und Überleitungen** kann man auch vorformulieren und wörtlich aufschreiben.
- Für jeden **Abschnitt** des Referats wird eine eigene Karteikarte angelegt und mit einer **Überschrift** versehen. Die zugehörigen Daten und Informationen werden stichpunktartig darunter notiert.
- Der **Einsatz von Medien** und **Fragen ans Publikum** werden seitlich notiert.
- Die Karteikarten werden **durchnummeriert** und in der richtigen Reihenfolge sortiert.

Visualisierungstypen – Grafiken mit Office & Co. erstellen

Methode — Informationen, Ideen und Konzepte visualisieren

Informationen und Daten erschließen sich durch eine Visualisierung oft leichter als in Textform. Um herauszufinden, welche Art von Grafik oder Diagramm sich zur Visualisierung Ihrer Daten besonders gut eignet, können Sie sich der folgenden **W-Fragen** bedienen.

- **Wer?/Was?** Diese Fragen lassen sich am besten mit einem **Strukturdiagramm** beantworten, das den Aufbau oder die Anordnung eines Sachverhalts wiedergibt. Das können die Familienmitglieder in einem Stammbaum, die Fußballmannschaften in einem Turnierplan oder auch strukturierende Elemente eines Films oder Buchs sein. Im Unterschied zum Flussdiagramm geht es weniger um die Darstellung eines Ablaufs (z. B. der Generationsfolge im Stammbaum), sondern um eine Wiedergabe des Gesamtbilds (z. B. der ganze Familie). In Strukturdiagrammen können Sie mit **Symbolen** arbeiten und inhaltliche Einheiten durch Rahmen/Blöcke verdeutlichen.
- **Wie viel?** Diese Form kommt bei der Visualisierung von Zahlen und Größenvergleichen zum Einsatz. Sehr gut verständlich sind **Balken-, Säulen- und Kreisdiagramme**.
- **Wann?** Bei diesem Typ geht es um zeitliche Abläufe. Dazu gehören **Zeitleisten** und zeitliche Schrittfolgen, etwa im Bereich der Projektplanung.
- **Wo?** Zur Beantwortung dieser Frage bieten sich nicht nur einfache **Landkarten**, sondern auch **Zuordnungen von Daten zu Orten** (z. B. Dialektkarte) und **Grundrisse** (z. B. Bühnenbilder) an.
- **Wie?** Dieser Typ visualisiert alle Arten von **logischen Abläufen und Schrittfolgen**. Typische Vertreter sind **Flussdiagramme**. Es kann sich aber auch um Storyboards oder Bauanleitungen handeln.
- **Warum?** Solche Grafiken visualisieren mehr oder weniger komplexe **Beziehungen** zwischen einzelnen Einheiten (**„Erklärgrafik"**). Dazu gehören etwa Illustrationen von Ökosystemen, aber auch **Planskizzen, Concept- und Mindmaps**.

1
a Sehen Sie sich diese und die beiden folgenden Grafiken (S. 561) an und erklären Sie, wie sie aufgebaut sind und welche Funktion sie haben.
b Ordnen Sie die Grafiken mit Hilfe des Methodenwissens einer Klasse von Visualisierungen zu.

2 Entscheiden Sie, welche Schaubilder bzw. Diagramme sich für einen Kurzvortrag zu Autorenbiografien oder zu Epochen eignen.

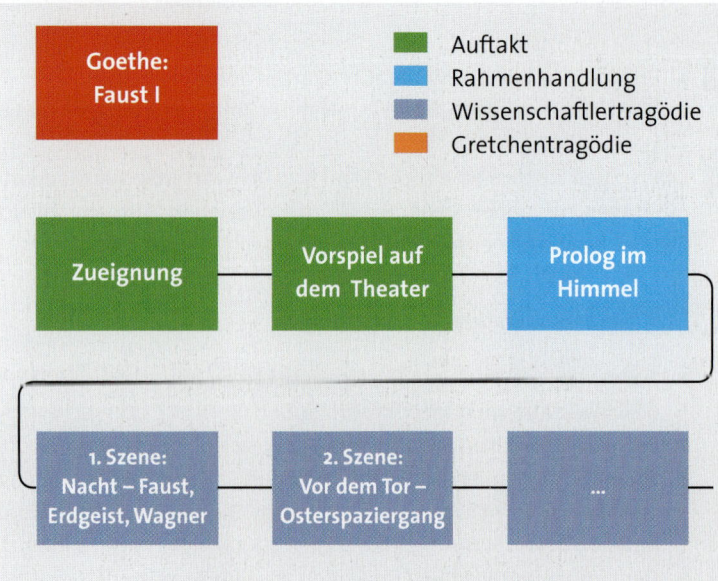

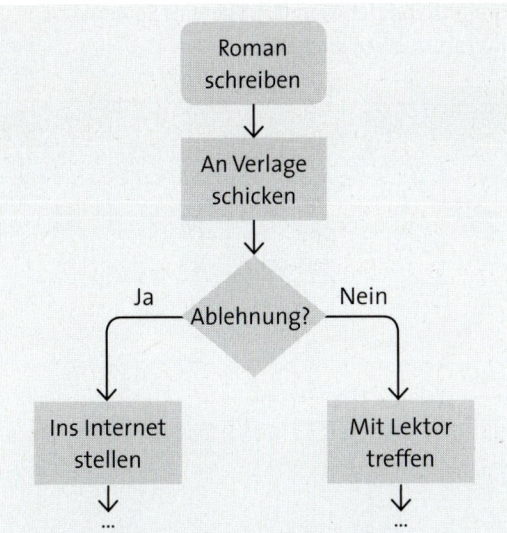
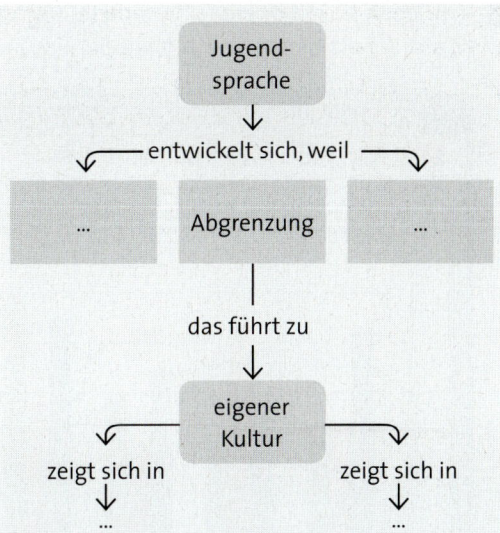

| Methode | Diagramme am Computer erstellen |

Mit Computerhilfe lässt sich leicht eine Vielzahl von **Diagrammtypen** erstellen.

- **Office-Pakete** wie Microsoft Office oder das kostenlose LibreOffice bieten umfangreiche Möglichkeiten zur Erstellung zahlenbezogener Diagramme. Werkzeuge für einfache Strukturdiagramme sind in alle Teilprogramme von MS-Office integriert. Für komplexere Typen bieten sich MS-Visio oder Draw von LibreOffice an.
- **Onlinedienste:** Im Internet existieren diverse freie Dienste, mit deren Hilfe man eine Vielzahl unterschiedlicher Visualisierungen erstellen kann. Ein empfehlenswerter Dienst ist Draw.io, das Werkzeuge und Formen für eine große Auswahl von Diagrammtypen bietet.

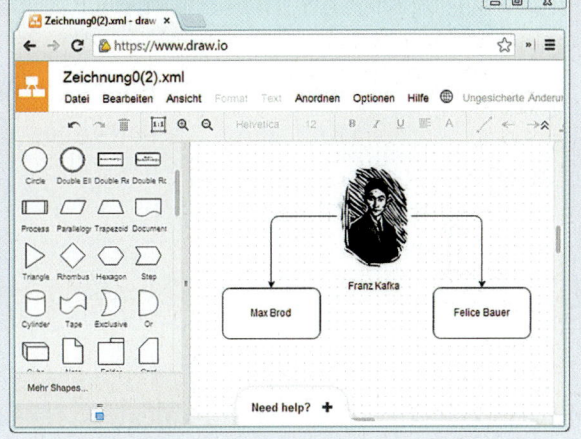

Tipp: Eine Grafik wie der hier erstellte „soziale Graph" (▶ S. 262) Kafkas lässt sich im PNG-Format auf dem eigenen Computer speichern und dann in den Text oder die Präsentation einfügen.

1 Erstellen Sie eine Concept-Map (= eine Darstellung von Begriffen und ihren Zusammenhängen) zum Thema „Soziale Netzwerke".
   a Rufen Sie den Onlinedienst Draw.io auf und wählen Sie einen geeigneten Diagrammtyp.
   b Ergänzen und nutzen Sie die folgenden Begriffe, um die Grafik zu erstellen:
   gehören zu … entstehen, weil … führen zu … zeigen sich in … bedingen, dass …,
   Freundschaft, Gruppendruck, Privatsphäre, Kontakte, Mobbing, Status, Beziehung, Eigenleben,
   Publikum, Kommunikation, Zurschaustellung, Nachteile bei …

2 Vollziehen Sie mit Ihrem Textverarbeitungsprogramm anhand der Markierungen im Screenshot (Word) Schritt für Schritt nach, wie Sie ein Säulendiagramm erstellen können.

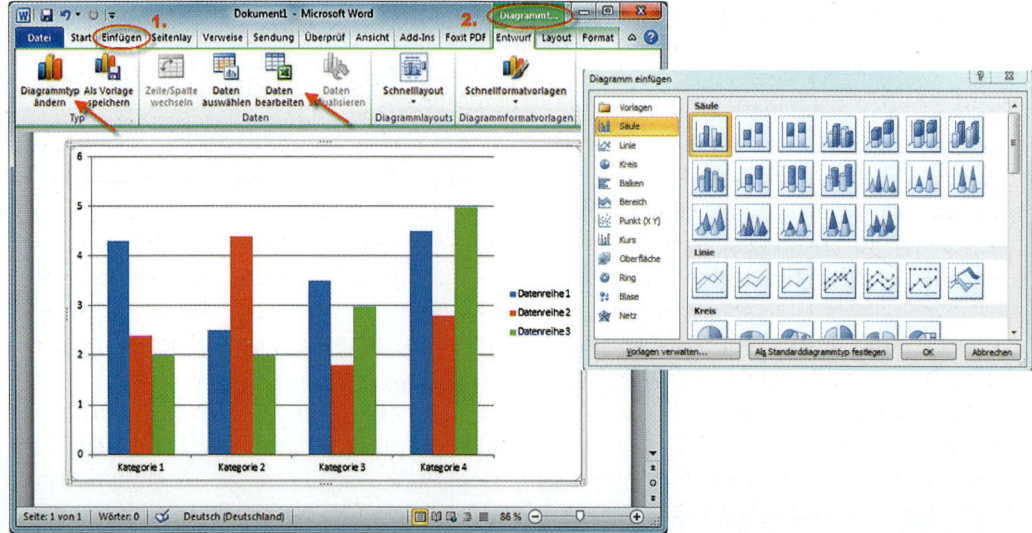

3 Nutzen Sie die Daten zum Umgang Jugendlicher mit Medien in der folgenden Tabelle (aus der so genannten JIM-Studie), um ein Balkendiagramm zu erstellen.

Online-Communitys: Durchschnittliche Anzahl an Freunden in sozialen Netzwerken				
	12–13 Jahre	14–15 Jahre	16–17 Jahre	18–19 Jahre
2011	134	201	249	224
2012	148	265	329	313
2013	162	253	381	316

Fotos und Grafiken für die Präsentation recherchieren

Methode   Bild-Suchmaschinen nutzen

Solange Sie Ihren Vortrag **nicht öffentlich** (also z. B. nur im Kursraum) halten, können Sie ohne Probleme alle Bilder aus der Online-Recherche verwenden. Wird der Vortrag **öffentlich**, müssen Sie bei allen Bildern das **Copyright** beachten. Sicher gehen Sie immer, wenn Sie nur nach **frei verwendbaren Bildern** suchen. Mit der **Meta-Suchmaschine** search.creativecommons.org/?lang=de können Sie die Suche bei diversen Bild-Suchmaschinen auf frei verwendbare Bilder eingrenzen. Vergessen Sie nicht, die URL der Grafik für Ihre **Quellenangabe** (z. B. für Handouts) zu kopieren.

1 a Recherchieren Sie frei verwendbare Bilder für einen Vortrag über soziale Netzwerke.
b Wählen Sie ein bis zwei aussagekräftige Bilder aus und speichern Sie sie mit ihrer Quelle.

Einen mediengestützten Vortrag halten – Folien erstellen

Methode **Typen von Präsentationsfolien**

Eine **computergestützte Präsentation** ist die einfachste und zugleich anschaulichste Methode, Informationen zu vermitteln. Präsentationsfolien lassen sich vielfältig gestalten und leicht bearbeiten. Zudem kann man Fotos, Diagramme und Medien ohne großen Aufwand integrieren. Präsentationen haben aus diesen Gründen den Vortrag im Berufsalltag abgelöst. Dennoch bestehen weitreichende Parallelen zwischen Präsentation und Vortrag.
Wie der Vortrag benötigt auch die **Präsentation** eine vorab geplante Struktur. Die **Folien** entsprechen im Wesentlichen den Moderationskarten, haben jedoch andere Funktionen. Die Rolle des Vortragenden bleibt hingegen gleich. Nur er – nicht die Folie – kann eine Geschichte erzählen. Folien vorzulesen, führt in der Regel zur schnellen Ermüdung der Zuhörer. Eine Folie erstellt man daher nur zur Unterstützung der Präsentation, und zwar mit folgenden Typen:

- **Strukturierungsfolien:** Sie dienen als Gedächtnisstütze für Vortragende und Publikum: Die Überschrift der Folie nennt das jeweils behandelte Thema. Kurze Sätze und Stichpunkte fassen die vorgetragene Information zusammen. Hier gilt: Neben der Überschrift nicht mehr als vier (wichtige) Stichpunkte pro Folie. Bei mehr als vier zusammengehörenden Stichpunkten sollte man die Punkte besser mit erläuternden Beispielen auf mehrere Folien hintereinander verteilen.
- **Vergleichsfolien:** Eine oder mehrere Folien, die zeitliche Entwicklungen darstellen (vorher → nachher, Vergangenheit → Gegenwart → Zukunft)
- **Beispielfolien:** Solche Folien enthalten entweder Beispielmedien zum behandelten Thema, z. B. digitalisierte Zeitungsausschnitte, Screenshots, Video- und Audioclips, Fotos und Zitate, oder sonstige konkrete Umsetzungen des Themas.
- **Visualisierungsfolien:** Komplexe Sachverhalte und Daten lassen sich mündlich nur schwer erklären. Deshalb setzt man sie in anschauliche Grafiken um.
- **Einstiegs-, Motivations- und Auflockerungsfolien:** Sie zeigen aussagekräftige Zitate, Grafiken, Fotos, um das Publikum emotional in das Thema einzuführen, in eine Diskussion zu locken, es zum Lachen zu bringen oder zu provozieren.

Ein weiterer Vorteil von Präsentationsfolien besteht darin, dass man sie über **Animationen** dynamisch aufbauen kann. Das ist besonders hilfreich zur Illustration von Schrittfolgen und zum genaueren Blick auf Details (Gesamtschau – Lupenansicht). Zudem bieten sich Animationen an, um das **Publikum zu aktivieren** (z. B. Frage einblenden → Publikum antwortet → Lösung einblenden). Der Einsatz von Animationen muss stets inhaltlich begründet sein, sonst wirkt die Präsentation unseriös.
Oft lässt sich die Präsentation nur mit Mischtypen von Folien sinnvoll unterstützen. So kann eine Visualisierungsfolie auch eine Vergleichsfolie sein und Strukturierungsfolien können Fotos oder Grafiken enthalten.
In jedem Fall gilt: Es kommt auf den **Inhalt** an. Verwirrende **Hintergründe** (z. B. Fotos) stören ebenso wie grafische Spielereien und Ornamente. Kästen sollte man nur verwenden, wenn man auf einen besonderen Inhalt hinweisen will. Man wählt eine gut lesbare **Schriftart** ohne Serifen (z. B. Trebuchet oder Arial statt Times New Roman) und in ausreichender Größe (mindestens 18 p.).

1 Notieren Sie, nach welchen Kriterien die folgenden Folien gestaltet sind.

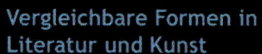

2 Entwickeln Sie Folien zu Ihrem Vortrag, indem Sie die Kriterien beachten.

Erfolgreich vortragen – Zuhörer einbeziehen

Methode   Ansprechend präsentieren

Für das Gelingen von Präsentationen gibt es einfache Grundregeln:
- **Klarheit:** Das Publikum erwartet in erster Linie klare Informationen. Beschränken Sie sich auf die wichtigen Aussagen und verwenden Sie dazu eine **einfache, klare Sprache** mit möglichst kurzen Sätzen. Beispiel richtig: „*Der historische Hintergrund zu Brechts Drama „Leben des Galilei" ist dessen Forschung zu den Jupitermonden. Anfang des 17. Jahrhunderts galt als Dogma, dass …*" Beispiel falsch: „*In meinem Vortrag über die Hintergründe zu Brechts Drama geht es heute um Galileo Galilei, der im ersten Jahrzehnt des 17. Jahrhunderts anhand von Planetenbeobachtungen die damals gültigen astronomischen Theorien anzweifelte und der …*" Denken Sie vom Ende her: Versetzen Sie sich in einen Zuhörer und formulieren Sie, was dieser am Ende der Präsentation gelernt und im Gedächtnis behalten haben soll.
- **Authentizität:** Die Rolle des schlagfertigen, witzigen, eloquenten Redners erfordert jahrelanges Training. Setzen Sie sich daher nicht durch zu hohe Ansprüche unter Druck. Bleiben Sie authentisch: Tragen Sie so vor, wie Sie auch sonst sprechen und sich bewegen. Aber: Versuchen Sie, **halb so schnell und doppelt so klar** zu sprechen, wie Sie es gewöhnlich tun. Halten Sie **Blickkontakt** zum Publikum. **Tipp:** Lassen Sie sich für Ihr Auftreten z. B. von den am meisten gesehenen Vorträgen auf www.ted.com inspirieren.
- **Publikum aktivieren:** Wecken Sie die natürliche Neugier Ihrer Zuhörer. Formulieren Sie auf Ihren Folien nicht die Antwort, sondern die Frage, nicht die Lösung, sondern das Problem und lassen Sie das Publikum darüber **diskutieren**. Provozieren Sie die Zuhörer: Entwickeln Sie „Was-wäre-wenn-Szenarien" zu Ihrem Thema oder zeigen Sie Fotos mit überraschenden bzw. unerwarteten Implikationen. Aber: Lassen Sie die Diskussion nicht abgleiten. Führen Sie die Zuhörer rechtzeitig zum Thema und dem geplanten Vortragsverlauf zurück.
- **Feedback einholen:** Üben Sie Ihren Vortrag und nutzen Sie die Rückmeldung: Hatte der Vortrag eine klare gedankliche Struktur? Konnten Sie sicher auf Fragen eingehen? War der Einsatz der Medien funktional?

1 Halten Sie Ihren Vortrag/Ihre Präsentation vor einem kleinen Kreis (Mitschüler oder Freunde). Lassen Sie den Vortrag auf Video aufzeichnen. Bitten Sie das Publikum um sofortige Rückmeldung, wenn es dem Vortrag nicht folgen kann oder sonstige Anmerkungen hat.

2 Notieren Sie das **Feedback**. Schauen Sie sich die **Videoaufzeichnung** an. Versuchen Sie nachzuvollziehen, wie Ihre Zuhörer zu ihrer Beurteilung gekommen sind.

1.3 Inhalte und Ergebnisse festhalten – Mitschriften und Protokolle

Mitschriften – Aktiv zuhören

> **Information** **Mitschriften**
>
> Mitschriften trainieren das aktive Zuhören. Sie dienen zugleich dazu, mündliche Unterrichtsabläufe wie **Diskussionen oder Vorträge für eine spätere Nutzung festzuhalten.** Mitschriften können Sie zur persönlichen Vorbereitung einer Klausur verwenden oder sie zur **Grundlage eines Ergebnis- oder Verlaufsprotokolls** (▶ S. 566) machen, das der gesamte Kurs erhält.

1
a Tauschen Sie sich über Ihre bisherigen Erfahrungen mit Mitschriften aus. In welchem Fach und zu welchem Thema haben Sie schon einmal eine Mitschrift erstellt?
b Erläutern Sie, wann es besonders sinnvoll ist, eine Mitschrift zu erstellen.

2
a Prüfen Sie, welche der folgenden methodischen Hinweise Sie bei Mitschriften bisher beachtet haben.
b Klären Sie, welchen Nutzen die einzelnen Hinweise haben, z. B.: *nichts Wichtiges vergessen, schnell arbeiten, …*

> **Methode** **Mitschriften anfertigen: Stichwortprotokoll**
>
> Mit einem Stichwortprotokoll bereitet man die spätere Ausarbeitung eines Ergebnis- oder Verlaufsprotokolls vor. Dabei sollte man Folgendes beachten:
> - Wichtige Fakten für den **Kopf** eines Protokolls (Thema, Mitwirkende, Uhrzeit etc.) bereits vor Beginn der Mitschrift festhalten.
> - **Alle wichtigen Aspekte** in Stichworten notieren, z. B.:
>   - Text-/Materialgrundlage der Stunde
>   - steuernde Fragestellungen (der Lehrperson oder von Mitschülerinnen/Mitschülern)
>   - Hauptergebnisse (z. B. Tafelanschrieb, von der Lehrperson hervorgehobene Ergebnisse etc.)
>   - offengebliebene Fragen
>   - Hausaufgabe
> - Seiten nur teilweise füllen **(breiter Rand)**, um nach der Mitschrift oder in Gesprächspausen etwas ergänzen zu können
> - **Kürzel oder Symbole** verwenden, z. B. *Def* für „Definition"

3 Stellen Sie sich eine eigene Liste von Kürzeln zusammen, die Sie bei Mitschriften verwenden können.

4
a Fertigen Sie mit Hilfe der Methode die Mitschrift einer Unterrichtsstunde an.
b Tauschen Sie sich darüber aus, welche methodischen Hinweise für das Erstellen der Mitschrift besonders hilfreich waren.

5
a Mindmap und Flussdiagramm (▶ S. 560) sind alternative Methoden zur Stichwortmitschrift. Wenden Sie auch diese Möglichkeiten an.
b Diskutieren Sie im Kurs, welche Vorteile und welche Nachteile diese Methoden haben.

Das Ergebnisprotokoll – Resultate festhalten

> **Methode** — **Ein Ergebnisprotokoll anfertigen**
>
> Protokolle sind **Sonderformen des Berichts.** Sie stehen im **Präsens.** Im Unterschied zu Mitschriften, die meist zum Eigengebrauch angefertigt werden, richten sich Protokolle an andere. Sie sollen **neutral und sachlich** informieren. Im Ergebnisprotokoll werden **ohne Namensnennungen nur** die **Resultate** von Diskussionen (▶ S. 92) und Beratungen festgehalten; nicht erfasst wird der Ablauf einer Sitzung. Über deren Ergebnisse hinaus darf nichts, z. B. aus späteren Gesprächen, hinzugefügt werden. Protokolle sollten generell zeitnah und auf umfangreiche Notizen gestützt fertiggestellt werden (▶ Stichwortprotokoll), damit nicht wichtige Zusammenhänge aus dem Gedächtnis verloren gehen.

1 Entwickeln Sie aus einem Stichwortprotokoll (▶ S. 565) ein Ergebnisprotokoll:
   a Entscheiden Sie, wie Sie Ihr Protokoll inhaltlich gliedern möchten. Stützen Sie sich evtl. auf die „steuernden Fragestellungen" (▶ Methode: Mitschriften anfertigen, S. 565) innerhalb der Unterrichtsstunde.
   b Formulieren Sie Ihre Notizen in ganzen Sätzen aus und beziehen Sie Ihre Notizen gedanklich aufeinander.

> *Ergebnisprotokoll der Deutschstunde am 17.2.20..*
>
> *Thema:*   Goethes „Faust I" als Drama der geschlossenen und offenen Form
> *Teilnehmer/innen:*   Deutschkurs 1
> *Leitung:*   Herr Dr. Wichtig
> *Zeit:*   9.35–10.25 Uhr
> *Protokoll:*   Clara Klar
>
> *In Goethes „Faust I" lassen sich Elemente des geschlossenen und des offenen Dramas nachweisen:*
> – *Das „Vorspiel auf dem Theater" und …*
> – *Die Gretchentragödie …*
> – *…*

Das Verlaufsprotokoll – Den Hergang festhalten

> **Methode** — **Ein Verlaufsprotokoll anfertigen**
>
> In einem Verlaufsprotokoll wird der **Gang einer Diskussion oder eines naturwissenschaftlichen Experiments** bis zum Ergebnis bzw. bis zum zuletzt erreichten Diskussionsstand wiedergegeben. **Diskutanten** werden **namentlich** genannt. Der/die Protokollierende muss eine **Auswahl aus den Äußerungen treffen,** also entscheiden, welche Äußerungen dem Gespräch besondere Impulse gegeben haben.

1 Nutzen Sie bei der Abfassung und Gliederung eines Verlaufsprotokolls ein Stichwortprotokoll.
2 Geben Sie Äußerungen, namentlich zugeordnet, im Konjunktiv der indirekten Rede wieder (▶ S. 602 f.), z. B.: *Paul Maier erklärt, dass er „Faust I" für ein aktuelles Stück halte, da es zeige, dass …*

1.4 Bewerbungsportfolio und Vorstellungsgespräch

Das Bewerbungsportfolio – Werbung in eigener Sache

Für die meisten Bewerbungen sind Bewerbungsportfolios oder -mappen Standard. Wichtig ist, dass durch das Portfolio ein positives Bild von Ihnen entsteht. Daher sollte die Mappe ansprechend aussehen und gut handhabbar sein. Die zusammengestellten Unterlagen sollten leicht entnommen und wieder eingefügt werden können. Entsprechende Heftmappen lassen sich in Schreibwarenläden erwerben.

Judith Engst: Professionelles Bewerben – leicht gemacht (2005)

Für drei Viertel aller Bewerbungen wendet der Personalentscheider zunächst nicht mehr als 30 Sekunden auf. Dabei prüft er zunächst, ob die Bewerbung formalen Kriterien gerecht wird. Bewerbungen, die einfachste Formalkriterien nicht erfüllen, werden am schnellsten aussortiert. Oft sichtet noch nicht einmal der Personalverantwortliche selbst die eingehenden Bewerbungen, sondern ein/e Assistent/in. Hier stehen die Chancen noch schlechter, mit Inhalten zu überzeugen, wenn schon die Form nicht stimmt.

Information: Bewerbungsportfolio – Vollständige Unterlagen und ihre Reihenfolge

- **Anschreiben** (▶ S. 568): maximal eine Seite in fehlerlosem Deutsch; nicht eingeheftet, sondern lose auf der Portfoliomappe liegend
- **Deckblatt** (▶ S. 569): in die Mappe eingeheftet, mit Anschrift, E-Mail und Telefonnummer/n (Festanschluss, Mobil), damit alle Kontaktdaten für den Arbeitgeber schnell greifbar sind
- **Bewerbungsfoto:** zwischen 4,5 x 6,5 und 9 x 13 cm; kein Automaten-, Urlaubs- oder Ganzkörperfoto; auf dem Deckblatt oder rechts oben auf dem Lebenslauf fixiert; bei internationalen Bewerbungen ist kein Foto üblich
- **Lebenslauf** (▶ S. 570): maximal zwei Seiten
- **Kopie des Schulzeugnisses:** letzter erreichter Abschluss bzw. letztes Versetzungszeugnis; in späteren Bewerbungen: Studien- bzw. Ausbildungszeugnis
- **Bescheinigungen:** Kopien sonstiger Leistungsnachweise oder außerschulischer Engagements, z. B.: Praktika, ehrenamtliche Tätigkeiten, Vereinsarbeit

1 Bereiten Sie für zukünftige Bewerbungen ein solches Portfolio vor. Besorgen Sie sich in einem Fachmarkt eine Bewerbungsmappe und fügen Sie die derzeit für Sie relevanten Unterlagen ein.

Das Anschreiben

Methode: Das Anschreiben entwickeln – Leitfragen

Im Anschreiben eines Bewerbungsportfolios „werben" Sie für Ihre eigene Person und stellen zugleich einen Bezug zu dem Unternehmen, der Behörde oder Institution her, bei dem/der Sie sich bewerben. Das sollte in wenigen Sätzen geschehen. Orientieren Sie sich an den folgenden Fragen:

- Welche Anforderungen stellt das Unternehmen an die ausgeschriebene Stelle?
- Über welche Qualifikationen (z. B. Schulabschluss) verfüge ich?
- Welche meiner Kompetenzen, Interessen und Vorlieben kann ich konkret einbringen?
- Warum passen meine Kompetenzen und Interessen zum Stellenangebot?

2 Suchen Sie im Internet oder in der Regionalpresse die Ausschreibung einer Ausbildungs- oder Arbeitsstelle, die Ihnen zusagen könnte. Simulieren Sie für diese Stelle eine Bewerbung. Verfassen Sie zunächst ein Anschreiben für ein Bewerbungsportfolio. Orientieren Sie sich an dem folgenden Strukturmuster und den anschließenden Hinweisen zur Fehlervermeidung (▶ Methode, S. 569).

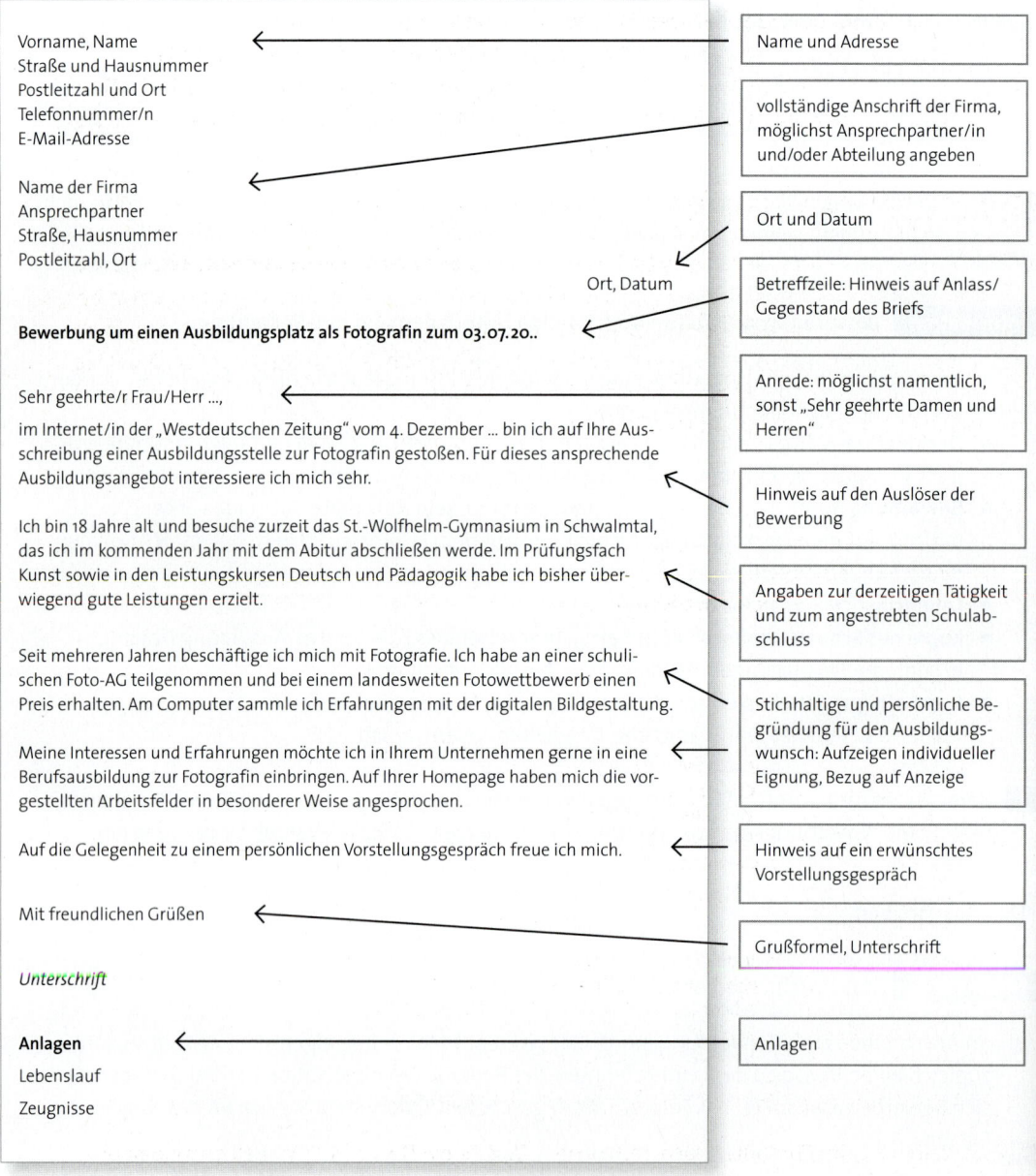

Methode — Fehler im Bewerbungsanschreiben vermeiden

- Verfassen Sie für jede Bewerbung ein individuelles, möglichst passgenaues Anschreiben.
- Berücksichtigen Sie die in der Anzeige genannten Bewerbungsbedingungen.
- Vermeiden Sie übertriebenes Selbstlob, zeigen Sie aber auch Selbstbewusstsein.
- Informieren Sie über Ihre persönlichen Qualifikationen und Kompetenzen.
- Prüfen Sie Rechtschreibung, Zeichensetzung und Grammatik (▶ S. 599 ff.).
- Setzen Sie Ihre Unterschrift unter das Anschreiben.
- Listen Sie unter dem Stichwort „Anlagen" Ihre im Portfolio enthaltenen Unterlagen auf.
- Entfallen können nach den neueren Briefstandards folgende Kürzel und Floskeln:
  - „Betreff:" oder „Betr.": Diese Einleitung der Betreffzeile gilt als veraltet.
  - „z. Hd.": Dieser Hinweis in der Empfängeranschrift wird nicht mehr verwendet.
  - „Hiermit bewerbe ich mich als …": überflüssig; wird bereits in der Betreffzeile deutlich.
  - „AMG": Abkürzungen (hier z. B. für „Albertus-Magnus-Gymnasium") sind zu vermeiden.

Information — Initiativbewerbungen

Unter Initiativbewerbungen versteht man **Bewerbungen, die auf keine ausgeschriebene Stelle Bezug nehmen;** vielmehr bekunden Sie einem Unternehmen, einer Behörde bzw. Institution gegenüber von sich aus das Interesse an einer Ausbildung oder Zusammenarbeit. In Initiativbewerbungen muss die Einleitung des Anschreibens entsprechend geändert werden. Bevor Sie sich auf diese Weise bewerben, ist es sinnvoll, ein/e Ansprechpartner/in in dem Unternehmen etc. zu finden und zu kontaktieren.

Das Deckblatt

**Bewerbungsunterlagen
für eine Lehrstelle zum Industriekaufmann**

Herrn
Rüdiger Schmidt
Klick-up Software AG
Dürener Str. 23
50123 Köln

Niklas Scheerers
Goethestr. 114
41163 Mönchengladbach
Tel.: 92161/171819
Mobil: 0123/456789
E-Mail: N_Scheerers@scheerers.de

Inhalt:
Anschreiben
Lebenslauf
Zeugnis
Sonstige Leistungsnachweise

3 Gestalten Sie am Computer nach dem obigen Muster ein Deckblatt für Ihre Portfoliomappe.

Der Lebenslauf

Ein Lebenslauf für eine Portfoliomappe sollte übersichtlich und gut gegliedert sein. Bei einer Bewerbung ist ein tabellarischer Lebenslauf üblich, aber auch ein ausformulierter Text ist möglich. Von der **Chronologie** her kann man **entweder wie im Muster unten mit der Schullaufbahn** beginnen **oder umgekehrt mit der Gegenwart**, was v.a. bei länger zurückliegenden Schul- und Studienzeiten sinnvoll und üblich ist. Der Lebenslauf sollte folgende Elemente enthalten:

Lebenslauf

Persönliche Daten

Name	Niklas Scheerers
Anschrift	Goethestr. 114
	41163 Mönchengladbach
Geburtsdatum	7. Januar 1995
Geburtsort	Viersen
Staatsangehörigkeit	deutsch
Familienstand	ledig

(Geburtsort, Staatsangehörigkeit, Familienstand ← freiwillige Angaben)

Schulischer Werdegang

08/2002–07/2006	Gemeinschaftsgrundschule Mönchengladbach-Hardt
08/2006–07/2015	Gymnasium Am Geroweiher in Mönchengladbach angestrebter Abschluss: allgemeine Hochschulreife

Praktika und Auslandsaufenthalte

09/2012–06/2013	Auslandsaufenthalt mit Schulbesuch an einer Highschool in Lincoln (USA)
07/2014	Praktikum bei der „Westdeutschen Zeitung"

Weitere Tätigkeiten und Qualifikationen

04/2011–12/2014	Leitung einer Jugendgruppe der Katholischen Jungen Gemeinde (KJG)
9/2011	Erwerb der Juleica (Jugendleiter-Card) als Abschluss einer Qualifizierung zum Gruppenleiter in der Jugendverbandsarbeit

Sonstige Kenntnisse

Sprachen	Englisch fließend in Wort und Schrift, Schulkenntnisse in Französisch
Computer	alle gängigen Anwendungen eines Office-Programms

Persönliche Interessen
Gitarre, Computer, Lesen

Mönchengladbach, 20.11.2014

Niklas Scheerers

---

4 Legen Sie am Computer eine Lebenslauf-Datei nach dem obigen Gliederungsmuster an, in die Sie alle für Sie relevanten Daten eingeben.

Das Vorstellungsgespräch – Strategien der Vorbereitung

In einem Vorstellungsgespräch möchten sich Arbeitgeber/innen in der Regel ein Bild über Ihre Persönlichkeit und Ihre Kompetenzen machen. Um sich in kurzer Zeit einen Eindruck zu verschaffen, sind gezielte, für die Befragten z.T. auch unangenehme Fragen üblich. Nach deutschem Arbeitsrecht sind jedoch Fragen nach Partei-, Religions- und Gewerkschaftszugehörigkeit, Heiratsplänen, Kinderwünschen, Schwangerschaft, Vorstrafen und Vermögensverhältnissen nicht zulässig.

Information   **Mögliche Fragen im Vorstellungsgespräch**

- Sie haben sich ja sicher schon über unser Unternehmen/unsere Behörde/unsere Institution kundig gemacht. Was wissen Sie über uns?
- Warum bewerben Sie sich ausgerechnet hier bei uns? Was interessiert Sie an uns?
- Warum möchten Sie gerade in diesem Tätigkeitsbereich arbeiten?
- Sagen Sie doch einmal, was passiert, wenn Sie in Stress geraten? Wie gehen Sie mit Stress um?
- Was macht Ihnen im Moment in der Schule Spaß?
- Was empfinden Sie in der Schule als besondere Belastung?
- Was ist aus Ihrer Sicht entscheidend für eine gute Zusammenarbeit?
- Wann haben Sie den Eindruck, dass Sie eine gute Arbeit geleistet haben?
- Was sind Ihre größten persönlichen Stärken?
- Was sind Ihre größten Schwächen?
- Was sind Ihre weiteren Ziele? Was möchten Sie in den nächsten fünf bis zehn Jahren erreichen?

1 Gehen Sie in Gedanken ein Vorstellungsgespräch durch, in dem Sie mit den in der Information oben genannten Fragen konfrontiert werden.

2 Klären Sie, wo Sie recherchieren können, um auf einige dieser Fragen besser vorbereitet zu sein.

3 Einige dieser Fragen erfordern ein offenes, aber auch geschicktes Verhalten. Proben Sie in Rollenspielen die folgenden Verhaltensempfehlungen (▶ Methode).

Methode   **Strategien im Vorstellungsgespräch – Verhaltensempfehlungen**

- Achten Sie darauf, dass Sie pünktlich, ausgeruht und in angemessener Kleidung erscheinen.
- Nehmen Sie Kopien Ihrer Bewerbungsunterlagen mit, sodass Sie diese einsehen können, sofern Nachfragen zu diesen erfolgen.
- Gehen Sie auf Fragen zu Ihren Schwächen ein, indem Sie sich beispielhaft mit nur einer dieser Schwächen kritisch auseinandersetzen und darstellen, wie Sie diese positiv behoben haben.
- Antworten Sie auf Fragen zu Ihrer Person offen, vermeiden Sie jedoch zu große Offenheit in privaten Dingen.
- Stellen Sie eigene Fragen. Überlegen Sie sich im Vorfeld mindestens eine Frage zu den erwartbaren Arbeitsabläufen bei der angestrebten Ausbildung bzw. Tätigkeit.

1.5 Die mündliche Abiturprüfung – Vortrag und Prüfungsgespräch

Mündliche Prüfungen sind besondere Situationen, in denen viele Menschen Aufregung und innere Anspannung empfinden. Ein gewisses Maß an Stress ist aber sinnvoll, weil man in solchen Situationen erfahrungsgemäß besonders konzentriert und aufmerksam ist.

Unmittelbar vor der mündlichen Abiturprüfung müssen Sie in einer festgelegten Vorbereitungszeit von ca. 30 Minuten – meist materialgestützt – Aufgabenstellungen wie die folgende erarbeiten. Ihre Ergebnisse präsentieren Sie im ersten Prüfungsteil in einem etwa zehnminütigen Vortrag.

Das sich anschließende Prüfungsgespräch knüpft an Ihren Vortrag an. In diesem Gespräch werden aber vor allem andere Themen und Fragen aus den Kurshalbjahren der Jahrgangsstufen 11 und 12 behandelt.

Die Aufgabenstellung erarbeiten – Den Vortrag vorbereiten

Joseph von Eichendorff:
Mondnacht (1837)

Es war, als hätt' der Himmel
Die Erde still geküsst,
dass sie …

Aufgabenstellung
1. Analysieren Sie das Gedicht „Mondnacht" im Hinblick auf seine Form, seine sprachliche Gestaltung sowie die Haltung, die das lyrische Ich zur Natur einnimmt.
2. Ordnen Sie das Gedicht einer Epoche zu und begründen Sie Ihre Entscheidung.

1 a Lesen Sie das Eichendorff-Gedicht „Mondnacht" auf S. 436 und bearbeiten Sie für eine mündliche Abiturprüfung die Aufgabenstellung innerhalb von 30 Minuten. Machen Sie sich zur Vorbereitung stichwortartige Notizen.
  b Formulieren und strukturieren Sie Ihre Notizen auf einem Konzeptpapier so, dass Ihr Vortrag übersichtlich gegliedert ist.

2 Vergleichen Sie Ihr Konzept mit dem folgenden Beispiel. Überarbeiten Sie ggf. Ihren Entwurf.

Einleitung
Nennung von Aufgabenstellung, Autor, Textsorte, Titel, Erscheinungsjahr, Thema des Gedichts, z.B.: Traumatmosphäre → Geborgenheit/Harmonie – Natur/Seele

Hauptteil
- Aspekte der Analyse:
  – Aufbau/Struktur/Gedankengang
  – Metrik + Reim → Harmonie …
  …
  – Besonderheiten Form/Sprache: → Bilder und ihre Wirkung
  …

  3 Strophen – Konjunktiv als Klammer: „hätt" (V. 1), „flöge" (V. 12)
  „Himmel" und Schluss: … allumfassende Harmonie

- Rolle und Haltung des lyrischen Ichs: ...
• Deutung: ...

Schluss
• Einordnung in die Epoche der ...: → Sehnsucht nach ...

Den ersten Prüfungsteil simulieren – Einen Beobachtungsbogen einsetzen

Prüfungen zu simulieren, ist eine gute Möglichkeit, sich der Anforderungen der realen Prüfung bewusst zu werden und den freien Vortrag weiter einzuüben.

1 Simulieren Sie – ggf. vor Freunden oder vor Ihrer Familie – den ersten Prüfungsteil:
  a Kopieren und verteilen Sie den nachstehenden Beobachtungsbogen, wobei Sie einzelne Beobachtungsaspekte unter den Zuhörenden aufteilen sollten, sodass diese sich jeweils auf einen Bereich konzentrieren können.

Beobachtungsbogen

Teilbereiche	Der Prüfling ...	++	+	–	– –
Verstehensleistung	... hat die Aufgabenstellung richtig verstanden.				
	... zeigt ein sicheres Textverständnis (inhaltlich).				
	... zeigt ein sicheres Textverständnis (Textstruktur).				
	... benennt thematische Zusammenhänge.				
	... bezieht sein Wissen aus dem Unterricht (z. B. zu Epochenmerkmalen) richtig ein.				
Argumentationsleistung	... belegt seine Aussagen am Text.				
	... stellt sachliche und logische Zusammenhänge her.				
	... begründet Deutungen und eigene Bewertungen.				
	... bezieht mögliche Gegenargumente ein.				
Darstellungsleistung	... gliedert die Ausführungen sinnvoll und präsentiert diese entsprechend.				
	... teilt die Zeit für die einzelnen Aspekte der Aufgabenstellung sinnvoll ein.				
	... verwendet fachliche Methoden.				
	... verwendet die korrekten Fachbegriffe.				
	... verwendet ein angemessenes Vokabular und vollständige Sätze.				

  b Halten Sie Ihren Vortrag. Nehmen Sie ihn, wenn möglich, auf Video auf (Video-Feedback, ▶ S. 564).
  c Äußern Sie zunächst eine eigene Einschätzung Ihrer Leistung und besprechen Sie anschließend auf Grundlage Ihrer Beobachtungsaufträge und ggf. der Videoaufnahme, welche Möglichkeiten der Verbesserung bestehen.
  d Überarbeiten Sie je nach Kritik Ihren Vortrag und üben Sie ihn erneut vor Publikum.

2 Unabhängig vom inhaltlichen Gehalt Ihres Vortrags kann das nonverbale Verhalten (Gestik, Mimik, Körperhaltung) die Prüfungskommission positiv beeinflussen. Überlegen Sie, in welcher Weise das durch die folgenden Ratschläge gelingen könnte:
  – Sitzen Sie bequem, aber aufrecht.
  – Lösen Sie sich, wann immer möglich, von Ihrer Textvorlage und nehmen Sie Blickkontakt zu Ihren Prüferinnen und Prüfern auf.
  – Kontrollieren Sie die Haltung Ihrer Hände.

Den zweiten Prüfungsteil reflektieren – Das Gesprächsverhalten beobachten

Aus zwei Prüfungsgesprächen

Beispiel A

[...]

PRÜFER: Wir haben uns ja im Unterricht mit expressionistischer Lyrik beschäftigt. Könnten Sie uns bitte die literarische Strömung des Expressionismus kurz umreißen, typische Themen nennen, vielleicht auch Autoren?

SCHÜLER: Ja, gerne. Also, ich will mal mit den Autoren anfangen. Kafka, also Franz Kafka, ist keiner Epoche richtig zuzuordnen. Er ist quasi eine ganz eigene Epoche für sich. Geboren wurde Kafka, der Probleme mit seinem Vater hatte, in Prag – und zwar im Jahre, ich weiß nicht mehr genau, aber ...

PRÜFER: Entschuldigung, dass ich unterbreche. Vielleicht gehen Sie besser auf das Thema „Expressionismus" ein.

SCHÜLER: Ja, also die Expressionisten gab es auch in der Malerei, sie malten in sehr grellen Farben und etwas abstrakten Formen. (Pause)

PRÜFER: Sehen Sie da Parallelen zur Literatur dieser Zeit?

SCHÜLER: Auf jeden Fall. (Pause)

PRÜFER: Welche denn?

SCHÜLER: In den Texten, die wir im Unterricht besprochen haben, drehte sich vieles um Krieg und Zerstörung. Es war ja die Zeit vor dem Ersten Weltkrieg (1914 bis 1918) und viele hatten Angst vor dem Weltende. [...]

Beispiel B

[...]

PRÜFER: Wir haben im Unterricht über den Begriff der literarischen Epoche gesprochen. Man spricht ja auch z. B. vom Epochenumbruch um 1900. Würden Sie uns bitte erläutern, inwiefern Sie es für sinnvoll halten, von Epochen zu sprechen, und inwiefern dies aus Ihrer Sicht problematisch ist?

SCHÜLER: Ich hoffe, ich habe die Frage richtig verstanden: Ich soll also dazu Stellung nehmen, ob ich Epochenbegriffe für hilfreich, sinnvoll usw. halte, ja?

PRÜFER: Ja, und Sie sollen sagen, wo Sie Schwierigkeiten sehen.

SCHÜLER: Gut, danke. Epochenzuordnungen sind, wenn man so sagen kann, Erfindungen der Literaturwissenschaft, die im Nachhinein Gemeinsamkeiten von Texten verschiedener Autoren feststellen; und dann sagt man: Diese Epoche zeichnet sich durch folgende Themen und durch folgende Stilmerkmale aus. Die Frage ist nun: Ist das sinnvoll? Ist das überhaupt möglich?

PRÜFER: Moment. Es gibt doch auch Epochen, oder sagen wir besser: literarische Strömungen, die ein eigenes literarisches Schreibverständnis entwickelt haben, sich selbst als Teil einer literarischen Bewegung gesehen haben ...

SCHÜLER: ... natürlich, Sie meinen z. B. die Expressionisten, da wollte ich gleich als Beispiel noch drauf eingehen. Ich wollte erst zunächst grundsätzlich etwas zum Begriff „Epoche" sagen.

PRÜFER: Schön. [...]

1. Tragen Sie die Dialoge aus den beiden Prüfungsgesprächen vor. Versuchen Sie dabei, die jeweiligen Reaktionen der Prüflinge auch durch nonverbales Verhalten (▶ S. 128) auszudrücken.
2. Erläutern Sie an einigen Beispielen aus den Gesprächen, wie die Prüflinge auf die ihnen gestellten Fragen antworten, und bewerten Sie diese Reaktion bzw. Strategie.
3. Überlegen Sie, wie man Ihres Erachtens vorgehen sollte, wenn man in einer mündlichen Prüfung auf eine Frage keine Antwort weiß. Diskutieren Sie verschiedene Lösungsmöglichkeiten.
4. Simulieren Sie auch diesen zweiten Prüfungsteil – am besten, nachdem Sie Ihren Vortrag vor Freunden oder Ihrer Familie gehalten haben (Aufgabe 1, ▶ S. 564).

1.6 Lesestrategien – Techniken des Lesens

Die folgenden Informationen und Aufgaben beziehen sich vor allem auf das Lesen von Sachtexten. Um dafür geeignete Lesestrategien anzuwenden, ist es wichtig, sich bewusst zu werden, wann man welchen Text mit welchem Ziel liest. Sie lernen dabei schrittweise grundlegende Methoden zur Erschließung von Sachtexten kennen und zu erproben.

Wozu lese ich? – Die Leseabsicht klären

1. Notieren Sie Situationen, in denen Sie lesen. Welche Textsorten lesen Sie jeweils?
2. Klären Sie im Plenum: Wozu lesen Sie z. B. Zeitungs- oder Zeitschriftenartikel, Spielregeln, Fachliteratur, Tabellen, Fahrpläne, das Kleingedruckte in einem Vertrag, einen Roman oder eine Erzählung, einen Lexikonartikel, eine Gebrauchsanweisung, Blogs im Netz etc.?
3. Formulieren Sie: Wann ist Ihr Lesen Selbstzweck, wann ist es Mittel zum Zweck?

Das Leseziel bestimmt die Lesestrategie

Lesen Sie Texte zu einem bestimmten Zweck mit einem bestimmten Ziel, dann legt Ihr individuelles Leseziel die jeweilige Lesestrategie fest. Das Ziel bestimmt, ob ein Text z. B. überflogen, nur an einigen Stellen genau wahrgenommen oder Satz für Satz gründlich gelesen wird.

Lesestrategie

Überfliegendes (diagonales) Lesen	Gezieltes (selektives) Lesen	Intensives Lesen	Navigierendes Lesen
Der gesamte Text wird überflogen, um einen Überblick über Thema, Inhalt und Aufbau zu gewinnen.	Einzelne interessierende Textstellen werden genauer gelesen, das Übrige wird nur überflogen.	Mit dem Stift in der Hand wird der Text gründlich unter Beachtung aller Details mehrmals gelesen.	Durch Querverweise im Text, z. B. Lexikon, oder Links im Internet wird das Lesen gesteuert. Man kann dabei von (Hyper-)Text zu (Hyper-)Text „springen".

1. a) Welche Lesestrategien haben Sie bereits praktiziert? Wie sind Sie damit zurechtgekommen?
   b) Wie gehen Sie insbesondere zur Erschließung eines Sachtextes vor?
2. Erproben Sie die **erweiterte „Fünf-Schritt-Lesemethode"** anhand des Textes auf S. 576.

Methode   **Die erweiterte Fünf-Schritt-Lesemethode**

Die „Fünf-Schritt-Lesemethode", auch als „SQ3R-Methode" (Survey, Question, Read, Recite, Review) bekannt, ist eine effektive Lesetechnik, die mehrere Lesestrategien miteinander verbindet. Sie stammt aus den 1950er-Jahren. Mittlerweile ist die Leseforschung allerdings zu neueren Erkenntnissen gelangt, die eine Erweiterung um zwei zusätzliche Schritte erfordern: einen vorher und einen zum Schluss (Schritt 1 und 7). Aus den ursprünglich fünf Schritten (Schritt 2 bis 6) werden also **sieben Schritte:**

1. Schritt: Vorwissen aktivieren – Den erwarteten Inhalt antizipieren
2. Schritt: Sich einen Überblick verschaffen
3. Schritt: Fragen an den Text stellen
4. Schritt: Den Text gründlich und „aktiv" lesen
5. Schritt: Den Text abschnittweise rekapitulieren
6. Schritt: Den ganzen Text rekapitulieren
7. Schritt: Das Gelesene mit dem Vorwissen verknüpfen

1. Schritt: Vorwissen aktivieren – Den erwarteten Inhalt antizipieren

1. Lesen Sie zunächst nur den Titel des folgenden Textes – der Titel verweist oft schon auf zentrale Inhalte – und tauschen Sie sich in Partnerarbeit darüber aus, worum es in dem Text gehen könnte.
2. Machen Sie sich bewusst, was Sie möglicherweise bereits über das Thema denken und wissen.
3. Schreiben Sie in Stichpunkten Ihre Leseerwartung auf. Beziehen Sie auch Textsorte, Titel etc. mit ein.

2. Schritt: Sich einen Überblick verschaffen

1. Begründen Sie, welcher Lesetechnik Sie sich bedienen wollen, um einen ersten Eindruck von Inhalt und Aufbau des nachstehenden Textes zu gewinnen und rasch erfassbare Informationen aufzunehmen.
2. Lesen Sie den Text zügig durch. Konzentrieren Sie sich zunächst auf die Überschrift, den ersten und den letzten Satz, die Textabschnitte und deren erste Sätze.

Christoph Scheuermann: **Facebooktussies. Warum wir durch Social Media zu unsozialen Wesen geworden sind** (2013)

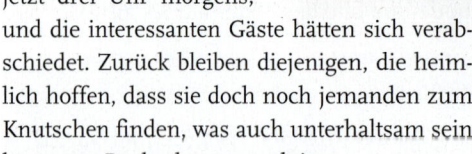

[...] Neulich war zu lesen, dass Facebook jeden Monat Millionen Nutzer verliere, vor allem in westlichen Ländern. Zeit, sich Gedanken über ein untergehendes Phänomen zu machen. Wäre Facebook eine Party, dann wäre es jetzt drei Uhr morgens, und die interessanten Gäste hätten sich verabschiedet. Zurück bleiben diejenigen, die heimlich hoffen, dass sie doch noch jemanden zum Knutschen finden, was auch unterhaltsam sein kann, aus Beobachterperspektive.

Am Anfang ging es auf der Seite anarchisch zu, weil man unter Freunden war. Man hackte Frechheiten in den Statusschlitz, verschickte digitale Küsse und teilte in frühen Fällen von *over-sharing* allen mit, dass man gerade Suppe kochte oder Tee trank. Als Verwandte, ältere Kollegen und Leute aus dem weiteren Bekanntenkreis dazukamen, die nicht alles sehen mussten, nahm die Lockerheit ab. Das eine oder andere Foto wurde versteckt, Einträge wurden redigiert oder gelöscht. Ein Mensch ist immer nur so mutig wie sein gewagtestes Status-Update.

Im Alltag hatte der steigende Facebookkonsum heikle Folgen. Es entwickelte sich ein Phänomen, das wir Facebooktussis nannten – junge Frauen, umhüllt von der blassen Aura eines leuchtenden Mobiltelefons, die wie zerstreute Heilige auf Partys herumstanden und ihre Aufmerksamkeit denjenigen schenkten, die gerade anderswo mit ihrem Handy beschäftigt waren.

Facebook war immer eine Übung in simulierter Lässigkeit, Raum für ein schöneres, glänzenderes Ich. Plötzlich konnte man mangelnde Schlagfertigkeit dadurch kompensieren, dass man minutenlang über einen originellen Kommentar nachdachte. Im Alltag ist das schwierig. [...] Partys, Schnappschüsse, Zufallsbekanntschaften, angetrunkene Ideen um zwei Uhr früh klopfe ich darauf ab, ob sie es wert sind, anderen übermittelt zu werden. Das große Selbstüberwachungszeitalter beginnt, in dem ein Ereignis nicht mehr stattfindet, wenn es nicht geteilt wird. [...]

Allmählich begann sich etwas zwischen mir und meinen Freunden zu verschieben. Wir wurden ungeduldiger, unkonzentrierter miteinander, wenn wir uns sahen, vielleicht in der Befürchtung, etwas zu verpassen, was parallel im Internet passiert. Wir stellten einander weniger Fragen, denn unsere Leben synchronisierten sich ja online. [...] Wenn ich mich mit Freunden traf, wusste ich manchmal nicht, was ich erzählt und was ich nur gepostet hatte. Morgens griff ich als Erstes zum Handy neben dem Bett, um zu schauen, was das Leben der anderen machte. Mit dem Schlafzimmer war auch der letzte analoge Ort in der Wohnung entweiht, der bislang für Bücher, Träume und Liebe reserviert war. [...]

Facebook wollte die Bindung zwischen Menschen im digitalen Universum weiterführen. Inzwischen geben die meisten dort nichts mehr von sich preis, ihre Einträge lesen sich wie Meldungen eines außer Kontrolle geratenen Livetickers: „Träumte, ich war in San Francisco letzte Nacht." – „Beachparty." – „Sonne & Home Office." – „Rügen-Nord."

Das ist kein schlechtes Zeichen. Die Chance wächst, dass wir uns endlich wieder mit den wichtigen Dingen befassen. Wir müssen reden.

3 Formulieren Sie mit eigenen Worten erste Leseeindrücke zum Thema des Textes und zur Absicht des Autors, z. B.: *Scheuermann befasst sich mit einem aktuellen gesellschaftlichen Thema: den so genannten Social Media und ihren Auswirkungen auf ... Scheuermanns Einschätzung der sozialen Netzwerke wird deutlich, als er ihren momentanen Zustand mit ... vergleicht. Absicht des Autors ist es offensichtlich, die Leserinnen und Leser davon zu überzeugen, dass ... Mit dem Schlusssatz „Wir müssen reden" deutet der Autor an, wie er sich die gesellschaftliche Kommunikation ...*

3. Schritt: Fragen an den Text stellen

1 Rekapitulieren Sie Ihre Ergebnisse aus Schritt 1 und 2, um Fragen an den Text zu stellen. Diese können ausgelöst werden durch den ersten Leseeindruck, durch Ihr persönliches Vorwissen zum Gegenstand des Textes, durch Ihre Leseabsicht bzw. Ihr Erkenntnisinteresse oder auch durch weitere W-Fragen (Was? Wer? Wo? Wann? Wie? Warum?).
Tipp: Dieser Schritt kann auch als Gruppenarbeit erfolgen (▶ Methode: **Reziprokes Lesen**).

Methode   **Reziprokes Lesen – Texte abschnittweise in Einzel- und Teamarbeit erschließen**

- Lesen Sie den ersten Abschnitt des Textes in Einzelarbeit.
- Bilden Sie Vierer-Teams mit folgender Aufgabenstellung:
  Mitglied A: Trägt eine Zusammenfassung des Textabschnitts vor, die Teammitglieder beraten über Ergänzungen und gegebenenfalls Korrekturen.
  Mitglied B: Stellt Fragen zum Textabschnitt; die Teammitglieder beantworten sie.
  Mitglied C: Lässt von den anderen Teammitgliedern Begriffe und Textstellen erläutern, die ihm nicht ganz klar sind.
  Mitglied D: Formuliert eine Vorhersage darüber, wie der Text (im nächsten Abschnitt) weitergehen könnte.

- Lesen Sie den nächsten Abschnitt wieder in Einzelarbeit. Die Aufgabenverteilung innerhalb des Teams wechselt dann im Uhrzeigersinn. Mit den folgenden Abschnitten verfahren Sie ebenso.

4. Schritt: Den Text gründlich und „aktiv" lesen

1 Lesen Sie den Text auf einer Kopie des Textes gründlich und „aktiv", d. h. mit dem Stift in der Hand (▶ Methode).

Methode   Aktiv lesen – Stifte oder Textmarker verwenden

- **Stifte** „kreativ" verwenden: Sie können den Text mit unterschiedlichen Symbolen, Farben, Zeichen markieren. Unterstreichen Sie z. B. einfach, doppelt, gestrichelt, geschlängelt; umkreisen Sie einzelne Begriffe, streichen Sie für Sie Unwichtiges. Trennen Sie Sinnabschnitte durch Querlinien. Achtung: Diese müssen nicht mit Druckabsätzen übereinstimmen.
- **Textmarker:** Sie können verschiedene Farben zur Unterscheidung einsetzen, z. B. für:
    - verschiedene Textebenen (Thesen, Einleitung, Zusammenfassungen, Schlüsselwörter, Zitate, Oberbegriffe etc.),
    - Angaben (Namen, Jahres- und andere Zahlen ...) und
    - semantische, syntaktische und strukturelle Besonderheiten (z. B. Aufzählungen, Schachtelsätze, Metaphern und Vergleiche, Anglizismen, antithetische Konstruktionen, provokante Aussagen etc.).
- **Notizen am Rand (Randglossen, Marginalien):** Arbeiten Sie mit einem persönlichen System an Symbolen, Zeichen und Abkürzungen, z. B.:
    - Ausrufe-, Frage-, Plus- und Minuszeichen, Ziffern zur Kennzeichnung der Textgliederung: **?** (Klärung notwendig), **+** (gute Idee, übernehmen), **( )** (zitierbarer Text), **!**, *****, **~**
    - Stichworte und Abkürzungen, z. B.: **vgl. Z. 13–15** (Verweis), **Lex.** (nachschlagen), **Th.** (These), **Arg.** (Argument), **Bsp.** (Beispiel), **Def.** (Definition), **I.** (Ironie), **Folg.** (Folgerung), **prov.** (provokant), **;o)** (nicht ganz ernst gemeint), **Sb** (Satzbau), **FA** (wichtiger Fachausdruck) etc.

Tipp: Bei allen Möglichkeiten sollten Sie sich auf Ihre Leseabsicht konzentrieren. Markieren Sie nicht zu viel, sonst verfehlen die Markierungen ihren Zweck als Hervorhebung.

5. Schritt: Den Text abschnittweise rekapitulieren

1 Ordnen Sie die folgenden Notizen in der richtigen Reihenfolge den ersten beiden Absätzen des Textes „Facebooktussies" zu:
- später auch entferntere Bekannte als Adressaten
- Vergleich mit der Endphase einer Party
- kontrollierterer Umgang mit Informationspreisgabe
- sinkende Nutzerzahlen
- am Anfang viel Spontanes im Austausch mit Freunden

2 Machen Sie sich auch für die folgenden (Sinn-)Abschnitte bewusst, was Sie inhaltlich verstanden haben, indem Sie die Hauptaussagen in eigenen Worten wiedergeben.

1.6 LESESTRATEGIEN – TECHNIKEN DES LESENS

3 Formulieren Sie abschnittweise **Exzerpte** (▶ Information), und zwar in eigenen Worten, um deutlich zu machen, dass Sie die Aussagen gedanklich verarbeitet haben.

Information Exzerpte

Beim Exzerpieren (lat. „herausklauben, auslesen") werden gezielt Informationen aus einem Text ausgewählt und in komprimierter Form aufgeschrieben. Wichtig ist, dass Sie die Vielzahl der Textinformationen reduzieren und sie mit eigenen Worten formulieren. Das **objektive Exzerpt** gibt den Text als Ganzes wieder, d. h., alle wesentlichen Informationen werden chronologisch in knapper Form schriftlich fixiert. Beim **subjektiven Exzerpt** geht man „aspektorientiert" vor und filtert die Inhalte heraus, die für das Leseziel bzw. die Fragestellung relevant sind.

6. Schritt: Den ganzen Text rekapitulieren

1 Gewinnen Sie zum Schluss einen Gesamtüberblick über den Text. Vergegenwärtigen Sie sich dazu den Inhalt des ganzen Textes, indem Sie die Schritte 2 bis 5 gedanklich noch einmal durchgehen.

2 a Machen Sie sich für ein vertieftes und ganzheitliches Verständnis des Textes seine gedankliche Struktur bewusst, also das Verhältnis, in dem die einzelnen Aussagen und Abschnitte zueinander stehen. Zur besseren Orientierung eignet sich besonders gut ein Strukturdiagramm (▶ Beispiel unten).

b Prüfen Sie das folgende Strukturdiagramm eines Schülers und überarbeiten bzw. ergänzen Sie es in Ihrem Heft mit Ihren eigenen Ergebnissen.

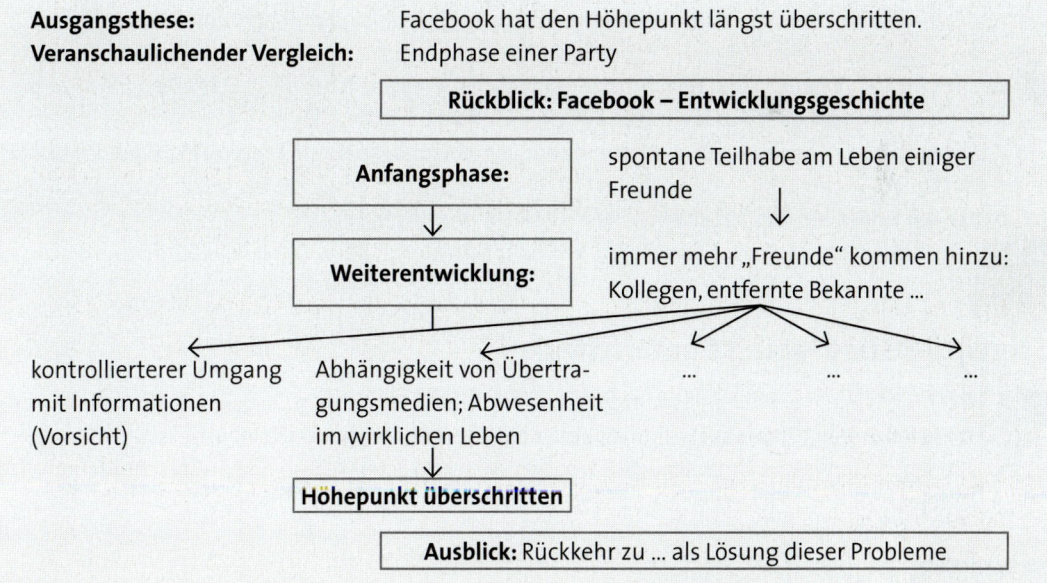

7. Schritt: Das Gelesene mit dem Vorwissen verknüpfen

1 Vergegenwärtigen Sie sich Ihre Notizen zu Schritt 1 (Vorwissen aktivieren).

2 Verknüpfen Sie die Informationen, die Sie durch den Text bekommen haben, mit Ihrem Vorwissen und Ihrer Einstellung zum Thema. Inwiefern hat sich Ihr Vorwissen/Ihre Einstellung verändert?

1.7 Texte planen, schreiben und überarbeiten – Die Schreibkompetenz verbessern

Schreiben als eine komplexe Fähigkeit – Fragen im Schreibprozess reflektieren

Ihre Schreibfähigkeiten können Sie erweitern, wenn Sie Grundlegendes über das Schreiben wissen und regelmäßig Texte verfassen. Damit Sie **schulische Schreibaufgaben** erfolgreich bearbeiten können, sollte Ihnen bewusst sein, dass sich Ihre Schreibkompetenz aus vielen Teilfähigkeiten zusammensetzt:

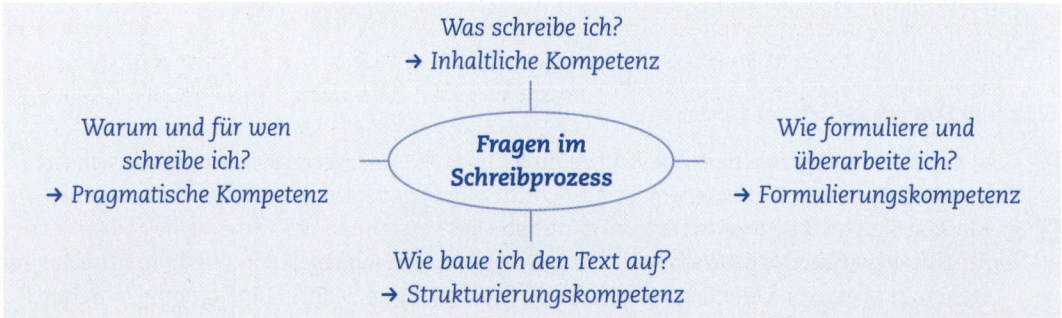

Besonders hilfreich ist es, wenn Sie sich beim **Schreiben in einer Gruppe** sowohl über das Aufgabenverständnis als auch über vermutete Schreibschwierigkeiten verständigen und dann den **Schreibprozess** in Schritten vollziehen. Vor dem Schreiben werden geeignete Hilfsmittel beschafft; nach dem Schreiben wird eine gründliche Kontrolle der entstandenen Texte angestrebt und durchgeführt.

1 Machen Sie sich eigene Schreiberfahrungen und -schwierigkeiten bewusst. Schreiben Sie dazu in der Ich-Form Fragen oder Aussagesätze auf ein gesondertes Blatt, z. B.:
Wie fange ich an? Wie kann ich ein Formulierungsproblem beseitigen? Diesen Text kann ich ähnlich gliedern wie ..., nämlich ... Am besten ist es, den fertigen Text zunächst beiseitezulegen und ihn später auf Fehler hin durchzusehen. Andere können mir helfen bei ...

2 Welche Ihrer Fragen weist auf eigene Stärken oder Schwächen bei welcher Teilkompetenz hin?

Schreibziele und -anlässe unterscheiden

1 a Listen Sie frühere Schreibanlässe auf und ordnen Sie diesen Schreibziele zu, z. B. jemanden über etwas informieren, jemanden überzeugen, Analyseergebnisse vermitteln, ...
  b Überlegen Sie, welche Unterschiede Sie sehen zwischen schulischem und außerschulischem Schreiben.

> **Information** Schreibziele und -anlässe
>
> Wenn man einen Text schreibt, sollt man sich zunächst klarmachen, welche **Schreibziele** man damit verfolgt, ob man also z. B. über etwas berichten, Analyseergebnisse vermitteln, über etwas informieren, jemanden von etwas überzeugen oder einen poetischen Text verfassen möchte. In einem engen Zusammenhang damit steht auch der jeweilige **Schreibanlass**, z. B. eine Prüfung oder der Auftrag, ein Protokoll zu schreiben.

Schritt für Schritt eine Schreibaufgabe bearbeiten

Ein Schreibprozess besteht aus Phasen der Planung, des Schreibens und der Überarbeitung. Dabei empfiehlt sich generell die folgende Schrittfolge.

Erster Schritt: Die Aufgabenstellung verstehen

1 Klären Sie beispielhaft zu Peter Bichsels Kurzgeschichte „San Salvador" (▶ S. 35 f., Aufg. 2 bis 4) sowie zu Botho Strauß' „Mikado" (▶ S. 36 f., Aufg. 1 bis 3), was genau die dazu formulierten Aufgaben von Ihnen verlangen:
  a Lesen Sie zunächst beide Erzähltexte aufmerksam durch.
  b Notieren Sie Ihre Antworten zu folgenden Fragen:
  – Wie verstehe ich die Aufgaben bzw. die einzelnen Aufgabenformulierungen? Was fordern die Operatoren (▶ S. 207) von mir (z. B.: untersuchen, beschreiben, analysieren, erläutern, Stellung nehmen)?
  – Welche Arbeitsschritte bzw. welche inhaltlichen und formalen Aspekte sind durch die Aufgabenstellung jeweils vorgegeben?
  – Was sollte ich darüber hinaus berücksichtigen?

2 Tauschen Sie sich über Ihre Antworten im Kurs aus.

Methode   **Anforderungen an schulische Schreibaufgaben – Vorgehensweise**

Für schulische Schreibaufgaben gilt in der Regel, dass Texte bearbeitet bzw. aufbereitet sowie Ideen gesichert und Inhalte strukturiert werden müssen. Erst danach entwickelt man Leitlinien für die schriftliche Darstellung der eigenen Lösungen/Ergebnisse. Man sollte je nach Aufsatzform und Aufgabenstellung die nachstehend skizzierten Tätigkeiten ausführen:

- **Analysierendes Schreiben:** Erste Verstehenseindrücke schriftlich festhalten; dazu ein Notizblatt anlegen; Markierungen im Text vornehmen; Randnotizen machen; einzelne analytische Befunde den in der Aufgabenstellung genannten Aspekten zuordnen
- **Erörterndes Schreiben:** Zusätzlich zur Textanalyse: Ideen entwickeln (Cluster, Mindmap); Fachkenntnisse rekonstruieren; Argumente sammeln und ordnen etc.
- **Produktiv-gestaltendes Schreiben:** Assoziationen notieren; Bilder bzw. Vorstellungen zu Figuren/Situationen festhalten; den Text spontan weiterschreiben und später mit Untersuchungsergebnissen vergleichen etc.
- **Informierendes Schreiben:** Materialien auswerten, Informationen strukturieren, für bestimmte Adressaten einen Text verfassen

---

Zweiter Schritt: Erstes Textverständnis und Ideen formulieren

1 Beachten Sie den Titel des jeweiligen Textes. Formulieren Sie ein erstes Verständnis:
  a Welchen Zusammenhang sehen Sie zwischen dem Titel der Geschichte von Strauß und ihrem Inhalt?
  b Welchen Zusammenhang sehen Sie zwischen dem Titel der Geschichte von Bichsel und der wiederholten Aussage „Mir ist es hier zu kalt" (S. 35, Z. 6 f. und Z. 28)?

2 Notieren Sie für beide Geschichten alle Textstellen, in denen Sie etwas über die weiblichen Figuren erfahren. Welches Bild von der jeweiligen Figur entsteht bei Ihnen?

3 Halten Sie in wenigen Sätzen Ihr erstes Textverständnis fest.

Dritter Schritt: Den Text schriftlich (im Team) analysieren

1 Teilen Sie den Kurs in zwei Gruppen. Die eine Gruppe bearbeitet die schriftlich zu lösenden Aufgaben zur Kurzgeschichte „San Salvador" (▶ S. 35 f.), die andere die zur Geschichte „Mikado" (▶ S. 36 f.).

2 a Lesen Sie je Gruppe die Geschichte und die Arbeitsaufträge noch einmal „aktiv" (▶ S. 578).
   b Untersuchen und deuten Sie „Ihre" Kurzgeschichte. Nutzen Sie die Information „Analyse von kurzen Erzähltexten – Grundlegende Fragen zur Analyse" (▶ S. 39).

Vierter Schritt: Einen Schreibplan erstellen und schreiben

1 Fassen Sie zusammen, was Sie über Inhalt, Form und Funktion von Einleitung, Hauptteil und Schluss eines Aufsatzes wissen.
Erläutern Sie Ihr Wissen am Beispiel des analysierenden Schreibens.

2 Notieren Sie je Gruppe, wie Sie Ihre Untersuchungsergebnisse systematisch darstellen wollen. Halten Sie Ihre geplante Gliederung schriftlich fest.

3 Verfassen Sie in Einzelarbeit Ihren Analyseaufsatz. Achten Sie dabei besonders auf die gedankliche Folgerichtigkeit Ihrer Ausführungen (▶ Methode).

Methode   **Globale Kohärenz – Inhaltliche Zusammenhänge deutlich machen**

Als Kohärenz (lat. *cohaerere* „zusammenhängen") bezeichnet man den **inhaltlichen Zusammenhang** eines Textes. Mit Hilfe der folgenden Leitfragen können Sie prüfen, ob Ihr **Text insgesamt** inhaltlich schlüssig ist und einem „roten Faden" folgt **(globale Kohärenz)**:

- Sind meine Ausführungen in sich **stimmig, logisch und widerspruchsfrei?**
- Folgen die von mir verfassten Textteile (z. B. einzelne Abschnitte, Ausführungen zu Teilaufgaben) einer klaren **Struktur?**
- Sind die einzelnen Textteile sinnvoll miteinander **verknüpft?** Kann die Verknüpfung durch Rückbezüge oder Vorverweise optimiert werden?
- Habe ich bei Verbesserungen, Umstellungen und Ergänzungen beachtet, dass meine Ausführungen **schlüssig** bleiben müssen?
- Habe ich Wichtiges deutlich hervorgehoben und am Schluss noch einmal **zusammengefasst?**

Fünfter Schritt: Den eigenen Text überarbeiten – Aussagen verknüpfen und Schreibkonferenz

1 Überlegen Sie zunächst für sich:
   a Inwiefern ist es Ihnen gelungen, mit Hilfe Ihrer Gliederung einen schlüssigen Text zu verfassen?
   b Wo hatten Sie beim Verfassen größere Schwierigkeiten?

2 a Lesen Sie Ihren Aufsatz und beurteilen Sie ihn. Legen Sie dazu die in der Methode oben genannten Fragen zur globalen Kohärenz bei der Beurteilung des Textes an.
   b Überarbeiten Sie die Textteile, die Ihnen verbesserungswürdig erscheinen.

3 Prüfen Sie, ob Sie die lokale Kohärenz zwischen den einzelnen Sätzen sprachlich genügend unterstützt haben.
  a Markieren Sie Textstellen in Ihrem Aufsatz, an denen die Verknüpfung von Aussagen verbessert werden könnte.
  b Setzen Sie besser passende Verknüpfungen ein. Für entsprechende Ergänzungs- oder Ersatzproben können Sie das folgende „Rad der Gelenkwörter" nutzen.
  c Tauschen Sie Ihren Aufsatz mit einem Lernpartner oder einer Lernpartnerin. Geben Sie sich gegenseitig eine Rückmeldung, ob die lokale Kohärenz zwischen einzelnen Sätzen noch weiter verbessert werden kann.

Methode Lokale Kohärenz – Satzzusammenhänge deutlich machen

Die **Kohärenz zwischen Sätzen** (lokale Kohärenz) lässt sich besonders gut durch **verknüpfende Konjunktionen** und **Adverbien** herstellen:

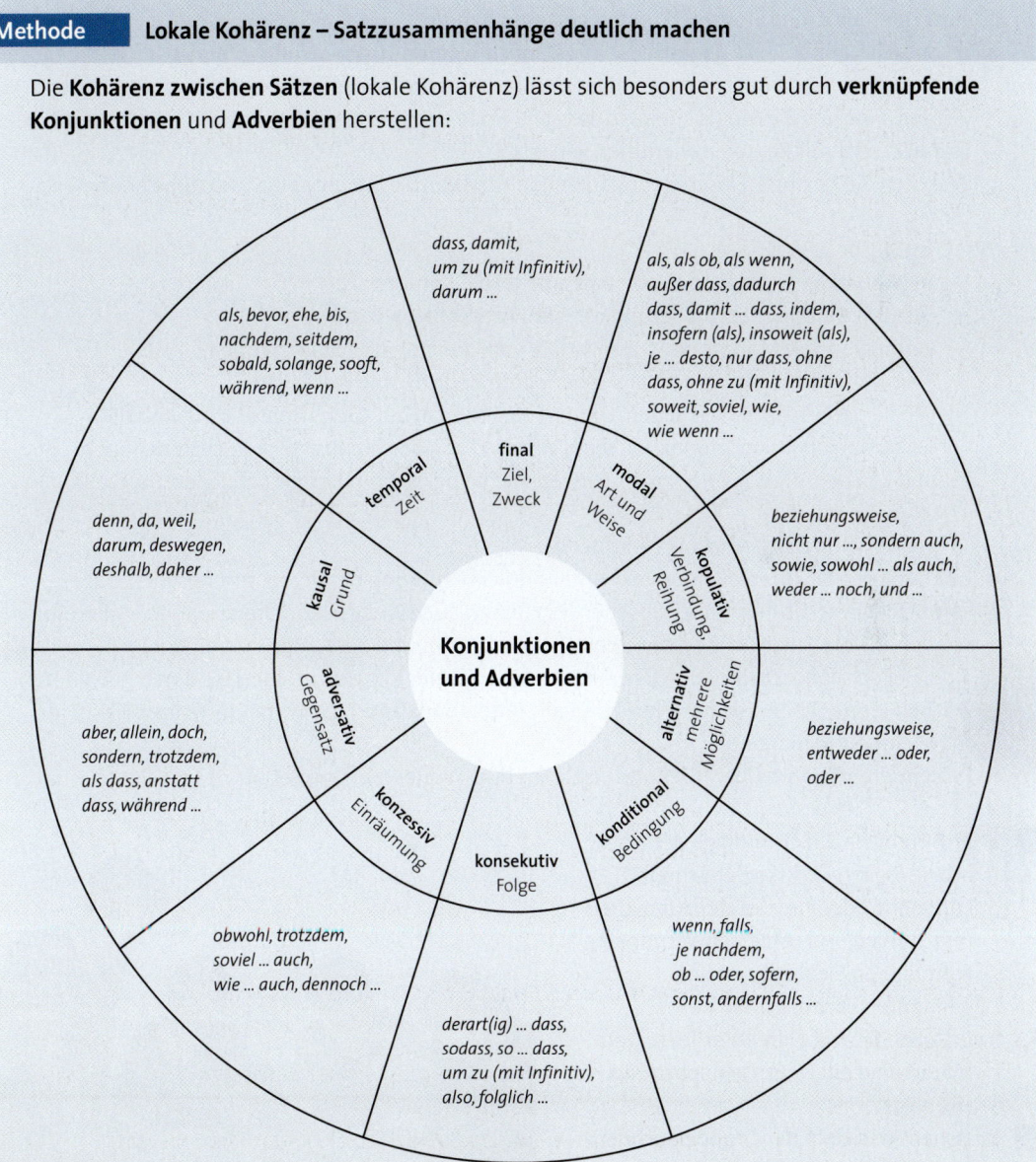

4 Diskutieren und überarbeiten Sie Ihre Aufsätze in einer Schreibkonferenz (▶Methode).

Methode Schreibkonferenz

In einer Schreibkonferenz erfolgt eine **Textüberarbeitung in der Gruppe.** Dazu werden eigene Texte einem kritischen Publikum vorgestellt, um Textqualitäten und -schwächen genau zu bezeichnen und Fehlerhaftes sowie Unpassendes gezielt zu verbessern. Gehen Sie so vor:
- Bilden Sie Gruppen mit drei bis fünf Mitgliedern. Die Stärken der Mitglieder sollten sich ergänzen.
- Kleben Sie Ihren Text auf ein DIN-A3-Blatt, falls Sie nicht beim Schreiben Ihres Textes bereits einen breiten Rand für Anmerkungen gelassen haben.
- Lesen Sie sich Ihre Texte gegenseitig vor. Danach können Einschätzungen bezüglich Wirkung, Kernaussage, Verständlichkeit gegeben und Verbesserungsvorschläge am Textrand notiert werden. Eine andere Möglichkeit ist, dass alle Texte rundgegeben werden und jeder jeden Text liest und mit Randkommentaren versieht.
Beachten Sie bei Ihrer Einschätzung folgende Aspekte, die Sie unter die **„Textlupe"** nehmen sollten:
  – Textaufbau,
  – Textkohärenz (▶Methoden „Globale und lokale Kohärenz"),
  – Qualität einzelner Formulierungen („Haus der Stile", ▶S.326),
  – Vermeiden von Monotonie, z.B. mit Hilfe von Umstell- und Ersatzproben,
  – Prägnanz und Stimmigkeit der verwendeten Begriffe und Aussagen,
  – Vermeiden von Widersprüchen, Ungenauigkeiten in der Gedankenführung (Inhalt),
  – Grammatik (z.B. Kongruenz, Satzbau, Verwendung des Konjunktivs), Rechtschreibung und Zeichensetzung (▶S.599 f.). Nutzen Sie die bekannten Korrekturzeichen: Sb, Gr, Bz, A/W …
  – Verweise und Zitiertechnik (▶S.596 f.)
- Überarbeiten Sie Ihren eigenen Text unter Berücksichtigung der Verbesserungsvorschläge, sofern Sie diese als begründet ansehen. Es können auch weitere Konferenzrunden einberufen werden, bis die Ansprüche an die Überarbeitung Ihnen und der Gruppe genügen.
Tipp: Bei der handschriftlichen Überarbeitung, z.B. einer Klausur, müssen Sie durch geeignete Zeichen (etwa *) oder Nummerierungen am unteren Textrand das Verbesserte bzw. Hinzugefügte eindeutig markieren.
- Präsentieren Sie Ihre überarbeiteten Texte im Kurs (Vorlesen, Plakat etc.).

5 a Ermitteln Sie auf Grundlage der Überarbeitungsergebnisse der Schreibkonferenz oder Ihrer letzten Klausuren Ihre Stärken und Fehlerschwerpunkte. Formulieren Sie diese mit den genannten Fachbegriffen.
b Erstellen Sie mit Hilfe Ihrer Texte und Materialien ein Unterrichtsportfolio (▶S.585 ff.).

6 Tauschen Sie sich in der Gruppe darüber aus, worauf Sie beim Schreiben Ihres nächsten Aufsatzes besonders achten möchten.

1.8 Die Portfolioarbeit – Sechs Phasen

> **Information** **Das Unterrichtsportfolio**
>
> **Portfolios** (von lat. *portare* „tragen" und *folium* „Blatt") sind zielgerichtete Sammlungen von eigenen und fremden Materialien zu einem bestimmten Thema und nach einem vorher konzipierten Arbeitsplan. **Unterrichtsportfolios** geben Auskunft über Ihre Leistungen und Fortschritte im Hinblick auf das zu Beginn der Portfolioarbeit formulierte Erkenntnisinteresse. Ein Unterrichtsportfolio dokumentiert Ihre Leistung, informiert über Ihren individuellen Lernprozess und Ihre Leistungsentwicklung. Wichtig ist, dass Sie notieren, welche Inhalte Sie warum ausgewählt haben, welche Schwierigkeiten sich möglicherweise ergaben, welche Beurteilungskriterien von wem festgelegt wurden und wie Sie Ihren Lernprozess selbst einschätzen.

1 Vergleichen Sie das Portfolio mit anderen Formen der Materialsammlung in der Schule (z.B. Lesetagebuch, Kursheft) und bestimmen Sie die besonderen Merkmale der Portfolioarbeit.

> **Methode** **Portfolioarbeit – Phase 1: Vereinbarungen**
>
> Legen Sie im Kurs zunächst fest:
> - Zu welcher **Fragestellung** soll mit welcher Aufgabenstellung gearbeitet werden?
> - Welches **Ziel** wollen Sie mit der Portfolioarbeit erreichen? Welchem Zweck dient sie?
> - Wie viel **Zeit** haben Sie zur Verfügung?
> - Welchen **Anforderungen** soll das Portfolio genügen? Wie soll es **aufgebaut** sein? Z.B.:
>   a) Deckblatt, b) Vorwort (Thema, Themenfindung, Erkenntnisinteresse/Ziel, Vorgehensweise), c) Inhaltsverzeichnis, d) eigene Texte (z.B. Zusammenfassungen, Kommentare, Bilder, Grafiken), e) fremde Texte, Bilder, Interview, f) persönliche Einschätzungen zum Gelingen der jeweiligen Arbeitsschritte, Auswahl von Beispielen zu einzelnen Schritten mit Begründung der Auswahl, g) Nachwort, Ausblick
> - An welche **Adressaten** ist es gerichtet? Wer darf Einsicht nehmen?

2 Überlegen Sie gemeinsam, welche Möglichkeiten der Selbst- und Mitbestimmung Sie in der Portfolioarbeit sehen und welche Kompetenzen von Ihnen erwartet werden.

3 a Lesen Sie das folgende Vorwort aus einem Portfolio. Was halten Sie für gelungen, was nicht?
b Überarbeiten Sie das Vorwort so, dass es den Hinweisen in der Methode entspricht.

> Lieber Leser meines Portfolios! Mein Name ist Felicitas Th. Im Rahmen unserer Arbeit zu Schillers „Kabale und Liebe" fiel mir die Ähnlichkeit zu einem Drama auf, das ich kürzlich im Schauspielhaus gesehen hatte: Lessings „Emilia Galotti". Schnell wurde mir klar, dass mich von allen Figuren des Stücks die beiden „Schurken hinter den Schurken" – Wurm und
> 5 Marinelli – am meisten interessieren, da sie die wesentlichen Intriganten sind. So lautet die zentrale Frage meiner Arbeit: „Marinelli oder Wurm – wer ist der ‚bessere' Intrigant?" Zur Beantwortung werde ich zunächst klären, was eine „Intrige" ist, ihre Bedingungen und Umstände erforschen, ihr jeweiliges Ziel und ihren Verlauf darstellen, um abschließend die Machenschaften der beiden zu vergleichen und zu bewerten. Ich wünsche viel Spaß beim
> 10 Lesen meines Portfolios!

| Methode | Portfolioarbeit – Phase 2 u. 3: Materialrecherche und -auswertung |

Suchen Sie Materialien zum Thema und werten Sie diese stichwortartig aus:
- Welchen **inhaltlichen Beitrag** leistet das Material zum Lernfortschritt?
- Was lässt sich über das **eigene Lernen** bzw. die Lernbedingungen anhand des Materials sagen? Ist es zu umfangreich für den gesetzten Zeitrahmen? Ist es inhaltlich ergiebig oder unergiebig?

4 Welche Möglichkeiten der Materialrecherche kennen Sie? (▶ S. 553 ff.)
5 Belegen Sie Ihren Lernfortschritt und Ihre Lernbedingungen stichwortartig.

| Methode | Portfolioarbeit – Phase 4 u. 5: Reflexion des Arbeitsprozesses – Nachwort, Ausblick |

Die folgenden Reflexionsanregungen können Sie an unterschiedlichen Stellen in Ihrem Portfolio verorten: im Vorwort, im Nachwort und/oder in Form von Zwischenüberlegungen.
Geben Sie Auskunft darüber:
- auf welche **Art und Weise** Sie gelernt haben,
- wie Sie mit der **Zeit** zurechtgekommen sind (Aspekt der Zeitökonomie),
- welche **Irr- und Umwege** Sie gegebenenfalls genommen haben,
- wie Sie mögliche **Schwierigkeiten** lösen konnten,
- welche **Ziele** Sie **erreicht** haben und was diese Ziele für Sie bedeuten,
- welche **zukünftigen Arbeits- und Lernziele** sich für Sie aus der Arbeit ergeben.

6 Notieren Sie, worüber Sie im folgenden Schülerbeispiel eines Nachworts informiert werden:

> Intrigen und ihre Drahtzieher in den beiden Dramen „Kabale und Liebe" und „Emilia Galotti" miteinander zu vergleichen und zu bewerten, ist zwar eine spannende Aufgabe, doch auch eine sehr schwierige: Zunächst musste ich mir überlegen, inwiefern man die Texte überhaupt vergleichen kann. Dazu habe ich mir folgende Fragen gestellt: Was macht die
> 5 Kunst des Intrigenspinnens aus? Für wen behaupten Wurm und Marinelli jeweils ihre Intrige zu planen? Welche eigenen Absichten verfolgen sie? Wie gehen sie vor? usw.
> Trotz der beschriebenen Schwierigkeiten bin ich der Meinung, die im Vorwort gestellte Frage nach dem „besseren" Intriganten fundiert beantworten zu können: Wurm ist der „Sieger".
> Er kennt sich in der Welt des Adels aus und ist auf Grund seiner bürgerlichen Herkunft in
> 10 der Lage, das Verhalten seiner bürgerlichen Opfer erfolgreich zu manipulieren. Marinelli hingegen kennt nur die Welt des Adels, weshalb ihm das nötige Verständnis für die betroffenen Bürger fehlt. … Ich bin neugierig auf weitere Beispiele von List und Täuschung in der Literatur geworden – …

| Methode | Portfolioarbeit – Phase 6: Präsentation (▶ S. 563 f.) |

Je nach Absprache kann das Portfolio gemeinsam mit den Kursmitgliedern und Lehrkräften, ggf. auch mit den Eltern und anderen Kursen betrachtet werden.
Vielleicht planen Sie gemeinsam eine Ausstellung, organisieren eine Matinee oder gestalten eine Seite auf der Website Ihrer Schule.

1.9 Projektarbeit im Team – Planen, durchführen und vorstellen

1 a Beschreiben und erläutern Sie die Fotos vor dem Hintergrund Ihrer Erfahrungen und Vorkenntnisse zum Projektlernen bzw. zum projektorientierten Arbeiten. Welche Prinzipien der Teamarbeit, welche Zielsetzungen und Arbeitsphasen sowie Dokumentations- und Präsentationsformen kennen Sie?

b Reflektieren Sie, welche Fähigkeiten man im Rahmen einer Projektarbeit erwerben kann, die auch außerschulisch bedeutsam sind.

2 Formulieren Sie eine eigene Definition des Begriffs „Projektarbeit". Verwenden Sie Begriffe wie „Vorhaben", „Projektmethode", „komplexe Aufgaben", „Produkt- oder Handlungsorientierung" und „Portfolioarbeit".

Projektarbeit – Phasen und Arbeitsformen

Üblicherweise werden fünf Phasen eines Projekts unterschieden:
1. Initiativ- und Informationsphase, 2. Planungsphase, 3. Arbeits- oder Produktionsphase, 4. Präsentations- bzw. Aktionsphase, 5. Evaluationsphase. In allen Phasen geht es darum, dass die Arbeits- bzw. Projektgruppen lernen, eigenverantwortlich und selbstständig im Team zu arbeiten.

Phase I: Initiativ- und Informationsphase

Wenn sich ein Kurs für ein Projekt entscheidet, muss gewährleistet sein, dass die Interessen, Kenntnisse und Problemsichten aller einfließen können. Häufig sind dabei noch Rahmenbedingungen zu berücksichtigen wie z. B. Lehrplan- und Abiturvorgaben, Anschluss an bisherige Lernergebnisse, Lernerfolgskontrollen, Zeitrahmen. Andere Entscheidungen, etwa zu den Arbeitsweisen und Materialien oder zur Form der Präsentation, können durch die Projektgruppen selbst getroffen werden. Ist eine Thematik komplex, so ist es ratsam, sich in mehreren Gruppen arbeitsteilig mit ihr zu beschäftigen.

1 Welche Möglichkeiten kennen Sie, um Arbeitsgruppen zu bilden? Welche Erfahrungen haben Sie mit diesen Möglichkeiten gemacht? Formulieren Sie ggf. Regeln für eine gute Gruppenarbeit.

2 a Stellen Sie die Verfahren vor, die Sie zum vorläufigen, noch ungeordneten Sammeln von Ideen kennen. Wie kann erreicht werden, dass die Perspektiven aller einfließen?

b Studieren Sie das nachfolgende Beispiel eines Notizblatts zum Projektthema „Expressionismus in der Literatur und Malerei". Wie sind die Notizen formuliert? Woran wird das Vorläufige erkennbar?

> - Welche Gattungen / Autorinnen u. Autoren / bildende Künstler/innen ?
> - Hektik und Dynamik im Großstadtleben → wie darzustellen ?
> - Anonymität und Massengesellschaft
>   ↳ Urbanisierung Anfang des 20. Jh → Verelendung (vgl. Naturalismus)
>   ↳ Erfahrung von Bedrückung (?)
> - Zeitgenossen: programmatische Äußerungen zur eigenen Kunst
> - Literatur- und kunstgeschichtliche Einordnung

3
  a Sammeln Sie, sofern Ihnen kein Projektthema vorgegeben ist, Ideen für ein eigenes Thema.
  b Wählen Sie ein gemeinsames Thema und bilden Sie ggf. arbeitsteilige Gruppen.
  c Entscheiden Sie, in welcher Form Sie Ihre ersten gemeinsamen Überlegungen so festhalten können, dass sie auch für längere Zeit im Unterrichtsraum und/oder in einem Projektportfolio präsent und verfügbar bleiben.

4 Beginnen Sie Ihre Gruppenarbeit mit einem **Blitzlicht** (▶ Methode). Sie können auch ein **Brainwriting** durchführen, wobei zunächst jede/r für sich Ideen zum Thema auf eine Karte schreibt. Danach werden diese Ideen kritisch besprochen und die besten ausgewählt.

Methode Blitzlicht

Äußern Sie spontan reihum Ihre Erwartungen und Wünsche zum Thema, zum Vorgehen oder zum angekündigten Vorhaben. Niemand nimmt dabei Bezug auf den/die Vorredner/in.

5 Organisieren Sie Ihre Arbeit, indem Sie Fragen zu den anstehenden Aufgaben in Ihrer Gruppe klären: „Welche Schlüsselbegriffe und Teilaspekte hat unser Thema?" – „Was brauchen wir an Informationen?" – „Was können wir relativ leicht herausfinden?" – „Was übernehme ich, was kann ich mitbringen?" – „Ich möchte (nicht) gerne …" – „Da kenne ich mich kaum aus …"

Methode Fragen stellen – Erste Buch- und Internetrecherche

Es empfiehlt sich am Ende der ersten Gruppenbesprechungen, die anstehenden **Aufgaben in Frageform** zu erfassen und erste Rechercheaufgaben arbeitsteilig anzugehen. Auch die ersten Recherchen im Internet und/oder in der Schul- oder Stadtbibliothek müssen systematisch und gezielt durchgeführt werden. Das bedeutet etwa, dass man die Qualität der Informationsquellen prüfen und alle Fundorte sowie die ermittelten Sachverhalte genau festhalten muss (▶ S. 593 f.).

Phase II: Planungsphase

1 Bereiten Sie Ihre Projektarbeit in Form der **Kartenabfrage** vor (▶ Methode).

Methode Kartenabfrage

- Jede/r schreibt auf eine oder mehrere **Karteikarten**, welche Meinung er/sie zum Thema hat, was man wissen möchte und was man bereits weiß.
- Vergleichen Sie Ihre Einträge und bündeln Sie die Karten zu **Themenkomplexen**.

1.9 PROJEKTARBEIT IM TEAM – PLANEN, DURCHFÜHREN UND VORSTELLEN

2
a Informieren Sie nach Ihren ersten Recherchen über Ihre Ergebnisse und entwickeln Sie daraus ein Gruppenergebnis. Nutzen Sie dazu die **Placemat-Methode** (▶ Methode).
b Stellen Sie Überlegungen zum angestrebten Projektprodukt bzw. zur Art der Präsentation an. Bedenken Sie dabei, worin sich Präsentationsmedien wie Wandzeitung, Vortrag, PowerPoint-Darstellung unterscheiden. Lassen Sie sich ggf. durch Ihre Lehrkraft beraten.
c Planen Sie auf der Grundlage Ihrer gemeinsamen Überlegungen Zeit- und Arbeitsabläufe.

Methode Placemat (▶ S.23)

- In die **äußeren Felder** (▶ Abb. unten) eines DIN-A3-Blatts wird von **jedem Gruppenmitglied** das Resultat des eigenen Denkens bzw. Erarbeitens so eingetragen, dass es für alle anderen Mitglieder gut lesbar ist. Drehen Sie das Blatt zur besseren Lektüre gegebenenfalls im Uhrzeigersinn.
- Tauschen Sie sich über die einzelnen Einträge aus.
- Schreiben Sie Ihre im **Austausch** gewonnenen Einsichten, Erkenntnisse, Themen und Absichten in das **Zentrum des Blatts**. Sie stellen Ihr erstes Gruppen- bzw. Arbeitsergebnis dar.
- In das mittlere Placematfeld kann auch ein Impuls oder ein Zitat notiert werden, wozu alle dann in die äußeren Felder ihre Assoziationen schreiben. Aus diesen wiederum wird dann eine gemeinsame Formulierung/Interpretation entwickelt, die erneut im Mittelfeld untergebracht wird.

Hier das Beispiel eines Placemats, das nach ersten Recherchen im Rahmen des Themas „Expressionismus" zum expressionistischen Maler, Zeichner und Literaten Ludwig Meidner erstellt wurde:

(oberes Feld, kopfüber:) 1884 als Sohn jüdischer Eltern in Schlesien geboren; Maler, Grafiker, Dichter; Wohnorte u.a.: Dresden, Berlin, Köln, England (Frage: von Nazis verfolgt?), † 1966 Darmstadt (Frage: heute noch bekannt?)

(linkes Feld:) Themen in Malerei und Prosa: Apokalypse und Großstadtleben; Krieg; Moderne ...

(rechtes Feld:) expressionistische Prosa während des 1. Weltkriegs ...

(Mittelfeld:)
1. vergleichbare Ausdrucksmittel und -absichten in „Ich und die Stadt" (1913) sowie andere apokalyptische Darstellungen untersuchen;
2. Dazu programmatische Aussagen Meidners analysieren;
3. Mögliche Bezüge zu anderen „expressionistischen Künstlern" herstellen;
4. Präsentationsform: Wandzeitung oder Gruppenportfolio

(unteres Feld:) Stil beeinflusst durch in- und ausländische Maler (Kubismus, Futurismus, v.a. Delaunay) (Frage: wer sonst noch?); eigene Entwicklung als Grafiker, Buchillustrator und Maler; auch Theoretiker; Manifest: „Anleitung zum Malen von Großstadtbildern" (1914) (Frage: warum welche Techniken?)

Phase III: Arbeits- oder Produktionsphase

Eine Gruppe hat ihre Materialien zu Meidner in ihrem Portfolio gesammelt und knapp kommentiert:

1. Programmatische Schrift „Das neue Programm": verdeutlicht u.a. den „Umbruch" zwischen Impressionismus und Expressionismus; stellt neue zentrale Darstellungsmittel vor, ist gut verständlich

2. Zwei Prosa- bzw. Tagebuchtexte Meidners: enthalten Selbstaussagen zu Themen und Perspektiven und können als Beleg für „expressiven Sprachgebrauch" und moderne Weltsicht genutzt werden
3. Charakterisierung Meidners durch seinen Freund G. Grosz: Malerpersönlichkeit, Fremdbild …
4. Auszug aus einer Bildanalyse zu „Ich und die Stadt": Farben, Formen/Strukturen, „Bildknoten" …

→ Zwei Bilder: Welches Gemälde, welche Zeichnung bzw. Lithografie können wir am besten analysieren, und zwar vor dem Hintergrund von Material 1 bis 4?

1 Beschreiben Sie die Art der Materialzusammenstellung und die Kommentare im Hinblick darauf, wie sie die Themenaspekte und das Arbeitsprogramm der Gruppe verdeutlichen.

2 a Beurteilen Sie die Eignung des Materials für den Fall, dass eine Wandzeitung erstellt werden soll.
b Was müsste ergänzt werden, wenn eine digitale Präsentationsform angestrebt wird?

Methode   Die Arbeit dokumentieren

- **Wandzeitungen:** Im Klassenraum ausgehängt, informieren sie alle Gruppen über die Arbeitsstände.
- **Gruppenportfolio:** In einer gemeinsamen Mappe werden alle Materialien und Analysen sowie Gruppenprotokolle aufbewahrt und ggf. kommentiert, z. B. zum Fortgang der Arbeit im Hinblick auf das angestrebte Produkt.
  Tipp: Das Gruppenportfolio kann auch selbst das angestrebte Arbeitsprodukt sein und zur Bewertung des Arbeitsprozesses und -ergebnisses der jeweiligen Gruppenarbeit herangezogen werden.

Phase IV: Präsentations- bzw. Aktionsphase

Methode   Galeriegang, Markt der Möglichkeiten, mediengestützte Darbietung

- **Galeriegang:** Alle Arbeitsergebnisse werden so in einem Raum verteilt bzw. ausgehängt und ausgelegt, dass man sie im Vorbeigehen betrachten kann.
- **Markt der Möglichkeiten:** Es werden je Gruppe Infostände eingerichtet, an denen man sich mit den Mitgliedern über ihre Ergebnisse austauschen kann.
- **mediengestützte Darbietung:** z. B. Vortrag und PowerPoint-Präsentation

1 Erläutern Sie, welche Vor- und Nachteile die in der Methode genannten Präsentationsformen Ihrer Erfahrung nach haben.
2 Präsentieren Sie Ihre Gruppenergebnisse in der von Ihnen gewählten Präsentationsform (▶ Aufgabe 2 b, S. 589).

Phase V: Evaluationsphase

Wichtig ist, am Ende der Projektarbeit ein Gespräch über die geplanten und tatsächlich erreichten Ziele zu führen, um auf diese Weise die eigene Arbeit einzuschätzen und für spätere Aufgaben zu lernen. Auch hierfür haben sich unterschiedliche Dokumentationsformen bewährt.

1. Welche Erfahrungen haben Sie mit der Auswertung und Beurteilung von Projekten gesammelt? Was wissen Sie über Anforderungen an gute Feedback- und Kritikgespräche?
2. Reflektieren Sie Ihre geleistete Projektarbeit, indem Sie folgende Fragen beantworten:
   – Wurden die gesetzten Ziele erreicht?
   – Was haben wir als Team, Gruppe oder Kurs, was habe ich als Einzelperson gelernt?
   – Wie funktionierte die Arbeit in der Gruppe? Wie haben wir Entscheidungen getroffen?
   – War unsere Arbeitszeit gut geplant? Wo haben wir uns aus welchem Grund mit der Zeit verschätzt?
   – Was nehmen wir uns für die nächste Gruppenarbeit konkret vor?

Tipp: Sie können auch einen Fragebogen erstellen, um Unterschiede im Hinblick auf die Wahrnehmung und Beurteilung herauszufinden, z.B.:
Habe ich … vs. Hat er/sie Ideen eingebracht? Bin ich … vs. Ist er/sie bei der Sache geblieben? …

1.10 Die Facharbeit – Besondere Lernleistungen

Mit einer Facharbeit oder einer anderen umfangreichen schriftlichen Arbeit erproben Sie an einem anspruchsvollen Gegenstand das selbstständige wissenschaftliche Arbeiten. Von einer Lehrkraft beraten, aber ansonsten auf sich allein gestellt, beschaffen Sie sich Informationen, werten diese aus, verarbeiten sie gedanklich und gestalten Ihre Erkenntnisse in Form eines umfangreichen Textes. Dieser Text muss bestimmten wissenschaftlichen Standards genügen. Zu diesen Standards gehören z.B. die korrekte Angabe der Quellen, die richtige Technik des Zitierens sowie ein systematischer Arbeitsprozess, der von der Themenfestsetzung über die gezielte Recherche bis hin zur Gliederung des Materials und der Präsentation der Arbeit reicht.

Themen finden – Bereiche abgrenzen

> **Information** **Fach Deutsch – Mögliche Themenbereiche**
>
> - Leben und Werk zeitgenössischer Autorinnen und Autoren
> - eine Autorin oder ein Autor aus früheren Epochen der Literaturgeschichte
> - Entstehung und Rezeption eines Theaterstücks, Romans etc.
> - die Geschichte eines Motivs nachverfolgen, z.B. das Motiv der Nacht in der Romantik (▶ S. 436)
> - Untersuchungen zur Sprache, zur Sprachgeschichte oder einem lokalen Dialekt
> - (lokale/regionale) Medien
> - aktuelle Theaterinszenierungen
> - …

1. Wählen Sie einen Themenbereich aus, der Sie besonders interessiert.

2 Grenzen Sie den Themenbereich ein, z. B. durch Festlegung auf:
- eine bestimmte Autorin oder einen bestimmten Autor,
- einen gerade erschienenen Roman, Gedichtband oder eine aktuelle Theaterinszenierung,
- eine bestimmte Epoche,
- ein sprachliches Phänomen etc.

Trainieren Sie diese Themeneingrenzung am Beispiel der folgenden Themenvorschläge zum Werk Franz Kafkas. Klären Sie, welche Vorschläge in sinnvoller Weise eingegrenzt sind und welche nicht:

(a) Franz Kafkas Verhältnis zu seiner Familie – Einfluss auf sein literarisches Werk
(b) Verfilmungen von Kafkas Werken
(c) Franz Kafkas Erzählung „Die Verwandlung" – Bezüge zu seinen Familienerfahrungen
(d) Michael Hanekes Verfilmung von Kafkas „Das Schloss" (1997)
(e) Vater- und Mutterfiguren in Kafkas Romanen
(f) Kafkas Verhältnis zum Vater als Hintergrund für die kurze Erzählung „Vor dem Gesetz"
(g) Kafkas „Vor dem Gesetz" und Botho Strauß' „Wann merkt ein Mann" – intertextuelle Bezüge
(h) Funktionen des literarischen Schreibens bei Kafka

3 a Legen Sie Ihren Themenvorschlag Ihrer betreuenden Lehrkraft vor, damit diese das Thema evtl. weiter eingrenzen und im Hinblick auf die Berücksichtigung fachlicher Anforderungen prüfen kann.
b Besprechen Sie auch den Umfang der Arbeit, den Zeitrahmen, die formalen Vorgaben (Schrifttyp und -größe, Seitenränder etc.) sowie das methodische Vorgehen zur Informationsbeschaffung und Auswertung (z. B. Literaturrecherche in Bibliotheken, Suche im Internet, Experteninterview etc.).

Die Arbeitszeit planen – Phasen der Facharbeit

Methode   Arbeitsphasen einer Facharbeit

Für Facharbeiten gibt es in der Regel einen festen Abgabetermin. Um am Ende des Arbeitsprozesses nicht in Schwierigkeiten zu geraten, sollten Sie die Phasen der Erarbeitung gründlich planen und für jede Phase den zeitlichen Umfang festlegen, und zwar für
- die Erkundung von Informationsquellen (Wo? Wann? Wer? Materialbestände?),
- die konkrete Recherche,
- die Dokumentation und Prüfung der Informationen,
- die Informationsauswertung und Stoffgliederung,
- das Schreiben des Textentwurfs und die Einarbeitung von Zitaten etc.,
- das Erstellen einer Bibliografie,
- die Gestaltung der Arbeit inkl. Materialanhang,
- die Textüberarbeitung,
- den Ausdruck der gesamten Arbeit.

Arbeitsphasen	geplante Zeit	benötigte Zeit
1. Erkundung von Informationsquellen	½ Tag	1½ Tage
2. …		

1 Nutzen Sie die in der Methode (▶ S. 592) genannten Phasen für Ihr Zeitmanagement. Legen Sie eine dreispaltige Tabelle an und ordnen Sie im Rahmen der Ihnen vorgegebenen Gesamtzeit jeder Arbeitsphase eine Anzahl von Tagen zu.
Tipp: Planen Sie genügend Zeit (bis zu einer Woche) für die Überarbeitung und den Ausdruck ein.
2 Legen Sie den Zeitplan Ihrer betreuenden Lehrkraft vor und bitten Sie um kritische Kommentierung.
3 Prüfen Sie während der Erarbeitung laufend, ob Sie im Zeitplan sind. Tragen Sie in einer weiteren Spalte die tatsächlich benötigte Zeit ein. Berechnen Sie die Differenz zwischen geplanter Zeit und benötigter Zeit und ziehen Sie Konsequenzen für die restlichen Arbeitsphasen.

Informationen beschaffen – Quellen prüfen und protokollieren

Für die Informationsbeschaffung stehen Ihnen verschiedene Möglichkeiten zur Verfügung – nicht nur das Internet. Bei der Vorbereitung einer Facharbeit sollten Sie sich auf ein breites Quellenspektrum stützen. Je nach Informationsquelle ist allerdings ein unterschiedlich hoher Zeitaufwand einzuplanen.

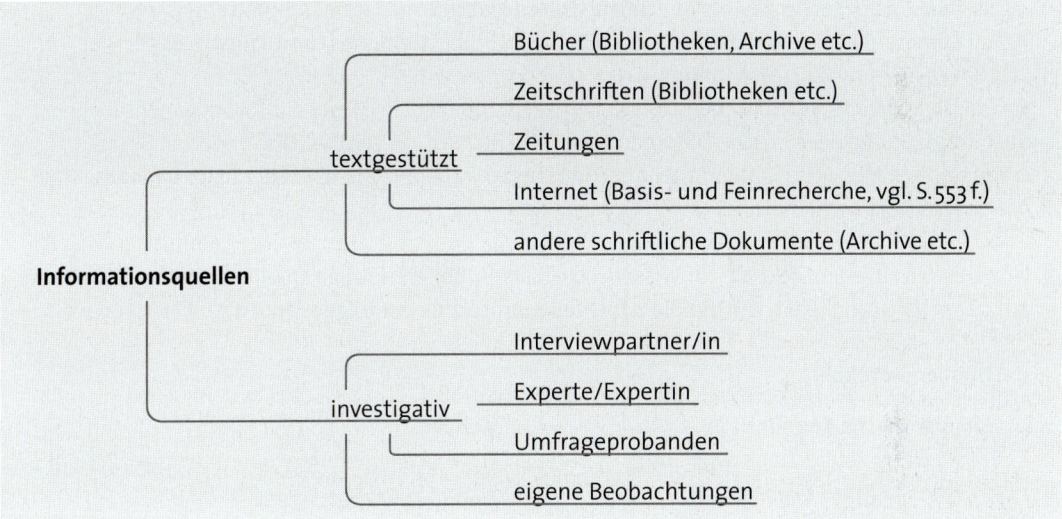

1 Entscheiden Sie, welche Quellen Sie für Ihr Thema sinnvoll und effizient nutzen könnten.
2 a Erkunden Sie die konkreten Zugangsbedingungen der in Frage kommenden Quellen, z. B. Standorte und Öffnungszeiten von Bibliotheken sowie Archiven.
   b Stellen Sie im Falle notwendiger Befragungen Kontakte her. Sprechen Sie Termine ab.
3 Führen Sie Ihre Recherchen durch:
   – Internetrecherche über Suchmaschinen (▶ S. 554),
   – Recherche in Bibliotheken (auch Online-Recherche über den OPAC-Katalog, ▶ S. 555),
   – Befragungen etc.
4 a Nutzen Sie die Strategie des überfliegenden (diagonalen) und gezielten (selektiven) Lesens (▶ S. 575), um eine erste Quellenauswahl für Ihre Arbeit zu treffen.
   b Kopieren bzw. exzerpieren (▶ S. 579) Sie wichtige Seiten. Speichern Sie Informationen aus dem Internet in einem eigenen Ordner ab, indem Sie im Browser „Datei speichern" auswählen.
5 a Prüfen Sie die Qualität Ihrer Quellen – besonders die der Internetquellen – mit Hilfe der folgenden Methode (▶ S. 594).

b Suchen Sie eine weitere vergleichbare Informationsquelle im Internet oder im Printbereich, falls eine von Ihnen gefundene Quelle nicht den Anforderungen entspricht.

Methode   **Einschätzung und Bewertung von Print- und Internetquellen**

Folgende Hinweise helfen, die Zuverlässigkeit von Quellen und Informationen einzuschätzen:
- **Mehrfach belegt:** Eine Information ist in der Regel umso zuverlässiger, je mehr Belege aus unterschiedlichen Quellen für sie existieren.
- In **Behörden**, **Verlagen** und **Medienhäusern** überprüfen in der Regel Lektorate und Redaktionen die Richtigkeit der veröffentlichten Informationen. Bei bekannten Medienangeboten wie z. B. *FAZ*, *Die ZEIT*, *Spiegel* kontrolliert sogar eine spezielle Redaktion die Richtigkeit der Inhalte. Deshalb sind Informationen aus diesen Quellen in der Regel korrekt.
- **Experten** für ein bestimmtes Fachgebiet sind meist vertrauenswürdige Quellen. Man erkennt sie daran, dass sie zu ihrem Gebiet oft eine **Vielzahl von Veröffentlichungen** – gedruckt oder online – vorweisen können. Zudem werden Experten häufig von anderen Experten zitiert und als Quelle angegeben. Seiten von **Universitäten** bieten zuverlässiges Expertenwissen.
- Bei **Kommentaren**, **Einschätzungen** und **Satiren** gilt die **Meinungs- und Kunstfreiheit**. Hier geht es nicht um korrekte Fakten.

Grundsätzlich gilt speziell für den Online-Bereich: Es gibt viele wertvolle Informationen, aber auch fragwürdige oder falsche Darstellungen. Dies betrifft z. B. Veröffentlichungen in Blogs, Foren und sozialen Netzwerken, aber auch in Hausaufgabenportalen. Bei derartigen Inhalten ist daher stets Vorsicht geboten.

---

6 Notieren Sie zu jedem Text die für wissenschaftliche Arbeiten nötigen Quellenangaben. Achten Sie auf deren Vollständigkeit. Nutzen Sie z. B. Quellenprotokolle der folgenden Art:

Quellenprotokoll

Bibliografische Angaben	Notizen
▪ Alt, Peter-André: Der ewige Sohn. Eine Biografie. Beck-Verlag, München 2005, S. 320–366, S. 706.	*Erfahrungen mit dem übermächtigen Vater, Einsamkeit, eingeschränkter Lebensraum, Bindungsangst*
▪ Jähn, Adina: Vater-Sohn-Konflikte http://www.planet-wissen.de/alltag_gesundheit/familie/vaeter/vater_sohn_konflikte.jsp (Zugriff am 05.02.2014)	*kurzer Text zu Kafkas Verhältnis zum Vater, Hinweis auf „Brief an den Vater"*

Informationen auswerten – Die Gliederung

1 Arbeiten Sie die von Ihnen zusammengetragenen Texte kritisch durch:
   a Nutzen Sie die Strategie des intensiven Lesens (▶ S. 578).
   b Notieren Sie inhaltliche Beziehungen (Thesen und Gegenthesen) zwischen den Texten. Nutzen Sie dabei evtl. die Methoden der Aspekte- und Stoffsammlung (▶ S. 593).
   c Ergänzen Sie Ihr Textstudium durch eigene Gedanken.
   d Formulieren Sie gliedernde Überschriften, die Ihnen helfen, das gesamte Material zu ordnen.

2 Entwerfen Sie mit einem Textverarbeitungsprogramm eine Gesamtgliederung Ihrer Arbeit: entweder als gemischte Gliederung (Großbuchstaben und arabische Ziffern, ▶S.3–22) oder als numerische Gliederung, z.B.:

Lebensspuren im literarischen Werk – Möglichkeiten und Grenzen biografischer Zugänge zu Franz Kafkas Erzählung „Die Verwandlung"

1	Familienerfahrungen Franz Kafkas
1.1	Franz Kafka, der „ewige Sohn"
1.1.1	Erdrückende Übermacht des Vaters
1.1.2	Lieblosigkeit und Tyrannei
1.1.3	…
1.2	Die Rolle der Schwestern in Kafkas Leben
1.3	Kafkas enger Lebenskreis
1.3.1	Kontaktarmut, Schüchternheit und Vereinsamung
1.3.2	Der Wunsch nach Freundschaft und Gemeinschaft
2	„Die Verwandlung"
2.1	Veröffentlichungsdaten, Vorstellung des Textes
2.2	Drastische Einschränkung des Bewegungsraumes
2.3	Die literarischen Figuren
2.3.1	Der Vater
2.3.2	Schwester Grete
2.3.3	…
2.4	Darstellungsweise
2.4.1	Kühle Realistik
2.4.2	…
3	Literatur und Leben: Erzählen als Verarbeitung biografischer Erfahrungen
3.1	…
3.2	…

Tipp: Bewahren Sie zur Orientierung Ihre Gliederung gut sichtbar an Ihrem Arbeitsplatz auf.

Textentwürfe schreiben – Schreibstrategien

1 Schreiben Sie auf der Grundlage Ihrer Vorarbeiten die erste Fassung Ihres Textes.

Methode: Die erste Fassung – Schreibstrategien

- **Beginnen** Sie mit denjenigen Kapiteln, die Sie Ihrer Meinung nach gedanklich am besten vorbereitet haben. Formulieren Sie Ihre Überlegungen jeweils unter den vorbereiteten Kapitelüberschriften (s.o.).
- Schreiben Sie die einzelnen Textteile zunächst **ins „Unreine"**.
- Beim Schreiben stellen sich ab und zu wichtige neue Einsichten zum Thema ein. Prüfen Sie, ob die Überlegungen, die Sie bereits schriftlich festgehalten haben, entsprechend überarbeitet bzw. neu formuliert werden müssen.

- Nutzen Sie **Formulierungsbausteine**, v.a. zur Wiedergabe von Sachtexten (▶ S.100) und zur Gestaltung argumentierender Textpassagen (▶ S.191).
- **Überarbeiten** Sie Ihre Entwürfe, z.B. mit Hilfe der „Textlupe" (▶ S.584).
- Stellen Sie Ihre einzelnen Textbausteine zu einem **Gesamttext** zusammen. Achten Sie auf einen einheitlichen Stil (▶ S.326) und auf eine konsequente Verwendung der Fachbegriffe.

2 Legen Sie Ihren Text einer Freundin/einem Freund zur kritischen Durchsicht vor.

Fremdaussagen integrieren – Zitieren und Paraphrasieren

1 In einer Facharbeit werden Sie in der Regel andere Autoren zitieren. Dabei sollten Sie bestimmte Regeln beachten. Ordnen Sie den folgenden Zitaten jeweils passende Regeln des Zitierens zu.

Zitatbeispiele	Regeln des Zitierens
(a) Kafka betont die „Verschiedenheit" zwischen sich und dem Vater (Wagenbach: Kafka, S.403).	I Zitate, die in einen eigenen Satz eingefügt werden, müssen evtl. grammatisch angepasst werden. Veränderungen sind in eckigen Klammern anzuzeigen.
(b) Kafka teilt dem Vater mit, er habe immer befürchtet, dieser werde ihn „einfach niederstampfen" (ebd., S.42).	II Vollständig zitierte Sätze werden allein gestellt und durch einen Doppelpunkt abgetrennt. Werden in solchen Zitaten Wörter ausgelassen, ist das durch drei Punkte in eckigen Klammern zu kennzeichnen.
(c) Kafka bekennt außerdem: „[...] offen gesprochen habe ich mit dir niemals" (ebd., S.700).	III Zitate werden am Anfang und am Ende durch Anführungszeichen kenntlich gemacht. Nach einem Zitat wird am Ende des Satzes oder Abschnitts in einer Klammer die Quelle in Kurzform angegeben.
(d) Kafka gesteht dem Vater zu, er habe „[s]ein ganzes Leben lang schwer gearbeitet" (ebd., S.699).	IV Kurze Zitate werden in einen selbst formulierten Satz integriert. Wird eine Quelle wiederholt, kann der Kurztitel durch „ebd." ersetzt werden.

Tipp: Die vollständige Quelle ist in der Bibliografie (▶ S.609ff.) anzugeben. Sie können aber auch hinter das Zitat (wie bei den Begriffserläuterungen in diesem Buch) eine hochgestellte Zahl einfügen und die Quelle in einer Fußnote am Seitenende vermerken (vgl. ▶ z.B. S.165).

2 Vermeiden Sie beim Zitieren die nachstehend aufgeführten, häufig auftretenden Fehler. Prüfen Sie in Ihrem Text, ob Ihre Zitierweise den Regeln entspricht.

Methode Checkliste – Zu vermeidende Fehler beim Zitieren

- **Verfälschung:** Durch Herauslösung einzelner Begriffe oder Schlagwörter aus dem Zusammenhang besteht die Gefahr der Veränderung der ursprünglichen Aussage. Das Zitat muss auch außerhalb seines originalen Kontextes seinen Sinn bewahren.

- **Nicht korrekte Grammatik:** Das in den eigenen Text eingefügte Zitat passt nicht in den Satzzusammenhang. Zitate und eigener Fließtext sollten stets vollständige und richtige Sätze ergeben.
- **Fehlende Kommentierung:** (Lange) Zitate werden nicht ausführlich kommentiert. Zitate können nicht die eigene gedankliche Leistung ersetzen.
- **Unnötiges Zitieren:** Eher selbstverständliche Äußerungen bzw. nebensächliche Aussagen brauchen in der Regel nicht zitiert zu werden. Zitate sollten die Kernaussagen des Textes beinhalten.

3 Anstelle von Zitaten können Sie Fremdpositionen auch in Form einer Paraphrase (einer Umschreibung, einer sinngemäßen Übernahme, ▶ S. 273) in Ihren Text einfügen. Wählen Sie einige Informationen aus und übernehmen Sie diese unter Beachtung der folgenden Regeln in Ihre Arbeit.

Methode   Checkliste – Texte wiedergeben

- Sind die Aussagen der Autorin/des Autors **sinngemäß richtig** wiedergegeben?
- Wird die **Aussageabsicht** der Autorin/des Autors deutlich?
- Sind Gedankenübernahmen **sprachlich gekennzeichnet**, z. B. durch den Konjunktiv der indirekten Rede (▶ S. 602 f.) oder Formulierungen wie *Nach Ansicht des Autors ist …*?
- Wird auf die **Quelle** verwiesen? Dies erfolgt in der Regel durch ein „vgl." (Abkürzung für „vergleiche", z. B.: *vgl. Maier 2005, S. 12*).

Bibliografieren – Quellen vollständig angeben

Zum wissenschaftlichen Arbeiten gehört der Nachweis der von Ihnen verwendeten Quellen in Form einer nach Nachnamen alphabetisch sortierten Bibliografie (Literaturverzeichnis). Damit stellen Sie zum einen wichtige Literatur zum Thema zusammen und zum anderen bieten Sie die Möglichkeit, dass Ihre Zitate und Textverweise überprüft werden können. Innerhalb der Bibliografie sollte man Primär- (z. B. Texte von Kafka) und Sekundärliteratur (z. B. Texte über Kafka) sowie verschiedene Quellentypen (▶ Information) unterscheiden. Nutzen Sie Ihre **Quellenprotokolle** (▶ S. 594).

Information   Quellentypen

- Buchveröffentlichung einer Autorin/eines Autors
- Buchveröffentlichung mehrerer Autorinnen und Autoren
- Text aus einem vom Autor/von der Autorin selbst veröffentlichten Sammelwerk
- Sammelwerk, das einen oder mehrere Herausgeber hat (z. B. gesammelte Werke einer Autorin/eines Autors)
- Zeitschriftenaufsatz (Fachzeitschrift)
- Zeitungstext
- Internetquelle

1 Untersuchen Sie das Autoren- und Quellenverzeichnis dieses Buches (▶ S. 609 ff.): Wie werden Fundstellen in Büchern, Zeitschriften etc. angegeben?
Tipp: Beachten Sie, dass in Bibliografien außerhalb von schulischen Lehrwerken Lebensdaten von Autorinnen und Autoren in der Regel nicht angegeben werden.

2 Stellen Sie anhand des Quellenverzeichnisses (▶ S. 609 ff.) für die verschiedenen Quellentypen eine Gliederungssystematik nach dem folgenden Muster zusammen.
Tipp: Titel wie Dr. oder Prof. gehören bei Nennung der jeweiligen Autorinnen und Autoren nicht in die Bibliografie.

> **Gliederungssystematik – Bibliografische Angaben**
> 1. Buchveröffentlichung einer Autorin/eines Autors
> *Nachname der Autorin/des Autors, Vorname: Titel des Buches. Untertitel (evtl. Verlag), Verlagsort und Publikationsjahr, Seite(n), z. B.: Franz Kafka: Tagebücher 1910–1923. S. Fischer Verlag, Frankfurt 1983, S. 108.*
> 2. ...
> 3. Text aus einem vom Autor/von der Autorin selbst veröffentlichten Sammelwerk
> *Nachname der Autorin/des Autors, Vorname: Titel des Textes. Aus: Titel des Buches ...*

Die Facharbeit überarbeiten – Ergebnisse präsentieren

1 Überprüfen Sie Ihre Textfassung mit Hilfe der Checkliste (▶ Methode).

> **Methode   Checkliste zur Prüfung und Überarbeitung einer Facharbeit**
>
> - Ist mein **methodisches Vorgehen** begründet und in der Arbeit benannt?
> - Berücksichtige ich **wichtige Veröffentlichungen** zum Thema? Bin ich – im Rahmen meiner Möglichkeiten – auf der Höhe der fachlichen Diskussion?
> - Stelle ich den Gegenstand meiner Arbeit **sachlich** und **aus kritischer Distanz** dar?
> - Ist das Material meiner Arbeit übersichtlich **gegliedert**?
> - Habe ich die von mir zusammengetragenen **Materialien gedanklich intensiv verarbeitet**?
> - Weise ich alle **Quellen** nach?
> - Verwende ich **Fachbegriffe**, die zur Darstellung des Gegenstandes sinnvoll sind, korrekt?
> - Gebe ich **Zitate** wortgetreu und mit genauen Quellenangaben wieder? Sind sie fachgerecht in meinen Text integriert?
> - **Fasse** ich die Ergebnisse meiner Untersuchung am Ende prägnant **zusammen**?
> - Ist die Arbeit **vollständig**: Inhaltsverzeichnis, Bibliografie, Selbstständigkeitserklärung, in der ich versichere, dass ich die Arbeit selbstständig verfasst habe, etc.?
> - Sind **Schriftbild, Seitenaufbau, Systematik der (Zwischen-)Überschriften** etc. einheitlich und entsprechen sie den schulischen Vorgaben?
> - Ist meine Arbeit in der **Standardsprache** und in einem angemessenen **Stil** verfasst?
> - Habe ich **Ausdruck, Rechtschreibung, Grammatik** und **Zeichensetzung** überprüft?

2 Wählen Sie für die Präsentation Ihrer Facharbeit eine der angegebenen Möglichkeiten aus:
– Einstellen der Arbeit in die Schulbibliothek (evtl. Präsentation auf einem Novitäten-Regal),
– Veröffentlichung auf der Website der Schule (evtl. in Teilen),
– Veröffentlichung im Schuljahrbuch (evtl. in Auszügen),
– freier Vortrag zur Facharbeit im eigenen Kurs,
– Ausstellung von Teilergebnissen an Präsentationswänden in der Schule,
– Vorstellung in der Lokalzeitung bzw. im Lokalradio, falls die Arbeit einen lokalen Bezug hat.

2 Wiederholungskurs – Grammatik, Rechtschreibung, Zeichensetzung

In diesem Kapitel erwerben Sie folgende Kenntnisse und Kompetenzen:

- Wortarten voneinander abgrenzen,
- Fachbegriffe im Bereich der Deklination und Konjugation festigen,
- Satzglieder und Gliedsätze unterscheiden und bestimmen,
- den Konjunktiv I und II bilden und anwenden können,
- schwierige Bereiche der Rechtschreibung und Zeichensetzung beherrschen.

Die Wortarten – Fachbegriffe und Funktionen

Der Wortschatz einer Sprache wird in Wortarten eingeteilt. Im Deutschen lässt sich jedes der etwa 350 000 Wörter einer Wortart zuordnen. Unterscheidungskriterien sind die
- Bedeutungsinhalte (semantische Funktion),
- unterschiedliche Formbarkeit (morphologische Funktion) wie Konjugation der Verben, Deklination z. B. der Nomen/Substantive,
- syntaktischen und textgrammatischen Funktionen von Wörtern.

Die Terminologie zur Beschreibung von Wortarten, so wie sie in den nachstehenden Informationen zusammengestellt ist, können Sie für Ihre Textanalysen nutzen.

Information — **Die Wortarten im Überblick**

flektierbar (veränderlich)		nicht flektierbar (unveränderlich)
konjugierbar	**deklinierbar**	
Verb (Zeit-/Tätigkeitswort) z. B. „lesen", „gehen", „lachen", „wachsen"; „sein"/„werden" *(Hilfsverben zur Bildung mehrteiliger Tempusformen des Vollverbs, z. B. des Perfekts)*	**Nomen/Substantiv** (Hauptwort) z. B. „Buch", „Computer", „Peter"; auch: *Zahlnomen*, z. B.: „Dutzend", „Hälfte" **Artikel** (Geschlechtswort) z. B. „der", „die", „das", „ein", „eine" **Adjektiv** (Eigenschaftswort) z. B. „groß", „rot", „bedeutsam"; auch: *Zahladjektive*, z. B. „drei", „dritte/r/s", „dreifache/r/s", „hundert", „wenig" **Pronomen** (Fürwort) z. B. „ich", „du", „er" (Personalpronomen) z. B. „mein", „unser" (Possessivpronomen) z. B. „diese", „jene" (Demonstrativpronomen) z. B. „der", „welcher" (Relativpronomen) z. B. „wer?", „was?" (Interrogativpronomen)	**Adverb** (Umstandswort) z. B. „dort", „hier" (lokal); „heute", „bald" (temporal); „sehr" (modal); auch: *Zahladverb*, z. B. „erstens" **Präposition** (Verhältniswort) z. B. „an", „auf", „in" (lokal); „vor", „nach" (temporal); „wegen" (kausal) **Konjunktion** (Bindewort) z. B. „und", „aber", „denn", „als", „dass", „weil" **Interjektion** (Ausrufewort) z. B. „ach?", „oh!", „aua!"

Flexion

Wortarten übernehmen in Sätzen verschiedene Funktionen. Dazu werden sie im Rahmen der Flexion, d.h. der Konjugation bei Verben und der Deklination bei Nomen/Substantiven, Adjektiven und Pronomen (z. B. durch verschiedene Endungen), grammatisch verändert.

Information Verb und Nomen/Substantiv – Übersicht über ihre grammatischen Funktionen

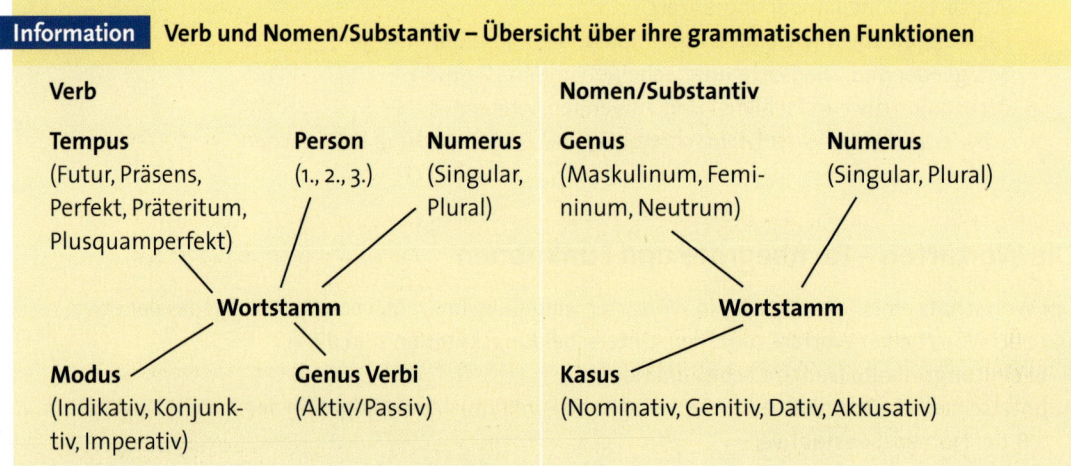

Satzglieder und Nebensätze – Abwechslungsreich formulieren

Das Prädikat bildet den Kern eines Satzes. Von ihm sind alle anderen **Satzglieder** (▶ Information) abhängig. Satzglieder können in **Gliedsätze** (▶ Information) verwandelt werden. So kann aus einer adverbialen Bestimmung des Grundes ein Adverbialsatz (Kausalsatz) werden, z. B.:

Wegen des schlechten Wetters bleibt er zu Hause.
→ *Weil das Wetter schlecht ist,* bleibt er zu Hause. ⎤ Die jeweilige Frage bleibt: *Warum?*

Auch Teile von Satzgliedern lassen sich in Nebensätze umformen. So kann ein **Attribut** in einen **Relativsatz** umgewandelt werden, z. B.:

Das *gelb angestrichene* Haus wurde verkauft.
→ Das Haus, *das gelb angestrichen ist,* wurde verkauft. ⎤ Die jeweilige Frage bleibt: *Was für ein …?*

Entsprechend kann man den Satzbau variieren bzw. abwechslungsreicher schreiben und durch bewusste Wahl des Satztyps Inhalte hervorheben.

Information Merkmale und Funktionen von Satzgliedern und Nebensätzen/Gliedsätzen

Frage	Satzglied/Teil eines Satzglieds	Nebensatz/Gliedsatz
Wer? Was?	**Subjekt** *Das* regt mich auf.	Subjektsatz (Inhaltssatz) *Dass wir jetzt gehen müssen,* regt mich auf. *Was wir vorhaben,* regt mich auf.
Was geschieht? Was ist?	**Prädikat** (= Satzkern) Das *freut* mich.	–

Frage	Satzglied/Teil eines Satzglieds	Nebensatz/Gliedsatz
Wen? Was?	**Akkusativobjekt** Er weiß *das* genau.	Objektsatz (Inhaltssatz) Er weiß genau, *dass es nicht stimmt.* Er weiß genau, *was nicht stimmt.* Er weiß genau, *ob es stimmt.* (indirekter Fragesatz/Interrogativsatz)
Wem?	**Dativobjekt** Sie war *jedem* behilflich.	Objektsatz (Inhaltssatz) Sie war behilflich, *wem immer sie begegnete.*
Wessen?	**Genitivobjekt** (sehr selten) Wir waren uns *dessen* bewusst.	Objektsatz (Inhaltssatz) Wir waren uns bewusst, *dass das ungerecht war.*
Für/auf ... wen, was?	**Präpositionalobjekt** Er freut sich *über das Buch.*	Objektsatz (Inhaltssatz) Er freut sich darüber, *dass er das Buch bekommen hat.*
Was für ein? Was für welche?	**Attribut** Sie liest Bücher *über Goethe.* Siehst du den Mann *mit dem Roman?* Er hat ein *blaues* Auto.	Relativsatz/Attributsatz (Gliedteilsatz) Sie liest Bücher, *die von Goethe handeln.* Siehst du den Mann, *der einen Roman liest?* Er hat ein Auto, *das blau ist.*
	adverbiale Bestimmung	
Wo? Woher/Wohin?	**... des Ortes** *Am Bach* ist es kühl.	Lokalsatz (Adverbialsatz) *Wo der Bach ist,* ist es kühl.
Wann? Wie lange?	**... der Zeit** *Am Morgen* ging es los. *Vor dem Essen* trinken sie etwas.	Temporalsatz (Adverbialsatz) *Als es Morgen war,* ging es los. *Bevor sie essen,* trinken sie etwas.
Wie?	**... der Art und Weise** Wir können das Problem *durch Diskussionen* lösen.	Modalsatz (Adverbialsatz) Wir können das Problem lösen, *indem wir diskutieren.*
Warum? Wieso?	**... des Grundes** *Wegen des Regens* fällt das Spiel aus. *Aus Angst* blieb sie stehen.	Kausalsatz (Adverbialsatz) *Weil es regnet,* fällt das Spiel aus. *Da sie Angst hatte,* blieb sie stehen.
Wozu?	**... des Zwecks** Sie liest *zum Vergnügen.*	Finalsatz (Adverbialsatz) Sie liest, *damit sie sich vergnügt.*
Unter welcher Bedingung?	**... der Bedingung** *Bei Feuer* geht die Alarmanlage los.	Konditionalsatz (Adverbialsatz) *Wenn Feuer ausbricht,* geht die Alarmanlage los.

Frage	Satzglied/Teil eines Satzglieds	Nebensatz/Gliedsatz
Trotz wessen/wem?	**... der Einräumung** *Trotz des Regens* spielt das Kind draußen.	Konzessivsatz (Adverbialsatz) *Obwohl es regnet,* spielt das Kind draußen.
Mit welcher Folge?	**... der Folge** *Zu meiner Beruhigung* ging das Licht wieder an.	Konsekutivsatz (Adverbialsatz) Das Licht ging wieder an, *sodass ich mich beruhigte.*
Statt wessen/wem?	**... der Entgegensetzung** *Statt eines Geschenks* bekam er einen Verweis.	Adversativsatz (Adverbialsatz) Er bekam einen Verweis, *während er mit einem Geschenk gerechnet hatte.*
Wie was?	**Prädikatsnomen/Prädikativ** Er will *das* bleiben.	Prädikativsatz Er will bleiben, *was er ist.*

Zur Unterscheidung: Relativsätze werden durch Relativpronomen (der, die, das, welcher, welche, welches) eingeleitet, Adverbialsätze durch unterordnende Konjunktionen[1] (weil, wenn, obwohl usw.).

[1] Zu unterscheiden sind nebenordnende Konjunktionen, die gleichrangige Wörter, Wortgruppen oder Teilsätze miteinander verbinden (z. B.: und, aber, denn, sondern), und unterordnende Konjunktionen (z. B.: seitdem, falls, da), die Hauptsatz und Nebensatz verknüpfen.

1 Bilden Sie zu jeder Frage eigene Neben- bzw. Gliedsätze.
2 Bestimmen Sie in einem Ihrer zuletzt verfassten Texte die Satzglieder/-teile und formen Sie diese zur Probe um. Entscheiden Sie sich für eine Variante. Welche sorgt für mehr Abwechslung in Ihrem Text?

Der Konjunktiv der indirekten Rede – Verwendung und Bildung

Information   Verwendung und Bildung des Konjunktivs

Konjunktivformen des Verbs können im Textzusammenhang verschiedene Funktionen übernehmen, und zwar:

- **Aufforderungen oder Wünsche** auszudrücken, z. B.: „*Er lebe hoch!*" (Konjunktiv I),
- zu formulieren, dass etwas **irreal** ist, z. B.: „*Wenn wir um 1500 gelebt hätten, ...*" (Konjunktiv II),
- **höflich** zu sein, z. B.: „*Könnten Sie mir den Text vorlesen?*" (Konjunktiv II),
- in der **indirekten Rede** zu verdeutlichen, dass man nicht selbst, sondern ein anderer etwas gesagt hat, z. B.: „*Er sagte, das sei richtig.*" (Konjunktiv I); „*Sie sagten, sie hätten Angst.*" (Konjunktiv II). (▶ Zitieren und Paraphrasieren, S. 596)

Im gesprochenen Deutsch wird zur Wiedergabe von Fremdäußerungen oft eine Umschreibung mit „würde" verwendet, z. B.: „*Sie sagten, sie würden jetzt losfahren.*" Dagegen wird in standardisierten Texten wie Nachrichtentexten im Fernsehen oder schulischen Aufsätzen in der Regel der Konjunktiv der indirekten Rede verwendet, z. B.: „*Sie sagten, dass sie jetzt losführen.*"

Bildung der Konjunktivformen

- **Konjunktiv I:** vom Infinitiv abgeleitet, z. B.:
  gehen → Sie sagte, sie *gehe* nach Hause.
  sein → Er sagte, sie *sei* krank.

- **Konjunktiv II:** vom Präteritum abgeleitet
  Bei starken Verben werden aus den Vokalen a, o, u die Umlaute ä, ö und ü:
  haben (stark) → Prät.: *hatten* → Er meint, sie *hätten* Angst.
  liegen (stark) → Prät.: *lagen* → Sie meint, sie *lägen* auf dem Tisch.
  machen (schwach) → Prät.: *machten* → Er sagt, sie *machten* Urlaub.

Verwendungsregeln

- Für Aussagen im Präsens, die in die indirekte Rede verwandelt werden sollen, gilt:
  - In der indirekten Rede wird – wenn möglich – der Konjunktiv I verwendet. Er kann aber nur gewählt werden, wenn er sich von der entsprechenden Indikativform unterscheidet, z. B.: *er sieht* ↔ *er sehe*.
  - Sind Indikativ und Konjunktiv I nicht zu unterscheiden, wird der Konjunktiv II verwendet, z. B.: *wir sehen* (= Indikativ und Konjunktiv I) → *wir sähen* (Konjunktiv II von Prät.: *sahen*)

- Wenn aber auch der Konjunktiv II (im Textzusammenhang) nicht vom Indikativ zu unterscheiden ist, greift man auf die Ersatzform mit „würde" zurück, z. B.:
  Er sagte, die Läden *machten* schon um 7.00 Uhr auf.
  → *würden* schon um 7.00 Uhr *aufmachen*.

- Für Aussagen über Vergangenes gilt:
  Für alle Vergangenheitsformen (Präteritum, Perfekt, Plusquamperfekt) gibt es nur eine gemeinsame Form des Konjunktivs der indirekten Rede, z. B.:
  Er war hier. →
  Er ist hier gewesen. → Er *sei* hier *gewesen*.
  Er war hier gewesen. →

- **Einleitungssatz und Inhaltssatz** können in verschiedenen zeitlichen Verhältnissen zueinander stehen, z. B.:

  Er sagt, — vorzeitig   *er habe sich aufgeregt.*
             — gleichzeitig *er rege sich auf.*
             — nachzeitig   *er werde sich aufregen.*

Dabei wird der Konjunktiv der indirekten Rede nicht vom Tempus des Einleitungssatzes beeinflusst, z. B.:
Sie sagt,/Sie sagte,/Sie wird sagen, er *sei* hier *gewesen*.

1 a Lesen Sie das Interview mit Martin Walser (▶ S. 46).
  Wählen Sie aus diesem Interview mindestens vier Aussagen und geben Sie diese in der indirekten Rede wieder.
b Stellen Sie Ihre Ergebnisse im Kurs vor. Benennen Sie dabei die jeweilige Konjunktivform.

2 a Bilden Sie eigene Sätze mit dem Konjunktiv II.
b Prüfen Sie, in welcher Funktion Sie den Konjunktiv verwendet haben.

„dass" oder „das"? – Konjunktion oder Pronomen?

1 Begründen Sie anhand der nachstehenden Tabelle, ob ein „dass" und/oder ein „das" in die Beispielsätze (a) bis (e) eingefügt werden muss.

(a) Er war so müde, ... er sofort einschlief.
(b) Er weiß, ... viel Geld kostet.
(c) ... lasse ich mir nicht bieten.
(d) ... sie siegen würden, war zu erwarten.
(e) ... Buch, ... sofort verkauft wurde, hatte vorher einen Preis gewonnen.
(f) ... ist ein Geheimnis, ... du für dich behalten solltest.

Wortart	Gliedsatzart/Satzglied	Frage
Konjunktion: **dass**	Inhaltssatz (Subjekt- oder Objektsatz)	Wer oder was? Wen oder was?
Konjunktion: **dass**	Konsekutivsatz	Mit welcher Folge?
Relativpronomen: **das**	Relativsatz/Gliedteilsatz	Was für ein ...?
Demonstrativpronomen: **das**	Subjekt oder Objekt	Was?
Artikel: **das**		

2 In dem folgenden Text finden Sie mehrfach die Wörter „dass" und „das". Entscheiden Sie, um welche Wortart es sich jeweils handelt, indem Sie die Funktion der Wörter im Satz klären.

> Es ist schon erstaunlich, dass sich neugeborene Babys unter Wasser ganz in ihrem Element fühlen. Es ist ein Phänomen, das sich überall auf der Welt beobachten lässt. Tatsache ist nämlich, dass das Kind im Mutterleib in einer ganz mit Wasser gefüllten Fruchtblase heranwächst. Aus dieser Zeit bringt das Baby einen Tauchreflex mit. Dieser verhindert, dass das Neugeborene Wasser in die Lunge bekommt.

Rechtschreibung I – „s", „ß" oder „ss"?

Information   Schreibung des s-Lauts – Wenige einfache Regeln

Vorfeld des Lauts: nach ...	Aussprache	Schreibung	Anmerkungen
kurzem und **betontem** Vokal		ss z. B.: *Hass*	Ausnahme: Kurzwörter *das* und *was*
lang gesprochenem Vokal inkl. Diphthong (au, eu, ei)	stimmhaft	s z. B.: *Apfelmus, Gras, Eisen*	Manchmal wird ein Laut erst durch eine Verlängerungsprobe stimmhaft, z. B.: *Gras* → *Gräser*
lang gesprochenem Vokal inkl. Diphthong (au, eu, ei)	stimmlos	ß z. B.: *beißen, Spaß*	Steht der s-Laut am Wortende, bleibt er auch in der Verlängerungsprobe stimmlos.

1 Ergänzen Sie in Ihrem Heft die folgenden Zielscheiben, indem Sie weitere Beispiele eintragen.
2 Entwerfen Sie zur Übung weitere Zielscheiben dieser Art.

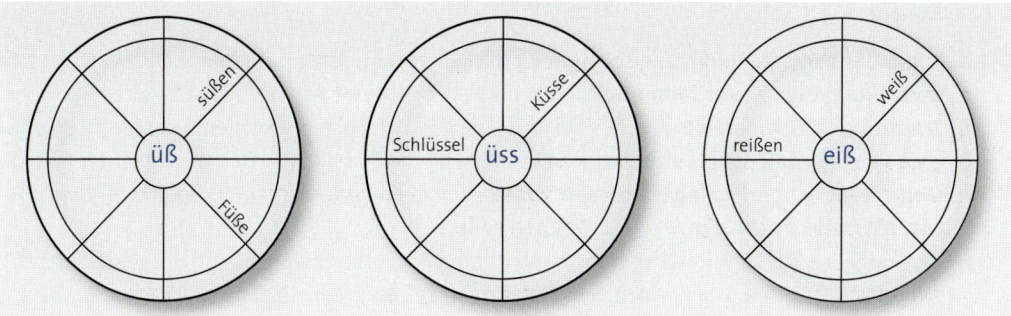

Rechtschreibung II – Großschreibung von Nomen/Substantiven

Methode   Nomen/Substantive erkennen – Artikelprobe

Nomen/Substantive werden immer großgeschrieben. Sie erkennen sie daran, dass Artikel, Pronomen, Zahlwörter, Adjektive (Wortarten, ▶ S. 599–600) oder Partizipien sie begleiten können, z.B.: *der* Schüler, *eine* Schülerin; *dieses* Fest, *jenes* Ereignis; *mein/dein/sein* Computer; *etwas* Mühe, *viele* Regeln, *kein* Benehmen; *großes* Vertrauen, *schönes* Tor; *laufende* Kamera, *geballte* Aufmerksamkeit.
Tipp: Findet sich kein Artikel oder Pronomen, ist die Artikel- bzw. Einsetzprobe hilfreich, z.B.: *Wörterbücher helfen Schülern* → *Die/Viele* Wörterbücher helfen *den/vielen/allen* Schülern.
- Ein **Artikel** kann **mit** einer **Präposition verschmelzen** und seine Funktion als Begleiter des Nomens/Substantivs erfüllen, z.B.: *Am Dienstag fahren wir.* → *An dem Dienstag fahren wir.*
- **Präpositionen** stehen oft **ohne Artikel** vor Nomen/Substantiven und verändern deren Kasus (Fall), z.B.: *Wir hörten mit Begeisterung zu.* → *Wir hörten mit der Begeisterung zu.*
- Begleiten Artikel oder Pronomen Wörter anderer Wortarten, so werden sie **nominalisiert/substantiviert** und entsprechend großgeschrieben, z.B.: *das Lernen, das Schönste, das Für und Wider, dieses Warten, dein Wissen, etwas Neues, im Allgemeinen, im Einzelnen, im Übrigen, im Wesentlichen.*

Information   Ausnahmen – Kleinschreibung erforderlich

- die/diese/alle beiden, einer von beiden
- in Verbindung mit „sein" bei: spitze, angst, bange, klasse, schuld, pleite (z.B.: *Du bist spitze!*)
- Nomen/Substantive, die zu Präpositionen geworden sind, z.B.: *dank seines Einsatzes, kraft des Gesetzes, laut Zeitungsbericht, zeit ihres Lebens.*
- abgeleitete Zeitadverbien: *nachts, vormittags, mittwochs* (**aber:** *heute Nacht, gestern Vormittag, am Mittwoch*)

1 a Verfassen Sie einen Text, in dem Sie möglichst viele der in der Methode bzw. Information genannten Beispiele aufnehmen und eigene ergänzen.
  b Lassen Sie Ihren Text durch Ihre/n Lernpartner/in überprüfen.

Rechtschreibung III – Getrennt- und Zusammenschreibung

Information Regeln zur Getrennt- und Zusammenschreibung

- Verbindungen mit „sein" werden immer getrennt geschrieben, z. B.: *beisammen sein, fertig sein*.
- Verbindungen aus zwei Verben werden in der Regel getrennt geschrieben, z. B.: *spazieren gehen*.
- Zusammensetzungen aus einem Verb und einem kaum noch als Nomen/Substantiv erkennbaren Bestandteil haben oft nur noch zusammen eine Bedeutung. Dementsprechend werden sie zusammen- und kleingeschrieben, z. B.: *leidtun, teilnehmen, standhalten, stattfinden, nottun, kopfstehen, eislaufen*.
  Achtung! Die Zusammenschreibung kann durch eine veränderte Stellung des Verbs im Satz zur Getrenntschreibung werden, z. B.: *Es tut mir leid; Du nimmst teil; Ich stehe kopf; Er hält stand; Das Fest findet statt* etc.
- Verbindungen aus Verben mit Präpositionen oder Adverbien werden meist zusammengeschrieben, z. B.: *abfahren, zwischenrufen, durchsagen, hereinkommen, voraussagen, rückwärtslaufen* etc.
- Adjektiv und Verb bzw. Verb und Verb werden zusammengeschrieben, wenn sich daraus eine neue Gesamtbedeutung ergibt, z. B.: *schwerfallen/leichtfallen* (Mühe haben / keine Mühe haben), *schwarzfahren* (ohne Fahrschein sein), *sitzenbleiben* (nicht versetzt werden), *sich gehenlassen* (sich vernachlässigen) etc.

1 Erfinden Sie Sätze mit den in der Information genannten Beispielen und geben Sie schriftlich zu jedem Satz die dazugehörige Regel zur Getrennt- und Zusammenschreibung an.

Rechtschreibung IV – „wieder-" oder „wider-", „end-" oder „ent-"?

1 a Sammeln Sie möglichst viele Zusammensetzungen mit „*wieder-*" und „*wider-*".
  b Ordnen Sie Ihre Zusammensetzungen mit Hilfe der Symbole **o=o** für „wieder-" und **→←** für „wider-" in eine Tabelle ein. Korrigieren Sie dabei evtl. die Schreibung.

wieder-/Wieder- (o=o)	**wider-/Wider- (→←)**
Wiederholung, …	Widerstand, …

2 Sammeln Sie Zusammensetzungen mit „end-" (wie „endlich" von „Ende") und Ableitungen mit dem Präfix „ent-" (wie „entsaften" oder „enttäuschen") und ordnen Sie diese mit Hilfe der Symbole →| für „end-" und ◊ für „ent-" den beiden Zielscheiben zu.

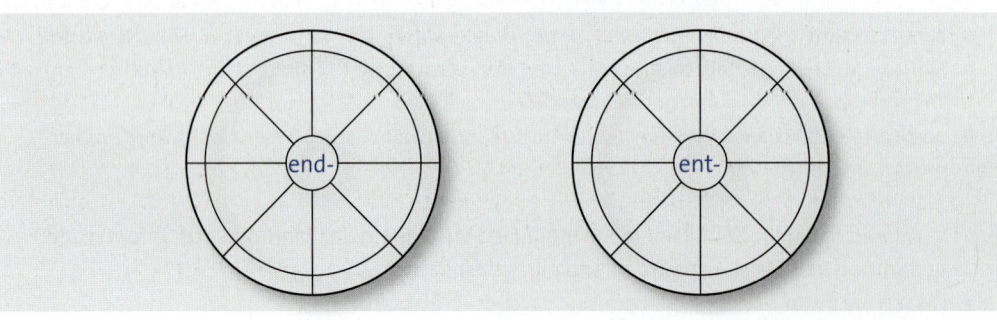

Zeichensetzung – Muss- und Kann-Bestimmungen

Die amtlichen, für Schulen verbindlichen Regeln zur Zeichensetzung nach der im Jahr 2006 in Kraft getretenen Fassung sehen eine Reihe von Muss- und Kann-Bestimmungen vor.

Information Ein Komma *muss* stehen …

Regelungsbereich	Beispiel
▪ zwischen Haupt- und Nebensatz	*Sie wussten, dass es vorbei war.* *Die Frau, die sie sahen, und ihr Kind …* Hinweis: Das Komma steht hier ausnahmsweise vor „und", weil es den eingeschobenen Nebensatz abschließt.
▪ zwischen Nebensätzen unterschiedlichen Grades	*Er ahnte, dass das Kind, das da saß, bald …*
▪ bei aufgezählten Satzteilen	*Er kam, sah und siegte.* Hinweis: Es steht kein Komma, wenn die aufgezählten Satzteile durch „und", „oder" etc. verbunden sind.
▪ bei wörtlicher Rede zur Abtrennung des Begleitsatzes	*„Wie geht das?", fragte er.* *„Ich bin", stieß er hervor, „wirklich wütend."*
▪ bei Appositionen mitten im Satz	*Friedrich Schiller, der Dramatiker, wurde …*
▪ bei Anreden	*Dies alles, liebe Frau Schmidt, ist …*
▪ bei entgegensetzenden Konjunktionen	*Das Buch war dick, aber wenig informativ.* Hinweis: Entgegensetzend sind auch „jedoch" und „sondern".
▪ bei nachgestellten näheren Bestimmungen	*Er hatte Geld verloren, und zwar 200 Euro.*
▪ bei herausgehobenen Satzgliedern	*Die Aufführung, die war fantastisch.*

Methode Kommasetzung beim erweiterten Infinitiv – Kann-Bestimmung

Man kann nichts falsch machen, wenn man beim erweiterten Infinitiv (Infinitiv + „zu" + mindestens ein weiteres Wort), auch Infinitivgruppe oder Infinitivsatz genannt, **regelmäßig ein Komma setzt.** Das erspart das Erlernen komplizierter Regelungen, die Kommas sowohl vorschreiben als auch nur vorschlagen. Im Übrigen machen diese Kommas beim erweiterten Infinitiv Sätze übersichtlicher, z. B.:
Wenn wir versuchen das Haus durch das teilweise brennende Treppenhaus jetzt sofort zu verlassen, könnten wir probieren die noch schlafenden Bewohner rechtzeitig zu warnen.
Dieser Satz wird lesbarer und ist schneller zu verstehen, wenn er durch Kommas gegliedert wird:
Wenn wir versuchen, das Haus durch das teilweise brennende Treppenhaus jetzt sofort zu verlassen, könnten wir probieren, die noch schlafenden Bewohner rechtzeitig zu warnen.

Information	Ein Komma *darf nicht* stehen ...
Regelungsbereich	**Beispiel**
■ bei Satzgliedern	*Mit seinem aufwändig gestylten Wagen aus amerikanischer Produktion fuhr er ...* Hinweis: Lange Satzglieder, nach denen man Luft holen muss, verleiten manchmal zu der Annahme, dass ein Komma gesetzt werden müsse. Nach Satzgliedern steht jedoch kein Komma.
■ bei anreihenden Konjunktionen, die Wörter bzw. Wortgruppen verbinden	*Er hatte sowohl das Thema als auch die Gestaltungsmittel herausgearbeitet.* Hinweis: Konjunktionen, bei denen kein Komma steht, sind außerdem „entweder ... oder", „weder ... noch", „beziehungsweise", „wie", „und", „oder". Dagegen muss ein Komma vor den Konjunktionen „aber", „sondern", „andererseits" stehen.
■ bei einfachen Vergleichen	*Er ist stärker als ein Bär.* <u>Aber:</u> *Er ist stärker, als ich gedacht hatte.* (Vergleichssatz)

1 Schreiben Sie den folgenden Text ab und tragen Sie dabei alle Kommas ein, die Sie für notwendig halten.

2 Begründen Sie jede Kommasetzung. Greifen Sie dabei ggf. auf die Informationen und die Methode auf den Seiten 607–608 zurück.

John Lennon der kreative Kopf der erfolgreichsten Band aller Zeiten der Beatles starb infolge eines Attentats. Als er am 8. Dezember 1980 in New York zusammen mit seiner Frau der Künstlerin Yoko Ono sein Haus verließ wurde er erschossen. Kurz zuvor hatte der Musiker noch einem Fan ein Autogramm gegeben ohne zu ahnen dass dieser sein späterer Mörder sein würde. Während John Lennon seinen Verletzungen erlag blieb seine Frau unverletzt. Der Attentäter floh nach den Schüssen nicht sondern blieb am Tatort und stellte sich sogar in Pose als Polizei und Presse eintrafen. Wenn schon Mörder dann wollte er offenbar ein netter freundlicher ein medientauglicher Mörder sein. Warum er John Lennon den großen Musiker umgebracht hat das wird wohl für immer sein Geheimnis bleiben. Sicher ist dass auch das amerikanische Waffenrecht es dem Einzelnen recht leicht macht an Waffen heranzukommen. Fast jedem ist es erlaubt eine Pistole oder ein Gewehr zu erwerben.
Darüber hinaus sagte ein Politiker nach dem Attentat: „Es muss auch angenommen werden dass der Täter ein Produkt der unersättlichen Darstellung von Gewalt in den Medien ist. Er mordete" so betonte der Politiker „weil er berühmt werden wollte um sich in Szene zu setzen. Ich bin einfach entsetzt!" schloss er.
Es ist furchtbar genug doch solche Aktionen werden immer wieder nachgeahmt und zwar leider zunehmend wie aktuelle Ereignisse zeigen. Dies betrifft nicht nur Prominente sondern auch ganz einfache Menschen die zufällig zur falschen Zeit am falschen Ort waren.

Autoren- und Quellenverzeichnis

Ackermann Lutz; **Brockhausen, Christian von**; **Reschke, Anja**: *Wie wirkt „Scripted Reality"?*, S. 110. Aus: http://daserste.ndr.de/panorama/archiv/2011/luegenfernsehen131.html, 2011
Alberti, Conrad (1862–1918): Auszug aus *Die zwölf Artikel des Realismus. Ein literarisches Glaubensbekenntnis*, S. 472. In: Literarische Manifeste des Naturalismus 1880–1892. Hg. v. E. Ruprecht. J. B. Verlag, Stuttgart 1962, S. 129 ff.
Althen, Michael (*1962): *Ich will doch nur, dass ihr mich liebt*, S. 289 f. In: Frankfurter Allgemeine Zeitung, Nr. 214 v. 14. 9. 2006
Apollinaire, Guillaume (1880–1918): *Die erdolchte Taube und der Springbrunnen* (*La colombe poignardée et le jet d'eau*), S. 196. In: Dichtungen. Ausgew. v. Flora Klee-Palyi. Limes, Wiesbaden 1953, S. 112
Aristoteles (384–322 v. Chr.): *Kennzeichen der Tragödie*, S. 221. In: Theorie des Dramas: Aristoteles. Hg. v. Ulrich Staehle. Reclam, Stuttgart 1973, S. 8–12
Aston, Louise (1814–1871): *Lebensmotto*, S. 457. Aus: Wilde Rosen. In: Louise Aston. Ein Lesebuch. Gedichte, Romane, Schriften in Auswahl (1846–1849). Hg. v. Karlheinz Fingerhut. Akademischer Verlag, Stuttgart 1983, S. 24 f.
Bachmann, Ingeborg (1926–1973): *Nach grauen Tagen*, S. 63. In: Gesammelte Werke. Hg. v. Christine Koschel, Inge von Weidenbaum, Clemens Münster, 4 Bde., Piper Verlag GmbH, München 2010; *Ihr Worte*, S. 369. In: Gesammelte Werke, Bd. I. Piper Verlag, München 1978; *Anrufung des Großen Bären*, S. 515. In: Werke. Hg. v. C. Koschel, I. v. Weidenbaum, C. Münster. Bd. I: Gedichte, Hörspiele, Libretti, Übersetzungen. Piper, München 1978, S. 95
Bahr, Hermann (1863–1934): *Symbolisten*, S. 475 f. In: Literarische Manifeste der Jahrhundertwende 1890–1910. Hg. v. E. Ruprecht u. D. Bänsch. Metzler, Stuttgart 1970, S. 170 f.
Baudelaire, Charles (1821–1867): *Der Mann und das Meer*, S. 58. In: Die Blumen des Bösen. Übertragen v. Carlo Schmid. Insel, Frankfurt/M. 1986, S. 30
Becher, Johannes R. (1891–1958): *Auferstanden aus Ruinen* (auch: Nationalhymne der Deutschen Demokratischen Republik), S. 510. C. F. Peters Musikverlag, Frankfurt/M.
Becht, Alexandra (*1977): *Koexistenz*, S. 62. In: Planet Slam 1. Hg. v. Bylanski, Ko, Patzak, Rayl. Yedermann, Riemerling 2002
Becker, Kristin: *Looking for Kafka*, S. 186. In: http://www.theatertreffen-blog.de/tt09/gastspiele/der-prozess/looking-for-kafka/, 2009
Beier, Karin (*1965): *„Theater berauscht. Theater nervt. Theater wirkt."*, S. 242 f. In: Den Aufstand proben. Ein Theaterbuch von Wolfgang Höbel. KiWi Köln 2013, S. 18 ff.
Bendzko, Tim (*1985): *Wenn Worte meine Sprache wären*, S. 362. Copyright Rückbank Musikverlag, Hamburg
Benn, Gottfried (1886–1956): *Reisen*, S. 64. In: Gesammelte Werke. Klett-Cotta, Stuttgart 1978, Bd. 3: Gedichte; *Gehirne*, S. 489 f. In: Gesammelte Werke. Hg. v. Bruno Hillebrand. Fischer, Frankfurt/M. 1982, S. 1185–1191; *Schöne Jugend*, S. 487. Ebd., S. 11; *Nur zwei Dinge*, S. 511. In: Sämtliche Werke. Stuttgarter Ausgabe. In Verb. mit Ilse Benn hg. v. Gerhard Schuster (Bände I–V) u. Holger Hof (Bd. VI). Klett-Cotta, Stuttgart 1987, Bd. 1, S. 320; *Ein Wort*, S. 366. In: Der neue Conrady. Das große deutsche Gedichtbuch. Artemis & Winkler, Düsseldorf und Zürich 2000, S. 685
Bernhard, Thomas (1931–1989): *Der Stimmenimitator*, S. 44. In: Der Stimmenimitator. Suhrkamp, Frankfurt/M. 1987, S. 9–10
Beyer, Marcel (*1965): *Stiche*, S. 54. In: Erdkunde. Gedichte. DuMont, Köln 2002, S. 28
Bichsel, Peter (*1935): *San Salvador*, S. 35. In: Eigentlich möchte Frau Blum den Milchmann kennenlernen. 21 Geschichten. Suhrkamp, Frankfurt/M. 1993, S. 24 f.
Biermann, Wolf (*1936): *Ballade vom preußischen Ikarus*, S. 526. In: Preußischer Ikarus. Lieder/Balladen/Gedichte/Prosa. Kiepenheuer & Witsch, Köln 1978, S. 103 f.
Birken, Sigmund Von (1626–1681): *Willkommen Lenz*, S. 390. In: Die deutsche Literatur. Hg. v. Renate Fischetti, Otto F. Best u. Hans-Jürgen Schmitt. Reclam, Stuttgart 1975, Bd. 4, S. 99 f., behutsam modernisiert
Birkin, Andrew (*1945)/**Eichinger, Bernd** (*1949)/**Tykwer, Tom** (*1965): *Das Parfum*. Das Buch zum Film. S. 277–281. In: Das Parfum. Das Buch zum Film. Diogenes, Zürich 2006, S. 32 ff., 42
Blech, Jörg; Demmer, Ulrike; Ludwig, Udo; Scheuermann, Christoph: *Wow, was für ein Gefühl*, S. 90 f. In: Der Spiegel, 26. 10. 2009
Böll, Heinrich (1917–1985): *Mein teures Bein*, S. 513 f. In: Erzählungen. Hg. v. Viktor Böll u. Karl Heiner Busse. Kiepenheuer & Witsch, Köln 1994, S. 226 ff.

Bölsche, Wilhelm (1861–1939): Auszug aus *Die naturwissenschaftlichen Grundlagen der Poesie. Prolegomena einer realistischen Ästhetik*, S. 473. Neu hg. v. Johannes J. Braakenburg. Niemeyer, Tübingen 1976, S. 24 f.
Bolz, Norbert (*1953): *Die Welt der Klick-Arbeiter*, S. 263. In: Süddeutsche Zeitung vom 29. 8. 2010
Borchert, Wolfgang (1921–1947): *Die drei dunklen Könige*, S. 512 f. In: Das Gesamtwerk. Rowohlt, Hamburg 1959, S. 304–308
Boroditsky, Lera (*1976): *Wie die Sprache das Denken formt*, S. 360 f. In: Spektrum der Wissenschaft 04/2012, S. 30 (auch online verfügbar unter: http://www.spektrum.de/alias/linguistik/wie-die-sprache-das-denken-formt/1145804)
Brandt, Jan (*1974): *Ist das Literatur? Oder kann das weg?*, S. 251. In: Ist das Literatur? Oder kann das weg? Fluch der Popularität: Die Schriftstellerin J.K. Rowling wollte mit ihrem neuen Werk die Welt verändern. Und scheitert an sich selbst, http://www.zeit.de/kultur/literatur/2012-10/rowling-grass-literatur/komplettansicht, 2013
Brant, Sebastian (1457–1521): *Jüngst hat der Geiste …*, S. 383. In: Gedicht über die Trefflichkeit der Druckkunst. Basel 1498
Brasch, Thomas (1945–2001): *Lied*, S. 60. In: Kargo. Suhrkamp, Frankfurt/M. 1977
Braun, Volker (*1939): *Im Ilmtal*, S. 413. In: Gedichte. Reclam, Leipzig 1976, S. 92–93; *Hinzes Bedingung*, S. 527. Aus: Berichte von Hinze und Kunze. Suhrkamp, Frankfurt/M. 1983, S. 19 f.; *Das Eigentum*, S. 534. Aus: DIE ZEIT, 10. 6. 1990
Brecht, Bertolt (1898–1956): *Weise am Weisen ist die Haltung*, S. 42. In: Gesammelte Werke in 20 Bdn. Suhrkamp, Frankfurt/M. 1967. Bd. 12, S. 375; *Über das Zerpflücken von Gedichten*, S. 61. Ebd., Bd. 19, S. 392–392; *Der gute Mensch von Sezuan*, S. 214 f., 238. Ebd., Bd. 4, S. 1489–1494; *Was ist mit dem epischen Theater gewonnen*, S. 234. In: Gesammelte Werke in 20 Bdn. Suhrkamp, Frankfurt/M. 1967. Bd. 15, S. 302 f.; *Entdeckung an einer jungen Frau*, S. 193. Ebd., Bd. 8, S. 182 f.; *Schlechte Zeit für Lyrik*, S. 501. Ebd., Bd. 9, S. 743 f.; *Ich habe dies, du hast das*, S. 511. Ebd., Bd. 10, S. 964
Brenner, Peter J. (*1953): *Geschichtsschreibung ist Aufklärung …*, S. 376. In: Neue Deutsche Literaturgeschichte. Vom „Ackermann" zu Günter Grass, Niemeyer, Tübingen
Brentano, Clemens (1778–1842): *Der Spinnerin Nachtlied*, S. 436. In: Werke. Hg. v. Wolfgang Frühwald u. a. Hanser, München 1968, Bd. 1, S. 131
Brinkmann, Rolf Dieter (1940–1975): *Selbstbildnis im Supermarkt*, S. 57. In: Standphotos. Gedichte 1962–1970. Rowohlt, Reinbek 1980, S. 204; *Einer jener klassischen*, S. 60. In: Westwärts 1 & 2. Rowohlt, Reinbek 1975, S. 25
Bruner, Jerome (*1915): *Wie das Kind sprechen lernt*, S. 336. In: Wie das Kind sprechen lernt, aus dem Englischen von Urs Aeschbacher. Huber, Bern 2002, S. 31 ff.
Buber, Martin (1878–1965): *Die Legende des Baalschem*, S. 41. In: Die Legende des Baalschem. Manesse, Zürich 1955, S. 30 f.
Büchner, Georg (1813–1837): *Woyzeck*, S. 446 f. In: Ebd., Bd. 1, S. 171 f.; *Der hessische Landbote*, S. 447 f. In: Sämtliche Werke und Briefe. Hg. v. Werner R. Lehmann. Wiss. Buchgesellschaft, Darmstadt 1967, Bd. 2, S. 35 f.
Bürger, Gottfried August (1747–1794): *Für wen, du gutes deutsches Volk*, S. 418. In: Bürgers Werke in 1 Bd. Hg. v. Lore Kaim-Klook. Aufbau, Berlin u. a. 1973, S. 222 f.
Busta, Christine (eigentlich Christine Dimt, 1915–1987): *In der Morgendämmerung*, S. 194. In: Die Scheune der Vögel. Gedichte. Otto Müller, Salzburg 1958, S. 41
Caldwell-Harris, Catherine: *Parlez-vous logique?*, S. 341. In: Gehirn und Geist. Das Magazin für Psychologie und Hirnforschung, 6/2013, S. 44 ff.
Celan, Paul (1920–1970): *Todesfuge*, S. 508 f. In: Gedichte. 10. Aufl. Suhrkamp, Frankfurt/M. 1991, Bd. 1, S. 41 f.; *Weggebeizt*, S. 367. In: Gedichte. Suhrkamp, Frankfurt/M. 1975, Bd. 2
Claudius, Matthias (1740–1815): *Abendlied*, S. 405. In: Von guten Mächten wunderbar geborgen. Die 100 schönsten geistlichen Lieder und Gedichte, hrsg. v. Dirk Ippen, München ²2006, S. 53 f.
Conrady, Karl Otto (*1926): *Von der Verführung durch vertraute Epochenbegriffe*, S. 376. In: Literatur und Sprache im historischen Prozess. Vorträge des Deutschen Germanistentages Aachen 1982. Hg. v. Thomas Cramer. Niemeyer, Tübingen 1983, Bd. 1, S. 19 f.

Crystal, David (*1941): *Sprache und Denken*, S. 358 f. In: Die Cambridge-Enzyklopädie der Sprache. Übers. u. bearb. v. Stefan Röhrich u. a. Camous, Frankfurt/M. u. a. 1995, S. 14
Dietmar von Aist (* vor 1140; † nach 1171): *Slâfest du, friedel ziere?*, S. 193. In: Deutsche Lyrik des Mittelalters. Auswahl und Übersetzung v. Max Wehrli. Manesse, Zürich 1955, 6. rev. Aufl. 1984, S. 62 f.
Dische, Irene (*1952): *Liebe Mom, lieber Dad*, S. 33 f. In: Loves. Lieben. Hoffmann und Campe, Hamburg 2007, S. 149 ff.
Dobelli, Rolf (*1966): *Denkfehler. The Swimmer's Body Illusion*, S. 96. In: Denkfehler: The Swimmer's Body Illusion, Hanser Verlag, München 2011, S. 9 ff.
Döblin, Alfred (1878–1957): *Berlin Alexanderplatz*, S. 492 f. Aus: Berlin Alexanderplatz. Walter, Olten 1961, S. 144 f.
Domin, Hilde (1909–2006): *Hier*, S. 500. In: Gesammelte Gedichte. Fischer, Frankfurt/M. 1987, S. 253
Droste-Hülshoff, Annette von (1797–1848): *Das Spiegelbild*, S. 57. In: Sämtliche Werke. Hanser, München 1952, S. 164 f.; *Am Turme*, S. 456. In: Sämtliche Werke. Hg. v. Clemens Heselhaus. Wiss. Buchgesellschaft, Darmstadt 1966, S. 124 f.
Dürrenmatt, Friedrich (1921–1990): *Die Physiker*. Komödie, S. 68–71, 73, 82 f. In: Eine Komödie in zwei Akten. Diogenes, Zürich 1998, Bd. 7, S. 11, 66–77; *„21 Punkte zu den Physikern"*, S. 74. In: Ebd., S. 91 ff.; *Uns kommt nur noch die Komödie bei*, S. 74 f. In: Theaterprobleme. Aus: Theater-Schriften und Reden. Diogenes, Zürich 1985, S. 122 ff.
Eco, Umberto (1932–2016): *Im Wald der Fiktionen. Sechs Streifzüge durch die Literatur*, S. 29 f. In: Ebd., Carl Hanser, München u. a. 1994, S. 103 ff.; *Der Verlust der Privatsphäre*, S. 260. In: Im Krebsgang voran. Heiße Kriege und medialer Populismus. Aus dem Ital. v. Burkhart Kroeber. Hanser, München 2007, S. 79–84
Eich, Günter (1907–1972): *Inventur*, S. 169. In: Gedichte. Ausgew. v. Ilse Aichinger. Suhrkamp, Frankfurt/M. 1973, S. 10 f.
Eichendorff, Joseph von (1788–1857): *Zwielicht*, S. 195. In: Sämtliche Werke. Historisch-kritische Ausgabe. Bd. I,1: Gedichte. Hg. v. Harry Fröhlich u. Ursula Regener. Kohlhammer, Stuttgart u. a. 1993, S. 11 f.; *Lied/Das zerbrochene Ringlein*, S. 206. In: Der ewige Brunnen der Liebe, hrsg. v. Albert von Schirnding, C.H. Beck, München 2007, S. 103; *Sehnsucht*, S. 435. In: Ausgewählte Werke. Sonderausgabe der Tempel-Klassiker. Hg. v. Paul Stapf. Vollmer, Wiesbaden o. J., Bd. 1, S. 35; *Mondnacht*, S. 436; 572. In: Werke und Schriften. Hg. v. Gerhart Baumann. Cotta'sche Buchhandlung, Stuttgart o. J., Bd. 2, S. 306
Engst, Judith (*1970): *Professionelles Bewerben – leicht gemacht*, S. 567. In: Duden – Professionelles Bewerben – leicht gemacht. Dudenverlag, Mannheim 2007, S. 48
Enzensberger, Hans Magnus (*1929): *An alle Fernsprechteilnehmer*, S. 516. In: Landessprache. Suhrkamp, Frankfurt/M. 1960. S. 28 f.
Ern, Elena: *Dem Ruhrpott seine Sprache*, S. 420. Aus: http://www.dw.de/dem-ruhrpott-seine-sprache/a-4248678, 2013
Feuchtwanger, Lion (1884–1958): *Der Schriftsteller im Exil*, S. 500. Aus: Ein Buch für meine Freunde. Fischer, Frankfurt/M. 1984
Fichter, Alina: *Da guckst du!*, S. 106. In: Die Zeit, 42/2013, S. 21
Fontane, Theodor (1819–1898): *Effi Briest*, S. 165 f. In: Große Brandenburgische Ausgabe. Das erzählerische Werk. Hg. v. Gotthard Erler u. Christine Hehle. Aufbau, Berlin 1998; *Was verstehen wir unter Realismus?*, S. 459. In: Sämtliche Werke. Romane. Gedichte. Hg. v. Walter Keitel. Wiss. Buchgesellschaft, Darmstadt 1963; *Frau Jenny Treibel*, S. 462 f. In: Romane und Erzählungen in 8 Bdn. Hg. v. Peter Golammer u. a., Aufbau, Berlin u. a., ⁴1993, Bd. 6, S. 258 ff.
Forster, Iris: *Political Correctness/Politische Korrektheit*, S. 149 f. In: http://www.bpb.de/politik/grundfragen/sprache-und-politik/42730/politische-korrektheit?p=0, 2010
Frank, Charlotte: *„Na, Udslopen?"*, S. 328. Aus: http://www.sueddeutsche.de/bildung/plattdeutsch-an-grundschulen-na-udslopen-1.1483772, 2012
Fried, Erich (1921–1988): *Gezieltes Spielzeug*, S. 524. In: Gesammelte Werke, Gedichte Bd. 1, Klaus Wagenbach, Berlin 1993, S. 371
Friedmann, Jan: *Denglische Stellenanzeigen: Von Beruf Programmer Analyst Supply Chain Support Projects*, S. 156. In: http://www.spiegel.de/karriere/berufsleben/denglische-stellenanzeigen-von-beruf-programmer-analyst-supply-chain-support-projects-a-744940.html, 2010

Frisch, Max (1911–1991): *Das Unaussprechliche*, S. 365. In: Stiller. Suhrkamp, Frankfurt/M. ⁵1975, S. 330 f.
Gaynor, Gloria (* 1949): *I am what I am*, S. 53. Morris-Edwin-H-Co. Inc, Chappell & Co. GmbH & Co. KG, Hamburg (Herman, Jerry)
George, Stefan (1868–1933): *komm in den totgesagten Park*, S. 481. Aus: Werke. Ausgabe in 2 Bdn. Bd I. Küpper, München 1958, S. 121
Gernhardt, Robert (1937–2006): *Zu zwei Sätzen von Eichendorff*, S. 195. In: Wörtersee. Haffman, Zürich 1989
Gerstl, Elfriede (*1932): *Wer ist denn schon*, S. 54. In: Wiener Mischung. Literaturverlag Droschl, Graz 2001. Zit. nach: Michael Braun/Hans Thill (Hg.): Lied aus reinem Nichts. Deutschsprachige Lyrik des 21. Jahrhunderts. Das Wunderhorn, Heidelberg 2010, S. 174
Gibis, Sonja: *So verstehen Sie Ihren Arzt*, S. 154 f. Aus: http://www.tz-online.de/service/gesundheit/allgemein/verstehen-ihren-arzt-meta-1555341.html, 2012
Goebbels, Joseph (1897–1945): *Sportpalastrede*, S. 295 f. In: Günter Moltmann: Goebbels' Rede zum totalen Krieg am 18. Februar 1943. Vierteljahreshefte für Zeitgeschichte (12/1). IfZ, München u. a. 1964, S. 13–43
Goethe, Johann Wolfgang (1749–1832): *Neue Liebe, neues Leben*, S. 55. In: Werke. Hamburger Ausgabe. Durchges. u. kom. v. Erich Trunz. dtv, München 1998. Bd. 1, S. 96; *Faust I*, S. 224–226, 229 f., 429. In: Ebd., Bd 3; *Gesang der Geister über den Wassern*, S. 199. Ebd., Bd. 1, S. 143; *Die Leiden des jungen Werthers*, S. 178, 408 f., 413–415. In: Sämtliche Werke. Artemis/dtv, Zürich/München 1977, Bd. 4, S. 375, 270 f., 314 f.; *Ganymed*, S. 411. Ebd., S. 46 f.; *An den Mond*, S. 412, Bd. 1, S. 129 f.; *Prometheus*, S. 415 f. Ebd., Bd. 1, S. 44 ff.; *Italienische Reise*, S. 421 f. In: Ebd., Bd. 11, S. 150; *Natur und Kunst*, S. 423. Ebd., Bd. 1, S. 245; *Das Göttliche*, S. 428. Ebd., S. 147 ff.
Goethe, Johann Wolfgang/Schiller, Friedrich: *Deutscher Nationalcharakter*, S. 426. In: Sämtliche Werke. Hg. v. Gerhard Fricke u. a. Hanser, München 1965, Bd. 1, S. 267; *Xenien*, S. 427. Ebd., S. 248, 243, 309
Göttert, Karl-Heinz (*1943): *Alles außer Hochdeutsch oder Versuch eines Fazits*, S. 321. In: Alles außer Hochdeutsch. Ein Streifzug durch unsere Dialekte. Ullstein, Berlin 2011, S. 343–347
Gomringer, Eugen (*1925): *das schwarze Geheimnis*, S. 515. In: worte sind schatten. Die konstellationen 1951–1968. Hg. v. H. Rein. Rowohlt, Reinbek 1969; *wind*, S. 515. In: Ebd., S. 58
Gottfried von Straßburg († um 1215): *Tristan*, S. 378. Aus: Tristan. Nach dem Text v. Friedrich Ranke. Neu hg., ins Nhd. übers. v. Rüdiger Krohn. Reclam, Stuttgart ³1985, Bd. 2, S. 110
Grass, Günter (1927–2015): *In Ohnmacht gefallen*, S. 524. In: Gedichte und Kurzprosa. Kommentar und Materialien v. Werner Frizen. Steidl, Göttingen 2007, S. 174; *Die Blechtrommel*, S. 517 f., Luchterhand-Literaturverl., Frankfurt/M. 1991
Grimmelshausen, Hans Jakob Christoffel von (1621–1676): *Der Abenteuerliche Simplicissimus Teutsch*, S. 386. Aus: Der Abenteuerliche Simplicissimus Teutsch. Winkler, München o. J., S. 11–15
Grünbein, Durs (*1962): *Novembertage I. 1989*, S. 534. In: Nach den Satiren. Suhrkamp, Frankfurt/M. 1999, S. 64 f.
Gryphius, Andreas (1616–1664): *Es ist alles eitel*, S. 389. In: Werke in einem Band. Aufbau, Berlin u. a. 1969, S. 5
Günderode, Karoline von (1780–1806): *Der Kuss im Traume*, S. 436. In: Der Schatten eines Traums. Gedichte, Prosa, Zeugnisse von Zeitgenossen. Hg. v. Christa Wolf. Luchterhand, Darmstadt/Neuwied 1979, S. 68
Härtling, Peter (*1933): *Nein!*, S. 310 f. In: Frankfurter Rundschau v. 5. 10. 1992
Hahn, Ulla (*1946): *Angstlied*, S. 56. In: Herz über Kopf. Gedichte. DVA, Stuttgart 1981, S. 57; *Ich bin die Frau*, S. 528. Aus: Spielende. DVA, Stuttgart 1983, S. 63
Hamann, Christof: *Dialekt*, S. 317. In: Bodensee. Hoffmann und Campe, Hamburg 2011. S. 28–31
Harsdörffer, Georg Philipp (1607–1658): *Das Leben ist*, S. 389. In: Die Pegnitz Schäfer: Georg Philipp Harsdörffer, Johann Klaj, Sigmund von Birken. Gedichte. Hg. v. Gerhard Rühm. gerhardt, Berlin 1964, S. 51; *Der Frühling*, S. 390. In: Texte deutscher Literatur 1500–1800. Hg. v. Karl Otto Conrady. Lyrik des Barock I. Hg. v. Marian Szyrocki. Rowohlt, Reinbek 1971, S. 189 f., behutsam modernisiert
Hauptmann, Gerhart (1862–1946): *Die Weber*, S. 471 f. Aus: Die Weber. Dichtung und Wirklichkeit. Hg. v. Hans Schwab-Felisch. Ullstein, Berlin 1997, S. 54 f.

Hebbel, Friedrich (1813–1863): *Maria Magdalene*, S. 464 ff. In: Werke. Hg. v. Gerhard Fricke. Wissen. Buchgemeinschaft, Darmstadt 1963, Bd. I, S. 354 f.; 368 ff.
Heidenreich, Elke (*1943): *Wer nicht liest, ist doof*, S. 27. In: Kursbuch 133. Das Buch. Rowohlt, Berlin 1998, S. 1 ff.
Heine, Heinrich (1797–1856): *Am blassen Meeresstrande** ... (Originaltitel: *Abenddämmerung*), S. 196. In: Sämtliche Schriften in 12 Bdn. Hg. v. Klaus Briegleb. Ullstein, Frankfurt/M. 1981, Bd. 3, S. 171; *Ich weiß nicht, was soll es bedeuten*, S. 438. Ebd., Bd. 1., S. 107; *Asra*, S. 438. Ebd., Bd. 11, S. 41; *An Georg Herwegh*, S. 453. In: Ebd., Bd. 7, S. 485 f.; *Anno 1839*, S. 449. Ebd., Bd. 7, S. 379; *Deutschland. Ein Wintermärchen*, S. 450. Ebd., Bd. 7, S. 597; *Weberlied*, Flugblatt aus dem Jahr 1844, S. 451. Aus: https://www.deutsche-digitale-bibliothek.de/item/EAEZ56P4H2AIBXD5HY4N4UXYFO5NL27P, 03.03.2014
Henne, Helmut (*1936): *Sprachen in der Sprache*, S. 152. In: Jugend und ihre Sprache. Darstellung, Materialien, Kritik. Berlin, New York: Walter de Gruyter 1986, S. 220. 2. Aufl. Hildesheim, Zürich, New York: Georg Olms Verlag 2009, S. 220
Herman, Jerry (*1931): *I am what I am*, S. 53. Morris-Edwin-H-Co. Inc, Chappell & Co. GmbH & Co. KG, Hamburg (Gaynor, Gloria)
Herwegh, Georg (1817–1875): *Morgenruf*, S. 453. In: Herweghs Werke in einem Band. Ausgew., v. Hans-Georg Werner. Aufbau, Berlin u. a. 1967, S. 94
Heym, Georg (1887–1912): *Die Irren*, S. 486. In: Phantasien über den Wahnsinn. Expressionistische Texte, hrsg. v. Thomas Anz, C. Hanser, München u. a. 1980, S. 21; *Ophelia I*, S. 487. In: Lyrik des Expressionismus. Hg. v. Silvio Vietta. Niemeyer, Tübingen ²1985, S. 77
Hickethier, Knut (*1945): *Der Film nach der Literatur ist Film*, S. 292. In: Literaturverfilmung. Hg. v. Franz-Josef Albersmeier u. Volker Roloff. Suhrkamp, Frankfurt/M. 1989, S. 183 f.
Hildebrandt, Antje: *50.000 Zuschauer mehr. Wie RTL II News die Tagesschau abhängen*, S. 105. In: Die Welt, 18.07.2013
Hinrichs, Uwe: *Hab isch gesehen mein Kumpel – Wie die Migration die deutsche Sprache verändert hat*, S. 345 f. In: Der Spiegel, 7/2012, http://www.spiegel.de/spiegel/print/d-83977255.html
Hoddis, Jakob van (1887–1942): *Weltende*, S. 484. In: Menschheitsdämmerung. Hg. v. Kurt Pinthus. Rowohlt, Berlin 1984, S. 39
Hölderlin, Friedrich (1770–1843): *Hyperions Schicksalslied*, S. 427. In: Sämtliche Werke. Hg. v. Friedrich Beißner (Kleine Stuttgarter Ausgabe). Kohlhammer, Stuttgart 1953, Bd. 1, S. 260
Hörisch, Jochen (*1951): *Mediendefinitionen*, S. 257. In: Der Sinn und die Sinne. Eine Geschichte der Medien. Die Andere Bibliothek/Eichborn, Frankfurt/M. 2001, S. 9 f.
Hofmann von Hofmannswaldau, Christian (1616–1679): *Vergänglichkeit der Schönheit*, S. 388. In: Gedichte. Ausgew. v. Helmut Heißenbüttel. S. Fischer, Frankfurt/M. 1968, S. 68
Hofmannsthal, Hugo von (1874–1929): *Ballade des äußeren Lebens*, S. 481. Sämtliche Werke. H. Hirsch u. a. Bd. 1. Gedichte, S. Fischer, Frankfurt/M. 1984, S. 48; *Ein Brief*, S. 363 ff. In: Erzählungen. S. Fischer, Frankfurt/M. 1986, S. 126–140
Holz, Arno (1863–1929): *Die Kunst. Ihr Wesen und ihre Gesetze*, S. 473. In: Das Werk. Hg. v. Hans W. Fischer. Dietz, Berlin 1925, Bd. 10, S. 277
Hugendick, David: *Buch-Magazin: Gregor Samsa hat Rücken*, S. 187. In: http://www.zeit.de/kultur/literatur/2013-04/das-buch-magazin-kafka, 2013; *Der größte Gewinner ist der Wettbewerb. Babuschkas, Käfersammlungen, Schamhaare, Teebeutel ...*, S. 248 f. Aus: http://www.zeit.de/kultur/literatur/2013-07/bachmannpreis-abschluss, 2013
Hugo, Victor (1802–1885): *Der menschliche Geist entdeckte*, S. 383. Aus: Notre-Dame de Paris, o. O. 1831
Humboldt, Wilhelm von (1767–1835): *Sprache als Weltansicht – Sprache als Nation*, S. 344. In: Schriften zur Sprache. Hg. v. M. Böhler. Reclam, Stuttgart 1995, S. 53 f., 156
Jenny, Urs (*1938): *Imagination oder Konkretion? – Eine Podiumsdiskussion durchführen*, S. 293. In: Der Spiegel 36/2006, 4.9.2006
Johnson, Steven (*1968): *Everything Bad is Good for You*, S. 264 f. In: Neue Intelligenz. Warum wir durch Computerspiele und TV klüger werden. Kiepenheuer & Witsch, Köln 2006, S. 13, S. 125 f., 129
Jonas, Hans (1903–1993): *Eine neue Dimension menschlicher Macht*, S. 78. In: Technik, Ethik, Medizin. Praxis des Prinzips Verantwortung. Suhrkamp, Frankfurt/M. 1987, S. 270 ff.
Kästner, Erich (1899–1974): *Sachliche Romanze*, S. 496. In: Kästner für Erwachsene. Hg. v. Rudolf Walter Leonhardt. Fischer, Frankfurt/M. 1966, S. 40

Kafka, Franz (1883–1924): *Vor dem Gesetz*, S. 39 f. In: Werke. Hg. v. Max Brod. Fischer, Frankfurt/M. 1986, Bd. 4, S. 120 f.; *Der Kreisel*, S. 42. In: Gesammelte Werke. Beschreibungen eines Kampfes. Hg. v. Max Brod. Fischer, Frankfurt/M. 1983, S. 90; *Auf der Galerie*, S. 43. In: Sämtliche Erzählungen. Hg. v. Paul Raabe. Fischer, Frankfurt/M. 1972, S. 129; *Der Prozess*, S. 167 ff. In: Die Romane: Amerika; Der Prozess; Das Schloss, S. Fischer, Frankfurt/M. 1972; *Der Nachbar*, S. 50 f. In: Ebd., S. 100 f.; *Ein Brudermord*, S. 488 f. In: Franz Kafka. Die Erzählungen und andere ausgewählte Prosa. Hg. v. Roger Hermes. Fischer, Frankfurt/M. 1999, S. 261 ff.; *Die Verwandlung*, S. 179 f. In: Die Verwandlung. Anaconda Verlag, Köln 2013
Kaléko, Mascha (1907–1990): *Der kleine Unterschied*, S. 501. In meinen Träumen läutet es Sturm. © 1977 Deutscher Taschenbuch Verlag
Kant, Immanuel (1724–1804): *Beantwortung der Frage: Was ist Aufklärung?*, S. 395 f. In: Was ist Aufklärung? Thesen und Definitionen. Hg. v. Erhard Bahr. Reclam, Stuttgart 1974, S. 9 ff.; *Der kategorische Imperativ*, S. 401. Aus: Kritik der praktischen Vernunft. § 7 Grundgesetz der reinen praktischen Vernunft. In: Werke, Bd. 6. Hg. v. Wilhelm Weischedel. Wiss. Buchgesellschaft, Darmstadt 1968, S. 110
Kast, Bas (*1973): *Wanderer zwischen den Wortwelten*, S. 342. In: Gehirn und Geist. Das Magazin für Psychologie und Hirnforschung, 6/2013, Spektrum-der-Wiss.-Verl.-Ges., Heidelberg 2013, S. 34 ff.
Kehlmann, Daniel (*1975): *Ich und Kaminski*, S. 135 f. In: Ich und Kaminski. Suhrkamp, Frankfurt/M. 2003, S. 40–44; F, S. 537 f. In: F. Rowohlt, Reinbek 2013
Kekulé, Alexander (*1958): *Der Zug ist abgefahren*, S. 350. Aus: http://www.zeit.de/wissen/2010-04/deutsch-forschungssprache, 2011
Kennedy, J. F. (1917–1963): *Ich bin ein Berliner*, S. 305 f. In: John F. Kennedys Rede im Wortlaut, Berliner Tagesspiegel online: http://www.tagesspiegel.de/berlin/john-f-kennedys-rede-im-wortlaut-ich-bin-ein-berliner/8392204.html
Kessel, Katja; Reimann, Sandra: *Fachsprache*, S. 153. In: Basiswissen deutsche Gegenwartssprache. Francke, Tübingen u. a. 2012, S. 143, 148
Keun, Irmgard (1905–1982): *Das kunstseidene Mädchen*, S. 493 f. In: Das kunstseidene Mädchen. Claassen, Berlin 2005, S. 65–67, 86, 114, 204
Kirsch, Sarah (1935–2013): *Schöner See Wasserauge*, S. 203. In: Werke in 5 Bdn., Bd. 1: Gedichte 1. DVA, Stuttgart 1999, S. 40 f.; *Die Luft riecht schon nach Schnee*, S. 129. In: Werke in 5 Bde. Hg. v. Franz-Heinrich Hackel, Bd. 1: Gedichte I, DVA, Stuttgart 1999, S. 152; *Aus dem Haiku-Gebiet*, S. 535. In: Erlkönigs Tochter. Gedichte. DVA, Stuttgart ²1992, S. 5
Kittlitz, Alard von: *Der Traum von einem idealen Leben*, S. 261. In: Frankfurter Allgemeine Zeitung vom 6.8.2010
Kiwus, Karin (*1942): *Lösung*, S. 60. In: Angenommen später. Suhrkamp, Frankfurt/M. 1979, S. 74; *Im ersten Licht*, S. 193. In: Die beiden Seiten der Gegenwart. Gedichte. Suhrkamp, Frankfurt/M. ³1979, S. 46; *Fragile*, S. 528. Aus: Angenommen später, Suhrkamp, Frankfurt/M. 1979, S. 15
Kleist, Heinrich von (1777–1811): *Die Fabel ohne Moral*, S. 44. In: Anekdoten. Kleine Schriften. dtv, München 1964, dtv-Gesamtausgabe Bd. 5, S. 59; *Die Verlobung in St. Domingo*, S. 439. Aus: Das Erdbeben in Chili, Die Marquise von O..., Die Verlobung in St. Domingo. Mit einem Kommentar von Helmut Nobis. Suhrkamp, Frankfurt/M. 2009
Klopstock, Friedrich Gottlieb (1724–1803): *Das neue Jahrhundert*, S. 393. In: Walter Hinderer: Von der Idee des Menschen. Über Friedrich Schiller. Königshausen und Neumann, Würzburg 1998, S. 145; *Der Zürchersee*, S. 393, 405. In: Deutsche Dichtung im 18. Jh. Hg. v. Adalbert Elschenbroich. Wiss. Buchgesellschaft, Darmstadt 1968, S. 280
Knipp, Kersten (*1966): *Franz Kafka – ein literarisches Rätsel*, S. 185 f. Aus: http://www.dw.de/franz-kafka-ein-literarisches-r%C3%A4tsel/a-16903170, 2013
Köhler, Barbara (*1959): *In the movies*, S. 59. In: Blue Box. Suhrkamp, Frankfurt/M. 1995, S. 10 f.
Kölsch, Jochen: *Vom Aufstieg des Bildes und dem Zerfall des Wortes*, S. 268 f. In: Und hinter tausend Bildern keine Welt – Dialektik und Paradoxien der Medien. kopaed, München 2005, S. 9 ff.

Körte, Peter (*1958): *Du spürst kaum einen Hauch*, S. 289. In: Frankfurter Allgemeine Sonntagszeitung, Nr. 36 v. 10.9.2006, S. 27
Kornfeld, Theodor (1636–1698): *Eine Sand=Uhr*, S. 387. In: Die Deutsche Literatur. Hg. v. Albrecht Schöne. C. H. Beck, München, ²1978, Bd. 3, S. 739
Kraft, Thomas (*1959): *13 Thesen zur Gegenwartsliteratur*, S. 545 f. In: Deutschmagazin. Ideen und Materialien für die Unterrichtspraxis 5–13. 2008, Heft 1, S. 8
Kratzer, Hans (*1957): *Dialekt macht schlau*, S. 329. In: Süddeutsche Zeitung v. 18.07.2005, www.italianieuropei.de/ds/documenti/20050718-sprache_sz.html [30.1.2009]
Krischke, Wolfgang: *Schnacken wie die Alten*, S. 327. Aus: www.zeit.de/2012/03/Plattdeutsch-Unterricht, 2012; *Schreiben in der Schule – booaaa mein dad voll eklich wg schule*, S. 347 f. In: DIE ZEIT, 24.2.2011
Küchenmeister, Nadja (*1981): *staub*, S. 54. In: Alle Lichter. Schöffling & Co. Verlagsbuchhandlung, Frankfurt/M. 2010, S. 83
Kühn, Dieter (*1935): *Tristan und Isolde des Gottfried von Straßburg*, S. 378 f. Aus: Gottfried von Straßburg: Tristan und Isolde. In der Übertragung von Dieter Kühn, Fischer, Frankfurt/M. u. a. 2003, S. 303–306
Kunze, Reiner (*1933): *Ordnung*, S. 525. In: Die wunderbaren Jahre. Fischer, Frankfurt/M. 1976
Langhans, Kathrin: *Juhu, niemand versteht mich!*, S. 325 f. Aus: http://www.spiegel.de/unispiegel/studium/schwere-wissenschaftssprache-warum-komplizierte-saetze-faszinieren-a-827862.html, 2013
Lasker-Schüler, Else (1869–1945): *Weltende*, S. 484. In: Sämtliche Werke. Hg. v. Friedhelm Kemp. Kösel, München 1966, Bd. 1, S. 88
Le Goff, Jacques (*1924): *Tristan und Isolde*, S. 379. In: Ritter, Einhorn, Troubadoure. Helden und Wunder des Mittelalters. C. H. Beck, München 2005, S. 216
Leffers, Jochen (*1965): *Bürosprech*, S. 325. Aus: http://www.spiegel.de/karriere/berufsleben/bueroleben-11-saetze-fuer-das-phrasenschwein-a-827417.html, 2013
Lenz, Jakob Michael Reinhold (1751–1792): *An das Herz*, S. 56. In: Werke und Briefe in 3 Bdn. Hg. v. Sigrid Damm. Hanser, München 1987, Bd. 3, S. 105 f.
Lessing, Gotthold Ephraim (1729–1781): *Brief an Friedrich Nicolai über das Trauerspiel*, S. 233. In: Ausgewählte Werke. Ausgew. v. Wolfgang Stammler. Hanser, München o. J., Bd. 3, S. 269 f.; *Die Wasserschlange*, S. 399. In: Lessings Werke in 5 Bdn. Ausgew. v. Karl Balser. Hg. v. den Nationalen Forschungs- und Gedenkstätte der klassischen deutschen Literatur in Weimar. Aufbau, Berlin u. a. 1978, Bd. 5, S. 137 f.; *Die Ringparabel*, S. 402 f. Aus: Nathan der Weise. In: Ebd., Bd. 2, S. 5
Lichtenberg, Georg Christoph (1742–1799): *Aus den „Sudelbüchern"*, S. 401. In: Werke in 1 Bd. Hg. v. Peter Plett. Hoffmann und Campe, Hamburg o. J., S. 68, 160, 38, 75, 44 f.; *Über die Macht der Liebe*, S. 393. Aus: Schriften und Briefe. Bd. 3. Hanser, München 1967 ff., S. 517
Lichtenstein, Alfred (1889–1914): *Doch kommt ein Krieg*, S. 485. In: Lyrik des Expressionismus. Hg. v. Silvio Vietta. Niemeyer, Tübingen ²1985, S. 124; *Punkt*, S. 486. In: Harald Neumeyer: Der Flaneur. Konzeptionen der Moderne. Königshausen und Neumann, Würzburg 1999, S. 185
Liliencron, Detlev von (1844–1909): *In einer großen Stadt*, S. 58. In: Flussüberwärts singt eine Nachtigall. Eine Auswahl. Rütten & Loening, Berlin 1967, S. 140 f.
Lippmann, Jana: *Ratgeber: Umsatzverteilung 1. Halbjahr 2013*, S. 255 f. Aus: http://www.boersenverein.de/de/portal/August_2013/633469, 2013
Logau, Friedrich von (1605–1655): *Das Beste der Welt*, S. 389. In: Sämtliche Sinngedichte. Hg. v. Gustav Eitner. Georg Olms, Hildesheim u. a. 1974, S. 45
Luther, Martin (1483–1546): *Die hohen Wohltaten der Buchdruckerei*, S. 383. In: Johannes Aurifaber: Tischreden oder Colloquia Doctor Martin Luthers. Frankfurt/M. 1566; *Sendbrief vom Dolmetschen*, S. 384. In: D. Martin Luthers Werke. Kritische Gesamtausgabe. Böhlau, Weimar 1909, Bd. 30, S. 636 f.
Mairowitz, David Zane (*1943); Montellier, Chantal (*1947): *Der Process: Nach Franz Kafka*, S. 187. In: Der Process: Nach Franz Kafka. Knesebeck, München 2013

Maitz, Péter; Elspaß, Stephan: *Fallbeispiele: Sprachliche Diskriminierung von deutschen Muttersprachlern in Deutschland*, S. 328. In: Der Deutschunterricht, Heft 6. 2011, S. 7 f., 201
Mann, Heinrich (1871–1950): *Der Untertan*, S. 496 f. In: Der Untertan. Fischer, Frankfurt/M. 1995, S. 364 f., 367
Mann, Thomas (1875–1955): *Buddenbrooks*, S. 132 ff. Fischer, Berlin 1922, S. 90–93; *Der Tod in Venedig*, S. 478 ff. In: Die Erzählungen. Fischer, Frankfurt/M. 1997, S. 455–458
Maron, Monika (*1941): *Flugasche*, S. 522 f. Fischer, Frankfurt/M. 1981, S. 78–81
Matt, Peter von (*1937): *Das Geheimnis der Bücher*. Dankesrede für den Jahrespreis 2011 der Stiftung für Abendländische Ethik und Kultur, 19. November 2011, Universität Zürich, S. 28. Aus: www.nzz.ch/aktuell/feuilleton/uebersicht/das-geheimnis-der-buecher-1.14015359
Meyer, Conrad Ferdinand (1825–1898): *Der römische Brunnen*, S. 197. In: Sämtliche Werke. Historisch-kritische Ausgabe, Bd. 1: Gedichte. Benteli, Bern 1963, S. 170
Mocikat, Ralph: *Deutsch muss als Wissenschaftssprache erhalten bleiben*, S. 351. Aus: http://www.zeit.de/wissen/2010-04/deutsch-forschungssprache, 2011
Mörike, Eduard (1804–1875): *An einem Wintermorgen, vor Sonnenaufgang*, S. 192. Aus: Sämtliche Werke in zwei Bänden, Bd. 1. München 1967, S. 665 f.; *In der Frühe*, S. 194. In: Werke und Briefe. Historisch-kritische Gesamtausgabe. Bd. 1: Gedichte. Ausgabe von 1867. Klett-Cotta, Stuttgart 2003, S. 40; *Septembermorgen*, S. 453. In: Gedichte. Auswahl v. Bernhard Zeller. Reclam, Stuttgart 1977, S. 65; *Mozart auf der Reise nach Prag*, S. 455. In: Werke. Sonderausgabe. Die Tempel-Klassiker. Hg. v. Hannsludwig Geiger. Vollmer, Wiesbaden o. J., S. 970 ff.
Müller, Herta (*1953): *Herztier*, S. 527 f. In: Die deutsche Geschichte in Text und Darstellung. Hg. v. Otto F. Best u. Hans-Jürgen Schmitt. Bd. II: Gegenwart. Reclam, Stuttgart 2000, S. 249 f.
Musil, Robert (1880–1942): *Die Verwirrungen des Zöglings Törleß*, S. 362. In: Die Verwirrungen des Zöglings Törleß. Rowohlt, Reinbek 1983, S. 62 f.
Nietzsche, Friedrich (1844–1900): *Venedig*, S. 480. In: Ecce homo. Wie man wird, was man ist. Insel, Frankfurt/M. 1977, S. 67
Novalis (d. i. Georg Philipp Friedrich von Hardenberg, 1772–1801): *Romantisieren – Fragmente zur Poetik*, S. 440. In: Die deutsche Literatur. Ein Abriss in Text u. Darstellung. Hg. v. Otto F. Best u. Hans-Jürgen Schmitt. Bd. 8: Romantik I. Reclam, Stuttgart 1974; S. 57, 257 f.; *Wenn nicht mehr Zahlen und Figuren*, S. 440. In: Werke in 1 Bd. Aufbau, Berlin u. a. 1984, S. 264 f.
Nützel, Nikolaus (*1967): *Wenn Digger endkrass dissen ...*, S. 322 f. In: Sprache oder Was den Mensch zum Menschen macht. cbj, München 2007, S. 138 ff.
Obama, Barack (*1961): *Wir müssen Geschichte schreiben*, S. 304 f. In: Obamas Rede im Wortlaut. Zeit online, 19. Juni 2013, http://www.zeit.de/politik/deutschland/2013-06/obama-rede-wortlaut
Oleschinski, Brigitte (*1955): *Die Plejaden on MTV*, S. 204 f. In: Minima Poetica. Für mehr Poetik des zeitgenössischen Gedichts. Hg. v. Joachim Sartorius. Kiepenheuer & Witsch, Köln 1999, S. 91 f., 95 f.
Paetsch, Martin: *Wer ist der Chef im Kopf*, S. 87 f. In: GeoWissen, 54/2010, S. 26
Passig, Kathrin: *Standardsituationen der Technologiekritik*, S. 258 f. In: Merkur, Nr. 727, Dezember 2009
Pauer, Nina (*1982): *Zum Sandsack, zur Freiheit*, S. 107. In: DIE ZEIT 25/2013, S. 47; *Doku-Soaps: Der produzierte Prolet*, S. 121 f. Aus: http://www.zeit.de/2010/32/Dokusoaps/komplettansicht, 2010
Pazarkaya, Yüksel (*1940): *deutsche sprache*, S. 343. Aus: Der Babylonbus. Dagyeli, Frankfurt/M. 1989, S. 7
Pfeffel, Gottlieb Konrad (1736–1809): *Die Reichsgeschichte der Tiere*, S. 400. In: Deutsche Fabeln und Lieder der Aufklärung. Hg. v. Ingrid Sommer. Insel, Frankfurt/M. 1976, S. 246 ff.
Pinker, Steven: *Zum Reden geboren. Interview*, S. 335. In: Zeit Wissen 1/2006
Plahm, Sarah: *Und ewig wirkt die unsichtbare Hand*, S. 145. In: Frankfurter Allgemeine Sonntagszeitung. 12. August 2012, S. 56
Plate, Peter/Sommer, Ulf Leo/Neuenhofen, Andrea: *Ich bin ich*, S. 53. Partitur Musikverlag, München. Arabella Musikverlag GmbH, Berlin (siehe auch: Rosenstolz)

Raabe, Wilhelm (1831–1910): *Der Hungerpastor*, S. 460 ff. In: Ausgewählte Werke in 6 Bdn. Hg. v. Peter Goldammer u. Helmut Richter. Aufbau, Berlin 1964–1966, Bd. 3, S. 219, 222 ff.
Radisch, Iris (*1959): *Nie wieder Versfüßchen*, S. 61. In: DIE ZEIT Nr. 22 v. 24.05.2007
Reiter, Markus: *Amerika, Amerika: Einige Gedanken zu den Anglizismen*, S. 147. In: Die Phrasendrescher. Wie unsere Eliten uns sprachlich verblöden. Gütersloher Verlagshaus, Gütersloh 2007, S. 83–91
Retter, Hein (*1937): *Im Wartezimmer*, S. 130. In: Vorlesungsmanuskript. © Seminar für Allgemeine Pädagogik. TU Braunschweig 1999, S. 66 (www.abpaed.tu-darmstadt.de/arbeitsbereiche/bt/material/kommunikation.pdf [26.09.2008])
Rettig, Daniel: *Intelligenz: Kluge Menschen irren sich häufiger*, S. 98. In: Wirtschaftswoche, 13.07.2012
Reuter, Ernst (1889–1953): *Schaut auf diese Stadt!*, S. 298 f. In: Martin Kaufhold: Die großen Reden der Weltgeschichte. Matrix, Wiesbaden 2007, S. 192–195
Reza, Yasmina (*1959): *Kunst*, S. 125 f. In: Kunst. Übers. v. Eugen Helmlé. Libelle, Lengwil am Bodensee 1996, S. 11–14
Richter, Steffen: *Was ist ein Bestseller?*, S. 250. In: Bestseller/Literaturbetrieb. Eine Einführung: Texte – Märkte – Medien. Darmstadt: Wissenschaftliche Buchgesellschaft 2011, S. 91 f.
Rilke, Rainer Maria (1875–1926): *Römische Fontäne*, S. 197. In: Sämtliche Werke. Werkausgabe, Bd. 2: Gedichte: Erster Teil, zweite Hälfte. Insel, Frankfurt/M. 1975, S. 529; *Die Aufzeichnungen des Malte Laurids Brigge*, S. 478. In: Die Aufzeichnungen des Malte Laurids Brigge. dtv, München 1962, S. 71; *Ich fürchte mich so vor der Menschen Wort*, S. 366. In: Werke. Bd. 1: Gedichte 1895–1910. Hg. v. Manfred Engel. Insel, Frankfurt/M. 1996, S. 106
Romberg, Johanna (*1958): *Wie reden wir denn da?*, S. 143 f. In: Geo, November 2011, S. 136 ff.
Rosenstolz: *Ich bin ich*, S. 53. Partitur Musikverlag, München, Arabella Musikverlag. Berlin (Plate, Peter/Sommer, Ulf Leo/Neuenhofen, Andrea)
Roth, Joseph (1894–1933): *Hiob*, S. 495. In: Hiob. Cornelsen Schulverlage, Berlin 2013, S. 103 f.
Sachs, Nelly (1891–1970): *Chor der Geretteten*, S. 508. In: Gedichte. Hg. v. Hilde Domin. Suhrkamp, Frankfurt/M. 1988, S. 27 f.
Safranski, Rüdiger (*1945): *Schiller oder die Erfindung des Deutschen Idealismus*, S. 397 f. In: Schiller oder die Erfindung des Deutschen Idealismus. Hanser, München 2004, S. 243–253
Saussure, Ferdinand de (1857–1913): *Die Natur des sprachlichen Zeichens*, S. 140 f. In: Grundfragen der allgemeinen Sprachwissenschaft De Gruyter, Berlin 2007, S. 76–80
Schami, Rafik (*1946): *Sieben Doppelgänger*, S. 541 f. Aus: Sieben Doppelgänger. Hanser, München u. a. 1999, S. 20–24
Scherer, Marie-Luise (*1938): *Die Hundegrenze*, S. 178. In: http://www.spiegel.de/spiegel/print/d-13684223.html, 1994
Scherschun, Nicole: *Westfälisch – Das A und O*, S. 320. Aus: http://www.dw.de/westf%C3%A4lisch-das-a-und-o/a-4248795, 2013
Scheuermann, Christoph: *Facebooktussis. Warum wir durch Social Media zu unsozialen Wesen geworden sind*, S. 576 f. In: Der Spiegel, 33/2013, S. 59
Schiller, Friedrich (1759–1805): *Die Schaubühne als moralische Anstalt betrachtet*, S. 233 f. Aus: Was kann eine gute stehende Schaubühne eigentlich bewirken? In: Sämtliche Werke. Hg. v. Gerhard Fricke u. Herbert G. Göpfert in Verb. mit Herbert Stubenrauch. Hanser, München 1965, Bd. 5, S. 823–831; *Die Räuber*, S. 416 ff. Ebd., Bd. 1, S. 491 ff.; *Idealisierung als Aufgabe des Dichters*, S. 423. In: dtv-Gesamtausgabe. Hg. v. Gerhard Fricke. dtv, München 1966, Bd. 20, S. 166; *Don Karlos. Infant von Spanien*, S. 424 f. In: Sämtliche Werke. Hg. v. Gerhard Fricke. Hanser, München 1965, Bd. 2, S. 125–127; *Briefe über Don Karlos*, S. 425. Bd. 2, S. 259 f.; *Brief an Herzog Friedrich Christian von Augustenburg vom 13.7.1793*, S. 425. Aus: Über die ästhetische Erziehung des Menschen. In: Schillers Briefe. Kritische Gesamtausgabe. Hg. v. Fritz Jonas. DVA, Stuttgart u. a. 1982–1996, Bd. 3, S. 709 f.; *Kabale und Liebe*, S. 213 ff. In: Sämtliche Werke. Hg. v. Gerhard Fricke. Hanser, München 1965, Bd. 5, S. 765 ff., 852 ff., 837 ff.
Schirrmacher, Frank (1959–2014): *Payback. Mein Kopf kommt nicht mehr mit*, S. 266 f. Nach dem ersten Kapitel aus Payback, in: Der Spiegel, 47/2009, S. 126 ff.
Schlegel, Friedrich (1772–1829): *116. Athenäum-Fragment*, S. 440. In: Kritische Schriften und Fragmente. Studienausgabe. Hg. v. Ernst Behler u. Hans Eichner. Schöningh, Paderborn u. a. 1988, Bd. 2, S. 114
Schnell, Ralf (*1943): *Literarischer Film*, S. 291. In: Ralf Schnell: Medienästhetik. Metzler, Stuttgart u. a. 2000, S. 157 ff.
Schnitzler, Arthur (1862–1931): *Fräulein Else*, S. 476 f. In: Fräulein Else. Novelle. Hg. v. Johannes Pankau. Reclam, Stuttgart 2002, S. 73–77
Schulz, Tom (*1970): *Anstelle einer Poetik*, S. 205. In: http://www.poetenladen.de/lyrik-konferenz-tom-schulz.htm, 2010
Schulz von Thun, Friedemann (*1944): *Das Kommunikationsquadrat*, S. 127 f. In: www.schulz-von-thun.de/mod-komquad.html [26.09.2008]
Seghers, Anna (1900–1983): *Als die Bachmann jetzt still und allein saß; Fischer rief: „Sie haben den Wallau."*: Aus dem Originalwerk: Das siebte Kreuz. Aufbau Verlag GmbH 2000. S. 142 f. und 151 f.
Sentker, Andreas (*1964): *Frankensteins Traum wird wahr*, S. 80 f. In: Die Zeit, 16.05.2013
Sichtermann, Barbara (*1943)/**Scholl, Joachim** (*1960): *Überall und nirgends. Wo das Gedicht geblieben ist*, S. 204. In: 50 Klassiker. Lyrik. Gerstenberg, Hildesheim ²2005, S. 6 f.
Siebenpfeiffer, Philipp Jakob (1789–1845): *Aus der Rede auf dem Hambacher Fest*, S. 444 f. In: Johann Georg August Wirth: Das Nationalfest der Deutschen zu Hambach. Neustadt a. H. 1832 (Nachdruck Neustadt 1881), S. 31 ff.
Spinnler, Rolf: *Am Anfang war der Zeigefinger*, S. 338. In: Tagesspiegel, 15.12.2009, http://www.tagesspiegel.de/kultur/anthropologie-am-anfang-war-der-zeigefinger/1648574.html
Stedje, Astrid: *Die Sprachen in der Sprache*, S. 318 f., 384. In: Deutsche Sprache gestern und heute. Einführung in Sprachgeschichte und Sprachkunde. Wilhelm Fink, Paderborn ⁶2007, S. 150–153; 235–240
Stein, Peter (*1937): *Interview*, S. 235. Aus: http://www.faz.net/aktuell/feuilleton/buehne-und-konzert/theater-verdammter-faust-1195392.html, 2007
Stenschke, Oliver: *Metaphern im Internetdiskurs*, S. 349. In: Internetsprache und Allgemeinwortschaft. In: Peter Schlobinski: Von *hdl* bis clu8r*. Sprache und Kommunikation in den Neuen Medien. Mannheim u. a. 2006, S. 52–70. hier: S. 65
Stifter, Adalbert (1805–1868): *Aus der Vorrede zu Bunte Steine*, S. 454. In: Bunte Steine. Späte Erzählungen. Hg. v. Max Stefl. Kraft, Augsburg 1954, S. 7 ff.
Stolberg, Friedrich Leopold Graf zu (1750–1819): *Über die Fülle des Herzens*, S. 409. In: Über die Fülle des Herzens. Frühe Prosa. Hg. v. Jürgen Behrens. Reclam, Stuttgart 1970, S. 9 f.
Stramm, August (1874–1915): *Untreu*, S. 206. In: Gedichte. Gesammelt von Peter Härtling. „Für jede Lebensstufe das richtige Gedicht". C.H. Beck, München ²2004, S. 93; *Patrouille*, S. 485. In: Lyrik des Expressionismus. Hg. v. Silvio Vietta. Niemeyer, Tübingen ²1985, S. 129
Strauß, Botho (*1944): *Mikado*, S. 36 ff. In: Mikado. Hanser, München u. a. 2006, S. 5 ff.
Süskind, Patrick (*1949): *Das Parfum. Die Geschichte eines Mörders*, S. 275 f. In: Das Parfum. Die Geschichte eines Mörders. Diogenes, Zürich 1985, S. 5–9, 55 f.
Susman, Margarete (1874–1966): *Expressionismus*, S. 483 f. In: Expressionismus. Hg. v. Paul Raabe. dtv, München 1965, S. 156 f.
Swaab, Dick (*1944): *Das verliebte Gehirn*, S. 94 f. In: Das verliebte Gehirn. Droemer & Knaur, München 2011, S. 128 ff.
Theobaldy, Jürgen (*1944): *Schnee im Büro*, S. 529. In: Zweiter Klasse. Rotbuch, Berlin 1976, S. 23
Tieck, Ludwig (1773–1853): *Franz Sternbalds Wanderungen*, S. 433 f. In: Werke in 4 Bdn. Hg. v. Marianne Thalmann. Bd. I: Frühe Erzählungen und Romane. Wissenschaftliche Buchgesellschaft, Darmstadt 1968, S. 702–706
Trakl, Georg (1887–1914): *Grodek*, S. 485. In: Lyrik des Expressionismus. Hg. v. Silvio Vietta. Niemeyer, Tübingen ²1985, S. 130
Treichel, Hans-Ulrich (*1952): *Der Verlorene*, S. 535 ff. Aus: Der Verlorene. Suhrkamp, Frankfurt/M. 2003, S. 79–86
Trotier, Kilian: *Süchtig nach dem Augenblick*, S. 108. In: DIE ZEIT 24/2013, S. 48
Tucholsky, Kurt (1890–1935): *Rezension zu Heinrich Manns „Der Untertan"*, S. 497. In: Ausgewählte Werke. Bd. 2. Rowohlt, Reinbek 1965, S. 364, 366 f.

Ulbricht, Walter (1893–1973): *An die Bevölkerung der DDR ...*, S. 300 f. In: Zur Geschichte der deutschen Arbeiterbewegung. In: Reden und Aufsätze; Bd. X (1961/62). Dietz, Berlin 1966, S. 11–35
Updike, John (*1932): *Dialog im Cyberspace*, S. 383. In: Wenn ich schon gefragt werde. Essays. Übers. v. Susanne Höbel. Rowohlt, Reinbek 2001
Vanderbeke, Birgit (*1956): *Das Muschelessen*, S. 170. In: Das Muschelessen. Fischer, Frankfurt/M. 1997, S. 81 ff.
Wagenbach, Klaus (*1930): *Kafka – ein sehr moderner Autor?* Interview, S. 185. In: http://www..tv/de/interview-klaus-wagenbach/1459760,CmC=1459762.html, 2007
Walser, Martin (*1927): *„Es gibt nur subjektive Interpretation"*, S. 46. In: M. Walser: Auskunft. 22 Gespräche aus 28 Jahren. Hg. v. Klaus Siblewski. Suhrkamp, Frankfurt/M. 1991, S. 234 f.
Walther von der Vogelweide (um 1170 – um 1230): *Si wunderwol gemachet wîp*, S. 380. In: Gedichte. Mittelhochdeutscher Text und Übertragung, Ausgew., übersetzt v. Peter Wapnewski. Fischer, Frankfurt/M. 1962, S. 20–23
Wartenburger, Isabell: *In fremder Zunge – Wie das Gehirn mit Erst- und Zweitsprache umgeht*, S. 340 f. Aus: Gehirn und Geist. Das Magazin für Psychologie und Hirnforschung, H. 12, Spektrum-der-Wiss.-Verl.-Ges., Heidelberg 2011, S. 70–74
Watzlawick, Paul u. a. (1921–2007): *Menschliche Kommunikation. Formen, Störungen, Paradoxien*, S. 129. In: Menschliche Kommunikation. Formen, Störungen, Paradoxien. Ueberreuter, Bern u. a. 1969/70, S. 52–70
Weber, Martin: *Tagesschau vs. RTL II: Hohe Mieten, nackte Lady Gaga*, S. 103 f. Aus: http://www.ksta.de/medien/tagesschau-vs--rtl-ii-hohe-mieten-nackte-lady-gaga,15189656,23790344.html, 24.07.2013
Weber, Tanja: *Der Reiz von Fernsehserien*, S. 119 f. © Tanja Weber 2014
Weerth, Georg (1822–1856): *Die rheinischen Weinbauern*, S. 452. In: Ausgewählte Werke. Hg. v. Bruno Kaiser. Insel, Frankfurt/M. 1966, S. 39
Weinrich, Harald (*1927): *Linguistische Bemerkungen zur modernen Lyrik*, S. 368. In: Literatur für Leser. Essays und Aufsätze zur Literaturwissenschaft. Kohlhammer, Stuttgart u. a. 1971, S. 117 f.
Weiss, Peter (1916–1982): *Die Ermittlung*, S. 521 f. Aus: Die Ermittlung. Suhrkamp, Frankfurt/M. 1965, S. 14–23; *Notizen zum dokumentarischen Theater*, S. 523. In: Rapporte. Suhrkamp, Frankfurt/M. 1981, S. 91 f.
Weizsäcker, Carl Friedrich von (1912–2007): *Ich hatte die Vorstellung ...*, S. 76 f. In: Die Unschuld der Physiker? Ein Gespräch mit Erwin Koller. Pendo, Zürich ²1997, S. 39–52
Wellershoff, Dieter (*1925): *Das Schimmern der Schlangenhaut*, S. 544 f. In: Das Schimmern der Schlangenhaut. Frankfurter Vorlesungen, Frankfurt/M. 1996. Vierte Vorlesung, S. 87 ff.
Whorf, Benjamin Lee (1897–1941): *Das „linguistische Relativitätsprinzip"*, S. 356 f. In: Sprache – Denken – Wirklichkeit. Beiträge zur Metalinguistik und Sprachphilosophie. Hg. u. übers. v. Peter Krausser. Rowohlt, Reinbek 1963
Wieland, Christoph Martin (1733–1813): *Sechs Antworten auf sechs Fragen zur Aufklärung*, S. 394 f. In: Wielands Werke in 4 Bdn. Ausgew. v. Hans Böhm. Aufbau, Berlin u. a. 1969, Bd. 4, S. 144, 146
Wiese, Heike: *Kiezdeutsch rockt, ischwör!*, S. 323 f. Aus: http://www.spiegel.de/unispiegel/wunderbar/professorin-heike-wiese-verteidigt-den-jugendslang-kiezdeutsch-a-824386.html, 2013
Winckelmann, Johann Joachim (1717–1768): *Gedanken über die Nachahmung der griechischen Werke in der Malerei und Bildhauerkunst*, S. 422. In: Winckelmanns Werke in einem Band. Hg. v. Helmut Holtzhauer. Aufbau, Berlin u. a. 1969, S. 17–18
Wohmann, Gabriele (1932–2015): *Die Klavierstunde*, S. 31 f. In: Erzählungen. Langewiesche-Brandt, Ebenhausen 1966, S. 67–70
Wondratschek, Wolf (*1943): *Im Sommer*, S. 529. In: Das leise Lachen am Ohr eines andern. Zweitauseneins, Frankfurt a.M. 1976, S. 21
Zaimoglu, Feridun (*1964): *Leyla*, S. 542 ff. Aus: Leyla. Fischer, Frankfurt/M. 2008, S. 520–525
Zeh, Juli (*1974): *Keine Freiheit unter Beobachtung. Interview mit dem Deutschlandfunk*, S. 263 f. Aus: http://www.dradio.de/dlf/sendungen/kulturheute/2188827/, 2013; *Spieltrieb*, S. 539 f. In: Spieltrieb. Schöffling, Frankfurt/M. ⁵2005, S. 257 ff.
Zimmer, Dieter E. (*1934): *Wiedersehen mit Whorf*, S. 357 f. In: So kommt der Mensch zur Sprache. Über Spracherwerb, Sprachentstehung, Sprache und Denken. Heyne, München 2008, S. 187 f., 235 ff.
Zola, Èmile (1840–1902): *Germinal*, S. 470 f. Aus: Germinal. Aus dem Französischen v. Armin Schwarz. Insel, Frankfurt/M. u. a. 1983, S. 360 ff.; *Auszug aus dem Vorwort zur 2. Auflage von „Thérèse Raquin"*, S. 473. In: Thérèse Raquin. Übers. v. Ernst Sander. Reclam, Stuttgart 1975, S. 276

Unbekannte/unbenannte Autorinnen und Autoren
Die ideale Talkshow: 60 Minuten, vier Gäste, S. 109. Aus: http://www.focus.de/kultur/kino_tv/medien-die-ideale-talkshow-60-minuten-vier-gaeste_aid_893054.html, 2013
Edelkönigs-Kinder, S. 437 f. In: Des Knaben Wunderhorn. Hg. v. Achim von Arnim u. Clemens Brentano. Nachdruck der Ausgabe von 1806, besorgt v. Willi A. Koch. Winkler, München 1966, S. 471 ff.
Ex maximo minimum, S. 387. Aus: Emblemata. Handbuch zur Sinnbildkunst des XVI. und XVII. Jh.s.: Hg. v. Arthur Henkel u. Albrecht Schöne. Metzler, Stuttgart 1996, Spalte 997
Gibt es ein Sprachgen? Das Rätsel FOXP, S. 339. Aus: http://www.tagesspiegel.de/weltspiegel/gesundheit/die-entdeckung-von-foxp2/829220.html, 2007
Neuromarketing: Wie das Gehirn entscheidet, was wir kaufen, S. 89. In: GeoWissen 45/2010, S. 144
Wichtig muss es klingen – alles andere ist egal, S. 157. Aus: http://www.sueddeutsche.de/karriere/neumodische-berufsbezeichnungen-wichtig-muss-es-klingen-alles-andere-ist-egal-1.1033069, 2004

Textartenverzeichnis

Aphorismen
(▶ Zitate)

Autobiografischer Text
Feuchtwanger, Lion: Der Schriftsteller im Exil 500

Briefe
Hofmannsthal, Hugo von: Ein Brief 363 ff.
Lessing, Gotthold Ephraim: Brief an Friedrich Nicolai über das Trauerspiel 233
Luther, Martin: Sendbrief vom Dolmetschen 384
Schiller, Friedrich: Briefe über Don Karlos 425
Schiller, Friedrich: Brief an den Herzog Friedrich Christian von Augustenburg 425

Dialogische und szenische Texte
Birkin, Andrew/Eichinger, Bernd/Tykwer, Tom: Das Drehbuch 277 ff.
Breaking Bad 115
Brecht, Bertolt: Der gute Mensch von Sezuan 214 f., 238
Büchner, Georg: Woyzeck 446 f.
Dürrenmatt, Friedrich: Die Physiker 68 ff., 73, 82 f.
Goethe, Johann Wolfgang: Faust I 224 f., 229 f., 429
Hauptmann, Gerhart: Die Weber 471 f.
Hebbel, Friedrich: Maria Magdalene 464 ff.
Lessing, Gotthold Ephraim: Die Ringparabel 402 f.
Retter, Hein: Im Wartezimmer 130
Reza, Yasmina: Kunst 125 f.

Schiller, Friedrich: Die Räuber   416 ff.
Schiller, Friedrich: Don Karlos. Infant von Spanien   424 f.
Schiller, Friedrich: Kabale und Liebe   213 ff.
Weiss, Peter: Die Ermittlung   521 f.

Epen
Gottfried von Straßburg: Tristan   378
Heine, Heinrich: Deutschland. Ein Wintermärchen   450
Kühn, Dieter: Tristan und Isolde des Gottfried von Straßburg   378 f.

Erzählungen/Novellen (Auszüge)
Benn, Gottfried: Gehirne   489 f.
Kafka, Franz: Ein Brudermord   488 f.
Kafka, Franz: Die Verwandlung   179 f.
Kleist, Heinrich von: Die Verlobung in St. Domingo   439
Mann, Thomas: Der Tod in Venedig   478 ff.
Mörike, Eduard: Mozart auf der Reise nach Prag   455
Schnitzler, Arthur: Fräulein Else   476 f.
Stifter, Adalbert: Aus der Vorrede zu Bunte Steine   454
Vanderbeke, Birgit: Das Muschelessen   170

Essays
(▶ Sachtexte, literaturtheoretische Texte)
Oleschinski, Brigitte: Die Plejaden on MTV   204 f.
Radisch, Iris: Nie wieder Versfüßchen   61
Sichtermann, Barbara/Scholl, Joachim: Überall und nirgends. Wo das Gedicht geblieben ist   204

Fabeln
Lessing, Ephraim Gotthold: Die Wasserschlange   399
Pfeffel, Gottlieb Konrad: Die Reichsgeschichte der Tiere   400

Flugblatt
Büchner, Georg: Der hessische Landbote   447 f.
Heine, Heinrich: Weberlied   451

Gedichte/Liedtexte
Apollinaire, Guillaume: Die erdolchte Taube und der Springbrunnen   196
Aston, Louise: Lebensmotto   457
Bachmann, Ingeborg: Anrufung des Großen Bären   515
Bachmann, Ingeborg: Ihr Worte   369
Bachmann, Ingeborg: Nach grauen Tagen   63
Baudelaire, Charles: Der Mann und das Meer   58
Becher, Johannes R.: Auferstanden aus Ruinen   510
Becht, Alexandra: Koexistenz   62
Bendzko, Tim: Wenn Worte meine Sprache wären   362
Benn, Gottfried: Ein Wort   366
Benn, Gottfried: Nur zwei Dinge   511
Benn, Gottfried: Reisen   64
Benn: Schöne Jugend   487
Beyer, Marcel: Stiche   54
Biermann, Wolf: Ballade vom preußischen Ikarus   526
Birken, Sigmund von: Willkommen Lenz   390
Brasch, Thomas: Lied   60
Braun, Volker: Das Eigentum   534
Braun, Volker: Im Ilmtal   413
Brecht, Bertolt: Entdeckung an einer jungen Frau   193
Brecht, Bertolt: Ich habe dies, du hast das   511
Brecht, Bertolt: Schlechte Zeit für Lyrik   501
Brentano, Clemens: Der Spinnerin Nachtlied   436
Brinkmann, Rolf Dieter: Einer jener klassischen   60
Brinkmann, Rolf Dieter: Selbstbildnis im Supermarkt   57
Bürger, Gottfried August: Für wen, du gutes deutsches Volk   418
Busta, Christine: In der Morgendämmerung   194
Celan, Paul: Todesfuge   508 f.
Celan, Paul: Weggebeizt   367
Claudius, Matthias: Abendlied   405
Dietmar von Aist: Slâfest du, friedel ziere?   193
Domin, Hilde: Hier   500
Droste-Hülshoff, Annette von: Am Turme   456
Droste-Hülshoff, Annette von: Das Spiegelbild   57
Edelkönigs-Kinder (Volkslied)   437 f.
Eich, Günter: Inventur   510
Eichendorff, Joseph von: Lied   206
Eichendorff, Joseph von: Mondnacht   436
Eichendorff, Joseph von: Sehnsucht   435
Eichendorff, Joseph von: Zwielicht   195
Enzensberger, Hans Magnus: An alle Fernsprechteilnehmer   516
Ex maximo minimum   387
Fried, Erich: Gezieltes Spielzeug   524
Gaynor, Gloria: I am what I am   53
George, Stefan: komm in den totgesagten park   481
Gernhardt, Robert: Zu zwei Sätzen von Eichendorff   195
Gerstl, Elfriede: Wer ist denn schon   54
Goethe, Johann Wolfgang: An den Mond   412
Goethe, Johann Wolfgang: Das Göttliche   428
Goethe, Johann Wolfgang: Ganymed   411
Goethe, Johann Wolfgang: Gesang der Geister über den Wassern   199
Goethe, Johann Wolfgang: Natur und Kunst   423
Goethe, Johann Wolfgang: Neue Liebe, neues Leben   55
Goethe, Johann Wolfgang: Prometheus   415 f.
Goethe, Johann Wolfgang/Schiller, Friedrich: Deutscher Nationalcharakter   426
Goethe, Johann Wolfgang/Schiller, Friedrich: Xenien   427
Gomringer, Eugen: das schwarze geheimnis   515
Gomringer, Eugen: wind   515
Grass, Günter: In Ohnmacht gefallen   524
Grünbein, Durs: Novembertage I. 1989   534
Gryphius, Andreas: Es ist alles eitel   389
Günderode, Karoline von: Der Kuss im Traume   436
Hahn, Ulla: Angstlied   56
Hahn, Ulla: Ich bin die Frau   528
Harsdörffer, Georg Philipp: Das Leben ist   389
Harsdörffer, Georg Philipp: Der Frühling   390
Heine, Heinrich: Am blassen Meeresstrande …   196
Heine, Heinrich: An Georg Herwegh   453
Heine, Heinrich: Anno 1839   449
Heine, Heinrich: Asra   438
Heine, Heinrich: Ich weiß nicht, was soll es bedeuten   438
Herwegh, Georg: Morgenruf   453
Heym, Georg: Die Irren   486
Heym, Georg: Ophelia I   487
Hoddis, Jakob von: Weltende   484
Hölderlin, Friedrich: Hyperions Schicksalslied   427
Hofmannsthal, Hugo von: Ballade des äußern Lebens   481
Hofmannswaldau, Christian Hofmann von: Vergänglichkeit der Schönheit   388
Kästner, Erich: Sachliche Romanze   496
Kaléko, Mascha: Der kleine Unterschied   501
Kirsch, Sarah: Aus dem Haiku-Gebiet   535
Kirsch, Sarah: Die Luft riecht schon nach Schnee   529
Kirsch, Sarah: Schöner See Wasseraug   203
Kiwus, Karin: Fragile   528
Kiwus, Karin: Im ersten Licht   193
Kiwus, Karin: Lösung   60
Klopstock, Friedrich Gottlieb: Der Zürchersee   405
Köhler, Barbara: In the movies   59
Kornfeld, Theodor: Eine Sand=Uhr   387
Küchenmeister, Nadja: staub   54
Lasker-Schüler, Else: Weltende   484
Lenz, Jakob Michael Reinhold: An das Herz   56
Lichtenstein, Alfred: Doch kommt ein Krieg   485
Lichtenstein, Alfred: Punkt   486
Liliencron, Detlev von: In einer großen Stadt   58
Logau, Friedrich von: Das Beste der Welt   389
Madonna: X-Static Process   53
Meyer, Conrad Ferdinand: Der römische Brunnen   197
Mörike, Eduard: An einem Wintermorgen   192
Mörike, Eduard: In der Frühe   194
Mörike, Eduard: Septembermorgen   453
Nietzsche, Friedrich: Venedig   480
Novalis: Wenn nicht mehr Zahlen und Figuren   440
Pazarkaya, Yüksel: deutsche sprache   343
Rilke, Rainer Maria: Ich fürchte mich so vor der Menschen Wort   366
Rilke, Rainer Maria: Römische Fontäne   197

Rosenstolz: Ich bin ich (Wir sind wir) 53
Sachs, Nelly: Chor der Geretteten 508
Stramm, August: Patrouille 485
Stramm, August: Untreu 206
Theobaldy, Jürgen: Schnee im Büro 529
Trakl, Georg: Grodek 485
Walther von der Vogelweide: Si wunderwol gemachet wip 380
Weerth, Georg: Die rheinischen Weinbauern 452
Wehrli, Max: Übersetzung von „Slåfest du ..." 193
Wondratschek, Wolf: Im Sommer 429

Graphic Novels / Comics
Mairowitz, David Zane; Montellier, Chantal: Der Process. Nach Franz Kafka 187

Interviews
Jonas, Hans: Eine neue Dimension menschlicher Macht 78
Pinker, Steven: Zum Reden geboren 335
Stein, Peter 235
Wagenbach, Klaus: Kafka – ein sehr moderner Autor? 185
Walser, Martin: „Es gibt nur subjektive Interpretation" 46
Weizsäcker, Carl Friedrich von: Ich hatte die Vorstellung, auf irgendeine Weise Einwirkungsmöglichkeiten zu haben 76 f.
Wagenbach, Klaus: Kafka – ein sehr moderner Autor? 185
Zeh, Juli: Keine Freiheit unter Beobachtung 263 f.

Kurzgeschichten/Kurzprosa
(▶ Parabeln; Fabeln)
Bichsel, Peter: San Salvador 35
Böll, Heinrich: Mein teures Bein 513 f.
Borchert, Wolfgang: Die drei dunklen Könige 512 f.
Braun, Volker: Hinzes Bedingung 527
Dische, Irene: Liebe Mom, lieber Dad 33
Kafka, Franz: Der Nachbar 50 f.
Kunze, Reiner: Ordnung 525
Strauß, Botho: Mikado 36 ff.
Wohmann, Gabriele: Die Klavierstunde 31 f.

Literaturtheoretische Texte
(▶ Essays)
Aristoteles: Kennzeichen der Tragödie 221
Bahr, Hermann: Symbolisten 475 f.
Becker, Kristin: Looking for Kafka 186
Brandt, Jan: Ist das Literatur? Oder kann das weg? 251
Brecht, Bertolt: Über das Zerpflücken von Gedichten 61
Brecht, Bertolt: Was ist mit dem epischen Theater gewonnen? 234
Brenner, Peter J.: Neue deutsche Literaturgeschichte 376
Conrady, Karl Otto: Von der Verführung durch vertraute Epochenbegriffe 376
Dürrenmatt, Friedrich: Uns kommt nur noch die Komödie bei 74 f.
Fontane, Theodor: Was verstehen wir unter Realismus? 459
Heidenreich, Elke: Wer nicht liest, ist doof 27
Hugendinck, David: Buch-Magazin: Gregor Samsa hat Rücken 187
Knipp, Kersten: Franz Kafka – ein literarisches Rätsel 185 f.
Kraft, Thomas: 13 Thesen zur Gegenwartsliteratur 545 f.
Le Goff, Jacques: Tristan und Isolde 379
Lessing, Gotthold Ephraim: Brief an Friedrich Nicolai über das Trauerspiel 233
Novalis: Romantisieren – Fragmente zur Poetik 440
Richter, Steffen: Was ist ein Bestseller? 250
Safranski, Rüdiger: Schiller oder die Erfindung des Deutschen Idealismus 397 f.
Schiller, Friedrich: Briefe über Don Karlos 425
Schiller, Friedrich: Die Schaubühne als moralische Anstalt betrachtet 233 f.
Schiller, Friedrich: Idealisierung als Aufgabe des Dichters 423
Schlegel, Friedrich: 116. Athenäum-Fragment 440
Schulz, Tom: Anstelle einer Poetik 205
Susman, Margarete: Expressionismus 483 f.
Weinrich, Harald: Linguistische Bemerkungen zur modernen Lyrik 368
Wellershoff, Dieter: Das Schimmern der Schlangenhaut – Zufall, Mehrdeutigkeit, Transzendenz 544 f.

Medientheoretische Texte
Bolz, Norbert: Die Welt der Klick-Arbeiter 263
Die ideale Talkshow 109
Eco, Umberto: Der Verlust der Privatsphäre 260
Fichter, Alina: Da guckst du! 106
Hickethier, Knut: Der Film nach der Literatur ist Film 292
Hildebrandt, Antje: 50.000 Zuschauer mehr. Wie RTL II News die Tagesschau abhängen 105
Hörisch, Jochen: Mediendefinitionen 257
Johnson, Steven: Everything Bad is Good for You 264 f.
Kittlitz, Alard von: Der Traum von einem idealen Leben 261
Kölsch, Jochen: Vom Aufstieg des Bildes und dem Zerfall des Wortes 268 f.
Neuromarketing: Wie das Gehirn entscheidet, was wir kaufen 89
Passig, Kathrin: Standardsituationen der Technologiekritik 258 f.
Pauer, Nina: Doku-Soaps 121 f.
Pauer, Nina : Zum Sandsack, zur Freiheit 107
Scheuermann, Christoph: Facebooktussis. Warum wir durch Social Media zu unsozialen Wesen geworden sind 576 f.
Schirrmacher, Frank: Payback. Mein Kopf kommt nicht mehr mit 266 f.
Schnell, Ralf: Literarischer Film 291
Trotier, Kilian: Süchtig nach dem Augenblick 108
Weber, Martin: Tagesschau vs. RTL II: Hohe Mieten, nackte Lady Gaga 103 f.
Weber, Tanja: Der Reiz von Fernsehserien 119
Wie wirkt „Scripted Reality"? 110

Parabeln
Bernhard, Thomas: Der Stimmenimitator 44
Brecht, Bertolt: Weise am Weisen ist die Haltung 42
Buber, Martin: Die Legende des Baalschem 41
Kafka, Franz: Auf der Galerie 43
Kafka, Franz: Der Kreisel 42
Kafka, Franz: Vor dem Gesetz 39 f.
Kleist, Heinrich von: Die Fabel ohne Moral 44
Lessing, Gotthold Ephraim: Die Ringparabel 402 f.

Philosophische Texte/Abhandlungen
(▶ Aphorismen, literaturtheoretische, medientheoretische, sprachtheoretische Texte, Zitate)
Beier, Karin: „Theater berauscht. Theater nervt. Theater wirkt." 242 f.
Kant, Immanuel: Beantwortung der Frage: Was ist Aufklärung? 395 f.
Kant, Immanuel: Der kategorische Imperativ 401
Wieland, Christoph Martin: Sechs Antworten auf sechs Fragen 394 f.
Winckelmann, Johann Joachim: Gedanken über die Nachahmung der griechischen Werke in der Malerei und Bildhauerkunst 422

Reden
Goebbels, Joseph: Sportpalastrede 295 f.
Härtling, Peter: Nein! 310 f.
Kennedy, J.F.: Ich bin ein Berliner 305 f.
Matt, Peter von: Das Geheimnis der Bücher 28
Obama, Barack: Wir müssen Geschichte schreiben 304 f.
Reuter, Ernst: Schaut auf diese Stadt! 298 f.
Siebenpfeiffer, Philipp Jakob: Aus der Rede auf dem Hambacher Fest 444 f.
Ulbricht, Walter: An die Bevölkerung der DDR zum Bau der Berliner Mauer 300 f.

Reiseberichte/Reisebilder
Goethe, Johann Wolfgang: Italienische Reise 421 f.
Stolberg, Friedrich Leopold Graf zu: Über die Fülle des Herzens 409

Rezensionen
Althen, Michael: Ich will doch nur, dass ihr mich liebt 289 f.
Körte, Peter: Du spürst kaum einen Hauch 289
Tucholsky, Kurt: Rezension zu Heinrich Manns „Der Untertan" 497

Romanauszüge

Döblin, Alfred: Berlin Alexanderplatz   492 f.
Fontane, Theodor: Effi Briest   165 f., 373 ff.
Fontane, Theodor: Frau Jenny Treibel   462 f.
Frisch, Max: Das Unaussprechliche (Stiller)   365
Goethe, Johann Wolfgang: Die Leiden des jungen Werthers   178, 408 f., 413 ff.
Grass, Günter: Die Blechtrommel   517 f.
Grimmelshausen, Hans Jakob Christoffel von: Der Abenteuerliche Simplicissimus Teutsch   386
Kafka, Franz: Der Prozess   167 ff.
Kehlmann, Daniel: F   537 f.
Kehlmann, Daniel: Ich und Kaminski   135
Keun, Irmgard: Das kunstseidene Mädchen   493 f.
Mann, Heinrich: Der Untertan   496 f.
Mann, Thomas: Buddenbrooks   132 ff.
Maron, Monika: Flugasche   522 f.
Müller, Herta: Herztier   527 f.
Musil, Robert: Die Verwirrungen des Zöglings Törleß   362
Raabe, Wilhelm: Der Hungerpastor   460 ff.
Rilke, Rainer Maria: Die Aufzeichnungen des Malte Laurids Brigge   478
Roth, Joseph: Hiob   495 f
Schami, Rafik: Sieben Doppelgänger   541 f.
Seghers, Anna: Das siebte Kreuz   502 f.
Süskind, Patrick: Das Parfum   275 f.
Tieck, Ludwig: Franz Sternbalds Wanderungen   433 f.
Treichel, Hans-Ulrich: Der Verlorene   535 ff.
Zaimoglu, Feridun: Leyla   542 ff.
Zeh, Juli: Spieltrieb   539 f.
Zola, Émile: Germinal   470 f.

Sachtexte

(▶ Essays, Flugblatt, Interviews, literaturtheoretische, medientheoretische, sprachtheoretische Texte, Reden, Rezensionen, Tagebucheinträge, Zeitungs-/Zeitschriftenartikel)

Dobelli, Rolf: Denkfehler. The Swimmer's Body Illusion   96
Engst, Judith: Professionelles Bewerben – leicht gemacht   567
Hugendinck, David: Der größte Gewinner ist der Wettbewerb   248 f.
Jenny, Urs: Imagination oder Konkretion? – Eine Podiumsdiskussion durchführen   293
Lippmann, Jana: Ratgeber: Umsatzverteilung 1. Halbjahr 2013   255 f.
Rettig, Daniel: Intelligenz: Kluge Menschen irren sich häufiger   98
Scherer, Marie-Luise: Die Hundegrenze   178
Swaab, Dick: Das verliebte Gehirn   94 f.

Sprachtheoretische Texte

Boroditsky, Lera: Wie die Sprache das Denken formt   360 f.
Bruner, Jerome: Wie das Kind sprechen lernt   336
Caldwell-Harris, Catherine: Parlez-vous logique?   341
Crystal, David: Sprache und Denken   358 f.
Ern, Elena: Dem Ruhrpott seine Sprache   320
Forster, Iris: Political Correctness / Politische Korrektheit   149 f.
Frank, Charlotte: „Na, Udslopen?"   328
Friedmann, Jan: Denglische Stellenanzeigen   156
Gibis, Sonja: So verstehen Sie Ihren Arzt   154 f.
Gibt es ein Sprachgen? Das Rätsel FOXP   339
Göttert, Karl-Heinz: Alles außer Hochdeutsch oder Versuch eines Fazits   321
Hamann, Christof: Dialekt   317
Henne, Helmut: Sprachen in der Sprache   152
Hinrichs, Uwe: Hab isch gesehen mein Kumpel – Wie die Migration die deutsche Sprache verändert hat   345 f.
Humboldt, Wilhelm von: Sprache als Weltansicht – Sprache und Nation   344
Kast, Bas: Wanderer zwischen den Wortwelten   342
Kekulé, Alexander: Der Zug ist abgefahren   350
Kessel, Katja; Reimann, Sandra: Fachsprache   153
Kratzer, Hans: Dialekt macht schlau   329
Krischke, Wolfgang: Schnacken wie die Alten   327
Krischke, Wolfgang: Schreiben in der Schule – booaaa mein dad voll eklich wg schule   347 f.
Langhans, Kathrin: Juhu, niemand versteht mich!   325 f.
Leffers, Jochen: Bürosprech   325
Maitz, Péter; Elspaß, Stephan: Fallbeispiele: Sprachliche Diskriminierung von deutschen Muttersprachlern in Deutschland   328
Mocikat, Ralph: Deutsch muss als Wissenschaftssprache erhalten bleiben   351
Nützel, Nikolaus: Wenn Digger endloss dissen – Oder: Sprechen Jugendliche eine eigene Sprache?   322 f.
Plahm, Sarah: Und ewig wirkt die unsichtbare Hand   145
Reiter, Markus: Amerika, Amerika   147
Romberg, Johanna: Wie reden wir denn da?   143 f.
Saussure, Ferdinand de: Die Natur des sprachlichen Zeichens   140 f.
Scherschun, Nicole: Westfälisch – Das A und O   320
Schulz von Thun, Friedemann: Das Kommunikationsquadrat   127 f.
Spinnler, Rolf: Am Anfang war der Zeigefinger   338
Stedje, Astrid: Die Sprache in der Sprache   318 f., 384
Stenschke, Oliver: Metaphern im Internetdiskurs   349
Watzlawick, Paul u. a.: Menschliche Kommunikation. Formen, Störungen, Paradoxien   129
Whorf, Benjamin Lee: Das „linguistische Relativitätsprinzip"   356 f.
Wichtig muss es klingen   157
Wiese, Heike: Kiezdeutsch rockt, ischwör!   323 f.
Zimmer, Dieter E.: Wiedersehen mit Whorf – Sprache & Denken   357 f.

Zeitungs-/Zeitschriftenartikel

(▶ Sachtexte)

Blech, Jörg; Demmer, Ulrike; Ludwig, Udo; Scheuermann, Christoph: Wow, was für ein Gefühl   90 f.
Fichter, Alina: Da guckst du!   106
Hildebrandt, Antje: 50.000 Zuschauer mehr. Wie RTL II News die Tagesschau abhängen   105
Paetsch, Martin: Wer ist der Chef im Kopf   87 f.
Rettig, Daniel: Intelligenz: Kluge Menschen irren sich häufiger   98
Sentker, Andreas: Frankensteins Traum wird wahr   80 f.

Zitate

(▶ Aphorismen)

Alberti, Conrad: Wie die Natur   472
Bölsche, Wilhelm: Für den Dichter aber   473
Borges, Jorge Luis: Lesen ist Denken   26
Brant, Sebastian: Jüngst hat der Geiste   383
Franck, Julia: Beim Lesen habe ich das Gefühl   26
Friedrich II, preußischer König: Ich bin der erste Diener   393
Goethe, Johann Wolfgang: Du gingst, ich stund   393
Holz, Arno: Kunst = Natur – x   473
Hugo, Victor: Der menschliche Geist   383
Kafka, Franz: Ein Buch muss   26
Kant, Immanuel: Freiheit ist die Autonomie des Willens; Die Natur hat gewollt   393
Klopstock, Friedrich Gottlieb: Schön ist, Mutter Natur   393
Klopstock, Friedrich Gottlieb; Schubart, Christian Friedrich: O freyheit   393
Lichtenberg, Georg Christoph: Aus den „Sudelbüchern"   401
Luther, Martin: Die hohen Wohltaten der Buchdruckerei   383
Proust, Marcel: Das Entscheidende beim Lesen   26
Sartre, Jean-Paul: Der Leser hat das Bewusstsein   26
Schulze, Ingo: Erst durch den Leser   26
Wolf, Christa: Ich ohne Bücher   26
Zola, Émile: Ich habe nichts getan   473

Bildquellenverzeichnis

S. 23, 24, 25, 307, 333, 565, 569, 576, 584, 590: Stephan Röhl/Isis Martins, Berlin;
S. 26: Springfield Museums;
S. 28: © VG Bild-Kunst, Bonn 2014/mauritius images;
S. 29: © BRIDGEMANART.COM/Agentur Bridgeman;
S. 31: © Succession H. Matisse/VG Bild-Kunst, Bonn 2014/ DIGITAL IMAGE © 2014, The Museum of Modern Art/Scala, Florence;
S. 34: © VG Bild-Kunst, Bonn 2014;
S. 37: © VG Bild-Kunst, Bonn 2014/akg-images;
S. 41: M.C. Eschers „Relativity" © 2014 The M.C. Escher Company – The Netherlands. All rights reserved. www.mcescher.com/mauritius images;
S. 42: ullstein bild, Berlin;
S. 43: Electa/akg-images;
S. 43, 70, 74,124, 138, 157, 195, 199, 203, 233, 295, 298, 299, 300, 366, 377 links und unten, 379, 383, 384, 389, 393 oben links, oben rechts und unten, 397, 400 oben und unten, 405, 408, 411, 412, 414, 415, 420 oben und unten, 421, 426, 432, 433, 435, 436, 437, 443 unten, 445, 450, 451, 452, 453, 455, 456, 459, 406, 472, 476, 499 Mitte, 521: akg-images;
S. 44: mauritius images;
S. 53: Andreas Lander/dpa-report/picture alliance;
S. 54: © Succession Picasso/VG Bild-Kunst, Bonn 2014/akg-images;
S. 59: Ruta Production/Shutterstock;
S. 62: Brian Cahn/ZUMA press/Corbis Images;
S. 63 (5 Bilder): „Nach grauen Tagen" aus „Poem – ‚Ich setzte den Fuß in die Luft und die trug.'" (Hilde Domin) – Film von Ralf Schmerberg/Lingua Video;
S. 67: Rene Haury/akg-images;
S. 76: Science Photo Liberary/akg-images;
S. 80: doc-stock;
S. 81: Bettmann/Corbis;
S. 86: Mary Evans/Natural History Museum/Interfoto;
S. 94, 96,128, 309, 323, 324, 325, 552, 572: Nils Fliegner, Hamburg;
S. 98: Your_Photo_Today KTS/YOUR PHOTO TODAY – SUPERBILD;
S. 102, 112 unten, 114: action press;
S. 103 links: Kölner Stadtanzeiger vom 22.07.2013/© ARD-aktuell/ tagesschau.de;
S. 103 rechts: Kölner Stadtanzeiger vom 22.07.2013/© RTL 2 Fernsehen GmbH & Co. KG;
S. 107: Andreas Franke/picture alliance;
S. 109: Henning Kaiser/picture alliance;
S. 112 oben: picture-alliance;
S. 113, 114, 115, 117: Plakat und Filmstills aus Breaking Bad. © Sony Pictures Television
S. 126: Bernhard Fuchs;
S. 132: NG Collection/Interfoto;
S. 137: © The George and Helen Segal Foundation/VG Bild-Kunst, Bonn 2014. mauritius images;
S. 139: © VG Bild-Kunst, Bonn 2014. akg-images;
S. 148: GEO 11/Nov. 2012/G+J Wissen GmbH;
S. 149: Freimut Woessner, Berlin;
S. 154: Erich Rauschenbach, Berlin;
S. 162–163: F1online digitale Bildagentur, Frankfurt a.M./Gestaltung Lena Fuchs;
S. 164: Florian Profitlich/akg-images;
S. 174: © Bildagentur Huber/Dutton Colin;
S. 178 oben: Anaconda Verlag, Köln;
S. 178 unten: Der Spiegel 6/1994, http://www.spiegel.de/spiegel;
S. 192: Litfaßsäule, Montage/Rainer Jensen dpa/lbn/picture alliance; Poster for Organic Food, © Fotolia/elfivetrov; Rockfestival design, © Fotolia/Olena Pantiukh; newspaper © Fotolia/fas100;
S. 196: De Agostini Picture Lib./akg-images;
S. 212 links: Reiner Pfisterer, Ludwigsburg/Ludwigsburger Schlossfestspiele;
S. 212 rechts: Klaus Lefebvre, Hagen/SCHAUSPIEL KÖLN im DEPOT;
S. 213: Reiner Pfisterer, Ludwigsburg/Ludwigsburger Schlossfestspiele;
S. 215: Klaus Lefebvre, Hagen/SCHAUSPIEL KÖLN im DEPOT;
S. 226: bpk, berlin;
S. 229 oben links + unten links: Kirch-Holding GmbH & Co.KG, München;
S. 229 oben links + unten links: Dieter Dorn: Faust – Vom Himmel durch die Welt zur Hölle. © Bavaria Film GmbH;
S. 231 Mitte: Kirch-Holding GmbH & Co.KG, München;
S. 233: Imagno/akg-images;
S. 234: Electa/akg-images;
S. 235 rechts: Willi Saeger/bpk, Bonn;
S. 235 links: Birgit Hupfeld Fotografie/Inszenierung am Schauspiel Essen;
S. 236 (linke Spalte, 1–5): Kirch-Holding GmbH & Co.KG, München;
S. 236 (rechte Spalte, 1–5): Dieter Dorn: Faust – Vom Himmel durch die Welt zur Hölle. © Bavaria Film GmbH;
S 247 links: Sebastian Hammelehle, 17.3.2011, http://www.spiegel.de/spiegel;
S. 247 oben: Lena Bopp, 19.03.2012, Feuilleton der Frankfurter Allgemeinen Zeitung. Alle Rechte vorbehalten. Frankfurter Allgemeine Zeitung GmbH, Frankfurt. Zur Verfügung gestellt vom Frankfurter Allgemeine Archiv;
S. 247 rechts: Screenshot basiert auf dem Artikel „Leipziger Buchmesse" aus der freien Enzyklopädie Wikipedia und steht unter der Doppellizenz GNU-Lizenz für freie Dokumentation und Creative Commons CC-BY-SA 3.0 Unported. In der Wikipedia ist eine Liste der Autoren verfügbar;
S. 248: APA-Foto: Gert Eggenberger/picture alliance;
S. 250: Soeren Stache dpa/lbn/picture alliance;
S. 251: Franziska Kraufmann/dpa/picture alliance;
S. 257: Fotolia/© Flat icon set © Colorlife;
S. 260: Nam June Paik, Videoinstallation (1993);
S. 261: Bettmann/Corbis Images;
S. 262: © caseorganic.com and NetDraw;
S. 266: Maximilian Schönherr/picture alliance;
S. 274 links: Diogenes Verlag AG, Zürich;
S. 274 rechts: Imago Sportfotodienst – imago stock&people;
S. 277, 279, 281, 284, 285, 286: Szenenfotos aus „Das Parfum", © Regie Tom Tykwer, Produktion Bernd Eichinger, Constantin Film, München;
S. 294 (1–4): Imago Sportfotodienst – imago stock&people;
S. 302: Conrad Schuhmann springt über den Stacheldraht der Sektorengrenze;
S. 311: Historisches Museum, Frankfurt/M.;
S. 319: Carlos Borell;
S. 328 oben: Süddeutsche Zeitung vom 1.10.2012; www.sueddeutsche.de/bildung/plattdeutsch-an-grundschulen-naudslopen-1.1483772/Samuel Zuder/LAIF – Agentur für Photos und Reportagen;
S. 336: Zen Shui/mauritius images;
S. 341: RIA Nowosti/akg-images;
S. 347: Kraska/Shutterstock;
S. 355: Ludimar Hermann, Gitter-Illusion (1870);
S. 359: © VG Bild-Kunst, Bonn 2014/akg-images;
S. 367: Écriture – Schrift. Radierung von Gisèle Celan-Lestrange. © Eric Celan (Paris) und Suhrkamp Verlag (Berlin)
S. 373: Frauen Literatur Geschichte. Hrsg. Hiltrud Gnüg, Renate Möhrmann. J.B. Metzler Verlag, Stuttgart; Eure Sprache ist auch meine – eine deutsch-jüdische Literaturgeschichte. Hans J. Schulz. Piper Verlag GmbH, München; Romantik. Rüdiger Safranski. S. FISCHER Verlag, Frankfurt a.M.; Geschichte der deutschen Lyrik. Dirk von Petersdorff. Verlag C.H.Beck, München;
S. 377 rechts: imago;
S. 380: De Agostini Picture Lib./akg-images;
S 386: imago;
S. 388: De Agostini Picture Lib./akg-images;
S. 390: akg-images/Andre Held;
S. 393 links: Landesmuseum Württemberg, Stuttgart;
S. 393 rechts: Bayerische Schlösserverwaltung, Gärtenabteilung, Plansammlung;
S. 399: Imagno/akg-images;
S. 417: picture-alliance;
S. 421 und S. 422: De Agostini Picture Lib./akg-images;
S. 429: picture-alliance;
S: 430: akg/bildwissedition/akg-images;

S. 443 oben: agk-images/Erich Lessing;
S. 447: Dt. Schauspielhaus Hamburg;
S. 454: Reto Flückiger, Winterthur
S. 457: bpk Berlin
S. 469 links: akg-images/Universal Images Group:
S. 469 oben rechts: © Succession Picasso/VG Bild-Kunst, Bonn 2014/akg-images;
S. 469 Mitte: Stefan Drechsel/akg-images;
S. 469 Mitte rechts: Hilbich/akg-images;
S. 470 unten: akg-images/Andrea Jemola;
S. 475 links: Musée d'art et d'histoire, Genf;
S. 475 rechts: Puschkin Museum, Moskau;
S. 480: akg-images/Erich Lessing;
S. 481 oben: Muzeum Narodowe w Warszawie/Nationalmuseum, Warschau;
S. 483 links: © ARTHOTHEK/Hansmann/VG Bild-Kunst, Bonn 2014
S. 483 rechts: © Estate of George Grosz, Princeton, N.J./VG Bild-Kunst, Bonn 2014;
S. 485: © Eberhard Spangenberg/VG Bild-Kunst, Bonn 2014/akg-images;
S. 486: © Jüdisches Museum, Frankfurt am Main
S. 487 unten: © Eberhard Spangenberg/VG Bild-Kunst, Bonn 2014;
S. 487 oben: © The Munch Museum/The Munch Ellingsen Group/ VG Bild-Kunst, Bonn 2014;
S. 490: picture-alliance;
S. 492: © VG Bild-Kunst, Bonn 2014/akg-images;
S. 494: picture-alliance;
S. 496 oben: DEFA-Stiftung, Eduard Neufeld;
S. 499 unten rechts: Agentur BRIDGEMAN ART/ Christian Schad Stiftung Aschaffenburg, © VG Bild-Kunst, Bonn 2015
S. 499 unten links: © Roehr von Alvensleben, München/akg-images;
S. 499 unten Mitte: Karlsruhe, staatl. Kunsthalle/akg-images;
S. 500: culture-images/Photos11/© The Heartfield Community of Heirs/VG Bild-Kunst 2014/Culture-images;
S. 501: Archiv der sozialen Demokratie der Friedrich-Ebert-Stiftung;
S. 502: Röhnert/ullstein bild, Berlin;
S. 503: cinetext, Frankfurt a.M.;

S. 505 1. Reihe links: picture-alliance;
S. 505 1. Reihe Mitte: Imago Sportfotodienst - imago stock&people;
S. 505 1. Reihe rechts: cinetext, Frankfurt a.M./Sammlung Richter;
S. 505 2. Reihe links: cinetext, Frankfurt a.M./Sammlung Richter;
S. 505 2. Reihe Mitte: Interfoto LP;
S .505 2. Reihe rechts: cinetext, Frankfurt a.M./Sammlung Richter;
S. 505 3. Reihe links: picture alliance;
S. 505 3. Reihe Mitte: Schamoni Film & Medien GmbH, München;
S. 505 3. Reihe rechts: Deutschland im Herbst/FILMVERLAG DER AUTOREN;
S .505 4. Reihe links: Wolfram Steinberg/dpa, picture alliance;
S. 505 4. Reihe Mitte: Coca Cola Deutschland;
S .505 3. Reihe rechts: Deutschen Filminstitut DiF, Frankfurt M.;
S .506 1. Reihe rechts: Deutschen Filminstitut DiF, Frankfurt M.;
S .506 2. Reihe Mitte: picture-alliance;
S. 506 3. Reihe links: picture-alliance;
S. 506 3. Reihe Mitte: photoshot;
S. 507 links: Roger-Viollet/ullstein bild, Berlin;
S. 507 rechts: picture-alliance;
S. 509: picture-alliance;
S. 512: Oskar Poss/ullstein bild, Berlin;
S. 515: © Kate Rothko-Prizel & Christopher Rothko/VG Bild-Kunst, Bonn 2014/Andrea Jemolo/akg-images;
S. 517: Imago Sportfotodienst – imago stock&people;
S. 520: akg-images/Renate von Mangoldt;
S. 521: akg-images/Rainer Fetting;
S. 523: Bildarchiv Pisarek/akg-images;
S. 524: akg-images/AP;
S. 526: Thomas Hoepker-Magnum Photos/Agentur Focus/xxpool.de;
S. 528: © Banco de México Diego Rivera Frida Kahlo Museums Trust/VG Bild-Kunst, Bonn 2014;
S. 533 links: akg-images/AP;
S. 533 rechts: © VG Bild-Kunst, Bonn 2014, akg-images;
S. 534: picture-alliance;
S. 549: Fotolia/© Aleksandar Kosev;
S. 571: Fotolia/© Picture-Factory;
S. 582: corbis;
S. 587 links und rechts: Thomas Schulz, Teupitz

Sachregister

A
Abiturprüfung 572 ff.
Abiturrede 307 ff.
Absolutismus 391, 404
Adaption 292
Actio 309
Akkumulation 200
aktives Lesen 211
Allegorie 200, 392
Alliteration 197 f., 200, 202
Analyse
– Analyseaspekte vergleichend anwenden 60 f.
– Analyseaufsatz 211
– Dialoganalyse 72, 216
– Drama 68 f., 72 ff., 217 ff., 238 ff.
– Epik 72 f., 164 ff.
– Figurenanalyse 72, 232
– Filmanalyse 275 f.
– Gedichte/Lyrik 64 ff., 192 f., 204 f., 208, 211, 369 ff.
– Gedichte vergleichen 206 f.
– Handlungsanalyse 72
– produktiv-gestaltendes Interpretieren 36, 174
– Redeanalyse 306, 310 f., 313 ff.
– Sachtextanalyse 98 f., 101, 314, 353 f.
– Situationsanalyse 72
– These 79, 88, 101, 123, **207, 209**, 246, 270 f., **303, 353**
Anapäst 198
Anapher 200, 202, 299
Anfänge der deutschen Literatur 374
Anfangsreim 198
Anglizismen 146 ff.
Antikenbegeisterung ▶ Klassik 431
Antithese 200, 216, 299
antithetische Erörterung ▶ dialektischer (Pro- und Kontra-)Aufbau einer Erörterung 272
Aphorismus 401
Apokalypse ▶ Expressionismus 484 f.
Apostrophe 200
Appell 45, **127 f.**, 131, 252 f., 303, 306
Argument aufgreifen, stärken, entkräften 89
Argumentation **87 ff.**, 122 f., 239, 270 ff., 297, 313 f., 353
Argumentationsgang 101
Argumentationsstruktur 270
Argumenttypen 303, 313, 353
Argumentum ad populum 303
aristotelisches Theater ▶ Drama 73, 222 f.
aspektorientierte Aufgabenstellungen 181
Assonanz 198
Ästhetik des Hässlichen 486
Ästhetizismus 375, 498
Ästhetizismus ▶ Fin de Siècle 482
Aufbau (Sachtextanalyse) 88, **100 f.**, 272, 353 f.
Aufklärung 45, 269, 374, **393 ff.**
auktorialer Erzähler 39, **172 ff.**
Autoritätsargument 303

B
Ballade **198**, 374
Barock 374, **386 ff.**
Bauernkrieg 385
Berufsbezeichnung 164 ff., 319
Beobachtung eines Diskussionsteilnehmers 92
Bewerbung 567 f.
Bewusstseinsstrom 173
Bezeichnetes 140 ff.

Bezeichnung **140 ff.**, 318
Bibelübersetzung 384
Bibliografieren 597 f.
Biedermeier 374, **453 ff.**
Bildausschnitt 278, 280
Bildfeld 59 ff.
Bildungsroman 374, 404
Bilingualität 341
Binnenerzählung 171
Binnenreim 197
biografischer/psychologischer Interpretationsansatz 46 f.
Bitterfelder Weg 531
Briefroman 406 ff.
Buchdruck 165, 383 f.
Bücherverbrennung 504
Bühneninszenierung 237
bürgerlicher Realismus ▶ Realismus 375, **459 ff.**, 466
Bürgerliches Trauerspiel 213, 374, 404, 406

C
carpe diem ▶ Barock 387
Chiasmus 200
Chiffre 59
Cliffhanger 116 ff., 120
Code-Switching 324
Correctio 299

D
Dadaismus 498
Daktylus **198**, 427
Darbietungsform 173, 182
Debatte 92
Diagramme auswerten 256
Dialekt 146, 152, 155, **317 ff.**, 324, 327 ff., 474
Dialektik
– dialektischer (Pro- und Kontra-)Aufbau einer Erörterung 272
– dialektisches Prinzip 223
Dialog 36, 72, 115 f., **132 ff.**, 221
Dialoganalyse 72, 216
Dingsymbol 480
Diskussion 89 ff., 216
– Diskussionsformen 92
– Fishbowl-Diskussion 92
– Podiumsdiskussion 92, 293
– Plenumsdiskussion 92
diskutieren 87 ff.
Distichon 198
Dokumentartheater ▶ Drama 375, 521 ff., 531
Doublebind ▶ Kommunikation 130
Drama
– aristotelisches Theater 73, 222 ff.
– Dokumentartheater 375, **521 ff.**, 531
– episches Theater 73, 375, 498
– klassisches D. 73, 221 ff.
– szenisches Lesen, szenisches Spiel 71, 232
– Wirkungsabsichten 96, 222, **233 ff.**, 237
dramatischer Monolog 72, 221
Dramenanalyse 68 ff., 216
Dramenszenen analysieren/ Dialoganalyse 82 ff., 216, 238 ff.
Drehbuch 110 f., 277 f., 281 ff.
Dreißigjähriger Krieg 386, 391, 404

E
einfache Liedstrophe 198
Einheit der Handlung, der Zeit und des Ortes 222
Einstellungsgröße, Film 278, 288

Elegie 198
Ellipse **200**, 216, 288
Elocutio 308
Emblem 374, **387**, 402
Empfänger **127 ff.**, 267
Empfindsamkeit 374, **405 ff.**, 419, 442
Empirismus 404
Endreim 197
Enjambement 196
Epik
– Erzähler/in und Erzählstrategien 36, 39, 169, **172 f.**, 175
– Kurzgeschichte 31 ff., 375, 512 f., 519
– Novelle 374 f., 480
– Parabel **39 ff.**, **43 ff.**, 374, 404
Epipher 200, 202
episches Theater ▶ Drama 73, 375, 498
Epochen ▶ literarische Epochen und Strömungen
Epochenbegriff 376
Epochenumbruch 383, 385
Er-/Sie-Erzählform 173 f.
Ergebnisprotokoll 93
erlebte Rede 30, 33, 173 f., 176 f.
Erörterung
– Aufbau 243 ff., 270 ff.
– dialektische/antithetische Erörterung 271
Erörterung eines Sachtextes 123
– Grundtypen kritischer Texterörterung 122, 271
– lineare E. 272
– literarische E. 243
– Sachtexte zu einem Drama erörtern 242 f.
– Strukturierung einer E. 123
– textgebundene E. 270, 273
erregendes Moment 222
Erster Weltkrieg 491, 496, 498
Erzählbericht 171, 173
Erzähler 172
Erzählhaltung 173, 182, 283
Erzählstandort 172 f.
Erzählstimme 278
Erzählstrategie 49, 165 ff., **172 ff.**, 182, 531
erzählte Zeit 171, 283, 474
Erzählweise ▶ Erzählstrategie 181
Erzählzeit 171, 283, 474
Essay 253
Ethnolekt 324
Euphemismus 201, 216
Evolutionstheorie 467
Exilliteratur 375, 500 ff.
Exposition 222, 277 ff., 280
Expressionismus 49, 375, **483 ff.**

F
Fabel 30, 374, 399 f., 404
Facharbeit 591 ff.
Facebook 106 ff., 260 ff.
Fachspezifische Aspekte, Film 283 f.
Fachsprache 148, 152 ff., 324, 351
Fahnenwörter 302
Faktenargument 303
fallende Handlung 222
Farbsymbolik (Expressionismus) 491
Fernsehserien 112 ff., **120**
Figurenanalyse 72, 172 ff., 177, 181, 232
Figurengedicht 374, 387
Figurenkonstellation 169, 216, 283
Figurenrede 173, 232
Fiktion 29 f., 111 ff., 175 ff.
Fiktionalitätssignale 29 f., 30, 176 f.
Fiktionsvertrag 30

SACHREGISTER

Film
- Bildinszenierung 285
- Dialoge 115 f., 283
- Dramaturgie 116 f., 120 f., 283
- Einstellungsgrößen 278, 288
- Exposition 277 ff.
- Figuren 278, 280, 283, 287 f.
- Kameraperspektive 278, 288
- Literaturverfilmung 291 ff.
- Montage 286 ff.
filmisches Erzählen 278
filmisches Erzählverhalten 287 f.
Filmsprache 285
Fin de Siècle 375, 475 ff., **482**, 491
Fishbowl ▶ Diskussion 92
Flugschrift 385
Formen des Dramas (offen oder geschlossen) 221 ff., 283
Formulierungsbausteine
- Argumentieren 191
- Einleitung 191
- Erörterung 273
- Inhalt-Form-Bezug 190, 240, 371
- Redeanalyse 315
- Sachtext auf einen literarischen Text beziehen 246
- Sachtextvergleich 352
- Schlussgedanken 184
- Vergleich von Texten 210
- Werkübergreifende Aspekte 210
Französische Revolution 430 f., 444
Freiheitspathos 419
frühneuhochdeutsch/fnhd. 318
Frührealismus 444 ff., 457

G
Ganymed 411
Gebrauchslyrik 375, 498
Gebrauchstext 252
Gedichtanalyse/-interpretation 64 f., 208, 211, 369 ff.
Gedichtform 197 f., 208, 387
Gemeinsprache ▶ Standardsprache 318 f.
Geniegedanke ▶ Sturm und Drang 419
Geräusche im Film ▶ Musik im Film 288
Germanisch 382
Geschichte (Story) 283, 287
gestaltendes Interpretieren 36, 51
„Goldene Zwanziger" 498
gezieltes Lesen 158 f., 189, 330
Gliederung (Dramenvergleich) 216
Gliederung (Interpretation eines literarischen Textes) 183
Gliederung (informierende Texte) 190
Gliederung (Gedichtvergleich) 211
Gliederung (Redeanalyse) 314
Gliederung (Sachtextvergleich) 354
Glosse 253
Grammatik 148, 285 f., 318, 322 f., 334 f., 337, 356 f., 361, 599 ff.
Gruppe 47 520, 531

H
Hakenstil 196
Handlung 171, 283
Haus der Stile 326
Hermeneutik 48 f.
Historismus 467 f.
Hochsprache ▶ Standardsprache 216, 317 ff., 348
höfische Dichtung 374
höfisch-mittelalterliche Liebesgeschichte 378 f.
höfisch-ritterliche Literatur 378

Höhepunkt 72, 222
Hymne **198**, 374, 411
Hyperbel **201**, 216

I
Ich-Botschaft 128
Ich-Zerfall ▶ Expressionismus 486
Ideenstern 493
IDEMA-Methode 307 f.
Idiolekt 324
Impressionismus 375, 482
indirekte Rede 39, 101, 173, 273
indirektes Argument 303
innere Emigration 504, 519
innerer Monolog 33, 36, 39, 173 f.
Intentionen von Sachtexten 97, 353
Interaktionistisches Modell 337
interaktive Medien 102 ff., 108
Internet-Kommunikation 106 ff.
Internet-Metaphorik 349
Interpretation (produktiv-gestaltend) 36
Interpretationsansätze 46 f.
interpretieren 61, 232
interpretierende Adaption 292
Intertextualität 49, 175, 194
Inventio 307
Inversion 200 f., 299
Ironie 97, **201**, 216, 253, 442

J
Jambus 198
Journalismus 103 ff.
Journalistische Textsorten 252 f.
Jugendsprache 322 ff.
Jugendstil 375, 482
Junges Deutschland 444 ff., 457

K
Kabarett 498
Kadenz 198
Kamerabewegung 278, 288
Kameraeinstellung 273, **278**
Kameraperspektive 278, 288
Kanon ▶ Literaturkanon 519
Katastrophe 222, 230 f.
kategorischer Imperativ 401
Katharsis ▶ Mitleidstheorie 221, 406
Kausalität 222
klangliche Mittel 195, 288
Klassik 421 ff.
- Menschenbild 427 ff.
Klassisches Drama 212 ff.
Klimax **201**, 299
Kognitivismus 337
Kohärenz (lokale und globale) 582 f.
Kommunikation
- Appell 127 ff.
- Doublebind 130
- Inhalts- und Beziehungsaspekt 129
- Kommunikationsmodelle 125 ff.
- Kommunikationsquadrat 127
- Kommunikationsstörungen 135 f., 216
- Organon-Modell 131
- Sach-/Beziehungsebene 127, 130
- Selbstkundgabe 127 f.
- symmetrische/komplementäre K. 129
- verbale/nonverbale K. 127 f.
- widersprüchliche Botschaften 127, 130
Komödie 68, 73 f., 221
Konkrete Poesie 197, 375
Kontextuierung 216
Kunst 43 ff., 125 f., 137 f.
Kurzgeschichte 31 ff., 33, 375, 512 ff., 519
Kurzvortrag 556 ff.

L
Leerstellen 120, 175
Leitfragen an einen Text stellen 188, 256, 313, 353
Leser/in 27, 30, 45, **47 ff.**, 97, 175, **183 ff.**, 313, 353
Leserbrief 252
Lesestrategien 575 ff.
- aktives Lesen 211
- gezieltes Lesen 189
Lied 198
linearer Aufbau (Erörterung) 272
linguistisches Relativitätsprinzip 356 f.
literarische Epochen und Strömungen (Überblicke)
- Ästhetik des Hässlichen 486
- Aufklärung und Empfindsamkeit 392, 394 ff., 405 ff.
- Barock 386 f.
- Biedermeier 453 ff.
- Deutschsprachige Literatur zwischen 1960 und 1989 530 ff.
- Exilliteratur 500 ff.
- Expressionismus 483 ff.
- Fin de Siècle/Symbolismus 475 ff.
- Frühe Neuzeit 383 ff.
- Frührealismus 444 ff., 453 ff.
- Gegenwart (Tendenzen) 547 f.
- Junges Deutschland 444 ff.
- Mittelalter 378 ff.
- Nachkriegsliteratur 508 ff.
- Naturalismus 470 ff.
- Neue Sachlichkeit 492 ff.
- Postmoderne 535 ff.
- Realismus (poetischer oder bürgerlicher) 459 ff.
- Romantik 432 ff.
- Sturm und Drang 407 ff.
- Vormärz 439 f.
- Weimarer Klassik 430 ff.
- Weimarer Republik 492 ff.
literarische Erörterung ▶ Erörtern 243
literarisches Erzählen 175
literarisches Motiv ▶ Motiv 194
Literaturgeschichte ▶ literarische Epochen und Strömungen 374 f., 376
literaturgeschichtlich 49, 243
Literaturverfilmung 291 ff.
Lyrik 55, 62 ff., 192 ff., 204 ff.
lyrisches Ich 55, 60

M
Märzrevolution von 1848 446, 458
materialgestützt Texte verfassen 185 ff., 327 ff.
mediale Gestaltung von Lyrik 63
Medien
- Computer 257, 259, 263, 264 ff., 349
- Fernsehen 102 ff., 260 f., 267
- Internet 106 ff., 257 ff., 349
- Massenmedien 257, 265, 267, 523
- Mediengeschichte 257 ff.
- Medienkonsum 264 ff.
- Medienkritik 257 ff., 267
Mehrsprachigkeit 340 ff.
memento mori (Barock) 387
Memoria 309
mentalitätsgeschichtlicher Zusammenhang 47
Metapher 33, 39, 48, **58 f.**, 97, **201**, 216, 304, 354, 393
- kühne Metapher 59
Metrum ▶ Versmaß 197 f.
Milieu 169, 460 f., 467, 474

Milieu 169, 460 f., 467, 474
Mindmap 65, 91, 207, 270, 330, 437
Minnesang 374, 378 f., 441
Mise en Scène 285 ff.
Mitleidstheorie 406
Mitschrift 565 f.
Mittelalter 374, 378 ff.
Mittelalterbegeisterung (Romantik) 434
Modell der hermeneutischen Spirale 48
Modelle literarischer Kommunikation 175
Moderne 368, 375, 468 ff.
Modus 182, 252
Monolog
– dramatischer 221
– innerer 33, 36, 39, 173 f.
Motiv 39, 54 ff., 181, 193 f., 206, 216, 284, 292, 369, 480, 532
– der Wahrheit 39
– expressionistischer Lyrik 484 f.
– literarisches 194
– lyrisches 54 ff., 370, 372
– romantisches 436 f.
– Schlüsselmotive der Barocklyrik 387 ff.
Motivgleiche Gedichte 193 ff.
multiperspektivisch 173
mundus symbolicus (Barock) 392
Mythen 284

N
Nachkriegsliteratur 33, 375, 507 ff.
Nativismus 337
nativistischer Ansatz ▶ Sprache und Denken 361
Naturalismus 375, **470 ff.**, 482, 491
Naturlyrik ▶ Barock 390
Neologismus 62, **201**
Netzsprache **347**
Neue Sachlichkeit **492 ff.**, 498
Neue Subjektivität 521 f., 528 f.
Neuhochdeutsch 391
neurolinguistischer Ansatz ▶ Sprache und Denken 361
Neuromantik 482, 498
neutraler Erzähler 39, 172 ff.
normatives Argument 303
Novelle 172, 374 f., 480

O
Ode 198
Onomatopoesie 201
Ontogenese 339
Operatoren bei der Analyse literarischer Texte 188, 207
Organon-Modell 131
Oxymoron 201, **388**

P
Pantheismus **412**, 419
Parabel 39 ff., 43 ff., **45**, 46 ff., 374, 402 f., 404
Paradoxon 201
Parallelismus 201 f.
Paraphrase 273
Peripetie (Wendepunkt) 222
personaler Erzähler 39, 172, 174
Personalpronomen 297
Personifikation 59, 200 f.
Perspektive 36, 110, **173**, 182, 278, 283, 285, 287 f.
persuasive Leitbegriffe 302
Phylogenese 339
Pietismus 419
Pingpong-Prinzip 272
Placemat-Methode 23, 589

Pleonasmus 201
Plot ▶ Film 283, 291
Podiums-/Fishbowl-/Plenumsdiskussion ▶ Diskussion 92, 293
Poetik 221, 391 f., 544
poetischer Realismus ▶ Realismus 459 ff., 467, 474
Poetry-Slam 62
Political Correctness 149 ff.
politische Leitbegriffe 306
politische Lexik 302 f.
politische Lyrik 374 f., 523 f.
Politisierung der Literatur (1960er-Jahre) 531
Portfolioarbeit 585 ff.
Postmoderne 375, 532, 535 f., **540**
Prager Frühling 523, 531
pragmatische Ebene der Sprache 141
pragmatische Fiktionalitätssignale 176 f.
pragmatischer Text 252
Präsentation 563 ff.
Projektarbeit 587 f.
Pro-/Kontra-Aufbau (Erörterung) 272
Pro-/Kontra-Positionen 92 f.
Pro-/Kontra-Diskussion ▶ Diskussion 293
produktionsorientierte Methode 36, 49
Protokoll 565 f.
– Ergebnis-/Verlaufsprotokoll 93
Protokollieren 87 ff.

Q
Quellen 593 f.

R
Rahmenerzählung 171
Rationalismus 391, 404
Raum 223, 237, 283, 286 ff.
Raum-Zeit-Gefüge 30, 257
Realismus (bürgerlicher, poetischer) 375, 459 ff.
– sozialistischer 520, 531
Rebellion ▶ Sturm und Drang 415 f.
Recherche 553 ff.
Rechtschreibung 599 ff.
Redesituation 206, 313 f.
Redestrategien ▶ Rhetorik 297
Reden analysieren 294 ff., **306**
Redewiedergabe (indirekte Rede) 39, 173, 191, 273, 314
Referat 556 ff.
Regieanweisung 71, 216, 231
Regieheft (Nebentext) 232
Regionalismus 467
Registerwechsel 348
Reim **197 ff.**, 208, 371
Religionskrieg 391
Religionskritik 467
Reportage 97, **252 f.**, 523
Restauration 441, 453, 457 f.
retardierendes Moment/fallende Handlung 222
Rezension **252 f.**, 497
– Filmrezensionen 289 ff.
Rezeptionsgeschichte 49, 442
rezeptionsorientierte Methode 49
Rhetorik 297
– Redeanalyse 313 ff.
– sprachlich-rhetorische Mittel 297, 299, 307, 313, 353 f.
– Strategien der Beeinflussung 297, 307, 313, 353
rhetorische Figuren 182, **200 ff.**, 207, 209, 216, 313, 353, 371
rhetorische Frage 97, 201

Rhythmisierung 171, 197, 288
Rhythmus 198, 431
Rollenbiografie 232
Roman
– Brief- und Bildungsroman 374, 404, 406
– bürgerlicher Roman 385
– Erziehungsroman 374, 404
– Großstadtroman 167
– Heimatroman 167
– postmoderner Roman 375
– Ritterroman 165
– Romananfang 275 f.
– Schauerroman 442
– Zeit- und Gesellschaftsroman 167, 498, 519
Roman und Film im Vergleich 275 ff.
Romantik 197, 374, 430, **432 ff.**, **441**, 474
– Neuromantik 482, 498
– Schwarze Romantik 442
Rückblende 39, 171, 173, 283

S
Sachtextanalyse ▶ Analyse 101, 270, 353
Sachtext 76 ff., 86 ff., 94 ff., 98 f., 121 f., 242 ff., 248 ff., 268 f., 350 f.
Sachtext (diskontinuierlich) 254 ff., 560 f.
Sachtexttypen 252 f.
Sanduhr-Prinzip 272
Satire 254, 385, 498
Schlagreim 198
Schlüsselmotive der Barocklyrik 287 f.
Schnitt, Film 283, 286 ff.
Schreibkonferenz 584
Schwank 374, 385
Scripted Reality 110 f.
Sekundenstil 474
Selbstkundgabe 127 f.
Semantik 141 f.
Sender/Senderin
▶ Kommunikation 127 f., 129, 131
Sequenzplan Film 283
Short Story ▶ Kurzgeschichte 33, 511 f.
Simultaneität ▶ Expressionismus 491
Sonett **198**, 374, 392
sozialistischer Realismus
▶ Realismus 520, 531
Soziolekt 322 ff.
Sprachentwicklung 146
Spracherwerb 333 ff.
– Zweitspracherwerb 340 f.
– Mehrsprachigkeit 342 ff.
– Vielsprachigkeit 345 f.
Sprachgeschichte 333 ff.
Sprachkrise 362
Sprachkritik 368
sprachlich-rhetorische Mittel 297, 299, 306, 313, 353
sprachlich-stilistische Gestaltungsmittel 30, 52, 66, 97, 189 f., 200, 203
sprachliche Bilder 49, 97, 371
sprachliche Technik 33
sprachliche Varietäten 155, 316 ff.
sprachlicher Relativismus ▶ linguistisches Relativitätsprinzip 361
sprachliches Zeichen 131, 140 ff.
Sprachstil 101, 198, 216, 348
Sprachverfall 154, 362
Sprachwandel 144 f., 146, 345 f.
Sprecher des Gedichts ▶ lyrisches Ich 55
Sprechhandlung 239
Staatsform ▶ Aufklärung 399 f.

Stabreim 198
Standardsprache 152, 155, 318
Standbild 232
steigende Handlung 222
steigende Metren 197
steigender (linearer) Aufbau einer Erörterung 272
Stellungnahme 123, 270, 314
Stigmawörter 302
Stil 190, 252, 306, 313, 326, 353, 375, 498
Stilebene 39, 97
Stilmittel 200, 252 f.
Stimmskulptur 485
Strategien der Beeinflussung 297, 306, 313, 353
Strophenformen 198
Strukturdiagramm 122
Stufen des Spracherwerbs 334 f.
Sturm und Drang 55, 374, **407 ff.**, **419**, 431 f.
Substantivierung 153, 155
Suchmaschine 553 f., 562
Symbol **201**, 256, 476 ff.
Symbolismus 475 ff., 482
Synästhesie 202
Synekdoche 202
syntaktische Ebene 141
syntaktische Strukturen 155, 371
szenisches Erzählen 171, 173 f.
szenisches Interpretieren 232
szenische Lesung 71

T
Tagelied 194
Talkshow 109 f.
Tatsachenaussage 303
Tautologie 202
Textbelege richtig zitieren 66

Texte überarbeiten 52, 66, 85, 101, 123, 160, 184, 191, 211, 241, 246, 273, 315, 332, 354, 372
textgebundene Erörterung 270
Textsorte 85, 108, 183, 188, 241, 253, 314, 326, 354
Theater 73, 127, 221 ff., 227, 233 f., 404, 406, 498, 521 f., 531
Theorie der Literaturverfilmung 291 f.
Theorien der Sprachentwicklung 143 ff.
Theorien des Verstehens 46, **48**
Ton, Film 288
Tragödie 73, 221, 227, 229, 406
Trochäus 198
Trümmerliteratur 509, 512 ff.
Trümmerlyrik 375

U
Umgangssprache 152, 155, 318 f., 320 f., 326, 347 f.
unreiner Reim 198

V
vanitas ▶ Barock 387 f., 391 f.
Verfremdungseffekt 73, 223
Vergleich ▶ rhetorische Figuren 59, 97, **202**, 299
Verlaufsprotokoll 93
Versform 165
Versfuß 198
Versmaß 49, **197 f.**
Versstruktur 59 f.
Verstandeskultur ▶ Aufklärung 394 f., 407
Video-Blogs 109
vier Seiten einer Äußerung 127
Visualisieren 232
Voice Over 278, 288
Volksbuch 374, 385

Vorausdeutung 39, 171, 173
Vormärz 374, 444 ff., **457 f.**
Vorstellungsgespräch 567 ff.

W
Weberaufstand 471
Weimarer Klassik ▶ Klassik 374, 430 f.
Weimarer Republik 375, 492 ff., 498, 519
Weltwirtschaftskrise 498
„Wende" 533 f.
Wendepunkt 216, 222, 480
werkimmanenter Interpretationsansatz 47, 49, 72
werkübergreifende Methode 49, 72
Wiener Kongress 441, 457
Wirtschaftswunder 345, 519
Wissenschaft und Verantwortung 68, 76 ff., 80 ff.
Wörterbücher 382
Wortfeld 97, 306

Z
Zeichensetzung 599 ff.
Zeilenstil 196
Zeitdeckung 171, 288
Zeitdehnung 171, 288
Zeitgestaltung 171, 182, 283, 288
Zeitlupe 283, 288
Zeitraffung 171, 283, 288
Zeugma 200, 202
zitieren 66, 184, 596 f.
„Zöpfe" 116 f.
Zopfdramaturgie 120
Zuschauerbindung 119 f.
Zweisprachige Schriftsteller 541 ff.

Redaktion: Dirk Held, Ottobrunn
Umschlaggestaltung: Studio SYBERG, Berlin (Foto: © Gina Sanders – Fotolia.com)
Layout und technische Umsetzung: zweiband.media, Berlin

www.cornelsen.de

Die Webseiten Dritter, deren Internetadressen in diesem Lehrwerk angegeben sind,
wurden vor Drucklegung sorgfältig geprüft. Der Verlag übernimmt keine Gewähr für
die Aktualität und den Inhalt dieser Seiten oder solcher, die mit ihnen verlinkt sind.

Soweit in diesem Lehrwerk Personen fotografisch abgebildet sind und ihnen von der Redaktion
fiktive Namen, Berufe, Dialoge und Ähnliches zugeordnet oder diese Personen in bestimmte Kontexte
gesetzt werden, dienen diese Zuordnungen und Darstellungen ausschließlich der Veranschaulichung
und dem besseren Verständnis des Inhalts.

Dieses Werk berücksichtigt die Regeln der reformierten Rechtschreibung
und Zeichensetzung. Bei den mit [R] gekennzeichneten Texten haben die
Rechteinhaber einer Anpassung widersprochen.

Alle Drucke dieser Auflage sind inhaltlich unverändert
und können im Unterricht nebeneinander verwendet werden.

© 2014 Cornelsen Schulverlage GmbH, Berlin
© 2016 Cornelsen Verlag GmbH, Berlin

Das Werk und seine Teile sind urheberrechtlich geschützt.
Jede Nutzung in anderen als den gesetzlich zugelassenen Fällen bedarf der vorherigen schriftlichen
Einwilligung des Verlages.
Hinweis zu §§ 60a, 60b UrhG: Weder das Werk noch seine Teile dürfen ohne eine solche Einwilligung
an Schulen oder in Unterrichts- und Lehrmedien (§ 60b Abs. 3 UrhG) vervielfältigt, insbesondere kopiert
oder eingescannt, verbreitet oder in ein Netzwerk eingestellt oder sonst öffentlich zugänglich gemacht
oder wiedergegeben werden. Dies gilt auch für Intranets von Schulen.

Druck: Mohn Media Mohndruck, Gütersloh

Ausgabe mit CD Klausurentraining
1. Auflage, 4. Druck 2018
ISBN 978-3-464-68112-1

Ausgabe ohne CD
1. Auflage, 5. Druck 2018
ISBN 978-3-464-68111-4

E-Book
ISBN 978-3-464-68118-3

Allgemeine Geschichte	Deutsche Literaturgeschichte (Groborientierung)
1849 Ende der Frankfurter Nationalversammlung	**Poetischer Realismus 1848–1890**
1866 Preußisch-österreichischer „Bruderkrieg"; Gründung des Norddeutschen Bundes unter preußischer Führung	F. Hebbel (1813–1863): „Maria Magdalene"; G. Freytag; **Th. Storm** (1817–1888): „Der Schimmelreiter"; **Th. Fontane** (1819–1898): „Effi Briest"; **G. Keller** (1819–1890): „Der grüne Heinrich"; C. F. Meyer; W. Raabe; W. Busch
1870–1871 Deutsch-Französischer Krieg, 1871 wird der preuß. König Wilhelm I. in Versailles zum dt. Kaiser proklamiert („klein-dt. Lösung")	
1871 O. v. Bismarck dt. Reichskanzler (bis 1890); „Kulturkampf" mit dem Ziel der Trennung Kirche – Staat	**Naturalismus 1880–1900** **Ästhetizismus – Fin de Siècle (1890–1920)**
1878 „Gesetz gegen die Ausschreitungen der Sozialdemokratie"	**G. Hauptmann:** „Die Weber" (1892); A. Holz, J. Schlaf **A. Schnitzler** (1862–1931); H. v. Hofmannsthal (1874–1929);
1888 Wilhelm II. dt. Kaiser; im Zeitalter des Imperialismus Bemühungen des Dt. Reiches um einen „Platz an der Sonne" (Kolonien)	St. George (1868–1933); **R. M. Rilke** (1875–1926); H. Hesse (1877–1962);
1905 Marokko-Krise (1906 nach dt. Zurückweichen beigelegt)	**Expressionismus 1910–1925** Th. Mann erste Werke: „Buddenbrooks" (1901); „Der Tod in Venedig" (1912)
1911 Das Dt. Reich sendet zwecks Einschüchterung ein Kanonenboot nach Agadir („Kanonenboot-Politik")	E. Lasker-Schüler, A. Stramm, G. Benn, G. Heym, G. Trakl, F. Werfel; 1919: **„Menschheitsdämmerung"** als expressionist. Gedichtsammlung;
1914–1918 Erster Weltkrieg	**Franz Kafka** (1883–1924)
1917 Oktoberrevolution in Russland	
1918 revolutionäre Unruhen in Deutschland	
1918 allgemeines Wahlrecht für Frauen	seit 1926 entwickelt **Bertolt Brecht** (1898–1956) das „epische Theater";
1919 Weimarer Nationalversammlung/**Weimarer Republik**; Unterzeichnung des Friedensvertrages in Versailles	E. M. Remarque: „Im Westen nichts Neues" (1929); große **Romane der Moderne** von H. Mann (1871–1950), **Th. Mann** (1875–1955), A. Döblin (1878–1957), R. Musil (1880–1942);
1920 Kapp-Putsch (von rechts) in Berlin, Freikorps, kommunistische Aufstände	Reportagen von Egon Erwin Kisch (1889–1948); Literatur der sozialistischen Bewegung: W. Bredel, E. Mühsam
1929 „Schwarzer Freitag" an der New-Yorker Börse, Weltwirtschaftskrise	
1933 Hitlers „Machtergreifung"	„Literatur unterm Hakenkreuz": W. Vesper u. a.;
1939–1945 Zweiter Weltkrieg	„Innere Emigration": I. Seidel, W. Bergengruen, Benn u. a.; **Exilliteratur:** Th. u. H. Mann, B. Brecht, L. Feuchtwanger; M. Horkheimer/Th.W. Adorno: „Dialektik der Aufklärung" (ersch. 1947 in Amsterdam); **„Trümmerliteratur":** W. Borchert: „Draußen vor der Tür" (1947), H. Böll
Potsdamer Abkommen: Deutschland wird in vier Besatzungszonen unterteilt	
1945 **Atombombenabwürfe** über Hiroshima und Nagasaki durch die Amerikaner	
1948 UNO-Erklärung der Menschenrechte	**Zwei deutsche Literaturen: BRD – DDR (1949–1989)**
1949 Gründung der Bundesrepublik Deutschland und der Deutschen Demokratischen Republik	**Gruppe 47** (–1967) Richter, Eich, Bachmann, Böll u. a.; **Sozialistischer Realismus** der DDR-Literatur;
1958 EWG-Vertrag tritt in Kraft	**F. Dürrenmatt** (Schweiz): „Besuch der alten Dame" (1956);
1961 Bau der Berliner Mauer	**M. Frisch** (Schweiz): „Homo faber" (1957);
1968 Studentenunruhen in der Bundesrepublik	**G. Grass:** „Die Blechtrommel" (1959);
1970 „Ostpolitik" (Willy Brandt)	1960–1970: **Politisierung** der bundesdeutschen Literatur;
ab 1985 Liberalisierung Osteuropas (Gorbatschow)	seit 1970: **„Neue Subjektivität und Innerlichkeit";**
ab 1986 verschärftes Bewusstsein der Umweltprobleme	1972: H. Böll Nobelpreis
ab 1989 Reformprozess auch in der DDR	
1990 3. Oktober 1990 Deutsche Einheit	**Vielfalt der Stile (seit 1980):** Postmoderne, Neorealismus, Popliteratur
1991 1. Golfkrieg; Zerfall der UdSSR und des Ostblocks	
1999 Europäische Währungsunion	Thomas Brussig, Durs Grünbein, Rainald Götz, Julia Franck, Ulla Hahn, Judith Hermann, Daniel Kehlmann, Sarah Kirsch, Heiner Müller, Bernhard Schlink, Ingo Schulze, Botho Strauß, Uwe Tellkamp, Uwe Timm, Hans-Ulrich Treichel, Christa Wolf, Feridun Zaimoglu, Juli Zeh
2001 Terroranschlag auf das World-Trade-Center in New York (11.09.2001)	
2002 Euro als gesetzliches Zahlungsmittel	
2003 2. Golfkrieg; Erstarken der Wirtschaftsmacht China	
2007 Finanz- und Wirtschaftskrise	**Nobelpreis: G. Grass** (1999), **Elfriede Jelinek** (2004) und **Herta Müller** (2009)
ab 2011 „Arabischer Frühling", in der Folge Bürgerkriege u. a. in Syrien, Flüchtlingskrise	